Verlag von **B. G. Teubner** in Leipzig.

Boeckh, August, zur Geschichte der Mondcyclen der Hellenen. Besonderer Abdruck aus dem I. Supplementbande der Jahrbücher für classische Philologie. [107 S.] gr. 8. 1855. geh. *ℳ.* 2.25.

——— epigraphisch-chronologische Studien. Zweiter Beitrag zur Geschichte der Mondcyclen der Hellenen. Besonderer Abdruck aus dem II. Supplementbande der Jahrbücher für classische Philologie. [176 S.] gr. 8. 1856. geh. *ℳ.* 3.30.

——— gesammelte kleine Schriften. Herausgegeben von FERDINAND ASCHERSON, PAUL EICHHOLTZ und ERNST BRATUSCHECK. 7 Bände. gr. 8. 1858—1874. geh. n. *ℳ.* 74.—

Einzeln:

I. Band. Orationes in universitate litteraria Friderico Guilelma Berolinensi habitae. Herausgegeben von FERD. ASCHERSON. [VIII u. 346 S.] 1858. n. *ℳ.* 8.—

II. — Reden, gehalten auf der Universität und in der Akademie der Wissenschaften zu Berlin. Herausgegeben von FERD. ASCHERSON. [IX u. 486 S.] 1859. n. *ℳ.* 9.—

III. — Reden, gehalten auf der Universität und in der Akademie der Wissenschaften zu Berlin 1859—1862 und Abhandlungen aus den Jahren 1807—1810 und 1863—1865. Herausgegeben von FERD. ASCHERSON. [XII u. 448 S.] 1866. n. *ℳ.* 9.—

IV. — Opuscula academica Berolinensia. Ediderunt FERD. ASCHERSON, E. BRATUSCHECK, P. EICHHOLTZ. [VIII u. 517 S. und 1 Inschriften-Tafel.] 1874. n. *ℳ.* 14.—

V. — Akademische Abhandlungen, vorgetragen in den Jahren 1815—1834 in der Akademie der Wissenschaften zu Berlin. Herausgegeben von PAUL EICHHOLTZ und ERNST BRATUSCHECK. [VII u. 473 S. mit einer lithographirten Tafel.] n. *ℳ.* 10.—

VI. — Akademische Abhandlungen, vorgetragen in den Jahren 1836—1858 in der Akademie der Wissenschaften zu Berlin. Nebst einem Anhange, epigraphische Abhandlungen aus Zeitschriften enthaltend. Herausgegeben von ERNST BRATUSCHECK und PAUL EICHHOLTZ. Mit 14 Tafeln. [VIII u. 469 S.] gr. 8. geh. n. *ℳ.* 12.—

VII. — Kritiken nebst einem Anhange. Herausgegeben von FERD. ASCHERSON und PAUL EICHHOLTZ. [VII u. 616 S.] gr. 8. geh. n. *ℳ.* 12.—

Sophokles, des, Antigone griechisch und deutsch herausgegeben von AUGUST BÖCKH. Nebst zwei Abhandlungen über diese Tragödie im Ganzen und über einzelne Stellen derselben. (A. u. d. T.: August Böckh's gesammelte kleine Schriften. Supplement.) Neue vermehrte Ausgabe. (Mit einem Porträt Aug. Böckh's.) [VIII u. 270 S.] gr. 8. geh. n. *ℳ.* 4.40.

Handbuch
der
Griechischen Staatsalterthümer.
Von
Gustav Gilbert.
Zwei Bände.

I. Band. [VIII u. 432 S.] gr. 8. geh. n. *ℳ.* 5.60.
II. Band. [VIII u. 426 S.] gr. 8. geh. n. *ℳ.* 5.60.

Die
Verfassung und Verwaltung des Römischen Staates.
Von
Dr. **J. N. Madvig.**

Erster Band. [XIV u. 596 S.] gr. 8. geh. n. ℳ 12.—
Zweiter Band (Schluſs). [X u. 805 S.] gr. 8. geh. n. ℳ 16.—

Geschichte und System
der
Römischen Staatsverfassung.
Von
Dr. **Ernst Herzog,**
ord. Professor der Philologie an der Universität Tübingen.

Erster Band:
Königszeit und Republik.
[LXIV u. 1188 S.] gr. 8. 1884. geh. n. ℳ 15.—

Geschichte und Topographie
der
Stadt Rom im Altertum.
Von
Dr. **Otto Gilbert,**
a. o. Professor und Kustos der Univ.-Bibliothek zu Göttingen.

Erste Abteilung. [IV u. 368 S.] gr. 8. geh. n. ℳ 6.—
Zweite Abteilung. [IV u. 456 S.] gr. 8. geh. n. ℳ 8.—

Metrik
der
Griechen und Römer.
Von
Wilhelm Christ.

Zweite Auflage. [VIII u. 716 S.] gr. 8. 1879. geh. n. ℳ 11.60.

ENCYKLOPÄDIE UND METHODOLOGIE

DER

PHILOLOGISCHEN

WISSENSCHAFTEN

VON

AUGUST BOECKH.

HERAUSGEGEBEN

VON

ERNST BRATUSCHECK.

ZWEITE AUFLAGE BESORGT VON **RUDOLF KLUSSMANN.**

SPRINGER FACHMEDIEN WIESBADEN GMBH 1886

ISBN 978-3-663-15440-2   ISBN 978-3-663-16011-3 (eBook)
DOI 10.1007/978-3-663-16011-3
Softcover reprint of the hardcover 2nd edition 1886

Das Recht der Uebersetzung in fremde Sprachen wird vorbehalten.

Vorwort.

Böckh hielt von 1809—1865 in 26 Semestern Vorlesungen über Encyklopädie der Philologie, zu welchen sich im Ganzen 1696 Zuhörer eingezeichnet haben. Die Ankündigung dieser Vorlesungen lautete ursprünglich: *Encyclopaediam antiquitatis litterarum exponet easque recte tractandi viam ac rationem monstrabit*, seit 1816: *Encyclopaediam philologicam ex suis schedis docebit*, seit 1818/19: *Encyclopaediam et methodologiam disciplinarum philologicarum ex schedis suis tradet*, seit 1841: *Encyclopaediam et methodologiam disciplinarum philologicarum tradet*. Letztere Bezeichnung habe ich in dem von Böckh für den deutschen Lectionskatalog der Berliner Universität festgestellten Wortlaut als Titel des vorliegenden Buches gewählt, worin das System der philologischen Wissenschaft, welches in den Vorlesungen nur skizzirt werden konnte, ausführlich dargestellt ist.

Böckh legte seinen Vorträgen bis an das Ende ein 1809 geschriebenes Heft zu Grunde. Dasselbe enthält einen in Einem Zuge entworfenen Grundriss seines Systems, den er dann in freier Rede ausführte. Doch boten die Vorlesungen immer nur Auszüge aus dem reichen Material, welches in Randbemerkungen des Originalheftes und auf einer grossen Menge beigelegter Zettel aufgespeichert wurde und welches Böckh ausserdem den Aufzeichnungen zu seinen übrigen Vorlesungen entnahm. Aus der Gesammtheit seiner Originalhefte lässt sich mit Hülfe der nachgeschriebenen Collegienhefte nachweisen, wie er beständig bestrebt war das System der Philologie auf Grund der vielseitigsten Einzelforschungen auszubauen, ohne dass die ursprüngliche Grundgestalt desselben verändert zu werden brauchte. Dies wird in der wissenschaftlichen Biographie Böckh's nachgewiesen werden, welche Herr Professor B. Stark bearbeitet.

In eine druckreife Form hat Böckh sein System nicht

gebracht. In den Originalheften sind nur einzelne Partien so abgefasst, dass sie fast wörtlich abgedruckt werden können, und im mündlichen Vortrage hielt er sich geflissentlich von der buchmässigen Ausdrucksweise fern. Sollte daher sein System nach dem in seinen Handschriften vorhandenen Material vollständig dargestellt werden, so musste dies Material von dem Herausgeber redigirt werden. Ich habe mich dieser schwierigen Aufgabe unterzogen, weil ich dieselbe, wenn auch unvollkommen, so doch im Sinne Böckh's hoffte lösen zu können. Bereits seit dem Jahre 1856 haben mich seine Ansichten über das Alterthum in meinen Forschungen über die Geschichte der griechischen Philosophie geleitet, und ich kehrte im Jahre 1862 eigens in der Absicht zur Universität zurück um sein philologisches System gründlich kennen zu lernen. Ich hörte deshalb von 1862—1866 seine Vorlesungen über Encyklopädie zwei Mal und daneben seine sämmtlichen während dieser Zeit gehaltenen übrigen Collegien und klärte mich in den Besprechungen seines philologischen Seminars, sowie in einem vertrauten persönlichen Verkehr über Alles auf, was mir in den Vorträgen dunkel geblieben war. Die Erfassung seiner Methode wurde mir dadurch erleichtert, dass ich in meinen philosophischen Ansichten vollständig mit ihm übereinstimmte, und er selbst gab mir wiederholt die Versicherung, dass ich ihn richtig verstanden habe. So vorbereitet glaubte ich den ehrenden Auftrag der Familie Böckh's nicht ablehnen zu dürfen, durch welchen mir nach dem Tode meines innig geliebten Lehrers die Herausgabe der Encyklopädie anvertraut wurde.

Die Quellen meiner Arbeit bilden zunächst ausser dem Haupthefte selbst Originalhefte zu den Vorlesungen über griechische Antiquitäten, römische und griechische Literaturgeschichte, Metrik, Geschichte der griechischen Philosophie, Platon, Pindar, Demosthenes und Terenz. Ferner haben mir aus den meisten Jahrgängen gut nachgeschriebene Collegienhefte über die Encyklopädie und die griechischen Alterthümer zu Gebote gestanden. Schwierig war die kritische Sichtung dieses Materials, weil Böckh's durchweg in frühern Lebensjahren angelegte Hefte Mancherlei enthalten, was durch die fortschreitende Forschung antiquirt ist, ohne dass er nöthig gefunden dies in allen Fällen durch Noten oder Striche zu bezeichnen. Um über seine endgültige Ansicht ins Reine zu kommen, mussten vielfach seine gedruckten Schriften nebst den dort und in andern Büchern sich findenden handschriftlichen Randbemerkungen benutzt werden. Ausserdem bestehen die Notizen in seinem Haupthefte selbst oft in schwer verständlichen Hinweisungen auf eigene oder fremde Schriften. Ich hielt es für meine Pflicht auch die kleinste Notiz nicht unbeachtet zu lassen und habe mich bemüht, mit Benutzung des gesammten mir zugänglichen Materials, das wissenschaftliche System der Philologie darzustellen, soweit es Böckh als Ganzes durchgearbeitet hat. Nur der Abschnitt über das öffentliche Leben des Alterthums ist nicht in gleichem Maasse wie die übrigen Abschnitte ausgeführt, weil der Inhalt der Vorlesungen über griechische Staatsalterthümer als Ergänzung der Encyklopädie besonders veröffentlicht werden soll. Bei der Redaction habe ich die eigenen Worte Böckh's nach Möglichkeit beibehalten und wo dies der Form wegen nicht thunlich war, die Gedanken des Meisters in seiner Weise auszudrücken gesucht. Nothwendig schien es mir überall auf die breite Grundlage von Specialuntersuchungen hinzuweisen, auf welcher Böckh sein Lehrgebäude errichtet hat. Diesem Zwecke dienen die Anmerkungen, die sämmtlich von mir hinzugefügt sind. Der Druck der Encyklopädie konnte daher auch erst nach der Herausgabe der Kleinen Schriften Böckh's beginnen, deren letzte vier Bände nach seinem Tode von Dr. Ascherson, Dr. Eichholtz und mir bearbeitet worden sind.

Da das Buch im Sinne Böckh's vor Allem ein Handbuch für die akademische Jugend sein soll, habe ich die bibliographischen Angaben bis auf die Gegenwart zu ergänzen versucht. Meine durch eckige Klammern bezeichneten Zusätze sind leider in den einzelnen Abschnitten ungleichmässig, weil der Druck drei Jahre gedauert hat und zu einer gründlichen Revision des Ganzen keine Zeit blieb, wenn das Erscheinen des Werkes nicht noch länger verzögert werden sollte. Die von mir hinzugefügten Literaturangaben habe ich in zweifelhaften Fällen Kennern der einzelnen Fächer zur Begutachtung vorgelegt. Ferner haben die Herren Professoren Ernst Curtius, Hultsch, Kiepert, Ad. Michaelis, Preuner, Stark und Steinthal die Güte gehabt einzelne Abschnitte des Buches vor dem Druck durchzusehen. Bei der Correctur haben mich die Herren Professoren Lutterbeck und Weidner freundlichst unterstützt. Ausserdem bin ich Herrn Dr. Ascherson für viele werthvolle literarische Nachweisungen zu Dank verpflichtet.

Ich hoffe, dass die zahlreichen Schüler und Verehrer Böckh's, welche die Herausgabe der Encyklopädie längst erwartet haben, meine Arbeit nachsichtig beurtheilen werden, weil sie die Schwierigkeiten derselben zu würdigen wissen. Ich bitte sie mich nicht nur durch eingehende Recensionen, sondern auch durch gefällige Privatmittheilungen auf die dem Buche anhaftenden Mängel aufmerksam zu machen, damit diese bei einer zu erwartenden zweiten Auflage nach Möglichkeit getilgt werden können.

Giessen, d. 24. November 1877.

Professor **Bratuscheck.**

Achtzehn Bogen der zweiten Auflage der Encyklopädie waren bereits gedruckt, als nach dem Tode Bratuscheck's die Beendigung derselben dem Unterzeichneten übertragen wurde. Dem Plane Bratuscheck's gemäss ist die Darstellung fast unverändert geblieben, die Zusätze zu derselben sind wie bisher durch eckige Klammern kenntlich gemacht worden. Die Literaturnachweise wurden einer gründlichen Revision unterzogen und — Vorarbeiten von Bratuscheck's Hand waren leider so gut wie keine vorhanden — bis auf die neueste Zeit fortgeführt, natürlich ohne dass — was schon die ganze Anlage des Buches ausschloss — absolute Vollständigkeit beabsichtigt wurde. Die mehrfach gewünschte Einfügung der Staatsalterthümer musste auch in der neuen Auflage unterbleiben, um das Fehlen des Buches nicht noch längere Zeit zu verzögern. Freundliche Beihülfe ist mir zu Theil geworden von den Herren Prof. Dr. Heydemann in Halle, der den die Kunst betreffenden Abschnitt einer sorgfältigen Durchsicht unterworfen hat, Dr. W. Sieglin in Leipzig und Dr. R. Weil in Berlin, von denen der erstere die Geographie und Geschichte, letzterer Metrologie und Numismatik zu revidiren die Güte hatten. Auch Herrn Dr. W. Fröhner in Paris bin ich für manche in freundlichster Weise ertheilte Auskunft zu Dank verpflichtet.

Gera, d. 2. Mai 1886.

Rudolf Klussmann.

Inhalt.

Einleitung.

	Seite
I. Die Idee der Philologie oder ihr Begriff, Umfang und höchster Zweck.	3
II. Begriff der Encyklopädie in besonderer Hinsicht auf die Philologie	34
III. Bisherige Versuche zu einer Encyklopädie der philologischen Wissenschaft.	37
IV. Verhältniss der Encyklopädie zur Methodik	46
V. Von den Quellen und Hülfsmitteln des gesammten Studiums. — Bibliographie	49
VI. Entwurf unseres Planes	52

Erster Haupttheil.
Formale Theorie der philologischen Wissenschaft.

Allgemeiner Ueberblick 75

Erster Abschnitt.
Theorie der Hermeneutik.

Definition und Eintheilung der Hermeneutik.	79
Bibliographie der Hermeneutik.	79
I. Grammatische Interpretation	93
II. Historische Interpretation.	111
Methodologischer Zusatz.	122
III. Individuelle Interpretation	124
IV. Generische Interpretation	140
Methodologischer Zusatz.	156

Zweiter Abschnitt.
Theorie der Kritik.

Definition und Eintheilung der Kritik	169
Bibliographie der Kritik.	169
I. Grammatische Kritik.	179
Diplomatische Kritik	188
Literatur der Paläographie.	203
II. Historische Kritik	207
III. Individualkritik	210
IV. Gattungskritik	240
Methodologischer Zusatz.	251
Philologische Reconstruction des Alterthums	255

Zweiter Haupttheil.
Materiale Disciplinen der Alterthumslehre.
Erster Abschnitt.
Allgemeine Alterthumslehre.

	Seite
Vorbemerkungen	263
1. Charakter des griechischen Alterthums	265
I. Staatsleben	267
II. Privatleben	269
III. Cultus und Kunst	272
IV. Wissen	276
2. Charakter des römischen Alterthums	286
Weltgeschichtliche Bedeutung des klassischen Alterthums	297
Allgemeine Geschichte der Alterthumswissenschaft	300
Methodologischer Zusatz	308

Zweiter Abschnitt.
Besondere Alterthumslehre.
I.
Vom öffentlichen Leben der Griechen und Römer.

Allgemeiner Ueberblick	310
1. Chronologie	312
Literatur der Chronologie	325
Methodologischer Zusatz	330
2. Geographie	331
Literatur der Geographie	334
Methodologischer Zusatz	343
3. Politische Geschichte	344
Literatur der politischen Geschichte	349
Methodologischer Zusatz	359
4. Staats-Alterthümer	360
Literatur der Antiquitäten im Allgemeinen und der Staats-Alterthümer insbesondere.	364

II.
Privatleben der Griechen und Römer.

Allgemeiner Ueberblick	376
Literatur der Geschichte des antiken Privatlebens	378
1. Metrologie	380
Literatur der Metrologie	384
Anhang: Numismatik	387
2. Geschichte des äussern Privatlebens oder der Wirthschaft	390
a) Landbau und Gewerbe	392
b) Handel	394
c) Hauswirthschaft	397
Literatur der Geschichte der Wirthschaft	401

Inhalt.

3. **Geschichte des inneren Privatlebens oder der Gesellschaft** 406
   a) Geselliger Verkehr 406
   b) Erwerbsgesellschaft 410
   c) Erziehung 415
   d) Todtenwesen 421
      Literatur der Geschichte der Gesellschaft 423

III.
Von der äusseren Religion und der Kunst.
1. Cultus oder äussere Religion.
Allgemeiner Ueberblick 428
   a) Der Cultus als Gottesdienst 429
   b) Die Culthandlungen 438
   c) Der Cultus als religiöse Erziehung 444
   d) Die Mysterien 454
      Literatur der Geschichte des Cultus 457
      Methodologischer Zusatz 464

2. Geschichte der Kunst.
Allgemeiner Ueberblick 464

A. Bildende Künste.
   a) Architektur 473
   b) Plastik 478
   c) Malerei 486
      Methodologischer Zusatz 492
      Literatur der Kunstarchäologie 494

B. Künste der Bewegung.
   a) Gymnastik 519
   b) Orchestik 523
   c) Musik 526

C. Künste des poëtischen Vortrags.
   a) Rhapsodik 536
   b) Chorik 537
   c) Dramatik 539
      Literatur der Geschichte der Bewegungskünste 547
      Methodologischer Zusatz 552

IV.
Von dem gesammten Wissen des klassischen Alterthums.
Allgemeiner Ueberblick 554
1. Mythologie 555
      Literatur der Mythologie 567
      Methodologischer Zusatz 578
2. Geschichte der Philosophie 587
      Literatur der Geschichte der Philosophie 609
      Methodologischer Zusatz 616

	Seite
3. Geschichte der Einzelwissenschaften	618
a) Mathematik	619
b) Empirische Naturwissenschaft	624
c) Empirische Geisteswissenschaften	630
Literatur der Geschichte der Einzelwissenschaften	639
Methodologischer Zusatz	640
4. Literaturgeschichte	648

Geschichte der griechischen Literatur.

A. Poesie	649
a) Epos	649
b) Lyrik	656
c) Drama	665
B. Prosa	684
a) Historische Prosa	685
b) Philosophische Prosa	693
c) Rhetorische Prosa	699

Geschichte der römischen Literatur.

A. Poesie	710
a) Drama	711
b) Epos	716
c) Lyrik	721
B. Prosa	724
a) Historische Prosa	725
b) Rhetorische Prosa	731
c) Philosophische Prosa	737
Methodologischer Zusatz	742
Bibliographie der Literaturgeschichte	745
Anhang: Epigraphik	756
5. Geschichte der Sprache	763
A. Stöchiologie	772
a) Phonologie	772
b) Paläographie	776
c) Orthographie und Orthoëpie	782
B. Etymologie	784
a) Lexikologie	787
b) Formenlehre	791
C. Syntax	808
D. Historische Stilistik	810
Metrik	813
Literatur der Grammatik	816
Methodologischer Zusatz	848
Schlusswort des Verfassers	852
Namen-Register	854

Einleitung.

I.

Die Idee der Philologie oder ihr Begriff, Umfang und höchster Zweck.

§ 1. Der Begriff einer Wissenschaft oder wissenschaftlichen Disciplin wird nicht dadurch gegeben, dass man stückweise aufzählt, was in derselben enthalten sei. Dies scheint sich zwar übermässig von selbst zu verstehen; aber die Philologie sind Viele gewohnt nur als Aggregat zu betrachten, und die, welche sie so betrachten, könnten allerdings keinen andern Begriff derselben geben als den, welcher in der Aufzählung der Theile läge, d. h. im Grunde gar keinen. Der wirkliche Begriff jeder Wissenschaft und also auch der Philologie, wenn sie überhaupt etwas Wissenschaftliches enthalten soll, muss sich gegen die Theile so verhalten, dass er das Gemeinsame der Begriffe aller Theile umfasst, die Theile alle in ihm als Begriffe enthalten sind und jeder Theil den ganzen Begriff wieder in sich darstellt, nur mit einer bestimmten Modification, die aus der Eintheilung entsteht. Die Definition der Philologie durch Aufzählung ihrer Theile ist um kein Haar breit besser als die Definition des Schönen, die Platon im *Hippias maj.* dem Hippias in den Mund legt: „Das Schöne ist eine schöne Jungfrau, Gold u. s. w." Wenn Jemand die Philosophie definiren wollte als die Wissenschaft der Denkformen, der Sitten, des Rechtes, der Religion, der Natur, weil unter ihr Logik, Sittenlehre, philosophische Rechtslehre, die Religionsphilosophie, Naturphilosophie enthalten sind, so würde er sich lächerlich machen. Das Gemeinsame ist der Begriff der Philosophie; von jenen Disciplinen ist wieder jede ganz die Philosophie, nur in einer besondern Richtung, und diese besondern Richtungen müssen aus dem Begriff selbst hervorgehen. So verhält es sich auch mit der Philologie. Jene numerische Art den Begriff zu bestimmen giebt nur den Inbegriff an, sie bezeichnet bloss den

Stoff, ohne dass man weiss, warum es gerade dieser Stoff und nicht mehr oder weniger ist. Aber es kann derselbe Stoff mehreren Wissenschaften gemeinsam sein, und es ist gleich ohne Weiteres klar, dass z. B. die Philosophie und Philologie denselben Stoff haben und der Philologie und Geschichte viele Gebiete des Stoffes gemeinsam sind, ebenso wie der Philosophie und Naturkunde. Ueberhaupt ist Natur und Geist oder dessen Entwickelung, die Geschichte, der allgemeine Stoff alles Erkennens. Mit einem auf den Stoff bezüglichen, sogenannten Begriff wird man daher wenig sagen und doch gehen die Begriffe, die man gewöhnlich von der Philologie aufstellt, meist darauf hinaus. Dem Stoffe entgegengesetzt ist die Form der Wissenschaft, welche in der Behandlungsweise oder Thätigkeit liegt, die man auf den Stoff richtet. Aber freilich in der blossen Behandlungsweise kann der Begriff der Wissenschaft auch nicht gesucht werden, wenn ihr nicht ein bestimmter Stoff zugewiesen wird. Dennoch haben Einige den Begriff der Philologie nur in die Form gesetzt. Es muss offenbar Beides im Begriff enthalten sein. Ehe ich jedoch denjenigen Begriff der Philologie nachweise, welcher dieser Anforderung entspricht, will ich die Hauptansichten, nach welchen diese Wissenschaft gewöhnlich definirt wird, kritisch beleuchten. Die Verschiedenheit derselben zeigt, dass man im Allgemeinen im Unklaren über die Sache ist. Die hier zu gebende Kritik wird für die Begriffsbestimmung eine Vorbereitung sein, die gewissermassen dialektisch gemacht werden muss, und die ich etwas ausführlicher anstellen werde, weil es in der Encyklopädie gerade darauf ankommt über die Begriffe zu orientiren, die mannigfachen Verwirrungen zu entwirren und überhaupt den gesammten Stoff in den Begriff aufzulösen.

Wir müssen die verschiedenen Ansichten über das Wesen der Philologie **erstens** danach würdigen, ob ihnen ein wissenschaftlicher Begriff zu Grunde liege, wodurch die Philologie als etwas von andern Wissenschaften Unterschiedenes bezeichnet wird und **zweitens** ob dann auch in diesem Begriff, wenn er als solcher befunden worden ist, dasjenige enthalten sei, was **historisch** nach der wirklichen Bedeutung des **Wortes** und nach den **Bestrebungen**, die der Philologie der **Erfahrung** gemäss eigen sind, zu derselben gezählt werden kann. Es handelt sich hier nicht darum willkürlich als Anfang einen Begriff zu setzen; sondern wir haben ein Seiendes vor uns, aus welchem wir jenen Begriff herausziehen müssen, und zwar ein Seiendes, welches mancherlei Bestrebungen enthält. Man muss aber bei dieser Kritik drittens immer im Auge haben, dass historisch und nach dem empirisch Gegebenen die Philologie offenbar ein grosses Studium, keine untergeordnete kleine Disciplin, wie etwa in der Naturwissenschaft die Entomologie ist, dass demgemäss ihr wahrer Begriff ein sehr weiter sein muss. Ueberhaupt müssen bei einer richtigen Betrachtung alle willkürlichen Schranken, die der gemeine Sinn dem Begriffe beilegt, aufgehoben und bloss die nothwendigen inneren Beziehungen hervorgehoben werden, am meisten gerade bei einem Studium, welches den gegebenen Verhältnissen nach Lebenszweck Vieler ist und sein soll. Durch das Setzen willkürlicher Schranken wird die Betrachtung in der Regel geistlos, das Wesen der Wissenschaft lässt sich dabei nicht erkennen. Unsere Kritik der gewöhnlichen Ansichten wird anfänglich verwirrend scheinen; gerade aus dieser Verwirrung aber werden wir zur wirklichen Klarheit gelangen und das wahre Wesen der Philologie kennen lernen, woraus sich das Ganze derselben consequent wissenschaftlich und organisch gestaltet, so dass dem verwirrten, zusammenhangslosen Wesen und Treiben etwas in sich selbst Klares und Zusammenhängendes entgegengesetzt wird.

1. Zwei Ansichten von der Philologie sind unter allen die verbreitetsten: dass sie Alterthumsstudium und dass sie Sprachstudium sei — die eine so unbegründet als die andere.

Die Philologie darf zunächst nicht als Alterthumsstudium aufgefasst werden. Es wird weiter unten auf historischem Wege gezeigt werden, dass das Wort φιλολογία selbst in dem Sinne der Gelehrten, die dasselbe gestempelt haben, geschweige denn in der gewöhnlichen griechischen Ansicht nie diese Bedeutung gehabt hat, und dass dieselbe ihm nur zufällig geliehen worden ist. Alterthumsstudium ist ἀρχαιολογία, nicht φιλολογία; da der Gegensatz von φιλολογία μισολογία ist, so müsste diese gleichbedeutend mit Verachtung des Antiken sein, wenn die Philologie Alterthumsstudium wäre. Wie also diese Ansicht nicht in der Bedeutung des Wortes gegründet ist, so umfasst sie auch keineswegs alle Bestrebungen, die factisch zur Philologie gehören. Denn ist es nicht empirisch klar, dass jeder, welcher sich z. B. mit der italienischen oder englischen Literatur beschäftigt, oder mit der Literatur und Sprache irgend eines andern Volkes, um jetzt nur von Sprache und Literatur zu reden, ein philologisches Bestreben hat? Was die Philologen am Antiken thun, das thun alle diese am Modernen, z. B. an Dante, Shakespeare oder irgend einem Gegenstande aus dem Mittelalter. Da alle Kritik und Auslegung factisch philologisch ist, und in diesen das formale Thun des Philologen, wie sich späterhin zeigen wird, ganz aufgeht, so kann die Philologie nicht auf das Alterthumsstudium beschränkt sein, weil jene Funktionen auch alles Moderne berühren. Ausserdem ist der Begriff des Alterthumsstudiums kein wissenschaftlich geschlossener. Für die Wissenschaft ist alt und neu zufällig; diese Beschränkung nach der Zeit ist also vor der Hand und für die Begriffsbestimmung als eine rein willkürliche zu betrachten. Unter Alterthumskunde ist ein Aggregat von allerlei Wissen enthalten; alles, was sie lehren kann, gehört in irgend eine andere Wissenschaft und es fehlt uns also, wenn wir den Begriff der Philologie nicht anders stellen, überhaupt an einer Unterscheidung von den übrigen Wissenschaften, die im Begriff des Alten, als eines Unwesentlichen, nicht liegen kann. Auch ist die alte Zeit ohne die neuere als ihr Complement nicht verständlich; niemand kann das Alterthum aus sich ergründen ohne die Anschauung des Neueren, wie unzählige Beispiele beweisen. Eine Beschränkung der Philologie auf das griechische und römische Alterthum ist ebenfalls willkürlich und kann daher nicht in den Begriff aufgenommen werden; sie ist schon der hebräischen, indischen, chinesischen, überhaupt der orientalischen Philologie gegenüber unhaltbar. So gross und erhaben das griechische und römische Alterthum ist, lässt sich doch der Begriff der Philologie nicht darauf beschränken; er kann nur durch etwas bestimmt werden, was die eigentliche philologische Thätigkeit angiebt.

2. Es könnte daher angemessen erscheinen, die Philologie für identisch mit Sprachstudium zu erklären und zwar nicht beschränkt auf die alten Sprachen, was wieder eine Verwechselung mit einem Theile der erstern Ansicht wäre, sondern allgemein für alle Sprachen als Polyglottie, wie ich es nennen möchte. Auch diesen Sinn hat indess das Wort φιλολογία, wie sich zeigen wird, bei den Gründern des Studiums nicht gehabt; λόγος ist nicht Sprache, dies ist γλῶccα. Wiewohl es etwas Grosses ist, dem geheimen Gang des menschlichen Geistes durch unzählige Völker auch in der Bildung der Sprachen nachzuspüren; wiewohl ferner in dem Begriffe der Sprachwissenschaft ein wirklich Unter-

scheidendes liegt, indem dieselbe als besondere Wissenschaft aufgestellt werden muss — wenngleich die Sprache durch den Gedanken bedingt ist, und also auch dieser vom Sprachforscher gekannt sein muss, so dass er sich nicht bloss auf dem Gebiete der Sprache halten kann —: so ist es doch wieder factisch falsch, dass Philologie Sprachstudium sei, auch abgesehen von dem Namen. Denn fast der grössere Theil alles dessen, was vom Anbeginn des Studiums die Philologie in sich begriffen hat, ist nicht Grammatik, und diese Ansicht umfasst also nicht alle hierhergehörigen Bestrebungen, entspricht auch kaum der Grösse des Studiums, sondern enthält nur einen Haupttheil desselben. Selbst die Geschichte der Literatur, die doch offenbar philologisch ist, würde nach der Strenge des Begriffes von der Sprachwissenschaft ausgeschlossen sein, man müsste ihr denn eine weitere Ausdehnung als gewöhnlich geben. Wir nehmen übrigens der Grammatik nicht ihren Werth, nur behaupten wir, dass die Philologie sich nicht bloss mit diesem in gewisser Beziehung nur formalen, sehr oft eine Leerheit an Gedanken zurücklassenden Studium beschäftige, sondern ihr Zweck und Begriff höher liege — dass sie eine Bildung gebe, die den Geist nicht bloss mit grammatischen Ideen, sondern mit jeder Art von Ideen erfüllen müsse, was allein der thatsächlichen Bedeutung der philologischen Studien entspricht.

3. Von dem letztern Gesichtspunkte aus scheint es annehmbar, wenn man die Philologie mit Polyhistorie identificirt, wie dies Viele gethan haben. Es ist indessen klar, dass Polyhistorie gar kein wissenschaftlicher Begriff ist, da darin die unterscheidende Einheit fehlt. Denn in dem Viel und Wenig liegt nicht viel für die Wissenschaft, oder vielmehr gar nichts; die Vielheit der Kenntnisse giebt eben auch noch nicht einmal irgend eine Erkenntniss: πολυμαθίη νόον οὐ φύει, sagt Heraklit; sie ergreift weder das Leben, noch den Geist, noch das Herz, ist eine blosse rohe Empirie ohne irgend eine bestimmte Begrenzung und ohne Idee, eine Anhäufung unverarbeiteten Stoffes als Aggregat, unwissenschaftliches Gedächtniss- oder gar nur Fingerwerk; denn manche glauben sogar schon viel zu wissen, wenn sie grosse Collectaneen und Adversarien haben.

4. Im Gegensatz zu solcher Sammelarbeit sehen Manche die Kritik als die ausschliessliche Aufgabe der Philologie an. Von der Kritik lässt sich allerdings Gutes sagen, wenngleich nicht

vom gewöhnlichen Betriebe derselben; sie sichtet den Stoff durch den Verstand. Aber geben wir ihr auch den höchsten Gesichtspunkt, dessen sie fähig ist, als Vergleichung des Besondern mit dem Allgemeinen und darauf gegründete Bestimmung des Verhältnisses aller von ihr behandelten Dinge gegeneinander, so ist sie doch etwas rein Formales und insofern nur Mittel zu etwas zu gelangen, was durch sie ausgemittelt wird, während die Wissenschaft nie ein blosses Mittel, sondern Zweck ist; auch ist sie eine Fertigkeit und folglich Kunst, nicht Wissenschaft. Die Philologie muss also etwas anderes sein, wenn wir sie als Wissenschaft betrachten sollen, und als solche betrachte ich sie. Wem die Philologie nicht für sich Zweck, sondern Mittel ist, und wer durch sie nichts erreichen will als formale Uebung: für den mag sie in der Kritik aufgehen; aber dies stimmt nicht mit den höheren Zielen, welche die philologische Wissenschaft sich factisch von Anfang an gesteckt hat. Auch setzt die wahre Kritik materielle Kenntnisse voraus und kann also nicht einmal bestehen, wenn sie nicht als ein Theil einer Philologie im höheren Sinne gefasst wird, in welcher zugleich ein Materielles gegeben ist. Ja sie erschöpft nicht einmal die ganze formale Thätigkeit des Philologen, wozu offenbar auch die Auslegung gehört.

5. Ebenso unbestimmt ist der Begriff der Literaturgeschichte, mit der man zum Theil die Philologie identificirt. Ihrem wahren Begriffe nach wird die Literaturgeschichte, wie an seiner Stelle gezeigt werden soll, die Erkenntniss der Form der Sprachwerke sein; allein dass dies nicht den ganzen Umfang der Philologie erschöpfe, sondern nur ein untergeordneter in der Philologie enthaltener Begriff sei, ist an sich klar. Doch hat man häufig den Literator und Philologen verwechselt, und zwar schon früh, wovon weiter unten gesprochen werden soll, und wenn man den Begriff der *litterae* recht ausgedehnt fasst, ist nichts dagegen einzuwenden; aber dann ist der Ausdruck zu unbestimmt, während er streng gefasst einen zu engen Sinn giebt. Kant, dessen Begriffe von Philologie und Alterthumskunde sehr beschränkt waren, definirt (Logik Einl. VI.) die Philologie als „kritische Kenntniss der Bücher und Sprachen (Literatur und Linguistik)" — eine Definition, die nicht einmal empirisch richtig, und mit der gar nichts anzufangen ist; denn sie ist nur eine Angabe eines Aggregats verschiedener Dinge ohne wissenschaftlichen Zusammenhang. Humaniora unterscheidet er davon als „Unterweisung in dem, was

zur Cultur des Geschmacks dient, den Mustern der Alten gemäss".
Damit würde der Philologie sogar der Geschmack abgesprochen.
Von Alters her hat aber Niemand die Humaniora von der Philologie gesondert.

6. Viele bezeichnen gerade überhaupt die Philologie als
Humanitätsstudium. Allein auch diese Definition ist unwissenschaftlich und unbestimmt; sie bezieht sich nur auf den
Nutzen, den gewisse Studien gewähren, indem sie zur Ausbildung
des rein Menschlichen dienen; der Begriff ist also ein praktischer,
worin die Philologie als Mittel erscheint, kein theoretischer, und
es lässt sich hieraus gar nichts abnehmen, weil die Bildung zur
Humanität bloss eine Folge aus dem Studium ist, aber nicht den
Inhalt desselben angiebt. Uebrigens liegt darin auch nicht einmal irgend etwas Bezeichnendes oder Unterscheidendes; denn es
ist nur eine meist durch die Erfahrung gar nicht gerechtfertigte
Anmassung der Philologen, dass ihr Studium ausschliesslich zur
Humanität bilde. Dies muss alle Wissenschaft, wenn sie wahrhaft betrieben wird und vor Allem die Philosophie thun, und es
wäre wahrlich schlimm, wenn dies nicht auch die Wissenschaft
des Göttlichen, die Theologie thäte, obwohl sie sich allerdings
zuweilen geradezu dem Humanen widersetzt.*) Aus allen solchen
Bezeichnungen, wie die sechs angegebenen sind, erkennt man
nicht, was Philologie ist oder sein sollte, sondern nur wie gross
bei den Philologen der Mangel des Nachdenkens über ihr eigenes
Studium ist.

Nach dieser Kritik muss es freilich sehr problematisch sein,
wo ich endlich für meine Erklärung der Philologie noch einen
Ausweg finden könne. Allein man hat nur die gewöhnlichen
Erklärungen von ihrer Einseitigkeit zu befreien, um zur richtigen
Ansicht zu gelangen. Die Wissenschaft überhaupt ist nur Eine
ungetheilte und zwar im Gegensatz gegen die Kunst, welche zusammen mit ihr die ideelle Seite des Lebens und der menschlichen Thätigkeit bildet, die begriffliche Erkenntniss des Universums. Die gesammte Wissenschaft als ein Ganzes ist Philosophie, Wissenschaft der Ideen. Aber je nach der Betrachtungsweise, ob das All von materieller oder ideeller Seite genommen

---

*) Vergl. die lateinischen Reden von 1819: *De homine ad humanitatem perfectam conformando.* Kl. Schr. I, 69 ff., und von 1822: *De antiquitatis studio.* Kl. Schr. I, 101 ff.

wird, als Natur oder Geist, als Nothwendigkeit oder Freiheit, ergeben sich, abgesehen von formalen Disciplinen, zwei Wissenschaften, die wir Physik und Ethik nennen. In welche gehört nun die Philologie? Sie umfasst gewissermassen beide und ist doch keine von beiden. Wir sollen als Philologen nicht wie Platon philosophiren, aber doch die Schriften Platons verstehen, und zwar nicht allein als Kunstwerke in Rücksicht der Form, sondern ganz, auch in Rücksicht des Inhalts; denn die Erklärung, die doch wesentlich philologisch ist, bezieht sich auch, und zwar vorzüglich, auf das Verstehen des Inhalts. Der Philologe muss ein naturphilosophisches Werk wie den platonischen Timaeos, ebensogut verstehen und erklären können wie Aesops Fabeln oder eine griechische Tragödie. Die Naturphilosophie zu produciren ist nicht Aufgabe des Philologen, wohl aber zu wissen und zu verstehen, was in dieser Wissenschaft producirt ist, da die Geschichte der Naturphilosophie philologisch bearbeitet werden muss. Dasselbe gilt von der gesammten Ethik, deren geschichtliche Entwickelung ebenfalls philologisch erforscht wird. Aber auch die einzelnen Zweige der Physik und Ethik werden so von der Philologie bearbeitet, z. B. die Naturgeschichte und Politik. Physische Speculationen und Experimente sind freilich nicht ihre Aufgabe, ebensowenig als logische oder politische Untersuchungen; aber die Werke eines Plinius, Dioskorides und Buffon sind Objecte der Philologie. Das Handeln und Produciren, womit sich die Politik und Kunsttheorie beschäftigen, geht den Philologen nichts an; aber das Erkennen des von jenen Theorien Producirten. Hiernach scheint die eigentliche Aufgabe der Philologie das Erkennen des vom menschlichen Geist Producirten, d. h. des Erkannten zu sein. Es wird überall von der Philologie ein gegebenes Wissen vorausgesetzt, welches sie wiederzuerkennen hat. Die Geschichte aller Wissenschaften ist also philologisch. Allein hiermit ist der Begriff der Philologie nicht erschöpft, vielmehr fällt er mit dem der Geschichte im weitesten Sinne zusammen. Geschichte und Philologie sind nach allgemeiner Ansicht eng verwandt; man vergl. darüber Döderlein *de cognatione, quae intercedit philologiae cum historia.* Bern 1816. Wollte man nun Geschichte und Philologie trennen, so müsste man letzterer doch die erkannte Geschichte als Gegenstand zuweisen, d. h. die Wiederherstellung der Ueberlieferung über das Geschehene, insofern die Ueberlieferung eine

Erkenntniss ist, nicht aber die Darstellung des Geschehenen; die Geschichtsschreibung wäre dann nicht Zweck der Philologie, sondern nur das Wiedererkennen der in der Geschichtsschreibung niedergelegten Geschichtskenntniss, also nur die Geschichte der Geschichtsschreibung. Aber eine solche Trennung ist nicht durchzuführen; vielmehr verfährt die ganze Geschichtsschreibung philologisch, zuerst inwiefern sie auf Quellen beruht, dann aber, inwiefern die geschichtlichen Thaten selbst ein Erkennen sind, d. h. Ideen enthalten, welche der Geschichtsforscher wiederzuerkennen hat. Das geschichtlich Producirte ist ein Geistiges, welches in That übergegangen ist. Die Geschichte ist daher nur scheinbar von der Philologie verschieden, nämlich in Bezug auf den Umfang, weil jene gewöhnlich der Hauptsache nach auf das Politische beschränkt wird und das übrige Culturleben im Anschluss an das Staatsleben betrachtet. Selbst die Grammatik ist jedoch historisch; sie stellt das geschichtlich gewordene Sprachsystem eines Volkes entweder in seiner ganzen Entwickelung oder in einem bestimmten Stadium derselben dar. Sieht man auf das Wesen der philologischen Thätigkeit selbst, indem man alle willkürlich und empirisch gesetzten Schranken wegnimmt und der Betrachtung die höchste Allgemeinheit giebt, so ist die Philologie — oder, was dasselbe sagt, die Geschichte **Erkenntniss des Erkannten**. Unter dem Erkannten sind dabei auch alle Vorstellungen begriffen; denn häufig sind es nur Vorstellungen, die wiedererkannt werden, z. B. in der Poesie, in der Kunst, in der politischen Geschichte, worin nur theilweise, wie in der Wissenschaft Begriffe, im Uebrigen aber Vorstellungen niedergelegt sind, die der Philologe wiederzuerkennen hat. Da somit in der Philologie überall ein gegebenes Erkennen vorausgesetzt wird, so kann sie ohne Mittheilung nicht existiren. Der menschliche Geist theilt sich in allerlei Zeichen und Symbolen mit, aber der adäquateste Ausdruck der Erkenntniss ist die Sprache. Das gesprochene oder geschriebene Wort zu erforschen, ist — wie der Name der Philologie besagt — der ursprünglichste philologische Trieb, dessen Allgemeinheit und Nothwendigkeit auch schon daraus klar ist, weil ohne Mittheilung die Wissenschaft überhaupt und selbst das Leben übel berathen wäre, so dass die Philologie in der That eine der ersten Bedingungen des Lebens, ein Element ist, welches in der tiefsten Menschennatur und in der Kette der Cultur als ein ursprüngliches aufgefunden wird.

Sie beruht auf einem Grundtrieb gebildeter Völker; φιλοcοφεῖν kann auch das ungebildete Volk, nicht φιλολογεῖν.

Durch die Bestimmung des Wesens der philologischen Thätigkeit haben wir die einseitigen Begriffe entfernt, und es ist nur übrig zu zeigen, wie diese entstanden sind. Sie lassen sich aber leicht aus der Beschränkung auf einzelne Momente des von uns aufgestellten Begriffes erklären. Da das allgemeinste Vehikel der Erkenntniss, oder vielmehr der reine Abdruck für alles Erkennen, nicht nur für das des Verstandes, die Sprache ist, so wird es die erste Aufgabe der Philologie sein, das Mysterium derselben zu ergründen; denn in der That, wer die Sprache bis zu ihren letzten Fundamenten in ihrer Freiheit und Nothwendigkeit begriffen hat, welches die höchste und unermesslichste Aufgabe ist, der wird auch eben dadurch alles menschliche Erkennen erkannt haben; das allgemeine Organon des Erkennens muss doch auch vor allen Dingen erkannt werden. Daher war es natürlich, die Philologie als Sprachwissenschaft aufzufassen. Ebenso sehen wir nun, warum sie selbst dem Begriff nach einseitig auf das Alterthum beschränkt worden ist. Es geschah dies, weil die neuere Zeit erst noch im Produciren begriffen ist und also ein Abschluss überhaupt nicht so fest gemacht werden kann, auch eine Betrachtung derselben sich nicht so sehr als nothwendig aufdrängt, indem sie unmittelbar vorliegt. Das Alterthum dagegen ist entfernter, entfremdeter, unverständlicher und fragmentarischer und bedarf daher der Reconstruction in höherem Grade. Bei den Griechen ist die erste bedeutende Philologie entstanden, nachdem die Production relativ abgeschlossen war; denn mit Aristoteles schliesst dies alte Zeitalter, und die alexandrinische Philologie, die sehr tüchtig und kräftig war, erfasste die Reflexion über das vor ihr nun abgeschlossene Alterthum. Zur Zeit der Renaissance war die neu entstehende Philologie ausserdem deshalb auf das griechische und römische Alterthum hingewiesen, weil dasselbe damals allein als klassisch erscheinen musste. Dass die Philologie Polymathie ist, folgt mit Nothwendigkeit aus ihrem Begriffe, indem sie ja auf keinen Gegenstand beschränkt ist. Diese Seite trat im Alterthum vorzugsweise hervor, seitdem das Wort φιλόλογοc technisch gebraucht wurde d. h. unter den Hellenen seit Eratosthenes dem Alexandriner, unter den Römern seit Ateius Philologus. (Sueton *de illustr. gramm.* X. Vergl. Graff *de Ateio philologo* Bületin der Petersburger Akad. III, 1861, S. 121 f.). Eratosthenes und Ateius wollten sich hierdurch als allgemeine Gelehrte bezeichnen, die nicht eine besondere einzelne Wissenschaft sich vindicirten, nicht bloss Grammatiker, Mathematiker u. s. w., auch nicht Philosophen waren, sondern sich mit der Erkenntniss des λόγος, d. h. aller vorhandenen Kunde beschäftigten. Ateius nannte sich, wie Sueton sagt, *Philologus: „quia sicut Eratosthenes, qui primus hoc cognomen sibi vindicavit, multiplici variaque doctrina censebatur."* Bei Eratosthenes zeigt sich deutlich, wie man den Namen schon damals richtig verstand. Er war ein Mann von unermesslicher Erudition, Bibliothekar der grossen Bibliothek, der aber in keinem aller der Fächer, worin er arbeitete, den ersten Rang behauptete, und daher den Beinamen Beta erhielt (Suidas Lex. Th. I, p. 850, Küster und dessen Anmerkung); so nannten ihn die Vorsteher des Museums. Es liegt in der That im Begriffe der Philologie, dass jeder Philologe zwar in seinem Fache der Erste sein kann, aber in den einzelnen übrigen Wissenschaften der Zweite, gleichsam das Beta sein muss. Daher hat auch das Alterthum vor Aristoteles, weil es überwiegend productiv ist, keinen eigentlichen Philologen. Die Neigung zur Polyhistorie war aber zunächst das Natürlichste, nur ist bei dieser die Betrachtungsweise zu empirisch gehalten und zu unkritisch. In der Literatur erscheint Stoff und Form einigermassen vereinigt, Sprachkunde und Polyhistorie fanden hier ihre Rechnung; aber wenn man die Philologie als Literaturkenntniss auffasste, sah man Grammatik und Sachkenntniss als coordinirt an und schloss sie streng genommen somit von der Philologie aus. Die Literatur ist die Hauptquelle der Philologie, jedoch enthält sie nicht die alleinige Erkenntniss, sondern diese liegt auch in Staat, Kunst, Wissenschaft u. s. w. Aber weil eben die Philologie auf das Erkennen des Erkannten geht, und das Erkennen einer Nation vorzüglich in ihrer Literatur ausgeprägt ist, erklärt es sich leicht, dass man einseitig die Literaturgeschichte für die ganze Philologie genommen hat. Leicht begreiflich ist es auch, dass die Kritik sich anmassen konnte, Philologie zu heissen, da ja beim Erkennen des Erkannten die Kritik in steter Thätigkeit sein, der Verstand ein grosses Uebergewicht über die Erfindungsgabe erhalten und die Phantasie zurückgedrängt werden muss. Dies trat besonders hervor, als die Philologie dem kalten Verstande der bedächtigen, reinlich fleissigen Bataver anheimfiel. Wegen ihrer Einseitigkeit soll aber die Kritik nicht allein herrschen; denn die Philologie soll den ganzen Menschen in Anspruch nehmen und alle seine Fähigkeiten vielseitig ausbilden. Das Gegentheil dieser Ansicht gehört also ebensogut zur Philologie, nämlich dass diese **Humanitätsstudium** sei. Zur Humanität gehört die Bildung der Vernunft, d. h. der Sittlichkeit und der ästhetischen und speculativen Erkenntniss; und das Erkennen dessen, was die Menschheit erkannt hat, führt vorzüglich dahin, indem es den Menschen kennen lehrt, d. h. den menschlichen Geist in allen seinen Produkten. Allein zur Humanität gehört gerade, dass die Kritik, belebt von diesen höheren Bestrebungen, sie selbst erst reinige und vor Abgeschmacktheit und Plattheit, vor Excentricität, leerem Phantasiespiel und Selbsttäuschungen bewahre. So sehen wir denn, dass alle die berührten Begriffe aus ihrer Einseitigkeit herausgehoben und in friedlichen Bund tretend, in den Begriff der Philologie eingehen.

§ 2. **Sollte nun aber die Philologie nach unserer Definition nicht etwas Ueberflüssiges zu sein scheinen, ein *actum agere, judicatum judicare?*** Sie scheint überhaupt nichts zu produciren, da sie nur das Producirte kennen lehren will. „Sagt mir doch, ihr Gelehrten," redet **Tristram Shandy** die Philologen an, „sollen wir denn nur immer in kleinere Münze verwechseln und das Capital so wenig vermehren? Sollen wir denn ewig neue Bücher machen, wie die Apotheker neue Mixturen, indem wir bloss aus einem Glase ins andere giessen? Sollen wir denn beständig dasselbe Seil spinnen und wieder aufdrehen, beständig den Seilergang gehen, beständig denselben Schritt? Sollen wir bis acht Tage nach Ewig immerfort, Festtag und Werkeltag sitzen, bestimmt die Reliquien der Gelehrsamkeit zu zeigen, wie Mönche die Reliquien ihrer Heiligen, ohne nur ein einziges Wunderwerk damit zu thun?" Dies ist wohl zu beherzigen, aber es passt nur auf die schlechte Philologie, die es nur auf die Tradition des Einzelnen absieht. In Wahrheit hat die Philologie einen höheren Zweck; er liegt in der historischen Construction des ganzen Erkennens und seiner Theile und in dem Erkennen der Ideen, die in demselben ausgeprägt sind. Hier ist mehr Production in der Reproduction als in mancher Philosophie, welche rein zu produciren vermeint; auch in der Philologie ist das productive Vermögen eben die Hauptsache, ohne dasselbe kann man nichts wahrhaft reproduciren, und dass die Reproduction ein grosser Fortschritt und eine wahre Vermehrung des wissenschaftlichen Capitals ist, zeigt schon die Erfahrung. Das Erkannte wiedererkennen, rein darstellen, die Verfälschung der Zeiten, den Missverstand wegräumen, was nicht als Ganzes erscheint, zu einem Ganzen vereinigen, das Alles ist wohl nicht ein *actum agere*, sondern etwas höchst Wesentliches, ohne welches bald alle Wissenschaft ihr Ende erreichen würde. In jeder Wissenschaft muss sogar philologisches Talent sein; wo dasselbe ausgeht, da tritt die Ignoranz ein; es ist die Quelle des Verstehens, welches keine so leichte Sache ist.

Wenn wir nun aber das Wesen der Philologie ganz unbeschränkt in das Erkennen des Erkannten setzen, so scheint dies in vollem Umfange etwas Unmögliches; nach Aufhebung aller Schranken scheint die Ausführung des Begriffs unerreichbar für irgend einen menschlichen Geist. Aber diese Beschränktheit in der Ausführung theilt die Philologie mit jeder einigermassen umfassenden Wissenschaft, z. B. mit der Naturwissenschaft, die man gleichwohl als eine anerkennt. Gerade in der Unendlichkeit liegt das Wesen der Wissenschaft; nur wo der Stoff ein ganz beschränkter ist, und selbst da kaum, ist eine Erreichung möglich: wo die Unendlichkeit aufhört, ist die Wissenschaft zu Ende. Indess findet die Unerreichbarkeit gleichsam nur in der Ausdehnung nach Länge und Breite statt; hier ist eine unendliche Reihe gegeben. In der Dimension der Tiefe ist die Wissenschaft vollständig zu erfassen. Man kann sich im Einzelnen so vertiefen, dass man in ihm, wie in einem Mikrokosmos das Ganze, den Makrokosmos erfasst. In jeder einzelnen Idee wird das Ganze erreicht; aber alle Ideen kann keiner umfassen. Selbst in dem Namen ist dies ausgedrückt, wie bei der Philosophie, so bei der Philologie. Pythagoras soll eben den Namen φιλοcοφία erfunden haben, weil sie nur ein Streben nach cοφία sei; denn wer die cοφία schon vollständig hat, hört auf zu philosophiren, und es ist doch wohl nicht ganz wahr, dass die φιλοcοφία zur cοφία werden soll, weil hiermit das Streben aufhören würde. Ebenso hat die Philologie den λόγοc nie ganz, sie ist dadurch φιλολογία, dass sie danach strebt; man hat sie daher auch φιλομάθεια genannt (Wyttenbach, Vorrede zu seiner *Miscellanea doctrina Lib. I.* Amst. 1809). Soweit die Wissenschaft verwirklicht ist, existirt sie der ganzen Ausdehnung nach nur in der Gesammtheit ihrer Träger, in tausend Köpfen, partiell zerstückelt, zerbrochen, wohl auch verschroben und geradebrecht; aber schon die so grosse Liebe, womit so viele sie umfasst haben, bürgt für die Realität der Idee, welche keine andere ist, als die Nachconstruction der Constructionen des menschlichen Geistes in ihrer Gesammtheit. Wie könnte eine solche Aufgabe auch mit vereinten Kräften gelöst werden? Wie wenig haben davon ein Bentley, Hemsterhuys, Winckelmann, gelöst? Im Leben mehr als in Schriften; denn diese geben nur den Stoff, die Form in ihrer Vollendung bleibt im Hintergrunde. Die Philologie ist, wie jede Wissenschaft, eine unendliche Aufgabe für Approximation. Wir werden in der Philologie immer einseitig sammeln, die Vereinigung mit der Speculation nie total zu Stande bringen; denn auch speculiren wird man einseitig; aber die Unvollendetheit ist kein Mangel, ein wirklicher Mangel ist es nur, wenn man sie sich selbst oder anderen verhehlt.*)

§ 3. Der Begriff und Umfang der Philologie wird erst vollkommen deutlich erkannt, wenn man ihr Verhältniss zu den übrigen Wissenschaften richtig auffasst. Ist die Philologie ihrem Ziele nach eine Wiedererkenntniss und Darstellung des ganzen vorhandenen menschlichen Wissens, so ist sie, inwiefern dies Wissen in der Philosophie wurzelt, letzterer in Bezug auf die Erkenntniss des Geistes coordinirt und unterscheidet sich von ihr nur durch die Art des Erkennens: die Philosophie erkennt primitiv, γιγνώσκει, die Philologie erkennt wieder, ἀναγιγνώσκει, ein Wort, welches im Griechischen mit Recht den Sinn des Lesens erhalten hat, indem das Lesen eine hervorragend philologische Thätigkeit, der Lesetrieb die erste Aeusserung des philologischen Triebes ist. Dieses Wiedererkennen ist das eigentliche μανθάνειν, so wie es Platon im Menon darstellt, das Lernen im Gegensatz gegen das Erfinden, und was gelernt wird, ist der λόγος, die gegebene Kunde; daher sind φιλόλογος und φιλόσοφος Gegensätze, nicht im Stoff, sondern in der Ansicht und Auffassung. Doch ist dieser Gegensatz nicht absolut, da alle Erkenntniss, alle γνῶσις nach Platon's tiefsinniger Ansicht auf einem höheren speculativen Standpunkt eine ἀνάγνωσις ist,

---

*) Vergl. die Rede zur Eröffnung der 11. Philologenversammlung, 1850: Kl. Schr. II, 189 ff.; die Rede zur Begrüssung des Herrn A. Kirchhoff als neu eingetretenen Mitgliedes der Berliner Ak. d. W. (1860). Kl. Schr. III, 43 f. und das Prooemium zum Berliner Lektionskatalog von 1829: *De miratione philosophiae initio*. Kl. Schr. IV, 322 ff.

und indem die Philologie reconstructiv auf dasselbe gelangen muss, worauf die Philosophie vom entgegengesetzten Verfahren aus gelangt. Philologie und Philosophie bedingen sich wechselseitig; denn man kann das Erkannte nicht erkennen ohne überhaupt zu erkennen, und man kann auch nicht zu einer Erkenntniss schlechthin gelangen ohne, was Andere erkannt haben, zu kennen. Die Philosophie geht vom Begriff aus, die Philologie in der Behandlung ihres Stoffes, welcher die Hälfte des philosophischen Gegenstandes ist (die andere Hälfte ist die Natur), vom zufällig Vorhandenen. Will nun aber die Philosophie vom Begriffe aus das Wesentliche aller gegebenen historischen Verhältnisse construiren, so muss sie den innern Gehalt der historischen Erscheinungen auffassen, wozu sie jedoch unbedingt der Kenntniss dieser Erscheinungen bedarf, welche eben der äusserliche Abdruck jenes Wesentlichen sind. Sie kann z. B. den Geist des griechischen Volks nicht construiren, ohne dass ihr dies Volk in seiner zufälligen Erscheinung bekannt ist. Hierzu gehört die richtige Reproduction des Ueberlieferten, welche rein philologisch ist und von der Philosophie nur zu leicht verfehlt wird. Ferner muss die Philosophie, um das Wesentliche der Erscheinungen aufzuweisen, in diesen enden; es ist also klar, dass die Philosophie der Philologie bedarf. So hat Aristoteles die Politien als historische, also philologische Grundlage seines Philosophirens geschrieben. Umgekehrt aber bedarf auch die Philologie der Philosophie. Sie construirt historisch, nicht aus dem Begriffe; aber ihr letztes Endziel ist doch, dass der Begriff im Geschichtlichen erscheine; sie kann die Gesammtheit der Erkenntnisse eines Volkes nicht reproduciren ohne philosophische Thätigkeit in der Construction; sie löst sich also in die Philosophie auf, ja es scheint im Geschichtlichen der Begriff überhaupt nicht erkannt werden zu können, wenn man nicht von vornherein die Richtung auf ihn hin genommen hat. Wenn Aristoteles als Grundlage für seine Politik der philologischen Forschung der Politien bedurfte, so bedarf der Philologe wieder als Leitfaden bei seiner geschichtlichen Forschung der politisch philosophischen Begriffe, wie sie Aristoteles in der Politik gegeben hat. Soll der historische Stoff und somit die Philologie selbst kein blosses Aggregat sein, so muss der Stoff mit Begriffen digerirt werden, wie in jeder Disciplin: folglich setzt die Philologie auch wieder den philosophischen Begriff voraus und will ihn zugleich erzeugen.

Dies ist aber ebenso in der **Naturwissenschaft**, die als empirisch beobachtende zur andern Seite der Philosophie ganz dasselbe Verhältniss hat wie die Philologie zur Ethik; es findet eine Auflösung des Einen in das Andere statt; da die empirische und philosophische Forschung den entgegengesetzten Gang nehmen und die eine da endet, wo die andere anfängt, so ist eine die Probe der andern, wie Multiplication und Division. Coincidenzpunkte der Philosophie und Philologie finden sich zwar überall, vorzüglich aber ist die Philosophie der Geschichte und die Geschichte der Philosophie dahin zu rechnen: jene ist eine philosophische Wissenschaft, die der Philologie am verwandtesten ist, und in welche diese sich selbst auf ihrem höchsten Standpunkte auflöst; die Geschichte der Philosophie dagegen ist eine philologische Wissenschaft, in welche die Philosophie übergeht, indem sie bis dahin durchdringt ihren eigenen Gang, den sie historisch genommen hat, zu construiren, was sie nur auf philologischem Wege kann, *a priori* höchstens in der grössten Allgemeinheit.*)

In der Philosophie und Philologie wurzeln alle übrigen Wissenschaften; denn diese können einerseits nur betrachtet werden als besondere Anwendung der Philosophie zu einzelnen Zwecken, oder insofern sie rein theoretisch sind, nur als Abzweigungen der Philosophie; andrerseits aber haben sie ihr Object in ihrer eigenen Geschichte. Jede Geschichte der Medicin, jede historische Betrachtung der Jurisprudenz, ohne welche eine gründliche Mittheilung jener Wissenschaften unmöglich ist, ein grosser Theil der Theologie ist philologischer Natur. Allerdings ist noch ein Unterschied zwischen der Erkenntniss des Erkannten in der Philologie selbst und derjenigen, welche ausser ihr in jeder besondern Wissenschaft stattfindet, zwar nicht in der Thätigkeit, aber wohl im Zweck. Der Zweck der Philologie ist rein historisch; sie stellt die Erkenntniss des Erkannten objectiv für sich hin. In jenen einzelnen Wissenschaften dagegen und in der Philosophie selbst erkennt man auch das Erkannte, aber um darauf weiter zu bauen, wie wenn der Naturforscher die Forschungen anderer benutzt um neue Resultate zu erhalten, welche er darauf gründet. Das Letztere geht die Philologie nichts an, ihr Resultat ist das Historische selbst an sich. Indess, wie die Philosophie immer

---

*) Vergl. die Rede von 1853: Ueber die Wissenschaft, insbesondere ihr Verhältniss zum Praktischen und Positiven. Kl. Schr. II, 83 f.

alle speciellen Wissenschaften nothwendig zusammenfassen muss, so muss auch die Philologie allen ihren Stoff aus den speciellen Wissenschaften nehmen, und ohne sie existirt sie gar nicht, so dass sie sich auch mit ihnen wechselseitig bedingt. Wie die einzelnen Wissenschaften der philologischen Thätigkeit bedürfen, so erheischt die Philologie als Reconstruction der Gesammtheit des Erkennens auch die Erkenntniss aller der einzelnen Theile desselben, also der einzelnen Wissenschaften, deren Gebiete jene Gesammtheit ausmachen. Der Jurist bedarf der Philologie zur Erkenntniss der Quellen durch Kritik und Erklärung; der Philologe aber bedarf der Rechtsbegriffe um die rechtlichen Verhältnisse eines Volkes zu reconstruiren, ja selbst um die Sprache zu verstehen. Einen grossen Theil der Cultur eines Volkes würde die Philologie nicht verstehen ohne die Resultate der Naturwissenschaft zu kennen.*) Vergl. Frick Philol. u. Naturwissensch. Preuss. Jahrb. 1861

Es fragt sich nun, ob die Philologie hiernach ein eigenthümliches Wissen hat oder nicht, da sie ja in ihrem Gegenstande mit der Philosophie und den speciellen Wissenschaften zusammenzufallen scheint. Gelehrt, sagt man, ist derjenige, welcher vieles weiss, was andere gewusst haben, welcher viel gelesen, viel excerpirt, höchstens viel behalten hat. Die Philologen stehen in dieser Kategorie: einige haben viel behalten, andere zwar wenig behalten, aber viel excerpirt. Noch bedenklicher steht es mit denen, welche meinen, dass das Wissen überhaupt und also auch das Wissen dessen, was Andere gewusst haben, nicht den Philologen mache, sondern nur jedesmal die Technik der Auslegung und Kritik, d. h. also die Ausübung des Mittels ein fremdes Wissen zu erkennen Philologie sei. Diese verzichten damit selbst auf das Wissen des fremden Wissens, und da sie ein eigenes in der Philologie nicht haben, indem die Ausübung jenes Mittels keines ist, so haben sie also gar keins. Wenn man aber auch der Philologie ein Wissen zuschreibt, so ist es doch nach unserer eigenen Angabe nur ein fremdes, so lange man den Begriff der blossen Gelehrsamkeit auf sie anwendet; das Denken über das fremde Erkennen fehlt noch und ist selbst in

---

*) Vergl. die lat. Rede von 1826: *De philosophiae et historiae cum ceteris disciplinis conjunctione.* Kl. Schr. I, 140 ff. Ferner die Rede zur Eröffnung der 11. Versammlung deutscher Philologen von 1850. Kl. Schr. II, 191 f.

der emendirenden Kritik noch nicht vorhanden, indem diese ja nur das fremde Erkennen rein wiederherstellen will. Allein die Philologie verzichtet nicht auf alles eigene Denken, wenn ihr Ziel die Erkenntniss von Ideen sein soll; denn fremde Ideen sind für mich keine. Es ist also zunächst die Forderung diese, das Fremde als Eigenwerdendes zu reproduciren, so dass es nichts Aeusserliches bleibe, wodurch eben auch der Aggregatzustand der Philologie aufgehoben wird; zugleich aber auch über diesem Reproducirten zu stehen, so dass man es, obgleich es ein Eigenes geworden, dennoch wieder als ein Objectives gegenüber und ein Erkennen von dieser zu einem Ganzen formirten Erkenntniss des Erkannten habe, was dann dahin führen wird demselben in dem eigenen Denken seinen Platz anzuweisen und es mit dem Erkannten selbst auf gleiche Stufe zu stellen, was durch die Beurtheilung überhaupt geschieht. In dieser Beurtheilung, nicht in der wiederherstellenden Kritik liegt das Denken des Philologen, wie alles Denken über ein Gegebenes Urtheilen ist. Die Philologie hat also allerdings ihr eigenthümliches Wissen, und dass dieses sich mit allem übrigen wechselseitig bedingt, beweist eben, dass es dem der andern Wissenschaften coordinirt ist.

Wenn nun alle speciellen Wissenschaften der Philosophie untergeordnet scheinen, und wenn wir trotzdem die Naturwissenschaften in dasselbe Verhältniss zur Philosophie gesetzt haben wie die Philologie, so scheint hierin ein Widerspruch zu liegen; denn dann müsste die Philologie der Philosophie nicht coordinirt, sondern subordinirt sein. Aber die Naturwissenschaft, wenn sie empirisch und historisch construirt, wie die Philologie, ist eben auch nur die Rückseite der Philosophie, insofern diese sich auf die Natur bezieht, und ihr nicht mehr untergeordnet, als wir die Philologie untergeordnet gefunden haben, nämlich dergestalt, dass die Philosophie wieder wechselseitig untergeordnet erscheinen wird, worin eben die Coordination liegt. Nur durch die selbständige Stellung der Philologie wird — wie sich später zeigen wird — die vollständige Construction ihrer Theile aus ihrem Begriffe und das unmittelbare Hervorgehen der Methode aus demselben möglich.

§ 4. Es war nothwendig erst einen unbeschränkten Begriff von der Philologie aufzustellen, um alle willkürlichen Bestimmungen zu entfernen und das eigentliche Wesen der Wissenschaft zu finden.

Aber je unbeschränkter der Begriff ist, desto mehr ist die Beschränkung in der Ausführung geboten. Der nothwendige Begriff kann zunächst eine willkürliche Grenze für den Umfang erhalten, in welchem er von diesem oder jenem Gelehrten ausgeführt wird.*) Jener Begriff ist ein absoluter, der Umfang, in welchem er ausgeführt wird, ein relativer. So kann man die relative Beschränkung auch nach Disciplinen stellen, z. B. Philologie der Sprache, der Literatur u. s. w. Hierdurch reisst man indess die Theile des Begriffs selbst auseinander, so nothwendig eine solche Auflösung auch ist. Eine andere Beschränkung betrifft nur die äussere Erscheinung des Begriffes nach Zeit und Raum, wenn man nämlich ein relativ geschlossenes Zeitalter oder ein Volk allein in Betracht zieht. So erhält man eine antike und moderne, eine orientalische oder occidentalische, eine römische, griechische, indische, hebräische Philologie u. s. w. Eine solche Theilung ist dem Wesen der Philologie angemessener. Reichardt („die Gliederung der Philologie", S. 69) sagt in Bezug auf das Alterthum sehr richtig: „Die Alterthumswissenschaft ist weder eine Geschichte der Literatur, noch der Kunst, noch der Religion u. s. w. — solche Geschichten hat man schon ohne dieselbe — sondern eine Geschichte des Volkslebens, das aus dem Ineinandersein und Zusammenwirken aller dieser Momente besteht." Jede besondere Wissenschaft, wenn sie historisch dargestellt wird, zieht sich in einer Linie der Entwickelung hin; die Philologie fasst diese Linien alle in ein Bündel zusammen und legt sie von einem Mittelpunkt, dem Volksgeist, aus wie Radien eines Kreises auseinander.

Es ist oben (S. 12) gezeigt, wie natürlich es ist sich gerade auf das Alterthum zu beschränken. Die Philologie des klassischen Alterthums bildet ausserdem wieder eine naturgemässe Abtheilung, weil das Klassische vorzüglich wissenswerth und die Cultur der Griechen und Römer die Grundlage unserer gesammten Bildung ist. Indem wir nun ausdrücklich die übrigen Zweige der Philologie als gleichberechtigt anerkennen, nehmen wir für die folgende Betrachtung die aus äussern Gründen gerechtfertigte, aber an sich zufällige Beschränkung auf das klassische Alterthum, und zwar mit Bewusstsein der Beschränkung an;

---

*) Vergl. die Rede zur Begrüssung der Herren Haupt und Kiepert als neu eingetretener Mitglieder der Preuss. Akad. der W. (1854). Kl. Schr. II, 433 ff.

innerhalb derselben aber folgen wir dem unbeschränkten Begriff, aus dem allein die Methode und die Construction hervorgeht.

§ 5. Nachdem Begriff und Umfang des philologischen Studiums festgestellt ist, haben wir den Zweck desselben zu untersuchen. Es wird jedoch gut sein, zuerst die verschiedenen Benennungen des Studiums zu betrachten, da diese den besten Aufschluss über die Bestrebungen geben, welche man bei demselben bisher verfolgt hat. Ueber die Benennung Philologie selbst habe ich schon oben vorweg Einiges sagen müssen um daraus die Begriffsverhältnisse zu begründen. Die Worte φιλόλογος (nicht φιλολόγος) und φιλολογία finden sich zuerst bei Platon; er wendet sie zwar noch nicht technisch an, der Sache nach aber ist schon dasselbe gemeint, was bei Eratosthenes in dem technischen Ausdrucke liegt, nämlich nicht Sprachkunde, sondern das Bestreben sich Kunde überhaupt, welche die Erkenntniss des Erkannten ist, zu erwerben. Λόγος ist eben Kunde, vorzüglich die durch Tradition erworbene, die eigentlich die wirklich philologische und deren Hauptquelle die Literatur ist; daher heissen λογογράφοι, λόγιοι frühzeitig die Ueberlieferer der Kunde im Gegensatz gegen die ἀοιδοί oder ποιηταί, welche den Mythos, nicht die geschichtliche Tradition behandeln, und welche poetisch gestalten, nicht historisch, und im Gegensatz zu der eigentlichen coφία. Platon gebraucht φιλόλογος und φιλολογία von der Lust zu und an wissenschaftlicher Mittheilung Phaedr. 236 E; Lach. 188 C; Theaet. 161 A; Rep. IX 582 E. Die Athener heissen bei ihm (Ges. I, 641 E) φιλόλογοι, die Spartaner bei Aristoteles Rhet. II, 23 ἥκιστα φιλόλογοι, nicht als unphilosophisch, was sie nicht waren, sondern als unempfänglich für mannigfache Mittheilung. In den Aristotel. Probl. XVIII. stehen ὅσα περὶ φιλολογίαν, und die aufgestellten Fragen betreffen Lesen, Rhetorik, Stilistik und Geschichte, so dass hier der Ausdruck bereits einen fast technischen Sinn hat und unsere Bemerkung vom Lesen bestätigt wird. Φιλόλογος ὁ φιλῶν λόγους καὶ ϲπουδάζων περὶ παιδείαν heisst es bei Phrynichos (p. 392 Lobeck) in Bezug auf den alten Sprachgebrauch. Die Identität der Philologie mit der φιλομάθεια ist schon oben berührt. Dem Platon ist (Republ. II, p. 376 B) allerdings φιλομαθές und φιλόσοφον dasselbe; nach platonischer Ansicht entspricht der Philologie mehr das φιλόδοξον, aber freilich nur, inwiefern sie keine Ideen erkennt. Da sie nach unserer Ansicht nun Ideen erkennen soll, so würde sie nach dem platonischen Begriffe zur Philosophie gehören und insofern also wieder das φιλομαθές auch ihr zukommen. Als seit Eratosthenes der Name die Polymathie bezeichnete, wurde auch Philosophie einbegriffen. Strabon, welcher den Ausdruck (wie Diodor XII, 53) von den Athenern in demselben Sinne anwendet, in welchem wir ihn bei Platon finden, spricht (XVII, p. 794) vom alexandrinischen Museum, dessen Mitglieder Gelehrte jeder Art, nicht bloss Grammatiker, sondern auch Mathematiker, Physiker u. s. w., ja auch Philosophen waren, und nennt sie οἱ τοῦ Μουσείου μετέχοντες φιλόλογοι ἄνδρες. Er nimmt hier φιλόλογοι für Gelehrte überhaupt, weiter als Eratosthenes. Bei Späteren hat sich der Begriff des φιλόσοφος und φιλόλογος völlig als Gegensatz gestaltet. So finden wir diesen Gegensatz in einem Briefe des Seneca ausgesprochen (108 § 29 ff.), worin er sich über die Philologie als Polyhistorie lustig macht. Plotin sagte von Longin (Porphyr. *vit. Plotin.* c. 14 u. Proklos *in Timaeum* I p. 27 B) aus Gründen, die hier nicht hergehören, die aber vorzüglich darin lagen, dass er den Longin nicht allegorisch speculativ, sondern nur als nüchternen Ausleger befand: φιλόλογος μὲν ὁ Λογγῖνος, φιλόσοφος δὲ οὐδαμῶς. Es gab Φιλολόγων ὁμιλίαι des Longin, und eine φιλολογικὴ ἀκρόασις des Porphyrios citirt Eusebius (Pr. E. X, 3); sie scheinen allgemein literarisch gewesen zu sein. Vergl. die gelehrte und eine Unzahl von Beispielen enthaltende Abhandlung: *De vocabulis* Φιλόλογος, γραμματικός, κριτικός von Lehrs, n. I. der *Analecta* hinter seinem Buche *Herodiani scripta tria emendatiora*, Königsberg 1848 S. 379 ff.

Der Name φιλολογία ist jedenfalls der bezeichnendste. Bei den Römern wird auch der Name *litterae* zur Bezeichnung der Philologie gebraucht, insofern er die allgemeine Gelehrsamkeit und zwar im Gegensatz zur Philosophie ausdrückt. Es kann jemand ein Philosoph sein, *sapiens et sapientiae amans, studiosus,* aber dabei nicht *litteratus.* So war Epikur ein *vir sapiens non litteratus. Humanus* sogar kann man sein ohne *litteratus* zu sein. *Eruditus* steht im Gegensatze von *ferus, immanis; doctus* im Gegensatze von *imperitus;* doch wird beides oft schon auf die *litterae* bezogen, wie *eruditio* bei Sueton *Calig.* 53. *Litteratura* ist daher auch Philologie im weiteren Sinne, so wie *grammatica,* welches allerdings zunächst auf Sprachkenntniss, hernach aber überhaupt auf die *litterae* geht. Der γραμματικός ist Gelehrter im Allgemeinen, wissenschaftlich gebildet: der γραμματιστής ist Sprachmeister. Den γραμματιcτήc nennen einige Lateiner nun *litterator*: *litteratus* ist ihnen ebensoviel als γραμματικός; jener ist *non perfectus litteris, sed imbutus*, konnte auch wohl *servus, venalis* sein (Sueton, *de Gramm.* cap. 4); doch ist dieser Sprachgebrauch nicht allgemein, und *litterator* wird in derselben Bedeutung wie *litteratus* gebraucht. *Litterae* und γράμματα enthalten den Begriff der φιλολογία beinahe so rein als dies Wort selbst; nur ist der λόγος das Ursprüngliche, dem γράμμα als dem Zeichen zu Grunde Liegende. Seneca unterscheidet in der oben angeführten Epistel (108) *Philosophus, Philologus, Grammaticus:* unter *Grammaticus* versteht er einen Sprachgelehrten, unter *Philologus* im Sinne von Polyhistor einen Kuriositätenkrämer, der in allen Wissenschaften nach Absonderlichkeiten sucht. Quintilian giebt der Grammatik dagegen ganz den Begriff der Philologie (II. 1, 4); denn sie umfasst bei ihm *praeter rationem recte loquendi prope omnium maximarum artium scientiam*. In diesem weiten Umfange wurde das Wort sehr häufig und schon bei den Griechen verstanden, seitdem die griechischen Techniker von Aristarch an unter dem Namen γραμματική meist die Sprachwissenschaft mit der Auslegung und Kritik der Schriftsteller zusammenfassten. Vergl. Classen: *de grammat. graec. primordiis* S. 81. Meier vor dem Halle'schen Katalog 1842—1843 (in den *Opuscul. Acad.* II, S. 20 ff.).

Ein anderer Ausdruck für Philologie ist erst von den Neueren geschaffen, der der sogenannten Humaniora, welcher jedoch besonders die Lectüre der Klassiker bezeichnen soll und folglich zu einseitig ist, sowie er auf der andern Seite seinem eigentlichen Sinne nach zu viel sagt. *Humanitas* ist die menschliche Natur, das Reinmenschliche im Gegensatz zum Thierischen. Weil nun die allgemeine Bildung den Menschen eigentlich zum Menschen macht, die frei ist vom Streben nach Gewinn, welchen auch das Thier sucht, so nannte man die darauf hinzielenden Studien *studia humanitatis*. Zu weit ist der Ausdruck auf die Philologie angewandt, weil darin der Gegensatz des ursprünglichen Erkennens und der Reproduction nicht liegt. Ueber den Sprachgebrauch s. Jo. Aug. Ernesti, *Progr. de finibus humaniorum studiorum regundis* 1738 und den Auszug in der *Clavis Cic. v. humanitas*. Die Alten sagen wohl *studia humanitatis*, aber nicht *humaniora*; auch duldet der Begriff, der ja eigentlich Gattungsbegriff ist wie *humanitas* selbst, keine Comparation, und der Ausdruck ist wohl erst im Mittelalter entstanden: Wolf, Mus. d. Alterthumswissenschaft 1. Bd. S. 12.

I. Idee der Philologie.   25

Ebenso unzureichend ist der Name der Kritik für die ganze Philologie, wiewol einige Nationen diesem Namen einen grossen Umfang geben, oder der Ausdruck, den die Engländer anwenden, *classical learning*, oder endlich *belles lettres*, wofür auch die Franzosen jetzt *littérature* sagen. Leibniz, der unter allen Philosophen am meisten Philologe und Gelehrter war, verbindet mit dem Worte Erudition ungefähr den Sinn, welchen wir der Philologie beilegen; die Erudition hat es nach seiner Ansicht mit dem zu thun, was wir von den Menschen lernen, *quod est facti*, die Philosophie mit dem *quod est rationis sive juris.**)

§ 6. Wir untersuchen nun den Zweck und die Anwendung des philologischen Studiums, deren verschiedene Seiten in den verschiedenen Namen angedeutet sind. Die Philologie macht Anspruch darauf Wissenschaft zu sein; zugleich aber ist sie eine Kunst, inwiefern nämlich die historische Construction des Alterthums selbst etwas Künstlerisches ist. Ganz so ist die Dialektik der Philosophie eine Kunst. Der Zweck der Wissenschaft**) aber ist, wie Aristoteles sagt, das Wissen, das Erkennen selbst. Die Erkenntniss des Alterthums in seinem ganzen Umfange kann also allein der Zweck dieser Philologie sein, und dies ist gewiss nichts Gemeines; denn es ist ja Erkenntniss des Edelsten, was der menschliche Geist in Jahrtausenden hervorgebracht hat, und gewährt eine tiefe und grosse Einsicht in das Wesen der göttlichen und menschlichen Dinge, wenngleich im Einzelnen die neuere Zeit es viel weiter gebracht hat; man lernt hier das ganze Getriebe des menschlichen Erkennens und der menschlichen Verhältnisse begreifen und orientirt sich über die wesentlichen Interessen der Menschheit auf einem Gebiete, wo alle Leidenschaft schweigt, weil es weit hinter der Gegenwart liegt, und wo also ein unbefangenes Urtheil möglich ist. Mit Recht sagt Schelling (Vorles. über die Methode des akadem. Studiums S. 76): der Philologe „steht mit dem Künstler und Philosophen auf den höchsten Stufen, oder vielmehr durchdringen sich beide in ihm. Seine Sache ist die historische Construction

---

*) Vergl. die Rede von 1839: Ueber Leibnizens Ansichten von der philologischen Kritik. Kl. Schr. II, 245 f.
**) Vergl. die lat. Rede von 1817: *De fine et ingenio doctrinae disciplinaeque academicae*. Kl. Schr. I, 38. Ferner die deutsche Rede von 1853: Ueber die Wissenschaft, insbesondere ihr Verhältniss zum Praktischen und Positiven. Kl. Schr. II, 84 ff.

der Werke der Kunst und Wissenschaft, deren Geschichte er in lebendiger Anschauung zu begreifen und darzustellen hat." Dies kommt dem Meinigen sehr nahe, im Geiste ganz, wenn auch nicht in der Ausdehnung. Nach diesem Zwecke gestaltet, wird die Philologie des klassischen Alterthums ohne Zweifel ein befriedigendes Studium sein. Der Mangel an Befriedigung, welchen sie bei der erwachten Productivität unsers Zeitalters zurückliess, wird durch diese erhöhte Ansicht gehoben. Es ist in dem Gesagten freilich begriffen, dass sie ein grosses Feld mannigfaltiger Dinge darbietet. Als Wissenschaft muss sie aber Alles unter eine Einheit bringen; denn alle Wissenschaft ist Aufweisung des Seienden, nicht bloss in seiner Vereinzelung, sondern in seiner Einheit, dem Zusammenhang alles Einzelnen. Die Hervorbringung der Einheit liegt aber bloss in der Idee; die Materie ist durchaus mannigfach und zerstreut; daher muss die Wissenschaft Ideen bilden, in welchen das Seiende liegt, und den Zusammenhang dieser Ideen aufweisen. Eine isolirte Betrachtung der Gegenstände oder vielmehr des Materials, wie sie in der Interpretation und Kritik bei vereinzeltem Betriebe allein thätig ist, entbehrt folglich aller Wissenschaftlichkeit. Indessen wird die Einheit hier nicht durch Deduction *a priori* erzeugt; denn weder ist das Mannigfaltige und Empirische, welches der Philologie vorliegt, einer solchen Deduction fähig, noch ist diese Methode philologisch, sondern die Idee, die das Gegebene mannigfaltig durchdringt, und das Ganze wirklich zur Einheit gestaltet, muss durch Induction aufgewiesen und so das Einzelne in wissenschaftlichen Zusammenhang gebracht werden. Um dies zu erreichen, dazu gehört freilich, wie nach Cicero *de orat.* I, 5 ff. zur Beredsamkeit, Mancherlei. Ein reines Gemüth, ein allem Guten und Schönen nur offner Sinn, gleichempfänglich für das Höchste und Uebersinnliche und für das Kleinste, Gefühl und Phantasie verbunden mit Schärfe des Verstandes, eine harmonische Ineinanderbildung des Gefühls und Denkens, des Lebens und Wissens, sind für jede Wissenschaft und nebst rastlosem Fleiss auch für die Philologie Grundbedingungen des wahren Studiums.*) Aber auch so ist die Aufgabe immer noch unendlich schwer, weil sie die Vereinigung vieler untereinander entgegengesetzter Thätigkeiten erfordert. So ist die Kritik dem dogmatisch darstellenden und

---

*) Vergl. die lat. Rede von 1823: *De eruditorum virtute.* Kl. Schr. I, 112 ff.

dem Ideen auffassenden Geiste, sowie der Phantasie durchaus zuwider, ja sogar dem Gedächtniss, welches an seiner Stärke durch Kritik verliert, und es entsteht also ein beständiger Kampf des scheidenden Verstandes und des anschauenden setzenden Geistes, indem stets, was dieser setzt, jener wieder vernichten will, wie häufig ein Kritiker immer des andern Gedanken wieder negirt; dies zeigen hundert Beispiele in der Philologie, wo Einzelne durch richtige Anschauung tiefe Gedanken setzen, welche bloss kritisch organisirte Köpfe wieder vernichten. Das Gleichgewicht ist selten; viele haben eine wahre Wuth gegen alle Ideen, alle Constructionen, und suchen nur in ihrer anschauungslosen Kritelei ihren Ruhm. Ferner ist auch die Polyhistorie dem Geiste durchaus entgegengesetzt, und durch sie verliert ebenfalls die Kritik, so wie man wieder für die Polyhistorie durch überhandnehmende Speculation abgestumpft wird, welche das Kleine, das Scharfbegrenzte, das Einzelne übersehen und nur die grösseren allgemeinen Ideen erfassen will, während doch erst die Einheit des Allgemeinen und Besonderen eine richtige Erkenntniss gewährt. Auch der Sprachsinn ringt stets mit der Richtung auf das Reale. „Aus Armuth an Sachen hängt man sich, wie Jean Paul sagt, gern an die Worte und spaltet und zergliedert diese"; daher findet man auch oft bei den gelehrtesten Philologen eine auffallende Entblössung und Armuth an allen Sachkenntnissen. Wer umgekehrt nur auf den Stoff gerichtet ist, übersieht gewöhnlich die feine Form der Erkenntniss, welche die Sprache giebt; denn nicht wie Kern und Schaale verhält sich Sache und Wort, sondern beide sind innig mit einander verwachsen. Der Humanismus, der die freiere Bildung des Geistes und Geschmacks erstrebt, stösst gerade auf dem Gebiete der Philologie mit der an dem Einzelnen klebenden und doch so nothwendigen Mikrologie scharf zusammen; denn man muss in der Philologie in gewissem Grade pedantisch sein, wenn man nicht durch Vernachlässigung des Kleinen in Irrthum gerathen will. Endlich kommt in der Philologie der Kampf des Antiken und Modernen zum Austrag; dem rein theoretischen Interesse am Alterthum gegenüber machen die Gegenwart und die Anforderungen des praktischen Lebens ihr Recht geltend. Aber auch hier, wie bei allen übrigen Gegensätzen, ist eine Vermittelung möglich. Die Ideen des Alterthums müssen und können in lebendige Beziehung zu dem modernen Denken gesetzt werden und üben dann auf dieses eine reinigende Wirkung aus. Man erkennt hieraus, dass die Philologie eine vielseitige Bildung des Geistes erfordert und giebt.

Eine andere Frage als die nach dem Zweck ist die nach dem Nutzen oder der Anwendung. Alle Wissenschaft hat den Nutzen der Erkenntniss, welcher Klarheit, Ruhe und Festigkeit der Seele und des Gemüths entspringt; im Wahren, Schönen und Guten liegt der höchste Nutzen selbst; aus dem richtigen Erkennen geht das richtige Handeln hervor.*) Wenn die Philologie nun das ganze Erkennen grosser und hochgebildeter Völker, auch ihr praktisches aufzeigt, so wird sie auch dem praktischen Handeln Nutzen schaffen, wie grosse, klassisch gebildete Staatsmänner bewiesen haben.**) Der Mangel dieser Bildung bei den Staatsmännern unserer Zeit zeigt sich empfindlich genug; gerade für unsere Zeit ist das Alterthum in der Politik belehrend: dort liegen alle Principien ganz klar. Jetzt sprechen so viele Stümper von der klassischen Philologie geringfügig; sie sagen, sie überspränge die ganze Zeit des Mittelalters und der neueren Bildung bis heute. Dies hat nur Sinn, wenn man annimmt, dass das Alterthum mit der neuern Bildung nicht zusammenhängt. Wilh. v. Humboldt, wahrhaftig ein Mann, der auf der Höhe seiner Zeit stand, in seine Zeit und in Verhältnisse, die gross waren, in alle wichtigen Begebenheiten eingegriffen hat, hinterliess keine Memoiren, wie mir sein Bruder sagte, weil er sich bei dieser Misère nicht aufhalten wollte, sondern es vorzog, während der Zeit, die ihm dies kosten würde, die Griechen und Römer zu studiren.***) Das Alterthum lehrt die wahre politische Freiheit

---

*) Vergl. die lateinische Rede von 1824: *De vegeta et valida scientia.* Kl. Schr. I, 121 ff., und die deutsche Rede von 1853: Ueber die Wissenschaft, insbesondere ihr Verhältniss zum Praktischen und Positiven. Kl. Schr. II, 86 ff. Ferner die Prooemien zum Berl. Lektionskatalog von 1813: *De Ciceronis sententia, oratorem perfectum neminem posse esse nisi virum bonum.* Kl. Schr. IV, 65 ff.; von 1834/35: *De genuina artium studiorum utilitate.* Kl. Schr. IV, 397 ff.; von 1837/38: *De tribus vitae sectis, activa, contemplativa, voluptaria recte temperandis.* Kl. Schr. IV, 426 ff.; von 1842/43: *De libertate animi in artium studiis tuenda.* Kl. Schr. IV, 524 ff.

**) Vergl. die lateinische Rede von 1828: *De ratione quae intercedat inter doctrinam et rempublicam.* Kl. Schr. I, 157 ff.

***) Vergl. die Worte zum Gedächtniss Wilh. v. Humboldt's, 1835, Kl. Schr. II, 211 ff. Ferner: Ueber Friedrich's des Grossen klassische Studien (Rede von 1846). Kl. Schr. II, 336 ff.

und die echten Grundsätze derselben; es zeigt die Verwerflichkeit des Absolutismus und der Ochlokratie. Wer das Alterthum politisch studirt hat, kann keinem von beiden Extremen huldigen, ebensowenig der Despotie wie den Träumen des Socialismus und Communismus, welche schon das Alterthum durchgeträumt und überwunden hat. Der Republicanismus der alten Welt ist nicht, wie Einige meinen, gefährlich; es sei denn, dass man das zu Grunde liegende Freiheitsgefühl für schädlich halte. Was den Patriotismus betrifft, so sagt Herbart in seiner allgemeinen Pädagogik S. 85: „Denkt euch einen europäischen Patriotismus, die Griechen und Römer als unsere Vorfahren, die Spaltungen als unglückliche Zeichen des Parteigeistes, mit dem sie verschwinden müssten . . . Kehren wir zu den Alten!"*) Ferner spricht man von Mangel an christlichem Bewusstsein in der klassischen Philologie. Ich denke darüber so: Philologie ist Wissenschaft; das Christenthum, dogmatisch betrachtet, ist eine positive Religion. Niemand wird glauben, dass die Philologie absichtlich vom Christenthum abwende, etwa wie um die Mitte des 15. Jahrh., wo in der That Gemistus Plethon in seiner Νόμων cυγγραφή (Par. 1858) die alten Culte wiederherstellen wollte; nur vom Aberglauben kann das Studium des Alterthums abwenden, d. h. vom falschen Christenthume. Die Wissenschaft und die positive Religion stehen auf einem ganz verschiedenen Felde. So wenig als die Mathematik, die Chemie oder Astronomie etwas mit christlichem Bewusstsein zu thun haben, ebensowenig die Philologie. Sie hat ihr Wesen in sich, der Philologe kann ein Christ sein und umgekehrt ein Christ ein Philologe, aber beide sind jedes für sich. Sind ja doch die meisten Menschen Christen ohne Philologen zu sein, und Juden und Muhamedaner tüchtige Philologen gewesen; man muss nicht alle Dinge unter einander mischen. Die Philologie stimmt hierin vollständig mit der Philosophie überein. Daher ist auch die Ansicht unstatthaft, die Philologie sei zwar nicht antichristlich; aber sie müsse durch das Christenthum regenerirt werden: man muss die Wissenschaft durchaus von der Religion unabhängig erhalten; sonst gelangt man nothwendig zu der grenzenlosen Verwirrung der heutigen

---

*) Vergl. das Prooemium zum Berliner Lektionskatalog von 1811/12: *De ratione quae inter artes et patriam intercedat apud Graecos a nostra diversa.* Kl. Schr. IV, 39 ff.

Zeitbegriffe, welche in der That selbst die Mathematik und die Naturwissenschaften im christlichen Geiste auffassen will. Die beste Widerlegung derer, welche vom christlichen Standpunkte aus gegen das Studium des Alterthums polemisiren, giebt die Schrift des heiligen Basilius: λόγος ὁ πρὸς τοὺς νέους, in welchem er die klassischen Studien empfiehlt, und Gregor von Nazianz in der Gedächtnissrede auf Basilius. Man kann sich hierüber und über die Anfeindungen der klassischen Studien von jenem Standpunkt aus gut unterrichten aus der Schrift: Der heilige Basilius und die klassischen Studien von Hermann Dörgens, Leipzig 1857; zu bedauern ist, dass diese Schrift unklar und schlecht stilisirt ist.*)

Aus dem Nutzen, welchen die Philologie für die Bildung überhaupt gewährt, folgt nun speciell ihr pädagogischer Werth in ihrer Anwendung für den Schulunterricht.**) Man hat in unserer Zeit, wo so viele pädagogische Fragen verhandelt worden sind, wo man sich von Allem, was man thut, Rechenschaft zu geben mit Recht bestrebt ist, die Frage aufgeworfen, warum das Studium des Alterthums einen Haupttheil, ja den vorzüglichsten des Schulunterrichts ausmache. Da man nun glaubte gefunden zu haben, dies sei ursprünglich darum geschehen, weil die ganze neuere Wissenschaft sich aus dem Alterthum durch die sogenannte *restauratio litterarum* hervorgebildet habe, und annahm, dass jetzt die neuere Wissenschaft unabhängig sei: so sah man nicht ein, wozu jene Vorbildung durch das Alterthum noch nöthig sei, nachdem man eigene Bildung und eigenes Wissen erlangt habe, und man sah sich daher nach einem andern Princip um, warum

---

*) Vergl. die lateinische Rede von 1846: *De litterarum, philosophiae imprimis et antiquitatis studiorum conditione praesenti.* Kl. Schr. I, 328 ff.; die Rede zur Eröffnung der 11. Philologenversammlung. Kl. Schr. II, 194 f.; die Rede von 1853: Ueber die Wissenschaft, insbes. ihr Verhältniss zum Praktischen und Positiven. Kl. Schr. II, 91 ff.; die Rede von 1839: Ueber Leibnizens Ansichten von der philol. Kritik. Kl. Schr. II, 250; die Rede von 1861: Ueber die Schwierigkeiten, unter denen S. Maj. der König Wilhelm den Thron bestiegen hat. Kl. Schr. III, 88.

**) Vergl. die lateinischen Reden von 1819: *De homine ad humanitatem perfectam conformando.* Kl. Schr. I, 74 f.; von 1822: *De antiquitatis studio.* Kl. Schr. I, 106 ff.; von 1826: *De philosophiae et historiae cum ceteris disciplinis coniunctione.* Kl. Schr. I, 142 f., von 1832: *De moribus litterisque et artibus publica institutione propagandis.* Kl. Schr. I, 202 f. Ferner die Rede zur Eröffnung der 11. Philologenversammlung, 1850. Kl. Schr. II, 187 f. 195 ff.

dennoch die Philologie als Alterthumsstudium die Grundlage des Schulunterrichts bleiben solle. So gelangte man zu der Ansicht von der sogenannten formalen Bildung, die durch die Mathematik auf der einen Seite, und andrerseits durch die alten Sprachen — man weiss nicht recht, warum durch diese allein und nicht auch durch die neueren — gewonnen werden soll. Dass vom Alterthum mehr zu gewinnen als Sprache, dass noch viele Dinge aus dem Alterthum formal bilden, auch Geschichte, Geographie und andere Realien, brachte man nicht in Anschlag. Man sieht aber leicht, dass das Princip der formalen Bildung, wiewohl sie allerdings durch das Studium des Alterthums erreicht wird, doch nur ein Nothbehelf ist um die geschichtlich gegebene Stellung jenes Studiums in unserm Schulunterricht zu begründen, nachdem es in ein scheinbares Missverhältniss mit unserer Bildungsepoche getreten war. Die ganze Ansicht ist unhaltbar; formal kann man sich in der eigenen Sprache, durch Mathematik, Philosophie und Poesie bilden, wie die Griechen selbst gethan haben. Ist es wahr, dass das Alterthumsstudium nicht mehr wie vor 300 Jahren die Quelle unsers Wissens, sondern unser Wissen jetzt unabhängig ist, so muss man es aus dem Unterricht ausschliessen und durch jene anderen näher liegenden formalen Bildungsmittel ersetzen. Aber dem ist nicht so. Noch beruht alle Geschichte ihrer einen Hälfte nach auf dem Alterthum; noch wird keiner ein ordentlicher Philosoph werden, der nicht die Geschichte aller Systeme, das Werden der Philosophie von Anbeginn von Neuem durchlebt hat; noch stehen die poetischen Werke des Alterthums höher als alle andern, was nur die nicht einsehen, die eine oberflächliche Kenntniss davon haben; noch waltet nirgends ein höherer Geist als im Alterthum. Nimmt man einige Wissenschaften, die in der ersten Entwickelung stehen, aus, besonders technische und überhaupt Naturwissenschaften, mit denen auch die Philologie als Geschichte des Geistes weniger Berührung hat, so wurzelt alle unsere Kenntniss noch im Alterthum. Wo ist das Christenthum entstanden als in der antiken Welt? Wer kann seine Grundlage, wer sein erstes Leben, dessen Zurückführung die eigentliche Quelle seiner Restauration ist, wer seine Sätze selbst verstehen, ohne in das Leben des Alterthums eingeweiht zu sein? Wer kann läugnen, dass das Römische Recht noch immer die Grundlage unserer Rechtsverhältnisse ist, soviel auch davon geändert worden? Welcher Arzt kann, wenn er nicht ein blosser Praktiker und roher Empiriker ist, das Alterthum verachten? Oft liegen noch verborgene Schätze darin. Kurz, es ist noch jetzt auch dieser Theil des historischen Studiums, den wir Alterthumskunde nennen, die Basis aller Disciplinen, in tausend Fäden verflochten und verwachsen mit unserer Bildung. Nicht gering anzuschlagen ist auch der moralische Werth dieses Studiums; überall giebt das Alterthum rein menschliche, vorurtheilsfreie, geistige, von dem αἰcχρόν entfernte Ansichten und macht den Menschen frei und freigesinnt. Uebrigens läugnen wir, wie gesagt, den Werth für die formale Bildung nicht und behaupten, dass am Studium des Alterthums, als dem geeignetsten Objecte, wo ein Verlorenes wiederzuerkennen ist, die ganze eine Seite der wissenschaftlichen Thätigkeit, nämlich die philologische für alle Wissenschaften vorgeübt wird. Es sind dies die besten προγυμνάcματα aller derartigen Studien; aber das Hauptgewicht ist doch auf die reale Seite zu legen. Es enthält das Alterthum die Anfänge und Wurzeln aller Disciplinen, die primitiven Begriffe und sozusagen die gesammten Vorkenntnisse der Menschheit; diese eignen sich natürlich für die Schulbildung eben als Elemente ganz vorzüglich. Die Anfänge sind gerade sehr wichtig; in der Regel liegt in ihnen das Geistigste, die ἀρχή, das Princip, welches oft in der Folge verdunkelt wird, wenn man nicht immer wieder auf die Anfänge zurückgeht. Unsere schöne Literatur ist nur durch das Alterthumsstudium gross geworden. Jean Paul sagt irgendwo: „Die jetzige Menschheit versänke unergründlich tief, wenn nicht die Jugend vorher durch den stillen Tempel der grossen alten Zeiten und Menschen den Durchgang zum Jahrmarkt des spätern Lebens nähme." Und Jean Paul ist doch ein ganz moderner Mensch. Thiers sagt: „Es sind nicht bloss Worte, welche man der Jugend beibringt, indem man sie Griechisch und Latein lehrt; es sind edle und erhabene Sachen; es ist die Geschichte der Menschheit unter einfachen, grossen, unauslöschlichen Bildern. In einem Jahrhundert wie das unsrige die Jugend von der Quelle des antiken Schönen, des Einfach-Schönen entfernen, würde nichts anderes sein als unsere moralische Erniedrigung beschleunigen. Lassen wir die Jugend im Alterthum wie in einer sturmlosen, friedlichen und gesunden Freistatt, die bestimmt ist sie frisch und rein zu erhalten." Mit den Worten werden zugleich die Gedanken eingesogen, die das geistige Eigenthum aller gebildeten Völker und von den

Alten auf uns vererbt sind, die Grundansichten der gebildeten Menschheit überhaupt; die Mängel sind freilich abzustreifen. Wer da glaubt, dass wir nach Erlangung einer mässigen, einigermassen selbständigen Bildung nun die Alten, durch deren Hülfe wir sie erlangt haben, entbehren könnten, der glaubt, wenn man das Dach gebaut habe, könne man die Fundamente ohne Noth vernachlässigen.

In der Stellung des Alterthumsstudiums zu unserer Bildung liegt nun auch der Grund, warum die Philologie in dieser Beschränkung als **Hülfswissenschaft** fast aller Disciplinen Anwendung findet. Philologie und Philosophie sind entstanden ohne ursprünglich praktische Richtung, bloss um der Erkenntniss willen. Sie sind nachher auch praktisch geworden, weil alle Wissenschaft auf die Praxis wirkt. Dagegen sind die übrigen Wissenschaften ursprünglich praktisch gewesen, haben sich gleich auf das Leben bezogen; theoretisch und um ihrer selbst willen sind sie erst später geübt worden, zunächst um das Praktische zu begründen. In dieser Beziehung kann also auch nur die Philologie, wie die Philosophie, als Hülfswissenschaft für sie eintreten, insofern die Theorie der einzelnen Disciplinen in derselben ihre historische Grundlage hat. Vom Theologen, Juristen und Staatsmann ist dies am einleuchtendsten; für die Beukunst und bildende Kunst ist wenigstens ein Theil der klassischen Philologie unentbehrlich, ebenso für die mathematischen Wissenschaften und Naturwissenschaften.

Einen dritten Nebenzweck erreicht die Philologie durch ihre Methodik, welche die Theorie des Erkennens vom Erkennen, d. h. des **Verstehens** überhaupt darstellt. Das Verstehen ist eine schwere Kunst, die in allen Wissenschaften zur Anwendung kommt; denn die Entwickelung und Anwendung aller Wissenschaften geschieht durch gemeinsame Arbeit und erfordert also eine gegenseitige Verständigung der zusammenwirkenden Gelehrten. Insofern ist die Philologie eine methodische Propädeutik für alle Wissenschaften.

Literatur. Ueber Idee, Zweck und Anwendung der Philologie ist unendlich viel geschrieben worden. Ich hebe hervor: Zell, Betrachtungen über die Wichtigkeit und Bedeutung des Studiums der klassischen Literatur und Alterthumskunde für unsere Zeit. Freiburg 1830. — Welcker, Ueber die Bedeutung der Philologie (1841). Kl. Schr. Bd. IV. — Bäumlein, die Bedeutung der klassischen Studien für eine ideale Bildung. Heilbronn 1849. — Herbst, das klassische Alterthum in der Gegenwart, eine geschichtliche

Betrachtung. Leipzig 1852. — O. Jahn, Bedeutung und Stellung der Alterthumsstudien in Deutschland. Preuss. Jahrbücher 1859 [umgearbeitet in der Sammlung „Aus der Alterthumswissenschaft", Bonn 1868, S. 1—50]. — Döderlein, Oeffentliche Reden. Frankfurt a/M. 1860 (darin: „Ueber das Verhältniss der Philologie zu unserer Zeit"). — Georg Curtius, über die Geschichte und Aufgabe der Philologie. Ein Vortrag. Kiel 1862. — Ernst Curtius, Göttinger Festreden. Berlin 1864. (Darin: „Das Mittleramt der Philologie" und „der Weltgang der griechischen Cultur." [Auch abgedruckt in Alterthum und Gegenwart. I. Band. Berlin 1875. 3. Aufl. 1882.]) [W. Clemm, Ueber Aufgabe und Stellung der klassischen Philologie, insbesondere ihr Verhältniss zur vergleichenden Sprachwissenschaft. Giessen 1872. — B. Schmidt, über Wesen und Stellung der klassischen Philologie. Freiburg i. Br. 1879. — L. Lange, über das Verhältniss des Studiums der klassischen Philologie auf der Universität zu dem Berufe der Gymnasiallehrer. Leipzig 1879. — F. Heerdegen, die Idee der Philologie. Erlangen 1879. — Fr. Ritschl, kleine philologische Schriften. V. Band. Vermischtes. Leipzig 1879. Darin: „Ueber die neueste Entwickelung der Philologie" und „Zur Methode des philologischen Studiums."]

II.

Begriff der Encyklopädie in besonderer Hinsicht auf die Philologie.

§ 7. Nachdem wir die Idee der Philologie auseinandergesetzte müssen wir zunächst erklären, was wir unter Encyklopädie verstehen, und dann diesen Begriff in Beziehung auf die Philologie betrachten. Wir gehen nach philologischer Weise von der Bedeutung des Wortes aus. Stange, Theologische Symmikta Th. 1, Nr. 6, Seite 166 f. (Halle 1802) hat eine Abhandlung über den Namen geschrieben, worin er behauptet, derselbe bezeichne den Zusammenhang, den eine Encyklopädie haben müsse. Dies ist eine verbreitete Ansicht. Der griechische Ausdruck ist ἐγκύκλιος παιδεία; denn ἐγκυκλοπαιδεία ist nur eine falsche Lesart bei Quintilian I, 10. Das Wort ἐγκύκλιος kommt nun früh von der Kreisbewegung vor, z. B. Aristoteles Meteorologie I, 2, 339ᵃ 12; da die Kreisbewegung aber vollkommen in sich abgeschlossen ist, so könnte eine „encyklische Belehrung" eine begrifflich in sich abgeschlossene, den ganzen Kreis einer Disciplin oder Wissenschaft im Zusammenhang durchlaufende Darstellung bedeuten. Allein in Verbindung mit παιδεία hat ἐγκύκλιος stets einen anderen Sinn. Alle diejenigen Dinge, welche die Jugend im Interesse der Humanität erlernen musste, nannten die Griechen ἐγκύκλιος παιδεία, ἐγκύκλια μαθήματα oder παιδεύματα. Es ist dies zunächst der Inbegriff dessen, was in den gewöhnlichen Kreis der Bildung gehört, ohne dass dabei irgendwie an eine systematische Zusammenfassung gedacht wird. Den Sinn des „Gewöhnlichen" hat das Wort ἐγκύκλιος ursprünglich, wie es Hesychios erklärt: „ἐγκύκλια· τὰ ἐγκυκλούμενα τῷ βίῳ καὶ cυνήθη". Isokrates (III, 22) verbindet ἐν τοῖς ἐγκυκλίοις καὶ τοῖς κατὰ τὴν ἡμέραν ἑκάστην γιγνομένοις, im gewöhnlichen und alltäglichen Kreislauf der Dinge. In einer Inschrift kommen schon vor dem Archonten Euklid ἐγκύκλια ἀναλώματα in dem Sinne von gewöhnlichen, regelmässigen Ausgaben vor.*) Ebenso sind ἐγκύκλιοι λειτουργίαι, ἐγκύκλιος εἰκοστή die regelmässigen Leistungen, die regelmässige Steuer. In dem angeblich aristotelischen Buche von der Staatswirthschaft bedeutet τὰ ἐγκύκλια den gewöhnlichen Verkehr.**) Bei Aristoteles Polit. I, 7 p. 1255^b 25 ist die Rede von eines Sklaven ἐγκύκλια διακονήματα; dies sind die gewöhnlichen, täglichen Dienste und Arbeiten, der gewöhnliche Geschäftskreis; ebenso II, 5, p. 1263^a 21 ἐγκύκλιοι διακονίαι und II, 9, p. 1269^b 35 τὰ ἐγκύκλια, das was im täglichen Berufskreise liegt. Die unter dem Namen des Aristoteles erhaltenen Probleme, welche ganz ohne wissenschaftlichen Zusammenhang sind, werden bei Gellius *Noctes Atticae* XX, 4 ἐγκύκλια προβλήματα genannt, weil sie Fragen behandeln, die in dem gewöhnlichen Vorstellungskreise liegen; es sind populär wissenschaftliche Probleme. Aristoteles hat ἐγκύκλια φιλοσοφήματα geschrieben. Diese sind nicht mit den erhaltenen Problemen identisch (vergl. Stahr Aristotelia II, S. 278. 279), sondern waren dialogische Schriften (Bernays, die Dialoge des Aristoteles, S. 93 ff., bes. S. 123 f.). Der Ausdruck bezeichnet aber daher offenbar auch nicht, wie Welcker, Epischer Cyklus, B. I, S. 49 ihn erklärt, ein populäres Ganzes der Wissenschaften, sondern überhaupt nur populäre Philosopheme. Dem allgemeinen Sprachgebrauch entsprechend sind also ἐγκύκλια παιδεύματα zunächst die gewöhnlichen Bildungsmittel, wie man z. B. aus Plutarch *de educatione puerorum* c. 10 sieht. Aus dieser Grundbedeutung folgt dann weiter, dass die encyklische Bildung als allgemeine der speciellen Fach- oder Berufsbildung

---

*) Staatshaushaltung der Athener. 2. Aufl. II, 237.
**) Staatshaushaltung der Athener I, 412. Vergl. über das Wort ἐγκύκλιος überhaupt die Anmerkung Böckh's zu Buttmann's Erklärung einer Papyrusschrift, Abh. d. Berl. Akad. 1824, S. 97.

entgegengesetzt wird. So sagt Strabon I, 22, in der Geschichtsschreibung nenne man πολιτικὸν οὐχὶ τὸν παντάπασιν ἀπαίδευτον, ἀλλὰ τὸν μετασχόντα τῆς τε ἐγκυκλίου καὶ cυνήθους ἀγωγῆς τοῖς ἐλευθέροις καὶ τοῖς φιλοσοφοῦσιν. Zur allgemeinen d. h. allen Freien nothwendigen Bildung rechnete man nun eine gewisse keineswegs approfundirte Kenntniss von Allem; Encyklopädie bedeutet danach die allgemeine Kenntniss des gesammten Wissens, den *orbis doctrinae*, wie Quintilian I, 10 es übersetzt. So wendet Vitruv das Wort an (im Prooemium zum 6. Buche): *Me arte erudiendum curaverunt et ea quae non potest esse probata sine litteratura encyclioque doctrinarum omnium disciplina.* Vitruv weist zwar B. I. C. 1. auf den Zusammenhang aller Disciplinen hin: *omnes disciplinas inter se conjunctionem rerum et communicationem habere*, und sagt in dieser Beziehung: *encyclios disciplina uti corpus unum ex his membris est composita.* Er deutet aber an, dass in dieser encyklischen Bildung nur das Allgemeine aller Disciplinen liegt. Die Idee ist also: *in omnibus aliquid*, woraus jedoch nicht das: *in toto nihil* folgt. Wer nicht in Allem etwas weiss, kann in Nichts etwas wissen, so dachten die Alten; daher ihre ἐγκύκλιος παιδεία.

Wird der Name Encyklopädie nun auf eine Wissenschaft angewendet, so bezeichnet er folgerichtig die allgemeine Darstellung dieser Wissenschaft im Gegensatz zu ihren speciellen Theilen. Der Zusammenhang ist nicht nothwendig damit verbunden, daher man auch ganz wohl alphabetische Encyklopädien aufstellen kann. Ich will damit nicht sagen, dass eine Encyklopädie keinen Zusammenhang haben könne; nur als Encyklopädie hat sie ihn nicht. Soll aber eine Encyklopädie einer Wissenschaft selbst als Wissenschaft dargestellt werden, so muss darin allerdings der strengste Zusammenhang sein. Dies liegt in dem Wesen der Wissenschaft überhaupt, wird aber insbesondere bei einer solchen Encyklopädie hervortreten müssen, eben weil hier das Allgemeine, worauf doch der Zusammenhang beruht — denn das Besondere wird durch das Allgemeine verknüpft — das Hervorstechende ist. Dass die Philologie in dieser Weise als ein Ganzes dargestellt werde, ist um so nöthiger, je weiter die einzelnen Theile, wie eben so viele Fragmente auseinandergestreut, in verschiedenen Köpfen vertheilt sind.

Das Maass, wie weit man bei der encyklopädischen Darstellung ins Einzelne gehen müsse, ist nicht wissenschaftlich bestimmbar; die Möglichkeit und der Zweck bestimmen dasselbe. Man kann eine Encyklopädie sehr ausführlich und ergründend anlegen, so dass sie den grössten Gelehrten belehrt; umgekehrt aber kann man sie auch für die ersten Anfänge berechnen. Denn das Allgemeine ist hier nur relativ im Gegensatz zu der monographischen Behandlung zu verstehen. Bei unserer Bearbeitung ist der Hauptzweck das Bewusstsein von dem wissenschaftlichen Zusammenhang der Philologie hervorzubringen. Wir werden also eine gewisse Mitte in der Ausführung innehalten und stets auf das Wesen, nicht auf Notizenkram ausgehen.

III.
Bisherige Versuche zu einer Encyklopädie der philologischen Wissenschaft.

§ 8. Literatur. Der umfassende, auf Ideen und das Allgemeine gerichtete Geist der Deutschen hat wie in vielen andern Wissenschaften, so auch hier angefangen zu verbinden und zu ordnen, kurz einen Inbegriff der philologischen Disciplinen zu entwerfen. Den ersten Versuch einer encyklopädischen Darstellung der Philologie kann man finden in einer Schrift von Johann van der Woweren (Wower oder Wouwer, Wowerius) von Hamburg: *De polymathia tractatio, integri operis de studiis veterum* ἀποσπασμάτιον, zuerst herausgegeben Hamburg 1604, zuletzt von Jacob Thomasius 1665 und in Gronov: *Thes. Gr. antt. T. X.* Wower war ein Mann, der auch in Staatsgeschäften gross war und ausser seiner Erudition durch seine liberalen Ansichten ausgezeichnet ist. Die Schrift ist ursprünglich zur Vertheidigung der Polymathie geschrieben, weil man Wower einen Grammaticus schalt. Wiewohl nun dieses Werk keine wirklich umfassende Darstellung der Philologie giebt, so verdient es doch noch jetzt Erwähnung. Es ist freilich so angelegt, dass es als System keine Kritik verträgt; es enthält zwar durchweg feste Begriffe und einen grossen Schatz von Gelehrsamkeit, aber es fehlt darin der systematische Geist, welcher jener Zeit nicht eigen war, wiewohl Wower noch zu den am meisten systematischen Köpfen derselben gehört. Manches findet man indess bei ihm, was man später nicht hätte vernachlässigen sollen, z. B. die Art, in welcher er die Rhetorik in seine Polymathie hineinzieht. — In einem anderen Geiste gedacht ist Johann Matthias Gesner: *Primae lineae isagoges in eruditionem universam, nominatim philologiam, historiam et philosophiam, in usum praelectionum ductae* (1. Ausg., Leipzig 1756), 4. Ausgabe mit den Vorlesungen selbst von Johann Nicolaus Niclas, 2 Thle., Leipzig 1784; ein praktisch vortreffliches und sehr interessantes Buch, indem man darin einen der grössten Gelehrten des Faches in seinem freien, nach dem Geiste der damaligen Zeit freilich mit Anekdoten, Spässen und Allotria überladenen Vortrage hört. Systematische Ansprüche kann, wie gleich der Titel zeigt, das Buch nicht machen; auch geht es nicht ausschliesslich auf die Philologie, sondern ist mehr eine allgemeine Encyklopädie und Hodegetik. — Kaum verdient hier Erwähnung Eschenburg, Handbuch der klassischen Literatur. Berlin 1783 (8. Auflage von L. Lütke 1837), ein Schulbuch, das für die wissenschaftliche Ausbildung der Philologie ohne Bedeutung ist. — Bis hierher hatte man nicht an den Namen einer Encyklopädie gedacht, der freilich im Grunde ganz zufällig ist. Diesen Namen mit einem bestimmten Begriffe hat zuerst Fr. A. Wolf in Umlauf gebracht. Er hielt seit dem Jahre 1785 in Halle Vorlesungen unter dem Namen „Encyklopädie und Methodologie der Studien des Alterthums", und setzte den Inhalt schriftlich zuerst sehr unvollkommen in einigen unvollendet gebliebenen Blättern „Antiquitäten von Griechenland", Halle 1787, auseinander. — Seine Schüler publicirten seine Theorie voreilig, was besonders gilt von Fülleborn, *Encyclopaedia philologica seu primae lineae isagoges in antiquarum litterarum studia*. Vratislaviae 1798, neue Auflage von Kaulfuss, 1805. — Ebendaher rührt: Erduin Jul. Koch, Encyklopädie aller philologischen Wissenschaften. Berlin 1793, in Sulzer's kurzem Inbegriff der Wissenschaften und auch in Koch's Hodegetik für das Universitätsstudium, Berlin 1792, S. 64—98. — Endlich veröffentlichte Wolf selbst seine Ansicht vollständig, allerdings nicht in einem versprochenen grössern Werke, sondern nur in einem kurzen Grundriss unter dem Titel: Darstellung der Alterthumswissenschaft in Wolf und Buttmann's Museum der Alterthumswissenschaft, 1. Bd. Berlin 1807. — Nach Wolf's Tode sind seine Vorlesungen herausgegeben von Stockmann, Fr. Aug. Wolf's Encykl. der Philologie. Leipzig 1831, 2. mit einer Uebersicht der Literatur bis zum Jahre 1845 versehene Ausgabe von Westermann, 1845; ausserdem von Gürtler, Leipzig (1831) 1839. — Gleichzeitig mit Wolf's Schrift erschien die Encyklopädie der klassischen Alterthumskunde von Schaaff, Magdeburg 1806 und 1808, wovon der 1. Theil in 3 Abtheilungen die Literaturgeschichte der Griechen und der Römer und die Mythologie beider Völker, der 2. ebenfalls in 3 Abtheilungen die Alterthümer der Griechen und der Römer und die Kunstgeschichte beider Völker enthält. Ein solches Werk kündigt sich gleich als unwissenschaftlich an, und es enthält in der 1. Auflage die grössten Fehler, die gröbsten Missverständnisse in allen Dingen. Die verschiedenen Abtheilungen sind Compendien der betreffenden Disciplinen, ursprünglich wie das Eschenburgische Buch für die oberen Klassen gelehrter Schulen bestimmt und haben einzeln 6 Auflagen erlebt. — Mit wissenschaftlichem Anstriche tritt dagegen auf Ast, Grundriss der Philologie. Landshut 1808. Es ist unverkennbar darin viel Gutes, aber zu viel Schwärmerei und Künstelei wie in allen Schriften dieses talentvollen Mannes, welchen nur die Eitelkeit alles zu sein verdorben hat. — Die beste Bearbeitung der Encyklopädie ist von Bernhardy, Grundlinien zur Encyklopädie der Philologie. Halle 1832, der im Ganzen vom Wolf'schen Standpunkte ausgeht. — Aug. Matthiae hat eine Encyklopädie und Methodologie der Philologie hinterlassen, welche nach seinem Tode von seinem Sohne herausgegeben ist, Leipzig 1835. — In den dreissiger Jahren erschienen dann noch: Sam. Friedr. Wilh. Hoffmann, die Alterthumswissenschaft. Leipzig 1835 und Carl Grhd. Haupt, Allgemeine wissen-

III. Bisherige Versuche zu einer Encykl. d. philolog. Wissenschaft. 39

schaftliche Alterthumskunde oder der concrete Geist des Alterthums in seiner Entwickelung und in seinem System. 3 Bände, Altona 1839. — Eine seltsame Art von encyklopädischem Werke, geistreich dargestellt, ist: Klassische Alterthumskunde, oder übersichtliche Darstellung der geographischen Anschauungen und der wichtigsten Momente an dem Innenleben der Griechen und Römer, eingeleitet durch eine gedrängte Geschichte der Philologie, von Wilh. Ernst Weber, Gymnasial-Director in Bremen. Aus der neuen Encyklopädie der Wissenschaften und Künste, Band IV besonders abgedruckt, Stuttgart 1848. Es sind jedoch eigentlich nur Alterthümer, etwas sehr populär. — [E. Hübner, Grundriss zu Vorlesungen über die Geschichte und Encyklopädie der klassischen Philologie. Berlin 1876.]

Von alphabetischen Encyklopädien nenne ich: Hederich, Reales Schullexikon. 2 Bände, Leipzig 1748. — Funke, Neues Realschullexikon, 5 Bände, Braunschweig 1805. — Dasselbe im Auszuge unter dem Titel: Kleines Realschullexikon. 2 Theile, 2. Auflage. Hamburg 1818. — Kraft und Corn. Müller, Realschullexikon. Eine gänzliche Umarbeitung von Funke's kleinem Realschullexikon, 2 starke Bände, Hamburg (1846—1853) 1864. — Aug. Pauly, Real-Encyklopädie der klassischen Alterthumswissenschaft, nach Pauly's Tode fortgesetzt von Chr. Walz und Teuffel. 6 Bände, Stuttgart 1839—1852. I. Band. 2. Aufl. 1864—66. — Charles Anthon, *Classical Dictionary.* New-York 1843, in einem starken Grossoctav-Bande ein reichhaltiges Werk. — Reallexikon des classischen Alterthums für Gymnasien, im Verein mit mehreren Schulmännern herausgegeben von Dr. Friedr. Lübker. Leipzig 1851, gr. 8. [5. Aufl. von M. Erler 1877.]

Ich betrachte zunächst Charakter und Plan der bisher angestellten systematischen Versuche. Zuerst und hauptsächlich kommt Fr. Aug. Wolf in Betracht, dessen Auffassung für die Entwickelung der Philologie massgebend geworden ist. Wir beschäftigen uns nicht mit den Schülern, deren Leistungen zum Theil sehr gering sind, sondern gehen nur auf den Meister selbst zurück. In der angegebenen Schrift, im Museum der Alterthumswissenschaft, hat er seine Ansicht im Allgemeinen auseinander gesetzt und am Ende zugleich einen Ueberblick sämmtlicher Theile der Alterthumswissenschaft gegeben. Die Anordnung und der Zusammenhang dieser Theile ist etwas Wesentliches bei dem Aufbau der Encyklopädie, weil sich eben dadurch die Wissenschaft zu einem Ganzen gestalten muss. Wir müssen daher hierauf näher eingehen um zu prüfen, inwieweit wir uns Wolf anschliessen können. Nach seinem Plane enthält die Alterthumskunde 24 Haupttheile:

I. Philosophische Sprachlehre der Alten. Grundsätze beider alten Sprachen. II. Griechische Grammatik. III. Lateinische Grammatik. IV. Grundsätze der philologischen Auslegungskunst.

V. Kritik und Verbesserungskunst. VI. Grundsätze der prosaischen und metrischen Composition, oder Theorie der Schreibart und der Metrik.

VII. Geographie und Uranographie der Griechen und Römer. VIII. Alte Universalgeschichte. IX. Grundsätze der alterthümlichen Chronologie und historischen Kritik. X. Griechische Antiquitäten. XI. Römische Antiquitäten. XII. Mythologie.

XIII. Literaturgeschichte (äussere Geschichte der Literatur) der Griechen. XIV. Desgleichen der Römer. XV. Geschichte der redenden Künste und der Wissenschaften der Griechen. XVI. Desgleichen der Römer. XVII. Historische Notiz von den mimetischen Künsten beider Völker.

XVIII. Einleitung zur Archäologie der Kunst und Technik oder Notiz der Denkmäler und Kunstwerke der Alten. XIX. Archäologische Kunstlehre oder Grundsätze der zeichnenden und bildenden Künste des Alterthums. XX. Allgemeine Geschichte der Kunst des Alterthums. XXI. Einleitung zur Kenntniss und Geschichte der alterthümlichen Architektur. XXII. Numismatik der Griechen und Römer. XXIII. Epigraphik.

XXIV. Literarhistorie der griech. und lat. Philologie und der übrigen Alterthumsstudien nebst Bibliographie.

Wolf hat die Disciplinen, wie sie thatsächlich gegeben sind, in einen Kranz geflochten nach einer bequem scheinenden Anordnung. Indem ich nun diese beurtheile, beurtheile ich nicht ihn, sondern die herrschende Ansicht; denn dass dies die herrschende Ansicht ist, zeigt die Bewunderung, womit man jenen Ueberblick hingenommen hat und welche man noch jetzt für Wolf's Leistungen auf diesem Gebiete hegt, wenn man auch im Einzelnen von seiner Aufstellung abweicht. Es muss bei der Kritik erwogen werden, ob das, was aufgestellt ist, wirklich Disciplinen sind, und ob sie einzeln eine bestimmte Einheit des Begriffes haben, endlich ob sie auch wirklich unter den gemeinsamen Begriff der Philologie fallen. Es fehlt aber sowohl den einzelnen aufgestellten Disciplinen als auch dem Ganzen, das sie bilden sollen, der wissenschaftliche Zusammenhang. Wenn Hegel die Philologie für ein Aggregat erklärt, so scheint sich dieses Urtheil auf Wolf's Darstellung zu begründen. Wolf beschreibt die Philologie (S. 30) als den „Inbegriff der Kenntnisse und Nachrichten, die uns mit den Handlungen und Schicksalen, mit dem politischen, gelehrten und häuslichen Zustande der Griechen und Römer, mit ihrer Cultur, ihren Sprachen, Künsten und Wissenschaften, Sitten, Religionen, National-Charakteren und Denkarten bekannt machen, dergestalt dass wir geschickt werden, die von ihnen auf uns gekommenen Werke gründlich zu verstehen und mit Einsicht in ihren Inhalt und Geist, mit Vergegenwärtigung des alterthümlichen Lebens und Vergleichung des spätern und des heutigen zu geniessen." Die Disciplinen nimmt er als fertig an, statt sie erst in einem gemeinsamen Begriff aufzuweisen, abzuleiten und zu construiren. Es zeigt sich hier eine — bei den Philologen nicht ungewöhnliche — gänzliche Unfähigkeit Begriffe zu bilden. Einen gewissen Plan kann man allerdings in der Anordnung der 24 Theile nicht verkennen; sie werden von Wolf selbst zu Gruppen zusammengefasst. Die erste Gruppe I—VI ist ein Organon oder allgemeiner Theil, probabel geordnet, doch nicht ohne Fehler. Nr. VI besonders ist zu unbestimmt; die Metrik an sich ist nichts anderes als ein Theil der Lehre von der sprachlich musikalischen Composition; die prosaische Composition ist eines Theils nur die Fortsetzung der Grammatik, andern Theils aber Logik, Rhetorik oder Poetik, und diese gehört wieder in die Aesthetik: hier ist also keine bestimmte wissenschaftliche Anordnung. Ferner stehen die Grundsätze der Composition zu spät; sie sind gleich nach der Grammatik zu setzen, deren Erweiterung sie nur sind. Die Grundsätze der Auslegung und Kritik (IV und V) sind aber von beiden wesentlich verschieden, indem sie sich auf eine blosse Reflexion über den Gegenstand beziehen, wogegen jene Grundsätze der Composition schon wie die Grammatik den Schriften selbst zu Grunde liegen. Die erste Gruppe ist also nach Zufälligkeiten und äusserer Bequemlichkeit im Anschluss an das empirisch Gegebene angeordnet. Eine zweite Partie bilden Nr. VII—XII, welche die Geschichte enthalten mit Ausschluss der Literatur, Kunst und Wissenschaft, aber ohne reellen Zusammenhang. Die Geographie (VII) möchte allerdings der Historie vorangehen um den Boden kennen zu lehren; aber was soll die Uranographie? Die alte Geographie als Basis der Historie muss doch gegeben werden, wie sie objectiv existirte: der Boden muss beschrieben werden. Was aber die Alten über Geographie gedacht haben, gehört nicht hierher, sondern in die Geschichte der Wissenschaften, die Wolf erst Nr. XV und XVI aufführt. Damit verbunden ist auch die Uranographie, welche offenbar mit der Geographie nur zusammengestellt ist, weil Wolf diese nicht bestimmt in dem subjectiven Sinne als Wissenschaft der Alten von der objectiven Beschreibung des Landes, wie es nach unserer Einsicht war, gesondert hat. Zu dieser Verwirrung hat besonders die sogenannte homerische Geographie und mythische Uranographie, worauf man früher ein übermässiges Gewicht legte, Anlass gegeben. Diese gehören aber zur Mythologie und zur Geschichte der Wissenschaft, welche beide sehr verwandt sind, obgleich sie bei Wolf vier Nummern auseinander liegen. Auf Nr. VIII, „Universalgeschichte des Alterthums", folgt die Chronologie und historische Kritik. Allein die erstere, das zeitliche Organon der Geschichte, gehört zur Geographie als dem räumlichen. Die historische Kritik war nicht besonders anzuführen, da sie mit der Kritik überhaupt zusammenfällt; auf jeden Fall aber musste sie als blosses Organon vor die Geschichte, ja vor die Geographie und Chronologie gestellt werden, da diese materieller Natur sind. Es folgen nun griechische und römische Antiquitäten und beider Völker Mythologie. Hier ist nirgends Zusammenhang. Ich werde später beweisen, dass der Begriff der Antiquitäten ganz nichtig ist, dass er keine Realität, keine Grenze, nicht die mindeste Bestimmtheit hat, indem die Antiquitäten weder von der Literatur noch von der politischen Geschichte, noch von der Mythologie oder der Geschichte der Kunst und Wissenschaft wesentlich verschieden sind. Für einen wissenschaftlichen Plan müssen die Antiquitäten entweder ganz ausgeschlossen werden oder eine solche Ausdehnung erhalten, dass sie den ganzen materialen Theil der Philologie einnehmen. Auch die Mythologie steht bei Wolf ganz isolirt. Theils ist sie Geschichte der Religion als Cultus, gehört also anders wohin, theils ist sie Wissenschaft und zwar die Urwissenschaft der Nation, und fällt folglich in Nr. XV und XVI. In der dritten Gruppe, XIII—XVII, sind die redenden Künste und die Wissenschaften ineinander geschlungen; letztere aber müssen doch gewiss gesondert werden, zumal sie eben so vielfältig sind als alle Künste zusammen genommen. Alle Wissenschaften befasst die Philosophie, diese sollte also obenan stehen und die einzelnen Wissenschaften darunter; dann musste die Geschichte der Kunst und nun die aller einzelnen Künste folgen. Hier ist also die grösste Verwirrung. Die Geschichte der redenden Künste ist bloss Geschichte der in der Sprache ausgedrückten ästhetischen Formen, also Literaturgeschichte; eine daneben

III. Bisherige Versuche zu einer Encykl. d. philolog. Wissenschaft. 43

herlaufende „äussere" Literaturgeschichte ist gar keine. Die historische Notiz von den mimetischen Künsten (XVII) soll nach Wolf's Bestimmung (S. 65) einige Andeutungen über Künste enthalten, die zwischen den redenden und bildenden in der Mitte stehen: Musik, Deklamation, Orchestik, Schauspielkunst. Die vierte Gruppe, Nr. XVIII—XXIII, enthält nun die Geschichte der bildenden Kunst; die Notiz der Denkmäler, die hier zuerst untergebracht ist (XVIII), macht für sich als blosses Material gar keine Disciplin aus, und die archäologische Kunstlehre (XIX) musste als Organon voranstehen, gehörte aber dann in die Aesthetik, welche jedoch an sich philosophisch, und nur wenn sie geschichtlich gefasst wird, als Nachweisung der Kunstideen in den historischen Erscheinungen philologisch ist. Nun folgt (XX) eine allgemeine Geschichte der Kunst des Alterthums, und dann wieder in das Besondere zurückspringend (XXI—XXIII), die Geschichte der Architektur, Numismatik und Epigraphik. Somit fehlt aus der speciellen Kunstgeschichte die Geschichte der Bildhauerei, Malerei u. s. w., die doch nicht in der archäologischen Kunstlehre vorkommen kann. Die Inschriften der Numismatik sind ebenfalls literarisch, und die Münze selbst ist theils bloss τέχνη βάναυcοc, theils bloss als Geld und endlich bloss als Bildnerei zu betrachten, gehört also gar nicht ganz in die Geschichte der bildenden Künste, und was von ihr dahin gehört, kann kein grösseres Feld haben als etwa die Glyptik. Man wird doch nicht eine Wissenschaft nach dem Stoffe bestimmen wollen, als Kunde der geprägten Metallstücke? Die Epigraphik endlich ist eigentlich ein Theil der Literaturgeschichte, insofern sie sich auf Schriften bezieht, sowie die ganze Archäologie der Schrift oder die urkundliche Diplomatik; was an ihr Monument der Kunst, das ist nicht Gegenstand der Epigraphik. Nr. XXIV ist als Anhang, als Reflexion über die Philologie allerdings das Letzte, gleichsam die Philologie der Philologie. Fasst man unsere Kritik zusammen, so begreift man kaum, wie der berühmteste Philologe so etwas schreiben konnte, und wie man es gar noch bewundern kann; die Physiker sind viel weiter in der Classification. Doch was liegt an der Classification? Ich selbst halte in der Regel von diesem blossen Begriffswesen wenig; aber hier kommt es offenbar darauf an. Denn die Philologie soll eine Erkenntniss des gesammten Alterthums geben; wie ist es aber möglich, das Alterthum klar und deutlich anzuschauen, wenn man bald die

Organa der Forschung mit dem materiellen Theil vermischt, bald unsere Wissenschaft von der Sache mit der der Alten, sodann wieder unwesentliche Punkte so sehr hervorhebt und andere wesentliche zurückdrängt, bloss weil der Zufall die Ausbildung des Einen oder des Anderen bei dem einen oder andern Philologen befördert oder gehemmt hat. Die wesentlichen Punkte, aufgefunden durch einen streng wissenschaftlichen Gang, muss man hervorheben und so darstellen, dass stets die Einheit des Allgemeinen mit dem Besondern und das Leben des Besondern in dem Allgemeinen klar werde. Nur so kann die Wissenschaft organisirt werden, was also durch die Wolf'sche Darstellung nicht geschieht. Wolf's Schrift über die Encyklopädie zeigt den praktischen Kenner der Wissenschaft, den Virtuosen in der philologischen Kunst und den geistreichen Mann; nur für den Aufbau der Wissenschaft kann ihr keine Stimme gegönnt werden.

Wir prüfen demnächst die Ast'sche Ansicht. Ast geht mit einer mehr wissenschaftlichen Tendenz zu Werke. Er unterscheidet eine theoretische und praktische Philologie, letztere als Studium zum Behuf der freien Bildung des Menschen. Dieser Unterschied ist — wie wir gesehen haben — an sich gegründet, gehört aber nicht in unsere wissenschaftliche Darstellung und bildet auch keinen ausschliessenden Gegensatz. Die theoretische Philologie theilt er in vier Theile: 1) die politische Geschichte; 2) die Alterthumskunde; 3) die poetische Sphäre oder die Mythologie und alle Künste; 4) die Wissenschaften und die Philosophie. Was an dieser Eintheilung wahr ist, wird der Verfolg unserer Untersuchung zeigen; vorläufig erklären wir uns gegen die Stellung der Alterthümer, die wir, wie oben gesagt, gar nicht als etwas Bestimmtes, von der politischen Geschichte Gesondertes können gelten lassen. Ast hat im Uebrigen die Brauchbarkeit seines Buches durch einen unangenehmen, trockenen Formalismus verdunkelt. Zum Organon der Philologie rechnet er ausser Hermeneutik und Kritik die Grammatik. Das Organon in der Philosophie ist die Logik, die Lehre von der philosophischen Function; ist nun für den Philologen die Grammatik dasselbe?

Sonderbar ist die Unterscheidung, welche Bernhardy in seiner Encyklopädie zwischen Elementen und Organon der Philologie macht. Die Elemente, die bei ihm den ersten Theil bilden, sind Hermeneutik und Kritik; das Organon, der zweite Theil, ist die Grammatik. Den dritten Theil bilden die realen

Wissenschaften und zwar: a) Literaturgeschichte, b) Geographie, c) Geschichte mit Chronologie und Antiquitäten, d) Mythologie. Als vierten und letzten Theil führt er die „Beiwerke" der Philologie auf, d. h. a) Kunstgeschichte nebst Numismatik und Epigraphik und b) Geschichte der Philologie. Hier ist gar kein festes System, keine begriffliche Scheidung. Weshalb ist die Geschichte der Philosophie ausgeschlossen und nicht die Geographie? Seltsam ist besonders der Unterschied der realen Wissenschaften und Beiwerke; er beruht auf einer weitverbreiteten Ansicht, wonach die Kunstarchäologie nicht eigentlich zur Philologie gehört. Dieselbe ist aber hier nun gar der Geschichte der Philologie coordinirt.

Matthiae stellt in seiner Encyklopädie die Hermeneutik und Kritik als Zweck der Philologie auf; alles Uebrige dient bloss als Mittel, und diese Mittel sind ihm Sprachkunde und Alterthumskunde. Die Hermeneutik und Kritik bilden den praktischen Theil, der Inbegriff der Mittel den theoretischen. Eine grössere Verwirrung der Begriffe ist kaum erreichbar. Die Begründung der bloss formalen Thätigkeit, wodurch das Materielle ergründet wird, ist zwar Theorie einer praktischen, d. h. einer ausübenden Thätigkeit; aber sie ist nicht das Praktische der Philologie, welches in ihrer Anwendung auf den Unterricht u. s. w. besteht, und die Ausübung kann auch nicht der Zweck sein, sondern dieser ist das zu Ermittelnde, das, worauf die Erkenntniss geht. Den Begriff der Mittel aber als theoretischen Theil zu bezeichnen, ist noch seltsamer; als Mittel würden sie nur Lemmata sein aus andern Disciplinen; wie kann man aber solche Lemmata als Theorie der Disciplin betrachten? Diese muss doch selbst in sich ihre Theorie haben. Augenscheinlich ist das Verhältniss gerade umzukehren: Hermeneutik und Kritik sind formale Thätigkeiten, welche Mittel sind für das, was Matthiae Mittel nennt; letzteres ist der Zweck und materiell, beides aber theoretisch. Das Praktische ist ein Drittes, wozu die Theorie angewandt wird. Uebrigens begründet Matthiae seine Ansichten nicht, sondern begnügt sich damit dieselben aufzustellen.

Ehe ich nun an die Darstellung meines eigenen Systems gehe, muss ich noch zweierlei aus der Encyklopädie ausscheiden, was gewöhnlich damit vermischt wird, nämlich die Methodologie und die Bibliographie.

IV.
Verhältniss der Encyklopädie zur Methodik.

§ 9. Man würde sehr irren, wenn man eine Encyklopädie an sich auch für eine Methodik halten wollte. Die Encyklopädie hat einen rein theoretischen, wissenschaftlichen Zweck, die Methodik einen andern, nämlich die Unterweisung, wie man sich die Theorie zu erwerben habe. Die Encyklopädie giebt den Zusammenhang der Wissenschaft an; sie entwirft das Ganze mit grossen Strichen und Zügen. Wer aber eine Wissenschaft studiren will, kann unmöglich gleich auf das Ganze ausgehen. Die Encyklopädie kann auch nicht etwa dadurch eine Methodik vertreten, dass man die Disciplinen nach der encyklopädischen Ordnung studirt. Wäre dies möglich, so würde es doch zweckwidrig sein. Die Encyklopädie geht von den allgemeinsten Begriffen aus; der Studirende kann davon nicht ausgehen, sondern muss den entgegengesetzten Gang nehmen. Während die Encyklopädie das Einzelne aus dem Allgemeinen ableitet und erklärt, muss der Studirende gerade erst das Einzelne als Basis und Stoff der Ideen kennen lernen, und kann erst von hier aus zu dem Allgemeinen aufsteigen, wenn er wirklich die Wissenschaft sich selbst bilden, nicht bloss anlernen will. Dies folgt aus dem Begriff der Philologie; denn bei der historischen Forschung soll das Allgemeine das Resultat sein; die Encyklopädie giebt aber schon dies Resultat.

Wer zuerst den Ueberblick der Wissenschaft, die Encyklopädie sich aneignen, und dann allmählich ins Speciellere herabsteigen wollte, der würde nie zu einer gesunden und genauen Erkenntniss gelangen, sondern sich unendlich zerstreuen und von vielen Sachen wenig wissen. Sehr richtig bemerkt Schelling in seiner Methodologie des akademischen Studiums, dass das Ausgehen von einem universalhistorischen Ueberblick im Studium der Geschichte höchst unnütz und verderblich sei, indem man lauter Fächer und nichts darin hat. Er schlägt vor, in der Geschichte erst einen Zeitraum genau zu studiren, und sich von diesem aus allmählich nach allen Seiten hin auszubreiten. Ein ähnlicher Gang ist für die Philologie, die ja mit der Geschichte im allgemeinsten Sinne zusammenfällt, methodisch der allein richtige. Alles in der Wissenschaft ist verwandt; obgleich sie selbst unendlich ist, so sympathisirt und correspondirt doch ihr ganzes System. Man stelle sich, wohin man wolle, nur dass man etwas Bedeutendes und Würdiges wähle, und man wird sich von diesem Anfangspunkt aus nach allen Seiten hin ausbreiten müssen, um zum vollständigen Verständniss zu gelangen. Von jedem Einzelnen wird man aufs Ganze getrieben; es kommt nur darauf an, dass man richtig zu Werke geht und Kraft, Geist und Eifer mitbringt. Wählt man sich verschiedene solcher Ausgangspunkte und bemüht sich von dort aus auf das Ganze durchzudringen, so wird man dies um so sicherer ergreifen und zugleich die Fülle des Einzelnen um so reicher erfassen. Durch die Vertiefung in das Einzelne vermeidet man also am leichtesten die Gefahr einseitig zu werden, weil in Folge der Verbindung der Disciplinen die Untersuchung in jedem Fache wieder in viele andere hineintreibt. Strebt man dagegen von vornherein nur nach encyklopädischer Vielseitigkeit, indem man in allen Fächern das Allgemeinste abpflückt, so gewöhnt man sich, schnell von dem Einen zum Andern überzugehen und nichts gründlich kennen zu lernen.

Die grossen holländischen Philologen schreiben vor das ganze Alterthum chronologisch zu studiren, so dass man es gleichsam auf einer Landstrasse durchreist, wo man alle Tage eine Anzahl Meilen macht — eine Art zu reisen, welche wenig unterrichtet. Dieses lineare Verfahren führt nicht in das Wesen der Dinge, wie die Holländer ja auch nur äusserlich gesammelt haben. Die einzig richtige Methode ist die cyklische, wo man Alles auf einen Punkt zurückbezieht und von diesem nach allen Seiten zur Peripherie übergeht. Hierbei gewinnt man die Fertigkeit Alles, was man angreift, tüchtig und mit Ernst anzugreifen; man übt das Urtheil besser, weil man bei einem Gegenstande länger verweilt; man erlangt mehr Virtuosität als bei jenem allgemeinen Studium, durch welches andrerseits wieder die Meinung, als wüsste man viel, und die unselige πολυπραγμοσύνη befördert wird.

Obgleich aber Encyklopädie und Methodologie ganz und gar verschieden sind, ist es nichtsdestoweniger sehr gut, beides zu verbinden. Denn zunächst haben wir die Methode das Einzelne zu studiren nicht in dem Sinne gelobt, als ob man das erste Beste vornehmen könnte, ohne sich um das Andere zu bekümmern. Dies gäbe in der That eine abscheuliche Einseitigkeit, welche man in frühen Jahren austreiben muss; denn sie setzt sich zu leicht fest, und es geht daraus jene Selbstüberschätzung hervor, wonach jeder sein Fach für das höchste und alles Andere für Nichts achtet. Man muss also die Uebersicht, welche die Encyklopädie giebt, als Correctiv des speciellen strengen Studiums anwenden, indem man sie sich im Anschluss an dieses und neben demselben aneignet. Hierzu muss die Encyklopädie selbst methodische Anleitung geben.

Da sie übrigens den allgemeinen wissenschaftlichen Zusammenhang dessen finden lehrt, was man einzeln auffasst, reizt sie auch den wissenschaftlichen Forscher zum weitern Vordringen ins Einzelne, welches ihn sonst anekeln würde; denn der Zusammenhang ist ein Bedürfniss des Geistes. Viele treiben die Philologie ohne Bewusstsein; kämen sie zum Bewusstsein dessen, was sie treiben, so würden sie, wenn sie gute Köpfe sind, das Studium wegwerfen, weil sie keine Basis und keinen Zusammenhang in ihrer Arbeit finden würden. Die Philologie muss sich wissenschaftlich gestalten, damit Alles von einer Idee durchdrungen sei; sonst kann sie nicht lange Befriedigung gewähren. Ich selbst bin oft irre geworden, bis ich eine höhere Ansicht gefunden habe. Wenn man auf Grund eingehender specieller Forschungen das Bewusstsein von dem Zusammenhang des Ganzen gewinnt, so wird das volle Verständniss der encyklopädischen Uebersicht die Blüthe des philologischen Studiums sein. Durch eine solche Uebersicht wird man aber zugleich während des Studiums selbst in den Stand gesetzt sich mit mehr Sicherheit dasjenige auszuwählen, was man speciell ergründen will.

Wenn daher das encyklopädische Studium neben dem Specialstudium hergehen muss, so giebt es ausser der Praxis selbst keinen schicklicheren Ort die Grundsätze der Methodologie anzugeben als in der Encyklopädie. Der formale Theil der letzteren ist ganz methodisch — er lehrt die Methode der philologischen Forschung selbst — hieran muss dann die Methodologie, welche die Methode der Aneignung der Wissenschaft lehren soll, ihre Vorschriften anknüpfen. Man wird also am besten bei jedem Abschnitt beifügen, ob die darin enthaltene Disciplin früher oder später, ferner wie und mit welchen Hülfsmitteln sie studirt werden müsse. Nur durch eine solche Verbindung mit der Encyklopädie wird die Methodologie wissenschaftlich begründet; man erhält eine Vorstellung, was theoretisch die Wissenschaft sei, indem man zugleich erkennt, wie man sich derselben so leicht und so gründlich als möglich zu bemächtigen habe.*)

V.
Von den Quellen und Hülfsmitteln des gesammten Studiums. — Bibliographie.

§ 10. Die Encyklopädie stellt das System der Wissenschaft auf, die Methodologie giebt die Art an die Theile zu studiren. Das Studium ist aber ein Studium aus Quellen; diese bestehen in Allem, was aus dem Alterthum vorhanden ist, also ausser der lebendigen Tradition der Sprache, der Sitten und politischen Institute in den Werken der bildenden Kunst und der Industrie und in der ganzen Masse der erhaltenen Schriften. Letztere sind die Hauptquellen, wie schon der Name der Philologie andeutet. Die Kenntniss der Kunstüberreste muss man theils durch eigene Anschauung, theils aus Abbildungen und aus der Museographie und der archäologischen Geographie oder Topographie gewinnen; auch hier und nicht minder bei den andern Quellen kommt also wieder Bücherkenntniss in Betracht. Die Kenntniss der Quellen ist nun weder in der Methodologie noch in der Encyklopädie direct involvirt; jene enthält Regeln, diese Sätze. Den Haupttheil jener Kenntniss, die Bücherkunde, hat Friedr. Aug. Wolf in seinem Entwurf unter Nr. XXIV als besondere Disciplin aufgeführt. Sie ist indess keine Disciplin, sondern, wie die gesammte Quellenkenntniss, nur die nothwendige Voraussetzung für die einzelnen Disciplinen. Die Bibliographie ist überhaupt augenscheinlich keine Wissenschaft, sondern bloss die Aufzeichnung des Büchermaterials für die Wissenschaft. Man hat sie wol als Bibliothekwissenschaft oder als einen Zweig der letztern bezeichnet; allein eine Bibliothekwissenschaft giebt es ebensowenig als eine Registraturwissenschaft, da zu beiden die constituirende Idee fehlt.

Die Bibliographie kann also nur als ausser der Wissenschaft stehendes Hülfsmittel des Studiums angesehen werden; es fragt

---

*) Vergl. die Prooemien zu den Berliner Lektionskatalogen (Kl. Schr. Bd. IV) von 1835: *De recta artium studiorum ratione* (S. 400 ff.); von 1836: *Cavendum esse ne in artium studiis nimium distrahatur animus* (S. 413 ff.); von 1839/40: *De delectu in studiis instituendo* (S. 471 ff.).

sich, ob sie in der Encyklopädie zu berücksichtigen ist. Manche angeblich wissenschaftliche Darstellungen bestehen aus nichts als Büchertiteln, in andern werden die Quellen gar nicht angegeben. Eine Encyklopädie von der erstern Art verfehlt nothwendig ihren eigentlichen Zweck; eine encyklopädische Darstellung der andern Art dagegen kann vortreffliche Begriffsentwickelungen enthalten und eine wahrhaft geistige Belehrung gewähren; aber sie hat den Mangel, dass man daraus nicht genügend ersieht, was bereits in der Wissenschaft geleistet ist. Es ist daher zweckmässig, dass man, um den Stand der Forschung zu bezeichnen, bei jedem Abschnitt der Encyklopädie einen bibliographischen Zusatz mache. Dies ist zugleich aus methodologischen Gründen nöthig; denn um anzugeben, wie man sich die Wissenschaft anzueignen hat, muss man auch auf die Quellen und Hülfsmittel aufmerksam machen.

Literatur. Man muss sich die Kenntniss der Bibliographie vor Allem durch eigene Anschauung auf Bibliotheken und im Buchladen erwerben und sich aus Zeitschriften und Katalogen auf dem Laufenden erhalten. Dazu kommen dann bibliographische Hülfsmittel.

1. Es gehören hierher zuerst allgemeine Werke; ich führe einige besonders wichtige an: Bayle's vorzügliches *Dictionnaire historique et critique* (Rotterdam 1697), Amsterdam 1730, 4 Bände. — Jöcher, Allgemeines Gelehrtenlexikon. Leipzig 1750, 4 Bände, fortgesetzt von Adelung 1784—87 und von Rotermund. Bremen 1810—22. — Hamberger, Zuverlässige Nachrichten von den vornehmsten Schriftstellern vom Anfang der Welt bis 1500. Lemgo 1756—64, 4 Bände. — Saxius, *Onomasticon litterarium s. nomenclator hist. crit. praestantissimorum omnis aevi scriptorum. Trai.* 1775—1803, 8 Bände. — Ersch, Allgemeines Repertorium der Literatur für die Jahre 1785 bis 1800. Jena, Weimar 1793—1807, 8 Bde. — Ebert, Allgemeines bibliographisches Lexikon. Leipzig 1821—30, 2 Bde. — Meusel, Gelehrtes Deutschland, fortgesetzt von Ersch und Lindner, Lemgo 1796—1834, 23 Bde. — [W. Heinsius, allgemeines Bücherlexikon, oder vollständiges alphabetisches Verzeichniss aller von 1700 bis Ende 1879 erschienenen Bücher, welche in Deutschland und in den durch Sprache und Literatur damit verwandten Ländern gedruckt worden sind. 16 Bde. Leipzig, bis 1881. — Hinrichs, Vollständiges alphabetisches Verzeichniss aller Bücher, welche von 1797 bis Ende 1832 wirklich erschienen sind. Leipzig. Bis auf die Gegenwart in jährlich 2 Heften fortgesetzt.] — Kayser, Vollständiges Bücherlexikon, enthaltend alle von 1750 bis Ende 1876 in Deutschland und den angrenzenden Ländern erschienenen Bücher. Leipzig 1834—1877, 20 Bde. Aehnliche Werke haben die Franzosen und Engländer in grosser Ausdehnung.

2. Besondere bibliographische Werke über Philologie: Jo. Alb. Fabricius, *Bibliographia antiquaria* (1713). 3. Aufl. Hamburg 1760, 2 Bde.; *Bibliotheca graeca.* Hamburg 1705—28, 14 Bände, neu heraus-

V. Von d. Quellen u. Hülfsmitteln d. gesammt. Stud. — Bibliographie.

gegeben von Harless, Hamburg 1790—1809, 12 Bände (unvollendet); *Bibliotheca latina* (1697). 5. Aufl. 1721—22, 3 Bände, neu herausgegeben von Ernesti, Leipzig 1773—74, 3 Bände; *Bibliotheca latina mediae et infimae aetatis*. Hamburg 1734—46, 6 Bände, neu herausgegeben von Mansi, Padua 1754. — Ersch, Literatur der Philologie, Philosophie und Pädagogik, seit der Mitte des 18. Jahrh. bis auf die neueste Zeit. Leipzig (1812) 1822. Als dritte Auflage hiervon erschien: Geissler, Bibliographisches Handbuch der philologischen Literatur der Deutschen von der Mitte des 18. Jahrh. bis auf die neueste Zeit. Nach Joh. Sam. Ersch in system. Ordnung bearbeitet, Leipzig 1845. — Krebs, Handbuch der philolog. Bücherkunde für Philologen und gelehrte Schulmänner. Bremen 1822—23, 2 Bände. — Schweiger, Handbuch der klassischen Bibliographie. Leipzig. 1. Bd. 1830, 2. Bd. 1832—34 (sehr reichhaltig). — Weber und Hanésse, Repertorium der klass. Alterthumswissenschaft (Literatur von 1826, 27, 28). Essen 1832—34, 3 Bände. — Wagner, Grundriss der klassischen Bibliographie. Breslau 1840. — Mühlmann und Jenicke, Repertorium der klassischen Philologie und der auf sie sich beziehenden pädagogischen Schriften. Leipzig 1844—47, 3 Jahrgänge. — Engelmann, *Bibliotheca scriptorum classicorum et Graecorum et Latinorum*. Alphabetisches Verzeichniss der Ausgaben, Uebersetzungen und Erläuterungsschriften der griech. und lat. Schriftsteller des Alterthums, welche von 1700 bis Ende 1858 besonders in Deutschland gedruckt worden sind. [8. Aufl., besorgt von E. Preuss. I. Theil: *Scriptores Graeci*. Leipzig 1880; die Literatur von 1700 bis Ende 1878 umfassend.] — [Unter demselben Titel ist dies Verzeichniss weitergeführt (1858 bis incl. 1869) von C. H. Herrmann, Halle 1871. Hierzu Supplement und Fortsetzung bis Mitte 1873 von Klussmann, Halle 1874]. — Engelmann, *Bibliotheca philologica,* oder alphabetisches Verzeichniss derjenigen Grammatiken, Wörterbücher, Chrestomathien, Lesebücher und anderer Werke, welche zum Studium der griech. und lat. Sprache gehören und vom Jahre 1750, zum Theil auch früher, bis zur Mitte des Jahres 1852 in Deutschland erschienen sind. 3. Aufl. Leipzig 1853. — [C. H. Herrmann, *Bibliotheca philologica,* Verzeichniss der vom Jahre 1852 bis Mitte 1872 in Deutschland erschienenen Zeitschriften, Schriften der Akademien und gelehrten Gesellschaften, Miscellen, Collectaneen, Biographien, der Literatur über die Geschichte der Gymnasien, über Encyklopädie und Geschichte der Philologie, und über die philologischen Hülfswissenschaften, Halle 1873]. — Ruprecht, *Bibliotheca philologica,* oder geordnete Uebersicht aller auf dem Gebiet der klass. Alterthumswissenschaft, wie älteren und neueren Sprachwissenschaft in Deutschland und im Auslande neu erschienenen Bücher. Fortgesetzt von Müldener [und Ehrenfeuchter]. Göttingen 1848—82. 35 Jahrgänge à 2 Hefte. — [C. Boysen, Bibliographische Uebersicht über die die griechischen und lateinischen Autoren betreffende Literatur der Jahre 1867—1876. Göttingen 1878 ff. Zum Philologus von E. von Leutsch. — Calvary, *Bibliotheca philologica classica*. Jahrg. I—IX. Berlin 1874—1882. Zum Jahresbericht über die Fortschritte der class. Alterthumswissenschaft von Bursian gehörig.]

Besonders wichtig ist die Kenntniss der Handschriften; das vollständigste Verzeichniss derselben aus älterer Zeit ist: Montfaucon, *Bibliotheca bibliothecarum manuscriptorum nova.* Paris 1739, 2 Bände. Ein ähnliches Werk aus unserm Jahrhundert ist: Hänel, *Catalogi librorum manuscriptorum, qui in bibliothecis Galliae, Helvetiae, Belgii, Britanniae M., Hispaniae, Lusitaniae asservantur.* Leipzig 1830. — Specialschriften über die Manuscripte der verschiedenen Bibliotheken findet man in den angeführten allgemeinen bibliographischen Werken verzeichnet. — Die umfassendsten Sammlungen alter Drucke sind: die *Annales typographici* von Maittaire. Haag 1719—25, 5 Bände, und die *Annales typographici* von Panzer. Nürnberg 1793—1803, 11 Bände, ein in seiner Art klassisches Werk.

Dissertationen und Programmschriften sind zum Theil in den angeführten allgemeinen Werken, z. B. in denen von Engelmann, berücksichtigt. Eigene Sammlungen dieser Schriften sind: Reuss, *Repertorium commentationum a societatibus litterariis editarum.* Göttingen 1810, 2 Bände, 4. — v. Gruber, Verzeichniss sämmtlicher Abhandlungen in den auf preussischen Gymnasien erschienenen Programmen von 1825—37. Berlin 1840. — Winiewski, systematisches Verzeichniss der in den Programmen der preuss. Gymnasien und Progymnasien, welche in den Jahren 1825—1841 erschienen sind, enthaltenen Abhandlungen, Reden und Gedichte. Münster 1844. — G. Hahn, systematisch geordnetes Verzeichniss der Abhandlungen, Reden und Gedichte, die in den an den preussischen Gymnasien und Progymnasien 1842—50 erschienenen Programmen enthalten sind. Salzwedel 1854. Dasselbe für 1851—1860. Magdeburg 1864. — Gutenäcker, Verzeichniss aller Programme und Gelegenheitsschriften der bayerischen Lyceen, Gymnasien und lateinischen Schulen vom Schuljahr 1823/24 bis zum Schluss des Schuljahrs 1859/60. Bamberg 1862. — [Gutscher, systematisch geordnetes Verzeichniss des wissenschaftlichen Inhalts der von den österreichischen und ungarischen Gymnasien und Realgymnasien 1850—67 veröffentlichten Programme. 2 Theile. Marburg in Oesterreich 1869, Gymnas.-Programm. — Calvary, die Schulprogramme und Dissertationen und ihr Vertrieb durch den Buchhandel. Ein Vorschlag für die 23. Versammlung deutscher Philologen von der Buchhandlung von Calvary u. Comp. in Berlin. Nebst einem Verzeichniss der im Jahre 1863 erschienenen Programme und Dissertationen. Berlin 1864. — Derselbe, Verzeichnisse der Universitäts- und Schulschriften aus den Jahren 1864—68. Berlin 1865/69, fünf Jahrgänge. — Seit 1876 vermittelt die Teubner'sche Buchhandlung in Leipzig den Austausch und Vertrieb der deutschen Schulprogramme und Universitätsschriften. Ein systematisch geordnetes Verzeichniss der Programmabhandlungen enthält alljährlich Mushacke's Schulkalender, welcher jetzt unter dem Titel: Statistisches Jahrbuch der höheren Schulen bei Teubner erscheint.]

VI.
Entwurf unseres Planes.

§ 11. Im Vorhergehenden ist schon öfter bemerkt worden, dass, wenn eine wissenschaftliche Construction der Philologie zu Stande kommen soll, die Theile derselben und somit der ganze

Gang der Entwickelung aus dem Begriffe hervorgehen müssen; die Disciplinen, wie sie gewöhnlich aufgestellt werden und zufällig sich gebildet haben, können nur insofern ihre Stelle in einer solchen Ableitung behaupten, als sie wirklich Disciplinen und nicht blosse begriffslose Aggregate sind. Nach dem von uns aufgefundenen Begriff ist die Philologie die **Erkenntniss des Erkannten**, also eine Wiedererkenntniss eines gegebenen Erkennens; ein Erkanntes wiedererkennen heisst aber es **verstehen**. Gleichwie nun die Philosophie in der **Logik, Dialektik**, oder — wie die Epikureer es nannten — **Kanonik** den Akt des Erkennens selbst und die Momente der Erkenntnissthätigkeit betrachtet, so muss auch die Philologie den Akt des **Verstehens** und die Momente des **Verständnisses** wissenschaftlich erforschen. Die daraus entstehende Theorie, das philologische Organon, setzt die allgemeine Logik voraus, ist aber eine besondere selbständige Abzweigung derselben. Ausserdem ist dann das Product des Verständnisses, der Inhalt, welcher aus der philologischen Thätigkeit hervorgeht, das **Verstandene** zu betrachten, wie in der Philosophie der Logik die realen Disciplinen gegenüberstehen, die den Inhalt des philosophischen Erkennens darlegen. Somit ergeben sich aus dem Begriff der Philologie mit Nothwendigkeit zwei Haupttheile, welche denselben vollständig erschöpfen. Der erste ist **formal**, denn die Form der Philologie ist die Darstellung ihres eigentlichen Aktes, ihrer Function; der andere ist **material**, denn er enthält den gesammten von der Wissenschaft gestalteten **Stoff**. Wenn wir diese Haupttheile wieder aus dem Begriff selbst weiter theilen, so werden wir den ganzen Inhalt des Begriffes finden, ohne irgend eine weitere Zuthat, ohne etwas von Aussen hinzunehmen und ohne etwas auszulassen. Es wird eine sichere Probe für die Richtigkeit unsrer ersten Definition sein, wenn sich nur aus dieser, nicht aber aus irgend einer andern die Theile, namentlich die Thätigkeiten, welche der formale Haupttheil beschreibt, vollständig ableiten lassen. Ehe wir nun zur weiteren Theilung jedes der beiden Hauptabschnitte übergehen, wollen wir zunächst den Unterschied und die Wechselbeziehung zwischen beiden genauer erörtern.

§ 12. Der **formale** Theil betrachtet die philologische Thätigkeit, welche der Idee nach früher da ist als ihr Product; daher muss er in der Darstellung vorangehen. In der Ausübung ist die Priorität der formalen Function nicht so unbestritten. Für die meisten Momente des Verstehens wird schon eine grosse Anzahl gegebener Producte vorausgesetzt. Zum Verständniss einer Schrift z. B. gehört in jedem einzelnen Falle Kenntniss der Sprache und der Literaturgeschichte, oft sind dazu ausserdem historische, kunstgeschichtliche Kenntnisse u. s. w. erforderlich. So muss sehr häufig, ja fast überall ein grosser Theil des Materials für die Wirksamkeit der formalen Function gegeben sein. Die Aufgabe des philologischen Künstlers besteht gerade darin diese scheinbare *petitio principii* oder den Kreis, der in der Sache selbst liegt, zu lösen. Was also in den formalen, was in den materialen Theil gehört, lässt sich nicht nach dem bestimmen, was man in jedem einzelnen Fall zum Verständnisse braucht; denn alles Ermittelte wird wieder Mittel zum Verständniss. Ich bemerke dies ausser Anderem wegen der Grammatik. Man hat dieselbe zum Organon gerechnet, weil man die Sprache brauche um zu verstehen. Aber hierbei hat man nicht überlegt, dass man so alles zum Organon rechnen könnte. Offenbar ist es Aufgabe der Philologie die Sprache selbst und also auch ihre grammatische Form zu verstehen, insofern das Wiederzuerkennende in der Sprache niedergelegt ist. Das wahre Verhältniss erscheint am deutlichsten, wo die Wissenschaft ihre Aufgabe von Grund aus lösen muss; dies ist der Fall z. B. in der ägyptischen Philologie. Hier ist die Sprache gar nicht gegeben, sie muss erst gefunden werden; wie kann sie also zum Organon gehören? Natürlich findet dasselbe im Grunde auch bei den klassischen Sprachen statt, nur nicht in so auffallender Weise, weil hier die grammatische Ueberlieferung zu Hülfe kommt, was indess nichts an der Sache ändert. Das Sprachliche ist selber Object der Betrachtung; die Grammatik ist erst Product der philologischen Thätigkeit und gehört deshalb nicht zum formalen Theil. Die alten Sprachen sind ein Erzeugniss des Alterthums, welches von der Philologie reconstruirt werden soll; sie liegen im Alterthum in den zu erkennenden Völkern selbst, sind also für den Philologen Material seiner Thätigkeit. Allerdings bilden sie im Gegensatz gegen Anderes ein mehr formales Element; aber formal für das Object, nicht für die subjective Thätigkeit des Betrachtenden; nur diese, nicht aber was im Alterthum selbst Form der Erkenntniss ist, wird in dem formalen Theil der Philologie dargestellt. Zum Organon ist nur die Theorie des grammatischen Verstehens in ihrem ganzen Umfange, auch die Theorie des Verständnisses der Sprache selbst zu rechnen. Hiermit ist zugleich der Streit geschlichtet, ob der Philologe sich mehr mit den Realien oder der Sprache befassen solle. Die Sprache gehört selbst mit zur Sache, welche die Philologie zu betrachten hat, und muss als Sache von dem Philologen nachconstruirend erkannt werden, wodurch die Grammatik in die Reihe der sachlichen Theile der Philologie tritt.*)

§ 13. Nachdem so die Grundbegriffe bestimmter gesondert sind, als dies in den früheren systematischen Versuchen geschehen war, schreiten wir zur weiteren Eintheilung der beiden Haupttheile. Wir beginnen mit dem formalen Theil. Dieser kann nur nach den Momenten der formalen Function eingetheilt werden. Er enthält die Theorie des Verstehens. Das Verstehen ist aber einerseits absolut, andrerseits relativ, d. h. man hat jedes Object einerseits an sich, andrerseits im Verhältniss zu andern zu verstehen. Letzteres geschieht mittelst eines Urtheils durch Festsetzung eines Verhältnisses zwischen einem Einzelnen und dem Ganzen oder einem andern Einzelnen, oder durch Beziehung auf ein Ideal. Das absolute Verstehen behandelt die Hermeneutik, das relative die Kritik. Hierunter muss jede Art der Auslegung, die grammatische, logische, historische, ästhetische und jede Art der Kritik, höhere und niedere u. s. w. begriffen sein, und es ist hier die vollständigste Enumeration; denn es ist dem Begriffe nach schlechterdings unmöglich, dass nicht alles Formale der Philologie von diesen beiden Theilen befasst werde. Der Gegensatz des Absoluten und Relativen geht aus dem Begriff des Verständnisses selbst, die Unterschiede des Grammatischen, Logischen u. s. w. aus stofflichen Beziehungen hervor; wenn es sich aber um die generelle Verschiedenheit des Verstehens handelt, so muss man sie in dem Verstehen selbst und nicht in der Verschiedenheit des Objectes nachweisen.

Die Hermeneutik und Kritik entwickeln natürlich nur die Grundsätze des Verstehens; die Ausübung und Realisirung derselben ist die philologische Kunst.

Der materiale Theil der Philologie enthält die mittelst der formalen Thätigkeit ausgemittelte Erkenntniss des Erkann-

---

*) Dieser Gedanke ist polemisch gegen Gottfr. Hermann weiter ausgeführt in der Vorrede zur Abhandlung über die Logisten und Euthynen der Athener, Kl. Schr. VII, 264 ff.

ten. So vielfach das Erkannte ist, so vielfach sind die Gegenstände der Philologie und also die Abschnitte dieses Theiles. Nun ist aber das Erkennen eines Volkes, wie gesagt, nicht bloss in seiner Sprache und Literatur niedergelegt, sondern seine ganze nicht physische, sondern sittliche und geistige Thätigkeit ist ein Ausdruck eines bestimmten Erkennens; es ist in allem eine Vorstellung oder Idee ausgeprägt. Dass die Kunst Ideen ausdrücke, zwar nicht begriffsmässig, aber versenkt in eine sinnliche Anschauung, ist klar. Es ist also auch hier eine Erkenntniss und ein vom Geist des Künstlers Erkanntes vorhanden, welches in der philologisch-historischen Betrachtung, der Kunsterklärung und Kunstgeschichte, wiedererkannt wird. Dasselbe gilt vom Staats- und Familienleben; auch in der Anordnung dieser beiden Seiten des praktischen Lebens ist überall ein inneres Wesen, eine Vorstellung, also Erkenntniss jedes Volkes entwickelt. Die Idee der Familie prägt sich in der historischen Entwickelung derselben bei jedem Volke in eigenthümlicher Art aus, und in der Entwickelung des Staates treten alle praktischen Ideen des Volkes verwirklicht hervor. Inwiefern in dem Familien- und öffentlichen Leben Ideen realisirt sind, liegt also auch darin ein Erkennen, und das Volk hat diese Ideen in ihrer Verwirklichung selbst als ein von ihm Erkanntes mit mehr oder minder Bewusstsein hingestellt. Am klarsten bewusst sind natürlich alle Ideen in der Wissenschaft und der Sprache ausgeprägt. Sonach bildet das ganze geistige Leben und Handeln das Gebiet des Erkannten, und die Philologie hat also bei jedem Volke seine gesammte geistige Entwickelung, die Geschichte seiner Cultur nach allen ihren Richtungen darzustellen. In allen diesen Richtungen ist ein λόγος enthalten, der in der praktischen Färbung schon Gegenstand der Philologie ist; über alle verbreitet sich auch in den gebildeten Völkern selbst der λόγος, die bewusste Erkenntniss und Reflexion, so dass sie in doppelter Beziehung der philologischen Betrachtung unterliegen. Die Philologie des Alterthums enthält also als Stoff der Erkenntniss die gesammte historische Erscheinung des Alterthums. Dasselbe soll in dem materialen Theile seiner allseitigen Eigenthümlichkeit nach als ein in sich selbst vollendeter Organismus erkannt werden, nach seinem ganzen nichtphysischen Leben, Werden, Wachsen und Vergehen. Um dies nun in einer die Betrachtung begünstigenden, die wesentlichen Verhältnisse ausdrückenden Form zu thun, muss man zuerst alle jene von unwissenschaftlichen Gelehrten, denen der Stoff imponirte, gemachten willkürlichen Grenzen und Verhacke, welche man für einzelne Disciplinen nach einem rohen, begriffslosen Verfahren gesteckt hat, niederreissen, und alsdann nach einer strengen Architektonik und Dialektik die Disciplinen aus Begriffen nach den Hauptpunkten neu constituiren. Dadurch allein wird aber dieser Theil noch nicht wissenschaftlich, sondern erst dadurch, dass diese Einzelheiten alle unter einer Einheit begriffen sind. Es muss ein Gemeinsames gefunden werden, in welchem alles Besondere enthalten ist. Es ist dies dasjenige, was die Philosophen das Princip eines Volkes oder Zeitalters nennen, der innerste Kern seines Gesammtwesens; etwas Anderes kann es nicht sein; denn jedes Andere wäre fremdartig, von Aussen hereingenommen. Die Einzelheiten sollen nicht aus diesem Princip deducirt werden, was bei historischen Dingen nicht möglich ist, aber sie sollen hervorgehen aus einer allgemeinen Anschauung, und diese muss sich wieder in jedem einzelnen Theile bewähren; sie ist die Seele des Leibes, durchdringt den irdischen Stoff als die zusammenhaltende, ordnende Ursache, wie die Griechen die Seele mit Recht nennen: durch diese Beseelung wird die Wissenschaft eben organisch. Der materiale Theil beginnt also mit einer solchen allgemeinen Anschauung, und sie kann bei der Philologie des Alterthums nichts anderes sein als die Idee des Antiken an sich, aus welcher sich dann wieder die Charakteristik der beiden Nationen ergiebt. Dies ist der allgemeine Theil oder die allgemeine Alterthumslehre. Die Aufgabe derselben ist freilich nur ein Ideal, welches nie völlig erreicht werden kann, indem es unmöglich ist alle Einzelnheiten zu einer Totalanschauung zu verbinden; aber es muss wenigstens das Bestreben dahin gehen und die Aufgabe darf nie aus den Augen gelassen werden. Eine blosse Abstraction darf indess dies Allgemeine nicht sein, sondern es muss das Einzelne lebendig darin liegen als in einer concreten Anschauung; das Allgemeine und Besondere setzen dabei einander voraus und formiren einander approximativ. Für die Darstellung geht aus dem allgemeinen Theil der besondere oder die besondere Alterthumslehre sowohl der Griechen als der Römer hervor, als die umfassende Culturgeschichte des Alterthums. Jeder von beiden Abschnitten des materialen Theils enthält einen methodischen und bibliographischen Zusatz; letzterer wird bei der allgemeinen Alterthumslehre die Betrachtung des Alterthums überhaupt betreffen, also die allgemeine Geschichte der Philologie enthalten.

Da alles Allgemeine und Besondere in einander greift, und nicht auseinander gerissen werden kann, so ist auch keine genaue Sonderung der beiden Hauptabschnitte des materialen Theils möglich, sondern es wird immer der eine in den andern hinüberspielen. Dieses gilt auch von den Unterabtheilungen jener Abschnitte. Es fragt sich nun, woher für diese Unterabtheilungen der Eintheilungsgrund zu nehmen ist. Da das ganze Leben und Handeln der alten klassischen Nationen der Gegenstand des materialen Theils ist und zwar nach allen Verhältnissen, soweit es nicht rein physisch ist, sondern sich darin ein Erkennen ausdrückt, so müssen soviel Unterabtheilungen hervorgehen, soviel grosse Unterschiede jenes Leben und Handeln enthält. Wir sahen, dass die Philologie eigentlich nichts anderes als die Darstellung dessen in der Verwirklichung, in der Geschichte ist, was die Ethik im Allgemeinen als Gesetz des Handelns darstellt. (S. oben S. 16 ff.) Aus der Ethik muss also der Grund unserer gesammten weiteren Eintheilung hergenommen werden. Man muss aber hier die Ethik wie in der platonischen Republik als Verhältnisse schaffend denken, nicht bloss als Tugend- und Pflichtenlehre. Betrachten wir also das Handeln, wodurch die Nation alles, was sie hat, producirt, ein schaffendes und bildendes Handeln. Diese Thätigkeit ist eine gedoppelte, eine praktische und theoretische. Das praktische Handeln ist ein äusserliches Wirken zur Anbildung einer für die sinnliche Existenz nothwendigen Sphäre; hierzu gehört, dass zum Behuf aller fernern Entwickelung eine Gemeinschaft gebildet wird, zuerst die Familie, dann in stufenweiser Erweiterung eine äusserlich und innerlich organisch verbundene immer grössere Vereinigung: der Stamm und Staat; das praktische Handeln ist dann das Wirken zur Erhaltung und Verbesserung des gemeinsamen Lebens. Diesem realen Handeln ist das theoretische als ideales entgegengesetzt; es besteht in dem innern, geistigen Produciren, wodurch der Mensch, wie er dort die sinnliche Welt auswirkt, so hier seine Ideenwelt aus sich herausbildet. Das theoretische Handeln entspringt somit aus einem Bedürfniss der Erkenntniss und der Darstellung des Innern, das praktische aus dem Bedürfniss der Befriedigung des Nothdürftigen und aus der Realisirung der Willenskraft, welche in That umgesetzt wird, um sich das Aeussere zu bestimmten Zwecken zu unterwerfen. Beide Seiten des Handelns stehen in Wechselwirkung; denn das Leben ist nicht anzuordnen ohne den νοῦς, welcher der Ordner alles Wohlgeordneten ist, also nicht ohne Theorie. Diese aber ist nicht gedenkbar ohne die Bedingungen des äusseren sinnlichen Daseins; ja das praktische Handeln ist die Basis des Lebens, auf welcher alles Uebrige ruht und aus welcher das theoretische sich herausbildet. Somit wird die praktische Seite des historischen Lebens zuerst zu behandeln sein. Sie umfasst zunächst die sinnliche Existenz und ihre Erhaltung, wobei jedoch von Anfang an ein innerer Bildungstrieb nach der Idee des Guten bestimmend wirkt. Handeln aber kann man, wie gesagt, nicht isolirt, es muss eine Gemeinschaft gebildet oder vorausgesetzt werden. Diese Gemeinschaft kann eine gedoppelte sein: entweder eine solche, wo sich der Mensch mit seiner Individualität an das Ganze hingiebt, als Einzelner in keinen Betracht kommt, ausser inwiefern er in jenem Ganzen lebt, oder eine solche, wo die Individualität hervortritt, sich von dem Ganzen nicht beschränken lässt, sondern eben dieses Ganze in sich selbst setzt. Dort ist das Universelle, hier das Individuelle derjenige Begriff, welcher den entgegengesetzten beherrscht ohne ihn zu tilgen. Die erste Art von Gemeinschaft ist der Staat, und das daraus hervorgehende öffentliche Leben, worin niemand abgesondert existirt, wo jeder nur im Ganzen lebt, jede Individualität ohne getilgt zu werden mit dem Ganzen eins sein muss, wenn sie hineingehören soll. Die andere Art ist die Familie und das sich daran schliessende Privatleben; denn in der Familie ist die Individualität vorherrschend, der Familiengeist geht von dem Einzelnen aus, das Ganze ruht unmittelbar in dem Einzelnen. Im Staat wiegt die Objectivität vor, indem das Besondere in das Allgemeine hineingezogen wird, in der Familie die Subjectivität, indem das Allgemeine in dem Besonderen aufgeht. Dieselbe Duplicität lässt sich in dem theoretischen Leben nachweisen. Die innerlichste Seite desselben, worin die geistige Natur des Subjects herrscht, ist die Wissenschaft, welche in der Mythologie von den dunklen Vorstellungen des religiösen Gefühls ausgeht und sich zur Klarheit des Verstandes entwickelt; in der Religion als Cultus und der sich daraus entwickelnden Kunst wird das innere theoretische Handeln wieder äusserlich durch Objectivirung, indem aus der θεωρία die ποίηcιc hervorgeht. Wie die Praxis der Theorie vorausgeht, so muss auch das Staatsleben vor dem Familienleben und die Kunst vor der Wissenschaft abgehandelt werden, da das Objective stets die Grundlage des Subjectiven ist.*)

---

*) Rede vom Jahre 1853, Ueber die Wissenschaft, insbesondere ihr Verhältniss zum Praktischen und Positiven, Kl. Schr. II, S. 86 f.: „Theorie und Praxis sind zwei allgemein gangbare Wörter, die jeder leichthin im Munde führt, wie die Münze in der Tasche; solche Wörter nutzen im Laufe der Zeiten ihr Gepräge bis zur Unkenntlichkeit ab, und es hängen sich daran dunkle Nebenvorstellungen, die den wahren Sinn verdecken und kaum noch einen festen Begriff damit zu verbinden erlauben: um die echte Bedeutung der zwei Wörter zu finden, werden wir schon dahin zurückgehen müssen, wo sie entstanden oder gestempelt worden sind und woher wir sie überkommen haben ... [Aristoteles] unterscheidet eine dreifache Seelenthätigkeit, die theoretische oder erkennende, die praktische oder wirkende, die poetische oder machende, und zwar je nach einer jeglichen Princip und Zweck. Das Princip der theoretischen Thätigkeit sind ihm die Gegenstände der Erkenntniss, die Dinge selbst in ihrer Unterschiedenheit von dem Subject, und ihr Zweck ist die Erkenntniss, das Theorem selbst, oder was einerlei ist, das Wahre; die praktische Thätigkeit hat ihr Princip in dem Subject, in dem Willen desselben, und ihr Zweck ist das, was zu thun ist, die Handlung abgesehen vom Werke, die Verwirklichung des Guten oder die Eupraxie; die machende Thätigkeit hat Geist, Kunst oder ein Vermögen des Subjects zum Grunde und zum Zwecke das Werk. Hiernach entscheidet er namentlich darüber, wohin die Physik zu rechnen sei, und erklärt sie für theoretisch. Er hält jedoch diese begründete Dreiheit nicht überall fest, sondern begnügt sich öfter mit dem Gegensatze des Theoretischen und des Praktischen, wie mir scheint mit Recht. Denn die machende Thätigkeit hat, inwiefern sie sich als schöne Kunst eben auf die Gestaltung des Schönen d. h. der in dem Sinnlichen verkörperten und versenkten Idee bezieht, mit der Theorie die ideale innere Vision gemein, und ein Hauptzweig derselben, die vorzugsweise so genannte Poesie stellt sogar in demselben Stoffe dar, dessen sich das Erkennen bedienen muss, in der Sprache; und die schönen Künste haben wieder auch keinen anderen Zweck als die Darstellung jener innern Vision, die der Erkenntniss wo nicht gleich, doch als ihr Bild sehr ähnlich ist; so dass dieser Theil der Künste der Erkenntniss verwandter ist als dem Handeln. Die übrige machende Thätigkeit dagegen ist dem Handeln verwandter, indem sie fast ganz in Thun und Arbeit aufgeht und dem Zwecke des Gebrauches dient: weshalb denn die ganze machende Thätigkeit unter die theoretische und die praktische vertheilt werden kann. Aber auch dieser letztere Gegensatz ist kein ausschliessender: denn das Erkennen selber kommt nicht ohne Willen und Vorsatz zu Stande und ist auch ein Gut, und ein sehr hohes, die theoretische Thätigkeit also der praktischen nicht schlechthin entgegengesetzt; und umgekehrt, ist der Wille ein vernünftiger, vom blinden Triebe, den

VI. Entwurf unseres Planes.

Der besondere Theil der Alterthumskunde enthält demnach **vier** Hauptstücke, wobei das Griechische und Römische immer zusammengenommen werden können:
1. Vom Staatsleben oder öffentlichen Leben.
2. Vom Familien- oder Privatleben.
3. Von der Kunst und äusseren Religion.
4. Von der Wissenschaft und der Religionslehre oder innerlichen Religion als Erkenntniss.

Man könnte hier streiten, ob die Religion nicht ganz aus dem dritten und vierten Hauptstück auszusondern und Mythologie und Cultus vereint als ein fünftes zu setzen sei. Ich kann mich aber nicht überzeugen, dass die Religion keine theoretische Erkenntniss ist; sie gehört daher von dieser Seite, als Mythologie, in den 4. Abschnitt. Wollte man nun den Cultus nicht in den dritten Abschnitt aufnehmen, so müsste man wenigstens die Kunst an dieser Stelle stehen lassen und den Cultus der Mythologie unterordnen. In der That ist der Cultus mit der Mythologie eng verbunden; er dient der Symbolisirung der mythologischen Vorstellungen. Allein dies beweist nur, dass Kunst und Wissenschaft in ihren Anfängen zusammenfallen, indem das Religiöse ihre gemeinsame Wurzel ist. Denn die Kunst ist ebenso die Evolution des Cultus, wie die Wissenschaft die Evolution der Mythologie. Natürlich betrachten wir in dem 3. Abschnitte Kunst und Cultus getrennt. Wir stellen die Geschichte des Cultus voran; er entfaltet sich zuerst in Gebet und Opfer, wobei Poesie, Musik und Orchestik hervortreten, dann in Tempeln und Bildsäulen, worin Architektur, Plastik und Malerei ihre Anfänge haben und endlich in Festen und Spielen, worin die Gymnastik, Dramatik u. s. w. wurzeln. Es ist hiernach aber

---

auch das Thier hat, verschiedener, so wird er durch das Erkennen bestimmt, und darum hat der tiefsinnige Platon, das Theoretische und Praktische minder auseinander reissend, die Tugend als Erkenntniss bezeichnet: ja die gesammte praktische Seelenthätigkeit ist der theoretischen dadurch untergeordnet, dass das Ziel der ersteren, das Gute, ein Princip ist, welches nur durch Erkenntniss vollkommen ergriffen werden kann, wenn es auch, aber unbewusst, im Gefühl und Glauben gegeben ist; so wird das Praktische selber Gegenstand der Theorie, und weil das Wahre und das Gute sich nicht widersprechen können, ist ein Widerspruch zwischen der echten Theorie und der echten Praxis unmöglich." Vergl. die Rede von 1844: Das Verhältniss des theoretischen Lebens zum praktischen. Kl. Schr. II, 325 ff.

gerechtfertigt, dass die Geschichte der Kunst sich an die des Cultus anschliesst; eine tiefere Auffassung der Kunst wird zeigen, dass sie auch in ihrer vollen Ausbildung zum Cultus gehört als Symbolisirung des Göttlichen.*)

Alle empirisch als Theile der Alterthumswissenschaft gegebenen Disciplinen sind in unserer Eintheilung begriffen, nur dass mehrere dem Begriff gemäss zerspalten werden. Das Staatsleben setzt voraus Erkenntnis der Staaten nach Raum- und Zeitausdehnung, also politische Geographie und politische Geschichte; jene hat als Propaedeutik mathematische und physische Geographie, diese die Chronologie. Die Darstellung des Staatslebens nach seiner Verfassung begreift in sich einen Theil der sogenannten Alterthümer, nämlich die politischen; die andern Theile sind in den drei übrigen Hauptstücken enthalten. Denn der ganze zweite Abschnitt umfasst die Privatalterthümer, der dritte aber enthält die Religionsalterthümer und ausserdem die gesammte Geschichte der Künste, insofern sie nicht bloss in der Technologie begriffen sind, die in das Privatleben gehört; also die bildenden Künste, Musik und alle Mimetik; dazu kommt die gesammte Aesthetik, insofern sie philologisch ist; die redenden Künste, deren Erzeugniss die gesammte Literatur ist, werden dagegen — wie wir später zeigen werden — besser zum vierten Abschnitt gezogen. Architektur, Münzen als Bildwerke u. s. w. fallen also in den dritten Theil. Der vierte umfasst die Mythologie als Urwissenschaft, die Philosophie als die entwickelte Wissenschaft in ihrer Einheit, und die übrigen wissenschaftlichen Disciplinen als Zweige der Philosophie. Dies ist das Wissen von Seiten des Stoffes aufgefasst. Die Form desselben behandelt dann die Literaturgeschichte und die Geschichte der Sprache, jene die rhetorische, diese die grammatische Form; denn die Sprache ist das Organon des Wissens, und in ihr ist die feinste Erkenntniss bis ins Kleinste ausgeprägt. Wie jedoch alle besonderen Disciplinen sich organisch in einander fügen und welche zur vollständigen Enumeration gehören, kann erst die speciellere Ausführung zeigen.

Ich hebe noch einmal hervor, dass eine genaue Sonderung aller Theile nur für die Behandlung, für die Ansicht möglich

---

*) Vergl. die lat. Rede von 1830: *De litterarum et artium cognatione*. Kl. Schr. I, 175 ff.

VI. Entwurf unseres Planes.

ist; in der Natur ist nichts gesondert. Die einzelnen Abschnitte sowohl als der allgemeine und besondere Theil der Alterthumswissenschaft im Ganzen greifen immer in einander und setzen sich wechselseitig voraus. Dies kann aber auf die Anordnung keinen Einfluss haben; denn wollte man diese nach dem Gesichtspunkte treffen, dass das für das Verständniss Vorausgesetzte voranstände, so würde man in viele Widersprüche gerathen. Es muss nur Alles sich mit Nothwendigkeit und organisch an einander reihen. Unsere Anordnung führt das Leben der Nationen von ihrem sinnlichen Wirken stufenweise bis zur höchsten geistigen Production vor, so dass darin die in allem Handeln sich ausprägende Erkenntniss nach den Graden ihrer Potenzirung dargestellt wird. Wir beginnen, wie Platon in seiner Republik, mit dem Staat, in welchem Alles eingeschlossen ist, und schliessen mit der letzten Entwickelung der geistigen Production. Man könnte vielleicht sagen, die Kunst als Symbolisirung der Ideen sei später zu betrachten als die Mythologie, weil jene das Aeussere, diese das zu Grunde liegende Innere darstelle. Aber die Betrachtung des Innern, der Mythologie, wie des ganzen Wissens ist eben darum später zu setzen, weil es die entwickeltere Stufe der Erkenntniss bildet, die mit Hülfe der Symbolisirung in Cultus und Kunst selbst gewonnen wird. Ferner könnte man meinen, man müsse in dem vierten Abschnitt die allgemeine Form des Denkens, die Sprache vor der materialen Betrachtung des Wissens behandeln; denn die Sprache sei vor Allem vorhanden. Indess die Keime und Elemente aller Bildung sind fast gleich alt, und man kann hiernach keine zeitliche Scheidung machen. Es kommt nicht darauf an, ob Sprache, Mythos oder Philosophie früher entstanden sind, sondern in welcher Folge sie zum Bewusstsein kommen. Dies ist in unserer Anordnung ausgedrückt. Die Mythologie ist auch historisch zuerst ins Bewusstsein getreten, dann die Philosophie und die einzelnen Wissenschaften, dann die Lehre von den Formen der Darstellung und diese Formen selbst, d. h. die Rhetorik, und zuletzt erst die Sprache in grammatischer Hinsicht; obgleich man sie immer gebraucht hat, wird sie doch erst bewusst durch die grammatische Betrachtung. In der Grammatik ist die letzte und feinste Analyse der Erkenntniss bis ins Einzelste gegeben, und diese als der θριγκὸc μαθημάτων der Philologie erscheint daher bei uns zuletzt. Die Geschichte der Philologie kann nicht, wie bei Wolf, als letzte Disciplin aufgestellt werden. Soweit damit die Entwickelung der philologischen Wissenschaft im Alterthum selbst gemeint ist, fällt sie in die Geschichte der alten Wissenschaft. Das Uebrige gehört in die Geschichte der neuern Wissenschaft; bei der Alterthumslehre selbst kann es nur in den bibliographischen Zusätzen berücksichtigt werden. Daher finden die allgemeinen Züge der Geschichte der Philologie ihre Stelle als Anhang des allgemeinen Theils.

Wir geben unsere Anordnung nicht für absolut nothwendig aus; aber sie scheint der wissenschaftlichen Betrachtung am meisten zu entsprechen. Die gewöhnliche Disposition, wie sie etwa in dem Wolf'schen Entwurfe zu finden ist, mag für die Empirie Bequemlichkeiten haben, für die anschauliche Erkenntniss gewiss nicht. Auf die Empirie kommt es aber nicht an, weil wir ja gleich anfangs den grossen Unterschied der Encyklopädie und Methodik zugegeben haben. Die Methode muss im Allgemeinen den entgegengesetzten Gang gehen. So wird die Sprachkunde freilich methodisch nicht zuletzt studiert werden dürfen, aber sie deswegen in der Encyklopädie voranzustellen ist Empirismus, Mangel an wissenschaftlichem Sinn und Verwirrung der Begriffe. Was unsere Ausführung selbst betrifft, so werden wir nichts Bedeutendes übergehen, aber nur den Kern der Dinge, das Leitende geben.

§ 14. **Literatur.** Meine hiermit dargelegte Ansicht habe ich in Schriften bisher nur gelegentlich kurz erörtert, nämlich in den lateinischen Reden vom Jahre 1822 und 1826, in der Vorrede zur Logistenabhandlung vom Jahre 1827, in der Vorrede zum *Corpus inscriptionum*, 1828 (S. VII), in der lat. Rede vom Jahre 1830 und in der Rede zur Eröffnung der 11. Vers. deutscher Philologen zu Berlin, 1850.*) Allmählich erkannte man die Schwächen der Wolf'schen Encyklopädie. So kritisirt und verwirft Fr. Lübker in einem Aufsatz vom Jahre 1832 (*de partitione philologiae*, abgedruckt in Lübker's Gesammelten Schriften zur Philologie und Pädagogik, Halle 1852) die Ansicht Wolf's. Er spricht (2. Ausg. S. 8) von der meinigen mit Anerkennung, bemerkt aber, dass ich sie nicht selbst bekannt gemacht habe, „*sed vel ex scholis ab ipso in academia Berolinensi habitis nobis innotuit, vel aliorum industria latius ad literatorum hominum circulos permanavit.*" Es ist daher zu entschuldigen, dass das, was er darüber sagt, nicht ganz richtig ist.

Indessen machte sich von verschiedenen Seiten das Bestreben geltend die Philologie dadurch bestimmter abzugrenzen, dass man sie auf die

---

*) S. oben die Anmerkungen auf S. 9, 16, 19, 55, 62.

VI. Entwurf unseres Planes. 65

Erforschung der Sprachdenkmäler beschränkte. Von Seiten der Kunstarchäologie versuchte dies Ed. Gerhard in den hyperboreisch-römischen Studien für Archäologie, Bd. 1. Berlin 1833, S. 3—84. Er rechnet die Religionsgeschichte zur Archäologie, die er „monumentale Philologie" nennt und die ausserdem die Kunstgeschichte und Geschichte der Kunstdenkmäler umfasst, und lässt (S. 21) als rein philologische Disciplinen die Literaturgeschichte, die geographisch-politischen Alterthümer und die Culturgeschichte übrig. Er meint, eine wissenschaftlich begründete philologische Encyklopädie würde vermuthlich besser daran thun, auf einige Realien, die ihr zur Last fielen, zu verzichten. Man sieht nicht ein, wie nach solchen Ansichten eine philologische Encyklopädie wissenschaftlich begründet werden soll; besonders aber, wie einer Wissenschaft etwas zur Last fallen kann. Ganz unbegreiflich ist es, wenn die Culturgeschichte der Philologie zugewiesen und die Religions- und Kunstgeschichte ausgeschlossen wird, da doch Religion und Kunst zwei Haupttheile der Cultur sind. Sie fallen der philologischen Betrachtung mit demselben Rechte wie die politischen Antiquitäten zu; diese sind sogar zur Erklärung der Schriftsteller nicht wichtiger als die Religionsgeschichte. In einem Vortrage, abgedruckt in den Verhandlungen der 11. Philologenversammlung (1850) und in dem „Grundriss der Archäologie". Berlin 1853 (48 Seiten) entwickelt Gerhard seine Ansicht mit einiger Einschränkung noch einmal und gründet darauf einen Plan der Archäologie, wonach dieselbe jedoch offenbar ein blosses Aggregat ist. Wir haben gesehen, dass Bernhardy in seiner Encyklopädie ganz in Gerhard's Sinne die Kunstarchäologie zu den philologischen Beiwerken rechnet. Sie ist indessen durch Ottfried Müller und Otto Jahn in die natürliche Verbindung mit den übrigen Theilen der Philologie gesetzt. — Eine ähnliche Beschränkung des Begriffes der Philologie wie Gerhard erstrebt auch Mützell in seiner Schrift: Andeutungen über das Wesen und die Berechtigung der Philologie als Wissenschaft. Berlin 1835. Ihm ist die Philologie die „Wissenschaft des inhaltsvollen Wortes, der freien Manifestation des menschlichen Geistes durch Rede und Schrift." Es fragt sich zunächst, was freie Manifestation ist. Ich glaube alle Manifestation des Geistes ist frei. Ferner enthält die Rede und Schrift Manifestationen über Alles. Aber über Einiges giebt es auch andere Manifestationen, z. B. durch Kunstwerke, die anschaulich sind. Warum sollen diese als Quellen ausgeschlossen sein? Die Kunst würde ja mit in die Philologie gehören, inwiefern sie durch Rede überliefert wird; dadurch würde aber ihre Betrachtung auseinandergerissen. Was durch Schrift und nicht durch Schrift manifestirt ist, lässt sich gar nicht trennen, wie dies bei der Geographie und Mythologie klar ist. Der λόγος ist auch ausser der Rede vorhanden, er ist das geistige Erzeugniss des Menschen überhaupt. — Im höheren Grade noch löst Milhauser, Ueber Philologie, Alterthumswissenschaft und Alterthumsstudium. Leipzig 1837, den organischen Zusammenhang der Philologie auf, obgleich er von meiner Definition ausgeht, die er als mein Schüler aus meinen Vorlesungen kennt. Er will wie Mützell nur das sprachlich Mitgetheilte als Erkanntes gelten lassen, findet aber ausserdem keine Einheit in der philologischen Betrachtung der Geschichte einer Nation oder Zeit. Die Philologie soll nicht den Anspruch machen

Wissenschaft zu sein; sie soll nur für andere Wissenschaften den literarischen Apparat sammeln, reinigen und sein Verständniss vermitteln; wer sich in irgend einem Fache mit der Geschichte und Literatur desselben beschäftigt, ist insofern Philolog, und diese Hülfsarbeit sieht Milhauser als die einzige Aufgabe der Philologie an. — Die Zerspaltung der Philologie nach den verschiedenen Sphären des geschichtlichen Lebens, welche hierdurch bewirkt wird, hält auch Freese in seiner sonst sehr verständigen Abhandlung: Der Philolog. Eine Skizze, Stargard 1841 (Programm) für nothwendig. Er meint, aus Rücksicht auf die Fortschritte des Lebens und aller Wissenschaften werde es immer nöthiger die Philologie nicht auf den Umfang gewisser Völker und Zeiten, z. B. des Alterthums zu beschränken, sondern jede einzelne Seite des Geisteslebens, Staatengeschichte, Religion, Sprache u. s. w. in ihrer ganzen Entwickelung bis auf die Gegenwart im Zusammenhange zu betrachten. Dadurch werde die Philologie zwar aufgelöst, aber ihr ebendamit auch eine lebendigere Einwirkung auf die einzelnen Richtungen der Gegenwart gesichert. Wir haben diese Art die Aufgabe der Philologie zu beschränken ausdrücklich als wohlberechtigt anerkannt (s. oben S. 21); allein die durchaus nothwendige Ergänzung dazu bildet die philologische Betrachtung, welche den organischen Zusammenhang aller Seiten des Geisteslebens festhält. In Bezug auf Begriff und Umfang der Philologie stimmt Freese mir im Uebrigen bei. — Dagegen will Christoph Ludw. Friedr. Schultz (Grundlegung zu einer geschichtlichen Staatswissenschaft der Römer. Köln 1833) wieder alles Politische der Philologie entziehen. Er vindicirt die Betrachtung der Staatsverhältnisse des Alterthums dem Staatsmanne, indem er zugleich darauf hinweist und es als seine Ueberzeugung darstellt, dass die Begründung der Staatswissenschaft von der Betrachtung des römischen Staates ausgehen müsse. Wenn dies insofern wahr scheint, als der römische Staat dem modernen zunächst zu Grunde liegt, so ist diese Ansicht doch viel zu einseitig, weil bei den Griechen viel mehr Theorie und allseitige politische Anschauung zu finden ist als bei den Römern; es muss vielmehr die Staatslehre von der Politik des gesammten Alterthums ausgehen, und es bewährt sich hier, dass die ersten Gründe jeder Disciplin durch das Alterthum geliefert sind, und dass jede Disciplin auf dasselbe gebaut werden muss, soweit sie eine historische Basis hat. Aber deswegen kommt die Betrachtung der alten Staaten nicht bloss dem Staatsmanne zu, sondern überhaupt dem, der die in Frage kommenden Verhältnisse kennt; der Staatsmann muss Alterthumsforscher und der Alterthumsforscher soweit Kenner des Staates werden, um die Begriffe zu haben, welche zu jeder politischen Betrachtung gehören. Dass der Politiker als solcher in der Betrachtung der alten Staaten nichts leisten kann, wenn er sich nicht als Alterthumsforscher bewährt, zeigt Herr Schultz selbst durch die verkehrten Vorstellungen, die er in das Alterthum hineinträgt. Der Philolog wird ebenso wenig leisten, wenn er sich nicht, um mit Herrn Schultz zu reden, in den Staatsverhältnissen umgesehen hat. Hat er dies aber gethan, so leistet er gerade so viel als der Staatsmann, welcher sich seinerseits in der Philologie des Alterthums umgesehen hat. Hier ist also gar kein Gegensatz; beide Seiten müssen sich verbinden für den Zweck das Staatsleben des Alterthums zu erforschen. Platon im Politikos unterscheidet den Staatsmann von allen denen, die ein besonderes Geschäft im Staate betreiben, als den Vorsteher des Ganzen, der weder Finanzgelehrter noch Jurist u. s. w. sei. Dies ist wohlbegründet: diese einzelnen Functionen sind nur besondere Fächer, die dem Staatsmanne dienen. Es ist daher sehr seltsam, wenn sich Leute, die nur Juristen oder Cameralisten sind, für Staatsmänner halten und glauben, der Staatsmann brauche nur Akten lesen und schreiben zu können und das zu wissen, was er selbst erst vom Kaufmann, Banquier und Landwirth lernen muss. So gut wie es der Staatsmann von diesen lernt, mag es von ihnen der Philologe lernen, der um die Verhältnisse eines Volkes zu construiren, ganz in der Lage des Staatsmanns ist von Allen und, wie Sokrates, bei Allen umhergehend zu lernen. Unstreitig befindet sich der Philosoph, ja selbst der Dichter in derselben Nothwendigkeit; Alle müssen vom Leben lernen. Die ganze Scheidung kommt also auf Nichts heraus, und es folgt aus der ganzen Betrachtung nur wieder das Wechselverhältniss, welches wir zwischen der Alterthumsforschung und jeder besonderen Disciplin festgestellt haben, dass nämlich jene für jeden einzelnen Zweig des Alterthums, den sie behandelt, der Begriffe der betreffenden Disciplin bedarf, sowie diese wieder, um auf die Urgründe zurückzugehen, der Alterthumsforschung bedarf. Alles dies ist auf Sprachlehre, Kunstlehre u. s. w. ebenso anwendbar, und man kann nicht behaupten, dass die Sprachforschung sich im Alterthum unabhängiger von dem Allgemeinen bewegen könne, als die politische Betrachtung; der Alterthumsforscher behandelt die Sprache des Alterthums, wie den Staat, indem er das Studium der Sprachlehre und der Politik für die Betrachtung des Alterthums individualisirt. — Die angegebenen Versuche den Begriff der Philologie zu beschränken, führen zu der Ansicht zurück, dass die Philologie nur in der Grammatik und der darauf gegründeten Erklärung der Schriftdenkmäler bestehe. Dies ist die von G. Hermann und seiner Schule vertretene sogenannte formale Philologie. Wenn die Vertreter derselben ihre Ansicht begriffsmässig begründen wollen, werden sie mit Nothwendigkeit darüber hinausgetrieben. Denn da die Erklärung der Schriftsteller ebensowenig ohne sämmtliche reale Disciplinen als ohne Grammatik möglich ist, so ist es schliesslich ein Wortstreit, ob man die formalen Thätigkeiten in Verbindung mit allen dazu erforderlichen realen Disciplinen, oder nur in Verbindung mit einer derselben, der Grammatik, Philologie nennen will.*)

Die herrschenden unwissenschaftlichen Ansichten über Begriff und System der Philologie wurden gut gewürdigt von Dr. Hans Reichardt, Stiftsbibliothekar in Tübingen. Derselbe geht in seiner vortrefflichen Schrift: Die Gliederung der Philologie. Tübingen 1846, die voll philologischen und philosophischen Geistes ist, von meiner Theorie aus. Er will aber drei Haupttheile setzen, denn wenn kein Gegenstand für die formale Thätigkeit des Verstehens und keine Quelle für die Darstellung des Objectiven da sei, so seien beide leer. Also setzt er als den dritten, beide andern bedingenden

---

*) Vgl. die Vorrede zu der Abhandlung über die Logisten und Euthynen, 1827, Kl. Schr. VII, S. 262 ff.

Theil die **Denkmälerkunde**. Dies ist indess nicht zu billigen; eine Disciplin muss Formen oder Ideen enthalten, was bei der blossen Kunde der Denkmäler nicht stattfindet; die Denkmäler sind die Quellen der Disciplinen, wie für die Naturkunde die Natur; aber man kann keine Disciplin der Naturwissenschaften entwerfen, welche nur eine Notiz der Naturgegenstände wäre; die sogenannte Naturgeschichte ist dies auch nicht, sondern sie ist schon eine die Formen der Natur darlegende Wissenschaft in Bezug auf die Objecte der Naturbetrachtung, welche auf der Erde vorliegen. Was die Denkmälerkunde für die Philologie ist, das wäre eine blosse Aufzählung aller Naturerscheinungen für die Naturwissenschaft. Wie letztere jene Erscheinungen vereinzelt in den verschiedenen Disciplinen betrachtet, so betrachtet die Philologie alle gegebenen Denkmäler, indem sie durch Hermeneutik und Kritik ihr Wesen ermittelt, in dem materialen Theil. Dieser ist die verarbeitete Denkmälerkunde selbst, die Denkmäler in ihren Ideen erkannt. Es ist hier dasselbe Verhältniss wie in der Philosophie, wo auch nicht der Logik ein bestimmter in ein Lehrgebäude zusammengefasster Complex von Gegenständen vorhergeht, auf den sie gerichtet wäre. Die Kunde der Denkmäler ist eine Voraussetzung, wie in den Naturwissenschaften die Anschauung durch die Sinne. Daher ist es die allein richtige Methode die Quellenkenntniss als Substrat bei den einzelnen Theilen der Wissenschaft einzufügen, wie wir oben bei Gelegenheit der Bibliographie gezeigt haben. Reichardt nennt (S. 10) seine Denkmälerkunde selbst ein Aggregat; dann ist sie aber keine Wissenschaft, und wir stimmen somit im Grunde auch hierin überein. — Am besten hat meine Theorie Steinthal verstanden. Er stellt dieselbe dar in seinem Buche: *De pronomine relativo*. Berlin 1847, S. 4—7 und S. 54, desgleichen in seiner Schrift: Die Sprachwissenschaft Wilh. v. Humboldt's und die Hegel'sche Philosophie. Berlin 1848. Seine eigene Ansicht entwickelt er am ausführlichsten in seinem Buche: Philologie, Geschichte und Psychologie in ihren gegenseitigen Beziehungen. Berlin 1864. Er erklärt besonders S. 28 seine wesentliche Uebereinstimmung mit mir. Ich habe zwar nicht wie er die Psychologie hereingezogen; allein diese Methode ist mit meiner Theorie vereinbar. Mir liegt eine solche Beziehung ferner, weil meine philosophischen Principien von den seinigen etwas abweichen, obgleich er doch auch eine Uebereinstimmung der Speculation mit der Philologie, die er wie ich der Geschichte gleichsetzt, nicht bestreitet. — Am genauesten hat meine Ansicht vielleicht Benloew wiedergegeben in dem *Aperçu général de la science comparative des langues*. Paris 1858. [2. Ausg. 1872.] (§ 2, S. 5 ff.), zum Theil wörtlich nach meinen Vorlesungen.

Haase hat meine Ausführungen im Artikel Philologie der Ersch- und Gruber'schen Encyklopädie der Wissenschaften und Künste, Section III, Theil 23 (1847), S. 387 ff. beurtheilt. Seine Ausstellungen beruhen grösstentheils auf einer mangelhaften Kenntniss meiner Theorie; es ist also nicht nöthig sie einzeln zu widerlegen. Ich erwähne nur Eines. Er hält den Namen des formalen Theils für unglücklich gewählt, da ja in dem zweiten Theil auf die Form, als einen Bestandtheil der Materie, verweise und der erste Theil nicht so die antike Form behandle, wie der zweite den antiken Stoff. Dieser Einwurf ist nicht zutreffend; wenn es sich um die

Analyse von Begriffen handelt, muss man doch genauer unterscheiden. Die beiden Theile stellen Form und Stoff der Philologie dar; das Antike ist von uns ausdrücklich nur als willkürliche Beschränkung des Stoffes hingestellt. Das Object selbst aber hat allerdings auch seine Form; allein diese muss doch verschieden sein von der Form der philologischen Wissenschaft. Die Philosophie behandelt auch die Form der Dinge, aber diesen Theil derselben wird Niemand formale Philosophie nennen, sondern unter diesem Namen wird man nur die Logik oder Dialektik begreifen, welche die Form des Philosophirens, die Denkformen zum Gegenstande hat. Haase stellt S. 391 ff. selbst ein System auf, durch welches aber — wie mir scheint — der Stoff mehr „verzogen und zerrissen" wird, als dies nach seiner Auffassung durch meinen „Schematismus" geschieht. Er theilt die philologischen Disciplinen in einleitende, Hauptdisciplinen und Hülfsdisciplinen.

Die einleitenden Disciplinen sind:
I. Geschichte der Philologie.
II. Encyklopädie der Philologie.

Die Hauptdisciplinen stellen das Leben des Alterthums dar; hierzu gehört:
I. Das Aussergeschichtliche, die Natur, dargestellt in der alten Geographie.
II. Das Vorgeschichtliche, die Urzustände, wozu die Weltanschauung der Urzeit gerechnet wird, die sich in Mythologie und Cultus ausdrückt.
III. Der geschichtliche Theil:
1. Das Gebiet der Sittlichkeit, dargestellt in den Staats- und Privatalterthümern.
2. Das Gebiet der Kunst:
A. Die nachahmende Kunst:
a) Die Gymnastik.
b) Die Musik.
c) Die Mimik.
B. Die redende Kunst:
a) Die Grammatik nebst Prosodie.
b) Die Poetik nebst Metrik.
c) Die Kunst der Prosa, dargestellt in der Rhetorik nebst der Lehre vom Numerus.
C. Die bildende Kunst:
a) Architektonik.
b) Plastik.
c) Malerei.
3. Das Gebiet der Wissenschaft, dargestellt in der Culturgeschichte, wozu die Geschichte der einzelnen Wissenschaften gehört.

Die Hülfsdisciplinen oder instrumentalen Disciplinen sind:
I. **Repertorien des Stoffs:**
   A. Literaturgeschichte nebst Epigraphik.
   B. Museographie und Numismatik.
   C. Bibliographie.
II. **Mittel zum praktischen Verständniss des Stoffes:**
   A. Lexika und Vocabularien.
   B. Grammatiken.
   C. Hülfsmittel für die Realien des Alterthums, Realencyklopädien und Reallexika.
III. **Methodik für die Behandlung des Stoffes zum Behuf wissenschaftlicher Ergebnisse:**
   A. Diplomatische oder niedere Kritik nebst Paläographie.
   B. Hermeneutik.
   C. Höhere Kritik.

Ich will in keine ausführliche Kritik dieses Systems eingehen, da dasselbe durch meine eigenen Ausführungen in den Punkten, worin es von meinem Plane abweicht, theils hinlänglich widerlegt ist, theils noch weiter widerlegt werden wird. Besonders wunderlich ist die Scheidung des Aussergeschichtlichen, Vorgeschichtlichen und Geschichtlichen. Die Gebiete der Sittlichkeit und der Kunst sind doch ebensowohl vorgeschichtlich, als Mythologie und Cultus auch geschichtlich sind. Die Geographie aber ist nicht, wie Haase annimmt, aussergeschichtlich. Insofern sie Naturbeschreibung ist, gehört sie nicht zur Philologie, sondern in die Naturwissenschaft. Hat aber die Natur der Gegenden Einfluss auf die Nationen, so muss die Philologie sie berücksichtigen, nur ist dann dieser Einfluss geschichtlich, nicht aussergeschichtlich; er gehört zur Menschengeschichte. Ebenso muss der Sprachforscher die Natur der Sprachorgane berücksichtigen; aber ihr Einfluss auf die Sprachentwickelung ist geschichtlich, während die Beschaffenheit der Sprachorgane an sich von der Physiologie untersucht wird.

Elze in Dessau, Ueber die Philologie als System. Dessau 1845, geht von mir aus, tadelt aber, dass ich die Philologie als Erkenntniss des Erkannten bezeichne, da auch die Kunst dazu gehöre, welche nur ein Gefühltes enthalte. Ich habe oben gezeigt, inwiefern ich auch in den Werken der Kunst ein Erkanntes annehme. Zweitens tadelt Elze, dass ich in dem materialen Theile die Form des Wissens als das Letzte und Höchste ansehe, da diese doch nur um des Inhalts willen da sei. Ich sehe aber die Form nur als das Feinere für die Betrachtung und insofern als das Letzte an, nicht als das Höchste überhaupt. Elze meint zwar, die philosophische Betrachtung sei noch feiner als die Betrachtung der Sprachform; dies scheint mir aber nicht richtig. Die grammatischen Unterschiede sind in der That die feinsten; man denke nur an den Gebrauch von γέ und ἄν im Griechischen, was über alle κομψότης der Philosophie hinausgeht; ebenso Ton, Accent, Wortstellung, die ganze Analyse der Sprache. Elze selbst definirt die Philologie als die geschichtliche Betrachtung des Geistes oder der gesammten Offenbarung des menschlichen Geistes und stellt sie der geschichtlichen Betrachtung der Natur parallel und beide der philosophischen Betrachtung der Natur und des Geistes entgegen. Dies ist genau dasselbe, was ich sage; der Geist ist aber nur in dem Erkennen, und eben darum sage ich: Erkenntniss des Erkannten, weil das Erkannte das Werk des Geistes ist und alle seine Offenbarungen eine Erkenntniss enthalten. Man muss an dem Ausdruck: Erkenntniss des Erkannten festhalten, indem nur hierin das Band und die Einheit des formalen und realen Theils der Philologie, oder der Technik und des Inhalts gefunden werden kann. Setzt man statt dessen geschichtliche Erkenntniss des Geistes, so wird die Sache nur verdunkelt. Es ist die Philologie die Erkenntniss aller geistigen Productionen, welche sich manifestirt haben; was aber der Geist schafft, ist nichts Anderes als Erkenntniss oder Erkanntes, denn er kann nur Gedanken produciren. Alle Productionen, die nicht Gedanken enthalten, sind natürlich, nicht geistig. Obgleich Elze im Uebrigen mir beistimmt, kehrt er das Verhältniss des Privat- und öffentlichen Lebens um, d. h. er will jenes vor diesem behandeln. Dafür lässt sich begriffsmässig Vieles sagen; aber der Staat ist das Umfassende, in dem Alles wurzelt, selbst das Privatleben.

Ein dankbarer Schüler von mir ist Anton Lutterbeck, ord. Professor der Philologie in Giessen. In seiner schönen Schrift: Ueber die Nothwendigkeit einer Wiedergeburt der Philologie zu deren wissenschaftlicher Vollendung, welche er als ord. Professor der Exegese an der katholisch-theologischen Facultät zu Giessen herausgegeben hat (Mainz 1847), sucht er, in Fr. Schlegel's und Lasaulx's Fusstapfen tretend, zu zeigen, dass die Philologie als Wissenschaft durch christlich-philosophische. Auffassung und Würdigung des klassischen Alterthums zum Abschluss gebracht werden müsse. Er meint eine philosophische Reconstruction des Alterthums und nennt sie christlich-philosophisch, weil er die christliche Philosophie für die absolute hält; diese müsse das Princip geben, wobei keine weiteren Voraussetzungen gemacht würden, als in dem Princip, dem christlichen Glauben enthalten seien. Dieser Glaube sei aber nicht ein subjectiv gemachter, sondern ein göttlich gegründeter. Das Princip der christlichen Philosophie reiche zu, alle Erscheinungen im Leben des klassischen Alterthums zu erklären, was das bisherige Princip der Philologie nicht vermöge. Hiergegen ist nichts einzuwenden von Seiten der idealen, d. h. auf Ideen gehenden Richtung der Philologie, sobald man einmal zugegeben hat, es gebe eine besondere christliche Philosophie, und dies sei die absolute, was ich verneine. Die Philosophie steht mir über dem Christenthum, so sehr ich dies achte. Die antike und die christliche Bildung sind zwei Pole; das Höchste liegt in ihrer Indifferenz, die der Zukunft vorbehalten bleibt, oder was dasselbe ist, in der Regeneration des Christenthums durch Verbindung mit dem rein Menschlichen und Auflösung in dieses.

[Die erste Ausgabe der vorliegenden Encyklopädie ist beurtheilt von: Steinthal in der Zeitschr. f. Völkerpsychologie u. Sprachw. Bd. X, H. 2 und 3. Berlin 1878, Bd. XI, H. 1 u. 3. 1880. — Bursian in dessen Jahresbericht über d. Fortschr. der class. Alterthumswissenschaft. 5. Jahrg. Berlin 1878 u. im Literar. Centralblatt. Leipzig 1878, Nr. 41. — Heerdegen in den Blättern f. d. bayerische Gymnasial- und Realschulwesen, 13. Jahrg. und in der oben S. 34 citirten Schrift. — Egenolff in der Beilage zur Augsburger Allgemeinen Zeitung 1878, Nr. 83. — Mart. Hertz in der Jenaer Literaturzeitung 1878, Nr. 22. (Vergl. desselben Schrift „Zur Encyklopädie der Philologie", bes. Abdr. aus den *Commentationes philologicae in honorem Theod. Mommseni.* Berlin 1877.) — Scartazzini in der Rivista Europea. N. S. vol. VII, fasc. III. 1878. — Wingen in der Literarischen Rundschau 1879. Nr. 9. — N. Πετρῆς in der Zeitschrift Βύρων. Δ, 3. 4. Athen, 1879.]

Erster Haupttheil.

Formale Theorie der philologischen Wissenschaft.

§ 15. Literatur. Ast, Grundlinien der Grammatik, Hermeneutik und Kritik. Landshut 1808. — Hubmann, *Compendium philologiae* (Amberg 1846) enthält dieselben Disciplinen, ganz kurz abgehandelt. — Schleiermacher, Hermeneutik und Kritik mit besonderer Beziehung auf das neue Testament. Aus Schleiermachers handschr. Nachlasse und nachgeschriebenen Vorlesungen herausgeg. v. Lücke. Werke, zur Theologie 7. Band, 1838. (Ein vollständiges, von Meisterhand entworfenes System. In meiner Darstellung sind Schleiermacher's Ideen nicht aus dieser Schrift, sondern aus früheren Mittheilungen benutzt, doch so, dass ich nicht mehr im Stande bin das Eigene und Fremde zu unterscheiden). — Levezow, über archäologische Kritik und Hermeneutik (Abhandlungen der Berliner Akademie vom Jahre 1833). — Preller, Grundzüge zur archäologischen Kritik und Hermeneutik, Zeitschrift für Alterthumswissenschaft 1845 Suppl. Nr. 13 ff. [abgedr. in desselben „Ausgewählte Aufsätze aus dem Gebiet der klassischen Alterthumswissenschaft." Berlin 1864.] — Bursian, Archäologische Kritik und Hermeneutik, in den Verhandlungen der 21. Philologenversammlung zu Augsburg 1862, S. 55—60. — [Ad. Michaelis, Verhandlungen der 25. Philologenversammlung zu Halle, 1867. S. 159 ff. — C. v. Prantl, Verstehen und Beurtheilen, München 1877.]

Wie man die Logik, die formale Theorie des philosophischen Erkennens für unnütz erklärt hat, so kann man auch eine formale Theorie des philologischen Erkennens, des Verstehens als überflüssig ansehen. Man hat logisch gedacht, ehe die Logik entdeckt war, und man hat fremde Gedanken verstanden und versteht sie täglich ohne dazu einer Theorie zu bedürfen. Allein dies erklärt sich einfach aus dem, was wir bereits über die Natur des Verstehens gesagt haben: das richtige Verstehen, wie das logische Denken ist eine Kunst und beruht daher zum Theil auf einer halb bewusstlosen Fertigkeit. Dass zum Verstehen besonderes Talent und besondere Uebung gehören, so gut als zu irgend einer anderen Kunst, das zeigen die vielen Irrthümer, welche täglich in der Auslegung fremder Gedanken gemacht werden, ja das haben ganze Perioden und Schulen der Wissenschaft gezeigt. Besonders klar tritt dies bei der Religion und Philosophie hervor. Beide sind wie die Poesie ganz auf die innere Anschauung gerichtet und aprioristisch. Da nun das Verstehen eine entgegengesetzte Richtung des Denkens erfordert, ist es kein Wunder, dass religiöse und philosophische ebenso wie poetische Köpfe, besonders wenn sie dem Mysticismus huldigen, die Auslegung am wenigsten verstehen. Der gesammte Orient hat dazu wenig Anlage wegen der Unterdrückung des Verstandes. Das Verstehen, wovon der Verstand seinen Namen hat, ist wesentlich Verstandesthätigkeit, wiewohl auch die Phantasie dabei nothwendig mitwirken muss. Es erfordert Objectivität und Receptivität; je subjectiver und für sich eingenommener man ist, desto weniger Verständnissgabe hat man. In der Philosophie geben die Neuplatoniker in ihrer Erklärung Platon's ein glänzendes Beispiel, wie man gegen allen Verstand auslegen kann, und in dem neuen Testament ist vollends der falschen Auslegung kein Anfang noch Ende; und doch sind unter den Auslegern geist- und kenntnissvolle Männer, die viel, nur dies nicht verstehen. Auch berühmte Philologen verstehen sich oft schlecht auf das Verstehen, selbst die besten irren häufig. Wenn also hierzu wirklich eine Kunst gehört, so muss diese auch ihre Theorie haben. Dieselbe muss eine wissenschaftliche Entwickelung der Gesetze des Verstehens enthalten, nicht — wie dies freilich in den meisten Bearbeitungen der Hermeneutik und Kritik der Fall ist — bloss praktische Regeln. Diese, die an sich ganz gut sind, aber in der Theorie erst ihre wahre Erklärung finden, werden viel besser bei der speciellen Anwendung erlernt, sowie die philologische Kunst überhaupt gleich jeder Kunst nur in der Ausübung gelernt werden kann, von welcher die Gesetze der Theorie dann inductiv abzuleiten sind. Durch die Theorie wird Niemand ein guter Exeget und Kritiker werden, so wenig als man durch die Kenntniss der Logik ein philosophischer Denker wird. Der Werth der Theorie besteht darin, dass sie das, was man sonst bewusstlos treibt, zum Bewusstsein bringt. Das Ziel, wohin Auslegung und Kritik streben, und die Gesichtspunkte, nach welchen sie geleitet werden müssen, schweben demjenigen, welcher die philologische Thätigkeit rein empirisch betreibt, nur dunkel und unvollkommen vor und werden allein durch die Theorie zu wissenschaftlicher Klarheit erhoben. Daher regelt die Theorie die Ausübung der philologischen Thätigkeit; sie schärft den Blick und bewahrt vor Verirrungen, indem sie die Ursachen derselben und die Grenzen der Gewissheit aufzeigt. Durch die Theorie wird also die Philologie erst wirklich zur Kunst, obgleich viele Philologen die blosse empirische Fertigkeit in der Auslegung und Kritik schon als Kunst betrachten; denn auch hier heisst es: Πολλοὶ μὲν ναρθηκοφόροι, Βάκχοι δέ γε παῦροι.*)

Wir haben nach unserer Definition des Verstehens in demselben die Hermeneutik und Kritik als gesonderte Momente unterschieden. Reichardt (Gliederung der Philologie S. 19 ff.) bestreitet die Zulässigkeit dieser Sonderung und sucht nachzuweisen, dass die Kritik nur ein Moment der Auslegung sei. Allein beides sind offenbar verschiedene Functionen. Wenn wir der Hermeneutik die Aufgabe zugewiesen haben die Gegenstände an sich zu verstehen, so ist damit natürlich nicht gemeint, dass man irgend etwas ohne Berücksichtigung vieles andern verstehen könne; zur Auslegung müssen ja mannigfache Hülfsmittel benutzt werden. Aber der Zweck ist den Gegenstand, um den es sich handelt, selbst, in seiner eigenen Natur zu verstehen. Wenn dagegen die Kritik etwa feststellt, ob eine Lesart richtig ist, oder ob ein Werk einem bestimmten Schriftsteller zukommt, so wird das Urtheil hierüber dadurch gewonnen, dass man das Verhältniss untersucht, in welchem jene Lesart zu ihrer Umgebung, oder das Verhältniss, in welchem die Beschaffenheit jenes Werks zu der Individualität des betreffenden Schriftstellers steht; diese Untersuchung ergiebt entweder die Uebereinstimmung oder Verschiedenheit beider verglichenen Gegenstände, woraus dann weitere Schlüsse gezogen werden. So verfährt man bei jeder Kritik; wenn z. B. eine geschichtliche Handlung beurtheilt wird, untersucht die Kritik, ob sie mit dem dabei verfolgten Zwecke, oder mit dem Ideal des Rechtes u. s. w. übereinstimmt oder nicht; bei der ästhetischen Kritik eines Gedichtes wird untersucht, ob dasselbe mit den Kunstregeln der Dichtungsgattung übereinstimmt, wozu es gehört. Die Aufgabe der Kritik ist also nicht, einen Gegenstand an sich, sondern das Verhältniss zwischen mehreren Gegenständen zu verstehen. Wie dabei die hermeneutische und kritische Function einander wechselseitig voraussetzen, wird sich später zeigen.

Die Hermeneutik und Kritik beziehen sich jederzeit auf etwas Ueberliefertes, oder überhaupt Mitgetheiltes. Dies ist bei aller Mannigfaltigkeit jedenfalls entweder Zeichen des Erkannten,

---

*) Vergl. die akad. Abhandlung über die kritische Behandlung der Pindarischen Gedichte, 1820, Kl. Schr. V, S. 248 ff.

d. h. von letzterem der Form nach verschieden, wie alle sprachliche Mittheilung, Schriftzeichen, musikalische Noten u. s. w., oder es ist ein Gebilde, welches mit dem darin Ausgedrückten der Form nach übereinstimmt, wie die Werke der Kunst und der Technik, die in unmittelbarer Anschauung gegebenen Lebenseinrichtungen u. s. w. Auch die letztere Art der geistigen Manifestation sind indess gewissermassen Hieroglyphen, welche durch Hermeneutik und Kritik entziffert werden müssen, indem man aus der richtigen Erkenntniss der Formen auf die Bedeutung derselben in den Werken der menschlichen Thätigkeit oder vielmehr auf die dadurch dargestellten Ideen, auf Inhalt oder Sinn der Werke schliesst. Dies ist ein besonderer Gesichtspunkt, der noch wenig beachtet ist. In Bezug auf die Gebilde der Kunst und Technik hat man angefangen eine archäologische Hermeneutik und Kritik zu gestalten (s. die oben in der Literatur angeführten Versuche). Wir müssen diese specielle Anwendung der allgemeinen Theorie von unserer Darstellung ausschliessen.

Erster Abschnitt.

Theorie der Hermeneutik.

§ 16. Literatur. Karl Ludw. Bauer, *dissertatio de lectione Thucydidis optima interpretandi disciplina.* Leipzig 1753. — Ge. Fr. Meier, Versuch einer allgemeinen Auslegungskunst. Halle 1757. — Scheller, Anleitung die alten lateinischen Schriftsteller philologisch und kritisch zu erklären. 2. Ausg. Halle 1783. — Joh. Aug. Ernesti, *Institutio interpretis novi testamenti.* 5. Aufl. Leipzig 1809. — Morus, *Super hermeneutica N. T. acroases academicae,* herausgeg. von Eichstädt. Leipzig 1797—1802, 2 Bde. — Beck, *Commentationes de interpretatione veterum scriptorum et monumentorum.* Leipzig 1790, 91, 99 (theils seichtes Raisonnement, theils Compilation von Notizen). — Glo. Wilh. Meyer, Versuch einer Hermeneutik des Alten Testaments. Lübeck 1799, 1800. 2 Bde. — K. Aug. Gottlieb Keil, Lehrbuch der Hermeneutik des Neuen Testaments nach Grundsätzen der grammatisch-historischen Interpretation. Leipzig 1810. — Dr. Fr. Lücke, Grundriss der neutestamentlichen Hermeneutik und ihrer Geschichte (zum Gebrauch für Vorlesungen nebst einer Einleitung über das Studium derselben zu unserer Zeit). Göttingen 1817. — Henrik Nikolai Klausen, Hermeneutik des Neuen Testaments, aus dem Dänischen übers. von C. O. Schmidt-Phiseldek, Leipzig 1841. — Emil Ferd. Vogel, In der Halle'schen Encyklopädie der Künste und Wissenschaften unter: Hermeneutik und *Interpres.* — Schleiermacher, Ueber den Begriff der Hermeneutik mit Bezug auf F. A. Wolfs Andeutungen und Asts Lehrbuch. Akad. Abh. v. 1829. Werke, zur Philosophie, 3. Bd. 344 ff. — Dissen, *De ratione poëtica carminum Pindaric. et de interpretationis genere iis adhibendo.* In der Ausgabe des Pindar Bd. 1, Gotha 1830. — F. H. Germar, Beitrag zur allgemeinen Hermeneutik u. deren Anwendung auf die theologische. Altona 1828; Kritik der modernen Exegese. Halle 1839. — Gottfr. Hermann, *De officio interpretis,* 1834, abgedruckt in seinen *Opusculis vol. VII.*)* — Car. Gabr. Cobet, *Oratio de arte interpretandi, grammatices et critices fundamentis innixa, primario philologi officio.* Leiden 1847. — [Steinthal, Ueber die Arten und Formen der Interpretation. Verhandlgn. der 32. Versammlung deutscher Philologen. Leipzig 1878.]

Der Name der Hermeneutik stammt von ἑρμηνεία. Dies Wort hängt offenbar mit dem Namen des Gottes Ἑρμῆς (Ἑρμέας) zusammen, aber ist nicht hiervon abzuleiten, sondern beide haben

---

*) Vergl. die Kritiken dieser Abhandlung, 1835, Kl. Schr. VII, S. 405—477 und der Abhandlung von Dissen, 1830, ebend. S. 377 f.

dieselbe Wurzel. Welche diese sei, ist nicht sicher. Sieht man von der Urbedeutung des Gottes Ἑρμῆς ab, der wahrscheinlich zu den chthonischen Göttern gehört, so erscheint der Götterbote, wie die Dämonen, als Vermittler zwischen den Göttern und Menschen. Er bringt die göttlichen Gedanken zur Manifestation, übersetzt das Unendliche ins Endliche, den göttlichen Geist in die sinnliche Erscheinung, daher bedeutet er das Princip der Scheidung, des Maasses, der Besonderung. So wird ihm nun auch die Erfindung aller der Dinge zugeschrieben, welche zur Verständigung gehören (τὰ περὶ τὴν ἑρμηνείαν), insbesondere der Sprache und der Schrift. Denn hierdurch werden die Gedanken der Menschen zur Gestaltung, das Göttliche, Unendliche in ihnen in eine endliche Form gebracht; das Innere wird verständlich gemacht. Hierin besteht das Wesen der ἑρμηνεία, sie ist das, was die Römer *elocutio* nennen: Gedankenausdruck, also nicht Verstehen, sondern Verständlichmachen. Hieran schliesst sich die sehr alte Bedeutung des Wortes, wonach es die Verständlichmachung der Rede eines Andern, die Dolmetschung ist; ὁ ἑρμηνεύς, der Dolmetscher, findet sich schon bei Pindar, 2. Olymp. Ode. Als Dolmetschung ist ἑρμηνεία nicht wesentlich verschieden von ἐξήγησις, und Exegese brauchen wir ja als synonym mit Hermeneutik. Der älteste Gebrauch der Exegese bei den alten ἐξηγηταί war die Auslegung der Heiligthümer. (Vgl. hierüber den Artikel Exegese von Baehr in der Halle'schen Encyklopädie der Wissenschaften und Künste). Es kommt aber in der Hermeneutik nicht sowohl auf die Auslegung, sondern auf das Verstehen selber an, welches durch die Auslegung nur explicirt wird. Dies Verstehen ist die Reconstruction der ἑρμηνεία, wenn diese als Elocution gefasst wird.

Da die Grundsätze, nach welchen man verstehen soll, die Functionen des Verstehens überall dieselben sind, so kann es keine specifischen Unterschiede der Hermeneutik nach dem Gegenstande der Auslegung geben. Der Unterschied zwischen einer *hermeneutica sacra* und *profana* ist demnach ganz unstatthaft. Ist ein heiliges Buch ein menschliches Buch, so muss es auch nach menschlichen Gesetzen, d. h. auf die gewöhnliche Weise verstanden werden; ist es aber ein göttliches Buch, so ist es über alle Hermeneutik erhaben und kann nicht durch die Kunst des Verstehens, sondern nur durch göttliche Begeisterung begriffen werden. Am allerwahrscheinlichsten möchte jedoch jedes wahrhaft heilige Buch, wie jedes geniale aus Begeisterung entstandene

Werk nur aus beiden Quellen zugleich verstanden werden. Der Geist des Menschen, der nach seinen Gesetzen alle Ideen bildet, ist ja göttlichen Ursprungs. Dagegen giebt es eine besondere Anwendung der allgemeinen hermeneutischen Grundsätze je nach der Besonderheit des Gegenstandes. So lässt sich denn allerdings eine besondere Hermeneutik des Neuen Testaments ebensowohl wie eine Hermeneutik des röm. Rechtes, des Homer u. s. w. denken. Das ist aber im Grunde dieselbe Theorie, nach dem Stoffe variirt. Hierher gehört auch die Abzweigung der Kunst-Hermeneutik, welche die Kunstwerke ganz analog den Sprachdenkmälern zu erklären hat. Wie wir von der besondern Beschaffenheit der archäologischen Auslegung absehen, so abstrahiren wir auch von Allem, was nur aus der Eigenthümlichkeit des Stoffes in den Sprachwerken folgt. Da nämlich die Hauptmasse der sprachlichen Tradition durch die Schrift fixirt ist, so hat der Philologe bei der Erklärung 1) das Zeichen des Bezeichnenden, die Schrift, 2) das Bezeichnende, die Sprache, 3) das Bezeichnete, das in der Sprache enthaltene Wissen zu verstehen. Der Paläograph bleibt beim Zeichen des Zeichens stehen; es ist dies die Erkenntnissstufe, welche Platon in der Republik (VI, 509) εἰκασία nennt; der blosse Grammatiker verharrt bei dem Zeichen für das Bezeichnete, auf der Erkenntnissstufe der δόξα; nur wenn man bis zum Bezeichneten selbst, bis zum Gedanken vordringt, entsteht ein wirkliches Wissen, ἐπιστήμη. Wir setzen nun das Verständniss der Schriftzeichen voraus und beschäftigen uns also nicht mit der Entzifferungskunst, die, wenn der Schlüssel fehlt, eine Hermeneutik aus unendlich vielen unbekannten Grössen ist. Ebenso sehen wir auch von dem Unterschied zwischen der Sprachbezeichnung und dem bezeichneten Denken ab, indem wir nicht die lautliche Seite der Sprache, sondern nur die mit den Worten verknüpften Vorstellungen als Object der Hermeneutik betrachten. Die so gefundenen Grundsätze müssen daher auch Gültigkeit haben, wenn diese Vorstellungen auf andere Weise als durch die Sprache ausgedrückt sind, obgleich wir uns bei unserer Theorie auf die Sprache als das allgemeinste Organon der Mittheilung beschränken.

§ 17. Wirkliche specifische Unterschiede der Auslegung lassen sich nur aus dem Wesen der hermeneutischen Thätigkeit ableiten. Wesentlich für das Verständniss und dessen Ausdruck, die Auslegung, ist das Bewusstsein dessen, wodurch der Sinn und die Bedeutung des Mitgetheilten oder Ueberlieferten bedingt und bestimmt wird. Hierzu gehört zuerst die objective Bedeutung des Mittheilungsmittels, d. h. — in der eben angedeuteten Beschränkung — der Sprache. Die Bedeutung des Mitgetheilten wird zuerst durch den Wortsinn an sich bedingt und kann also nur verstanden werden, wenn man die Gesammtheit des gangbaren Ausdruckes versteht. Allein jeder Sprechende oder Schreibende braucht die Sprache auf eigenthümliche und besondere Weise; er modificirt sie nach seiner Individualität. Um daher jemand zu verstehen muss man seine Subjectivität in Rechnung ziehen. Wir nennen die Spracherklärung aus jenem objectiven, allgemeinen Standpunkte grammatische, die aus dem Standpunkt der Subjectivität individuelle Interpretation. Der Sinn jeder Mittheilung ist aber ferner bedingt durch die realen Verhältnisse, unter denen sie geschieht, und deren Kenntniss bei denjenigen vorausgesetzt wird, an welche sie gerichtet ist. Um eine Mittheilung zu verstehen muss man sich in diese Verhältnisse hineinversetzen. Ein Schriftwerk z. B. erhält seine wahre Bedeutung erst im Zusammenhange mit den gangbaren Vorstellungen der Zeit, zu welcher es entstanden ist. Diese Erklärung aus der realen Umgebung nennen wir historische Interpretation. Wir meinen damit nicht das, was man gewöhnlich unter Sacherklärung versteht, d. h. eine Anhäufung von historischen Notizen, welche zum Verständniss der erklärten Werke ganz entbehrlich sind; denn die Exegese hat nur die Bedingungen des Verständnisses zu liefern. Die historische Interpretation schliesst sich eng an die grammatische an, indem sie untersucht, wie der Wortsinn an sich durch die objectiven Verhältnisse modificirt wird. Aber auch die individuelle Seite der Mittheilung wird durch die subjectiven Verhältnisse modificirt, unter deren Einfluss letztere geschieht. Diese bestimmen Richtung und Zweck des Mittheilenden. Es giebt Zwecke der Mittheilung, die Vielen gemeinsam sind; daraus gehen bestimmte Gattungen derselben hervor, in der Sprache die Redegattungen. Der Charakter der Poesie und Prosa nebst ihren verschiedenen Arten liegt in der subjectiven Richtung und dem Zweck der Darstellung. In diese generellen Unterschiede ordnen sich die individuellen Zwecke der einzelnen Autoren ein: sie bilden nur Abarten der allgemeinen Gattungen. Der Zweck ist die ideale höhere Einheit des Mitgetheilten, die — als Norm gesetzt — Kunstregel ist und als solche stets in einer besonderen Form, einer Gattung, ausgeprägt erscheint. Die Auslegung der Mittheilung nach dieser Seite hin wird man daher am besten als **generische Interpretation** bezeichnen; sie schliesst sich ebenso an die individuelle an, wie die historische an die grammatische.

Dass in diesen vier Arten der Auslegung alle Bedingungen des Verständnisses erfasst werden, die Enumeration also vollständig ist, ergiebt sich aus folgendem Ueberblick der Eintheilung.

Die Hermeneutik ist:
I. Verstehen aus den **objectiven** Bedingungen des Mitgetheilten:
   a) aus dem Wortsinn an sich — grammatische Interpretation.
   b) aus dem Wortsinn in Beziehung auf reale Verhältnisse — historische Interpretation.
II. Verstehen aus den **subjectiven** Bedingungen des Mitgetheilten:
   a) aus dem Subject an sich — individuelle Interpretation.
   b) aus dem Subject in Beziehung auf subjective Verhältnisse, die in Zweck und Richtung liegen — generische Interpretation.

§ 18. **Wie verhalten sich nun die verschiedenen Arten der Auslegung unter einander?** Wir haben sie zwar dem Begriffe nach bestimmt gesondert, bei der Ausübung selbst aber gehen sie beständig in einander über. Man kann den Wortsinn an sich nicht verstehen ohne die individuelle Interpretation zur Hülfe zu nehmen; denn jedes Wort, von irgend Jemand ausgesprochen, ist schon von ihm aus dem allgemeinen Sprachschatz herausgenommen und hat einen individuellen Beisatz. Will man diesen abziehen, so muss man die Individualität des Sprechenden kennen. Ebenso ist der allgemeine Wortsinn durch die realen Verhältnisse und durch die Redegattungen modificirt. Das Wort βαcιλεύc z. B. hat eine durchaus andere Bedeutung im homerischen Sprachgebrauch und in der attischen Republik; die örter χρόνοc, cημεῖον haben einen verschiedenen Sinn in der philosophischen, mathematischen und geschichtlichen Darstellung. Diese Einschränkungen des Wortsinns muss man durch die historische und generische Interpretation feststellen, deren Elemente doch wieder nur durch die grammatische Auslegung gefunden werden können; denn von letzterer geht alle Erklärung aus.

Der hieraus entstehende Cirkel der Aufgabe weist auf die bereits oben S. 53 f. erwähnte Schwierigkeit zurück, welche in dem **Verhältniss der formalen Function der Philologie zu ihren materialen Ergebnissen** liegt. Die grammatische Auslegung nämlich erfordert Kenntniss der Grammatik in ihrer geschichtlichen Entwickelung; die **historische** ist unmöglich ohne specielle Kenntniss der Geschichte überhaupt; zur **individuellen** gehört Kenntniss der Individuen, und die **generische** beruht auf der geschichtlichen Kenntniss der Stilgattungen, also auf der Literaturgeschichte. So setzen die verschiedenen Arten der Auslegung reale Kenntnisse voraus, und doch können diese erst durch die Auslegung des gesammten Quellenmaterials gewonnen werden. Hieraus ergiebt sich aber zugleich, wie der Cirkel zu lösen ist. Die grammatische Auslegung wird nämlich den Wortsinn eines Ausdrucks ermitteln, indem sie ihn unter verschiedenen individuellen und realen Bedingungen betrachtet, und indem man dies auf die gesammte Sprache ausdehnt, wird die Sprachgeschichte hergestellt, werden Grammatik und Lexikon gebildet, welche dann wieder der grammatischen Auslegung dienen und zugleich durch die fortschreitende hermeneutische Thätigkeit vervollkommnet werden. Hierdurch hat man eine Grundlage für die übrigen Arten der Auslegung und zugleich für die Constituirung der materialen Disciplinen überhaupt. Je weiter diese Disciplinen ausgebildet sind, desto vollkommener gelingt die Auslegung. Die Hermeneutik des Neuen Testaments muss z. B. hinter der Auslegung der griechischen Klassiker zurückstehen, weil dort die Grammatik, die Theorie des Stils und die historischen Bedingungen viel unvollkommener ermittelt sind. Die Grammatik der attischen Schriftsteller ist an sich unendlich mehr ausgeprägt als die der neutestamentlichen Sprache, welche das Product einer schlechten Mischung des Griechischen und Orientalischen, ein geringer Jargon ist; ferner sind die Autoren des Neuen Testaments ungebildete Männer, die von einer ausgeprägten Kunstform, wie sich bei den Attikern findet, keine Vorstellung haben: um ihren Stil zu verstehen muss man sich daher in ihre religiöse Begeisterung und den orientalischen Schwung ihrer Ideen hineinversetzen; die historischen Bedingungen aber, unter welchen die Schriften entstanden sind, hüllt ein mythisches Dunkel ein. In Bezug auf die klassische Zeit der Griechen ist die Kenntniss der Stilform bei der lyrischen Poesie am unvollkommensten; daher ist die Erklärung der Lyriker besonders schwer. Hier soll die Compositionsweise des Dichters aus seinen Werken selbst durch die Auslegung gefunden werden, und doch hängt die Auslegung in den wichtigsten Punkten von der Vorstellung ab, welche man sich von der Compositionsweise gebildet hat. Der Cirkel muss also hier mit besonderer Kunst vermieden werden. So behaupte ich, dass man von Pindars Composition bis in unsere Zeit keinen Begriff gehabt hat, weil man ihn nicht zu erklären verstand, und umgekehrt, dass man ihn hauptsächlich darum nicht zu erklären wusste, weil man seine Composition nicht verstand.*) Dasselbe gilt von Platon, dessen Compositionsverfahren erst durch Schleiermacher ermittelt worden ist.**)

Erleichtert wird die Aufgabe der Hermeneutik dadurch, dass die Arten derselben, wenn sie auch beständig ineinandergreifen, doch nicht stets alle gleichmässig anwendbar sind. Die grammatische Interpretation erreicht das Maximum der Anwendbarkeit da, wo die individuelle auf das Minimum derselben herabsinkt. Schriftsteller, die nur den allgemeinen Geist der Nation und Sprache darstellen, wie Cicero, werden hauptsächlich grammatisch zu erklären sein, was die Auslegung erleichtert; je origineller dagegen ein Schriftsteller ist, je subjectiver seine Ansichten und seine Sprachbildung sind, ein desto grösseres Uebergewicht erhält die individuelle Auslegung; daher ist Tacitus schwerer zu erklären als Cicero. Ganze Stilgattungen unterscheiden sich in ähnlicher Weise; je objectiver die Darstellung, desto mehr fällt sie der grammatischen Auslegung anheim. So tritt beim Epos und bei Geschichtswerken nicht nur die individuelle, sondern auch die historische Erklärung am meisten zurück, wenn nicht die subjective Natur des Autors, wie bei Tacitus, dies Verhältniss aufhebt. Dagegen wird die Interpretation in der Prosa bei Werken der vertrauten Schreibart, z. B. Briefen und in der Poesie bei lyrischen Gedichten am verwickeltsten sein.

§ 19. Der Cirkel, welchen die Aufgabe der Hermeneutik enthält, lässt sich indess nicht in allen Fällen und überhaupt nie vollständig vermeiden; hieraus ergeben sich die Grenzen,

---

*) S. Kritik der Ausgabe des Pindar von Dissen. 1830. Kl. Schr. VII, 369 ff.
**) S. Kritik der Uebersetzung des Platon von Schleiermacher. 1808. Kl. Schr. VII, 1 ff.

welche der Auslegung gesteckt sind. Zunächst ist es nicht möglich den Wortsinn eines Ausdrucks oder einer Wendung durch Vergleichung anderer Fälle ihres Vorkommens festzustellen, wenn sie in dieser Form nirgend anderswo klar vorliegen. Ist genau derselbe Gegenstand zugleich die einzige Grundlage der grammatischen und individuellen, oder der individuellen und generischen, oder der historischen und generischen Interpretation, so ist die Aufgabe unlösbar. Ausserdem ist aber jede individuelle Aeusserung durch eine unendliche Anzahl von Verhältnissen bedingt, und es ist daher unmöglich diese zur discursiven Klarheit zu bringen. Gorgias hat in seiner Schrift περὶ φύcεωc, worin er die Mittheilbarkeit der realen Erkenntniss leugnet, bereits bemerkt, dass der Zuhörende sich bei den Worten nie dasselbe denkt wie der Sprechende, da sie — um seine übrigen Gründe zu übergehen — von einander verschieden sind; denn οὐδεὶc ἕτεροc ἑτέρῳ ταὐτὸ ἐννοεῖ. Selbst ein und derselbe Mensch nimmt denselben Gegenstand nicht immer auf dieselbe Weise wahr und versteht sich daher selbst nicht vollständig. Wenn also die fremde Individualität nie vollständig verstanden werden kann, so kann die Aufgabe der Hermeneutik nur durch unendliche Approximation d. h. durch allmähliche, Punkt für Punkt vorschreitende, aber nie vollendete Annäherung gelöst werden.

Für das Gefühl wird jedoch in gewissen Fällen ein vollständiges Verständniss erreicht, und der hermeneutische Künstler wird um so vollkommener sein, je mehr er im Besitz eines solchen den Knoten zerhauenden, aber freilich keiner weiteren Rechenschaft fähigen Gefühls ist. Dies Gefühl ist es, vermöge dessen mit einem Schlage wiedererkannt wird, was ein Anderer erkannt hat, und ohne dasselbe wäre in der That keine Mittheilungsfähigkeit vorhanden. Wenngleich nämlich die Individuen verschieden sind, stimmen sie doch auch wieder in vielen Beziehungen überein; daher kann man eine fremde Individualität bis auf einen gewissen Grad durch Berechnung verstehen, in manchen Aeusserungen aber vollständig durch lebendige Anschauung begreifen, die im Gefühl gegeben ist. Dem Satz des Gorgias steht ein anderer gegenüber: ὅμοιοc ὅμοιον γιγνώcκει — das ist das Einzige, wodurch Verständniss möglich ist: Congenialität ist erforderlich. Wer so erklärt, kann allein ein genialer Erklärer genannt werden; denn das Gefühl, welches aus der Aehnlichkeit mit dem Erklärten herauswirkt, ist ein innerlich productives; es tritt hier an die Stelle des Verstandes die Phantasie als hermeneutische Thätigkeit. Daher kommt es auch, dass abgesehen von der Uebung nicht Jeder für alles ein gleich guter Erklärer sein kann und überhaupt zum Auslegen ein ursprüngliches Talent gehört. Was Ruhnken von der Kritik sagt: *Criticus non fit, sed nascitur*, das gilt auch von der Auslegung: *Interpres non fit, sed nascitur*. Dies bedeutet aber nichts anderes, als dass man sich überhaupt keine Wissenschaft anlernen, sondern sie nur entwickeln und üben kann. Die Natur wird durch Uebung gebildet, durch Theorie der Blick geschärft; dass aber die Natur selbst erst vorhanden sein müsse, ist klar. Es giebt solche, die von Natur Blick zum Verstehen haben, und dagegen sind manche Erklärer von Grund aus verkehrt, weil die Menschen ebensowohl zum Missverstehen wie zum Verstehen geboren sein können. Durch mechanische Anwendung hermeneutischer Vorschriften wird das Talent nicht entwickelt; vielmehr müssen die Regeln, deren man sich beim Auslegen selbst lebendig bewusst wird, durch Uebung so geläufig werden, dass man sie bewusstlos beobachtet, und sich doch zugleich zu einer bewussten Theorie zusammenschliessen, welche allein die Sicherheit der demonstrativen Auslegung verbürgt. Bei dem ächten hermeneutischen Künstler wird diese Theorie selbst in das Gefühl aufgenommen, und es entsteht so der richtige Takt, der vor spitzfindigen Deuteleien bewahrt.

Der Schriftsteller componirt nach den Gesetzen der Grammatik und Stilistik, aber meist nur bewusstlos. Der Erklärer dagegen kann nicht vollständig erklären ohne sich jener Gesetze bewusst zu werden; denn der Verstehende reflectirt ja; der Autor producirt, er reflectirt nur dann über sein Werk, wenn er selbst wieder gleichsam als Ausleger über demselben steht. Hieraus folgt, dass der Ausleger den Autor nicht nur eben so gut, sondern sogar besser noch verstehen muss als er sich selbst. Denn der Ausleger muss sich das, was der Autor bewusstlos geschaffen hat, zu klarem Bewusstsein bringen, und hierbei werden sich ihm alsdann auch manche Dinge eröffnen, manche Aussichten aufschliessen, welche dem Autor selbst fremd gewesen sind. Auch dieses objectiv Darinliegende muss der Ausleger kennen, aber er muss es von dem Sinne des Autors selbst als etwas Subjectivem unterscheiden; sonst legt er, wie die allegorische Erklärung im Platon, die Erklärung der Alten im Homer und sehr vieler Ausleger im Neuen Testament ein, statt aus; es findet also dann ein quantitatives Missverstehen statt, man versteht zu viel. Dies ist ebenso fehlerhaft wie das Gegentheil, der quantitative Mangel an Verständniss, welcher eintritt, wenn man den Sinn des Autors nicht völlig auffasst, wenn man also zu wenig versteht. Ausserdem kann man qualitativ missverstehen; dies geschieht, wenn man etwas anderes versteht, als der Autor meint, also die Vorstellungen desselben mit andern verwechselt, was auch besonders bei der allegorischen Erklärung, z. B. bei falscher Auslegung einer vorhandenen Allegorie stattfindet.

§ 20. Wir gehen hier näher auf die allegorische Auslegung ein, welche manche als eine besondere Art der Hermeneutik ansehen. Aus der alexandrinischen Philosophie und Theologie stammt die im Mittelalter herrschende Ansicht, dass in den Schriften ein vierfacher Sinn zu unterscheiden sei: der Wortsinn, der allegorische, der moralische und der anagogische oder mystische. Hiernach ergeben sich vier Arten der Auslegung, die sich aber auf zwei zurückführen lassen. Der Auslegung des Wortsinns steht allein die allegorische Interpretation gegenüber, d. h. die Nachweisung eines Sinnes, welcher vom Wortsinn verschieden ist. Die moralische und anagogische Erklärung sind nur Abarten der allegorischen: bei jener ist der Sinn, welcher dem Wortsinn substituirt wird, ein moralischer, wie wenn man als Sinn des in einer Parabel oder Fabel gegebenen sinnlichen Bildes einen sittlichen Gedanken findet; bei der anagogischen Deutung dagegen ist der allegorische Sinn ein speculativer, Vorstellungen z. B. in einem Mythos werden als Bild übersinnlicher Wesen aufgefasst: ἀνάγεται ἀπὸ τοῦ αἰσθητοῦ ἐπὶ τὸ νοητόν. Der Wortsinn kann aber auch ein ideales Bild oder ein sinnliches Object bezeichnen, dem die allegorische Auslegung ein anderes sinnliches Object substituirt, z. B. wenn man in der 4. pythischen Ode des Pindar die Gestalten des Pelias und Iason als eine allegorische Darstellung historischer Personen, des Arkesilaos und Damophilos, erklärt. Eine solche Allegorie kann man eine einfache oder historische nennen.

Aus dem Wesen der Allegorie überhaupt folgt, dass die allegorische Auslegung jedenfalls eine sehr ausgedehnte Anwendung finden muss: denn die Allegorie ist eine in der Natur der Sprache und des Denkens tief begründete und daher häufig angewandte Darstellungsweise. Zunächst müssen die Mythen allegorisch erklärt werden; denn sie sind stets sinnliche Symbole des Uebersinnlichen und schliessen also einen anderen Sinn ein, als die Worte besagen. Daher ist es gerechtfertigt, dass man heilige Schriften allegorisch auslegt, denn ihre Basis ist mythisch; nur fragt es sich, wie viel hier die Schriftsteller von diesem allegorischen Sinn mit Bewusstsein hineingelegt haben. Da nun die ganze Poesie der Alten vom Mythos durchdrungen ist und überhaupt alle Kunst symbolisch verfährt, so erfordern alle Zweige der antiken Dichtung eine allegorische Auslegung. Das ganze Epos ist mythische Erzählung, und die Alten haben daher schon den Homer allegorisch erklärt. Aber diese Art der Auslegung geht hier über den Sinn des Dichters hinaus, welcher von der ursprünglichen Bedeutung der Mythen nichts weiss, und der Ausleger hat also hier sorgfältig zu unterscheiden, wo er den Homer oder den Mythos selbst erklärt. Ganz anders ist es z. B. bei Dante, der in seiner *Divina commedia* die Allegorie durchweg mit Bewusstsein anwendet. Bei ihm ist die allegorische Erklärung recht eigentlich zu Hause; ja wir haben von ihm selbst authentische allegorische Erklärungen in seinem *Convito*, einem überhaupt sehr merkwürdigen Buche, welches eine dem Platonischen Gastmahl ähnliche Liebesphilosophie enthält. Er erklärt dort, wie jede Schrift in vierfachem Sinn verstanden werden könne, und wie er selbst bei seinen Gedichten immer neben dem Wortsinn die anderen höheren Arten im Auge gehabt hat. So ist z. B. Beatrice in der *Divina commedia* zugleich eine allegorische Darstellung der höchsten Wissenschaft, der speculativen Theologie. Es ist in den Allegorien Dante's ein erhabenes, grossartiges Streben, welches zugleich dem Charakter der Zeit angemessen war, aber freilich in manchen sonderbaren und wundersamen Vorstellungen auch dessen Schwächen an sich trägt. In der lyrischen Dichtung wird die mythische Allegorie meist mit Bewusstsein angewandt. Ich habe bereits ein Beispiel aus Pindar angeführt; bei ihm findet sich die Allegorie stets nur in einem bestimmten Sinne, nämlich als Anwendung des Mythos, den er behandelt, oder der Geschichte auf die Verhältnisse der Zeitgenossen, die er besingt. Die Mythen werden bei ihm nicht um ihrer selbst willen dargestellt, sondern sind Mittel etwas Nichtmythisches, Wirkliches in ein ideales Licht zu setzen; sie sind ideale Bilder des menschlichen Lebens und können daher auch einen sittlichen Gedanken zum Sinn haben. Wenn übrigens in manchen lyrischen Dichtungsformen auch keine bewusste mythische Allegorie stattfindet, so haben doch alle den symbolischen Charakter, der der Kunst überhaupt eigen ist; bei allen kommt es darauf an, den Gedanken zu verstehen, der sich auch in dem leichtesten Phantasiespiel offenbart; allerdings wird hier das Verständniss hauptsächlich durch ein feines Gefühl vermittelt. Am schwierigsten ist die Aufgabe der allegorischen Erklärung beim Drama. Das Wesen des Dramas ist die Darstellung einer Handlung; aber der innere Kern der Handlung, die Seele derselben, ist ein Gedanke, der sich darin offenbart. Gewisse Tragödien tragen schon äusserlich das Gepräge des Symbolischen, am reinsten vielleicht die Promethie des Aeschylos; aber in allen schwebt dem alten Dichter ein allgemeiner leitender Gedanke vor. Bei Sophokles ist derselbe am deutlichsten in der Antigone ausgeprägt, wo in den verschiedenen Personen der Handlung sich lebendig der ethische Gedanke verkörpert, dass das Maass das Beste ist und selbst in gerechten Bestrebungen sich Niemand überheben und der Leidenschaft folgen darf. In der Komödie wird nicht bloss ein allgemeiner Gedanke zum Ausdruck gebracht, sondern vielfach auch ein individualisirter auf die Begebenheiten und Zustände der Zeit bezüglicher. Von letzterer Art ist Vieles bei Aristophanes, der durch und durch symbolisch ist, wie schon die Namen seiner Chorpersonen zeigen: Wespen, Wolken, Frösche u. s. w. Eine durchgeführte Allegorie enthalten die Vögel; die Gründung des Vogelstaates ist eine Satire auf die athenischen Staatsverhältnisse zur Zeit der Sicilischen Unternehmung. Es ist dies ein Beispiel der historischen Allegorie, wie die Antigone der moralischen und der Prometheus der speculativen. Auch in der Prosa wird die allegorische Auslegung zunächst anwendbar sein, soweit das Mythische reicht, z. B. in der religiösen Prosa und der Philosophie. So müssen natürlich die Platonischen Mythen allegorisch erklärt werden; da diese Mythen künstlich gebildet sind, hat man einerseits den philosophischen Gedanken zu ermitteln, der darin liegt und andrerseits zu untersuchen, woher das Bild entnommen ist, und wie dessen Form und Wesen bedingt ist, z. B. im Phaedros durch die Philolaischen Vorstellungen vom Weltsystem. Aber Platon hat nicht bloss in den Mythen sondern auch sonst nicht selten ein allegorisches Gewand um den Gedanken geschlagen, und die allegorische

Erklärung ist also bei ihm nicht abzuweisen. Uebrigens finden sich auf allen Gebieten der Prosa allegorische Partien.

Das Kriterium für die Anwendbarkeit der allegorischen Auslegung kann offenbar nur darin liegen, dass der Wortsinn zum Verständniss nicht ausreicht. Dies ist dann der Fall, wenn die grammatische Auslegung einen Sinn ergiebt, welcher den durch die individuelle, historische und generische Auslegung ermittelten Verhältnissen nicht entspricht. Wenn z. B. der grammatische Sinn einer Pindarischen Ode dem Zweck derselben und den zu Grunde liegenden historischen Beziehungen nicht angemessen ist, so ist man genöthigt, über den Wortsinn hinauszugehen. Der allegorische Sinn selbst wird stets diejenige übertragene Bedeutung des Wortsinns sein, welche sowohl der Natur der Sprache angemessen ist, als auch den übrigen Bedingungen entspricht. Um also den allegorischen Sinn zu ermitteln, wird man unter den möglichen Fällen der übertragenen Bedeutung, welche sich durch die grammatische Auslegung ergeben, denjenigen auszuwählen haben, den der Sinn des ganzen Werks und die gegenseitige Beziehung aller seiner Theile verlangt, was nur durch individuelle und generische Auslegung gefunden werden kann, und zugleich sind dabei durch die historische Auslegung die realen Bedingungen in Betracht zu ziehen. Die allegorische Erklärung darf auch nicht weiter gehen, als sie hierdurch motivirt wird. Es ist allerdings schwer, hier die rechte Grenze einzuhalten. Im Allgemeinen muss man sich hüten die Allegorie zu sehr im Einzelnen zu suchen, wenn man nicht einen pedantischen Schriftsteller vor sich hat. In wahrhaft klassischen Werken wird die Allegorie stets grossartig gehalten sein; eine spielende oder spitzfindige Auslegung darf man nur bei einem spielenden oder spitzfindigen Schriftsteller anwenden. So ist Süvern in seiner berühmten Abhandlung: Ueber Aristophanes' Vögel (Abhandlungen der Berliner Akademie. 1827) viel zu weit gegangen; Köchly hat in der Gratulationsschrift an mich: Ueber die Vögel des Aristophanes. Zürich 1857, 4. eine bessere Erklärung gegeben. Kindisch ist es oft, wie die neueren Ausleger in dieser Beziehung die alten Tragiker erklären; eine gute Kritik dieser Uebertreibungen enthält die Abhandlung von Heinr. Weil, *De tragoediarum Graecarum cum rebus publicis conjunctione.* Paris 1844.

Hat man eine vorhandene Allegorie nicht verstanden, so hat

man quantitativ gefehlt, indem man zu wenig verstanden hat, obgleich man dabei im Uebrigen ganz richtig verstanden haben mag. So kann man bei einem Relief oder Gemälde all einzelnen Theile und die Bedeutung des Ganzen verstehen, ohn den allegorischen Sinn zu kennen. Wird aber eine Allegorie an genommen, wo sie nicht anzunehmen ist, so hat man zwar auch quantitativ gefehlt, nämlich zu viel verstanden, aber zugleich qualitativ; denn man legt jetzt einen falschen Sinn ein. Ich zeige dies an einem Beispiel. Der Platonische Timaeos fängt an Εἷc, δύο, τρεῖc, ὁ δὲ δὴ τέταρτος ἡμῖν, ὦ φίλε Τίμαιε, ποῦ τῶν χθὲς μὲν δαιτυμόνων, τὰ νῦν δὲ ἑστιατόρων; Den gewöhnlichen Wort sinn dieser Stelle haben die alten Ausleger vollkommen verstanden und, wie Proklos' Commentar zeigt, gute Bemerkungen darüber gemacht. Aber dies genügt ihnen nicht; sie suchen darin noch einen moralischen Sinn, wozu gar kein Anlass ist und überdies einen mystischen, anagogischen. Die ganze φυcικὴ ποίηcιc, sagen sie, wird durch Zahlen zusammengehalten; da nun der Dialog physischen Inhalts ist, musste Platon mit den drei Urzahlen anfangen. Aber es sollte auch etwas Theologisches darin sein. Die Zahlen Eins, Zwei, Drei bezeichnen eine göttliche Dreifaltigkeit, wovon man bei der Naturphilosophie ausgehen muss. Die Einheit nämlich stellt das erste Princip aller Schöpfung, den Urgrund aller Dinge dar; die Zweiheit bezeichnet das Princip der Trennung und der aus der Sonderung der Elemente des Alls entstehenden Urbilder aller Dinge, die Dreiheit das schaffende Princip. So geht es nun weiter; in jedem Worte werden speculativ-theologische Geheimnisse gesucht. Dies ist ein Beispiel von der Art, wie Philosophen häufig auslegen; Longin wurde nicht als Philosoph anerkannt, weil er nicht so verfuhr (s. oben S. 23). Offenbar waltet aber bei dieser Interpretation nicht nur ein quantitatives, sondern auch ein qualitatives Missverstehen ob, indem den Begriffen des Autors ein Sinn untergeschoben wird, den sie nicht haben. Dass sie denselben nicht haben, ergiebt sich aus einer genauen historischen und individuellen Auslegung; weder Platon noch einer seiner Zeitgenossen kannte solche Schrullen; Dante würde sich ebenfalls davon freigehalten haben, wenn seine Bildung nicht aus der des Mittelalters hervorgegangen wäre.

Aus dem Gesagten ersieht man, dass die Allegorie eine besondere und sehr wichtige Art der Darstellung ist, dass ihr Verständniss aber keineswegs eine besondere Art der Auslegung constituirt; vielmehr besteht die allegorische Auslegung wie jede andere in dem Zusammenwirken der von uns aufgestellten vier Arten der hermeneutischen Thätigkeit. Von den Arten der Darstellung überhaupt, besonders aber von der mythischen handelt sehr ausführlich und genau Benj. Gotth. Weiske in der Einleitung zu seinem Buche: Prometheus und sein Mythenkreis. Leipzig 1842 (abgedruckt unter dem Titel: Philosophie der Darstellung, besonders der mythischen). Wir werden Gelegenheit finden, den Begriff der Darstellung und ihrer Mittel einer näheren Betrachtung zu unterwerfen, wenn wir nunmehr die vier Arten der Hermeneutik im Einzelnen untersuchen.

I.

Grammatische Interpretation.

§ 21. Obgleich in jedem besondern Falle die grammatische Interpretation ohne die übrigen Auslegungsarten nicht vollendet werden kann, so muss man doch zuerst den Wortsinn aus der allgemeinen Kenntniss der gesammten Sprache vorläufig finden und dann die Mängel aus der Totalanschauung der Individualität des Autors, sowie aus den historischen Verhältnissen und dem Charakter der Gattung ergänzen. Natürlich laufen diese Operationen zeitlich in einander, aber die Grundlage bildet doch immer die grammatische Auslegung; daher handeln wir von ihr zuerst.

Die Sprache ist eine Composition von bedeutsamen Elementen. Als solche Elemente erscheinen die Worte selbst, die Flexionsformen und Structuren derselben und die Formen der Wortstellung. Der objective Wortsinn, den die grammatische Auslegung zu bestimmen hat, liegt nun einerseits in der Bedeutung der einzelnen Sprachelemente für sich, andrerseits wird er durch den Zusammenhang derselben bedingt.

1. Bedeutung der einzelnen Sprachelemente für sich.

Hätte jedes Sprachelement nur einen objectiven Sinn, so wäre die grammatische Auslegung leicht, soweit die Bedeutung der einzelnen Elemente überliefert wäre; die Hauptschwierigkeit besteht darin, dass die Wörter und übrigen Sprachformen vieldeutig sind. Und doch wird man eine Sprache nie verstehen, wenn man in den vielen Bedeutungen eines jeden ihrer Elemente nicht eine und dieselbe Grundbedeutung wiedererkennt. Die grammatische Auslegung muss von der Ansicht ausgehen, dass die Sprache nicht durch willkürliche Satzung (θέcει) entstanden, sondern — wie schon Platon im Kratylos nachgewiesen hat — aus den Gesetzen der menschlichen Natur hervorgegangen (φύcει) ist. Wäre sie durch willkürliche Satzung entstanden, so könnte jede ihrer Formationen alle beliebigen Bedeutungen haben; dies ist nicht der Fall, weil in ihr von Natur Gesetz und Nothwendigkeit herrscht. Allerdings ist die Satzung nicht ganz ausgeschlossen, und sie kann selbst naturgemäss sein, was Platon ebenfalls schon auseinandergesetzt hat; so kann einem Worte ein fester philosophischer Begriff gegeben werden, welcher ursprünglich nicht darin lag, aber sich naturgemäss an seine Grundbedeutung anschliesst. Zugleich spielt jedoch bei der Sprachbildung eine Satzung verkehrter Art mit. So werden, um ein auffallendes Beispiel anzuführen, auf manchen Inseln der Südsee beim Antritt eines neuen Regenten und ähnlichen Gelegenheiten eine Anzahl von Wörtern abgeschafft und neue dafür eingeführt (vergl. W. v. Humboldt, Kawi-Sprache, Bd. II. S. 295). Nicht viel weniger willkürlich als diese sonderbare Art der Sprachsetzung ist die Art, wie unsere Chemiker ihre Stoffe benennen. Solche Bizarrerien sind krankhafte Erscheinungen, welche die Hermeneutik als solche zu erklären hat, welche sich indess oft dem Verständniss ganz entziehen. Naturgemäss liegt jeder Formation der Sprache nur ein Sinn zu Grunde, woraus alle ihre verschiedenen Bedeutungen abzuleiten sind. Man kann jedoch nicht sagen, dass jedes Wort und jede Structur einen Grundbegriff haben; denn ein Begriff muss sich definiren lassen, die Grundbedeutung der Sprachformationen lässt sich aber keineswegs definiren: sie ist eine Anschauung.

Daraus ergiebt sich auch, wie die Sprachelemente trotz der identischen Grundbedeutung zugleich vieldeutig sein können. Da nämlich derselbe Gegenstand in verschiedener Weise angeschaut wird, so wird er auch auf verschiedene Weise bezeichnet, und da hierbei mehrere Gegenstände unter dieselbe Anschauung fallen, können sie auch durch denselben sprachlichen Ausdruck bezeichnet werden. Hierauf beruht die Möglichkeit der Homonymen und Synonymen: *homonyma iisdem nominibus diversa significant, synonyma diversis nominibus eadem significant.* Doederlein erörtert diese Begriffe gut in dem Aufsatz: didaktische

Erfahrungen und Uebungen. Erlangen 1849 (abgedruckt in dem Anhang zu seinen „öffentlichen Reden", Frankfurt a. M. 1860, S. 292 ff.). Er nennt Wörter wie Schloss, welche bei derselben Grundbedeutung, hier der des Schliessenden, verschiedene Gegenstände bezeichnen, uneigentliche oder scheinbare Homonymen; als wahre Homonymen sieht er gleichlautende Wörter an, die von ganz verschiedenen Wurzeln, also auch von verschiedenen Grundbedeutungen ausgehen und nur zufällig im Laut übereinstimmen, wie in der Homerischen Sprache οὖρος Grenze (statt ὅρος), οὖρος Wächter (verwandt mit ὁρᾶν), οὖρος günstiger Fahrwind (verwandt mit αὔρα), οὖρος Graben (verwandt mit ὀρύσσω), οὖρος (= ὅρος) Berg. Man kann jedoch vielmehr diese letzte Art gleichlautender Wörter scheinbare oder uneigentliche Homonymen nennen; denn hier werden verschiedene Gegenstände nur scheinbar durch dasselbe Wort bezeichnet. Wenn der Vogel Strauss (vom lat. *struthio*) und ein Strauss von Blumen mit Namen benannt werden, die zufällig denselben Klang haben, so sind diese Namen, eben weil sie ganz verschiedenen Ursprungs sind, nur scheinbar identisch; Laute werden nur durch ihre Bedeutung zu Namen, Wörter mit verschiedener Grundbedeutung sind also in Wahrheit nicht dieselben Namen. Wahre Homonymen wären hiernach gerade Bezeichnungen verschiedener Gegenstände durch dieselbe Grundanschauung, wie ζῶον das Thier und ζῶον das Gemälde. Jedes Wort ergiebt in seiner mannigfachen Anwendung so eigentlich eine Reihe homonymer Bezeichnungen; man nennt dieselben indess nur dann so, wenn die bezeichneten Gegenstände als heterogen aufgefasst werden, wie dies auch in dem ursprünglichen logischen Sinne des Wortes ὁμώνυμον zu Anfang der Aristotelischen Schrift über die Kategorien liegt. Wenn nun Synonymen dagegen verschiedene Wörter als Bezeichnungen desselben Gegenstandes sein sollen, so erfordert diese Definition eine ähnliche Einschränkung; sonst könnte man, wie dies Aristoteles an der eben angegebenen Stelle von dem logischen Sinne des Wortes cυνώνυμον aus thut, Mensch und Ochs als Synonymen ansehen, da ja durch beide Wörter dasselbe, nämlich die Gattung: Thier bezeichnet wird. Man nennt diese Worte nicht Synonymen, weil die Anschauungen des Menschen und Ochsen zu verschieden sind und die Gattung in deutlich verschiedenen Arten benannt wird; Synonymen sind also Bezeichnungen desselben Gegenstandes durch verschiedene

Worte, deren Grundanschauung als wenig oder gar nicht verschieden aufgefasst wird. So gelten Pferd, Ross und Gaul als synonym, weil man sich der Unterschiede der Grundbedeutung nicht bewusst ist. Die Differenz ist hier dadurch verwischt, dass das Wort Pferd (*parafredus* aus παρὰ und lat. *veredus*) aus einer fremden Sprache entlehnt, bei den andern beiden aber die ursprüngliche Bedeutung verdunkelt ist. Wäre man sich der Grundbedeutung der drei Worte bewusst, so würden sie zwar dieselbe Gattung bezeichnen, aber innerhalb derselben ebenso differente Anschauungen ausdrücken, wie Ochs und Mensch innerhalb der Gattung Thier. Synonymen im absoluten Sinne des Wortes, d. h. Wörter mit durchaus gleicher Bedeutung, also gleicher Grundanschauung, giebt es nicht. Die Homonymen stellen demnach den möglichsten Grad der Differenzirung dar, welche die Grundbedeutung eines Wortes zulässt, die Synonymen dagegen den möglichsten Grad der Annäherung zwischen den Grundbedeutungen mehrerer Wörter.

Die Grundanschauung der Sprachformation wird aber nicht bloss unmittelbar durch die Anwendung auf verschiedene Gegenstände, sondern auch mittelbar durch Uebertragung von einem Gegenstand auf den andern differenzirt. Es geschieht dies durch die grammatischen Figuren der Metonymie, Metapher und Synekdoche. Wenn ein Wort vermöge seiner Grundbedeutung zur Bezeichnung eines bestimmten Gegenstandes angewandt wird, so kann es auch Merkmale dieses Gegenstandes bezeichnen, indem derselbe einseitig unter diesen Merkmalen angeschaut wird. Dies ist die Metonymie. Aristophanes sagt in den Vögeln V. 718 ff. ὄρνιν τε νομίζετε πάνθ' ὅσαπερ περὶ μαντείας διακρίνει· φήμη γ' ὑμῖν ὄρνις ἐστίν, πταρμόν τ' ὄρνιθα καλεῖτε, ξύμβολον ὄρνιν, φωνὴν ὄρνιν etc. Es wird hiermit komisch die Metonymie bezeichnet, vermöge deren ὄρνις ganz allgemein den Sinn der Vorbedeutung hat. Weil der Vogel bei den Alten überaus häufig als Vorbedeutung gilt, wird schon bei Homer jede Vorbedeutung Vogel genannt. Man schaut in diesem Falle den Vogel nur noch als vorbedeutend an, indem man von allen andern Merkmalen, also von seinen Eigenschaften als Thier abstrahirt. Aehnlich ist es, wenn *Mars* statt *bellum*, *sarissae* statt *Macedones* steht (*Non tam cito sarissae Graecia potitae sunt*, in der Schrift *ad Herennium* 4, 32). Beim Mars schaut man dann nur die Thätigkeit an, deren Personification er ist, und abstrahirt von der Persönlichkeit des Gottes; in den macedonischen Lanzen aber wird die siegreiche Kraft der macedonischen Phalangen angeschaut. Findet sich nun die Anschauung, welche man bei der Metonymie an einem Gegenstande heraushebt, zugleich bei einem zweiten, so kann der letztere durch jenen bezeichnet werden. Hierin besteht die Metapher. Da der Löwe als besonders tapfer gilt, kann man in ihm ausschliesslich diese Eigenschaft anschauen; da sich dieselbe nun auch bei Menschen findet, so kann ein Held als Löwe bezeichnet werden. Die Metapher ist wie die Metonymie ein bildlicher Ausdruck; es wird darin eine Vorstellung nicht um ihrer selbst willen bezeichnet, sondern um eine damit verknüpfte andere hervorzurufen; bei der Metonymie setzt man einen Gegenstand als Bild eines in der Anschauung mit demselben verbundenen Merkmals, bei der Metapher, die aus der Vergleichung hervorgeht, als Bild eines ähnlichen andern Gegenstandes. Bei beiden Figuren bezeichnet ein Wort vermittelst der Vorstellung eines Gegenstandes etwas von demselben Gesondertes. Die Synekdoche dagegen besteht darin, dass vermittelst der Vorstellung eines Gegenstandes etwas bezeichnet wird, was mit demselben nicht bloss gleich oder ähnlich, sondern theilweise identisch ist; durch die Bezeichnung des Theils wird das Ganze benannt, durch die Bezeichnung der Art die Gattung, oder umgekehrt. Die Anschauung des Ganzen und der Gattung umfasst eben die des Theils und der Art; wenn aber der Theil das Ganze bezeichnet, so wird an dem Ganzen ausschliesslich jener Theil angeschaut. Wenn zu Anfang der Antigone Ismene von der Schwester angeredet wird: ὦ κοινὸν αὐτάδελφον Ἰσμήνης κάρα, so wird die ganze angeredete Person unter dem Bilde des Hauptes angeschaut; das Haupt überwiegt in der Anschauung als der Haupttheil des Körpers. Dagegen tritt in Vers 43 der Antigone die Hand als Bild für die Person der Antigone ein, εἰ τὸν νεκρὸν ξὺν τῇδε κουφιεῖς χερί — hier concentrirt sich die ganze Anschauung in der Hand, die das Werk vollführen soll. In dem Hippolyt des Euripides V. 661: ξὺν πατρὸς μολὼν ποδί ist wieder der Fuss der Körpertheil, auf dessen Thätigkeit es ankommt und der daher vorwiegend in die Anschauung tritt.

Wenn nun so die Grundbedeutung jedes Sprachelements ohne ihre Identität einzubüssen sich auf das Mannigfaltigste differenziren kann, so findet dieselbe doch in jedem einzelnen Fall der

Anwendung ihre thatsächliche Einschränkung einerseits durch die historische Entwickelung der Sprache und andrerseits durch die Sphäre, in welcher jeder Ausdruck angewandt wird. In dem Verlauf der historischen Entwickelung hebt sich bald diese, bald jene Seite der Grundbedeutung stärker hervor; der Charakter der Nation, die Gliederung derselben in Stämme, deren Dialekte verschieden sind, der weitere Einfluss der Oertlichkeiten und einzelnen Individuen geben so der Anschauung ihre bestimmte Richtung. Jedes Wort und jede Structur haben ihre Geschichte, und es spiegelt sich darin oft die Culturgeschichte des Volkes, wie z. B. die ganze moralische Entwickelung der Griechen in der Geschichte des Wortes ἀγαθός ihren Ausdruck findet. Dabei wird jedes Sprachelement in real verschiedenen Sphären angewandt, wodurch seine Grundbedeutung sich weiter modificirt. So hat ῥέζειν eine ähnliche Grundbedeutung wie unser thun; vom Opferpriester angewandt bedeutet es opfern, weil dies das Thun des Priesters ist. Ebenso hat *operari* im Cultus die Bedeutung opfern, während es auf römische Soldaten angewandt Schanzarbeiten verrichten heisst. Χρηματίζειν Geschäfte treiben, kann die Thätigkeit des Kaufmanns bezeichnen, im Medium den Gelderwerb; beim Staatsmann bedeutet es die Verwaltung öffentlicher Aemter, politische Verhandlungen u. s. w. Aus diesen Bedeutungen entwickelt sich eine scheinbar ziemlich heterogene; χρηματίζω heisst auch: ich führe einen Namen. Allein es handelt sich dabei immer um den Geschäfts- oder Amtsnamen. Χρηματίζω Ἀμμώνιος bedeutet eigentlich: ich führe als Ammonios Geschäfte, führe die Firma Ammonios; daher bedeutet χρηματίζειν dann allgemein einen Titel führen oder annehmen, wie χρηματίζει βασιλεύς, er nimmt den Königstitel an.

Die grammatische Auslegung hat demnach die Aufgabe jedes Sprachelement nach seiner allgemeinen Grundbedeutung und zugleich nach der speciellen Einschränkung derselben durch die Zeit und die Sphäre der Anwendung zu verstehen. Die Grundbedeutung ist durch Etymologie zu finden, d. h. durch Zurückführung der zusammengesetzten Formationen auf die Bedeutung ihrer einfachsten Bestandtheile. Aber wie findet man die Bedeutung dieser einfachsten Bestandtheile? Im absoluten Sinne sind dies die Wurzeln der Sprache. Da dieselben nun nicht rein für sich vorkommen, so kann man ihren Sinn nur aus abgeleiteten Formen erschliessen. Man wird also zuerst die einfachsten für sich vorkommenden Ableitungen und von da aus sowohl die Wurzeln als auch die zusammengesetzteren Formen zu erklären suchen. Freilich wird auch oft der Sinn einfacher Worte erst aus weiteren Ableitungen und Zusammensetzungen klar. Man wird daher immer von mehr oder minder zusammengesetzten Formationen ausgehen müssen, und der Sinn derselben lässt sich nur aus dem Sprachgebrauch verstehen; ja auch wenn man die Bedeutung zusammengesetzter Gebilde aus der Bedeutung ihrer Bestandtheile ableiten will, muss man beide aus dem Sprachgebrauch ermitteln, um dann das Verhältniss beider festzustellen. Der Sprachgebrauch ergiebt sich aus den einzelnen Fällen der Anwendung jeder Formation; diese bilden gleichsam die Peripherie der Bedeutung, von wo aus man das Centrum, die Grundanschauung zu bestimmen hat. Es tritt hier wieder der Cirkel der Aufgabe hervor, da ja die speciellen Anwendungen erst aus der Grundbedeutung verstanden werden können. In der That ist man oft in Gefahr eine specielle Bedeutung als die allgemeine anzusehen, wodurch sich dann eine ganz falsche Ableitung der verschiedenen Modificationen des Sinnes ergiebt. So ist z. B. in dem *Thesaurus linguae Graecae* von Stephanus bei ἐγκύκλιος die Bedeutung „gewöhnlich" sehr gezwungen aus dem Sinn des speciellen Ausdrucks ἐγκύκλιος παιδεία abgeleitet, obgleich dieser erst nach Aristoteles auftritt, wo jene allgemeine Bedeutung längst gebräuchlich war. Die Geschichte der Lexikographie zeigt eine Unzahl solcher Fehlgriffe; denn das Lexikon kommt eben in der angegebenen Weise durch die hermeneutische Thätigkeit zu Stande, und obgleich bei den alten Sprachen die Sprachtradition zur Hülfe kommt, so lässt sie uns doch bei schwierigen Fällen im Stich. Daher muss das Lexikon durch immer genauere Combination des bereits richtig Ermittelten stets vervollkommnet werden. Oft ist es ausserordentlich schwer auf den verschlungenen Wegen der Vorstellung die Einheit der Grundbedeutung als Leitfaden festzuhalten. Die grössten Schwierigkeiten bieten in dieser Beziehung die feinen Modificationen der sinnlichen Anschauung. Das Adjectiv ὑγρός z. B. hängt seiner Grundbedeutung nach unstreitig mit ὕω und ὕδωρ zusammen; es bedeutet auch flüssig und wässerig; aber ὑγρὰ ὄμματα sind nicht wässerige, sondern schmachtende Augen; die Anschauung könnte hier in dem feuchten Glanze liegen, aber bei der Zusammenstellung ὑγρὸς πόθος, schmachtendes Verlangen ist diese Vorstellung nicht festzuhalten, vielmehr ergiebt sich aus der Grundbedeutung des Fliessenden die Anschauung des Zerfliessenden, Weichen und daher des Schmachtenden; zugleich kann das Hinfliessende und Hinsinkende als welk und matt erscheinen, daher Antigone 1179 (Br. 1236) ὑγρὸς ἀγκών der matte Arm. Das Weiche (z. B. ὑγρὰ χείλη, weiche, schwellende Lippen) kann aber auch das Biegsame und Geschmeidige bezeichnen, so heissen Tänzer und Ringer ὑγροί, geschmeidig und gelenkig; das Fliessende erscheint als wallend und wogend, daher ὑγρὸν νῶτον (Pindar. Pyth. 1, 9) der sanft undulirende Rücken des schlafenden Adlers, die schillernde Bewegung seines weichen Gefieders; wie das wellenförmig Bewegte wird endlich auch das wellenförmig Gestaltete ὑγρόν genannt: ὑγρὸν κέρας das gewundene Horn, ὑγρὸς ἄκανθος der schöngewundene Akanthus.*) Offenbar lässt sich die Gesammtanschauung, welche sich mit dem Wort ὑγρός verbindet, nicht durch ein deutsches Wort wiedergeben; so ist es überall: die Ausdrücke der verschiedenen Sprachen decken sich nicht. Auch die Einheit dieser Gesammtanschauung, die Grundbedeutung lässt sich nicht übersetzen, sondern nur umschreiben, d. h. von verschiedenen Seiten anrühren und wird reproducirt, indem man bei vielen verschiedenen Fällen der Anwendung im Einzelnen eine lebendige sachliche Anschauung zu gewinnen sucht. Ganz verkehrt ist es daher, wenn man eine Bedeutung aus der andern durch logische Schlussfolgerungen ableitet, die so zusammengereiht werden, dass der Zusammenhang der Anschauung verloren geht. In der Antigone V. 1036 (Br. 1081): ὅσων σπαράγματ᾽ ἢ κύνες καθήγισαν soll καθαγίζειν nach Hesychios verunreinigen bedeuten, während es sonst weihen heisst. Dies vermittelt Gottfr. Hermann folgendermaassen: dadurch, dass ein Ort geweiht wird, werden die Profanen ferngehalten, weihen heisst also bewirken, dass man sich von einem Orte aus religiöser Scheu fernhält; die Verunreinigung durch die von den Hunden herbeigezerrten Stücke der Leichen bewirkt dasselbe; also bedeutet hier καθαγίζειν *contaminando facere ut quivis se abstineat*. Eine solche Erklärung ist eigentlich nur ein abstractes Rathen aus dem Zusammenhang der Stelle. Die Sphäre, in welcher hier das Wort gebraucht wird, weist aber darauf hin, dass es von Griechen hier nur in der speciellen Bedeutung der Todtenweihe aufgefasst werden konnte.

---

*) Vergl. Pindari opera (1811—21), tom. I, pars II, p. 227 seq.

In dieser Bedeutung erhält es nun durch den Zusammenhang eine sarkastische Bitterkeit: „deren zerrissenen Gliedern Hunde die Bestattungsweihe geben."*) Gottfr. Hermann geht in der Auslegung häufig dadurch fehl, dass er begrifflich deduciren will, was nur durch Anschauung zu erfassen ist; man vergl. z. B. seine Erklärung von θεωρεῖν in *Oedip. Colon.* V. 1086. (ed. 1825.) Was übrigens hier von Wörtern gezeigt ist, gilt ebenso auch von Constructionen und Arten der Wortstellung: überall muss die Grundbedeutung durch die Anschauung aufgefasst und nicht durch grammatische Spitzfindigkeiten bestimmt werden. So beruht der Missbrauch, den man bei der Erklärung des Griechischen mit der Annahme elliptischer Redensarten getrieben hat, auf dem Mangel an Sprachanschauung. Es giebt unstreitig im Griechischen elliptische Ausdrücke; aber diese sind dann auf anschauliche Weise als solche gekennzeichnet. In der Redensart ἀπὸ τῆς ἴσης beweist z. B. das Femininum, dass etwas zu ergänzen ist, nämlich — wie sich aus dem sonstigen Sprachgebrauch deutlich ergiebt — μοίρας. Dagegen ist es verkehrt, in Ausdrücken wie ἐκκέκομμαι τὸν ὀφθαλμόν oder ἐξ οὗ eine Ellipse anzunehmen; dem Accusativ τὸν ὀφθαλμόν liegt beim Passiv dieselbe Anschauung zu Grunde wie beim Activ, ohne dass etwa κατά zu ergänzen ist; ebensowenig ist es bei ἐξ οὗ irgendwie anschaulich zu erkennen, dass χρόνου zu ergänzen wäre, οὗ muss einfach als Neutrum gefasst werden, wie das Relativ in seitdem. Gottfr. Hermann hat in seiner Ausgabe von Vigerus, *de praecipuis graecae dictionis idiotismis liber* (ed. II, Leipzig 1813) S. 869 ff. sich sehr gut gegen die verkehrte Annahme von Ellipsen ausgesprochen. Aber eine Erklärungsweise, welche er selbst mit besonderer Vorliebe anwendet, beruht auf einer gleich anschauungslosen Sprachauffassung; es ist dies die künstliche Erklärung vieler Structuren durch Annahme einer Vermischung zweier verschiedenen Constructionen, der sog. *confusio constructionum*. Hier wird meist die scheinbare Confusion gehoben, sobald man die Structur von dem richtigen Gesichtspunkt aus anzuschauen versteht.

Die Grundbedeutung der Sprachformen lässt sich aber nur dann zur Klarheit bringen und in ihren mannigfaltigen Verzweigungen festhalten, wenn bei letzteren die Einschränkung durch die historische Entwickelung der Sprache und durch

---

*) Ausgabe der Antigone von 1843, S. 277 f.

die Sphäre der Anwendung richtig erkannt wird. Hierzu gehören Sachkenntnisse, und es tritt hier die Wechselwirkung zwischen dem formalen und materialen Theile der Philologie in einer besondern Form hervor. Welche Bedeutung z. B. das Wort δόξα in dem philosophischen Sprachgebrauch bei Pythagoras und bei Platon hat, kann man nur aus dem Entwickelungsgang der Philosophie und aus dem individuellen Gedankensystem der beiden Denker verstehen. Da man diese Kenntniss aber aus ihren Lehren gewinnen muss, so setzt dies die generische und individuelle Auslegung voraus. In andern Fällen wird die historische Auslegung vorausgesetzt. So bedeutet ἡ θεός, die Göttin, in Athen ohne weiteren Zusatz regelmässig Athene, eine Einschränkung, welche sich historisch leicht erklärt. Wenn nun Sokrates zu Anfang der Platonischen Republik sagt: „Ich ging gestern in den Piräeus um die Göttin anzubeten" (προςευξόμενος τῇ θεῷ), so wird man nach dem athenischen Sprachgebrauch zunächst an ein Fest der Athene denken. Allein hier reicht die grammatische Auslegung nicht zu; es handelt sich um ein Fest der Artemis, was sich nur durch Berücksichtigung der historischen Umgebung ermitteln lässt, in der Sokrates jene Worte spricht; dies ist eine Aufgabe der historischen Auslegung. Soll bei diesem Zusammenwirken der verschiedenen Auslegungsarten der hermeneutische Cirkel vermieden werden, so darf man die Einschränkung des allgemeinen Wortsinns nicht aus solchen Fällen der Anwendung errathen, deren sachlicher Zusammenhang nur auf Grund der richtigen grammatischen Auslegung erkannt werden kann, wie dies Hermann bei der oben erwähnten Erklärung von καθαγίζειν thut. Man muss vielmehr den Sprachgebrauch für jeden Fall durch analoge Fälle festzustellen suchen; die Erklärung jeder Stelle eines Sprachdenkmals muss sich möglichst auf Parallelstellen stützen. Die Beweisfähigkeit dieser Parallelstellen hängt natürlich von dem Grade der Verwandtschaft ab, in welcher sie mit der zu erklärenden Stelle stehen, und welche sich nach einer bestimmten Skala abstuft. Die nächste Verwandtschaft hat offenbar jeder Autor mit sich selbst; daher ist der Sprachgebrauch eines jeden zuerst aus ihm selbst zu erklären. Wie man hierbei verfahren muss, zeigen die musterhaften Erklärungen Platonischer Dialoge von Heindorf, dem darum trotz aller späteren bedeutenden Leistungen der Ruhm bleibt, zur ächt philologischen Auslegung Platon's den ersten festeren Grund gelegt zu haben.*) Die Verwandtschaft, die ein Autor mit anderen hat, die Aehnlichkeit ihres Sprachgebrauchs ist zunächst durch das individuelle Verhältniss bedingt, in welchem sie zu einander stehen. Schriftsteller, die sich in andere eingelebt haben, werden zuerst zu benutzen sein um den Sprachgebrauch der letzteren zu bestimmen. In dieser Beziehung sind besonders die Nachahmer eines Autors für seinen Sprachgebrauch wichtig, wenn sie sich ganz in ihn vertieft haben; umgekehrt sind natürlich die Nachahmungen aus den Originalen zu erklären. An diese Art von Parallelen reihen sich als Beweisstellen für die grammatische Auslegung eines Schriftstellers oder Denkers Citate und Erklärungen Anderer, bei welchen eine genauere Kenntniss seines Sprachgebrauchs vorauszusetzen ist. So werden wir aus Xenophon und Platon den Sprachgebrauch des Sokrates, aus Aristoteles den des Platon zu erläutern haben. Einen grossen Werth haben in dieser Beziehung die alten Ausleger und Grammatiker, soweit ihnen die lebendige Tradition der Sprache zu Gute kommt. Natürlich ist hier stets zu prüfen, ob die Ausleger nicht falsch interpretirt haben, und dieselbe Vorsicht ist bei Nachahmern nöthig, da jede Nachahmung eine bestimmte Interpretation des Originals voraussetzt. Neben der individuellen Verwandtschaft des Sprachgebrauchs kommt die Aehnlichkeit in Betracht, welche in Folge gleicher Gedankenrichtung und in Folge der Tradition zwischen Werken derselben Redegattung besteht; so werden für den Sprachgebrauch eines Epikers aus andern epischen Werken, für den eines Redners aus andern Rednern Parallelstellen zu suchen sein. Die generelle Verwandtschaft des Sprachgebrauchs in den einzelnen Redegattungen findet sich bei Schriftstellern, die in weit auseinander liegenden Zeiten geschrieben haben. Allerdings aber muss dabei stets der Einfluss mit in Rechnung gezogen werden, welchen die allgemeinen historischen Beziehungen nach Raum und Zeit ausüben. In dieser Hinsicht werden für den Sprachgebrauch eines Schriftstellers die nächsten Parallelen seinen Zeitgenossen zu entnehmen sein, und unter ihnen zuerst denen, welche der nächsten räumlichen Sprachgruppe, d. h. demselben Dialekt oder demselben Wohnsitz angehören. Je weiter

---

*) Vergl. die Kritik von Heindorf's Ausgaben Platonischer Dialoge Kl. Schr. VII, S. 46 ff., S. 79.

die verglichenen Sprachwerke in diesen allgemein historischen Beziehungen auseinanderliegen, desto geringer ist die Beweiskraft der Parallelstellen.

Gegen diese Skala ist bei der Auslegung oft in der lächerlichsten Weise gefehlt worden, indem man alles vermischt hat. Man hat z. B. den Sprachgebrauch des Neuen Testaments aus dem Polybios, dem Appian, ja wohl gar aus dem Homer erklärt, obgleich der richtige Weg hier klar genug vorgezeichnet ist: es ist zuerst die Sprache jedes neutestamentlichen Schriftstellers für sich zu betrachten; dann sind sie unter einander zu vergleichen; demnächst kommen die Septuaginta, die Apokryphen und das Hebräische und ferner die gleichzeitigen griechischen, besonders alexandrinischen Schriftsteller in Betracht. Bei dem Neuen Testament liegt zugleich der Fall vor, wo der Sprachgebrauch innerhalb einer Sprache aus einer andern zu erklären ist. Hierdurch wird die Auslegung der neutestamentl. Schriften ganz besonders erschwert. Die Grundanschauung der griechischen Worte, die hier angewandt werden, ist im Hebräischen zu suchen und harmonirt also nicht mit dem griechischen Sprachgebrauch. Das Wort δικαιοσύνη bedeutet z. B. bei den Griechen im Sinn einer republikanischen Verfassung eine Gesinnung, wonach man jedem, der rechtsfähig ist, das Seine zuertheilt; die Juden legen nun in dieses Wort einen religiösen und theokratischen Sinn, so dass es den Gehorsam gegen Gottes Gebot bedeutet, also z. B. auch Wohlthätigkeit gegen Fremdlinge darunter befasst wird. Die abweichend vom griechischen Sprachgebrauch eingeschränkte Bedeutung der Wörter wird überdies von den religiösen Schriftstellern des neuen Testaments nicht sowohl erweitert als vertieft. Der religiöse Sinn ist ganz besonders sprachbildend; die Worte erhalten durch ihn ein ganz neues, aber wegen der tief innerlichen Beziehung schwer zu enträthselndes Gepräge. Uebrigens wird das grammatische Verständniss in jedem Falle erschwert, wo man zur Erklärung des Sprachgebrauchs auf eine fremde Sprache zurückgehen muss, weil sich Worte verschiedener Sprachen eben nicht decken. Die lateinische Literatur erfordert wegen ihrer Anlehnung an die griechische eine fortwährende Berücksichtigung der griechischen Sprache; der griechische Sprachgebrauch ist seit Alexander d. Gr. durch orientalische Sprachen, seit der Römerherrschaft durch das Lateinische beeinflusst. Was bei Polybios στρατηγός und bei Dio Cassius δημαρχικὴ ἐξουσία heisst, versteht man nur, wenn man weiss, dass dies Uebersetzungen der lat. Ausdrücke *praetor* und *tribunicia potestas* sind, und in ähnlicher Weise sind die gesammten römischen Staats- und Rechtsbegriffe in griechische Worte gekleidet.

In der weitesten Entfernung dienen als Hülfsmittel der grammatischen Erklärung die neuen, mit den alten verwandten Sprachen und die vergleichende Sprachkunde überhaupt. Manche Stellen im Homer finden z. B. noch durch die Sprachtradition des Neugriechischen ihre Erklärung; Coray giebt in seiner Ausgabe der Ilias davon Proben, wenn er auch die Ausdehnung der Tradition übertreibt. So heisst merkwürdiger Weise noch jetzt ein Schiffstau bei den Neugriechen ποδάρι, und wir gewinnen daraus die Anschauung von dem, was schon Homer mit πούς bezeichnete.*) Technische Ausdrücke der Griechen können sogar durch Vermittelung des Lateinischen aus den romanischen Sprachen erklärt werden. Eine andere Art von Schiffstau (das Rack) heisst z. B. griechisch ἄγκοινα; diesem Worte ist das lateinische *anquina* nachgebildet, wovon das mittellat. *anchi*, italien. *anchi* oder *anchini*, franz. *les anquins*.**) Um zu bestimmen, was das griechische λιθάργυρος bezeichnet, hat man ebenfalls das Italienische und Französische zur Hülfe zu nehmen; it. *litargio*, fr. *litarge* bedeutet Bleiglätte, und diese Bedeutung passt zu den alten Nachrichten über die *lithargyros*.***) Man hat indessen bei solchen Parallelen zu untersuchen, ob das Wort in die neuere Sprache durch volksthümliche reine Tradition gekommen ist oder auf einer gelehrten Restitution beruht; z. B. ist der Taunus, welcher beim Volke „die Höhe" heisst, erst von Gelehrten wieder mit dem bei Tacitus vorkommenden Namen bezeichnet. Dass die romanischen Sprachen für die Erklärung lateinischer Schriftsteller in mannigfacher Weise herangezogen werden können, ist selbstverständlich; aber auch für das Griechische bieten sie und überhaupt die neueren Sprachen Analogien, besonders bei Constructionen und Redensarten. So ist das französische *nous autres Français, nous autres femmes* ganz analog dem griechischen οἱ θεοὶ καὶ αἱ ἄλλαι θεαί, οἱ ἄνδρες καὶ αἱ ἄλλαι γυναῖκες. Solche Parallelen, deren es eine grosse Anzahl giebt,

---

*) Urkunden über das Seewesen des Attischen Staates S. 153.
**) Seeurkunden S. 152.
***) Ueber die Laurischen Silberbergwerke in Attika. Kl. Schr. V, 25.

gewähren ein Urtheil darüber, ob der Sprachgebrauch in einem bestimmten Punkte specifisch griechisch oder lateinisch ist, oder einen universelleren Charakter hat. Der Sinn der Wurzeln insbesondere, deren Ursprung weit jenseit der alten Sprachen liegt, kann nur durch Vergleichung mit allen verwandten Sprachen ergründet werden. Es zeigt sich hier wieder die Unendlichkeit der Aufgabe. Um die besondere Bedeutung aufzufinden, muss man die allgemeine Grundbedeutung als Maassstab anlegen, und diese als die Einheit des Mannigfaltigen ergiebt sich doch erst aus der Unendlichkeit der einzelnen Anwendungen nicht bloss in den alten klassischen, sondern in allen verwandten Sprachen. Da vollständige Induction nicht möglich ist, muss man sich mit einer möglichst ausgedehnten Heranziehung paralleler Fälle begnügen, deren übersichtliche Zusammenstellung Aufgabe der Lexikographie ist. Die Lücken der Induction füllt zuletzt das richtige Sprachgefühl aus. Dies Gefühl kann aber nur richtig entscheiden, wenn man sich in den Geist der Sprache eingelebt hat, was wieder nur durch umfassende Kenntniss aller Spracherscheinungen möglich ist. So sehr demnach das Sprachgefühl durch beständige Uebung vervollkommnet werden mag, so muss man sich doch bewusst bleiben, dass man ein vollständiges Verständniss irgend eines Sprachelements nie erreichen kann; denn niemand kann sich anmassen je den Geist einer Nation in ihrer Sprache vollständig zu erfassen.

Das Ergebniss unserer bisherigen Betrachtung ist, dass die Bedeutung jedes Sprachelements theils durch seine Etymologie, theils durch den Sprachgebrauch bestimmt wird und dass die Etymologie selbst nur aus dem Sprachgebrauch verstanden wird. Ueberall kommt es also auf den Sprachgebrauch an; indem wir aus demselben erklären, legen wir die Sprache jedes Werkes so aus, wie die Zeitgenossen sie verstanden haben. Hierin liegt ein sehr wichtiger Kanon der Auslegung: man erkläre nichts so, wie es kein Zeitgenosse könnte verstanden haben. Ist der Sprachgebrauch richtig erkannt, so muss alles wie in der Muttersprache durch den ersten Eindruck grammatisch klar sein, worauf ich das Hauptgewicht lege; denn auch die Alten konnten nur aus dem ersten Eindruck verstehen ohne erst grammatische Spitzfindigkeiten anzuwenden.

2. Bestimmung des Wortsinns aus dem Zusammenhange der Sprachelemente.

Pope, der englische Dichter, hat bei einer gewissen Gelegenheit gesagt (Lichtenberg, Vermischte Schriften. Bd. IV, S. 311 [Ausg. von 1844 Bd. V, S. 68]): „Ich räume ein, dass ein Lexikograph wohl die Bedeutung eines Wortes einzeln wissen mag, aber nicht von zweien in Verbindung." Dies ist ein harter Ausspruch, der sich aber in vielen Fällen nur zu sehr bewährt hat; die Lexikographen, welche doch die Resultate der grammatischen Auslegung zusammenzustellen haben, sind in der Regel schlechte Ausleger, weil sie die Worte und Structuren nur isolirt betrachten. Die Grammatik überhaupt, wovon die Lexikographie ein Zweig ist, kann aber doch immer nur aus richtiger Auslegung die Bedeutung jeder Sprachformation für sich und im Allgemeinen feststellen; hätte sie diese Aufgabe auch völlig gelöst, so müsste man gleichwohl in jedem einzelnen Falle die letzte Begrenzung des Wortsinns durch eigene Thätigkeit aus der sprachlichen Umgebung, d. h. aus dem Zusammenhange finden.

Die lautlichen Elemente der Sprache scheiden sich ihrer Bedeutung nach in materielle und formelle. Die ersteren, welche den Inhalt von Anschauungen ausdrücken, sind Substantive, Verben und im Anschluss daran Adjective und Adverbien. Die formellen Elemente, welche Verhältnisse und Verbindungen des Anschauungsinhalts bezeichnen, sind doppelter Art: Flexionsformen und Partikeln, jene mit den materiellen Elementen verschmolzen, diese für sich bestehende Wörter. Der Zusammenhang besteht nun theils in der blossen Zusammenstellung materieller Sprachelemente, deren Anschauungsinhalt verbunden ist, theils in der Zusammenstellung der materiellen Elemente mit formellen, wodurch die Verbindung des Inhalts genauer bestimmt wird. In beiden Fällen wirkt zugleich die Art der Wortstellung mit.

Wie der Wortsinn durch den rein materiellen Zusammenhang bestimmt wird, zeigt ein einfaches Beispiel. Die Bedeutung von *pater* ist eine andere in *pater filii* und *pater patriae*, und dies liegt nicht in der Form der Worte, sondern in der materiellen Verschiedenheit der Bedeutung von *filii* und *patriae*. Bei dieser wechselseitigen Bedingung der Elemente liegt die Gefahr nahe, einem Worte ohne die nöthige Rücksicht auf den sonstigen Sprachgebrauch einen Sinn unterzuschieben, der zu der Umgebung passt. Ein Beispiel bietet die falsche Erklärung von καθαγίζειν in der oben (S. 100) angeführten Stelle der Antigone; Hesychios oder vielmehr ein Gewährsmann desselben hat offenbar nur aus dem Zusammenhang gerathen, es müsse hier verunreinigen bedeuten; man hätte ebenso gut rathen können, cπαράγματα καθαγίζειν bedeute: die zerrissenen Leichname fressen.

Bei Flexionsformen bestimmt der Zusammenhang zunächst die Bedeutung des Flexionszeichens selbst, welches ja ebenso mehrdeutig ist wie die materiellen Sprachelemente. Ob z. B. in dem Ausdruck *amor patris* der Genitiv objectiv (Liebe zum Vater) oder subjectiv (Liebe des Vaters) zu verstehen ist, hängt vom Zusammenhang ab; ebenso kann nur der Zusammenhang lehren, ob *anno* Dativ oder Ablativ ist. Durch die Bedeutung der materiellen Sprachelemente in ihrer Verbindung muss hier die Structur, d. h. die Verbindung der Flexionsform mit ihrer Umgebung erklärt werden. Die Structur soll ja aber gerade den Zusammenhang zwischen den materiellen Elementen bezeichnen und bedingt also den Sinn der letzteren. Hierdurch entsteht wieder ein Cirkel, der beim Erlernen einer Sprache die Anfänge ganz besonders schwierig macht; nichts ist bei Anfängern häufiger, als dass sie aus falscher Auffassung der Structur den Sinn der Wörter falsch deuten und umgekehrt. Aber es giebt zahlreiche Fälle, wo es auch für den Kundigsten schwer ist, den Cirkel zu vermeiden. Wenn vollends der Autor selbst den eigentlichen Sinn der Flexionsformen und Structuren nicht versteht, so wird Alles unbestimmt. Die neutestamentlichen Schriftsteller haben z. B. sehr unklare Vorstellungen von dem Unterschied der griechischen Casus, der Tempora, des Passivs und Mediums u. s. w.; man weiss hier oft nicht, ob man eine Form aus dem Griechischen oder Hebräischen erklären soll, und manches lässt sich daher kaum zur Klarheit bringen.

Die Flexionsformen beziehen sich auf den nächsten Zusammenhang der Sprachelemente; gewöhnlich aber kann man diesen erst aus der weiteren Umgebung verstehen. Hierbei leisten die Partikeln die wesentlichste Hülfe. Einige derselben, z. B. die Präpositionen bestimmen den Sinn der Flexionsformen genauer; andere, wie viele Adverbien, Interjectionen und besonders Conjunctionen betreffen ganze Sätze und Gruppen von Sätzen und tragen gleichsam den Zusammenhang in die Ferne. Allerdings sind auch die Partikeln mehrdeutig und erhalten ihren Sinn ebenfalls aus dem Zusammenhang, so dass der hermeneutische Cirkel sich durch sie keineswegs ganz öffnet; indess ist doch eine Sprache um so klarer, je reicher sie an Partikeln ist. Die griechische Sprache ist z. B. durch ihren Partikelreichthum fähig die feinsten und verwickeltsten Ideenverbindungen zu bezeichnen, während die hebräische Sprache, welche durch eine geringe Anzahl von Partikeln kaum die allgemeinsten Gedankenbeziehungen ausdrücken kann, auf der Stufe der Kindheit stehen geblieben ist. Daher bietet auch in dieser Beziehung die Sprache des Neuen Testaments vermöge ihrer Anlehnung an das Hebräische grosse Schwierigkeiten. Derjenige von den ersten christlichen Schriftstellern, welcher sich der griechischen Gliederung der Sätze am meisten genähert hat, ist Paulus aus Tarsos, einer Stadt von bedeutender griechischer Cultur; Petrus ist dagegen viel hebräischer. Allein auch in der Sprache des Paulus findet sich Verwirrung genug; denn wenn er auch die didaktische Sprache verhältnissmässig besser als die andern neutestamentlichen Autoren zu handhaben versteht, so hat er doch ihre Form nur sehr unvollkommen erfasst. Bei Johannes liegt den einfach an einander gereihten Sätzen überall als Einheit eine höhere Idee zu Grunde, welche man nur aus der Individualität des Autors erklären kann. Hier muss also die grammatische Interpretation durch die individuelle ergänzt werden. Dies findet überhaupt bei Schriftstellern von vorwiegend subjectiver Gedankenrichtung statt, welche die wenigsten Partikeln anzuwenden pflegen, z. B. bei Lyrikern und bei Individualitäten wie Tacitus und Seneca. Die Partikel reicht hier nicht so weit in die Tiefe des Gemüths um die subjectiven Färbungen und Beziehungen der Sätze auszudrücken, daher treten diese unvermittelt aneinander und zeigen überall Sprünge. Die Gliederung der Gedanken wird dann nur durch die Interpunction angedeutet, die aber auch vieldeutig ist und wieder aus dem Zusammenhange erklärt werden muss. Wie hier der Zusammenhang nur mit Hülfe der individuellen Interpretation zu verstehen ist, wollen wir an einem möglichst einfachen Beispiele aus Tacitus zeigen. Annal. I, 3 heisst es: *Domi res tranquillae; eadem magistratuum vocabula; iuniores post Actiacam victoriam, etiam senes plerique inter bella civium nati: quotus quisque reliquus qui rem publicam vidisset!* Der Zusammenhang der vier unverbundenen Sätze ergiebt sich aus ihrem ma-

teriellen Inhalt, aber nur wenn man die Individualität des Schriftstellers kennt, d. h. wenn man weiss, dass das Ganze von satirischer Bitterkeit durchzogen ist. Der erste Satz „*domi res tranquillae*" wird durch die folgenden begründet. Es war Friede im Innern; denn es gab ja noch dem Namen nach dieselben Magistrate, und dieser blosse Schein der republikanischen Verfassung genügte die Ruhe zu erhalten; dies aber erklärt sich daraus, dass die Jugend erst nach der Schlacht bei Actium, ja sogar die meisten Greise in der Zeit der Bürgerkriege geboren waren; daher kannten sehr wenige die alte Verfassung aus eigener Anschauung, man hatte sich an die servile Form gewöhnt, vermisste nichts und verhielt sich daher ruhig. Hätte Tacitus diesen Zusammenhang durch Partikeln bezeichnet, so wäre der Eindruck des Ganzen geschwächt worden; gerade die schroffe Zusammenstellung der Sätze weist auf die subjective Färbung der Gedanken hin, aber nur aus dieser ist der Zusammenhang zu verstehen.

Auch die generische Interpretation muss oft herangezogen werden um den grammatischen Zusammenhang zu bestimmen. In einer Tragödie muss z. B. alles auf eine Gesammtidee hinweisen und im Lichte des Ganzen erscheinen; daher kann hier das Einzelne auch grammatisch oft nur aus der Totalität des Kunstwerkes verstanden werden. Offenbar ist in solchem Falle der Zusammenhang in seiner äussersten Ausdehnung zu berücksichtigen, wie er durch Partikeln nicht bezeichnet werden kann. Die Einheit des Kunstwerks, woraus der Zusammenhang des Ganzen folgt, ist aber durch generische Auslegung zu ermitteln. Wenn z. B. in Sophokles' Antigone V. 23 ff. gesagt wird, Kreon habe den Eteokles angeblich mit rechtem Recht beerdigt (δίκῃ δικαία), so haben hierin die Ausleger eine Tautologie gesehen, während sich der Ausdruck leicht aus der Idee des Stückes erklärt. In diesem dreht sich alles um den Gegensatz zwischen natürlichem Recht und menschlicher Satzung; Antigone klagt in jenen Worten, dass man die menschliche Satzung als das rechte Recht hinstellt, und dem gegenüber das ungeschriebene Gesetz, das auch den Polyneikes zu bestatten gebot, nicht als rechtes Recht gelten lässt.*)

Die grammatische Interpretation aus dem Zusammenhange

---

*) Vergl. die Ausgabe der Antigone von 1843, S. 217.

läuft darauf hinaus, dass alle Elemente der Sprache theils wechselweise durch sich selbst, theils aber durch den Zusammenhang des Ganzen, d. h. durch den Charakter des Autors und Werkes begrenzt und so aus der grossen Zahl der nach dem Sprachgebrauch möglichen Bedeutungen die wirkliche mittelst Einschränkung, d. h. mittelst Negation der übrigen (στέρησις), die aber immer einen positiven Grund hat, ausgesondert wird. Sind hierzu nicht alle Bedingungen gegeben, so sind die fehlenden durch eine Hypothese zu ersetzen, die nur auf dem Wege der Kritik gewonnen werden kann. Eine auf eine solche Hypothese gestützte, also hypothetische Erklärung findet nothwendig bei der Auslegung von Fragmenten statt, wo der weitere Zusammenhang zu ergänzen ist. Zuweilen ist hier kein grammatisches Element bekannt; dies war z. B. bei Nr. I des *Corpus Inscriptionum Graecarum* der Fall, wo durch hypothetische Erklärung jetzt fast alles gesichert ist. Wie viel auf diesem Wege geleistet werden kann, zeigt die Entzifferung der ägyptischen Hieroglyphen. Durch die *tabulae bilingues* gewann man eine Hypothese über die Bedeutung der Schriftzeichen, und auf Grund einer andern Hypothese über die Verwandtschaft des Koptischen mit der alten ägyptischen Sprache gelang es die Bedeutung von Sprachelementen festzustellen, durch welche dann wieder andere bestimmt wurden. So sind Denkmäler, bei denen alles unbekannt war, durch hypothetische Interpretation z. Th. vollständig enträthselt.

II.

Historische Interpretation.

§ 22. Es könnte scheinen, als ob durch die grammatische Auslegung die Hermeneutik in Bezug auf den objectiven Wortsinn erschöpft wäre; denn die Hermeneutik soll nach unserer Definition das Verständniss der Gegenstände an sich sein, die grammatische Auslegung erforscht aber den objectiven Wortsinn an sich. Allein als Gegenstand der Hermeneutik betrachten wir hier Sprachdenkmäler; um aber ein Sprachdenkmal an sich zu verstehen, genügt es nicht, den objectiven Wortsinn an sich zu kennen. Vielmehr besteht die Bedeutung des Sprachdenkmals selbst z. Th. in Vorstellungen, welche in den Worten an sich nicht liegen, aber sich an ihren objectiven Sinn vermöge seiner

Beziehungen auf reale Verhältnisse knüpfen. Die Worte auch nach dieser Seite zu verstehen, haben wir als Aufgabe der historischen Interpretation bezeichnet. Der Sprechende oder Schreibende setzt mit Bewusstsein oder unwillkürlich voraus, dass die, an welche er sich wendet, nicht nur seine Worte grammatisch verstehen, sondern bei denselben mehr denken, als sie an sich besagen, weil ihr Inhalt mit historisch gegebenen Verhältnissen in realer Verbindung steht und also jeden Kundigen an dieselben erinnert. Der objective Wortsinn an sich, wie ihn die grammatische Auslegung bestimmt, ist selbst das Resultat unausgesprochener Voraussetzungen, welche die historische Auslegung zu ermitteln hat. Man muss sich zu diesem Zwecke in jeder Beziehung mit der in dem Sprachwerk behandelten Sache bekannt machen um sich ganz auf den Standpunkt des Autors zu stellen. Je mehr Sachkenntniss der Ausleger hat, desto vollkommener wird er den Autor verstehen. Die historischen Verhältnisse, um deren Kenntniss es sich hier handelt, können in den verschiedensten Sphären des geschichtlichen Lebens liegen. Das erste Kapitel aus Tacitus' Annalen versteht z. B. Niemand vollständig, der nicht die Geschichte der römischen Regierungsveränderungen genau kennt; hier ist also eine Kenntniss der politischen Verhältnisse nöthig. Den Horazischen Vers (Satir. I, 1, 105): *Est inter Tanain quiddam socerumque Viselli* kann man grammatisch durchaus richtig auslegen; aber man versteht die Anspielung darin nicht, wenn man nicht aus der speciellen Geschichte des römischen Privatlebens weiss, dass Tanais ein total Verschnittener war, der Schwiegervater des Visellius aber einen ungeheuren Hodenbruch hatte. Viele Stellen des Aristophanes enthalten Parodien von Versen des Euripides, des Pindar u. A., setzen also Kenntniss der Literatur voraus. In Platon's Menon besteht die historische Auslegung darin, dass man die mathematischen Voraussetzungen des Dialogs aus der Geschichte der Mathematik ermittelt. Bei Philosophen kommt es im Allgemeinen darauf an den Standpunkt zu verstehen, auf welchen sie durch die geschichtliche Entwickelung der Wissenschaft gestellt sind; die modernen Philosophen verstehen die alten oft ganz falsch, weil sie sich nicht auf ihren Standpunkt versetzen können. Selbst grammatische Notizen können zur historischen Auslegung gehören, wenn in einer Schrift auf Spracherscheinungen oder grammatische Theoreme Bezug genommen wird. Kurz, der Ausdruck „historisch" ist hier in der weitesten Bedeutung zu nehmen.

Hieraus folgt zugleich, dass diese Art der Auslegung nicht bei allen Sprachdenkmälern in gleichem Maasse anwendbar ist. Es giebt eine Skala der Anwendbarkeit nach der Individualität des Autors und dem Charakter der Redegattung. Je subjectiver ein Schriftsteller oder eine Gattung ist, desto mehr bedarf man der historischen Notizen nach den speciellsten Rücksichten. Beim Homer wird nicht viel vorausgesetzt, ausserordentlich viel dagegen beim Pindar, weil jener objectiv darstellt, dieser in lauter Beziehungen und Anspielungen spricht. Vergil's Aeneis hat hierin viel weniger Schwierigkeiten als die Satiren des Horaz, welche der Natur der Gattung nach diese Art historischer Subjectivität haben. Aristoteles in seiner systematischen Sprache hat viel weniger solche Erläuterungen nöthig als der ins Leben eingehende Platon. Bei letzterem gehört hierher nicht nur die Basis der dramatischen Einkleidung, welche ganz auf historischem Boden steht, sondern auch die gelegentlichen Beziehungen und die vielfachen versteckten Anspielungen auf frühere und gleichzeitige Philosophen. Die Tragiker sind in dieser Hinsicht leichter als Komiker wie Aristophanes. Im Lustspiel ist die historische Basis oft so lokaler Natur, dass ein Fremder nicht lacht, weil er nichts davon merkt, während Einheimische vor Lachen platzen möchten. Doch auch bei den Tragikern giebt es viele historische Beziehungen; in der griechischen Tragödie finden sie sich bei Aeschylos seltener als bei Sophokles, und bei diesem seltener als bei Euripides.*) Im Allgemeinen und abgesehen von der Individualität des Autors setzt in der Poesie die Lyrik und Komödie, in der Prosa die Philosophie und Rhetorik am meisten voraus, am wenigsten das Epos und die Geschichtsschreibung. Mit einem Wort: je weiter sich die Darstellung vom Charakter des Historischen entfernt, in desto höherem Maasse erfordert sie die historische Auslegung — ein Paradoxon, welches aber durchaus begründet ist. Die historische Auslegung ist eben nicht identisch mit Sacherklärung; die Sache wird auch durch die grammatische Auslegung klar, nämlich soweit sie in dem Worte selbst ausgedrückt und nicht stillschweigend als bekannt vorausgesetzt ist.

---

*) Vergl. *Tragoediae graecae princip.* (1808) cap. XIV und XV.

Es fragt sich nun, wo in jedem einzelnen Falle die historische Auslegung zu beginnen hat, d. h. welches das Kriterium ihrer Anwendbarkeit ist. Das Hauptkriterium ergiebt sich leicht aus dem Gesagten: wo das grammatische Verständniss zur Ermittelung des objectiven Wortsinns unzureichend ist, muss die historische Auslegung hinzutreten. Aber ob das grammatische Verständniss unzureichend ist, kann man nur beurtheilen, wenn man die Individualität des Autors und die Gattung des Sprachwerks kennt. Man findet im Pindar z. B. längere Digressionen, also scheinbare Abschweifungen. Traut man nun Pindar wirkliche Abschweifungen zu, welche in jeder Darstellung verwerflich sind und hier ausserdem die Einheit des Gedichts verwischen, also gegen die Grundregeln der lyrischen Dichtungsgattung verstossen würden, so wird man sich mit der grammatischen Erklärung der Digression begnügen. Man hat dann kein Bewusstsein davon, dass man den Dichter nicht vollständig versteht. Wer dagegen die Individualität Pindar's und den Gattungscharakter seiner Lyrik kennt, ist ausser Zweifel, dass die Digressionen einen besondern Sinn haben müssen und also historisch zu erklären sind. Sie haben ihre Bedeutung in einer unausgesprochenen Beziehung auf die Person, welche der Dichter besingt; hat man diese historische Beziehung erkannt, so schliesst sich das Gedicht zu einer vollkommenen Einheit zusammen und gewinnt Farbe und Kraft. Die historische Interpretation ist hiernach durch die individuelle und generische bedingt. Hat man sich in die Individualität des Autors und die Eigenthümlichkeit der Gattung eingelebt, so fühlt man in der Regel leicht, wo die grammatische Erklärung unzureichend ist und einer Ergänzung bedarf. Wenn z. B. Pindar in der 11. Olymp. Ode sagt: „Wir wollen den feuerflammenden Blitz des Zeus besingen", so kann dies in dem Zusammenhang, in welchem es gesagt wird, unmöglich ohne historische Beziehung sein; die Ode ist aber für einen Lokrer bestimmt, und der Blitzstrahl befand sich im lokrischen Wappen, welches wahrscheinlich bei dem Vortrage des Festgesanges aufgestellt war.*) Die Unzulänglichkeit der grammatischen Auslegung ist jedoch nicht das einzige Kriterium für die Anwendbarkeit der historischen. Die uns bekannte historische Umgebung eines Sprachwerks kann so beschaffen sein, dass die, an welche

---

*) Vergl. *Explicationes Pindari* S. 203.

es sich wendet, glauben mussten, der Autor habe eine bestimmte Beziehung im Sinne, dass sie also nach ihrem Gedankenkreise mit Nothwendigkeit auf diese Beziehung geführt wurden, gleichviel ob der Autor mit Bewusstsein darauf anspielt oder nicht. Hierin liegt ein zweites Kriterium für die Anwendbarkeit der historischen Interpretation. Um hierüber ein Urtheil zu gewinnen, muss man bei jedem Sprachdenkmal sich über die historischen Bedingungen orientiren, unter denen es entstanden ist, also Ort, Zeit und Anlass der Abfassung genau berücksichtigen. Auf diese Weise ergeben sich z. B. die historischen Beziehungen bei den griechischen Tragikern. Wenn Aeschylos in den Eumeniden (675—696) den Areopag feiert, so konnte bei der Aufführung des Stückes keinem Zuschauer die Veranlassung hierzu entgehen; kurze Zeit vorher war zum Schmerz der athenischen Patrioten die Autorität des höchsten Gerichtshofes durch Ephialtes geschwächt worden.*) War die Macht desselben zur Zeit, wo der *Oedip. Colon.* des Sophokles aufgeführt wurde, eben wiederhergestellt, so musste die Lobpreisung des Areopag in diesem Stücke (V. 943 ff.) dem Publikum als Anspielung auf dieses Ereigniss erscheinen.**) In Sophokles' Aias wird die Schiffstüchtigkeit der Salaminier gelobt; dies ist aus der Tragödie selbst völlig zu erklären, da darin der Chor aus Salaminischen Seeleuten besteht. Aber jeder Athener verstand es, dass das Lob mit auf die berühmte Schiffsmannschaft des Staatsschiffes Salaminia berechnet war.***) Euripides spricht im Hippolyt viel von den Schrecken schwerer Krankheiten; dies erklärt sich daraus, dass das Stück in der jetzigen Gestalt kurze Zeit nach der Pest aufgeführt wurde; die Worte, die Theseus darin ausspricht, οἷου cτερήcεcθ' ἀνδρός mussten den Zuschauern daher den Tod des grossen Perikles ins Gedächtniss zurückrufen.†) Zuweilen verstehen wir specielle historische Beziehungen nur in Folge ausdrücklicher Zeugnisse. Im *Oed. Colon.* sagt Antigone um den Vater zum Empfang des Polyneikes zu bewegen: „Auch andre haben böse Kinder und brausen im Zorn gegen sie auf; aber

---

*) Vergl. *Graecae tragoediae princip.* S. 45.
**) Vergl. das Prooemium zum Lektionskatalog 1826: *De Areopago dissertatio prior*, Kl. Schr. IV, 252 f.
***) Vergl. Staatshaush. d. Ath. I, S. 339 ff.
†) Vergl. *Graecae tragoediae princip.* S. 180 ff.

durch Zureden von Freunden lassen sie sich besänftigen." Hierin würden wir keine besondere Beziehung entdecken, wenn wir nicht durch Zufall eine Notiz hätten, wonach Sophokles zur Zeit der Abfassung des Stückes einen Streit mit seinem Sohne Iophon hatte, der gütlich beigelegt wurde; in der That mussten alle Athener in jenen Worten eine Anspielung auf diesen Vorfall sehen.*) Zeugnisse sind natürlich für die historische Auslegung vom grössten Werth; ihre Glaubwürdigkeit ist freilich erst durch die historische Kritik festzustellen. Zuerst muss man auch hier jeden Autor möglichst aus sich selbst zu erklären suchen; demnächst sind einsichtsvolle Zeitgenossen zu berücksichtigen; bei Späteren kommt es darauf an, woher sie ihre Kenntniss haben. Wenn es z. B. unklar ist, was Pindar's ἄριστον ὕδωρ sagen will, giebt zuletzt Aristoteles die Entscheidung, der den nüchternen Sinn des Ausdrucks lehrt, nicht die hochtrabende Weisheit der Späteren, die man neuerdings wieder hervorgesucht und noch mit indischer Weisheit verbrämt hat. Dem Aristoteles lag eine philosophische Auslegung des Ausdrucks gewiss nahe; dass er sie nicht unternimmt, ist ein Beweis dafür, dass damals bei gesundem Sinne niemand auf solchen Widersinn verfallen konnte, weil man über die Bedeutung zu sicher war.**) Oft reichen allerdings unsere Kenntnisse nicht aus um die historischen Beziehungen eines Sprachdenkmals zu verstehen, wenn auch die grammatische Erklärung selbst die historische Ergänzung erfordert. Zuweilen hat man in solchen Fällen jedoch genügende Anhaltspunkte zu einer hypothetischen Erklärung. Es handelt sich hierbei um eine historische Hypothese, welche einerseits den grammatischen Wortsinn wirklich ergänzt, andrerseits aber mit dem Sprachwerk selbst und den sonst gegebenen historischen Daten im Einklang steht; um eine solche Hypothese zu bilden ist wieder kritische Thätigkeit nöthig. In Pindar's 12. Ol. Ode wird z. B. der dort besungene Himeräer Ergoteles mit einem Kampfhahn verglichen; auf alten Münzen aus Himera ungefähr aus der Zeit der Abfassung des Gedichtes findet sich nun ein Hahn, wahrscheinlich der der Athene heilige Kampfhahn. Dies leitet zu der Hypothese, dass in Himera wie in Athen Hahnenkämpfe üblich

---

*) Vergl. das Prooemium von 1825/26: *De Sophoclis Oedipi Colonei tempore.* Kl. Schr. IV, S. 232 f.
**) Vergl. *Explicationes Pindari* S. 102 f.

waren, woraus dann jener Vergleich eine lebendige Beziehung für die Himeräer erhalten musste.*) In der 10. und 11. Pyth. Ode sind die Digressionen über die Hyperboreer und Orest's Muttermord für uns unverständlich; eine Hypothese lässt sich aus den gegebenen Daten sehr schwer bilden.**) Ein Beispiel einer unstatthaften Hypothese ist Dissen's Erklärung der 9. Pyth. Ode. In dieses Gedicht ist ein Mythos von der Liebe Apoll's und der Kyrene eingewebt, und derselbe enthält ohne Zweifel Beziehungen auf die persönlichen Verhältnisse des von Pindar besungenen Telesikrates aus Kyrene. Letzterer befand sich zur Zeit der Abfassung des Gedichts zu Theben, wo es auch zunächst vorgetragen wurde, und war mit dem thebanischen Geschlecht der Aegiden verwandt. Hieraus und aus einigen andern Daten, welche darauf hinweisen, dass auch der Mythos eine Beziehung auf Theben hat, vermuthet Dissen, Pindar spiele auf ein Abenteuer des Telesikrates an, der in Theben einer edlen Jungfrau habe Gewalt anthun wollen, wie Apollon der Kyrene. Es ist aber aus mancherlei Gründen ganz unglaublich, dass der Dichter den grössten und bedeutendsten Theil eines Lobgedichtes einer solchen Handlung gewidmet haben sollte; milder Tadel, wie Dissen als Motiv zu Grunde legt, war hier ebenso unpassend für die Sache selbst, als strenger für das Lobgedicht. Eine genauere Betrachtung des Mythos führt zu einer andern Hypothese: Telesikrates war in der Zeit der Abfassung des Gedichts verlobt mit einer Thebanischen Aegidin und im Begriff die Braut heimzuführen. Daher ist die durchaus keusche Liebe des Apollon und der Kyrene so dargestellt, dass sie für die Verhältnisse des Telesikrates typisch ist. Alle Züge des Mythos erklären sich aus dieser Annahme, die ausserdem allen sonst in Betracht kommenden Verhältnissen entspricht.***) Wie ich die angegebene Dissen'sche Hypothese für unstatthaft halte, verwirft Gottfr. Hermann eine von mir zur Erklärung der 2. Pyth. Ode aufgestellte. In letzterer ist es unklar, was der ausführlich dargestellte Mythos von Ixion's Frevelthaten, nämlich von seinem Verwandtenmord und seiner verbrecherischen Liebe zur Hera

---

*) *Explicationes Pindari* S. 210.
**) *Explicationes Pindari* S. 330 u. 338.
***) Vergl. die Kritik von Dissen's Ausgabe des Pindar (1830) Kl. Schr. VII, S. 389—398.

bedeutet. Ich sehe darin eine Anspielung auf Hieron. Nach geschichtlichen Zeugnissen wurde nämlich diesem zur Last gelegt, er habe seinen Bruder Polyzelos gegen die Krotoniaten gesandt in der Hoffnung, dass er umkommen werde; Polyzelos flüchtete aber zu seinem Schwiegervater Theron, dem Vater der Damarete, und Hieron war im Begriff den Bruder und Theron zu bekriegen. Ich nahm nun zugleich aus mehrfachen Gründen an, Hieron habe Damarete, die Gemahlin des Polyzelos zur Ehe haben wollen, und fand in der Art, wie der Mythos von Ixion ausgeführt ist, eine Beziehung auf diese unseligen Verirrungen des sonst nicht unedlen Hieron. Gottfr. Hermann hielt eine solche Beziehung, die den Vorwurf beabsichtigter Verbrechen einschliesse, in einem Lobgedichte auf Hieron für unmöglich und stellte daher eine andere Hypothese auf. Allein ich sehe die 2. Pyth. Ode als ein dem Hieron übersandtes Ermahnungsgedicht an, worin Pindar in einem Zeitpunkte der Entfremdung von dem Fürsten diesen aus höheren politischen Rücksichten von der unedlen Absicht auf Damarete und von der Bekriegung seines Bruders zurückbringen wollte. Wenn der Dichter hierzu das Schreckbild des Ixion heraufführt, so geschieht dies ohne ausdrückliche Anwendung, die nur der Tieferblickende machen konnte; namentlich konnte bei der ersten Warnung verwandtes Blut nicht zu vergiessen nicht jeder daran denken, dass der beabsichtigte misslungene Versuch auf Polyzelos' Leben gemeint sei; denn dieser war natürlich Geheimniss: leichter sah man darin den von uns vorausgesetzten Zweck von der Bekriegung des Bruders abzumahnen. Und indem der Dichter den Fürsten durch die mythische Verkörperung seiner geheimen Gedanken zu erschüttern sucht, ruft er zugleich durch reichliche aber wohlverdiente Lobesspenden die edlere Natur desselben für seinen Plan zur Hülfe. Dass es sich hier um eine ernste Mahnung und nicht um ein Lobgedicht handelt, bezeichnet Pindar selbst in den Worten: „Der gerade sprechende Mann ist in jeder Verfassung, auch bei der Tyrannis, der beste." Für meine Hypothese spricht übrigens auch der Umstand, dass in der That Hieron sich mit Polyzelos und dessen Schwiegervater Theron aussöhnte und dabei eine Verwandte des letzteren zur Gemahlin erhielt.*) Die

---

*) S. die ausführliche Begründung der Hypothese nebst Widerlegung der Hermann'schen Ansicht. Kl. Schr. VII, 430 ff.

letzte Entscheidung über die Anwendbarkeit der historischen Interpretation überhaupt und besonders über die Zulässigkeit einer hypothetischen Erklärung liegt oft im Gefühl. Es kommt hier besonders auf die Congenialität des Auslegers an; nur wer sich in die Individualität eines Autors hineinzuversetzen versteht, weiss, ob demselben in einem bestimmten Fall eine besondere Beziehung vorgeschwebt haben kann. Wer sich z. B. in die Sinnesart des Sophokles einigermassen hineingedacht hat, der kann in dem 3. Stasimon der Antigone, einem Lied auf den Eros, unmöglich — wie dies neuere Ausleger thun — eine Anspielung auf das Verhältniss des Perikles zur Aspasia finden. Der Chorgesang bezieht sich nur auf die Liebe des Hämon zur Antigone und konnte der ganzen Situation nach bei keinem Zuschauer an äussere fernliegende Nebenbeziehungen erinnern; noch weniger aber konnte es dem Sophokles in den Sinn kommen durch solche Nebenbeziehungen den Eindruck der gewaltigen Scene zu schwächen.

Die historische Interpretation soll ermitteln, welche objectiven Beziehungen thatsächlich in einem Sprachdenkmal liegen; daraus ergiebt sich, wie weit sie zu gehen hat. Das Ziel kann nicht sein, das Sprachdenkmal mit den geschichtlichen Bedingungen in Einklang zu setzen; denn es kann thatsächlich mit ihnen in Widerspruch stehen. Ganz verkehrt ist daher der bekannte hermeneutische Grundsatz, dass man zur Erklärung nichts beibringen dürfe, was gegen die Geschichte, die Erfahrung oder den *sensus communis* ist. Was die Geschichte betrifft, so kann ein Schriftsteller über eine historische Erscheinung, welcher Art sie auch sei, eine Auffassung haben, welche der Wahrheit nicht entspricht; man würde in diesem Falle sicher seine Worte falsch deuten, wenn man darin solche Beziehungen suchen wollte, welche mit der Geschichte im Einklang wären. Oft setzt sich ein Autor sogar mit Bewusstsein und Absicht über die geschichtliche Wahrheit hinweg, wie dies in der Rhetorik und Poesie sehr häufig der Fall ist. So wäre es vergebliche Mühe, wenn man aus den Platonischen Schriften durch die historische Auslegung alle Anachronismen weginterpretiren wollte. Platon verlegt seine Dialoge durch die Scenerie meist in eine bestimmte Zeit; es werden aber darin nicht selten historische Facta erwähnt, die einer viel späteren Zeit angehören; so im Menon, Gorgias, Symposion, Menexenos und der Republik.*) Solche Anachronismen stören

---

*) Vergl. Kl. Schr. IV, S. 447 f. und VII, S. 71 ff.

zwar die Illusion; aber der Philosoph kann gerade dadurch einen bestimmten Zweck erreichen wollen. Am stärksten ist der so bewirkte Contrast im Menexenos. Hier wird der Aspasia eine Leichenrede auf die im korinthischen Kriege Gefallenen in den Mund gelegt, die sie dem Sokrates bei Lebzeiten des Perikles vorträgt, während die Ereignisse, worauf sie sich bezieht, etwa 40 Jahre nach der fingirten Zeit des Dialogs fallen. Wenn nun aber der Dialog um diese Zeit, nach dem Frieden des Antalkidas verfasst ist, so musste den Zeitgenossen die ganze Einkleidung als ein Scherz erscheinen, durch den die in der Rede bezweckte Verspottung der gleichzeitigen Rhetoren eine besonders phantastische und pikante Form gewinnt. Es ist also aus diesem Anachronismus auch kein Grund gegen die Aechtheit des Gesprächs zu entnehmen.*) Zu den grössten Verirrungen hat die Ansicht geführt, dass die historische Auslegung im Einklang mit der Erfahrung stehen müsse. Man hat darauf hin z. B. das Neue Testament so interpretirt, dass die Wunder als natürliche Vorgänge erscheinen, wie sie unserer Erfahrung entsprechen. Es sind daraus kindische und läppische Erklärungen hervorgegangen, die aber einst der Mehrzahl der deutschen Theologen imponirt haben, weil sie keine genügende Kenntniss der neutestamentlichen Sprache und keine hermeneutische Bildung hatten. Jedem umsichtigen Ausleger muss es klar sein, dass die neutestamentlichen Schriftsteller an Wunder geglaubt haben. Wie dieser Glaube historisch zu erklären, ist eine andere Frage. Gegen den *sensus communis* verstösst vieles, was die historische Erklärung beizubringen hat. Das Unsinnige kommt ja häufig genug wirklich vor und darf also durch die Interpretation nicht ausgemerzt werden. In Shakespeare's Kaufmann von Venedig oder im Hamlet, z. B. in der Rede der Ophelia oder der Todtengräber ist absichtlicher Unsinn, ebenso in der alten Komödie; aber wieviel unabsichtlicher Unsinn findet sich bei schlechten Autoren! Es ist daher auch eine falsche Regel, dass die Auslegung grundsätzlich nach einer Conciliation der Widersprüche streben müsse. Auch diese können sogar im Plane eines Werkes liegen, wie dies bei Platon's Parmenides der Fall ist. Ganz unhistorisch ist es vollends, wenn man für die Auslegung der heiligen Schriften vorschreibt, es solle darin alles aus der *analogia*

---

*) Vergl. *In Platonis, qui vulgo fertur, Minoem* (1806) S. 182 f.

fidei et doctrinae erklärt werden; hier steht sogar der Maasstab, nach welchem sich die Erklärung richten soll, selbst nicht fest, da die aus der Schrifterklärung erwachsene Glaubenslehre sehr verschiedene Gestalten angenommen hat. Durch die historische Auslegung soll nur festgestellt werden, was in einem Sprachdenkmal gemeint ist, gleichviel ob es wahr oder falsch ist. Wie weit man einem Autor Verstösse gegen die historische Wahrheit, den *sensus communis*, oder die Logik zutrauen kann, ist auf Grund der grammatischen Interpretation aus der Kenntniss seiner Individualität festzustellen; ob man absichtliche Widersprüche und Inconsequenzen anzunehmen hat, ergiebt sich aus dem Zwecke, den der Autor verfolgt, ist also durch die generische Auslegung zu ermitteln. Gelangt man auf diesem Wege zu der Ueberzeugung, dass in einem bestimmten Falle einem Autor eine Unrichtigkeit oder ein Widerspruch nicht zuzutrauen ist, welche bei der rein grammatischen Erklärung hervortreten, so liegt das oben angeführte erste Kriterium für die Anwendbarkeit der historischen Interpretation vor. Diese darf jedoch dann auf keinen Fall weiter gehen, als der grammatische Sinn der Worte es zulässt — eine Grenze, die sie auch dann inne zu halten hat, wenn ein anderes Kriterium ihrer Anwendbarkeit eintritt. Aus dem für dieselbe angegebenen zweiten Kriterium aber ergiebt sich eine zweite Grenze. In der Regel nämlich darf, auch wo es der grammatische Wortsinn zulässt, durch die historische Interpretation nicht mehr in die Worte gelegt werden, als die, an welche der Autor sich wendet, dabei denken konnten. Aus der Vernachlässigung dieses Kanons geht der Missbrauch der allegorischen Erklärung hervor, wovon ich oben (S. 91) gesprochen habe; ein solcher Missbrauch wird besonders bei den griechischen Tragikern mit der historischen Auslegung überhaupt getrieben. Um die richtige Grenze einzuhalten muss man also zunächst wissen, an wen sich ein Autor wendet, und was er demnach voraussetzen konnte. Es handelt sich dabei nicht bloss um die Menge, sondern oft um ein ganz bestimmtes Publikum. So sagt Pindar in der 2. Olymp. Ode von seiner Poesie, er versende manche Pfeile aus seinem Geschoss, die für die Kundigen hellklingend seien, während sie für die Menge der Auslegung bedürften. Nun suchen aber wieder diejenigen, an die der Autor seine Worte richtet, in denselben mehr oder weniger Beziehungen, je nach seiner Individualität und dem Gattungscharakter des

Werkes; je besser sie diese kennen, desto besser verstehen sie die historischen Beziehungen. Dasselbe gilt auch für den Ausleger, der sich auf ihren Standpunkt stellen soll; als erste und letzte Bedingung tritt immer von Neuem die individuelle und generische Auslegung hervor. Und hierdurch wird die Grenze für die Anwendbarkeit der historischen Interpretation oft so zart, dass nur der congeniale Ausleger sie findet.

§ 23. **Methodologischer Zusatz.**

Die grammatische und historische Auslegung erfordern einen bedeutenden gelehrten Apparat: zur grammatischen gehört, dass man für die Feststellung des allgemeinen und besondern Sprachgebrauchs die nöthigen Parallelstellen zur Hand habe; zur historischen sind zahlreiche Notizen erforderlich. Eine grosse Anzahl von Citaten ist dem Philologen also unentbehrlich; das Citiren in grösster Genauigkeit ist recht eigentlich philologisch; denn die Philologie beruht auf äusseren Zeugnissen, während der Philosoph sich selbst innerer Zeuge sein muss. Man hat nun in neuerer Zeit alles von der Philologie Ermittelte handlich in Lexika zusammenzustellen gesucht; Lexika für die alten Sprachen überhaupt und für den Sprachgebrauch der einzelnen Autoren werden in immer grösserer Vollständigkeit ausgearbeitet, ebenso allgemeine und specielle Reallexika. Dadurch hat das Studium sehr an Leichtigkeit und Sicherheit gewonnen. Aber den Zusammenhang der Vorstellungen, den man sowohl bei der grammatischen als auch bei der historischen Auslegung vor Allem zu verstehen hat, kann man nicht nachschlagen. Hierzu ist es nöthig, dass man das bereits Ermittelte im Zusammenhang, also die realen Disciplinen der Alterthumswissenschaft mit Einschluss der Grammatik quellenmässig studire. Auf Grund solcher zusammenhängenden Kenntnisse, welche man möglichst präsent haben muss, sind dann die Lexika zu benutzen; sie enthalten mehr das Unzusammenhängende und daher schwerer zu Behaltende. Ihre Angaben sind aber bei allen schwierigeren Punkten aus den Quellen zu prüfen um das Einzelne im Zusammenhang zu verstehen. Neben den Lexika muss man sich an die besten Register und Indices der Schriftsteller halten, und für die historische Auslegung an gute historische Einleitungen zu denselben. Insbesondere sind aber auch Sammelwerke aus dem Alterthum zu berücksichtigen, die keineswegs in den neuern Lexika ausgenutzt sind. Die alten Glossarien geben über viele Werke die speciellsten

Notizen; es gehören hierher für das Griechische: Apollonios (Sophista), Pollux, Phrynichos, Moeris, Timaeos; Harpokration, Ammonios, Hesychios, Philoxenos, Photios, das *Etymologicum Magnum*, Suidas, Zonaras, die *Lexica Segueriana*, Thomas (Magister) — für das Lateinische: Festus und Nonius. Diese Sammlungen enthalten aus den Schriften der alten Grammatiker gezogene Worterklärungen, welche gewöhnlich auf einzelne Stellen bezüglich und dann von besonderem Werthe sind. Von ähnlicher Bedeutung sind die Scholien als Sammlungen alter exegetischer Bemerkungen; ich erwähne die zu Terenz, Horaz, Vergil, Ovid, Germanicus, Persius, Lucan, Statius, Juvenal, Cicero; — zu Homer, Hesiod, Pindar, den Tragikern, Aristophanes, Lykophron, Arat, Theokrit, Kallimachos, Apollonios v. Rhodos, Nikander, der Anthologie; Thukydides, Platon, Aristoteles, Demosthenes, Aeschines, Isokrates. Die Scholien sind besonders wichtig für die historische Erklärung; aber man muss bei ihnen wie bei den Glossarien immer Meinung und Thatsache unterscheiden, was hier oft sehr schwierig ist. Von geringerer Bedeutung sind die Paraphrasen, welche nur den Wortsinn nach dem ersten Anlauf auffassen, und die Interlinearglossen, die gewöhnlich nur ein selteneres Wort geben. Im Anschluss an die vorhandenen Hülfsmittel muss man selbst weiter sammeln. Vor allem ist es zu empfehlen zu Werken, wozu keine genügenden historischen Einleitungen vorhanden sind, solche selbst anzufertigen; natürlich sind darin nicht triviale Notizen zusammenzutragen, sondern die historische Grundlage des Werks ist bis ins Speciellste festzustellen. Für das gründliche Studium von Werken, wozu keine Indices und Register vorhanden sind, ist es ebenfalls unentbehrlich diese selbst anzufertigen oder anfertigen zu lassen. Ein nothwendiges Uebel sind endlich Adversarien, in welche man die eigenen, gelegentlich gemachten Bemerkungen, ferner alles Auffallende, Schwierige und Seltene einträgt. Die holländischen Philologen haben besonders Adversarien empfohlen und an Joh. Aug. Ernesti und Joh. Matth. Gesner Nichts vermisst, als dass sie solche nicht hatten. Freilich hatten diese dafür mehr Geist; aber gerade weil es vielen Stoff giebt, der den Geist nur überladen würde ohne ihn zu bilden, ist es besser diesen Stoff in Papieren finden zu können, als ihn im Kopfe zu tragen. Allgemeine Adversarien sind besonders in der Jugend nothwendig; sie können in dieser Ausdehnung nicht bis ans Ende des Lebens fortgeführt werden, weil die Zeit dazu nicht ausreicht. Man muss sich in späteren Jahren auf Adversarien für bestimmte Zwecke beschränken, die grossentheils in Zetteln bestehen können. Solche Zettelwerke hatten Leibniz, Kant, Jean Paul, Alex. v. Humboldt — sehr verschiedene Geister. Sie kommen dem Gedächtniss zur Hülfe, doch muss man ihnen nicht Alles anvertrauen. Ich ziehe vor mässige Kenntnisse im Kopfe als ausserordentliche im Pulte zu haben; sehr viele Adversarienkrämer haben sehr wenig Kenntnisse. Der Geist darf jedoch unter der Gedächtnissarbeit nicht leiden; viele Dinge nicht wissen oder vergessen ist besser als den Verstand vergessen. Freilich haben viele in ihren Adversarien Dinge, welche zu unserer Zeit nicht mehr mit Citaten belegt zu werden brauchen, weil sie schon jedes Kind weiss. Allmählich muss doch bei der Erklärung aller nicht zur Sache gehörige Kram ausgeschlossen und als vorausgesetzt in die Lexika verwiesen werden. Die Zeit ist vorüber, wo man mit solchem Citaten-Ballast Wunderwerke thun konnte. Es muss statt dessen ein tieferes Eindringen in den Sinn, den Geist des Schriftstellers eintreten. Ein guter Ausleger wird Niemand sein, der es nicht als die Hauptsache ansieht sich in die Schriftsteller zu versenken, aus ihnen selbst zu schöpfen. Dabei muss man sich vorzüglich vor dem vorzeitigen Kritisiren hüten, das die Anschauung von vornherein stört. Man kann sehr spitzfindige Kritiken und lange Demonstrationen machen um eine Stelle für verderbt zu erklären, und der einfache Sinn, der sich in den Geist des Schriftstellers hineindenken kann, löst mit einem Schlage alle vermeintlichen Schwierigkeiten, indem er zeigt, dass jene Kritiker nicht verstanden haben, weil sie nur mit dem Verstande, nicht mit der Anschauung arbeiteten. Aus unserer Darstellung ist aber zur Genüge hervorgegangen, dass die grammatische und historische Interpretation in dieser einzig fruchtbaren Weise nur gelingen können, wenn sie in beständiger Verbindung mit der individuellen und generischen betrieben werden.

III.

Individuelle Interpretation.

§ 24. Bisher haben wir die Sprache nach ihrer **objectiven** Bedeutung betrachtet. Der Sprechende drückt Anschauungen aus, die ihm sowohl an sich, als in ihren **mannigfaltigen realen**

III. Individuelle Interpretation.

Beziehungen mit der Sprache gegeben sind; er ist somit ein Organ der Sprache selbst. Aber die Sprache ist zugleich Organ des Sprechenden; denn die Anschauungen, die er ausdrückt, sind zugleich durch seine Auffassung der objectiven Welt bedingt, und die objective Bedeutung der Worte hindert nicht sie so zu wählen und zusammenzustellen, dass sie seine eigene Natur, die Vorgänge und Zustände seines Innern, also seine **Subjectivität** zum Ausdruck bringen. Zunächst spiegelt sich in der Rede so das subjective Wesen des Sprechenden **an sich**, d. h. seine **Individualität** wieder. Die Bedeutung der Worte nach dieser Seite zu verstehen ist die Aufgabe der individuellen Interpretation. In manchen Fällen verdoppelt sich dieselbe dadurch, dass der Sprechende andere als redend einführt, was in allen Redegattungen vorkommt, aber in der **dramatischen** Darstellung zu einer eigenen Stilform wird. Bei einem Historiker können die Reden historischer Personen wörtlich angeführt werden, so dass man sie rein aus der Individualität der letztern zu erklären hat; in einem Drama dagegen steht hinter dem Charakter der handelnden Personen immer noch die Individualität des Dichters selbst, die bald stärker, bald schwächer hervortritt.

Die individuelle Interpretation würde vollkommen sein, wenn man die Individualität des Sprechenden so vollkommen nachzuconstruiren vermöchte, dass man vor der Betrachtung seiner Rede wüsste, wie er jeden Gegenstand anschaut. Dann könnte man bestimmen, was er in jedem Falle sagen musste. Da man den Redenden, besonders bei antiken Sprachwerken, indess meist nur aus seinen Reden selbst genauer kennen lernen kann, so besteht das Geschäft der Auslegung darin diese zu analysiren um daraus seine Individualität zu finden. Es liegt also hier wieder ein offenbarer, durch die hermeneutische Kunst zu vermeidender Cirkel der Aufgabe vor.

Es fragt sich zuerst, worin die Individualität besteht, und welches ihr Ausdruck in der Sprache ist. Jeder Mensch hat seine besondere Denk und Anschauungsweise, welche in dem eigenthümlichen gegenseitigen Verhältniss seiner Seelenkräfte, in seinen Anlagen und, wenn man bis zur letzten Ursache zurückgeht, in dem Verhältniss des Leibes und der Seele bei ihm begründet ist. Dies ist seine Individualität. Sie offenbart sich in jeder Lage seines Daseins und ist überall **dieselbe**; in den **verschiedensten** Aeusserungen seines Wesens: in Wort und That und jeder Empfindung bleibt sie **gleich**; sie ist der allgemeine Charakter aller einzelnen Lebenserscheinungen, unantastbar als das Allerheiligste der Menschennatur. Aber dies Allerheiligste ist nicht abgeschlossen gegen die Aussenwelt; der allgemeine Charakter wird mannigfaltig modificirt durch die verschiedenen Bedingungen, unter welchen er zur Wirkung kommt. Der Mensch ist in keinem Moment derselbe; in jedem hat er einen andern Kreis von Ideen, die er theils selbst entwickelt, theils von Aussen aufnimmt. Die Individualität wird hierbei durch die Sphäre ihrer Wirksamkeit eingeschränkt; denn die verschiedenen Verhältnisse des Lebens bestimmen den Vorstellungskreis jedes Individuums, und freudige und traurige Ereignisse geben den Vorstellungen ihre individuelle Richtung. Ferner hat jede Individualität ihre Geschichte; ihr allgemeiner Charakter wird durch die eigene Entwickelung eingeschränkt. Wie sich der Körper verändert, dessen Entwickelung wir vom ersten Keim bis zur höchsten Blüthe und zum allmählichen Absterben deutlich vor Augen haben, so hat auch die Seele in ihrer endlichen Erscheinung ihren Cyklus des Wachsens, der höchsten Kraft und des Abnehmens, welcher nach der verschiedenen Leibes- und Geistesconstitution verschieden ist. Zu verschiedenen Zeiten wird man von den Gegenständen auf verschiedene Weise afficirt, je nach der verschiedenen Stimmung; auch die Gegenstände selbst ändern sich ja. Daher kann man auch nie dasselbe noch einmal produciren. Man versuche über einen Gegenstand, über welchen man geschrieben, nach Jahren wieder zu schreiben; man wird nicht im Stande sein wieder dieselben Gedanken zu finden, soweit es sich um freie Combination handelt. Die Individualität, die Anschauungsweise verhält sich also ganz analog dem objectiven Wortsinn, d. h. der Anschauung selbst; sie erscheint wie dieser zugleich als Einheit und als Vielheit und in letzterer Beziehung bedingt durch die Sphäre der Anwendung und die eigene Geschichte. Da sich die Individualität in der Rede nun — wie wir bemerkt haben — durch die Wahl und Zusammensetzung der Sprachelemente ausdrückt, so müssen ihre beiden Seiten in dieser doppelten Beziehung hervortreten. Die Sprache erhält dadurch einen einheitlichen individuellen Charakter, der dennoch je nach der zu Grunde liegenden Stimmung mannigfach modificirt erscheint. Dieser sprachliche Ausdruck der Individualität ist der individuelle Stil. Hier zeigt sich nun ein wesentlicher Unterschied des grammatischen und individuellen Wortsinns. In Bezug auf den grammatischen Wortsinn hat jedes einzelne Sprachelement seine einheitliche Bedeutung, und die bestimmte Modification, in welcher es vermöge seiner Vieldeutigkeit zu nehmen ist, ergiebt sich aus dem Zusammenhang. Bei dem individuellen Wortsinn findet dagegen das umgekehrte Verhältniss statt. Die Einheit der Individualität haftet augenscheinlich nicht an den einzelnen Worten, sondern bleibt in dem ganzen Sprachdenkmal dieselbe; sie muss also in dem Zusammenhange des Ganzen, der Compositionsweise hervortreten. Die Wahl der einzelnen Sprachelemente wird dagegen die bestimmten Modificationen ausdrücken, worin die Individualität sich äussert. Die Aufgabe der individuellen Auslegung ist demnach aus der Compositionsweise die Individualität zu bestimmen und daraus dann die Wahl der einzelnen Sprachelemente nach ihrer individuellen Bedeutung zu erklären.

1. Bestimmung der Individualität aus der Compositionsweise.

Sowie man die grammatische Auslegung nicht aus allgemeinen Grundsätzen einer philosophischen Grammatik, sondern nur aus dem concreten Sprachgebrauch führen kann, so kann auch die individuelle nicht aus den allgemeinen psychologischen Gesetzen geführt werden. Man kann die Individualität nicht etwa durch Classification finden, indem man in einer empirischen Psychologie die verschiedenen Temperamente, Gemüthsarten u. s. w. durchginge und sähe, welche davon auf ein bestimmtes Individuum passen. Die Psychologie kann nur allgemeine Rubriken aufstellen; die Individualität aber ist etwas durchaus Lebendiges, Concretes, Positives, wogegen jene Schemata nur negativ, d. h. nur allgemeine Abstractionen aus der Individualität selbst sind. Daher vermeide ich es die individuelle Auslegung — wie dies Schleiermacher thut — die psychologische zu nennen, weil dieser Name zu weit ist. Wie die Grundbedeutung der Worte eine nicht in eine Definition zu fassende Anschauung ist, so ist auch der individuelle Stil nicht vollständig durch Begriffe zu charakterisiren, sondern durch die Hermeneutik als Anschauungsweise selbst anschaulich zu reproduciren.

Der individuelle Stil tritt um so ausgeprägter hervor, je freier sich der Geist bethätigen kann; durch Nachahmung und äusseren Zwang wird er daher verdunkelt; er offenbart also den

Muth und die Kraft, womit die Individualität sich Bahn bricht, d. h. den **Charakter**. Wer keinen Charakter hat, der hat auch keinen eigenthümlichen Stil. Die geistlosen Grammatiker, welche verlangt haben, dass man z. B. im ciceronianischen Stil schreibe, forderten damit, man solle ohne individuellen Stil schreiben; sie begriffen nicht, dass man schlecht und charakterlos schreiben muss, wenn man ohne Besonderheit ciceronianisch schreibt. Die Vorschrift ist gut für Knaben, welche noch keinen ausgebildeten Charakter besitzen; bei Männern ist eine solche Schreibweise widerlich. Man muthet Niemandem zu seinen Rock auszuziehen und zu vertauschen; aber um in einem fremden Stil zu schreiben müsste man nicht nur seinen Rock, sondern seine Seele ausziehen und gegen eine andere vertauschen. Dies ist glücklicher Weise nicht möglich, und jene Grammatiker dachten bei dem ciceronianischen Stil nur an ein aus Cicero abstrahirtes Schema der Ausdrucksweise. Sie hatten aus Cicero nur das Skelet eines Stiles präparirt; die ächte Auslegung dagegen will in dem Stil die lebendige Individualität auffinden.

Die Grundbedeutung eines Wortes findet man durch Etymologie, durch Zurückgehen auf die Wurzel; so muss man zur Bestimmung des individuellen Stiles ebenfalls auf die Wurzel desselben zurückgehen; diese ist aber der nationale Stil. Jede gebildete Nation hat in der Rede wie in der Kunst eine dem Nationalcharakter entsprechende Ausdrucksweise, die ebenfalls um so ausgeprägter ist, je weniger sie durch Nachahmung des Fremden und äusseren Zwang gehemmt wird. Auch eine Nation, die keinen Charakter hat, kann keinen Stil haben. Die deutsche Nation ist z. B. nicht ohne Charakter; aber derselbe erscheint in einer Mannigfaltigkeit von verschiedenen Formen, wie eine Ansammlung vieler Charaktere; daher hat sie auch eine Mannigfaltigkeit von eigenthümlichen Stilen entwickelt, während in Frankreich längst ein wahrhaft nationaler Stil herausgebildet ist. Der französische Stil war ursprünglich unter dem Absolutismus ganz dem höfischen Conversationstone nachgebildet und daher auch zu leicht um darin tiefe Gedanken gründlich erörtern zu können. Durch die Redefreiheit wurde er indess gekräftigt, während der deutsche in der ersten Hälfte unsers Jahrhunderts, abgesehen von der Nachahmung des Fremden, durch den Mangel an Freiheit geschwächt wurde, so dass er sich in philosophisch-poetischen Bombast und Witzeleien verlor. Wo die Freiheit so sehr beschränkt ist, dass bei jedem Schriftsteller ein Censor mitarbeitet, geht der Stil verloren; er arbeitet aber schon mit auch ohne zu streichen, wo man sich fürchten muss unter seine Scheere zu fallen. Doch nicht etwa bloss die Redefreiheit, sondern die Freiheit überhaupt, bei der die Nation allein Charakter gewinnen kann, befördert die Ausbildung des nationalen Stiles. Daher ist er im Alterthum kräftig entwickelt, soweit die Zersplitterung der Nationen in Stämme und kleine Staaten es zuliess. Der griechische Nationalstil ist nicht einheitlich, sondern der Ausdruck der verschiedenen Stammcharaktere; der römische drückt eigentlich nur den Charakter der herrschenden römischen Stadtgemeinde aus. Der individuelle Stil zweigt sich nun von dem nationalen mit grösserer oder geringerer Eigenthümlichkeit ab. Es giebt Schriftsteller, die überwiegend den Nationalstil repräsentiren; für das Lateinische gehört zu ihnen vor Allen Cicero, welcher eben deshalb mit Recht als Muster des reinen Sprachgebrauchs dient, aber um so weniger als Stilmuster überhaupt gelten darf. Bei stärker ausgeprägten Individualitäten tritt dagegen der nationale Stil zurück, wie im Lateinischen bei Tacitus, im Französischen z. B. bei Montesquieu. Jedenfalls jedoch sind die beiden Seiten des Stils so verwachsen wie die grammatische Bedeutung einer Sprachwurzel mit ihren Ableitungen. Und wie man den Sinn der Wurzel nur aus den abgeleiteten Formen ermitteln kann, so kann man auch den Stil einer Nation nur durch die Vergleichung der individuellen Stilformen erkennen. Bei einer solchen Vergleichung wird aber vorausgesetzt, dass man diese individuellen Formen selbst kennt, während man dieselben wieder aus dem gemeinsamen nationalen Stil erst verstehen lernen will. Denn die Vergleichung an sich giebt kein reines Verstehen, sondern nur ein Urtheil über das Verhältniss der verglichenen Formen, was Gegenstand der Kritik ist. Für die Hermeneutik hat die Vergleichung einen subsidiarischen Werth und führt, so lange nicht jedes Glied an sich schon bekannt ist, leicht auf verkehrte Bestimmungen. Sie wird leicht einseitig, und die verglichenen Punkte gewinnen dann in der Betrachtung auch der einzelnen Glieder eine übermässige Bedeutung; zuweilen werden auch heterogene Eigenschaften nur nach äusserlichen Gesichtspunkten verglichen, wodurch man zu einer ganz schiefen Anschauung gelangt. Ein Beispiel ist die unsinnige Parallele zwischen der *Ars poetica* des Horaz und Platon's Phädros, welche Schreiter (*De Horatio Platonis aemulo eiusque epistolae ad Pisones cum huius Phaedro comparatione.* 4. Leipzig 1789) aufgestellt hat, und welche von Eichstädt und Ast (*De Platonis Phaedro. Accessit epistola Eichstadii.* Jena 1801) weiter fortgeführt ist. Für die Bestimmung des individuellen Stils selbst kann die Vergleichung allein also nicht genügen; wohl aber kann, wenn einzelne Seiten desselben durch andere Mittel erkannt sind, die Vergleichung diese durch den Gegensatz zu dem Stil anderer Individualitäten in helleres Licht setzen und so zugleich theilweise zur Ausscheidung des nationalen Stils führen, wodurch dann wieder die Auffindung des individuellen in andern Punkten und bei andern Werken gelingen wird. Es wird auf solche Weise approximativ der individuelle Stil aller Sprachwerke aus dem nationalen abgeleitet. Dies ist die Grundlage der Literaturgeschichte; je mehr letztere ausgebildet ist, desto vollkommener wird daher die individuelle Auslegung gelingen.

In der Literaturgeschichte erscheint aber der individuelle Stil stets verwachsen mit dem Stil der Gattung, in welcher ein Autor schreibt; denn jede Redegattung hat wie jede Kunst ihren eigenthümlichen Stil. Und in der That muss man bei der Vergleichung des individuellen Stils von Sprachwerken derselben Gattung ausgehen; die Gattung beruht auf der Gemeinsamkeit des Zweckes und der daraus folgenden Gedankenrichtung; da nun die Individualität stets in der Richtung auf bestimmte Zwecke erscheint, bildet die Gemeinsamkeit der Zwecke die stärkste Vereinigung der Individualitäten, und die Uebereinstimmung und Verschiedenheit der letztern wird sich gerade in Bezug auf die gemeinsamen Ziele zeigen; der Gattungsstil ist daher der Grund, von dem sich der individuelle abhebt. Beide sind oft leicht zu verwechseln. Die Eitelkeit der Schriftsteller macht häufig die eigene Manier zu sehr geltend und sucht sie als Charakter der Gattung hinzustellen; solchen Schriftstellern folgt dann in der Regel ein Tross von Nachahmern, so dass der individuelle Stil als Gattungsstil erscheint. So hat sich bei uns eine Zeit lang eine Ausgeburt schauerlicher Schicksalstragödie geltend gemacht; sie war von einigen rohen Köpfen geschaffen, deren Stil als Tragödienstil galt. Wieland hielt seinen Romanton für den Charakter der Gattung, und weil er seine Manier übermässig schätzte, hat er z. B. den Horaz so verwässert, indem er glaubte, dies gehöre zur Gattung, während es nur aus seiner eigenen Manier herrührte. Umgekehrt hat man oft den Gattungscharakter mit dem individuellen Stil verwechselt; man hat z. B. vieles als Pindarische Eigenthümlichkeit angesehen, was zum Charakter der dorischen Lyrik überhaupt gehört. Hiernach setzt die individuelle Auslegung die generische voraus, während doch andrerseits erst aus dem Wesen der Individualität selbst die Zwecke und Richtungen verstanden werden können, in die sie eingeht, also die generische Auslegung auf der individuellen beruht. Der Cirkel löst sich hier approximativ dadurch, dass sich der die Gattungen bestimmende Zweck z. Th. ohne die vollständige Kenntniss der Individualität erkennen lässt. Dieses unvollständige Verständniss der Gattung erschliesst dann wieder einzelne Seiten der Individualität, wodurch die generische Auslegung neue Grundlagen erhält, und so greifen beide Arten der Interpretation weiter wechselseitig ineinander. Immer aber muss die Bestimmung des individuellen Stils aus den Werken selbst den Ausgangspunkt bilden.

Sind von einem Autor mehrere Werke vorhanden, so wird man seine Individualität in der Gesammtheit derselben anzuschauen haben. Jedes von ihnen stellt aber den Charakter des Autors unter anderen Bedingungen dar; bei jedem ist er in dem Moment der Composition aufzufassen um so aus allen ein Gesammtbild zu erhalten. Daher ist man stets zunächst auf die Analyse der einzelnen Werke angewiesen. Ein Sprachwerk ist, wie Platon (Phädros 264 C.) bemerkt, ein Organismus; im Organismus ist aber das Ganze vor den Theilen. Der Künstler hat in der That das Ganze seines Werkes zuerst vor dem geistigen Auge, unentwickelt, als eine einheitliche Anschauung, aus welcher sich dann alle Theile als Glieder des Ganzen herausbilden. In dieser Einheit des Werkes concentrirt sich die Individualität des Schriftstellers und muss also durch die individuelle Auslegung darin erfasst und in der weiteren Gliederung verfolgt werden. Worin liegt nun die Einheit des Werks? Sie besteht zuerst in der Einheit des Objects, welches in dem Werke dargestellt wird; wie dem Pheidias als Grundgedanke und Einheit des Olympischen Zeus die ungetheilte innere Anschauung des äusserlich Dargestellten, das Individuum des Zeus selbst in seinem Wesen vorschwebte, so bezieht sich auch jedes Sprachwerk auf einen einheitlich begrenzten Stoff. Der objective Inhalt dient aber dem Zwecke, welcher bei dem Werke verfolgt wird, und welcher ebenfalls einheitlich ist. Indem nun aus der Masse aller Thatsachen und Gedanken, welche in die objective Einheit eingehen würden, nur die hervorgehoben werden, welche dem Zweck angemessen sind, oder indem, wenn es möglich ist, alles objectiv Einige die Richtung auf den Zweck erhält, entsteht die subjective Einheit, welche nothwendig eine Gedankeneinheit ist. Indem die objective von letzterer beherrscht wird, und jene nur die Grundlage dieser bildet, einigen sie sich völlig wie Subjectives und Objectives zu einer ungetrennten materialen Einheit.*) Hieraus ergiebt sich dann zugleich die formale Einheit, d. h. die Art, wie dieser Stoff auch äusserlich zu einem Ganzen gestaltet ist; sie liegt darin, dass die verschiedenen Glieder des Werkes in ihrer Aufeinanderfolge im Dienste jener materialen Einheit logisch und rhetorisch verbunden sind. Selbstverständlich müssen die materiale und formale Einheit, wie Form und Materie überhaupt, ein unzertrennliches Ganzes bilden, und in der Composition desselben muss der individuelle Stil sich offenbaren, natürlich schon hier verflochten mit dem National- und Gattungsstil. Das Verhältniss der formalen und materialen Einheit hat Geo. Ludw. Walch, „Ueber Tacitus' Agrikola oder die Kunstform der antiken Biographie" (in seiner Ausg. des Agrikola, Berl. 1828) sehr geistreich erörtert. Wenn man die armselige Polemik, die schlechten Witzeleien und die überflüssige Gelehrsamkeit, womit diese Abhandlung behangen ist, abstreift, so ist darin die Eigenthümlichkeit in dem Stil des Taciteischen Agricola vortrefflich gezeigt, und an diesem wird erläutert, wie die materiale Einheit, die hier in dem historischen Gegenstande und dem Grundgedanken besteht, sich von der formalen unterscheidet. Das Alles bestimmende Moment ist offenbar die Einheit des Zweckes; da dieser nun durch die generische Auslegung festgestellt wird, greift letztere vom ersten Schritte an in die individuelle ein.

Fr. Aug. Wolf behauptet in seinen Prolegomena zum Homer, die Griechen hätten erst spät gelernt in ihren Sprachwerken ein Ganzes herzustellen. Dies ist aber durchaus falsch; vielmehr haben die Neueren erst spät gelernt die Werke der Alten als Ganzes aufzufassen. Noch in unserer Zeit ist man keineswegs allgemein zu der Ueberzeugung gelangt, dass die Meisterwerke der griechischen Literatur stets nur einen Gesammtzweck ver-

---

*) Kl. Schr. VII, S. 380 ff.

III. Individuelle Interpretation.

folgen. So hat z. B. Morgenstern in seiner Schrift über Platon's Republik (*De Platonis republica commentationes tres*. Halle 1794) für dies Werk einen Hauptzweck, nämlich die Darstellung der Gerechtigkeit, und einen Nebenzweck, die Darstellung des Staates angenommen und findet ausserdem darin noch mehrere Nebenuntersuchungen; ja sogar Schleiermacher nennt in seiner Einleitung zur Uebersetzung der Republik Sokrates einen zweiköpfigen Janus, da er in der Republik selbst als Zweck des Werks die Darstellung der Gerechtigkeit angebe, im weiteren Verfolge aber im Timäos die Erörterung über den Staat als Zweck anerkenne. Nun ist nicht zu läugnen, dass es Schriftsteller giebt, deren Werke keine Einheit haben, und die mag man dann erklären, so gut man kann; es wird auch nicht schwer sein, weil alles Einzelne nur als Einzelnes und ohne Zusammenhang dasteht. Aber für den wahren Künstler im Schreiben hat jede Schrift einen einheitlichen Zweck. So wird es für fehlerhaft erachtet, wenn eine Tragödie über die Einheit der Handlung hinausgeht; die Alten waren sich dessen wohl bewusst, und wo sie die Einheit scheinbar verletzen, sind stets sehr gute Gründe dazu in dem höheren Zusammenhang mehrerer Stücke vorhanden. Wir werden also zwei Zwecke einer klassischen Schrift nicht zugeben, sondern behaupten, die Auslegung, welche dies bei Platon annimmt, sei noch unvollkommen. Man kann hier das Richtige nur durch die Kenntniss von dem Gedankensystem des Verfassers finden. Weiss man z. B. aus Platon's Charmides, dass ihm die Politik nichts anderes ist als die ἐπιστήμη δικαίου, so lösen sich beide Zwecke in einen auf, und die Construction, die auf die Gerechtigkeit als Zweck führt, beweist dann nichts gegen die übrigen Angaben. Vortrefflich zeigt dies Proklos *in Plat. Rempubl.* p. 351 (Bas. Ausg. v. 1534). Der Staat des Platon ist nichts anderes als die realisirte Gerechtigkeit, oder wie Proklos sehr gut sagt: τὴν πολιτικὴν χαρακτηρίζει ἡ δικαιοσύνη.[*]
Sind bei einem Werke Nebenzwecke vorhanden, so müssen sie in dem Hauptzwecke wurzeln. Ein Werk ohne Einheit gleicht einer Statue, von welcher ein Stück die Venus und ein anderes die Artemis darstellt.

Zwischen der Einheit eines Werkes und dem individuellen Sprachgebrauch im Einzelnen liegt bei jedem Schriftsteller eine

---

[*] Vergl. das Prooemium z. Lektionskat. v. 1829, Kl. Schr. IV, S. 327.

bestimmte Art der Gedankenverknüpfung; die Alten nennen diese die ἰδέα, d. h. die Stilform des Schriftstellers. Die Sprache drückt zwar eigentlich nur Ideen, jedoch in Anschauungen aus, ist nur materielles Bezeichnungsmittel; den unmittelbaren Zustand unserer Empfindung überträgt sie, da sie objectiv ist, nicht rein, sondern nur dann, wenn wir diese Empfindung selbst wieder veräussern und zu objectivem Material gestalten. Je subjectiver ein Schriftsteller ist, desto mehr wird er dies thun, und dazu steht ihm nun die Gliederung der Composition stufenweise zu Gebote. Zuerst werden ganze Massen von Gedanken nur gebraucht um die Subjectivität anzuzeigen. Zur objectiven Darstellung der Ideen ist manches Gesagte gar nicht nöthig; Umschreibungen und Amplificationen treten an die Stelle des einfachen objectiven Ausdrucks; es giebt Nebengedanken, welche als blosse subjective Mittel der Darstellung eingeflochten werden. Man muss also vor allem betrachten, wie sich jeder Schriftsteller in Bezug hierauf verhält, ob er den darzustellenden Gegenstand gleichsam nackt vorführt oder ihn mit seiner Subjectivität umkleidet. Man hält oft für wesentlich und objectiv, was bloss darstellender Gedanke ist; daraus entsteht eine grosse Verwirrung des Verständnisses, und wenn ein Schriftsteller viel Gelegenheit hierzu bietet, wird er zuletzt von dem Ausleger für verworren erklärt. Dies widerfährt besonders tiefsinnigen Werken, über welche flache Ausleger das Urtheil sprechen. So ist Meiners' Urtheil über Platon zu erklären. Vom Neuen Testament gilt dasselbe, wie dies überhaupt in Bezug auf die individuelle Interpretation viel Aehnlichkeit mit Platon hat; dieser ist ja gerade durch seine Individualität ein Vorläufer des Christenthums. Zu der subjectiven Einkleidung der Gedanken gehört die Accommodation, welche sich im Neuen Testament gleich häufig wie bei Platon findet. Sie besteht aber nicht, wie manche meinen, in einer Benutzung von Irrthümern, die man selbst dafür erkennt, sondern in Anknüpfung neuer Wahrheiten an etwas Altes, im Ganzen Irriges, was aber doch eine wahre Seite hat, die man nun hervorhebt. Die Accommodation sieht also oft wie ein wirkliches Argument aus; versteht man dies nicht, so erscheint Alles verkehrt. Platon accommodirt oft durch falsche Erklärung von Dichterstellen, die dann frei behandelt werden und einen höheren Sinn erhalten. So wird im 1. Buch der Republik und im Protagoras nur der Darstellung wegen an Simonides angeknüpft. Am meisten Accommodation hat

Plutarch in einem andern Sinne; er knüpft an alte Stellen an, die er einwebt, oft aber ändert. Bei der Accommodation ist es gleichgültig, ob die Erklärung der zu Grunde gelegten fremden Ansicht richtig sei oder nicht; der Autor kann mit freiem Spiel eine falsche Erklärung geben. Aus dem Missverständniss dieser Thatsache schreibt sich die Meinung her, die Alten seien schlechte Erklärer. Es kam ihnen jedoch vielmehr in solchen Fällen auf die wahre Erklärung nichts an; sie verdrehen oft mit Absicht und legen etwas hinein, was aber immer eine geistreiche Darstellung bewirkt. In der griechischen Poesie gehören zu dieser Art Accommodation auch die etymologischen Spiele. Ein anderes Mittel der subjectiven Darstellung bilden die Vergleichungen und rhetorischen Figuren und ausserdem das Enthymem. Letzteres, sei es von welcher Art es wolle, hat jederzeit nur den Zweck der subjectiven Darstellung. Ἐνθύμημα bedeutet einen Satz, den man sich gleichsam zu Gemüthe führen soll, worin schon seine subjective Natur liegt. Es ist eine subjective Schlussweise, eine *argumentatio ad hominem*. Daher erlaubt es keine Vollendung im Syllogismus; es liegt in seiner Natur, dass es nicht syllogistisch klar sein kann. Deshalb wird durch viele Enthymeme, die jederzeit geistreich sind, die Darstellung verwirrt, wie dies bei Demosthenes in seiner Jugend der Fall gewesen sein soll. Ein Beispiel des Enthymem ist Cicero *pro Milone c. 29: Eius igitur mortis sedetis ultores cuius vitam si putetis per vos restitui posse, nolitis* — eine Argumentation aus dem Gegentheil, die nicht in syllogistische Form gefasst ist und einen eigenen Reiz und Anstrich von Scharfsinn hat: schlagende, aus der Seele gegriffene Sätze. Ein anderes Beispiel: die Rhodier wurden von Cato vertheidigt, als die Römer sie deshalb angreifen wollten, weil Rhodos ihnen übel gewollt ohne jedoch wirklich etwas gegen Rom zu unternehmen. Nun sagt Cato: *Quod illos dicimus voluisse facere, id nos priores facere occupabimus?* (Gellius VII, 3.) Tiro tadelte dies Enthymem, und man konnte hier allerdings antworten: *occupabimus certe*; indess so ist es mit vielen Enthymemen.

Die individuelle Composition beherrscht aber alle Elemente der Sprache und giebt dadurch dem Sprachwerke seine eigenthümliche äussere Form; das materielle Element, also das Objectivste in der Sprache eignet sie sich durch die besondere Art der Verbindung an; über das mehr formelle, die Partikeln, hat sie fast unumschränkte Gewalt. Man muss also untersuchen, ob ein Schriftsteller durch Reflexion und ihren Ausdruck, die Partikeln, verbinde oder nur durch schlichte Aneinanderreihung; ob er starke oder sanfte, zarte oder heftige Bilder und Ausdrücke wähle, ob er dialektisch oder dogmatisch verfahre u. s. w. In allem diesem liegt die ethische Verschiedenheit des Ausdrucks, die in der Individualität ihren Ursprung hat. Um aber die Combinationsweise in ihrer Eigenthümlichkeit zu erfassen darf man sich nicht mit Schematismen und abstracten Benennungen begnügen wie kurz, weitläufig, periodisch oder nicht, partikelreich oder das Gegentheil u. s. w. Man muss in die concrete Einzelheit, welche angeschaut werden soll, eingehen. Natürlich hat man in diese Einzelheit so weit als möglich begriffsmässig einzudringen; nur darf die Betrachtung dadurch nicht abstract werden. Vieles lässt sich begriffsmässig ins Einzelne führen. So kann man z. B. die Kürze des Thukydides, Tacitus und Seneca wohl unterscheiden und charakterisiren. Thukydides ist ohne Sprünge; es ist alles bei ihm logisch streng verbunden durch Partikeln, nichts Subjectives; er hat zugleich eine gewisse Härte, weil die Verbindungen zu streng sind, ohne vermittelnde Zwischengedanken; jeder Ausdruck ist tief. Tacitus hat die Kürze der Kraft, jedoch nicht rein, sondern sentimental und subjectiv; ein Vorläufer seiner Schreibweise ist in dieser Beziehung schon Sallust. Aber wenn er den Inhalt einer Periode in einem Satz concentrirt, aus welchem sie durch einen Cicero entwickelt werden könnte, so zerlegt Seneca den Inhalt einer ciceronianischen Periode in viele gesonderte, aneinander gereihte Sätze; dort sind Quaderstücke ohne Kitt und Klammer und doch verbunden, hier ist *arena sine calce* nach Caligula's Urtheil bei Sueton, *Caligula.* 53, was Ernesti sehr richtig erwogen hat, wenn er behauptet, dass gegen Cicero Seneca durchaus nicht kurz sei. Fronto [pag. 156 Nab.] sagt von Seneca: *neque ignoro copiosum sententiis et redundantem hominem esse, verum sententias eius tolutares video nusquam quadripedo concito cursu tenere, nusquam pugnare . . . dicteria potius eum, quam dicta continere.*

Der eigenthümliche Perioden- und Wortbau ist besonders unterscheidend für die Schreibweise eines Schriftstellers; denn hier kommt noch das musikalische Element der Sprache in Rhythmus und melodischem Klang in Betracht, welches natürlich bei poetischen Werken in der individuellen Art des Versbaues besonders hervortritt. Endlich hat die Sprache noch eigene Elemente für das Gefühl festgestellt, nämlich die Interjectionen, deren Anwendung häufig ein wichtiges Kriterium der Individualität ist. Durch immer genauere Analyse kommt man dazu die feinsten Unterschiede aufzufinden und so annähernd die ganze Individualität zu erkennen. Immer jedoch muss man vom Ganzen und nicht vom Einzelnen ausgehen; der Stil hat sein Princip nicht in den Elementen, welche vielmehr bei Allen gleich sind, sondern in dem Ganzen.

Aber noch ein Mal muss daran erinnert werden, dass man bei der Erforschung des individuellen Sprachgebrauchs stets das abzuscheiden hat, was zum National- und Gattungsstil gehört. Bei einem Lyriker ist die Verbindung der Gedanken schon der Gattung nach ganz frei; er bewegt sich in Sprüngen, d. h. die ganze Combination ist ein Werk der freien Phantasie, da der Zusammenhang nur ein innerer, subjectiver ist. Dies ist also nicht z. B. Pindar's Manier, sondern überhaupt lyrischer Charakter und findet sich daher ebenso in den Chören der Tragödie. Manche Gattungen schliessen gewisse Wörter aus, wie die Poesie, die Rhetorik, die philosophische Prosa; oder sie haben eine besondere Art der Wortstellung, Structur, des Numerus und insbesondere bei dichterischen Werken einen feststehenden Rhythmus und Versbau. Ferner ist der Stil eines Schriftstellers durch das Zeitalter bestimmt, in welchem er schreibt. Der Unterschied des strengen, einfach schönen und anmuthigen Stils hängt sehr häufig hiervon ab. Man könnte zwar sagen, die einzelne Individualität übe die Gewalt über das Zeitalter und dieses folge ihr, nicht sie ihm; allein es liegt hierin doch ein Irrthum. Wenn man nämlich die verschiedenen Gattungen in demselben Zeitalter betrachtet und in allen denselben Stil findet, so gehört dieser der Zeit, nicht oder wenigstens nicht immer dem Individuum an. Ueberall macht in der Kunst der strenge Stil den Anfang, in der Baukunst, der Plastik, der Musik, der Poesie, der Redekunst, ja selbst in der historischen und philosophischen Darstellung. Die Aeschyleische Tragödie hat einen erhabenen Stil, denselben zeigt die Lyrik der Zeit, nämlich die Pindarische, denselben die prunklose aber gewaltige Beredsamkeit eines Miltiades, Kimon, Themistokles; denselben ohne Zweifel zeigte auch die Plastik und Malerei. Herodot macht eine Ausnahme; seine Darstellung ist nicht im Zeitalter begründet. Die Perikleische Zeit wird milder und gefälliger, hat beides, Grazie und Erhabenheit, wie Sophokles, Thukydides, Lysias u. s. w. Hernach tritt die Periode der Weichheit ein mit Euripides, Isokrates, Xenophon u. s. w. Einzelne Individuen in einem Zeitalter wirken allerdings bestimmend auf dasselbe ein, und so identificirt sich wieder der Zeitcharakter mit dem Charakter einer bestimmten Person bis auf einen gewissen Grad. Hierauf beruht der Begriff der Kunstschule, die bestimmte Charaktere setzt, willkürliche und unwillkürliche; doch greift auch hier z. Th. wieder die Nationalität ein, besonders durch die Eigenthümlichkeit des Volksstammes, dem der Schreibende angehört. Es giebt auch Schriftsteller ohne Charakter und also ohne Stil, die nur das Gepräge der Sprache überhaupt oder irgend einer Schule und Gattung tragen. Diese hat man alsdann gar nicht als besondere Individualitäten zu betrachten; sie gehören der Masse an, welche keine selbständige Bedeutung hat.

Je grösser die Menge dessen ist, was uns an Erklärungsquellen für eine Individualität zu Gebote steht, desto klarer wird diese angeschaut werden, indem ihr Wesen, wie die Grundanschauung der Worte durch vielseitige Betrachtung erfasst wird. Je mehr Werke man also von einem Schriftsteller hat und je mehr von derselben Gattung und aus derselben Zeit, desto sicherer wird man gehen. Wo aber die Quellen mangeln, wo von einem Schriftsteller, ja vielleicht von einer Gattung nur eine Schrift vorhanden ist, muss man die Analogie zu Hülfe nehmen, welche von der Aehnlichkeit des Ausdrucks in derselben Gattung oder in verwandten Gattungen ausgeht. Nur die grösste Vorsicht und Uebung sichert hier indess vor Fehlgriffen.

2. Individuelle Auslegung der einzelnen Sprachelemente.

Man hat die Erklärung des Einzelnen aus der Composition des Ganzen wohl die Interpretation aus dem logischen Zusammenhange genannt. Allerdings richtet sich das Denken nach den logischen Normalgesetzen, und der Zusammenhang eines Gedankencomplexes, wie er sich in einem Sprachwerk ausdrückt, ist von diesen Gesetzen bedingt. Aber dies ist bei allen Individuen gleichmässig der Fall; sie denken jedoch trotzdem sehr verschieden und verstossen dabei auch oft in mannigfacher Weise gegen die logischen Gesetze. Berücksichtigt man daher in dem Gedankenzusammenhange nur die logische Seite, so versteht man einestheils zu wenig, da man die übrigen individuellen Momente nicht berücksichtigt; anderntheils aber wird man auch häufig zu viel verstehen, da man einen logischen Zusammenhang annehmen wird, wo derselbe nicht vorhanden ist. Gegen ein solches einseitiges Verfahren ist man geschützt, soweit die Hauptaufgabe der individuellen Interpretation gelöst ist, welche in der Bestimmung der Individualität liegt; die Erklärung der einzelnen Sprachelemente aus derselben ist nur eine Rückanwendung und ergiebt sich leicht. Hat man die Individualität lebendig zur Anschauung gebracht, so wird man von selbst alles Einzelne im Lichte derselben anschauen. Man sieht dann, inwiefern die Auswahl der Sprachelemente durch den Charakter und die Stimmung des Sprechenden bedingt ist, wodurch — wie ich (oben S. 109) gezeigt habe — die grammatische Bedeutung selbst modificirt sein kann, und erkennt, wo eine besondere reale Beziehung angenommen werden muss, wo also die historische Interpretation anwendbar ist (s. oben S. 114). Es zeigt sich dabei, wie der Cirkel zu lösen ist, der in der Aufgabe der individuellen Auslegung liegt (s. oben S. 125). Allerdings nämlich ist die Individualität aus dem Sprachwerk selbst ermittelt, welches doch erst aus der Individualität erklärt werden kann. Der objective Wortsinn ist indess ohne die individuelle Erklärung nicht völlig unklar. Man kann daraus den Zusammenhang des Ganzen soweit erfassen, dass die Einheit des Werks und daraus die Compositionsweise nach einigen Beziehungen klar wird. Dadurch erklärt sich dann wieder die individuelle Bedeutung einzelner Stellen, und indem man so die Lücken des Verständnisses im Einzelnen ausfüllt, versteht man von da aus wieder neue Seiten der Composition. So bestimmt sich nach und nach das Ganze und Einzelne wechselseitig; eine *petitio principii* tritt nur dann ein, wenn man aus einer Stelle, die erst durch die individuelle Erklärung grammatisch klar wird, die Individualität bestimmen will; denn dann legt man in jene Stelle das hinein, was man aus ihr finden will. Der ironisch-sentimentale Charakter des Tacitus kann z. B. aus vielen Stellen erkannt werden; man erklärt dann daraus andere Stellen, die an sich in einer andern Composition eine andere Erklärung zulassen würden. Wollte man nun aber in einer andern Composition, bei einem andern Schriftsteller denselben Charakter oder dieselbe Stimmung voraussetzen um daraus eine an sich grammatisch unklare Stelle aufzuhellen, die sich aber auch anders interpretiren liesse, so wäre dies in der That eine *petitio principii*. Eine solche findet sich mehrfach in G. Hermann's Auslegung des Pindar. Er bestimmt bei einem Stoffe, der nach den gegebenen Verhältnissen und der Eigenthümlichkeit des Dichters auf die mannigfachste Weise behandelt werden konnte, von vornherein, was der Dichter habe **sagen müssen**, und sieht dies dann als Erklärungsgrund an. Man kann so nur hypothetisch verfahren, muss aber dann die Hypothese an dem anderweitig ermittelten Charakter der Composition prüfen.*) Wenn man indess auch den Cirkel der Interpretation glücklich vermeidet, so wird es doch nie gelingen alle einzelnen Elemente eines Sprachwerks individuell zu verstehen. Die Aufgabe ist hier offenbar die, zu verstehen, wie die Individualität sich in jedem einzelnen Falle, bei jeder Direction der Kraft und unter jeder äusseren Voraussetzung offenbaren müsse. Aber man kennt die **Kraft** der Individualität nicht vollständig, sondern kann sie nur annähernd nach ihrer Wirkung in den Werken ermessen; die **Umstände** dieser Wirkung, die bedingenden historischen Verhältnisse sind ebenfalls nie vollständig bekannt, und auch die **Zwecke**, welche der Individualität ihre Richtung geben, lassen sich nur annähernd aus dem Bruchstück des Lebens bestimmen, das in einem Werke vor uns liegt. Wäre die Aufgabe völlig lösbar, so müsste man das ganze Werk reproduciren können und zwar mit Bewusstsein und Reflexion; dies wäre die endgültige Probe des individuellen Verständnisses. Hierzu wäre aber nöthig, dass man vollständig in eine fremde Individualität einginge, was nur approximativ zu erreichen ist.

IV.
Generische Interpretation.

§ 25. Es hat sich hinreichend gezeigt, dass die generische Auslegung ebenso eng mit der individuellen verflochten ist wie die historische mit der grammatischen. Der **grammatische Wortsinn** ist die innere **Form** der Sprache; in derselben muss nothwendig ein Stoff als Inhalt geformt sein; dieser liegt in der objectiven Grundlage, welche die historische Auslegung aufsucht. Wenn nun der Sprechende die Sprache als Organ gebraucht, so fügt er stets seiner **individuellen Natur** gemäss den seiner Anschauung vorliegenden Stoff in die Sprachform ein;

---

*) Vergl. Kl. Schr. VII, S. 426.

aber diese seine schaffende Kraft kann ebenso wenig rein für sich wirken, als die Sprachform ohne den Stoff zu denken ist. Der Geist schafft stets nach Gedanken, die ihm begriffsmässig oder als dunkle Vorstellungen vorschweben; diese sind es, die seiner Individualität als Musterbilder die Richtung ihrer Wirksamkeit geben, und der subjective Sinn der Sprache wie aller geistigen Thätigkeit ist also ohne diese inneren, subjectiven Beziehungen ebenso wenig zu verstehen, wie der objective Sinn ohne die äusseren, historischen Beziehungen.

Die historische Auslegung erschien nicht überall in gleichem Maasse anwendbar, weil der Stoff der Rede bald mehr und bald weniger vollständig schon in den Wortsinn an sich aufgenommen ist. Ebenso ist die generische Auslegung nicht überall in demselben Grade anzuwenden; denn die Individualität folgt oft in ihrem Wirken einer in ihr angelegten Richtung, ohne dass dabei noch eine besondere Beziehung auf ein vorschwebendes Ideal sichtbar wird. Ein solches freies Spiel der Individualität findet z. B. in der leichten Unterhaltung statt. Dagegen tritt die Gedankenbeziehung am stärksten in einer geschlossenen Rede hervor, worin sich alles auf einen bestimmten Zweck bezieht, und das Resultat ein vorbedachtes, methodisch erstrebtes ist. Da in einer solchen strengen Beziehung die Technik eines Sprachwerks besteht, hat Schleiermacher das Verständniss der Rede nach dieser Seite hin technische Auslegung genannt (Hermeneutik und Kritik, S. 148 f.). Indess ist dieser Ausdruck doch zu eng um die gesammte generische Interpretation zu bezeichnen. Auch im leichtesten Spiel der Rede verfolgt der Redende doch einen Zweck, z. B. eben den der Unterhaltung; er ist nur hier einfacher und gestattet der Individualität eine freiere Bewegung als die technische Durcharbeitung eines Sprachwerks. Da der Zweck aber immer ein Gedanke ist, also seiner Natur nach den Charakter der Allgemeinheit hat, so begründet seine Realisirung in der Rede stets eine Gattung der letzteren. Die Unterhaltung, die Briefform u. s. w. sind Redegattungen und fassen in sich wieder eine grosse Zahl nach dem Zweck verschiedener Gattungen, obgleich sie selbst natürlich viel specieller als die höchsten Redegeschlechter: die Poesie und Prosa sind. Es ist dabei ganz gleichgültig, ob eine Gattung zufällig nur von einem Individuum vertreten ist; derselbe Zweck könnte unter andern Umständen ebenso gut von sehr vielen Individuen realisirt werden. Daher scheint für die Auslegung, welche die Rede nach ihren subjectiven Beziehungen zu erkennen sucht, der von mir gewählte Name der **generischen Interpretation** der bezeichnendste zu sein.

Wir haben (oben S. 114 u. 122) gesehen, dass die historische Auslegung ganz durch die generische bedingt ist. Aber auch umgekehrt hängt die generische wieder von der historischen ab. Der Zweck der Rede kann ja immer nur eine bestimmte Behandlung des Stoffes d. h. der historisch gegebenen Verhältnisse sein, und diese wird sich einerseits nach der Natur dieser Verhältnisse, andererseits nach der Individualität des Redenden richten. Um alle Motive eines Werkes richtig zu schätzen muss man oft die gesammte Geschichte der Nation zu Rathe ziehen. Denn um den Stil eines hervorragenden Schriftstellers, seine ganze Anschauung und Darstellung zu würdigen muss man nicht selten die Geschichte der Gattung, welcher er angehört, durch alle Zeitalter der Nation verfolgen, und um seinen Ideenkreis zu ermessen muss man wieder sein Zeitalter der ganzen Breite nach kennen lernen. Wer könnte z. B. den individuellen Stil und den Gattungscharakter in den Reden des **Demosthenes** unterscheiden ohne zu wissen, wie die Redekunst sich bei den Alten überhaupt herangebildet hat, und auf welchem Punkte in dem Cyklus ihrer Entwickelung **Demosthenes** steht? Und wie kann man die Art, wie er den Stoff seiner Reden bearbeitet, verstehen, wenn man sein ganzes Zeitalter nicht genau kennt? Der Zweck eines Sprachwerks ist zwar hauptsächlich aus diesem selbst zu erkennen, aber in ihm so verflochten in die geschichtlichen Verhältnisse, dass er nicht deutlich erkannt werden kann, ohne dass letztere bekannt sind. Ist dies der Fall, so deckt eine Analyse des Werks den Zweck unmittelbar auf; aber da wir die geschichtliche Grundlage, auf der das Werk aufgebaut ist, grossentheils, wenigstens für den concreten Gegenstand der Erklärung, nicht aus der Tradition kennen, und wie wir (oben S. 114 ff.) gesehen haben, selber wieder durch eine Analyse des Werkes finden müssen, so ist — weil doch einzelne Theile ohne den Zweck des Ganzen nicht verständlich sind — hier der hermeneutische Cirkel am schwersten zu vermeiden, wenn es sich um kunstreiche Werke handelt, wie z. B. die **Pindarischen** Gedichte sind. Vorausgesetzt freilich man kenne die **Individualität** des Verfassers in der Auffassung und Behandlung des Stoffes, so wird man aus dieser oder jener Art der Darstellung, dieser oder jener Folge und Verknüpfung von Gedanken und Erzählungen Zweck und geschichtliche Grundlage ahnen. Allein hier kommt der oben (S. 131) angegebene neue Kreis hinzu, dass man die Individualität selbst erst aus dem Zwecke finden muss. Die Lösung kann approximativ nur so vor sich gehen, dass man zuerst an klarern Beispielen, wo die geschichtliche Grundlage gegeben ist oder herbeigeschafft werden kann, durch Analyse des Werks den Zweck ermittelt und daraus das Gesetz der Darstellungsweise auffindet und das Gefundene dann vermittelst Analogieschlusses auf schwierigere Aufgaben anwendet. Bei diesen ist auf solche Weise zuerst der Zweck und der Gattungscharakter soweit als möglich zu erfassen und dadurch der Sinn für die Unterscheidung der individuellen Form und zugleich für die Entdeckung feiner geschichtlicher Beziehungen, unter welchen das Ganze erst seine rechte Farbe erhält, zu schärfen. Indem sich so die Auslegung vertieft, wird Zweck und Darstellungsweise wieder zu grösserer Klarheit gebracht und daraus die Auslegung zu immer grösserer Vollkommenheit gestaltet werden.

Die generische Interpretation muss hierbei der individuellen Schritt für Schritt zur Seite gehen; wir haben also zu betrachten, wie der Gattungscharakter aus der Compositionsweise gefunden und aus jenem die einzelnen Sprachelemente erklärt werden.

1. **Bestimmung des Gattungscharakters aus der Compositionsweise.**

Durch das eben kurz bezeichnete analytische Verfahren wird zunächst die Kunstregel der Composition gefunden. Die Kunstregel ist eben der Darstellungszweck, insofern er die Composition beherrscht. Je mehr in einem Werke Alles dem Darstellungszwecke gemäss ist, desto mehr Kunst herrscht darin. Es handelt sich hier um das specifische Gesetz jeder Composition, das aus der Zweckthätigkeit der Individualität fliesst; die Regel der vollendeten Kunst schafft der Genius des Künstlers, und nachdem sie in die Erscheinung getreten, eignen andere sie sich an.

Wir haben (oben S. 128 ff.) gesehen, wie durch die Ableitung der individuellen Stile aus dem Nationalcharakter die Grundlage der Literaturgeschichte geschaffen wird. Auf dieser Grundlage wird die Literaturgeschichte durch die generische Auslegung aufgebaut. Wenn nämlich der Gattungscharakter der einzelnen Schriftwerke in steter Rücksicht auf die bedingenden historischen Verhältnisse festgestellt wird, so ergiebt sich daraus zunächst die

Kunstregel der einzelnen Schriftsteller; durch Vergleichung erkennt man dann den Stil ganzer Gruppen als gemeinsame Gattung, und diese Gattungen gliedern sich zuletzt zu einem System von historisch hervorgetretenen Stilformen. Die Literaturgeschichte ist somit das Resultat der generischen Auslegung aller Schriftwerke; je vollkommener also die Literaturgeschichte ausgebildet ist, desto mehr wird auch diese Art der Interpretation in jedem einzelnen Falle gelingen.

Der Ausgangspunkt der individuellen Auslegung war die Bestimmung der Einheit in den einzelnen Werken, und es zeigte sich, dass hier Alles von der Auffindung des Zweckes abhing. (Vergl. oben S. 131 f.) Durch den Zweck wird der Einheit des Werks selbst der Charakter der Gattung aufgeprägt. Der nächste Zweck der Rede ist immer theoretisch, da die Sprache die Form des Wissens ist; es sollen Gedanken ausgedrückt werden um sie für den Redenden selbst oder für andere zu objectiviren. Die Gedanken werden so aber entweder für die Auffassung durch den Verstand oder für die Auffassung durch die Phantasie dargestellt. Hierauf beruht der Unterschied der prosaischen und poetischen Darstellung. Die objective Einheit wird hiernach bei der Prosa und Poesie schon verschieden sein; wenn beide denselben einheitlichen Gegenstand, z. B. eine Schlacht darstellen, wird die Anschauung desselben in der Dichtung die Form des Phantasiebildes haben, in der Prosa dagegen eine durch discursives Denken aufgefasste Thatsache sein. Da eine Dichtung für die Phantasie geschaffen ist, muss der Erklärer also auch im Stande sein sie mit der Phantasie nachzuschaffen; ihre objective Einheit kann nur mit der Phantasie ergriffen werden, und der Verstand tritt erst hinzu um sie zu zergliedern. Bei Prosawerken dagegen macht die Auffassung durch den Verstand den Anfang; aber die Phantasie muss mitwirken um den in Begriffe gefassten Gegenstand anschaulich zu machen. In der objectiven Einheit des Werks liegt indess immer nur der Stoff des darzustellenden Gedankens; der eigentliche Zweck ist, dass der Gedanke selbst darin zum Ausdruck komme. In der Prosa ist dieser Gedanke der Begriff selbst, unter den die Anschauung gefasst ist; die subjective Einheit ist also hier eine Begriffseinheit; in der Poesie ist der Gedanke ein in der Phantasie liegendes Ideal, als dessen Symbol der Stoff erscheint. Das Verhältniss dieser subjectiven Einheit zu der objectiven kann nun ferner verschieden sein. Die objective kann zunächst überwiegen. Indem sich nämlich der Geist in die sinnliche Wahrnehmung versenkt, gestaltet er sie vermittelst der Phantasie oder des Verstandes selbst zum Ideal seiner Darstellung, so dass die subjective Einheit des Urbildes ganz der objectiven einwohnt. Ist so in der Anschauung das Ideal des Verstandes verkörpert, so wird sie als verstandesmässig ermittelte Thatsache dargestellt; dies ist die historische Darstellung. Ist dagegen die Anschauung die Verkörperung eines Phantasieideals, so erscheint sie als verschöntes Bild einer Thatsache und ihr Ausdruck ist die epische Darstellung. Anders verhält es sich, wenn die subjective Einheit überwiegt, was in der Prosa bei der philosophischen, in der Poesie bei der lyrischen Darstellung Statt findet. In diesem Falle ist der Gedanke ein innerlich selbstthätig erzeugter, die objective Einheit des Gegenstandes wird in denselben aufgelöst. Die lyrische Dichtung hat als objective Einheit eine individuelle Situation; so schwebt dem Pindar als Gegenstand seiner Gesänge die ganze Besonderheit des Siegers vor mit allen innig verbundenen Eigenthümlichkeiten, Lagen und Stimmungen, wie sie in diesem Augenblicke vorhanden sind; dadurch, dass in dieser Anschauung alles wurzelt, seien es angeführte Thatsachen, oder ethische oder religiöse oder irgend welche Betrachtungen, hat das Gedicht seine objective Einheit. Aber die Person des Siegers und die Handlung desselben wird nicht in räumlich-zeitlicher Anschauung objectiv vorgeführt, sondern der subjective Zweckgedanke, der die Phantasie des Dichters beschäftigt: die Absicht der Verherrlichung, Tröstung, Ermahnung leitet ihn bei der Vorführung seiner Phantasiebilder. Der Zweck ist hier zugleich praktisch, was nicht bei allen lyrischen Gattungen der Fall ist; der gemeinsame theoretische Zweck aller ist die Verkörperung einer innern Empfindung, eines die Seele bewegenden Lust- oder Schmerzgefühls. Der Stoff wird nach diesem subjectiven Zweck willkürlich geordnet. Bei der philosophischen Darstellung ist der theoretische Zweck, der sich ebenfalls praktisch mannigfaltig gestalten kann, die Darstellung eines allgemeinen Begriffs. Da der Begriff einheitlich ist, so entspricht ihm auch ein einheitliches Object, sei dies ein Individuum oder eine Gattung. Wenn z. B. die Politik den Begriff des Staates, oder ein anderer Theil der Philosophie den Begriff Gottes darstellt, so ist dort die Anschauung des Staates im Allgemeinen, hier die der Gottheit die objective Einheit. Diese wird jedoch nicht als objective Thatsache vorgeführt, sondern aus den allgemeinen Momenten des Begriffs abgeleitet. Die beiden entgegengesetzten Richtungen der Subjectivität, welche als parallele Formen der Prosa und Poesie auftreten, können sich aber selbst zu einer höheren Einheit ausgleichen. Dies geschieht in der dramatischen und rhetorischen Darstellung. Im Drama wird der subjective Zweck, der in der Lyrik bestimmend war, in die Seele fremder handelnder Personen gelegt; die aus dem Zusammenwirken dieser subjectiven Gestalten hervorgehenden Ereignisse aber werden wie im Epos in objectiver Einheit vorgeführt; die subjective Einheit erscheint also hier in dem Stoff aufgegangen. Aber zugleich ist die ganze dramatische Handlung nur die Verkörperung eines Grundgedankens, dessen Darstellung als Gesammtzweck erscheint. Dieser Grundgedanke wird wie bei der Lyrik aus der Empfindung des Dichters hervorgehen, aber in der Regel allgemeiner ethischer Natur sein, da das Drama meist von den äusseren Verhältnissen unabhängiger ist, während die Lyrik in ihnen wurzelt und sich auf die unmittelbare Gegenwart bezieht.*) Ein ganz ähnliches Verhältniss der objectiven und subjectiven Einheit zeigt nun die rhetorische Darstellung. Wenn in der philosophischen Form das Factum nur der Entwickelung des Gedankens dient, in der historischen der Gedanke nur der Entwickelung der Thatsache, so vereint sich in der Rhetorik beides; der Redner geht darauf aus historisch gegebene Thatsachen zu ermitteln und zu entwickeln; aber er thut dies im Dienste eines subjectiven Zweckgedankens, der hier real praktischer Natur ist. Diese subjective Einheit wird jedoch hier ebenfalls wie beim Drama in die objective Einheit des Gegenstandes selbst verlegt; der Redner tritt nur selbst als Person in die Handlung ein und erscheint daher auch äusserlich dem Schauspieler ähnlich. Von dem Charakter der materialen Einheit hängt die Gestaltung der formalen ab; sie prägt sich in der Disposition der Gedankenmasse aus. Bei der epischen und historischen Darstellung reiht sich Thatsache an Thatsache, so dass darin die zeitliche Continuität einer Handlung zur Anschauung kommt; bei Beschreibungen wird die räumliche Continuität in eine zeitliche Aufeinanderfolge eines Vorganges oder der Betrachtung

---

*) Vergl. die Auffindung des Grundgedankens in Sophokles' Antigone. Ausgabe der Antigone von 1843, S. 148—175.

aufgelöst. (Vgl. Lessing's Laokoon.) In der Lyrik und der philosophischen Darstellung folgt dagegen die Disposition dem subjectiven Bedürfniss; die Einheit der Form liegt hier darin, dass jeder frühere Theil das Verständniss oder die Wirkung des späteren vorbereitet und bedingt. Die formale Einheit in der rhetorischen und dramatischen Darstellung wird durch die Oekonomie des Dramas und der Rede hervorgebracht, worin die historische und philosophische Dispositionsweise vereint ist. Bei der Gliederung des Dramas liegt der Einheitspunkt in der Krisis, d. h. dem Ereigniss, welches den Ausgang der Handlung entscheidet (μετάβασις nach Aristoteles, Poetik. 18, 1455^b 28); bis dahin reicht die Schürzung des Knotens (δέσις), und von der Krisis an beginnt die Lösung (λύσις). In dem ersten aufsteigenden Theil liegt wieder die Exposition (πρόλογος) und die Verwickelung, in dem absteigenden Theil die Entwickelung und der Abschluss (ἔξοδος). Diese dramatische Gliederung kann natürlich auch der epischen und historischen Darstellung eine grössere formale Einheit geben, wie dies Walch in der oben (S. 132) angeführten Abhandlung im Agricola des Tacitus nachgewiesen hat. Bei den Reden haben die Alten durchgehend fünf Theile als normal angesehen: das *prooemium* (προοίμιον), die *narratio* (διήγησις), *probatio* (πίστις, ἀπόδειξις, κατασκευή), *refutatio* (λύσις, ἀνασκευή), *peroratio* (ἐπίλογος), von denen die drei mittleren aber je nach dem Zwecke auf mannigfaltige Art in die Oekonomie des Ganzen eingefügt werden. Die Verschiedenartigkeit des Zweckes erzeugt überhaupt mannigfache Modificationen in dem Charakter der materialen wie formalen Einheit, und es entstehen so Unterarten der drei höchsten Dichtungs- und Prosa-Gattungen. Diese Gattungen und die Geschlechter der Poesie und Prosa selbst sind auch nur relativ unterschieden und gehen also nach dem besondern Zweck jedes Werkes mannigfach in einander über. So bestimmt sich denn die innere Form der Darstellung, d. h. der Charakter und das Verhältniss der materialen und formalen Einheit stets nach dem in jedem Falle vorliegenden Zweck, und die generische Auslegung hat daher diesen vor Allem zu ergründen. Wir untersuchen also, wie man hierbei zu verfahren hat.

Da nicht vom Einzelnen ausgegangen werden darf, muss man vom Allgemeinsten der Composition, von der Gesammtheit des Werkes ausgehen. Diese scheint nun ihren Ausdruck im Titel zu finden, der ja gleichsam das Werk selbst *in nuce* zu sein scheint. Allein wenn es auch wahr ist, dass man von vielen Büchern nur den Titel zu wissen braucht um zu sehen, ob sie etwas taugen, so kommt dies doch keineswegs daher, dass der Titel stets den Zweck des Werkes angäbe. Die pedantische Art in dem Titel das Werk möglichst genau zu charakterisiren ist zu unserer Zeit mehr und mehr ausser Gebrauch gekommen und war im Alterthum durchaus nicht üblich. Der Titel ist zunächst oft ein Eigenname, der allerdings passend die objective Einheit des Werks andeutet. Der Titel der Ilias und der Odyssee bezeichnet die individuellen Objecte der Erzählung; die Ueberschriften der Pindarischen Epinikien bezeichnen den vom Dichter besungenen Sieger, dessen gesammte Individualität, in einem bestimmten Moment aufgefasst, der Gegenstand des Gedichtes ist (s. oben S. 145); bei dramatischen Werken wird der Name des Helden die objective Einheit der Handlung ausdrücken, und so sind die ächten Ueberschriften der meisten Platonischen Dialoge Personennamen (ὀνόματα ἀπὸ προςώπων) und geben den Mitunterredner des Sokrates an, dessen Charakter und Bestrebungen der Gegenstand der dialektischen Kunst des Meisters sind. Bei rednerischen Werken wird durch die Angabe dessen, für oder wider welchen die Rede gehalten ist, ebenfalls die objective Einheit angedeutet. Natürlich ist aber der Name immer nur eine Andeutung; denn was z. B. von einer Person dargestellt werden, oder wie sich die Rede auf dieselbe beziehen soll, liegt nicht im blossen Namen; er lenkt nur die Aufmerksamkeit im Allgemeinen auf den Gegenstand und damit auch auf den Zweck, da dieser ja immer eine bestimmte Behandlung des Gegenstandes ist. Aehnlich geschieht dies durch sachliche Titel (ὀνόματα πραγματικά); die bestgewählten deuten ebenfalls nur auf die objective Einheit hin. Bei wissenschaftlichen Werken kann diese Einheit in einen Begriff gefasst und so bestimmt in dem Titel angegeben werden; solcher Art sind die Titel der Aristotelischen Schriften, und in der rein wissenschaftlichen Darstellung ist dies am angemessensten; hier ist auch der Zweck im Titel gegeben, da er nur in der begriffsmässigen Entwickelung des Gegenstandes liegt. Wenn aber wissenschaftliche Werke eine poetische Form annehmen, wie die Dialoge Platon's, kann der pragmatische Titel wieder nur im Allgemeinen auf den Gegenstand hindeuten. So behandelt Platon die Idee des Staats in zwei Dialogen: im „Staat" und in den „Gesetzen". Diese

Titel geben offenbar den Zweck nicht genau an; aber sie sind dennoch bezeichnend; denn in der Politie wird der Idealstaat, also der **Staat κατ' ἐξοχήν** dargestellt, in den Gesetzen aber eine Annäherung an den Idealstaat, auf Grund der historisch gegebenen Verhältnisse und die Umbildung dieser Verhältnisse durch die **Gesetzgebung**. Zugleich entspricht der Titel der Gesetze der dramatischen Einkleidung, da in dem Dialoge die fingirte Handlung darin besteht, dass von einem Athener, Spartaner und Kreter Gesetze für eine auf Kreta zu gründende Stadt Magnesia entworfen werden. Die Einkleidung eines Werkes kann es auch mit sich bringen, dass der Titel nur von Nebenumständen hergenommen wird (ὀνόματα περιστατικά); so ist es bei **Platon's Gastmahl** der Fall, ebenso bei den Dramen, die von den Chören den Namen haben u. s. w. Diese Titel sind in der Regel sehr bezeichnend; im Gastmahl ist z. B. die Scenerie bedeutungsvoll für die Idee des Dialogs. Der künstlerische Titel ist hiernach überhaupt gleichsam der Eigenname des Kunstwerks, da dies ein individuelles Leben in sich hat.

Wenn der Titel auf den Gegenstand hindeutet, so wird man, um den Zweck des Werks zu fassen, nun jener Andeutung folgend den Gegenstand in dem Werke selbst zu überblicken haben. Um dies zu erleichtern legt man wohl Inhaltsverzeichnisse an. Allein der Gegenstand und also auch die objective Einheit ist bloss das Substrat; das Herrschende ist der darin dargestellte Gedanke. Der Zweck ist also durch den Inhalt noch keineswegs klar. Man kann einen Zweck an einem ganz fremd scheinenden Inhalt verwirklichen, wie dies besonders **Platon** liebt: er hat im **Phädros, Charmides** und **Protagoras** z. B. ganz andere Zwecke als der Inhalt vermuthen lässt; aber mit hoher Absichtlichkeit sind sie nicht frei aufgedeckt. Die Idee ist etwas Allgemeines, an keinen Stoff Gebundenes. Man macht wohl zu eigenen Schriften Inhaltsangaben, die nur den Stoff, nicht den Zweck bezeichnen sollen; schlechte Leser und Recensenten tadeln dann die Anordnung und die Ueberschriften, deren Absicht sie nicht verstehen. Der Zweck gehört nicht in die Inhaltsangabe; der schriftstellerische Künstler, der durch seine Darstellung bilden will, wird die Auffindung dem Leser überlassen.

Es bleibt nur übrig den Zweck durch Analyse des Werks, durch Vergleichung seiner Theile, Untersuchung seiner Construction zu finden. Hierzu muss man zuerst die beiden äussersten Punkte des Werks, Anfang und Ende, an sich und im Vergleich mit einander ins Auge fassen; denn zu Anfang findet sich meist eine Art Exposition, am Ende die Auflösung oder wenigstens ein Wink darüber, ob man berechtigt ist eine Auflösung zu suchen. Bei Pindar's 2. Pyth. Ode wird der Zweck, dem Hieron die beabsichtigte Bekriegung des Bruders zu widerrathen (s. oben S. 118), nur zu Anfang angedeutet. Das Gedicht beginnt mit den Worten: Μεγαλοπόλιες ὦ Cυράκοcαι, βαθυπολέμου τέμενος Ἄρεος. Syrakus hallte damals von Waffen wieder; denn es rüstete zum Kriege gegen Theron. Wer diesen ersten Akkord nicht versteht, dem entgeht dann die ganze Harmonie in dem Gedankengange des Gedichts.*) In der 4. Pyth. Ode wird der Zweck bloss am Ende angedeutet; dort räth der Dichter dem Arkesilaos zur Aussöhnung mit Damophilos; diese zu bewerkstelligen ist aber der Zweck der ganzen Ode, woraus sich z. B. allein der Mythos vom Argonautenzuge erklärt (s. oben S. 88).**) Der Zweck der 1. Pyth. Ode tritt — wie dies in der Regel der Fall ist — durch die Vergleichung des Anfangs und Endes hervor. Der Anfang des Gedichts preist die Kithara und setzt ihre Macht im Gegensatz gegen die streitbaren Mächte in der Natur und im Leben auseinander; am Ende der Ode aber wird Hieron zu den milden Tugenden der friedlichen innern Verwaltung und zur edlen Freigebigkeit ermahnt und ihm dafür der Ruhm im Munde der Sänger verheissen; denn „den Phalaris nehmen die Kitharen im Saale nicht auf in die zarte Gemeinschaft der jugendlichen Gesänge". Die Ode hat den Zweck dem Hieron den Cultus der Musenkünste ans Herz zu legen, deren Macht nach dem zerstörenden Sturm ruhmvoll durchkämpfter Kriege die Gemüther besänftigt und dem Segen des Friedens die schönste Blüthe, den Nachruhm durch den Gesang sichert.***)

Auf Grund der Andeutungen, welche Anfang und Schluss eines Werks über den Zweck desselben enthalten, hat man dann die weitere Analyse vorzunehmen. Man muss hier den Gang einschlagen, den Dissen in der angeführten Abhandlung (S. LXXXIX ff.) vorgezeichnet hat.†) Derselbe geht in drei Stufen vor sich. Die

---

*) Vergl. *Explicationes Pindari* S. 243.
**) Vergl. *Explicationes Pindari* S. 280 f.
***) Vergl. Kl. Schr. VII, S. 417 ff.
†) Vergl. Kl. Schr. VII, S. 377 ff.

erste Stufe ist vorbereitend und führt nur bis an den Grundgedanken heran. Man untersucht nämlich die einzelnen Stellen nach einander, die Wörter und Wortverbindungen nach grammatischer und, soweit als möglich, historischer Auslegung und sucht daraus den ganzen Gedanken zu erfassen; da die Einzelheiten ohne diesen nicht vollständig verständlich sind, und er wieder nicht ohne die Einzelheiten, wird man schon hierbei wechselseitig von dem Einen zum Andern hinübergehen müssen; oft muss man, um einen Gedanken zu verstehen, auch auf das Folgende weiter und dann wieder zurück gehen; aber auch davon abgesehen, muss man einen höheren, mehreren Stellen gemeinsamen Gedanken suchen und auch von diesem aus wieder das Einzelne genauer zu erfassen streben, wodurch seinerseits jener Gedanke selbst genauer limitirt wird. So betrachtet man Theil nach Theil, bis man dahin gelangt sich nach dem Grundgedanken umzusehen. Auf der zweiten Stufe wird dieser durch die Vergleichung der Haupttheile auf demselben Wege des wechselseitigen Hinübergehens von Einem zum Andern, vom Allgemeinen zum Besonderen und umgekehrt, gefunden, bis Alles zusammenstimmt. Man muss dabei oft hypothetisch verfahren, besonders wenn es sich zugleich um eine historische Hypothese handelt. Man supponirt dann einen gewissen Zweck, der aus einigen Kennzeichen abgezogen ist, und sucht daraus die Haupttheile in Uebereinstimmung zu bringen; passt die Hypothese nicht, so verändert man sie so lange, bis alles sich daraus nach Möglichkeit erklärt. Die dritte Stufe bildet die Vergleichung anderer Werke desselben Verfassers, indem man, ohne aus allen seine Eigenthümlichkeit zu kennen, über einzelne nur unvollkommen urtheilen kann; so erkennt man die Hauptgesetze des Stils, woraus dann auf die Zwecke jedes Werks ein neues Licht fällt. Die erste und zweite Stufe dieses Ganges können auch in umgekehrter Folge vorgenommen werden; die dritte Stufe ist natürlich nicht bei allen Werken anwendbar, wodurch die generische Erklärung ebenso unvollkommen wird wie die individuelle.

Bei der ganzen Analyse wird sich zugleich die generische, d. h. durch den Zweck bedingte Combinationsweise des Werks herausstellen (vergl. oben S. 133—135). Diese besteht in Mitteln der Darstellung, welche die Absicht des Autors entweder offenbaren oder verhüllen sollen. Zu der erstern Classe gehören besonders die accentuirten oder wiederkehrend ähnlichen

Stellen, worin der Autor selbst auf seine Absicht hinweist. Was accentuirt ist, muss man freilich wieder je nach der Individualität des Autors ermessen; oft sind es nur leicht hingeworfene Nebengedanken, die absichtlich recht unschuldig und bedeutungslos eingekleidet sind und doch zuletzt den eigentlichen Aufschluss gewähren. Die wiederkehrenden Stellen treten stärker hervor; trotzdem werden sie von den Auslegern oft genug unbeachtet gelassen. So ist bei Pindar in der 7. Ol. Ode fortwährend von einem Irrthum die Rede; gleichwohl hat keiner der früheren Ausleger auf diesen immer wiederkehrenden Irrthum gemerkt, und sie sind deshalb selbst alle im Irrthum geblieben. Die Beziehung der grösseren Abschnitte auf einander wird man in der Regel aus den Uebergängen erkennen. Allein in dem Charakter der Gattung kann es liegen, dass die Uebergänge fehlen, wie dies in der Lyrik aus der sprunghaften Darstellung folgt; man muss dann in die Tiefe der Gedankenwerkstatt hinabsteigen um die Beziehung der Theile zu finden. Ein sehr schwieriges Problem ist in dieser Hinsicht Platon's Philebos, der aus lauter schroff aneinander gefügten Partien besteht; schon im Alterthum schrieb man Abhandlungen über die Metabasen des Philebos. Dennoch hat dies Werk die vollkommenste Einheit, und jene auffallende Form ist im Zweck desselben begründet.

In dem Zwecke kann es — wie gesagt — aber auch liegen, dass der Autor seine Absicht im Scherz oder Ernst verdeckt, sei es aus individuellen Rücksichten, oder um zum Nachdenken anzuregen, oder um durch den Contrast zu überraschen oder zu erheitern. Der Zweck wird verdunkelt, wenn ein anderer Zweck fingirt wird. Dies geschieht z. B. durch eine besondere Einkleidung. So wird niemand glauben, Platon's Gesetze seien wirklich für die Stadt Magnesia auf Kreta bestimmt gewesen (s. oben S. 149). Der Unterschied von Ernst und Scherz ist für die generische Auslegung von grösster Wichtigkeit; beruht doch die Unterscheidung grosser Gattungen, wie der Tragödie und Komödie auf demselben. Was Scherz und Ernst ist, lässt sich in jedem einzelnen Falle nur aus der richtigen Auffassung des Zweckes und der Individualität verstehen; die Ausleger merken freilich den Unterschied oft in den leichtesten Fällen nicht. Wenn z. B. Pindar in der 9. Ol. Ode (V. 48 f.) sagt: „Lobe Dir alten Wein, aber jüngerer Lieder Blüthe", so sollte man es kaum für möglich halten, dass darin Jemand den Ton des leichten

Scherzes verkenne; die Absicht desselben ergiebt sich aus dem Zusammenhange und den historischen Beziehungen: Pindar ist im Begriff eine neue Sage vorzutragen; bekannt aber war ein Wort des Simonides, der von solchen Neuerungen gesagt hatte, der junge Wein steche den alten nicht aus; darauf spielt Pindar scherzend an, indem er den zechenden Festgenossen sein neues Lied empfiehlt.*) Wenn in Platon's Republik Jemand zum Sokrates sagt: In deiner Kallipolis wird also die Sache so sein, so sollte man kaum glauben, dass Göttling (in seiner Ausgabe der Aristotelischen Politik, Jena 1824, *Praefat.* S. XII) dies für Ernst halten und daraus schliessen konnte, Platon wolle seinen Staat Kallipolis genannt wissen, und dies sei der ursprüngliche Titel des Dialogs gewesen. Jeder erkennt, dass dies ein Scherz des Sprechers mit Anspielung auf die vielen Städte ist, welche Kallipolis hiessen. Der Sinn dessen, was man im Ganzen oder Einzelnen sagen will, wird besonders durch die allegorische Darstellung verhüllt (s. oben S. 88 ff.). Zu derselben gehört als eine besondere Form die Ironie; denn auch in der Ironie sagt man etwas Anderes, als man verstanden wissen will, nämlich das Gegentheil. Es kann ironischer Weise etwas in den Vordergrund gestellt werden, als ob es Zweck wäre, während der Zweck ein ganz anderer ist; dies kann sich bis auf den Titel des Werks erstrecken. Die Ironie ist oft sehr schwer zu erkennen, weil sie verdeckt werden muss um nicht albern zu werden, und doch gemerkt werden soll. Wie man also die Ironie leicht übersehen kann, so wird man wieder bei einem Schriftsteller, der dieselbe häufig anwendet, in Gefahr sein sie auch da zu suchen, wo sie nicht vorhanden ist. So ist es z. B. ein Fehler, wenn man das Resultat, zu welchem Platon den Sokrates in dem Dialoge Menon gelangen lässt, für ironisch ansieht. Ferner kann man eine vorliegende Ironie dadurch falsch erklären, dass man sie in einer falschen Beziehung auffasst. Lichtenberg sagt in einem Aufsatz über die Kriegs- und Fastschulen der Schinesen (Verm. Schriften, Bd. 5. S. 241 [Ausg. von 1844 Bd. 6, S. 94]): „Nicht selten bleibt gerade das Grösste und Merkwürdigste in einem Lande dem nächsten Nachbar unbekannt. So fragte z. B. noch vor Kurzem ein gelehrter und berühmter Engländer, dessen Schriften wir sogar in Uebersetzungen lesen,

---

*) Vergl. *Explicationes Pindari* S. 190.

einen reisenden Deutschen, ob es wahr sei, dass es deutsche Hexameter gebe." Hier könnte man leicht glauben, der Engländer solle verspottet werden; aber bedenkt man, dass deutsche Hexameter hier als das Grösste und Merkwürdigste in Deutschland hingestellt werden, so wird man doch irre. Weiss man nun vollends aus andern Schriften des Verfassers, dass er nicht viel von deutschen Hexametern und der ganzen Vossischen Kunst, aber viel von den Engländern hielt, so findet man bald, dass hier die Grossthuerei der neuen Poeten ironisch verspottet werden soll, namentlich Voss, der allerdings die deutschen Hexameter für etwas sehr Grosses und Wichtiges ansah. Am schwierigsten ist die ironische Ironie zu erkennen, die leicht mit der einfachen verwechselt wird. Sie besteht darin, dass man auch das, was man ernst meint, ironisch einkleidet und so den Andern selbst ironisirt, indem er glaubt, man spreche ironisch. So wird z. B. in Platon's Charmides das Resultat des Dialogs, also das, womit es dem Verfasser durchaus Ernst ist, ironisirt. Es liegt hierin eine Art Selbstverspottung, eine gänzliche Entäusserung der Persönlichkeit. Platon ist in dieser ironischen Ironie, die aus der ächt philosophischen Stimmung hervorgeht, Meister. Für die Auslegung der Ironie gilt im Allgemeinen dasselbe, was wir oben für die Allegorie überhaupt aufgestellt haben.

Die Combinationsweise jeder Redegattung drückt sich weiterhin auch in der äusseren Form aus (vergl. oben S. 135—137). Dieselbe ist von der innern Form abhängig, und wenn man den Schriftsteller im Produciren selbst begreifen will, muss man diese Abhängigkeit verstehen, d. h. die äussere Form auf die innere reduciren. Man muss also untersuchen, warum in jedem einzelnen Falle der Schriftsteller diese bestimmte äussere Form angewandt habe, warum der Dichter z. B. ein gewisses Metrum in einer gewissen Modification gebraucht. So ist das Epos bei den Alten durchaus in dem Metrum des heroischen Hexameters gedichtet; unter dem Einfluss desselben hat sich die ionische, ja in mancher Hinsicht die ganze griechische Sprache gebildet, und diese äussere Form wird also oft als Erklärungsgrund herangezogen werden müssen, z. B. in Bezug auf Wortstellung u. s. w., wenn nämlich die Gründe, die aus dem grammatischen Wortsinn oder dem individuellen Sprachgebrauch hergenommen sind, nicht ausreichen. Hierbei darf man freilich nicht in jene alberne Erklärungsweise verfallen, die alles Auffallende aus dem Metrum erklären will. Die Hauptsache aber ist in dem Metrum und allem, was wieder davon abhängt, den Charakter der Dichtungsgattung zu erkennen. Die Zurückführung der äussern Form auf den Charakter der Gattung ist bis jetzt erst sehr unvollkommen gelungen, besonders in schwierigeren Gattungen, wie den lyrischen und dramatischen Chören, wo in vielen Fällen die Metra selbst noch mangelhaft bestimmt und also um so schwieriger zu erklären sind. In der Prosa ist der Charakter jeder Gattung in Bezug auf Rhythmus, Klang, Wortfügung und Wortstellung noch weniger festgestellt. Welche Wichtigkeit diese Seite des Stils aber zuweilen für die gesammte Auslegung hat, sieht man bei Thukydides, wo es in den eingeflochtenen Reden häufig fraglich ist, was er der äusseren Form wegen gesetzt hat (vergl. Spengel, Cυναγωγὴ τεχνῶν. Stuttgart 1828 S. 53 ff.). Ebenso hat Platon im Gastmahl in den Reden, die dort gehalten werden, sicher vieles der äussern Form wegen angebracht, da er darin den Typus rhetorischer Stile nachahmt.*) Man hat einigermassen den poetischen Sprachgebrauch von dem prosaischen unterschieden, obgleich hier noch viel zu thun übrig bleibt; denn es fehlt viel daran, dass man eine poetische Grammatik nach Etymologie und Syntax feststellen könnte. Ebenso ist die Unterscheidung des Sprachgebrauchs in den einzelnen Arten der Poesie und Prosa noch nicht sehr weit gediehen. Bei den einzelnen Schriftstellern müsste nun der in dem speciellen Zweck begründete Sprachgebrauch aus jenem allgemeinen abgeleitet werden, wie in den bildenden Künsten die allgemeine Kunstregel in den einzelnen Kunstwerken individualisirt werden muss. So erklären sich scheinbare Anomalien, wie z. B. dass der Stil des Aeschylos mehr lyrisch, der des Sophokles mehr episch ist. Alles dies hat die generische Auslegung bis ins Einzelste zu verfolgen.

2. **Erklärung der einzelnen Sprachelemente aus dem Gattungscharakter.**

Dass die Rückanwendung des durch die Analyse gewonnenen Resultats auf die Erklärung des Einzelnen sich bei der generischen Erklärung ebenso wie bei der individuellen mit der Analyse selbst wechselseitig bedingt, ist bereits hinreichend klar

---

*) Vergl. Kritik des *Specimen editionis Symposii Platonis* von Thiersch, 1809. Kl. Schr. VII, S. 137 und *In Platonis, qui vulgo fertur, Minoem* (1806) S. 175 f. 182 f.

geworden. Man kann die Erklärung aus dem Gattungscharakter ästhetische Interpretation nennen; der Name ist nur durch den Missbrauch in Verruf gekommen, da man sich gewöhnt hatte unter ästhetischer Auslegung ein seichtes Raisonnement nach vorgefassten ästhetischen Regeln zu verstehen. Mit Gemeinplätzen und Ausrufen wie Heyne's *O quam pulchre, o quam venuste!* ist natürlich nichts gethan; auch kann eine philosophische Aesthetik der Neuzeit nur soweit Anwendung auf die Schriftwerke des Alterthums finden, als sie mit den besondern Kunstgesetzen derselben übereinstimmt. Aber die Literaturgeschichte ist die Quelle einer historischen Aesthetik, welche die geschichtlich entwickelten Kunstformen betrachtet, und woraus das Einzelne generisch zu erklären ist. Die Aesthetik hat die Betrachtung des Schönen zum Gegenstande; das Schöne besteht aber in der dem innern Zweck entsprechenden Verschmelzung des Stoffes mit der Form, gleichviel ob bei Werken der Kunst oder der Wissenschaft. Der Gattungscharakter jedes Werks enthält daher das individualisirte Schöne, und die generische Auslegung ist deswegen ästhetischer Art, weil sie dies in allen Theilen der Sprachwerke aufsucht.

§ 26. Methodologischer Zusatz.

Die individuelle und generische Interpretation können offenbar nur verbunden eingeübt werden. Das nothwendigste Hülfsmittel dafür ist nach dem Gesagten die Literaturgeschichte. Ausserdem werden in den Einleitungen zu den einzelnen Werken meist nicht nur die historischen Bedingungen, die Veranlassung der Schrift, Ort und Zeit ihrer Entstehung, sondern auch die Composition derselben und die Eigenthümlichkeit des Autors besprochen. Dies ist auch durchaus angemessen; indess sind gute Einleitungen, wie die von Dissen zu den Pindarischen Oden nicht sehr häufig. Um in die Composition einer Schrift einzudringen muss man, wie gesagt, zuerst eine Uebersicht über das Ganze gewinnen. Aber hierbei muss man stets die Gesichtspunkte, auf welche es ankommt, das Verhältniss der Einheit, Combinationsweise und äusseren Form im Auge haben; sonst geht es so, wie ein Fragmentist im Schlegel'schen Athenäum (1. Bd. 1798, St. 2, S. 19) sagt: „Uebersichten des Ganzen, wie sie jetzt Mode sind, entstehen, wenn Einer alles Einzelne übersieht und dann summirt." Am besten ist es, wenn man die Uebersicht selbst bei cursorischer Lectüre durch eigene Aufzeichnungen feststellt. Ein solcher Totalüberblick kann nur vorbereitend sein zur Erlangung eines Gesammteindrucks; man lernt dabei hauptsächlich die objective Einheit des Werks kennen und erhält eine allgemeine Vorstellung von der subjectiven und formalen Einheit. Darauf muss dann die genauere Zergliederung durch statarische Lectüre folgen. Im Schulunterricht ist das Verhältniss indess ein anderes. Die statarische Lectüre muss hier den Anfang machen; sie hat hier den Zweck den Schriftsteller, soweit die Fassungskraft der Schüler reicht, und ausserdem die Sprache und Sache selbst zur vollkommenen Anschauung zu bringen; die cursorische hingegen wird mehr den Zweck haben dem Schüler, wenn er schon am Einzelnen sich geübt hat, rasch eine grössere Masse von Gedanken und Worten einzuprägen und ihn in schneller Auffassung zu üben, nachdem er die Kunst des Fassens bei der statarischen Lectüre gelernt hat. Er wird nun mehr im Allgemeinen überschauen, auch geniessen lernen; aber vorher muss er, damit er nicht oberflächlich werde, durch eingehende Erklärung geübt werden. Es versteht sich von selbst, dass die cursorische Lectüre auf Schulen nur bei leichteren Schriftstellern angewandt werden kann; wo Schwierigkeiten aufstossen, muss der Lehrer dann darüber weghelfen. Zwischen Schule und Universität besteht in Bezug auf die Uebung in der Interpretation überhaupt ein grosser Unterschied. Die grammatische Erklärung eignet sich am meisten für die Schule, die individuelle für die Universität, auf welcher das gewöhnliche Grammatische sollte vorausgesetzt werden, während die individuelle Auslegung erst hier gedeihen kann, da sie eine grössere Uebersicht und Tiefe des Geistes erfordert. Daher gehören Schriftsteller wie Tacitus, Pindar, selbst Thukydides nicht auf die Schule, auch Aeschylos nicht. Man kann von ihnen nur gelegentlich eine Probe geben, wozu man bei Tacitus z. B. die Germania oder den Agricola wählen wird. F. A. Wolf, *consilia scholastica* S. 115 ff. 186 [Ausg. von Wilh. Körte, Leipzig u. Quedlinburg 1835] spricht sich nachdrücklich in demselben Sinne aus. Der Unterschied zwischen Universität und Schule wird aber leicht zum Nachtheil beider verwischt. Die Universitäten gehen zu weit ins Triviale hinunter und lehren, was auf die Schule gehört, und die Schulen versteigen sich zu hoch aus eitler Sucht zu glänzen; auch folgen die Schulmänner oft speciellen Neigungen statt das Zweckmässige zu wählen und sich einem durchdachten Plane unterzuordnen.

Die gesammte Hermeneutik hat nur das Verständniss der Denkmäler zum Zweck; für die Förderung des gemeinsamen Studiums ist es aber von Wichtigkeit, dass dies Verständniss in der geeigneten Weise dargelegt werde. Die Darlegung geschieht nun in doppelter Art, durch Uebersetzen und Commentiren. Wir untersuchen zuerst den Werth des Uebersetzens. Das Ideal einer Uebersetzung ist, dass sie das Original vertrete; dies würde in vollkommenem Maasse der Fall sein, wenn sie auf uns bei Kenntniss der historischen Verhältnisse denselben Eindruck machte wie das Original auf das ursprüngliche Publicum. Die historischen Voraussetzungen des Werkes müssen also auf jeden Fall durch anderweitige Erklärung gegeben werden, wenn die Uebersetzung ihren Zweck erfüllen soll. Es fragt sich nun, wie die Uebersetzung selbst eingerichtet werden muss um die beabsichtigte Wirkung möglichst vollkommen auszuüben. Hierüber stehen sich zwei Ansichten gegenüber. Einige behaupten, man müsse den nationalen Stil des Werkes möglichst beibehalten; andere verlangen, das Nationale solle möglichst abgestreift werden. Die erstere Ansicht vertritt Schleiermacher, Ueber die verschiedenen Methoden des Uebersetzens. Akad. Abh. von 1813 (Werke. Zur Philosophie 2. Bd.), die andere Carl Schäfer, Ueber die Aufgaben des Uebersetzers. Erlangen 1839. 4. Beide Methoden des Uebersetzens haben ihre Vorzüge und Mängel. Diejenigen, welche das Nationale nicht übertragen, sind auch nicht im Stande das Individuelle völlig zum Ausdruck zu bringen, weil beides verwachsen ist. Es wird dann nothwendig ihre eigene Individualität in der Uebersetzung hervortreten, wie dies bei Wieland der Fall ist. Ferner werden sie vieles Einzelne untreu wiedergeben, weil ja auch der grammatische Wortsinn, wie wir (oben S. 98) gesehen haben, national bedingt ist. Die Uebersetzung wird also den Inhalt und die innere Form und Combinationsweise des Werks im Grossen und Ganzen darstellen, dagegen die Feinheiten der Gliederung und die entsprechende äussere Form verwischen. Innerhalb dieser Grenzen aber bewirkt sie, weil der fremde Nationalcharakter möglichst abgestreift ist, ein Verständniss wie ein Werk in der Muttersprache. Bei der entgegengesetzten Methode wird man dagegen der eigenen Sprache Gewalt anthun um den nationalen Charakter der fremden nachzubilden, und da sich die Sprachen doch auch grammatisch nicht decken (s. oben S. 100), ist eine treue Wiedergabe des Originals dennoch unmöglich. Trotzdem ist diese Methode des Uebersetzens vorzuziehen, weil sie von dem, was der Uebersetzer verstanden hat, mehr zum Ausdruck bringt. Er wird sich so seiner eigenen Individualität bestmöglich zu entäussern suchen; er wird keine Originalität erstreben, die bei der Uebersetzung ein Fehler ist, und so wird es ihm gelingen auch die Feinheiten der Combinationsweise und der äusseren Form einigermaassen nachzubilden. Freilich wird die möglichste Treue im Einzelnen wieder leicht den Eindruck des Ganzen beeinträchtigen. Die Homerische Poesie z. B. ist ganz Natur, durchaus ungekünstelt; jede Uebersetzung hat aber etwas Gekünsteltes, weil sie mit Unterdrückung der eigenen Individualität in eine fremde Seele hineingeschrieben ist. Sie gleicht im günstigsten Falle einem die Natur nachbildenden englischen Park; oft aber verfällt sie in steife Künstelei wie die Vossische Uebersetzung des Homer, die stelzbeinig und rauh ist, und in noch schlimmerer Weise seine Uebersetzung des Aristophanes. Am wenigsten lassen sich die Eigenthümlichkeiten des Rhythmus und des Klanges übertragen, da die neueren Sprachen ein anderes rhythmisches Gesetz als die alten haben, und die verschlungenen griechischen Metra mit häufiger Aufeinanderfolge mehrerer Kürzen und Längen oft gar nicht darstellbar sind. Doch haben die deutschen Uebersetzer hierin seit Voss ausserordentliche Fortschritte gemacht. Vergl. Minckwitz, Lehrbuch der rhythmischen Malerei der deutschen Sprache. Leipzig (1855) 2. Aufl. 1858. und Gruppe, Deutsche Uebersetzerkunst. Hannover 1859, neue vermehrte Ausgabe 1866. Hervorragend sind die Leistungen von Fr. Aug. Wolf (Aristophanes' Wolken. 1811), W. v. Humboldt (Aeschylos' Agamemnon. 1816 und Pindarische Oden, Gesamm. Werke Bd. 2), Otfried Müller (die Eumeniden des Aeschylos. 1833), Droysen (Aristophanes. 1835—38, 2. Ausgabe 1871; Aeschylos. 1832, 3. Aufl. 1868), Donner und Minckwitz. Die beste Uebertragung prosaischer Kunstwerke ist Schleiermacher's Uebersetzung der Platonischen Dialoge.*) Ueberhaupt sind die deutschen Uebersetzungen die besten; wir haben recht eigentlich unsere Stärke im Uebersetzen fremder Literaturen, das auch in Deutschland zu einem wahren Handwerk geworden ist. Man hat die Virtuosität der deutschen Uebersetzer auf die Voll-

---

*) Vergl. Kl. Schriften VII, S. 18 ff.

kommenheit unserer Sprache zurückgeführt und für die Uebersetzungen antiker Werke besonders die Aehnlichkeit des Deutschen und der alten Sprachen betont. Daran ist etwas Wahres, aber nicht viel; denn wie foltert man doch auch unsere Sprache selbst bei guten Uebersetzungen! Aug. Wilh. Schlegel leitet (Athenäum II, 2, S. 280 ff.) unser Geschick zum Uebersetzen treffend aus dem deutschen Naturell ab. Dabei hebt er als Erklärungsgrund den deutschen Fleiss hervor. Hiergegen hat jemand bemerkt, dass auch die deutsche Trägheit ihren Antheil daran hat. Es ist in der That ein ganz behagliches Spielwerk ums Uebersetzen; man braucht dabei wenig zu sammeln, mehr an der Feder zu kauen und auf einen guten Einfall zu warten; man bedarf keiner grossen Combinationen wie bei der Kritik und historischen Forschung. Wir haben die Fähigkeit uns Fremdes anzueignen, aber freilich auch die Sucht, wozu wir, ohne selbst Mangel an Originalität zu haben, deshalb verurtheilt sind, weil Deutschland Europa's Brennpunkt für Literatur wie für Raubkriege ist. Wir haben von der Zeit der Provenzalen an fremden Mustern gedient, wie die Römersprache bis Catull, ehe sich in ihr ein bestimmter Begriff von Correctheit festsetzte, den unsere allseitige, protestirende Natur nie zulassen wird. Unsere Uebersetzungen sind also gewiss die treuesten; allein auch von ihnen gilt bei poetischen Werken doch was Cervantes im Don Quixote sagt: „Allen, die Poesien in eine andere Sprache übersetzen wollen, wird das begegnen, dass der Dichter seine eigentliche Trefflichkeit einbüsse; denn bei allem Fleisse und aller Geschicklichkeit, die sie anwenden und besitzen, wird der Dichter nie so wie in seiner ersten Gestalt erscheinen können." An einer andern Stelle vergleicht er die Uebersetzungen mit brüsselschen Tapeten von der verkehrten Seite, wo die Figuren noch kenntlich, aber durch die zusammenlaufenden Fäden sehr entstellt sind. Lächerlich ist es daher, wenn man behauptet, der vollendetste Uebersetzer sei auch der vollendetste Philologe. Voss war seiner Zeit der beste Uebersetzer; aber seine Forschungen sind in grammatischer, ja auch in jeder andern Beziehung ziemlich beschränkt gewesen. Soweit sich das Verständniss des Originals in einer Uebersetzung ausdrücken lässt, kann man es sich ohne allzu tiefe Forschung erwerben. Natürlich wird eine Uebersetzung um so vollkommener sein, je tiefer man in das Original eingedrungen ist; aber dies gilt doch nur bis zu einer Grenze, die auch der vollendetste Philologe nicht überschreiten kann. Die Uebersetzung ist eigentlich nicht die Kehrseite des Originals, sondern des Bildes, welches der Uebersetzer vom Original gewonnen hat, und auf dieser Kehrseite treten viele feine Züge überhaupt nie hervor, welche die Arbeit des Philologen in jenes Bild eingewirkt hat; folglich lässt sich aus einer Uebersetzung die zu Grunde liegende philologische Forschung nur sehr mangelhaft erkennen. Ausserdem gehört zum Uebersetzen, dass man die eigene Sprache künstlerisch beherrscht, was nicht Sache der philologischen Wissenschaft ist. Wenn die Philologie anfängt zu übersetzen, hört sie daher auf Philologie zu sein. Da somit das Uebersetzen von der eigentlichen philologischen Arbeit abzieht, würde ich abrathen sich ohne besonderen Beruf viel damit zu befassen.

Gegen die hier aufgestellten Ansichten schreibt Walch in der Vorrede zu seinem Agrikola (S. XXII) mit wahrem Ingrimm. Es scheint, dass ihm meine Aeusserungen von einem meiner Zuhörer mitgetheilt sind; denn er führt einiges, was ich in den Vorlesungen gesagt habe, wörtlich an. Darin hat er sich jedoch vergriffen, dass er die Bemerkung über die Faulheit der Uebersetzer auf eine missverstandene Ironie Wolf's zurückführt; der Gedanke rührt von dem Juristen Thibaut her. Dass man die Uebersetzungen nach Cervantes mit umgekehrten Tapeten vergleicht, sollen Wolf's Schüler auch von diesem entlehnt haben, als ob Niemand als er den Don Quixote gelesen hätte. Wahrscheinlicher ist es, dass Wolf die Bemerkung, wie ich selbst, dem Schlegel'schen Athenäum entlehnt hat; ich habe sie nie von ihm gehört. Natürlich sind Uebersetzungen — was Walch mit grossem Pathos hervorhebt — nützlich und sogar nothwendig. Man kann nicht alle Sprachen lernen, deren Literaturen von allgemeinem Interesse sind, und es ist also gut, wenn solche Literaturen, und besonders auch die klassischen Werke des Alterthums, einem grösseren Publikum wenigstens soweit zugänglich gemacht werden, als dies durch eine gute Uebersetzung möglich ist. Ich bin selbst durch einen Zufall in die Lage gekommen zu diesem Zwecke übersetzen zu müssen.*) Nur darf man solche Leistungen nie als abgeschlossene klassische Werke

---

*) Des Sophokles Antigone metrisch übersetzt. Mit Musik von Felix Mendelssohn-Bartholdy. Klavierauszug Op. 55. Fol. Leipzig 1843 und: Des Sophokles Antigone, griechisch und deutsch. Berlin 1843.

ansehen; sie bedürfen fortwährend der Vervollkommnung, da sie im besten Falle doch nur das jeweilige Verständniss des Uebersetzers wiedergeben. Man hat gute Uebersetzungen oft als Bereicherung der Nationalliteratur angesehen, z. B. Luther's Bibelübersetzung und den Vossischen Homer. Aber die deutsche Literatur würde einem Bücherschrank gleichen, wenn alles Fremde, was man hineinstellt, ihr angehörte. Der Uebersetzer eines Meisterwerks kann nie mehr Verdienst in Anspruch nehmen als etwa ein Zeichner oder Kupferstecher, der eine Raphael'sche Madonna copirt. Der Nationalliteratur kommen gute Uebersetzungen nur mittelbar zu Gute; sie erweitern den Ideenkreis der Nation und bilden die eigene Sprache, indem sie mustergültige Wendungen und Structuren aus fremden Sprachen in Aufnahme bringen*); umgekehrt wirken freilich schlechte Uebersetzungen höchst verderblich. Durch das Uebersetzen selber wird man sich der Eigenthümlichkeit der eigenen Sprache im Gegensatz zur fremden unmittelbar bewusst; daher ist das mündliche und schriftliche Uebersetzen eine wichtige pädagogische Uebung. Ueberhaupt wird man beim Studium durch eigenes Uebersetzen die Probe machen, ob man Sinn und Structur im Groben verstehe und darauf hin dann weiter ins Einzelne eindringen. Bei dieser vorbereitenden Orientirung können gute gedruckte Uebersetzungen verglichen werden. Bei griechischen Schriftstellern wird dieser Zweck auch durch beigefügte lateinische Uebersetzungen erfüllt.**) Für das Studium wissenschaftlicher Werke, wo es hauptsächlich auf den Inhalt ankommt, sind auch Paraphrasen brauchbar, wenn sie auf wirklichem Verständniss beruhen, wie z. B. die Paraphrase des Lucrez von Creech.

Uebersetzungen und Umschreibungen sind also für das Studium die Grundlage der weiteren Erklärung, des Commentirens; je mehr man sich in eine fremde Sprache einlebt, desto unmittelbarer wird man mit ihren Worten die Anschauung verknüpfen, die darin ausgedrückt ist, desto entbehrlicher wird also das Uebersetzen. Vom Commentiren gilt nun dasselbe, was Platon im Phädros (S. 276) von der philosophischen Mittheilung sagt; die vollkommenste Art das gewonnene Verständniss mitzutheilen ist

---

*) Vergl. Kl. Schr. VII, 19 f.
**) Vergl. die Vorrede zur latein. Uebersetzung des Pindar. *Pindari Opera, tom. II pars II*, S. 5 u. 6.

der mündliche Commentar; der schriftliche ist nur ein Bild desselben. Schon das grammatische Verständniss kann mündlich am besten dargelegt werden; denn hier kann die Bedeutung der Wörter bei allen aufstossenden Schwierigkeiten durch vielfache Umschreibung und vielseitige Anschauung klar gemacht werden, was schriftlich nicht ohne grosse Weitläufigkeit möglich ist. Für das historische Verständniss wird man dabei soviel beibringen, als bei der Vorbildung der Zuhörer erforderlich ist; kein schriftlicher Commentar kann wie der mündliche Alles aufklären, was jedem Einzelnen dunkel sein kann; er würde dadurch übermässig anschwellen und trivial werden. Endlich lassen sich die Feinheiten des Stils oft nur in ähnlicher Weise deutlich machen wie der grammatische Sinn der Worte; der mündliche Vortrag einer Stelle kann oft allein die Bedeutung des Rhythmus, des Klanges und der Wortstellung zeigen und also die darin liegende Empfindung hervortreten lassen. Auf der Schule wird dem Schüler das Uebersetzen und die grammatische Analyse zufallen; wie weit im Uebrigen sein Verständniss reicht, kann der Lehrer durch Fragen leicht erkennen und das Fehlende dann ergänzen. Bei der statarischen Lectüre wird er dem Schüler nur die Prämissen des Verständnisses geben, soweit sie jener nicht selbst finden kann, und der Schüler wird aus den Prämissen das Fehlende selbstthätig aufsuchen, während bei der cursorischen Lectüre letzteres vom Lehrer direct zu ergänzen ist. Der pädagogische Werth des Commentirens ist von den Alten selbst sehr früh erkannt; die Erklärung klassischer Schriften wurde schon in den Grammatistenschulen hauptsächlich geübt und bildete neben Musik und Gymnastik das Hauptmittel der formalen Geistesbildung. Auch in den späteren Schulen der Grammatiker und Rhetoren wurde das Commentiren besonders gepflegt. In den römischen Schulen trat dann, als die Römer *bilingues* wurden, der besondere Vortheil hervor, den die Erklärung von Werken einer fremden Sprache gewährt. Die Form der fremden Sprache kommt mit Bewusstsein zur Anschauung, was bei der eigenen in der Regel nicht der Fall ist und auch hier mit Hülfe der fremden am leichtesten erreicht wird. Durch dies Bewusstsein aber wird der Sinn der Sprache tiefer aufgefasst. Da nun in den Werken des klassischen Alterthums die strengste Form liegt, wird daran die formale Thätigkeit des Verstehens ganz vorzüglich geübt, und damit verbindet sich zugleich eine entsprechende Uebung für das Produciren in der Muttersprache. Für die modernen Völker steigert sich der Bildungswerth der alten Sprachen dadurch, dass nicht nur der grammatische, sondern auch der stilistische Charakter derselben von dem der neueren sehr abweicht, und auch die historischen Beziehungen der Sprachwerke entlegen sind. Man lernt durch genaues Studium eines schweren, entfernten Idioms seinen Geist objectiviren, wird empfänglich für das Ferne, nicht Gewohnheitsmässige und gewinnt dadurch an Freiheit des Geistes. Nur muss das Commentiren auch wirklich ein allseitiges Verständniss der alten Meisterwerke hervorbringen, nicht in grammatischem Wortkram aufgehen oder den Geist des Lernenden durch einen massenhaften Stoff von Notizen erdrücken. Man muss in der Schule vieles verschweigen, was für das philologische Studium, aber nicht für die allgemeine Bildung von Interesse ist. Auch hierin beachten die Philologen oft zu wenig den nöthigen Unterschied zwischen dem Universitätsvortrage und dem Schulunterricht.*)

Der mündliche Commentar muss die didaktische Methode zur Richtschnur haben und die Form des Schriftwerks nach allen Seiten hin entwickeln; in dem schriftlichen dagegen muss der nöthige Stoff zur Erklärung beigebracht werden, und die Ausführung wird sich weniger nach didaktischen Rücksichten als nach der Sache selbst richten. Daher wird der schriftliche Commentar als Vorbereitung für die mündliche Erklärung gute Dienste leisten, damit diese in der Erreichung ihrer Aufgabe nicht durch den Stoff, durch grammatische oder historische Notizen behindert werde. Dies gilt auch für den Schulbetrieb der Hermeneutik; natürlich sind hierfür die schriftlichen Commentare nur in mässigem Umfange anzulegen. Erst wenn man durch das mündliche Commentiren Uebung in der hermeneutischen Methode erlangt hat, wird man wissenschaftlich ausgeführte schriftliche Commentare mit Erfolg benutzen können. Der Form nach sind diese Commentare entweder ununterbrochene *(perpetui)* oder unterbrochene. Der ununterbrochene Commentar eignet sich besonders für Werke, wo die individuelle und ästhetische Auslegung vorwiegt, wo alles im Licht des Ganzen, also im weitesten Zusammenhange darzustellen ist; der unterbrochene Commentar ist dagegen für die grammatische und historische Auslegung ange-

---

*) Vergl. das Prooemium von 1811: *De nostrorum studiorum ratione a veteribus, Graecis praesertim, abhorrente.* Kl. Schr. IV, 35 ff.

messen, da hierbei die Schwierigkeiten des Verständnisses im Einzelnen wegzuräumen sind. Der Ausdruck *commentarius perpetuus* stammt von Joh. Matth. Gesner, durch dessen Schüler Heyne diese Form besonders in Aufnahme gebracht wurde. Die meisten Commentare aus der Heyne'schen Schule sind aber höchst nüchtern und unbedeutend, dolmetschen nur mit wenigen Worten, übergehen nicht viel, ausgenommen das Schwierigste und geben über nichts genügenden Aufschluss; sie enthalten mattes und seichtes ästhetisches Gewäsch; die Grammatik ist vernachlässigt und die individuelle Erklärung äusserst oberflächlich. Ein recht abschreckendes Beispiel dieser Art von Schriftstellerei sind die *Commentarii perpetui* von Schmieder zu Plautus (Göttingen 1804) und Terenz (2. Aufl. Halle 1819). Sehr vortheilhaft unterscheiden sich hiervon die Anmerkungen der älteren Gelehrten, besonders aus dem 16. Jahrhundert, die oft kurz, aber bündig sind und keinen Anspruch darauf machen umfassend zu sein; so sind die Commentare eines Muretus, Lambinus, Acidalius und der Manutier. Wenn sie auch nicht von der Technik der Werke sprechen, so verstanden sie doch mehr davon als die *perpetui commentatores*.

Was den Inhalt der Commentare betrifft, so müssen darin alle Arten der Auslegung sachgemäss berücksichtigt werden; nur bei Commentaren für den Schulgebrauch wird die individuelle und generische Interpretation zurücktreten. Die Commentare sind aber meist einseitig. Da sie sich der Hauptsache nach auf die grammatische und historische Auslegung beschränken, zerfallen sie in Spracherklärungen und Sacherklärungen. Die Spracherklärung schwillt oft durch die Citatenwuth der Erklärer (vergl. oben S. 124) und durch grammatische Excurse zu unverhältnissmässigem Umfang an, indem sie weit über das Bedürfniss der Erklärung hinausgeht. Die Sacherklärungen sind sehr mannigfacher Art; es gehören dazu die philosophischen, geschichtlichen, militärischen, politischen und allerlei antiquarische Commentare. Philosophische Commentare hat man schon im Alterthum gründlich ausgearbeitet, besonders zu Platon und Aristoteles. Es handelt sich aber bei denselben eigentlich darum die Lehren eines Philosophen auf ein anderes System oder eine andere Terminologie zurückzuführen; oder es entstehen auf Grund der zu erklärenden Schriften eigene philosophische Abhandlungen, wodurch das Gebiet der Philologie überschritten wird. Ein politischer

Commentar sind z. B. Macchiavell's berühmte Untersuchungen über die erste Decade von Livius' römischer Geschichte (1532, ins Deutsche übersetzt von Findeisen und Scheffner. Danzig 1776 [neueste Uebers. von Grüzmacher. Berlin 1870]); diese Schrift hat eine grosse Zahl oft sehr schwacher Nachahmungen hervorgerufen. An sich haben alle solche und ähnliche Arbeiten den Werth besonderer fachwissenschaftlicher Essays und enthalten eine Anwendung der Philologie auf andere Wissenschaften. Philologisch sind nur die wirklich historischen Commentare, wozu auch die antiquarischen gehören. In diesen wird die Aufgabe der historischen Interpretation falsch aufgefasst (vergl. oben S. 82 und S. 113); indem die Sachen, die in einem Werke berührt werden, weit über das Bedürfniss der Auslegung hinaus erklärt werden, entstehen Einlegungen, die nicht zur Sache gehören. Die Philologen sind verurtheilt gelegentlich zu denken, und nicht jedem ist es gegeben diese gelegentlichen Gedanken zu verschweigen. Daher lassen Viele ihre Commentare, die eigentlich nur Mittel zum Verständniss der Schriftsteller sein sollen, zuletzt aus zu grossem Fleiss und Liebe zur Sache über die Grenzen einer gewöhnlichen Erklärung hinauswachsen, indem sie Alles, was sie über einen Gegenstand, der sie eben interessirt, wissen, bei Gelegenheit mit unterstecken; dadurch werden oft unbedeutende Schriftsteller nur wegen des Inhalts der dazu geschriebenen Commentare wichtig. Viele treiben es darin fast noch ärger als Irmisch mit dem Herodian (s. die Ausgabe in fünf starken Bänden. Leipzig 1789—1805). Die Schriften dieser Art können aber doch voll ächter hermeneutischer und kritischer Kunst und wahre Repertorien klassischer Gelehrsamkeit sein. Solcher Art sind die Commentare des Casaubonus (z. B. *Animadversiones in Athenaei deipnosophistas*. Leiden 1600), Salmasius (z. B. *Plinianae Exercitationes in C. Iul. Solini Polyhistora*. Paris 1629), Ezech. Spanheim (Ausgabe des Kallimachos. Utrecht 1697), Valckenaer (Ausgabe des Ammonios. Leyden 1739), d'Orville (Ausgabe des Chariton. Amsterdam 1750. 3 Theile, 4.). Für das Studium werden die Ausleger die besten sein, welche die richtige Mitte halten, wozu Wolf in seinem Commentar zur Leptinea (*Demosthenis oratio adversus Leptinem, cum schol. vett. et commentario perpetuo*. Halle 1789, neue Ausg. von Bremi. Zürich 1831) das erste Muster gegeben hat. Seitdem sich die realen Disciplinen der Philologie in vollkommener

Selbständigkeit entwickelt haben, wird es immer unangemessener, was in jene gehört, in Commentaren anzubringen.*)

Eine besondere Beachtung verdienen noch die Ausgaben der alten Schriftsteller, worin die Anmerkungen Mehrerer, sog. *Notae Variorum*, zusammengestellt sind; die lateinischen Autoren sind so besonders von Holländern bearbeitet, die griechischen seltener. Wenn die *Notae Variorum* nur kritiklose Sammlungen sind („*integrae*" oder „*selectae*"), worin häufig mehrmals dasselbe gesagt wird, so sind sie eigentlich nur Buchhändlerarbeiten. Werden sie dagegen mit Urtheil angelegt, wie z. B. in Drakenborch's Livius, in Imm. Bekker's Ausgabe des Tacitus, oder in Westerhof's Ausgabe des Terenz, so sind sie sehr bildend, weil sie einen reichen Stoff zur Uebung gewähren und die Geschichte der Auslegung vorführen. Am allerschlechtesten sind die Commentare, welche nur das Gewöhnliche zusammenhäufen. Die Auslegung ist gewiss die Hauptsache der Philologie, wie schon der Mythus andeutet, welcher die Hochzeit des Hermes und der Philologie erzählt. Aber die Erklärer sind oft keine Merkure, und das Gefäss des hermeneutischen Geistes ist ihnen hermetisch verschlossen. Daher die kläglich Ausgabenfabrikation unserer Zeit; man überträgt das eine Buch ins andere; es ist ein ewiges Herüber- und Hinübergiessen des alten Stoffes durch neue Ausgaben. Die Philologie ist häufig nur Gewerbe; man macht nicht Ausgaben, weil man etwas Neues gefunden hätte, weil der Geist, der innere Beruf dazu treibt, sondern der Buchhändler und die Erwerbssucht sind das *primum agens*. Dies ist eine Versündigung an den Manen der Alten, mit deren Geist Wucher und Handwerk getrieben wird.

Für die schwierigsten Arten der Interpretation, für die individuelle und generische, giebt es noch wenig Muster. In den ersten Jahrhunderten des Alterthumsstudiums ging man darauf nicht ein, weil man mit der Sammlung und Sichtung des massenhaften Stoffs, mit der grammatischen und historischen Erklärung vollauf zu thun hatte. Die Holländer, sonst treffliche Männer, hatten noch kaum eine Vorstellung davon; am meisten ist ihr genialster Kritiker Valckenaer darauf eingegangen. Heyne schwebte die Aufgabe dieser höheren Hermeneutik dunkel vor; aber seine Schule verfehlte, wie gesagt, den richtigen Weg. Sie erfordert ein so

---

*) Vergl. Kl. Schr. VII, S. 49.

tiefes Eindringen, dass sie erst bei grösserer Vollendung der realen Disciplinen in Angriff genommen werden konnte. Gelingen konnte sie zuerst auch nur denen, welche dem auszulegenden Schriftsteller besonders congenial waren. Dies ist ungeachtet aller sonstigen Mängel ein Vorzug der Wieland'schen Erklärung der Alten, besonders des Horaz und des Cicero. Das erste Meisterwerk der individuellen Erklärung, welches nicht übertroffen werden möchte, sind indess Schleiermacher's Einleitungen zu den Platonischen Gesprächen. Hier ist die höchste Congenialität und das tiefste Studium vereint, wenn auch der Erklärer zuweilen wohl zu viel gesehen hat, was bei dieser Auslegung besonders leicht geschieht. Ich habe nebst Dissen die Auslegung bei Pindar nach den von mir aufgestellten Grundsätzen durchzuführen versucht. Seitdem ist die individuelle und generische Interpretation besonders bei Dichtern mit Glück angewandt, sehr wenig noch bei Prosaikern. Da die Auslegung übrigens der Natur der Sache nach mit der Kritik eng verbunden ist, so werden wir über den hermeneutisch-kritischen Apparat, welchen man zum Verständniss jedes Schriftstellers nöthig hat, eingehender sprechen, nachdem wir die Theorie der Kritik abgehandelt haben.

Zweiter Abschnitt.

Theorie der Kritik.

§ 27. Literatur. Franc. Robortellus, *De arte sive ratione corrigendi antiquorum libros disputatio.* Padua 1557 u. ö., auch abgedruckt in Gruterus, *Lampas s. fax liberalium artium.* Lucca 1747. T. II. — Casp. Scioppius, *de arte crit. et praecipue de altera ejus parte emendatrice.* Nürnberg 1597 und öfter, zuletzt Leyden 1778. — Jos. Scaliger, *de arte crit. diatribe.* Leyden 1619. 4. — Diese Werke geben nur das Handwerksmässige der Kritik. Grössere Ansprüche macht Joh. Clericus, *Ars crit. in qua ad studia linguarum Latinae, Graecae et Hebraicae via munitur, veterumque emendandorum, spuriorum scriptorum a genuinis dignoscendorum et judicandi de eorum libris ratio traditur.* Amsterd. 1696—1700 u. ö. Le Clerc verstand von Allem Etwas, aber nicht viel; seine eigene Kritik ist in der Ausübung schlecht und unglücklich. Der erste Band des genannten Werkes enthält eigentlich methodische Lehren über die Lectüre der alten Schriftsteller und Hermeneutisches, der zweite enthält die emendirende Kritik und die Kritik des Echten und Unechten, der dritte praktische Regeln, nämlich *epistolae criticae et ecclesiasticae, in quibus ostenditur usus artis criticae.* Es ist darin viel Falsches; man findet kein klares System, im Einzelnen oft sehr oberflächliche Ansichten, aber doch manches Gute. — Henr. Valesius, *De critica,* bei dessen *Emendationes,* herausgegeben von P. Burmannus. Amst. 1740. — Heumann, *Comm. de arte critica* mit Robertello's Abhandlung. Nürnberg 1747. — Jean Bapt. Morel, *Eléments de critique* Paris 1766, geht nur auf die Verbesserung der Fehler der latein. Handschriften mit Beispielen aus den Kirchenvätern und mit Belehrung darüber, welche Worte und Buchstaben verwechselt werden. — Elvenich, *Adumbratio legum artis crit. verbalis cum exercit. crit. in Cic. de nat. deorum.* I, 11—20. Bonn 1821. Ohne Originalität der Ansichten, oberflächlich, geistlos. — Chr. Dan. Beck, *Observationes historicae et criticae sive de probabilitate critica, exegetica, historica.* 4 Abhandlungen. Leipzig 1821—26. 4. (Beispielsammlung). — Schleiermacher, Ueber Begriff und Eintheilung der philologischen Kritik. Akad. Abh. von 1830 (Werke. Zur Philosophie, Bd. 3, S. 387—402). — Schubart, Bruchstücke zu einer Methodologie der diplomatischen Kritik. Kassel 1855. — [Fr. Heimsoeth, *De necessaria in re critica vigilantia, perseverantia atque audacia.* Bonn 1869. — Wilh. Freund, *Triennium philologicum.* 4. Abschn. Leipz. 1874. 2. Aufl. 1879. — Franz Bücheler, Philologische Kritik. Rectoratsrede. Bonn 1878. —

Herm. Hagen, *Gradus ad criticen*. Für philologische Seminarien und zum Selbstgebrauch entworfen. Leipzig 1879.] — In vielen kritischen Werken, Ausgaben und andern Schriften ist ausserdem die Theorie der Kritik gelegentlich berührt.*)

Die Kritik ist nach unserer Erklärung (oben S. 77) diejenige philologische Funktion, wodurch ein Gegenstand nicht aus sich selbst und um seiner selbst willen, sondern zur Festsetzung eines Verhältnisses und einer Beziehung auf etwas Anderes verstanden werden soll, dergestalt, dass das Erkennen dieses Verhältnisses selbst der Zweck ist. Dies wird auch durch den Namen der Kritik angedeutet. Die Grundbedeutung von κρίνειν ist die des Scheidens und Sonderns; alles Scheiden und Sondern ist aber Festsetzung eines bestimmten Verhältnisses zwischen zwei Gegenständen. Die Enuntiation eines solchen Verhältnisses ist ein Urtheil; urtheilen bedeutet ja auch heraustheilen und ist ein Synonym von entscheiden.

Von welcher Art das gefällte Urtheil sei, ist für den Begriff der Kritik ganz gleichgültig. Aber die unbegrenzte Möglichkeit der Urtheile wird durch den Zweck der kritischen Thätigkeit eingeschränkt. Es kann sich nur darum handeln, das Verhältniss des Mitgetheilten zu dessen Bedingungen zu verstehen. Da nun die Hermeneutik das Mitgetheilte selbst aus diesen Bedingungen erklärt, so muss die Kritik in dieselben Arten zerfallen wie die Hermeneutik (s. oben S. 83). Es giebt also eine grammatische, historische, individuelle und generische Kritik, und diese vier Arten der kritischen Thätigkeit müssen natürlich ebenso innig verbunden werden wie die entsprechenden hermeneutischen Functionen. Da das Mitgetheilte aus den Bedingungen der Mittheilung hervorgeht, sind diese das Maass für dasselbe. Das Mitgetheilte kann nun zu den Bedingungen ein doppeltes Verhältniss haben: es kann ihnen angemessen sein oder nicht, d. h. mit dem Maasse, welches in ihnen liegt, übereinstimmen oder davon abweichen. Wird ferner eine Mittheilung wie die alten Schriftwerke durch Ueberlieferung fortgepflanzt, so hat die Kritik zugleich ihr Verhältniss zu dieser Ueberlieferung zu untersuchen. Das Mitgetheilte kann durch zerstörende Natureinflüsse oder durch

---

*) Böckh's Ansichten sind kurz erörtert in der Vorrede zum *Corpus Inscript. Graecarum* S. XVII ff. und in der akademischen Abhandlung von 1820—22: Ueber die kritische Behandlung der Pindarischen Gedichte. Kl. Schr. V, S. 251 ff.

Irrthum und Versehen der Ueberliefernden getrübt oder von diesen absichtlich verändert werden. Es gilt also immer zugleich festzustellen, ob die vorliegende Gestalt der Ueberlieferung mit der ursprünglichen übereinstimmt oder davon abweicht. Die Kritik hat somit eine dreifache Aufgabe. Zuerst muss sie untersuchen, ob ein gegebenes Sprachwerk oder dessen Theile dem grammatischen Wortsinn der Sprache, der historischen Grundlage, der Individualität des Autors und dem Charakter der Gattung angemessen seien oder nicht. Um aber nicht bloss negativ zu verfahren muss sie zweitens, wenn etwas unangemessen erscheint, feststellen, wie es angemessener sein würde. Drittens aber hat sie zu untersuchen, ob das Ueberlieferte ursprünglich ist oder nicht. Es wird sich zeigen, dass hiermit alle thatsächlichen Bestrebungen der Kritik erschöpft sind. Ich werde dies durch die specielle Ausführung der Theorie darthun, welche der Darstellung der Hermeneutik parallel laufen wird und mir eigenthümlich ist. Doch schicke ich zuerst noch einige allgemeine Bemerkungen über den Werth der Kritik, das kritische Talent, die Grade der kritischen Wahrheit und das Verhältniss der Kritik zur Hermeneutik voraus.

§ 28. Schelling rühmt in seinen Vorlesungen über die Methode des akademischen Studiums (S. 77) der Kritik nach, dass sie die Auffindung von mancherlei Möglichkeiten in einer dem Knabenalter angemessenen Art übe, wie sie noch im männlichen Alter einen knabenhaft bleibenden Sinn angenehm beschäftigen könne. Hieraus erhellt, dass er sie eigentlich nur als Uebung für Knaben ansieht, ähnlich wie Kallikles im Platonischen Gorgias die Philosophie zur Jugendbeschäftigung macht und es bei einem Erwachsenen ebenso prügelnswerth findet zu philosophiren als zu stammeln.*) Freilich hat Schelling das Wesen der Kritik nicht begriffen, wenn er sie als Aufspürung von Möglichkeiten betrachtet. Sie muss allerdings erwägen, welche Gestalten der Mittheilung nach den gegebenen Bedingungen möglich waren, aber nur um aus diesen Möglichkeiten das Angemessene und Wirkliche auszuscheiden. Hierin liegt denn auch ihr Werth. Sie tritt zwar zerstörend und vernichtend auf, indem sie an aller Tradition rüttelt. Aber sie negirt nur den Irrthum, und da

---

*) Vergl. das Prooemium zum Lektionskataloge von 1835: *De recta artium studiorum ratione.* Kl. Schr. IV, 400 f.

dieser die Verneinung der Wahrheit ist, so wirkt sie dadurch schon positiv. Man nehme die Kritik weg und lasse die falsche Tradition unangefochten bestehen, so werden bald Wissenschaft und Leben, soweit sie auf historischem Grunde ruhen, auf die grössten Irrwege gerathen, wie dies im Mittelalter der Fall war, welches hauptsächlich durch den Mangel an Kritik gehemmt wurde. Ohne Kritik geht alle historische Wahrheit zu Grunde, was Leibniz in den Briefen an Huet (*Sylloge nova epistolarum* Bd. I, S. 637 ff. Nürnberg 1760) scharfsinnig zeigt.*) Ferner bildet die Kritik durch die Auffindung des Unangemessenen; sie tödtet dadurch alle leere Phantasterei, alle Hirngespinnste in Bezug auf das historisch Gegebene. Zugleich übt sie eine Wirkung auf das eigene Produciren aus, indem sie zur Selbstkritik wird. Sie ist für jede Wissenschaft die Wage der Wahrheit, welche das Gewicht der Gründe abwägt, das Wahrscheinliche und Scheinbare, das Gewisse und Ungewisse, das bloss Spitzfindige und Anschauliche unterscheiden lehrt, und wenn mehr Kritik in der Welt wäre, würden die literarischen Speicher nicht statt mit Weizen mit Spreu gefüllt sein, hervorgebracht durch Unkritik, die sehr häufig sogar den Namen der Kritik führt; denn nichts ist unkritischer als die schlüpfrigen Conjecturen vieler sogenannten Kritiker. Valckenaer und Hemsterhuis haben daher in ihren trefflichen Reden die Idee ausgeführt, dass jeder wahre Kenner einer Wissenschaft Kritiker sein müsse (vergl. *Tiberii Hemsterhusii Orationes. Ed.* Friedemann. Wittenberg 1822. S. 77). Indem aber die kritische Prüfung und Vergleichung zugleich das Angemessene in der Ueberlieferung feststellt, führt sie alle wissenschaftliche Production, soweit sie hervorgetreten ist, auf das Ideal der Wissenschaft zurück und wird so auch nach dieser positiven Seite ein nothwendiges Organ aller wissenschaftlichen Forschung; sie bildet Urtheil und Geschmack.

Indess darf man den Werth der Kritik nicht überschätzen, wie besonders die holländischen Philologen gethan haben, welche dieselbe als die eigentliche Aufgabe der Philologie ansahen. Es gab eine Zeit, wo man meinte, in der Ergründung der Silben und Wortspitzen liege das Heil der Welt, und mit einer Eitelkeit, welche den Philologen oft eigen ist, erklärte man diese

---

*) Vergl. die Rede von **1839**: Ueber Leibnizens Ansichten von der philologischen Kritik. Kl. Schr. II, **241** ff.

grammatische Industrie für den Gipfel aller Wissenschaft und nannte sie *diva critica*. In der That eine seltsame Divinität! Es möchte dabei Manchem mit Faust um seine Gottähnlichkeit bange werden. Es war eine einseitige, falsche Kritik, die so überschätzt wurde; denn die wahre bewahrt vor Selbstüberschätzung.*) Die sich selbst überhebende Kritik wirkt auch allein zerstörend, indem sie die sich selbst verleugnende Auslegung verschmäht, die doch der einzig sichere Grund der Beurtheilung ist (s. oben S. 124). Die ächte Kritik ist bescheiden, und ihre wohlthätigen Wirkungen sind unscheinbar, weil sie keine selbständigen Schöpfungen hervorbringt; ihr Werth zeigt sich nur in den Verwüstungen, die eintreten, sobald sie fehlt. Wenn ein Zeitalter also die Kritik anfeindet, sei es, weil man sie als pedantisch oder als destructiv ansieht, so gilt dies entweder der falschen, oder man verkennt die wahre (vergl. Dav. Ruhnken, *Elogium Tiberii Hemsterhusii*). Doch muss der Kritik stets ein Gegengewicht gehalten werden, damit sie nicht die Production abstumpfe und das Vermögen der Ideen schwäche (s. oben S. 26 f.). Sehr schön sagt Weil (*Ouverture du cours de littérature latine*. Strassburg 1846, S. 17): *La critique est un guide très-sournois, toujours négatif: comme le démon de Socrate, elle vous arrête, mais elle ne vous fait pas marcher.*

§ 29. Wenige üben die wahre Kritik; es gehört dazu in der That eine noch höhere Begabung als zur Auslegung (s. oben S. 87). Denn sie erfordert — wenn sie das Angemessene oder das Ursprüngliche reproduciren soll — mehr Selbstthätigkeit als die Hermeneutik, bei welcher die hingebende Aneignung des Gegenstandes vorwiegt. Doch ist dies nur verhältnissmässig der Fall, nämlich wenn man die entsprechenden Arten beider Functionen in Betracht zieht. Zur individuellen Interpretation gehört z. B. weit mehr Selbstthätigkeit als zur Wortkritik, aber weniger als zur individuellen Kritik. Die Natur des kritischen Talents ergiebt sich aus den Aufgaben, die der Kritiker zu lösen hat. Um in der Ueberlieferung das Unangemessene und Angemessene zu unterscheiden muss er Objectivität mit feinem Urtheil verbinden; zur Herstellung des Ursprünglichen gehört Scharfsinn, Sagacität; ausserdem aber muss der Kritiker, wie Bentley in der Vorrede zu seiner Ausgabe des Horaz verlangt, einen

---

*) Vergl. *Tragoediae Graecae princ.* S. 6.

argwöhnischen Sinn (*animus suspicax*) haben um nicht alles, was gegeben ist, für angemessen und ächt zu halten. Endlich ist zu allen drei Aufgaben der Kritik die grösste **Genauigkeit** erforderlich. Das kritische Scheintalent besteht in der Spitzfindigkeit und Naseweisheit, die statt der Erfordernisse des Objects die eigenen subjectiven Einfälle setzt und zu kritisiren beginnt ohne hermeneutisch in das Verständniss selbst einzudringen. Man darf überhaupt nicht glauben, dass der Kritiker seine Aufgabe nur mit dem Verstande zu lösen vermöge, dass das kritische Talent nur in einem höheren Grade des Scharfsinns, der Unterscheidungsgabe bestehe. Offenbar hat nämlich auch die Kritik an dem Cirkel Theil, der in der hermeneutischen Aufgabe hervortrat; das Einzelne muss ja aus dem Charakter eines umfassenden Ganzen und dieser doch wieder aus dem Einzelnen beurtheilt werden. Auch bei der Kritik liegt daher die letzte Entscheidung in dem unmittelbaren Gefühl, das aus einem **unbestechlichen Sinn für historische Wahrheit** hervorgeht. Dies Gefühl zur möglichsten inneren Stärke und Klarheit zu bringen muss des Kritikers höchstes Streben sein; es bildet sich dann zu einem künstlerischen Trieb aus, der ohne Reflexion sicher das Richtige trifft, was die Alten εὐτοχία nennen. Dies ist aber etwas aus grosser hermeneutischer Uebung Hervorgehendes; daher wird der wahre Kritiker auch immer ein guter Ausleger sein. Das Umgekehrte findet natürlich nicht immer statt; wie es viele grammatische Ausleger giebt, welche nichts von der individuellen Interpretation verstehen, so verstehen viele Ausleger nichts von der Kritik. Besonders findet man dies bei Sacherklärern, die der Stoff zuweilen so obruirt, dass sie das Urtheil, die Sichtung vergessen; ein grosses Beispiel der Art ist Salmasius. Ein nicht kritischer Ausleger wird bei einem Schriftwerk erst etwas leisten können, wenn ein guter Kritiker ihm den Weg gebahnt hat. Indess ist ein vorzügliches hermeneutisches Talent in der Regel auch kritisch. In der innigen Verbindung mit dem hermeneutischen Gefühl liegt allein die wirkliche Divinität der Kritik; sie wird dadurch divinatorisch, indem sie vermittelst productiver Einbildungskraft den Mangel der Ueberlieferung ergänzt. Das ist die geniale Kritik, die aus eigener Kraft quillt, nicht aus dem Pergament.*) Sie tritt in verschiedener Form auf: bei einigen

---

*) Vergl. Kl. Schr. VII, S. 51.

hat sie den Charakter der Klarheit, der Fröhlichkeit, wie bei
Bentley; bei anderen ist sie dunkel, tief, aber im Innern höchst
vortrefflich, wie bei Valckenaer, der in der That ein tiefsinniger
Kritiker war — es ist dies ein Unterschied, der nicht bloss in
der Darstellung, sondern in der Art der kritischen Conception
der Ideen selbst liegt. Indess muss die Divination stets mit ver-
ständiger Besonnenheit verbunden sein; der argwöhnische Sinn
führt den Kritiker leicht irre, wenn er nicht durch Objectivität
der Anschauung in Schranken gehalten wird. Selbst ein Bentley
und Valckenaer haben häufig geirrt, und die Valckenaer'sche
Tiefe erscheint besonders in der grammatischen Kritik oft zurückgedrängt. Im Allgemeinen kann man behaupten, dass von
100 Conjecturen, welche die Kritiker machen, nicht 5 wahr sind.
Ἄριστος κριτὴς ὁ ταχέως μὲν cυνιείς, βραδέως δὲ κρίνων.

§ 30. Die Kritik soll im Verein mit der Hermeneutik die
historische Wahrheit ausmitteln. Diese beruht auf denselben
logischen Bedingungen wie die Wahrheit überhaupt, nämlich:
1. auf der Richtigkeit der Prämissen, 2. auf der Richtigkeit des Schlussverfahrens. Die Prämissen können unmittelbar als wahr erkannt werden, wie die mathematischen Grundsätze
und überhaupt alle an sich klaren, einfachen Anschauungen des
menschlichen Geistes, oder sie sind wiederum nur durch Schlussfolge aus andern wahren erkannt; welches letztere weiter keine
besondere Betrachtung verdient. In wiefern nun eine kritisch-
exegetische Behauptung auf unmittelbar gewissen, oder sonst als
sicher erwiesenen Prämissen beruht, und die Schlussfolge, der
jene Prämissen zu Grunde liegen, richtig ist, haben wir die
historische Wahrheit selbst gefunden. Der Wahrheit verwandt sind das Wahrscheinliche (*verisimile*, εἰκός), das An-
nehmliche (*probabile*, πιθανόν), das Glaubliche (*credibile*, πιc-
τόν). Diese Unterschiede erweisen sich als Grade der Wahrheit. Wir nennen wahrscheinlich dasjenige, was sich der
vollen Wahrheit nähert, ohne jedoch hinlänglich bewiesen zu
sein; probabel dasjenige, was mit andern Wahrheiten übereinstimmt, ohne doch selbst bewahrheitet zu sein; glaublich dasjenige, was mit unsern Vorstellungen übereinstimmt, ohne dass
ein objectiver Beweis vorliegt. Alles dieses beruht bei gefolger-
ten Sätzen auf den Prämissen; denn wenn die Schlussfolge
falsch ist, kann man überhaupt nicht von irgend einem Grade
wissenschaftlicher Wahrheit sprechen. Schon das Wesen des

Glaublichen liegt in der Unsicherheit der Prämissen bei übrigens sicherer Schlussfolge: indem die Prämissen nur auf unserer Vorstellung beruhen und mit derselben übereinstimmen, also überhaupt nur unbewiesene Vorstellungen sind, ist auch Alles, was folgerecht daraus geschlossen wird, nur möglich. Bei dem Wahrscheinlichen haben die Prämissen eine objective Beweiskraft. Denn das Wesen der Wahrheit liegt darin, dass, wenn das Eine ist, auch das Andere nothwendig sei: das Wesen der Wahrscheinlichkeit aber beruht darauf, dass, wenn das Eine ist, das Andere noch nicht nothwendig, aber möglich und ausserdem gewöhnlich, regelmässig so ist. Es richtet sich daher der Grad der Wahrscheinlichkeit nach der Vollständigkeit der Induction, auf welche eine oder beide Prämissen des Schlusses gegründet sind. Da aber in der äussern Erfahrung keine solche Induction vollständig sein kann, so wird die Hermeneutik und Kritik nicht zur vollen Wahrheit gelangen, wenn die Prämissen nicht unmittelbar gewiss sind. Das Probable ist offenbar nur ein niederer Grad der Wahrscheinlichkeit. Der Maasstab für die Sicherheit der Prämissen ist jedoch sehr subjectiv und hängt sehr häufig von dem Grade der Anschauungsfähigkeit ab. Wer mitten in der Erkenntniss des Alterthums steht, schaut etwas als unmittelbar gewiss an, was einem Andern durchaus ungewiss ist. Doch birgt die grössere Kenntniss wieder eine Gefahr des Irrthums, wenn der Urtheilende eine vollständige Induction vor sich zu haben glaubt. Jemand, dessen Kenntnisse unvollständig sind, d. h. ein Jeder, der keine hinlängliche Anschauung des Alterthums hat, übersieht unzählige Verhältnisse und kann glauben, dass seine Prämissen wahr, der Wahrheit am nächsten, oder mit der Wahrheit übereinstimmend seien, während sie derselben geradezu widersprechen. Ein Beispiel giebt die Untersuchung von Seidler über die Zeit der Sophokleischen Antigone; er hat geglaubt, seine Prämissen wären ganz sicher, weil er zu wenig Umsicht und einen zu kleinen Kreis von Anschauungen aus dem Alterthum hatte. Ich habe gezeigt, dass sie ganz unzulänglich sind.*) Es ist daher durchaus keine fruchtbare kritische oder exegetische Untersuchung denkbar ohne die Voraussetzung der grösstmöglichen Fülle der Anschauungen aus dem Alterthum. Der Umfang dieser Anschauungen liegt in der Gelehrsamkeit, die

---

*) Ausgabe der Antigone von 1843. S. 125 ff.

Tiefe derselben in der Genialität: nur nach dem Maasse beider sind die Prämissen zu würdigen. Das Glaubliche, als bloss mit der Vorstellung übereinstimmend, ist hiernach eine unbestimmte und fast ganz unbrauchbare Kategorie. Was demjenigen glaublich ist, der Fülle der Gelehrsamkeit und Genialität hat, findet der Unwissende und Geistlose ganz unglaublich: und was dem letzteren glaublich ist, findet der erstere oft ganz unmöglich.

Die Grade der Gewissheit sind aber nicht allein nach den Prämissen, sondern häufig auch selbst nach der Form der Demonstration sehr subjectiver Natur. Unter der Form der Demonstration verstehe ich jedoch hier nicht die allgemein logische. Gottfr. Hermann pflegt Anderer kritische und exegetische Auseinandersetzungen nach logischen Formeln zu beurtheilen und in solche umzusetzen. Dies ist an sich nicht zu tadeln; aber die philologische Beweisführung hat eine Form, welche durch die allgemeine Logik allein nicht gegeben ist. Niemand kann verlangen, dass man in Syllogismen schreibe, was man freilich häufig thun müsste um Hermann's Anforderungen gerecht zu werden. Leibniz, der oft seine Lehren anhangsweise syllogistisch formt (wie in der Theodicee), sagt T. 1. p. 425 der Ausgabe seiner *Opp. philos.* von Erdmann: „Sonst gleichwie es sich nicht schicket, allezeit Verse zu machen, so schicket sich's auch nicht, allezeit mit Syllogismis um sich zu werfen." Es kommt nur auf die richtige Dialektik an, die mit oder ohne Syllogismen möglich ist; ohne Syllogismen, inwiefern nämlich die Schlussfolge abgekürzt wird ohne deshalb unrichtig zu sein. Es genügt, dass sie die syllogistische Form verträgt. Ein Forscher von grösserem Scharfsinn findet nun aber an demselben Object feinere Unterschiede, die ein Anderer nicht mehr erblickt, und er ist im Stande bis zur Sicherheit zu bringen, was ein Anderer nur für wahrscheinlich gegeben hat: indem er die Prämissen durch genauere Sonderung näher bestimmt und durch Combination Schlüsse zieht, die ein Anderer nicht hat ziehen können. Das ist die philologisch-kritische Dialektik. Die fruchtbare Combination beruht darauf die Prämissen in eine solche Stellung und Verbindung zu bringen, dass mehr aus ihnen hervorspringt, als man gewöhnlich sieht: es sind oft lange Umwege nöthig um eben viele Thatsachen so zusammenzustellen, dass immer neue und aus diesen wieder neue und sichere hervorspringen. Aber der grösste Scharfsinn geht doch fehl, wenn ihn die Sicherheit der Anschauung verlässt; die scharfsinnigsten Untersuchungen werden ein Gewebe von Irrthümern, wenn die Prämissen falsch sind. Man muss sich daher vor nichts mehr als vor hohlem Scharfsinn und vor allen bloss subjectiven Urtheilen hüten; man muss möglichst auf eine Art mathematischer Objectivität zu gelangen suchen, und so sehr auch regsame Combination erfordert wird, muss man doch bei derselben sich nie von der klaren Anschauung entfernen, auf die Alles als auf das Erste und Letzte hinauskommt. Ueberwiegend ist die Combination bei der Kritik alles Fragmentarischen, wo aus Einzelnem das Ganze constituirt werden muss. Hier ist ein hoher Grad von Aufmerksamkeit erforderlich, und oft, da man diesen nicht immer festhält, zumal bei uninteressanten Dingen, ist nur successiver Erfolg möglich. So habe ich z. B. bei N. 511 des *Corpus Inscriptionum* nicht die genügende Aufmerksamkeit gehabt, weil ich ermüdet war von der Sache, die mich nicht interessirte; G. Hermann hat die Untersuchung von vorn gemacht und hatte nun Vorarbeit: so gelang es besser.*)

§ 31. Die historische Wahrheit wird durch das Zusammenwirken der Hermeneutik und Kritik ermittelt. Wir müssen daher näher betrachten, in welcher Weise dies Zusammenwirken vor sich geht. Die Hermeneutik kommt, wie wir gesehen haben, überall auf die Betrachtung von Gegensätzen und Verhältnissen hinaus; aber sie betrachtet sie nur um die einzelnen Gegenstände an sich zu verstehen. Dagegen muss die Kritik überall das Hermeneutische, die Erklärung des Einzelnen voraussetzen um von da aus ihre eigene Aufgabe zu lösen, die Verhältnisse des Einzelnen zu dem umfassenden Ganzen der Bedingungen zu begreifen. Man kann nichts beurtheilen ohne es an sich zu verstehen; die Kritik setzt also die hermeneutische Aufgabe als gelöst voraus. Allein man kann sehr oft auch den Gegenstand der Auslegung nicht an sich verstehen ohne schon ein Urtheil über seine Beschaffenheit gefasst zu haben; daher setzt die Hermeneutik wieder die Lösung der kritischen Aufgabe voraus. Es entsteht hieraus wieder ein Cirkel, welcher uns bei jeder einigermassen schwierigen hermeneutischen oder kritischen Aufgabe hemmt und immer nur durch Approximation gelöst werden kann. Da man hierbei zur Vermeidung der *petitio principii*

---

*) Vergl. *C. I. Gr.* I, S. XVI u. S. 913 ff.

beständig von einem zum andern übergehen muss, können in der Ausübung Kritik und Hermeneutik nicht gesondert werden; keine von beiden kann der andern in der Zeit voraufgehen. Aber für die Darlegung des Verständnisses kann die Verbindung nur dann festgehalten werden, wenn die Klarheit nicht darunter leidet. Bei schwierigen und umfangreichen Aufgaben muss man die kritischen Noten von dem exegetischen Commentar trennen, wie ich beim Pindar gethan habe.

In dem grossen Cirkel, welchen das Verhältniss der Hermeneutik zur Kritik hervorbringt, liegen dann wieder immer neue und neue, indem jede Art der Erklärung und Kritik wieder die Vollendung der übrigen hermeneutischen und kritischen Aufgaben voraussetzt. Wir werden dies bei der genaueren Betrachtung der vier Arten der kritischen Thätigkeit berücksichtigen, wozu wir uns jetzt wenden.

I.
Grammatische Kritik.

§ 32. Das Urtheil muss sich wie die Auslegung zuerst auf die Sprachelemente beziehen. Die drei Fragen, welche die Kritik in dieser Hinsicht zu beantworten hat, sind: 1) ob jedes Sprachelement an jeder gegebenen Stelle angemessen sei oder nicht; 2) welches im letzteren Falle das Angemessenere sein würde, und 3) was das ursprünglich Wahre sei. Da es sich hierbei um die Beurtheilung des Wortsinns an sich handelt, kann man die grammatische Kritik auch Wortkritik nennen.

1. Der Maasstab für die Angemessenheit eines Sprachelements ist nach Allem, was wir bei der grammatischen Interpretation gesagt haben, der Sprachgebrauch; es ist zuerst zu untersuchen, ob es dem Sprachgebrauch überhaupt, den allgemeinen Gesetzen der Sprache angemessen ist. In dem pseudoplatonischen Dialog Minos stand z. B. in den früheren Ausgaben wiederholt das Wort ἀνόμιμος. Die Form desselben widerspricht einem durchgehenden Sprachgebrauch; Substantive auf ος nämlich, woraus durch vortretendes α *privativum* Adjective mit verneinendem Sinn und durch die Endung ιμος Adjective mit bejahendem Sinne gebildet werden, bilden nicht Adjective mit dem α *privativum* und der Endung ιμος. So λόγος, λόγιμος, ἄλογος: μόρος, μόριμος, ἄμορος: τροφός, τρόφιμος, ἄτροφος u. s. w.; ἀλόγιμος, ἀμό-

ριμος, ἀτρόφιμος ist nicht gebräuchlich; folglich ist auch ἀνόμιμος gegen den Sprachgebrauch.*) Da derselbe indess durch Induction festgestellt ist, wird das Urtheil sofort unsicher, wenn eine Instanz dagegen auftritt. In der That findet sich nun ἀδόκιμος von δόκιμος, und man scheint also nicht berechtigt ἀνόμιμος als sprachwidrig anzufechten. Allein auch die Gegeninstanz muss geprüft werden. Das Substantiv δόκος (Wahn) ist sehr selten und steht mit dem Adjectiv δόκιμος (gültig) nicht in dem engen Verhältniss der Bedeutung wie λόγος mit λόγιμος, sondern das Adjectiv hängt direct mit dem Stamm von δοκέω zusammen; ἄδοκος ist daher auch ungebräuchlich. Folglich wird durch diese scheinbare Ausnahme die Analogie bestätigt, welche zur Anfechtung von ἀνόμιμος führt. Die Aufstellung von Analogien erfordert aber eine umfassende Kenntniss der Sprache und die grösste Vorsicht. In Xenophon, von der Jagd II, 5 finden sich in den Handschriften und alten Ausgaben 6 Formen, worin Zahlwörter mit -ωρυγος zusammengesetzt zu sein scheinen (διώρυγα, τετρώρυγα, πεντώρυγα etc.); sie bezeichnen ein Längenmaass nach Klaftern (zweiklaftrig, vierklaftrig u. s. w.). Da nun die Klafter ὄργυια heisst, ωρυγα dagegen auf die Bedeutung „graben" zu führen schien, sahen die neuern Herausgeber der Xenophontischen Schrift jene Wörter als sprachwidrig an und setzten statt derselben διόργυια etc. Allein dass die Wörter ursprünglich so gestanden haben, beweist die Form πεντώρυγα, die in den attischen Seeurkunden häufig vorkommt um die Länge von 5 Klaftern bei Bauhölzern zu bezeichnen. Die ältere Form von ὄργυια ist nämlich ὀρόγυια — daher πεντορόγυιος etc. Wie hieraus nun aber die Form πεντώρυγα entstanden, lässt sich schwer erklären, weil sich in der Sprache nicht alles auf strenge Analogie zurückführen lässt.**) Es giebt sogar in der Sprache habituell gewordene Verstösse gegen die allgemeinen Gesetze des Denkens, die aber trotzdem zum Sprachgebrauch gehören. So finden sich in den alten Sprachen viele schiefe, logisch falsche Constructionen und Wortverbindungen. Der oben (S. 105) angeführte Sprachgebrauch von ἄλλοι enthält einen schielenden Gedanken, der sich trotzdem auch in andern Sprachen wiederfindet; es ist aber verkehrt, wenn man hier — wie man versucht hat — das Unlogische als unangemessen weg-

---

*) *In Platonis, qui vulgo fertur, Minoem.* S. 53.
**) Vergl. Attische Seeurkunden S. 412.

I. Grammatische Kritik.

corrigiren will.*) Ebendahin gehören die wirklichen Fälle von der Vermischung zweier Constructionen (vergl. oben S. 101), wie ὅτι mit folgendem Acc. c. Infinitivo,**) oder ὡc ἔοικε mit folgendem Infinitiv statt mit einem Verbum finitum.***) Es giebt Structuren, die — wie das lat. *in praesentiarum* — der Syntax zuwider, aber dennoch gebräuchlich sind. Was also im Allgemeinen unangemessen ist, kann in der Sprache durch den *usus tyrannus* und falsche Ansicht angemessen werden. Da die Grammatik mit Einschluss der Lexikographie aus den Sprachwerken durch hermeneutische Thätigkeit gewonnen wird, kommt es darauf an, dass dabei die in der Sprache eingebürgerten Anomalien als gesetzmässig anerkannt werden.

Am schwierigsten ist die Entscheidung bei Formen, welche von dem übrigen Sprachgebrauch isolirt sind. In allen Sprachen giebt es zunächst Formen, welche einzig in ihrer Art sind. Die Griechen nannten diese μονήρηc λέξιc; so haben wir noch eine kleine Schrift von Herodian περὶ μονήρουc λέξεωc, ein Verzeichniss von Wörtern, die sich in irgend einer Hinsicht unter keine Regel bringen lassen. Solche Wörter können an sich häufig im Gebrauch sein, wie z. B. das Wort πῦρ; kommen aber Formen, die in ihrer Art isolirt sind, selten vor, so wird man leicht zweifeln, ob sie dem Sprachgebrauch entsprechen. Ein ähnlicher Zweifel entsteht bei den ἅπαξ λεγόμενα, d. h. Formen, welche überhaupt nur einmal, an einer bestimmten Stelle vorkommen. Hauptsächlich sind dies Wörter, da Flexionen und Structuren ihrer Natur nach sich allgemeiner wiederholen. Man ist hier nur auf die Prüfung durch Analogie angewiesen. Wenn sich z. B. bei Galen λευκόχρωοc als ἅπαξ λεγόμενον findet, so wird man dies, weil es gegen alle Analogie für λευκόχροοc steht, nicht als richtig anerkennen.†) Da jedoch die Sprachdenkmäler des Alterthums zum bei Weitem grössten Theil untergegangen sind, wird man ein ἅπαξ λεγόμενον, wenn nicht entscheidende Gründe dagegen sprechen, als sprachrichtig gelten lassen müssen, sobald es sich als ursprünglich überliefert nachweisen lässt.

---

*) Vergl. die Kritik von Heindorf's Ausgaben Platonischer Dialoge. Kl. Schr. VII, S. 68.
**) Ebenda S. 67.
***) Ebenda S. 68.
†) Vergl. *In Platonis, qui vulgo fertur, Minoem.* S. 139.

Die grammatische Kritik hat aber bei jedem Sprachelement nicht nur zu untersuchen, ob es der Sprache überhaupt, sondern ob es in der bestimmten Umgebung angemessen, d. h. ob es mit dem Sprachgebrauch zu einer bestimmten Zeit und in einer bestimmten Sphäre (s. oben S. 102) übereinstimmt und in den Zusammenhang passt (s. oben S. 107). In Platon's Gesetzen III, 682 A haben alle Handschriften das Wort ἐνθεαστικόν, das sich sonst bei Platon nicht findet und an jener Stelle auch unangemessen in den Zusammenhang eingefügt ist. Dies ist aber ein Lieblingswort der Neuplatoniker, entspricht daher nicht dem Sprachgebrauch Platon's, sondern dem einer späteren Zeit.*) In Pindar's 2. Ol. Ode steht das Wort ἀλαθινός, welches sonst bei Pindar nicht vorkommt; er hat nur die Form ἀλαθής; das davon abgeleitete ἀλαθινός ist durch die Prosa gebräuchlich geworden und war zu Pindar's Zeit vielleicht noch gar nicht gebildet; jedenfalls ist es gegen seinen Sprachgebrauch und gegen den Sprachgebrauch der alten lyrischen Poesie überhaupt.**) Es kann indess auch hier manches gegen die gewöhnliche Analogie und doch angemessen sein. Wenn Pindar z. B. Χρήματα in der Bedeutung von Vermögen oder Geld sonst nicht gebraucht, so ist dies zunächst aus dem Charakter der lyrischen Poesie zu erklären; denn Χρήματα ist der Sphäre der gemeinen Umgangssprache angemessen, über welche sich der Dichter erhebt. Dennoch kommt es bei Pindar in zwei Stellen vor, worin der Ton des gemeinen Lebens herrscht; z. B. Isthm. II, 11: Χρήματα, χρήματ' ἀνήρ, Geld, Geld ist der Mann.***) So muss zur Beurtheilung des Sprachgebrauchs oft die generische und individuelle Kritik zur Hülfe genommen werden. In manchen Fällen ist man auch in dieser Beziehung darauf beschränkt das als das Angemessene anzusehen, was sich als ächte Ueberlieferung ausweist, weil oft unsere Kenntniss des Sprachgebrauchs nicht ausreicht, um über die Ueberlieferung abzusprechen.

Aber die Achtung vor der Tradition darf nicht soweit gehen, dass alles Aechte auch ohne Weiteres als sprachgemäss gilt. Es finden sich in den alten Sprachwerken Verstösse gegen die

---

*) Vergl. *In Platonis, qui vulgo fertur, Minoem.* S. 163 ff.
**) *Pindari Opera*, Tom. I. S. 356.
***) Vergl. die Kritik von Hermann's Schrift *de officio interpretis*, Kl. Schr. VII, S. 412.

Syntax, von den alten Grammatikern Solöcismen (coλoικιcμoί) genannt; gegen die Formlehre, Barbarismen (βαρβαριcμoί); gegen die Wortbedeutung, Akyriologie (ἀκυριολογία) und gegen die Orthographie. Da aber in allen diesen Beziehungen die Grammatik erst aus den Sprachwerken gewonnen wird, muss man sich freilich hüten Sprachgesetze aus unvollständiger Induction abzuleiten und dann die Fälle, welche damit nicht übereinstimmen, als incorrect anzusehen.

2. Hat man ein Sprachelement als unangemessen erkannt, so kann entweder durch die einfache Entfernung desselben oder die Substitution eines andern der Mangel gehoben werden. In der erstern bloss negativen Weise findet die Herstellung des Angemessenen z. B. bei den Glossemen statt, d. h. bei Worten, die dem Texte einer Schrift zur Erklärung (als Glossen) beigeschrieben und dann irrthümlich in denselben aufgenommen sind. So ist jenes ενθεαcτικόν in den Platonischen Gesetzen (s. oben S. 182) das Glossem eines Neuplatonikers; hier genügt die einfache Streichung des eingedrungenen Wortes. Wenn man etwas als Glossem ansieht, hat man damit bereits die Frage entschieden, ob das Unangemessene das Ursprüngliche war. Natürlich kann aber auch ein Wort von dem Autor selbst überflüssig gesetzt sein, so dass durch blosse Tilgung desselben der Ausdruck angemessener werden würde. Allein hauptsächlich weil in den alten Sprachdenkmälern unleugbar viele Glosseme vorkommen, lässt sich der Kritiker leicht verleiten einen Ausdruck als überflüssig anzusehen und als unächt zu streichen, welcher bloss nicht nothwendig ist. So ist man bei einer Häufung synonymer Ausdrücke und Wendungen versucht ein Glossem zu vermuthen, obgleich die Häufung vielleicht ihren guten Grund hat oder ein darin vorkommender incorrecter Ausdruck in der Individualität des Verfassers seine Erklärung findet.*)

Meist wird ein unangemessenes Sprachelement aber nicht durch blosse Streichung, sondern durch Substitution eines andern corrigirt. In leichtern Fällen, wo etwa der Fehler eines Abschreibers vorliegt, erfordert dies nicht mehr Scharfsinn und Combinationsgabe als eine Druckfehlercorrectur. Aber in sehr vielen Fällen ist die Aufgabe ausserordentlich schwierig. Wo

---

*) Vergl. die Kritik von Heindorf's Ausgaben Platonischer Dialoge. Kl. Schr. VII, S. 59 f.

ein Sprachelement gefunden wird, das in dem gegebenen Zusammenhange unangemessen ist, zeigt sich zunächst ein hermeneutischer Mangel: die Auslegung kann nicht zu Stande gebracht werden. Man will nun um einen genügenden Sinn zu finden statt des falschen Elementes das wahre setzen. Dies ist leicht, wo die umgebenden Elemente schon fest bestimmt sind; aber bei bedeutenderen Aufgaben sind diese selbst nicht vollständig verständlich, ehe das Fehlende gefunden ist; das Fehlende muss also aus noch nicht Begriffenem gefunden werden, und das noch nicht Begriffene soll aus dem Fehlenden begriffen werden. Dieser Widerspruch verwirrt den Verstand und bringt den Kritiker in einen Zustand der Rathlosigkeit. Hier möchte man ein Orakel befragen. Wir haben aber in der That ein solches Orakel in der divinatorischen Kraft des Geistes. Der kritische Künstler, ganz durchdrungen von dem Geiste des Schriftstellers, ganz erfüllt von dessen Weise und Zweck und ausgerüstet mit der Kenntniss der umgebenden Verhältnisse, producirt in einem Augenblick das Wahre; er durchbricht die Schranken des Geistes und weiss, was der Autor gemeint hat, sogar wenn jener selbst schuld an dem unrichtigen Ausdruck ist. So kann man nicht bloss ein Wort, sondern oft viele finden. Für die reflectirende Kritik helfen Parallelen. Aber der wahre Künstler muss erfüllt sein auch von dem gesammten Sprachgebrauch, der in seinem Geiste lebendig ist; mühseliges Suchen nach Parallelen käme zu spät. Es muss der gesammte Sprachgebrauch in Einem Moment, dem Moment der Production, gegenwärtig sein, damit der Geist bewusstlos nach dem Rechten greifen könne. Wo Enthusiasmus fehlt, ist nichts zu machen: wie er mir bei N. 511 des *Corp. Inscr.* gefehlt hat. Parallelen sind dann hinterher beizubringen um das Gefundene als wirklich angemessen zu erweisen. Diese Beweisart ist auch oft in den zuerst besprochenen Fällen da anzuwenden, wo das Angemessenere nicht in einem Neuen, sondern nur in der Abwesenheit eines überlieferten Elements liegt. In beiden Fällen kann es aber auch vorkommen, dass das, was das Angemessenere ist, nur durch Analogie ergründet werden kann, nicht durch Parallelen. Hier ist indess die grösste Vorsicht nöthig, weil man nicht wissen kann, ob das, was die Analogie erlaubt, auch wirklich existirt hat. Es giebt jedoch Fälle, wo man auch ohne Beweis aus blosser Analogie emendiren kann und muss.

I. Grammatische Kritik. 185

3. Indem man den angemessenen Ausdruck herstellt, befriedigt man das hermeneutische Bedürfniss in grammatischer Beziehung; aber es fragt sich nun, ob das als angemessen Erkannte das Richtige, d. h. das Ursprüngliche ist. Dies ist zunächst nach innern Gründen zu entscheiden.

Um ein unangemessenes Sprachelement für unächt zu erklären muss man erst ermittelt haben, ob die Individualität des Autors so vollendet sei und die Darstellung so unter der Gewalt seines Charakters stehe, dass man ihm den vorliegenden Verstoss nicht zutrauen kann. Folglich hängt die grammatische Kritik, wie die grammatische Interpretation von der individuellen Auslegung ab. Es kann sowohl in der Ideenverbindung, als in der Bedeutung der einzelnen Wörter, Flexionsformen und Structuren, sowie in der Wortstellung etwas vorkommen, was der sonstigen Individualität des Schriftstellers oder dem Charakter der Zeit und der Gattung, wohin auch das Metrum zu rechnen, widerspricht; ehe man es aber als unächt verwerfen kann, muss bestimmt werden, ob nicht gerade in diesem Falle die Abweichung im Wesen der Sache begründet ist. Hiernach würde dann das nicht bloss grammatisch, sondern auch sonst Unangemessene doch als ächt gelten müssen; es ist eben dem Schriftsteller eigenthümlich, eine corrupte Eigenheit desselben. Tacitus hat z. B. in seinem Stil vielerlei Eigenheiten, die von Kritikern als dem Genius der lateinischen Sprache unangemessen in Anspruch genommen sind, und die sie zum Theil verbessert haben. Aber es ist verkehrt, wenn man etwas im Ganzen der Latinität Unangemessenes nun auch für schlechthin unangemessen hält, und auf Grund dieses Irrthums hat man bei Tacitus gerade das Ursprüngliche geändert. Aecht ist also nicht, was der Sprache, sondern was der Individualität des Autors angemessen ist. Nun kann sich aber auch bei einem Schriftsteller manches finden, was nicht der Sprache im Allgemeinen, ja auch nicht der Zeit und Gattung zuwider ist, aber seinem sonstigen individuellen Sprachgebrauch nicht entspricht, welchen er in diesem Falle verlassen hat um dem allgemeinen Usus zu folgen. Dies ist zwar selten und lässt meistens auf Verderbniss der Ueberlieferung schliessen; aber man kann doch nicht sagen, der Schriftsteller habe das seiner sonstigen Individualität Angemessene nothwendig sagen müssen. Nur was mit Nothwendigkeit aus der Individualität des Autors folgt, muss als ächt betrachtet werden. Hiernach wird man aus innern Gründen nur das als unächt anfechten dürfen, was zugleich der Individualiät des Schriftstellers und dem Sprachgebrauch zuwider ist. Bei den klassischen Schriftstellern des Alterthums fällt beides soweit zusammen, dass man annehmen kann, wirkliche Barbarismen und Solöcismen kommen bei ihnen nicht vor; diese müssen also in ihren Schriften als unächt getilgt werden. Freilich ist erst wieder durch die individuelle Kritik zu entscheiden, ob eine Schrift, die einem Autor der klassischen Zeit zugeschrieben wird, auch wirklich von diesem herrührt. Bei den nicht klassischen Schriftstellern kann man weit schwerer aus innern Gründen entscheiden, wie weit man in der Ausmerzung des Sprachwidrigen gehen darf. Die Kritik des N. T. ist hiernach eine der schwierigsten Aufgaben. Das Urtheil über die Individualität, zumal wenn es so sehr in Besonderheiten eingeht, muss selbst wieder erst aus den Besonderheiten abgezogen werden; hier zeigt sich also der Cirkel der Aufgabe sehr deutlich, der die Lösung ausserordentlich erschwert. Vorausgesetzt aber, nach der tiefsten Einsicht, welche der Hermeneutik und Kritik möglich ist, habe sich etwas als schlechterdings unangemessen erwiesen, so dass es auf keine Weise ächt sein kann, so folgt daraus noch nicht, dass das sprachlich Angemessenste das Ursprüngliche ist. Es liegen in der Regel mehrere Möglichkeiten vor, während doch nur eine davon das Ursprüngliche treffen kann. Diese Möglichkeiten sind kritische Conjecturen; die eine, welche sich als zutreffend erweist, ist allein die Emendation. Aus innern Gründen ergiebt sich die Emendation, wenn eine Conjectur mit Nothwendigkeit aus dem Sprachgebrauch in Verbindung mit der Individualität des Autors folgt. Dies ist bei vielen Conjecturen der Fall, die durchaus keinen äussern Nachweis erfordern und dessen oft auch nicht fähig sind, weil keine Handschrift soweit reicht; in ihnen tritt die Macht der Kritik am offenbarsten hervor. Oft bestätigen auch später verglichene Handschriften solche Emendationen. Sie gelingen am besten, wenn sie aus dem Mittelpunkt des Zusammenhanges geschöpft werden; ihre Auffindung ist selten das Werk langer Reflexion; wohl aber kann man lange anstehen, ehe man durch einen zutreffenden Blick, der aber nur durch hermeneutische Uebung zur Fertigkeit kommt, mit einem Mal das Wahre findet. Sinnlose Stellen gewähren dann plötzlich den Sinn, der der einzige sein kann, und die Evidenz, mit der sich dies jedem aufdrängt, ist die ächte

Probe der Wahrheit. Eine Emendation dieser Art ist die von Lipsius in Tacitus' Annalen I, 5. Hier las man *navum id Caesari*, was durchaus unverständlich war. Durch Lipsius' Conjectur: *gnarum id Caesari* hellt sich mit einem Schlage der ganze Zusammenhang auf. Ebenso einleuchtend ist die Aenderung, welche ich in Euripides' Iphig. Aulid. V. 336 gemacht habe (κατατενῶ st. καταινῶ). Man vergleiche hierüber das Prooemium zum Berliner Lektionskat. 1823,*) wo gezeigt ist, wie die Emendation aus dem Zusammenhang hervorgehen muss. Eine solche an sich klare Conjectur, durch welche aus dem Umkreise des Möglichen das Wirkliche ausgeschieden ist, hat man das Recht in den Text zu setzen; der Beweis wird dann durch Reflexion aus dem Zusammenhang und durch Parallelen geführt. In dieser Art von Kritik nimmt Bentley den ersten Rang ein. Manche sind im Stande das Wahre zu finden, halten aber aus Schüchternheit die Emendation für eine bloss mögliche Conjectur und schlagen daher noch einige andere Conjecturen daneben vor; so z. B. Jacobs hier und da in der Ausgabe der Anthologie. Es ist dies ein Zeichen eines noch nicht vollendeten Urtheils, das der Production nicht gleichkommt; man kann Scharfsinn im Conjiciren haben ohne seine eignen Conjecturen richtig beurtheilen zu können. Aber weit schlimmer ist es, wenn man sich durch Cupidität, durch den *pruritus emendandi* täuschen lässt für sicher zu halten, was nur spitzfindig ist. Die Unterscheidung des Wahren und Spitzfindigen ist erstaunlich schwer; vielen erscheinen ihre eignen Einfälle als absolut nothwendig. Abschreckende Beispiele dieser verkehrten Richtung sind Reiske, Musgrave (besonders sein Euripides), Wakefield (griech. Tragiker), Bothe (beim Aeschylos, Sophokles, Terenz), Hartung (Antigone). Eine solche Bearbeitung der alten klassischen Schriften ist eine Art Verbrechen, eine Nichtachtung fremden Eigenthums, ein frevelhafter Eingriff in fremde Individualität. Die Athener haben auf Antrag des Redners Lykurgos verboten die Tragiker zu verändern; man möchte beinahe wünschen, dass alle alten Klassiker jetzt durch ein ähnliches Verbot geschützt würden.**)

---

*) Kl. Schr. IV, S. 188 ff.
**) Vergl. *Graecae tragoediae princip.* (1818) S. 12 ff. und die Recension von Bothe's Ausgabe des Terenz. Kl. Schr. VII, S. 159 ff.

Die ächte Emendation aus innern Gründen wird zugleich die Beschaffenheit der Ueberlieferung berücksichtigen und darin ein subsidiarisches Hülfsmittel finden um die Wahrheit zur Evidenz zu bringen. Denn auch aus der Beschaffenheit der Ueberlieferung, also aus äusseren Gründen, kann man auf die ursprüngliche Form der Sprachwerke zurückschliessen, und es ist die beste Probe der Emendation, wenn die äussern Zeugnisse sie bestätigen. Wo die innern Gründe nicht zureichen um zu bestimmen, was ächt und ursprünglich sei, ist man sogar ausschliesslich auf die äussere Beglaubigung angewiesen. Die Beurtheilung derselben ist Aufgabe der diplomatischen Kritik, d. h. der Kritik der Urkunden (διπλώματα). Diese ist nicht etwa eine besondere fünfte Art der Kritik, sondern nur ein Hülfsmittel für jede der vier von uns aufgestellten Arten in Bezug auf die von allen zu lösende Frage nach der Aechtheit des Ueberlieferten. Wir behandeln sie als Anhang zur grammatischen Kritik, weil sie sich an diese am engsten anschliesst.

§ 33. **Diplomatische Kritik.**

Wir haben oben (S. 170 f.) drei Ursachen aufgeführt, durch welche die Ueberlieferung getrübt wird: 1) äussere zerstörende Einflüsse, 2) Irrthum der Ueberliefernden, 3) absichtliche Veränderung. Die Schriftwerke des Alterthums liegen uns nur zum kleinsten Theil im Original vor; meist haben wir nur das letzte Resultat einer langen Reihe von Copien vor uns, die der Mehrzahl nach vor der Erfindung der Buchdruckerkunst, also durch Abschreiben hergestellt sind; daher haben hier alle Ursachen der Verderbniss in starkem Maasse eingewirkt.

Originalwerke sind die Inschriften. Obgleich die meisten von ihnen durch äussere Natureinflüsse geschädigt sind, ist doch eine grosse Zahl nicht so verstümmelt, dass eine sichere Wiederherstellung unmöglich wäre. In Folge der partiellen Uebereinstimmung vieler Inschriften derselben Gattung (wie Volksbeschlüsse, Rechnungsurkunden u. s. w.) lässt sich nämlich eine aus der andern wiederherstellen, auch oft ein Theil der einen aus einem andern übereinstimmenden Theil derselben. Zuweilen können mehrere Fragmente zu einem Ganzen zusammengesetzt werden; in einzelnen Fällen wird die heute verstümmelte Schrift aus Copien ergänzt, die vor der Verstümmelung genommen sind. Wo aber diese äussern Mittel nicht ausreichen, und die Restitution nach inneren Gründen versucht werden muss, hat man doch wieder einen äussern Anhalt daran, dass sich oft die Anzahl der ausgefallenen Buchstaben berechnen lässt, wodurch die Conjectur auf einen engern Kreis von Möglichkeiten eingeschränkt wird.*) Noch mehr ist dies der Fall bei metrischen Inschriften; ob aber eine metrische Form vorliegt, bedarf allerdings erst einer auf die generische Interpretation gestützten Prüfung.**) Natürlich können verstümmelte oder erloschene Buchstaben nur mit Hülfe genauer paläographischer Kenntnisse restituirt werden.***) Um die ursprünglich beabsichtigte Form der Inschrift herzustellen muss ferner berücksichtigt werden, dass dieselbe auch durch Irrthum und Versehen, besonders der Steinschneider, getrübt sein kann; solche Fehler lernt man durch vielfache Uebung in der Lesung von Inschriften herausfinden. Endlich sind viele Inschriften untergeschoben oder absichtlich geändert. Hier können vier verschiedene Fälle stattfinden: entweder nämlich ist die Inschrift gefälscht, aber das Monument, worauf sie steht, ächt; oder das Monument ist untergeschoben, aber die Inschrift ächt, so dass sie ursprünglich wo anders gestanden hat; oder Monument und Inschrift sind gefälscht; oder beide sind antik, aber auf ein ächtes Denkmal ist eine anderswo entnommene ächte Inschrift übertragen. Nur selten wird es gelingen den Betrug direct durch äussere Zeugnisse festzustellen. Man ist also genöthigt, bei jeder Inschrift die äussern und innern Kriterien der Aechtheit gegeneinander abzuwägen. Zu den innern Kriterien gehört hier natürlich auch die Beschaffenheit der Schriftzüge und des Materials; die äussern Kriterien liegen nur in der Beschaffenheit der Zeugnisse über Auffindung oder Bestehen des Monuments. Erscheint eine Inschrift aus innern Gründen als ächt, so kann doch die Art ihrer äussern Beglaubigung den Verdacht einer Fälschung erwecken. In diesem Falle ist zunächst zu untersuchen, ob eine solche Fälschung möglich war; ergiebt sich aus der innern Beschaffenheit der Inschrift, dass sie von keinem Fälscher fingirt werden konnte, so ist sie als ächt anzuerkennen. Ist dagegen die Möglichkeit eines Betruges nicht ausgeschlossen, so fragt sich, ob ein hinreichendes Motiv zur Fälschung vorlag. In einigen Fällen muss diese Frage selbst bei notorischen Fälschern verneint werden, so dass sich hierdurch

---

*) *Corp. Inscr.* I, S. XXVI f.
**) *Corp. Inscr.* I, S. XXVIII f.
***) *Corp. Inscr.* I, S. XVIII.

die Zweifel an der Aechtheit heben. Ist aber ein genügendes Motiv für die Fälschung vorhanden, so muss man noch einmal untersuchen, ob die innern Kriterien wirklich die Aechtheit beweisen; in der Regel wird man dann finden, dass sie dies nur anscheinend thun. Gleichwohl wird in manchen Fällen das Urtheil unentschieden bleiben; denn sicher ist die Fälschung doch nur anzunehmen, wenn auch innere Gründe dafür sprechen. Von den innern Kriterien hängt die letzte Entscheidung selbst dann ab, wenn die äussere Beglaubigung keinem Zweifel an der Aechtheit Raum lässt, d. h. wenn sich nachweisen lässt, dass die Zeugen weder selbst betrügen wollten, noch von andern betrogen sein können. Auch dann nämlich kann sich aus innern Gründen ergeben, dass die Inschrift nach Sprache, Schriftzügen und Material unmöglich der Zeit angehört, welcher sie ihrem Inhalte nach angehören müsste. Die Ursache dieses Widerspruchs zwischen innern und äussern Kriterien muss hier im Alterthum selbst gesucht werden. Manche Inschriften sind nämlich im Alterthum gefälscht worden; andere sind zwar ächt, aber absichtlich nach Sprache und äusserer Form einer frühern Zeit nachgebildet, archaistisch gehalten; noch andere ebenfalls ächte tragen wieder in Folge einer Restauration äusserlich den Charakter einer spätern Zeit. Welche von diesen Möglichkeiten in einem gegebenen Falle vorliegt, lässt sich offenbar nur aus genauer Sachkenntniss entscheiden.*)

Bei Inschriften soll man in allen zweifelhaften Fällen auf das Original zurückgehen. Ist dies aber nicht mehr vorhanden oder nicht zugänglich, ist man also nur auf Copien angewiesen, so ist vor Allem zu untersuchen, von wem und unter welchen Umständen dieselben genommen sind; denn während ein sorgfältig gefertigter Abklatsch dem Original gleichkommt, und bei manchen Abschreibern kaum ein Fehler vorausgesetzt werden kann, sind eine grosse Anzahl von Inschriften zuerst in höchst fehlerhaften Copien bekannt gemacht.**) Da man es aber hier

---

*) Vergl. *Corp. Inscr.* I, S. XXIX f., wo alle einzelnen Gesichtspunkte, welche für die Beurtheilung der Aechtheit der Inschriften geltend gemacht sind, durch Zusammenstellungen von Beispielen methodisch erläutert werden. Ein Muster der kritischen Methode bei untergeschobenen Inschriften enthält die Abhandlung *De titulis Melitensibus spuriis* (1832). Kl. Schr. IV, S. 362 ff.

**) Vergl. *Corp. Inscr.* I, S. XV.

meist mit Abschriften aus der neuern Zeit zu thun hat, so ist das Urtheil sicherer als bei der Mehrzahl der Schriftwerke, welche viele Jahrhunderte lang durch Abschriften fortgepflanzt sind, die wir im Einzelnen nicht verfolgen können. Indess sind die Schriftwerke des Alterthums durch diese Art der Tradition weniger verderbt worden, als man vorauszusetzen geneigt ist. Im Alterthum selbst verfuhr man sehr sorgfältig beim Abschreiben. Dasselbe war bei den Griechen zu einer Kunst ausgebildet, und die Abschriften wurden gleich unsern Drucken corrigirt und revidirt (διόρθωσις). Die Mannigfaltigkeit der hierbei angewandten grammatischen Zeichen lässt auf grosse Genauigkeit schliessen. Man zählte sogar die Zeilen. Vergl. über diese „Stichometrie" Ritschl, Die alexandrinischen Bibliotheken (Bresl. 1838) und Nachträge in dem Bonner Lectionskataloge von 1840/41*) [Opuscula I, S. 74 ff. 173 ff.]. Bei den Römern beginnt in der ciceronianischen Zeit ein fabrikmässiger Betrieb der Büchervervielfältigung durch Abschreiben und Dictiren, oft ohne sorgfältige Correctur. Aber bald wurde auch hier eine genaue Revision (*recensio*) unter Aufsicht von Philologen (*Grammatici*) eingeführt, und im 4. und 5. Jahrhundert beschäftigten sich selbst angesehene Staatsmänner damit die Abschriften klassischer Werke zu emendiren. So finden sich noch in einer Anzahl von Manuscripten die Unterschriften der alten Correctoren mit der Bezeichnung *emendavi, correxi, recensui, contuli* u. s. w. Vergl. O. Jahn, Ueber die Subscriptionen in den Handschriften römischer Klassiker in den Berichten der K. sächs. Ges. der Wissensch. 1851; Haase, *de latinorum codicum manuscr. subscriptionibus commentatio*, Breslauer Lectionskatol. 1860 —61; [Aug. Reifferscheid *de latinorum codicum subscriptionibus commentariolum*. Breslauer Lectionskatalog 1872—73.]. Im Mittelalter waren die Abschreiber allerdings häufig unwissende Miethlinge oder ungelehrte Mönche (auch Nonnen), die ihr Pensum, z. Th. *pro poena peccatorum*, abschrieben, oder denen im Scriptorium dictirt wurde. Man sollte also meinen, dass hierdurch die Texte ausserordentlich verderbt werden mussten. Allein gewöhnlich wurden die Codices förmlich abgemalt mit allen grammatischen Zeichen, welche so selbst in die ersten Drucke übergingen. Das Diktiren war im byzantinischen Reiche sehr selten, und es ist daher ungereimt, wenn man gerade bei griechischen Schrift-

---

*) Vergl Kl. Schr. IV, S. 534.

stellern ein förmliches kritisches System auf die Voraussetzung gründen will, dass die Schreiber beim Diktiren gewisse Laute verwechselt haben. Dies hat z. B. Aug. Lafontaine in seiner Ausgabe des Aeschylos (Halle 1822) versucht; Aeschylos ist aber sicher nie ganz dictirt worden, da er dazu viel zu schwer ist. Natürlich muss man immer die Möglichkeit in Rechnung ziehen, dass Fehler durch Dictiren entstanden sind. Vom Ravennatischen Codex des Aristophanes ist dies z. B. nachgewiesen; s. Kock, *de emendatione Nubium Aristophanis.* Rhein. Mus. 1853 (8. Jahrg.). Gegen Ende des byzantinischen Reichs haben sich wieder viele gelehrte Leute mit Abschreiben beschäftigt, so dass man also durch alle Zeiten hindurch den Mangel an Sorgfalt bei den Abschreibern nicht zu hoch anschlagen darf. In manchen Fällen lässt sich auch nicht entscheiden, ob ein Schreibfehler von dem Abschreiber oder dem Verfasser selbst herrührt. Eine Anzahl von Fehlern ist ausserdem daraus zu erklären, dass die Handschriften, nach welchen abgeschrieben wurde, durch äussere Einflüsse, wie Moder, Wurmfrass, Zerreissen u. s. w. geschädigt waren, so dass die Schrift verwischt wurde, Lücken entstanden, die Blätter vertauscht wurden u. s. w. Ein solches Schicksal haben z. B. schon die Urhandschriften des Aristoteles im Alterthum gehabt. Allerdings finden sich aber in allen Handschriften, von den ältesten bis zu den neuesten, eine grössere oder geringere Anzahl von Schreibfehlern, deren Entdeckung erleichtert wird, wenn man auf die stehend vorkommenden Arten derselben aufmerksam ist. Sie lassen sich auf drei Hauptformen zurückführen: Verwechselungen, Auslassungen und Zusätze. Die häufigste Verwechselung besteht darin, dass für einzelne Buchstaben andere ähnliche geschrieben werden (*permutatio litterarum*), besonders bei unleserlicher Urschrift, oder wenn im Text ähnliche Züge kurz vorher oder nachher stehen (*repetitio* und *anticipatio*). Solche Versehen setzen Viele, wie z. B. G. H. Schäfer in seiner Ausgabe des *Gregorius Corinthius* (Leipzig 1811) in einem übertriebenen Maasse voraus ohne durch innere Kriterien dazu genöthigt zu sein. Auch hat man dabei zu untersuchen, in welcher Zeit die Fehler entstanden sein können. Bei griechischen Schriftstellern darf man z. B. nicht einfach Schlüsse auf Grund der gewöhnlichen Cursivschrift der griechischen Schreiber ziehen, etwa nach der Anleitung wie sie Bast, *commentatio palaeographica* im Anhang zu der eben erwähnten Ausgabe des Gregorius giebt. Eine solche Art der Kritik ist, wie G. Hermann bemerkt, vorzüglich bei Schriftwerken anzuwenden, wovon nur wenige Handschriften vorhanden sind; wo eine grosse Anzahl von einander unabhängiger Handschriften vorliegt, verschwindet die Wahrscheinlichkeit, dass solche Fehler sich übereinstimmend in alle verbreitet haben. Bei sehr alten Schriftstellern, z. B. bei Homer und Pindar, ist die Buchstabenvertauschung zuweilen in sehr früher Zeit geschehen, und man muss dabei die alte griechische Uncialschrift zu Grunde legen. Später zur Zeit der Ptolemäer bildete sich die grosse runde Schrift, welche die Mitte zwischen der Uncial- und der Cursivschrift hält. Es sind in dieser Zeit nicht wenige Fehler entstanden, welche man aus der Cursivschrift nicht erklären kann.*) Zuweilen verwirren und verwechseln sich in dem Geiste des Schreibers auch die Züge ähnlich lautender Buchstaben, Silben oder Wörter dadurch, dass sich ein Lautgebilde dem andern unterschiebt. Seltener ist die Stellenvertauschung von Schriftelementen (*transpositio*), welche verschiedene Ursachen haben kann; z. B. können Wörter oder Buchstaben im Original nachträglich eingefügt und in Folge dessen von dem Abschreiber an falscher Stelle eingetragen sein, oder der Schreiber hat etwas ausgelassen und sich bei der spätern Eintragung geirrt u. s. w. Vergl. G. Hermann, *de emendationibus per transpositionem verborum*, 1824. Opuscul. Vol. III. S. 98 ff. Auslassungen entstehen hauptsächlich dadurch, dass der Blick von einem Worte auf spätere ähnliche Züge abirrt und daher das Dazwischenliegende übersehen wird; dies findet besonders statt, wenn zwei nahestehende Wörter gleichen Anfang oder Schluss haben (ὁμοιόαρκτα und ὁμοιοτέλευτα), oder sich dieselben Worte in kurzem Zwischenraum wiederholen. Ferner werden doppelt geschriebene Buchstaben, Silben oder Wörter oft einfach copirt (Haplographie oder Hemigraphie); Zeilen werden übersprungen, ja zuweilen werden sogar Blätter überschlagen. Hinzugefügt werden einzelne Schriftzüge, die dem Schreiber durch irgend welche Association der Vorstellungen beim Schreiben in den Sinn kommen; häufig werden Buchstaben, Silben, Wörter und ganze Zeilen doppelt geschrieben (Dittographie). Ferner werden Interlinear- oder Rand-Bemerkungen irrthümlich in den Text aufgenommen; dadurch

---

*) Vergl. Ueber die kritische Behandlung der Pindarischen Gedichte. Kl. Schr. V, S. 369 ff.

können für dieselbe Sache zwei, ja drei Ausdrücke neben einander zu stehen kommen, und oft wird bei spätern Revisionen gerade das Ursprüngliche ausgemerzt. Der Kritiker muss hier wissen, welcher Ausdrücke sich die Glossatoren regelmässig bedienen, z. B. durch welches gemeinverständliche Wort von ihnen ein selteneres erklärt wird. So ist im Pindar *Pyth.* I, 52 μεταμείβονται statt des Glossems μεταλλάccοντας zu schreiben, obgleich hier keine Handschrift zu Hülfe kommt.*) Hiervon gilt die sonst oft falsche Regel: *lectio difficilior praeferenda faciliori*. Doch kann hier selten eine Entscheidung getroffen werden, wenn die Handschriften nicht ausser dem Glossem die ursprüngliche Form aufbewahrt haben, wie dies in Platon, Gesetze XI, 931 c der Fall ist, wo neben βλαβερός das ursprüngliche ἀραῖος erhalten ist.**) Die Holländer haben oft aus blossem *pruritus emendandi* eine seltenere Form statt einer gewöhnlicheren, von ihnen als Glossem verworfenen, eingesetzt. Ueberhaupt darf man sich bei der Aufspürung der durch Zufall oder Irrthum entstandenen Fehler nicht in blosse Möglichkeiten verlieren und darauf hin Aenderungen vornehmen, zu denen kein innerer Grund vorliegt. Umgekehrt aber kann man bei Aenderungen, die durch innere Kriterien gefordert werden, nicht immer die Entstehung des Fehlers nachweisen; denn die Wahrheit hat Regel und Einheit, Irrthum und Zufall dagegen sind regellos und können daher nicht stets bis auf ihren Ursprung verfolgt werden.

Die ursprüngliche Form der Schriftwerke ist aber auch vielfach absichtlich verändert worden. Die Schreiber ändern unbefugter Weise, wenn ihnen etwas unverständlich ist oder unrichtig erscheint und lassen schwer zu lesende Wörter aus. Ferner sind manche Schriften aus verschiedenen Gründen absichtlich gefälscht worden. Endlich aber hat man auch die Werke verändert um sie zu verbessern. Die Verfasser oder Andere veranstalteten verbesserte Ausgaben (διαcκευή); frühzeitig emendirten die Kritiker, wenn die überlieferten Texte verderbt schienen. Dies thaten auch die Correctoren der Abschriften, so dass die Ausdrücke διόρθωcιc und *recensio* gleichbedeutend mit kritischer Ausgabe sind. Diese vermeintlichen Verbesserungen sind häufig Corruptionen, aber nicht leicht als solche zu erkennen, weil sie mit dem Schein des Aechten umkleidet sind. Bei Werken, die im

---

*) Vergl. *Pindari opera*, I, 2. S. 437 f.
**) Vergl. *In Platonis, qui vulgo fertur, Minoem.* S. 191.

Alterthum schon durch äussere Einflüsse stark beschädigt waren, haben die Emendationen natürlich am schädlichsten gewirkt. So ist an den Schriften des Aristoteles, seitdem Andronikos sie redigirt hatte, im Alterthum vielfach herumgebessert, und dies hat sich das Mittelalter hindurch fortgesetzt. Auch die ersten gelehrten Drucker haben oft stark emendirt. Wie eigenmächtig man dabei verfuhr, hat z. B. Schow, *Epistolae criticae, una ad Heynium, altera ad Tychsenium,* 4. Rom 1790, an der von Musuros veranstalteten *Ed. princ.* des Hesychios aus den Handschriften nachgewiesen.

Aus allen genannten Einflüssen erklärt es sich, dass die Schriftwerke des Alterthums, wenn sie nicht bloss in einer Handschrift erhalten sind, in mehreren verschiedenen Lesarten vorliegen (*Varietas lectionis*). Jede Lesart ist ein geschichtlich Gegebenes; es kommt darauf an aus der Masse dieser gegebenen kleinen Thatsachen ein Ganzes zu bilden, in welchem zugleich die Geschichte des Textes überhaupt und die Geschichte jeder einzelnen Stelle, bei der ein Bedenken statt finden könnte, enthalten sei. Soweit eine solche Deduction gelingt, ist man sicher die ursprüngliche Form des Textes gefunden zu haben. Die geschichtlichen Quellen der Lesarten sind nun: 1. die Handschriften der Werke selbst (*libri manuscripti, codices*), 2. die ältesten Drucke (*editiones principes*), wenn die zu Grunde liegenden Handschriften unbekannt sind, 3. geschriebene oder gedruckte Uebersetzungen, welche nach unbekannten Handschriften gefertigt sind, 4. die Scholien der Alten, worin Lesarten aus alten Handschriften bezeugt sind, 5. Citationen der Werke bei andern alten Schriftstellern. Wir zeigen kurz, nach welchen Gesichtspunkten hieraus die Geschichte des Textes zu gewinnen ist.

1. Die ältesten Belege für eine Lesart sind im Allgemeinen die Citationen der Alten, womit wir daher beginnen. Wenn ein alter Schriftsteller eine Stelle in einer bestimmten Lesart citirt, so bezeugt er dadurch, dass dieselbe so in einem ihm vorliegenden Codex gestanden hat. Dies Zeugniss hat wegen seines Alters einen hohen diplomatischen Werth, wenn nicht andere Gründe gegen seine Glaubwürdigkeit sprechen. So war z. B. Horaz, *Sermones* I, 1, 100 die Lesart: *fortissima Tyndaridarum* zweifelhaft; Joh. Clericus emendirte höchst unglücklich. Hier entscheidet das vollgültige Zeugniss des Quintilian, welcher (IX. 4, 65) die Worte ebenso citirt; er hatte sicher eine gute Handschrift vor sich. Den ausdrücklichen Citationen gleich zu achten

sind die vielen Anführungen der alten Grammatiker, wo die citirte Stelle selbst nicht bezeichnet ist, aber kein Zweifel obwaltet, welche gemeint ist. So hat z. B. in Aeshylos' Choephoren V. 419 G. Hermann statt der früher recipirten Lesart: πολεμιϲτρίαϲ mit Recht das Hesychische ἰηλεμιϲτρίαϲ eingesetzt. Ebenso können Nachahmungen entweder ein Zeugniss für die Lesart des Originals abgeben, oder umgekehrt — wenn diese feststeht — selbst danach emendirt werden. Es folgt hieraus, dass man bei der kritischen Bearbeitung eines Schriftstellers den Gesammtvorrath der alten Citationen zusammensuchen muss. Dies führt oft zu den sichersten Ergebnissen. Eusebios hat z. B. bei der *Praeparatio evangelica* vortreffliche Handschriften des Platon benutzt. Die vielen Citate, die er daraus giebt, haben für die Feststellung des Platonischen Textes den Werth des besten Codex. Aehnlich ist Stobaeos eine reiche Fundgrube alter Lesarten. Bei grossen und sehr alten Schriftstellern, wie Homer und Platon, die in allen Zeitaltern gelesen und benutzt sind, ist es natürlich eine ungeheuere Aufgabe die Citationen zusammenzubringen; nicht nur die Griechen, sondern auch die Römer müssen durchsucht werden, da oft bei entfernten Anspielungen noch das Wahre durchschimmern kann. Aber bei solchen Schriftstellern entspricht der Arbeit auch der Gewinn. Hat man nun alle Zeugnisse dieser Art beisammen, so muss wieder der kritische Werth eines jeden bestimmt werden. Es ist bei jeder Citation zu prüfen, ob darin nicht selbst eine corrumpirte Lesart vorliegt. Nicht selten wird nur obenhin aus dem Gedächtniss citirt, wobei leicht Irrthümer unterlaufen. Auch wird zuweilen eine Stelle absichtlich verändert wiedergegeben. Solche Fälle müssen also nach Möglichkeit ausgesondert werden. Zuweilen ist von Abschreibern, Druckern oder Kritikern aus den recipirten Texten eines angeführten Schriftstellers eine Lesart in das Citat erst übertragen; Plutarch's Citate sind vielfach durch solche Eintragungen corrumpirt, ebenso Gellius. Durch das Zeugniss des letztern wird z. B. Pindar, Pyth. I, 26 die Lesart προϲιδέϲθαι gestützt; man hatte aber in den frühern Drucken aus den gebräuchlichen Ausgaben des Pindar eine falsche Lesart eingesetzt, wodurch auch ich mich zu einer ungerechtfertigten Aenderung verleiten liess.*) In der Metrik des Drakon, welcher im

---

*) Vergl. Ueber die kritische Behandlung der Pindarischen Gedichte. Kl. Schr. V, S. 369.

1. Jahrh. n. Chr. lebte, finden sich Citate aus den Orphischen *Argonautica;* daraus schloss man auf ein höheres Alter dieses Gedichts. Allein G. Hermann (s. dessen Ausg. des Drakon, Leipzig 1812, *Praef.*) hat gezeigt, dass jene Citationen von Laskaris aus den *Argon.* selbst in Drakon eingeschmuggelt sind. Bei Nachahmungen weiss man oft nicht, welche von zwei vorliegenden Stellen das Original ist, was erst wieder aus inneren und diplomatischen Gründen festgestellt werden muss. Auch darf man nicht jede Uebereinstimmung ohne Weiteres als Nachahmung ansehen, wie dies die holländischen Kritiker sehr häufig thun. Vergl. Christ. Gotth. König, *De nimia imitationis in scriptoribus antiquis indagandae cupiditate.* Meissen 1815. 4. (abgedruckt in König's *Opuscula latina* ed. Oertel. Meissen 1834, S. 132 ff.). Hat man festgestellt, dass in einer Stelle wirklich eine Citation vorliegt, und wie weit darin die Uebereinstimmung mit der citirten Schrift gehen kann, so ist die Glaubwürdigkeit des Zeugnisses selbst nach den Grundsätzen der Individualkritik zu prüfen.

2. Was von den Citationen gilt, das gilt auch von den Scholien, welche indess nicht so hoch in die ältesten Zeiten hinaufreichen wie viele Citate und ihren Ursprung zum Theil in den letzten Zeiten des Mittelalters haben. Man muss daher vor Allem ihr Alter bestimmen um feststellen zu können, welches Gewicht die von ihnen befolgten oder angeführten Lesarten haben. Die allgemeine Geschichte der Scholien gehört in die Geschichte der grammatischen Studien; aber für die Kritik ist es nöthig, dass bei jedem Schriftwerk die Geschichte des Textes durch die specielle Geschichte der darauf bezüglichen Scholien ergänzt werde. Eine generelle Darstellung, wie die *Historia scholiastarum Latinorum* von Suringar (Leiden 1834, 35) ist hierzu ganz unbrauchbar. Eine wichtige Aufgabe ist es z. B. die Verfasser der verschiedenen Scholiensammlungen zu Homer zu ermitteln. Werthvolle Arbeiten dieser Art für die Dramatiker sind: Wunder, *De scholiorum in Sophoclis tragoedias auctoritate.* Grimma 1838; Gustav Wolff, *De Sophoclis scholiorum Laurentianorum variis lectionibus.* Leipz. 1843; Jul. Richter, *De Aeschyli, Sophoclis, Euripidis interpretibus Graecis.* Berlin 1839; Otto Schneider, *De veterum in Aristophanem scholiorum fontibus commentatio.* Stralsund 1838. Im Ganzen sind für die griechischen Schriftsteller die Scholien bedeutender als für die lateinischen. Aber

auch für jene sind sie dem Werthe nach sehr verschieden. Während ein Theil derselben auf alter alexandrinischer Tradition beruht, sind viele byzantinischen Ursprungs, und für diese gilt unbedingt der Canon, dass sie um so schlechter sind, je jüngern Ursprungs sie sind; denn die späteren Ausleger hatten nicht nur weniger gute Quellen, sondern auch weniger Einsicht und Urtheil. Die Lesarten, welche man aus den neuesten Scholien, z. B. aus denen des Demetrios Triklinios zu Sophokles und Pindar gewinnt, können nur als negative Zeugnisse gelten, insofern als ein mit ihnen übereinstimmender Text als verdächtig anzusehen ist. Dagegen sind die Zeugnisse aus der alexandrinischen Zeit der höchsten Beachtung werth; denn die Grammatiker in Alexandria hatten die besten alten Handschriften. So ist es z. B. durchaus unstatthaft in Sophokles Antig. 4 die schwierig zu erklärenden Worte ἄτης ἄτερ zu emendiren; denn Didymos hatte diese Lesart als die einzige vor sich.

Es ist nicht zu billigen, wenn man — wie dies I. Bekker bei Platon und Aristoteles gethan — bei der kritischen Feststellung der Texte die Citationen und alten Erklärungen nicht berücksichtigt und nur die Handschriften zu Grunde legt. Niemand kann freilich verlangen, dass man das Material für Andere zusammenkarren soll, aber jeder muss es für sich thun und kann dann soviel davon publiciren, als er für gut findet. Bentley hat es so beim Horaz gemacht, ich beim Pindar.

3. An die Scholien schliessen sich die alten Paraphrasen und Uebersetzungen an. Sie sind von minderer Bedeutung, weil sie noch wenigen hoch in das Alterthum hinaufreichen, enthalten aber doch z. Th. verhältnissmässig sehr alte Zeugnisse der Lesart. So die Uebersetzungen der Phänomena des Arat von Cicero (Fragmente), Germanicus (grossentheils erhalten), Avienus (ganz erhalten)*); die Uebersetzungen des Platonischen Timäos von Cicero und Chalcidius [s. Mullach, *Fragmenta philosoph. graec.* tom. II]; die griechische Metaphrase des Eutrop von Paeanios. Von besonderer Wichtigkeit sind die lateinischen und arabischen Uebertragungen des Aristoteles für die Geschichte seines Textes; hier sind auch die ersten gedruckten Uebersetzungen noch nach Handschriften gefertigt, da der griechische Text erst später gedruckt ist. Je

---

*) Vergl. *De Arati canone* (1828). Kl. Schr. IV, S. 301 ff.

wortgetreuer eine Uebertragung, desto grösser ist ihr diplomatischer Werth; dadurch ist z. B. die sog. *translatio vetus* des Aristoteles aus dem 13. Jahrh. von Moerbecke besonders werthvoll. Eine Uebersetzung oder Paraphrase kann überhaupt nur als Zeugniss der Lesart gelten, soweit sich erkennen lässt, dass sie sich genau an den Urtext anschliesst. Ausserdem muss man sich vergewissern, dass sie nicht nach der Handschrift oder der Druckausgabe des Originals, deren Lesart sie stützen soll, selbst erst nachträglich gestaltet ist. So vertritt die ebenfalls vor dem Druck des Urtextes gefertigte lat. Uebersetzung des Platon von Ficinus (1. Ausg. Florenz um 1483—1484) allerdings Handschriften des Originals; aber die seit 1532 erschienenen Ausgaben dieser Uebersetzung sind von Simon Grynaeus nach der Vulgata des griech. Textes verändert und haben dadurch dieser gegenüber den Werth eines selbständigen Zeugnisses eingebüsst.

4. Die Handschriften der Werke selbst sind nun der eigentliche Gegenstand der diplomatischen Kritik; die bisher genannten, meist ältern Quellen der Lesart sind ja ebenfalls durch Handschriften überliefert, und ihre Beweiskraft beruht auf der Zuverlässigkeit dieser Handschriften. Der diplomatische Werth eines Manuscripts hängt davon ab, ob und wieweit der, von welchem es herrührt, Aechtes geben wollte und konnte. Es muss also immer zuerst im Ganzen und Einzelnen untersucht werden, ob eine Fälschung vorliegt, was durch die Individualkritik zu entscheiden ist. Wie weit aber der, auf den die Handschrift zurückzuführen ist, Aechtes geben konnte, ist theils von seiner Einsicht, theils von äussern Bedingungen abhängig. Was die Einsicht betrifft, so ist der ungelehrtere oft der bessere Zeuge; wenn die Dummheit des Schreibers oder Correctors mit resignirter Bescheidenheit verbunden ist, so sichert sie häufig die Wahrheit; ist sie aber mit Dünkel verbunden, so führt der Vorwitz zu den ärgsten Verirrungen. Freilich gehört zur richtigen Wiedergabe mancher Dinge, z. B. schwieriger Metra, besonders wenn die Originalhandschriften unleserlich sind, Urtheil, und die Kritik muss also stets unterscheiden, wo man der Einfalt vertrauen kann, und wo die Erhaltung des Aechten durch eine tiefere Einsicht bedingt ist. Jeder kann aber auch bei der besten Einsicht nur das geben, was ihm überliefert ist. In der Regel wird daher der ältere Codex zuverlässiger sein, weil er aus bessern Quellen geflossen ist, obgleich dies dadurch

sehr modificirt wird, dass schon im Alterthum und ebenso später von demselben Werk oft bessere und schlechtere Ausgaben und bessere und schlechtere Manuscripte neben einander bestanden, so dass eine jüngere Handschrift, welche auf eine gute alte Ausgabe zurückweist, besser sein kann als eine ältere, die aus schlechteren Quellen stammt. Jedenfalls aber ist es zur Klarstellung dieser Verhältnisse nöthig das Alter der uns vorliegenden Handschriften nach Möglichkeit zu bestimmen. Dasselbe ist häufig aus den Unterschriften der Schreiber und Correctoren zu ersehen. Durch die oben (S. 191) erwähnten Subscriptionen aus dem späteren Alterthum selbst können wir sogar auf die alten Recensionen schliessen, aus welchen jene Subscriptionen sich bis in unsere Handschriften fortgepflanzt haben. Wo aber in einem Manuscript kein Datum enthalten ist, hat man das Alter aus dem Schreibmaterial und der Schrift zu bestimmen.

Das Schreibmaterial der ältesten erhaltenen Handschriften ist der ägyptische Papyrus. Wir haben von demselben Rollen und Blätter mit griech. Uncialschrift, welche bei Büchern regelmässig gebraucht wurde, als man bei Urkunden längst allgemein die Cursivschrift anwandte. Dahin gehören verschiedene in Aegypten aufgefundene Manuscripte, die bis in den Anfang des 2. Jahrh. v. Chr. zurückgehen. So wurde ein grosses Fragment von dem letzten Buch der Ilias 1821 auf der Insel Elephantine gefunden und von dem Engländer Bankes erworben (Facsimile im 1. Bande des *Philological Mus.* Camb. 1832 [Wattenbach, griech. Schrifttafeln I.]); es ist trotz seines hohen Alters für die Kritik des Textes unbedeutend. Ausserdem sind noch eine ganze Anzahl von Iliasfragmenten, ein Fragment des Alkman, die Handschrift eines astronomischen Werkes: Εὐδόξου τέχνη*) (Anfang des 2. Jahrh.) und wichtige Bruchstücke von Reden des Hypereides aus den ägyptischen Gräbern hervorgezogen.**) [Vergl. H. Weil, *Un papyrus inédit de la biblioth. de M. Ambr. Firmin Didot. Nouveaux fragm. d'Euripide et d'autres poètes grecs.* Paris 1879 (mit Facsim.). A. Kirchhoff, über die Reste einer aus Aegypt. stammenden Handschr. des Euripides. Monatsb. d. Berl. Akad.

---

*) Vergl. „Die vierjährigen Sonnenkreise der Alten", Berlin 1863. Cap. X „Der Eudoxische Papyrus".

**) Vergl. „Neu aufgefundene Bruchstücke aus Reden des Hypereides" (1848). Kl. Schr. VII, S. 518—572.

1881.] Die 1756 Rollen, welche im Jahre 1753 in Herculanum aufgefunden wurden, sind erst zum kleinern Theil aufgerollt und entziffert (*Herculanensium voluminum tom.* I—XI, Nap. 1793— 1855; *Collectio altera* 1. Bd. 1862, 11. Bd. 1876); besonders wichtig sind darunter die Schriften des Epikureers Philodemos (Ausg. von Sauppe und von Gomperz). Ferner haben wir Papyrusmanuscripte mit griechischer Cursivschrift,*) welche Aktenstücke, Briefe u. s. w. enthalten, die älteste etwa vom Jahre 160 v. Chr., die jüngste aus dem 7. Jahrh. n. Chr. Unter den Herkulanischen Rollen befindet sich die älteste lateinische Handschrift, ein Fragment eines Gedichtes auf die Schlacht bei Actium in Capitalschrift; ausserdem sind Codices aus Papyrus mit lateinischer Uncial- und Cursivschrift erhalten, die jüngsten aus dem 10.—11. Jahrhundert. [Vergl. Gardthausen, Gr. Palaeographie. S. 35 ff.] Die Literatur über die Papyrushandschriften s. Engelmann, *Bibliotheca script. class.* unter dem Artikel *Papyri.* [Freund, *Triennium philologicum,* Abschn. IV, 2. Aufl. S. 201 f. u. 225 f.].

Neben dem Papyrus wurde im Alterthum das Pergament (Περγαμηνὴ διφθέρα, *membrana*) gebraucht, seitdem seine Zubereitung in Pergamum erfunden war. Die erhaltenen Pergamenthandschriften sind aber jünger als die meisten Papyrushandschriften; die ältesten stammen aus dem 3.—5. Jahrh. n. Chr. Schon im Alterthum wurden häufig Schriften auf Papyrus und Pergament abgewaschen und abgerieben um das Material zu neuen Handschriften zu benutzen, die dann Palimpseste (βιβλία παλίμψηστα, *libri rescripti*) hiessen. In der christlichen Zeit wurden auf diese Weise viele alte Werke zerstört, indem man die *Codices* zur Aufzeichnung kirchlicher Schriften benutzte. Umgekehrt sind freilich auch wieder Texte alter Klassiker und andere profane Schriften auf Pergament geschrieben, von welchem man kirchliche Schriften getilgt hatte, so dass im J. 691 in der *Synodus Quinisexta* verboten wurde die heiligen Schriften oder Schriften der Kirchenväter durch Abreiben zu zerstören. Da auf den Palimpsesten die Spuren der ursprünglichen Schrift nicht ganz verwischt werden konnten, ist es in neuerer Zeit gelungen diese in vielen Fällen wiederherzustellen. Im vorigen Jahrhundert wurden bereits einige

---

*) Vergl. „Erklärung einer Aegyptischen Urkunde auf Papyrus in griechischer Cursivschrift" (1821). Kl. Schr. V, 205—247.

wichtige Fragmente auf Palimpsesten entdeckt; in unserm Jahrhundert sind aber in dieser Weise höchst bedeutende Entdeckungen gemacht, zuerst von Angelo Mai, Peyron und Niebuhr. Man hat sogar *libri bis rescripti* entziffert. Vergl. *Liciniani annalium quae supersunt ex codice ter scripto nunc primum ed.* Carol. Aug. Frid. Pertz. Berlin 1857. Da man zur Wiederherstellung der ausgelöschten Schriftzüge chemische Reagentien angewandt hat, sind freilich hierdurch auch kostbare Handschriften verdorben worden. Vergl. Mone, *De libris palimpsestis tam latinis quam graecis.* Carlsruhe 1855. Die meisten der entdeckten lateinischen Palimpsesthandschriften sind im 7.—9. Jahrh. rescribirt.

Seit dem 10. Jahrhundert kommt das Baumwollenpapier (*charta bombycina*), seit dem 14. das Linnenpapier (*codices chartacei*) allgemein in Gebrauch. Bei diesem Material ist das Papierzeichen zugleich ein Merkmal zur Bestimmung des Alters; so bestimmt z. B. Kirchner, *Novae quaestiones Horatianae.* Naumburg 1847. 4. danach das Alter eines Horazmanuscripts. Vergl. Gotthlf. Fischer, Versuch die Papierzeichen als Kennzeichen des Alterthums anzuwenden. Nürnb. 1804. [Étienne Midoux et Aug. Matton, *Études sur les filigranes des papiers employés en France au XIVe et XVe sièles. Acc. de 600 dessins lithogr.* Paris 1868.]

Die Unterscheidung der verschiedenen Arten des Schreibmaterials ist leicht, nur die Unterscheidung des jüngeren Bombycinpapieres macht bisweilen Schwierigkeiten; schwieriger ist es das Alter der Codices nach der Schrift zu bestimmen. Allein wenn auch in manchen Uebergangszeiten, wie bei der lat. Schrift im 9.—11. Jahrhundert, die Charaktere lange schwankend und unbestimmt sind, so zeigen doch im Allgemeinen die Schriftzüge in jedem Menschenalter charakteristische Unterschiede. Ein guter Palaeograph kann die Geschichte jedes Buchstabens von der ältesten Zeit bis zur Gegenwart nachweisen und die allmählichen Uebergänge ihrer Formen verzeichnen. Auch giebt es gewisse Gewohnheiten in der Orthographie, Accentuation, Interpunction und in Abbreviaturen, woraus man auf die Entstehungszeit der Handschrift schliessen kann. Doch muss man auch hierbei mit der grössten Vorsicht verfahren. Zuweilen ist der Schriftcharakter einer ältern Zeit aus Liebhaberei oder in betrügerischer Absicht nachgeahmt. Ein Codex hat ferner oft verschiedene Theile, die von verschiedenen Händen zu verschiedenen Zeiten geschrieben sind; es ist sogar möglich, dass dieselben nicht von demselben Original abgeschrieben sind; Lücken oder abgerissene Blätter sind nicht selten von verschiedenen Händen ergänzt; man muss bei Rasuren unterscheiden, ob sie von einem oder mehreren stammen (*rasura a manu prima et secunda*). Die Verschiedenheit der Züge, der Tinte, des Papiers, bessere oder schlechtere Condition der Blätter gewähren hierbei in der Regel genügende Kennzeichen. Dies alles kann man nur durch Uebung gründlich lernen; aus blossen — sonst sehr schätzbaren — Zusammenstellungen der handschriftlichen Lesarten (Collationen) lässt sich die zur Kritik nöthige diplomatische Kenntniss nicht erwerben, es gehört dazu eigene Anschauung und Studium der diplomatischen Paläographie.

Literatur. Toustain et Tassin, *Nouveau traité de diplomatique*. Paris 1750—65. 6 Bde. 4. (Die 5 letzten Bände mehr für das Mittelalter). — Gatterer, *Elementa artis diplomaticae universalis*. Gött. 1765. 4; *de methodo aetatis codicum mss. definiendae.* 1786, in den *Comm. Societ. Gott.* vol. VIII; Abriss der Diplomatik. Gött. 1798. — Montfaucon, *Palaeographia graeca*. Paris 1708. fol. (umfassend, wenn auch nicht immer gründlich). — Bast, *Commentatio palaeographica* (s. oben S. 192; sehr bemerkenswerth). — Kopp, *Palaeographia critica*. Mannheim 1817—1829. 4 Bde. 4. (ausführlich und gelehrt). — Aimé Champollion, *Paléographie des classiques latins d'après les plus beaux manuscrits de la bibliothèque royale de Paris, avec une introduction par* Champollion-Figeac. Paris 1839. 4. — Silvestre, *Paléographie universelle*. II. u. III. Bd. Paris 1841. — [W. Wattenbach, Anleitung zur griechischen Paläographie. Leipz. 1867. 2. Aufl. 1877. 4; Schrifttafeln zur Geschichte der griechischen Schrift und zum Studium der griechischen Palaeographie. I. Abtheilung 1876. II. Abtheilung 1877. fol.; Anleitung zur lateinischen Paläographie. Leipz. 1869. 3. Aufl. 1878. 4; das Schriftwesen im Mittelalter. Leipz. 1871. 2. Aufl. 1875; Zangemeister und Wattenbach, *Exempla codicum latinorum litteris maiusculis scriptorum*. Heidelberg 1876, suppl. 1880 fol.; Wattenbach und v. Velsen, *Exempla codicum graecorum litteris minusculis scriptorum*. Heidelberg 1878. fol. — J. C. Vollgraff, *Studia palaeographica*. Leyden 1870. — Wilh. Arndt, Schrifttafeln zum Gebrauch bei Vorlesungen und zum Selbstunterricht. 2 Hefte fol. Berlin 1876. 1878. — Gardthausen, Griechische Palaeographie. Leipzig 1879. — Ruess, Ueber die Tachygraphie der Römer. München 1879. — Osk. Lehmann, Die tachygraphischen Abkürzungen der griechischen Handschriften. Leipzig 1880. — W. Schmitz, *Monumenta tachygraphica cod. Paris. lat. 2718.* Fasc. I (M. 22 Taff.) Hannover 1882. — Th. Birt, Das antike Buchwesen. Berlin 1882. — Bond and Thompson, *Facsimile's of ancient mss. ed. for the Palaeogr. Society.* London 1873 ff., bis 1882 12 Thle. fol.]

5. Da die Druckausgaben der alten Schriftwerke auf Handschriften beruhen, haben sie für die diplomatische Kritik

als Zeugnisse nur Werth, wenn die zu Grunde liegenden Manuscripte nicht bekannt sind. Daher sind zu unserer Zeit, wo man wieder auf die Handschriften zurückgegangen ist, besonders seit I. Bekker's umfassenden Collationen, die ersten Drucke zu einem grossen Theil entwerthet worden. Es sind aber auch Handschriften nach Druckausgaben gemacht, z. B. in Wittenberg unter Melanchthon's Aufsicht von Studierenden zur Uebung; diese sind natürlich ohne jede diplomatische Bedeutung und daher sorgfältig auszuscheiden. Die ersten Drucke, bei denen die benutzten Handschriften unbekannt sind, haben dagegen dieselbe Autorität wie ein geschriebener Codex und sind auch nach denselben Grundsätzen zu prüfen. Manche sind einfach aus einer Handschrift abgedruckt, und diese wurde sogar oft den Setzern, welche allerdings damals in der Regel selbst nicht ungelehrt waren, auf das Brett gegeben. Andere sind schon aus mehreren Codices zusammengestellt, wie der Homer des Demetrios Chalkondylas. Von manchen Werken giebt es auch mehrere von einander unabhängige *Editiones principes*, so von Pindar die Aldinische und Römische. Die späteren Ausgaben sind entweder nur neue, durch Conjectur verbesserte Auflagen früherer (*recognitiones*), oder mit Benutzung eines grösseren Apparats hergestellt (*recensiones*). In letzterem Falle ist zu untersuchen, ob neue uns jetzt unbekannte handschriftliche Quellen benutzt sind; denn dadurch erhalten auch diese Drucke den Rang eines diplomatischen Zeugnisses. Natürlich sind bei allen gedruckten Ausgaben ausser den Conjecturen der Herausgeber die Druckfehler zu ermitteln, welche den Fehlern der Abschreiber im Allgemeinen ähnlich sind. In der Regel ist bei Drucken die Kritik sicherer als bei Handschriften, weil Herausgeber, sowie Zeit und Ort der Ausgabe bekannt sind. Aber dies ist nicht ausnahmslos der Fall; die alten Drucke sind nicht selten ohne Angabe des Druckorts und Datums (*sine anno et loco*), und das Alter muss dann ähnlich wie bei Handschriften aus äusseren Merkmalen bestimmt werden. Die erforderliche Anleitung hierzu giebt die Buchdruckergeschichte. S. die oben S. 52 angeführten Werke.

Je reicher bei einem Schriftwerk die angeführten Quellen für die Verschiedenheit der Lesart fliessen, desto vollkommener wird es gelingen die Geschichte des Textes herzustellen. Für manche Werke sind wir indess nur auf eine Handschrift angewiesen, so dass die Wiederherstellung des Aechten nur durch Conjectur aus der einen vorliegenden Lesart möglich ist. So war z. B. Velleius Paterculus nur in einer Handschrift zu Murbach im Elsass erhalten; dieser *Cod. Murbacensis*, wonach Beatus Rhenanus die erste Ausgabe (Basel 1520. fol.) besorgt hat, ist später verloren gegangen und nur eine Abschrift von Amerbach in Basel erhalten: der *Codex Amerbacensis*. [Ausserdem besitzen wir eine von Burer gemachte Collation des *Cod. Murbac.* mit der Ausgabe des Rhenanus.] Hier liegt eine *Varietas lectionis* nur dadurch vor, dass die beiden Copien unvollkommen sind und deshalb von einander abweichen. Haben wir aber mehrere Handschriften, so sind dieselben zunächst genau zu vergleichen. Dabei kann sich eine so grosse Uebereinstimmung in Fehlern, besonders in solchen, die nur durch äussere Einflüsse zu erklären sind, herausstellen, dass man genöthigt ist einen gemeinsamen Stammcodex (*codex archetypus*) vorauszusetzen. Indem man zugleich die Kriterien für das Alter und die Entstehungsweise der vorhandenen Handschriften berücksichtigt, wird sich dann ergeben, ob eine der letztern der Archetypus ist, oder ob dieser verloren ist. So hat Sauppe, *Epistola critica ad G. Hermannum*. Leipz. 1841. nachgewiesen, dass die Heidelberger Pergamenthandschrift des Lysias der Stammcodex aller übrigen Lysias-Handschriften ist, und Lachmann in seinem berühmten Commentar zum Lucrez (Berlin 1850) zeigt, dass die Lucrezhandschriften von einem noch im 9. Jahrh. vorhandenen Exemplar stammen müssen, dessen Beschaffenheit sich ziemlich genau bestimmen lässt. Bei andern Werken lassen sich die Handschriften und alten Drucke in Gruppen ordnen, von denen jede einen gemeinsamen Ursprung hat. Zeigt sich bei Vergleichung aller Quellen eine bedeutende und nicht durch äussere Einflüsse zu erklärende Verschiedenheit der Lesart zwischen solchen Gruppen, so ist es unwahrscheinlich, dass diese Unterschiede zufällig entstanden seien, und man hat zu ermitteln, ob sie auf verschiedene Recensionen zurückzuführen sind. In der That gelingt dies in nicht wenigen Fällen. So lassen sich bei den griechischen Klassikern die byzantinischen Diorthosen, besonders die des Demetrios Triklinios, leicht nachweisen, und andrerseits kann man mit Hülfe der Scholien und Citationen bis auf die guten alexandrinischen Textrecensionen, ja bis auf die Zeit des Verfassers selbst zurückschliessen. Hier ist es besonders von Wichtigkeit, wenn Handschriften mit sicheren alten Citationen vielfach übereinstimmen, da dadurch die Recension, welcher sie entstammen, als eine alte bezeugt wird.

Indem man in der Verschiedenheit der Lesart so einen genealogischen Zusammenhang aufsucht, gelangt man dazu die durch Absicht entstandenen Aenderungen des ursprünglichen Textes auszusondern. Man beurtheilt jetzt nicht mehr bloss die einzelnen Lesarten aus sich selbst, sondern die Kritik wird systematisch; mit einem Schlage eröffnen sich weite Aussichten, und das Urtheil erstreckt sich zugleich auf ganze Massen von Lesarten, weil man dieselben aus einem Principe, nämlich aus dem Charakter einer bestimmten Recension ableitet. Die Lesart der bessern Recension wird nicht mehr deshalb als diplomatisch schlechter bezeugt angesehen, weil eine grosse Anzahl von Handschriften eine andere Lesart haben; denn wenn diese Handschriften einer Familie angehören, zählen sie nur als ein Zeugniss. Nur muss man nicht meinen, in irgend einer Recension sei der ursprüngliche ächte Text zu finden; selbst die ältesten sind durch Conjecturen entstellt. Auch werden die Handschriften, welche aus der besten Recension abzuleiten sind, deswegen nicht immer die correcteste Lesart enthalten; denn jene Recension kann im Laufe der Zeiten durch Schreibfehler und äussere Einflüsse stark entstellt sein. Man kann daher die Handschriften unabhängig von jener genealogischen Classification nach dem Grade der äussern Correctheit classificiren. Zu diesem Zweck wird man den Charakter einer jeden durch eine möglichst vollständige Induction der offenbaren, unverkennbaren Fehler feststellen und sie darauf durch Vergleichung in eine Rangordnung bringen, so dass für jede unsichere Lesart im Einzelnen die Zeugnisse nicht einfach gezählt, sondern nach der Eigenthümlichkeit der Handschriften gewogen werden. Wenn sich die diplomatische Kritik so auf die Geschichte des Textes stützt, richtet sie sich offenbar keineswegs nur nach äussern Kriterien. Denn die Recensionen und Handschriftenklassen können nur bestimmt werden, indem man die Aechtheit der Lesarten im Einzelnen prüft, wobei sämmtliche vier Arten der Kritik in Anwendung kommen. Daher finden aber auch sämmtliche Arten der Kritik und nicht bloss die grammatische ihre sichere Grundlage in der Geschichte des Textes. Wenn diese nicht durch Hypothesen und willkürliche Verallgemeinerungen, sondern aus sicher ermittelten Einzelheiten erkannt ist, so bietet sie einen festen Maasstab für diejenigen Fälle, zu deren Beurtheilung innere Kriterien nicht ausreichen.*)

II.
Historische Kritik.

§ 34. So wenig die grammatische Kritik eine Beurtheilung der Sprache selbst ist, ebenso wenig ist unter historischer Kritik hier eine Beurtheilung der Thatsachen zu verstehen. Diese ist ihrer Natur nach philosophisch und nur dann philologisch, wenn sich die Philologie mit der Reconstruction des Alterthums in seiner Gesammtheit beschäftigt und dabei mit der Philosophie der Geschichte zusammenfällt. Hier betrachten wir die historische Kritik im engern Sinne als Kritik der Ueberlieferung in Bezug auf deren geschichtliche Voraussetzungen. Sie hat demnach, gemäss der dreifachen Aufgabe aller Kritik, zu prüfen:

1) ob ein Denkmal im Ganzen und Einzelnen mit der historischen Wahrheit übereinstimmt oder nicht,
2) falls es nicht übereinstimmt, was das Angemessenere wäre,
3) was das Ursprüngliche ist.

In einer solchen Beurtheilung der Quellen besteht offenbar auch die kritische Function des Geschichtsforschers, welche nach dieser Seite somit eine Art der philologischen Kritik bildet.

Es ist unnöthig die Methode der historischen Kritik hier genauer darzustellen. Der Gang ist derselbe wie bei der grammatischen Kritik, und man braucht mit den für letztere aufgestellten Normen nur das zu combiniren, was oben über die historische Auslegung gesagt ist. Ich füge nur einige Bemerkungen in Bezug auf die dritte der eben angegebenen Aufgaben bei.

Ob das historisch Angemessene oder Unangemessene ächt und ursprünglich ist, lässt sich nur aus der Individualität des Schriftstellers beurtheilen. Man muss untersuchen, ob dieser einer historischen Fälschung fähig sei, und ob sie in seinem Zweck gelegen haben könne. Aus Nachlässigkeit, Furcht, Schmeichelei wird oft eine genaue Darstellung absichtlich umgangen; dem Redner kommt es namentlich oft auf strenge historische Wahrheit nicht an, und sein Urtheil ist häufig durch Parteileidenschaft ge-

---

*) Ein Muster der Methode bei der Feststellung der Geschichte des Textes s. in der Abhandlung über die kritische Behandlung der Pindarischen Gedichte § 15—39. Kl. Schr. V, S. 286—371.

trübt. Besonders schwierig ist es bei poetischen Schöpfungen zu unterscheiden, wie weit man auf Uebereinstimmung mit der geschichtlichen Wahrheit rechnen darf. Ferner fragt es sich bei allen historischen Darstellungen, woher der Autor seinen Bericht hat, und welche Kritik er selbst seinen Quellen gegenüber angewandt hat. In vielen Fällen sind auch Gedächtnissfehler die Ursache historischer Unrichtigkeiten. Vergl. oben S. 119 ff.

Wo aber nach aller hermeneutischer Einsicht das Ueberlieferte unächt ist, da wird die Kritik wieder zu unterscheiden haben, ob der Fehler durch äussere Zerstörung der Urkunden, Irrthum der Schreiber oder absichtliche Interpolation zu erklären ist. Hier tritt also die diplomatische Beurtheilung der Quellen ein. Eigennamen und Zahlen sind der Entstellung in besonders hohem Grade ausgesetzt. Die Namen werden mit ähnlichen oder mit Appellativen verwechselt, oft in Folge von Abkürzungen; wenn sie unleserlich oder durch irgend welche Ursachen zerstört sind, so werden sie leicht ohne Weiteres fortgelassen oder falsch ergänzt. Irrthümer in Zahlenangaben entstehen, abgesehen von Vertauschung, Umstellung und Auslassung der Ziffern, bei den alten Sprachen besonders häufig dadurch, dass Buchstaben für Ziffern oder umgekehrt Ziffern für Buchstaben gehalten werden. Im Griechischen muss man ausserdem untersuchen, ob man die älteren Zahlzeichen (I, II, Γ etc.) oder die aus Buchstaben gebildeten, die ebenfalls sehr früh im Gebrauch waren, bei der Emendation zu Grunde zu legen hat. Nicht selten erklärt sich die Verderbniss einer mit Worten geschriebenen Zahl nur dadurch, dass sie früher mit Ziffern geschrieben war und die bei dieser Form entstandenen Fehler in die spätere Schreibart übertragen sind. Die Herstellung des Aechten muss sich auf eine bis ins Einzelste gehende Kenntniss der Geschichte, auch der Personengeschichte gründen und zugleich Sprache, Individualität des Schriftstellers und Gattungscharakter der Schrift berücksichtigen; die historische Kritik ist also mit den übrigen Arten der Kritik unlösbar verbunden, und es zeigt sich daher auch hierdurch wieder, dass Geschichtsforschung und Philologie identisch sind (s. oben S. 10). Die Emendationen der historischen Kritik sind aber in der Regel grösser und schwieriger als die der grammatischen, und man muss also bei ihnen um so sorgfältiger die Grade ihrer Wahrscheinlichkeit unterscheiden, damit nicht das bloss Mögliche als nothwendig erscheine. Zuweilen sind zwei Möglichkeiten gleich wahrscheinlich, weil sie durch gleich starke Gründe gestützt werden. Hier ist es oft die Aufgabe der historischen Kritik mit Hülfe der grammatischen eine Vermittelung zu finden. So sind z. B. als Namen des ersten ionischen Stammes die Formen Γελέοντες und Τελέοντες gleich sicher überliefert, was sich daraus erklärt, dass beide richtig sind, indem sich beide aus der Form Γτελέοντες entwickelt haben.*)

Obgleich jede Art von Kritik mehr oder minder combinatorisch ist, so giebt es doch gerade in Rücksicht des Historischen einen gewissen Punkt, wo die Ermitelung des Wahren durchaus nur auf einer Combination beruht, da durchaus nur aus dieser ein Faktum hergestellt wird, welches auf dem Wege des Zeugnisses nicht mehr ausgemittelt werden kann und dennoch für den Kunstverständigen, der das Zwingende der Combination einzusehen vermag, aber auch nur für diesen, eine völlige Klarheit hat. Diese Kritik ist vielleicht die schwerste, aber zugleich die fruchtbarste, wenn sie mit gehöriger Vorsicht geübt wird: die schwerste, weil man sehr in die Verhältnisse eingeweiht sein muss; die fruchtbarste, weil dadurch etwas erzeugt wird, was auf keinem andern Wege zu erreichen ist. Ob das Resultat wichtig oder unwichtig sei, ist für die Thätigkeit gleichgültig und lässt sich auch nicht immer ermessen. Ich will ein eigenes Beispiel geben, da jedem das Seine am Klarsten ist. *Corp. Inscr.* No. 105 las man Ὠσαχαραν Ἀγαθωνος. Ich habe dort nur mit geringer diplomatischer Hülfe gezeigt, dass statt Ὠσαχαραν zu schreiben sei Ἄσανδρον, ungeachtet dieser Asandros sonst nirgend vorkommt. Die Combination beweist es. Die Inschrift ist nämlich Olymp. 116, 3 zu Athen verfasst für einen Dynasten, der damals mit Schiffen und Soldaten in Athen war. Nach Diodor aber (Ol. 116, 4 durch kleine Versetzung) erhielt Asandros, der Bruder des Agathon, ein Makedonier, bei Euböa von Athen her Hülfe; dieser sogenannte Osacharas war sein Neffe, Sohn des Agathon, und kam mit der Hülfsmacht von Athen für den Oheim. Er heisst also nicht Osacharas, sondern führt nach seinem Oheim den Namen Asandros. Die Familie war im Kriege mit Antigonos, dem Vater des Demetrios Poliorketes, der Ol. 118, 3 Athen Wohlthaten erzeigte; daher ist, was zur Bestätigung der Emendation dient, der Name in der Inschrift

---

*) Vergl. *De tribubus Atticis*, Lektionskatalog von 1812. Kl. Schr. IV, S. 51 ff.

unkenntlich gemacht. Das Nähere kann man selbst nachlesen, da ich hier nur die Art der Kritik andeuten, nicht die Sache selbst ausführlich erläutern will, die übrigens ganz sicher ist. Der Gewinn, der dadurch erreicht wird, ist eine bessere Einsicht in die Verhältnisse, die wir nun erst durch jene so emendirte Inschrift völlig begreifen; ausserdem werden wir den Namen Osacharas los, an dem man eine Acquisition für makedonische Sprache gemacht zu haben glaubte, während das ächt griechische Ἀσανδρος zu Grunde liegt. Es kommt bei einer solchen historischen Combination auf die Stellung der Argumente an; wer diese nicht einsehen kann, für den hat sie keine Beweiskraft. Buttmann sagte von dem eben angeführten Beispiel, die Kritik sei ganz sicher, aber Wenige würden es einsehen.

III.

Individualkritik.

§ 35. Die Individualkritik hat zu untersuchen: 1) ob der individuelle Charakter einer Schrift dem individuellen Charakter eines angenommenen Verfassers angemessen ist oder nicht; 2) wenn sich eine Disharmonie findet, wie diese zu beseitigen wäre; 3) was das Ursprüngliche ist. Die beiden letzteren Aufgaben fallen indess hier zusammen; denn da jedes Schriftwerk durch die Individualität des Verfassers geschaffen wird, so kann es ursprünglich nur im vollen Einklang mit den gegebenen individuellen Bedingungen sein. Ist also eine Schrift der Individualität eines vorausgesetzten Autors nicht angemessen, so ist sie entweder verderbt oder rührt von einem andern Verfasser her, oder beides findet zugleich Statt. Man kann daher diese Disharmonie nur aufheben, indem man die ächte Form der Schrift und den wirklichen Verfasser feststellt; das so gefundene angemessene Verhältniss ist zugleich das ursprüngliche. Daher begreift es sich, dass man die Individualkritik als die Kritik des Aechten und Unächten bezeichnet hat. Allein abgesehen davon, dass auch die übrigen Arten der Kritik das Aechte, d. h. das Ursprüngliche ermitteln sollen, verleitet diese Benennung leicht zu der irrigen Ansicht, dass die Individualkritik nur anzuwenden sei, wo ein Zweifel über die Aechtheit einer Schrift obwaltet. Sie ist aber vielmehr eine ununterbrochen anzuwendende Operation, aus welcher sich nur in manchen Fällen der Zweifel und damit das erwähnte dritte Problem ergiebt. Auch ist der Begriff des Aechten hierbei kein einfacher. Eine Schrift, die als Werk des Platon überliefert ist, kann in dieser Beziehung für unächt erklärt werden, aber dabei ein ächtes Werk Xenophon's sein. Man hat die Individualkritik auch als „höhere" Kritik bezeichnet und versteht dann unter der „niedern" die grammatische und diplomatische — eine Unterscheidung, die keinen wissenschaftlichen Werth hat.

1. Die Lösung der ersten Aufgabe muss naturgemäss aus der individuellen Auslegung hervorgehen. Die Individualität des wirklichen und sichern Verfassers findet man zunächst auf hermeneutischem Wege aus der Schrift selbst; stimmt in dieser irgend etwas damit nicht überein, so muss man zuerst die eigene Auslegung einer genauen Kritik unterwerfen. Denn da man den Charakter des Autors aus den Einzelheiten des Werkes bestimmen muss, so kann es vorkommen, dass man hierbei manche Eigenthümlichkeit nicht genügend berücksichtigt hat, die dann als Abweichung von dem voreilig angenommenen Charakter des Verfassers erscheint. Liegt aber eine wirkliche Disharmonie zwischen einer Stelle und dem sonstigen Stil des Autors vor, so kann dieselbe dennoch ursprünglich vorhanden gewesen sein, da jede Individualität innerhalb gewisser Grenzen variabel ist (s. oben S. 126, 185). Lässt sich die Disharmonie auf diese Weise nicht erklären, so wird man weiter prüfen, ob sie ihren Grund in der Corruption der Ueberlieferung hat. Hier zeigt sich die diplomatische Kritik als ein nothwendiges Hülfsmittel der individuellen (s. oben S. 188); aber zugleich droht wieder die Gefahr, dass sich die Beweisführung unvermerkt im Kreise bewegt, wenn nämlich die Ansicht über die Individualität auf Grund von Lesarten festgestellt ist, welche dann wieder nach dem Maasstabe jener Ansicht geprüft werden sollen (s. oben S. 206). So können also die individuelle Kritik und Auslegung nur approximativ, durch beständiges Ineinandergreifen ihre Aufgabe lösen.

Ob nun ein Schriftwerk einem vorausgesetzten oder durch die Ueberlieferung angegebenen Verfasser angemessen ist, lässt sich offenbar nur entscheiden, wenn dessen Individualität anderweitig bekannt ist. Man hat dann durch Vergleichung festzustellen, ob dieselbe mit dem aus der Schrift selbst ermittelten Charakter des wirklichen Verfassers identisch ist oder nicht. Am sichersten wird diese Aufgabe gelöst werden, wenn man den präsumtiven Verfasser aus andern Schriften kennt; freilich müssen auch diese erst wieder auf ihre Aechtheit geprüft werden, wodurch die ganze Procedur höchst verwickelt wird. Um z. B. zu entscheiden, ob ein Gespräch dem Stile Platon's entspricht, muss man Platon's Individualität aus andern Gesprächen kennen; aber von diesen muss wieder jedes einzelne in derselben Art geprüft werden. Offenbar wird man hier von einem auf das andere verwiesen, während doch bei jedem einzelnen der Zweifel wiederkehrt. Dieser löst sich nur dadurch, dass bei einigen Gesprächen die Ueberlieferung durch äussere Zeugnisse sicher beglaubigt ist, und sich in diesen die Individualität des Verfassers genügend ausprägt um danach über die Angemessenheit anderer entscheiden zu können.

In viel höherem Maasse als innerhalb einer einzelnen Schrift werden nun aber zwischen mehreren Schriften desselben Verfassers Verschiedenheiten hervortreten können, die leicht als Disharmonie angesehen werden können, obgleich sie mit der Einheit der Individualität wohl vereinbar sind; denn die Werke eines Autors werden sich unterscheiden, wenn sie verschiedenen Gattungen oder verschiedenen Entwicklungsstufen seiner Individualität angehören. Die Kritik geht zunächst fehl, wenn man den Gattungscharakter mit dem individuellen Stil verwechselt. Wir kennen z. B. die Individualität des Lysias aus einer beträchtlichen Anzahl gerichtlicher Reden. Nun findet sich aber von ihm auch eine erotische Rede in Platon's Phädros; der Stil derselben weicht von dem der übrigen so ab, dass seit Taylor viele behauptet haben, sie sei fingirt. Hierbei hat man übersehen, dass sie ihrem Zwecke nach ein eigenthümliches Gepräge tragen muss. Wenn darin der paradoxe Satz durchgeführt wird, der Geliebte müsse diejenigen lieben, welche ihn nicht lieben, so kann dies nur in einer spitzfindigen und gezierten Weise geschehen. Man darf daher die Aechtheit der Rede nicht deshalb anfechten, weil der Stil des Lysias in den Gerichtsreden einfach und ungezwungen ist. Schon Dionysios von Halikarnass bemerkt, dass Lysias in seinen erotischen Reden einen andern Charakter zeige als sonst. Auch der unter seinem Namen überlieferte Epitaphios hat wieder einen besondern eigenthümlichen Stil; da sich aber dieser aus der Form der panegyrischen Gattung erklärt, darf man wegen desselben die Rede nicht ohne Weiteres als unächt verwerfen. Die individuelle Kritik hängt hiernach offenbar von der Gattungskritik ab. Besonders schwierig aber ist es ausserdem den Einfluss richtig zu schätzen, den die Entwickelung der Individualität auf die Bildung des Stils ausübt. Ein Schriftsteller schreibt oft im Alter ganz anders als in der Jugend, und je nach seinen Lebensschicksalen stellen sich ganz verschiedene Seiten seiner Individualität heraus. Nicht immer kennt man seinen Entwicklungsgang oder weiss, wie eine vorliegende Schrift sich in denselben einordnet. Weicht also eine Schrift von anderen Werken des präsumirten Verfassers auch wesentlich ab, so hat man doch kein Recht sie deswegen anzufechten, so lange es möglich ist, dass die Abweichungen in dem Entwicklungsgange des Autors ihren Grund haben. Das Urtheil hierüber wird man sich, wo historische Anhaltspunkte fehlen, aus analogen Fällen bei andern Schriftstellern, besonders derselben Gattung, bilden müssen. Sehr wichtig aber ist es, dass man bei einer hervortretenden Disharmonie stets zuerst den Grad derselben feststelle, d. h. untersuche, ob sie in dem Charakter des ganzen Werks oder bloss in Einzelheiten liegt. Man wird dann eine Schrift nicht voreilig für unächt erklären, wenn vielleicht nur eine leichte Corruption der Lesart vorliegt. Dawesius hat z. B. dem Pindar die letzte Pythische Ode darum absprechen wollen, weil darin Αἴγινα mit kurzem ι vorkomme. Wäre dies thatsächlich der Fall, so müsste doch zuerst geprüft werden, ob sich der Anstoss nicht durch die grammatische oder diplomatische Kritik beseitigen lasse. In Wirklichkeit beruht er aber sogar nur auf der Unkenntniss des Kritikers, welcher das Metrum nicht verstand; denn Αἴγινα ist in der Ode gar nicht mit kurzem ι gebraucht.*)

Aus dem Gesagten ergiebt sich, dass die Sicherheit des Urtheils auch von dem Umfange der Schriften abhängt, auf welche sich die vergleichende Kritik bezieht. Der Maasstab für die Beurtheilung einer Schrift fehlt häufig, wenn von dem vorausgesetzten Verfasser nicht eine oder mehrere Schriften von genügendem Umfange vorhanden sind um eine sichere Vergleichung anstellen zu können. Ferner kann aber die zu beurtheilende Schrift selbst dem Umfange nach so unbedeutend sein, dass sie zu wenig Anhaltspunkte für die individuelle

---

*) Vergl. *Pindari opera*, Tom. I, P. II, S. 573.

Vergleichung darbietet. Bei kleinen Schriftwerken oder Fragmenten lässt sich daher oft wohl feststellen, dass sie von einem bestimmten Autor nicht herrühren, dagegen kann man weit seltener bestimmen, ob sie einem Schriftsteller mit Nothwendigkeit zuzuschreiben sind, selbst wenn man den Charakter desselben auf das Genaueste kennt. Cicero erwähnt (*Epist. ad famil.* IX, 16) von einem gewissen Servius, er habe bei jedem angeblich Plautinischen Verse sagen können: „*Hic versus Plauti non est, hic est,*" *quod tritas aures haberet notandis generibus poëtarum et consuetudine legendi.* Allein man muss solche Geschichtchen *cum grano salis* verstehen; Cicero betont an jener Stelle hauptsächlich die negative Seite des angeführten Urtheils. In dieser Beziehung waren z. B. die alexandrinischen Kritiker ausserordentlich feinfühlig. Dagegen sind positive Urtheile ähnlicher Art sehr unzuverlässig. Wyttenbach rühmt Ruhnken nach (*Vita Ruhnkenii* 220 f.), er habe im Stobäos bei jeder citirten Stelle sofort den Autor nennen können und bei jedem Epigramm in der Anthologie nach einmaligem Durchlesen anzugeben vermocht, von welchem Dichter es herrühre, auch bei solchen Dichtern, von denen nur ganz wenige Epigramme übrig sind. Dies ist aber einfach eine Aufschneiderei à la Münchhausen, soweit das Kunststück nicht auf Reminiscenzen hinauslief.*) Es ist bekannt, wie selbst der grosse Jos. Scaliger sich durch eine ähnliche Prätension eine starke Blösse gegeben hat, indem er dem Trabea mit voller Sicherheit Verse zuerkannte, die Muret gefertigt hatte um ihn damit zum Besten zu haben. (Vergl. J. Bernays, Josef Justus Scaliger, Berlin 1855. S. 270 f.) Selbst wo es sich um ein negatives Urtheil über ein kleineres Schriftstück oder Fragment handelt, muss man sehr vorsichtig zu Werke gehen. Es ist gar zu verführerisch in solchen Fällen eine besondere Feinheit der Nase zu documentiren, während doch bei so kleinen Stücken die bemerkte Disharmonie sehr leicht nur in einer falschen Lesart ihren Grund haben kann. Fr. Aug. Wolf hatte ein feines kritisches Gefühl; aber er liebte es in seinen späteren Lebensjahren über Dinge und Personen abzusprechen. So erklärte er einen Brief Cicero's in einem Ms. der Berliner Bibliothek, den er in Druckausgaben nicht fand, wegen einiger leichten Mängel für untergeschoben, bis einer seiner Schüler ihm

---

*) Vergl. *Graec. tragoed. princip.* S. 122 f.

zeigte, dass er in den gewöhnlichen Ausgaben nur an einer andern Stelle stand. Am schwierigsten ist natürlich in der Regel das Urtheil über verloren gegangene Schriften. Allerdings ist es möglich die Unächtheit einer solchen Schrift nachzuweisen, wenn man weiss, wie sie beschaffen war, und dass ein Werk des angenommenen Verfassers nicht so beschaffen sein konnte. Allein der Beweis hierfür ist meist unsicher. Thiersch (*Acta philol. Monac.* III, p. 647) hat z. B. bestritten, dass Tyrtaeos die im Alterthum unter seinem Namen existirenden fünf Bände Kriegslieder verfasst habe, indem er voraussetzte, sie seien in solchen lyrischen Metris geschrieben gewesen, welche man zu Tyrtaeos' Zeit noch nicht gekannt habe. Aber sie waren anapästisch, und dass man fünf Bücher in Anapästen schreiben konnte, beweist die Analogie der Elegiker.*)

Bei der grammatischen, historischen und individuellen Auslegung zeigte sich, dass bei jedem Werke der darin zur Anwendung kommende **Sprachschatz**, ferner **Stoff** und **Compositionsweise** individuell bedingt sind (s. oben S. 101 f., 119 ff. und 127). Daher wird sich auch die Individualkritik auf diese drei Seiten jedes Werkes beziehen.

I. Das leichteste und sicherste Kriterium bietet der Stoff oder Inhalt. Es ist zunächst zu prüfen, ob er der Individualität des vorausgesetzten Verfassers in Bezug auf Ort und Zeit angemessen ist. Wenn ein Schriftsteller sagt, er sei an einem Ort gewesen, wo er überhaupt oder zu der angegebenen Zeit nicht gewesen ist, so liegt offenbar ein Widerspruch vor, welchen die individuelle Kritik zu lösen hat. Finden sich ferner bei einem Schriftsteller Umstände erwähnt oder vorausgesetzt, die nach seiner Zeit fallen, oder werden Ereignisse, die vor seiner Zeit liegen, als gleichzeitig angegeben, so ist offenbar ebenfalls eine solche Disharmonie vorhanden. So wird im 4. Briefe des Aeschines eine zu Athen aufgestellte Statue des Pindar beschrieben. Da nun die Athener bis auf Konon nur dem Solon, Harmodios und Aristogeiton Statuen gesetzt hatten und Isokrates in der Rede περὶ ἀντιδόσεως bei der Aufzählung der dem Pindar erwiesenen Ehren nichts von jener Statue erwähnt, so bestand dieselbe zur Zeit des Aeschines noch nicht, sondern ist viel später

---

*) Vergl. *De metris Pindari* S. 130.

gestiftet, und jener Brief erweist sich daher als untergeschoben.*) Ein ähnlicher Widerspruch ist es, wenn in einem Brief des Sokrates an Xenophon (*Socratis et Socraticorum epistolae ed. Orelli.* Leipzig 1815. S. 7.) vorausgesetzt wird, dass dieser im Peloponnes wohnt, wo er erst nach Sokrates' Tode seinen Wohnsitz hatte. Um jedoch auf Grund von Zeitangaben über die Aechtheit einer Schrift abzuurtheilen muss man oft die Chronologie, besonders auch mit Hülfe der diplomatischen Kritik, bis ins Einzelste feststellen und bei einem Anstoss vor allem erst prüfen, ob nicht absichtliche Anachronismen oder Gedächtnissfehler vorliegen. (Vergl. oben S. 208.)

Ausser Ort und Zeit kommen die übrigen Verhältnisse und Umstände in Betracht, welche die historische Grundlage der Schrift bilden. Wenn z. B. in einer Rede oder gar in einem Gesetz Unkunde der gleichzeitigen Ereignisse und politischen Einrichtungen hervortritt, so fragt es sich, ob eine solche Unkenntniss bei dem vorausgesetzten Verfasser oder dem Gesetzgeber angenommen werden darf. Wegen mannigfacher Widersprüche, die sich in dieser Beziehung herausstellen, sind viele der in den Reden des Demosthenes eingeschalteten Decrete zu verwerfen. In einem dem Manetho zugeschriebenen Brief wird der König Ptolemäos Philadelphos mit Ϲεβαϲτόϲ angeredet. Da dies aber eine Uebersetzung des römischen Titels Augustus ist, zeigt sich darin sofort die Unächtheit des Schriftstückes.**) Die Briefe des Phalaris und der Sokratiker sind von Bentley wegen der Incongruenzen in Bezug auf Ort, Zeit und historische Umstände für unächt erklärt; aus ähnlichen Gründen sind die Briefe des Platon als unächt anzusehen.***) Der Inhalt einer Schrift kann aber überhaupt mit dem Charakter und den historischen Verhältnissen der Nation des Schriftstellers in Widerspruch stehen. So erkennt man leicht, wenn ein Jude jüdische Stoffe einem ältern griechischen Schriftsteller unterschiebt, wie dies in Alexandrien vielfach geschehen ist. Dass z. B. Hekataeos aus Abdera, der Alexander den Grossen auf seinen Zügen begleitete, eine jüdische Geschichte geschrieben, ist nicht zu bezweifeln; dass jedoch die ihm beigelegte Schrift über Abraham und die

---

*) Vergl. *Pindari opera, tom. II, pars. II,* p. 18 f.
**) Vergl. Manetho und die Hundssternperiode (1845) S. 15.
***) Vergl. das Programm: *De simultate, quae inter Platonem et Xenophontem intercessisse fertur* (1811). Kl. Schr. IV, S. 29 f. VII, S. 38.

Aegypter unächt war, zeigen die erhaltenen Fragmente.*)
Aber oft ist bei ähnlichen Anstössen zu untersuchen, ob der
Autor nicht fremder Ueberlieferung gefolgt ist. Endlich liegt
auch ein Kriterium in dem Gedankensystem des vorausgesetzten
Verfassers. Widerspricht eine Stelle seinen anderweitig geäusserten Meinungen oder Grundsätzen, so ist dies noch kein zureichender Grund sie für unächt zu erklären; der Widerspruch
kann in der Nachlässigkeit, Vergesslichkeit oder sogar in der
Absicht des Verfassers seinen Grund haben (s. oben S. 119).
Die individuelle Kritik hat also in jedem Falle zu prüfen, ob
solche Ursachen vorauszusetzen sind. Vor allem aber hat man
sich hier zu hüten, dass man sich nicht durch den Schein täuschen lässt, da man bei einer unvollkommenen Auslegung häufig
Widersprüche erblickt, wo Alles im besten Einklang ist. So
bestreitet Platon im Phaedon, dass die Seele eine Harmonie
ist, während er im Timaeos die Weltseele, der die Einzelseelen
ähnlich sind, als Harmonie construirt. Dies scheint sich zu
widersprechen; allein eine genauere Interpretation zeigt, dass im
Phaedon nur die Ansicht bekämpft wird, dass die Seele eine
materielle Harmonie ist; wenn dabei Sokrates dem Simmias
bemerkt, er nenne doch wohl Harmonie nicht etwas dem, welchem er sie vergleiche, d. h. der Seele, Aehnliches, so deutet
er dadurch an, dass es allerdings eine höhere, übersinnliche
Harmonie gebe, von der die materielle selbst nur ein Abbild
ist, und in diesem Sinne wird dann im Timaeos die Seele als
Harmonie dargestellt. Platon hat sehr unter einer voreiligen
Kritik zu leiden, welche das, was sie wegen unvollkommener
Auslegung nicht zu reimen vermag, als widersprechend ansieht.
Hat doch selbst Schelling einst wegen solcher vermeintlichen
Widersprüche in der That die Aechtheit des Timaeos bezweifelt.**) Ein Beispiel, wo eine Schrift wegen wirklicher Widersprüche in Bezug auf die bekannten Grundsätze des angeblichen
Verfassers der Kritik unterliegt, bietet die 4. Philippische Rede
des Demosthenes, worin (S. 141) das Theorikon vertheidigt
wird, welches Demosthenes sonst consequent bekämpft.***)

---

*) Vergl. *Graecae tragoed. princip.* S. 146 ff.
**) Vergl. Ueber die Bildung der Weltseele im Timaeos des Platon (1807).
Kl. Schr. III, S. 125 f. 164.
***) Vergl. Staatshaushaltung der Athener I, S. 307.

Die Grundsätze eines Schriftstellers sind zuweilen auf eine Schule oder Partei zurückzuführen; dann ist indess stets zu prüfen, ob er nicht in einem gegebenen Falle auf individuelle Weise von den allgemeinen Ansichten seiner Genossen abweicht; auch kennt man oft diese allgemeinen Ansichten nur aus Quellen, die man danach kritisiren soll, und muss sich also vor einer *petitio principii* hüten. Eine besondere Schwierigkeit entsteht, wenn ein Schriftsteller, der seiner Individualität nach kein Compilator sein kann, den Inhalt fremder Gedanken als seine eigenen zu geben scheint; man muss dann erst genau prüfen, ob hierzu nicht in der That individuelle Gründe vorliegen konnten, ehe man ein Recht hat an der Aechtheit der betreffenden Stelle oder gar der ganzen Schrift zu zweifeln. Der angeblich Platonische Ion stimmt z. B. dem Inhalt der Gedanken nach mehrfach mit dem Gastmahl Xenophon's überein. Hier wäre es wirklich verkehrt Xenophon eines Plagiats zu beschuldigen; da aber auch Platon die Uebertragung nicht zuzutrauen ist, erscheint der Zweifel an der Aechtheit des Ion gerechtfertigt.*)

II. Die Individualität des Schriftstellers wird hermeneutisch aus seiner Compositionsweise gefunden. Was daher mit dieser Compositionsweise nicht übereinstimmt, steht im Widerspruch mit seiner Individualität. Das Urtheil hierüber hängt freilich durchaus von der Vollständigkeit der hermeneutischen Induction ab und ist daher schwieriger als das aus der Beschaffenheit des Inhalts abgeleitete. Es gehört z. B. zur Manier des Euripides, dass er seinen Stücken eine Art monotoner Prologe vorausschickt, die Aristophanes in den Fröschen (V. 1208 ff.) verspottet. Aber die Iphigenie in Aulis hat keinen Prolog, und es lässt sich aus dem Stück selbst nachweisen, dass es in der vorliegenden Composition keinen haben konnte, da das, was den Inhalt desselben bilden müsste, V. 49—114 gesagt ist.**) Hieraus darf man jedoch nicht ohne Weiteres schliessen, die Tragödie sei unächt; es liesse sich ja denken, dass der Dichter darin einmal von seiner sonstigen Manier aus irgend welchen Gründen abgewichen wäre. Selten ist ein einzelner Punkt in der Compositionsweise für das Urtheil entscheidend. Bei Platon zeigt sich z. B. die

---

*) Vergl. *De simultate, quae inter Platonem et Xenophontem intercessisse fertur.* Kl. Schr. IV, S. 18. Anm. 4.

**) Vergl. *Graec. tragoed. princip.* S. 216 f.

grösste Mannigfaltigkeit in der Composition der einzelnen Dialoge, so dass man auch Eigenthümlichkeiten, die sich in allen unzweifelhaft ächten Gesprächen finden, nicht immer als durchaus nothwendige Momente seines Stils ansehen darf. Aber wir können den wesentlichen **Gesammtcharakter** seiner Schriften feststellen, und hierin liegt immer der eigentliche Maassstab für die kritische Bedeutung der einzelnen Momente der Schreibweise. Bei mehreren dem Platon zugeschriebenen Gesprächen gelangt daher die Individualkritik zu einem völlig sichern Ergebniss. So stehen z. B. der Minos und Hipparchos in offenbarem Widerspruch mit allen Regeln des Platonischen Stils. Dies zeigt sich zuerst in der ganzen Anlage der beiden Dialoge. Die Art, wie darin die dramatische Form behandelt wird, ist durchaus unplatonisch, da die mit Sokrates disputirenden Personen ohne dramatischen Charakter und dem entsprechend selbst ohne Namen sind. Denn dass diese Personen nicht Minos und Hipparchos heissen, lässt sich durch combinatorische Kritik leicht zeigen.*) Der einzige Dialog, in welchem Platon eine Person ohne bestimmten Namen einführt, sind die Gesetze, wo die Namen des Kleinias und Megillos schon gegen die sonstige Gewohnheit Platon's erdichtet zu sein scheinen, und der athenische Gastfreund nicht mit Namen genannt ist. Allein dies erklärt sich aus der Eigenthümlichkeit des Dialogs, in welchem auch Sokrates nicht auftritt; in dem athenischen Gastfreund stellt Platon seine eigenen Ansichten dar, und alle drei Unterredner haben einen bestimmten Charakter.**) Die jetzigen Titel des Minos und Hipparch rühren ohne Zweifel von einem späteren Grammatiker her; ursprünglich lauteten sie περὶ νόμου und περὶ φιλοκερδοῦς. Von den ächt Platonischen Dialogen sind nur zwei: der Staat und die Gesetze nach dem sachlichen Inhalt benannt; indess bei diesen deutet schon die Form des Titels (Πολιτεία und Νόμοι, nicht περὶ πολιτείας und περὶ νόμων) an, dass in ihnen nicht sowohl über den Gegenstand discutirt, sondern dieser selbst dramatisch entwickelt wird.***) Dringt man nun aber nach Maassgabe des Titels tiefer in die innere Anlage des Minos und Hipparchos ein, so findet man, dass überall in der Behand-

---

*) *In Platonis, qui vulgo fertur, Minoem.* S. 7—10.
**) Ebenda S. 69 ff.
***) Ebenda S. 10.

lung des Stoffes die tiefe Zweckmässigkeit fehlt, welche in allen ächten Dialogen Platon's herrscht, wenn sich der Zweck auch oft absichtlich verbirgt.*) Was ferner die Gedankencombination betrifft, so ist in den beiden Gesprächen keine Spur von der aus allen ächten Dialogen bekannten Platonischen Dialektik.**) Endlich weichen sie in der äusseren Form ganz wesentlich von Platon's Schreibweise ab; dies kann man bis in die feinsten Einzelheiten verfolgen, wo zuletzt allerdings nur das Gefühl entscheidet.***) Es tritt aber bei diesen Dialogen noch ein anderes Kriterium hinzu; sie zeigen zugleich eine zu grosse Uebereinstimmung mit den ächten Werken Platon's; es werden unzweifelhaft Stellen der letzteren nachgeahmt und zwar oft mit oberflächlicher oder sogar missverständlicher Auffassung.†) Da man unmöglich annehmen kann, dass Platon sich in solcher Weise selbst compilirt habe, sind die Dialoge ohne Zweifel untergeschoben. Man kann im Allgemeinen sagen, dass die allzu grosse Aehnlichkeit eines Werkes mit ächten Schriften eines Verfassers oft ein stärkerer Beweis für die Unächtheit ist als eine grosse Abweichung; denn kein originaler Schriftsteller wird seine eigene Stilform sklavisch nachahmen. Allein es ist oft nicht leicht zufällige oder auch bewusste Wiederholungen desselben Gedankens oder derselben Wendungen, die auch bei den besten Schriftstellern vorkommen können, von der Nachahmung zu unterscheiden. Solche Wiederholungen finden sich häufig bei Euripides††); auch haben z. B. die alten Redner keinen Anstand genommen ganze Stellen aus eigenen früheren Reden wörtlich zu wiederholen, weil sie weder Zeit noch Lust hatten für einen wiederkehrenden Gegenstand nach einem veränderten Ausdruck zu suchen. Ganz besonders vorsichtig muss man aber verfahren, wenn es sich darum handelt zu entscheiden, ob ein Schriftsteller eine fremde Schrift nachgeahmt haben könne. Zunächst ist bei einer vorliegenden Uebereinstimmung stets zu prüfen, ob dieselbe nicht zufällig oder in dem Charakter einer gemeinsamen Gattung begründet ist. Die holländischen Kritiker haben zuweilen voreilig eine Nachahmung vorausgesetzt, wo dieselbe schon chro-

---

*) *In Platonis, qui vulgo fertur, Minoem.* S. 11.
**) Ebenda S. 12 ff.
***) Ebenda S. 15 ff.
†) Ebenda S. 23 ff.
††) Vergl. *Graec. trag. princip.* S. 247.

nologisch unmöglich ist.*) Ferner aber finden sich wirkliche Nachahmungen auch in durchaus klassischen Schriften. Die Tragiker haben nicht selten besonders wirksame Stellen aus fremden Dramen nachgebildet, ja Verse entlehnt; denn dies war gerade nach dem Geschmacke des Publikums.**) In solcher Weise hat Sophokles den Aeschylos, Euripides den Sophokles und Aeschylos vielfach nachgeahmt. Ebenso natürlich waren Entlehnungen bei den Rednern. Die Rede des Andokides vom Frieden ist schon im spätern Alterthum als unächt angesehen worden, weil eine längere Stelle darin mit Aeschines' Rede περὶ παραπρεcβείαc übereinstimmt. Aber Aeschines hat jenen einfach ausgeschrieben, was er bei einer 50 Jahre früher gehaltenen Rede ohne Anstoss thun konnte. Da den Rednern oft wenig Zeit zur Vorbereitung blieb und es ihnen vor Allem auf die augenblickliche Wirkung ihrer Rede ankam, war eine solche Licenz sehr natürlich. Ueber diese Art Plagiat handelt ausführlich Meier im Prooemium des Hallischen Lectionskatal. 1832 [*Opuscula academica* II, S. 307 ff.]. Besonders wichtig ist es bei römischen Schriftstellern den Grad ihrer Originalität griechischen Mustern gegenüber festzustellen. Wie weit hier bei der Nachahmung die Grenzen des Erlaubten gezogen waren, beweisen die philosophischen Schriften Cicero's. Er entlehnt ganze Stellen fast wörtlich aus griechischen Werken ohne die Quellen anzugeben und rechnet es sich zur Ehre an seine Landsleute auf diese Weise unmittelbar mit der griechischen Philosophie bekannt zu machen. Die Art, wie er z. B. seinem *Cato major* eine grosse Partie aus Platon's Republik einverleibt hat, würden wir heute als Plagiat bezeichnen. Eine solche Benutzung fremder Leistungen darf man nun bei den klassischen Prosaikern der Griechen nicht voraussetzen. Bei diesen sind alle Nachahmungen aus originalen, künstlerischen Absichten zu erklären. So ist es durchaus verkehrt die Reden in Platon's Gastmahl als Excerpte aus allen möglichen Schriften zu betrachten; aber es werden darin allerdings bestimmte rednerische Stile nachgeahmt, was dem Dialog eine hohe mimische Schönheit verleiht und, wie beim Menexenos (s. oben S. 120), den künstlerischen Zwecken des

---

*) Vergl. *In Platonis, qui vulgo fertur, Minoem.* S. 23 f. *Graec. trag. princip.* S. 251 f.

**) *Graec. trag. princ.* S. 242 ff.

Autors entspricht.*) Die Vergleichung des Platonischen Gastmahls mit dem Xenophontischen zeigt, wie Platon bei der Nachbildung verfährt; er nimmt hier die von Xenophon zuerst gewählte Form ohne Bedenken auf, behandelt sie aber in einer durchaus originalen Weise.**) Zuweilen liegt sogar gerade in der Nachahmung die höchste künstlerische Schönheit. Ein hervorragendes Beispiel bietet die bekannte Stelle in Sophokles' Elektra (V. 1415), wo Klytemnaestra sterbend dieselben Worte ausstösst wie Agamemnon in dem gleichnamigen Drama des Aeschylos (V. 1335): ὤ μοι πέπληγμαι, und ὤ μοι μάλ' αὖθις. Den Zuhörern wurde dadurch die Tragödie des Aeschylos ins Gedächtniss gerufen, und gewaltiger konnte die Macht der Nemesis nicht vor ihre Seele treten als durch diese Erinnerung.***) Nach allem Gesagten muss die Frage, ob in einem gegebenen Falle einem Autor die Nachahmung einer fremden Composition zuzutrauen ist, mit Berücksichtigung aller individuellen Verhältnisse und nicht nach einer vorgefassten Meinung von seiner Originalität beurtheilt werden.

Schwieriger als nach dem Stoffe eines Werkes lässt sich nach der Composition entscheiden, ob es der nationalen Bestimmtheit des Verfassers angemessen ist oder nicht, da der individuelle Stil vom Nationalstil sehr abweichen kann (s. oben S. 128 f.). Doch unterscheidet man z. B. das Hellenistische auch in der Stilform meist leicht von dem Nationalgriechischen. Auch die Entwickelung des Stiles nach Schulen und Zeitaltern bietet oft wichtige Kriterien. So sind viele angeblich Anakreontische Lieder schon der Unvollkommenheit des Metrums wegen der Schule und Zeit des Anakreon nicht angemessen. Die den Orphikern untergeschobenen Verse tragen in der ganzen Composition den Charakter einer viel jüngeren Zeit. Bei dem auf die Compositionsweise gegründeten Urtheil kommt endlich auch die eigene Entwicklung des Autors in Betracht. So haben seit J. Lipsius Viele dem Tacitus den *Dialogus de oratoribus* wegen der Abweichungen von seinem sonstigen Stil abgesprochen; diese Abweichungen erklären sich aber vollkommen daraus, dass die Schrift

---

*) Vergl. die Kritik von Thiersch's *Specimen editionis Symposii Platonis* (1809). Kl. Schr. VII, S. 137 ff.

**) Vergl. *De simultate, quae inter Xenoph. et Plat. intercessisse fertur.* Kl. Schr. IV, S. 5—18.

***) Vergl. *Graecae trag. princip.* S. 244 ff.

ein Jugendwerk des Verfassers ist (vergl. A. G. Lange, Vermischte Schriften und Reden. Leipzig 1832, p. 3 ff.). Bei der Kritik der Platonischen Dialoge geht man ganz fehl, wenn man die Abfassungszeit nicht berücksichtigt. Wie der Phaedros als vollendetes Jugendwerk sich von der Republik, einem Meisterwerke des reifen Alters unterscheidet, so muss sich letztere auch wieder von den Gesetzen, einem unvollendeten Werke des Greisenalters unterscheiden.

III. Abgesehen von der stilistischen Form, welche jeder Schriftsteller der Sprache giebt, hat er durch seine historische Stellung innerhalb der Sprachgeschichte, sowie durch die Sphäre, in welcher sich seine Sprache bewegt, einen individuell begrenzten Sprachschatz; es kommt bei ihm ein bestimmter Bruchtheil von den Elementen der Sprache und ihren Constructionsformen zur Anwendung. Ferner eignen sich nicht alle Schriftsteller den Sinn der Sprache mit gleicher Vollkommenheit an, so dass sie sich auch in der Sprachrichtigkeit individuell unterscheiden. Kennt man nun genau die Schranken, in welchen sich die Sprache eines Autors bewegt, so wird man das, was ausserhalb derselben liegt, für unangemessen erklären können. Freilich ist hier ein vollständiges Urtheil nicht möglich; denn wenn eine Form oder Structur auch sonst nicht bei einem Schriftsteller vorkommt, so kann man doch in vielen Fällen die Möglichkeit, dass sie seinem Sprachschatz angehörte, nicht bestreiten. Diese Möglichkeit wird schon eingeschränkt, wenn sich in einer Schrift Abweichungen von dem stehenden Sprachgebrauch des vorausgesetzten Verfassers finden; aber auch dann ist zunächst zu prüfen, ob solche Abweichungen nicht in der Analogie seiner sonstigen Ausdrucksweise eine Stütze finden. Am sichersten ist das Urtheil, wenn sich die Abweichungen als Eigenthümlichkeiten eines andern Zeitalters oder einer andern Nationalität erweisen. Ein starkes Beispiel dieser Art sind die von Pseudo-Hekatäos (s. oben S. 216 f.) den grossen attischen Tragikern untergeschobenen Verse. Ich habe nachgewiesen, dass die Sprache derselben durchaus hellenistisch ist.*) Wenn Huschke (in Wolf's Analekten I, p. 165) dagegen geltend macht, dass eine dort vorkommende, im Hellenismus sehr gebräuchliche Formel sich auch bei Euripides findet, so wird dadurch das Urtheil über die betreffenden Frag-

---

*) *Graecae trag. princip.* 146 ff.

mente nicht geändert; denn man kann daraus nicht etwa schliessen, dass auch die übrigen hellenistischen Formen möglicher Weise in verloren gegangenen Stücken der Tragiker vorkommen konnten. Bei einigen jener Formen ist dies überhaupt unmöglich, und da diese dem Gesammtcharakter der Fragmente entsprechen, steht es fest, dass dieser nicht nur zufällig mit dem Hellenismus übereinstimmt. Nicht immer lässt sich jedoch eine Schrift ohne Weiteres für unächt erklären, wenn die Sprache dem Zeitalter oder der Nationalität des vorausgesetzten Verfassers unangemessen ist; denn die Sprache kann durch Ueberarbeitung verändert sein. Besonders häufig ist dies der Fall, wenn wir eine Schrift nur aus Excerpten kennen. So ist in den Fragmenten des Philolaos zuweilen der dorische Dialekt in die spätere Prosa umgesetzt und der Sprachgebrauch späterer philosophischer Systeme eingemischt.*) Ob ein solcher Fall vorliegt, kann aus der Sprache allein meist nicht entschieden werden. Ob nun etwas mit dem individuellen Sprachgebrauch eines Schriftstellers, abgesehen von seinem Zeitalter und seiner nationalen Bestimmtheit, im Einklang sei, lässt sich mit Sicherheit nur ermessen, wenn seine Sprache einen scharf abgegrenzten Gyrus hat. So ist die Entscheidung bei den Homerischen Gedichten und bei Platon im Allgemeinen nicht schwierig; in der Ilias kann man nach der Sprache sogar nicht bloss Interpolationen, sondern auch die Verfasser verschiedener Theile unterscheiden. Anders ist es z. B. schon bei Xenophon; mehrere ihm fälschlich zugeschriebene kleine Schriften unterscheiden sich in der Sprache wenig von seinen ächten Werken, weil sie ungefähr derselben Zeit angehören. Je mehr der Sprachgebrauch eines Schriftstellers mit der allgemeinen Sprache seiner Zeit und seines Volkes zusammenfliesst, desto schwieriger wird die kritische Scheidung. So sind die Gründe, welche Fr. Aug. Wolf gegen die Aechtheit Ciceronianischer Reden aus der vermeintlichen Abweichung im Sprachgebrauch hergeleitet hat, meist sehr schwach (vergl. bes. die Ausgabe der Rede *pro Marcello*. Berlin 1802). Nachahmer übertragen auch den Sprachgebrauch ihrer Vorbilder, wodurch die Sprache affectirt wird. Dadurch lassen sich untergeschobene Schriften oft leicht als unächt erkennen; allein das Urtheil beruht doch in diesem Punkte dann meist auf der Feinheit des Gefühls und bedarf daher einer

---

*) Vergl. Philolaos des Pythagoreers Lehren (1819). S. 44.

weiteren Begründung.*) Diese wird zuweilen dadurch ermöglicht, dass solche Schriften auch im Sprachgebrauch eine zu grosse Aehnlichkeit mit andern ächten Schriften des angeblichen Verfassers zeigen, und dabei zugleich die Sprachformen des Originals missverständlich aufgenommen sind.

2. Wenn eine Schrift der Individualität eines vorausgesetzten Verfassers unangemessen ist, so beruht dies stets auf einem Widerspruch zwischen der innern Beschaffenheit der Schrift und der äussern Tradition. Zunächst kann die überlieferte Gestalt des Textes in Widerspruch stehen mit der aus der Schrift selbst ermittelten Individualität des wirklichen Autors, ganz abgesehen davon, ob man Namen und Person desselben noch anderweitig kennt (s. oben S. 211). Hier steht zur Aufhebung der Disharmonie nur ein Weg offen, nämlich Emendation des Textes. Zeigen sich dabei in dem Werke zwei oder mehrere verschiedene Individualitäten, so sind entweder mehrere ursprünglich getrennte Schriften zusammengeschweisst, und man hat nun die Commissuren aufzusuchen, oder es liegt eine Ueberarbeitung einer Schrift vor, so dass die Aufgabe entsteht die ursprüngliche Form von den Interpolationen zu trennen; natürlich kann auch beides zugleich stattfinden. Die Emendation kann nur auf Grund der diplomatischen Kritik, d. h. wieder mit Hülfe äusserer Zeugnisse vollzogen werden; vollkommen überzeugend aber wird sie nur sein, wenn zugleich die Individualität des Verfassers historisch festgestellt wird. Denn so allein werden die von dem Inhalt, der Composition und dem Sprachschatz der Schrift entnommenen Gründe einen festen Stützpunkt haben. Nun ist in der Regel bei einer Schrift der Name des Verfassers wieder durch die Tradition gegeben. Ist diese vollkommen zuverlässig, und man kennt die Individualität des so bestimmten Autors noch anderweitig, so kann ebenfalls jede Abweichung von derselben nur durch Emendation des Textes gehoben werden. So ist z. B. die unter **Euripides'** Namen erhaltene Iphigenie in Aulis vielfach der Individualität des Euripides unangemessen. Dass das Stück aber von diesem ist, steht durch äussere Zeugnisse fest. Der Widerspruch hebt sich nur durch Annahme einer doppelten Recension, und diese lässt sich aus der Beschaffenheit der Lesarten nachweisen.**) Ein

---

*) *Graec. trag. princip.* S. 251.
**) Vergl. *Graecae tragoediae principum Aeschyli, Sophoclis, Euripidis, num ea quae supersunt et genuina omnia sint et forma primitiva servata, an*

anderes Beispiel bieten die Fragmente des Philolaos. Dass dieser Pythagoreer ein Buch περὶ φύcεωc geschrieben, ist sicher bezeugt; ebenso geht aus den Zeugnissen hervor, dass ausser dieser ächten Schrift keine andere unter dem Namen des Philolaos bestanden hat. In der That stimmen nun die erhaltenen Fragmente mit dem überein, was über Inhalt und Eintheilung jener Schrift überliefert ist, und sind ausserdem im Ganzen im Einklang mit den Lehren der Pythagoreer, soweit wir sie aus guten Quellen kennen. Wenn sie nun andrerseits z. Th. in Gedanken und Sprache wieder das Gepräge einer spätern Zeit und besonders der peripatetischen und stoischen Schule tragen, so darf man sie deshalb nicht — wie dies neuerdings besonders Schaarschmidt gethan hat — für unächt erklären; die Emendation ergiebt sich auch leicht, da der ursprüngliche Text offenbar in den Excerpten nicht in höherem Maasse verändert ist, als dies in der Geschichte der Philosophie bei Anführungen häufig stattfindet.*) Ein anderer, ganz sicherer Fall liegt bei den Platonischen Gesetzen vor. Die Aechtheit der Schrift ist ebenfalls durch äussere Zeugnisse zweifellos festgestellt; wir wären indess in Verlegenheit, wie wir die vorhandenen Abweichungen von dem Gedankensystem und der Compositionsweise Platon's erklären sollten, wenn uns nicht die Ueberlieferung zu Hülfe käme, wonach das Werk von dem Verfasser unvollendet hinterlassen und von seinem Freunde und Schüler Philippos aus Opus redigirt ist; hierdurch erklärt sich in der That die Beschaffenheit des Werks vollständig, obgleich es eine schwierige Aufgabe bleibt die Ueberarbeitung im Einzelnen nachzuweisen.**)

Nicht immer ist jedoch der Verfasser einer Schrift durch äussere Zeugnisse sicher bestimmt. Innere Gründe können hinlänglich beweisen, dass ein Werk dem Verfasser nicht angemessen ist, welchem es durch äussere Tradition zugeschrieben wird. In diesem Falle ist man in Zweifel, ob die Disharmonie durch Emendation zu heben oder das Werk dem angegebenen Verfasser

---

eorum familiis aliquid debeat ex iis tribui. Heidelberg 1808. Dazu die Selbstanzeige dieser Schrift. Kl. Schr. VII. 99—106.

*) Philolaos des Pythagoreers Lehren nebst den Bruchstücken seines Werkes. Berlin 1819. Ueber Schaarschmidt's Kritik vgl. Kl. Schr. III, S. 321.

**) *In Platonis, qui vulgo fertur, Minoem eiusdemque libros priores de legibus.* S. 64—198.

ganz abzusprechen ist. So lange sich das äussere Zeugniss nicht als ganz unglaubwürdig ausweist, wird man den ersteren Weg einschlagen. Man muss hier bei der Kritik der Schriftwerke ebenso verfahren wie bei der Beurtheilung von Werken der bildenden Kunst. Wenn eine Bildsäule einem bekannten Meister zugeschrieben wird, und man findet, dass die Nase nicht mit dem Stile desselben übereinstimmt, so muss man erst untersuchen, ob etwa der Torso ächt und nur der Kopf oder gar nur die Nase von anderer Hand ist. Allerdings kann man aber rein aus innern Gründen zu der sichern Ueberzeugung gelangen, dass ein Schriftwerk einem bestimmten Verfasser ganz abzusprechen ist. Dann ist es die Aufgabe der Kritik den wahren Verfasser zu bestimmen. Dieselbe Aufgabe liegt vor, wenn jede Tradition über den Verfasser mangelt, wie dies bei anonymen Werken und oft bei Fragmenten von Inschriften oder von Büchern der Fall ist. Hier kann man nun durch innere Gründe allein nicht zum Ziele gelangen, sondern muss dieselben mit äusseren historischen Thatsachen combiniren um den wahren Ursprung der betreffenden Schriften zu entdecken. Wenn sich aus Inhalt, Compositionsweise und Sprachschatz einer Schrift ermitteln lässt, in welche Zeit sie gehört, und der Verfasser nur in einem bestimmten Kreise von Individualitäten zu suchen ist, so wird man prüfen, welche von diesen Individualitäten mit dem individuellen Charakter der Schrift übereinstimmt. Wer z. B. Schleiermacher kannte, wusste beim Erscheinen der Briefe über die Lucinde sofort, dass er der Verfasser war; nirgends ist sein Geist so ganz wie hier. Böttiger war es nicht möglich in einer anonymen Schrift, wie in seinem Aufsatz gegen Hirt's Hierodulen, seine scharf markirte Persönlichkeit zu verbergen.[*] Doch trügt in ähnlichen Fällen das Urtheil ausserordentlich leicht. So wurde bekanntlich Fichte's „Kritik aller Offenbarung", die ohne sein Vorwissen anonym gedruckt war, allgemein als ein Werk Kant's angesehen, bis dieser den wahren Verfasser bekannt machte. Wie leicht ist eine solche Täuschung bei Werken des Alterthums möglich, wo die Verhältnisse unendlich viel unklarer sind! Man wird also eine alte Schrift einem Verfasser nicht schon deshalb zuschreiben können, weil sie ihm nicht unangemessen ist, sondern nur wenn noch andere äussere Beweise hinzutreten. Wir wissen z. B. nicht,

---

[*] Vergl. Ueber die Hierodulen. Kl. Schr. VII. S. 575 ff.

wer der Verfasser der Rhetorik *ad Herennium* ist. Dass es Cicero nicht sein kann, ergiebt sich aus inneren Gründen, ebenso dass die Schrift in der Sullanischen Zeit geschrieben ist. Da aber hier eine ganz unbestimmte Zahl von Möglichkeiten vorliegt, ist es durchaus unkritisch, wenn man z. B. irgend einen rhetorischen Schriftsteller jener Zeit herausgreift, bloss weil das, was wir von ihm wissen, im Einklang mit dem Charakter jener Schrift ist; es war ein ganz willkürlicher Einfall von Schütz den Antonius Gnipho als Verfasser aufzustellen. Solche unbegründete Hypothesen finden sich vielfach in Wernsdorf's Ausgabe der *Poetae latini minores* (Altenburg u. Helmstedt 1780 bis 1799, 6 Bde.). Die combinatorische Kritik erfordert eben sichere äussere Anhaltpunkte, wenn sie zu positiven Ergebnissen führen soll. Solche Anhaltpunkte sind zunächst historische Ereignisse, welche mit dem Inhalt der Schrift in Beziehung stehen. So kannte man z. B. Q. Curtius Rufus, den Verfasser der *Historiae Alexandri Magni*, nur dem Namen nach; es findet sich aber in der Schrift (X, 9) eine historische Anspielung auf Ereignisse, die der Verfasser als eben erlebte schildert; auf welche Ereignisse hier angespielt wird, ist nun historisch zu ermitteln, und es ist dies auf verschiedene Weise versucht worden; am wahrscheinlichsten ist die durch andere äussere und innere Gründe unterstützte Ansicht, dass es sich in jener Stelle um die Vorgänge bei der Ermordung Caligula's handelt, so dass das Buch unter Claudius geschrieben zu sein scheint. Vergl. Teuffel in Fleckeisen's Jahrbüchern LXXVII (1858) S. 282 ff. [Teuffel, Gesch. der römischen Literatur 3. A. § 292, 1]. Hauptsächlich wird man bei der kritischen Combination aber sein Augenmerk darauf zu richten haben, ob die Schrift nicht mit Angabe des Verfassers irgendwo citirt ist. Ein solches Citat kann den Titel, den Inhalt, die Stilform oder die Sprache der Schrift betreffen, ist aber oft unbestimmt oder entstellt oder stimmt mit der Schrift nicht überein, weil diese in den betreffenden Punkten selbst entstellt ist. Daher wird die Entdeckung solcher indirecten Zeugnisse auch bei der regsten Aufmerksamkeit und eingehendsten Detailforschung oft doch nur durch einen glücklichen Griff herbeigeführt. Ich hatte z. B. aus innern Gründen erkannt, dass der Hipparch und Minos nicht von Platon herrühren können (s. oben S. 219 f.); ausserdem fand ich, dass beide Dialoge nach Compositionsweise und Sprachgebrauch einander so ähnlich sind wie ein Ei dem andern, so dass sie einem Verfasser zuzuschreiben sind. Sie stimmten ferner wesentlich mit zwei andern Gesprächen: περὶ δικαίου und περὶ ἀρετῆς zusammen; der Sprache nach aber gehören sie dem Zeitalter des Sokrates und Platon an. Nachdem sich mir dies alles aus innern Gründen längst ergeben hatte, fand ich bei Diogenes Laertius II, 122, 123 vier Schriften von dem Schuster Simon, dem Freunde des Sokrates citirt: περὶ δικαίου, περὶ ἀρετῆς ὅτι οὐ διδακτόν, περὶ νόμου, περὶ φιλοκερδοῦς. Die beiden letzten Titel sind unzweifelhaft die ursprünglichen des Minos und Hipparchos (s. oben S. 219); daher ist es zwar nicht sicher, aber doch sehr wahrscheinlich, dass Simon der Verfasser der vier so ähnlichen pseudoplatonischen Dialoge ist, besonders da diese Annahme noch weiterhin durch innere und äussere Gründe gestützt wird.*) Dass die Schrift vom Staate der Athener nicht von Xenophon herrührt, ergiebt sich aus innern Gründen; durch historische Combination findet man, dass sie von einem athenischen Oligarchen zur Zeit des peloponnesischen Krieges geschrieben ist. Nun wird bei Pollux ein merkwürdiger Ausdruck von Kritias citirt; das Citat ist — wie aus rein grammatischen Gründen folgt — offenbar missverständlich, und aus dem Zusammenhang einer Stelle der Schrift von dem athenischen Staat erklärt sich dies Missverständniss. Es ist daher höchst wahrscheinlich, dass sich das Citat auf diese Stelle bezieht, und also Kritias, der Sohn des Kallaischros der Verfasser der pseudoxenophontischen Schrift ist; alles, was wir historisch von ihm wissen, stimmt mit dieser Annahme überein.**) Natürlich muss man bei der Aufsuchung verdeckter Citate mit der grössten Vorsicht zu Werke gehen. Gruppe (Ariadne S. 561) will z. B. aus einem Citat bei Athenäos folgern, dass die Iphigenie in Aulis nicht dem Euripides, sondern dem Chaeremon zuzuschreiben sei. Allein bei Athenäos ist an jener Stelle das ganz unbestimmte Citat aus Chaeremon den sonstigen Zeugnissen über die Iphigenie gegenüber ohne alle Beweiskraft.***) Da durch diese Zeugnisse in Verbindung mit innern Gründen die Aechtheit der Tragödie ausser Zweifel gestellt wird, kann es sich nur darum handeln den Urheber der

---

*) Vergl. *In Platonis, qui vulgo fertur, Minoem.* S. 42 ff.
**) Staatshaush. der Athener I, S. 433 ff.
***) Vergl. *Graec. trag. princ.* S. 289 ff.

Ueberarbeitung zu ermitteln, welche sich als Ursache der jetzigen Beschaffenheit des Textes ergab (s. oben S. 225). Hierbei ist natürlich dasselbe Verfahren einzuschlagen wie bei der Ermittelung des Verfassers einer Schrift. Nun wissen wir aus einer Didaskalie, dass die Iphigenie kurz nach dem Tode des berühmten Euripides durch dessen gleichnamigen Neffen aufgeführt ist, und durch Combination anderer historischer Thatsachen ergiebt sich, dass dies eine zweite Aufführung war. Bei derselben ist die Ueberarbeitung hauptsächlich mit Rücksicht auf die inzwischen gegebenen Frösche des Aristophanes vorgenommen, wodurch sich die Eigenthümlichkeit dieser Ueberarbeitung grossentheils erklärt. In einem Chorgesang, der an die Stelle eines früheren getreten, findet sich eine dem Schiffskatalog der Ilias nachgebildete Aufzählung der Schiffe, und sie entspricht durch ihre eigenthümliche Form wieder einer historischen Notiz, wonach dem jüngeren Euripides eine Recension des Homer zugeschrieben wird. Aus allen diesen Umständen folgt, dass der jüngere Euripides das Drama in die jetzige Form gebracht hat.*)

Die combinatorische Kritik ist gleichsam ein kritisches Pankration; denn wie das Pankration aus einer ἀτελὴς πάλη und ἀτελὴς πυγμή bestand, hat sie ihre Stärke in der künstlichen Verbindung eines unvollkommenen oder unvollständigen äusseren Zeugnisses mit unvollständigen innern Gründen. Da aber die innern Gründe für sich immer unzulänglich sind, so ist die combinatorische Kritik überall nothwendig, wo die äusseren Zeugnisse nicht zureichen. Nun sind selbst die vollständigsten Angaben über die Individualität eines Autors ungenügend, wenn ihre Glaubwürdigkeit zweifelhaft ist. Daher ruht die gesammte Individualkritik schliesslich auf der Prüfung der Glaubwürdigkeit der äusseren Zeugnisse.

Um für diese Prüfung eine sichere Basis zu haben muss man sich klar machen, durch welche Ursachen und in welchem Umfange die Tradition über den Ursprung der antiken Schriftwerke getrübt ist. Die ältesten Werke stammen aus einer Zeit, wo die Schrift noch nicht gebräuchlich war; es sind Dichtungen, die ursprünglich nur durch Sänger oder Rhapsoden fortgepflanzt wurden; der Name des Sängers wurde schnell vergessen; jeder,

---

*) Vergl. *Graecae tragoediae princ.* p. 214 ff. und Kl. Schr. Bd. V, S. 121 Anm. 120, Bd. IV, S. 189 ff.

der die Dichtung vortrug, konnte sie umgestalten und weiter fortführen. Daher hat hier die combinatorische Kritik den weitesten Spielraum. Sie kann bei den Homerischen Gedichten nicht darauf ausgehen eine oder mehrere historische Persönlichkeiten als Verfasser nachzuweisen, sondern hat nur die Commissuren der einzelnen Bestandtheile zu bestimmen; wie diese Bestandtheile zu einheitlichen Werken zusammengefügt wurden, erklärt sich dann historisch aus der Wirksamkeit der ionischen Sängerzünfte.*) In analoger Weise wird sich die Kritik auf die Hesiodeischen Gedichte beziehen; nur ist man in den Werken und Tagen im Stande die Persönlichkeit des ersten Verfassers aus Angaben des Gedichtes selbst bis zu einem gewissen Grade festzustellen. Bei den cyklischen Epen sind die Namen der Dichter schon sicherer überliefert; die Gedichte wurden seltener vorgetragen, waren von Anfang an aufgezeichnet, und über ihre Verfasser konnten wenig Zweifel entstehen. Ganz unsicher musste dagegen die Tradition über die vorhomerische Dichtung sein. Dass sich von dieser uralte Reste besonders durch die Orakel und Mysterien erhalten haben, unterliegt keinem Zweifel; aber als in der Solonischen Zeit die mystische Schule an jene Ueberlieferungen anknüpfte, entstanden neue Gesänge, die man dann dem Orpheus, Musäos, Olen u. s. w. zuschrieb. Bei allen uns erhaltenen Fragmenten der mystischen Poesie kann daher die Aufgabe der combinatorischen Kritik nur sein den Ideenkreis und Charakter der ältesten Dichtung annähernd zu ermitteln und die spätere Umgestaltung auf ihre Urheber zurückzuführen. Auch in der Blüthezeit der griechischen Literatur vor Aristoteles war die Tradition über die Verfasser der Werke oft sehr wenig gesichert. Ein regelmässiger Buchhandel bestand nicht.**) Die Schriftsteller setzten keineswegs immer dem Titel der Schrift ihren Namen bei; so waren sicher Platonische Dialoge und Schriften von Xenophon ohne Namen im Umlauf. Die Verfasser waren genügend bekannt, so lange die Literatur noch einen mässigen Umfang hatte. Für philosophische Schriften bildete sich übrigens zuerst eine festere Tradition in der Platonischen Akademie. Doch wurden hier zugleich Schriften

---

*) Vergl. *De ὑποβολῇ Homerica.* Prooemium zum Lektionskatal. 1834. Kl. Schr. IV, 385 ff.
**) Vergl. *Graec. tragoed. princ.* S. 10 ff. Staatshaush. der Ath. I, S. 68 f.

verfasst, welche nur nach der Schule als Platonische bezeichnet später leicht dem Platon selbst beigelegt werden konnten. Aehnlich sind die Schriften des Aristoteles mit Beiträgen von seinen Schülern vermischt worden.*) Wie wenig die dramatischen Werke selbst der grössten Dichter vor Verunstaltungen geschützt waren, beweist das bekannte Gesetz des Lykurg (s. oben S. 187); umgearbeitete Stücke wurden aber bei der Aufführung mit dem Namen des Ueberarbeiters angezeigt, was dann in die Didaskalien überging.**) Noch in der glänzendsten Zeit der attischen Beredsamkeit wurden eben gehaltene Reden ohne Namensbezeichnung zum Lesen herumgegeben. So erklärt sich z. B. allein die Kritik, die Dionysios von Halikarnass an mehreren Reden des Dinarch übt, indem er nachweist, dass sich dieselben durchaus nicht den Lebensverhältnissen und der Zeit des Dinarch einfügen lassen. Als man nämlich anfing die immer mehr anwachsende Schriftenmasse zu sammeln, war in vielen Fällen die Tradition bereits erloschen oder unsicher geworden, und der Verfasser wurde dann nach Muthmassung und jedenfalls oft irrthümlich bestimmt. Die Unsicherheit wurde noch dadurch vermehrt, dass bei manchen anonymen Schriften, wie bei Pamphleten, der Autor überhaupt unbekannt geblieben. Ausserdem verwechselte man nun gleichnamige Schriftsteller; so sind z. B. dem berühmten Hippokrates vielfach Schriften von Aerzten aus seiner Schule beigelegt, in welcher sein Name forterbte.***) In der spätgriechischen Zeit sind viel gröbere Verwechselungen vorgekommen, wie wenn eine Schrift περὶ ἑρμηνείας von Demetrios aus Alexandria, der unter Marc Aurel lebte, dem Demetrios aus Phaleron beigelegt ist. Eine neue Quelle des Irrthums wurden die Uebungsreden und Briefe, die in den Rhetorenschulen unter dem Namen und zur Nachahmung berühmter Männer gefertigt wurden; es entwickelte sich hieraus auch ausserhalb der Schulen eine eigene Literaturgattung, und solche Fictionen wurden später vielfach als ächt angesehen; die uns erhaltenen Briefe Platon's galten z. B. schon zu Cicero's Zeiten als ächt. Bei den unkritischen Römern wirkten in der älteren Literatur dieselben Ursachen der Verwirrung wie bei den Griechen,

---

*) Vergl. *Graec. trag. princ.* S. 99.
**) Ebenda S. 34. 228 ff.
***) Ebenda S. 99. 112. 231.

nur in noch höherem Maasse. Eine kritische Sichtung der Tradition beginnt erst durch die alexandrinischen Grammatiker; die Kritik derselben war vortrefflich, sie hatten ein reiches Material vor sich und unterschieden die Charaktere der Gattungen und einzelnen Schriftsteller mit grosser Feinheit. Trotzdem mussten auch sie bei der verworrenen Tradition irren, insbesondere wenn von Autoren wie Platon und Pindar viele kleine Werke bisher zerstreut im Umlauf waren*), die nun zum ersten Mal gesammelt wurden; denn hier lag, wie oben (S. 213 f.) bemerkt, in der Schärfe der Kritik selbst eine Verleitung zu verkehrten Urtheilen. Zugleich aber trat jetzt eine Trübung der Tradition durch absichtliche Fälschung ein. Das Motiv der Fälschung war zuerst Gewinnsucht; seitdem die Ptolemäer und Attaliker alte Bücher theuer bezahlten, wurde es ein vortheilhaftes Geschäft obscure oder selbst-zusammengeschriebene Schriften berühmten Namen unterzuschieben. Aus solchen Quellen floss auch der Neupythagoreismus, welcher die Sucht nach geheimen Kenntnissen nährte und dadurch die Fälschung noch mehr beförderte. Neben der Gewinnsucht trieb Bosheit zu literarischem Betrug. So schrieb Anaximenes von Lampsakos, der eine besondere Fertigkeit in der Nachahmung fremder Stile besass, unter dem Namen seines Feindes Theopomp eine Schrift mit dem Titel Τριπολιτικός voll Schmähungen gegen Athen, Sparta und Theben, durch deren Verbreitung er den Theopomp in Hellas noch verhasster machte, als er bereits war. Sobald das Buch herausgegeben war, erklärte Theopomp, dass er nicht der Verfasser sei; aber man glaubte ihm nicht, weil seine Schreibweise darin ausserordentlich gut nachgebildet war (vergl. Pausan. VI, 18). Andere Fälschungen erklären sich aus dem Bestreben den eigenen Ansichten eine möglichst hohe Autorität zu sichern; zu diesem Zwecke sind theils ganze Schriften unter fremden, berühmten Namen herausgegeben, theils für Behauptungen Beweisstellen erfunden worden, die in Wirklichkeit nicht existirten. Es giebt z. B. eine Schrift περὶ ποταμῶν, angeblich von Plutarch, worin Werke citirt werden, die nie existirt haben. Besonders haben in solcher Weise Juden und Christen Fälschungen *in majorem Dei gloriam* vorgenommen; sie bestrebten sich darzuthun, dass

---

*) Ueber die kritische Behandlung der Pindarischen Gedichte. Kl. Schr. V, S. 289.

die griechische Weisheit aus der Bibel stamme und modelten hierzu nicht nur die Aussprüche der alten Dichter und Weisen nach ihren Zwecken um, sondern schoben ihnen auch kürzere und längere Stellen in Versen und Prosa unter. Je mehr in der nachalexandrinischen Zeit die Kritik abhanden kam, desto grösser wurde die durch Irrthum und Betrug bewirkte Trübung der Tradition. Mit der Ausbreitung des Buchhandels in der römischen Zeit traten auch durch die Abschreiber und Correctoren neue Fehler ein. Es wurden nicht bloss die Glossen in die Texte eingeschrieben, sondern auch ganze Abschnitte oder kleinere Schriften, die einem Werke aus irgend welchem Grunde angefügt waren, zu dem Text selbst gerechnet. Bei Sammlungen mehrerer Schriften von verschiedenen Verfassern gingen zuweilen die Titel verloren; die Werke verschmolzen dann, oder ein Corrector ergänzte einen fehlenden Titel nach Muthmassung mit der Bezeichnung *ut videtur*, die bei späteren Abschriften leicht fortfiel u. s. w. Die Corruption durch die Abschreiber dauerte natürlich im Mittelalter fort, und auch während dieses Zeitraums, besonders aber zur Zeit der Renaissance, kamen absichtliche Fälschungen vor, meist zu dem Zwecke sich durch Veröffentlichung alter Texte wichtig zu machen. Besonders berüchtigt ist in dieser Beziehung Annius von Viterbo (1432—1502), der eine ganze Reihe von angeblich alten Texten fabricirt hat. Die Schrift *M. Tullii Ciceronis Consolatio. Liber nunc primum repertus et in lucem editus.* Cöln 1583 stammt von dem berühmten Sigonius (1524—1584), ist aber wahrscheinlich nur der Abdruck einer von diesem als Stilübung gefertigten Restauration der Schrift Cicero's. Ungefährlich sind natürlich Fälschungen aus Scherz oder Bosheit, wenn sie später eingestanden werden, wie dies Muret bei den untergeschobenen Versen des Trabea gethan (s. oben S. 214); eine solche öffentliche Aufklärung ist indess selten gegeben worden. Uebrigens dauert der literarische Betrug bis in die neueste Zeit fort. Der Professor der Philologie zu Greifswald, Chr. Wilh. Ahlwardt († 1830) hat seine Kritik des Pindar durch eine erfundene Collation von nicht vorhandenen neapolitanischen Handschriften zu stützen gesucht.[*] Im Jahre 1837 wagte Friedr. Wagenfeld in Bremen einen fingirten Sanchuniathon nach einer

---

[*] Vergl. die Anzeige von Freese's Schrift: *De manuscriptis Neapolitanis Pindari* (1835). Kl. Schr. VII, S. 514 ff.

angeblich in einem portugiesischen Kloster aufgefundenen Handschrift herauszugeben (*Sanchuniathonis historiarum Phoeniciae libros novem graece versos a Philone Byblio*); vergl. die Kritik von K. Otfr. Müller in den Gött. Gel. Anz. 1837. N. 52. In frischem Andenken ist die Unterschiebung eines unächten Uranios-Palimpsestes durch den Griechen Simonides. (Vergl. A. Lykurgos, Enthüllungen über den Simonides-Dindorfschen Uranios unter Beifügung eines Berichts von Prof. Tischendorf. Leipzig 1856, 2. vermehrte Aufl. ebenda 1856). Indess haben sich in den letzten Jahrhunderten die Fälscher mehr auf die leichtere und vortheilhaftere Herstellung von unächten Inschriften und Münzen geworfen, worin Erstaunliches geleistet worden ist (s. oben S. 189 f.).

Bei der grossen Verderbniss der Tradition ist es offenbar nothwendig jedes Zeugniss über eine alte Schrift, gleichviel ob es in einem Citat oder in der ausdrücklichen Bezeichnung des Verfassers besteht, einer sorgfältigen Prüfung zu unterwerfen. Die erste Frage ist auch hier stets, ob der Zeuge die Wahrheit sagen wollte. Bei notorischen Fälschern kann diese Frage nur in Ausnahmefällen bejaht werden, und es bedarf hierzu eines besondern Beweises, ohne welchen ihr Zeugniss ganz werthlos ist. Wenn z. B. Aristobulos, ein der Fälschung überführter Jude*) für die Fragmente des Pseudo-Hekataeos zeugt, so werden diese dadurch nur noch verdächtiger. Oft erkennt man aus notorischen Fälschungen die Individualität des Fälschers und die ihn leitenden Motive und kann hiernach dann zweifelhafte Zeugnisse desselben beurtheilen. Eine von Petrizzopulo herausgegebene leukadische Inschrift schien sehr alt zu sein und wurde von Gottfr. Hermann als unzweifelhaft ächt anerkannt. Allein dass sie überhaupt einmal existirt habe, bezeugte nur Petrizzópulo; dieser hatte sie aber in einem übrigens sehr gelehrten Buch über Leukadien drucken lassen, worin er Bücher citirt, die nie geschrieben sind, z. B. Wernsdorff, *de Lycurgi epochis* u. dgl.; er war somit als Fälscher entlarvt, und daher verlor sein Zeugniss jede Bedeutung gegenüber den innern Gründen, die gegen die Aechtheit der Inschrift sprechen; sie war zu demselben Zweck erfunden wie die Citate seines Buches.**) Aehnlich war es bei

---

*) *Graec. trag. princ.* S. 146.
**) Vergl. *Corp. Inscr.* nr. 43 u. die Antikritik gegen G. Hermann's Recension des *Corp. Inscr.* Kl. Schr. VII, S. 257 f.

einer angeblich im Gebiet des alten Kyrene aufgefundenen in phönikischer und griechischer Sprache abgefassten Inschrift; sie wurde von Kennern wie Gesenius als Fabrikat eines Gnostikers aus dem 5.—6. Jahrh. angesehen, bis ich nachwies, dass der einzige Zeuge, der französische Ingenieur Grongnet auf Malta, unter der Direction des gelehrten Marquis de Fortia d'Urban später eine andere Inschrift gefälscht, die mit der kyrenaischen die Tendenz gemeinsam hatte die abenteuerlichen Ansichten des Marquis über die Atlantis durch scheinbar uralte Documente glaublich zu machen.*) Wie aber selbst die Zeugnisse notorischer Fälscher durch die Individualkritik Beweiskraft erhalten, kann man am besten an der Inschriftensammlung Fourmont's studiren. Er hat auf seiner Reise in Griechenland (1729—30) eine grosse Anzahl von Inschriften abgeschrieben, und der Charakter dieser Copien lässt sich durch Vergleichung mit noch vorhandenen Originalen feststellen; allein der leichtsinnige Abbé hat zugleich um seine Entdeckungen noch wichtiger erscheinen zu lassen eine Reihe von Monumenten erfunden; bei mehreren ist dies ganz klar, und aus diesen lässt sich sein Verfahren bei Fälschungen ermitteln; hieran hat man dann einen Maassstab zur Beurtheilung seiner Zeugnisse in Fällen, wo die Originale seiner Abschriften nicht mehr aufzufinden sind.**)

Ist nun die Glaubhaftigkeit eines Zeugen an sich unverdächtig, so fragt es sich, **ob er ein zuverlässiges Zeugniss ablegen konnte**. Am besten ist über den Ursprung einer Schrift im Allgemeinen offenbar der Verfasser selbst unterrichtet; er ist also auch am besten im Stande darüber Zeugniss abzulegen, und seine Angaben müssen daher in der Regel am zuverlässigsten erscheinen. Die einfachste Angabe dieser Art ist der dem Titel beigesetzte Name; allein dieser ist bei alten Schriften nach dem, was über die Trübung der Tradition gesagt ist, ohne Beweiskraft, da man nie von vorn herein wissen kann, ob der Titel wirklich vom Verfasser stammt. Dagegen ist bei vielen Inschriften authentisch angegeben, von wem sie herrühren, und ebenso bezeichnet sich öfters bei andern Schriftwerken der Verfasser unzweideutig im Texte selbst entweder durch Anführung seines Namens oder

---

*) Vergl. *De titulis Melitensibus spuriis*. Prooemium zum Lektionsk. 1832. Kl. Schr. IV, S. 362 ff.
**) Vergl. *Corp. Inscr.* N. 44—69.

durch Angabe von Lebensereignissen oder andern individuellen Zügen, aus denen er mit Sicherheit erkannt wird. Indess ist auch hierbei stets zu untersuchen, ob die betreffenden Stellen nicht interpolirt sind.*) Besonders wichtig ist es, wenn in einer anerkannt ächten Schrift andere Werke desselben Autors angeführt werden oder doch aus ihnen citirt wird. Solche Citate bilden die Grundlage bei der Beurtheilung der Aristotelischen Schriften, und Schleiermacher hat ein Corpus ächter Platonischer Dialoge zusammengestellt, indem er die gegenseitigen Beziehungen und Zusammenhänge derselben auffand. Doch ist das Zeugniss des Verfassers keineswegs absolut zuverlässig. Es giebt Schriftsteller, die so viel schreiben, dass sie zuletzt nicht mehr wissen, was sie geschrieben haben; ein typisches Beispiel ist Didymos Chalkenteros, der den Beinamen Bibliolathas erhielt, weil er seine eigenen Bücher nicht mehr kannte. Ferner ist es bei gemeinsamen Erzeugnissen mehrerer Autoren den einzelnen oft hinterher selbst unmöglich ihren Antheil genau zu bestimmen. Ich erinnere an ein hervorragendes Beispiel aus der neuern Zeit. Schelling und Hegel gaben 1802—1803 in Jena zusammen das „Kritische Journal der Philosophie" heraus; bei einigen Artikeln in demselben ist es streitig, wer von beiden der Verfasser ist, z. B. bei dem Aufsatz „über das Verhältniss der Naturphilosophie zur Philosophie überhaupt." Als dieser nach Hegel's Tode im 1. Bande seiner gesammelten Werke abgedruckt wurde, erklärte Schelling, dass er selbst und nicht Hegel der Verfasser sei; mehrere Hegelianer, besonders Rosenkranz und Michelet, bestritten diese Behauptung, und der Aufsatz ist in der That auch in die 2. Aufl. der Hegelschen Abhandlungen wieder aufgenommen; vergl. Michelet, Schelling u. Hegel, oder Beweis der Aechtheit der Abhandlung etc. Berlin 1839. Wahrscheinlich ist die Abhandlung von den beiden Philosophen gemeinsam verfasst. Besonders irreleitend ist zuweilen bei pseudonymen Schriften das Zeugniss des Autors über den angeblichen Verfasser. Die unter Xenophon's Namen erhaltene Anabasis wird allgemein als ächte Schrift desselben anerkannt; aber sie wird in seiner griechischen Geschichte an einer Stelle, wo sie erwähnt sein müsste (III, 1, 2), vollständig ignorirt; dagegen wird dort

---

*) Vergl. Kl. Schr. VII, S. 607 über die Prooemien von Geschichtswerken.

erwähnt, der Feldzug des Kyros sei von Themistogenes aus Syrakus beschrieben: denn anders lassen sich dem Zusammenhange nach die Worte Θεμιστογένει Cυρακοcίῳ γέγραπται nicht wohl verstehen. Es ist dies kaum anders zu erklären als durch die Annahme, dass die Anabasis von Xenophon pseudonym herausgegeben ist; denn dass wirklich nicht er, sondern Themistogenes der Verfasser derselben sei, ist undenkbar; wohl aber konnte er sich wegen der hervorragenden Rolle, die er in der Erzählung spielt, veranlasst fühlen die Schrift unter dem Namen eines Mannes zu veröffentlichen, der mit ihm jedenfalls in naher Verbindung stand, ihm vielleicht auch bei der Ausarbeitung behülflich gewesen war. Es war dies indess jedenfalls nur eine äussere Convenienz, und Niemand war deswegen über den wahren Verfasser zweifelhaft, dessen Name dann später von den Grammatikern auf den Titel gesetzt wurde und den Namen des Themistogenes verdrängte. Dahin weisen auch die Zeugnisse der Alten. S. Plutarch, *de glor. Athen.* I.; Suidas ed. Küster, v. Θεμιστογένης; Tzetzes, *Chil.* VII, 930.*)

Nächst dem Verfasser einer Schrift sind seine Zeitgenossen die zuverlässigsten Zeugen. Stehen sie indessen dem Autor persönlich fern, so ist es leicht möglich, dass auch sie schon einer falschen Tradition folgen; dies konnte nach den obigen Ausführungen selbst in der besten Zeit der griechischen wie der römischen Literatur der Fall sein. Am besten unterrichtet sind natürlich Verwandte, Freunde, Schüler des Verfassers, besonders wenn man ihnen ein Urtheil über die betreffende Schrift zutrauen kann. Dieser Gesichtspunkt kommt namentlich bei Platon in Betracht; für die Kritik seiner Werke sind vor Allem die Citate und Andeutungen des Aristoteles massgebend, der als intimer und langjähriger Freund seines grossen Lehrers und als Mann von scharfem Urtheil der competenteste Zeuge ist. Es kommt bei solchen Zeugnissen freilich darauf an, dass sie selbst wieder als authentisch nachgewiesen werden. Der Menexenos des Platon wird z. B. in der Rhetorik des Aristoteles zwei Mal citirt (I, 9 und III, 14), allerdings ohne den Namen des Verfassers, aber in einer bei den Citaten aus Platon üblichen Weise. Allein wenn es wahr wäre, was Sauppe (Göttinger Nachr. 1864

---

*) Vergl. Kl. Schr. VII, S. 598.

S. 221) geltend macht, dass das 3. Buch der Rhetorik unächt oder stark interpolirt sei, so würde die eine Beweisstelle fortfallen; das Citat im ersten Buche aber (eingeführt mit ὥσπερ γὰρ Cωκράτης ἔλεγε) könnte dann auf eine mündliche Aeusserung des Sokrates zurückgehen. Entschieden wäre allerdings die ganze Frage, wenn es sicher wäre, dass zu Platon's Zeiten mit der Grabesfeier zu Athen noch keine Kampfspiele verbunden waren; denn da diese im Epitaphios des Lysias wie im Menexenos vorkommen, wäre die Unächtheit beider Schriften klar und das 3. Buch der Rhetorik daher mindestens interpolirt (vergl. oben S. 120. 212).

Bei jedem Zeugen über ein Schriftdenkmal, der nicht Zeitgenosse des Verfassers ist, fragt es sich, was er über den Ursprung der Schrift nach der ihm vorliegenden Tradition wissen konnte, und wie weit er fähig war diese richtig zu beurtheilen. Da die Trübung der Tradition im Allgemeinen mit der Zeit zunimmt, sind unter sonst gleichen Bedingungen frühere Zeugen glaubwürdiger als spätere; aber ein späterer Zeuge kann vermöge eingehenden Studiums und treffenden Urtheils oft einen früheren an Glaubwürdigkeit bei Weitem übertreffen. Daher muss jedes Zeugniss individuell geprüft werden. Pausanias ist z. B. ein später Schriftsteller und zeigt in manchen Dingen wenig Urtheil; aber in Bezug auf die Epiker ist sein Zeugniss von grossem Werth, weil er mit der epischen Literatur ausserordentlich vertraut ist und sich in das Wesen des Epos ganz eingelebt hat.*) Wenn Quintilian die Rhetorik *ad Herennium* mehrfach als Werk eines Cornificius citirt, so ist dies ein Beweis, dass sie zu seiner Zeit unter diesem Namen im Buchhandel war, und wir haben keinen Grund die Gültigkeit des Zeugnisses anzufechten, da Quintilian ein genügendes Urtheil über die rhetorische Literatur hatte, welche ihm noch vollständig vorlag. Dagegen kann er nicht als vollgültiger Zeuge für die Aechtheit angeblich Ciceronianischer Reden gelten, weil hier die Tradition schon früh getrübt sein konnte, und er trotz seiner theoretischen Kenntniss der Redekunst und seines gebildeten rednerischen Gefühls doch zu wenig Kritik besass, als dass ohne äussern Anstoss Zweifel an der herrschenden Meinung in ihm entstehen konnten. Ueberhaupt ist ein positives Zeugniss über den Verfasser einer Schrift, das nicht von diesem selbst oder seiner nächsten Umge-

---

*) Vergl. Kl. Schr. VII, S. 601.

bung herrührt, entweder der Ausdruck der herrschenden Meinung oder einer kritischen Vermuthung und also in jedem Fall — soweit dies möglich — nach innern Gründen zu prüfen. Bei dieser Prüfung ist es ein sehr wichtiges Präjudiz, wenn die betreffende Schrift im Alterthum für unächt erklärt worden ist; die negative Kritik wurde bei den Alten sehr selten leichtfertig gehandhabt, und ihr Urtheil stützte sich auch in den spätesten Zeiten auf ein unendlich viel reicheres Material, als uns erhalten ist. Wenn Varro eine grosse Anzahl von Plautusstücken als unächt verwarf, so hatte er dazu sicher die triftigsten Gründe*), und wären diese Stücke erhalten, so würden wir kaum sein Urtheil modificiren können. Im höchsten Grade werden die Athetesen der alexandrinischen Grammatiker für uns massgebend sein, und es ist ein unersetzlicher Verlust, dass so wenig von ihrer Kritik erhalten ist. Wo aber kein Präjudiz aus dem Alterthum für die Verwerfung einer Schrift vorliegt, werden wir in der negativen Kritik noch vorsichtiger sein müssen als die Alten. Wir müssen immer von der Tradition ausgehen und versuchen, ob sich die unverdächtigen positiven Zeugnisse für den Ursprung einer Schrift durch combinatorische Kritik bestätigen und vervollständigen lassen. Wo das Urtheil irgendwie schwankend ist, gilt der Grundsatz: *Quivis praesumitur genuinus liber, donec demonstretur contrarium.*

IV.

Gattungskritik.

§ 36. Wir haben (oben S. 212) gesehen, dass die Individualkritik die generische Interpretation voraussetzt. Diese kann aber wieder nur mit Hülfe der generischen Kritik vollendet werden. Denn schon wenn die Kunstregel eines einzelnen Schriftwerks aus diesem selbst bestimmt wird (s. oben S. 143), muss bei dem approximativen Gang der Analyse die Auslegung dadurch gehindert werden, dass im Einzelnen Vieles dem theilweise ermittelten Zweck des Ganzen zu widersprechen scheint. Hiermit tritt die erste Aufgabe der Gattungskritik hervor; es ist zu untersuchen, ob das Werk seiner Kunstregel wirklich angemessen ist oder nicht. Wenn aber diese Kunstregel weiter aus dem Charakter einer allgemeineren Literaturgattung abge-

---

*) Vergl. *Graec. tragoed. princ.* S. 34.

leitet werden soll, der durch Vergleichung ganzer Gruppen von Schriftwerken gefunden wird (s. oben S. 143 f.), so greift die Kritik noch stärker in die Interpretation ein; denn der Charakter jeder Literaturgattung bildet ein Ideal, von welchem die einzelnen Vertreter derselben stets mehr oder weniger abweichen werden, und man muss daher immer auf der Hut sein, dass man bei der Bestimmung der Gattungsregel nicht etwas mit in Anschlag bringt, was dem wahren Wesen der Gattung zuwider ist. Der richtige Maasstab ist hier besonders darum sehr schwierig zu gewinnen, weil sich die Kunst nicht in Begriffen gefangen nehmen lässt, sondern aus dem innern Gefühl des wahren Künstlers hervorgeht. Die Gattungsregel ist nur in der lebendigen Anwendung zu erfassen, d. h. in dem Werk des ächten Künstlers selbst, der sich in jedem Moment der Production seine Norm vorschreibt und sie zugleich befolgt, aber nicht nach fremder Vorschrift arbeiten kann, falls diese nicht bei ihm in Fleisch und Blut übergegangen ist. Da hiernach das Genie selbst die Gattungsregel ist, so hängt die Gattungskritik davon ab, dass man zu unterscheiden vermag, was in einem Werke die Wirkung des Genies ist und was nicht. Aber auch das Wesen des Genies lässt sich in keiner Formel erschöpfen; die Idee des Genies und der Schönheit bleibt so gut als die Idee Gottes, der Vernunft und Sittlichkeit eine zwar klare, aber nie äusserlich zu deducirende Anschauung. Soll indess diese Anschauung der Maasstab bei der Gattungskritik sein, so bedarf man um sich darüber zu verständigen doch gewisser Begriffe, vermittelst deren jenes Unaussprechliche reproducirt wird, allgemeiner Umrisse für die Wiedererinnerung; dies sind die Regeln der Theorie, welche aus den Werken des Genies abstrahirt und durch den wissenschaftlichen Geist verbunden und lebendig erhalten werden müssen um nicht im System zu erstarren; das erste grosse Muster einer solchen Theorie ist die Poetik des Aristoteles. Dass die theoretischen Regeln nicht abstract erfunden werden können, folgt aus der Natur des Genies; denn dies ist durchaus individuell: in ihm ist das Allgemeine und Besonderste geeint; nur das Allgemeine aber lässt sich aus abstracten Principien ableiten. Daher hat auch das Alterthum eine andere Theorie als die neuere Zeit, weil das Genie in beiden in verschiedener Gestalt aufgetreten ist; begrifflich kann man diese Verschiedenheit gleichsam im Umriss zeichnen; aber man erhält dadurch nur leere geometrische Figuren, die erst durch die Anschauung der Kunstwerke ausgefüllt werden müssen. Da man nun hiernach den Maasstab für die Gattungskritik nur in der generischen Auslegung selbst findet, und diese die Voraussetzung der Individualkritik ist, welche wieder den Knotenpunkt der übrigen Arten der Kritik und Hermeneutik bildet (s. oben S. 215): so steht dadurch auch die Gattungskritik in beständiger Wechselwirkung mit allen andern philologischen Functionen. Das Urtheil darüber, ob ein Werk im Einzelnen oder in seiner Totalität seiner Kunstregel angemessen ist, kann demnach nur auf Grund der genauesten und allseitigsten Untersuchung abgegeben werden. Die beiden fernern Aufgaben der Kritik, die sich bei einer vorliegenden Unangemessenheit ergeben, fallen aber hier nie wie bei der Individualkritik (s. oben S. 210 f.) zusammen; denn jeder Schriftsteller kann in der That gegen die individuelle Kunstregel seines Werkes fehlen, sowie er gegen die Sprachgesetze und die historische Wahrheit fehlen kann. Man wird daher immer bei einer wirklichen Disharmonie erst untersuchen, was in dem vorliegenden Falle das Angemessene gewesen wäre um danach dann ermessen zu können, was das Ursprüngliche gewesen ist; letzteres kann nur mit Hülfe der Individualkritik ermittelt werden. Es ist nicht nöthig dies weitläufiger auszuführen.

Die Gattungskritik nimmt in den verschiedenen Gattungen der Literatur selbst einen verschiedenen Charakter an. Nur darf man sie nicht nach ganz äusserlichen Merkmalen zerspalten, indem man den Eintheilungsgrund von dem Schreibmaterial der Schriftwerke hernimmt und z. B. eine *Critica lapidaria* und *nummaria* unterscheidet (vergl. Maffei, *Artis criticae lapidariae quae exstant ed.* Donatus in dessen *Supplem. ad Thesaur. Murat.* tom. I. Lucca 1765). Dergleichen als eigene Arten der Kritik hervorzuheben ist eine rohe Sachpedanterie, von der man sich ganz losmachen muss, wenn die Philologie den Namen einer Wissenschaft verdienen soll. Für die Eigenthümlichkeit der philologischen Functionen ist es gleichgültig, ob eine Schrift, an welcher sie geübt werden, auf Stein oder Papier überliefert ist. Freilich entstehen daraus Besonderheiten in der Anwendung der allgemeinen Gesetze; aber dies sind nur äusserliche Modificationen der diplomatischen Kritik (s. oben S. 188 ff.). Dagegen enthalten die Gattungen der Literatur einen wesentlichen Eintheilungsgrund für die Gattungskritik (s. oben S. 144 ff.). Die Kritik der Prosawerke verfährt in einem ganz andern Geist und nach andern Gesichtspunkten als die Kritik der poetischen Literatur. In letzterer unterscheidet sich die Kritik des Epos, der Lyrik und des Dramas zwar ebenso sehr wie die der drei entsprechenden Prosagattungen; allein man hat sich gewöhnt vorzugsweise diese mit besonderen Namen zu bezeichnen, nämlich als historische, rhetorische und wissenschaftliche Kritik. Die historische Kritik in diesem Sinne ist verschieden von derjenigen, welche die Schriftwerke nach ihren realen historischen Bedingungen misst (s. oben S. 207), indem sie vielmehr untersucht, ob dieselben nach Form und Inhalt der historischen Kunst angemessen sind. Die rhetorische Kritik, welche — wie Dionysios von Halikarnass beweist — im Alterthum vortrefflich geübt wurde, ist ebenso eine Beurtheilung der rhetorischen Kunst, die natürlich nicht bloss in eigentlichen Reden hervortritt, ebenso wenig als die historische Kunst auf Geschichtswerke beschränkt ist. Die wissenschaftliche Kritik endlich bezieht sich auf die in der Philosophie und den Einzelwissenschaften ausgeprägte wissenschaftliche Form und auf den gesammten Stoff aller Schriftwerke nach seinem wahren Gehalt und den Graden seiner Wahrheit, da die Erforschung der Wahrheit das Ziel der philosophischen Kunst ist. Wir können nicht speciell auf alle Arten der Gattungskritik eingehen. Ich hebe nur beispielsweise einige wichtigere Punkte hervor.

1. Eine Seite der poetischen Kritik ist die metrische, welche sich auf den wichtigsten Theil der äussern Form der Dichtung bezieht (s. oben S. 154 f.). Die Gesetze der Metrik sind nicht ein für alle Mal gegeben, so dass man daran einen festen Maasstab für die Beurtheilung der einzelnen Gedichte hätte. Allerdings sind diese Gesetze schon im Alterthum durch Analyse der Metra gefunden, welche sich zuerst in der Ausübung der Kunst gebildet hatten; wir haben demgemäss alte Ueberlieferungen über die metrischen Formen und müssen daran anknüpfen. Diese Ueberlieferungen haben für die Kritik den Werth äusserer Zeugnisse; sie sind aber sehr allgemeiner Natur und müssen durch die Analyse der Werke ergänzt werden, wodurch das Metrum der einzelnen Gedichte und ganzer Gattungen erst genau festgestellt wird. Dies kann indess nur geschehen, indem die Kritik nach innern Gründen und durch Combination beständig ermittelt, welches in jedem vorliegenden Falle die ursprüngliche Form des Metrums gewesen ist. Hierbei zeigt sich, wie wichtig die me-

trische Kritik für die diplomatische Beurtheilung des Textes und damit für alle übrigen Arten der Kritik, insbesondere für die grammatische ist; denn man wird eine Lesart für unrichtig ansehen, wenn sie der metrischen Form nicht entspricht. Freilich tritt hier sehr leicht eine *petitio principii* ein, da man ja die metrische Form selbst häufig nur auf Grund der gegebenen Lesarten bestimmen kann und, wenn man dabei einem falschen Texte folgt, zu unrichtigen Resultaten gelangt, nach denen dann vielleicht richtige Lesarten ohne Grund verändert werden. So nimmt man z. B. bei katalogenartigen epischen Gedichten, wie bei der Theogonie des Hesiod und dem Schiffskatalog in der Ilias fünfzeilige Perikopen an; aber um diese Form durchzuführen müssen nicht wenige Verse als Interpolationen ausgeschieden werden. Stellt man nun die Perikopenform etwa deshalb als Regel auf, weil mehrfach fünf Verse einen Gedankenabschnitt bilden, und stösst dann Verse als interpolirt aus, weil sonst die Regel nicht durchzuführen, d. h. eben keine Regel wäre, so ist dies eine *petitio principii*. Vermieden wird dieselbe, wenn die ausgestossenen Verse auch ohne Rücksicht auf das Metrum als unächt nachgewiesen werden können; die Annahme der Perikopenform aber wird nur dann begründet sein, wenn man nachweist, dass die Gedankenabschnitte nicht bloss zufällig mit der bestimmten Verszahl zusammenfallen können. Vergl. Gottfr. Hermann, *de Hesiodi Theogoniae forma antiquissima.* Leipzig 1844. Aehnlich verhält es sich mit der Eintheilung Horazischer Oden in vierzeilige Strophen, wie sie von Lachmann (Zeitschr. f. die Alterth.-W. 1845, S. 461. Kl. Schr. II, 84) und Meineke (*Praefatio* seiner Horaz-Ausgabe) versucht ist. S. Döderlein, Oeffentliche Reden 1860. S. 403 f.*).

2. Dem Metrum entspricht in der Prosa der Numerus. Derselbe hängt, wie die gesammte äussere Form von der innern Form und der Gedankenverknüpfung ab (s. oben S. 154 f.). Wie sich das Metrum nach den Dichtungsgattungen und ihren durch den Zweck verschiedenen Unterarten unterscheidet, so der Numerus nach den drei Gattungen der Prosa und ihren Unterabtheilungen. Was letztere betrifft, so geht z. B. der Numerus in den Zweigen der Redekunst: im γένος cυμβουλευτικόν, πανηγυρικόν und δικανικόν ebenso weit auseinander, wie das Metrum in

---

*) Vergl. die methodische Anwendung der metrischen Kritik auf Pindar's Gedichte. Kl. Schr. Bd. V, 252—286, 325 ff.

den Zweigen der Lyrik: dem Dithyrambos, Enkomion, Threnos u. s. w. Ausserdem prägt sich im Numerus wie im Metrum aber der Charakter der Gedankencombination aus (s. oben S. 151 ff.), deren Unterschiede die ethischen Stilformen sind. Die Alten haben diese Stilformen (ἰδέαι) auf drei Gattungen zurückgeführt: die erhabene oder strenge, die elegante, aber leichte und magere und die mittlere oder aus beiden zusammengesetzte Darstellungsweise (γένος σεμνόν, λιτόν oder ἰσχνόν, μέσον oder σύνθετον, *genus grave*, *subtile* oder *tenue*, *medium*). Ich habe (oben S. 137 f.) angedeutet, wie nicht bloss die Literaturgattungen, sondern die Gattungen der Kunst überhaupt in demselben Zeitalter einen gemeinsamen Charakter der Darstellungsweise haben, indem dieser aus der Wirkung des Zeitgeistes auf die Gattungscharaktere hervorgeht*); die individuelle Färbung (s. oben S. 136) tritt dann noch modificirend hinzu. Die Aufgabe der Kritik ist es die Form des Numerus wie die des Metrums in Verbindung mit der ganzen äusseren Form an dem Ideal der Stilform zu prüfen; aber zugleich können die stilistischen Regeln wieder nur mit Hülfe der Kritik aus den vorliegenden Werken abstrahirt werden. Es bildet sich so als Ergänzung der Grammatik eine historische Stilistik, welche die Theorien des Metrums und Numerus mit umfasst, und deren Grundlage die Literaturgeschichte ist (s. oben S. 156). Wenn nun unsere Kenntniss der Stilarten überhaupt noch sehr mangelhaft ist, so gilt dies besonders von der Theorie des prosaischen Stils. Dieser hat sich im Alterthum hauptsächlich in der Rhetorik entwickelt, und auch die Geschichtsschreibung ist schon bei Herodot rhetorisch.**) Bei der Vernachlässigung des rhetorischen Studiums in der Neuzeit ist uns aber der Sinn für die stilistischen Feinheiten der alten Schriftwerke abhanden gekommen. Will man in diese geschichtlich eindringen, so muss man an die Tradition der alten Theorie anknüpfen, und hier ist vor Allen Dionysios v. Halikarnass als beste Quelle zu empfehlen. Man muss von den vorhin angegebenen Hauptunterschieden der Darstellungsweise ausgehen und dieselben an hervorragenden Mustern studiren. Dabei wird nun die Beobachtung des Numerus ein Hauptmoment sein. Aber wer hat davon einen wahren Begriff? Wer ist im Stande zu bestimmen,

---

*) S. Kl. Schr. VII, S. 595.
**) Vergl. Kl. Schr. VII, 596 f.

welchen Eindruck dieser oder jener Rhythmus in der Prosa hervorbringt? Die ganze auf den Numerus bezügliche Gattungskritik liegt in den ersten Anfängen, und doch ist sie ähnlich wie die metrische selbst für die grammatische Kritik von grosser Wichtigkeit. Man urtheilt bis jetzt in der ganzen Frage nur nach dunklem Gefühl, welches dagegen Dionysios schon in Begriffe zu fassen strebte. Alles kommt allerdings darauf an, dass man zunächst das Gefühl an anerkannten Mustern bilde. Der vollendetste Numerus findet sich nun nach einstimmigem Urtheil der Alten bei Demosthenes, der alle Stilarten beherrscht; hier muss man sein Ohr üben und danach Anderes prüfen. Man wird dann z. B. finden, dass in den oratorischen Schriften Platon's nicht immer der richtige prosaische Numerus ist; aber hier zeigt sich gleich, wie elementar die Kritik noch gehandhabt wird. Gottfr. Hermann hat die Reden im Phaedros ihres Numerus halber als ein Flickwerk von zusammengesuchten Versen angesehen*), während die Alten schon ganz richtig den Grund in dem dithyrambischen Charakter jener Reden fanden. Beim Gastmahl ist man ebenso auf den unglücklichen Gedanken gerathen, dass die Rede des Agathon aus Versen zusammengestoppelt sei, und hierbei liegt es dann nahe des „Versmaasses halber" die Lesart zu verändern.**) Die Wahrheit ist, dass Platon sich sehr gut auf den Numerus verstand, aber oft mit Absicht einen falschen Rhythmus angewandt hat, zuweilen aus Spott und Ironie, wie z. B. im Protagoras den Demokritischen. Auch Thukydides hat in den eingeflochtenen Reden selbst den Numerus der Redner nachgeahmt (s. oben S. 155).***) Dergleichen ist Gegenstand der Gattungskritik, welche ein Resultat über die Beschaffenheit solcher Erzeugnisse erzielen, sie nach den zu findenden Stilnormen oder Ideen beurtheilen muss. Beim Herodot spricht man immer nur von der Simplicität im Ausdruck; aber den Charakter des Numerus beachtet man nicht. Die Grundlagen zu einer richtigen Theorie von dem alten Numerus finden sich wieder bei den Alten selbst. Hier muss man von Aristoteles ausgehen, der Rhetor. III, 8 f. eine klassische Auseinandersetzung der beiden höchsten Unterschiede der Satzfügung giebt, wovon der Numerus im letzten

---

*) Vergl. Kl. Schr. VII, S. 414 ff.
**) Vergl. Kl. Schr. VII, S. 139.
***) Vergl. Kl. Schr. VII, S. 597.

Grunde abhängt. Jene Unterschiede sind die λέξις εἰρομένη und die λέξις κατεστραμμένη; die erste, bloss aus losen Sätzen zusammengereiht, ist die epische, Herodotische, die Aristoteles mit den ἀναβολαί der Dithyramben vergleicht; die andere ist die periodische, welche er treffend mit der antistrophischen Composition der Lyriker in Parallele stellt. Will man nun aus der Wortstellung den Numerus ableiten, so muss man davon den *sonus* unterscheiden. Dieser besteht in der eigenthümlichen Art der Hervorhebung durch den Ton, ist also accentueller, d. h. melodischer und nicht rhythmischer Natur und hängt von der Satzfügung in anderer Weise ab als der Numerus, da letzterer nur die metrische, nicht die logische Seite der Wortstellung betrifft. Doch steht beides in engster Verbindung wie Melos und Rhythmus überhaupt.*) Ich will hier wenigstens auf die höchsten Unterschiede des prosaischen Rhythmus aufmerksam machen, die zugleich für den ganzen Stil repräsentativ sind. Die eine Form des Numerus trägt das Gepräge der Kraft, Gediegenheit, Kernhaftigkeit; dieser ist bei den Attikern am vollendetsten hervorgetreten. Der andere ist schlaff, weichlich, kernlos; es zerfällt in ihm Alles und sinkt auseinander, wogegen bei dem erstgenannten Stil sich Alles fest zusammenschliesst; statt der Füllung und des Bandes, die man hier findet, ist Alles lose; die Sprachelemente gehen hinkend hinter einander her, wie ein Mensch, dem die Muskelbänder gelöst oder erschlafft sind. Dies war ohne Zweifel Charakter des asianischen Stils, dessen Grundlage die Herodotische Satzfügung ist, nur dass Herodot's Stil den mittleren Charakter trägt, und darin die Weichheit des Numerus durch kräftige Abrundung grösserer Partien gemildert ist. Niemand hat den asianischen Stil fester, aber auch verkehrter ausgebildet als Hegesias aus Magnesia, den Strabon und Dionysios deshalb mit Recht tadeln; denn in der That hat die Kritik in diesem Falle nicht nur die Eigenthümlichkeit des Stils festzustellen, sondern dieselbe auch als unangemessen nachzuweisen. Wir können die asianische Stilform nur noch aus der Manier des Pausanias genauer kennen lernen, welcher die Schreibweise seines Landsmannes Hegesias nachahmt.**)

---

*) Vergl. *De metris Pindari*, Cap. IX.: *de rhythmo sermonis.* S. 51—59.
**) Vergl. *De Pausaniae stilo Asiano.* Prooemium zum Lektionskatalog 1824. Kl. Schr. IV, S. 208—212.

Es ist eine Hauptaufgabe der Gattungskritik den originalen Stil von der Manier zu unterscheiden. Die älteren Schriftsteller bei Griechen und Römern haben Stil, die neueren fast nur Manier. Der Stil ist Natur, geht hervor aus der Bildung der Zeit, den Verhältnissen und dem individuellen Charakter, wenn er auch durch Kunst gebildet wird, wie dies selbst bei Herodot der Fall ist. Aber die Späteren haben sich gezwungen und wie mit Nadeln geprickelt um den alten Stil nachzuahmen, obgleich die denselben bedingenden Verhältnisse nicht mehr vorhanden waren. Sie haben also gegen ihr eigenes Wesen geschrieben; dadurch haben sie nur Manierirtes hervorgebracht, wenn auch zuweilen mit grosser Virtuosität. So Aristides, der als zweiter Demosthenes angesehen wurde, oder Herodes Atticus, den sein Vater so hoch zu bilden suchte, dass er alle Alten an Beredsamkeit überträfe. Lukian verspottet Zeitgenossen, die den Herodot nachahmten (s. die Ausleger zu Dionysios, *de compos.* IV.). Manche Kritiker wissen aber Kunst und Natur nicht zu unterscheiden und halten den Fronto, wie sein Zeitalter that, für ebenso vortrefflich als den Cicero. Wer Augen für dergleichen hat, sieht überall die Narrenkappe der Manier hervorgucken. Der originale Stil geht hervor aus irgend einer Begeisterung, die von realen Verhältnissen erzeugt wird; die Manier ahmt nach ohne jene Begeisterung, sei es, dass die begeisternden Verhältnisse fehlen, oder der Geist, der Genius selbst im Menschen nicht vorhanden ist.

3. Es ist (oben S. 243) bemerkt, dass die Gattungskritik nicht bloss die Form, sondern auch den Inhalt der Schriftwerke zu beurtheilen hat, um nämlich zu entscheiden, ob auch dieser der Kunstregel, d. h. dem Zweck entspricht. Nun ist es das gemeinsame Ideal aller literarischen Gattungen, dass der Inhalt wahr sei: die Poesie erstrebt die poetische Wahrheit, d. h. die Uebereinstimmung des Bildes mit der künstlerischen Idee; die Prosa dagegen soll die reale Wahrheit, d. h. die Uebereinstimmung des Inhalts mit der realen Wirklichkeit zum Ziele haben. Letzteres ist in der wissenschaftlichen Prosa der höchste Gesichtspunkt, und die historische wie die rhetorische Darstellung erreichen das gleiche Ziel auch nur, indem sie eine wissenschaftliche Begründung annehmen, worauf für die Rhetorik zuerst Platon im Phaedros und Gorgias gedrungen hat. Wenn die Kritik daher untersucht, in wie weit die einzelnen Werke der Wahrheit entsprechen, muss sie dieselben an dem wissenschaftlichen Ideal

messen, welches bei dem allgemeinen Zusammenhang des Wissens nur in dem vollendeten System der Wissenschaft gegeben sein kann. Allein ein fertiges System dieser Art wird nie existiren; der unendliche Inhalt des Weltalls ist nie vollständig zu erfassen, und die Form der menschlichen Auffassung ist immer subjectiv gefärbt, so sehr sich der Forscher auch bestreben möge sich seiner Persönlichkeit zu entledigen um das Wesen der Sache vollkommen zu erreichen. Aber wenn auch jeder wissenschaftliche Forscher die Wahrheit nur einseitig und stückweise erkennt, so schreitet die Erkenntniss doch in der Entwickelung der Wissenschaft fort, und es ergiebt sich dabei allmählich ein Grundstock sicheren Wissens, wozu auch logische, d. h. methodische Grundsätze gehören, nach denen es möglich wird die Grade der Wahrheit und Gewissheit zu unterscheiden (s. oben S. 175 f.). Folglich kann man die Wahrheit der alten Geisteswerke nicht nach einem einzelnen antiken oder modernen System des Wissens messen, sondern muss erst die einzelnen Aeusserungen des wissenschaftlichen Geistes in ihrer Eigenthümlichkeit durch Analyse der Werke selbst zu verstehen suchen und durch eine immanente Kritik auf ihre innere Folgerichtigkeit prüfen, dann aber durch Vergleichung des Inhalts aller Werke den Gesammtverlauf der Geschichte der Wissenschaft ermitteln, welche den Maasstab für jede einzelne Leistung ergiebt.

Man sieht hieraus zugleich, dass das Studium jeder Wissenschaft selbst naturgemäss durch die Kritik der darin vorliegenden Leistungen fortschreiten wird; dies besagt der oben (S. 172) angeführte Satz, dass jeder gründliche Kenner einer Wissenschaft Kritiker sein muss. Umgekehrt kann man den richtigen Maassstab für die wissenschaftliche Kritik nicht gewinnen, wenn man die Wissenschaft selbst nicht in ihrer lebendigen Wirksamkeit kennt; die unmittelbare Erkenntniss wird durch die Kritik und die Kritik durch die unmittelbare Erkenntniss ergänzt (s. oben S. 66 f.). In der Philosophie sind grosse Forscher wie Platon dadurch zu einer höheren Wahrheit vorgedrungen, dass sie an den voraufgehenden Systemen eine historische Kritik geübt haben. Der Philologe aber muss selbst philosophisch gebildet sein um aus der Gesammtgeschichte der Philosophie, d. h. aus der Gesammtentwickelung des philosophischen Geistes zu bestimmen, welche Stufe jedes System auf der dadurch gegebenen Entwickelungsskala einnimmt, in welchem Grade das Göttliche, die vollkommene Idee der Wahrheit in jeder Leistung zum Ausdruck gelangt ist.

Im Zusammenhang mit der Geschichte der Philosophie ergiebt in ähnlicher Weise die Geschichte der Einzelwissenschaften den Maassstab für die Prüfung der in ihrem Gebiete liegenden Schriftwerke. Die Geschichte der Philosophie muss aber durch die Geschichte der Poesie ergänzt werden; denn auch diese ist eine Entwickelung der Ideen im Symbol, welches Gedanken von verschiedenen Graden der Klarheit und Tiefe birgt, und es ist also zu untersuchen, wie sich in den Werken der Dichtung das Göttliche abgespiegelt hat; indem man dies begrifflich erkennt oder wenigstens empfindet und fühlt, gewinnt man eine Einsicht in den Zusammenhang der Wissenschaft mit der Poesie, die in beständiger Wechselwirkung stehen. Allein man kann hierbei nicht stehen bleiben; denn in der gesammten Kunst, sowie im Staats- und Privatleben drücken sich Ideen aus, die mittelbar oder unmittelbar auf die Entwickelung der Wissenschaft eingewirkt haben, so dass diese nur im Zusammenhang der ganzen Culturgeschichte vollkommen verständlich wird. Die Gattungskritik setzt somit alle materialen Disciplinen der Alterthumskunde voraus.

Die poetische Wahrheit ist in der Dichtung, die wissenschaftliche in der Prosa die Grundbedingung der Schönheit, insofern diese nicht bloss in der äussern, sondern vor Allem in der innern Form zum Ausdruck kommen muss (s. S. 147). Eine mathematische Untersuchung kann z. B. nicht schön genannt werden, wenn sie gänzlich unrichtig ist; aber freilich wird sie auch nur dann schön sein, wenn darin die Form mit dem Inhalt so verbunden ist, wie es dem Charakter der mathematischen Wissenschaft entspricht, was nicht der Fall ist, wenn die Sprache rhetorisch geschmückt ist. Da es nun die höchste Aufgabe der Gattungskritik ist zu untersuchen, ob Inhalt und Form in ihrer Verbindung dem innern Zweck der Gattung angemessen sind, so kann sie in diesem Sinne allgemein als ästhetische Kritik bezeichnet werden (s. oben S. 156). Es könnte scheinen, dass sie mit der literarischen Kritik zusammenfalle, weil sie sich auf alle Gattungen der Literatur bezieht. Allein dies hat sie mit jeder Art der Kritik der Schriftwerke überhaupt gemein, welche zum Unterschied von der Kritik anderer Quellen und von der Kritik der Thatsachen selbst als literarische bezeichnet werden muss. In der That sind auch die vier von uns erörterten Arten der Kritik in ihrer Gesammtheit nichts anderes als das, was man im gewöhnlichen Sprachgebrauch literarische Kritik nennt und als Aufgabe der Recensionen im modernen Sinne ansieht. Eine vollständige Recension muss den Charakter einer Schrift in Bezug auf ihre Sprache, ihre historischen Voraussetzungen, die Individualität des Autors und die Erfordernisse ihrer literarischen Gattung, bei wissenschaftlichen Werken vor Allem in Bezug auf die erreichte Wahrheit und die in der Schrift enthaltene wissenschaftliche Leistung darstellen und würdigen; es soll mithin hier das ganze Problem der Kritik gelöst werden. Da aber auch literarische Beurtheilungen, welche diese Aufgabe nur theilweise ins Auge fassen, dennoch nur auf Grund einer allseitigen Untersuchung gelingen können, verdienen offenbar nur wenige sog. Recensionen diesen Namen. Das gewöhnliche oberflächliche Recensiren, das leichtfertige Aburtheilen über fremde Leistungen ist als frivol zu verwerfen und gehört zu den schlimmsten Schäden unserer Zeit; aber gute Recensionen sind von der grössten Bedeutung für die Entwickelung der gesammten Literatur und ganz besonders auch für die Entwickelung unserer philologischen Wissenschaft, die der beständigen Selbstkritik bedarf.*)

§ 37. Methodologischer Zusatz.

Wenn sich die von uns aufgestellte Theorie der Kritik in der Praxis bewähren soll, so muss es für diese die erste Regel sein die drei kritischen Aufgaben stets in der angegebenen natürlichen Reihenfolge ins Auge zu fassen. Man darf nie von vornherein auf Emendationen oder Athetesen ausgehen, sondern muss vor Allem erst ein volles Verständniss des Gegebenen zu erreichen suchen; der wahre *animus suspicax* (s. oben S. 173 f.) zeigt sich darin, dass man zuerst der eigenen Auslegung misstraut, wenn nach derselben das Gegebene als unangemessen erscheint. Der Anfänger muss die Kritik überhaupt nur im Dienst der Hermeneutik üben. Ferner muss die grammatische und historische Kritik zuerst geübt werden, weil dafür der Maasstab sicherer ist, und die Beurtheilung von übersichtlicheren Einzelheiten ausgeht. Die beste Schule sind hierfür die Inschriften, wo die Conjectur auf eine geringe Anzahl von Möglichkeiten eingeschränkt

---

*) Der 7. Band der Kl. Schr. enthält Böckh's Recensionen (24) aus den Jahren 1808—1848.

ist; ähnlich ist es bei Gedichten, wenn das Metrum feststeht. Für die grammatische Kritik kommt es darauf an, dass man die Sprache selbst kritisch beherrscht, was durch Uebung im eigenen schriftlichen Gebrauch derselben wesentlich gefördert wird. Die schwierigste Art der Kritik ist die Individualkritik; um darin selbständig vorzugehen muss man nicht nur eine gründliche Schule in der grammatischen und historischen durchgemacht haben, sondern es gehört dazu überhaupt ein ausgezeichneter Grad kritischen Scharfsinns und bei bedeutenderen Aufgaben ein tiefes Eindringen in die verborgensten Geheimnisse der Schrift, ein sehr feines Gefühl zur Entdeckung von stilistischen Aehnlichkeiten und Unterschieden, ein ungewöhnlicher Ueberblick und viele kritisch geprüfte Kenntnisse. Sogar die Gattungskritik ist leichter; denn der Charakter der literarischen Gattungen ist objectiver, fester und regelmässiger als die Individualität der Schriftsteller; die Individualkritik ist daher weit specieller und unmittelbarer als die Gattungskritik und muss nach dieser geübt werden.

Das Haupthülfsmittel der kritischen Uebung sind gute Muster. Diese werden am vollkommensten in mündlichen Commentaren gegeben, indem darin die Kritik auf das Zweckmässigste mit der Auslegung verknüpft werden kann (s. oben S. 162 f.). Der mündliche Commentar muss zur richtigen Benutzung des gesammten kritischen Apparats anleiten, welcher aus den oben (S. 195) erwähnten sämmtlichen Zeugnissen der Lesart und aus den auf Grund derselben bereits angestellten kritischen Versuchen besteht. Dieser Apparat ist zwar eine wesentliche Ergänzung des hermeneutischen (s. oben S. 168), aber kann nicht vollständig mit dem schriftlichen Commentar verbunden werden. Zunächst kann man die Constituirung des Textes nach den bestbeglaubigten Lesarten nicht überall ausführlich begründen; vielmehr wird die allgemeine Begründung durch die Geschichte des Textes in der Einleitung oder in einer besondern Abhandlung zu geben sein, und es genügt dann in den meisten Fällen die von dem aufgestellten Text abweichenden Lesarten mehr oder minder vollständig anzuführen. Emendationen, die man in den Text selbst setzt (s. oben S. 187), und noch mehr andere Conjecturen erfordern ferner häufig eine besondere Begründung, die zwar so knapp als möglich gehalten werden muss, aber doch zuweilen eine Trennung der exegetischen und kritischen Anmerkungen nöthig macht. Schwierigere kritische Fragen, insbesondere Untersuchungen der

Individual- und Gattungskritik werden auch entweder in den Einleitungen der Schriften oder in eigenen Abhandlungen auseinanderzusetzen sein. Die kritische Ausgabe eines Werks ist um so lehrreicher, je übersichtlicher darin alle bisherigen Leistungen der Kritik zusammengestellt sind. In Bezug auf Emendationen sind dabei die älteren Kritiker oft sehr anregend, die man deshalb nicht vernachlässigen darf. Im 16. Jahrh. ragen besonders Lambin, Muret, Jos. Scaliger, sowie der weniger bekannte, sehr jung gestorbene Acidalius hervor; ferner der in der Kritik lateinischer Schriftsteller ausgezeichnete Justus Lipsius und der um das Griechische hochverdiente Henr. Stephanus. Im 17. Jahrh. war Nicol. Heinsius ein vortrefflicher Kritiker; nur hat er zu viel Conjecturen gemacht; Joh. Friedr. Gronov, dessen Ausgabe des Livius z. B. grossen hermeneutischen Werth hat, war als Kritiker weniger bedeutend. Allein ihren Höhepunkt erreichte im 17. und 18. Jahrh. die emendirende Kritik in Bentley, dessen Horaz-Ausgabe zu den vollendetsten Meisterwerken der kritischen Kunst gehört; ebenso ausgezeichnet war er in der Kritik des Aechten und Unächten, wie seine Abhandlungen über die Briefe des Phalaris beweisen; in der Kritik der Dichter zeigt er eine bewundernswerthe Kenntniss des Metrums und ein so feines und tiefgehendes Gefühl, dass er nach allen Seiten anregend gewirkt hat; an Grösse des kritischen Talents ist ihm überhaupt Niemand gleichgekommen. Es schlossen sich an ihn die grossen holländischen Kritiker des 18. Jahrh. an: Hemsterhuis, Valckenaer, Ruhnken, Wyttenbach; die Ausgabe des Velleius Paterculus von Ruhnken ist z. B. eines der bedeutendsten Muster. In England ragten gleichzeitig besonders Markland, der indess der Sucht zu emendiren zu stark nachgegeben hat, Dawes, Tyrwhitt und der in der Kritik der griechischen Tragiker ausgezeichnete Porson hervor. Die Individual- und Gattungskritik ist erst seit Lessing allmählich in ihrer wahren Bedeutung aufgefasst worden; die Individualkritik hat durch Fr. Aug. Wolf's *Prolegomena ad Homerum* (1795) und Schleiermacher's Einleitungen zu den Platonischen Gesprächen (seit 1804) die bedeutendste Anregung empfangen, die Gattungskritik durch Friedr. und Aug. Schlegel. Zugleich ist die diplomatische Kritik in unserm Jahrhundert seit den epochemachenden Leistungen I. Bekker's allmählich zu der ihr angemessenen Methode gelangt, so dass nun die gesammte kritische Thätigkeit auf gesichertem Grunde fortbauen kann. Besonders förderlich für die kritische Arbeit ist der in der neuesten Zeit erfolgte Aufschwung der philologischen Fachzeitschriften geworden, wodurch eine schnelle Mittheilung gewonnener Resultate und so ein allgemeines Zusammenwirken der kritischen Forscher ermöglicht ist. Freilich ist dadurch auch die Versuchung gestiegen unreife Arbeiten auf den Markt zu bringen und die Leistungen Anderer zu bekritteln, ehe man selbst etwas zu leisten vermag; doch werden diese Uebelstände mit der steigenden Entwickelung der Zeitschriften selbst ausgeglichen, da sich an denselben mehr und mehr die tüchtigsten Kräfte betheiligen.

[Die bedeutendsten allgemeinen philologischen Journale sind gegenwärtig: Neue Jahrbücher für Philologie und Pädagogik, herausgegeben von Fleckeisen und Masius. Leipzig, Teubner. — Philologus. Zeitschrift für das klassische Alterthum, herausgegeben von Ernst v. Leutsch. Göttingen, Dieterich's Verlag. — Philologischer Anzeiger. Als Ergänzung zum Philologus herausgegeben von Ernst v. Leutsch. Göttingen, Dieterich's Verlag. — Rheinisches Museum für Philologie, herausgegeben von Otto Ribbeck und Franz Bücheler. Frankfurt a. M., Sauerländer. — Hermes, herausgegeben von G. Kaibel und C. Robert. Berlin, Weidmann. — Zeitschrift für das Gymnasialwesen, herausgegeben von H. Kern und H. J. Müller. Berlin, Weidmann. — Zeitschrift für die österreichischen Gymnasien, herausgegeben von W. Hartel und K. Schenkl. Wien, Gerold's Sohn. — Blätter für das bayerische Gymnasialschulwesen, herausgegeben von A. Deuerling München, Lindauer. — Jahresbericht über die Fortschritte der classischen Alterthumswissenschaft herausgegeben von Conr. Bursian. Mit den Beiblättern: *Bibliotheca philologica classica* und Biographisches Jahrbuch für Alterthumskunde. Berlin, Calvary & Co. — Philologische Wochenschrift. Unter Mitwirkung von Ge Andresen und Herm. Heller herausg. von Wilh. Hirschfelder. Berlin, Calvary & Co. — Philologische Rundschau, herausgegeben von C. Wagener und E. Ludwig. Bremen, Heinsius. — Mnemosyne. *Bibliotheca philologica Batava. Colleg.* C. G. Cobet, H. W. van der Mey. Leyden, Brill. Leipzig, Harrassowitz. — *Rivista di filologia e d'istruzione classica. Dir.* D. Comparetti, G. Müller, G. Flecchia. Turin, Erm. Löscher. — *The journal of philology. Edited by* W. A. Wright, J. Bywater and H. Jackson. Cambridge, Macmillan. — *Nordisk Tidskrift for Philologi. Ny raekke.* Red. von Thomsen. Kopenhagen, Gyldendal. — Ausserdem Zeitschriften allgemeineren Inhalts, besonders die Abhandlungen und Berichte der Akademien und anderer gelehrten Gesellschaften; Uebersichten finden sich in den oben S. 51 angeführten bibliographischen Werken von Krebs, Engelmann, Herrmann, Ruprecht, in der *Bibliotheca philologica* von Calvary und in Hübner's oben (S. 39) citirtem Grundriss.]

Philologische Reconstruction des Alterthums.

§ 38. Ich habe gezeigt, wie durch die Erklärung der Sprachwerke die realen Disciplinen der Grammatik, Literaturgeschichte und Geschichte der Wissenschaften gebildet werden. Die Grammatik wird durch die grammatische Interpretation der gesammten Literatur erzeugt (vergl. oben S. 99, 107); aber die generische Auslegung muss hinzutreten; aus ihr geht die höchste grammatische Theorie, die Stilistik hervor (s. oben S. 245). Diese setzt als Grundlage die Literaturgeschichte voraus, welche durch die individuelle Interpretation in Verbindung mit der generischen geschaffen wird (s. oben S. 143 f.). Die Geschichte der Wissenschaften endlich, die wieder als die nothwendige Voraussetzung der Literaturgeschichte erscheint, ist ebenfalls ein Erzeugniss der generischen Interpretation (oben S. 249), so dass diese als beherrschender Mittelpunkt der gesammten Auslegung gelten muss. Da aber zugleich überall die historische Interpretation vorausgesetzt wird, erfordert die Erklärung der Sprachdenkmäler selbst, die ja ihrerseits ohne die drei durch sie erzeugten realen Wissenschaften nicht möglich ist, eine Ergänzung durch die übrigen geschichtlichen Denkmäler. Es werden bei diesen dieselben Arten der Interpretation zur Anwendung kommen wie bei den Sprachdenkmälern mit Ausnahme der grammatischen Auslegung. Reichardt (Glied. der Philol. S. 26) tadelt an meiner Eintheilung der Hermeneutik und Kritik, dass der Begriff der grammatischen Auslegung zu eng gefasst sei; da nämlich die von mir gesetzten Arten der Interpretation für alle Denkmäler gelten sollen, muss nach seiner Ansicht an Stelle der grammatischen Auslegung eine andere gesetzt werden, welche ausser den Sprachelementen auch das umfasst, was letzteren in den nicht schriftlichen Denkmälern entspricht. Allein eine solche Auslegung giebt es nicht, weil sich in diesen Denkmälern überhaupt nichts den Sprachelementen Entsprechendes findet. Bei jedem Werke der Kunst oder Industrie und bei jeder Aeusserung des praktischen Handelns sind die äusseren Formen, welche der menschliche Geist geschaffen hat, selbst objective Anschauungen, die in Worte umgesetzt, d. h. beschrieben werden können, während bei der grammatischen Spracherklärung die Worte auf Anschauungen zurückgeführt werden sollen (s. oben S. 78). Aber wie die objectiven Anschauungen der Sprache wieder zum Ausdruck von Ideen benutzt werden, welche die Gattungsauslegung darin nachzuweisen hat, so giebt es für alle Denkmäler eine **Gattungsauslegung**, welche Zweck und Bedeutung der menschlichen Erzeugnisse ermittelt und daraus Stoff und Form derselben erklärt, und zu ihr treten die **historische und individuelle Interpretation** in demselben Sinne wie bei den Sprachdenkmälern hinzu. Am nächsten stehen letzteren die **Werke der Kunst**, weil darin theoretische Ideen verkörpert sind; aus ihrer Erklärung wird mit Hülfe der in den Schriftwerken enthaltenen Tradition die **Kunstgeschichte** hervorgehen. Der Hauptinhalt der Kunstdenkmäler ist aber das praktische Handeln; die Kunstgeschichte setzt also voraus, dass dies selbst in seiner Gesammtheit der Gegenstand der Erklärung werde, und da uns das Handeln der alten Völker nicht mehr unmittelbar vorliegt, so werden ausser den erhaltenen directen Wirkungen desselben gerade wieder die Denkmäler der Kunst und vor allem die Sprachdenkmäler ihrem Inhalt nach die Quelle für die **Geschichte des Staats- und Privatlebens**. Hierbei und bei der Herstellung der Kunstgeschichte hat die Kritik genau dieselbe Bedeutung wie bei der Herstellung der Grammatik, Literaturgeschichte und Geschichte der Wissenschaft. Das letzte Ziel ist immer die Aufgabe der Gattungskritik alle menschlichen Werke nach ihrem Zweck, nach den zu Grunde liegenden **Ideen** zu messen, und es bewährt sich hierdurch unsere Erklärung, dass die Philologie die Erkenntniss des Erkannten ist (s. besonders S. 55 f.). Das höchste Ideal für das praktische Handeln ist nun das der **Sittlichkeit**, und die sittliche Kritik besteht darin, dass das gesammte Handeln nach diesem Ideal geprüft wird; das höchste Ideal der Kunst aber ist die **Schönheit**, der Maassstab für alle ästhetische Kritik. Diese beiden Ideen haben mit der der **Wahr-**

heit ihre gemeinsame Wurzel in der Idee der Humanität; das Reinmenschliche ist das Göttliche auf Erden. Wie sich in der Geschichte der Wissenschaft die Erkenntniss der Wahrheit entwickelt, so entwickelt sich in der gesammten Culturgeschichte die thatkräftige Erkenntniss der Humanität, und wenn daher die höchste Aufgabe der Kritik darin besteht das gesammte geschichtliche Leben einer Nation oder Zeit nach dem Ideal der Humanität zu messen, so darf letzteres doch wieder nicht als gegeben vorausgesetzt, sondern muss aus der Entwickelung selbst gewonnen werden. Bei der Betrachtung des Alterthums kann dies nur so geschehen, dass man die Totalität aller seiner Erzeugnisse in formaler und materialer Hinsicht zusammenfasst und ihre Geltung in der Entwickelungsskala der Menschheit bestimmt; es entsteht hierdurch die Anschauung des Antiken im Gegensatz zu dem aus demselben hervorgehenden Modernen. Der Philologe erhebt sich so durch die Zusammenfassung aller kritischen auf die Hermeneutik gegründeten Operationen auf den höchsten Punkt seiner Wissenschaft. Die Hermeneutik tritt von hier ab in den Dienst der Kritik und erzeugt das System der realen Wissenschaften, indem sie nicht mehr nur einzelne Werke, sondern das Volksleben selbst auszulegen und darin den Charakter des Antiken nachzuweisen sucht.

Das Erkennen jedes Volkes als Inbegriff alles geistigen Wirkens desselben prägt sich in seiner gesammten äusseren, d. h. durch leibliche Organe vermittelten Thätigkeit aus und ist nun ebenso wie ein einzelnes Werk historisch, individuell, generisch und auf seiner höchsten Stufe grammatisch auszulegen. Hierbei wird die historische Auslegung die Grundlage bilden müssen, da sie das Erkennen des Volkes in Bezug auf äussere reale Bedingungen zu erklären hat (s. oben S. 83), wodurch demselben kritisch seine Stellung in der Geschichte der Menschheit angewiesen wird. Diese historische Seite des Volkserkennens objectivirt sich im Staatsleben, von dem alle Geschichte ausgeht, und dessen Darstellung daher auch als Geschichte im engern Sinn bezeichnet wird (s. oben S. 11). Die wirkenden Kräfte im öffentlichen Leben sind aber Individuen, und die individuelle Seite des Volkserkennens hat ihren Ausdruck im Privatleben, worin sich innerhalb der grossen sittlichen Gemeinschaft das rein Menschliche individuell entwickelt. Alle leitenden Ideen, die so hervortreten, objectiviren sich dann in der Kunst, welche daher der Gegenstand der ästhetischen, d. h. generischen Auslegung des Volkserkennens ist. Zugleich aber wird auch die Form, durch welche der Geist alle diese Erkenntnisse schafft, der λόγος, objectivirt in der Sprache. In dieser wird zunächst der gesammte Stoff der Erkenntniss zum Inhalt des Wissens; durch die wirkende Kraft der Individualität wird der Inhalt ferner der geistigen Form zweckgemäss eingefügt, woraus die literarischen Gattungen entstehen, und nach Maassgabe der letzteren bildet sich die in der Sprache ausgeprägte Form selbst in dem Volke mit immer klarerem Bewusstsein hervor, so dass also die Geschichte der Wissenschaften, die Literatur- und Sprachgeschichte das Wissen der Nation in drei dem Begriff nach aufsteigenden Stufen darstellen (s. oben S. 62 f.). Die realen Disciplinen der Alterthumskunde folgen hiernach aus dem Princip, der Gesammtanschauung des Antiken, in umgekehrter Reihenfolge, als sie bei der Auslegung der einzelnen Denkmäler von der grammatischen Interpretation aus, die naturgemäss den Anfang bildet, erzeugt werden. Sämmtliche formalen und materialen Disciplinen der Philologie schliessen sich hierdurch, indem die Sprache den Anfang und das Ende bildet, zu einem Kreise zusammen, und in der That muss die Forschung beständig diesen ganzen Kreis durchlaufen um irgend eine Seite des antiken Lebens begreifen zu können: im Staatsleben wirken Privatinteressen, Kunst und Wissenschaft zusammen; das Privatleben zieht alle übrigen Sphären in den Bereich der Individualität; in der Kunst ist Wissenschaft und in der Wissenschaft Kunst; kurz überall kann das Einzelne nur im Zusammenhang des Ganzen begriffen werden. Da aber der kritische Maasstab für jede reale Disciplin wieder stets aus ihrer eigenen Entwickelung zu entnehmen ist, so kann man in jeder das Antike nur in seinem Verhältniss zum Modernen richtig erkennen (s. oben S. 66).

Wird nun das Alterthum in solcher Weise reconstruirt, so muss daraus eine grossartige, über das Vorurtheil der Zeit erhabene Ansicht der göttlichen und menschlichen Dinge entstehen, indem die edelsten Erzeugnisse von Jahrtausenden und die allseitige Entfaltung einer von unzähligen Geistern geschaffenen Ideenwelt in uns wiedererzeugt werden; dies übt auf jedes reine Gemüth eine mächtige Wirkung aus. Und hierin liegt denn auch der Hauptgrund, weshalb die Jugend auf der Schule philologisch zu bilden ist. An der Sprache wird der Geist überhaupt geübt und zwar in anderer Weise als an der Mathematik; denn da in dieser die strenge Nothwendigkeit herrscht, wird dadurch Sinn und Verständniss für das Nothwendige ausgebildet; in der Sprache dagegen überwiegt die Freiheit, und durch das Sprachstudium wird also die Jugend zu freier **wissenschaftlicher und poetisch künstlerischer** Entwickelung angeleitet. Bei den alten Sprachen geschieht dies an den vollkommensten, von allen Zeitaltern als klassisch anerkannten Mustern. Zugleich aber wird in den Schülern stufenweise und ihrer wachsenden Fassungskraft entsprechend mit der Reproduction der besten Werke des Alterthums eine bestimmte, in sich abgeschlossene Form des **Reinmenschlichen** geistig wiedererzeugt, welches sich in jenen Werken abspiegelt und uns daraus reiner anspricht als aus dem uns umdrängenden Gewirr der modernen Erzeugnisse. Indem sich dabei von selbst die **sittliche** Kritik in ihren ersten Elementen bildet, entsteht eine geistige Erhebung und Reinigung des Gemüths, in dem Sinne wie nach Aristoteles die Tragödie die Seele von Leidenschaften reinigt, und gerade die alte Tragödie wird durch ihre Reproduction jene Erhebung am unmittelbarsten bewirken. Die ganze Wirkung wird indess verfehlt, wenn man den wissenschaftlichen Betrieb der Philologie in die Schule überträgt. Hier muss Alles elementarisch sein; die Reproduction des Alterthums muss nur an einzelnen Schriftwerken, die durch Lesen und Erklären mit mehr oder minder deutlichem Bewusstsein nachconstruirt werden, gleichsam unwillkürlich erreicht werden; die diplomatische und die emendirende Kritik gehören gar nicht auf die Schule, und die realen Disciplinen der Alterthumskunde können also dort nicht wissenschaftlich oder systematisch dargestellt werden, da hierzu eine durchgebildete philologische Technik gehört.

Aber auch die wissenschaftliche Philologie kann nur auf Grund der Auslegung und Kritik der einzelnen Denkmäler das System der realen Wissenschaften aufbauen, nicht durch apriorische Speculation. Philosophisch ist in den philologischen Functionen nur die allgemeine Seite der Methode: die richtige Anordnung und Begriffsentwickelung, wodurch es allein möglich wird die Gesammtheit des Einzelnen in einer vernünftigen und anschaulichen Folge darzulegen, und die Kunst aus dem Einzelnen allgemeine Begriffe abzuleiten. Denn die allgemeinsten Begriffe sind nicht Abstractionen aus der Erfahrung, sondern liegen bei der Erfahrung schon zu Grunde. Ob zwei Dinge gleich oder ungleich sind, lehrt die Erfahrung; aber die Begriffe „gleich" und „ungleich" kann man nicht aus der Erfahrung ziehen; sondern sie müssen schon im Geiste sein, wenn man sie durch die Erfahrung an den Dingen erkennen soll. Ferner ist zuzugeben, dass, wer die in der Geschichte hervortretenden Ideen nicht wenigstens der Anlage nach hat, sie auch nicht im Stoff finden wird (s. oben S. 17). Da nun die Philosophie mit Hülfe der allgemeinsten Begriffe die Ideen des Göttlichen, Sittlichguten, Schönen und Wahren an sich, nach ihrem ewigen Gehalte zu erkennen sucht, kann auch das Antike an ihnen in dieser ihrer absoluten Geltung gemessen werden und wird dann Gegenstand der Religionsphilosophie, Geschichtsphilosophie, Kunstphilosophie und Sprachphilosophie. Diese müssen in ihren Ergebnissen mit der philologischen Construction übereinstimmen, wie sich unsere vorläufige Ableitung der materialen Disciplinen aus der Ethik (s. oben S. 58) durch die philologische Analyse bestätigt hat.

Zweiter Haupttheil.

Materiale Disciplinen der Alterthumslehre.

Erster Abschnitt.

Allgemeine Alterthumslehre.

§ 39. Es ist offenbar sehr schwer den Gesammtcharakter eines Zeitalters oder einer Nation zu bestimmen; ja es ist dies fast unmöglich, wenn eine begriffliche Darstellung gegeben werden soll, da es hier augenscheinlich auf eine umfassende Anschauung ankommt, die sich kaum in Begriffen darstellen lässt. Und doch können wir in der Wissenschaft nur mit Begriffen operiren und müssen uns also darauf beschränken durch diese die Anschauung von verschiedenen Seiten her anzuregen. Es fragt sich zuerst, wie wir die hierzu geeigneten Begriffe finden. Um consequent zu sein dürfen wir den philologischen Standpunkt nicht verlassen; jene Begriffe dürfen also nicht etwa der Geschichtsphilosophie entlehnt werden; vielmehr kann diese selbst sie nur auf philologischem Wege aufsuchen, wenn sie sich nicht in leeren Formeln oder Phantasien verlieren will. Die Philosophen recken und strecken oft die Thatsachen nach apriorisch construirten Begriffen, bis sie in ihr System passen; deswegen darf man jedoch nicht, wie einige Philologen thun, die geschichtliche Speculation überhaupt als unfruchtbar ansehen, sondern muss sie nur streng auf Thatsachen gründen. Nichts ist freilich wieder verkehrter, als wenn man den Charakter eines Volkes oder einer Zeit unmittelbar nach einzelnen Thatsachen bestimmen will; denn so wird man meist ein einseitiges und schiefes Urtheil gewinnen, da das Leben sich frei bewegt, und daher der Geist des Ganzen und Allgemeinen nicht in allen Einzelheiten gleichmässig ausgeprägt ist. Wenn sich z. B. bei Sokrates und den Stoikern die Idee des Weltbürgerthums findet, so ist dies nicht antik, sondern ein Uebergriff in die moderne Weltanschauung. Ebenso isolirt steht im Alterthum der Gedanke, den Sokrates am Schlusse des

Platonischen Gastmahls ausspricht, dass ein guter Tragiker auch ein guter Komiker sein müsse. Aus diesen Beispielen ergiebt sich, wie falsch es ist aus einzelnen Erscheinungen die im Alterthum herrschenden Ideen abstrahiren zu wollen; man muss die Totalität der Thatsachen zu Grunde legen. Worin sich dieselbe erfassen lasse, ist leicht einzusehen; man muss die grossen Sphären des Lebens: Staat, Privatleben, Kunst und Wissen in ihrer Eigenthümlichkeit zu begreifen suchen, jede für sich und im Zusammenhang mit den übrigen; das Charakteristische in jeder wird durch Induction aus allen darunter fallenden Formen gefunden, deren Charakter auf demselben Wege aus den einzelnen Erscheinungen erkannt wird. Nun ist die Induction nie vollständig; daher ist schon von dieser Seite die ganze Aufgabe nur approximativ lösbar. Ausserdem aber können die Einzelheiten selber nur im Lichte der Gesammtanschauung des Alterthums richtig verstanden werden, wodurch wieder der in dem Wesen der philologischen Thätigkeit begründete Cirkel eintritt, der ebenfalls nur approximativ zu vermeiden ist. In unserer Darstellung des antiken Charakters kann natürlich nicht von jedem Gedanken nachgewiesen werden, wie wir durch Induction dazu gelangt sind.

Ueberhaupt könnte es aber unzulässig erscheinen so im Allgemeinen und ohne Unterschied von einem Charakter des Antiken zu sprechen; denn das Alterthum umfasst die verschiedenartigsten Nationalitäten. Im antiken Orient, soweit derselbe mit dem Abendlande geschichtlich zusammenhängt, finden wir bedeutende Culturvölker, wie die Inder, Perser, Babylonier, Phöniker, Juden; dazu kommen Aegypter und Karthager und die Barbaren des Occidents, und auf dem Gebiete des sogenannten klassischen Alterthums selbst tritt dann wieder der Unterschied des Griechischen und Römischen hervor. Wie kann man also in dieser Mannigfaltigkeit einen gemeinsamen Charakter auffinden? Indess eine genauere Untersuchung ergiebt, dass die gesammte antike Cultur ihren Höhepunkt im Hellenischen erreicht und hier wirklich zu einer klassischen Vollendung gelangt; der Charakter des Hellenischen ist das eigentlich Antike und findet sich in seinen Grundzügen, nur mit einer bestimmten Einseitigkeit ausgeprägt, auch im Römischen wieder. Um also eine Anschauung des Antiken zu erlangen muss man zunächst das Griechische zu Grunde legen. Dies steht auf der einen Seite im Gegensatz zu dem

Orient, aus welchem die Hellenen wie alle indogermanischen Völker stammen, wo der Charakter des Antiken aber nicht vollständig entwickelt ist, sondern noch gleichsam im Keime erscheint; auf der andern Seite bildet das Moderne, zu dem das Römische hinüberleitet, den Gegensatz. Durch Vergleichung hebt sich jeder Gegenstand klarer hervor; also ist schon von diesem Gesichtspunkt eine Vergleichung des Antiken mit dem Modernen zweckmässig; doch hat sie hierbei nur einen subsidiarischen Werth; denn das, was verglichen wird, muss als primitiv vergleichungslos vorhanden im Bewusstsein vorausgesetzt werden, d. h. durch die hermeneutische Auffassung gegeben sein. Allein die Vergleichung ist zugleich das Mittel kritisch die Stufe festzustellen, welche das Alterthum in der Entwickelung der Menschheit einnimmt, und erst dadurch kann, wie wir (oben S. 257) gesehen haben, der Charakter des Antiken erkannt werden.

1. Der griechische Geist hat sich, wie der Geist überhaupt, allmählich entwickelt, und wenn wir zurückgehen in die ältesten Zeiten, aus denen sich etwas erkennen lässt, so ist hier die Abweichung des Griechischen vom Orientalischen sehr gering. Die Religion, sowohl Cultus als Mythos, und auch das Staats- und Familienleben haben in der ersten, gewöhnlich als pelasgisch bezeichneten Cultur-Periode der Hellenen sehr viel Analogien mit dem Orient. Hier sind unentwickelte Verhältnisse, welche den Keim aller möglichen Entwickelungen in sich tragen, der Anfang des Menschlichen, gebunden in der Natur mit einem untergeordneten Bewusstsein, das fast nur instinktartig wirkt. Die Griechen haben sich indess aus der Naturgebundenheit herausgearbeitet, während die orientalische Bildung mit zäher Beharrlichkeit darin befangen blieb. Trotzdem überwiegt auch bei den Griechen noch die Naturseite des geistigen Lebens, und erst in der modernen Zeit hat das rein geistige Bewusstsein das Uebergewicht erhalten. Daher besteht der allgemeinste Unterschied zwischen der gesammten antiken und der modernen Bildung darin, dass in jener die Natur, in dieser der Geist relativ vorherrscht. Die Natur entwickelt sich nach nothwendigen Gesetzen; der Geist steht zwar auch unter Gesetzen, ist aber frei. Daher trägt die antike Cultur mehr den Charakter der Nothwendigkeit, die moderne den der Freiheit. Im Verhältniss zum Orient haben die Griechen allerdings eine hohe Stufe der Freiheit erreicht; ihre ganze Bildung beruht auf der Entwickelung des freien Menschengeistes. Aber das Menschen-

geschlecht entwindet sich nur allmählich dem nothwendig Gegebenen, und den Griechen ist es nur gelungen sich zur individuellen Freiheit zu erheben. Da nämlich in der Natur Alles individuell und das Universale das Gebiet des rein Geistigen ist, so ist die Bildung des Alterthums vorwiegend individuell; die der Neuzeit dagegen strebt nach Universalität. Die Eigenthümlichkeit der Griechen besteht aber darin, dass sie die menschliche Natur zu einer freien Vollkommenheit der Individualität ausgebildet haben, während sie das Universelle nur so weit erfassten, als es von der individuellen Bildung unzertrennlich ist. Hiermit hängt zusammen, dass sie in allen Gebieten des Lebens eine grosse Mannigfaltigkeit und Vielheit abgerundeter Formen hervorgebracht haben; dadurch haben sie eben die auf dem Naturprincip beruhende Cultur des Alterthums zur Vollendung gebracht. Die Richtung auf die Vielheit liegt in der Natur begründet, da in dieser sich Alles in viele mannigfaltige Gestalten sondert; das Princip der Einheit ist der Geist; daher herrscht in der modernen Entwickelung das Streben nach Einheit vor; das Universelle kann nur durchgeführt werden, wenn die Besonderheiten vereinigt werden. Dem Gegensatz der Vielheit und Einheit entspricht ein anderer, den man oft auf das Verhältniss des Antiken zum Modernen angewandt hat, nämlich der des Realen und Idealen; die gesammte alte Bildung ist realistischer als die moderne; selbst die idealsten Bestrebungen haben dort eine realistische Form. Analog ist der Unterschied des Aeusserlichen und Innerlichen, des Subjectiven und Objectiven: das Natürliche ist äusserlich, objectiv, das rein Geistige innerlich, subjectiv. Im Alterthum nehmen daher auch die innerlichsten Regungen eine äusserliche Gestalt an; die subjective Empfindung tritt zurück gegen die objective Anschauung und Darstellung. Wir haben somit den Unterschied des Antiken und Modernen auf sieben Kategorien zurückgeführt:

Herrschaft der Natur	Herrschaft des Geistes
Gebundenheit	Freiheit
Individualität	Universalität
Streben nach Vielheit	Streben nach Einheit
Realismus	Idealismus
Aeusserlichkeit	Innerlichkeit
Objectivität	Subjectivität.

In diesen begrifflichen Gegensätzen lässt sich die Anschauung des Alterthums allseitig darstellen, indem man dieselben in den einzelnen Sphären des antiken Lebens nachweist. Hierbei ist jedoch stets zu berücksichtigen, dass sich die entgegengesetzten Begriffe nicht ausschliessen, und dass im Alterthum einzelne Individuen der allgemeinen Entwickelung vorausgeeilt sind, während die Neuzeit wieder auf manchen Punkten zurückgeblieben, ja zeitweilig zurückgeschritten ist.

I. Der altorientalische Staat erscheint ganz gebunden durch die Natur; er bildet sich durch den natürlichen Kunsttrieb des Menschen, der ein Ζῶον πολιτικόν ist, aus der Familie und nach dem Muster derselben als Hordenstaat; grössere Reiche entstehen, indem eine Horde eine Anzahl anderer durch Zwang zusammenhält. In Ermangelung eines bewussten freien Princips vererben sich die Verrichtungen, die der Einzelne für die Gesellschaft übernimmt, und es gehen daraus die Kasten hervor, die keine Erfindung der Priesterschaft sind. Aehnliche Zustände finden wir zu Anfang bei den Griechen; jeder Staat besteht hier ursprünglich aus natürlichen Stämmen, Phratrien und Geschlechtern, in denen auch die Berufsarten wie die staatlichen Functionen forterben. Diese Eintheilung blieb auch bestehen, als man sich von dem ursprünglichen Princip derselben befreit hatte, und wurde nun nur nach freieren individuellen Rücksichten umgestaltet; an die Stelle der Geschlechterphylen traten Abtheilungen nach Gaugenossenschaften; aber immer wurde die Fiction von Stämmen festgehalten, und ausserdem zerfiel der Staat in eine grosse Anzahl von Corporationen. Diese Gestaltung ins Einzelne, Besondere, Individuelle zeigt sich auch darin, dass Griechenland stets in kleine Staaten zersplittert war. Die Tendenz zur Bildung grosser Staaten ist modern. Sie hat ihren Anfang zwar im Alterthum, im makedonischen und römischen Reich; die Politik Alexander's d. Gr. überschreitet indess bereits das Antike, der grosse römische Staat aber unterschied sich wesentlich von den modernen Staaten dadurch, dass er nur das weite Gebiet der einen Stadt Rom war. Die Alten stellten sich den Staat immer äusserlich plastisch als eine Stadt vor; der römische Staat besteht in der *Civitas Romana*; Athen und Sparta concentrirten die hellenische Macht nie zu einem Ganzen, sie hatten nur Macht über Andere. Natürlich wird der Particularismus auch in der modernen Staatenbildung nur allmählich überwunden; wie Griechenland daran zu Grunde gegangen, so ist besonders Deutschland dadurch wiederholt an den Rand des Verderbens geführt. Das individuelle Princip zeigt sich bei den alten Staaten ferner auch darin, dass im Staate jeder für sich persönlich gilt; Repräsentativ-Verfassungen, wo der Einzelne die Gesammtheit vertritt, sind modern; im Alterthum sind die Volksversammlungen ein nothwendiges Moment. Selbst in der Tyrannenzeit besteht immer die Volksversammlung; ja sogar die Griechen im persischen Reiche, wie in Ionien und Karien haben ihre Volksversammlungen. Dies scheint nun der Behauptung zu widersprechen, dass im Alterthum die Gebundenheit, im modernen Leben die Freiheit vorherrsche; die politische Freiheit scheint im Alterthum grösser als in der Neuzeit zu sein. Allein die politische Freiheit beruht bei den Alten auf der Geltung aller Individuen, also auf dem Vorherrschen des Individuellen und der Vielheit gegen das Universelle und die Einheit. Sie hat ihre Grenze zunächst da, wo keine individuelle Bildung ist; daher ist eine grosse Masse von Menschen unfrei; die Sklaverei ist eine nothwendige Voraussetzung des antiken Lebens, und Aristoteles hat sogar versucht ihre Nothwendigkeit wissenschaftlich zu begründen. Die moderne Sklaverei steht dagegen im Widerspruch mit dem Geiste des modernen Staates; wenn die amerikanischen Sklavenhalter behaupteten, die schwarze Race sei von Natur zum Dienste der weissen bestimmt, so ist dies genau dasselbe, als wenn die Griechen behaupteten, die Barbaren seien zu ihrem Dienste geboren; allein eine solche Ansicht hat in der Neuzeit keinen Bestand, sondern erscheint uns unmenschlich und gottlos. Obgleich nun im Alterthum die republikanische Staatsverfassung vorherrscht, so ist der Staat als Staat und ebenso das Individuum als Individuum gebundener. Die Individuen machen sich als solche im Staate geltend; letzterer wird durch Alle, nicht durch Einen oder Wenige repräsentirt; aber die Einzelnen sind deswegen nicht freier, selbst in Bezug auf den Staat, sondern gehen vielmehr ganz in demselben auf. Was hier als höchste Freiheit erscheint, ist nur Volkstyrannei. Der Staat des Alterthums ist leidenschaftlich, hart, despotisch in seinen Principien. Bei der Vergleichung mit dem modernen Staat muss man ferner auch die entsprechenden Staatsformen einander gegenüberstellen. Eine alte Republik ist allerdings freier als eine moderne Despotie; aber sie ist gebundener als eine moderne Republik; ursprünglich sind die alten Republiken aristokratisch, und nach unseren Begriffen bleiben sie dies selbst in der Zeit der freiesten Demokratie, wo es in Athen z. B. bei einer Bevölkerung von 500,000 Seelen nicht mehr als 21,000 stimmberechtigte Bürger gab. Die antike Monarchie ist entweder despotisch oder patriarchalisch; die constitutionelle ist im Alterthum nicht ausgebildet; man hatte davon nur einen unklaren Begriff in der aus den drei Grundverfassungen gemischten Staatsform, die aber auch fast nirgends bestand. Wenn der moderne Staat sein Ziel erreicht haben wird, so wird er das Alterthum überhaupt, abgesehen von den Verfassungsformen, bei Weitem an Freiheit übertreffen. Er hat aber sein Ziel noch nicht überall erreicht, während das Alterthum abgeschlossen vor uns liegt. Die Freiheit des antiken Staates erscheint in der politischen Entwickelung nur als Mittelglied zwischen dem orientalischen Despotismus und der constitutionellen Freiheit der modernen Staaten. Merkwürdig ist auch der schon oben berührte Umstand, dass im Alterthum der Politismus durchaus vorherrscht. Der Mensch ist an den einzelnen Staat gefesselt, und Wenige sind zum Kosmopolitismus durchgedrungen. Die Vaterlandsliebe der Alten hat ihre Wurzeln darin, dass sie ganz in dem real gegebenen Staate leben, während in der Neuzeit das Weltbürgerthum oft zu einer falschen Ideologie, zur Gleichgültigkeit gegen die nächste Umgebung führt. Allein der wahre Kosmopolitismus streitet keineswegs mit der Vaterlandsliebe, sondern befreit sie von Beschränktheit und Engherzigkeit, die ihr bei den Hellenen oft anhaftet, weil diese den Staat nicht einmal nach seiner nationalen Aufgabe, geschweige denn nach seinem idealen Verhältniss zur Menschheit zu begreifen vermochten.

II. Der falsche Kosmopolitismus fasst die allgemeinen Interessen der Menschheit, zu deren Verwirklichung der Staat bestimmt ist, subjectiv auf; sie werden gleichsam zur Privatsache, und der Staat erscheint dann leicht als nothwendiges Uebel, als eine Zwangsanstalt zur Sicherung des Privatlebens, dem man allein einen Werth an sich beimisst. Im Alterthum ist dagegen das Privatleben fast ganz im Staatsleben aufgelöst, so dass der Einzelne nur des Staates wegen da zu sein scheint. Denn da die öffentlichen Angelegenheiten ganz individuell behandelt wurden, und die Staatsinteressen objectiver als die Privatinteressen sind, so fand bei der überwiegenden Objectivität des Alterthums der Einzelne sein individuelles Genüge im öffentlichen Leben. Die objective Seite des Privatlebens, die eigentliche

Arbeit und Last des Daseins, fiel denen zu, deren Individualität im Staate nicht zur Geltung kam, den Sklaven und Frauen; der freie Bürger ist der Despot des Hauses. Dadurch erhielt der gesammte häusliche und gesellschaftliche Verkehr einen unfreien Charakter. Dies zeigt sich besonders in dem gegenseitigen Verhältniss der beiden Geschlechter; das weibliche Geschlecht wird von dem männlichen nicht als ebenbürtig anerkannt, und seine Stellung ist um so untergeordneter, je grösser die politische Freiheit der Bürger wird. Nur in kriegerischen Staaten, wo bei der häufigen Abwesenheit der waffenfähigen Mannschaft den Frauen eine selbständige Leitung des Hauswesens obliegt, behielten diese ein grösseres Ansehen; in Sparta waren sie fast emancipirt. Die volle geistige Ebenbürtigkeit hat Platon zuerst dem weiblichen Geschlecht zugesprochen; aber erst durch das Christenthum ist der Grund zu der idealen Frauenverehrung gelegt, welche seit dem Mittelalter den Verkehr der Geschlechter immer freier und edler gestaltet hat, wenngleich die Frauen noch jetzt nicht vollständig von unwürdiger Abhängigkeit erlöst sind. Die sogenannte Platonische, d. h. die rein geistige Liebe ist nicht antik; Platon hat nur die Knabenliebe in ähnlicher Weise zu idealisiren gesucht. Die Knabenliebe aber ist dadurch entstanden, dass sich die Geschlechter im gesellschaftlichen Verkehr von einander sonderten; denn in Folge dessen verfiel die natürliche Neigung der Erwachsenen zum aufblühenden Knabenalter dem äusseren Sinnenreize, wozu besonders der Anblick der nackten Gestalten bei den gymnastischen Uebungen mitwirkte. Die Sinnlichkeit herrscht in der Geschlechtsliebe des Alterthums vor; auch in ihrer schönsten poetischen Gestalt fehlt ihr die höhere geistige Weihe, während der sentimentalen Liebe der Neuzeit umgekehrt oft die Natürlichkeit fehlt. Die Ehe wird bei den Alten realistisch nach ihrer Naturseite als Fortpflanzungsinstitut angesehen. Ursprünglich war die Eheschliessung durch Naturverhältnisse eingeschränkt; das Conubium bestand nur zwischen verwandten Geschlechtern, so dass sich auch hierin die Vielheit natürlicher Gruppen geltend machte, die sich im Staatsleben zeigt; später war wenigstens die Epigamie zwischen den einzelnen Staaten von ausdrücklichen Verträgen abhängig. Dass bei der Schliessung der Ehe die freie Zustimmung der Braut nicht maassgebend war, ergiebt sich z. B. aus den attischen Gesetzen über die Epikleren, wonach jemand vermöge seiner Abstammung Anspruch auf die Hand einer Erbtochter hat, deren nächster Verwandter er ist, und diesen Anspruch gerichtlich geltend machen kann. Da bei einer solchen Bestimmung die Frau leicht als unliebsame Zugabe zu ihrem Vermögen erscheinen konnte, suchte das humane Solonische Gesetz den natürlichen Zweck der Ehe dadurch zu sichern, dass es dem Gatten vorschrieb wenigstens drei Mal im Monat seine ehelichen Pflichten zu erfüllen. Man darf indess nicht glauben, dass im Alterthum der Familie das geistige Band ganz gefehlt habe. Das weibliche Geschlecht ist keineswegs verachtet gewesen, und das griechische Frauengemach war kein Harem. Wenn einzelne Aeusserungen alter Schriftsteller, wie z. B. des Weiberfeindes Euripides, das Weib zu einer Geburtsmaschine herabsetzen, so beweist dies nichts für die Gesammtanschauung des Alterthums; in nicht wenigen modernen Schriften findet sich eine noch stärkere Herabwürdigung der Frauen. Die griechische Dichtung und Plastik hat hohe Ideale weiblicher Charaktere aufgestellt, und schon das strenge Festhalten an der Monogamie zeigt die Achtung vor der persönlichen Würde der Frau. Es entwickelte sich in der Ehe auf dem Naturgrunde der Sinnlichkeit oft eine zärtliche Gattenliebe, und besonders gross war die Pietät gegen die Eltern. Wie innig und treu die Anhänglichkeit selbst gegen Dahingeschiedene war, beweist der Todtencult der Griechen. Die Liebe der Eltern zu den Kindern findet ihren charakteristischen Ausdruck in der Art der Erziehung; hier zeigt sich nun ganz vorzüglich der individualisirende Zug des griechischen Geistes. Die Griechen haben das Humanitätsideal in die Erziehung eingeführt; jeder freie Bürger sollte zu einem ganzen Menschen erzogen werden, indem durch musische und gymnastische Bildung seine geistigen und leiblichen Kräfte harmonisch entwickelt wurden; die weitere Bildung gab das Leben durch die Oeffentlichkeit aller gemeinsamen Angelegenheiten, durch den geselligen Verkehr der Männer mit der Jugend und durch den Anblick der reichen Kunstwelt, welche den Griechen täglich umgab. Die Wahl des Berufs ging aus individueller Neigung hervor; jeder konnte alles werden; eine Trennung in Berufsstände bestand nicht. Aber jeder bestrebte sich das, was er ergriffen, auch ganz zu sein; gerade auf Grund der allgemeinen Menschenbildung herrscht bei den Alten ein energisches Streben nach Virtuosität in der speciellen Berufsthätigkeit. In der Neuzeit hat der Begriff der allgemeinen

Humanitätsbildung einen erweiterten Sinn erhalten; der Einzelne soll nicht bloss an sich zum Menschen, sondern zugleich zu einem brauchbaren Gliede der menschlichen Gesellschaft gebildet werden, was nur durch einen allseitig belehrenden Unterricht zu erreichen ist. Dieser Unterricht ist deshalb in der modernen Erziehung die Hauptsache, wogegen in der ächt antiken Zeit Griechenlands auf die Ausbildung der gymnastischen und musischen Fertigkeiten das Hauptgewicht gelegt wurde. Ferner ist der Unterricht in doppelter Beziehung universell geworden; denn erstens geht das Streben der Neuzeit dahin, dass er Allen ertheilt werde, während im Alterthum die Sklaven ganz und die Frauen zum grossen Theil davon ausgeschlossen waren, und dann ist er seinen Gegenständen nach nicht bloss wie bei den Griechen einseitig national, sondern soll den Einzelnen historisch in die Entwickelung der Menschheit einführen, weshalb zur allgemeinen Bildung auch die Kenntniss alter und neuer Cultursprachen gerechnet wird.

III. Die Religion der Griechen ist wahrscheinlich von einem uralten Monotheismus ausgegangen, der dieselbe Culturstufe einnimmt wie die patriarchalische Monarchie, aber viel früher als letztere verdrängt ist. Der Polytheismus entsteht bei allen Völkern des Alterthums durch die Naturvergötterung, indem die göttliche Urkraft unter mannigfachen Natursymbolen aufgefasst wird, und die Anschauung dann vorwiegend an dem Einzelnen und Realen haften bleibt. In der vorhomerischen Zeit ist nun die Naturreligion von priesterlichen Sängern zu jener tiefsinnigen Mystik ausgebildet worden, die wir auch in den orientalischen Religionssystemen finden. Indess erzeugte sich hierdurch nicht wie bei den Indern und Juden eine priesterliche Schriftreligion, weil bei den Hellenen das Priesterthum zwar ursprünglich in Geschlechtern forterbte, aber daraus keine Priesterkaste, keine Hierarchie hervorging. So konnte es geschehen, dass der gesammte Mythos durch die epische Dichtung umgestaltet wurde; die plastischen Göttergestalten, welche die Dichter schufen, stellen das göttliche Wesen des Menschen in allen seinen mannigfachen Erscheinungen dar, und der Homerische Götterstaat, die heitere und freie olympische Welt ist ein ideales Abbild der individuellen Freiheit, welche der griechische Geist errungen hatte. Aber die Götter bleiben immer Naturgottheiten; die ganze Natur ist unter sie vertheilt und wird von ihnen beherrscht, und die bunte Mannigfaltigkeit der Götterwelt wird dadurch erhöht, dass in allen einzelnen Staaten Sagen und Cultus individuell gestaltet wurden. Der Cultus der Griechen ist nicht auf Belehrung über göttliche Dinge angelegt, sondern poetisch und mit allem Reiz und Glanz der Kunst ausgestattet, aber deshalb auch äusserlich und sinnlich. Die religiöse Gesinnung, die Frömmigkeit fehlte zwar den Hellenen durchaus nicht; aber sie war rein praktischer Natur. Und gottgefällig erschien nicht nur ein sittlicher Lebenswandel, sondern auch die äusserlichsten und sinnlichsten Verrichtungen und Genüsse des Lebens wurden mit religiösen Vorstellungen verknüpft, so dass die Sinnlichkeit vergöttert wurde, während das innere religiöse Leben ganz zurücktrat. Hieraus erklärt sich die merkwürdige Erscheinung, dass zur Zeit der Pisistratiden die alte mystische Religion erneuert wurde, die in der Mantik und in den Mysterien fortgelebt hatte. In ihr suchte man Befriedigung eines tieferen Gefühls, und aus ihr entwickelte sich allmählich unter dem Einfluss der Philosophie eine reinere religiöse Erkenntniss. Hierdurch ist auch das Christenthum vorbereitet; allein indem dieses die nationalen Schranken des jüdischen Monotheismus durchbrach, und die christliche Kirche die Begründung einer universalen Weltreligion erstrebte, durch welche der Mensch nicht nur zum Weltbürger, sondern zum Himmelsbürger erhoben wurde, kam ein ganz neues Princip zur Herrschaft. Während das Heidenthum das Geistige zu versinnlichen trachtet, will das Christenthum das Sinnliche vergeistigen. Als Religion des Geistes musste es die antike Naturreligion zerstören; aber indem es sich auf ihren Trümmern aufbaute, musste es nothgedrungen manches Heidnische aufnehmen, das noch jetzt nicht vollständig ausgeschieden ist. So sind in dem christlichen Cultus viele äusserliche Ceremonien, die dem Gottesdienst ein sinnliches Gepräge geben, heidnischen Ursprungs, und heidnisch sind auch die polytheistischen Bestandtheile des Dogmas. Dies widerspricht indess dem wahren Wesen des Christenthums, welches sich über alle antiken Religionen zu einem idealen, aus den Tiefen des menschlichen Herzens geschöpften Monotheismus erhebt. Diesen hatte im Alterthum nur die Philosophie erreicht; daher sagt Chrysostomos sehr treffend, das Kreuz Christi habe alle Bauern zu Philosophen gemacht. Hierdurch ist der Fortschritt der modernen Zeit zur geistigen Freiheit begründet. Dies zeigt sich besonders auch in der Umwandlung, welche die antiken Vorstellungen von dem Verhältniss des Göttlichen zum Nichtgöttlichen erfahren haben. Die Grundidee des Alterthums ist, dass das Schicksal, die εἱμαρμένη Alles, auch den Willen der Götter mit Nothwendigkeit bestimmt; dagegen gründet die moderne Religion sich auf den Glauben an eine freie Vorsehung, der sich im Alterthum nur bei einigen Philosophen findet. Geht man tiefer ein, so ergiebt sich allerdings, dass beide Vorstellungsarten im Grunde auf dasselbe hinauslaufen; denn in Gott ist Freiheit und Nothwendigkeit identisch; aber die Form der Auffassung ist doch wesentlich verschieden. Uebrigens lähmte der Glaube an die gesetzmässige Nothwendigkeit alles Geschehens bei den Griechen nicht die Energie des Handelns; ihre individuelle Bildung verlieh ihnen ein hohes Selbstgefühl gestützt auf die Kenntniss der eigenen Kraft, und sie machten diese Kraft energisch geltend ohne über die nothwendige Grenze derselben hinauszustreben.

Da die Kunst im Alterthum aus dem Cultus hervorgeht, trägt sie auch denselben Charakter wie dieser. Sie ist weit weniger der Darstellung des Innern, des Gemüthes zugewandt als die moderne Kunst; aber es ist in ihr mehr Naturwahrheit. Diesen Gegensatz hat Schiller im Auge gehabt, wenn er die alte Kunst naiv, die neue sentimental nannte; aber auch durch die alte Naturreligion geht ein sentimentaler Zug, der in der Musik und Poesie seinen Ausdruck findet; indess sind die Griechen selbst in der Sentimentalität natürlich, ja sinnlich. Die specifische Eigenthümlichkeit der griechischen Kunst ist jedoch ihre plastische Form; sie besteht darin, dass alle künstlerischen Ideen in festen, individuell abgerundeten, objectiven Gestalten dargestellt werden, welche die real gegebene Welt in verschönertem Abbilde wiederspiegeln. Indem die individuellen Formen der Wirklichkeit klar in ihrer gesonderten Vielheit aufgefasst werden, tritt die Einheit des Kunstwerks um so einfacher hervor; und gerade bei dieser Einfachheit kann die Abrundung zum Ganzen und die Harmonie aller Theile vollkommener und wirksamer erreicht werden. Der Gegensatz des Plastischen ist das Romantische; denn es ist verkehrt letzteres als Gegensatz zum Klassischen aufzustellen. Klassisch ist jede Vollendung der Kunst und der Bildung überhaupt; aber die klassische Kunst der Neuzeit — soweit sie nicht dem Muster der Alten folgt oder dadurch mittelbar beeinflusst wird — ist überwiegend romantisch. Sie geht darauf aus das innere Leben des Gemüths aufzuschliessen; die Einheit und Totalität, die sie erstrebt, ist die der Empfindung, die sie vielseitig anzurühren sucht; daher wirkt sie durch eine universelle, umfassende Mannigfaltigkeit, welche oft bis zur Ueberladung geht; die Harmonie der Theile ist nicht sinnenfällig, sondern ideal; die der realen Welt entnommenen Formen sind nicht fest begrenzt, sondern werden mit einer ins Unendliche strebenden Freiheit der Phantasie zusammengefügt; ihre Umrisse verschwimmen daher oft ins Nebelhafte. Da der plastische Charakter in der Plastik selbst normal ist, haben die Alten in dieser auch das Höchste erreicht und für alle Zeiten unübertreffliche Muster geschaffen; dagegen fehlte der antiken Malerei die romantische Fernsicht; Alles erscheint in unmittelbarer greifbarer Nähe, oft reliefartig. Am meisten aber steht gegen die Neuzeit die antike Musik zurück, weil die Musik von allen Künsten am wenigsten Plasticität zulässt; sie war bei den Griechen in eine strenge rhythmische Form gebannt, während sie sich bei uns in freier Gestaltung bewegt. In der Perikleischen Zeit näherte sie sich dem modernen Stil; aber dies wurde als Entartung angesehen. In der Poesie ist das Epos, die objectivste Gattung von den Griechen ebenfalls in der vollkommensten Reinheit des Stils ausgebildet; das moderne Epos hat dagegen eine lyrische Färbung, was sich auch äusserlich in der Anwendung der Strophenform zeigt. In der Lyrik fehlt den Alten der romantische Farbenglanz, das phantastische Spiel der Empfindung und der Töne, die Melodie des Reimes und der Assonanz; selbst in dieser subjectivsten Gattung der Poesie, die sich dem Modernen am meisten nähert, haben die Anschauungen noch eine plastische Klarheit, wenn dieselbe auch bedeutend geringer als im Epos ist. In höchster Vollendung aber erscheint der plastische Charakter in der Tragödie. Die Einfachheit der enggeschlossenen Handlung lässt die Einheit derselben energisch hervortreten; selbst die Unterbrechung durch den Scenenwechsel wird möglichst vermieden, so dass die Unmittelbarkeit der Anschauung durch die Einheit des Orts und der Zeit noch erhöht wurde; alle Mittel aber zur Erreichung des dramatischen Zwecks: Musik, Tanz, Scenerie, Vortrag, Sprache und Gedanken waren so harmonisch verbunden, dass sich nichts Vollkommeneres denken lässt. Den Contrast des antiken und modernen Tragödienstils empfindet man in seiner ganzen Stärke, wenn man Aeschylos mit Shakespeare vergleicht. Das Shakespearesche Drama hat keine unmittelbare Einheit, sondern die grellsten Gegensätze, die schroffsten Widersprüche in den Scenen sind nebeneinandergereiht; ein ungeheuerer Apparat von Mitteln wird in Bewegung gesetzt und verwirrt anfänglich den Blick, bis sich im Gemüthe des Beschauers die bunte Mannigfaltigkeit zu einem schönen idealen Ganzen zusammenfügt, indem alle Saiten der Empfindung angeschlagen werden, sogar Ernst und Scherz sich mischt und zuletzt alles sich zu einer hohen Harmonie auflöst, die aber allerdings nicht so klar ist als im alten Drama. Wie bei Shakespeare das Tragische und Komische ineinanderfliesst, so hat die Neuzeit überhaupt das Bestreben die Grenzen der Dichtungsgattungen zu verwischen, welche im Alterthum streng festgehalten wurden. Daher ist auch der Betrieb der Poesie, wie der Kunst überhaupt, bei den Alten individueller geschieden als in der Neuzeit; kein grosser griechischer Dichter hat etwa wie Göthe Gedichte aller Art, epische, lyrische und dramatische, Tragödien und Komödien gedichtet; jeder strebte nach Virtuosität in Einer Gattung.

IV. Wir haben die Poesie als Zweig der Kunst charakterisirt, weil sich die griechische Poesie im innigsten Zusammenhang mit den übrigen Künsten entwickelt hat. Ihr Ausdrucksmittel, die Sprache zeigt aber auch an sich den Charakter des Alterthums in klassischer Vollendung. Die Naturseite der Sprache, ihr Lautkörper hat ursprünglich ein selbständiges, den geistigen Inhalt mitbestimmendes Leben, und so finden sich auch in der griechischen Sprache eine Fülle rein lautlicher Unterschiede, so dass dieselbe Anschauung durch mannigfache Formen ausgedrückt wird; in der ältesten Periode der Sprachbildung ist diese Fülle am grössten. So lange der Geist ganz der Naturbetrachtung hingegeben ist, wird die Bedeutung der Sprachelemente phantastisch auf die verschiedenartigsten Objecte angewandt (vergl. oben S. 94 ff.). Indem dadurch bei jeder Vorstellung eine Menge von Anschauungen zusammenfliessen, wird die Begriffsbildung gehindert; das Denken wird durch die Vielheit der Formen gebunden. In den modernen Sprachen zeigt sich das Streben nach Einheit darin, dass die rein lautlichen Verschiedenheiten möglichst getilgt werden. Der Geist hätte aber diese Herrschaft über die Naturseite der Sprache nicht gewinnen können, wenn nicht schon die Griechen die Begriffsbildung entfesselt hätten. Die griechische Sprache zeigt schon in den Grundanschauungen eine Klarheit und Tiefe, die nur in einzelnen Fällen vom Sanscrit übertroffen wird; die grösste individualisirende Kraft aber tritt in ihrem

Wurzelreichthum, ihrer Bildsamkeit und Biegsamkeit für Zusammensetzungen, Ableitungen und Flexion hervor; hierdurch wird es möglich jede Vorstellung in scharf begrenzter Form zum Ausdruck zu bringen, und die Sprache erhält dadurch eine wahrhaft plastische Deutlichkeit. Zugleich hat sie ein durchaus eigenartiges, originales Gepräge. Aber der Sprachsinn der Griechen ist individuell beschränkt; der Trieb fremde Sprachen zu erlernen und dadurch eine universellere Anschauung zu gewinnen findet sich nur bei Wenigen, und das Alterthum hat wegen dieser Einseitigkeit auch keine wissenschaftliche historische Grammatik zu Stande gebracht, obgleich seit Alexander's Zügen ein hinreichender Stoff zur Sprachvergleichung vorlag. Freilich hat in der Neuzeit der universellere Sprachsinn zu einer den Griechen fremden Sprachmischung geführt, wodurch die nationale Eigenart der Sprachen getrübt wird. Die Sprache drückt ursprünglich reale, concrete Anschauungen aus, welche Bilder der idealen sind. Im Alterthum bleibt jene Naturbedeutung der Wörter noch lebendiger im Bewusstsein; die Sprache bleibt daher selbst in der Prosa poetischer. Durch die letzte Entwickelung der griechischen Wissenschaft aber beginnt die universelle Vergeistigung der Sprache; dieser Process überträgt sich dann auf die lateinische und später auf die modernen Sprachen. Die Worte werden zu unmittelbaren Zeichen für ideelle Anschauungen, ohne dass die ursprüngliche sinnliche Bedeutung dabei ins Bewusstsein tritt. Dies ist dadurch befördert, dass die wissenschaftlichen Ausdrücke der griechischen und lateinischen Sprache in die modernen aufgenommen und dadurch von jeder volksthümlichen Nebenvorstellung befreit sind. Aber mit der Vergeistigung der Worte ist zugleich die Gefahr verbunden, dass sich ihre Bedeutung zu anschauungslosen, abstrakten Begriffen verflüchtigt. Im Griechischen werden selbst die inneren Beziehungen der Begriffe so deutlich als möglich durch äussere Zeichen, durch Lautformen ausgedrückt; in den neueren Sprachen dagegen schwindet die Form z. B. in der Flexion immer mehr; die Structuren müssen aus dem inneren Verhältnisse der Begriffe erkannt werden. Dies Verhältniss wird nur durch die Wortstellung angedeutet, die daher strenger bestimmt wird, einen logischen Werth erhält, während sie im Griechischen vorwiegend rhetorischen und poetischen Zwecken dient. Dasselbe stellt sich auch in der metrischen Form der Sprache heraus. Im Griechischen hängt der Accent von der Quantität ab, und diese wird nicht vom Begriff bestimmt, sondern ist ein rein rhythmisches Verhältniss. In der letzten christlichen Zeit des Alterthums sind aber die festen, plastischen Quantitätsunterschiede der griechischen und lateinischen Sprache verwischt, und die Quantität hängt seitdem von der Betonung und vom Accent ab, ein Princip, das bei den neu-europäischen Völkern herrschend geworden ist. Die Betonung ist durch logische Verhältnisse mitbedingt, die in den germanischen Sprachen auch den Wortaccent bestimmen; zugleich aber liegt in Ton und Accent das melodische Element der Sprache, durch welches die subjective Empfindung in derselben erst zum vollen Ausdruck kommt. Daher ist die Grundlage der Versbildung in der sentimentalen Dichtung der Neuzeit das Gleichmaass der durch den Accent bezeichneten Hebungen, unterstützt durch den gleichfalls melodischen Gleichklang des Reimes und der Assonanz, während im Alterthum die Vershebungen sehr häufig nicht mit dem Wortaccent zusammenfallen, und der Gleichklang gemieden wird. Die deutsche Sprache hat sich fähig gezeigt das Princip der quantitirenden und accentuirenden Versmessung zu verbinden.

Die Sprache, das Organ des Wissens war in allen Gebieten der griechischen Literatur bereits vollkommen kunstmässig ausgebildet, ehe sich das theoretische Leben soweit in das innerste Wesen des Subjectes zurückzog, dass die Wissenschaft zur vollen Entfaltung gelangte; denn sie hat in Griechenland ihre Blüthe erst am Ausgange der ächt antiken Zeit. Daher konnte sie auch im Alterthum nicht die universelle Verbreitung finden wie in der Neuzeit. Die Kunst hat bei den Griechen das Uebergewicht über die Wissenschaft, während bei uns das umgekehrte Verhältniss stattfindet; die Alten hatten schon allein verhältnissmässig soviel Statuen als wir Bücher, aber auch so wenige Bücher, als wir Statuen haben. Dies Verhältniss erklärt sich daraus, dass die Kunst gegenüber der Wissenschaft die Objectivirung des theoretischen Lebens ist. Man darf die universelle Ausbreitung der wissenschaftlichen Bildung in der Neuzeit nicht von Aeusserlichkeiten, wie etwa von der Erfindung der Buchdruckerkunst herleiten; das allgemeine Bildungsbedürfniss selbst ruft vielmehr solche Erfindungen hervor. Dies Bildungsbedürfniss hat seinen Grund darin, dass das gesammte Leben der neu-europäischen Völker schon seit der Scholastik des Mittelalter mehr und mehr der wissenschaftlichen Theorie unterworfen worden ist. Letztere ist aber auch ihrem Inhalte nach schon deshalb bedeutend universaler als bei den Alten, weil sich unser Erfahrungskreis in Bezug auf Natur und Geschichte so ausgedehnt hat, dass unsere wissenschaftliche Forschung jetzt den ganzen Erdball umfasst und sich daher schrankenlos in das Universum erstreckt. Aber die letzten Gründe der Dinge und des Erkennens, die nicht aus der Erfahrung gefunden werden können, sondern seit den ältesten Zeiten in der schöpferischen Thätigkeit des Denkens selbst hervortraten, hat die griechische Philosophie bereits vollkommen erkannt, da hierzu die individuelle Freiheit des Bewusstseins hinreichte. Gerade so lange die Speculation bei den Griechen nicht durch ein Uebermaass unbewältigten empirischen Stoffes gehemmt war, haben sie die höchsten philosophischen Grundideen mit jugendfrischer Begeisterung geschaffen, und besonders Platon hat sie mit plastischer Vollendung dargestellt. Daher behält die antike Philosophie einen unvergänglichen Werth. Allein in den empirischen Wissenschaften führte die individuelle Beschränkung der Alten zwar zu einer scharfen Auffassung der einzelnen Erscheinungen, aber zu einseitigen Ansichten. Aristoteles begründete erst eine universelle Polyhistorie, durch welche die vielen einzelnen Erfahrungskenntnisse zu einer wissenschaftlichen Einheit zusammengefasst werden sollten, und welche in Alexandria zu hoher Blüthe gedieh. Aber die Einzelwissenschaften vermochten wegen der Einseitigkeit der zu Grunde liegenden Erfahrungen jene Einheit nicht festzuhalten und verloren sich in einer Vielheit von Detailforschungen, während die Philosophie gleichzeitig durch die empirische Skepsis aufgelöst wurde. Gleichwohl trägt die alexandrinische Gelehrsamkeit bereits ganz den modernen Charakter, und dieser zeigt sich auch in dem universalen Betriebe der Wissenschaften, der durch sie herrschend wurde. Während früher die Wissenschaft von einzelnen Forschern isolirt betrieben war, und in den Philosophen- und Rhetorenschulen Ein Lehrer eine Anzahl von Schülern um sich vereinte, wurde in dem alexandrinischen Museum zuerst eine grosse wissenschaftliche Gemeinschaft gestiftet, die dann das Muster ähnlicher Institute an anderen Orten wurde. In diesen Anstalten liegen aber nur die ersten Anfänge zur Begründung der *universitas litterarum*, welche unsere Akademien und Universitäten erstreben, wenn auch der Name der letzteren ursprünglich keineswegs den bezeichnenden Sinn hat, den die Deutschen ihm beilegen. Mit der umfassenden Ausbildung haben die Wissenschaften in der Neuzeit zugleich eine andere Richtung erhalten als im Alterthum; sie sind in ihrer Begründung geistiger und innerlicher und damit freier und idealer geworden. In der antiken Philosophie war Anfangs die Naturbetrachtung allein herrschend. Erst seit Sokrates und Platon trat die Ethik hinzu; aber so klassisch dieselbe auch ausgebildet wurde, so fasste sie doch die ethischen Verhältnisse vorzugsweise nach ihrer objectiven Seite auf; der Begriff der geistigen Freiheit ist von den alten Philosophen nicht klar erkannt. Die moderne Philosophie hat immer mehr die Erkenntnissthätigkeit selbst zum Gegenstand des Erkennens gemacht, und gerade hierdurch wird die Wissenschaft sich ihres Wesens bewusst und frei; Sokrates hat auch hierin durch seine Auffassung des γνῶθι σαυτόν in das Moderne hinübergegriffen. Was die empirischen Wissenschaften betrifft, so war die Geschichtsforschung der Alten vorzugsweise realistisch. Die Entwickelung der Thatsachen ist der Hauptgesichtspunkt; der äussere Hergang wird mit grosser Klarheit und zwar nicht ohne Bewusstsein der inneren Motive dargestellt; aber die psychologische Begründung ist mangelhaft, und die Erforschung der in der Geschichte hervortretenden Ideen fehlt fast ganz; dies hängt damit zusammen, dass Alles Specialgeschichte ist, und die Thatsachen also nicht in ihrer welthistorischen Bedeutung erkannt werden. Zur Geschichte der Philosophie und der Wissenschaften, also des inneren Geisteslebens finden sich bei den Alten nur schwache Ansätze. In der Naturwissenschaft scheint auf den ersten Blick die Neuzeit empirischer, also äusserlicher als das Alterthum zu sein. Man muss aber die Naturphilosophie der Alten nicht mit unserer empirischen Naturwissenschaft vergleichen. Die Empirie der Alten war in der Hauptsache nur auf Beobachtung gegründet, also mehr natürlich und realistisch; bei den Neueren wird Alles durch das Experiment geprüft, welches auf freier Combination beruht. Unsere Empirie ist also geistiger, ideeller, und dasselbe gilt dann von unserer Naturspeculation im Verhältniss zur alten. Sogar in der Mathematik zeigt sich die Eigenthümlichkeit der antiken Auffassung. Die alte Mathematik ist dem plastischen Charakter des Alterthums gemäss auf die Anschauung der geometrischen Form gerichtet; die Arithmetik wurde daher weniger ausgebaut und selbst überall auf geometrische Schemata zurückgeführt. Die Neueren behandeln umgekehrt die Geometrie mehr arithmetisch, indem sie die Raumverhältnisse auf abstracte Formeln zurückführen. Die Anfänge der analytischen Geometrie sind zwar antik; aber sie sind von den Alten wenig ausgebildet worden, weil das constructive Verfahren für sie immer die Hauptsache blieb.

Bis hierher haben wir den Charakter des Hellenischen im Ganzen betrachtet. Derselbe umfasst aber bedeutende Unterschiede, die im Raum und in der Zeit auseinandertreten. Vermöge der individualisirenden Richtung des griechischen Geistes trägt jeder Staat in Hellas ein eigenthümliches Gepräge, und alle diese Eigenthümlichkeiten wurzeln in den Charakteren der Haupt-Volksstämme. Die Stammunterschiede sind durch die Natur gegeben, da sie sich nur aus dem Zusammenwirken der natürlichen Anlage und klimatischer Verhältnisse erklären lassen; sie befestigen sich durch Gewöhnung und werden zuletzt, wenn sich die Volksstämme ihrer Eigenthümlichkeit bewusst werden, mit Absicht ausgebildet. Der bedeutendste Unterschied liegt in dem Gegensatz des dorischen und ionischen Charakters; denn der äolische und attische lassen sich nur im Verhältniss zu jenen verstehen. Die Dorer sind ursprünglich ein Bergvolk, und ihr hartes und rauhes Naturell hat sich in den engen Gebirgsthälern von Doris und Thessalien unter den einfachsten Lebensverhältnissen zu einer ausserordentlichen Stätigkeit und Festigkeit ausgebildet; als erobernder Stamm behaupten sie auch später stets eine abgeschlossene Stellung, und während sie nach Aussen herbe, streng und unempfänglich erscheinen, vertieft sich in ihnen der griechische Geist zu der grössten Innerlichkeit, deren er fähig ist. Die Ioner finden sich von Anfang an in Kleinasien und Hellas überall an der See, und ihr von Natur weicher und bildsamer Sinn wird unter dem Einfluss ihrer Naturumgebung und Lebensweise leicht und beweglich; sie sind für alle Eindrücke empfänglich, anmuthig und gesellig, aber auch oberflächlich und genusssüchtig. Der Name der Aeoler umfasst ursprünglich alle Stämme mit Ausnahme der Dorer und Ioner; der äolische Charakter war Anfangs mit dem dorischen nahe verwandt; in ihrer weiteren Entwickelung vereinten die Aeoler aber im Allgemeinen die dorische Rauheit mit der ionischen Aeusserlichkeit und Genusssucht und trieben die Fehler der beiden Stämme ins Excentrische; sie zeigen ein hochfahrendes, aufgedunsenes, oft plumpes Wesen, und äussere prunkende Bildung ist bei ihnen häufig mit innerer

Roheit gepaart. Dagegen haben die Athener, die vom ionischen Stamme sind, sich die Vorzüge des dorischen Stammes angeeignet, und der attische Charakter bildet die richtige Mitte zwischen den Extremen des ionischen und dorischen.

Welchen Einfluss die Stammunterschiede auf die ganze Bildung der griechischen Nation gehabt haben, hat man im Alterthum selbst schon erkannt. Die Alten haben fast in allen Kreisen des Lebens die verschiedenen individuellen Richtungen durch den Namen der Stämme charakterisirt. Die Staatsverfassungen zerfallen in dorische und ionische; die dorische ist die alte Aristokratie, welche die Dorer am längsten festgehalten haben; sie wurde bei den Ionern durch die Timokratie und Demokratie verdrängt, die dann auch in den übrigen Staaten Eingang fanden; die ächt äolische Verfassung ist die Oligarchie, die Mischung der Aristokratie und Timokratie. Auch im Privatleben unterschieden die Alten eine ionische und dorische Sitte; das Leben der Dorer beschränkte sich in Wohnung, Kleidung und Nahrung auf das Nothdürftige, während das ionische weichlich und üppig war; die Athener hielten auch hierin die rechte Mitte. Die systematische Abhärtung in der Lebensweise geht von den Dorern aus, und da bei ihnen auch das weibliche Geschlecht durch Gymnastik gekräftigt wird, haben die dorischen Frauen einen männlichen Sinn; ihre Stellung ist demgemäss auch freier als in den übrigen griechischen Staaten, und einzelne erheben sich zu hoher geistiger Bildung. Die äolische Lebensweise ist prunkliebend und ausschweifend. Der Charakter der Stämme drückt sich besonders in ihrer Sprache aus; der dorische Dialekt wird von den Alten als der männliche, der ionische als der weibliche bezeichnet; der äolische ist der alterthümlichste, schwerfälliger als der dorische und besonders gravitätisch; der attische ist nicht so weich als der ionische in Asien. Zugleich ist die Sprache der Stämme rhetorisch verschieden; die dorische Brachylogie steht der ionischen Makrologie entgegen. In der Literatur haben die Ioner das Epos ausgebildet, dessen Wesen ganz ihrer Natur entspricht; ihr Dialekt bleibt seitdem die Grundlage des epischen. Die Lyrik als Erguss der Empfindung ist bei allen Stämmen gepflegt worden; aber die gemüthliche ionische Elegie und das leidenschaftliche äolische Melos unterschieden sich sehr charakteristisch, und in den dorischen Chorgesängen hat die lyrische Poesie ihren Höhepunkt erreicht. Daher wird von da an der dorische Dialekt in der Lyrik herrschend, und auch das in Athen ausgebildete Drama, in welchem das epische und lyrische Element verschmolzen ist, nimmt in den Chorgesängen den dorischen Charakter und sogar eine dorische Färbung der Sprache auf. Von den prosaischen Literaturgattungen ist die Geschichte wie das Epos in Ionien entstanden. Die Philosophie ist wie die Lyrik ein Gemeingut aller Stämme; aber gleich von Anfang an traten sich die Systeme der ionischen Naturphilosophen und der dorischen Schulen Italiens gegenüber, und die Antinomie beider wurde durch die eleatische Schule, die den äolischen Charakter trägt, geschärft und durch die philosophische Kritik gelöst, welche Sokrates begründet, und welche ächt attisch ist. In Attika ist auch die Rhetorik entwickelt, deren Keime wie die des Dramas dorisch sind. Am wenigsten stark treten die Stammunterschiede in der Mythologie hervor; doch unterscheiden sich der dorische und ionische Cultus ähnlich wie die Lebensart der beiden Stämme; jener ist bedeutend ärmlicher, aber innerlicher. In allen Gebieten der Kunst dagegen sind die Stammunterschiede von der grössten Bedeutung gewesen, und die Griechen haben selbst die wichtigsten Stilarten nach den Stämmen benannt. In der Musik ist die älteste ächt griechische Tonart die dorische; später haben sich die äolische und ionische nachgebildet. Ebenso ist der Tanz in den Stämmen ganz national gestaltet. Von den bildenden Künsten hat besonders die Baukunst die Stammunterschiede vollkommen zum Ausdruck gebracht; die dorische Bauart ist die ursprüngliche; später bildet sich die ionische, und in Athen hat man den Geist beider vereinigt.

Die Entwickelung des griechischen Geistes in der Zeit ist wesentlich durch die Einwirkung der Stammcharaktere bedingt. Etwa bis zum Anfang der Olympiadenrechnung reicht die vorhellenische Zeit, worin die Griechen dem Orient noch durchaus verwandt sind. Diese älteste Periode ist durch die patriarchalische Monarchie und in der Literatur durch die Herrschaft des Epos gekennzeichnet. Um den Anfang der Olympiadenrechnung, wo die Genealogien von den Söhnen des Hellen entstanden sind, treten die Hauptstämme hervor, und es beginnt die eigentlich hellenische Zeit, die bis Alexander d. Gr. dauert. Zuerst wird die Aristokratie zur herrschenden Staatsform, und es erhebt sich über das Epos die lyrische Poesie, deren Aufblühen eine Folge desselben erhöhten Bewusstseins ist, welches die patriarchalische

Monarchie gestürzt hatte. Bald entbrennt darauf ein Kampf zwischen den aristokratischen und demokratischen Elementen, und hierdurch erhebt sich die Tyrannis, indem in den meisten griechischen Staaten Volksführer die Geschlechter stürzten und sich dann zu Herren aufwarfen. Die dorischen Aristokraten, besonders die Spartaner suchten überall, auch in den ionischen Staaten den Sturz der Tyrannis herbeizuführen; aber gleichzeitig mit der Vertreibung der Pisistratiden aus Athen ging durch alle griechischen Lande ein mächtiger Zug nach Freiheit. Die ionische Timokratie vermittelte nun die Versöhnung der Geschlechter und des Volks; die Demokratie siegte erst nach den Perserkriegen. War schon in der Tyrannenzeit alles, was die einzelnen Stämme in der epischen und lyrischen Poesie erzeugt hatten, zum Gemeingut der Nation geworden, so dass auch die einzelnen Dialekte in der Literatursprache gleichberechtigt nebeneinanderstanden, so floss, seitdem Athen an die Spitze der Seestaaten getreten war, in Attika alle griechische Bildung zusammen, und es vollendete sich so durch den Austausch der Stammeseigenthümlichkeiten der hellenische Charakter. Der Gipfel der ganzen Periode ist das **Perikleische Zeitalter**; nach demselben löst der peloponnesische Krieg die Ordnung des Staats- und Privatlebens auf, bis Griechenland durch seinen Particularismus der Fremdherrschaft erliegt. Man kann daher nicht die Zeit kurz vor **Alexander d. Gr.** als Höhepunkt der hellenischen Bildung betrachten; nur die prosaische Literatur erreicht darin ihre höchste Vollendung. Mit der makedonischen Herrschaft beginnt die dritte Periode der Entwickelung, die man als die makedonische bezeichnen kann. Die Eigenthümlichkeit der Stämme hat jetzt keine Wirkung mehr, obgleich die Dialekte in der Literatur bestehen bleiben. Da die attische Bildung der Vermischung der Stammcharaktere vorgearbeitet hatte, bildet sich aus dem attischen Dialekt die allgemeine Schriftsprache. Allerdings macht der griechische Geist in der alexandrinischen Zeit noch mächtige Fortschritte in der Wissenschaft; aber diese gehen über das Maass und Wesen des Antiken hinaus und bereiten daher selbst den Verfall vor. Die Periode des eigentlichen Verfalls tritt mit der Römerherrschaft ein; in derselben bildet die Regierung **Hadrian's** eine letzte Epoche, da von ihr eine künstlich hervorgerufene Nachblüthe der hellenischen Bildung datirt.

Die Begründer der Geschichte der Philosophie sahen als das

eigentliche Wesen des Antiken den Charakter des Schönen an. Allein das Schöne ist in der Neuzeit wie im Alterthum das Ideal der Kunst, und man kann in anderen Lebensgebieten auch bei den Alten nur metaphorisch von einer schönen Gestaltung reden; man kann ihnen z. B. nicht einen schönen Staat oder eine schöne Politik als charakteristisch zuschreiben. Die Schönheit tritt im hellenischen Leben nur deshalb so stark hervor, weil darin die Kunst eine so ausserordentliche Bedeutung hat, und weil vermöge der individuellen Bildung alle Seiten des Lebens sich in einer wunderbaren Harmonie entwickelten. Ein Beweis dieser Harmonie ist auch der gleichmässige Einfluss der Stammunterschiede auf alle Sphären; die Richtungen der Einzelnen stehen im Einklang mit dem sie umgebenden Staatsleben, worin ja jeder Einzelne Gewicht hatte; Kunst und Politik sind innig verflochten; die einzelnen Zweige der Cultur bildeten sich nicht unabhängig von einander, sondern in steter Verbindung aus. In der individuellen Bildung der Griechen liegt zugleich die Originalität ihres Geistes; die wahre Originalität aber ist normal, und daher ist das Hellenische für das ganze Alterthum normal geworden. Die Cultur der Griechen hat alle anderen Culturen der antiken Welt überwunden. Ihre Sprache und Sitte, Kunst und Wissenschaft verbreitete sich frühzeitig durch ihre Kolonien über Makedonien und Thrakien bis an die entlegensten Küsten des schwarzen Meeres, ferner über die Gestade Lybiens und im Westen nach Spanien, Gallien, Sicilien, Italien und Illyrien, später soweit die makedonische und römische Herrschaft reichten.

Indessen sind mit dem Wesen der hellenischen Cultur doch gewisse Mängel verbunden, die allen griechischen Volksstämmen in grösserem oder geringerem Grade eigen und bei unserer Charakteristik in allen Lebenskreisen sichtbar geworden sind. Zuerst liegt in der Individualität der Griechen eine überwiegende Sinnlichkeit; sie ist unbefangen, weil sie naiv ist, und daher selbst in ihren Ausschweifungen weniger verderblich als die reflectirte Sinnlichkeit der Neuzeit; allein während diese im Widerspruch mit dem Geiste unserer Cultur steht, löste sich die hellenische Cultur auf, als sich der Geist der Griechen durch die Philosophie zur Anschauung des Uebersinnlichen erhob. Ein zweiter Mangel ist der Egoismus, der im Alterthum aus der particularistischen Abschliessung der Einzelnen und der Staaten entsteht. In der Neuzeit ist der Egoismus zwar keineswegs getilgt; aber er gilt als unmoralisch, weil er dem Ideal der allgemeinen Menschenliebe widerspricht, und sucht daher auch meist den Schein der Uneigennützigkeit zu wahren, wodurch freilich Falschheit und widerliche Heuchelei genährt wird. Allein im Alterthum ist das Princip der allgemeinen Menschenliebe dem Volksbewusstsein fremd; es giebt keine Menschenrechte, sondern nur bürgerliche Rechte; der Egoismus erscheint als normal. Wenn Platon lehrt, es sei ungerecht irgend jemand, selbst dem Feinde zu schaden, und die Aufgabe der Guten sei die Schlechten gut zu machen, so stimmt dies allerdings mit dem christlichen Gebot der Feindesliebe überein, aber steht im Widerspruch mit der allgemeinen, z. B. auch von Xenophon vertretenen Ansicht, dass man seinen Feinden möglichst schaden müsse. Ein dritter Mangel der griechischen Bildung ist endlich die Einseitigkeit der Lebensauffassung. Göthe sagt: „Wirft sich der Neuere fast bei jeder Betrachtung ins Unendliche um zuletzt, wenn es ihm glückt, auf einen beschränkten Punkt wieder zurückzukehren, so fühlten die Alten ohne weiteren Umweg sogleich ihre einzige Behaglichkeit innerhalb der lieblichen Grenzen der schönen Welt. Hierher waren sie gesetzt, hierzu berufen; hier fand ihre Thätigkeit Raum, ihre Leidenschaft Gegenstand und Nahrung." Göthe bezeichnet damit den Punkt, wo die harmonische Bildung der Griechen zur Einseitigkeit übergeht: indem sie alles Einzelne in seiner concreten Gestalt auffassten und in all ihrem Thun nach Virtuosität strebten, blieb ihnen der Blick auf den allgemeinen Zusammenhang der Dinge verschlossen.

2. Bei weitem einseitiger als die griechische Bildung ist aber die der Römer. Die Einseitigkeit der Griechen besteht nicht darin, dass sie von Natur und Geist nur eine Seite gesehen hätten, sondern darin, dass sie alle Seiten nur auf eine Weise, d. h. von wenigen Gesichtspunkten aus betrachtet und daher von den einzelnen Gegenständen eine weniger umfassende Ansicht gewonnen haben als die Völker der Neuzeit. Die griechische Nation lebte in fröhlichem Spiel und allseitiger Entwickelung ihrer Kräfte, in einer reinen Durchdringung von Theorie und Praxis. Daher dient nicht Alles, was die Griechen thun, der Nothdurft des Lebens; aber Alles trägt das Gepräge humaner Bildung. Sie waren abgewandt von dem bloss Nützlichen; das Schöne

zum Guten war ihr Wahlspruch; die ursprüngliche Richtung ihres Geistes auf das Schöne offenbart sich auch in der Gestaltung dessen, was dem blossen Bedürfniss dient. Bei dieser Liberalität, bei diesem angeborenen poetischen und ästhetischen Sinn ist es natürlich, dass sie, wo nicht die Erfinder, so doch die Bildner aller Künste und Wissenschaften wurden und zugleich herrlich vollendete Staatsformen aufrichteten. Dagegen ist der Charakter der Römer, die sonst in ihrer Anlage mit den stammverwandten Griechen übereinstimmen, von Anfang an nur auf das Praktische gerichtet; statt des fröhlichen Spiels ist sein Grundzug der praktische Ernst, die *gravitas*. Die *virtus Romana* besteht in der Kraft und Strenge der Lebensführung; der Römer strebt überall nach energischer äusserer Thätigkeit und zugleich nach innerer Festigkeit und ist darin dem dorischen Stamme am nächsten verwandt. Allein bei den Dorern überwiegt das Bestreben sich innerlich abzuschliessen; die Härte und Starrheit ihres Charakters ist mehr innere Abgeschlossenheit der Bildung, wogegen bei den Römern der äussere Thätigkeitstrieb das herrschende Motiv ist. Daher sind die Dorer auch noch bei weitem mehr der Theorie zugewandt; Musik und Poesie gelangten bei ihnen zu hoher Blüthe, während die Römer darin nichts Originales geleistet haben. In Roms unmittelbarer Nachbarschaft, in Grossgriechenland trat gerade bei den dorischen Staaten des Pythagoreischen Bundes die höchste Einheit der wissenschaftlichen Theorie und der politischen Praxis hervor. Der überwiegend kriegerische Sinn, wodurch sich die Dorer vor den übrigen Hellenen auszeichnen, findet sich bei den Römern in noch höherem Grade und treibt sie zu rastlosen Unternehmungen; wie die Griechen die Cultur über den Erdkreis verbreiteten, so trugen die Römer das Schwert in alle Länder, und die römische Republik erstrebte die Weltherrschaft. Dies ist, wie bemerkt, schon eine Ueberschreitung des antiken Charakters; auch das Republikanische in dem Staat der Römer war mehr Schein als Wahrheit; denn die überwiegende Neigung zur Aristokratie, die sie wieder mit den Dorern gemein hatten, führte bei ihnen unaufhaltsam zur Alleinherrschaft; es fehlte der wahrhaft demokratische Zug, welcher bei den Griechen durch den ionischen Stamm herrschend wurde.

Ihrer praktischen Richtung gemäss haben die Römer in der Gestaltung des Staats- und Privatlebens Hervorragendes geleistet.

Was den Staat betrifft, so zeigt sich ihr Charakter vor Allem in der eigenthümlichen Ausbildung des Kriegswesens. Die Griechen waren nicht unkriegerisch; Taktik und Strategie waren bei ihnen zur Kunst entwickelt; aber es fehlte dem genialen Volke der Ernst der römischen Manneszucht; selbst bei den Spartanern war die Disciplin freier. Die Ordnung des römischen Heeres, die Lagereinrichtung u. s. w. ist ein Muster für alle Zeiten geworden; die Aufstellung stehender Heere ist schon ganz im modernen Geiste, ebenso die einheitliche Strategie, welche durchaus abweichend von der griechischen dem individuellen Ermessen möglichst wenig Spielraum liess. In der Politik haben die Römer zuerst die eigentliche Staatsklugheit im modernen Sinne gezeigt; die römische Politik war consequent berechnend, kalt und streng. Nach Aussen verfolgte sie, nachdem durch die römische *virtus* Italien bezwungen war, die ausgedehntesten Eroberungspläne mit der zähesten Ausdauer und der raffinirtesten Schlauheit; nach Innen bestand sie in einer Kette von Ränken und Kniffen der Nobilität um deren Rechte über den ganzen Staat auszudehnen und das Volk so kurz als möglich zu halten. Die Griechen waren bei weitem weniger consequent; ihre Politik war mehr natürlich; sie konnten sich daher nicht zu jener römischen *prudentia* erheben, weil bei ihnen Alles, was für die Leitung des Staates geschah, aus dem Mittelpunkte der Nationalgesinnung und des Volksbewusstseins hervorging, während in Rom der Verstand der Magistrate das leitende Princip des Staates und die Verwaltung deshalb mehr äusserlich und mechanisch war. Die Hauptleistung der römischen Politik war die ausserordentliche Ausbildung des bürgerlichen Rechtes. Cicero, De oratore I, c. 44 behauptet, das *ius civile* bei den Griechen, selbst die Gesetzgebungen des Lykurg, Drakon und Solon nicht ausgenommen, sei *inconditum, paene ridiculum*. So mussten dem praktischen Römer, der alle Rechtsverhältnisse rein und streng auszusondern strebte, die griechischen Gesetze erscheinen, worin das pädagogische Element eine grosse Rolle spielte. Die Patricier gingen von Anfang an darauf aus alle Verhältnisse bis ins Einzelste durch feste Satzungen zu regeln; das Recht wurde dadurch so verwickelt, dass nur sie es verstanden; daher die finstern Fesseln der Clientel und die Bildung eines eigenen Juristenstandes. Bei den Griechen gab es Exegeten nur im heiligen Recht (s. oben S. 80), die πραγματικοί waren gering geachtet;

es scheint ein grosses Glück für ihre Bildung gewesen zu sein, dass bei ihnen Philosophen und Politiker die Stelle der Juristen vertraten; die Form des Processes war viel freier, und die Rechte waren bei aller Vielgestaltigkeit einfacher und reinmenschlicher, so dass jeder politisch Gebildete sie handhaben konnte. Die ganze praktische Weisheit der Römer war juristisch, während die der Griechen von Anfang an einen philosophischen und poetischen Charakter trug und einen über das gewöhnliche Treiben hinausgehenden religiösen Sinn zeigt. Cicero, der sein Volk den Griechen gegenüber möglichst zu erheben sucht, weiss an den Römern doch immer nur die praktische Tüchtigkeit zu rühmen, und wenn man die Staatsmänner in den Dialogen *de oratore* sprechen hört, gewinnt man eine sehr anschauliche Vorstellung von dem römischen Wesen. Zu den Männern, welche die Römer den sieben Weisen der Griechen gegenüberstellten, gehören Tiberius Coruncanius, der erste Rechtslehrer, P. Sempronius, der wegen seiner Rechtskenntniss den Beinamen Sophus erhielt, Fabricius und M.' Curius, die Vertreter der unbestechlichen Rechtlichkeit, Appius Claudius Caecus, der Erbauer der *Via Appia* und der römischen Wasserleitungen. Neben der politischen Weisheit der Römer rühmt Cicero Tuscul. I, 1. 2, dass sie ihr Hauswesen besser zu führen wissen: „*Nam mores et instituta vitae resque domesticas ac familiares nos profecto et melius tuemur et lautius.*" In der That hatten die Griechen auch im Familienleben nicht die Disciplin, die bei den Römern durch die fast unbeschränkte *patria potestas* ermöglicht wurde, und erreichten auch in der Hauswirthschaft wegen ihres genialen Wesens nicht die musterhafte Ordnung, durch welche sich die Römer auszeichneten.

Dagegen blieb das gesammte theoretische Leben bei den Römern deswegen auf einer niedern Stufe, weil es im Dienste des praktischen stand. Die Religion war bei ihnen noch mehr als in Kreta und Sparta Staatsreligion, ein bürgerliches Institut; die Augurien waren ein Werkzeug in den Händen der Patricier. Der Cultus hatte nicht die reine Schönheit und den speculativen Sinn der griechischen Götterverehrung, sondern enthielt bedeutend mehr abergläubische Gebräuche und viel etruskisches Gaukelspiel, war aber auf das Innigste mit allen Akten des häuslichen und öffentlichen Lebens verwachsen und der Ausdruck einer ernsten und tiefen religiösen Gesinnung, während bei den Griechen die

Religionsübung vielfach zu einem leichten Spiel wurde. Die edelsten Formen des altrömischen Cultus, die Einrichtungen des Numa sind indess schon aus griechischen Einflüssen abzuleiten; denn in Numa's Zeit bildete sich Grossgriechenland, und die aus chronologischen Gründen unhaltbare Sage, die den römischen König zum Pythagoreer machte, weist jedenfalls auf seine Bekanntschaft mit der griechischen Cultur in Unteritalien hin. Aber den heiteren Geist der hellenischen Religion konnte Numa nicht nach Rom verpflanzen. Auch die aus altitalischen und griechischen Elementen gemischte Mythologie der Römer war bei weitem weniger ideal als die der Hellenen. Diese war jedoch selbst bereits in voller Zersetzung, als die griechische Cultur in Rom bei den Gebildeten Eingang fand, und von da an wird die Staatsreligion vollends ganz zum politischen Werkzeug herabgesetzt und demgemäss als *theologia civilis* den praktischen Bedürfnissen gemäss rein äusserlich ausgebildet; Varro unterschied nach Augustin (*de Civ. D. VI, 5*) die *theologia mythica, physica* und *civilis*, d. h. eine poetische, philosophische und bürgerliche Theologie, während bei den Griechen nur die beiden ersten dieser Unterschiede hervorgetreten sind, indem die bürgerliche Religion eben die poetische war. Der tiefere Grund liegt darin, dass den Römern die poetische Anlage fehlte. Sie sind überhaupt in Kunst und Wissenschaft nicht original und haben darin auch das, was sie von den Griechen annahmen, nur soweit selbständig weitergebildet, als es sich an praktische Bedürfnisse anschloss. Dies muss Cicero selbst eingestehen; nur meint er freilich, die Römer hätten die Griechen auch in der Kunst und Wissenschaft übertreffen können, wenn sie nur gewollt hätten. *Meum semper iudicium fuit*, sagt er Tuscul. I, 1, 1 *omnia nostros aut invenisse per se sapientius quam Graecos, aut accepta ab illis fecisse meliora, quae quidem digna statuissent in quibus elaborarent.* Allerdings verschmähte der praktische Sinn der Römer alles Unpraktische, aber eben deshalb, weil er nicht dafür beanlagt war. Cicero dagegen glaubt, wenn das Malertalent eines Fabius Pictor Anerkennung gefunden hätte, so würden auch die Römer ihren Polyklet und Parrhasios aufzuweisen haben; die Blüthe der Tonkunst bei den Griechen war nach seiner Ansicht nur eine Folge davon, dass sie durch die allgemeinste Anerkennung aufgemuntert wurde, da selbst die grössten Staatsmänner musikalisch gebildet waren (vergl. das Prooem. in Cornel. Nep.). Die Wahrheit ist, dass bei den Römern mit dem Talent auch die Lust zu theoretischen Beschäftigungen fehlte; deshalb wurden Kunst und Wissenschaft nicht geehrt, was dann allerdings wieder eine hemmende Rückwirkung hatte. Freilich wäre es in Rom nicht möglich gewesen, dass ein Dichter wie Sophokles, der bei der Aufführung seiner Stücke mitwirkte, zum Feldherrn ernannt wurde; da dem Künstler eine *levis notae macula* anhaftete, konnten sich edlere Geister der Kunst kaum zuwenden. Aber auch als die griechische Cultur Eingang fand, und die Vorurtheile zum Theil überwunden waren, haben die Römer es dennoch bei allem Eifer nicht den Griechen gleichthun können. Die Musik war ihre schwächste Seite; sie stehen darin weit hinter Kreta und Sparta zurück; die griechische Musik wurde als Luxus, zur Unterhaltung eingeführt, und man verschrieb sich dazu griechische Musiker. Ebenso ist die künstlerische Gymnastik etwas rein Griechisches und hat sich in Rom trotz aller künstlichen Versuche nie eingebürgert; für den Zweck derselben: die harmonische Ausbildung von Leib und Seele hatten die Römer kein Verständniss; ihre Erholungsspiele waren anderer Art: Schwimmen, Ballspiel, die kriegerischen *ludi Circenses*, Gladiatorenkämpfe und Thierhetzen. In der Baukunst haben sie nur den Strassen- und Festungsbau selbständig fortgebildet; für das eigentlich Künstlerische in der Architektur, das ihnen ursprünglich ebenso fremd wie die Bildhauerkunst und Malerei war, gewannen sie erst durch die Griechen Geschmack und entwickelten dann allerdings einen ihrem Charakter entsprechenden Baustil. Selbst in der Dichtkunst sind sie selbständig nicht über die ersten rohen Anfänge hinausgekommen; dahin gehören die alten religiösen Lieder, die ausser kunstlosen und unabänderlichen Ritualgesängen der Hauptsache nach vaticinirend waren und also von vornherein nicht den reinen Zweck der Darstellung, sondern die praktische Tendenz hatten durch Vorhersagung der Zukunft die Handlungen der Menschen zu lenken und zu bestimmen; daher sind die griechischen sibyllinischen Bücher eine frühe Mitgift für den römischen Staat. Von Alters her waren ausserdem festliche Akte des öffentlichen und Privatlebens mit Gesang verbunden, der meist mit der *tibia* begleitet wurde. Dahin gehören auch die Lieder, welche die Jugend bei Gastmählern zum Preise der Vorfahren anstimmte. Niebuhr's Ansicht, dass sich aus diesen Liedern ein altes Nationalepos gebildet habe, hat sich jedoch als unhaltbar erwiesen. Rom hat nie auf heimischem Boden ein Kindesalter der Cultur gehabt; es fehlte ihm der Heroenmythos, seine Heroen waren von Anfang an Staatsmänner; daher mangelten alle Bedingungen zur Entstehung eines Epos. Ein Sängerstand wie in der griechischen Heroenzeit findet sich im alten Rom nicht; daher gab es auch keine Volkspoesie, die im Munde der Sänger lebt. Allerdings waren die Römer stets darauf bedacht die Thaten der Vorfahren im Gedächtniss zu erhalten; aber dies geschah seit der frühesten Zeit durch schriftliche Aufzeichnungen. Merkwürdige Staats- und Religionsbegebenheiten wurden in den *annales pontificum* und in den *commentarii magistratuum* verzeichnet; [K. W. Nitzsch, Die römische Annalistik S. 189—242; Geschichte der römischen Republik I S. 191—203] die Patricier führten ausserdem noch Haus- und Familienchroniken. Während sich also die Geschichtsschreibung bei den Griechen aus dem Epos und der Mythologie frei von allen staatlichen Einflüssen entwickelt hat, ist sie bei den Römern ursprünglich im eigentlichsten Sinne des Wortes pragmatisch, und die Aufzeichnungen sind für das Bedürfniss eingerichtet, mager und nüchtern. Ergänzt wurden sie durch die Urkunden des Sacral- und bürgerlichen Rechts, wozu die *libri* und *commentarii pontificum*, die *fasti*, die *leges*, die *libri lintei* u. s. w. gehören. In diesen ältesten Schriftwerken ist die Grundlage des nationalen Wissens, der *doctrina civilis* der Römer enthalten.

Eihe kunstmässige Literatur beginnt in Rom erst mit dem Jahre 240 v. Chr., wo Andronicus, ein bei der Eroberung von Tarent gefangener Grieche, die erste aus dem Griechischen übersetzte Tragödie zur Aufführung brachte. Scenische Spiele hatten die Römer schon in sehr früher Zeit: die *ludi Fescennini*; aber dies waren improvisirte possenhafte Mummereien, worin die römische Gravität sich durch die schwerfällige und groteske Form des Scherzes offenbarte. Die Tragödie musste dem ernsten Sinne des Volkes besonders zusagen, und welchen Anklang das Unternehmen des Andronicus fand, sieht man daraus, dass ihm zu Ehren den *poetae* Corporationsrechte verliehen wurden. Von nun an gewannen die Römer schnell Geschmack an der griechischen Literatur; neben der Tragödie eigneten sie sich die Komödie an, und in beiden Gattungen wurden bald auch nationalrömische Stoffe behandelt. Die *fabula praetexta*, besonders wie sie Pacuvius gestaltet, war in der That durch Erhabenheit und Kraft ausgezeichnet, wenn ihr auch die harmonische Form der griechischen Tragödie fehlte. Auch die Komödie, die *palliata* wie die *togata* hatte ursprünglich den hohen Stil, ähnlich der altattischen, nur bei weitem schwerfälliger; denn die griechische παιδιά blieb den Römern stets fremd. Das Epos, welches Andronicus durch die Uebersetzung der Odyssee einführte, wurde ebenfalls gleich auf nationale, historische Stoffe angewandt; nach dem *Bellum poenicum* des Naevius folgten die *Annales* des Ennius, welche die ganze römische Geschichte behandelten und von spätern Dichtern fortgesetzt sind. Je genauer die Römer indess mit der griechischen Literatur bekannt wurden, desto mehr überwog die Nachahmung des Fremden; die grossen Leistungen der Griechen belasteten ihren Geist mit ihrem Beispiele und hemmten eine originelle Weiterbildung, zumal da die Poesie immer nur äusserlich als Unterhaltung und Belustigung angesehen wurde und daher wohl Aufmunterung durch Mäcenaten, aber keinen Boden in dem Kunstsinn der Nation fand. Eine einzige Gattung ist den Römern ganz eigen, nämlich die Satire, die kunstmässige Umbildung der burlesken altrömischen Neck- und Spottlieder. Horaz nennt sie mit Recht (Sat. I, 10. 66) ein *Graecis intactum carmen*; in der griechischen Literatur lassen sich nur die Sillen annäherungsweise damit vergleichen; mit dem Satyrdrama, an das der Name nur zufällig erinnert, hat sie gar keine Verwandtschaft. In diese halbprosaische Form haben die römischen Dichter nun eine Fülle von Weltanschauung, Witz und beissendem, pasquillantem Spott zu legen gewusst; der Scherz ist hier in ächt römischer Weise ernst auf das Leben angewandt. Auch in zwei Gattungen der prosaischen Literatur haben die Römer unter dem Einfluss griechischer Muster Bedeutendes geleistet: in der Geschichte und Beredsamkeit. Noch ehe die alten Staatschroniken durch Ennius in poetische Erzählungen umgekleidet waren, wurde durch Q. Fabius Pictor die gesammte römische Geschichte für die Kreise der gebildeten Patricier in griechischer Sprache dargestellt; demgegenüber begründete der alte Cato eine vom Staate unabhängige lateinische Annalistik; aber erst mit Sallust erhält die Geschichte eine ganz dem Griechischen nachgebildete, kunstgemässe Form, ohne jedoch je den Charakter einer frei darstellenden Kunst zu erreichen, den sie bei den Griechen trägt. Gerade die originellsten römischen Historiker, Sallust und Tacitus entfernen sich am meisten von der ächtantiken plastischen Darstellungsweise durch die subjective und sentimentale Färbung, die sie den Thatsachen geben. Die Beredsamkeit war das eigentliche Element der römischen Prosa; schon [Appius Claudius Caecus, Q. Fabius Cunctator und nach ihnen] der alte Cato zeichnete[n] ihre Reden auf, und man studirte die griechischen Muster bald mit solchem Erfolge, dass Cicero (Tusc. I, 3. 1) behaupten konnte, die Römer ständen den Griechen wenig oder gar nicht nach. Cicero selbst erscheint freilich dem Demosthenes gegenüber oft fast wie ein Schwätzer gegenüber dem wahren Redner. Allein Cicero war auch bei aller seiner Begabung und Bildung kein ächt römischer, grosser Charakter; ihm fehlte die *virtus romana*. An Würde und Gewicht übertrifft gerade die ächte Beredsamkeit der Römer die der Griechen, und hierin hat auch die römische Sprache den Vorzug; denn in keiner Sprache der Welt kann man grossartiger und kraftvoller sprechen und schreiben als in der lateinischen. Sie hat von Anfang an den allgemeinen Charakter des Antiken, auch in Ton und Accent; denn dass in der frühesten Zeit der Accent ähnlich wie bei den modernen Sprachen nicht von der Quantität abgehangen habe, ist eine unhaltbare Annahme; aber während die griechische Sprache die ganze Skala des Ausdrucks von der grössten Süssigkeit und Beweglichkeit bis zur höchsten Kraft und Herbheit durchläuft, hat sich die lateinische einseitig nach der Richtung ausgebildet, die im Griechischen der rauhe, aber kräftige äolische Dialekt vertritt; diesem ist sie selbst in Ton und Accent am nächsten verwandt. Indess gerade vermöge dieser Einseitigkeit wurde sie der vollkommenste Ausdruck der römischen Gravität, die sich z. B. selbst in der Betonung dadurch ausdrückt, dass alle mehrsilbigen Wörter Barytona sind. Für alle praktischen Lebensverhältnisse hat sie die bezeichnendsten Formen geschaffen; dagegen vermag sie nur einen geringen Umfang allgemeinerer Begriffe ohne Umschreibung auszudrücken und bietet sehr mangelhafte Formen für speculative Ideen. In der Philosophie und den rein theoretischen Wissenschaften haben die Römer auch den von den Griechen überkommenen Wissensschatz nicht gemehrt. Die Philosophie geht über das Bedürfniss des Lebens hinaus und erfordert einen auf die verborgene Tiefe der Dinge gerichteten Sinn, welcher den Römern nie zu eigen geworden ist; sie waren Freunde der kräftigen That und daher unempfänglich für den Reiz der Speculation, in welcher der griechische Geist die höchste Befriedigung fand. Die römische *gravitas* ist nicht der Ernst des Denkers, sondern eines vielbeschäftigten Mannes. Die Philosophie führt zum *otium*, während der Römer nur das *negotium* schätzt. Daher sahen alle Männer von strenger Gesinnung Anfangs in der eindringenden griechischen Wissenschaft eine Gefahr für die gute Sitte; durch Senatsbeschlüsse wurden die griechischen Philosophen und Rhetoren, die sich einfanden, aus der Stadt verwiesen; auch Grammatiker wollte man zuerst nicht dulden und ebensowenig die griechischen Aerzte, da ja die Vorfahren fünfhundert Jahre lang ohne Arzneiwissenschaft ausgekommen waren. Freilich halfen alle Senatsconsulte nichts; aber der Betrieb der Wissenschaft blieb doch in Rom lange Zeit wesentlich in den Händen der Griechen. Am frühesten wurden philologische Studien wegen ihres praktischen Werthes von Römern im Sinne der griechischen Grammatiker betrieben und die alte Rechtskunde wissenschaftlich durchgearbeitet; von allen übrigen Wissenschaften erfasste man immer nur die praktische Seite. So wurde z. B. die Mathematik, die von den Griechen zu einem bewundernswerthen theoretischen System ausgebildet war, in Rom nur als Rechen- und Feldmesskunst betrieben. Cicero sagt Tuscul. I, 2. 5 bezeichnend: *In summo apud illos honore geometria fuit, itaque nihil mathematicis illustrius; at nos metiendi ratiocinandique utilitate huius artis terminavimus modum.* Die Römer stehen hiernach auf dem Standpunkte des Strepsiades in Aristophanes' Wolken, der unter Geometrie die Vermessung des Kleruchenlandes versteht. Die grossen griechischen Mathematiker ragen zwar auch durch praktische mechanische Erfindungen hervor; aber sie legten darauf viel weniger Werth als auf ihre theoretischen Entdeckungen. Die Beschäftigung mit der Philosophie war in Rom für die Meisten Modesache und wurde als eine Art Amusement angesehen; man hielt sich wohl in der Dienerschaft einen Hausphilosophen neben dem griechischen Koch und dem Pädagogus; wenn Terenz Andr. I, 30 *canes, equi, philosophi* zusammenstellt, so war dies ganz im römischen Geschmack. Terenz hat den Scherz wahrscheinlich dem Menander entlehnt; denn auch in Athen findet sich bei einseitig praktischen Staatsmännern jene Verachtung der Philosophie, wie sie Anytos in Platon's Menon ausspricht. Nur wenige Römer suchten in der Philosophie eine tiefere Bildung; besonders fand der Stoicismus, die Philosophie der Thätigkeit und des Ertragens bei edleren Naturen Eingang, weil er der römischen Sinnesart am meisten entsprach; aber er wurde wie alle anderen griechischen Systeme popularisirt, und die eigentliche philosophische Leistung der Römer ist schliesslich eine eklektische Popularphilosophie. Unter dem Principat wuchs bei verminderter Theilnahme am Staatsleben der Geschmack an den Wissenschaften, und diese wurden seit Hadrian durch Errichtung einer grossen Anzahl öffentlicher Studienanstalten gefördert. Allein die Philosophie und die rein theoretischen Disciplinen überhaupt galten immer nur als Mittel einer encyklopädischen Bildung, deren höchstes Ziel eine hohe declamatorische Redekunst war, und auf den kaiserlichen Hochschulen, besonders auf den 425 von Theodosius II. und Valentinian III. in Konstantinopel und Rom gegründeten grossen Akademien wurden mehr und mehr nur noch Brodstudien betrieben. So wurde durch das römische Utilitätsprincip die Wissenschaft in ihrem Fortgang gehemmt und allmählich auf die Ueberlieferung des Vorhandenen beschränkt, bis zuletzt die nothdürftigsten Kenntnisse in Compendien zusammengefasst wurden, die im Mittelalter über fünf Jahrhunderte lang die einzige Quelle der wissenschaftlichen Bildung im Abendlande blieben.

Der römischen Cultur fehlt die reiche Mannigfaltigkeit, welche die griechische dem Zusammenwirken der verschiedenen Volksstämme verdankt. Die italischen Völkerschaften sind, abgesehen von der keltischen Beimischung im Norden und der griechischen im Süden untereinander verwandt wie die griechischen, obgleich sich ein gemeinsamer italischer Nationalcharakter schwer nachweisen lässt. Aber mit Ausnahme der Etrusker, die einen bedeutenden Einfluss auf den römischen Geist gehabt haben, hat sich kein Stamm in Italien zu gleicher Bedeutung wie die Römer erhoben, und durch ihre politische Herrschaft wurde Sprache und Bildung der Stadt Rom für alle Unterworfenen normal; dem *urbanum* gegenüber wurde alles Abweichende als *rusticum* und *peregrinum* geringgeschätzt. In allen Theilen des weiten römischen Reichs, wo nicht die griechische Sprache herrschte, ist durch die Kunst der römischen Verwaltung die Sprache Latiums eingebürgert worden, und auch hier war überall die *lingua urbana* die Sprache der Gebildeten. Die provinciellen Eigenthümlichkeiten machten sich in Sprache und Sitte erst in der Zeit des Verfalls geltend. Nach dem Untergange des weströmischen Reiches bildeten sich dann, nicht aus der Schriftsprache, sondern aus der *lingua rustica*, wie sie sich in den verschiedenen Provinzen gestaltet hatte, die romanischen Sprachen, und die nationalen Verschiedenheiten der römischen Cultur erlangten so erst bei der Entstehung der neu-europäischen Völker eine historische Bedeutung.

Die Hauptunterschiede, welche im römischen Charakter in der Zeit hervorgetreten sind, liegen daher nur in seinem verschiedenen Verhältniss zur griechischen Bildung. Das erste Zeitalter ist das italisch-etruskische, worin die alte nationale Cultur vorherrscht, bis zum Ende des ersten punischen Krieges; der Einfluss des Etruskischen ist darin zu Anfang am stärksten und tritt allmählich immer mehr zurück. Mit dem zweiten punischen Kriege beginnt die Zeit der griechisch-lateinischen Bildung: *Poenico bello secundo musa pinnato gradu Intulit se bellicosam in Romuli gentem feram.* In diesem Zeitalter steht das römische Wesen in seiner Blüthe; die *virtus Romana* ist mit der echtrömischen Beredsamkeit verbunden, und die Dichtung hat relativ die grösste Selbständigkeit und Kraft. Das Griechische gewinnt aber fortschreitend das Uebergewicht auf Kosten der römischen Eigenthümlichkeit. Die dritte Periode umfasst das goldene und silberne Zeitalter der Literatur; die römische Bildung geht von nun an, nachdem der Staat durch blutige Bürgerkriege der Alleinherrschaft unterworfen, ganz in der Nachahmung des Griechischen auf; aus der überfeinerten Form schwindet die alte nationale Kraft. Nach der Zeit der Antonine tritt dann der gänzliche Verfall ein.

Die gesammte Geschichte der Menschheit stellt die allseitige Entfaltung der im menschlichen Geiste angelegten Kräfte dar. Der Geist, dessen Wesen das Erkennen und der darauf gegründete sittliche Wille ist, wirkt nur im Zusammenhang mit den vegetativen und animalischen Functionen, und je nach dem günstigen oder ungünstigen Einfluss derselben ist die Erkenntnissfähigkeit ausserordentlich verschieden. Wir sehen im Schlaf, wo die animalischen Functionen der Empfindung und Bewegung ausser Thätigkeit sind, das Erkennen auf ein Minimum herabsinken, indem das Bewusstsein nur in den Phantasiegebilden des Traumes lebt. Wir sehen beim Kinde das Erkennen mit den schwächsten Anfängen beginnen, weil zuerst die vegetativen Functionen, welche auf Erhaltung und Ausbildung des Organismus abzielen, das schwache Bewusstsein ganz in Anspruch nehmen. Aber auch das erstarkte Bewusstsein kann in wachem Zustande ganz in der sinnlichen Phantasie festwurzeln und zugleich das Begehren vollständig von derselben bestimmt sein. Auf dieser Stufe stand der menschliche Geist in der ältesten orientalischen Zeit, die man als das Pflanzen- und Traumleben der Menschheit bezeichnen kann. Das Erkennen und der sittliche Wille wirkten in diesem Zustande, ohne dass sich der Mensch dieser Wirksamkeit bewusst wurde, also in der Art eines Naturtriebes, der aber der Instinkt der Vernunft ist und, ehe dieselbe zum Selbstbewusstsein gelangte, in der vorgeschichtlichen Zeit langsam und stufenweise das Schwierigste vollendet und gleichsam Wunder hervorgebracht hat. Obgleich das Erkennen der orientalischen Völker im Halbdunkel der mythischen Phantasie befangen blieb, so haben sie doch die Keime alles Wissens von Gott, der Natur und dem Menschen geschaffen, und der Kunsttrieb hat in gewaltigen Werken von einer bewundernswerthen Technik seinen Ausdruck gefunden. Allein die Cultur selbst übte im Verein mit der üppigen Natur einen entnervenden Einfluss auf jene Völker; sie verloren die sittliche Thatkraft und vermochten sich daher nicht zu freiem, bewusstem Handeln zu ermannen; ihr Erkennen selbst wurde von ihrer ausschweifenden Phantasie überwuchert, so dass Kunst und Wissenschaft im Orient wohl ihre Anfänge gehabt haben, aber nie zu klassischer Vollendung gediehen sind. Doch nähern sich die einzelnen orientalischen Völker in verschiedenen Abstufungen der Höhe der geistigen Freiheit, welche die Griechen erreicht haben. In entgegengesetzter Richtung entwickelten sich die Barbaren des Occidents. Durch Kampf und Entbehrungen wurde ihre Thatkraft gestählt; aber sie bildeten keine Cultur aus, weil bei ihnen das intellectuelle Leben hinter der Thätigkeit der ungebändigten animalischen Naturkraft zurücktrat. Einige Stämme sanken so zur völligen Vertbierung herab; andere — wie besonders die germanischen Völker — bewahrten den aus der orientalischen Urheimath ererbten Schatz des ursprünglichen mythischen Erkennens und damit die Kraft des sittlichen Willens; sie handelten wie die Griechen in der Heroenzeit nach dem wilden Drange ihrer Brust; aber eine tiefe Religiosität hielt die Gemüther zwanglos in gewissen Schranken. Zwischen den beiden Extremen der orientalischen Culturvölker und der occidentalischen

Naturvölker bildeten die Griechen und Römer geistig wie geographisch die Mitte; und indem bei ihnen die Thatkraft, die den Menschen über das Pflanzenleben erhebt, mit bildendem Sinn und Kunsttrieb verbunden war, welche verhindern, dass er in das Thierleben herabsinkt, erreichte hier der Geist die Stufe der vollen Humanität. Diese Stellung der klassischen Cultur des Alterthums haben schon Platon, Republ. 435 E. und Aristoteles Polit. VII. 7 richtig bezeichnet.

Als die antike Welt ihr eigenthümliches Wesen vollendet hatte und sich selbst überbietend und überspringend die Keime neuer Bildungsformen hervortrieb, wurden diese wieder durch die Verbindung orientalischen Tiefsinns und occidentalischer Thatkraft zur Reife gebracht. In einem kleinen, verachteten und geknechteten Volke des Orients bildete sich unter dem Einfluss der griechischen Speculation das Christenthum, durch welches sich das Bewusstsein der Völker zum Uebersinnlichen aufschwingen und der Geist sich von der Wurzel des Naturlebens losreissen sollte. Die römische Weltherrschaft hatte der Ausbreitung der Weltreligion den Boden bereitet; aber diese Religion selbst wurde hineingezogen in die Verderbniss der untergehenden Cultur und trug ihrerseits zur Vernichtung der heidnischen Kunst und Wissenschaft bei. Doch gerade in der entstellten Gestalt fand das Christenthum leichter Eingang bei den germanischen Völkern, deren thatkräftiger Freiheitssinn durch dasselbe gesänftigt wurde, und die so zur Erzeugung einer neuen Cultur befähigt wurden. Im Mittelalter sind die Grundlagen zu der gesammten modernen Bildung gelegt. Staat und Privatleben wurden von christlichem Geiste durchdrungen, soweit dies bei der Barbarei der Völker und der Unwissenheit der Geistlichkeit möglich war; die christliche Kunst trieb herrliche Blüthen, und die Wissenschaft führte trotz des Druckes der Hierarchie endlich zu der freien Forschung, welche im 15. Jahrh. unterstützt durch wahrhaft providentielle Ereignisse den Anstoss zur Entwickelung der Neuzeit gab. Diese begann damit, dass die Erfahrungswissenschaften ganz neu gegründet wurden. Dadurch wurde im weiteren Verlauf die Speculation gereinigt, indem ihr durch die Naturwissenschaft und Geschichte viele falsche Thatsachen entzogen wurden, worauf sie sich im Alterthum und noch mehr im Mittelalter gestützt hatte. Zugleich erfuhr seit der Reformation das Christenthum selbst eine fortschreitende wissenschaftliche Läuterung, und unter dem beständigen Einfluss der freien Forschung wurden mehr und mehr in Kunst, Gesellschaft und Staat die wahren Consequenzen der christlichen Weltanschauung geltend gemacht. Wir stehen noch mitten in dieser Bewegung und können den ferneren Verlauf derselben nicht im Voraus überblicken. Aber das Ideal der Zukunft kann nur eine Bildung sein, welche die ächten Elemente der antiken in sich aufnimmt. Die Freiheit des Geistes besteht nicht darin, dass er sich im Streben nach dem Uebersinnlichen feindlich von der Natur abwendet; vielmehr muss er in ihre Gesetze eindringen um sie zu beherrschen, und das Vernunftleben selbst kann nicht unnatürlich oder widernatürlich sein. Daher wird die harmonische individuelle Bildung der Alten stets ein leuchtendes Vorbild für uns bleiben; denn die Universalität der Neuzeit hat nur dann Leben und Kraft, wenn das Besondere durch das Allgemeine nicht getilgt, sondern gehoben und idealisirt wird. So ist es überhaupt die Aufgabe alle Gegensätze der antiken und modernen Bildung zu vermitteln und auszugleichen.

Anhang.
Allgemeine Geschichte der Alterthumswissenschaft.

§ 40. Wegen der unvergänglichen Bedeutung des klassischen Alterthums ist die Erforschung desselben einer der wichtigsten Zweige der modernen Wissenschaft. Daher kommt es, dass diejenigen, welche das Alterthumsstudium selbst zu ihrer Lebensaufgabe machen, weniger geneigt sind die Geschichte dieses Studiums zu bearbeiten, obgleich dieselbe für sie von der grössten Wichtigkeit ist. Um eine Geschichte der altklassischen Philologie zu schreiben muss man aber nicht bloss die moderne Literaturgeschichte, sondern auch das Alterthum selbst genau kennen, was selten vereint ist. So ist A. H. L. Heeren's leider unvollendete Geschichte des Studiums der klassischen Literatur seit dem Wiederaufleben der Wissenschaften. Göttingen 1797. 1801 (2. Aufl. unter dem Titel: Gesch. d. klass. Lit. im Mittelalter. 2 Bde. 1822. Bd. 4 u. 5 der Historischen Werke) ein gutes literarhistorisches Werk, aber mit zu geringer philologischer Einsicht geschrieben. Ich habe bereits (oben S. 58 f. 63 f.) darauf aufmerksam gemacht, dass in der Alterthumslehre selbst die Geschichte der Philologie nur bei den bibliographischen Zusätzen berücksichtigt werden kann. Diese geben bei jeder philologischen Disciplin an, was darin bisher für die Erkenntniss des Alterthums geleistet ist. Bei der allgemeinen Alterthumslehre wäre dementsprechend nachzuweisen, wie weit bisher die Gesammtauffassung des Alterthums gediehen ist. Dieser Nachweis kann aber nur durch die allgemeine Geschichte der Philologie gegeben werden, zu welcher die besondere

Geschichte der einzelnen philologischen Disciplinen in demselben Verhältniss steht, wie die besondere Alterthumslehre zur allgemeinen.

Die Gesammtgeschichte der Alterthumswissenschaft ist bis jetzt überhaupt noch nicht eingehend bearbeitet; Heeren hat sie nur bis an das Ende des 15. Jahrh. fortgeführt. Anderweitige Vorarbeiten findet man in folgenden Schriften: Fr. Creuzer, das akademische Studium des Alterthums. Heidelberg 1807. S. 59—87. — C. Hirzel, Grundzüge zu einer Geschichte der classischen Philologie. Tübingen 1862. [2. Aufl. 1873. — C. Bursian, Geschichte der classischen Philologie in Deutschland von den Anfängen bis zur Gegenwart. München u. Leipzig 1883. — E. Hübner, Grundriss zu Vorlesungen über die Geschichte und Encyklopaedie der klassischen Philologie. Berlin 1876. S. 33—103. — C. Bursian u. J. Müller, Jahresbericht und Biographisches Jahrbuch für Alterthumskunde (s. oben S. 254). — F. A. Eckstein, *Nomenclator philologorum*. Leipzig 1871. — W. Pökel, Philologisches Schriftsteller-Lexicon. Leipzig 1882.] — Einzelne Abschnitte behandeln: Fr. Haase, *De medii aevi studiis philologicis disputatio*. Breslau 1856. — Ge. Voigt, Die Wiederbelebung des classischen Alterthums oder das erste Jahrhundert des Humanismus. Berlin 1859. [2. umgearb. Aufl. 1880 f. 2 Bde.] — W. Oncken, Die Wiederbelebung der griechischen Literatur in Italien. Verhandlungen der 23. Philologenversammlung. Leipzig 1865. 4. — [G. Körting, Geschichte der Literatur Italiens im Zeitalter der Renaissance. 1. Bd. Petrarcas Leben u. Werke. 2. Bd. Boccaccios Leben u. Werke. 3. Bd. Die Anfänge der Renaissanceliteratur. 1. Theil. Leipzig 1878—84. — A. Hortis, *Studi sulle opere latine del Boccaccio con particolare riguardo alla storia della erudizione nel medio evo et alle letterature straniere*. Triest 1879]. — J. F. Schröder, das Wiederaufblühen der klassischen Studien in Deutschland im 15. und zu Anfang des 16. Jahrhunderts und welche Männer es befördert haben. Halle 1864. — [E. Egger, *L'Hellénisme en France, leçons sur l'influence des études grecques dans le développement de la langue et de la littérature françaises*. Paris 1869. 2 Bde. — Luc. Müller, Geschichte der classischen Philologie in den Niederlanden. Leipzig 1869. — A. Horawitz, Griechische Studien. Beiträge zur Geschichte des Griechischen in Deutschland. I. Berlin 1883.]

Im Mittelalter wurde durch die römische Hierarchie das Latein, wenn auch in barbarischer Entstellung, als Kirchensprache der gesammten abendländischen Christenheit erhalten und gepflegt. Die Schriften der Kirchenväter und Compendien aus dem 5. und 6. Jahrhundert, welche dem encyklopädischen Unterricht in den sogenannten freien Künsten zu Grunde gelegt wurden, vermittelten eine schwache Kenntniss des Alterthums; daneben wurden wenige klassische Schriften im Original gelesen, so besonders Cicero, Seneca, Quintilian, Sallust, Livius, Curtius, Terenz, Vergil, Phädrus und Statius. Dass ausserdem noch einige Reste der altrömischen Literatur erhalten wurden, verdanken wir den Ordensregeln der Klöster, wodurch einzelne Mönche zum mechanischen Abschreiben von Handschriften verpflichtet waren. Die Kenntniss des Griechischen erlosch im Abendlande fast gänzlich; von Aristoteles, der die ganze Philosophie des Mittelalters beherrscht, kannte man bis zum 12. Jahrhundert nur einen Theil der logischen Schriften in lateinischen Uebersetzungen. (Vergl. C. Prantl, Geschichte der Logik im Abendlande. II. S. 1 ff.) Unterdessen erhielten sich die Trümmer der griechischen Literatur im byzantinischen Reich. Hier las man die Hauptklassiker des griechischen Alterthums, bearbeitete sie exegetisch und grammatisch, excerpirte sie und ahmte sie nach; aber da durch den vereinten Druck der Hierarchie und des Despotismus alle freie geistige Regsamkeit erstarrt war, fehlte jedes tiefere Verständniss des antiken Geistes. Ein grosser Theil des oströmischen Reichs wurde frühzeitig von den Arabern unterworfen. Diese eigneten sich die griechische Wissenschaft an, welche ihnen dadurch zugänglich wurde, dass hauptsächlich durch syrische Christen erst medicinische, dann philosophische, naturwissenschaftliche, mathematische, astronomische und geographische Werke ins Syrische und Arabische übersetzt wurden. Als die Araber ihre Eroberungen bis nach Spanien ausdehnten, wurden besonders durch Vermittelung gelehrter Juden die arabischen Uebersetzungen der griechischen Werke ins Lateinische übertragen; so lernte man seit der Mitte des 11. Jahrhunderts im Abendlande zuerst wieder die Schriften des Hippokrates, Galenos und die wichtigsten Werke des Aristoteles kennen. Seit dem 12. Jahrh. eigneten sich auch durch Verbindungen mit Byzanz einige wenige Gelehrte die Kenntniss der griechischen Sprache an und übersetzten jene Schriften direkt aus dem Griechischen. Hierdurch gewann die wissenschaftliche Forschung, die ihren Hauptsitz an den Universitäten fand, einen mächtigen Aufschwung.

1. In Italien befreite sich der Geist zuerst von den Fesseln der Scholastik, und hier begann man seit dem 14. Jahrhundert die antike Kunst und Wissenschaft als das Ideal freier menschlicher Bildung anzusehen. Der grosse Dante bewunderte bereits Vergil als unübertreffliches Vorbild seiner Kunst; ihm folgte Petrarca, der im reinsten Latein dichtete und gegen die Scholastik schrieb, und der mit dem Plane umging die klassische Römersprache wieder zur Umgangssprache zu machen. Er bemühte sich auch schon in das Griechische einzudringen; er und sein Freund Boccaccio konnten sich rühmen den Homer wieder nach Italien gebracht zu haben. Durch Petrarca und Boccaccio wurde in ganz Italien eine enthusiastische Bewunderung für das Alterthum entzündet; mit grossem Eifer sammelte man die noch vorhandenen Handschriften alter Autoren; Wanderlehrer durchzogen die bedeutendsten Städte und hielten Vorträge zur Erklärung der antiken Schriftwerke. Bald zog man auch griechische Gelehrte nach Italien, so Manuel Chrysoloras aus Konstantinopel, der 1396 einen Lehrstuhl der griechischen Literatur in Florenz erhielt († 1415), Theodoros Gaza aus Thessalonich (um 1398—1478), Georgios Trapezuntios aus Candia (1396—1484), Bessarion aus Trapezunt (1395—1472). Durch sie wurden die griechischen Schriftsteller zunächst in lateinischen Uebersetzungen verbreitet. Ausserdem aber wurden, besonders durch die Schule des Chrysoloras, bedeutende Gelehrte in das Griechische selbst eingeführt, so Leonardus Bruni (1369—1444), Franciscus Poggius (1380—1459), Franciscus Philelphus (1398—1481), Laurentius Valla (1407—1457), Nicolaus Perottus (1430—1480). So war man vorbereitet die Schätze der griechischen Literatur aufzunehmen, die kurz vor und nach der Eroberung von Konstantinopel nach Italien gerettet wurden. Durch die einwandernden

griechischen Gelehrten, wie Demetrios Chalkondylas (1428—1510), Konstantinos Laskaris († nach 1500), Andreas Ianos Laskaris (um 1445—1535), Markos Musuros († 1517) wurde nun das Studium des Griechischen allgemein verbreitet. Von der grössten Wichtigkeit war es, dass gleichzeitig durch die eben erfundene Buchdruckerkunst die Ueberreste der alten Literatur gesichert und allgemein zugänglich gemacht werden konnten. Dank den grossartigen Anstrengungen gelehrter Drucker, wie Zaroto (seit 1471), Aldus und Paulus Manutius (seit 1494), Junta u. s. w., waren bis Anfang des 16. Jahrhunderts die meisten römischen Classiker edirt, und auch die Herausgabe der griechischen Werke im Urtexte wurde bereits eifrig betrieben. Diese ganze Bewegung wurde von edlen liberalen Fürsten unterstützt, besonders durch den Papst Nicolaus V., der sich vorzüglich um die Rettung der nach der Einnahme Konstantinopels gefährdeten griechischen Manuscripte verdient machte, und durch Cosimo und Lorenzo Medici, welche Florenz zum Mittelpunkt der neuen Wissenschaft machten. Cosimo stiftete hier auf Veranlassung des Gemistos Plethon die platonische Akademie, worin Marsilius Ficinus (1433—1499) und Angelus Politianus (1454—1494) wirkten. Die Erneuerung der Platonischen Philosophie trug am meisten zum Sturze des Scholasticismus bei, und in der florentinischen Akademie trat das Streben der Zeit am reinsten und idealsten hervor. Dies Streben war durchweg nicht auf eine bloss wissenschaftliche Erkenntniss, sondern auf eine Wiederbelebung des Alterthums gerichtet; man edirte, übersetzte und commentirte die Alten um in ihrem Geiste denken, sprechen und handeln zu lernen. Man ging dabei von der Ansicht aus, dass das Alterthumsstudium die Grundlage der Humanitätsbildung sei, und die erste Periode der Philologie ist hiernach als die humanistische zu bezeichnen. Der Humanismus verbreitete sich von Italien aus langsam über das Abendland; er drang in die Universitäten ein und schuf sich eigene Pflegestätten in den Gymnasien. Am vollkommensten gelang die humanistische Umgestaltung des Schulwesens in Deutschland und den Niederlanden. Sie wurde hier zuerst von einer Reihe von Männern angebahnt, die sich in Italien bildeten, und unter denen Rud. Agricola (1443—1485), Joh. Reuchlin (1455—1522) und Desiderius Erasmus (1467—1536) besonders hervorragen. Während aber der Humanismus in Italien bei den höheren Ständen eine antichristliche Gesinnung hervorgebracht hatte, bereitete er in Deutschland die Reformation vor, indem er auf die Erforschung der Quellen des Christenthums zurückführte. Die Reformation hat dann wieder das Alterthumsstudium mächtig gefördert, insbesondere durch Hebung der humanistischen Gymnasien, wofür Melanchthon, der *praeceptor Germaniae,* und seine bedeutendsten Schüler, unter ihnen Joach. Camerarius (1500—1574), vorzüglich thätig waren. [Vgl. F. Paulsen, Geschichte des gelehrten Unterrichts auf den deutschen Schulen u. Universitäten vom Ausgang des Mittelalters bis zur Gegenwart. Leipzig 1885. — F. A. Specht, Geschichte des Unterrichtswesens in Deutschland von den ältesten Zeiten bis zur Mitte des 13. Jahrh. Stuttgart 1885.]

2. Gleichzeitig bildete sich die Philologie in Frankreich seit Lambin (1520—1572) und Muret (1526—1585) immer realistischer zu einem vielseitigen gelehrten Studium, zur Polyhistorie aus. Das Bedeutendste

leisteten in dieser Richtung Henricus Stephanus (1528—1598), Joseph Scaliger (1540—1609), Isaac Casaubonus (1559—1614), Claudius Salmasius (1588—1653). Man muss die Gelehrsamkeit dieser Männer anstaunen; besonders fühlt man sich dem Riesengeiste Scaliger's gegenüber, dem an Umfang des Wissens kein Späterer gleichgekommen ist, fast entmuthigt. Allein wenn man sieht, wie auch bei ihm die unverarbeitete Masse des Stoffs überwiegt, wird man doch wieder beruhigt. Salmasius vollends erliegt gleichsam seinem Stoff; es ist in seinen Schriften oft ein wildes Gedankengemisch (s. oben S. 174). Ueberdies musste damals in allen Disciplinen der Stoff erst zusammengebracht werden; Alles, was man that, war beinahe eine neue Leistung. Gleichwohl bleiben die Werke der französischen Periode immer der wahre *thesaurus eruditionis*. Der Realismus dieser Periode entsprach der Richtung, die in der gesammten Wissenschaft durch ihre Befreiung von dem mittelalterlichen Autoritätsglauben herrschend geworden war; das Wissen sollte sich nicht mehr wie in der Scholastik auf blosse Worte beziehen. Diese Richtung der Wissenschaft führte aber seit Baco und Cartesius bei Philosophen und Naturforschern zu einer Geringschätzung des Alterthums, welchem man sich in der Empirie überlegen fühlte, und dessen Speculation man nur mangelhaft verstand und deshalb nicht zu würdigen wusste. Im Zeitalter Ludwig's XIV. glaubte man in Frankreich die Alten auch in der Kunst und Literatur überholt zu haben. Der Dichter Ch. Perrault erhob in seinem Gedichte *Le siècle de Louis le Grand* (1687) seine Zeit hoch über das Alterthum und suchte seine Ansicht in der Schrift: *Parallèle des anciens et des modernes*. (Paris 1688—96. 4 Bde.) ausführlich zu begründen. Es entspann sich hieraus ein heftiger und langwieriger literarischer Streit, indem bedeutende Schriftsteller wie N. Boileau und Lafontaine für die Ueberlegenheit der alten Literatur eintraten, während andere Perrault beistimmten. Jedenfalls aber wurde die philologische Polyhistorie, die früher die Quellen alles Wissens zu umfassen schien, durch die selbständige Entwickelung der einzelnen Wissenszweige stark eingeschränkt. Auch auf den Schulen und hier wieder vorzüglich in Deutschland wurden seit der Mitte des 17. Jahrhunderts neben den alten Sprachen sogenannte Realien und moderne Sprachen betrieben; das Alterthumsstudium wurde also nicht mehr als alleinige Grundlage der Humanitätsbildung angesehen.

3. Die Beschränkung der Philologie war jedoch für dieselbe sehr heilsam; man ging jetzt mit freierem Urtheil an die kritische Sichtung des bisher aufgesammelten Stoffes. Die Kritik hatte zwar auch früher nicht ganz gefehlt; aber seit dem Ende des 17. Jahrhunderts trat sie in den Ländern, wo die grösste Gedankenfreiheit herrschte, in England und den Niederlanden in ihrer ganzen Schärfe hervor und galt von da ab als die eigentliche Aufgabe der Philologie. Vergl. oben S. 253. Ihre Vollendung erreichte die kritische Behandlung der Alterthumskunde in Deutschland unter dem Einfluss der grossen geistigen Bewegung des 18. Jahrhunderts. Joh. Matthias Gesner (1691—1761) und Joh. Aug. Ernesti (1707—1781) bereiteten hier eine tiefere Auffassung der Philologie vor. Sie besassen nicht nur eine umfangreiche Erudition, sondern auch neben dem kritischen Talent einen sehr feinen Geschmack; ausserdem waren sie

Allgemeine Geschichte der Alterthumswissenschaft. 305

philosophisch und theologisch gebildet und betrachteten daher das Alterthum von allgemeineren Gesichtspunkten. Beide haben unendlich viel gewirkt, aber weniger durch eigene hervorragende Forschungen als dadurch, dass sie als Universitätslehrer wieder ein höheres Interesse für das Alterthumsstudium in weiten Kreisen anregten und eine bessere Erklärung der Klassiker auf den Schulen einführten. Der Aufschwung der deutschen Nationalliteratur stand im engsten Zusammenhange mit der richtigeren ästhetischen Würdigung der alten Schrift- und Kunstwerke; wie hierdurch unsere klassischen Schriftsteller die mächtigsten Anregungen empfingen, so hat ihre Betrachtungsweise wieder eine grosse Rückwirkung auf die Philologie gehabt. Während Joh. Joachim Winckelmann (1717—1768) die Geschichte der alten Kunst begründete, versuchte Christ. Gottlob Heyne (1729—1812) die ästhetische Erklärung der alten Literatur durchzuführen (s. oben S. 167). Dass ihm dies nur unvollkommen gelang, lag an seiner Geringschätzung der Kritik und der grammatischen Interpretation. Erst durch die Neugestaltung der Kritik seit Fr. Aug. Wolf (1759—1824) wurde eine wissenschaftlich begründete Würdigung des Alterthums möglich. Die allseitig angewandte kritische Betrachtung beschränkte sich aber nicht auf das Gebiet des Alterthums, sondern dehnte sich in unserm Jahrhundert auf den gesammten Stoff der Philologie im weitesten Sinne aus. Die politische Geschichte und Culturgeschichte aller Völker wird kritisch erforscht und verglichen; es hat sich eine vergleichende Mythologie, vergleichende Sprachforschung und Literaturgeschichte und eine allgemeine Geschichte der Philosophie gebildet. Dadurch sind alle Sphären der Alterthumskunde aus ihrer früheren Beschränktheit herausgehoben und der Kritik die höchsten Ziele gesteckt. Unmöglich konnte daher der Versuch Gottfr. Hermann's (1772—1848) und seiner Schule gelingen die Philologie als formale Wissenschaft auf die Kritik der Literaturwerke und die Grammatik zu beschränken (s. oben S. 67); vielmehr musste die bereits von Heyne und Wolf angebahnte Ansicht siegen, dass die Philologie den gesammten historisch gegebenen Stoff kritisch zu bearbeiten habe. Gerade durch diese Ausdehnung konnte sich die Kritik erst vollenden, und wir können kühn behaupten, dass unser Zeitalter alle früheren an kritischer Einsicht übertrifft.

4. Zugleich begann man zuerst in Deutschland seit Winckelmann, Lessing, Herder und den Schlegel das Leben des Alterthums als Ganzes zu betrachten und den Geist desselben zu erforschen. Diese Tendenz hat sich zunächst in der Philosophie der Geschichte fortgesetzt, die sich aber erst noch mehr aus der Philologie selbst ergänzen muss, um ihrer Aufgabe zu genügen (s. oben S. 263). Gleichwohl enthalten die geschichtsphilosophischen Schriften bereits höchst fruchtbare Anregungen auch für den philologischen Forscher. Ich hebe besonders hervor: G. E. Lessing, Erziehung des Menschengeschlechts. 1780. — J. G. Herder, Ideen zur Philosophie der Geschichte der Menschheit. 1784—91. — G. W. F. Hegel, Vorlesungen über die Philosophie der Geschichte. 1837. — Chr. Fr. Krause, Die reine d. i. allgemeine Lebenslehre und Philosophie der Geschichte. Vorlesungen. Herausgeg. von H. K. von Leonhardi. Göttingen 1843. [Derselbe, Vorlesungen über angewandte Philosophie der Geschichte. Aus dem handschriftl. Nachlasse hrsg. v. P. Hohlfeld u. A. Wünsche.

Als Anhang: Geschichtsphilosophische Skizzen u Abhandlungen. Leipzig 1885.] — Conr. Hermann (Sohn Gottfr. Hermann's), Zwölf Vorlesungen über Philosophie der Geschichte. Leipzig 1850; [Philosophie der Geschichte. Leipzig 1870. — F. de Rougemont, *Les deux cités, la philosophie de l'histoire aux différents âges de l'humanité.* Paris 1874. 2 Bde. — Vergl. über die Entwickelung der Geschichtsphilosophie: R. Flint, *The philosophy of history in Europe.* London. 1. Bd. 1874. — R. Rocholl, Die Philosophie der Geschichte. Darstellung und Kritik der Versuche zu einem Aufbau derselben. Göttingen 1878. — G. Biedermann, Philosophie der Geschichte. Prag-Leipzig 1884.] — Ein vergessenes Buch: A. E. v. Zinserling's Fragmente einer Charakteristik des Alterthums. Göttingen 1806, verdient noch immer erwähnt zu werden; es ist reich an schönen und tiefen Gedanken, obwohl es zugleich voll der wunderlichsten, schiefsten und grillenhaftesten Ansichten ist.

Die historische Rückseite der Geschichtsphilosophie bildet die Culturgeschichte, welche sich im Zusammenhang mit derselben ausgebildet hat. In sie muss die Alterthumskunde sich eingliedern (s. oben S. 57). Zusammenfassende Darstellungen sind: Gust. Klemm, Allgemeine Culturgeschichte der Menschheit. Leipzig 1843—52. 10 Bde. (das klassische Alterthum in Bd. VII und VIII). — W. Drumann, Grundriss der Culturgeschichte. Königsberg 1847. — W. Wachsmuth, Allgemeine Culturgeschichte. Leipzig 1850—52. 3 Bde. — [J. W. Draper, Geschichte der geistigen Entwickelung Europa's. Aus dem Englischen von A. Bartels. Leipz. 1865. 2. Aufl. 1871. — F. v. Hellwald, Culturgeschichte in ihrer natürlichen Entwickelung bis zur Gegenwart. Augsburg 1875. 3. Aufl. 1883. — O. Henne-Am Rhyn, Allgemeine Culturgeschichte. Leipzig 1877—79. 6 Bde.] — K. Fr. Hermann, Culturgeschichte der Griechen und Römer. Aus dem Nachlasse des Verstorbenen herausgeg. von Karl Gust. Schmidt. Göttingen 1857—58. 2 Theile.

Die Philologie hatte die Alterthumskunde dadurch zu einer wirklichen Wissenschaft zu gestalten, dass sie die von Wolf noch aggregatartig zusammengestellten Disciplinen derselben organisch zur Gesammtanschauung des Alterthums einte. Diese Aufgabe fiel naturgemäss denen zu, welche in der Blüthezeit der deutschen Nationalliteratur erzogen und durch den mächtigen Aufschwung der deutschen Philosophie angeregt, die philologische Forschung von Anbeginn nach ihren höchsten Zielen auffassten. Es galt aber zugleich die encyklopädische Richtung mit der kritischen und realistischen Einzelforschung richtig zu vermitteln. Dies ist aus verschiedenen Ursachen bisher noch nicht vollständig gelungen. Eine Zeit lang führte die Philosophie Viele irre; man meinte durch allgemeines Raisonnement mit Allem fertig werden zu können; man glaubte das Wesen des Alterthums zu erfassen, wenn man vom Unterschiede des Subjectiven und Objectiven reden konnte, und den tiefsten Sinn der alten Philosophie zu verstehen, wenn man gehört hatte, dass Heraklit sagt: τὸ ὂν καὶ τὸ μὴ ὂν ταὐτόν ἐcτι, obgleich mancher, der sich darüber vernehmen liess, die Worte nicht richtig schreiben konnte. Diese Richtung musste zu einer endlosen Verwirrung und Seichtigkeit führen, und es ist daher erklärlich, dass sich die strengere Wissenschaft dagegen auflehnte. Der Schwerpunkt der philologischen Arbeit liegt in der Einzelforschung; in allen einzelnen philologischen Wissenszweigen ist noch unendlich viel zu thun, wenn wir nicht auf halbem Wege stehen bleiben wollen. Erst jetzt haben wir recht erkannt, wie weit wir noch überall zurück sind, wie wir überall noch in den Elementen stehen. Aber indem man sich nun nicht bloss von der falschen Richtung der Philosophie, sondern von der Philosophie überhaupt abwandte und auf die Einzelforschung beschränken wollte, hat sich das Alterthumsstudium übermässig zersplittert. Es fehlt den Meisten an allgemeinen Ideen, an Ueberblick; es ist Alles zerstückelt in ihrem Kopfe; sie haben daher weder einen Begriff von dem Umfange noch eine tiefere Anschauung von dem Wesen der Alterthumswissenschaft, sondern kennen nur Einzelheiten, in denen ihr Denken untergeht. In Folge dieser Einseitigkeit ist neben der ächten Kritik die oberflächlichste Pseudokritik emporgewuchert, die sich in grammatischer Kleinmeisterei, lächerlicher Conjecturenjagd und Athetesenwuth äussert; der realistischen Forschung aber fehlt der grosse Geist der Erudition des 16. Jahrhunderts, und an Stelle des Enthusiasmus des 15. Jahrhunderts ist eine übertriebene Nüchternheit getreten. Unter diesen Umständen ist es nicht zu verwundern, dass die Alterthumswissenschaft an Einfluss verloren hat. Die Neuzeit hat selbst so viel Edles und Herrliches hervorgebracht, dass das geistlos behandelte Alterthum kein hervorragendes Interesse in Anspruch nehmen kann. Je mehr die Philologie den Charakter des Humanitätsstudiums verliert, desto mehr wird der philologische Unterricht auf der Schule durch andere Fächer eingeschränkt, die einen höheren Bildungswerth oder einen grösseren praktischen Nutzen zu haben scheinen. Dass der Humanismus auf den Schulen in Verfall gerathen, bedarf keines Beweises; allerdings haben dazu — besonders in Frankreich und Deutschland — auch äussere Umstände mitgewirkt, vor allem der Einfluss einer engherzigen, kirchlichen und politischen Richtung, welche das Unterrichtswesen vielfach in schlechte Hände gebracht hat. (Vergl. oben S. 28 ff.) Die Verschlechterung der gelehrten Schulen hat aber wieder die nachtheiligste Rückwirkung auf den wissenschaftlichen Betrieb der Philologie gehabt, indem dadurch die Vorbereitung zu den Studien ungründlich wurde. Ein Zeichen des Verfalls ist, dass die Fertigkeit lateinisch zu schreiben, wozu auf der Schule der Grund gelegt werden muss, den Philologen mehr und mehr abhanden kommt. Eine gründliche Reform des Schulunterrichts ist indess nur möglich, wenn die Philologie selbst das Ihrige dazu beiträgt, dass der Materialismus in der Wissenschaft überwunden wird. Es fehlt nicht an Männern, die mit Einsicht und Eifer hierfür thätig sind, und der Umschwung zum Besseren ist auch bereits eingetreten. Die Wissenschaft wird aber nur dann eine ideale Richtung innehalten, wenn bei der nothwendigen Theilung der Arbeit doch jedem Forscher stets die Idee der gesammten Alterthumslehre als Richtschnur vorschwebt. (Vergl. oben S. 15 f. 26. 48. 56 f.) Und damit diese Idee lebendig erhalten bleibe, müssen die grossen Hauptdisciplinen einzeln und in ihrer encyklopädischen Vereinigung immer von Neuem mit philosophischem Geist construirt werden, aber nur von solchen, die sich in der Einzelforschung bewährt haben. So wird die Construction des Ganzen kein leerer Schematismus sein, sondern der lebensvollen Entwickelung der Wissenschaft folgen.*)

§ 41. Die Charakteristik des Alterthums, die Erfassung seines Geistes nach allen seinen Beziehungen, die Auflösung aller einzelnen Thatsachen in der Einheit des Charakters und die Anschauung des letztern in allen Einzelheiten ist der höchste Zielpunkt der Alterthumswissenschaft, dem jeder Philologe nachstreben muss, wenn er sich auf die Höhe seiner Wissenschaft erheben will (vergl. oben S. 257 f.). Schon beim Beginn des Studiums muss man dies Ziel ins Auge fassen. Die encyklopädische Darstellung der allgemeinen Alterthumslehre kann aber nur andeuten, auf welchem Wege dasselbe zu erreichen ist. Wer sich mit der Aneignung dieser allgemeinsten Grundzüge begnügen wollte, würde davon gar keinen Nutzen für sein Studium haben. Jeder Einzelne kann zur wahren Erkennt-

---

*) **Zur allgemeinen Alterthumslehre:** 1) Ueber den Plan der Vorsehung in der Entwickelung der Menschheit: Kl. Schr. I, 226 ff. II, 68 ff. Fortschritt und Rückschritt in der Weltgeschichte: I, 206 ff. 200. II, 331. 350. III, 99. IV, 71 ff. Die Errichtung des Reiches Gottes auf Erden als Ziel der Weltgeschichte: III, 66 ff. II, 111 ff.

2) Charakter des Antiken. Schwierigkeit den Charakter einer Zeit zu bestimmen: II, 113. a. Der antike Staat. Idee des Staats: I, 159. II, 23. 78. 330. III, 93. Der älteste Staat: II, 101. VII, 237. Der morgenländische Staat: II, 160 f. 168. 103 f. Kasten und Geschlechterstämme: IV, 43 ff. VII, 227 ff. Entwickelung der Staatsformen: I, 338 ff. VII, 593 f. Vorzug der Monarchie: I, 18. 342. II, 36 ff. 158 ff. 257. Militärstaaten: I, 168 ff. Werth der Kriegsthaten im Alterthum und in der Neuzeit: I, 172 f. II, 175. 416 ff. 470 ff. Communismus und Socialismus: II, 153 ff. Freiheit: II, 21. Patriotismus und Kosmopolitismus: I, 107 f. 159 f. 294 f. II, 38 f. 170. 256 f. IV, 40 ff. 71 ff. Staat und Nationalität: II, 105 ff. Particularismus: II, 40 ff. 169. III, 81. Universalmonarchie: II, 170 ff. — b. Privatleben. Familie und Staat: I, 187 f. Sklaverei: I, 72. II, 157. III, 97. VII, 589. Volksbildung: II, 129. Erziehung: I, 70 ff. II, 25. III, 93 ff. 101. VII, 39 ff. — c. Religion. Mythos: II, 118. Cultus: II, 67. IV, 331 ff. Mysterien und Orakel: II, 119. IV, 333. VII, 599. Neid der Götter: I, 246 f. Zersetzung der alten Religion durch die Philosophie: I, 206 f. Das Christenthum als Religion der Freiheit: I, 13. 160. 229. II, 77. VII, 614 f. — d. Kunst. Uebergewicht der Kunst im Alterthum: I, 97. 182. Einfluss der Homerischen Poesie: I, 178. Platon und die Kunst der Neuzeit: I, 179 f. 211. Das Klassische: I, 107. VII, 583. Naiv, sentimental; plastisch, romantisch: VII, 608 f. Begriff der Katharsis: I, 180. — e. Wissenschaft. Geschichtliche Entwickelung des wissenschaftlichen Erkennens: I, 62 f. 257 ff. II, 116 ff. II, 90 ff. 178. 325 ff. 388 ff. III, 109 ff. Verhältniss der Staatsformen zur Wissenschaft: II, 28 ff. Alexandrinische Gelehrsamkeit: I, 159. III, 5. Charakter der griechischen Mathematik: I, 61. Philosophie, Beredsamkeit und Geschichte: I, 258 ff. Die wissenschaftlichen Anstalten des Alterthums und der Neuzeit: II, 53. 206. 355. 356 f. III, 5. I, 80 ff. 202 f. IV, 35 ff. Sprache: II, 177. 398. III, 208 f. — Stammcharaktere: I, 4 ff. IV, 39 ff. Epochen der Klassicität: I, 257 f. Höhepunkt der griechischen Cultur: I, 90 ff. Verbreitung der griechischen Cultur: I, 173. Verschmelzung der Theorie und Praxis bei den Griechen: II, 326. IV, 426 ff. Mängel der griechischen Cultur: VII, 587; vgl. Staatshaush. der Athener 1. Bd. S. 2 u. 791 f. — Rom's Widerstand gegen die griechische Bildung: I, 6. 114. 210. Römische Wissenschaft: I, 63. 125 ff. Griechische und römische Geschichtsschreibung: VII, 596 ff. Mathematik bei den Römern: II, 235 f. Lateinische Sprache: I, 328. Cäsarenzeit: I, 192 f. 201. 252 f. 340. II, 231 f. Die römische Cultur als Vorbereitung der modernen: I, 229.

Allgemeine Geschichte der Alterthumswissenschaft. 309

niss des Alterthums nur auf dem Wege der kritischen Quellenforschung gelangen; was er auf einem speciellen Gebiete selbständig erarbeitet, eröffnet ihm erst das Verständniss für das, was auf anderen Gebieten erforscht ist (vergl. oben S. 46 f.), und indem sich sein Blick so allmählich über das Ganze ausbreitet, gewinnt die allgemeine Ansicht des Alterthums Leben, Kraft und Klarheit, während zugleich durch die Vergleichung des Antiken und Modernen Urtheil und Geschmack geläutert werden. So betrieben gewähren die Studien wahre Befriedigung; denn nur Urtheil und Geschmack geniesst, was die Gelehrsamkeit pflanzt.

3. Mittelalter: Verderbniss des Christenthums: I, 230. (VII, 587. 612 f.) Byzantinisches Reich: II, 28. Pabstthum: II, 174 f. Scholastik: I, 63. 126 f. 304. II, 27. 122. 124. Universitäten: I, 81. II, 54.

4) Neuzeit. Providentielle Ereignisse im 15. Jahrhundert: I, 230. Renaissance: I, 48. 104 f. 307. II, 97. Reformation: I, 47 ff. II, 393. Reinigung des Dogma's durch die Naturwissenschaft: II, 333. Christlicher Staat: II, 417 ff. III, 85. Sittlichkeit des modernen Staats- und Privatlebens: II, 331. Allgemeine Militärpflicht: I, 171. Die Wissenschaft und das Positive: II, 91 ff. 396 f. III, 88 f. Die Wissenschaft in ihrem Verhältniss zum modernen Staat: II, 96. 346. Wissenschaft und Nationalität: II, 327 f. 398. Speculation und Empirie: II, 126 f. 387 ff. Streit der Alten und Neueren: II, 388 f. I, 124 f. Deutsche Universitäten: I, 38 ff. III, 25. Deutsche Bildung im 18. und 19. Jahrhundert: II, 135 ff.

5) Humanitätsidee. Begriff der Humanität: I, 102 ff. Leib und Seele: I, 121. Intellect und Wille: I, 112. II, 83. III, 24. Gefühl und Denken: II, 104. (VII, 588 f.) Urzustand der Menschheit: II, 116 f. V, 8 f. Traum- und Pflanzenleben der Menschheit: II, 151. Ursachen des Fortschritts: II, 72. Verschiedene Stufen der Bildung im alten Orient: I, 228. Verhältniss der klassischen Völker des Alterthums zum Orient und zu den Barbaren des Occidents: II, 73. Die neue Weltordnung aus der alten hervorgegangen: II, 74. Ideal der Zukunft: II, 176. 197. 243 f. I, 75. 231.

Zweiter Abschnitt.

Besondere Alterthumslehre.

I.

Vom öffentlichen Leben der Griechen und Römer.

§ 42. Da sich das gesammte Volksleben in Raum und Zeit entfaltet, sind Geographie und Chronologie die orientirenden Grundwissenschaften für alle Theile der besonderen Alterthumslehre. Sie sind aber deswegen nicht zur allgemeinen Alterthumslehre zu rechnen; denn die räumlichen und zeitlichen Verhältnisse gehören nicht zu dem allgemeinen Charakter der alten Völker, sondern bilden die Form für die Besonderung alles Geschehens. Sind nun Geographie und Chronologie besondere philologische Disciplinen, so müssen sie sich einem der vier von uns (oben S. 61) aufgestellten Hauptstücke der besonderen Alterthumslehre unterordnen. In der That gehören sie zur Darstellung des Staatslebens. Die Chronologie ist hier in ihrer Beschränkung auf das Alterthum die Lehre von der Zeitrechnung, wie diese bei den Alten faktisch in der Ausübung bestand. Die Zeitrechnung in diesem Sinne ist aber ein politisches Institut zur Regelung der Zeiten. Ebenso ist die Geographie hier die Beschreibung der alten Welt, wie sie durch die Staatengeschichte räumlich gestaltet worden, also die politische Geographie des Alterthums. Weil indess der Staat alle übrigen Sphären des Volkslebens umfasst, haben diese Zeit und Schauplatz mit der politischen Geschichte gemein; daher erklärt es sich, dass Geographie und Chronologie die Grundlage aller philologischen Disciplinen bilden. H. Reichardt (Gliederung der Philologie S. 38 ff.) will beide ganz aus dem System der Philologie streichen, weil in der Geschichte selbst die Entstehung und Entwickelung der politischen Zeitrechnung und der geographischen Verhältnisse beschrieben werden müsse; allein man muss das äussere Gerüst der Geschichte auch in seinem Zusammenhange an sich betrachten, wenn man einen klaren Einblick gewinnen will. Schon die alten Historiker haben seit Timaeos die Chronologie als Basis für ihre geschichtlichen Forschungen besonders behandelt, und die Geographie war schon viel früher als besondere Wissenschaft ausgeschieden. Da die Chronologie abstracter ist als die Geographie, wird jene im System vorangehen; die Verhältnisse der politischen Geographie entwickeln sich auch erst chronologisch.

Die Darstellung des öffentlichen Lebens selbst ist nun die politische Geschichte im weitesten Umfange. Diese bezieht sich auf den zeitlichen Verlauf der politischen Thaten und auf die dadurch erzeugten Zustände und Institute; erstere sind Gegenstand der politischen Geschichte im engern Sinn, letztere der Staatsalterthümer. Beide Disciplinen greifen offenbar beständig ineinander ein. Die politischen Thaten gehen immer von sich bildenden oder fertigen Instituten aus; die Staatengeschichte ist nach einer treffenden Bezeichnung Platon's (Timaeos 19 C) die „Bewegung" der Institute.*) Da diese nicht ein für alle Mal feststehen, sondern durch die fortschreitenden Ereignisse gebildet und verändert werden, so können sie wieder nur im Fluss der Geschichte richtig verstanden werden. Daraus folgt jedoch nicht, wie Reichardt (a. O. S. 50 ff.) glaubt, dass die politischen Alterthümer vollständig in die Geschichte aufgenommen werden müssten. Wir trennen sie davon für die Betrachtung mit demselben Rechte, wie wir überhaupt in den realen Disciplinen der Philologie die verschiedenen Seiten des Volkslebens von einander sondern, obgleich dieselben in Wirklichkeit alle unzertrennlich verbunden sind. Ohne eine solche Sonderung ist keine klare historische Darstellung möglich. Die Geschichte des peloponnesischen Krieges würde z. B. ganz verwirrt geworden sein, wenn Thukydides die Entwickelung der politischen Institute in den verschiedenen betheiligten Staaten bis ins Einzelne hätte einflechten wollen. Ob man im

---

*) Vergl. *De reipublicae motu.* Kl. Schr. I, 335 ff.

System der Philologie die politische Geschichte oder die Staatsalterthümer voranstellt, ist an sich gleichgiltig; aber der genetischen Methode entspricht es von den erzeugenden Thaten auszugehen, welche zugleich das Allgemeinere enthalten, und dann die Ergebnisse der geschichtlichen Bewegung in ihren Einzelheiten zu betrachten. Hiernach umfasst das erste Hauptstück der besondern Alterthumslehre vier Disciplinen in folgender Ordnung:

1. Chronologie.
2. Geographie.
3. Politische Geschichte.
4. Staatsalterthümer.

1. Chronologie.

§ 43. Wir unterscheiden eine mathematische, politische und historische Chronologie. Die mathematische ist die wissenschaftliche Feststellung des Zeitmaasses im Allgemeinen auf Grund der Bewegungen der Gestirne, also ein Zweig der angewandten Mathematik; die politische hat die zu einer bestimmten Zeit im bürgerlichen Leben gültige Zeitmessung zum Gegenstande, und die historische hat zur Aufgabe die Zeit der historischen Thaten zu fixiren. Was wir im Anschluss an den Sprachgebrauch der Alten politische oder bürgerliche Chronologie nennen, bezeichnet L. Ideler, der bedeutendste Chronologe der Neuzeit, mit einem etwas schiefen Ausdruck als „technische", weil darin die Festsetzung der Zeitmaasse für das praktische Leben betrachtet wird.

Die mathematische Chronologie ist offenbar keine philologische Wissenschaft; aber man kann ohne sie keine gründliche Einsicht in die bürgerliche Zeitrechnung gewinnen, da diese zu allen Zeiten nach den Bewegungen der Gestirne geregelt ist. Es tritt hier der Zusammenhang der Philologie mit den nichtphilologischen Wissenschaften hervor, der sich auch bei allen übrigen Disciplinen der Alterthumslehre zeigen wird (vergl. oben S. 18 f.). Die Ausbildung der mathematischen Chronologie im Alterthum muss allerdings auch in der Alterthumslehre, nämlich in der Geschichte der antiken Wissenschaft betrachtet werden; doch muss man auch für die politische Chronologie beständig darauf Rücksicht nehmen. Denn wenn man die ersten astronomischen Vorstellungen des Volkes mit zu den Anfängen der

Wissenschaft rechnet, so ist die bürgerliche Zeitmessung im Alterthum eine Anwendung der Kenntnisse, welche man in der mathematischen Chronologie hatte. Die historische Zeitrechnung, die man am besten Chronographie nennt, ist wieder nur eine Anwendung der politischen auf die einzelnen Thatsachen, und es ist zweckmässig sie in hergebrachter Weise mit jener zu verbinden, obgleich sie zugleich mit der Geschichte selbst im engsten Zusammenhang steht.

In Folge der individualisirenden Richtung der Alten war ihre Zeitmessung höchst mangelhaft; jeder Staat hatte seine besondere Chronologie, und es entstand daraus eine verwirrende Mannigfaltigkeit in Bezug auf alle hier in Betracht kommenden Hauptpunkte, nämlich in Bezug auf die **Ären**, die **Ordnung der Jahre**, die **Eintheilung der Monate und Tage**.

1. **Ären.**

Eine Ära ist eine Jahrreihe, die von einem gewissen bürgerlich oder historisch festgesetzten Datum an gezählt wird. (Ueber den Ursprung des Namens vergl. Ideler, Handbuch der Chronologie II, 427 ff.) Den Anfangspunkt der Zählung nennt man die Epoche der Ära. Im Alterthum gab es nun überhaupt keine gemeinsame bürgerliche Jahrrechnung. In den meisten Staaten wurden die Jahre nach den Listen jährlich gewählter Magistrate berechnet und mit dem Namen dieser Magistrate, nicht mit Zahlen bezeichnet. So geschah die Bezeichnung in Athen nach den eponymen Archonten, in Sparta nach den eponymen Ephoren, in Rom nach den Consuln. In Argos rechnete man nach den Amtsjahren der Oberpriesterin der Hera. Seit der makedonischen Zeit finden sich bei den Griechen viele Stadtären, die auf Münzen und in Inschriften vorkommen; ihre Epochen haben mannigfache historische Veranlassungen. In den makedonischen Königreichen wurde, wie dies überhaupt in den alten Monarchien üblich war, nach den Regierungsjahren der Herrscher gezählt. Hieraus entwickelte sich zuerst eine dynastische Ära, die der Seleukiden, welche den Herbst 312 v. Chr. zur Epoche hat; sie war besonders in Syrien, und daher auch bei den Hebräern seit der syrischen Herrschaft in Gebrauch. Die Juden behielten sie auch in der Zerstreuung bis in das spätere Mittelalter bei. Die griechischen Städte Syriens gaben sie dagegen auf, sobald sie später autonom wurden und führten eigene Stadtären ein, die in der Regel von dem Anfang ihrer Selbständigkeit datirten und uns hauptsächlich durch Münzen bekannt sind. Die meisten dieser Ären knüpfen sich an die Anwesenheit des Pompeius und Caesar in Syrien. Als Pompeius 64 v. Chr. das Land zur römischen Provinz machte, schenkte er mehreren Städten die Freiheit; die von diesem Zeitpunkt beginnenden Stadtären werden von den Numismatikern unter dem Namen Aera Pompeiana zusammengefasst. Als Caesar 48 v. Chr. siegreich in die syrischen Städte einzog, begannen dieselben von diesem Zeitpunkte an eine neue Jahrzählung, die man daher Aera Caesariana nennt. [A. W. Zumpt, *De imperatoris Augusti die natali fastisque ab dictatore Caesare emendatis commentatio chronologica.* Leipzig 1874.] Mehrere, z. B. Antiochia, führten sogar schon 31 nochmals eine neue Datirung zu Ehren des Octavian ein, die Aera Actiaca, die nach dem Tode August's allmählich wieder der Caesarianischen wich; diese Siegesära war übrigens auch ausserhalb Syriens vielfach in griechischen Städten üblich. Im römischen Kaiserreich bezeichnete man die Jahre nach der Regierungszeit des Kaisers und der Consularära zugleich. Als im 4. Jahrhundert das Consulat öfter unbesetzt blieb, kam die Bezeichnung nach Indictionen auf. Unter Indictionen (Steuerjahren) versteht man die Jahre eines 15jährigen Zeitkreises, der ursprünglich eine Steuerperiode bildete. Man bezifferte bei der Indictionsära die einzelnen Jahre jeder solchen Periode ohne dabei die Anzahl der seit irgend einer Epoche abgelaufenen Perioden anzugeben, so dass die Bezeichnung in einer beständigen periodischen Wiederholung der Jahreszahlen 1—15 bestand. Justinian verordnete 537, dass in allen Instrumenten zuerst das Regierungsjahr des Kaisers, dann die Namen der Consuln und zuletzt Indiction nebst Monatstag angegeben werden sollte. Kurze Zeit darauf, 541, erlosch das Consulat ganz; man zählte seitdem 25 Jahre lang nach dem letzten Consul „*post consulatum Basilii*", bis seit 567 die Kaiser sich die Consulswürde für immer beilegten und nun neben ihren Regierungsjahren nach den Jahren ihres Consulats datirten.

Mittlerweile war in der christlichen Kirche schon seit dem 3. Jahrhundert das Bestreben hervorgetreten eine Weltära, d. h. eine Ära seit Erschaffung der Welt zu begründen. Die hebräischen Quellen, die man dabei zu Grunde legte, ergeben indess kein sicheres Resultat über die Epoche der Weltschöpfung, so dass hierüber seit Julius Africanus, dem ältesten christlichen Chronographen, der zu Anfang des 3. Jahrhunderts lebte, bis in die neueste Zeit immer neue Hypothesen, zusammen gegen 200, aufgestellt sind. [H. Gelzer, Sextus Julius Africanus und die byzantinische Chronographie. I. Die Chronographie des J. Africanus. II. 1. Die Nachfolger des J. Africanus. Leipzig 1880. 85.] Im byzantinischen Reich wurde wahrscheinlich im 7. Jahrhundert für die bürgerliche Zeitrechnung eine Weltära mit dem Epochenjahr 5508 v. Chr. gebräuchlich, an welcher später die Völker griechisch-katholischen Bekenntnisses lange festhielten; die Russen haben danach bis auf Peter d. Gr., die Neugriechen bis zur Losreissung von den Türken gerechnet. Die Weltära, deren sich die Juden etwa seit dem 12. Jahrhundert bedienen, die aber wahrscheinlich auch schon im 3. Jahrhundert gebildet ist, weicht von der byzantinischen sehr ab; ihr Epochenjahr fällt auf 3761 v. Chr. Neben der Weltära wandte man in der christlichen Kirche seit dem 5. Jahrhundert die Jahrrechnung *ab incarnatione Christi* an; sie kam im Abendlande besonders durch die Osterntafeln des im 6. Jahrhundert lebenden römischen Mönches Dionysius Exiguus in allgemeinen kirchlichen Gebrauch; seit Karl d. Gr. wurde sie mehr und mehr im bürgerlichen Leben üblich. Es ist bekannt, dass Dionysius Exiguus die Geburt Christi irrthümlicher Weise auf das Jahr 753 nach Roms Erbauung verlegte, dessen Anfang die Epoche der christlichen Zeitrechnung ist. Petav nahm das Jahr 749, Keppler 748, Sanclemente 747 als das Geburtsjahr Jesu an; der letzteren Annahme stimmt mit Recht auch Ideler (II, 393 ff.) bei. Vergl. die *Mém. de l'Académie des Inscriptions Vol. XXIII* (1858), wo in einer grossen Abhandlung von Wallon die Gründe für 747 und 749 aufgeführt und beurtheilt werden. [A. W. Zumpt, das Geburtsjahr Christi. Geschichtlich-chronologische Untersuchungen. Leipzig 1869. — Fl. Riess, Das Geburtsjahr Christi. Freiburg 1880; Nochmals das Geburtsjahr Christi. 1883.]

Für die Chronographie kommt es darauf an die verschiedenen bürgerlichen Ären auf eine historische zu reduciren. Hierin haben die alten Geschichtsschreiber und Chronographen vorgearbeitet. Ursprünglich begnügten sich die griechischen Schriftsteller die Zeit der historischen Ereignisse im Verhältniss zu einander nach Jahren oder Menschenaltern zu bestimmen. Thukydides z. B. führt die Ereignisse aus der Zeit des peloponnesischen Krieges einfach nach den Jahren desselben an; bei frühern Daten bemerkt er, wie viel Jahre seit der Marathonischen Schlacht oder dem Sturz der Pisistratiden u. s. w. verflossen sind. Der älteste Versuch einer umfassenderen historischen Ära ist die Zählung der Jahre seit Troja's Zerstörung. Diese mythische Epoche wurde aber verschieden berechnet; erst seit Eratosthenes nahm man meist das Jahr 1184/3 v. Chr. dafür an; übrigens bestimmte man mit grossem Scharfsinn aus der poetischen Ueberlieferung selbst Monat und Tag der Einnahme Troja's.*) Bei weitem wichtiger als die trojanische Ära wurde indess die Olympiadenrechnung. Die Olympioniken scheinen seit 776, wo der Eleer Koroebos im Wettlauf siegte, in öffentlichen Listen verzeichnet zu sein. Mit diesen Listen stellte der Geschichtsschreiber Timaeos aus Tauromenion in Sicilien (c. 350—256 v. Chr.) die Liste der spartanischen und attischen Eponymen und der argivischen Priesterinnen zusammen und schuf so eine von den Spielen des Jahres 776 datirende Ära, die bald in der Literatur durchgehends angewandt und bis zur Aufhebung der Olympischen Spiele 394 n. Chr. fortgeführt wurde, ohne jedoch je in den bürgerlichen Gebrauch überzugehen. Als sich in Rom eine Geschichtsschreibung nach dem Muster der Griechen bildete, versuchte man die vorhandenen Magistratslisten sowie die Regierungsjahre der Königszeit auf die trojanische Ära des Eratosthenes und auf die Olympiadenära zurückzuführen. Aus dieser Berechnung entstanden die Ären *post exactos reges* und *ab urbe condita*, die ebenfalls nur historisch sind. Ihre Epoche liess sich jedoch bei der Unzulänglichkeit der Quellen nicht sicher bestimmen. Die Ansichten über das Jahr der Erbauung Roms differiren insbesondere ausserordentlich; der Dichter Ennius setzte dasselbe um 870 v. Chr., der Historiker L. Cincius Alimentus 728 v. Chr. Vergl. Franz Ritter, das Alter der Stadt Rom nach der Berechnung des Ennius. Rheinisches Mus. 2 (1843) S. 481 ff. Später standen sich hauptsächlich zwei Zählungen gegenüber: die Varronische und die sog. Catonische. Nach M. Terentius Varro fällt die Erbauung der Stadt in Ol. 6, 3, (21. April 753 v. Chr.), so dass a. u. 753 das erste Jahr vor

---

*) S. die Abhandlung über die Eroberung Troja's *Corp. Inscr.* II, S. 327—330. Vergl. Epigraphisch-chronologische Studien S. 135 ff. und Kl. Schr. VI, S. 347 ff.

I. Oeffentliches Leben. 1. Chronologie. 317

und 754 das erste Jahr nach Christus ist; M. Porcius Cato setzt die Epoche Ol. 7, 1 (21. April 751 v. Chr.*). Eine historische Ära ist auch die des Nabonassar. Die chaldäischen Astronomen, welche ihre Beobachtungen nach den Regierungsjahren der assyrischen und später der medischen und persischen Könige datirten, waren genöthigt die Regierungszeiten dieser Könige zu einer Ära zu vereinigen; dieselbe begann mit dem König Nabonassar. Die alexandrinischen Astronomen knüpften daran die Ära der Ptolemäer seit dem Tode Alexander's des Grossen, gewöhnlich die des Philippos (Aridaeos) genannt und später nach der Eroberung Alexandria's durch Octavian (30) die sog. Ära des Augustus, d. h. die Cäsarenära. Wir haben einen von den Astronomen benutzten Regentenkanon von Nabonassar bis in die spätere Kaiserzeit (vergl. Ideler I, 109 ff.), welcher die Regierungsjahre der einzelnen Herrscher und daneben die Jahre der Nabonassarischen Ära enthält. Dieser Kanon ist von grosser Bedeutung, da die Ära absolut sicher und ihre Epoche fest bestimmt (der Mittag des 26. Febr. 747 v. Chr.) ist.

Um alle geschichtlichen Zeitangaben des Alterthums wie der Neuzeit auf eine gemeinsame Zählung zurückzuführen, stellte Jos. Scaliger eine Ära auf, die er „julianische Periode" nannte, weil sie nach julianischen Jahren zählt. Das Jahr 4713 derselben ist das erste Jahr vor, 4714 das erste Jahr nach Chr. Diese Ära ist wissenschaftlich wohl begründet und für Reductionen sehr bequem; sie wurde zuerst auch allgemein nach Gebühr gewürdigt, und es ist Schade, dass man sich derselben wieder entwöhnt hat. Vergl. Ideler I, 76 f. Die Weltära, die man statt ihrer in die Chronographie einzuführen versucht hat, ist ganz unbrauchbar, selbst wenn man die bequeme Annahme Usher's († 1655) zu Grunde legt, dass von der Erschaffung der Welt bis zur wirklichen Zeit der Geburt Christi gerade 4000 Jahre verflossen sind. Diese Zählung bietet gar keine Vortheile für die chronologische Reduction, und es ist lächerlich, wenn man die Erschaffung der Welt, bei der Niemand zugegen war, zum Ausgangspunkt der geschichtlichen Zeitrechnung macht. Vergl. G. Bredow, Untersuchungen über einzelne

---

*) Vergl. Epigraphisch-chronologische Studien S. 136.

Gegenstände der alten Geschichte, Geogr. und Chronologie. Altona 1800—1802. S. 1 ff. Die seit dem vorigen Jahrhundert gebräuchlich gewordene Methode die Daten der alten Geschichte nach Jahren v. Chr. zu berechnen ist jedenfalls sehr unnatürlich. Uebrigens muss man dabei wohl beachten, dass die Astronomen, welche diese Jahre mit *minus* bezeichnen, das Jahr, das bei den Historikern als das erste v. Chr. gerechnet wird, als 0 setzen. Vergl. Ideler I, S. 74 f.

2. Das Jahr.

Die Jahrzählung innerhalb der Ära kann natürlich eine genaue Fixirung der Daten nur dann ergeben, wenn man Länge, Anfang und Eintheilung des Jahres kennt. Auch in dieser Hinsicht war bei den Alten Alles individuell und naturwüchsig. Man richtete sich bei der Regelung der Zeit nach den Mondphasen und den Jahreszeiten; d. h. jeder Monat begann mit dem ersten Erscheinen des Neumondes, und man sorgte dann durch Einschalten dafür, dass der Jahresanfang möglichst in dieselbe Jahreszeit fiel. Die Jahreszeiten bestimmte man zuerst nach den scheinbaren Aufgängen bekannter Fixsterne, später nach dem Eintritt der Sonne in gewisse Zeichen oder nach den Jahrpunkten.*) Der Jahresanfang wurde nun entweder an die Solstitien oder an die Aequinoctien geknüpft. Hierdurch entstand schon eine grosse Verschiedenheit. So begann das attische Jahr wie das olympische um die Sommersonnenwende,**) das spartanische und makedonische um die Herbstnachtgleiche, das böotische um die Wintersonnenwende,***) ebenso seit Cäsar das römische, das vorher um die Frühlingsnachtgleiche begonnen hatte. Da der synodische Monat im Durchschnitt 29 Tage 12 Stunden 44′ 3″ beträgt, konnte man nicht allen Monaten gleichviel Tage geben; aber man lernte erst sehr spät die Länge des synodischen Monats und Jahres annähernd richtig berechnen. Seit Solon gab man dem bürgerlichen Monat in den griechischen Staaten allgemein abwechselnd die Dauer von 29 und 30 Tagen (hohle und volle Monate), so dass das Mondjahr 354 Tage zählte. Zur Ausgleichung mit dem Sonnenjahre schaltete man periodisch einen Monat ein;

---

*) Vergl. über die Jahreszeiten der Griechen die „Vierjährigen Sonnenkreise der Alten" S. 75—123.
**) Vergl. Gesch. der Mondcyklen 15 f. und Kl. Schr. IV, 94 Anm. 1.
***) Vergl. Kl. Schr. V, 73 f.

das Schaltjahr hatte dann 384 Tage. Der kürzeste Zeitraum, in welchem die Erscheinungen des Mondes wieder in annähernd dasselbe Verhältniss zu den Jahreszeiten treten, ist eine Periode von 8 Jahren, die nahezu 99 Mondmonaten gleich sind. Eine solche Periode, die ὀκταετηρίς war höchst wahrscheinlich der älteste griechische Schaltcyklus; er enthielt 5 Gemeinjahre zu 12 Monaten und 3 Schaltjahre zu 13 Monaten. Erst allmählich bemerkte man, dass in 16 Jahren 3 Schalttage hinzugesetzt und in 160 Jahren ein Schaltmonat weggelassen werden musste, um eine völlige Ausgleichung herbeizuführen. Mittlerweile beseitigte man bemerkte Ungleichheiten durch gelegentliche Correcturen, besonders indem man von Zeit zu Zeit ein Jahr von 355 Tagen bildete.*) Die Oktaeteriden waren daher mehr oder weniger unvollkommen; ferner begannen sie in den verschiedenen Staaten nicht in dem gleichen Jahre, und die Schalttage und Schaltmonate waren an verschiedenen Stellen des Zeitraums eingelegt; indem man die Schaltjahre innerhalb des Cyklus in Zwischenräumen von theils 2, theils 4 Jahren ordnete (nach griechischem Sprachgebrauch Trieteris und Penteteris genannt).**) Während sich die griechischen Mathematiker um eine Verbesserung der Octaeteris bemühten, entdeckte der athenische Astronom Meton, dass die Ausgleichung des Sonnen- und Mondjahres viel einfacher durch einen Cyklus von 19 Jahren hergestellt wird, da in der That 19 Sonnenjahre nur etwa um 2 Stunden von 235 Mondmonaten differiren. Meton entwarf daher eine ἐννεακαιδεκαετηρίς mit 7 Schaltmonaten, die sehr geschickt eingefügt waren. Er stellte Ol. 87, 1 für seinen Cyklus den ersten vollständigen Kalender (παράπηγμα) auf. Von der Einrichtung desselben können wir uns eine Vorstellung nach den erhaltenen späteren Parapegmen des Geminos (c. 70 v. Chr.) und des Ptolemaeos (2. Jahrhundert n. Chr.) bilden; es waren darin neben den Monaten des Mondjahres die Aequinoctien und Solstitien, sowie die zur Bestimmung der Jahreszeiten dienenden Fixsternerscheinungen verzeichnet, ausserdem Semasien (σημασίαι), d. h. Auf- und Untergänge ausgezeichneter Sterne, an welche sich regelmässig wiederkehrende meteorologische Erscheinungen knüpften. So einleuchtend die Vorzüge des Metonischen Cy-

---

*) Gesch. der Mondcyklen S. 13 f.
**) Ebenda S. 10.

klus sind, so kam er doch nicht sofort zur Geltung. Der Astronom **Eudoxos**, ein Freund **Platon's**, stellte ihm eine durch die oben angegebene Schaltung in 16- und 160jährigen Perioden verbesserte Oktaeteris entgegen, welche er für besser halten musste, weil er dabei das Sonnenjahr genauer als **Meton**, nämlich auf $365\frac{1}{4}$ Tage bestimmt hatte. Er entwarf um Ol. 99, 4*) für sein System ein Parapegma, worin neben der Construction des Mondcyklus ein Sonnenjahr verzeichnet war, bei welchem in vierjährigen Perioden je ein Tag eingeschaltet wurde.**) Diese Oktaeteris haben auch spätere Astronomen dem Metonischen Cyklus vorgezogen und immer zweckmässiger zu gestalten gesucht. Der in Athen lebende Astronom **Kallippos** aus **Kyzikos**, der aus der Schule des **Eudoxos***) und ein Freund des **Aristoteles** war, fand aber, dass sich auf Grund der von **Eudoxos** angenommenen Dauer des Sonnenjahres der **Metonische** Schaltkreis leicht corrigiren liess, indem man von vier Perioden desselben die letzte um einen Tag verkürzte. Er stellte Ol. 112, 3 ein Parapegma mit dieser Verbesserung, also einem 76jährigen Cyklus und sonst noch abweichender Construction auf, wahrscheinlich aus Veranlassung einer von den Athenern projectirten Kalenderveränderung. Aber die Athener scheinen gerade jetzt den Cyklus ihres nicht mehr lebenden Landsmannes **Meton** angenommen zu haben, dessen Bestimmungen sich hinreichend bewährt hatten;†) er fand seitdem jedenfalls allmählich in allen griechischen Staaten Eingang, während die Kallippische Verbesserung wahrscheinlich in Griechenland nirgend im bürgerlichen Leben Geltung erlangt hat.

Die genauere Bestimmung des Sonnenjahres auf $365\frac{1}{4}$ Tage hatte **Eudoxos** der Tradition der ägyptischen Priester entnommen.††) Die Ägypter nämlich rechneten seit uralter Zeit wie die Perser nach einem beweglichen Sonnenjahr, d. h. nach einem Jahre von 365 Tagen, dessen Anfang daher in 1424 Jahren alle Jahreszeiten durchlief. (Ideler I, 133.) Es zerfiel in 12 Monate zu 30 Tagen und 5 Ergänzungstage. Ursprünglich fing es nun gleich-

---

*) Vergl. Vierjährige Sonnenkreise der Alten S. 163.
**) Ebenda S. 137.
***) Ebenda 155.
†) Geschichte der Mondcyklen. S. 43 f.
††) Vierjährige Sonnenkreise. S. 140 ff.

zeitig mit dem Frühaufgange des Sirius an und man beobachtete allmählich, dass der Sirius jedesmal nach Verlauf von vier Jahren um einen Monatstag später aufging. Daraus berechnete man, dass das bürgerliche Jahr um $1/4$ Tag zu kurz sei und nahm daher an, dass der Frühaufgang des Sirius in Perioden von 1461 Jahren mit dem Anfang dieses Jahres zusammentreffe. Dies ist die Hundssternperiode, welche indess nie in der bürgerlichen Zeitrechnung angewandt ist. Die Ägypter haben dieselbe zur Feststellung einer historischen Ära benutzt, die sich mit Scaliger's julianischer Periode vergleichen lässt; so hat z. B. der Oberpriester Manetho im 3. Jahrhundert v. Chr. die ägyptische Geschichte in 4 Hundssternperioden abgehandelt. Aus religiösen Gründen behielten die Ägypter ihr Wandeljahr stets bei; die Könige mussten beim Regierungsantritt schwören, weder Tage noch Monate einschalten zu wollen. Ein Sonnenjahr mit vierjährigem Schaltkreis, das die ägyptischen Priester theoretisch kannten und die griechischen Astronomen seit Eudoxos bei der Construction der Oktaeteris in ihren Parapegmen neben dem hellenischen Jahr darstellten,*) führte im Jahre 45 v. Chr. Cäsar als *Pontifex Maximus* für den römischen Staat ein. Bis dahin hatte man in Rom nach einem Mondjahr mit einem sehr unbeholfenen Schaltungssystem gerechnet, indem man nicht ganze Monate, sondern verstümmelte zu 23 und 22 Tagen einschob und so einen vierjährigen Cyklus von 355 + 378 + 355 + 377 Tagen bildete; hierbei war der Kalender in grosse Verwirrung gerathen. Es ist Cäsar's Verdienst das für das praktische Leben allein angemessene feste Sonnenjahr zur bürgerlichen Geltung gebracht zu haben. Nach seiner Ermordung wurde durch die Unkenntniss der *Pontifices* eine neue Verwirrung angerichtet, indem sie in dreijährigen statt in vierjährigen Zwischenräumen den Schalttag einlegten; so wurde im Jahre 9 v. Chr. zum 12. Mal eingeschaltet, während es erst das 9. Schaltjahr hätte sein müssen. Augustus verbesserte den Fehler dadurch, dass er erst im Jahre 8 n. Chr. wieder einschalten liess.**) In Alexandria führte man mit der Ära des Augustus ein dem julianischen möglichst angepasstes festes Sonnenjahr, das sog. alexandrinische ein, indem man dem alten ägyptischen Jahre alle vier Jahre 6

---

*) Vergl. Vierjährige Sonnenkreise der Alten. S. 123 ff.
**) Ebenda. S. 340—378.

statt 5 Ergänzungstage gab und den Epochentag der neuen Ära (30. August) zum Neujahrstag machte. Uebrigens wurde bei astronomischen Berechnungen der Gleichmässigkeit halber das frühere Wandeljahr beibehalten, das der Ära des Nabonassar zu Grunde lag. Der feste alexandrinische Kalender wurde im Orient viel gebraucht und besteht noch jetzt bei den Kopten und Abessiniern.*) Die julianische Zeitrechnung bürgerte man in den ersten Jahrhunderten nach ihrer Einführung durch amtliche Kalender im römischen Reich ein, von denen Bruchstücke und zwei ganze Exemplare erhalten sind [s. W. S. Teuffel, römische Literaturgeschichte⁴. § 74]. Durch das Christenthum wurde dann das julianische System zur gemeinsamen Zeitrechnung der neu-europäischen Völker. Erst seit dem 14. Jahrhundert wurde man sich darüber klar, dass darin die Länge des tropischen Jahres nicht genau berechnet ist, und erst 1582 gelang es dem Papst Gregor XIII. eine Reform zu bewerkstelligen, die indess von der griechisch-katholischen Kirche abgelehnt wurde, ähnlich wie im Alterthum die Kallippische Verbesserung von den hellenischen Staaten. Zu beachten ist, dass bei der Reduction der Data auf die christliche Ära die Jahre v. Chr. als julianische gerechnet werden. Ohne Schwierigkeit lässt sich auf diese Zeitrechnung die Ära des Nabonassar und der Hundssternperiode zurückführen, weil die Jahre derselben regelmässig und gleichförmig sind (vergl. Ideler I, 102 ff.). Je mehr griechische und römische Daten sich daher in ägyptischen Jahren ausdrücken lassen, desto mehr sichere Anhaltspunkte für die Chronographie des klassischen Alterthums gewinnt man. Der Wechsel und die verschiedene Einrichtung der Cyklen bilden für die direkte Zurückführung der griechischen und römischen Zeitangaben auf die christliche Ära oft unüberwindliche Schwierigkeiten.

3. Der Monat.

Die Namen der Monate waren in den verschiedenen griechischen Staaten verschieden. Dagegen hätte nach dem Princip des Mondjahres überall der Anfang der entsprechenden Monate und also das Tagesdatum übereinstimmen müssen. Allein vor Einführung des Metonischen Kalenders fiel in Folge der unregelmässigen Einschaltungen oft der Monatsanfang nicht mit

---

*) Vgl. Vierjährige Sonnenkreise der Alten. S. 254—285.

dem Neumond zusammen, und dabei differirte die Datirung in den verschiedenen Staaten, weil man in verschiedener Weise einschaltete. Der Metonische Cyklus stellte erst die Uebereinstimmung des bürgerlichen Monats mit dem Mondumlauf wieder her, auf welche die ganze Eintheilung des griechischen Monats begründet war. Die Griechen theilten nämlich den Monat in Dekaden; in Athen hiess der erste Tag νουμηνία, Neumond; die übrigen bis zum 10. zählte man dann mit dem Zusatz ἱσταμένου (des zunehmenden Mondes); in der 2. Dekade wurde von 1—9 mit dem Zusatz ἐπὶ δέκα gezählt; der 20. hiess εἰκάς, und in der 3. Dekade zählte man mit dem Zusatz ἐπ᾽ εἰκάδι, gewöhnlicher jedoch vom Monatsende rückwärts mit dem Zusatz φθίνοντος, so dass der vorletzte Monatstag δευτέρα φθίνοντος, der 21. je nach der Länge des Monats ἐνάτη oder δεκάτη φθίνοντος hiess. Aehnlich war die Bezeichnungsweise in allen griechischen Staaten. Die Athener datirten übrigens in öffentlichen Urkunden meist nach Prytanien, d. h. nach den Jahresabschnitten, in welchen die einzelnen Stämme im Rath einer jährlich durch das Loos bestimmten Ordnung gemäss den Vorsitz führten. Bis 306 v. Chr. zerfiel das Jahr in 10 Prytanien, so dass jede derselben eine Dauer von 35—36 Tagen in Gemeinjahren, 38—39 Tagen in Schaltjahren hatte; nachdem 306 v. Chr. die Zahl der Stämme auf 12 erhöht war, stimmten die Prytanien annähernd mit den Monaten überein.*)

In Rom zerfiel bekanntlich der Monat in 3 Abschnitte von verschiedener Grösse; der 1. Tag, die *Calendae*, bezeichnete den Neumond, dessen Eintritt von Alters her öffentlich ausgerufen wurde; die *Idus* waren ursprünglich der Vollmondstag (*iduare* von *iduare* = διχομηνία), die *Nonae* der Tag des ersten Viertels, das man am 8. oder nach antiker Zählungsweise am 9. Tage vor den *Idus* annahm; man datirte dann so, dass man angab, wie viel Tage vor einer jener 3 Epochen man sich befand. Dem Zeitabschnitt von den *Nonae* bis zu den *Idus* entspricht die achttägige Woche der Römer (*nundinum*), die seit alter Zeit in Gebrauch war und sich unabhängig von dem Monatsdatum ohne Unterbrechung beständig wiederholte. Sie wurde erst durch den Kaiser Constantin abgeschafft, der an ihrer Stelle die in den christlichen Cultus aufgenommene siebentägige Woche der Juden

---

*) Vergl. Kl. Schr. VI, S. 338 f.

einführte. Die Benennung der Tage nach den sieben Planeten war durch die ägyptische Astrologie schon seit dem 1. Jahrh. unserer Ära den Römern geläufig geworden.

4. Der Tag.

Die Griechen rechneten den bürgerlichen Tag (νυχθήμερον) von Sonnenuntergang bis Sonnenuntergang; dies entspricht dem Princip des Mondjahres und findet sich daher noch jetzt bei Völkern die nach Mondjahren rechnen, wie bei den Muhamedanern; die Germanen und Kelten zählten aus gleichen Gründen überhaupt die Zeit nach Nächten. Bei den Römern dauerte der bürgerliche Tag (*dies civilis*) von Mitternacht zu Mitternacht, wodurch Anfang und Ende genauer fixirt wurde als bei der griechischen Rechnung, bei welcher diese Punkte je nach den Jahreszeiten beständig wechselten. Für die weitere Eintheilung legte man jedoch im Alterthum durchweg den natürlichen Tag d. h. die Zeit von Sonnenaufgang bis zu Sonnenuntergang zu Grunde. Ursprünglich bestimmte man nur unmittelbar nach dem Stande der Sonne und nach der Länge der Schatten die natürlichen Tageszeiten und nach dem Stande bekannter Gestirne die Zeiten der Nacht, welche bei den Griechen wie bei den Römern in Wachen eingetheilt war. Die Eintheilung in Stunden lernten die Griechen von den Babyloniern etwa zur Zeit des Anaximandros kennen, der die ersten Sonnenuhren construirte. Wie diese sind ohne Zweifel auch die Wasseruhren der Alten eine Erfindung der chaldäischen Astronomen.*) Aber erst in der alexandrinischen Zeit wurde die Rechnung nach Stunden allgemein gebräuchlich, und das Wort ὥρα, das früher einen allgemeinern Sinn hatte, erhielt jetzt die specielle Bedeutung Stunde. Die Römer nahmen dies Wort mit der Stundenrechnung von den Griechen an, seitdem 263 v. Chr. die erste Sonnenuhr nach Rom gebracht war. Bezeichnend ist es, dass diese Uhr, die für Catina in Sicilien berechnet war, in Rom 99 Jahre in Gebrauch war, ehe man die Fehlerhaftigkeit derselben bemerkte und einen richtigen Gnomon construiren liess. Fünf Jahr später (159) führte Scipio Nasica Corculum die Wasseruhren ein. Die bürgerliche Stunde der Alten war von der astronomischen ganz verschieden; sie war der 12. Theil des natürlichen Tages und der natürlichen Nacht. Daher waren die Tag- und Nachtstunden nur zur Zeit der Äqui-

---

*) Vgl. Meteorologische Untersuchungen S. 37. 42.

I. Oeffentliches Leben. 1. Chronologie. 325

noctien gleich, und die Länge wechselte bei beiden beständig nach den Jahreszeiten. Nur die späteren Astronomen bedienten sich daneben der Rechnung nach gleichförmigen Stunden ($^1/_{24}$ des bürgerlichen Tages), die erst im 12. Jahrh. n. Chr. nach Erfindung der Räderuhren in praktischen Gebrauch gekommen ist.

Literatur. 1. Politische Chronologie. Joseph Scaliger, *Opus de emendatione temporum.* Paris 1583 fol. (beste Ausgabe Genf 1629). Ein tiefsinniges Werk, das einen unerschöpflichen Schatz von Gelehrsamkeit enthält und die gesammte Chronologie der Neuzeit begründet hat, aber z. Th. von falschen Grundsätzen und unhaltbaren Hypothesen ausgeht. — Dionysius Petavius, *Opus de doctrina temporum.* Paris 1627. 2 Bde. fol. (beste vermehrte Ausgabe, Amsterdam 1703. 3 Bde. fol.). Berichtigt viele Irrthümer Scaliger's und übertrifft dessen Werk durch besonnenere Forschung und exactere astronomische Begründung. — H. Dodwell, *De veteribus Graecorum Romanorumque cyclis.* Oxford 1701. Nächst Petav das Hauptwerk aus dem 18. Jahrhundert. — D. H. Hegewisch, Einleitung in die historische Chronologie. Altona 1811. — L. Ideler, Handbuch der mathematischen und technischen Chronologie. Berlin 1825. 1826. 2 Bde. [Neudruck Breslau 1883]. Bisher die beste Bearbeitung der Chronologie, sehr klar geschrieben und ausserordentlich brauchbar; der Verfasser beherrschte vollständig den beim Erscheinen des Buches vorliegenden Stoff. Vergl. desselben Lehrbuch der Chronologie. Berlin 1831. [— F. J. Brockmann, System der Chronologie. Stuttgart 1883.] — Ed. Biot, *Résumé de chronologie astronomique* in den *Mémoires de l'Acad. des Sciences* XXII, 1850. S. 209—476. Handelt besonders über die Cyklen. — C. Redlich, Der Astronom Meton und sein Cyklus. Hamburg 1854. — Ed. Greswell, *Origines kalendariae Italicae.* Oxford 1854. 4 Bde.; *Origines kalendariae Hellenicae.* Oxford 1862. 6 Bde. Sehr genau und mit grosser Kenntniss ausgearbeitet. — Em. Müller, Artikel *Aera* und *Annus* in der 2. Aufl. von Pauly's Real-Encyklop. — Carl Friedr. Hermann, Ueber griechische Monatskunde. Göttingen 1844. — Theod. Bergk, Beiträge zur griechischen Monatskunde. Giessen 1845. — L. Oettinger, Artikel *Dies* in Pauly's Real-Encyklop. — L. Dissen, *De partibus noctis et diei ex divisionibus veterum.* Göttingen 1836. (in Dissen's Kl. Schriften Gött. 1839). — C. W. Göttling, *De Metonis heliotropio Athenis in muro Pnycis posito.* Jena 1861. 4. [= *Opusc. acad.* Leipzig 1869 S. 334 ff.] — Theod. Mommsen, Die römische Chronologie bis auf Cäsar. Berlin 1858. 2. Aufl. 1859. Ganz vorzüglich für die römische Geschichte; unhaltbar dagegen sind die allgemeinen Anhänge über griechische und ägyptische Chronologie. — [H. Matzat, Römische Chronologie. I. Grundlegende Untersuchungen. II. Römische Zeittafeln von 506 bis 210 v. Chr. Berlin 1883 f. 2 Bde. — A. Fränkel, Studien zur römischen Geschichte. I. Breslau 1885. — L. Holzapfel, Römische Chronologie. Leipzig 1885.] — Aug. Mommsen, Beiträge zur griechischen Zeitrechnung. N. Jahrb. f. Philol. 1. Suppl.-Bd. 1855 f. und zweiter Beitrag zur Zeitrechnung der Griechen u. Römer. 3. Suppl.-Bd. 1857—1860; Die alte Chronologie. Philologus XII, 1857; Zur altrömischen

326 Zweiter Haupttheil. 2. Abschn. Besondere Alterthumslehre.

Zeitrechnung und Geschichte. Rhein. Mus. N. F. Bd. 13. 1858. [Derselbe, Chronologie. Untersuchungen über das Kalenderwesen der Griechen, insonderheit der Athener. Leipzig 1883. — Ph. E. Huschke, Das alte römische Jahr und seine Tage. Eine chronologisch-rechtsgeschichtliche Untersuchung in zwei Büchern. Breslau 1869. — A. Giurchi, *Kalendarii Romani initia vices et forma, dissertatio historica, polemica-critica*. Rom 1875. — G. F. Unger, Die römische Stadtära. München 1879; Der attische Schaltkreis. Philologus 39. 1880. — H. Usener, Chronologische Beiträge. Rheinisches Museum 34. 1879. Vergl. J. H. Lipsius, Zum griechischen Kalenderwesen, in: Leipziger Studien zur class. Phil. III, 1880. — R. Flex, Die älteste Monatseintheilung der Römer. Jena 1880. — A. Pellengahr, Die technische Chronologie der Römer. Rheine 1881. 4. — H. Finaly, Der altrömische Kalender. Budapest 1882. — O. E. Hartmann, Der römische Kalender. Aus dem Nachlasse des Verf. herausg. von Ludw. Lange. Leipz. 1882. — Th. Bergk, Beiträge zur römischen Chronologie. Herausg. v. G. Hinrichs, Jahrb. f. class. Philol. 13 Suppl.-Bd. Leipzig 1884. — E. Bischoff, *De fastis Graecorum antiquioribus*. Leipziger Studien 7 (1884) S. 313 ff. — L. Lange, *De XXIV annorum cyclo intercalari*. Leipzig 1884. — A. Schmidt, Chronologische Fragmente. Der attische Doppelkalender. In den Jahrbb. f. class. Phil. 129 (1884) S. 649 ff. — O. Seeck, Die Kalendertafel der Pontifices. Berlin 1885.]

R. Lepsius, Die Chronologie der Ägypter. Berlin 1849, und Königsbuch der alten Ägypter. Berlin 1858. — H. Brugsch, *Matériaux pour servir à la reconstruction du calendrier des anciens Égyptiens*. Leipzig 1864. 4. — Fr. Nolan, *On the antiquity and connexion of the early cycles and their utility in settling the differences of chronologists* in den *Transactions of the Royal Soc. of Litt*. London 1839. Vol. III, part. 1 und II. Ueber hebräische, babylonische und ägyptische Chronologie. Gelehrt, aber zu wenig übersichtlich. — J. v. Gumpach, Die Zeitrechnung der Babylonier und Assyrer. Heidelberg 1852. Ohne sichere Resultate. — Henri Martin, *Mémoire où se trouve restitué pour la première fois le calendrier lunisolaire chaldéo-macédonien, dans lequel sont datées trois observations planétaires citées par Ptolémée*. In der *Revue archéologique*. 10. Jahrgang. 1853. Martin stellt einen Kalender auf, der auf Mondjahre gebaut ist mit makedonischen Monaten und einer Ära vom Sonnenuntergang des 25. Sept. 311. Dies weicht von dem Kalender der Seleukidenära bei den arabischen Astronomen des Mittelalters ab, der auf ein Sonnenjahr gebaut ist, und nach Martin's Ansicht aus der Römerzeit stammen würde, während der von ihm aufgestellte chaldäo-makedonische eine Nachahmung des Kallippischen wäre. Allein die chaldäischen Astronomen rechneten auch nach Alexander d. Gr. sicher wie bei der Ära des Nabonassar nach beweglichen Sonnenjahren. — [G. F. Unger, Chronologie des Manetho. Berlin 1867. — H. v. Pessl, Das chronologische System Manetho's. Leipzig 1878. — C. Riel, Das Sonnen- und Siriusjahr der Ramessiden mit dem Geheimniss der Schaltung und das Jahr des Julius Caesar. Untersuchungen über die altägyptische Normaljahr und die festen Jahre der griechisch-römischen Zeit. Leipzig 1875; Der Doppelkalender des Papyrus Ebers verglichen mit dem Fest- und Sternkalender von Dendera. Leipzig 1876. 4.; Der Thierkreis und das feste Jahr von Dendera. Leipzig 1878. 4. — J. Lauth, Aegyptische Chronologie basirt auf die vollständige Reihe der Epochen seit Bytes-Menes bis Hadrian-Antonin, durch drei volle Sothisperioden = 4380 Jahre. Strassburg 1877. — Aloys Schäfer, Die biblische Chronologie vom Auszuge aus Aegypten bis zum Beginn des babylonischen Exils mit Berücksichtigung der Resultate der Aegyptologie und Assyriologie. Münster 1879. — V. Floigl, Chronologie der Bibel, des Manetho und Beros. Leipzig 1880.]*)

In der politischen Chronologie des Alterthums bleibt noch sehr viel zu thun übrig. Insbesondere müssen die verschiedenen Cyklen nach ihrer Einrichtung, ihrem historischen Zusammenhang und der Zeit ihrer Einführung noch genauer erforscht und die Monate der verschiedenen Staaten ermittelt und verglichen werden. In allen diesen Punkten haben wir hauptsächlich durch Inschriften neue Aufschlüsse zu erwarten.

2. Die **Chronographie** muss zunächst an die Chroniken aus dem Alterthum anknüpfen. Die älteste derselben ist das *Marmor Parium,* eine auf der Insel Paros gefundene, wahrscheinlich zum Privatgebrauch verfertigte Tafel, welche einen Zeitraum von 1318 Jahren, von Kekrops bis auf den attischen Archonten Diognetos (264) v. Chr. umfasste, aber schon bei der Auffindung am Schluss verstümmelt war und daher nur bis 355 v. Chr. reicht; die Daten sind darin nach Jahren vor Diognetos, also rückschreitend beziffert; die Olympiadenzählung ist noch nicht angewandt. — Aus andern alten Chroniken der alexandrinischen Zeit haben wir einzelne Notizen bei späteren Geschichtsschreibern, wie Diodor, Dionysios v. Halikarnass, Diogenes Laertius etc. und bei Scholiasten; besonders wichtig sind die Fragmente aus dem in jambischen Senaren verfassten Chronikon des Apollodoros von Athen (2. Jahrh. v. Chr.). — Ausserdem sind mehrere Chroniken aus der späteren griechischen Zeit erhalten; die wichtigsten sind die des Eusebios, Bischofs von Caesarea († 340 n. Chr.), und des Synkellos von Konstantinopel († gegen 800 n. Chr.) und das Chronicon Paschale (aus dem 11. Jahrh.). Von dem Werke des Eusebios ist die griechische Urschrift nicht erhalten. Es bestand aus 2 Theilen, einer ethnographischen Χρονογραφία und einem synchronistischen Κανών, der mit Abraham begann. Von letzterem haben wir die lateinische Uebersetzung des Hieronymus aus dem Jahre 379/380. Aus dieser Uebersetzung und aus den Fragmenten und erhaltenen Auszügen der Χρονογραφία versuchte Jos. Scaliger die Schrift wiederherzustellen in seinem *Thesaurus temporum* Leiden 1606, 2. vermehrte Ausg. Amsterdam 1658. Jetzt ist dies besser möglich mit Hülfe einer 1816 aufgefundenen armenischen Uebersetzung des ganzen Werkes (lat. übersetzt von J. Zohrab und A. Mai, Mailand 1818; armenisch und lat. herausgeg. von J. B. Aucher, Venedig 1818); die neueste Restitution ist von A. Schöne, *Eusebi chronicorum libri duo.* Vol. II. Berlin 1866 [Vol. I. 1875].**) — Der *Thesaurus temporum* ist durch die darin enthaltenen eigenen chronographischen Forschungen Scaliger's

---

*) Vergl. Epigraphisch-chronologische Studien. S. 152 ff. u. Kl. Schr. VI, S. 349 ff.
**) Vergl. Manetho und die Hundssternperiode. S. 206 f. und Kl. Schr. V. S. 203.

ein höchst werthvolles Hülfsmittel; er enthält u. A. eine Ἱστοριῶν συναγωγή, d. h. chronographische Tabellen der ganzen alten Geschichte, deren Haupttheil den Titel Ὀλυμπιάδων ἀναγραφή führt. Diese griechisch geschriebene Zusammenstellung ist lange Zeit als ein Werk aus dem Alterthum angesehen worden, obgleich Scaliger sich ausdrücklich als Verfasser nennt. S. Ew. Scheibel, *Josephi Scaligeri Ὀλυμπιάδων Ἀναγραφή*. Berlin 1852. 4. und Jacob Bernays, Jos. Justus Scaliger. S. 90 ff. — In der Chronographie steht Petavius dem Scaliger bei weitem nach; sein *Rationarium temporum*. Paris 1633, ist eine Uebersicht über die allgemeine Geschichte von stark jesuitischer Färbung, war aber bis in die Mitte des 18. Jahrh. ausserordentlich verbreitet. — Von Chroniken aus dem 17. Jahrhundert sind noch anzuführen: J. Usher, *Annales V. et N. T. Una cum rerum Asiaticarum et Aegyptiacarum chronico*. London 1650 f. u. ö. — J. Marsham, *Chronicus canon Aegyptiacus, Ebraicus, Graecus*. London 1672.

In unserem Jahrhundert hat man wieder angefangen die Resultate der geschichtlichen Chronologie in umfassenden chronographischen Uebersichten zusammenzustellen und auch in Tabellen für den Schulunterricht zu verwerthen. Die bedeutendste Leistung ist: H. Clinton, *Fasti Hellenici* (englisch) Oxf. 1824 ff. 3. Ausg. 1841. 4. 3 Bde. (der 2. Band nach der 2. Ausg. ins Lat. übers. von C. W. Krüger. Leipzig 1830. 4.). Ferner Clinton, *Fasti Romani*. Oxford 2 Bde. 1845—50. 4. — Ein ähnliches umfassendes Werk hatte vorher schon Joh. Matthias Schultz in Kiel entworfen. Es erschien davon: *Apparatus ad annales criticos rerum graecarum specimen*. Kiel 1826. Reicht von Olymp. 50, 1—55, 1. Ein 2. Specimen (1827) enthält die Zeit von der Erneuerung der Olympischen Spiele durch Iphitos bis zur 30. Olymp. Ein 3. Specimen (1836) reicht von Olymp. 55, 2 — 62, 4; ein 4. findet sich in den Kieler Studien 1841 unter dem Titel: Beitrag zu genauern Zeitbestimmungen der hellenischen Geschichten von der 63. bis 72. Olympiade. Es wäre sehr dankenswerth gewesen, wenn das Werk, wovon diese Proben gegeben sind, seinem Entwurf gemäss bis zur 170. Olymp. fortgeführt wäre. — Ausserordentlich genau sind Ed. Greswell's *Fasti temporis catholici*. Oxf. 1852. 5 Bde. nebst einem Quartband Tafeln. Das Werk ist wegen der superstitiösen Vorstellungen des Verfassers in Bezug auf die Weltära unbilliger Weise gering geschätzt. — Sehr gut sind E. W. Fischer's griechische Zeittafeln. Altona 1840 f. und römische Zeittafeln. Altona 1846. 2. (Titel-)Aufl. 1856. — Ebenso A. Scheiffele, Jahrbücher der römischen Geschichte. Nördlingen 1853. (83 Bogen). — C. G. Zumpt's *Annales veterum regnorum et populorum imprimis Romanorum*. Berlin 1819. 3. Aufl. 1862. 4. sind compendiös, aber für Anfänger sehr brauchbar. — Für den Schulgebrauch vortrefflich sind Carl Peter's Zeittafeln der griechischen Geschichte zum Handgebrauch und als Grundlage des Vortrags in höheren Gymnasialklassen mit fortlaufenden Belegen und Auszügen aus den Quellen. Halle 1835. [5. Aufl. 1877.]; Zeittafeln der römischen Geschichte. Halle 1841. [6. Aufl. 1882.]

Ein besonderes Mittel zur Prüfung der geschichtlichen Daten bildet die astronomische Berechnung der von den Alten angegebenen Sonnen- und Mondfinsternisse. Hiervon handelt: *L'art de vérifier les dates des faits historiques*. Paris 1783—1787. 3 Bde. fol., später in 2 Abtheilungen: 1. *depuis*

I. Oeffentliches Leben. 1. Chronologie.

la naissance de notre Seigneur. 19 Bde. 8. 2. *avant l'ère chrétienne.* 5 Bde. 8. Eine neue Ausgabe ist 1818—1819 von Nic. Viton Saint-Alais veranstaltet. Dies Werk würde noch brauchbarer sein, wenn darin auch die Sonnenwenden und Mondphasen berechnet wären. Letzteres ist in den Tafeln von Ch. L. Largeteau geschehen, die Biot's oben erwähntem *Résumé* beigegeben sind; sie sind übersetzt von Joh. v. Gumpach Heidelberg 1853, auch abgedruckt in dessen Grundzügen einer neuen Weltlehre. Bd. I, München 1860. — [R. Schram, Hülfstafeln der Chronologie. Wien 1883].

Um die Datirungen nach eponymen Magistraten auf feste Ären zurückzuführen, müssen die Listen jener Magistrate hergestellt werden. Diese Aufgabe lässt sich wegen der lückenhaften Tradition aber nur sehr mangelhaft lösen; wir haben nur Aussicht die Reihenfolge der athenischen Archonten und römischen Consuln einigermassen vollzählig zu ermitteln; bei den spartanischen Ephoren ist dies schon unmöglich. Eine Schwierigkeit bei diesen Untersuchungen liegt darin, dass zuweilen für dasselbe Jahr in Folge von Nachwahlen (*magistratus suffecti*) mehrere Namen vorhanden sind, die man dann leicht fälschlich auf verschiedene Jahre bezieht. Ferner ist die Ueberlieferung vielfach corrumpirt; so haben sich unter den Namen der attischen Archonten 30 als irrthümlich oder untergeschoben erwiesen, die sog. *archontes pseudeponymi*. — Für die Feststellung der attischen Archontenliste hat O. Corsini, *Fasti Attici*. Florenz 1744--56. 4 Bde. 4. das Bedeutendste geleistet; seine Forschungen werden besonders mit Hülfe der Inschriften ergänzt. [Vergl. A. Dumont, *Essai sur la chronologie des archontes athéniens postérieurs à la 120 Olympiade et sur la succession des magistrats éphébiques.* Paris 1870. *Fastes éponymiques d'Athènes. Nouveau mémoire sur la chronologie des archontes postérieurs à la 120 Olymp., tableau chronologique et liste alphabétique des éponymes.* Paris 1874. — G. F. Unger, Die attischen Archonten von Olymp. 119, 4 — 123, 4. Philologus 38. 1879.] — Die Wiederherstellung der römischen Consularlisten ist zuerst versucht von C. Sigonius, *Fasti consulares ac triumphi acti a Romulo rege usque ad Ti. Caesarem.* Venedig 1556. — Sehr genau sind Th. J. Almeloveen's *Fastorum Romanorum consularium libri duo.* Amsterdam 1705. 2. Ausg. 1740. — Man hatte in Rom officielle Consularfasten, von denen Bruchstücke erhalten sind, die wichtigsten die im 16. und in unserem Jahrhundert aufgefundenen *Fasti capitolini*. Sie sind ergänzt herausgegeben von B. Borghesi, *Nuovi frammenti dei fasti consolari capitolini illustrati.* Mailand 1818—1820. [Abgedruckt in d. Oeuvres complètes. Bd. 9, Th. I. Paris 1879]. — C. Fea, *Frammenti di fasti consolari e trionfali.* Rom 1820. — J. Chr. M. Laurent, *Fasti consulares Capitolini.* Altona 1833. — Joh. Georg Baiter, *Fasti consulares triumphalesque Romanorum.* Zürich 1838 (in der Ausg. des Cicero von Orelli und Baiter Bd. 8. Th. 3.). — W. Henzen im *Corp. inscr. latin.* Vol. I. Berlin 1863. — W. H. Waddington, *Fastes des provinces asiatiques de l'empire romain depuis leur origine jusqu'au règne de Dioclétien.* 1. Theil. Paris 1872. (aus Ph. Le Bas, *Voyage archéologique*). — C. de Boor, *Fasti censorii.* Berlin 1873. — P. Wehrmann, *Fasti praetorii.* Berlin 1875. — M. Hölzl, *Fasti praetorii ab anno u. 687—710.* Leipzig 1876. — J. Klein, *Fasti consulares inde a Caesaris nece usque ad impe-*

rium Diocletiani. Leipzig 1881. — Ch. Tissot, *Fastes de la province romaine d'Afrique.* Paris 1885.]

Um die chronologischen Schwierigkeiten recht bei der Wurzel zu fassen muss man die Chronologie der einzelnen Schriftsteller feststellen. Bei den Historikern ist man hierin natürlich am weitesten gelangt. Den Anfang der kritischen Detailforschung auf diesem Gebiete hat H. Dodwell gemacht durch seine *Annales Velleiani, Quintilianei, Statiani.* Oxford 1698; *Annales Thucydidei et Xenophontei.* Oxford 1702. Für Herodot hat der französische Philologe P. H. Larcher durch seinen *Essai de chronologie d'Hérodote* (im 6. Bd. seiner *Histoire d'Hérodote traduite du Grec.*) Paris 1786, 2. Auflage 1802, den Grund gelegt, obgleich er noch an vielen chronologischen Grillen hängt, besonders die Chronologie des Alten Testaments, die meist chimärisch ist, als richtig voraussetzt; vergl. Larcher's Gegner C. F. Volney, *Chronologie d'Hérodote conforme à son texte.* Paris 1808 u. 9. Ein Haupthinderniss für die Chronographie liegt darin, dass die alten Historiker in ihren Zeitbezeichnungen vielfach höchst nachlässig und ungenau sind. Viel zu thun ist noch in der Chronologie der Redner; auch bei den Philosophen und Dichtern ist noch eine grosse Anzahl von Problemen zu lösen. In Bezug auf die dramatische Poesie kommen die Didaskalien zu Hülfe, welche überhaupt ein wichtiges Hülfsmittel der Chronologie sind.

§ 44. Beim chronologischen Studium darf man vor allen Dingen nicht vergessen, dass man ohne astronomische Kenntnisse keine gründlichen selbständigen Forschungen unternehmen, sondern sich nur die Resultate der Wissenschaft aneignen kann, obgleich sich natürlich in kleineren Untersuchungen auch ohne mathematische Grundlage Manches erledigen lässt. Man muss bei dem Studium von den Kalendarien ausgehen, die Monate, ihre Zählung, Uebereinstimmung und Differenz im Einzelnen kennen lernen, danach bei den einzelnen Staaten die Jahranfänge, Cyklen etc. untersuchen und so den Maasstab für die Aren und ihre Reduction auf einander gewinnen, überall mit kritischer Revision der Quellen, da bei den bisherigen Forschungen noch manches versehen und übersehen sein kann. Aber bei allen selbständigen Untersuchungen ist die grösste Vorsicht nöthig, damit man nicht auf chronologische Phantasmen verfalle, die sehr häufig sind. So hat G. Seyffarth durch verkehrte Anwendung des astronomischen Calcüls (Archiv für Philologie und Pädagogik 1848. Bd. XIV) die Chronologie auf den Kopf gestellt; Wilh. Fr. Rinck in seiner „Religion der Hellenen" (II S. 28 ff.) trägt mit dem grössten Selbstgefühl die verworrensten Ansichten über die griechischen Cyklen vor, und A. Faselius' Schrift: Der attische Kalender. Weimar 1861, besteht nur aus Phantasmen.

Für das chronographische Studium ist es von grossem Vortheil, wenn man das Hauptgerüst der Zeitbestimmungen dem Gedächtniss einprägt. Am leichtesten und sichersten behält man die Daten, soweit man sie versteht, d. h. soweit man erkennt, wie sich in den Zeitverhältnissen der innere Zusammenhang der geschichtlichen Ereignisse darstellt. Man muss sich überhaupt gewöhnen jede Thatsache stets in ihrer zeitlichen Bestimmtheit zu denken; dann werden auch die an sich zufälligen Zahlen durch vielfache Anknüpfung im Gedächtniss befestigt. Ausserdem leisten übersichtlich geordnete Tabellen gute Dienste, und auch kleine künstliche Gedächtnissmittel sind nicht zu verschmähen. Doch verlohnt es sich nicht der Mühe bei schlechtem Zahlengedächtniss auf die äusserliche Aneignung der Zeitbestimmungen viel Zeit zu verwenden. Nothwendig ist dagegen eine gewisse Fertigkeit in der Reduction der verschiedenen Ären. Man bedient sich hierzu vergleichender Tabellen um nicht beständig rechnen zu müssen; aber man muss stets ohne viel Zeitverlust die Richtigkeit der Tabellen prüfen können. [A. B. Lutterbeck, Zeitberechnungstafeln. Giessen 1870. — L. Mendelssohn, Paralleltabellen zur griech.-römischen Chronologie. Mit Vorwort von F. Ritschl. Leipzig 1874. — E. Brinckmeier, Praktisches Handbuch der historischen Chronologie aller Zeiten und Völker, besonders des Mittelalters. Mit Erläuterungen, ausführlichen Tabellen, Berechnungen und diplomatischen Hinweisungen zur Prüfung, Bestimmung und Reduction der Daten hist. Ereignisse, Urkunden, Diplome, Chroniken, Schriftsteller u. s. w. von den frühesten Zeiten der beglaubigten Geschichte an. (Leipzig 1843.) 2. vollst. umgearbeitete Aufl. Berlin 1882.]*)

2. Geographie.

§ 45. Die Geographie der Alten ist in der Geschichte der antiken Wissenschaft darzustellen, wo gezeigt werden muss, wie sich die geographischen Kenntnisse der alten Völker von mythischen Vorstellungen aus zur Wissenschaft ausgebildet haben. Die Geographie der alten Welt hat dagegen den Schauplatz der alten Geschichte so zu beschreiben, wie er wirklich war. Natürlich werden hierbei die geographischen Angaben der Alten als geschichtliche Zeugnisse die Grundlage bilden. Aber ganz verkehrt ist die Ansicht, dass die objective Darstellung der alten Geographie mit der Geschichte der geographischen Kenntnisse der Alten zusammen fallen müsse, eine Ansicht, die Viele und selbst Fr. Aug. Wolf irre geleitet hat (s. oben S. 41), und die

---

*) **Zur Chronologie:** Zur Geschichte der Mondcyklen der Hellenen. Leipzig 1855. — Epigraphisch-chronologische Studien. Zweiter Beitrag zur Geschichte der Mondcyklen der Hellenen. Leipzig 1856. — Ein Auszug aus der erstern dieser Schriften und Nachträge zu beiden. Kl. Schr. VI, S. 329—362. — Ueber den zodiakalen Kalender des Astronomen Dionysius. Kl. Schr. VI, S. 374 ff. — Ueber die vierjährigen Sonnenkreise der Alten, vorzüglich den Eudoxischen. Berlin 1863. — Ueber das böotische Jahr. *Corp. Inscr.* I, S. 732 ff. Kl. Schr. V, 73 ff. Das delphische Jahr. *C. I.* 814. Das Stratonikeische Jahr. *C. I.* II, 488. Kyzikenische Monate. *C. I.* II, 920 f. 924 f. Ionische Monate. *C. I.* II, 273 ff. Eponyme Archonten von Teos. *C. I.* II, 649. *De archontibus Atticis pseudeponymis.* Kl. Schr. IV, 266—300. — Die parische Chronik. *C. I.* II, 293—343. — Manetho und die Hundssternperiode. Berlin 1845. — *De pugnae Marathoniae tempore.* 1816. Kl. Schr. IV, 85 ff. — Von den Zeitverhältnissen der Demosthenischen Rede gegen Meidias. 1818. Kl. Schr. V, S. 153—204. — *De tempore quo Plato rempublicam peroratam finxerit, dissertationes* III, Kl. Schr. IV, S. 437—470, 474—492.

sich geltend machte, seitdem in Frankreich N. Fréret durch seine Schriften über alte Geographie (s. besonders *Observations générales sur la géographie ancienne* 1735, erst 1850 in den *Mémoires de l'Académie des Inscriptions* Bd. XVI. abgedruckt, und in Deutschland Joh. Heinr. Voss durch seine geographischen Abhandlungen und seine mythologischen Briefe (Königsberg 1794. 2 Bde.) eine kritische Geschichte der Geographie der Alten begründet hatten.

1. Die Beschreibung der alten Welt muss von der mathematischen Bestimmung der Oertlichkeiten ausgehen, sowie die Chronologie von der mathematischen Bestimmung der Zeit. Indem die einzelnen Positionen nach geographischer Länge und Breite bestimmt werden, erhält man eine Kenntniss von dem Gerippe des Schauplatzes. Man muss hierzu allerdings die Angaben der Alten sorgfältig untersuchen. Allein ihre Vorstellungen von der Lage der Orte in Rücksicht der mathematischen Geographie waren höchst fehlerhaft. Dies ist nicht zu verwundern, wenn man bedenkt, wie falsch z. B. unsere Karten von Kleinasien vor Macdonald-Kinneir waren, wie unrichtig die Südküste dieses Landes vor Fr. Beaufort's Karamania-Aufnahme gezeichnet wurde. Die Alten irrten sich besonders in den Weltgegenden, weil sie wenige genauere Beobachtungen über die geographische Länge und Breite hatten. Noch Strabon (Buch II, 5 § 27. 28) nimmt an, die Pyrenäen hätten eine Richtung von Norden nach Süden und seien dem Rhein parallel; er berechnet (II, 4 § 3) die geographische Länge Siciliens so, als ob die Richtung von dem Vorgebirge Pachynum nach der Meerenge bei Pelorum von Osten nach Westen ginge, da sie doch vielmehr von Südwesten nach Nordosten läuft; ferner behauptet er (II, 5 § 7), Syene, Alexandria, Rhodos, der Hellespont, Byzanz und die Mündung des Borysthenes lägen unter demselben Meridian. Thukydides Buch III, 4 sagt, das Vorgebirge Maleia auf Lesbos sei im Norden der Stadt Mytilene (πρὸς βορέαν τῆς πόλεως), während es vielmehr gerade im Süden liegt. Man kann hier nicht durch Interpretation oder Kritik helfen; solcher falschen Vorstellungen giebt es eben viele, entstanden aus unrichtigen Entwürfen der Karten, Täuschung über den Wind, ungenauer Beobachtung der Gestirne; bei Strabon in den Excerpten des 7. Buchs, 53 ist angegeben, der Thrakische Chersonnes bilde drei Meere: die Propontis ἐκ βορρᾶ, den Hellespont ἐξ ἀνατολῶν, den Μέλας κόλπος ἐκ νότου; in Wahrheit

aber liegt der Hellespont im Südosten, die Propontis nordöstlich und der Μέλας κόλπος nordwestlich. Herodot hat besonders viel falsche Vorstellungen von der Lage und Richtung der Meere; entferntere, wie das caspische, wurden ganz irrig gedacht. In wie vielen Fällen können wir aber den Irrthum nicht mehr aus dem wirklichen Zustande nachweisen! Ptolemäos hat das unleugbare Verdienst in seiner Geographie mit Benutzung aller früheren Forschungen, wie besonders der des Marinos aus Tyros die Länge und Breite vieler Orte in genauerer Weise bestimmt zu haben. Wenn auch nicht Alles richtig ist, so ist sein Werk doch bewundernswerth, und seine Kenntnisse reichen in manchen Punkten weiter als noch vor Kurzem die unserigen reichten; so kannte er z. B. die Quellgegend des Nil. Indessen bleibt doch noch unendlich viel zu ergänzen. Wir sind darauf angewiesen den Boden der alten Geschichte selbst zu untersuchen, mit Hülfe der Angaben aus dem Alterthume und der an Ort und Stelle erhaltenen Tradition die Lage der alten Oertlichkeiten zu ermitteln und dann mathematisch zu bestimmen. Seit Francis Vernon, der auf seiner Reise in Griechenland (1675) zuerst Ortsbestimmungen vornahm, ist nach dieser Seite hin sehr viel geleistet.

2. An die mathematische Geographie schliesst sich die physische, die wie jene nur Hülfswissenschaft für die philologische Betrachtung ist. Aber man kann die Entwickelung des geschichtlichen Lebens nur in seinem Verhältniss zur umgebenden Natur verstehen. Man muss den Lauf der Berge und Flüsse, die Bodenhöhe und die Tiefe der Gewässer, die meteorologischen Eigenthümlichkeiten der Länder, ihre Beschaffenheit in Bezug auf Producte aller Art, Gesteine, Vegetation und Thierwelt, endlich auch die Wirkung der Landschaft auf die Phantasie kennen um einen vollen Einblick in die materiellen Bedingungen des Geisteslebens zu erhalten (s. oben S. 70). Hierin ist für das Alterthum noch viel zu thun, und die Autopsie der Reisenden ist eine höchst wichtige Ergänzung für die Berichte der Alten.

3. Die eigentlich philologische Seite der Geographie ist aber die politische Geographie, da diese die von den Menschen bewerkstelligte Ländereintheilung und Fixirung der Wohnsitze betrifft. Die politische Geographie des Alterthums ist schwieriger als die der Neuzeit; denn sie beruht auf einer Vergleichung der thatsächlichen Verhältnisse mit den Angaben der Alten, und da

sie wesentlich von der mathematischen Bestimmung der Positionen abhängt, so hat sie bei der oben erörterten Unzulänglichkeit und Unsicherheit der alten Quellen grosse hermeneutische und kritische Schwierigkeiten zu überwinden. Ausserdem sind die Verhältnisse, welche sie betrifft, wandelbar, können also nur in ihrer geschichtlichen Entwickelung betrachtet werden. Friedr. Aug. Wolf lobt allerdings die alte Geographie, weil sie fest und abgeschlossen sei; die heutige könne leicht alterirt werden, wenn z. B. eine Stadt abbrenne, oder die Grenzen durch Friedensschlüsse verändert würden. Er führt dies (Alterthums-Wissenschaft S. 50 [= Kl. Schr. II, 838*]) in einer lächerlichen Tirade weiter aus, die schon von A. L. Bucher: Betrachtungen über die Geographie u. über ihr Verhältniss zur Geschichte u. Statistik. (Leipzig 1812) Seite 3 ff. in ihrer Blösse dargestellt ist. Gerade im Gegentheil hat es die alte Geographie mit viel wandelbareren Zuständen zu thun als die moderne. Jetzt stehen die Städte ziemlich fest und neue entstehen in unserm Welttheil nicht so häufig; im Alterthum entstanden und verschwanden sie oft in raschem Wechsel ebenso wie die Staaten. Die politische Geographie ist ihrer Natur nach eben stets historisch (s. oben S. 310). Wie es aber keine von der mathematischen getrennte physische Chronologie giebt, so giebt es keine von der politischen getrennte historische Geographie.

Ausser den Ländergrenzen und der Lage der Wohnplätze betrachtet die politische Geographie auch die inneren Ortsverhältnisse der Länder (Chorographie) und der geschichtlich wichtigen Plätze (Topographie). Dies erfordert offenbar die genauesten Specialuntersuchungen, und es lässt sich hieraus der ungeheure Umfang der alten Geographie ermessen, die sich überdies nicht auf Italien und Griechenland beschränken kann, sondern den ganzen Schauplatz der griechischen und römischen Geschichte betrachten muss.

Literatur. 1. Die **Quellen** der alten Geographie sind unter den alten Schriftstellern vorzüglich die Historiker und Geographen. Ueber letztere einige Bemerkungen. Strabon hat ein geographisches System von einer Anschaulichkeit, wie wir sie erst in neuester Zeit wieder erreicht haben. Er giebt bestimmte Bilder, entwirft die Grundverhältnisse in der Gestalt der Länder, der Form und dem Lauf der Gebirge und bestimmt dadurch wirklich die Gestaltung der Erdoberfläche. Ptolemäos enthält ein reichhaltiges Material, aber nur nomenklatorisch, weil es ihm nur darauf ankommt, die Positionen zu bestimmen. Pausanias ist für Griechenland die Hauptquelle; er ist aber Perieget, nicht eigentlich Geograph. Von der Gestaltung der Länder lehrt er so viel als nichts, ja führt sogar in seinen Beschreibungen, sowohl in chronographischer als auch in topographischer Beziehung leicht in die Irre. Die grössten Schwierigkeiten für die Topographie von Athen würden durch seine Periegese gehoben werden, wenn dieselbe nicht so unklar wäre, dass man oft nicht weiss, was rechts oder links ist. Unter den Römern sind hauptsächlich Plinius in der *Naturalis Historia*, Pomponius Mela, [Martianus Capella und Isidorus] wichtig. [Vergl. unten § 94 die Literatur zur Geschichte der Geographie.]

Eine besondere, entlegenere Quelle sind Reisebeschreibungen aus dem Alterthum, vorzüglich die περίπλοι, von denen noch viele vorhanden sind. Der älteste ist der des Skylax, ungefähr aus der Zeit des Demosthenes. [Der älteste ist der von Avien in seiner Ora Maritima übersetzte Periplus, der aus der Zeit des Hecataeus stammend eine Küstenbeschreibung des Atlantischen Oceans und des Mittelmeers bis zum Pontus Euxinus gibt. Erhalten ist der grösste Theil von Buch I, der die Küste von der Bretagne bis Massilia schildert (K. Müllenhoff, Deutsche Alterthumskunde I, 73—203; A. v. Gutschmid, Lit. Centralbl. 1871, 523—526; O. Meltzer, Gesch. d. Karth. I, 479—481. Unhaltbar sind die Gründe G. F. Unger's, Der Periplus des Avienus in Philol. Suppl. IV, 2, 191—280; der die Abfassungszeit in das vierte Jahrhundert v. Chr. verlegt.) Auch Skylax ist wahrscheinlich bereits in jener Periode verfasst worden, obwohl die letzte Redaction des uns erhaltenen Werkes, das mannigfache Ueberarbeitungen erfahren, ungefähr aus der Zeit des Demosthenes stammt; dass ebenso Pseudo-Skymnus bez. Ephorus Quellen benützte, die theilweise in das Alterthum des Hecataeus hinaufreichen, beweist unverkennbar die Darstellung des ersteren der politischen Zustände Iberiens, Galliens, Siciliens und Unteritaliens.] Wichtig sind auch die lateinischen Reisebücher, die aus dem 4. Jahrhundert n. Chr. erhalten sind: die beiden *Itineraria Antonini* und das *Itinerarium Burdigalense* oder *Hierosolymitanum* (Pilgerstrasse von Burdigala in Gallien nach Jerusalem, 333 n. Chr.). Sie geben die auf Vermessungen beruhenden Distanzen auf den Hauptstrassen des römischen Reiches an. Bekanntlich hatten die Alten schon seit dem ionischen Philosophen Anaximandros geographische Karten; doch konnten dieselben wegen ihrer mangelhaften Kenntnisse in der mathematischen Geographie nicht sehr vollkommen sein. Vergl. H. Reinganum, Geschichte der Erd- und Länderabbildungen der Alten, besonders der Griechen und Römer. Jena 1839. Wir besitzen nur Copien von alten Karten, nämlich die Zeichnungen zu Ptolemäos Geographie [vergl. H. Kiepert, Lehrbuch der alten Geographie, S. 10 die Pisanischen Seekarten, die häufig auf antike Grundlagen zurückgehen,] und die sog. *tabula Peutingeriana*. Letztere ist eine Reisekarte, und stellt den ganzen *orbis terrarum* der Römer in einer Art Projection dar, in die man sich erst hineinstudiren muss. Das vorhandene Exemplar auf der Wiener Hofbibliothek besteht aus 11 Pergamentblättern (das 12., welches Britannien, Spanien und einen Theil von Mauretanien enthielt, ist verloren gegangen) und ist 1261 von einem Dominikanermönch zu Colmar nach einem alten Original gemalt. Man hat die Karte auch *tabula Theodosii imperatoris* genannt, weil man geglaubt hat, dass sie unter Theodosius

336 Zweiter Hauptheil. 2. Abschn. Besondere Alterthumslehre.

d. Gr. entworfen ist. Es hat indess die grösste Wahrscheinlichkeit, dass die Tafel in ihrer jetzigen Gestalt unter Septimius Severus redigirt ist, ursprünglich aber auf den unter Augustus gemachten Vermessungen beruht. Die erste zuverlässige Ausgabe ist von Franz Chr. v. Scheyb: *Peutingeriana tabula itineraria.* Wien 1753 (12 Blätter in der Grösse des Originals); Scheyb's Kupfertafeln sind benutzt bei der Ausgabe der Münchener Akademie: *Tabula itineraria Peutingeriana.* Leipzig 1824 von K. Mannert und F. Thiersch. Vergl. Peter Katancsich, *Orbis antiquus ex tabula itinerum quae Theodosii Imperatoris et Peutingeri audit ad systema geographiae redactus et commentariis illustratus.* 2 Bde. Buda 1824. K. Müllenhoff, Über die Weltkarte und Chorographie des Kaisers Augustus. Kiel 1856. 4. [Neueste Ausgabe: E. Desjardins, *La table de Peutinger.* Paris 1869 ff. Facsimile. Mit ausführlichem, aber unvollendetem Commentar. — Fr. Philippi, *De tabula Peutingeriana. Accedunt fragmenta Agrippae geographica.* Bonn 1876; Zur Reconstruction der Weltkarte des Agrippa (mit fünf autographirten Kartenskizzen). Marburg 1880. — E. Desjardins, *Les onze régions d'Auguste. Quelles sont les divisions de l'Italie inscrites sur la table de Peutinger?* Paris 1875. — E. Schweder, Beiträge zur Kritik der Chorographie des Augustus. 3 Theile. Kiel 1876. 1878. 1883.] Die Reiseberichte des Alterthums sind zum grossen Theil gesammelt in dem *Recueil des Itinéraires anciens* von Fortia d'Urban, Paris 1845. S. ferner K. Müller, *Geographi graeci minores.* Paris 1855. 1861. 2 Bände nebst Atlas. [A. Riese, *Geographi latini minores.* Heilbronn 1878. — Eine Fragmentsammlung der griech. Geographen hat C. Frick in Aussicht gestellt.]

Zur Ergänzung der alten Quellen dient, wie erwähnt, die Vergleichung des jetzigen Zustandes. Diesen muss man aus neuern Beschreibungen kennen lernen, wenn man nicht selbst durch Autopsie eine Anschauung gewinnen kann. Schon im 15. Jahrhundert durchreisten Cyriacus von Ancona (1437) und der Architect G. Giamberti (1465) Griechenland um die Reste des Alterthums zu erforschen. Aber erst seit der Mitte des 16. Jahrhunderts wurden ähnliche Versuche besonders durch Franzosen erneuert, und erst seit der gemeinsamen Reise des Franzosen J. Spon und des Engländers G. Wheler (1675 und 1676) wurden die Forschungen in wissenschaftlichem Sinne betrieben. Das Meiste haben in dieser Beziehung Engländer geleistet, besonders J. Stuart (1751 ff.), R. Chandler (1764), Edw. Dan. Clarke (1800 ff.), Edw. Dodwell (1801), W. Gell (1801—1806), M. Leake (1802, 1805, 1808 ff.), J. Sp. Stanhope (1814), R. Walpole (1817 ff.) In unserm Jahrhunderte haben Reisende aus fast allen Nationen zur Aufhellung der Geographie Alt-Griechenlands beigetragen. Vorzüglich erwähnenswerth sind die Berichte über die französische *Expédition scientifique de la Morée* und die Reisebeschreibungen von F. Pouqueville, P. O. Bröndsted, P. W. Forchhammer, L. Ross, H. N. Ulrichs, A. Prokesch v. Osten, Cl. A. C. Klenze, K. G. Fiedler, Chr. A. Brandis, L. Stephani, Ph. Le Bas und W. H. Waddington, H. Hettner, W. Vischer, Ch. E. Beulé, Th. Wyse, A. Conze, Fr. Unger, L. Heuzey, H. Barth, F. G. Welcker, [B. Stark, O. Benndorf]. Vergl. über die Literatur: F. K. H. Kruse, Hellas. Band 1; Bernhard Stark im Philologus 14. 1859; [A.

I. Oeffentliches Leben. 2. Geographie.

Conze, Philologus 25. 1867; E. Isambert, *Itinéraire descriptif, historique et archéologique de l'Orient*. 1. *partie. Grèce et Turquie d'Europe*. 2. *partie. Malta, Egypte, Nubie, Abyssinie, Sinaï*. 3. *partie. Syrie, Palestine, comprenant le Sinaï, l'Arabie Pétrée et la Cilicie*. 2. Aufl. Paris 1873. 1878. 1882.] — Die philologische Durchforschung Kleinasiens beginnt mit der Reise R. Chandler's. Aber erst in unserm Jahrhundert ist dies Land völlig eröffnet; die grössten Verdienste um die Geographie desselben haben ebenfalls die Engländer, besonders M. Leake, F. V. J. Arundell, J. Macdonald-Kinneir, W. J. Hamilton, Ch. Fellows, Ch. T. Newton. Mit den Engländern wetteiferten die Franzosen; namentlich haben Ch. F. M. Texier, Ph. Le Bas und W. H. Waddington bedeutende Entdeckungen gemacht. Auch Deutsche trugen zur Aufhellung der Geographie Kleinasiens bei; so General Fr. L. Fischer, K. v. Vincke und der berühmte H. v. Moltke, die mehrere Landschaften im Innern zuerst genau aufgenommen haben, ferner A. Schönborn und H. Kiepert. Vergl. H. Kiepert, Karte von Kleinasien u. Mémoire dazu. Berlin 1854; [E. Curtius, Beiträge zur Gesch. und Topogr. Kleinasiens. Berlin 1872 mit Nachtrag: *Philadelpheia*. 1873 u. G. Hirschfeld in den Monatsber. der Berl. Akad. Februar 1875, Zeitschrift d. Ges. f. Erdkunde 12 (1877), 14 (1879) u. Sitz. Ber. d. Berl. Akad. 1883.]. — Aegypten ist zuerst von dem Franzosen Benoit de Maillet (*Description de l'Egypte*. Paris 1735) beschrieben, aber erst seit der grossen Expedition Bonaparte's, deren Resultate die unter E. F. Jomard's Leitung abgefasste *Description de l'Egypte*. Paris 1809—30 enthält, gleichsam neu entdeckt worden. Ebenso ist die alte Geographie des innern Asien ganz neu geschaffen und besonders durch die assyrischen Ausgrabungen bereits zu den wichtigsten Ergebnissen gelangt. — Bei Rom und Italien, wo die Ueberreste des Alterthums in so reicher Fülle vorhanden sind, und wo die antiken Namen sich zum grossen Theil noch erhalten haben, ist die Vergleichung mit den alten Quellen natürlich leichter. Ausserdem kommt hier eine Unzahl von Beschreibungen zu Hülfe. Schwieriger ist die Aufgabe in Bezug auf die Provinzen des römischen Reichs; doch wird überall den Antiquitäten aus der Römerzeit nachgeforscht, mit besonderem Erfolge in Frankreich. Ueber Deutschland findet man das Wichtigste bei den Auslegern der Germania des Tacitus und der Itinerarien zusammengestellt. Ein allgemeines Mittel der Vergleichung ist auch die Kenntniss der lateinischen Benennungen der geographischen Gegenstände; eine gute lexikalische Zusammenstellung giebt J. G. Th. Graesse, *Orbis Latinus*. Dresden 1861. Unter den Ueberresten des Alterthums sind die Inschriften von besonderem Werth; sie enthalten die wichtigsten Zeugnisse für die Topographie. [Vergl. die geographischen Register des *Corp. Inscr. Graec.* und des *Corp. Inscr. Lat.*]

Keine Wissenschaft dürfte in dem letzten Jahrhundert grössere Fortschritte gemacht haben als die alte Geographie durch die genaue Untersuchung der Ueberreste aus dem Alterthum. [Vergl. E. Curtius, Der Wetteifer der Nationen in Wiederentdeckung der Länder des Alterthums. 1880. In „Alterthum und Gegenwart." 2. Bd. Berlin 1882.]

2. Bearbeitungen der alten Geographie.
Christ. Cellarius, *Notitia orbis antiqui*. Leipzig 1701—6. 2 Bde. 4., letzte Auflage von J. C. Schwartz. Leipzig 1773. Das älteste umfas-

sende Werk über alte Geographie. Der Inhalt entspricht indess nicht dem Umfang; dem Verf. fehlte es gänzlich an Localsinn. — J. B. Bourguignon d'Anville, *Géographie ancienne abrégée.* Paris 1768. 3 Bde. Grundlegend für alle folgenden Bearbeitungen; d'Anville zeichnete sich durch eine ausserordentlich feine Combinationsgabe aus und besass bedeutende Kenntnisse, obgleich er kein Griechisch verstand. — Konr. Mannert, Geographie der Griechen und Römer aus ihren Schriften dargestellt. Nürnberg, Landshut und Leipzig 1788—1825. 10 Theile in 14 Bänden (z. Th. neu aufgelegt). Aeusserst fleissig gearbeitet, geht nur zu wenig auf die Ergebnisse der neuern Reisen ein; der Verf. ist durch Fréret's und Voss' Ansicht beeinflusst. — P. F. J. Gossellin, *Géographie des Grecs analysée.* Paris 1790. gr. 4.; *Recherches sur la géographie systématique et positive des anciens.* Paris 1798—1813. 4 Bände. gr. 4. Nach Frèretscher Methode und voll willkürlicher Hypothesen. — F. A. Ukert, Geographie der Griechen und Römer von den frühesten Zeiten bis auf Ptolemäos. Weimar 1816—46. 3 Theile. Umfasst im Sinne von J. H. Voss, dessen Schüler der Verf. war, zugleich die Geographie der Alten; ist kritischer und genauer als Mannert. — Alb. Forbiger, Handbuch der alten Geographie aus den Quellen bearbeitet. Leipzig 1842—48. 3 Bde. Band 1: allgemeine Geschichte der alten Geographie und mathematische und physische Geographie der Alten, Bd. 2 u. 3: politische Geographie der Alten. [3. Bd. 2. Aufl. Hamburg 1877.] — B. G. Niebuhr, Vorträge über alte Länder- u. Völkerkunde; herausg. von M. Isler. Berlin 1851.

Lehrbücher: Paul Friedr. Achat Nitsch, Kurzer Entwurf der alten Geographie. Leipzig 1789. Verbesserte Ausgabe von Konr. Mannert, Leipzig 1798. 11. Aufl. Leipzig 1837. — Handbuch der alten Erdbeschreibung zum Gebrauch der eilf grösseren d'Anvilleschen Landkarten von B. F. Hummel, A. Stroth, H. E. G. Paulus, Heeren, P. J. Bruns u. A. Nürnberg und Jena 1785—93. 2 Bde. 3. Aufl. im Auszuge. Nürnberg 1800. Nicht von Bedeutung. — Benj. Friedr. Schmieder und Friedr. Schmieder, Handbuch der alten Erdbeschreibung mit einem Atlas in 12 Karten. Berlin 1802. 2. Aufl. 1831. — Sam. Christ. Schirlitz, Handbuch der alten Geographie für Schulen. Halle 1822. 2. Ausg. Halle 1837. — F. K. L. Sickler, Handbuch der alten Geographie für Gymnasien und zum Selbstunterricht. Cassel 1824. 2. Ausgabe 1832. Fast nur Auszug aus Mannert. — K. Kärcher, Handbuch der alten classischen Geographie. Heidelberg 1829. — Ludwig Georgii, Alte Geographie beleuchtet durch Geschichte, Sitten, Sagen der Völker und mit vergleichenden Beziehungen auf die neuere Länder- und Völkerkunde. Zur Belehrung und Unterhaltung für Leser aus allen Ständen und zum Gebrauch für höhere Lehranstalten. Nebst einem Anhang: Uebersetzung der Geographie des Ptolemäos. Stuttgart 1838. 1840. 2 Thle. — [H. Kiepert, Lehrbuch der alten Geographie. Berlin 1878. Leitfaden der alten Geographie. Berlin 1879].

Vergleichende Geographie: Meletios (Erzbischof von Athen † 1714), Γεωγραφία παλαιὰ καὶ νέα, 1682 geschrieben, 1728 in Venedig in Fol. herausgegeben; 2. Ausg. 1807. 2 Bde. 8. Sehr interessant. — E. Mentelle, *Géographie comparée, ou analyse de la géographie ancienne et moderne des peuples de tous les pays et de tous les âges.* Paris 1781. 7 Bände. — J. A. Letronne, *Cours élémentaire de géographie ancienne et moderne.* 16. Ausg. Paris 1832.

I. Oeffentliches Leben. 2. Geographie. 339

Deutsch von A. Baumstark. Freiburg 1833. — W. F. Volger, Vergleichende Darstellung der alten, mittlern und neuen Geographie. 2. Aufl. Hannover 1837. — Th. Schacht, Lehrbuch der Geographie alter und neuer Zeit, mit besonderer Rücksicht auf politische und Culturgeschichte. Mainz 1831 [8. Aufl. von W. Rohmeder. Mainz 1874.] — Es ist zu bedauern, dass Carl Ritter's allgemeine vergleichende Geographie nicht vollendet worden ist. (19. Theil. Kleinasien Bd. II. Berlin 1859.) Für die alte Geographie von Asien und Afrika ist dies Werk, das keines Lobes bedarf, eine reiche Fundgrube.

Geograph. Wörterbücher: K. Ph. Funke, Wörterbuch der alten Erdbeschreibung. Weimar 1800. — P. A. Dufau et J. Guadet, *Dictionnaire universel abrégé de géographie ancienne comparée*. Paris 1820. Deutsch Weimar 1821. 2 Bde. — J. G. Masselin, *Dictionnaire universel des géographies physique, historique et politique du monde ancien, du moyen âge et des temps modernes comparées*. Paris 1827. 2 Bde. — Fr. H. Th. Bischoff und J. H. Möller, Vergleichendes Wörterbuch der alten, mittleren und neuen Geographie. Gotha 1829. — Joh. Wilh. Müller, *Lexicon manuale geographiam antiquam et mediam cum latine tum germanice illustrans*. Leipzig 1831. — William Smith, *Dictionary of Greek and Roman geography, illustrated by numerous engravings on wood*. London 1854—57. 2 Bde. [2. Aufl. 1870. Dazu Atlas. Lond. 1875 fol. — L. Vivien de Saint-Martin, *Nouveau dictionnaire de géographie universelle*. Paris seit 1879 im Erscheinen begriffen. — H. Brugsch, *Dictionnaire géographique de l'ancienne Egypte*. Wörterbuch der alt-ägyptischen Geographie. Leipzig 1877—80 fol.]

Monographien über einzelne Länder: Ph. Cluverius, *Germania*. Leiden 1616. 4.; *Vindelicia et Noricum*. Leiden 1616. 4.; *Sicilia, Sardinia et Corsica*. Leiden 1619.; *Italia antiqua* (nach dem Tode des Verf. von Dan. Heinsius herausgeg.) Leiden 1624. 2 Bde. fol. mit L. Holstein's *Adnotationes ad Cluverii Italiam*. Rom 1666 u. ö. Vorzügliche Leistungen. — J. Palmerius, *Graeciae antiquae descriptio*. Leiden 1668. 2 Ausg. 1678. 4. — F. K. H. Kruse, Hellas oder geographisch-antiquarische Darstellung des alten Griechenlands u. seiner Colonien. Leipzig 1825—1827. 3 Bde. — J. A. Cramer, *A geographical and historical description of ancient Greece*. Oxford 1828. 3 Bde. — H. Bobrik, Griechenland in altgeographischer Beziehung. Leipzig 1842. — F. Fiedler, Geographie und Geschichte Alt-Griechenlands und seiner Colonien. Leipzig 1843. — J. H. Krause, Altgriechenland in Ersch und Gruber's Encyklop. Sect. I. Bd. 80. — Conr. Bursian, Geographie von Griechenland. Leipzig 1862—[1872]. 2 Bde. Vortrefflich. — [C. Neumann u. J. Partsch, Physikalische Geographie von Griechenland mit besonderer Rücksicht auf das Alterthum bearbeitet. Breslau 1885.] — Otfried Müller, Geschichten Hell. Stämme und Städte. Breslau 1820—24. Mit illustrirten Karten des Peloponnes und zum nördlichen Griechenland. 2 Ausg. 1844 von F. W. Schneidewin. — Ernst Curtius, Peloponnesos. Gotha 1851—52. 2 Bde. — J. Rennell, *A treatise on the comparative geographie of Western Asia, accompagnied with an atlas of maps*. London 1831. 2 Bde. Eine vorzügliche Leistung. — J. A. Cramer, *Description of Asia Minor*. Oxf. 1832. 2 Bde. — [F. Spiegel, Eränische Alterthumskunde. Leipzig 1871—78. 3 Bde.] — Chr. Lassen, Indische Alterthumskunde. Bonn und Leipzig 1844—1862. 4 Bde. [Bd. 1. 2. 2. Aufl. 1867—73. — A. Cunningham, *Ancient geography of India.* Vol. I. *The Buddhist period.* London 1871. — Zahlreiche Abhandlungen verschiedener Gelehrten über Palästina in der Zeitschrift des Palästinavereins. — Ch. Clermont-Ganneau, *Mission en Palestine et en Phénicie entreprise en 1881. Archives des missions scientifiques et litteraires.* III. Série, t. IX, 277/321 u. Paris 1884.] — Heinr. Brugsch, Die Geographie des alten Aegyptens. Leipzig 1857 —60. 3 Bde. — G. Parthey, Zur Erdkunde des alten Aegyptens. Abhandl. der Berliner Akademie der Wissenschaften. 1858. (Mit guten Karten.) — [Ch. Tissot, *Rapport sur la mission de M. Jul. Poinssot en Tunisie.* Mit Karte. *Archiv. d. miss. scientif.* III. Série. 10 (1883); *Géographie comparée de la province romaine d'Afrique.* I. Paris 1884. — A. Sprenger, Die alte Geographie Arabiens als Grundlage der Entwicklungsgeschichte des Semitismus. Bern 1875. — H. Entz, Ueber den Periplus des Hanno. Marienburg 1874. — A. Holm, Beiträge zur Berichtigung der Karte des alten Siciliens. Lübeck 1866; Geschichte Siciliens im Alterthum. Leipzig 1870—74. 2 Bde. — F. Lenormant, *La Grande-Grèce, paysages et histoire.* Paris 1881—84. 3 Bde. — C. v. Czörnig, Die alten Völker Oberitaliens: Italiker (Umbrer), Raeto-Etrusker, Raeto-Ladiner, Veneter, Kelto-Romanen. Wien 1885. — C. Dotto de' Dauli, *L'Italia dai primordii all'evo antico.* Forli 1879 f. 3 Bde. — H. Nissen, Italische Landeskunde. I. Land und Leute. Berlin 1883. — W. Springer, Topographie Latiums in Bezug auf die von den röm. Königen geführten Kriege. Breslau 1876.] — W. Abeken, Mittelitalien vor den Zeiten der römischen Herrschaft. Stuttgart u. Tübingen 1843. — [J. Beloch, Campanien. Topographie, Geschichte und Leben der Umgebung Neapels im Alterthume. Nebst Atlas. Berlin 1879. — Ettore Paio, *La Sardegna prima del dominio Romano.* Rom 1881.] — J. B. Bourguignon d'Anville, *Notice de la Gaule ancienne.* Paris 1760. — Ch. A. Walckenaer, *Géographie ancienne historique et comparée des Gaules cisalpine et transalpine.* Mit Atlas. Paris 1839. 3 Bde. 2. Aufl. 1862. 2 Bde. — E. Herzog, *Galliae Narbonnensis historia, descriptio, institutorum expositio.* Leipzig 1864. — [E. Desjardins, *Géographie historique et administrative de la Gaule romaine.* Paris 1876—1885. 3 Theile. — F. Le Men, *La cité des Osismii et la cité des Veneti.* Mit Karte. *Revue archéol.* N. S. 23 (1872). — Ch. Lenthéric, *Les voies antiques de la région du Rhone.* Avignon 1882. — H. Kiepert, Zur alten Ethnographie der iberischen Halbinsel. Monatsber. der Berl. Akad. 1864. — G. Phillips, Die Einwanderung der Iberer in die pyrenäischen Halbinsel; Die Wohnsitze der Kelten auf der pyren. Halbinsel. Sitzungsber. der Wiener Akad. Bd. 65 (1870), Bd. 71 (1872). — D. Detlefsen, Die Geographie der Provinzen Baetica, Tarraconensis und Lusitanien bei Plinius. Philologus 30 (1870), 32 (1873), 36 (1877)]. — W. Camden, *Britannia.* London 1586 u. ö. — S. Horsley, *Britannia romana.* London 1732. — [Ed. Guest, *Origines celticae.* London 1883. 2 Bde.] — [Zahlreiche Aufsätze verschiedener Gelehrter über Germanien in den Jahrbüchern des Vereins der Alterthumsfreunde im Rheinlande.] — Kasp. Zeuss, Die Deutschen und die Nachbarstämme. München 1837. — K. Müllenhoff, Deutsche Alterthumskunde. Bd. I. V¹. Berlin 1870—83. — Th. Bergk, Zur Geschichte und Topographie der Rheinlande in römischer Zeit. Mit einer Karte. Leipzig 1882. — M. Hoernes, Ueber die römischen Strassen und Orte im heutigen Bosnien. Sitzungsber. der phil. hist. Classe der Wiener Akad. Bd. 99 (1881). — J. G. v. Hahn, Reise von Belgrad nach Salonik. Abth. IV. Denkschrift. der Wien. Akad. phil. hist. Classe 11 (1861). — C. Gooss, Studien zur Geographie und Geschichte des Traianisch. Daciens. Hermannstadt 1874].

Topographie. Die Literatur findet man in den angeführten allgemeineren Werken. Ich gehe nur auf die Topographie von Athen und Rom näher ein. **Athen:** W. M. Leake, *The topography of Athens.* London 1821. 2. Ausg. 1841, übersetzt von J. G. Baiter und H. Sauppe. Zürich 1844. Das Hauptwerk, worin zugleich die voraufgehende Literatur. — P. W. Forchhammer, Topographie von Athen. Kiel 1841. — D. Raoul-Rochette, *Sur la topographie d'Athènes.* Paris 1852. — Ernst Curtius, Attische Studien. I. Pnyx und Stadtmauer. II. Der Kerameikos und die Geschichte der Agora von Athen. Göttingen 1862. 1865. [Derselbe, Sieben (lithogr.) Karten zur Topographie von Athen. Gotha 1868. — E. Curtius und J. A. Kaupert, Atlas von Athen. Berlin 1878 fol.; Karten von Attika (aufgenommen durch Officiere und Beamte des preuss. Grossen Generalstabes). 1. Heft: 4 Karten Imp.-Fol. 2. Heft: 4 Karten mit Text von A. Milchhöfer. 3. Heft: 5 Karten. Berlin 1881—84; Wandplan von Alt-Athen. Berlin 1881. 4 Blatt Imp.-Fol. — Th. H. Dyer, *Ancient Athens, its history topography and remains.* London 1873. — C. Wachsmuth, die Stadt Athen im Alterthum. I. Leipzig 1874. Vgl. Rhein. Mus. 40 (1885) S. 365 ff. — G. F. Hertzberg, Athen. Historisch-topographisch dargestellt. Halle 1885. — Aug. Mommsen, *Athenae Christianae.* Leipzig 1868]. **Rom:** C. Sachse, Geschichte und Beschreibung der alten Stadt Rom. Hannover 1824—1828. 2 Bde. Sehr gut. — [O. Gilbert, Geschichte u. Topographie der Stadt Rom im Alterthum. Zwei Abtheilungen. Leipzig 1883. 1885]. — Beschreibung der Stadt Rom von Ernst Platner, Carl Bunsen, Ed. Gerhard, Wilh. Röstell, Ludwig Urlichs. Mit Beiträgen von B. G. Niebuhr, F. Hoffmann u. A. Stuttgart und Tübingen 1829—42. 3 Thle. in 6 Bänden. Sehr ausführlich. In der Vorrede ein Ueberblick über die umfangreiche Literatur des Gegenstandes. Hierzu: Ernst Platner und Ludw. Urlichs, Beschreibung Roms, ein Auszug aus der Beschreibung der Stadt Rom. Stuttgart u. Tübingen 1845. — W. Gell, *The topography of Rome and its vicinity.* London 1834. 2. Ausg. von E. H. Bunbury 1846. 2 Bde. — In W. A. Becker's Römischen Alterthümern. Leipzig 1843. Bd. I ist eine Topographie von Rom enthalten, in welcher eine scharfe Kritik an frühern Leistungen geübt wird. Die Ausführung Becker's wurde von mehreren Seiten angefochten, was zu einem heftigen Streit über die Methode der topographischen Forschung führte. Auf eine Recension seines Buches von L. Preller erwiderte Becker in der Streitschrift: „Die römische Topographie in Rom, eine Warnung." Leipzig 1844. Hierauf L. Urlichs, Römische Topographie in Leipzig, ein Anhang zur Beschreibung der Stadt Rom. Stuttgart u. Tübingen 1845. Becker, Zur römischen Topographie. Antwort an Herrn Urlichs. Leipzig 1845. Urlichs, Römische Topographie in Leipzig II. Antwort an Herrn Becker. Bonn 1845. — Th. H. Dyer, *Ancient Rome.* London 1864 (Abdruck aus W. Smith, *Dictionary of Gr. and Rom. geogr.*); *History of the city of Rome.* London

1865. [2. Aufl. 1883. — L. Urlichs, *Codex urbis Romae topographicus.* Würzburg 1871. — H. Jordan, Topographie der Stadt Rom im Alterthum. Berlin. 2. Bd. 1871. 1. Bd. I. Abth. 1878. — Chr. Ziegler, Illustrationen zur Topographie des alten Rom. 2. Aufl. Stuttgart 1877; Das alte Rom. Billige Ausgabe 1882. — R. Lanciani, *Topografia di Roma antica. I commentarii di Frontino intorno le acque e gli acquedotti. Silloge epigrafica.* Rom 1880. *(Atti dei Lincei, memorie della classe di scienzi morali vol. IV).*] — Eine wichtige Quelle der römischen Topographie bilden die aus dem Alterthum erhaltenen Beschreibungen der 14 Regionen der Stadt, nämlich die *Notitia (regionum)* und das *Curiosum (urbis Romae regiones XIV)*, beide aus dem 4. Jahrhundert n. Chr. Eine vorzügliche Arbeit hierüber ist L. Preller, Die Regionen der Stadt Rom. Jena 1846. [H. Jordan, *Forma urbis Romae regionum XIV.* 37 lithogr. Tafeln mit Text. Berlin 1874 fol. *De formae urbis Romae fragmento novo disputatio.* Rom 1883.] — Zur Ergänzung der alten Quellen dient besonders auch die spätere Geschichte der Stadt. Hierüber: F. Gregorovius, Geschichte der Stadt Rom im Mittelalter. Stuttgart 1859—72. 8 Bde. (5—16. Jahrh.). [3. Aufl. Stuttgart 1875—81. — A. v. Reumont, Geschichte der Stadt Rom. Berlin 1867—70. 3 Bde.]. — Im Anschluss an die römische Topographie mache ich aufmerksam auf A. Bormann, Altlatinische Chorographie u. Städtegeschichte. Halle 1852.

Die geographischen Specialschriften beziehen sich z. Th. auf einzelne geschichtliche Gegenstände, welche Probleme in geographischer Beziehung darbieten. Dahin gehört z. B. der Zug der Zehntausend, worüber schätzenswerthe Untersuchungen angestellt sind, besonders von James Rennell, J. Macdonald-Kinneir und W. Ainsworth. Vergl. Karl Koch, der Zug der Zehntausend nach Xenophons Anabasis, geographisch erläutert. Leipzig 1850. — [W. Strecker und H. Kiepert, Beiträge zur geograph. Erklärung des Rückzugs der Zehntausend durch das armenische Hochland. Berlin 1870.] — Ein ähnliches Problem bietet der Zug des Hannibal über die Alpen. Die ältere Literatur über diesen Gegenstand ist gut zusammengestellt von C. L. E. Zander, Der Heerzug Hannibal's über die Alpen. Hamburg 1823. Vergl. ferner Hallesche Allg. Lit. Ztg. 1830. N. 52 f. (über das Hauptwerk von H. L. Wickham und J. A. Cramer), und Ferd. Heinr. Müller, Hannibal's Heerzug über die Alpen, aus dem Englischen. Berlin 1830. Eingehend ist der Gegenstand später von Ch. Chappuis untersucht, dessen Schriften in Fleckeisen's Jahrbüchern 91. 1865. S. 567 ff. von Heinr. Weil besprochen sind. [Die Literatur über Hannibals Alpenübergang ist zusammengestellt in E. Hennebert, *Histoire d'Annibal. Bd. II* (Paris 1878) 554 ff. — H. Schiller, Ueber den Stand der Frage, welchen Alpenpass Hannibal benutzt hat. Berliner philol. Wochenschrift. 4. 1884. Nr. 23 ff.] — Eine Geographie einzelner Schriftsteller, wie sie E. F. Poppo zum Thukydides (in den Prolegomena seiner Ausgabe. Leipzig 1823) ausgeführt hat, kann nur den Zweck haben, den politisch-geographischen Zustand in der betreffenden Zeit darzulegen, ist aber meist unnöthig; jedenfalls wird sie bei weitem nicht den Werth der ähnlichen Specialarbeiten in der Chronologie haben (s. oben S. 329).

Karten: J. B. B. d'Anville, *Atlas antiquus.* Paris 1768 in 12 Blättern, 1784 in Nürnberg nachgestochen. Diese Karten sind grundlegend für alle

I. Oeffentliches Leben. 2. Geographie. 343

späteren Leistungen gewesen; die von Guill. de Lisle übertreffen sie in Einzelheiten, stehen ihnen aber im Ganzen nach. — Χάρτα τῆς Ἑλλάδος, Wien 1797 in 12 grossen Platten, herausgegeben von dem Thessalier Rhega, gestochen von Franz Müller, der sie 1800 in kleinerem Format mit Anthemios Gaza herausgab, nachdem Rhega von den Türken hingerichtet war, welche in dieser Publication einen Verrath der Staatsgeheimnisse sahen. Das Werk ist als erste grosse Specialkarte von Hellas erwähnenswerth, übrigens aber eine sehr unvollkommene Leistung. Genaue Specialkarten von den Ländern der alten Welt sind in den Reisebeschreibungen und in vielen Monographien enthalten. — Barbié du Bocage (Schüler d'Anville's) *Carte de la Morée*. 1807. Ein Meisterwerk. — W. Gell, *Carta della Grecia antica*. Rom 1810. — Friedr. Kruse, General-Karte vom alten Griechenland. Leipzig 1833. — Chr. Theoph. Reichard, *Orbis terrarum antiquus cum thesauro topographico continente indices tabularum geogr.-topographicos eosdemque criticos*. Nürnberg 1824. Unkritisch. — Chr. Theoph. Reichard, *Orbis terrarum antiquus in usum iuventutis descriptus* (1838). 6. Aufl. von Alb. Forbiger. Nürnberg 1861. — K. Spruner, *Atlas antiquus*. Gotha 1850. 3. Aufl. von Theod. Menke. 1865. fol. — Bei weitem das Beste hat H. Kiepert geliefert. Seine Karten sind mit der grössten Genauigkeit und allseitiger Kenntniss ausgeführt:*) Atlas von Hellas und den hellenischen Colonien. Berlin 1841—46. [3. Aufl. 1868—72]; Historisch-geographischer Atlas der alten Welt, zum Schulgebr. bearbeitet. 15. Aufl. Weimar 1864 [19. Aufl. v. C. Wolf. 1884]; *Atlas antiquus*. 12 Karten zur alten Geschichte. Berlin. [8. Aufl. 1885]; Wandkarte der alten Welt für die Zeit des persischen und makedonischen Reichs. 1853 [Berlin 1875]; Wandkarte von Alt-Griechenland in 9 Blättern 1860 [4. Aufl. Berlin 1883]; Wandkarte des römischen Reichs in 12 Blättern 1852, [in 9 Blättern. Berlin 1869. Neue Ausgabe 1885; Wandkarte von Alt-Italien in 6 Blättern. Berlin 1874. 3. Aufl. 1883; Schulatlas der alten Welt. Berlin 1883. — A. v. Kampen, *Descriptiones nobilissimorum apud classicos locorum. Ser. I. 15 ad Caes. d. b. gall. comment. tabulae*. Gotha 1883. — Derselbe, *Orbis terrarum antiquus in usum scholarum descriptus*. Gotha 1884. — W. Sieglin, Karte der Entwickelung des römischen Reichs. Leipzig 1885.]

§. 46. Das Studium der alten Geographie kann man nicht bloss gelegentlich bei der Behandlung der alten Schriftsteller betreiben. Es ist zwar nothwendig, dass man sich bei Autoren, die eine besondere Geographie haben, wie Homer, Hesiod, Herodot, Aeschylos, diese zur klaren Vorstellung gestaltet; aber hierbei muss man die wirkliche objective Geographie als Maasstab anwenden. Von den meisten alten Schriftstellern werden ferner die Thatsachen der objectiven Geographie als bekannt vorausgesetzt. Man könnte nun die alten geographischen Werke dem Studium zu Grunde legen; F. Passow hat z. B. vorgeschlagen, dasselbe zuerst an die poetische Periegese des Dionysios anzuknüpfen. Aber auch dieser Weg führt nicht weit, weil die objective Geographie durch Combination

---

*) Vergl. die Rede zur Begrüssung H. Kiepert's als neu eingetretenen Mitgliedes der Preussischen Akademie der Wissenschaften. 1854. Kl. Schr. II, S. 433 ff.

aller Notizen sowohl der alten Geographen als der anderen Quellen gewonnen wird. Es ist also rathsam, dass man von den umfassenden Vorarbeiten der Neueren ausgeht und erst auf Grund derselben in die Quellen eindringt. Selbständige Combinationen sind auf diesem Gebiete meist sehr schwierig, da sie eine genaue Ortsanschauung voraussetzen. Die Hauptsache ist, durch das Studium guter Karten den Localsinn zu wecken, mittelst dessen man die geographischen Verhältnisse fixiren muss. Eine klare Einsicht in diese Verhältnisse würde man auch nicht erlangen, wenn man die Geographie nur beim Studium der Geschichte betreiben wollte. Dagegen liegt es in der Natur der Sache, dass man beständig auf die Geschichte zurückgehen muss (s. oben S. 333); durch diese Verbindung wird zugleich das Gedächtniss wesentlich unterstützt. Aber man soll auch bei der Geographie nicht gelegentlich Geschichte lernen oder lehren wollen. Es ist daher verkehrt, in die Darstellung der Geographie historische Excurse einzuflechten, wie dies z. B. Kruse thut; die Geographie ist auch an sich ohne fremdartige Beimischungen interessant genug.*)

3. Politische Geschichte.

§. 47. Die Theorie der Geschichtsforschung oder die Historik hat die Idee und den Zweck der Geschichte und das Wesen der historischen Kunst in Bezug auf die Methode und Darstellung zu erörtern. Soll eine solche Theorie das Organon der Geschichte im weitesten Sinne sein, so fällt sie mit dem formalen Theil der philologischen Wissenschaft zusammen (s. oben S. 10 f. 207 f.). [Vergl. J. G. Droysen, Grundriss der Historik. Leipzig 1867. 3. Aufl. 1882.] Gewöhnlich wird aber die Historik als Theorie der Geschichte im engeren Sinne, d. h. der politischen Geschichte gefasst. S. W. Wachsmuth, Entwurf einer Theorie der Geschichte. Halle 1820 (vergl. oben S. 257). Manche beschränken ferner die Aufgabe derselben dahin, dass sie nur die Gesetze der historischen Darstellung erforschen soll. So z. B. G. Gervinus in seinen Grundzügen der Historik. Leipzig 1837, einem geistreichen Buch, das aber mehr Schein als Wahrheit enthält. Die Historik in dieser Bedeutung ist ein Theil der Stilistik (s. oben S. 243) und kommt daher bei einer Theorie der geschichtlichen Wissenschaft nur subsidiarisch in Betracht. Vergl. Wilh. v. Humboldt, Ueber die Aufgabe des Geschichtsschreibers. Berlin 1822. (Gesammelte Werke Bd. I.) Hier können bloss die allgemeinsten Grundzüge der wissenschaftlichen Theorie, soweit sie nicht bereits im formalen Theil enthalten

---

*) **Zur Geographie:** Ueber Sarmatien, *Corp. Inscr.* II, S. 80—107. — Ueber Teos. *C. I.* II, 627 f. — Kritik von Bröndsted's Reisen und Untersuchungen in Griechenland. Kl. Schr. VII, S. 329—368.

ist, und mit Beschränkung auf das klassische Alterthum gegeben werden.

Ich habe oben (S. 260) die Aufgabe der Philosophie der Geschichte in Bezug auf die politische Geschichte bezeichnet. Die Philosophie soll die geschichtlichen Ereignisse an der ewigen Norm des Sittlichguten messen und so in den Thaten und Schicksalen der Völker die leitenden Ideen, den Gang der Vorsehung begriffsmässig erfassen. Es ist dies eine Speculation über die Geschichte, welcher die Ergründung des Thatsächlichen vorausgehen muss. Will dagegen die Philosophie die Thatsachen selbst *a priori* construiren, so wird sie phantastisch und die geistvollsten Denker können auf diesem Wege aus Mangel an Kritik und gesicherten Kenntnissen der absoluten Narrheit verfallen. Wie weit die Verwirrung gehen kann, hat J. J. Görres in seinen zu München gehaltenen Vorträgen „über die Grundlage, Gliederung und Zeitenfolge der Weltgeschichte" (Breslau 1830) gezeigt, die Hegel (Werke Bd. XVII) vortrefflich kritisirt hat. So könnte etwa ein Jacob Böhme oder Swedenborg Geschichte schreiben.

Von der Philosophie der Geschichte unterscheidet sich die philosophische Geschichte, d. h. eine von einem philosophischen Standpunkte aus durchgeführte Geschichte; sie gehört zum Gebiet der Philologie, obgleich letztere darin die engste Verbindung mit der Philosophie eingeht. In solcher Weise hat z. B. Ferd. Müller die gesammte Geschichte des Alterthums behandelt in seinem Buche „Ueber den Organismus und den Entwickelungsgang der politischen Idee im Alterthum oder die alte Geschichte vom Standpunkte der Philosophie" (nämlich der Hegelschen). Berlin 1839. Die Tendenz dieser Schrift ist nicht zu tadeln; es wird das ideelle Endresultat, der ideelle Inhalt der Thaten nach der Richtschnur eines philosophischen Systems gesucht. Die Philologie muss aber die Grundlagen für die Speculation auf streng historischem Wege schaffen. Es herrschen in der geschichtlichen Entwickelung Gesetze, die den Naturgesetzen analog sind; sie treten in die Erscheinung und werden durch Kritik und Hermeneutik gefunden, und man stellt so durch rein historische Betrachtung der Thatsachen gleichsam eine Physiologie des Staates fest. In diese Forschung selbst darf man die Philosophie der Geschichte ebensowenig einmischen, wie die Naturphilosophie in die Naturgeschichte. Die inductiv gefundenen Entwickelungsgesetze der Geschichte enthalten aber die Principien in sich, und es kann nun gezeigt werden, dass letztere mit den auf speculativem Wege ermittelten Principien übereinstimmen (s. oben S. 16 ff.).

Bei der rein geschichtlichen Forschung führt der kritische Verstand leicht auf ganz ähnliche Abwege, wie bei der philosophischen Geschichtsconstruction die ungezügelte Phantasie. Diejenigen, welche den Philosophen vorwerfen, dass sie sich von dem bezeugten Thatbestand entfernen, verfallen nicht selten in denselben Fehler, indem sie die geschichtlichen Zeugnisse mit übertriebener Zweifelsucht wegräsonniren und dann selbst willkürliche Hypothesen an ihre Stelle setzen. Man muss sich vor dieser Hyperkritik ebenso hüten, wie vor der Akrisie, welche Alles glaubt. Ferner wird die geschichtliche Forschung leicht durch Parteileidenschaft getrübt. Dies gilt auch von der alten Geschichte, da dieselbe politische Verhältnisse schildert, die denen der Neuzeit in vielen Punkten ähnlich sind. Man ist soweit gegangen den alten Grundsatz, dass der Geschichtsschreiber parteilos sein müsse, als unhaltbar anzufechten. Reactionäre oder sog. subversive Tendenzen werden in die Thatsachen hineingetragen; es giebt eine monarchische, aristokratische und demokratische Darstellung der alten Geschichte. Gegen diese Verirrungen sichert am besten das tiefere Studium der alten Geschichtsschreiber, besonders des unparteiischen **Thukydides**.

Die Hauptaufgabe der Geschichte muss immer die objective Ergründung der Thatsachen sein; die rein geschichtliche, erzählende Darstellung wird daher ein treues Abbild der Ereignisse nach ihrem zeitlichen Verlauf und ursachlichen Zusammenhang geben (s. oben S. 145). Die schönsten Muster dieser reinen Kunstform, deren Zweck die Erzählung selbst ist, sind die Werke der klassischen Geschichtsschreiber der Griechen. Allein schon bei Herodot hat die Darstellung eine rhetorische Färbung (s. oben S. 245), und diese Beimischung nahm bei den spätern Geschichtsschreibern zu, bis sich daraus die pragmatische Darstellung entwickelte. Denn letztere besteht nicht, wie der Name oft aufgefasst wird, in der Aufdeckung des ursächlichen Zusammenhanges, sondern darin, dass die Erzählung einem bestimmten Lehrzweck dient, welcher je nach den Umständen sittlich, allgemein politisch, militärisch etc. sein kann; die Geschichte soll für das Leben und die Geschäfte (πράγματα) nutzbar gemacht werden. Natürlich ist es hierzu nöthig, dass man in den Ereignissen den Zusammenhang von Ursache und Wirkung erkennt, da sich die Beurtheilung nur auf diese Einsicht stützen kann. Neben der pragmatischen Darstellung, deren erstes grosses Muster Polybios ist, bildete sich im Alterthum seit Aristoteles die gelehrte Behandlung der Geschichte aus, welche von der philosophischen Prosa die Form der wissenschaftlichen Erörterung und Abhandlung annahm. Wir sind für die schwierige Detailforschung in der alten Geschichte hauptsächlich auf diese Form angewiesen, obgleich die geschichtlichen Abhandlungen doch nur den Stoff für die eigentliche Geschichtsdarstellung vorbereiten. Die pragmatische Form ist in den neueren Bearbeitungen der alten Geschichte vielfach zu einem ganz unhistorischen Raisonnement ausgeartet; sie ist nur berechtigt als der Ausdruck einer immanenten Kritik der Thatsachen, ohne welche allerdings die Geschichte nicht wissenschaftlich ergründet werden kann (Vergl. oben S. 249). Die Reinheit der antiken Kunstform in der erzählenden Darstellung können wir nicht festhalten, wenn nicht nur die Verkettung der Thatsachen, sondern auch die psychologischen Motive der Handlungen und die Gesetze der Entwickelung dargestellt werden sollen. Dies ist nicht möglich, ohne dass pragmatische und gelehrte Erörterungen eingeflochten werden, die jedoch so gehalten werden müssen, dass die Anschaulichkeit der Erzählung nicht darunter leidet. Unsere geistigere Darstellung der Geschichte ist indess noch weit entfernt von der Vollendung, welche die antike mehr das Aeussere ergreifende Geschichtsschreibung in ihrer Art erreicht hat.

Man wird die Geschichte des klassischen Alterthums nur dann vom richtigen Standpunkte aus betrachten, wenn man ihren historischen Werth richtig würdigt. Man hat ihr nicht selten im Verhältniss zur neueren Geschichte eine sehr geringe Bedeutung zugeschrieben; manche halten sie der grossartigen politischen Entwickelung der Gegenwart gegenüber für antiquirt. Wie ungerechtfertigt dies ist, ergiebt sich aus folgenden Erwägungen. 1) Die Geschichte des Alterthums macht so ziemlich die eine Hälfte der Universalgeschichte aus und man kann die zweite Hälfte nicht unabhängig und getrennt von der ersten verstehen. Gerade das klassische Alterthum ist aber von der grössten universalhistorischen Wichtigkeit: in den kolossalen Kämpfen des Orients und Occidents wird alle moderne Entwickelung vorbereitet; die Griechen haben im Alterthum die geistige Universalmonarchie, die Römer die weltliche errungen. 2) Einen besonderen Werth verleiht der alten Geschichte der Umstand, dass sie in sich abgeschlossen ist und sich trotz der Dunkelheit der ältesten Zeiten vom Anfang bis zu Ende überschauen lässt. Wir haben hier den ganzen Verlauf eines Völkerlebens vor uns; wir erkennen die Ursachen seiner Entwickelung, seiner Umwälzungen und seines Verfalls und können daraus dauernde Lehren für unsere Zeit schöpfen. Kein orientalischer Staat ist hierin mit den Staaten des klassischen Alterthums zu vergleichen, da keiner hinlänglich organisirt war und wir ausserdem von keinem genügende Kenntniss haben. 3) Die Geschichte der alten Staaten ist ein mikrokosmisches Abbild der Weltschicksale, wie sie sich immer wiederholen. Man erkennt dort in einem kleinen, scharf begrenzten Rahmen Alles, was später im Grossen wiedergeschieht und gewinnt so eine vollkommene Anschauung der historischen Principien, d. h. der Entwickelungsgesetze des Staates. Der Staat ist diejenige Einrichtung, durch welche sich die Gerechtigkeit und auf Grund derselben die gesammte Sittlichkeit des Menschengeschlechtes verwirklicht. Platon, der dies zuerst erkannt hat (s. oben S. 133), sagt, die Idee der Gerechtigkeit lasse sich in dem grössern Organismus des Staates leichter erkennen als in der Seele des Einzelnen, weil sie dort gleichsam mit grösseren Zügen eingeschrieben sei. Aber in den modernen Staaten sind diese Züge so gross, dass sie sich schwerer überblicken und entziffern lassen als in den mässigen Verhältnissen der alten Staaten. 4) Ein hoher ethischer Werth kommt der Geschichte des klassischen Alterthums deswegen zu, weil sich darin die Macht der Individualität in erhebender Weise offenbart. Die Massen werden nicht als Maschinen in Bewegung gesetzt, sondern wirken als Nationen und alle Individuen nehmen daran vollen Antheil. Die Wichtigkeit und Bedeutsamkeit der Geschichte hängt ja offenbar nicht von den Massen ab, die darin handelnd auftreten, sonst müsste man dem alten Schlözer Recht geben, dem das kleine Athen weniger galt als das grosse Russland. Uebrigens sind auch in der makedonischen und römischen Geschichte gewaltige Massen wirksam; aber das wahrhaft historische Element ist der Geist, der die Massen bewältigt, und gerade die Kraft des Geistes tritt in den engern Schranken der alten Geschichte ihrer ganzen Wirksamkeit nach viel gewaltiger hervor als zu irgend einer andern Zeit. Die griechische und römische Geschichte ist nicht bloss Regenten- sondern Volksgeschichte, was von einem geringen Theil der neuern gilt. Wenn sich eine Geschichte nur auf dynastische Interessen bezieht, verliert sie ihren Geist. Eine solche Geschichte steht im Alterthum im schärfsten Contrast neben der griechischen, nämlich die des Orients und Aegyptens, wo Jahrtausende nur an Regentennamen geknüpft sind. Die klassischen Nationen sind durch die Energie des Volkes und seiner grossen Männer, die mit Wenigem Viel wirkte, durch die natürliche Kühnheit und Hochherzigkeit der Politik und die feste Abgeschlossenheit aller Handlungen ein Vorbild für alle Zeiten.

Literatur. 1. Quellen. Die Geschichtswerke des Alterthums ergeben keinen vollen Zusammenhang der alten Geschichte, weil die Alten keine umfassende Universalgeschichte geschaffen haben (s. oben S. 280) und ausserdem so viele hochwichtige Werke verloren gegangen sind, dass wir über einzelne Zeiträume ganz unvollkommen unterrichtet sind. Wie unklar ist z. B. selbst die Zeit des Demosthenes! Die Lücken der alten Geschichtsdarstellungen müssen daher durch Combination aus der gesammten Literatur und den sonstigen Denkmälern und Ueberresten des Alterthums nach Möglichkeit ausgefüllt werden. Hierbei muss man aber vor Allem den Andeutungen der alten Historiker nachgehen und sich durch ein tieferes Einleben in ihre Darstellung den wahren geschichtlichen Sinn für das Leben des Alterthums aneignen. Einige behaupten zwar, die Alten hätten sich selbst nicht verstanden; doch dies ist eine lächerliche Selbstüberhebung der Neuzeit. Eine tüchtige Geschichtsforschung ist nur auf Grund eingehenden Details möglich; dies haben aber die alten Historiker hauptsächlich im Auge ohne sich doch in das Unwesentliche zu verlieren oder — wie die Neuern oft thun — alles durcheinander zu wirren. Die Alten sind vermöge ihrer Objectivität für die Geschichte besonders befähigt und selbst die fingirten Reden, welche einige Geschichtsschreiber den geschichtlichen Personen in den Mund legen, sind nicht so unhistorisch wie das Raisonnement vieler Neuern. Die Rede war im Alterthum das Mittel der Staatenlenkung und also die eigenste Form der politischen Reflexion; daher entspricht es der Objectivität der alten Geschichtsschreibung, wenn der Schriftsteller seine Ansicht über die Motive der handelnden Personen durch die Reden der letzteren ausdrückt. Nur in einem Punkte muss man bei der Erforschung des Thatsächlichen über die Alten hinausgehen, nämlich in Betreff der ältesten Geschichte; denn hier haben jene die Lücken ihrer Kenntniss durch Raisonnement ausgefüllt. In dem Mythos werden allgemeine Gedanken zu Personen verdichtet; dabei knüpft die Sage allerdings an faktische Verhältnisse an und indem man diesen Spuren nachgeht und aus den Resten der Ureinrichtungen, die gleichsam der spätern Formation der Geschichte eingewachsen sind, Schlüsse zieht, kann man einzelne Blicke in die Urgeschichte thun, muss sich aber hüten, pragmatisch ein in sich übereinstimmendes Ganzes herstellen zu wollen, wozu die Tradition bei weitem nicht ausreicht. Etwa seit den Perserkriegen finden wir ausgebildete politische Verhältnisse, die von hervorragenden Geistern geschichtlich aufgefasst sind. Von da ab kann man pragmatisch verfahren; die inneren bewegenden Principien sind allerdings durch Combination zu ermitteln, da die alten Historiker in dieser Hinsicht nicht vorgearbeitet haben; aber man findet doch durch Vertiefung in ihre Werke erst den antiken Standpunkt und sichert sich so vor der Gefahr durch Hineintragung moderner Ideen aus der Geschichte ein scholastisches System zu machen. Bei den Griechen geben uns zunächst Herodot, Thukydides und Xenophon eine höchst anschauliche Darstellung der Ereignisse von den Perserkriegen bis zur Schlacht bei Mantinea; Herodot hat ausserdem Vieles aus der früheren Zeit erhalten. In der historischen Kritik ist Thukydides der vorzüglichste; Herodot hat eine episch-mythische Färbung; Xenophon beschränkt sich bloss auf seine Zeit und betrachtet die Ereignisse nicht wie Thukydides mit umfassendem politischem Blick, sondern nach einseitigen strategischen und ethischen Gesichtspunkten. Die Geschichte der spätern Zeit muss man dann aus den Darstellungen einzelner Zeiträume bei Diodor, Plutarch, Arrian, Polybios, aus den zahlreichen Fragmenten von Historikern, wie Theopomp, Ephoros, Timaeos, Philochoros u. s. w. und den historischen Notizen anderer Schriftsteller, besonders der Redner zusammensetzen. Für die römische Geschichte sind wir günstiger gestellt. Zunächst giebt Livius eine zusammenhängende Darstellung der Ereignisse von Anfang an, freilich mit geringer Kritik. Ferner bilden eine Reihe von Historikern einen vollständigen Cyklus, nämlich Polybios, Dionysios, Plutarch, Appian, Dio Cassius, Sallust, Caesar, Cicero, Velleius, Tacitus, Sueton, die *Scriptores historiae Augustae*, Herodian, Ammianus Marcellinus, Zosimus und Zonaras. Vergl. K. Müller [und V. Langlois], *Fragmenta historicorum Graecorum*. Paris 1841—[70]. 5 Bde. [Dazu vielfache Nachträge: A. Goebel in d. Jahrbb. f. cl. Phil. 93 (1866), A. v. Gutschmid ebenda 81 (1860), E. Heitz, *Additamenta ad fragmenta hist. graec*. Strassburg 1871, A. Nauck im Philologus 5 (1850). — Herm. Peter, *Historicorum romanorum relliquiae*. Leipzig 1870. Bd. I. und: *Historicorum romanorum fragmenta*. Ebenda 1883. — Arnold Schäfer, Abriss der Quellenkunde der griechischen und römischen Geschichte. Abth. 1. Griechische Geschichte bis auf Polybios. 3. Aufl. Abth. 2. Die Periode des römischen Reiches. Leipzig 1881 f. — L. Holzapfel, Untersuchungen über die Darstellung der griechischen Geschichte von 489—413 bei Ephoros, Theopomp u. a. Autoren. Leipzig 1879. — A. Bauer, Themistokles. Studien zur griechischen Historiographie und Quellenkunde. Merseburg 1881. — J. C. Vollgraff, *Greek Writers of Roman history. Some reflections upon the authorities used by Plutarch and Appianus*. Leiden 1880. — M. Schmitz, Quellenkunde der römischen Geschichte bis auf Paulus Diaconus. Gütersloh 1881. — K. W. Nitzsch, die römische Annalistik bis auf Valerius Antias. Berlin 1873. — H. Peter, Die Quellen Plutarch's in den Biographien der Römer. Halle 1865. — C. Peter, Zur Kritik der Quellen der älteren römischen Geschichte. Halle 1879.]

2. Neuere Bearbeitungen. Die Geschichte der Griechen und Römer

I. Oeffentliches Leben. 3. Politische Geschichte. 351

ist entweder getrennt als Specialgeschichte oder universalhistorisch als Theil der Gesammtgeschichte des Alterthums dargestellt; die beiden Extreme der Darstellung sind Tabellen und Monographien. Die Tabellen sind ganz summarisch; sie sind nothwendig, um Ordnung und Uebersicht in das Detail zu bringen und eigentlich auf die politische Geschichte beschränkte Chroniken. Ausser der oben (S. 327 f.) angegebenen Literatur gehören hierher die synchronistischen oder ethnographischen Tabellen der Universalgeschichte. Die Monographien beziehen sich auf einzelne Staaten, Zeiträume, Ereignisse oder auf das Leben einzelner historischer Personen. Sie werden entweder mit Rücksicht auf die ganze Geschichte, oder ausser allem Conex mit dieser ausgeführt. Letzteres ist verwerflich, obgleich auch nicht zu viel Universalhistorisches hineingestopft werden, sondern das Allgemeine nur soweit berücksichtigt werden darf, als dadurch wirklich das Einzelne aufgehellt wird.

a. **Tabellen der Universalgeschichte:** J. Chr. Gatterer, *Synopsis historiae universalis*. Göttingen 1766, 6 Tafeln fol. Höchst gelehrt. — F. K. Fulda, Karte der Weltgeschichte. Basel 1783, 12 Tafeln fol. — J. A. Remer, Tabellarische Uebersicht der allgemeinen Weltgeschichte. Braunschweig 1781 u. ö. — D. G. J. Hübler, Synchronistische Tabellen der Völkergeschichte. Freiberg 1802 fol. — F. Strass, der Strom der Zeiten oder bildliche Darstellung der Weltgeschichte in einem Kupfer auf 2½ Bogen fol. nebst Erläuterungen. Berlin 1802, 3. Aufl. 1828. Künstliche Spielerei. — Chr. Kruse, Tabellen zur Uebersicht der Geschichte aller europäischen Länder. Halle 1818. 6. Aufl. 1840. — G. G. Bredow, Weltgeschichte in Tabellen. Altona 1801, 5. Aufl. von Manso besorgt. 1821. Die Auswahl des Stoffes ist oft nach subjectiver Vorliebe getroffen. — F. Kurts, Geschichtstabellen. Leipzig 1860. [2. Aufl. 1875.] 25 Tafeln fol. — Ausserdem viele ähnliche Werke für den Schulgebrauch.

b. **Universalhistorische Darstellung der alten Geschichte:** W. Guthrie und J. Gray, Allgemeine Weltgeschichte, aus dem Engl. übersetzt von Chr. G. Heyne u. A. Leipzig 1765 ff. 16 Theile in 44 Bdn. Trotz des kolossalen Umfanges für das Alterthum ohne Werth. — Chr. D. Beck, Anleitung zur Kenntniss der allgemeinen Welt- und Völkergeschichte. Leipzig 1787 ff. 2. Ausg. 1813 (Bd. I und II alte Geschichte). Enthält viel Detail aber ohne bedeutenden historischen Standpunkt. — J. Chr. Gatterer, Versuch einer allgemeinen Weltgeschichte bis zur Entdeckung Amerikens. Göttingen 1792. Mit Unrecht in Vergessenheit gerathen; wichtig für das Alterthum; kurz, aber vortrefflich. — G. G. Bredow, Handbuch der alten Geschichte, Geographie und Chronologie. Altona 1799. 3. Aufl. von J. G. Kunisch und Otfr. Müller. 1816. 6. Ausg. 1837. Enthält gute Uebersichten. — A. H. L. Heeren, Handbuch der Geschichte der Staaten des Alterthums. Göttingen 1799. 5. Aufl. 1828. Enthält zu wenig Facta und ist nicht kritisch genug. — K. F. Becker, Weltgeschichte. Berlin 1801—5, [8. Aufl. bearbeitet von Adolf Schmidt. Leipzig 1869. Neu bearbeitet von W. Müller. Stuttgart 1883 ff.] — Johann v. Müller, 24 Bücher der allgemeinen Geschichte. Stuttgart 1810. 2 Thle. oft abgedruckt. Interessant, enthält aber nur allgemeine Ansichten. — Fr. Chr. Schlosser, Weltgeschichte. Frankfurt a. M. 1815 ff. 1. Band das Alterthum. [20. Aufl.

Berlin 1884 ff.] Derselbe, Universalhistorische Uebersicht der Geschichte der alten Welt und ihrer Kultur. Frankfurt 1826—34. 3 Theile. Sehr reichhaltig, aber nicht immer zuverlässig. — H. Luden, Allgemeine Geschichte der Völker und Staaten. 1. Theil das Alterthum. Jena 1815. 3. Ausgabe 1824. Für die alte Geschichte unbedeutend. — Fr. v. Raumer, Vorlesungen über die alte Geschichte. Leipzig 1821. 2 Theile. 3. verbesserte und vermehrte Auflage 1861. — C. v. Rotteck, Allgemeine Geschichte. Freiburg 1813—18, 6 Bde. 25. Aufl. Braunschweig 1866/67. — R. Lorentz, Grundzüge zu Vorträgen über die Geschichte der Völker und Staaten des Alterthums, vornehmlich der Griechen und Römer. Mit besonderer Berücksichtigung der Quellen entworfen. Leipzig 1833. Gut zusammengestellte Rubriken nebst Uebersicht der Literatur. Derselbe, Die allgemeine Geschichte der Völker des Alterthums und ihrer Cultur. Elberfeld 1837, 1. Band einer Universalgeschichte. — H. Leo, Lehrbuch der Universalgeschichte. 1. Bd. das Alterthum. Halle 1835, 3. Aufl. 1849. Ohne Bedeutung für das klassische Alterthum. — Anton Henne, Allgemeine Geschichte von der Urzeit bis auf die heutigen Tage. Schaffhausen 1845 f. Enthält gar keine neuen Forschungen und im 1. Bde. die ärgsten Phantasmen. — W. Loebell, Weltgeschichte in Umrissen und Ausführungen. 1. Band Leipzig 1846. Umfasst die Geschichte des Orients und ausserdem nur das Heroenalter der Griechen und die Geschichte des Homerischen Epos. — B. G. Niebuhr, Vorträge über alte Geschichte. Berlin 1847—51. 3 Bände bis zur Zerstörung von Korinth. Geistreich und gelehrt; Manches ist übertrieben, Manches irrig in Folge von Gedächtnissfehlern. — K. Fr. Hermann, Culturgeschichte der Griechen und Römer. Aus dem Nachlasse des Verstorbenen herausg. v. K. Gust. Schmidt. Göttingen 1857. 1858. 2 Thle. — C. Wernicke, Die Geschichte des Alterthums [5. Aufl. Berlin 1874]. — Max Duncker, Geschichte des Alterthums. Berlin 1852—57. 4 Bände bis zur Schlacht bei Mykale. [3.—5. Aufl. in 7 Bdn. Leipzig 1874—1882. Neue Folge. Bd. 1 (Bd. 8). Ebenda 1884.] Sorgfältig gearbeitet und gut geschrieben. — Ge. Weber, Allgemeine Weltgeschichte. Die 4 ersten Bände, die das Alterthum behandeln, Leipzig 1857—63. [2. Aufl. 1882 f.] Ein schönes Buch, giebt aber nur Resultate, sogar ohne die Quellen zu citiren. — Ad. Menzel, Allgem. Weltgeschichte. Band 1 u. 2 das Alterthum. Stuttgart 1862 f. — [L. v. Ranke, Weltgeschichte. Theil 1—3. 1.—3. Aufl. Leipzig 1881 ff. — M. Fontane, *Histoire universelle*. Bis jetzt 3 Bde. Paris 1881 f. — Handbücher der alten Geschichte. Ser. I Abth. I Bd. 1 2. Gotha 1884 (A. Wiedemann, Aegyptische Geschichte. Bd. 1. 2). — Ed. Meyer, Geschichte des Alterthums. Bd. 1. Stuttgart 1884. — Allgemeine Weltgeschichte von Th. Flathe, G. Hertzberg, F. Justi, J. v. Pflugk-Harttung, M. Philippson. 1. Bd. Das Alterthum. Berlin 1884 ff.].

c. Griechische Geschichte: T. Stanyan, *History of Greece*. London 1707. 3 Bände, ins Französische übersetzt von Diderot 1744. Ohne grosse Bedeutung. — Oliver Goldsmith, *The grecian history to the death of Alexander*. London 1776. 2 Bände, von Chr. D. Beck ins Deutsche übersetzt und mit guten Zusätzen versehen. Leipzig 1792 f. u. ö. Nicht sehr kritisch, auch ohne Citate; hat sein Verdienst nur in der Darstellung,

I. Oeffentliches Leben. 3. Politische Geschichte. 353

obgleich auch diese nicht immer ächt historisch ist. — L. Cousin, *Histoire générale et particulière de la Grèce*. Rouen u. Paris 1780—89. 16 Bände. 12. Ungründlich, aber mit einigen guten Blicken. — John Gillies, *History of ancient Greece, its colonies and conquests from the earliest accounts till the division of the Macedonian empire in the East*. London 1786. 2 Bände. 4., deutsch von Chr. F. v. Blankenburg und L. Th. Kosegarten. Leipzig 1787—97. 4 Theile. Bedeutend besser als Goldsmith. — W. Mitford, *History of Greece*. London 1789 ff. 5. Ausg. 1829. 8 Bde., deutsch mit Anmerkungen, dem Namen nach von H. K. A. Eichstädt (Tennemann u. A. sind die Uebersetzer). Leipzig 1802—1808. 6 Bde. bis zur Schlacht bei Mantinea. Mitford behandelt die Geschichte einseitig vom monarchischen Standpunkt; er hat mehr Notizen, aber weniger politischen Blick als Gillies, dessen Buch für seine Zeit vorzüglich war. — J. Gast, *The history of Greece*. Basel 1797. 2 Bde. übersetzt von L. Th. Kosegarten. Leipzig 1798. — G. Graff, Geschichte Griechenlands, seiner einzelnen Staaten und Colonien. Mainz 1828. — H. G. Plass, Geschichte des alten Griechenlands. 1. Band bis zu der Wanderung der Herakliden. Leipzig 1831. 2. Band bis 500 v. Chr. Leipzig 1832. 3. Band bis 336 v. Chr. Leipzig 1834. Etwas abergläubisch. — J. W. Zinkeisen, Geschichte Griechenlands vom Anfange geschichtlicher Kunde bis auf unsere Tage. Leipzig 1832. 1. Theil. Das Alterthum und die mittleren Zeiten bis Roger's Heereszug von Sicilien nach Griechenland. Giebt gute allgemeine Ansichten über die alte Geschichte, und ist besonders brauchbar für die späteste Zeit. — C. L. Roth, Griechische Geschichte. Nürnberg 1839 f. 2. A. 1850. [3. neubearb. Aufl. von A. Westermayer. Nördlingen 1882.] — C. Thirlwall, *History of Greece*. London 1835—52, bis zum Tode des Kallisthenes. 2. verm. Ausg. London 1855. 8 Bände. — George Grote, *History of Greece from the earliest period to the close of the generation contemporary with Alexander the Great*. London 1846—56. [Neueste Ausgabe 1884.] Deutsch von W. Meissner und E. Höpfner. Leipzig 1850—59. 6 Bände. [2. Aufl. Berlin 1882. Vgl. J. Jacoby, Geist der griech. Geschichte. Auszug aus „Grote's Geschichte Griechenlands". Ebenda 1884.] Vorzüglich. — F. Kortüm, Geschichte Griechenlands. Heidelberg 1854. 3 Bde. Geistreich und gut gearbeitet. — Ernst Curtius, Griechische Geschichte. Berlin 1857 —1867. [5. Aufl. 1878—1880.] 3 Bände. Gründliche Darstellung in schöner idealer Form.[*]) — Leonh. Schmitz, Geschichte Griechenlands von den ältesten Zeiten bis zur Zerstörung von Korinth. Leipzig 1859. [2. (Titel-)Aufl. 1865.] — Fridegar Mone, Geschichte Griechenlands. 1 Band: System der Entwickelungsgesetze der Gesellschaft, der Volkswirthschaft, des Staats und der Cultur des griechischen Volks. 2. Aufl. Berlin 1859. Ganz toll, bei aller scheinbaren Reichhaltigkeit höchst unzuverlässig, willkürlich, angefüllt mit Dingen, die ganz aus der Luft gegriffen sind. Der Verf. glaubt den Stein der Weisen gefunden zu haben; vor ihm hat es keine Geschichte gegeben ausser etwa Bernhardy's Literaturgeschichte und Leo's Uni-

---

[*]) Vergl. die Rede zur Begrüssung E. Curtius' als neu eingetretenen Mitgliedes der Preussischen Akademie der Wissenschaften. 1853. Kl. Schr. II, S. 413 ff.

versalgeschichte; Lasaulx ist sein Idol. — V. Duruy, *Histoire de la Grèce ancienne*. Paris 1861. 2 Bde. [1883.] Ein nicht geringfügiges Buch; eigene Untersuchungen scheint es jedoch nicht zu enthalten. — G. F. Hertzberg, Geschichte Griechenlands von der Urzeit bis zum Beginn des Mittelalters. In Ersch und Gruber's Encyklopädie. 1. Sect. Bd. 80. — Osk. Jäger, Geschichte der Griechen. Gütersloh 1866. [4. A. 1881. — H. W. Stoll, Geschichte der Griechen bis zur Unterwerfung unter Rom. Hannover 1868. 3. A. 1879. 2 Bände. — G. W. Cox, *History of Greece*. London 1874. 2 Bde. — G. F. Hertzberg, Geschichte von Hellas und Rom. Mit Illustr. u. Karten. Berlin 1879—1881. 2 Bde.; Griechische Geschichte. Halle 1884. — A. Holm, Geschichte Griechenlands. Berlin. (Im Erscheinen begriffen).]

Monographien über einzelne Zeiträume: E. Clavier, *Histoire des premiers temps de la Grèce depuis Inachus jusqu' à la chûte des Pisistratides*. Paris 1809. 2 Bände. Sehr abergläubisch. — D. H. Hüllmann, Anfänge der griechischen Geschichte. Königsberg 1814. — [P. Devaux, *Mémoire sur les guerres mediques. Extrait du tome 41 des mémoires de l'académie royale des sciences des lettres et des beaux arts de Belgique*. 1875. — G. F. Hertzberg, Die Geschichte der Perserkriege. Halle 1877. — G. Busolt, Die Lakedaimonier und ihre Bundesgenossen. 1. Bd. Bis zur Begründung der athen. Seehegemonie. Leipzig 1878.] — W. Oncken, Athen und Hellas. 1. Theil: Kimon. Ephialtes. Leipzig 1865. 2. Theil: Perikles. Kleon. Thukydides. Leipzig 1866. — [H. Müller-Strübing, Aristophanes und die historische Kritik. Polemische Studien zur Geschichte von Athen im 5. Jahrh. v. Chr. Leipzig 1873. — M. E. Filleul, *Histoire du siècle de Périclès*. Paris 1873; deutsch von E. Döhler. 2 Bände. Leipzig 1874. 75. — W. Watkiss Lloyd, *The age of Pericles, a history of the politics and arts of Greece from the Persian to the Peloponnesian war*. London 1875. 2 Bde. — A. Schmidt, Das Perikleische Zeitalter. Darstellungen und Forschungen. Jena 1877—1879. 2 Bde. — H. Houssaye, *Histoire d'Alcibiade et de la république athénienne depuis la mort de Périclès jusqu' à l'avenement des 30 tyrannes*. Paris 1874. 2 Bde. — G. Gilbert, Beiträge zur innern Geschichte Athens im Zeitalter des peloponnes. Krieges. Leipzig 1877. — J. Beloch, Die attische Politik seit Perikles. Leipzig 1884.] — K. F. Scheibe, Die oligarchische Umwälzung zu Athen am Ende des peloponnesischen Krieges und das Archontat des Eukleides. Leipzig 1841. — G. R. Sievers, Geschichte Griechenlands vom Ende des peloponnesischen Krieges bis zur Schlacht bei Mantinea. Kiel 1840. — K. H. Lachmann, Geschichte Griechenlands vom Ende des peloponnesischen Krieges bis zum Regierungsantritt Alexander's d. Gr. Leipzig 1840. — [G. Busolt, Der 2. athenische Bund und die auf der Autonomie beruhende hellenische Politik von der Schlacht bei Knidos bis zum Frieden des Eubulos. Leipzig 1874.] — K. G. Boehnecke, Forschungen auf dem Gebiete der attischen Redner und der Geschichte ihrer Zeit. 1. Band. Abth. 1. 2. Berlin 1843. — Arn. Schäfer, Demosthenes und seine Zeit. Leipzig 1856—58. 3 Bde. — J. G. Droysen, Geschichte des Hellenismus. Hamburg 1836. 1843. 2 Bände. [2. Aufl. in 3 Theilen. Gotha 1877 f.] — W. H. Grauert, Geschichte Athen's seit dem Tode Alexander's d. Gr. bis zur Erneuerung des achäischen Bundes. In den historischen und philologischen

Analekten des Verf. Münster 1833. — W. Schorn, Geschichte Griechenlands von der Entstehung des ätolischen und achäischen Bundes bis auf die Zerstörung Korinths. Bonn 1833. — [M. Klatt, Forschungen zur Geschichte des achäischen Bundes. I.; Chronol. Beiträge zur Geschichte des achäischen Bundes. Berlin 1877. 1883.] — G. Finlay, *History of Greece under the Romans*. Edinburg u. London 1844. 2. Ausg. 1857, deutsch Leipzig 1861. [Wiederholt als Bd. 1 des von H. F. Tozer hrsg. Gesammtwerkes *A history of Greece from its conquest by the Romans to the present time*. Oxford 1877. 7 Bde.] — G. F. Hertzberg, Die Geschichte Griechenlands unter der Herrschaft der Römer. Halle 1866—75. 3 Theile. — L. Petit de Julleville, *Histoire de la Grèce sous la domination Romaine*, Paris 1875. 2. Aufl. 1879.]

Specialschriften über die Geschichte einzelner Staaten und Städte: Das erste klassische Muster solcher Bearbeitungen sind Otfr. Müller's *Aegineticorum liber*. Berlin 1817*) und Geschichten hellenischer Stämme und Städte. 1. Theil: Orchomenos und die Minyer. Breslau 1820, 2. Theil: Die Dorier. Breslau 1824. 2. Ausgabe Stuttgart 1844 von F. W. Schneidewin. Seitdem ist eine reiche Literatur von Arbeiten dieser Art entstanden. Abschreckende Beispiele sind die meisten von Italienern geschriebenen Geschichten griechischer Städte in Unteritalien, höchst weitschweifig, ungenau und z. Th. voller Erdichtungen. Ein wahres Lügenbuch ist Demetr. Petrizzopuli *Saggio storico sulle prime età dell' Isola di Leucadia nell' Ionio*. Florenz 1814 (vergl. oben S. 235). Besonders reichhaltig ist die Specialliteratur über **Makedonien.** Ich erwähne: L. Flathe, Geschichte Makedoniens und der Reiche, welche von makedonischen Königen beherrscht wurden. Leipzig 1832. 1834. 2 Bde. — Otfr. Müller, Ueber die Wohnsitze, die Abstammung und die ältere Geschichte des makedonischen Volks. Berlin 1825. — O. Abel, Makedonien vor König Philipp. Leipzig 1847. Ein gutes Buch. — Cl. M. Olivier, *Histoire de Philippe roi de Macédoine et père d'Alexandre*. Paris 1740. 2 Bände. — Th. Leland, *History of the life and reign of Philipp, King of Macedon, the father of Alexander*. London 1758—61. 2 Bde. 4. — C. A. F. Brückner, König Philipp von Makedonien und die hellenischen Staaten. Göttingen 1837. — J. G. Droysen, Geschichte Alexander's d. Gr. Berlin 1833. [2. Aufl. in der Geschichte des Hellenismus. Gotha 1877. 3. Aufl. (Schulausgabe) Gotha 1880.] — G. F. Hertzberg, Die asiatischen Feldzüge Alex. d. Gr. Halle 1863. 1864. [2. Aufl. 1875. — Th. Zolling, Alex. d. Gr. Feldzug in Centralasien. Eine Quellenstudie. 2. Aufl. Leipzig 1875. — J. Abbott, *History of Alexander the Great*. London 1882. — A. J. Jurien de la Gravière, *Les campagnes d'Alexandre*. Paris 1883 f. 5 Bde.] — K. Mannert, Gesch. der unmittelbaren Nachfolger Alex. d. Gr. Leipzig 1787. — [A. v. Sallet, Die Nachfolger Alex. d. Gr. in Baktrien und Indien. (Aus d. Zeitschrift für Numism. 1878.) Berlin 1879. -- **Alexandria.** M. Demitzas, Ἱστορία τῆς Ἀλεξανδρείας. Athen 1885. — **Argos.** J. H. Schneidewirth, Geschichte des dorischen Argos. Th. 1. 2. Heiligenstadt 1865 f. — **Arkadien.** Chr. T. Schwab, Arkadien. Seine Natur, seine Geschichte u. s. w. Stuttgart u.

---

*) Vergl. die Recension aus dem Jahre 1818. Kl. Schr. VII, S. 245 ff.

Tübingen 1852. — **Delphi.** A. Mommsen, Delphica. Leipzig 1878. — **Epirus.** K. F. Merleker, Historisch-geographische Darstellung des Landes und der Bewohner von Epirus. Theil 1. 2. Königsberg 1841—1844. — **Karthago.** W. Bötticher, Geschichte der Karthager nach den Quellen bearbeitet. Berlin 1827. — O. Meltzer, Geschichte der Karthager. Bd. 1. Berlin 1879. — H. Ackermann, Untersuchungen zur Geschichte der Barciden. Rostock 1876. — E. Hennebert, *Histoire d'Annibal*. T. 1. 2. Paris 1870—1878. Mit Atlas. — O. Gilbert, Rom und Karthago in ihren gegenseitigen Beziehungen. 513—536 a. u. c. Leipzig 1876. — **Korinth.** Haacke, Geschichte Korinths bis zum Sturze der Bacchiaden. Hirschberg 1871. — W. Grüner, Korinths Verfassung und Geschichte. Colditz (1875; Diss. Leipzig.) — E. Curtius, Studien zur Geschichte von Korinth. Hermes 10 (1876) S. 215 ff. — **Lydien.** R. Schubert, Geschichte der Könige von Lydien. Breslau 1884. — **Pontus.** Ed. Meyer, Geschichte des Königreichs Pontos. Leipzig 1879. — **Rhodus.** J. H. Schneiderwirth, Geschichte der Insel Rhodus. Heiligenstadt 1868. — **Sicilien.** A. Holm, Geschichte Siciliens im Alterthum. Bd. 1. 2. Leipzig 1870—1874. — **Skythien.** K. Neumann, Die Hellenen im Skythenlande. Bd. 1. Berlin 1855. — **Theben.** Mor. Müller, Geschichte Thebens von der Einwanderung der Boeoter bis zur Schlacht bei Koroneia. Leipzig 1879. — **Troas.** Ed. Meyer, Geschichte von Troas. Leipzig 1877.]

 d. Römische Geschichte: J. Perizonius, *Animadversiones historicae*. Amsterdam 1685, neu herausgegeben von Harless. Altenburg 1771. Die erste kritische Bearbeitung. — Montesquieu, *Considérations sur les causes de la grandeur des Romains et de leur décadence*. Paris 1734. — L. de Beaufort, *Sur l'incertitude des cinq premiers siècles de l'histoire romaine*. Utrecht 1738. Haag 1750. Durch scharfe historische Kritik ist B. einer der vorzüglichsten Vorgänger Niebuhr's; doch bildete dieser seine Ansicht über die römische Geschichte, ehe er jenen kannte. — Rollin, *Histoire romaine*. Amsterdam 1742 ff. 16 Bände, von Band 10 an fortgesetzt von Crevier. Fleissige, aber kritiklose Sammelarbeit. — O. Goldsmith, *Roman history*. London 1770. 2 Bde., deutsch von L. Th. Kosegarten. Leipzig 1792—1802. 4 Bände. Oberflächlich. — A. Ferguson, *History of the progress and the termination of the Roman republic*. London 1783. 3 Bände. 4., deutsch von Chr. D. Beck. 1784—86. 3 Bände. Bei weitem vorzüglicher als Goldsmith. — E. Gibbon, *History of the decline and fall of the Roman empire*. London 1776—88. 6 Bände 4., oft übersetzt, zuletzt von J. Sporschil. 2. Aufl. 1840. Das Werk beginnt mit den Antoninen; abgesehen von der Antipathie des Verfassers gegen das Christenthum ist es vortrefflich; genau, gründlich und gedankenvoll. — P. K. Levesque, *Histoire critique de la république romaine*. Paris 1807. 3 Bände, deutsch von Ch. F. F. Braun 1809 f. Der Verf. verfolgt den von Beaufort eingeschlagenen Weg, geht aber nebenbei darauf aus, das Napoleonische Zeitalter über das der römischen Republik zu erheben. — B. G. Niebuhr, Römische Geschichte. Berlin 1811. 2 Bände. 2. umgestalt. Ausg. Berlin 1. Band 1827, 2. Band 1830, 3. Band nach dem Tode des Verf. herausgegeben von J. Classen 1832. (Von der frühesten Zeit bis zum Kampf mit Karthago; der letzte Band steht vielfach im Widerspruch mit den früheren, da Niebuhr seine Ansichten oft änderte), 3. berichtigte Ausgabe 1853 in einem Band [neue Ausgabe von M. Isler 1874]; Vorlesungen über römische Geschichte zuerst von Niebuhr's Schüler Leonh. Schmitz, englisch unter dem Titel: *Lectures on the history of Rome* [4. Ausgabe 1873] ins Deutsche übersetzt von G. Zeiss. Jena 1844. 45. 2 Bände, ferner deutsch unter dem Titel: „Vorträge über römische Geschichte" von M. Isler. Berlin 1846—48. 3 Bände; Kleine historische und philologische Schriften. 1 Band. Bonn 1828, 2. Band 1843. Niebuhr's Forschungen waren epochemachend durch ihre tief einschneidende Kritik; seine Darstellung der Geschichte ist geistreich und edel, voll tiefer Blicke in die römischen Staatsverhältnisse. Aber im Einzelnen ist vieles unhaltbar; er ist in der Kritik zu weit gegangen und hat an die Stelle der mythischen Erdichtungen eigene Fictionen gesetzt; Hegel hat nicht mit Unrecht behauptet, dass sein Verfahren oft willkürlich sei. — W. Wachsmuth, die ältere Geschichte des römischen Staates mit Rücksicht auf die letzte Bearbeitung. Halle 1819. Stellt Niebuhr gegenüber eine gemässigtere Ansicht auf. — Th. Arnold, *History of Rome*. London 1820. 5. Aufl. 1840—50. 3 Bände. Folgt Niebuhr. — Franz Fiedler, Geschichte des römischen Staats und Volks. Leipzig 1821. 3. Aufl. 1839. Ein gutes Handbuch. — Peter v. Kobbe, Römische Geschichte. Leipzig 1841. 2 Theile. Gegen Niebuhr gerichtet mit der Absicht, die römische Geschichte wieder so herzustellen, wie sie in den Zeugnissen der Alten gegeben ist; das Buch enthält wenig eigene Forschungen. — K. Hoeck, Römische Geschichte vom Verfall der Republik bis zur Vollendung der Monarchie unter Constantin, mit vorzüglicher Rücksicht auf Verfassung und Verwaltung des Reichs. Braunschw. und Göttingen 1841—1850. Bd. 1. Abth. 1—3. Ausgezeichnet. — F. Kortüm, Römische Geschichte von der Urzeit Italiens bis zum Untergange des abendländischen Reichs. Heidelberg 1843. Hebt in geistreicher Weise und unter vielseitigen Gesichtspunkten die Hauptmomente der Entwickelung hervor, natürlich etwas compendiarisch. — C. L. Roth, Römische Geschichte. Nürnberg 1844—47. 4 Bände. [2. neubearb. Aufl. von A. Westermayer. Nördlingen 1884. 2 Theile.] — F. D. Gerlach und J. J. Bachofen, Die Geschichte der Römer. I Band 1. Abth. die vorrömische Zeit, 2. Abth. die Zeiten der Könige. Basel 1851. Wie Kobbe gegen Niebuhr, eine unkritische Vertheidigung der ältesten Ueberlieferung. Gerlach schrieb in demselben Sinne später: Die Quellen der ältesten römischen Geschichte. Basel 1853; Vorgeschichte, Gründung und Entwickelung des römischen Staats in Umrissen. Basel 1863. Ebenso L. O. Broecker, Untersuchungen über die Glaubwürdigkeit der altrömischen Geschichte. Basel 1855. (2. Aufl. Hamburg 1873). Skeptischer als Niebuhr ist dagegen: Ge. Corn. Lewis: *An inquiry into the credibility of the early Roman history*. London 1855, deutsch von F. Liebrecht. Hannover 1858. 2 Bände. 2. Aufl. 1863. — Carl Peter, Geschichte Rom's. Halle 1853 f. [4. Aufl. 1881.] 3 Bände. [In kürzerer Fassung 1875. 2. Aufl. 1878.] — A. Schwegler, Römische Geschichte. Tübingen 1853—58. 3 Bände. [2. Aufl. Tübingen 1867—72, fortgeführt von O. Clason, 4. Bd. Berlin 1873, 5. Bd. Halle 1876.] Ein sehr gutes Buch. — Theod. Mommsen, Römische Geschichte. Berlin 1854 f. 3 Bände. [7. Aufl. 1881 f.]; Römische Forschungen. Berlin

358 Zweiter Haupttheil. 2. Abschn. Besondere Alterthumslehre.

2. Aufl. 1864, [2. Bd. 1879.] Gegen Mommsen gerichtet ist Carl Peter, Studien zur römischen Geschichte. Halle 1863. — Osk. Jäger, Geschichte der Römer. Gütersloh 1861. [5. A. 1884.] — J. J. Ampère, *Histoire romaine à Rome.* Paris 1861 ff. [5. Aufl. 1874]. 4 Bände. — [W. Ihne, Römische Geschichte. Leipzig 1868—79. 5 Bände. — V. Duruy, *Histoire des Romains depuis les temps les plus reculés jusqu' à la mort de Théodose.* 7 Bde. Neue Ausgabe Paris 1878 ff. Daraus wurde die Geschichte des römischen Kaiserreiches in's Deutsche übertragen von G. F. Hertzberg. Leipzig (im Erscheinen begriffen.) — H. W. Stoll, Geschichte der Römer bis zum Untergang der Republik. Hannover 1869. 3. A. 1879. 2 Bde. — A. Vanucci, *Storia dell' Italia antica.* 3. Aufl. Mailand 1873—1876. 4 Bde. — P. Devaux, *Études politiques sur les principaux évènements de l'histoire romaine.* Brüssel und Paris 1880. 2 Bde. — D. Pantaleoni, *Storia civile e costituzionale di Roma da suoi primordi fino agli Antonini.* I. Turin 1881. — R. Bonghi, *Storia di Roma.* I. *J re et la repubblica sino all' anno 283 di Roma.* Mailand 1884.]

Hieran schliesst sich eine ausserordentlich grosse Menge von Specialschriften, von denen ich nur einzelne Beispiele anführe. **Ueber die älteste Zeit:** G. Micali, *Italia avanti il dominio dei Romani.* Florenz 1810. 4 Bände; *Storia degli antichi popoli italiani.* Florenz 1832. 3 Bände. — M. Naegele, Studien über altitalisches und römisches Staats- und Rechtsleben als Vorschule der römischen Staats- und Rechtsgeschichte. Schaffhausen 1849. — [J. G. Cuno, Vorgeschichte Rom's. I. Die Kelten. Leipzig 1878. — M. Zöller, Rom und Latium. Leipzig 1878. — R. Pöhlmann, Die Anfänge Rom's. Erlangen 1881.] — **Aus der Zeit der Republik:** [K. W. Nitzsch, Geschichte der römischen Republik. Hrsg. von G. Thouret. 1. Bd., bis zum Ende des Hannibalischen Krieges. Mit einer Einleitung: Ueberblick über die Geschichte der Geschichtschreibung bis auf Niebuhr und ein. Anhang zur römischen Annalistik. Leipzig 1884.] — K. Haltaus, Geschichte Roms im Zeitalter der punischen Kriege aus den Quellen geschöpft und dargestellt. Leipzig 1846. Gut. — [C. Neumann, Das Zeitalter der punischen Kriege. Aus sein. Nachlass hrsg. und ergänzt von G. Faltin. Breslau 1883. — Th. Zieliński, Die letzten Jahre des zweiten punischen Krieges. Leipzig 1880.] — K. W. Nitzsch, Die Gracchen und ihre nächsten Vorgänger. Vier Bücher römischer Geschichte. Berlin 1847. — W. Drumann, Geschichte Roms in seinem Uebergange von der republikanischen zur monarchischen Verfassung. Königsberg 1834—44. 6 Bände. — E. Hagen, Untersuchungen über römische Geschichte. 1 Thl. Catilina. Königsberg 1854. — [E. v. Stern, Catilina und die Parteikämpfe in Rom der Jahre 66—63. Dorpat 1883. — C. Neumann, Geschichte Roms während des Verfalles der Republik. Vom Zeitalter des Scipio Aemilianus bis zu Sullas Tode. Aus sein. Nachlasse hrsg. von E. Gothein. Breslau 1881. Bd. 2 hrsg. von G. Faltin. Breslau 1885.] — **Aus der Kaiserzeit:** L. S. de Tillemont, *Histoire des Empereurs romains.* Paris 1690 (1700)—1738. 6 Bde. 4. Sehr brauchbar; chronologisch wichtig. — Ch. Merivale, Geschichte der Römer unter dem Kaiserthum. (1850—62), deutsch Leipzig 1866—75. 4 Bde. nebst Register. — [G. F. Hertzberg, Geschichte des römischen Kaiserreichs. Berlin 1880. — H. Schiller, Geschichte der römischen Kaiserzeit. Bd. I. Gotha 1883. — Untersuchungen zur römischen Kaisergeschichte, herausg. von M. Büdinger. Leipzig 1868—70. 3 Bde. — G. R. Sievers, Studien zur Geschichte der römischen Kaiserzeit. Berlin 1870. — E. Beulé, Die römischen Kaiser aus dem Hause des Augustus und dem flavischen Geschlecht. Deutsch von E. Döhler. Halle 1872—1875. 4 Bde.] — J. Aschbach, Livia, die Gemahlin des Kaisers Augustus. Wien 1864. — Adolf Stahr, Tiberius. Berlin 1863. [2. Aufl. 1873.] — [H. Schiller, Geschichte des römischen Kaiserreichs unter der Regierung Nero's. Berlin 1872]. — H. Lehmann, Claudius und Nero und ihre Zeit. Bd. I. Gotha 1858. [2. (Titel-)Aufl. 1877.] — Heinr. Francke, Zur Geschichte Trajan's und seiner Zeitgenossen. 2. Ausg. Quedlinburg und Leipzig 1840. [C. de la Berge, *Essai sur le règne de Traian.* Paris 1877.] — F. Gregorovius, Geschichte des Kaisers Hadrian und seiner Zeit. Königsberg 1851. [2. neugeschriebene Aufl. Stuttgart 1884. — E. Renan, *Marc.-Aurèle et la fin du monde antique.* Paris 1882. — M. J. Höfner, Untersuchungen zur Geschichte des Kaisers L. Septimius Severus und seiner Dynastie. Band 1. Giessen 1872—75. — A. de Ceuleneer, *Essai sur la vie et la règne de Septime Sévère.* Brüssel 1880. — K. Fuchs, Geschichte des Kaisers L. Septimius Severus. Wien 1884. — Th. Bernhardt, Geschichte Roms von Valerian bis zu Diocletians Tode. 1. Abth. Berlin 1867. Th. Preuss, Kaiser Diocletian und seine Zeit. Leipzig 1870. — V. Casagrandi, *Diocleziano imperatore.* Faenza 1876.] — F. Manso, Leben Constantin's d. Gr. Breslau 1817. — J. Burckhardt, Die Zeit Constantin's d. Gr. Basel 1853. [2. Aufl. Leipzig 1880.] — Th. Keim, Der Uebertritt Constantin's d. Gr. zum Christenthum. Zürich 1862. — D. Fr. Strauss, Der Romantiker auf dem Throne der Cäsaren oder Julian der Abtrünnige. Mannheim 1847 [= Gesammelte Schriften. I. Bonn 1876. S. 177 ff.] — H. Richter, Das weströmische Reich, besonders unter den Kaisern Gratian, Valentinian II. und Maximus (375—388). Berlin 1865.*)

§ 48. Jeder Philologe muss eine eingehende Kenntniss von der politischen Geschichte des klassischen Alterthums haben, da ohne eine solche Kenntniss kein anderer Theil der Alterthumskunde richtig und fruchtbringend behandelt werden kann. Die Versuchung liegt nahe, sich beim Beginn der Studien auf die Geschichte der Literatur und der Sprache zu beschränken, weil dadurch der kritische Sinn am meisten beschäftigt wird. Aber dies führt zur grössten Einseitigkeit. Man muss von Anfang an daneben die politische Geschichte studieren, und zwar — wie sich von selbst versteht — aus den Quellen; denn man dringt in dieselbe nur wirklich ein, wenn man sie selbstthätig reconstruirt, was ja zugleich eine vortreffliche Uebung in jeder Art der Kritik gewährt; die modernen Bearbeitungen der Geschichte sind dabei nur als Hülfsmittel zu benutzen. Am

---

*) **Zur politischen Geschichte:** *De Sparta et Athenis rebus publicis inter Graecas clarissimis.* 1812. Kl. Schr. I, 1 ff. — *De Pericle artium et litterarum statore felicissimo.* 1821. I, 89 ff. — *De Herodoti loco lib. VII,* c. 137. 1815. Kl. Schr. IV, 80 ff. — Zur Geschichte der Insel Thera. 1836. Kl. Schr. VI, 1 ff. — Athenische Volksbeschlüsse über die Aussendung einer Colonie nach Brea. 1853. VI, 167 ff. — Hermias von Atarneus und Bündniss desselben mit den Erythräern. 1853. VI, 185 ff. — Ausserdem Vieles in den Erklärungen des *Corp. Inscr.*

besten studiert man zuerst die epochemachendsten Ereignisse aus den Quellen und verschafft sich daneben aus den neueren Bearbeitungen einen Ueberblick über den Gang der gesammten Geschichte. Der Grund muss auf der Schule gelegt werden; denn die klassischen Muster der historischen Kunst eignen sich ganz vorzüglich zur Schullectüre (s. oben S. 157). Man hat zur Erleichterung des Quellenstudiums Sammlungen nach der Contiguität der Quellen angelegt. Dahin gehört J. G. Eichhorn, *Antiqua historia ex ipsis veterum scriptorum graecorum narrationibus contexta.* Leipzig 1811—12. 4 Bände und *Antiqua historia ex ipsis vett. scriptorum latinorum narrationibus contexta.* Göttingen 1811. 2 Bände. Indess sind so weitläufige Mosaikarbeiten ohne wesentlichen Nutzen, da ja die Quellen jedem zugänglich sind. Dagegen sind geeignete Zusammenstellungen dieser Art für die Schule sehr verdienstlich. [S. Quellenbuch zur alten Geschichte für obere Gymnasialklassen. I. Abth. Griechische Geschichte bearbeitet von W. Herbst und A. Baumeister. Leipzig 1866. 3. Aufl. 1880—82. 2. Hefte. II. Abth. Römische Geschichte bearbeitet von A. Weidner 1867 f. 2. Aufl. 1874—82. 3 Hefte.]

4. Staats-Alterthümer.
Die Verwirklichung der politischen Ideen in den Instituten.

§ 49. Die Disciplin der Antiquitäten oder Alterthümer im Allgemeinen hat sich in der Philologie mehr zufällig und ohne wissenschaftliches Princip gebildet. Der Name *antiquitates* ist bei den Römern besonders durch Varro in Gebrauch gekommen und eine Uebersetzung des griechischen Wortes ἀρχαιολογία; er bezeichnete ursprünglich wie dies die gesammte Kunde der vergangenen Zeiten (während *antiquitas* im Singular die vergangene Zeit, das Alterthum selbst ist). Der Begriff wurde aber schon von den griechischen und römischen Gelehrten vorwiegend auf die Institute und Zustände der Vergangenheit beschränkt, mit Ausschluss der zeitlichen Entwickelung an sich, der historischen Thaten des Volkes. Allein diese Trennung ist nur bei der politischen Geschichte, wo das Volk als solches handelnd auftritt, in der Natur der Sache gegründet; die Geschichte des Privatlebens, der Kunst und der Wissenschaft ist nur theilweise an Institute geknüpft. Je nachdem daher auf irgend einem Gebiete des antiken Lebens das Historische mehr oder weniger in den Hintergrund gedrängt wurde, zog man dies Gebiet in den Bereich der Antiquitäten. Natürlich konnte so keine wissenschaftliche Disciplin entstehen, sondern nur ein Aggregat von antiquarischen Notizen. Man suchte allerdings schon im Zeitalter der Wiederherstellung der Wissenschaften den Stoff in ein Sy-

I. Oeffentliches Leben. 4. Staats-Alterthümer. 361

stem zu bringen; gewöhnlich theilte man seit jener Zeit die Alterthümer in vier Theile: *res publicae, privatae, militares, sacrae*. Diese Eintheilung ist ganz ungenügend, da sie von keinem Princip ausgeht und sich viele Institute des Alterthums gar nicht unter eine der genannten Kategorien bringen lassen, z. B. die wissenschaftlichen Institute, wie Bibliotheken, Akademien u. s. w. Begriffsmässig kann man offenbar keinen Stoff der gesammten Alterthumskunde von den Antiquitäten aussondern und man würde also dieselbe Eintheilung erhalten, die wir dem materiellen Theile der Philologie überhaupt zu Grunde gelegt haben; es gäbe politische Alterthümer (*res civiles* oder *publicae*), Privatalterthümer (*res privatae*), Alterthümer der äusseren Religion und Kunst (*antiquitates rituum et artium*) und wissenschaftliche Alterthümer (*antiquitates doctrinarum*); die sogenannten Kriegsantiquitäten (*res militares*) sind nur ein Theil der politischen Alterthümer. Indess keine Darstellung der Antiquitäten hat diesen Umfang; der Stoff ist in allen willkürlich bald mehr bald weniger beschränkt. Ed. Platner, Ueber wissenschaftl. Begründ. und Behandl. der Antiquitäten, bes. der römischen. Marburg 1812, hat zuerst die richtige Consequenz in Bezug auf den Umfang der Alterthümer gezogen ohne indess zu erkennen, dass sie sich in diesem Umfang nicht begriffsmässig darstellen lassen. Wie unklar man über den Begriff der Disciplin ist, zeigt sich auch darin, dass man sie als Statistik des Alterthums definirt hat. Die Statistik ist selbst bisher nur ein Aggregat; denn alle Gegenstände derselben fallen in andere Wissenschaften: Politik, Ethnographie, Geographie u. s. w.; sie hat weder einen bestimmt gesonderten Stoff, noch eine bestimmt gesonderte Ansicht; insofern also entspricht sie allerdings den Alterthümern. In Wahrheit ist sie aber eine Methode, deren Wesen in der Anwendung des Calculs auf die geschichtlichen Verhältnisse besteht und die im Alterthum selbst nur sehr unvollkommen gehandhabt worden ist, so dass uns zu einer genaueren Statistik des Alterthums der Stoff mangelt. Vergl. Moreau de Jonnès, *Statistique des peuples de l'antiquité, les Egyptiens, les Hébreux, les Grecs, les Romains et les Gaulois*. Paris 1851. 2 Theile. Um aber den Alterthümern einen wissenschaftlichen Charakter zu verleihen, hat man sie von anderer Seite als eine Darstellung der praktischen Ideen des Alterthums erklärt. Hiernach würden sie unserer Ausführung gemäss (s. oben S. 58 ff.) auf das Staats- und Privatleben beschränkt sein; man rechnet jedoch auch die Sacralalterthümer zur Darstellung der praktischen Ideen. Dieselben hängen nun mit der Kunst und Wissenschaft so eng zusammen, dass man diese Sphären nicht davon trennen kann und so würde die Disciplin wieder das ganze Alterthum nach seinen Instituten in sich begreifen. Hieraus folgt, dass sich die Alterthümer als besondere Disciplin nicht halten lassen, sondern unter die vier Abschnitte der Alterthumskunde zu vertheilen sind. Wir reihen daher hier die politischen Alterthümer in ihrer oben (S. 311) begründeten Absonderung von der politischen Geschichte ein.

Sie zerfallen offenbar in zwei Hauptabschnitte; man kann den Staat an sich, d. h. in Bezug auf die inneren Angelegenheiten und in seinem Verhältniss zu anderen Staaten, also in Bezug auf die auswärtigen Angelegenheiten betrachten. Zum Innern gehören: 1) die Staats- und Regierungsform nebst der gesammten Verwaltung, die auch die Verbindung des Staates mit den religiösen, wissenschaftlichen und Kunst-Instituten umfasst; 2) die Rechts- und Gerichtsverfassung; 3) die Finanzen oder die Staatshaushaltung. Das Auswärtige bezieht sich theils auf das freundliche, theils auf das feindliche Verhalten des Staates zu anderen Staaten. Die erstere Seite betrifft alle Bundes- und Vertragsverhältnisse, also die Föderal-Alterthümer, welchen man nicht selten bei den Religionsalterthümern einen Platz angewiesen hat, obgleich die religiösen Ceremonien dabei doch nur subsidiarisch in Betracht kommen. Das Bundeswesen ist ein sehr wichtiger Gegenstand der Alterthumskunde, da Staatenbünde und Bundesstaaten im Alterthum sehr häufig waren. Das feindliche Verhältniss des Staates zu anderen Staaten wird schliesslich in den Kriegsalterthümern dargestellt, welche das gesammte Militärwesen umfassen.

Man muss natürlich römische und griechische Antiquitäten trennen. Bei den Griechen herrscht die grösste Mannigfaltigkeit in den politischen Instituten, während bei den Römern Alles einheitlich organisirt ist (s. oben S. 267, 287). Die Mannigfaltigkeit der griechischen Zustände tritt zunächst in räumlicher Trennung hervor, indem fast jeder Staat seine Eigenthümlichkeit hat, insbesondere aber die Nationalstämme in der Staatenbildung durchaus verschieden sind (s. oben S. 282). Ausserdem zeigen die einzelnen Staaten mannigfache Formen in ihrer zeitlichen Entwickelung. Denn die Hineinbildung in's Einzelne, welche keine grossen Staatsformen entstehen liess, bewirkte zugleich eine ungemeine Beweglichkeit, da alle Individualitäten zum Ausdruck kommen wollten und die vielen einzelnen Elemente des Staates eine immer neue Mischung und Verbindung erheischten, wenn sie alle möglichst erhalten und zu einer Einheit zusammengefasst werden sollten. Nur ist diese Beweglichkeit nicht so gross, dass man in Verfassung und Recht heute aufgehoben hätte, was man gestern beschlossen hatte; vielmehr wird sie durch einen starken Conservatismus gemässigt. Man wird also die griechischen Staatsalterthümer, soweit sie die inneren Verhältnisse betreffen, nicht im Allgemeinen betrachten können, sondern muss die Hauptstaaten jeden für sich studieren und zwar in chronologischer Ordnung, je nach der Entwickelung ihres Daseins. Das letzte Ziel ist aber die Ideen zu erkennen, die in den politischen Instituten aller Staaten ausgeprägt sind. Bei der Darstellung wird man vom Allgemeinsten ausgehen, also zuerst von dem Ursprung der Staaten und der verschiedenen Verfassungsformen sprechen, und dabei die politischen Grundsätze und Ansichten des Alterthums entwickeln. Die Ausführung im Einzelnen muss dann die organische Verwirklichung dieser allgemeinen Ideen aufzeigen. Es sind daher zunächst die ersten Einrichtungen griechischer Staaten zu betrachten, in welchen die βαcιλεία herrschte. Hiernach wird man auf die Stammunterschiede übergehen und dabei annähernd chronologisch verfahren, wenn man zuerst die Entwickelung der dorischen Staaten, darauf die der aeolischen und endlich die der ionischen verfolgt. Innerhalb der Volksstämme bilden die einzelnen Staaten wieder kleinere Gruppen, indem einige zur Norm für die übrigen werden. So sind z. B. für die Dorer Kreta, Sparta, Korinth und Argos, für die Äoler Thessalien und Theben, für die Ioner Ionien und Athen solche Centralpunkte, an die sich alles Uebrige, insbesondere die Colonien, gruppenweise anschliesst. Eine tiefer eindringende Kenntniss haben wir nur von dem athenischen Staat; namentlich können wir bei ihm allein die Rechtsverfassung und die Staatshaushaltung überblicken. Athen wird indess seit den Perserkriegen vermöge seiner überlegenen Bildung in vielen Punkten zur Norm für ganz Griechenland. Manche Einrichtungen finden sich auch in analoger Weise bei allen Staaten von gleicher Grundverfassung; die Liturgien sind z. B. eine Eigenthümlichkeit der demokratischen Verfassung und mit dieser allmählich in den meisten Staaten Griechenlands eingeführt.*) In manchen Fällen können wir daher die Lücken unserer Kenntniss einigermassen durch Analogieschlüsse ausfüllen. Die Föderal- und Kriegsalterthümer aller griechischen Staaten werden am besten gemeinsam nach ihrer historischen Entwickelung dargestellt, wodurch zugleich die Eigenthümlichkeit der einzelnen Stämme und Gemeinwesen am klarsten hervortritt. In der Darstellung der römischen Antiquitäten hat man einfach die Ausbildung der Staatsinstitute chronologisch zu verfolgen; hierbei gliedert sich die Geschichte aller Sphären nach den Hauptperioden der Verfassungsgeschichte.

Literatur. 1. Quellen. Die ältesten griechischen Geschichtsschreiber, die ionischen Logographen stellten nicht die geschichtlichen Thaten gesondert dar, sondern sammelten Kunde von allem, was ihnen historisch merkwürdig erschien. So fügt noch Herodot seiner Geschichtserzählung ausführliche antiquarische Notizen über die fremden Völker, z. B. über die Aegypter ein; diese Notizen beziehen sich nicht bloss auf das öffentliche Leben, sondern auf alle Seiten des Volkslebens. Die Zustände in den griechischen Staaten berührt er indess nur gelegentlich, da er die Kenntniss derselben bei seinen Lesern voraussetzt. Ebenso verfahren Thukydides und Xenophon und die älteren Geschichtsschreiber überhaupt, die wesentlich die Darstellung der geschichtlichen Thaten im Auge haben. Wenn sie daher auch für die Antiquitäten ihrer Zeit die zuverlässigsten Quellen sind, so gewähren sie doch eine geringere Ausbeute als die späteren Historiker, welche über die Zustände der Vorzeit eingehender berichten. Neben der Geschichtsschreibung bildete sich aber frühzeitig eine antiquarische Literatur. Dahin gehören zuerst die Werke über Νόμιμα, d. h. über Sitten und Gebräuche, also über die Zustände des praktischen Lebens. Die älteste Schrift dieser Art sind die Νόμιμα βαρβαρικά des Hellanikos von Lesbos. Im Zeitalter der alten Sophisten war das antiquarische Interesse bereits sehr rege; Hippias von Elis hielt selbst in Sparta Vorträge über die Zustände der Vorzeit, die gesammte ἀρχαιολογία (Platon, *Hippias maior* S. 285 D. Vergl. F. Osann, Der Sophist Hippias als Archäolog Rh. Mus. 2 (1843) S. 495 ff.). Seit der Zeit des Aristoteles wurden unter dem Titel πολιτεῖαι zum Behufe der praktischen Politik und als Grundlage politischer Theorien die Verfassungen griechischer und ausländischer Staaten beschrieben (s. oben S. 17). Epochemachend war der Βίος Ἑλλάδος von Dikaearch, einem Schüler des Aristoteles; in diesem umfassenden Werke waren die Sitten und Institute der griechischen Staaten dargestellt und ihre Entwickelung bis auf die Urzeit verfolgt. Von besonderer Wichtigkeit waren auch die Atthiden, welche in der Form von Chroniken eine Hauptquelle für die gesammten attischen Alterthümer bildeten.**) Die alexandrinischen Ge-

---

*) S. Staatshaushaltung der Athener 2. Aufl. I, S. 409 f.
**) Die Verfasser der Νόμιμα sind zusammengestellt *In Platonis qui vulgo fertur Minoem.* S. 81 ff. Ueber Atthiden s. Seeurk. S. 182 und Kl. Schr. V, 397 ff.

lehrten, Kallimachos, Eratosthenes, Apollonios Rhodios u. s. w., betrieben die antiquarischen Studien im weitesten Umfange. Alle diese ältesten antiquarischen Arbeiten sind indess verloren gegangen und kommen für uns nur als Quellen der späteren Notizen in Betracht, die sich besonders bei Strabon, Plutarch, Pausanias, in dem grossen antiquarischen Sammelwerke des Athenaeos und bei den späteren Historikern und Grammatikern (Scholiasten, Lexikographen u. s. w.) finden. In Rom war die alte Annalistik z. Th. eine Aufzeichnung von Antiquitäten, deren Kenntniss für die Praxis Werth hatte. Auch die gelehrte Forschung, die sich nach dem Muster der griechischen Philologie bildete (s. oben S. 295) beschränkte sich auf den eigenen Staat. Der erste bedeutende Antiquar war Aelius Stilo; das Vorzüglichste aber leistete dessen Schüler Varro; sein Werk *de vita populi Romani* enthielt in 4 Büchern eine Geschichte des Privat- und Staatslebens und die 41 Bücher seiner *Antiquitates rerum humanarum et divinarum* waren ganz im Sinne der alexandrinischen Gelehrsamkeit abgefasst. Der Verlust dieser Schrift ist unersetzlich; denn die späteren Antiquare, wie Gellius, Macrobius und selbst Sueton sind nur Notizenkrämer. Unter den römischen Geschichtschreibern giebt Livius viel Stoff aus seinen annalistischen Quellen; Sallust enthält wenig Antiquarisches, Cäsar ist für die Kenntniss des Kriegswesens wichtig, Tacitus für seine Zeit die zuverlässigste Quelle; die Spätern enthalten einzelne werthvolle Notizen. Besonders wichtig aber sind Polybios, die ἀρχαιολογία ῥωμαϊκή des Dionysios von Halikarnass, Plutarch, Appian und Dio Cassius.

Neben der historischen Literatur kommt die philosophische und rhetorische als Quelle der gesammten Alterthümer in Betracht. In den philosophischen Schriften, besonders in denen des Xenophon, Platon und Aristoteles finden sich nicht bloss gelegentliche Anspielungen und Bemerkungen über die Zustände ihrer Zeit und der Vergangenheit, sondern ihre ganze ethische und politische Theorie ist auf historische Weise aus der Speculation über die gegebenen Verhältnisse hervorgegangen, und man lernt daraus namentlich die Grundsätze und Ansichten der alten Politik verstehen. Vergl. K. Hildenbrand, Geschichte und System der Rechts- und Staatsphilosophie. Leipzig 1860. — [W. Oncken, Die Staatslehre des Aristoteles in historisch-politischen Umrissen. Leipzig 1870. 1875. — L. v. Stein, Die Entwicklung der Staatswissenschaft bei den Griechen. Wien 1879. — O. Gierke, Die Staats- und Korporationslehre des Alterthums und des Mittelalters und ihre Aufnahme in Deutschland. Bd. 3 des deutschen Genossenschaftsrechts. Berlin 1881. — A. C. Bradley, Die Staatslehre des Aristoteles. Übersetzt von J. Imelmann. Berlin 1884. — J. Schvarcz, Die Staatsformenlehre des Aristoteles und die moderne Staatswissenschaft. Leipzig 1884.] Bei den Römern ist die philosophische Literatur von weit geringerer Bedeutung für die Staatsalterthümer. Cicero's Schriften *de republica* und *de legibus*, die hier hauptsächlich in Betracht kommen, sind nur bruchstückweise erhalten und in ihrer geschichtlichen Grundlage oberflächlich. Einen unmittelbaren Einblick in das Getriebe des alten Staatslebens gewähren uns die Redner, die daher von der grössten Wichtigkeit sind. Einen ähnlichen Werth haben die Briefe von Staatsmännern; die bedeutendsten sind die des Cicero und des jüngeren Plinius. Für die Kenntniss des antiken Rechts ist bei den Römern die juristische Literatur eine überaus reichhaltige Quelle; das Kriegswesen lernen wir besonders aus den Kriegsschriftstellern der Griechen und Römer kennen.

Aber auch die poetische Literatur ist nicht zu vernachlässigen. Das Homerische Epos giebt uns ein deutliches Bild von den Zuständen der Zeit, in der es entstanden. Weniger ergiebig ist die Tragödie, da sie fingirte Zustände der Heroenzeit vorführt. Vergl. oben S. 91, 115. Dagegen steht die Komödie mitten im Leben und die alte attische Komödie ist ganz politisch. Vergl. W. Vischer, Die Benutzung der alten Komödie als geschichtliche Quelle. Basel 1840. 4 [= kleine Schriften. I. Leipzig 1877. S. 459 ff.]. Sogar die Lyrik ist in einzelnen Formen eine reiche Fundgrube der Alterthümer; so die Epinikien des Pindar und die Satire bei den Römern. Ausserdem sind die Dichter überhaupt als Träger der ethischen und politischen Ideen ihrer Zeit eingehend zu berücksichtigen.

Unter den anderweitigen Quellen stehen die Inschriften und nächst ihnen die Münzen obenan. Aufschlüsse über manche Verhältnisse geben ferner antike Bildwerke: Statuen, Reliefs, Gemmen, Gemälde, und die Anschauung des antiken Lebens wird vervollständigt durch die übrigen mannigfachen Ueberreste desselben (s. oben S. 49).

Bei der Benutzung dieser verschiedenartigen und zerstreuten Quellen kommt alles auf eine scharfsinnige Combination an (s. oben S. 177), die aber durch eine nüchterne Kritik in Schranken gehalten werden muss, wenn sie nicht zu willkürlichen Hypothesen führen soll. Man darf nie vergessen, dass die erhaltenen Quellen nur einen ganz geringen Bruchtheil der einst im Alterthum vorhandenen ausmachen und daher aus denselben nur mit der grössten Vorsicht Schlüsse gezogen werden dürfen. Abgesehen von den Rechtsalterthümern sind wir merkwürdiger Weise über das griechische Staatsleben in den wichtigsten Punkten besser unterrichtet als über das römische, weil die griechischen Quellen genauer sind.

2. Bearbeitungen der Alterthümer. Nach der Wiederherstellung der Wissenschaften richtete man seine Aufmerksamkeit zuerst auf die römischen Antiquitäten und zwar im praktischen Interesse besonders auf die Rechtsalterthümer. Die griechischen Antiquitäten wurden sodann zuerst vorzüglich von Theologen bearbeitet. Bahnbrechend für die rein geschichtliche Bearbeitung war besonders C. Sigonius (1524—1584) durch seine Schriften *de Atheniensium republica, de rebus Atheniensium et Lacedaemoniorum, de antiquo iure Romanorum* u. s. w. (vgl. *Opera omnia ed.* Argelatus. Mailand 1732. 6 Bde. fol.). Zunächst schrieb man nun im 16. und 17. Jahrhundert eine grosse Menge von Abhandlungen über einzelne Gegenstände der gesammten Alterthümer, unter denen sich besonders die zahlreichen Schriften des J. Meursius (1579—1639) durch Sammelfleiss auszeichnen. Eine genaue Uebersicht dieser ganzen Literatur nach Rubriken geordnet enthält die *Bibliographia antiquaria* von Jo. Alb. Fabricius (s. oben S. 50), ein Werk, das mit unendlichem Fleiss und erstaunlicher Sorgfalt ausgeführt ist. Im 18. Jahrhundert bearbeitete die *Académie des Inscriptions et Belles-Lettres* zu Paris den bisher aufgesammelten massenhaften Stoff in ihren *Mémoires,* welche eine Menge elegant und geistreich geschriebener Abhandlungen antiquarischen Inhalts enthalten. Durch diese Arbeiten kam ein neuer Geist in das Studium der Alterthümer, indem dieselben nach allgemeineren Gesichtspunkten und mit kritischem Raisonnement behandelt wurden.*) Einzelne von den französischen Gelehrten, wie vor Allen Barthélemy, zeichneten sich durch gründliche Forschung aus. Zugleich entstanden seit dem Ende des 17. Jahrhunderts in England und Deutschland Compendien der gesammten Alterthümer, die aber meist weder auf selbständigen kritischen Einzelforschungen beruhten noch nach leitenden Gesichtspunkten gearbeitet waren. Erst in unserm Jahrhundert haben die Antiquitäten in den drei grossen Gruppen der Staats-, Privat- und Religionsalterthümer allmählich eine wissenschaftlichere Gestalt gewonnen.

    a. Griechische Alterthümer im Allgemeinen. J. F. Gronovius, *Thesaurus antiquitatum graecarum*. Leiden 1697—1702. Venedig 1737. 13 Bde. fol. Sammlung der wichtigsten bis zum Anfang des 18. Jahrh. erschienenen Abhandlungen (s. unten S. 372: Polenus). — F. Rous, *Archaeologiae atticae libri VII*. Seven books of the Attic antiquities London 1637. 4. 9. Aufl. mit guten Zusätzen von Z. Bogan. 1684. 4. Ist noch mehrmals abgedruckt. — E. Feith, *Antiquitates Homericae*. Leiden 1677. (Gronov. Thesaurus Bd. 6.), mit Anmerkungen von Elias Stöber. Strassburg 1743. Nicht ohne Fleiss. — J. Terpstra, *Antiquitas Homerica*. Leiden 1831, hat Feith zur Grundlage. — J. Ph. Pfeiffer, *libri IV antiquitatum graecarum gentilium sacrarum, politicarum, militarium et oeconomicarum*. Königsberg u. Leipzig 1689. 2. Aufl. 1707. 4. Ein gelehrtes Buch. — J. Potter, *Archaeologia graeca* (englisch). Oxford 1699. 2 Theile; lat. Leiden 1702 fol. Venedig 1733. 34. 4. aufgenommen in Gronov's *Thesaurus* Band XIII. Enthält nichts Neues, ist unkritisch, die Citate ungenau, für Athen subsidiarisch zu gebrauchen. Deutsche Uebersetzung mit Zusätzen von J. J. Rambach. Halle 1775—78. 3 Theile; neue englische Ausgabe unter dem Titel: *The antiquities of Greece* mit Zusätzen von Boyd und 150 Stahlstichen. London 1841. — Lamb. Bos, *Antiquitatum graecarum, praecipue atticarum descriptio brevis* (1714), nach vielen Auflagen zuletzt herausgegeben von J. K. Zeune. Leipzig 1787. Uebersichtliches und bequemes Compendium. — Paul Fr. Achat Nitsch (Pfarrer), Beschreibung des häuslichen, gottesdienstlichen, sittlichen, politischen, kriegerischen und wissenschaftlichen Zustandes der Griechen nach den verschiedenen Zeitaltern und Völkerschaften. 1. Bd. Erfurt (1791.) 2. Aufl. verbessert von G. S. Köpke 1806. Fortgesetzt von Köpke und J. G. Chr. Höpfner. 4 Bde. Blosse Compilation mit wässerigem Raisonnement. — M. De Pauw, *Recherches philosophiques sur les Grecs*. Berlin 1787 f. 2 Bde. Geistreiche Reflexionen, aber ohne grosse Kenntnisse und in einem hochtrabenden Tone. — J. J. Barthélemy, *Voyage du jeune Anacharsis en Grèce dans le milieu du 4. siècle avant l'ère vulgaire*. Paris 1788. 7 Bde. sehr oft aufgelegt. Deutsch von J. E. Biester und D. Jenisch. Berlin 1790—1793. Der skythische Philosoph Anacharsis, der übrigens bekanntlich zur Zeit Solon's lebte, gleicht in diesem antiquarischen Roman einem reisenden

---

    *) S. die Kritik des 47. Bandes der *Histoire* und der *Mémoires* der *Académie des I. et B. L.* 1810. Kl. Schr. VII, S. 193—219.

französischen Abbé. Das Werk ist für einen grösseren Leserkreis berechnet und mit französischer Eleganz und Esprit geschrieben. Aber wenn es auch keine tiefern Untersuchungen enthält und eine sehr modern gefärbte Ansicht vom Alterthum giebt, ist es doch gelehrt und beruht auf gründlichen Studien; es ist die beste Bearbeitung der griechischen Alterthümer aus dem 18. Jahrhundert und noch immer lesenswerth. Auf die französisch gebildeten Neugriechen hat es einen grossen Einfluss gehabt. Der beigegebene Atlas von J. D. Barbié du Bocage, einem Schüler d'Anville's, war für die damalige Zeit die vollendetste Leistung in der alten Geographie.*) — *Athenian letters or the epistolary correspondence of an agent of the King of Persia residing at Athens during the Peloponnesian war.* London 1741 —1743. 4 Bde. Neue Ausgabe 1798. 2 Bde. Deutsch von Fr. Jacobs. Leipzig 1799 f. Das geistreiche und mit guter Kenntniss geschriebene Buch ist verfasst von zwei Brüdern, englischen Staatsmännern, von denen der eine Lordkanzler von England war. — J. H. M. Ernesti, Alterthumskunde der Griechen, Römer und Deutschen. Erfurt 1809 ff. 4 Theile. Armselig, meist Auszug aus Nitsch u. A. — Chr. Fr. F. Haacke, Abriss der griechischen und römischen Alterthümer und Literaturgeschichte für Gymnasien. Stendal 1816. 4. Aufl. von F. Lübker. 1863. — K. Kärcher, Kurzgefasstes Handbuch des Wissenswürdigsten aus der Mythologie und Archäologie des klassischen Alterthums. Karlsruhe 1825. Mit Kupfern. — Friedr. Aug. Wolf, Antiquitäten von Griechenland. Halle 1787. Eine nur zum Gebrauch bei den Vorlesungen bestimmte Uebersicht, unvollendet. Wolf's Vorlesungen über griechische Antiquitäten selbst sind herausg. von J. D. Gürtler. Leipzig 1835. Sie sind nicht so bedeutend als Wolf's Name es erwarten lässt. — Heinr. Hase, Die griechische Alterthumskunde. Dresden 1828. 2. Aufl. Quedlinburg u. Leipzig 1841. Enthält nichts Neues, aber eine gute Zusammenstellung der Thatsachen. — K. Fr. Hermann, Lehrbuch der griechischen Antiquitäten. 1. Band Staatsalterthümer, Heidelberg 1831. [5. Aufl. von J. Chr. F. Bähr und B. Stark. 1875.] 2. Band Gottesdienstliche Alterthümer. 1846. 2. Aufl. von B. Stark. 1858. 3. Bd. Privatalterthümer 1852. [2. Aufl. von B. Stark. 1870.] Reichhaltig und genau. [Unter Mitwirkung von H. Droysen, A. Hug, A. Müller und Th. Thalheim neu hrsg. von H. Blümner und W. Dittenberger. Freiburg und Tübingen. 2. Bd. Abth. 1. Die griechischen Rechtsalterthümer von Th. Thalheim. 1884. 4. Bd. Privatalterthümer v. H. Blümner. 1882. — Hoogvliet, *Antiquitatum graecarum brevis descriptio e virorum doctorum scriptis concinnata.* Delft 1834. — S. F. W. Hoffmann, Griechenland und die Griechen im Alterthum. Leipzig 1841. 2 Bde. — H. W. Bensen, Lehrbuch der griechischen Alterthümer oder Staat, Volk und Geist der Hellenen. Erlangen 1842. — E. F. Bojesen, Handbuch der griechischen Antiquitäten. Aus dem Dänischen übersetzt von J. Hoffa. Giessen 1843. Kleines, nicht ungeschicktes Handbuch. — J. B. Friedreich, die Realien in der Iliade und Odyssee. Erlangen 1851. 2. Ausg. 1856. Fleissig und genau. [E. Buchholz, Die homerischen Realien. Bd. 1—Bd. 3. Abth. 1. Leipzig 1871—84.] — Fr. Jacobs, Hellas, Vorträge über Heimath,

---

*) S. Staatshaush. der Ath. I, S. 47. Anmerk. c. d.

I. Oeffentliches Leben. 4. Staats-Alterthümer.

Geschichte, Literatur und Kunst der Hellenen. Herausgegeben von E. F. Wüstemann. Berlin 1852. — K. F. H. Schwalbe, Handbuch der griechischen Antiquitäten. Magdeburg 1854. — G. F. Schoemann, Griechische Alterthümer. Berlin 1855. 1859. 2 Bde. 1. Bd. Das Staatswesen. [3. Aufl. 1871.] 2. Bd. Die internationalen Verhältnisse und das Religionswesen. [3. Aufl. 1873.] Vortrefflich. [Die Neubearbeitung hat H. Lipsius übernommen.] — G. Bippart, Hellas und Rom. Ein Grundriss des klassischen Alterthums für die studirende Jugend. 1. Bd. Land und Volk, Staat und Familie, Religion und Cultus der Hellenen. Prag 1858. Ein nicht übler Ueberblick. — W. E. Gladstone, *Studies on Homer and the Homeric age*. Oxford 1858. 3 Bde. Deutsch bearb. von A. Schuster. Leipzig 1863. — Anthony Rich, *Dictionary of Roman and Greek antiquities*. [3. Aufl. London 1873], französisch von M. Chéruel. Paris 1859 und 1861 [3. Aufl. 1883], deutsch unter Leitung von C. Müller. Paris 1862. Mit vielen Illustrationen. — E. Guhl und W. Koner, Das Leben der Griechen und Römer nach antiken Bildwerken dargestellt. Berlin 1862. [5. Aufl. 1882.] — H. Göll, Culturbilder aus Hellas und Rom. Leipzig 1863 ff. [3. Aufl. 1878. — H. Rheinhard, Album des classischen Alterthums. Stuttgart 1869 f. fol. 2. Aufl. 1882. — H. Rickenbach, Land, Volk und Culturleben der alten Griechen. Einsiedeln 1870. 4. — H. W. Stoll, Bilder aus dem altgriechischen Leben. Leipzig 1870. 2. A. 1875. — Ch. Daremberg und E. Saglio, *Dictionnaire des antiquités grecques et romaines d'après les textes et les monuments*. Paris 1873 ff. — A. Forbiger, Hellas und Rom. Populäre Darstellung des öffentlichen und häuslichen Lebens der Griechen und Römer. 2. Abth. Griechenland im Zeitalter des Perikles. Bd. 1 u. 2. Leipzig 1875—78. Bd. 3 von A. Winckler. 1882.] — Vergl. ausserdem oben S. 38 f.

Griechische Staatsalterthümer: W. Wachsmuth, Hellenische Alterthumskunde aus dem Gesichtspunkte des Staats. Halle 1826—30, 2. Aufl. 1844—1846. 2 Bde. Gute begriffliche Entwickelung der leitenden Ideen. — H. Brandes, Griechische Staatsalterthümer in der Encyklopädie von Ersch und Gruber. Sect. I. Bd. 83. — [W. Kopp, Griechische Staatsalterthümer. Berlin 1880. — G. Gilbert, Handbuch der griechischen Staatsalterthümer. I. Der Staat der Lakedaimonier und der Athener. Leipzig 1881.] — K. D. Hüllmann, Urgeschichte des Staats. Königsberg 1817; Ursprünge der Besteuerung. Köln 1818.*) Zu viel Hypothesen. — F. Kortüm, Zur Geschichte hellenischer Staatsverfassungen, hauptsächlich während des peloponnesischen Kriegs. Heidelberg 1821. — F. W. Tittmann, Darstellung der griechischen Staatsverfassungen. Leipzig 1822. Die leitenden Ideen zu wenig beachtet, sonst fleissig durchgearbeitet. — K. Vollgraff, Antike Politik. Giessen 1828. — H. G. Reichard, Erinnerungen, Ueberblicke und Maximen aus der Staatskunst des Alterthums. Leipzig 1829. — G. F. Schömann, *Antiquitates iuris publici Graecorum*. Greifswald 1838. — H. G. Plass, Die Tyrannis in ihren beiden Perioden bei den alten Griechen. Bremen 1852. 2. (Titel-)Ausg. 1859. 2 Bde. Im Ganzen ein gutes und genaues Buch. — E. Lerminier, *Histoire des législateurs*

---

*) Vergl. die Recensionen aus dem Jahre 1818. Kl. Schr. VII, 220 ff.

370 Zweiter Haupttheil. 2. Abschn. Besondere Alterthumslehre.

et des constitutions de la Grèce antique. Paris 1852. 2 Bde. Geistreich, aber ohne bedeutende Ergebnisse. Sehr ausführlich ist Syrakus behandelt. — Max Steiner, Entwickelung des griechischen Staats. Wien 1855. Allgemeine Betrachtungen, anziehend und nicht ohne die erforderliche Grundlage positiver Kenntnisse. — Fustel de Coulanges, *La cité antique, étude sur le culte, le droit, les institutions de la Grèce et de Rome.* Paris 1865. [19. A. 1885.] — **Rechtsalterthümer:** S. Petitus, *Leges atticae.* Paris 1635. fol. Leiden 1742. Eine sehr gelehrte, aber grundverkehrte Darstellung. — Cl. Salmasius, *Observationes ad ius atticum et romanum.* Leiden 1645. Besser als Petitus. — D. Heraldus (Jurist), *Observationes ad ius atticum et romanum, in quibus Cl. Salmasii miscellae defensiones eiusque specimen expenduntur.* Paris 1650. Ein ausgezeichnet gelehrtes Schriftchen; auch die Darstellung ist gut, wenn auch Vieles unrichtig. — De Pastoret, *Histoire de la législation.* Paris 1817—37. 11 Bde. V—XI über Griechenland. — K. D. Hüllmann, Staatsrecht des Alterthums. Köln 1820. — A. W. Heffter, Die athenäische Gerichtsverfassung. Köln 1822. Ein gutes Buch. — Ed. Platner, Der Process und die Klagen bei den Attikern. Darmstadt 1824, 25. 2 Bde. — M. H. E. Meier und G. F. Schömann, Der attische Process. Halle 1824. [Neu bearbeitet von J. H. Lipsius. Berlin 1883 ff.]. Eine von der Berliner Akademie gekrönte Preisschrift; das vorzüglichste Werk über den Gegenstand. — E. Gans, Das Erbrecht in weltgeschichtlicher Entwicklung. Berlin 1824. Theil I enthält viel Gutes über das attische Erbrecht. — A. H. G. P. van den Es, *De iure familiarum apud Athenienses.* Leiden 1864. — Exupère Caillemer, *Études sur les antiquités juridiques d'Athènes.* Paris 1865[—80. — G. Perrot, *Essais sur le droit public et privé de la république Athénienne.* Paris 1867 ff. — J. Télfy, *Corpus iuris attici. Graece et latine.* Pesth 1868. — S. Mayer, Die Rechte der Israeliten, Athener und Römer mit Rücksicht auf die neuen Gesetzgebungen in Parallelen dargestellt. Leipzig und Trier 1862—76. 3 Bde. Bd. 1. Das öffentliche Recht. Bd. 2. Das Privatrecht. Bd. 3. Das Strafrecht. — F. Hofmann, Beiträge zur Geschichte des griechischen und römischen Rechts. Wien 1870. — A. Philippi, Beiträge zu einer Geschichte des attischen Bürgerrechts. Berlin 1870. — J. J. Thonissen, *Le droit penal de la république athénienne précédé d'une étude sur le droit criminel de la Grèce légendaire.* Brüssel 1875. — M. Fränkel, Die attischen Geschworenengerichte. Ein Beitrag zum attischen Staatsrecht. Berlin 1877. — W. Grasshoff, *Symbolae ad doctrinam iuris attici de hereditatibus.* I. Berlin 1877. — W. Hartel, Studien über attisches Staatsrecht und Urkundenwesen. Wien 1878. — M. Paretti, *Diritto e procedura penale della Grecia antica.* Turin 1878. 2 Bde. — H. Bürmann, Drei Studien auf dem Gebiete des attischen Rechts. Leipzig 1878. — B. W. Leist, Graeco-italische Rechtsgeschichte. Jena 1884.] — A. W. Heffter, *De antiquo iure gentium.* Bonn 1824. 4. — W. Wachsmuth, *Ius gentium quale obtinuerit apud Graecos ante bellorum cum Persis gestorum initium.* Kiel 1822. Ist sehr schwerfällig und umständlich geschrieben. — M. Müller Jochmus, Geschichte des Völkerrechts im Alterthum. Leipzig 1848. — F. Laurent, *Histoire du droit des gens et des relations internationales.* Bd. 2 *La Grèce.* Bd. 3 *Rome.* Gent 1850. — **Kriegsalterthümer:** J. J. H. Nast, Einleitung

I. Oeffentliches Leben. 4. Staats-Alterthümer.

in die griechischen Kriegsalterthümer. Stuttgart 1780. — G. G. S. Köpke, Ueber das Kriegswesen der Griechen im heroischen Zeitalter. Berlin 1807. — K. A. Löhr, Ueber die Taktik und das Kriegswesen der Griechen und Römer. Kempten 1825; Das Kriegswesen der Griechen und Römer. 2 Aufl. Würzburg 1830. — W. Rüstow und H. Köchly, Geschichte des griechischen Kriegswesens. Aarau 1852. Das beste und ausführlichste Werk über diesen Gegenstand. — Ch. P. Metropulos, Geschichtliche Untersuchungen über das lacedämonische und das griechische Heerwesen überhaupt. Göttingen 1858. — H. Rheinhard, Griechische und römische Kriegsalterthümer. Stuttgart 1859. Neue (Titel)Ausg. 1863. — H. C. Stein, Das Kriegswesen der Spartaner. Konitz 1863. 4. — [N. S. Galitzin, Allgemeine Kriegsgeschichte aller Völker und Zeiten. 1. Abth. Das Alterthum. Aus dem Russischen ins Deutsche übersetzt von Streccius. Kassel 1874—78. 5 Bde. — A. Lorenz, Einige Bemerkungen über Söldnerei bei den Griechen. Eichstätt 1877. 1880. — M. Jähns, Handbuch einer Geschichte des Kriegswesens von der Urzeit bis zur Renaissance. Leipzig 1880. Nebst Atlas. — W. Kopp, Griechische Kriegsalterthümer. Berlin 1881. — H. Stehfen, *De Spartanorum re militari*. Greifswald 1881.] — **Bundesverhältnisse:** Sainte-Croix, *Des anciens gouvernements fédératifs*. Paris 1804. — D. H. Hegewisch, Geographische und historische Nachrichten die Colonien der Griechen betreffend. Altona 1808; Ueber die griechischen Colonien seit Alex. d. Gr. Altona 1811. Oberflächlich. — D. Raoul-Rochette, *Histoire critique de l'établissement des colonies grecques*. Paris 1815. 4 Thle. Gelehrt, aber sehr weitschweifig. — W. Drumann, Ideen zur Geschichte des Verfalls der griechischen Staaten. Berlin 1815. Gut. — R. H. E. Wichers, *De coloniis veterum*. Gröningen 1825. — S. Frölich, Ueber die Colonien der Griechen. Neisse 1834. 4. — K. Pfefferkorn, Die Colonien der Altgriechen. Königsberg i. d. Neumark 1838. 4. — W. Vischer, Ueber die Bildung von Staaten und Bünden oder Centralisation und Föderation im alten Griechenland. Basel 1849. 4. [= Kleine Schriften. I. Leipzig 1877. S. 308 ff.] — Edward A. Freeman, *History of federal government from the foundation of the Achaian League to the disruption of the United States*. London und Cambridge 1863. Der 1. Theil enthält die griechischen Bündnisse auch der früheren Zeit vor dem achäischen Bund. Ein vortreffliches in den inneren Geist eindringendes Werk. — Gust. Diesterweg, *De iure coloniarum Graecarum*. Berlin 1865. Unbedeutend. — [Sp. P. Lambros, *De conditorum coloniarum graecarum indole praemiisque et honoribus*. (Neugriech.) Leipzig 1873. — A. Fränkel, *De condicione iure iurisdictione sociorum Atheniensium*. Rostock 1878. — G. Busolt, Die Lakedaimonier und ihre Bundesgenossen. Bd. 1. Leipzig 1878. — H. Bürgel, Die pylaeisch-delphische Amphiktyonie. München 1877.]*)

---

*) **Zu den griechischen Staatsalterthümern:** Die Staatshaushaltung der Athener. Berlin 1817. 2. Ausgabe Berlin 1851. 1840. 3 Bde. — *De tribubus Ionicis*. 1812. Kl. Schr. Band IV, S. 43—60. — *De Atheniensium, qui bello obierint, sepultura publica*. 1815. IV, S. 77—80. — *De Ψευδομαρτυριῶν et Ψευδοκλητείας actione*. 1817. IV, S. 120—124. — *De ephebia attica*. 1819. IV, 137—156. — *De Areopago*. 1826. 1828. IV. S. 245—253 und 308—321. — Ueber die Delischen Amphiktyonen. 1834. Bd V, S. 430

b. **Römische Alterthümer im Allgemeinen.** (Vergl. oben die Literatur der griechischen Alterthümer im Allgemeinen): J. G. Graevius, *Thesaurus antiquitatum romanarum*. 12 Bände fol. Utrecht 1694—99. Venedig 1732. Sammlung von 200 antiquarischen Schriften. — A. H. Sallengre, *Novus thesaurus antiquitatum romanarum*. 3 Bände fol. Haag 1716—19. Venedig 1735. — J. Polenus, *Supplementa utriusque thesauri antiquitatum romanarum et graecarum*. Venedig 1737. 5 Bde. fol. Wie der Titel sagt, zugleich Ergänzung zu Gronovius Thes., aber meist auf römische Alterthümer bezüglich. — S. Pitiscus, *Lexicon antiquitatum romanarum*. Leuward 1713. 2 Bde. fol. Nichts als Compilation. — J. Rosinus, *Antiquitatum romanarum corpus absolutissimum*. Basel 1583, öfter wiederholt, zuletzt *cum notis* Th. Dempsteri etc. ed. Reitz. Amsterdam 1743. 4. — G. H. Nieupoort, *Rituum qui olim apud Romanos obtinuerunt succincta explicatio*. Utrecht 1712. Das Buch hat 14 Auflagen erlebt. Dazu: Chr. G. Schwarz, *Observationes ad Nieupoorti compendium antiquitatum roman*. Altorf 1757 (ausgezeichnet) und Haymann, Anmerkungen über N.'s Handbuch der römischen Alterth. Dresden 1786, letztere besonders aus Vorlesungen Ernesti's. — D. G. Chr. Maternus von Cilano, Ausführliche Abhandlung der römischen Alterthümer, herausgegeben von G. Chr. Adler. Altona 1775. 4 Bde. Weitschweifig. — P. F. A. Nitsch, Beschreibung des häuslichen, wissenschaftlichen, sittlichen, gottesdienstlichen, politischen und kriegerischen Zustandes der Römer. Nach den verschiedenen Zeitaltern der Nation. Erfurt 1788—90. 3. Ausg. 1807—11. 4 Bde. Schlecht und voll hohler Weisheit. — A. Adam, *The roman antiquities*. London 1791. 92, deutsch von J. L. Meyer. 4. Aufl. Erlangen 1832. Ein aus Formeln bestehendes Handbuch. — Geo. Alex. Ruperti, Grundriss der Geschichts-, Erd- und Alterthumskunde, Literatur und Kunst der Römer. Göttingen 1794. 2. Aufl. 1811. — F. W. Reiz, Vorlesungen über die römischen Alterthümer. Leipzig 1796. Mangelhaft herausgegeben. — Fr. Creuzer, Abriss der römischen Antiquitäten. Leipzig u. Darmstadt 1824. 2. Aufl. von F. Bähr 1829. Besteht grösstentheils aus Rubriken und Andeutungen, enthält aber viel Brauchbares. — Friedr. Aug. Wolf, Vorlesungen über die römischen Alterthümer, herausgegeben von J. D. Gürtler, mit Verbesserungen und literarischen Zugaben von S. F. W. Hoffmann. Leipzig 1835. — B. G. Niebuhr, Vorträge über römische Alterthümer, herausgegeben von M. Isler. Berlin 1858. — J. D. Fuss, *Antiquitates romanae compendio enarratae*. Lüttich 1820. 3. Aufl. 1836. — Ch. Dezobry, *Rome au siècle d'Auguste, ou voyage d'un Gaulois à Rome à l'époque du règne d'Auguste et pendant une partie du règne de Tibère*. Paris 1835. [4. Ausg. 1874]. 4 Bde. — Ed. Horrmann, Antiquitäten der Römer. Magdeburg 1837. — C. F. Bojesen, Handbuch der römischen Antiquitäten, aus dem Dänischen übersetzt von J. Hoffa. Giessen 1841. 3. Aufl. von W. Rein. Wien 1866. — G. Zeiss, Römische Alterthumskunde. Jena 1843. — Ge. Friedr. Ruperti,

---

—453. — Ueber attische Rechnungsurkunden. 1846. 1852. 1853. Band VI. S. 72—152; 211—251. — Ueber die Magistrate der Spartaner. *Corp. Inscr.* I, S. 605—613. — Ueber die Magistrate der Böoter. *C. I.* I, S. 726—732. — Staatsalterthümer von Sarmatien. *C. I.* II, 80—107. — Ausserdem Vieles in den Erklärungen zum *Corp. Inscr.*

I. Oeffentliches Leben. 4. Staats-Alterthümer. 373

Handbuch der römischen Alterthümer. Hannover 1841—43. 2 Bde. — W. A. Becker, Handbuch der römischen Alterthümer nach den Quellen bearbeitet. Fortgesetzt von J. Marquardt. Leipzig 1843—67. 5 Thle. Von Becker ist Th. I und II, 1, 2. [Neugestaltet von J. Marquardt und Th. Mommsen. Leipzig 1871 ff. Siehe unten.] Ein ausgezeichnetes Werk. — Ludwig Lange, Römische Alterthümer. 1. Band Berlin 1856. [3. Aufl. 1876.] 2. Band 1862. [3. Aufl. 1879. 3. Band 1871, 2. Aufl. 1876] Bis jetzt nur die Staatsalterthümer. Sehr gut. — Leop. Krahner, Römische Antiquitäten. Magdeburg 1857. — W. Kopp, Römische Staatsalterthümer und Sacralalterthümer, Kriegsalterthümer, Privatalterthümer. Berlin 1858. [3. A. 1873. 3 Hefte. — A. Forbiger, Hellas und Rom. Populäre Darstellung des öffentlichen und häuslichen Lebens der Griechen und Römer. 1. Abth. Rom im Zeitalter der Antonine. Leipzig 1871—74. 3 Bde. Bd. 1. 2. Aufl. 1877. — H. Bender, Rom und römisches Leben im Alterthum. Tübingen (1879 f.) — C. Krieg, Grundriss der römischen Alterthümer. Mit einem Ueberblick über die römische Literaturgeschichte. 2. Aufl. Freiburg 1882.]

Römische Staatsalterthümer: [P. Willems, *Les antiquités romaines envisagées au point de vue des institutions politiques.* Löwen 1871. 5. Aufl. 1883. — J. Marquardt und Th. Mommsen, Handbuch der römischen Alterthümer. Leipzig 1871—82. Bd. I und II Römisches Staatsrecht von Mommsen 1871—75. 2. Aufl. 1876 f.; Band IV. V. VI. Römische Staatsverwaltung von Marquardt 1873—78. Bd. IV. V. VI. 2. Aufl 1881—85. Band VII Privatleben der Römer von Marquardt 1879. 1882.] — Chr. L. F. Schultz, Grundlegung zu einer geschichtlichen Staatswissenschaft der Römer. Köln 1833. Gegen Niebuhr. Absurd, ohne alle Sachkenntniss (s. oben S. 65 f.). — J. Rubino, Untersuchungen über römische Verfassung und Geschichte. 1. Th. Ueber den Entwickelungsgang der römischen Verfassung bis zum Höhepunkt der Republik. Cassel 1839. Interessant, aber von einem seltsamen legitimistischen Standpunkt. — C. W. Göttling, Geschichte der römischen Staatsverfassung von Erbauung der Stadt bis zu Cäsar's Tod. Halle 1840. Sehr übersichtlich und gut. — C. Peter, Die Epochen der Verfassungsgeschichte der römischen Republik. Leipzig 1841. — [O. Clason, Kritische Erörterungen über den römischen Staat. Rostock 1871. — O. Hirschfeld, Untersuchungen auf dem Gebiete der römischen Verwaltungsgeschichte. 1. Bd. Die kaiserlichen Verwaltungsbeamten bis auf Diocletian. Berlin 1877. — J. Klein, Die Verwaltungsbeamten der Provinzen des römischen Reiches. 1. Bd. 1. Abth. Die Verwaltungsbeamten von Sicilien und Sardinien. Bonn 1878. — P. Willems, *Le sénat de la république romaine. I. La composition du sénat. II. Les attributions du sénat.* Löwen und Paris 1878—1883. I. 2. Aufl. 1885. — G. Bloch, *Origines du sénat romain. Recherches sur la formation et la dissolution du sénat patricien.* Paris 1884. — W. Soltau, über Entstehung und Zusammensetzung der altrömischen Volksversammlungen. Berlin 1880. — J. N. Madvig, Die Verfassung und Verwaltung des römischen Staates dargestellt. Leipzig 1881 f. 2 Bde. — J. B. Mispoulet, *Les institutions politiques des Romains ou exposé historique des règles de la constitution et de l'administration romaines depuis la fondation de Rome jusqu' au règne de Justinien. I. La constitution. II. L'administration.* Paris

1882 f. 2 Bde. — E. Herzog, Geschichte und System der römischen Staatsverfassung. 1. Bd. Königszeit und Republik. Leipzig 1884. — M. Zöller, Römische Staats- und Rechtsalterthümer. Breslau 1885.] — **Rechtsalterthümer:** J. G. Heineccius, *Antiquitatum romanarum iuris prudentiam illustrantium syntagma.* Halle 1719. . Öfter aufgelegt, zuletzt herausgegeben von Chr. F. Mühlenbruch. Frankfurt a. M. 1841. — R. v. Ihering, Geist des römischen Rechts auf den verschiedenen Stufen seiner Entwickelung. 1.—3. Theil. 1. Abth. Leipzig 1852—65. [3. u. 4. Aufl. 1877—83.] — W. Rein, Das Privatrecht und der Civilprocess der Römer von der ältesten Zeit bis auf Justinianus. 1836. 2. Aufl. Leipzig 1858. — F. Walter, Geschichte des römischen Rechts bis auf Justinian. 3. Aufl. Bonn 1860—1861. 2 Bde. — A. Rudorff, Römische Rechtsgeschichte. Leipzig 1857. 1859. 2 Bde. — Aug. Wilh. Zumpt, Das Criminalrecht der römischen Republik. Berlin 1865—69. 2 Bde. in 4 Theilen; [der Criminalprocess der römischen Republik. Leipzig 1871. — W. Arnold, Cultur und Recht der Römer. Berlin 1868. — E. de Ruggiero, *Studi sul diritto pubblico romano da Niebuhr a Mommsen.* Florenz 1875. — G. Padelletti, Lehrbuch der römischen Rechtsgeschichte (Florenz 1878). Deutsche Ausgabe von F. v. Holtzendorff. Berlin 1880. — E. Hölder, Beiträge zur Geschichte des römischen Erbrechts. Erlangen 1881. — Ch. Maynz, *Esquisse historique du droit criminal de l'ancienne Rome.* Paris 1882. — F. Bernhöft, Staat und Recht der römischen Königszeit im Verhältniss zu verwandten Rechten. Stuttgart 1882. . — J. Baron, Geschichte des römischen Rechts. 1. Bd. Berlin 1884. — O. Karlowa, Römische Rechtsgeschichte. I. 1. Leipzig 1885. — A. Nissen, Beiträge zum römischen Staatsrecht. Strassburg 1885.] — **Finanzwesen:** P. Burmann, *De vectigalibus populi romani.* Utrecht 1694, öfter wiederholt auch in Polen's *Thesaurus.* — D. H. Hegewisch, Historischer Versuch über die römischen Finanzen. Altona 1804. — M. Dureau de la Malle, *Économie politique des Romains.* Paris 1840. 2 Thle. Ein gutes Buch. — [H. Naquet, *Des impôts indirects chez les Romains sous la république et sous l'empire.* Paris 1875. — M. R. Cagnat, *Étude historique sur les impôts indirects chez les Romains jusqu' aux invasions des barbares d'après les documents littéraires et épigraphiques.* Paris 1882. — M. Vigié, *Études sur les impôts indirects romains.* Paris 1881.] — **Kriegswesen:** J. Lipsius, *De militia Romana.* Antwerpen 1596. — Cl. Salmasius, *De re militari Romanorum.* Leiden 1657. 4, auch in Graevius *Thesaurus.* — J. J. H. Nast und J. F. v. Rösch, Römische Kriegsalterthümer. Halle 1782. — F. Lehne, Kurze Geschichte der römischen Legionen von Cäsar bis Theodosius. In den gesammelten Schriften des Verf. Bd. 2. Mainz 1837. — C. L. E. Zander, Andeutungen zur Geschichte des römischen Kriegswesens. Schönberg und Ratzeburg 1840 —66. 8 Hefte. (Progr. von Ratzeburg.) — L. Lange, *Historia mutationum rei militaris Romanorum.* Göttingen 1846. 4. — Fr. W. Rückert, Das römische Kriegswesen. Berlin 1850. 2. Aufl. 1854. — W. Rüstow, Heerwesen und Kriegführung C. Julius Cäsar's. Nordhausen 2. Aufl. 1862. — [Cl. Lamarre, *De la milice romaine depuis la fondation de Rome jusqu' à Constantin.* Paris 1863. 2. Aufl. 1870. — A. Gauldrée-Boilleau, *L'administration militaire dans l'antiquité.* Brüssel 1875. — M. Wenzel,

I. Oeffentliches Leben. 4. Staats-Alterthümer.

Kriegswesen und Heeres-Organisation der Römer. Berlin 1877. — W. Stille, *Historia legionum auxiliorumque inde ab excessu divi Augusti usque ad Vespasiani tempora.* Kiel 1877. 4. — E. Ferrero, *L'ordinamente delle armate romane.* Turin 1878. — E. Hardy, *Études militaires historiques. L'art de guerre chez les anciens.* Paris 1879. — W. Pfitzner, Geschichte der römischen Kaiserlegionen von Augustus bis Hadrianus. Leipzig 1881. — L. Lindenschmit, Tracht und Bewaffnung des römischen Heeres während der Kaiserzeit mit besond. Berücksichtigung der rhein. Denkmale und Fundstücke. Braunschweig 1882. — F. Fröhlich, Die Gardetruppen der römischen Republik. Aarau 1882—84; Die Bedeutung des 2. punischen Kriegs für die Entwicklung des römischen Heerwesens. Leipzig 1884. — L. Fontaine, *L'armée romaine.* Paris 1883. — M. J. de la Chauvelays, *L'art militaire chez les Romains. Nouvelles observations critiques sur l'art militaire chez les Romains pour faire suite à celles de Folard et de Guischardt.* Paris 1884. — A. v. Domaszewsky, Die Fahnen im römischen Heere. Wien 1885.] — **Bundeswesen, Colonial- und Provinzialverhältnisse:** A. Kiene, Der römische Bundesgenossenkrieg. Leipzig 1845. — J. N. Madvig, *De iure et condicione coloniarum populi Romani.* In den Opusc. Kopenhagen 1834. — Ruperti, *De coloniis Romanorum.* Rom 1834. 4. Ein sehr gutes Buch. — C. Dumont, *Essai sur les colonies Romaines.* Brüssel 1844. — Sambeth, *De Romanorum coloniis.* Tübingen 1861. 1862. 4. (Progr. v. Ehingen.) — E. Kuhn, Die städtische und bürgerliche Verfassung des römischen Reichs bis auf die Zeiten Justinians. Leipzig 1864. 1865. 2 Bde. — C. Menn, Ueber die römischen Provinziallandtage. Köln. Progr. von Neuss 1852. 4. [Vergl. J. Marquardt in der *Ephemeris epigraphica* 1. (1872). — R. J. A. Houdoy, *Le droit municipal. I. De la condition et de l'administration des villes chez les Romains.* Paris 1876. — J. Schmidt, *De seviris Augustalibus.* Halle 1878. — W. T. Arnold, *The roman system of provincial administration to the accession of Constantine the Great.* London 1879. — L. Holländer, *De militum coloniis ab Augusto in Italia deductis.* Halle 1880. — J. Beloch, Der italische Bund unter Roms Hegemonie. Staatsrechtliche und statistische Forschungen. Leipzig 1880. — J. Jung, Die romanischen Landschaften des römischen Reiches. Studien über die inneren Entwickelungen in der Kaiserzeit. Innsbruck 1881.]

Die zahlreichen Monographien über griechische und römische Staatsalterthümer sind in den angegebenen Werken citirt. Die historischen Monographien (s. oben S. 350) umfassen z. Th. zugleich die Antiquitäten. In weiterem Umfange nehmen viele grössere Geschichtswerke auf dieselben Rücksicht, besonders wenn sie die politische Geschichte im Zusammenhange mit der gesammten Culturgeschichte darstellen. Die Culturgeschichte, welche alle realen Disciplinen der Philologie in sich begreift (s. oben S. 57), giebt in ihrer allgemeinen Ausführung einen summarischen Ueberblick über dieselben und daher auch über die gesammten Alterthümer. Vergl. Gust. Klemm, Allgemeine Culturgeschichte. Bd. VII und VIII. Leipzig 1850. — W. Wachsmuth, Allgemeine Culturgeschichte. Bd. I. Leipzig 1850. — [F. v. Hellwald, Culturgeschichte in ihrer natürlichen Entwickelung bis zur Gegenwart. Augsburg 1874. 3. Aufl. 1883. — L. Doublier, Geschichte des Alterthums vom Standpunkte der Cultur. Wien 1874.]

II.
Privatleben der Griechen und Römer.

§. 50. Der Mittelpunkt des Privatlebens ist die Familie, die natürliche Gemeinschaft behufs Erzeugung, Erhaltung und Ausbildung der Individuen. Die drei Grundverhältnisse ihres innern Organismus sind das Verhältniss von Mann und Frau, Herren und Dienenden, Eltern und Kindern, wovon das erste die Erzeugung der Individuen zum natürlichen Zweck hat, das zweite die Erhaltung erleichtert, das dritte der Ausbildung der Individualität dient. Die Verbindung von Mann und Frau setzt einen geselligen Verkehr mehrerer Familien voraus, der von Natur durch Verwandtschaft und Freundschaft zusammengehalten wird. Schon wenn die Familie nur aus den Gatten besteht, findet eine Theilung der für den Lebensunterhalt nöthigen Art statt; noch mehr ist dies der Fall, wenn sich die Verbindung durch Dienende erweitert. Vervollständigt wird dies Verhältniss dadurch, dass die Familie ein Glied in der Erwerbsgesellschaft ist, die durch den Verkehr entsteht. Durch die Verbindung der Gesellschaft wird auch die Erziehung, die ursprünglich den Eltern obliegt, gemeinsam organisirt. Die geistige Verbindung der Individuen reicht aber über das irdische Dasein hinaus, indem die Ueberlebenden das Gedächtniss der Gestorbenen erhalten. Das gesellschaftliche Leben in allen seinen persönlichen Beziehungen ist die innere subjective Seite des Privatlebens. Die äussere objective Seite desselben betrifft Erwerb und Gebrauch der materiellen Lebensbedingungen. Was zum Leben erforderlich ist, schafft der Einzelne entweder durch Ausbeutung und Verarbeitung der Naturproducte oder erwirbt es von Anderen. Die äussere Thätigkeit der Erwerbsgesellschaft umfasst demgemäss drei Functionen: 1) Erzeugung des Lebensbedarfs durch Landbau und Gewerbe, 2) Umtausch der Erzeugnisse durch Handel und Verkehr, 3) Verwendung der Erzeugnisse durch die Hauswirthschaft oder Oekonomie.

Diese Functionen bilden in ihrem Zusammenhang die Wirthschaft oder Oekonomie im weitern Sinne. Da in der Natur Alles nach Zahl, räumlichem Maass und Gewicht geordnet ist, müssen diese Maassverhältnisse bei Bearbeitung und Verwerthung der Naturproducte berücksichtigt werden. Ausserdem wird beim Umtausch der Werth der Tauschobjecte gegen einander abgemessen. Hierzu werden Maasse für den Verkehr vereinbart. Da aber der Tauschwerth vor Allem von der Qualität und dem Verhältniss zwischen Angebot und Nachfrage abhängt, so wird als gemeinsamer Maassstab ein Werthobject angesetzt, nach dessen Quantität alle Werthe bestimmt werden; dies ist das Geld. Die Lehre von den Maassen des gewerblichen Verkehrs, die Metrologie, ist in derselben Weise die Basis für die Geschichte des wirthschaftlichen Lebens, wie Chronologie und Geographie die Basis für die politische Geschichte sind.

Zur Geschichte des antiken Privatlebens gehören hiernach folgende Disciplinen:

1. Metrologie der Griechen und Römer.
2. Geschichte des äussern Privatlebens oder der Wirthschaft.
   a. Geschichte des Landbaues und der Gewerbe.
   b. Geschichte des Handels.
   c. Geschichte der Hauswirthschaft.
3. Geschichte des innern Privatlebens oder der Gesellschaft.
   a. Geschichte des geselligen Verkehrs.
   b. Geschichte der Erwerbsgesellschaft.
   c. Geschichte der Erziehung.
   d. Geschichte des Todtenwesens.

Man könnte meinen, die Metrologie gehöre nicht hierher, da der Staat Münzen, Maass und Gewicht festsetzt. Allein er setzt sie für den Privatverkehr fest, an dem er durch die Staatshaushaltung selbst Theil nimmt. In ähnlicher Weise concurrirt er ja beim Landbau und den Gewerben, beim Handel und z. B. in Bezug auf den Luxus auch bei der Hauswirthschaft durch Gesetze und Polizeimaassregeln, und auch das innere Leben der Gesellschaft: Ehe und geselliger Verkehr, Dienst und Arbeitsverhältnisse, Erziehung und Unterricht, ja selbst der Todtencult werden gesetzlich geregelt. Es zeigt sich hierin nur, dass alle

Gebiete des Privatlebens von der Staatsidee beherrscht werden. Der Staat ist nicht ein Werk der Gesellschaft; er ist nicht durch einen *contrat social* entstanden, sondern aus dem in der menschlichen Natur gegründeten Streben nach einer sittlichen Lebensordnung, die schon bestehen muss, wenn Verträge und ein geregelter Verkehr möglich sein sollen. Die Gesellschaft wurzelt daher von Anfang an in der Idee des Staates und in allen Staaten bestimmt der Geist der Verfassung und der herrschenden Politik zugleich den Charakter des Privatlebens. Dies gilt in besonders hohem Grade vom Alterthum, wo das öffentliche Leben ein so starkes Uebergewicht über das häusliche hat. Aber der Staat ist doch ursprünglich aus der Familie hervorgewachsen, in welcher die sittliche Lebensordnung, die er durchzuführen berufen ist, gleichsam im Keime vorgebildet liegt, und die Familie bleibt stets die Pflanzstätte für seine Bürger. Die Lebensordnung hat ihren Bestand nur durch das sittliche Bewusstsein der Individuen; das geschriebene Gesetz zieht seine Lebenskraft aus dem ungeschriebenen, das, göttlichen Ursprungs, dem Geiste eines jeden innewohnt und dessen er sich um so inniger bewusst wird, je reiner er sich als Mensch fühlt; das Gefühl des Reinmenschlichen zu pflegen ist aber der höchste Zweck der Familie (s. oben S. 257). Dieser Zweck wird dadurch erreicht, dass in jedem Einzelnen alle menschlichen Kräfte harmonisch entwickelt werden, indem ihm durch die Verbindung der Gesellschaft nicht nur die Erzeugnisse der Industrie, sondern auch die Schöpfungen der Kunst und Wissenschaft zugeführt werden. Wenn so jeder die gesammte Kultur zu seiner Bildung und seinem Genusse verwerthet, werden die universellen Interessen des menschlichen Daseins den individuellen dienstbar gemacht; dies haben wir deshalb (oben S. 58 f.) als das Wesen des Privatlebens bezeichnet. Es folgt hieraus zugleich, dass die Geschichte des Privatlebens, welche zeigt, wie dasselbe sich fortschreitend, wenn auch mit vielfachen Abirrungen, seinem Ideale annähert, der eigentliche Mittelpunkt der Culturgeschichte ist (s. oben S. 375).

Literatur. 1. Zu den (oben S. 364 ff.) für die Alterthümer überhaupt genannten **Quellen** gehören auch die Ueberreste des alten Privatlebens, die sich in dem Volksleben der neueren Völker erhalten haben. Vergl. D. H. Sanders, das Volksleben der Neugriechen. **Mannheim 1844.** — Joh. Télfy, Studien über die Alt- und Neugriechen und über die Lautgeschichte der griechischen Buchstaben. Leipzig 1853. — Marcellus, *Les Grecs anciens et modernes.* Paris 1861. — Curt Wachsmuth, Das alte

II. Privatleben. 379

Griechenland im neuen. Bonn 1864. — [B. Schmidt, Das Volksleben der Neugriechen und das hellenische Alterthum. 1. Theil. Leipzig 1871.] Alte Bilder aus dem Privatleben sind zusammengestellt in: Th. Panofka, Bilder antiken Lebens. Berlin 1843. 4. 20 Tafeln; Griechen und Griechinnen nach Antiken. Berlin 1844. 3 Tafeln. — E. Gerhard, Ausgelesene griechische Vasenbilder. Band IV. Alltagsleben. Berlin 1858. — L. Weisser, Bilderatlas zur Weltgeschichte. Fol. Bd. I. Abth. 1. Lebensbilder aus dem klassischen Alterthum. Stuttgart 1864 [3. Aufl. 1883]. — Vergl. ausserdem die unten angegebenen Quellen der Kunstgeschichte.

2. Bearbeitungen der Geschichte des antiken Privatlebens:
a. Sittengeschichte. P. van Limburg-Brouwer, *Histoire de la civilisation morale et religieuse des Grecs.* Grooningen 1832—42. 8 Bde. — St. John, *The Hellenes, the history of the manners of the ancient Greeks.* London 1844. 2 Bde. — J. Denis, *Histoire des théories et des idées morales dans l'antiquité. Ouvrage couronné par l'Institut.* Paris und Strassburg 1856. 2 Bde. Inhaltreich und umfassend. — L. Friedländer, Darstellungen aus der Sittengeschichte Roms in der Zeit von Augustus bis zum Ausgang der Antonine. Leipzig 1862—[1871. 3 Theile. 5. Aufl. 1881. — W. E. H. Lecky, *History of European morals from Augustus to Charlemagne.* London 1869. 3. Aufl. 1877. Deutsch von H. Jolowicz. Leipzig 1870. 2. Aufl. von F. Löwe 1879. 2 Bde. — C. Seignobos, *Histoire de la civilisation.* T. I. Paris 1884.]

b. Privataltertümer. S. die Literatur der Alterthümer im Allgemeinen oben S. 367 und 372. — J. H. L. Meierotto, Ueber Sitten und Lebensart der Römer in verschiedenen Zeiten der Republik. Berlin 1776, 3. Ausg. 1814. 2 Bde. — W. A. Becker Gallus oder römische Scenen aus der Zeit August's. Zur genaueren Kenntniss des römischen Privatlebens. 3 Thle. Leipzig 1838. 3. Aufl. von W. Rein. 1863 [neubearbeitet von H. Göll. Berlin 1880—82]; Charikles, Bilder altgriechischer Sitte zur genaueren Kenntniss des griechischen Privatlebens. Leipzig 1840, 2. Aufl. von K. Fr. Hermann. 1854. 3 Bde. [neubearbeitet von H. Göll. Berlin 1877 f.] Beide Werke sehr gut. — Chr. Th. Schuch, Privataltertümer oder wissenschaftliches, religiöses und häusliches Leben der Römer. Karlsruhe 1842. 2. (Titel-)Ausg. 1852. Fleissige Zusammenstellung. — A. Lionnet, Palaion. Die alte Welt. Das Privatleben der Alten im populären Gewande dargestellt. Berlin 1853. — H. Göll, Griechische Privataltertümer. In Ersch und Gruber's Encyklopädie. Sect. I. Bd. 83. — [A. Danz, Aus Rom und Byzanz. Weimar 1867. — Th. Benzélos, περὶ τοῦ ἰδιωτικοῦ βίου τῶν ἀρχαίων Ἑλλήνων πρὸς ὃν παραβάλλεται ἐνιαχοῦ καὶ ὁ τῶν νεωτέρων. Athen 1873. — Χ. Βουλόδημος, Δοκίμιον περὶ τοῦ ἰδιωτικοῦ βίου τῶν ἀρχαίων Ἑλλήνων κατὰ τὰς πηγὰς καὶ τὰ δωκιμώτερα τῶν βοηθημάτων ἐκπονηθὲν ἐκδιδόντος Ἐ. Γ. Βουτσινᾶ. Odessa 1875. — H. Buschmann, Bilder aus dem alten Rom. Leipzig 1883. — J. Jung, Leben und Sitten der Römer in der Kaiserzeit. 2. Abth. Prag 1883 f.]

1. Metrologie.

§ 51. Die alten Maasse sind zunächst nach ihrer **absoluten Grösse** zu bestimmen; dies geschieht, indem man sie auf ein uns aus der Anschauung bekanntes Maasssystem, am geeignetsten auf das moderne Metersystem zurückführt. Hieran schliesst sich die **relative** oder **comparative** Werthbestimmung der alten Maasse. Es bestand im Alterthum zwischen räumlichem Maass und Gewicht ein rationales Verhältniss wie in unserm Metersystem. Dies Verhältniss muss bei den verschiedenen Staaten und Völkern festgestellt werden und die weitere Aufgabe besteht dann darin die sich so ergebenden Systeme zu vergleichen und den historischen Zusammenhang zu ermitteln, in welchem dieselben unter einander standen.

Die Maasse der Griechen haben sich frühzeitig, aber nach der Homerischen Zeit durch den Einfluss des Orients annähernd einheitlich gestaltet. Die Grundlage ist das babylonische System, welches seit uralter Zeit mit dem ägyptischen wesentlich übereinstimmte und im ganzen persischen Reiche Gültigkeit hatte.*) Die sternkundigen Priester der Babylonier bedurften zu ihren astronomischen Beobachtungen genauer Maasse. Indem sie sich bei der Abmessung der Stunden und der 12 Theile des Zodiacus des Wassers bedienten, verglichen sie die Wassermengen wahrscheinlich nicht bloss nach dem Volumen, sondern auch nach dem Gewicht, und da die Chaldäer ohne Zweifel wie die ägyptischen Priester die Maasse des Verkehrs zu regeln hatten, erklärt sich so auf die einfachste Weise die schon in der frühesten Zeit thatsächlich vorhandene Abhängigkeit des Gewichts vom Raummaass.**) Das babylonische Talent war das Gewicht von einem Kubikfuss Wasser und in der weitern Eintheilung und Vervielfältigung dieser stathmischen und metrischen Einheiten herrscht, wahrscheinlich wegen ihres Zusammenhangs mit der Zeitberechnung, das Duodecimalsystem vor.***) Durch den phönikischen Handel verbreitete sich nun das babylonische Gewicht nach Griechenland.†) Der König **Pheidon** von Argos, der in Hellas zuerst

---

*) Vergl. Metrologische Untersuchungen S. 32 ff.
**) Ebenda S. 35 ff.
***) Ebenda S. 210—221.
†) Ebenda S. 39 ff.

II. Privatleben. 1. Metrologie.

Geld schlug, leitete hier ungefähr im ersten Menschenalter der Olympiadenrechnung eine gemeinsame Regelung der Maasse ein. Von Aegina, wo er das erste Silber prägen liess, erhielt das von ihm eingeführte babylonische Talent den Namen des äginäischen; dasselbe ist die Wurzel fast aller Gewichts- und Münzsysteme des klassischen Alterthums.*) Die Münze wurde ursprünglich nach dem Gewicht bezeichnet, so dass die höchste Einheit ein Talent Silber war. Das Talent zerfiel für Münze und Gewicht in 60 Minen à 100 Drachmen à 6 Obolen, doch so, dass Talent und Mine als Geldwerthe nur Rechnungseinheiten waren; die eigentliche Münzeinheit war die Drachme und die Silbermünzen wurden von 10 Drachmen bis zu $1/4$ Obolos ausgeprägt.**) Eine grosse Veränderung erfuhr das Münzwesen durch Solon, der bei der Seisachtheia für das attische Silbergeld den Münzfuss der persischen Goldwährung, d. h. ein leichteres Talent einführte, das aber mit dem äginäischen in einem rationalen Verhältniss stand.***) Durch das Uebergewicht Athens wurde das attische Silbergeld, das vom feinsten Schrot und vorzüglich gut ausgeprägt war, überall zum gesuchtesten Courant und der attische Münzfuss wurde ausserdem in Sicilien und zum Theil in Italien herrschend, wozu hauptsächlich der Umstand beitrug, dass auch Korinth und seine Kolonien sich demselben anpassten.†) Seit Alexander dem Gr. wurde er auch in Makedonien angenommen, nachdem schon Philipp bei der Goldprägung einen gleichen Fuss eingeführt hatte.††) In Griechenland cursirten erst seit der Zeit des Krösos Goldmünzen und zwar zunächst lydische und später persische; dann prägten griechische Städte in Asien Gold; ausserhalb Asiens wurde dasselbe von den Griechen erst später gemünzt. Die goldenen Münzstücke wurden bis zu den kleinsten Nominalen, bis auf $1/8$ Obolos ausgeprägt, die grössten waren der Stater (= 2 Drachmen) und der Doppelstater (= 4 Drachmen), Kupfermünzen wurden noch später, [in Athen] wohl nicht vor der 95. Olympiade eingeführt.†††) Sie kamen zuerst in den westlichen Kolonien in Gebrauch. In Italien und Sicilien war nämlich das älteste Geld ungemünztes Kupfer,

---

*) Metrologische Untersuchungen S. 76—104.
**) Staatsh. d. Ath. I, S. 17.
***) Metrologische Untersuchungen S. 122 ff. — Staatsh. d. Athener I, S. 25 f.
†) Metrologische Untersuchungen S. 125 ff.
††) Ebenda S. 127 ff. und 130 ff.
†††) Ebenda S. 340 ff.

welches zugewogen wurde. Die italischen Gewichtssysteme hatten zur Einheit das Pfund *(libra)*, das durchweg nach dem Duodecimalsystem eingetheilt wurde, aber an verschiedenen Orten von verschiedener Schwere war.*) Die sicilischen Griechen fügten nun dem äginäischen System ein dem Pfund entsprechendes Gewicht, die λίτρα, ein, welches sie auf $\frac{1}{2}$ Mine normirten. Ausserdem setzten sie eine Silbermünze vom Gewicht eines äginäischen Obolos als Aequivalent des Kupferpfundes an;**) diese Silberlitra erhielt den Namen νόμος (= νόμισμα), woraus das italische *numus*; sie ging später auf den Werth von $1\frac{1}{2}$ att. Obolen herab. Eingetheilt wurde der Numus nach dem Duodecimalsystem des italisch-sicilischen Gewichts und die kleinsten Stücke wurden in Kupfer ausgeprägt.***) Dies fand dann in Hellas Nachahmung; in Athen prägte man Kupfermünzen von $\frac{1}{4}$ Obolos Silberwerth abwärts.†) In Italien kam die Ausmünzung des Kupfergeldes unter griechischem Einfluss auf und man stellte dabei ein rationales Verhältniss zu dem griechischen Münz- und Gewichtssystem her. In Rom, wo nach glaubhafter Ueberlieferung Servius Tullius das erste Geld münzte, wurde die *libra* zunächst nach der äginäischen Litra normirt, wodurch sie zugleich mittelbar in ein einfaches Verhältniss zur attischen Mine (= 3 : 4) kam.††) Die Münzeinheit, der *as*, war ursprünglich pfündig und wie das Pfund eingetheilt. Kurz vor Beginn des 1. punischen Krieges 269 v. Chr. prägte nun Rom das erste Silbergeld: Denarien, Quinarien und Sestertien im Werthe von 10, 5 und $2\frac{1}{2}$ As mit Anschluss an das sicilische Münzsystem.†††) Im Zusammenhang mit dieser Währung trat eine Gewichtsreduction des Kupfer-Asses ein, welcher bis zum Jahre 89 v. Chr. auf das Gewicht einer halben Unze herabging.*†) Bald darauf hörte die Kupferprägung überhaupt auf. Gold wurde von den Römern zuerst im Jahre 217 v. Chr. geprägt, aber nur vorübergehend. Erst zu Ende der Republik wurde die Goldprägung wieder aufgenommen und Cäsar legte den Grund zur Goldwährung, die seit Nero im römischen Reiche feststand; als

---

*) Metrol. Untersuchungen S. 372 ff.
**) Ebenda S. 302 ff.
***) Ebenda S. 310 ff.
†) Staatsh. d. Ath. I, S. 17.
††) Metrolog. Untersuchungen S. 161 ff. 204 ff.
†††) Ebenda S. 446 ff.
*†) Ebenda S. 451 f. 471 ff.

Scheidemünze wurde neben dem Silber seit 15 v. Chr. auch wieder Kupfer geprägt.*)

In Babylon war von der euthymetrischen Einheit die stereometrische und von dieser die stathmische abgeleitet; bei den Griechen und Römern musste das umgekehrte Verfahren stattfinden. Aus Asien wurden nach Griechenland und von dort nach Italien bestimmte Gewichtssysteme übertragen oder schon vorhandene zu ihnen in ein rationales Verhältniss gesetzt und zwar vor Allem zur Normirung eines Geldfusses. Mit dem Gewicht aber war das Körpermaass in Uebereinstimmung, welches ein bestimmtes Wassergewicht fassen musste, und mit dem Körpermaass war wieder das Längenmaass gegeben. Bei der Festsetzung von Normalmaassen war man daher geringeren Irrthümern ausgesetzt, wenn man aus dem gegebenen Gewicht die Raummaasse bestimmte, als umgekehrt.**) Die Längenmaasse sind ursprünglich von den natürlichen Maassen des menschlichen Körpers hergenommen: Fingerbreite (δάκτυλος, digitus), Handbreite (παλαιστή, palmus), Fuss (πούς, pes), Elle (πῆχυς, cubitus) u. a. Längere Strecken massen die Römer nach Doppelschritten, d. h. Fussspannen (passus = 5 pedes), die Griechen nach Armspannen (ὀργυιά = 6 πόδες), indem jene als grössere Einheit die Meile von 1000 Doppelschritten, diese das Stadion von 100 Spannen nahmen. Flächenmaasse, z. B. für die Ausmessung von Aeckern, bildete man naturgemäss aus dem Quadrat der Längenmaasse; dagegen wurden die Hohlmaasse nach willkürlich angesetzten Normalgefässen bestimmt. In die bunte Mannigfaltigkeit dieser natürlichen Maasse kam bei den Griechen sehr früh dadurch Uebereinstimmung, dass eine Einheit des Flüssigkeitsmaasses, der Metretes, auf das Volumen von $2/3$ äginäischen Talenten Wasser normirt und zu demselben alle für den Handelsverkehr bestimmten Hauptmaasse in feste und einfache Verhältnisse gesetzt wurden.***) Mit dem Metretes, d. h. dem Kubikfuss, war der Fuss gegeben; dieser wurde als $2/3$ der Elle angesetzt und zu 4 Handbreiten, die Handbreite zu 4 Fingerbreiten bestimmt. Die Flüssigkeitsmaasse bildete man durch Duodecimaltheilung des Metretes; das Haupthohlmaass für trockene Gegenstände, der μέδιμνος, wurde auf $4/3$ Metretes festgesetzt. Diese durchgreifende Uebereinstimmung der Hauptmaasse

---

*) Metrologische Untersuchungen S. 459 ff.
**) Kl. Schr. Bd. VI, S. 256 f.
***) Metrolog. Untersuchungen S. 26 f. 276 f.

erklärt sich am einfachsten durch die Annahme, dass Pheidon als Agonothet der olympischen Spiele die Rennbahn zu Olympia nach dem von ihm normirten Maasse abstecken liess; dadurch wurde nicht nur das olympische Stadion zum allgemeinen griechischen Wegmaass, sondern auch der olympische Fuss zur Grundlage aller griechischen Raummaasse, die dann weiterhin in allen Staaten dem Pheidonischen System angepasst wurden.*) Als die griechischen Maasse nach Rom übertragen wurden, musste zunächst das römische Quadrantal in dasselbe Verhältniss zum äginäischen Metretes gesetzt werden, wie die *libra* zur *litra*, und in der That ergiebt sich dies indirect daraus, dass das Quadrantal sich zum attischen Metretes wie 2 : 3 verhält.**) Das Verhältniss des Fusses zur Elle und zu seinen Unterabtheilungen ist dasselbe wie bei den Griechen, nur dass daneben die reindecimale Eintheilung bestand, welche der Eintheilung der *libra* und des *as* genau entsprach. Das Haupthohlmaass für trockene Gegenstände, der *modius* betrug $1/_3$ des Quadrantal. Bei der durchgängigen Abhängigkeit des Maasses vom Gewicht ist es auffällig, dass der ältesten stathmischen Einheit der Griechen, dem äginäischen Talent, die stereometrische nicht entspricht; denn der olympische Kubikfuss Wasser wiegt nur $2/_3$ Talent. Der Grund hiervon liegt darin, dass die Griechen als Längenmaass den gemeinen babylonischen Fuss einführten, während das babylonische Talent nach dem Kubus des grösseren sog. königlichen Fusses bestimmt war. Wahrscheinlich hatte man in Babylon zunächst aus dem Kubus des gemeinen Fusses den des königlichen im Verhältniss $1 : 1^1/_2$ normirt und daraus dann den königlichen Fuss selbst als Seite seines Kubus gewonnen, in ganz ähnlicher Weise, wie man später bei der Anpassung eines Systems an das andere verfuhr.***) So ist z. B. der römische Fuss wahrscheinlich zuerst auf mechanische Weise aus dem Quadrantal gefunden; da er sich hiernach zum olympischen annähernd wie 24 : 25 verhielt, wurde dann dies rationale Verhältnis festgehalten.†)

Literatur. Quellen. Es sind aus dem Alterthum **Maassstäbe, Hohlmaasse** und **Gewichtsstücke** erhalten, die aber natürlich nur eine annähernde Bestimmung des Normalmaasses ermöglichen, nach welchem sie

---

*) Metrolog. Untersuchungen S. 281 ff.
**) Ebenda S. 204 ff. 284 ff.
***) Kl. Schr. Bd. VI, S. 257 ff.
†) Metrolog. Untersuchungen S. 196 ff. S. XIX f.

II. Privatleben. 1. Metrologie.

gefertigt sind. Beschreibungen derselben sind in den metrologischen Werken der Neueren enthalten. Die Raummaasse werden am genauesten aus antiken Gebäuden bestimmt, deren Dimensionen anderweitig bekannt sind; so hat man den griechischen Fuss zuerst aus dem Parthenon ermittelt.

Für die Gewichtsbestimmung sind die vorzüglichsten Quellen die zahlreichen Münzen. Die bedeutendsten Münzsammlungen befinden sich in Paris (Louvre), Rom (Vatican), Florenz, London (British Museum), Wien, Berlin, Dresden, München, Gotha, Petersburg, Kopenhagen. Von Katalogen hebe ich besonders hervor: Ch. S. Liebe, *Gotha numaria*. Amsterdam 1730. fol. — N. F. Haym, *Thesaurus Britannicus seu museum numarium*. Wien 1762. 65. 2 Bde. 4. — J. Eckhel, *Catalogus musei Caesarei Vindobonensis numorum veterum*. Wien 1779. 2 Thle. fol. — Carl Combe, *Numorum veterum populorum et urbium musei G. Hunteri descriptio*. London 1782. 4. — Taylor Combe, *Veterum populorum et regum numi, qui in museo Britannico adservantur*. London 1814. 4. — [*A catalogue of the greek coins in the British Museum*. London 1873 ff. (bearbeitet von: Reg. Stuart Poole, B. V. Head, P. Gardner).] — Romé de l'Isle, *Catalogue des médailles du cabinet de Mr. d'Ennery*. Paris 1788. 4. — Th. E. Mionnet, *Poids des médailles grecques d'or et d'argent du cabinet royal de France*. Paris 1839. — M. E. Pinder, *Die antiken Münzen des Königl. Museums zu Berlin*. 1851. — [J. Friedländer, *Das Münzkabinet des Königl. Museums zu Berlin*. 1871. — J. Friedländer und A. v. Sallet, *Das Königl. Münzkabinet*. Berlin 1873. Mit trefflichen Abbildungen. 2. Aufl. 1877.] — W. M. Leake, *Numismata hellenica*. London 1854. 1859. 4. — B. de Köhne, *Description du musée Kotschoubey*. St. Petersburg 1857. — [Α. Ποςτολάκας, Κατάλογος τῶν ἀρχαίων νομιςμάτων τοῦ Ἀθήνηςιν ἐθνικοῦ νομιςματικοῦ μουςείου. Ἀθήνηςιν 1872. fol. — *Regio Museo di Torino ordinato e descritto da A. Fabretti, F. Rossi e R. V. Lanzone. Monete consolari e imperiali*. Torino 1881 (frühere Aufl. 1876). — F. Imhoof-Blumer, *Choix de monnaies grecques de la collection J. B. 2. éd.* Paris (Leipzig) 1883; *Monnaies grecques*. Ebda.] — In Bezug auf die Münzen ist übrigens ein sehr strenges kritisches Verfahren nothwendig, da in der Neuzeit unendlich viele gefälscht sind. Vergl. z. B. über die fabrikmässige Fälschung antiker Münzen durch den Hofrath Wilh. Becker in Offenbach: M. Pinder, *Die Beckerschen falschen Münzen*. Berlin 1843. — [J. Friedländer, *Ein Verzeichniss von griechischen falschen Münzen, welche aus modernen Stempeln geprägt sind*. Berlin 1883.].

Einiges Material für die Metrologie liefern die Inschriften; vorzüglich wichtig ist ein attischer Volksbeschluss *Corp. Inscr. Gr. n. 123*). Besondere literarische Quellen sind die Reste metrologischer Schriften aus dem Alterthum, darunter ein Lehrgedicht des Grammatikers Priscian, *De ponderibus et mensuris*. Sammlungen: F. Hultsch, *Scriptorum metrologicorum reliquiae*. Leipzig 1864. 1866. 2 Bde.; *Heronis Alexandrini geometricorum et stereometricorum reliquiae cet*. Berlin 1864. — Schriften der römischen Feldmesser. Herausgeg. und erläutert von F. Blume, K. Lachmann, Th. Mommsen, A. Rudorff. Berlin 1848. 1852. 2 Bde. Alle diese Schriften rühren aus

---

*) Erläutert Staatsh. d. Athener II, S. 356 ff.

der Kaiserzeit her und sind daher mit grosser Vorsicht zu benutzen. Man muss von den unmittelbaren Quellen, besonders den Münzen und den Gebäudemaassen ausgehen und damit die schriftlichen metrologischen Notizen combiniren. Kein griechischer Schriftsteller erwähnt z. B., dass die Raummaasse nach dem Wassergewicht bestimmt sind; aber in Rom finden wir die gesetzliche Bestimmung (Silianisches Plebiscit), dass der Kubikfuss 80 Pfund Wein halten soll, dessen Gewicht von den Alten dem des Regenwassers gleichgeschätzt wurde. Es ist sehr unwahrscheinlich, dass die Römer dies erfunden haben; man muss vielmehr vermuthen, sie haben diese Methode der Maassbestimmung mit ihren Maassen selbst von den Griechen angenommen. Dies bestätigt sich dann durch die durchgehende Gleichmässigkeit der Verhältnisse in dem römischen und attischen System*).

Metrologische Werke: J. C. Eisenschmid, *De ponderibus et mensuris veterum Romanorum, Graecorum, Hebraeorum.* Strassburg 1708. 2. Aufl. 1737. Ein ausgezeichnetes Handbuch, noch jetzt brauchbar. Die voraufgehende umfangreiche Literatur, die mit der Erneuerung der Wissenschaften beginnt, ist veraltet. — A. J. C. Paucton, *Métrologie ou traité des mesures, poids et monnaies des anciens peuples et des modernes.* Paris 1780. Voller Phantasmen. — Romé de l'Isle, *Métrologie ou tables pour servir à l'intelligence des poids et mesures des anciens.* Paris 1789, deutsch von G. Grosse. Braunschweig 1792. Im Einzelnen, besonders in Bezug auf die Münzgewichte brauchbar, aber im Ganzen aus unbegründeten Annahmen zusammengefügt. — L. Ideler, Ueber die Längen- und Flächenmaasse der Alten. Abhandlungen der Berl. Akademie 1812/13. 25. 26. 27. Sorgfältige und genaue Untersuchungen. — J. F. Wurm, *De ponderum, nummorum, mensurarum ac de anni ordinandi rationibus apud Romanos et Graecos.* Stuttgart 1821. Ein sehr verständiges Handbuch. — L. Cagnazzi, *Su i valori delle misure e dei pesi degli antichi Romani.* Neapel 1825, deutsch von A. v. Schönberg. Kopenhagen 1828. Reichhaltig an Material. — M. Saigey, *Traité de métrologie ancienne et moderne.* Paris 1834. Ganz unhistorisch. — C. Paucker, Metrologie der alten Griechen und Römer. In den Dorpater Jahrbüchern für Literatur. Bd. V. 1835. Nicht ohne Werth. — R. Hussey, *Essay on the ancient weights and money and the Roman and Greek liquid measures with an appendix on the Roman and Greek foot.* Oxford 1836. Gründlich und besonnen. — P. A. Boudard, *Essai sur la métrologie attique et romaine.* Paris 1854. — L. Fenner v. Fenneberg, Untersuchungen über die Längen-, Feld- und Wegmaasse der Völker des Alterthums. Berlin 1859. Mit Geschick zusammengefügt; aber die Grundlagen sind unrichtig. — Don V. Vasquez Queipo, *Essai sur les systèmes métriques et monétaires des anciens peuples.* Paris 1859. 3 Bde. Das umfangreiche Werk ist mühselig, aber ohne scharfe Kritik gearbeitet. — F. Hultsch, Griechische u. römische Metrologie. Berlin 1862. [2. Bearbeitung 1882. Sehr erweitert.] Das beste Handbuch. Derselbe, Ueber das babylonische und euböische Talent des Herodotos, in Fleckeisen's Jahrbüchern 85. 1862. S. 387 ff.; Griechische Metrologie in Ersch und Gruber's Encyklopädie. Sect. I. Bd. 81. Hultsch schliesst sich hauptsächlich an Mommsen

---

*) Vergl. Metrolog. Untersuchungen S. 16 ff.

II. Privatleben. 1. Metrologie. 387

an und weicht vielfach von mir ab. — R. Lepsius, Die alt-ägyptische Elle und ihre Eintheilung. Schriften der Berl. Akademie. 1865. Derselbe, Ueber eine hieroglyphische Inschrift am Tempel von Edfu. Abhandl. der Berl. Akademie 1855. [Grundzüge der ägyptischen Geodäsie, weiter aufgeklärt durch die Geometrumena Heron's von Alexandrien ed. Hultsch. — R. Lepsius, Die Längenmaasse der Alten. Berlin 1884.] — H. Wittich, Metrologische Beiträge; Philologus 23. 24. 1866. 26. 1867. 28. 1869. — J. Brandis, Das Münz-, Maass- und Gewichtswesen in Vorderasien bis auf Alexander d. Gr. Berlin 1866. — [Barclay V. Head, *Metrological notes on the ancient electrum coins struck between the Lelantian wars and the accession of Darius.* London 1875. (Zuerst in: Num. Chronicle N. S. XV.) — R. Schillbach, Beitrag zur griechischen Gewichtskunde. Berlin 1877. — P. Bartolotti, *Del primitivo cubito egizio. Atti d. Reale Accad. in Modena, sezione di lettere t. XVIII* 1878 ff. — J. Wex, Die Metra der alten Griechen und Römer im Umriss erklärt und übersichtlich dargestellt. (Straubing 1881.) 2. Bearb. Leipzig 1883. — W. Dörpfeld, Beiträge zur antiken Metrologie in den Mittheil. des Deutschen archäol. Instituts in Athen VII. VIII 1882 f. — L. Blancard, *Valeur comparée des talents grecs au premier siècle de notre ère.* Paris 1885.]

Numismatik. Hat eine Disciplin wie die Numismatik ihren Gehalt nur an einem materiellen Gegenstand, so kann derselben ihre Stelle in dem Ganzen der Wissenschaft nur nach dem Zweck, d. h. dem Hauptzweck angewiesen werden, welchen der Gegenstand hat: denn darin liegt seine Idee. Nun ist aber der Hauptzweck der Münzen, d. h. der geprägten Metallgewichte ihr Gebrauch für den Verkehr; folglich ist die Numismatik ein Theil der Metrologie und nicht der Kunstarchäologie, wenn auch das Gepräge einen Kunstwerth hat. Das Gepräge ist ein Stempel, der den Werth der Münzen anzeigt und garantirt; dass es künstlerisch ausgeführt wird, ist unwesentlich, aber für die Geschichte des Privatlebens ebenso charakteristisch wie die künstlerische Gestaltung aller zum Lebensbedarf dienenden Gegenstände. Natürlich wird die Kunstgeschichte diese „anhängenden" Kunstzweige berücksichtigen, ähnlich wie die Münzen auch Gegenstand der Paläographie und Denkmäler für die Staatengeschichte sind. Da die Numismatik, wie sie sich historisch gebildet hat, die Münzen nach allen diesen Rücksichten betrachtet, ist sie keine einheitliche Disciplin, sondern ein Aggregat oder eine Sammlung von Material für verschiedene Disciplinen. Wir fügen die Uebersicht der gesammten numismatischen Literatur hier ein, weil sich eine Trennung nicht wohl vornehmen lässt.

J. J. Scaliger, *De re numaria dissertatio.* Leiden 1616, abgedr. in *Thesaur. Gronov.* IX. — L. Savot, *Discours sur les médailles antiques.* Paris 1627. — J. F. Gronov, *De sestertiis s. subsecivorum pecuniae veteris graecae et romanae libri IV.* Amsterdam 1656. — J. Chr. Rasche, *Lexicon universae rei numariae veterum.* Leipzig 1785—1805. 14 Bde. — J. G. Lipsius, *Bibliotheca numaria. Cum praefatione Heynii.* Leipzig 1801. 2 Thle. Zusammenstellung der Literatur bis zu Ende des 18. Jahrh. — J. Eckhel, *Doctrina numorum veterum.* Wien 1792—98. 8 Bde. 4. Ein umfassendes Werk, worin die ungeheure Masse der erhaltenen Münzen nach geographischem Eintheilungsprinzip geordnet und beschrieben ist; die metro-

388   Zweiter Haupttheil. 2. Abschnitt. Besondere Alterthumslehre.

logische Rücksicht tritt aber fast ganz zurück. Dazu: A. v. Steinbüchel, *Addenda ad Eckhelii doctrinam numorum veterum ex eiusdem autographo postumo.* Wien 1826. — T. E. Mionnet, *Description des médailles antiques grecques et romaines.* Paris 1806—37. 6 Bde. Text und 1 Bd. Kupfer, dazu 9 Bde. Suppléments. Die wesentlichste Ergänzung zu Eckhel. — J. A. Letronne, *Considérations générales sur l'évaluation des monnaies grecques et romaines.* Paris 1817. Ausgezeichnet. — D. Sestini, *Classes generales seu moneta vetus urbium, populorum et regum ordine geographico et chronologico descripta.* Florenz 1826. 4. 2 Bde. — M. Hennin, *Manuel de numismatique ancienne.* Paris 1830. 2 Bde. — J. Millingen, *Ancient coins of Greek cities and Kings, from various collections, principally in Great Britain.* London 1831. 4. — *L'aes grave del Museo Kircheriano ovvero le monde primitive de' popoli dell' Italia media.* Rom 1839. 4. Von den Jesuiten Giuseppe Marchi und Pietro Tessieri. Das Hauptwerk über die altitalischen Münzen; enthält viel Hypothetisches. — Achille Genarelli, *La moneta primitiva e i monumenti dell' Italia antica.* Rom 1843. 4. Geht besonders auf das Chronologische ein. — Genn. Riccio, *Le monete delle antiche famiglie di Roma fine allo imperadore Augusto.* 2. Ausg. Neapel 1843. — J. Y. Akerman, *A numismatic manual.* London 1840; *Ancient coins of cities and princes.* London 1846. 6 Bde. — A. v. Prokesch-Osten, Die Münzen Athens. Abhandl. d. Berl. Akademie 1848. Genaue metrologische Untersuchung. — A. C. E. v. Werlhof, Handbuch der griechischen Numismatik. Hannover 1850. — H. N. Humphreys, *Ancient coins and medals.* London 1851. — J. G. Th. Graesse, Handbuch der alten Numismatik von den ältesten Zeiten bis auf Constantin d. Gr. Leipzig 1854. Mit schönen Abbildungen, aber voll von Versehen und Irrthümern. — L. Müller, *Numismatique d'Alexandre le Grand.* Kopenhagen 1855; Die Münzen des thracischen Königs Lysimachus. Ebenda 1858. 4. — H. Cohen, *Description générale des monnaies de la république Romaine communément appelées médailles consulaires.* Paris. London 1857. 4. — E. Beulé, *Les monnaies d'Athènes.* Paris 1858. 4. Das Hauptwerk über die attischen Münzen. — H. Cohen, *Description historique des monnaies frappées sous l'empire romain communément appelées medailles impériales.* Paris 1859. 7 Bde. [2. Aufl. 1880 ff.] — Th. Mommsen, Geschichte des röm. Münzwesens. Berlin 1860. Vorzüglich. [*Traduite de l'Allemand par le Duc de Blacas.* Paris 1865 ff. 4 Bde. Durch Zusätze Mommsen's und Blacas' erweitert. — L. Müller, *Numismatique de l'ancienne Afrique, ouvrage préparé et commencé par C. T. Falbe et J. C. Lindberg.* Kopenhagen 1860—74. 4 Bde. 4. — P. Ph. Bourlier d'Ailly, *Recherches sur la monnaie romaine depuis son origine jusqu'à la mort d'Auguste.* Lyon 1864 —69. T. I—II 1—3. — L. Pizzamiglio, *Saggio cronologico, ossia storia della moneta romana dalla fondazione di Roma alla caduta dell' impero d'Occidente.* Rom 1867. — A. Salinas, *Le monete delle antiche città di Sicilia.* Palermo 1870 ff. (Ins Stocken gerathen). — L. Sambon, *Recherches sur les monnaies de la presqu'île Italique depuis leur origine jusqu'à la bataille d'Actium.* Neapel 1870. — F. de Saulcy, *Système monétaire de la république romaine à l'époque de Iules César.* Paris 1873; *Numismatique de la Terre sainte, description des monnaies autonomes et impériales de la*

II. Privatleben. 1. Metrologie. 389

Palestine et de l'Arabie Petrée. Paris 1874. — H. A. Grueber, *Roman medallons in the British Museum.* Ed. by R. S. Poole. London 1874. 4. — W. Marsden's *International numismata orientalia. A new edition* (ed. I. 1823). Darin: Vol. I p. 3. B. V. Head, *The coinage of Lydia and Persia;* p. 5. P. Gardner, *The Parthian coinage.* Vol. II. F. W. Madden, *Coins of the Jews.* London 1874 ff. 4. — W. Deecke, Das etruskische Münzwesen. Stuttgart 1876. — E. Grunauer, Altgriechische Münzsorten. Winterthur 1876. Gymn.-Pr. — Fr. Lenormant, *La monnaie dans l'antiquité.* Paris 1878 f. 3 Bde.; *Monnaies et medailles.* Paris 1883. — W. Fröhner, *Les médaillons de l'empire romain depuis la règne d'Auguste jusqu'à Priscus Attale.* Paris 1878. — F. Imhoof-Blumer, Die Münzen Akarnaniens. Wien 1878. Zuerst in: Numismat. Zeitschr. X. — A. v. Sallet, Die Nachfolger Alexanders des Grossen in Baktrien und Indien. Berlin 1879. Zuerst in Zeitschrift für Numism. Bd. VI f. — J. Zobel de Zangróniz, *Estudio historico de la Moneda antigua española desde su origin hasta el imperio romano.* Madrid 1879—81. 3 Bde. — *Synopsis of the contents of de British Museum. Departement of coins and medals. A guide to the principal gold and silver coins of the ancients.* By Barclay V. Head. London 1880. 2. Aufl. 1881. Mit 70 Lichtdrucktafeln. — Th. Rohde, Die Münzen des Kaisers Aurelianus, seiner Frau Severina und der Fürsten von Palmyra. Miskolcz (Wien) 1881 f. — A. Boutkowski, *Dictionnaire numismatique.* Leipzig 1881—84. — A. W. Oreschnikow, Zur Münzkunde des cimmerischen Bosporus. Moskau 1883. — P. Gardner, *The types of greek coins. An archeological essay.* London 1883. 4. — K. Samwer, Geschichte des älteren römischen Münzwesens bis ca. 200 v. Chr. Hrsg. von M. Bahrfeldt. Wien 1883. — M. C. Soutzo, *Systèmes monétaires primitifs de l'Asie mineure et de la Grèce.* Bukarest 1884. — S. L. Poole, *Coins and medals. Their place in history and art.* London 1885. — Zu vergleichen ist hier noch die S. 385 angeführte Literatur.]

Zeitschriften für Numismatik: Numismatische Zeitung, redigirt von Leitzmann (1834—74). Weissensee. — Blätter für Münzkunde von H. Grote (1834—44). Leipzig. — *Revue numismatique publiée par* A. de Barthélemy, G. Schlumberger, E. Babelon (gegr. 1836). Paris. — *Numismatic chronicle ed. by* W. S. W. Vaux, J. Evans, B. V. Head (gegr. 1838). London. — *Revue numismatique belge publiée par* R. Chalons, L. de Coster, C. Picqué (gegr. 1842). Brüssel. — M. Pinder und J. Friedländer, Beiträge zur älteren Münzkunde. Bd. 1 (einz.). Berlin 1851. — H. Grote, Münzstudien (gegr. 1857). Leipzig. — Berliner Blätter für Münz-, Siegel- und Wappenkunde (gegr. 1862). Berlin. — *Annuaire de la société française de numismatique et d'archéologie* (gegr. 1866). Paris. [Numismatische Zeitschrift, herausg. von der numismatischen Gesellschaft in Wien, redig. v. Chr. W. Huber und J. Karabaček (gegr. 1869). Wien. — *Periodico di Numismatica e Sfragistica per la Storia d'Italia diretto da* C. Strozzi (1868—1874). Florenz. — Numismatisch-sphragistischer Anzeiger. Zeitung für Münz-, Siegel- und Wappenkunde (gegr. 1870). Hannover. — Zeitschrift für Numismatik, herausgeg. von A. v. Sallet (gegr. 1873). Berlin. — *Mélanges de numismatique publiés par* F. de Saulcy, A. de

Barthélemy et E. Hucher (gegr. 1874.) *Le Mans.* Paris. — Numismatisches Literaturblatt von M. Bahrfeldt (gegr. 1880). Stade.]*)

2. Geschichte des äusseren Privatlebens oder der Wirthschaft.

§ 52. Die materiellen Lebensbedürfnisse sind: 1) Nahrung, 2) äussere Körperpflege, wozu auch die Kleidung gehört, 3) Wohnung nebst Hausgeräth, 4) Verkehrsmittel zur Fortbewegung von Personen und Sachen. Wie aber das Privatleben alle anderen Cultursphären in seinen Dienst zieht, so liefert es auch allen die materiellen Mittel: dem Staat die ganze Ausrüstung, die der Staatshaushalt bedarf, der Kunst und Wissenschaft die Mittel zur Existenz nebst den erforderlichen Instrumenten und Materialien. Die Volkswirthschaft bildet einen natürlichen Organismus zur gemeinsamen Befriedigung aller genannten Bedürfnisse und die Geschichte des antiken Privatlebens hat die Ausbildung dieses Organismus im Alterthum darzustellen.

Hierbei muss man wieder vor Allem die volkswirthschaftlichen Grundsätze der Alten erforschen, die in jener Entwickelung ihren Ausdruck gefunden haben. Sie sind, abgesehen von den Vorurtheilen über die Sklavenwirthschaft und den sich daraus ergebenden Consequenzen, im Ganzen sehr gesund und meist richtiger, als sie in der neueren Zeit lange gewesen sind. Zu einer wissenschaftlichen Theorie der Volkswirthschaft, wie sie sich in den letzten Jahrhunderten ausgebildet hat, finden sich freilich im Alterthum nur schwache Anfänge. Platon und Aristoteles behandeln die volkswirthschaftlichen Principien nur ganz allgemein im Zusammenhange mit ihrer Staatslehre. So giebt Platon im 2. Buch der Republik eine vortreffliche Begründung des Grundsatzes von der Theilung der Arbeit und macht besonders im Sophist, im Staatsmann und in den Gesetzen sehr treffende Bemerkungen über andere wirthschaftliche Fragen. Aristoteles deutet zu Anfang der Politik die Grundzüge der Wirthschaftslehre an; die unter seinem Namen erhaltene, wahrscheinlich von Theophrast

---

*) **Zur Metrologie:** Metrologische Untersuchungen über Gewichte, Münzfüsse und Maasse des Alterthums in ihrem Zusammenhange. Berlin 1838. — *Additamenta disquisitionum metrologicarum.* 1843. Kl. Schr. IV, S. 534—547. — Ueber die Kenntniss der Alten von der verschiedenen Schwere des Wassers. 1839. Kl. Schr. VI, S. 67—71. — Das Babylonische Längenmaass an sich und im Verhältniss zu den anderen vorzüglichsten Maassen und Gewichten des Alterthums. 1854. Kl. Schr. VI, S. 252—292. — Staatshaushaltung der Athener Buch I, Kap. 2—6.

herrührende Oekonomik geht auch nicht ins Detail ein. Xenophon's Oekonomik und die Schrift περὶ πόρων, sowie vielerlei Andeutungen in seinen übrigen kleinen Schriften sind nicht uninteressant. Vergl. Br. Hildebrand, *Xenophontis et Aristotelis de oeconomia publica doctrinae.* Marburg 1845, worin Xenophon's Grundsätze in einem guten Ueberblick systematisch zusammengestellt sind. Xenophon war ein praktischer Mann, aber von etwas eingeschränktem Gesichtskreis; man muss annehmen, dass manche verloren gegangene Schriften Anderer weit bedeutender waren. Allein die Philosophen, welche die griechische Wissenschaft begründeten, haben sich, wie man aus Aristoteles ersieht, mit dem Gegenstand nur so weit beschäftigt, als er höhere Interessen berührte, und die Gelehrsamkeit nach Aristoteles vermochte nicht das Leben zu durchdringen, so dass eine nationalökonomische Wissenschaft mit wirklichem Einfluss auf die Praxis nicht entstehen konnte. Wir müssen also die volkswirthschaftlichen Principien der Alten, abgesehen von zerstreuten Bemerkungen der Schriftsteller, aus den Thatsachen selbst ermitteln.*)

Besonders zu berücksichtigen ist hierbei die Wirthschaftspolitik der alten Staaten und der Einfluss der gesammten Gesetzgebung auf die Wirthschaft. Doch folgt daraus nicht, dass das Vermögensrecht in die Darstellung des Privatlebens aufzunehmen ist, wie dies C. Fr. Hermann in seinen Privatalterthümern (s. oben S. 368) gethan hat.

Der wirthschaftlichen Seite der Erwerbsthätigkeit ist die technische untergeordnet; denn in der τέχνη βάναυcος dient die Kunstfertigkeit dem Bedürfniss; der leitende Gesichtspunkt ist immer die Naturproducte den Zwecken der wirthschaftlichen Verwendung entsprechend und zugleich mit möglichstem Vortheil der Producenten zu gestalten. Die Technologie war im Alterthum praktisch sehr entwickelt, aber ebenfalls zu keinem wissenschaftlichen System ausgebildet, weshalb das Maschinenwesen nicht zu höherer Vollkommenheit gelangen konnte. Es ist bezeichnend, dass die Griechen unter τεχνολογία ohne weiteren Zusatz die Theorie der rhetorischen Technik verstanden. Indess wurde schon seit der Zeit der Sophisten das Verfahren der praktischen Hantierungen in Schriften dargestellt**).

---

*) Vergl. Staatshaush. der Athener I, S. 3 f.
**) Ebenda S. 59.

a. Landbau und Gewerbe.*)

§ 53. Die Griechen und Italer erscheinen seit den ältesten Zeiten als thätige ackerbautreibende Völker. Die Homerischen Helden bestellten ihre Felder selbst, und in Rom wurden noch in der guten Zeit der Republik die Dictatoren vom Pfluge geholt. Auch als man die ländliche Handarbeit mehr und mehr den Sklaven überliess, blieb die Landwirthschaft eine Lieblingsbeschäftigung der Wohlhabenden. Der Getreidebau wurde mit einfachen Werkzeugen, aber sehr geschickt betrieben; man baute ferner eine grosse Anzahl von Küchengewächsen und Zierpflanzen auf dem Felde und in Gärten, sowie auch die Baumzucht sehr entwickelt war. Die wichtigsten Culturgewächse sind den Griechen aus dem Orient zugeführt; später haben die Römer aus allen Ländern Nutzpflanzen aller Art, besonders Obstbäume nach Italien gebracht und dann weiter in den Provinzen verbreitet. Der Weinbau wurde in Griechenland seit den frühesten Zeiten fleissig gepflegt und von dort nach Italien verpflanzt; hier kam er zur höchsten Blüthe, als seit der Eroberung Siciliens und Sardiniens der römische Getreidebau durch die überreiche Zufuhr des Getreides aus den Provinzen und die verderbliche Maassregel der Kornspenden zu Grunde gerichtet wurde. Man warf sich seitdem besonders auf die Anpflanzung von Oliven und Wein und erzielte hierin durch den Grossbetrieb auf den Latifundien die bedeutendsten Erfolge. Die Forstwirthschaft war im Alterthume ganz unvollkommen. Theils in Verbindung mit der Bodencultur, theils unabhängig von ihr wurde die Viehzucht eifrig betrieben. Schon die Griechen leisteten Bedeutendes in der Racenveredlung der Hausthiere, die sie theils aus der asiatischen Heimath mitgebracht hatten, theils durch den Handelsverkehr aus dem Orient erhielten; die Römer haben nach dem Verfall des Getreidebaues einen beträchtlichen Theil der italischen Aecker in Weideland verwandelt; auch führten sie eine grosse Anzahl ausländischer Thiere, besonders Geflügel ein. Von vorzüglicher Wichtigkeit war für die Alten die Bienenzucht, weil sie keinen Rohr- und Rübenzucker hatten. Die Fischerei wurde von den Griechen noch in der Homerischen Zeit und ebenso in Italien in den ältesten Zeiten Roms fast gar nicht betrieben, aber

---

*) Vergl. über Landbau und Gewerbe in Attika: Staatshaush. d. Ath. Bch. I Kap. 8.

später in Hellas und noch mehr durch die Römer ausserordentlich ausgebildet. In Griechenland verband sich damit die Purpur- und Schwammfischerei. Die Jagd war eine altbeliebte Beschäftigung; die Römer hielten ausserdem Wild in den Vivarien, die in der letzten Zeit der Republik auf jeder Villa angelegt wurden. Endlich züchtete man Thiere, namentlich vielerlei Vögel, zum Vergnügen. Das Mineralreich lieferte in Hellas in reichem Maasse alles für die bildende Kunst erforderliche Material, ferner einen mässigen Vorrath von Metallen, den man so geschickt ausbeutete, als dies bei dem Mangel an einer wissenschaftlichen Technik des Bergbaues möglich war; Salz gewann man hauptsächlich aus dem Seewasser. In Italien begründeten die Etrusker den Bergbau, der später unter griechischem Einfluss vervollkommnet wurde. Alle drei Naturreiche wurden endlich eifrig für die *materia medica* ausgebeutet, die bei den Alten sehr umfangreich war; zur Kur wurden auch Heilquellen und Seebäder frühzeitig benutzt.

Die Verarbeitung der Naturproducte für die wirthschaftlichen Zwecke geschah in der ältesten Zeit hauptsächlich in jedem einzelnen Haushalt. Im Homerischen Zeitalter hatten sich indess das Bauhandwerk, die Töpferei, die Leder-. und Metallarbeit zu besonderen Gewerken gebildet, also Arbeiten, welche den Bau der Wohnungen, Wirthschaftsräume und öffentlichen Gebäude, sowie der Wagen und Schiffe, ferner die Verfertigung künstlichen Hausraths und mannigfacher Instrumente für die verschiedenen Sphären des Lebens zum Zweck haben. Diese Industriezweige spalteten sich dann mit der Entwickelung des städtischen Lebens in eine ausserordentliche Menge von Gewerben, welche sich mit der künstlichen Bearbeitung von Holz, Stein, Thon, Metallen, später auch von Glas, ferner von Leder, Knochen und Elfenbein, sowie anderen Stoffen aus dem Pflanzen- und Thierreiche beschäftigten. Die Arbeitstheilung in diesen Gewerben, welche seit der Blüthezeit Griechenlands in Sklavenfabriken betrieben wurden, ging so weit, als dies ohne Anwendung eines complicirten Maschinenwesens möglich ist. Die Technik überkamen die Griechen zum grossen Theil von den Orientalen; aber sie haben dieselbe nicht nur zweckentsprechend entwickelt, sondern vor allem das Handwerk zur Kunstindustrie ausgebildet, welche durch ihre schönen Formen uns noch heute zum Muster dient.

Die Bereitung der Speise und die Körperpflege blieb der

Hauptsache nach dem Hause überlassen. Aber schon frühzeitig wurden die Müllerei, Bäckerei und Schlächterei als Gewerbe betrieben. Färber, Walker und Lederarbeiter unterstützten die häusliche Thätigkeit. Später wurde in den Städten die Kochkunst und Gastronomie überhaupt zur höchsten Feinheit ausgebildet; zur Kleidung wurden die feinsten Stoffe fabrikmässig gewebt und gestickt; die Anfertigung der Kleidungsstücke selbst beschäftigte eine ganze Reihe von Gewerben; für die weitere Körperpflege sorgten Bader, Barbiere, Perrückenmacher, Verfertiger falscher Zähne u. s. w., und eine Schaar von Handwerkern war für die Bedürfnisse der männlichen und weiblichen Toilette thätig.

Bei den Römern entwickelten sich die Gewerbe zuerst in ähnlicher Weise, wenn auch langsamer als bei den Griechen. Schon in sehr alter Zeit bestanden in Rom *collegia opificum*, der Sage nach von Numa eingesetzt; die ältesten waren die Zünfte der Bauleute, Töpfer, Goldarbeiter, Schmiede, Gerber, Lederarbeiter und Färber, also dieselben Gewerbe, die sich auch in Griechenland am frühesten aussonderten. Die römische Industrie hat indess selbständig nichts Bedeutendes geleistet; sie stand zuerst unter dem Einfluss Etruriens, das sich besonders in der Töpferei und Metallarbeit auszeichnete; aber von den griechischen Kolonien in Sicilien und Grossgriechenland wurden überall in Italien griechische Fabricate eingeführt und dann hier nachgeahmt. Unter der Herrschaft der Römer wurde die ganze Technik der Griechen nach Italien und weiterhin nach allen Provinzen verpflanzt.

b. Handel.*)

§ 54. Die Rohproducte und Fabricate wurden ursprünglich von den Producenten selbst an die Consumenten verhandelt. Hieraus entstand in allen griechischen Städten frühzeitig ein reger Marktverkehr, aus dem ein Zwischenhandel im Kleinen (καπηλεία) für die verschiedensten Waarengattungen hervorging. Grössere Märkte knüpften an die religiösen Feste und insbesondere waren die Nationalspiele mit grossen Messen verbunden. Im Uebrigen war der Binnenhandel wegen der mangelhaften Verkehrsmittel unbedeutend; der Grosshandel (ἐμπορία) wurde hauptsächlich zur See betrieben. Ursprünglich war der ganze Handelsverkehr an den griechischen Küsten in den Händen

---

*) Vergl. über den Handel der Griechen, besonders den attischen: Staatsh. d. Ath. Bch. I, Kap. 9.

der Phöniker; aber schon in der Homerischen Zeit betheiligten sich griechische Fahrzeuge daran und dadurch, dass die Industrie der Griechen die orientalische überflügelte, wurde auch ihr Handel selbständig; seit den Perserkriegen beherrschte er das Mittelmeer und nur im Westen concurrirten die Karthager mit ihnen. Abgesehen von wenigen Luxusartikeln wurden seitdem in Griechenland fast nur Rohproducte eingeführt und überwiegend griechische Fabricate ausgeführt; ausserdem vermittelten die Hellenen den Austausch zwischen verschiedenen fremden Handelsplätzen. Zugleich fiel den Handelsschiffen die gesammte Personen-, Packet- und Briefbeförderung zur See zu, die indess durchaus nicht geregelt war. Die meisten griechischen Staaten begünstigten und förderten den Handel durch Anlegung und Unterhaltung guter Landstrassen, durch Einrichtung bequemer Märkte und Emporien und durch mancherlei den Kaufleuten gewährte Privilegien und schützten ihn durch strenge Schuldgesetze, ein schleuniges Gerichtsverfahren in Handelssachen und durch eine Art Handelsconsuln. Die Accise, sowie die Ein- und Ausfuhrzölle und Hafenabgaben waren mässig und die Handelspolizei war im Ganzen gut eingerichtet. Aber nirgends bestand völlige Handelsfreiheit; vielmehr suchten die einzelnen Staaten durch Einfuhr- und Ausfuhrverbote, Handelsverträge und Staatsmonopole ihren Vortheil zu wahren. Natürlich verhielten sie sich in dieser Hinsicht sehr verschieden. Die Spartaner z. B. waren ganz abgeschlossen; sie lebten von dem, was sie selbst erzeugten, und kauften wenig. Die Athener dagegen führten mit Ausnahme des Getreides und der für den Staatsbedarf erforderlichen, besonders zum Schiffbau nöthigen Gegenstände alle Erzeugnisse ihres Landes aus und dafür fremde ein; nachdem sie die Hegemonie über die Seestaaten errungen, missbrauchten sie diese zu einem völligen Handelsdespotismus gegen die Bundesgenossen. Die politische Zersplitterung Griechenlands übte einen nachtheiligen Einfluss auf den Verkehr, da die Interessen der kleinen Staaten sich mannigfach kreuzten; in den häufigen Fehden wurden die Kauffahrteischiffe rücksichtslos gekapert; ausserdem wurde das Meer durch Piraten unsicher gemacht. Der kaufmännische Credit war daher gering und man nahm einen hohen Gewinn, sowie auch der Seezins bedeutend war*). Der Zinsfuss im reinen

---

*) Ueber Seezins: Staatsh. d. Ath. Bch. I, Kap. 23.

Geldgeschäft, welches im Grossen von Banquiers vermittelt wurde, war ebenfalls sehr hoch (10 bis 36%).*) Trotzdem waren die Preise der nothwendigen Lebensbedürfnisse im Alterthum niedrig, hauptsächlich weil eine geringere Geldmasse im Umlauf war als in der Neuzeit, und weil der Ertrag der fruchtbaren und wohlangebauten Mittelmeerländer keinen Absatz nach entfernteren Gegenden fand.**) Die Erzeugnisse der Kunstindustrie aber kamen nur einem kleinen Theil der Bevölkerung zu Gute, da diese der Mehrzahl nach aus Sklaven bestand. Zu verschiedenen Zeiten concentrirte sich der griechische Handel an verschiedenen Plätzen. In den ältesten Zeiten war Aegina ein Hauptcentrum, später Korinth, seit den Perserkriegen Athen, nach dessen Sturz Rhodos und in der Diadochenzeit Alexandria. Die Römer machten eine Zeit lang Delos zum bedeutendsten Emporium.

Rom war von Anfang an ein Handelsplatz. Den Marktverkehr regelte Servius Tullius durch Einrichtung der Wochenmärkte (*nundinae*, s. oben S. 323); ausser dem Binnenhandel mit Latium trieben aber die Römer schon in der Königszeit auf eigenen Schiffen von Ostia aus Seehandel an den italischen Küsten, mit den benachbarten Inseln und bis nach Africa hin; sie führten die Naturproducte des Landes, besonders Getreide aus und tauschten dagegen hauptsächlich Sklaven und ausländische Fabrikate ein. Durch die Eroberung von Tarent und Sicilien erlangte der römische Handel bereits eine ausserordentliche Ausdehnung, und nach der Vernichtung von Karthago wurde Rom allmählich das Hauptemporium des Mittelmeers. Im ganzen römischen Reiche gewann der Binnenverkehr einen bedeutenden Aufschwung durch grosse Strassen- und Brückenbauten. Das Mittelmeer wurde von Piraten gesäubert, und unter dem Kaiserreich gelangte in einer langen Friedensära der Handel zu hoher Blüthe. Neben dem Waaren- und Transporthandel warfen sich die Römer auf grosse Geldspeculationen; in allen Provinzen des Reiches setzten sich römische Speculanten fest, die als Banquiers und Geldverleiher thätig waren und öffentliche Arbeiten sowie Privatgeschäfte aller Art in Entreprise nahmen. Die Reichen und Vornehmen betrieben die Geschäfte im grossen Stil, namentlich durch Actiengesellschaften. Ein in Rom seit der letzten Zeit der Republik

---

*) Ueber das Geldgeschäft: Staatsh. d. Ath. Bch. I, Kap. 22.
**) Wohlfeilheit im Alterthum: ebenda Bch. I, Kap. 10.

und unter dem Principat besonders ausgebildeter Handelszweig war der Kunst- und Buchhandel (vergl. oben S. 231).

c. Hauswirthschaft.

§ 55. Die Aufgabe der Hauswirthschaft ist, wie Aristoteles richtig bemerkt, die zweckmässige Benutzung der von Natur gegebenen oder künstlich erzeugten materiellen Güter. Die Geschichte der antiken Hauswirthschaft hat darzustellen, wie diese Aufgabe im klassischen Alterthum gelöst ist.

Zunächst liegt es der Hauswirthschaft ob, die materiellen Güter zu erwerben. Die gewerbliche Production und der Handel gehören daher nur accidentell als Erwerbsmittel zur Hauswirthschaft, ebenso wie auch die staatliche, priesterliche, künstlerische und wissenschaftliche Thätigkeit eine ökonomische Seite haben, insofern sie für den Einzelnen eine Quelle des Erwerbs sind. Die Geschichte der Hauswirthschaft betrifft also zuerst die Geschichte des Erwerbs. Sie berechnet aus den Preisen der Güter, wieviel Mittel zu verschiedenen Zeiten zur Bestreitung der körperlichen und geistigen Bedürfnisse erforderlich waren, bemisst hiernach und nach der Höhe der Löhne den Wohlstand der Einzelnen und der Nationen und forscht den Ursachen der Vermögensungleichheit, des Reichthums und der Armuth nach.*) Für das klassische Alterthum wird die Forschung in allen diesen Punkten wegen Mangelhaftigkeit des statistischen Materials (s. oben S. 361) nur zu unvollkommenen Ergebnissen führen können. Doch lässt sich der Grundcharakter der antiken Erwerbsverhältnisse genügend feststellen. Bei den Griechen reichte in der ältesten Zeit der Erwerb durch die Landwirthschaft und die wenigen damit in Verbindung stehenden Gewerbe zur Bestreitung der einfachen Bedürfnisse vollkommen aus. Erst als das Königthum durch die Aristokratie verdrängt wurde, entstand eine drückende Vermögensungleichheit, indem der Adel sich auf Kosten des kleinen Grundbesitzes zu bereichern verstand. Der Sturz der Adelsherrschaft konnte diese Ungleichheit nicht beseitigen. Zugleich bildete sich nun in den Städten durch den einträglichen Handel und den fabrikmässigen Betrieb der Gewerbe ein reicher Bürgerstand,

---

*) Staatsh. d. Ath. Bch. I, Kap. 6 und Kap. 11—19: Preise; Kap. 20: Welche Summe in Athen zum Lebensunterhalt erforderlich war und Verhältniss zum Volksvermögen; Kap. 21: Lohn; Bch. 4, Kap. 2—4: Quellen des Wohlstandes und Berechnung desselben.

während der Ertrag des kleinen Handwerks und der Lohn der freien Arbeit überhaupt durch die Concurrenz der Fabrikssklaven herabgedrückt wurde. Gleichwohl hatte in der besten Zeit der Demokratie die Mehrzahl der Bürger ein bequemes Auskommen, aber freilich nur deshalb, weil die eigentliche Arbeit mehr und mehr den Sklaven und Frauen zufiel (s. oben S. 269 f.). Da die freien Männer in Folge ihrer energischen Betheiligung am Staatsleben der Erwerbsthätigkeit entzogen wurden, entstand das Bestreben aus der Staatsverwaltung selbst eine Erwerbsquelle zu machen. Eine billige Entschädigung war der Sold, der für den Heeresdienst gezahlt wurde; als man bei den häufigen Kriegen auch Miethstruppen verwendete, machten viele den Söldnerdienst zum Gewerbe.*) In den Demokratien wurden die Geschwornengerichte besoldet; in Athen beschäftigte dieser Solddienst, als sich die Stadt die Gerichtsbarkeit über die Bundesgenossen angemasst hatte, an manchen Tagen den dritten Theil aller Bürger und wurde besonders durch die üblichen Bestechungen zu einem einträglichen Geschäft. Ferner besoldete man nicht nur die meisten Aemter, sondern z. Th. selbst, wie dies in Athen nach Perikles Zeit geschah, die Volksversammlung. Viele zogen aus der Pachtung der Staatsgefälle, sowie aus der Uebernahme öffentlicher Arbeiten und Lieferungen Vortheile. Ausserdem bereicherte sich das Volk durch öffentliche Getreidespenden, Vertheilung von Staatsland, Festgelder u. s. w. **) Seit den frühesten Zeiten liess die Sorge für die Nothdurft des Lebens den Griechen Musse für höhere Bestrebungen. Schon bei Homer erscheinen der Dichter, der Seher und der Arzt als Demiurgen, und die Leistungen der Kunst und der Wissenschaft haben in Hellas unter allen Arbeiten den höchsten Lohn erzielt. Bezeichnend ist es übrigens, dass die rein theoretische Wissenschaft erst seit der Zeit der älteren Sophisten gewerbsmässig gelehrt wurde.***)

In Rom ist zu Anfang eine tüchtige Bauernwirthschaft die Grundlage des Erwerbs. Auch hier hat die Aufhebung des Königthums eine Verarmung der kleinen Besitzer zur Folge, während sich die Patricier durch Zinswucher und die Nutzung des Staatslandes schnell bereicherten. Nachdem die Plebs die Gleichberechtigung mit den Patriciern errungen, wandte sich die

---

*) Staatsh. d. Ath. I, S. 377 ff.
**) Ebenda, Bch. II, Kap. 10, 13, 14, 15, 16. Bch. III, Kap. 8.
***) Ebenda I, S. 169 ff.

ganze Kraft des Volks der grossen Eroberungspolitik zu. Dabei bestrebte sich die Nobilität, die anfangs ein demokratischer Verdienstadel war, den Bauernstand durch Anweisung von Staatsland und Gründung von Kolonien zu sichern, und zeichnete sich selbst durch uneigennützige Hingabe an das Staatsinteresse aus; als jedoch nach der Eroberung Siciliens, wie oben (S. 392) erwähnt, der Getreidebau ruinirt wurde und nach dem 2. punischen Kriege die Vornehmen ihre Latifundien mehr und mehr nur noch durch Sklaven bewirthschaften liessen, verlor der Boden für den kleinen Besitzer seinen Werth. Der Kleinbetrieb des Gewerbes war aber noch weniger lohnend als in Griechenland, und da seit der Niederwerfung Karthago's eine maasslose Geldgier einriss, bestand das römische Volk zu Ende der Republik fast nur noch aus Geldspeculanten, welche die Eroberungen des Staats in ihrem Interesse ausbeuteten und aus Proletariern, welche von Sold und Kriegsbeute, oder von Staatsspenden und von Geschenken der um die Volksgunst buhlenden Reichen lebten. Unter dem Kaiserreich erwarben Viele durch den Heeresdienst und als besoldete Beamte ihren Lebensunterhalt; zugleich strömte in Rom das Proletariat der römischen Bürger aus allen Theilen des Reichs zusammen und wurde durch kaiserliche Geschenke und durch die Almosen der verschwenderischen Grossen erhalten. In den römischen Provinzen entwickelten sich die Erwerbsverhältnisse natürlich in sehr mannigfacher Weise; allein durchweg fehlte in Folge der Sklavenarbeit und der ungesunden, auf Aussaugung berechneten Geldspeculationen ein kräftiger erwerbsamer Mittelstand. Kunst und Wissenschaft wurden bei den Römern abgesehen von einigen rohen Anfängen erst zu Erwerbsmitteln, als sie sich die griechische Cultur aneigneten. Am einträglichsten wurden nun die Künste, welche der Prunksucht der Grossen und der Belustigung der müssigen Menge dienten. Von gelehrten Berufsarten war die Advocatur die gewinnbringendste, nächstdem wurden Aerzte und die Professoren der Beredsamkeit am höchsten honorirt. Die rein theoretischen Wissenschaften waren auf den Dilettantismus der Grossen angewiesen und fanden erst seit dem 2. Jahrh. n. Chr. in beschränktem Umfange Unterstützung durch öffentliche Schulen und Studienanstalten (s. oben S. 295 f.).

Von der Art des Erwerbs und der Grösse des erworbenen Vermögens hängt natürlich die Benutzung der materiellen Lebensgüter, d. h. die Art des gesammten Lebensunterhalts ab. Es gehört hierzu: 1) die Art der Ernährung, d. h. die Einrichtung der Mahlzeiten; 2) die Art der Körperpflege, d. h. die Tracht und der Gebrauch der für die Reinigung und Verschönerung des Körpers vorhandenen Mittel; 3) die Einrichtung und Benutzung der Wohnung und des Hausgeräths; 4) die Art der Fortbewegung und die Benutzung der dazu dienenden Verkehrsmittel.

Offenbar liegt hierin der Schwerpunkt der gesammten Wirthschaft; denn alle Production und aller Handel richtet sich nach der Art der Consumtion. Freilich ist letztere auch ihrerseits wieder von den natürlichen Bedingungen der Production und von der Geschicklichkeit, der Erfindung und dem Geschmack der Producenten abhängig.

Die gesammte Lebensweise der alten Völker ist auf die Naturbedingungen des griechischen und italischen Klima's berechnet und hiernach ursprünglich sehr zweckmässig eingerichtet. Nur die Wohnungen waren in der Blüthezeit Griechenlands und Roms klein und schlecht, weil die freien Bürger sich vorwiegend ausser dem Hause aufhielten. Man sorgte zuerst für schöne öffentliche Bauanlagen und vernachlässigte die Privathäuser. Erst mit dem Verfall des öffentlichen Lebens begann man besser zu bauen; in Athen soll Epikur der erste gewesen sein, der einen Ziergarten bei seinem Stadthause anlegte. An Geschmack übertraf die Lebenseinrichtung der Griechen die unserige, und auch die Römer entfalteten, nachdem sie ihre alte bäuerische Einfalt abgelegt hatten, die höchste Eleganz. Da der Geschmack national verschieden ist, prägt sich in allen Punkten der Lebensweise der Nationalcharakter aus. Zugleich verändert sich der Geschmack nicht nur durch die Entwickelung der Cultur überhaupt, sondern auch durch neue Erfindungen der Industrie, welche Anklang finden und durch den Einfluss tonangebender Personen oder Gesellschaftsklassen. Hieraus entsteht die Mode, die auch im Alterthum wirksam gewesen ist, wenn auch weniger als bei den modernen Völkern. Griechenland hatte z. B. auch seine Zopfzeit, welcher durch die Verbreitung der spartanischen Gymnastik ein Ende gemacht wurde (vergl. Thukydides I, 6). Die Geschichte der Mode im Alterthum ist übrigens noch sehr wenig aufgeklärt.

Durch die grossartigen technischen Erfindungen der Neuzeit und durch den Welthandel, der die Erzeugnisse aller Zonen austauscht, hat das Leben unstreitig eine bedeutend zweckmässigere Einrichtung als im Alterthum gewonnen. Die Verkünstelung, welche unsere complicirten Wirthschaftsverhältnisse zeitweilig im Gefolge haben, wird durch den rationellen Fortschritt der Gewerbe wieder aufgehoben. Auch im Alterthum erzeugte die Ausbildung der Industrie und des Handels ungesunde Bedürfnisse, einen Luxus, der zu verschwenderischer Prunksucht und Genusssucht führte. Die Geschichte des Luxus ist ein wichtiger Theil der Wirthschaftsgeschichte. Der Luxus hat die Griechen zu Grunde gerichtet, als ihre sittliche Thatkraft nicht mehr durch die Macht des öffentlichen Lebens aufrecht erhalten wurde und die Römer, die zuerst die griechische Weichlichkeit ebenso verachteten wie die Griechen die asiatische, wurden zuletzt ebenfalls durch den Luxus entnervt.

§ 56. **Literatur.** 1) **Quellen.** Ueber den griechischen Landbau sind die Hauptquelle die 20 Bücher Γεωπονικά, Auszüge aus vielen alten Schriftstellern, zu Anfang des 10. Jahrh. n. Chr. auf Befehl des Kaisers Konstantin VI. von Cassianus Bassus zusammengestellt (zuletzt herausgeg. von J. N. Niclas. Leipzig 1781. 4 Bde.). — [W. Gemoll, Untersuchungen über die Quellen, den Verfasser und die Abfassungszeit der Geoponica. Berlin 1883.] Ausserdem besonders Theophrast, Von den Ursachen der Pflanzen. Die erhaltenen landwirthschaftlichen Schriften der Römer von Cato, Varro, Columella, Palladius sind unter dem Titel *Scriptores rei rusticae veteres latini* zuerst 1472 in Venedig herausgegeben (letzte Ausgabe mit Erläuterungen von Joh. Gottlob Schneider. Leipzig 1794—97. 4 Bde.). — [M. Porci Catonis *de agricultura liber*, M. Terenti Varronis *rerum rusticarum libri III ex rec.* H. Keilii. Lips. 1882 ff.] Ferner sind für die Geschichte des Landbaues und der Gewerbe die didaktischen Dichter und deren Commentatoren wichtig. Die griechischen sind unter dem Titel: *Poetae bucolici et didactici Graeci* von K. Fr. Ameis, K. Lehrs, F. Dübner, U. C. Bussemaker und H. Köchly (Paris 1846. 1851. 2 Bde.) herausgegeben und erläutert. Von römischen Gedichten sind am bedeutendsten Vergil's *Bucolica* und *Georgica*, ferner gehören hierher Calpurnius Siculus, Nemesianus u. A. Ueber die *materia medica* besitzen wir mehrere Schriften, gesammelt unter dem Titel *Parabilium medicamentorum scriptores veteres* von J. Ch. G. Ackermann. Nürnberg und Altorf 1788. Ueber die Technologie ist Plinius' Naturgeschichte eine wichtige Quelle, ausserdem Vitruvius, *De architectura*. Ueber Speisebereitung und Einrichtung der Mahlzeiten findet sich sehr Vieles bei Athenaeos; ferner gehören dahin Xenokrates, περὶ τῆς ἀπὸ τῶν ἐνύδρων τροφῆς (ed. A. Coray. Paris 1814), diätetische Schriften von Galenos, und Caelius Apicius, *De re coquinaria*, ein lateinisches Kochbuch etwa aus dem 3. Jahrh. n. Chr. Vergl. A. Wellauer, Ueber die Ess- und Kochliteratur der Griechen in Jahn's Archiv X (1844). — [A. Maltos, περὶ τῶν cυμποcίων τῶν παλαιῶν Ἑλλήνων. Athen 1880.] Antike Abbildungen des Wirthschaftslebens sind zusammengestellt von Otto Jahn: Ueber Darstellungen antiker Reliefs, welche sich auf Handwerk und Handelsverkehr beziehen.

Leipz. Ber. d. K. Sächs. Ges. d. W. phil.-hist. Kl. 14. 1861; [Über Darstellungen des Handwerks und Handelsverkehrs auf Vasenbildern, ebenda 1867; Über Darstellungen des Handwerks und Handelsverkehrs auf antiken Wandgemälden (1868) in Abh. der K. S. Ges. d. W. Bd. V.] Vergl. ausserdem die oben S. 378 f. angeführten Quellen.

2) **Neuere Bearbeitungen:** A. H. L. Heeren, Ideen über die Politik, den Verkehr und den Handel der vornehmsten Völker der alten Welt. Göttingen 1793 ff. 4. Ausg. 1824—26. 3 Bde. Von geringer Bedeutung. — F. de Reynier, *De l'économie publique et rurale des Grecs*. Genf und Paris 1825. — Ad. Blanqui, *Histoire de l'économie politique en Europe depuis les anciens jusqu' à nos jours*. Paris 1837. 2 Bde. [5. A. 1882 in 1 Bde.], deutsch von F. J. Buss, Karlsruhe 1840. — J. C. Glaser, Die Entwickelung der Wirthschaftsverhältnisse bei den Griechen. Berlin 1865. Abdr. aus den Jahrbüchern f. Gesellschafts- und Staatswissenschaften. — [B. Büchsenschütz, Besitz und Erwerb im griechischen Alterthum. Halle 1869. — Du Mesnil-Marigny, *Histoire de l'économie politique des anciens peuples de l'Inde, de l'Égypte, de la Judée et de la Grèce*. Paris 1872. 2 Bde. 3. Aufl. 1877].

a) **Landwirthschaft und Gewerbe.** K. W. Volz, Beiträge zur Culturgeschichte. Der Einfluss der Menschen auf die Verbreitung der Hausthiere und der Culturpflanzen. Leipzig 1852. — [V. Hehn, Kulturpflanzen und Hausthiere in ihrem Uebergang aus Asien nach Griechenland und Italien sowie dem übrigen Europa. Berlin 1870. 4. Aufl. 1883; Das Salz. Eine cultur-historische Studie. Berlin 1873. — M. J. Schleiden, Das Salz, seine Geschichte, seine Symbolik und seine Bedeutung im Menschenleben. Leipzig 1875.] — A. Dickson, *The husbandry of the ancients*. Edinburg 1788. Nicht bedeutend. — A. Mongez in den *Mémoires de l'Institut*. 1817 ff. Th. II ff. über verschiedene Gegenstände der Landwirthschaft und der Gewerbe, wie Pflug, Mühle u. s. w. — J. B. Rougier de la Bergerie, *Histoire de l'agriculture chez les Grecs depuis Homère jusqu' à Théocrite*. Paris 1830. — P. W. Forchhammer, Landwirthschaftliche Mittheilungen aus dem Alterthum über Drains, Guano und Drillcultur. Kiel 1856. Auch in Fleckeisen's Jahrb. 75. 1857. — H. Wiskemann, Die antike Landwirthschaft und das v. Thünensche Gesetz aus den alten Schriftstellern dargelegt. Preisschrift der Jablonowskischen Gesellschaft. Leipzig 1859. — H. Beheim-Schwarzbach, Beiträge zur Kenntniss des Ackerbaues bei den Römern. Cassel 1867. — F. Günther, Der Ackerbau bei Homer, Bernburg 1866. [Derselbe, Die Viehzucht bei Homer. Ebenda 1867. — A. Thaer, Der Schild des Achilles in seinen Beziehungen zur Landwirthschaft. Philologus 29. 1870. — P. Oemler, Antike Landwirthschaft. Hamburg 1872.] — J. V. Sickler, Geschichte der Obstkultur. Frankfurt a. M. 1802. — W. Walker, Die Obstlehre der Griechen und Römer. Reutlingen 1845. — Chr. Th. Schuch, Gemüse und Salate des Alterthums. Rastatt 1853 f. Progr. v. Donaueschingen. — E. F. Wüstemann, Unterhaltungen aus der alten Welt für Garten- und Blumenfreunde. Gotha 1854. Interessant. — [K. Woksch, Der römische Lustgarten. Leitmeritz 1881. — S. Henderson, *The history of ancient and modern wines*. London 1824, deutsch Weimar 1833. — J. F. C. Hessel, Die Weinveredlungsmethoden des Alterthums. Marburg 1856. 4. — C. F. Weber, *De vino Falerno*. Marburg 1856. 4. — [G. Lehmann, *De vini apud Romanos apparatu cultuque*. Wernigerode 1872. — Th. Keppel, Die Weinlese der alten Römer. Schweinfurt 1874. — G. Thudichum, Traube und Wein in der Culturgeschichte. Tübingen 1881. — A. Kohl, Ueber italischen Wein mit Bezugnahme auf Horatius. Straubing 1884.] — A. Fr. Magerstedt, Die Bienenzucht der Völker des Alterthums, insbesondere der Römer. Sondershausen 1851; Bilder aus der römischen Landwirthschaft. Sondershausen 1858—63. 6 Thle. (Ueber Weinbau, Viehzucht, Feldbau, Obstcultur und Bienenzucht). — [O. Heer, Ueber den Flachs und die Flachskultur im Alterthum. Zürich 1872. — A. Coutance, *L'olivier. Histoire, botanique, régions, culture, produits, usages, commerce, industrie cett.* Paris 1877. — A. Schlieben, Die Pferde des Alterthums. Neuwied und Leipzig 1867 M. Miller, Das Jagdwesen der alten Griechen und Römer. München 1883.] Jo. Gottlob Schneider, *Ichthyologiae veterum specimina*. Frankfurt a. O. 1782; *Analecta ad historiam rei metallicae veterum*. Frankfurt 1788. Schneider hatte gute technologische Kenntnisse; leider ist sein Vortrag zu tumultuarisch. — [J. J. Binder, Die Bergwerke im römischen Staatshaushalt. Laibach 1880 f. — G. Bapst, *Études sur l'étain dans l'antiquité et au moyen âge*. Paris 1884. — L. Beck, Die Geschichte des Eisens in technischer und kulturgeschichtl. Beziehung. I. Braunschweig 1884. — J. H. Hansen, *De metallis atticis*. I. Hamburg 1885. — Liger, *La ferronnerie ancienne et moderne*. Paris 1885. — R. Pähler, Die Löschung des Stahles bei den Alten. Wiesbaden 1885.] — Chr. F. Harless, Die sämmtlichen bisher in Gebrauch gekommenen Heilquellen und Kurbäder. 1. Bd. Berlin 1846. — X. Landerer, Beschreibung der Heilquellen Griechenlands. Nürnberg 1843. — B. M. Lersch, Geschichte der Balneologie, Hydroposie u. s. w. Würzburg 1863.

J. Beckmann, Beiträge zur Geschichte der Erfindungen. Leipzig 1780—1805. 5 Bde. — J. H. M. Poppe, Geschichte der Erfindungen. Dresden 1828 f. 4 Bde. — Das Buch der Erfindungen, Gewerbe und Industrien. Leipzig, Spamer. 1856 ff. 6 Bde. [8. Auflage unter Oberleitung von F. Reuleaux in 8 Bdn. im Erscheinen begriffen. — Br. Bucher, Geschichte der technischen Künste. Stuttgart. Seit 1875 im Erscheinen begriffen. — B. Büchsenschütz, Die Hauptstätten des Gewerbefleisses im klassischen Alterthum. Leipzig 1869, und H. Blümner, Die gewerbliche Thätigkeit der Völker des klassischen Alterthums. Leipzig 1869. Beides Preisschriften der Jablonowskischen Gesellschaft. — A. Riedenauer, Studien zur Geschichte des antiken Handwerks. 1. Bd. Handwerk und Handwerker in der homerischen Zeit. Erlangen 1873. — H. Blümner, Technologie und Terminologie der Gewerbe und Künste bei Griechen und Römern. Bis jetzt 3 Bde. Leipzig 1874—1884; Das Kunstgewerbe im Alterthum. Leipzig u. Prag 1885. 2 Bdchn.] — K. Zell, Die Wirthshäuser der Alten. Ferienschriften, Freiburg 1826. Bd. 1. — Francisque-Michel und Ed. Fournier, *Histoire des hôtelleries*. Tom. I. Paris 1859. — J. Yates, *Textrinum antiquorum*. London 1843. 1. Theil. Vorzüglich; leider nicht fortgesetzt. — G. Semper, Der Stil in den technischen und tektonischen Künsten. Th. I. Textile Kunst. Th. II. Keramik. Tektonik. Stereotomie. Metalltechnik. Frankfurt a. M. und München 1860. 1863. [2. Aufl. München

1878 f. — F. Fischbach, Die Geschichte der Textilkunst. Hanau 1883. — E. Müntz, *Histoire de la tapisserie.* Paris 1883.] — Ernst Curtius, Ueber städtische Wasserbauten der Alten, in Gerhard's archäol. Ztg. 1847; Zur Geschichte des Wegbaues bei den Griechen. Berlin 1855. — [A. Leger, *Les travaux publics, les mines et la métallurgie aux temps des Romains.* Paris 1875. Nebst Atlas.]

L. Baifius, *De re navali veterum.* Paris 1499. — J. D. Leroy, *La marine des anciens peuples.* Paris 1777. — J. J. Berghaus, Geschichte der Schifffahrtkunde des Alterthums. Leipzig 1792. 2 Bde. Ein schlechtes Buch. — C. A. Böttiger, Ruderschiffe der Alten. In seinem archäol. Museum. I. Weimar 1801. — J. H. K. M. v. Minutoli, Ueber den Seeverkehr und das Schiffswesen der Alten, in der Zeitschr. für Wissenschaft und Geschichte des Krieges. 1835. — A. Jal, *Archéologie navale.* Paris 1840. 2 Bde. Enthält wenig über das klassische Alterthum, mehr über Aegypten und über das Mittelalter. Später hat Jal auf Veranlassung Napoleon's III. Untersuchungen über das Seewesen der Alten angestellt und in seiner Schrift: *La flotte de César etc.* Paris 1861 veröffentlicht. — J. Smith, *The voyage and shipwreck of St. Paul with a dissertation on the ships and the navigation of the ancients.* London 1848 [4. Aufl. von W. E. Smith. 1880], deutsch von H. Thiersch: Ueber den Schiffbau und die nautischen Leistungen der Griechen und Römer im Alterthum. Marburg 1851. Sehr gut. — Bernh. Graser, *De veterum re navali.* Berlin 1864. 4. Ausgezeichnet. Fortsetzung: Untersuchungen über das Seewesen des Alterthums. Philologus, 3. Suppl.-Bd. 1865. Ferner: Das Modell eines athenischen Fünfreihenschiffes aus der Zeit Alexander's d. Gr. im Königl. Museum zu Berlin. Berlin 1866 fol. [Vergl. Die Begründung der Construction des Berliner Penteren-Modells. Philologus 43. 1884. S. 297 ff. — A. du Sein, *Histoire de la marine de tous les peuples depuis les temps les plus reculés jusqu'à nos jours.* Paris 1863—1879. — A. Cartault, *La trière athénienne.* Paris 1881. — Jurien de la Gravière, *La marine des anciens.* Paris 1880 f. 2 Bde.; *La marine des Ptolémées et la marine des Romains.* Ebenda 1885. 2 Bde. — Fr. Corazzini, *Storia della marina italiana antica.* Livorno 1882. — R. Zöller, *De veterum re navali.* Greifswald 1867. — L. Brunn, ἄκατος. Stettin 1880. Festschrift des Stadtgymn. z. 35. Philol.-Vers.]

b) **Handel.** Cl. Salmasius, *De usuris.* Leiden 1638; *De modo usurarum.* Leiden 1639; *De foenore trapezitico.* Leiden 1640. Vorzüglich. — K. D. Hüllmann, Handelsgeschichte der Griechen. Bonn 1839. Geht nicht sehr tief, ist aber recht brauchbar. — W. Hoffmann, Geschichte des Handels, der Erdkunde und Schifffahrt aller Völker und Staaten von der frühesten Zeit bis auf die Gegenwart. Leipzig 1844. Dem Alterthum sind 336 Seiten gewidmet. — Adolf Beer, Allgemeine Geschichte des Welthandels. 3. Abth. Wien 1860—[1884]. Sehr kurz über griechische und römische Handelsverhältnisse. — W. Pierson, Schifffahrt und Handel der Griechen in der Homerischen Zeit. Rheinisches Mus. 16. 1861. — A. Lange, Darstellung des athenischen Handels vom Ende der Perserkriege bis zur Unterjochung Griechenlands durch die Römer. Chemnitz 1862. — O. Nitzsch, Aus dem ionischen Städteleben. Greifswald 1861. — E. Goguel, *Le commerce d'Athènes après les guerres médiques.* Strassburg 1866. —

H. Genthe, Ueber den etruskischen Tauschhandel nach dem Norden.
2. Aufl. Frankfurt a. M. 1874; Die Beziehungen der Griechen und Römer
zum Balticum. Verhandl. der 36. Philologenvers. Leipzig 1883. —
W. S. Lindsay, *History of merchant shipping and ancient commerce.*
4 Bde. London 1874. Neue Ausgabe 1882. — J. N. v. Sadowski, Die
Handelsstrassen der Griechen und Römer durch das Flussgebiet der Oder,
Weichsel, des Dniepr und Niemen an die Gestade des baltischen Meeres.
Aus d. Poln. von A. Kohn. Jena 1877. — G. A. Saalfeld, *Italograeca.*
1. Heft: Vom ältesten Verkehr zwischen Hellas u. Rom bis zur Kaiserzeit.
2. Heft: Handel und Wandel der Römer. Hannover 1882. — F. Waldmann, Der Bernstein im Alterthum. Berlin 1883. — Th. Schmülling,
Der phönizische Handel in den griechischen Gewässern. Münster 1884 f. 4.]
  c) **Hauswirthschaft.** Nonnius, *Diaeteticon sive de re cibaria libri IV.*
Antwerpen. 2. Ausg. 1646. 4.— C. J. van Cooth, *Diatribe in diaeteticam veterum.*
Utrecht 1835. — [G. A. Saalfeld, Küche u. Keller in Alt-Rom. Berlin 1883.]
  A. Rubenius, *De re vestiaria veterum.* Antwerpen 1665. 4. — Oct.
Ferrarius, *De re vestiaria.* Padua 1685. 4. — A. Mongez, *Recherches
sur les habillements des anciens. Mémoires de l'Inst.* HI und IV. 1817 f. —
C. A. Böttiger, Sabina oder Morgenscenen im Putzzimmer einer reichen
Römerin. Leipzig 1803. 2. Aufl. 1806. 2 Bde. [in 3 A. von K. Fischer.
M.-Gladbach 1878.] Sehr galant. — Th. Hope, *Costume of the ancients.*
London 1841. [2. Aufl. 1875.] 2 Bde. — Jo. H. Krause, Plotina oder die
Kostüme des Haupthaares bei den Völkern der alten Welt. Leipzig 1858.
— [C. Köhler, Die Trachten der Völker in Bild und Schnitt. 1. Theil:
Die Völker des Alterthums. Dresden 1872. — A. Kretschmer und
C. Rohrbach, Die Trachten der Völker vom Beginne der Geschichte bis
zum 19. Jahrh. 2. Aufl. Leipzig 1880 ff. — J. M. Smith, *Ancient greek
female costume.* London 1882. — A. Racinet, Geschichte des Costüms in
500 Tafeln. Mit erläuterndem Text. Deutsche Ausgabe bearbeitet von
A. Rosenberg. Berlin 1883—85. 2 Bde. — F. Hottenroth, Trachten,
Haus-, Feld- u. Kriegsgeräthschaften der Völker alter u. neuer Zeit. 2. Aufl.
Bd. 1. Stuttgart 1884. — F. Fröhlich, Die Mode im alten Rom. · Basel
1884. — J. Böhlau, *Quaestiones de re vestiaria Graecorum.* Weimar 1884.]
  Jo. H. Krause, Deinokrates oder Hütte, Haus und Palast, Dorf, Stadt
und Residenz der alten Welt aus den Schriftwerken der Alten und nach
den noch erhaltenen Ueberresten mit Parallelen aus der mittleren und
neueren Zeit dargestellt. Jena 1863; Angeiologie. Die Gefässe der alten
Völker, insbesondere der Griechen und Römer aus den Schrift- und Bildwerken des Alterthums in philologischer, archäologischer und technischer
Beziehung dargestellt. Halle 1854. — H. Weiss, Kostümkunde. Handbuch der Geschichte der Tracht, des Baues und der Geräthe der Völker
des Alterthums. II. Bd. Die Völker von Europa. Stuttgart 1860. [2. umgearb. Aufl. 1. Bd. Das Alterthum. 1881.] — H. Rumpf, *De aedibus Homericis.* Giessen 1844. 1857. 1858. 4. Gründliche Untersuchungen. — [J. Protodicos, περὶ τῆς καθ' Ὅμηρον οἰκίας. Leipzig 1877. — A. Winckler,
Die Wohnhäuser der Hellenen. Berlin 1868.] — Ch. Fr. Mazois, *Essai
sur les habitations des anciens Romains* in dem Werke *Les ruines de Pompée.*
Paris 1812—38. 2. Thl. Derselbe, *Le palais de Scaurus.* Paris 1819,

3. Ausg. von Varcollier 1861, deutsch von K. Chr. u. E. F. Wüstemann. Gotha und Erfurt 1820. — C. G. Zumpt, Ueber die bauliche Einrichtung des römischen Wohnhauses. Berlin 1844. 2. A. 1852. — J. L. Ussing, *Om graekernes og romernes huse.* Kopenhagen 1876. — H. Nissen, Pompeianische Studien zur Städtekunde des Alterthums. Leipzig 1877. — A. Mau, Pompeianische Beiträge. Leipzig 1879. — W. Lange, Das antike griechisch-römische Wohnhaus. Leipzig 1878. — G. A. Saalfeld, Haus und Hof in Rom im Spiegel griechischer Cultur. Paderborn 1884. — Konr. Lange, Haus und Halle. Studien zur Geschichte des antiken Wohnhauses und der Basilika. Leipzig 1885.]

J. Scheffer, *De re vehicularia veterum.* Frankfurt 1671. 4. — J. Chr. Ginzrot, Die Wagen und Fuhrwerke der Griechen und Römer, nebst deren Bespannung, Zäumung und Verzierung ihrer Zug-, Reit- und Lastthiere. München 1817. 2 Bde. 4. — [H. Stephan, Das Verkehrsleben im Alterthum. In Raumer's histor. Taschenbuch. 1868. — E. E. Hudemann, Geschichte des römischen Postwesens. Berlin 1875. 2. A. 1879 — H. Baudrillart, *Histoire du luxe privée et public depuis l'antiquité jusqu'à nos jours.* I. II. Paris 1878.]*)

3. Geschichte des inneren Privatlebens oder der Gesellschaft.

a. Geschichte des geselligen Verkehrs.

§ 57. Da die Gesellschaft aus der Familie erwächst, ist die Begründung der Familie der Ausgangspunkt des geselligen Verkehrs (s. oben S. 375). Die Geschichte des letztern betrifft also zuerst das Verhältniss der natürlichen Geschlechter, dessen Mittelpunkt die Ehe ist, dann die natürliche Erweiterung des Familienlebens durch Verwandtschaft, endlich die fernere gesellige Verbindung durch gemeinsame materielle und geistige Interessen. Nach allen diesen Beziehungen besteht der gesellige Verkehr in einem geistigen Zusammenleben, in einer gegenseitigen persönlichen Hingabe zu gemeinsamem Lebensgenuss. An die physische Geschlechtsliebe knüpft sich die geistige Gattenliebe; diese erweitert sich zur Verwandtenliebe; dann tritt die Gastfreundschaft, die gesellschaftliche Höflichkeit im Geschäftsverkehr und endlich die auf individueller Zuneigung beruhende Freundschaft hinzu. Jeder Einzelne strebt so von Natur danach, sich durch die Theilnahme der Uebrigen unter Menschen als Mensch zu fühlen, obgleich dies Streben beständig durch die Selbstsucht gehemmt wird, welche die Menschen einander entfremdet und verfeindet.

---

*) **Zur Geschichte des äusseren Privatlebens:** Ueber die Laurischen Silberbergwerke in Attika. 1815 und 1816. Kl. Schr. V, S. 1–64. — Staatshaushaltung der Athener Bch. 1, Kap. 7–24, Bch. 4, Kap. 2–4. — Urkunden über das Seewesen des attischen Staats. 1840.

II. Privatleben. 3. Inneres Privatleben. a. Geselliger Verkehr.

Die Geschichte der Gesellschaft hat zu untersuchen, wie durch den sich entwickelnden geselligen Verkehr der Zweck des Privatlebens verwirklicht wird (s. oben S. 378).

Hierbei ist zu berücksichtigen, wie der Verkehr auf die Wirthschaft zurückwirkt. Die Hochzeitsgebräuche, das eheliche Zusammenwohnen, die Uebung der Gastfreundschaft, die geselligen Vereinigungen zu Spiel und Unterhaltung modificiren die äussere Lebensweise und erzeugen Bedürfnisse, welche die Industrie zu befriedigen hat. Die Art der Gütergemeinschaft zwischen Ehegatten und Verwandten überhaupt, die gegenseitige Unterstützung von Verwandten und Freunden beeinflussen ferner die Verhältnisse des Besitzes und Erwerbes. Schon im griechischen Alterthum hat man begonnen Vereine zu geselligen Zwecken (ἔρανοι) zu gründen;*) ebenso bestanden in Rom mannigfaltige *collegia* und *sodalitates* zu ähnlichen Zwecken. Dagegen fehlen im heidnischen Alterthum mildthätige Gesellschaften und Anstalten zur Armen- und Krankenpflege, weil sich die Humanität noch nicht zur allgemeinen Menschenliebe erhoben hatte.

Die Einwirkung des Staatslebens auf das Privatleben (s. oben S. 377 f.) zeigt sich vorzüglich im geselligen Verkehr und tritt hier bei den alten Völkern ganz besonders stark hervor. Das gesunde Familienleben, das in der Homerischen und ebenso in der altrömischen Zeit besteht, wird durch die politische Entwickelung schwer beeinträchtigt. Der gesellige Verkehr der Bürger fand bei den Griechen in der Blüthezeit ihrer Staaten grossentheils ausser dem Hause, auf dem Markte, in den Ringschulen, den Leschen, den Werkstätten u. s. w. statt und zwar nur unter Männern, welche in dorischen Staaten wie Sparta und Kreta sogar gemeinsam und abgesondert von den Frauen speisten. Wurde nun den Frauen, wie dies in kriegerischen Staaten meist geschah, uneingeschränkte Freiheit gelassen, so wurden sie leicht zügellos und libidinos; dies war z. B. in Sparta der Fall. In den ionischen Staaten, besonders in Athen, wo die Frauen durch ein eingezogenes Leben zur Züchtigkeit und Häuslichkeit gewöhnt wurden, sanken sie allmählich zu einer untergeordneten Stellung herab, weil sie dem geistigen Leben der Männer mehr und mehr entfremdet wurden. Sie nahmen wohl an einigen Festen Theil, wohnten insbesondere den Aufführungen der Tragödie (nicht der

---

*) Staatshaush. d. Athener I, 346 f.

Komödie) bei;*) im Uebrigen aber kamen sie fast gar nicht mit dem öffentlichen Leben in Berührung; selbst die Einkäufe wurden hauptsächlich von den Männern oder Sklaven besorgt. Da die Mädchen meist in sehr frühem Lebensalter und mit geringer Bildung in den Ehestand traten, blieben sie unter dem Druck der häuslichen Pflichten höheren Interessen fremd und beschäftigten sich in ihrer Mussezeit meist mit eitlem Tand. Trat das ionische Weib aus der Beschränktheit ihres Geschlechts heraus um sich eine höhere Bildung anzueignen, so musste sie an dem freieren Verkehr der Männer Theil nehmen und überschritt dadurch die Grenze der Sitte; sie wurde zur Hetäre. Das Hetärenwesen bildete sich daher vorzugsweise in den ionischen Staaten aus und es waren unter den Hetären Frauen von der feinsten Bildung, obgleich natürlich die Mehrzahl die Männer durch sinnliche Reize und Koketterie fesselte. Bei den Dorern und Äolern konnten dagegen die Frauen sich eine hervorragende Bildung aneignen ohne die Schranken der Gesellschaft zu verletzen. Sie wurden dann zu gottbegeisterten und geheiligten Wesen, Priesterinnen, Prophetinnen und Sängerinnen. So die heldenmüthige **Telesilla** von Argos, die Sikyonische **Praxilla**, die tanagräische **Korinna**, die delphischen Priesterinnen, die äolischen Dichterinnen, die Pythagoreischen Frauen, die Schülerinnen **Platon's**: Lastheneia aus Mantinea und Axiothea aus Phlius. Ueberall jedoch wurde in Griechenland das häusliche Leben durch das öffentliche geschädigt; die Hellenen entbehrten grossentheils der feineren Freuden häuslicher Glückseligkeit. Aber die Männer lebten ebendeshalb unabhängig; sie konnten sich leicht frei machen von den mannigfaltigen Quälereien, welche die Ehe, selbst die glückliche, durch die Launen und Schwächen der Weiber einem reizbaren Gemüth bereitet. Die Verkümmerung des Familienlebens machte sie übrigens um so empfänglicher für die Freundschaft, die im beständigen Zusammensein zum Theil zu grosser Innigkeit ausgebildet wurde, aber wieder stark durch das politische Leben beeinflusst war. In aristokratischen Staaten konnte nur innerhalb des herrschenden Standes, der sich auch gesellschaftlich abschloss, eine wahrhaft freie Freundschaft bestehen; in den demokratischen, wo auch im Privatverkehr der Unterschied der Stände getilgt wurde, war es eine Hauptaufgabe

---

*) Vergl. *Graec. tragoed. princip.* 37 f.

II. Privatleben. 3. Inneres Privatleben. a. Geselliger Verkehr. 409

der Politik, alle Bürger durch gemeinsame materielle Vortheile, gemeinsame Religionsübungen und Kunstgenüsse und durch Beförderung eines regen persönlichen Umgangs zu befreunden. Aber überall schieden sich wieder die politischen Parteien, die sich zum Theil in Hetärien gesellschaftlich abschlossen. Erst als das griechische Staatswesen sich aufzulösen begann, stellte die griechische Philosophie ein vollendetes Ideal rein menschlicher Freundschaft auf.

Der gesellige Verkehr der Römer stand in der altnationalen Zeit dem der Griechen an geistigem Gehalt und freien humanen Formen bedeutend nach; es fehlte in Rom das geistreicher Unterhaltung und Kunstgenüssen gewidmete *otium graecum*. Dagegen hatte das gesellige Leben eine festere moralische Grundlage in der römischen Familie. Das weibliche Geschlecht behauptete bei den Römern wie bei den Dorern eine freie und geehrte Stellung; aber es wurde durch die strenge Sitte des Hauses und des öffentlichen Verkehrs vor Zügellosigkeit bewahrt. Die Frauen wohnten nicht abgesondert; sie nahmen in und ausser dem Hause an den geselligen Vergnügungen der Männer Theil und waren die Vertrauten derselben auch in allen ernsten Lebensangelegenheiten; die Männer brachten die Zeit, welche ihnen der Staatsdienst übrig liess, im Schoosse der Familie zu. Die Ehe galt als unauflöslich und die Festigkeit des Familienlebens drückt sich in den erblichen Familiennamen aus. Die Familien schlossen sich ferner in den Gentilverbänden eng zusammen, deren Mitglieder durch den Gentilnamen als eine grosse Familie bezeichnet wurden. Der gesammte Verkehr aber hatte seinen sittlichen Halt in der *fides romana*. Als diese durch Herrschsucht, Geldgier und Genusssucht untergraben wurde, löste sich mit dem Staatsleben auch die sittliche Ordnung der Familie auf. Während die Männer das eheliche Leben mehr und mehr als beengende Fessel ansahen, wussten die Weiber sich eine immer grössere Selbständigkeit zu verschaffen und wurden bald zügelloser als in Sparta. Seit dem 6. Jahrhundert der Stadt wurden alle gesetzlichen Hindernisse der Ehescheidung weggeräumt und nie sind Ehen mit grösserer Leichtfertigkeit geschlossen, gebrochen und aufgelöst worden als in den ersten Jahrhunderten des Kaiserreichs. Gegen diese Zerrüttung des Familienlebens und die daraus hervorgehende Entsittlichung aller gesellschaftlichen Verhältnisse erhob sich indess eine starke Reaction. In den Zeiten der grössten Verderbniss finden wir zugleich Beispiele der aufopferndsten Familienliebe und der treuesten Freundschaft. Die wahrhaft Gebildeten erlangten durch die Philosophie den sittlichen Halt wieder, den ihnen die Religion der Väter nicht mehr gewährte, und in allen Schichten der Gesellschaft fand allmählich die neue Religion der Menschenliebe und Weltentsagung begeisterte Anhänger.

b. Geschichte der Erwerbsgesellschaft.

§ 58. Der Lebensgenuss wird durch Arbeit erkauft, durch welche die Lebensbedürfnisse erworben und für den Genuss zugerichtet werden. Die Familie und Gesellschaft sind nun bestrebt die Arbeit so zu organisiren, dass durch Vereinigung der Kräfte der Einzelne entlastet wird und Zeit und Kraft für den Lebensgenuss gewinnt. Die Familienglieder unterstützen sich aus natürlicher Liebe gegenseitig in der Arbeit. Hierbei entsteht zugleich eine natürliche Unterordnung unter den Willen des Familienvaters. In der Urzeit ging die Autorität des Vaters nach dessen Ableben auf den Familienältesten über; durch Vererbung dieser Oberhoheit bildeten sich Geschlechter und Stämme mit patriarchalischer Verfassung. Wurden die aus dem Familienverbande entstehenden Stämme sesshaft, so wurde das Land, das nach ältester Anschauung als Eigenthum der Gemeinschaft galt, an die Geschlechtsältesten vertheilt und diese Antheile wurden später als Majoratsgüter vererbt. Indem sich so allmählich ein Grundadel bildete, entstand zugleich die älteste Form der Knechtschaft, die Leibeigenschaft. Auch sie hat ihre Wurzel in den Naturverhältnissen der Familie. Neben der rechtmässigen Ehe finden sich in der patriarchalischen Zeit überall polygamische Verhältnisse; die Kinder der Nebenweiber werden dann als geringerer Art angesehen und dienen den rechtmässigen Abkömmlingen der Familie. In ein solches Dienstverhältniss gaben sich später andere freiwillig um den Schutz der Mächtigen zu gewinnen, und bei Eroberungen wurden die Unterworfenen in der Regel ganz oder zum Theil vertragsmässig Erbunterthanen der Sieger. Bei dieser ursprünglichen Form der Knechtschaft, deren Entstehung wir hauptsächlich aus den ältesten Urkunden des Orients kennen lernen, stehen die Dienenden in einem Rechtsverhältniss zu dem Herrn; sie dürfen nicht getödtet oder ausser Landes verkauft werden; sie sind in der Regel an die Scholle gebunden, die sie bebauen; ausser den Abgaben von letzterer sind sie zu bestimmten Frohndiensten verpflichtet. Im klassischen Alterthum war die Leibeigenschaft weit verbreitet. In der historischen Zeit hat sie sich überall da erhalten, wo die Aristokratie bestehen blieb; Leibeigne dieser Art waren die Penesten in Thessalien, die Heloten in Sparta, die Mariandyner im pontischen Heraklea, die Bithyner in Byzanz, die Gymnesier in Argos, die Korynephoren in Sikyon, die Thebageneis in Böotien u. s. w. Die Demokratie führte zur Aufhebung der Leibeigenschaft; so wurden in Athen die Theten, die ursprünglich erbunterthänig waren, durch die Demokratie befreit; in Rom emancipirten sich die Klienten, die „Hörigen" der Patricier, zugleich mit der Plebs. Aber mit der Demokratie bildete sich im Alterthum die Sklaverei aus, durch welche der Dienende zum rechtlosen Besitzstück des Herrn wird. Allerdings werden schon in der griechischen Heroenzeit die Kriegsgefangenen zu Sklaven gemacht und man kaufte gelegentlich geraubte Menschen von Seeräubern. Aber es bestand kein eigener Sklavenmarkt und die Sklaven wurden wie die einheimischen Leibeignen behandelt. In den Homerischen Gedichten lassen sich daher die Sklaverei und Leibeigenschaft nicht unterscheiden, die auch im ganzen Alterthum mit demselben Namen bezeichnet worden sind. Aber man darf hieraus nicht schliessen, dass die Leibeigenschaft in Griechenland erst in der nachhomerischen Zeit entstanden ist, wenn sie auch insbesondere durch die dorischen Wanderungen ausgebildet wurde. Erst mit der Aufhebung der Leibeigenschaft kam der Sklavenhandel in Schwung und in Staaten, wo die Erbunterthänigkeit bestehen blieb, wie in Sparta, wurden daher wenige oder keine Kaufsklaven gehalten.

In der Heroenzeit arbeiteten die Herren mit den Leibeigenen und Sklaven; die ärmere Klasse der Freien verdingte sich um Tagelohn; die wenigen Gewerbe und der Handel wurden von Freien betrieben. Mit der Ausbildung der Aristokratie änderte sich dies, da der herrschende Adel sich der Erwerbsthätigkeit zu schämen begann; Handel und Gewerbe wurden den Periöken überlassen. Die Missachtung der Arbeit ging auf die Demokratie über: Lohndienst für Privatleute schien eines freien Bürgers unwürdig; nicht nur in der Hauswirthschaft, sondern auch beim Landbau, den Gewerben und dem Handel wurde die eigentliche Arbeit von Sklaven verrichtet. Das Kleingewerbe und den Kleinhandel überliess man überdies grossentheils den Metöken, zu denen auch die freigelassenen Sklaven zählten. So galt allmählich alle körperliche Arbeit als sklavisch, soweit sie nicht im Dienste des Staates, der Kunst oder Wissenschaft geleistet wurde. Ja selbst der niedrigste Staatsdienst wurde von Staatssklaven (δοῦλοι δημόcιοι) versehen, die dann unabhängig von Privatpersonen waren; ebenso wurden für die niederen Verrichtungen im Gottesdienst Hierodulen verwendet, die als Leibeigene des Gottes gegen alle Menschen frei waren. In der römischen Zeit lernten auch die Griechen sogar die mit Handarbeit verbundenen schönen Künste als banausisch ansehen, was wesentlich zum Verfall der Kunst beitragen musste.

Viele Thatsachen weisen darauf hin, dass seit der ältesten Zeit die Beschäftigungen sich in den Familien und Geschlechtsverbänden vererbten.*) Mit der Entwickelung der Gewerbe entstanden nach dem Muster solcher Verbände Genossenschaften von Handwerkern, die aber keinen Zunftzwang ausüben konnten, da sie bei den gegen das Handwerk herrschenden Vorurtheilen keine politische Bedeutung erlangten und sich bei der vorwiegenden Sklavenarbeit kein Stand freier Gesellen bilden konnte. Im ganzen Alterthum bestand volle Gewerbefreiheit.**) Über die Organisation der alten Handwerkerinnungen erhalten wir einige Aufschlüsse durch vorderasiatische Inschriften aus der Kaiserzeit (*Corp. Inscr. nr.* 3154, 3408, 3422, 3480, 3485, 3495—99, 3504, 3924, 3938). Hiernach sind diese Innungen ganz ähnlich den römischen *collegia opificum* (s. oben S. 394); aber nicht etwa deshalb, weil sie erst nach dem Muster der letzteren entstanden sind, sondern weil die uralten römischen Genossenschaften ihrem Ursprung und ihrer Einrichtung nach von Anfang an nicht wesentlich von den griechischen verschieden waren und daher auch ihre Rechtsverhältnisse auf diese übertragen werden konnten. Wie die Handwerker bildeten auch die Künstler zunftartige Verbindungen. Ausserdem finden sich in Griechenland wie in Rom vielfache freie Genossenschaften zu Erwerbszwecken: Spar- und Vorschussvereine, Handels- und Schiffahrtsverbindungen, Aktiengesellschaften zur Pachtung von Staatsgütern und Staatsgefällen oder zu Privatunternehmungen aller Art.***)

---

*) Vergl. Kl. Schr. IV, 43 ff.; 393 ff.
**) Staatshaush. d. Ath. I, S. 64 ff.
***) Ebenda S. 414 ff.; 347.

Die ungesunden Wirthschaftsverhältnisse hatten die ungünstigste Rückwirkung auf die sociale Lage der Vollbürger selbst. In Aristokratien strebte man diesen möglichst gleichen Antheil an den materiellen Gütern zu gewähren, zum Theil durch communistische Einrichtungen. Der Communismus des Alterthums, der in Platon's Staat seinen idealsten Ausdruck gefunden hat, ist aristokratischer Natur, hat sich aber selbst in dieser beschränkten Form als völlig unpraktisch erwiesen.*) Ehrgeiz und Habsucht entzweiten auch in den kleinen griechischen Aristokratien die Machthaber, die ausserdem beständig von dem Aufruhr der leibeigenen Bevölkerung bedroht waren. In den Demokratien erzeugte die Vermögensungleichheit der Bürger bei der besitzlosen Klasse das Bestreben die Reichen möglichst auszubeuten. Die politischen Parteien, durch deren Kämpfe die griechischen Staaten zerfleischt wurden, waren zugleich Gesellschaftsklassen, die um den Besitz der materiellen Güter kämpften; und als endlich die Ochlokratie den Sieg davon trug, wurde der Wohlstand Griechenlands vernichtet.**) In Folge der allgemeinen Verarmung musste sich in der makedonischen Zeit die Zahl der Sklaven stark vermindern und da durch die Römer viele Hellenen selbst als Sklaven nach Rom geführt wurden, und später beständig viele des Erwerbes wegen nach Rom und überhaupt nach Italien auswanderten, war Griechenland in der Kaiserzeit volksarm und in vielen Theilen ganz verödet.

Die römische Republik ging ebenfalls durch den Kampf der besitzenden und besitzlosen Klasse zu Grunde. In Rom galt überhaupt alle Erwerbsarbeit mit Ausnahme des Landbaues und des Staatsdienstes für illiberal und wurde den Fremden und zahlreichen Libertinen überlassen, welche sich indess nach römischem Gesetz zum vollen Bürgerrecht emporarbeiten konnten. Indem nun die Nobilität den unabhängigen Bauernstand wirthschaftlich zu Grunde richtete (s. o. S. 398), schuf sie selbst eine furchtbare Ochlokratie, mit deren Hülfe nach blutigen Bürgerkriegen die Tyrannis begründet wurde. Das patriarchalische Verhältniss, welches in der guten Zeit der Republik in der römischen Familie zwischen Herren und Knechten bestand, löste sich auf, sobald der Kleinbetrieb des Ackerbaues aufhörte. Die grossen Sklavenmassen, welche

---

*) Vergl. Kl. Schr. II, S. 153 ff.
**) Vergl. Staatsh. d. Ath. I, S. 202.

die Eroberungskriege nach Italien führten, mussten durch Sklavenvögte zusammengehalten werden und wiederholte Aufstände der unfreien Bevölkerung machten die härtesten Sicherheitsmassregeln nothwendig. Aber ein grosser Theil der römischen Sklaven bestand nicht aus Barbaren, sondern aus Griechen und griechisch gebildeten Orientalen, die den Herren an Bildung überlegen waren und als Lehrer, Ärzte oder Künstler Einfluss gewannen. Hierdurch wurde eine humanere Auffassung der Sklaverei vorbereitet. Man begann auch in den Sklaven die Menschenwürde zu achten, wozu besonders die Verbreitung der stoischen Philosophie beitrug, welche lehrte, dass alle Menschen von Natur frei und Brüder seien. Im Geiste der Stoa suchte die Sklavengesetzgebung des Kaiserreichs die dienende Klasse vor Härte und Grausamkeit zu schützen. Allein der stoische Kosmopolitismus ging nicht darauf aus, das Institut der Sklaverei selbst aufzuheben; denn die wahre Freiheit, d. h. die Emancipation des Geistes von der Sinnlichkeit war nach stoischer Lehre unabhängig von der äussern Lebensstellung. Ähnlich erstrebte auch das Christenthum nur eine geistige Erlösung und ermahnte die Sklaven ausdrücklich zum duldenden Gehorsam. Aber es gestaltete die Knechtschaft allmählich durch die Idee der allgemeinen Menschenliebe um. Unter den christlichen Kaisern wurde die Sklaverei mehr und mehr verdrängt durch eine neue Form der Erbunterthänigkeit, nämlich das Colonat. Die grossen Grundherren gaben Sklaven oder fremden Bauern Landstücke in erbliche Pacht unter der Bedingung, dass sie und ihre Nachkommen an die Scholle gebunden seien; juristisch galten diese Colonen für frei, thaten auch Kriegsdienste und zahlten Kopfsteuer an den Staat, die dieser aber durch die Gutsherren erhob. Sie bildeten einen weit durch das Reich verbreiteten Stand, der durch die gefangenen Barbaren vermehrt wurde, welche der Kaiser den Grundeigenthümern nach Colonenrecht zutheilte. Dies Verhältniss vermischte sich in den von Germanen eroberten Theilen des Reiches mit dem auch bei den Germanen althergebrachten Institut der Hörigkeit und die Sklaverei erlosch so im Laufe der Jahrhunderte in den Feudalstaaten des Mittelalters; sie kam in den amerikanischen Colonien wieder auf, weil sich dorthin die Leibeigenschaft nicht verpflanzte.

Die Arbeit befreit den Geist von den Fesseln der Materie, wenn sie — wie im Alterthum — den höhern Zwecken des Staatslebens untergeordnet ist und von der Kunst veredelt wird.

Aber sie erfüllt ihren Beruf nur vollständig, wenn sie in allen ihren Leistungen durch sociale Anerkennung aufgemuntert und gefördert und durch die Erfindungen der Wissenschaft erleichtert wird. Dies fehlte dem Alterthum, weil in demselben die Idee der Freiheit nicht zu vollem Bewusstsein gelangt war. Man riss die körperliche Arbeit von der geistigen los und bürdete sie einer staatlosen Klasse von Menschen auf, denen man als beseelten Maschinen keine freie Individualität zuerkannte.*)

c. Geschichte der Erziehung.

§ 59. Die Kinder sind von Natur in der Gewalt der Eltern, besonders des Vaters. Dies Verhältniss veranlasst die Eltern sie zu ernähren und zu erziehen (s. oben S. 376). Allein die Liebe zu den Kindern, welche hierzu antreibt, wird durch den Egoismus eingeschränkt und kann durch denselben ganz erstickt werden. Die Aufgabe des Staates ist es daher die Kinder gegen den Missbrauch der elterlichen Gewalt zu schützen. In Rom geschah dies in der ältesten Zeit durch die strenge Disciplin und Sitte des bürgerlichen Lebens, obgleich die *patria potestas* eben im Interesse der Disciplin gesetzlich unbeschränkt war, der Vater zeitlebens das Recht hatte, seine Kinder zu züchtigen, des Vermögens zu berauben, zu verkaufen und zu tödten (s. o. S. 289). Als sich in der letzten Zeit der Republik die alte Zucht lockerte, zeigte sich die Zerrüttung des Familienlebens besonders in dem Missbrauch der väterlichen Gewalt, so dass in der Kaiserzeit die Gesetzgebung zu Gunsten der individuellen Freiheit der Kinder einschreiten musste. Bei den Griechen ist die πατρικὴ ἐξουσία frühzeitig durch das Gesetz und die Sitte auf ein sehr geringes Maass eingeschränkt worden. Der Vater hatte das Recht die neugeborenen Kinder auszusetzen, ein Recht, von dem man indess, so lange Religion und Sitte herrschte, nur im äussersten Nothfall Gebrauch machte. Ausserdem stand es dem Vater frei, sich von seinem erwachsenen Sohne loszusagen, was aber dadurch sehr erschwert wurde, dass es durch öffentlichen Aufruf (ἀποκήρυξις) geschehen musste; die Töchter durften, wenn sie der Unkeuschheit überführt wurden, verkauft werden. Mit dem Alter der Mündigkeit wurden die Söhne ganz unabhängig vom Vater; nur zum Eingehen einer Ehe bedurften sie der väterlichen Erlaubniss,

---

*) Vergl. Kl. Schr. II, 157, 163.

ausserdem waren sie verpflichtet die Eltern im Alter zu ernähren. In Athen entband das Solonische Gesetz die Söhne von letzterer Verpflichtung gegen den Vater, wenn dieser ihre Erziehung verabsäumt hatte.

Die Erziehung war in den meisten griechischen Staaten fast völlig der Familie überlassen. Nur in Sparta wurde die männliche Jugend des herrschenden Standes vom Anfang des 7. Lebensjahres ab ganz aus der Familie genommen und vom Staat in militärischer Strenge und Abhärtung erzogen. Hier war jeder Bürger verpflichtet, an der Erziehung des heranwachsenden Geschlechtes mitzuwirken, die somit völlig zur Nationalangelegenheit wurde; alle Erwachsenen hatten väterliche Gewalt über alle Jüngeren, waren aber ihrerseits an die Vorschriften des Paedonomos gebunden, der das gesammte Erziehungswesen leitete. In den meisten übrigen Staaten bestand die Nationalerziehung darin, dass die Bürger durch das öffentliche Leben politisch gebildet, ihnen durch die öffentlichen Religionsübungen und Spiele die Meisterwerke der Kunst und Literatur zugänglich gemacht und sie hierdurch veranlasst wurden, ihren Kindern die nöthige Vorbildung zur Theilnahme an dem öffentlichen Leben angedeihen zu lassen.

Da die Kinder selbst bei den religiösen Spielen und Festen mitwirkten, mussten sie insbesondere in der Gymnastik und Musik unterrichtet werden, und diese beiden Bildungsmittel waren schon in der Homerischen Zeit die Grundlage der griechischen Humanitätserziehung. Für die Ausbildung in Gesang und Musik entstanden schon lange vor den Perserkriegen eigene Schulen. Es ist möglich, dass sich dieselben ursprünglich von den Schulen der Rhapsoden und Dichter abgezweigt haben; darauf deutet vielleicht die Sage hin, dass Homer ein Schulmeister gewesen sei; auch Tyrtäos, auf den die Einrichtung des spartanischen Musikunterrichts zurückgeführt wird, soll bekanntlich ein athenischer Schulmeister gewesen sein. In Sparta wurde die Jugend beiderlei Geschlechts von Staatswegen in der Musik und Orchestik unterrichtet und dabei zugleich in die Werke der epischen und lyrischen Dichtung eingeführt; wahrscheinlich verband sich damit ein nothdürftiger Unterricht im Lesen und Schreiben. Ausserdem bestand die intellectuelle Bildung in der Erlernung der Gesetze und in der Gewöhnung zu der kurzen lakonischen Gesprächsweise. In den meisten übrigen Staaten wurden Musikschulen wahrscheinlich von den einzelnen Gemeinden eingerichtet und in denselben zugleich die γράμματα, d. h. Lesen, Schreiben und Rechnen gelehrt; dieser Elementarunterricht wurde allmählich von eigenen Lehrern, den Grammatisten, und in eigenen Anstalten ertheilt, aber immer zur musischen Ausbildung gerechnet. Zu Anfang des 4. Jahrhunderts gab es bereits eigene Elementarbücher, wie die merkwürdige γραμματικὴ τραγῳδία des Kallias beweist. Aller Unterricht war anschaulich und fern von papierener Spielerei; das lebendige Wort prägte sich unmittelbar dem Gedächtnisse ein. Die von den Alten eigenthümlich ausgebildete Mnemonik hat ihr Vorbild in der Methode des Jugendunterrichts, obgleich sie bei diesem nicht in Anwendung kam. In der Musik unterrichtete der Kitharist. Die Flöte, welche nach den Perserkriegen eine Zeit lang in Mode gekommen, galt als unpädagogisch, hauptsächlich weil man auf derselben nicht wie auf der Kithara den eigenen Gesang begleiten konnte; den Thebanern rechnete man es als Roheit an, dass sie den Flötenunterricht mit Vorliebe beibehielten; in Athen soll der junge Alkibiades bewirkt haben, dass derselbe wieder aus der Mode kam, indem er sich weigerte, ein das Gesicht so entstellendes Instrument spielen zu lernen. Einen musikalischen und orchestischen Unterricht erhielten jedenfalls auch die Mädchen, da sie an öffentlichen Festen mitwirkten; dieser Unterricht scheint in einigen Staaten, z. B. auf Lesbos besonders gepflegt worden zu sein. Zu gymnastischen Übungen wurden die Mädchen dagegen nur in dorischen Staaten angehalten, namentlich in Sparta, wo die Gymnastik auch der Hauptgegenstand in der Erziehung der männlichen Jugend war und daher zuerst zur Vollkommenheit ausgebildet wurde. Nach den Perserkriegen legte man überall nach lakonischem Vorbilde öffentliche Gymnasien zur Übung für die Epheben an; es schlossen sich hieran Palästren, worin die Knaben von Pädotriben unterrichtet wurden. Die Gymnastik wurde für das griechische Volk der Hort der Gesundheit und Körperschönheit und blieb bis in das späteste Alterthum ein Hauptelement des hellenischen Wesens. Wohin sich die griechische Cultur verbreitete, in Massilia wie in Kyrene und Alexandria, ja sogar in Jerusalem wurden auch die gymnastischen Übungen aufgenommen, oft nicht ohne Widerstreben, wie sich z. B. die aus religiösen Grundsätzen hartnäckigen Juden der Einführung der griechischen Ephebie ungern unterwarfen. N. Ignarra, *De palaestra Neapolitana*, (Neapel 1770) S. 94 ff., hat nicht mit Unrecht das Urtheil des

Strabon, dass Neapel, Tarent und Rhegium allein unter den italischen Städten nicht barbarisch geworden seien, vorzüglich auf die Erhaltung der echt hellenischen gymnischen Kunst bezogen; denn überall, wo der römische Geist die Oberhand erhielt, verfiel die Gymnastik.

Der gymnastische und musikalische Unterricht der Griechen sollte nicht blos Fertigkeiten mittheilen, welche zur Theilnahme an dem Kunstleben befähigten, sondern vor allem auch Gemüth und Charakter bilden. Die Gymnastik erzog zur Tapferkeit und erzeugte durch die sichere Beherrschung des Leibes ein freies Selbstgefühl. Daher galt sie als ein mächtiges Beförderungsmittel der Freiheit; in Aristokratien nahm sie der herrschende Stand für sich allein in Anspruch; in Demokratien wurden die Sklaven streng von gymnastischen Übungen ausgeschlossen; die Tyrannen suchten die Gymnastik ganz zu unterdrücken. Die Palästra war aber zugleich eine Schule der Zucht und Ordnung, zu deren Aufrechterhaltung der Staat eigene Beamte in den Gymnasien einsetzte, in Athen Sophronisten und Kosmeten genannt.*) Die Gymnasien waren ausserdem die Hauptpflegestätten der Knabenliebe (s. oben S. 270), die in den dorischen Staaten, wo sie zuerst entstand, einen durchaus pädagogischen Charakter hatte und überall, wo gute Sitte herrschte, einen edlen bildenden Verkehr der Erwachsenen mit der Jugend vermittelte, so dass Sokrates und Platon dies Verhältniss zu der rein geistigen Liebe veredeln konnten, welche die Meister und Jünger der wahren Wissenschaft verbinden muss. Freilich war die Päderastie in ihrer widernatürlichen Ausartung zugleich ein hauptsächliches Hinderniss der moralischen Erziehung. Eine besonders grosse erziehende Kraft massen die Griechen der Musik bei, weil sie das Gemüth harmonisch stimmt. Im Verein mit der Orchestik gewöhnte sie den Körper an eine anmuthige und maassvolle Bewegung; sie sänftigte die Thatkraft und erfüllte die Seele mit edelen Gefühlen und zwar um so mehr, als sie stets mit der Poesie verbunden war. Auch beim Unterrichte des Grammatisten wurde zugleich die moralische Bildung erstrebt, durch eine auf Anstand und Sitte zielende Disciplin und durch den Inhalt der klassischen Werke, welche zum Theil in Chrestomathien gelesen wurden. Einen besonderen Religionsunterricht kannte man

---

*) Staatshaush. d. Ath. I, 337.

indess im Alterthume nicht. Der religiöse Sinn wurde in der Jugend durch die Theilnahme an öffentlichen Festen, besonders aber durch die Familienpietät und die Zucht des Hauses genährt, ἐπεὶ ὕβριος ἐχθρὰν ὁδὸν εὐθυπορεῖ cάφα δαεὶc ἅ,τε οἱ πατέρων ὀρθαὶ φρένεc ἐξ ἀγαθῶν ἔχραον (Pindar Olymp. VII, 90). Das Hauptbildungselement, die Kunst und besonders die Poesie war ausserdem ganz von religiösen Gedanken getragen. Als daher im Zeitalter der Sophisten die Religion durch die Aufklärung zersetzt wurde, begann auch die Erziehung zu entarten.

Der Unterricht in der Rhetorik, Politik und den theoretischen Wissenschaften, welchen die Sophisten im Anschluss an den Elementarunterricht ertheilten, wirkte entsittlichend; aber gerade im Kampfe gegen diese verkehrte Richtung gelangte Sokrates zum vollen Bewusstsein des Humanitätsideals in der Erziehung, welches dann Platon und Aristoteles in ihren Schriften entwickelt haben. Die Pädagogik ist bei ihnen ein Theil der Politik und der Plan der Nationalerziehung, welchen sie aufstellen, ist seinen Grundgedanken nach klassisch für alle Zeiten. Im Alterthum selbst konnte er nur unvollkommen durchgeführt werden. Der encyklopädische Unterricht, worin nach Platon's Vorschrift die Elemente aller Wissenschaften mitgetheilt werden sollten (s. oben S. 34 f.), wurde in den Schulen der Grammatiker, Rhetoren und Philosophen, die zum Theil in den Hallen und Gängen der Gymnasien gehalten wurden, in der That ertheilt; aber dieser Unterricht verfiel mit der griechischen Wissenschaft (s. oben S. 278 ff.). Platon und Aristoteles hatten daran festgehalten, dass die musische und gymnastische Bildung der Mittelpunkt der Erziehung sein müsse. Aristoteles hob ausserdem die pädagogische Wichtigkeit des Zeichenunterrichts hervor, der in das Verständniss der bildenden Künste einführt; dieser Unterricht ist auch in der makedonischen Zeit allmählich in Aufnahme gekommen. Allein schon zu Aristoteles' Zeit überschritt die Musikbildung ihre Grenzen, indem man darin nach einseitiger Virtuosität strebte und die Gymnastik artete immer mehr in Athletik aus. Damit verlor die Kunstbildung zugleich ihren erziehenden Einfluss; die Gymnasien wurden Stätten der Zuchtlosigkeit und die Musik diente der entnervenden Sinnenlust. Die erziehende Wirkung, welche der wissenschaftliche Unterricht hatte, wurde ausserdem durch die Verderbniss des Familienlebens aufgehoben; insbesondere wurden die Kinder durch die Sklaven verdorben. Ferner fehlte in den Staaten der makedonischen Zeit das gesunde politische Leben, ohne welches eine Nationalerziehung nicht möglich ist. Endlich vermochte die griechische Wissenschaft nicht jene Reinigung des Volksglaubens herbeizuführen, welche Platon (Republ. II) als Grundbedingung für die Reform der Erziehung erkannt hatte, da es das höchste Ziel der Humanitätsbildung ist, dass der Mensch der Gottheit ähnlich werde.

Bei den Römern war die Erziehung ursprünglich ganz Sache der Eltern und bestand in der sittlichen Gewöhnung und in der Anlernung für das praktische Leben. Dazu gehörten auch Kenntnisse im Lesen und Schreiben und ein ganz besonderer Werth wurde auf das praktische Rechnen gelegt. Der Unterricht in diesen Elementen wurde im Hause von Sklaven oder in Schulen von Freigelassenen ertheilt. Schon in der ältesten Zeit waren hierzu auch Mädchenschulen eingerichtet. Als man die griechische Bildung annahm, wurden Grammatisten (*litteratores*), Grammatiker (*litterati*) und Rhetoren aus Griechenland herangezogen und neben der Muttersprache lernten die Kinder der Vornehmen schon im frühesten Lebensalter Griechisch (s. oben S. 163). Allein der encyklopädische Unterricht wurde in den römischen Schulen einseitig nach praktischen Gesichtspunkten beschränkt, obgleich man in den sieben *artes liberales* (Grammatik, Rhetorik, Dialektik, Geometrie, Arithmetik, Astronomie und Musiktheorie) den äusserlichen Umfang des von Platon aufgestellten Unterrichtsplans festhielt. Als seit Hadrian der Staat selbst Lehranstalten einrichtete und Lehrer besoldete, hatte dies die Wirkung, dass die höhere Bildung immer mehr für die Bedürfnisse des Beamtenstandes zugestutzt wurde (s. oben S. 295 f.). Die musische Bildung der Griechen war dem römischen Geiste zuwider. Als in den Gottesdienst mit dem griechischen Ritus auch Chöre von Knaben und Mädchen eingeführt wurden, mussten die Kinder der Vornehmen in Gesang und Orchestik nothdürftig unterrichtet werden; doch erst in der Kaiserzeit bildete sich ein wirklicher Musikdilettantismus, der freilich der wahren Bildung nur bei wenigen edleren Naturen zu Gute kam. Seit Augustus suchten gräcisirende Kaiser auch die Gymnastik nach Rom zu verpflanzen; aber sie förderten dadurch nur eine übertriebene Ausbildung der gewerbsmässigen Athletik, während die ächte gymnische Kunst keine Aufnahme fand (s. oben S. 291). Die römische Gravität einerseits, die zunehmende Weichlichkeit andererseits und die christliche Abneigung gegen das Nackte führten endlich den völligen Untergang der griechischen Gymnastik herbei.

d. Geschichte des Todtenwesens.

§ 60. Die Todten ehrenvoll zu bestatten und ihr Gedächtniss zu bewahren galt im Alterthum als heilige Familienpflicht; die Pietät gegen die Todten wurde ausserdem als allgemeinste Menschenpflicht angesehen und die Gräber waren so heilig wie die Tempel. Es gehörte zu den ἄγραφα νόμιμα, dass Angesichts der Leiche auch der Groll gegen den Verstorbenen schweige. Nur den Leichnamen der hingerichteten Verbrecher versagte man das Begräbniss.

Der Staat sorgte gewissenhaft für die Bestattung der im Kriege Gefallenen; es erschien als gleich grosser Frevel, wenn die Sieger diese verweigerten, als wenn die Besiegten sie versäumten. Im Übrigen mischte sich der Staat hauptsächlich aus polizeilichen Gründen in das Begräbnisswesen. So war es in den meisten Staaten geboten, die Todten ausserhalb der Stadt zu beerdigen. Die Sitte der Leichenverbrennung findet sich zwar schon in der Homerischen Zeit; sie war aber in Griechenland nicht so allgemein als das Begraben, obgleich sie in den civilisirtesten Staaten mehr und mehr zur Herrschaft kam und insbesondere unter dem römischen Kaiserreiche überwiegend war, bis sie durch das Christenthum wieder abgeschafft wurde.

Die Leichenfeierlichkeiten waren nach den Völkerstämmen und Städten charakteristisch verschieden, am edelsten und maassvollsten in Athen, am pomphaftesten in Rom. Sie tragen indess bei aller Verschiedenheit einen gemeinsamen Typus, der sich daraus erklärt, dass ihnen überall gemeinsame uralte religiöse Vorstellungen zu Grunde liegen. In Rom waren ausserdem die Ceremonien durch das *ius pontificium* einheitlich geregelt und das ganze Bestattungswesen wurde von den *libitinarii* besorgt. Der Aufwand für die Leichenfeierlichkeiten und für die Grabmäler war im Alterthum bedeutend, so dass er oft mehr betrug, als der Verstorbene bei Lebzeiten in vielen Jahren verbraucht hatte.[*] In Griechenland wie in Rom bildeten sich daher zur Bestreitung der Kosten unter den weniger Bemittelten Sterbekassenvereine. Eine erstaunliche Mannigfaltigkeit der Formen

---

[*] S. Staatshaush. der Athener I, 162.

hat die antike Industrie und Kunst in der Construction und Ausschmückung der Grabmäler hervorgebracht. An diesen wurde das Andenken der Todten durch periodisch wiederkehrende Opfer und Gedächtnissfeiern geehrt. Zur würdigen Begehung solcher Erinnerungsfeste wurden oft testamentarisch eigene Stiftungen gegründet, wovon das Testament der Epikteta auf Thera (*Corp. Inscr.* nr. 2448) ein merkwürdiges Beispiel bietet.

Der gesammte Todtencult beruht auf dem uralten Unsterblichkeitsglauben. In dem Volksbewusstsein der Griechen waren durch die dem sinnlichen Leben zugewandte Homerische Weltanschauung die Seelen der Gestorbenen zu wesenlosen Schatten herabgesetzt. Im Gegensatz hierzu erhielten sich aber alte Culte, nach welchen die Todten als Heroen und Selige geehrt wurden, wie bei den Italern im Cult der *dii manes*.*) Ja in den Mysterien wurde die Ansicht ausgebildet, dass das irdische Leben schattenhafter Schein und der Tod das eigentliche Leben sei.**) An diese Ansicht knüpften tiefsinnige Dichter wie Pindar und Denker wie Pythagoras an, und besonders seit Platon wurde der Todtencult durch würdigere Vorstellungen vom jenseitigen Leben veredelt, während andererseits durch die materialistische Philosophie und die Skepsis der Unsterblichkeitsglaube in weiten Kreisen ganz zerstört wurde. Der Unterschied dieser beiden Vorstellungsarten tritt sehr charakteristisch in der Ansicht über den Selbstmord hervor. In den meisten griechischen Staaten war der Selbstmord mit Atimie belegt, weil man darin ein Verbrechen gegen den Staat sah; man begrub den Leichnam des Selbstmörders ohne die üblichen Todtenehren; in Athen wurde ihm die rechte Hand abgehauen. In Rom verweigerte das *ius pontificium* dem Selbstmörder das ordentliche Begräbniss. Die Pythagoreische und Platonische Philosophie verwarf nun den Selbstmord, weil es dem Menschen nicht erlaubt sei den Kerker des Leibes eigenmächtig zu durchbrechen, in welchen der Geist zu seiner Läuterung gebannt ist und weil Niemand den Posten feige verlassen dürfe, auf den ihn der Wille Gottes gestellt hat.***) Dagegen billigte und begünstigte der Materialismus ausdrücklich den aus Lebensüberdruss begangenen Selbstmord, und die Stoa lehrte, dass jeder Mensch frei über sein Leben verfügen könne

---

*) Vergl. *Corp. Inscr.* nr. 2467—2472.
**) Vergl. *Pindari opera.* II, 2. S. 622.
***) Vergl. Philolaos S. 178 ff.

nd befugt sei dasselbe zu enden, wenn dies nicht aus Furcht
eschehe, sondern um einem grösseren moralischen Uebel auszu-
eichen. Diese Grundsätze fanden in der Zeit der sittlichen
äulniss den grössten Anklang, besonders bei den Römern; seit
em heroischen Tode Cato's sah man in dem Selbstmord das
etzte Asyl vor unerträglicher Tyrannei. Indess kehrte die neu-
ythagoreische und neuplatonische Philosophie zu der unbeding-
en Verwerfung des Selbstmordes zurück und traf hierin mit den
Grundsätzen des Christenthums zusammen.

§ 61. **Literatur. 1. Quellen.** Vergl. o. S. 378 f. Es ist von Wichtig-
keit, die Ansichten und Notizen der einzelnen Autoren über das innere
Privatleben zu erforschen. Solche Vorarbeiten sind: J. P. Behaghel, Das
Familienleben nach Sophokles. Mannheim 1844. — A. Goebel, *Euripides
de vita privata ac domestica quid senserit.* Münster 1849. — L. Schiller,
Die Lehre des Aristoteles von der Sklaverei. Erlangen 1847. — S. L. Steinheim, Aristoteles über die Sklavenfrage. Hamburg 1853. — E. W. Uhde,
Aristoteles quid senserit et de servis et liberis hominibus. Berlin 1856. —
E. Haenisch, Wie erscheint die athenische Erziehung bei Aristophanes?
Ratibor 1829. 4. — Joh. Dan. Schulze, *Horatii paedagogica.* Lübben
1807. 4; *Senecae paedagogica.* Lübben 1809. 4. — A. Lozynski, *Plautin.
paedag. lineamenta.* Culm 1840. — Eine reichhaltige Sammlung von Notizen
über das Sklavenwesen findet sich bei Athenaeos VI, p. 263 ff., über das
Hetärenwesen ebenda XIII. — Die Hauptquellen über die alte Theorie
der Pädagogik sind: Platon's Staat und Gesetze; Aristoteles' Politik
und Ethik; Xenophon's Kyropädie; Pseudo-Plutarch, περὶ παίδων
ἀγωγῆς; Quintilian, *Institutio oratoria;* Lukian, ᾽Ανάχαρcιc ἢ περὶ γυμ-
ναcίων; Philostratos, περὶ γυμναcτικῆc (1858 neu aufgefunden). Sammlungen: G. F. D. Goess, Die Erziehungswissenschaft nach den Grundsätzen
der Griechen und Römer. Ansbach 1808.*) — A. H. Niemeyer, Original-
stellen griechischer und römischer Klassiker über die Theorie der Erziehung
und des Unterrichts. Halle und Berlin 1813. — A. Kapp, Platon's Erziehungslehre. Minden 1833. — C. R. Volquardsen, Platon's Idee des persönlichen Geistes und seine Lehre über Erziehung, Schulunterricht und wissenschaftliche Bildung. Berlin 1860. — [L. Wittmann, Erziehung und Unterricht bei Platon. 1. Theil. Giessen u. Berlin 1868. 4. — A. Dreinhöfer, Das
Erziehungswesen bei Plato. Marienwerder 1880. 4. — A. Drygas, Platon's
Erziehungstheorie. Schneidemühl 1880. 4.] — J. C. Orelli, Aristoteles'
Pädagogik in Döderlein's philol. Beiträgen aus der Schweiz. 1819. I,
S. 61—130. — A. Kapp, Aristoteles' Staatspädagogik. Hamm 1837. —
[W. Biehl, Die Erziehungslehre des Aristoteles. Innsbruck 1877. —
A. Zamarias, Die Grundzüge der aristot. Erziehungslehre. Leipzig 1877.
— H. Schmidt, Die Erziehungsmethode des Aristoteles. Halle 1878.

Zu den oben S. 378 f. angegebenen artistischen Quellen vergl. für die
Geschichte der Pädagogik: O Jahn, Griechische Bilderchroniken. Aus dem

---

*) S. die Recension vom Jahre 1808. Kl. Schr. VII, S. 39 ff.

424 Zweiter Haupttheil. 2. Abschnitt. Besondere Alterthumslehre.

Nachlasse des Verf. herausgeg. und beendigt von A. Michaelis. Bonn 1873.
— A. Michaelis, Attischer Schulunterricht auf einer Schale des Duris. Archäol. Zeitung von E. Curtius u. R. Schoene. 1873.] Für die Geschichte des Todtenwesens haben wir die reichhaltigsten Quellen in den unzähligen aus dem Alterthum erhaltenen Grabmälern.

 2. **Bearbeitungen:** Joh. Jos. Rossbach, Vier Bücher Geschichte der Familie. Nördlingen 1859; [Geschichte der Gesellschaft. Würzburg 1868 —1875. 8 Thle. — J. Lippert, Die Geschichte der Familie. Stuttgart 1884. — F. Le Play, *L'organisation de la famille selon le vrai modèle signalé par l'histoire de toutes les races et de tous les temps.* 2. Ausg. Paris 1875. — J. P. Mahaffy, *Social life in Greece from Homer to Menander.* London 1874. 3. Aufl. 1877.]

 a. **Geschichte des geselligen Verkehrs:** C. Meiners, Geschichte des weiblichen Geschlechts. Hannover 2. Aufl. 1799 f. 1. Theil. Enthält viel Falsches. — J. J. Bachofen, Das Mutterrecht, eine Untersuchung über die Gynäkokratie der alten Welt nach ihrer religiösen und rechtlichen Natur. Stuttgart 1861. 4. (435 eng gedr. Seiten in gespaltenen Col.) Enthält alle Spuren der Gynäkokratie auch bei den Griechen. — [Derselbe, Antiquarische Briefe vornämlich zur Kenntniss der ältesten Verwandtschaftsbegriffe. Strassburg 1880.] — E. v. Lasaulx, Zur Geschichte und Philosophie der Ehe bei den Griechen. Abh. der bair. Ak. d. W. VII. 1851. Eine sehr geistreiche und schöne Abhandlung. — Fr. Jacobs, Vermischte Schriften. Bd. III, S. 201 ff.: Die Hausfrau. Bd. IV, S. 157 ff.: Beiträge zur Geschichte des weiblichen Geschlechts. Jacobs bekämpft die Uebertreibung der Ansicht, dass das weibliche Geschlecht im Alterthum eine untergeordnete Stellung gehabt hat. — J. A. Maehly, Die Frauen des griechischen Alterthums. Basel 1853. In demselben Sinne wie Jacobs. — L. A. Martin, *Histoire de la condition des femmes chez les peuples de l'antiquité.* Paris 1838. Reichhaltig für den Orient. — D. J. van Stegeren, *De conditione domestica feminarum Atheniensium.* Zwoll 1839. — L. Wiese, Über die Stellung der Frauen im Alterthum und in der christl. Welt. Berlin 1854. — [L. Becq de Fouquières, *Aspasie de Milet. Étude historique et morale.* Paris 1872. — Clarisse Bader, *La femme grecque.* Paris 1872. 2. Ausg. 1873. 2 Bde. — P. Lacroix, *Les courtisanes de la Grèce d'après les auteurs grecs et latins.* Nizza 1872. — R. Lallier, *De la condition de la femme dans la famille athénienne au Ve et au VIe siècle.* Paris 1875. — H. Lewy, *De civili conditione mulierum graecarum.* Breslau 1885.] — Aug. Rossbach, Unters. über die römische Ehe. Stuttgart 1853; [Römische Hochzeits- und Ehedenkmäler. Leipzig 1871. — O. Karlowa, Die Formen der römischen Ehe und Manus. Bonn 1868. — E. Hölder, Die römische Ehe. Zürich 1874. — H. Blaze de Bury, *Les femmes et la société aux temps d'Auguste.* 2. Aufl. Paris 1875. — Cl. Bader, *La femme romaine.* Paris 1877. — P. L. Jacob, *Les courtisanes de l'ancienne Rome.* Brüssel 1884. — F. Kahn, Zur Geschichte des römischen Frauen-Erbrechts. Leipzig 1884.] — F. Osann, *De coelibum apud veteres populos conditione.* Giessen 1827. 4. — A. F. Ribbeck, Über die Gastfreiheit der alten Griechen. Mittheilungen aus seinem schriftlichen Nachlass. Berlin 1848. — [E. Curtius, Die Gastfreundschaft. 1870. In „Alterthum und Gegenwart".

Berlin 1875.] — Th. Mommsen, Das römische Gastrecht und die römische Clientel. In Sybel's Historischer Zeitschrift. I, 1859. — G. Heuermann, Über die Clienten unter den ersten römischen Kaisern. Münster 1856. 4. — Ernst Curtius, Die Freundschaft im Alterthum. 1863. [In „Alterthum und Gegenwart". Berlin 1875.] — G. Boissier, Cicero und seine Freunde. Eine Studie über die römische Gesellschaft zu Cäsar's Zeit (1865), [deutsch von E. Döhler. Leipzig 1869. — L. Becq de Fouquières, *Les jeux des anciens, leur description, leur origine, leurs rapports avec la religion, l'histoire, les arts et les moeurs.* Paris 1869. 2. Aufl. 1873. — A. Wernher, Über den Einfluss, den das Christenthum auf die früheste Errichtung öffentlicher Wohlthätigkeitsanstalten zur Armen- und Krankenpflege ausgeübt hat. Giessen 1875. 4.]

b. **Geschichte der Erwerbsgesellschaft:** J. F. Reitemeier, Geschichte und Zustand der Sklaverei und Leibeigenschaft in Griechenland. Berlin 1789. — W. Blair, *An inquiry into the state of slavery amongst the Romans.* Edinburg 1833. — L. A. Martin, *Mémoire sur l'esclavage chez les Grecs et les Romains. Mémoires du congrès historique.* Paris 1835. — Ed. Biot, *De l'abolition de l'esclavage ancien en occident.* Paris 1830; *L'esclavage ancien.* Paris 1840. — H. Wallon, *Histoire de l'esclavage dans l'antiquité.* Paris 1847. 3 Bde. [2. Aufl. 1879.] — G. Bippart, Die Sklaverei bei den Griechen. In Prutz' deutschem Museum 1851. Bd. I. — A. Desjardins, *L'esclavage dans l'antiquité.* Caen 1857. — W. Drumann, Die Arbeiter und Communisten in Griechenland und Rom. Königsberg 1860. — H. Frohberger, *De opificum apud veteres Graecos condicione.* Grimma 1866. 4. — [A. Gronau, *De graecarum civitatum opificiis.* Königsberg 1869. — E. Wezel, *De opificio opificibusque apud veteres Romanos.* I. Berlin 1881. 4. — K. Bücher, Die Aufstände der unfreien Arbeiter 143—129 v. Chr. Frankfurt a. M. 1874. — E. Curtius, Arbeit und Musse. In „Alterthum und Gegenwart". Berlin 1875. — E. Zeller, Eine Arbeitseinstellung in Rom. Vorträge und Abh. 2. Sammlung. Leipzig 1877. — B. Heisterbergk, Die Entstehung des Colonats. Leipzig 1876.] — Vergl. oben S. 402 ff.

c. **Geschichte der Erziehung:** C. F. H. Hochheimer, System der griechischen Pädagogik. Göttingen 1788. 2 Bde. Geistlose Compilation. — F. H. Chr. Schwarz, Erziehungslehre. Leipzig 2. Aufl. 1829. Bd. 1: Geschichte der Erziehung nach ihrem Zusammenhange unter den Völkern von alten Zeiten her bis auf die neueste. — A. H. Niemeyer, Grundsätze der Erziehung und des Unterrichts. 9. Ausg. Halle 1834—35. 3 Thle. Bd. I. Erziehungslehre, in Bd. 3 ein Ueberblick der Geschichte der Erziehung. [Neu herausgeg. von W. Rein. Langensalza 1878 f., von G. A. Lindner. Wien 1878 f.] — Fr. Cramer, Geschichte der Erziehung und des Unterrichts im Alterthum. Elberfeld 1832. 1838. 2 Bde. — J. H. Krause, Geschichte der Erziehung, des Unterrichts und der Bildung bei den Griechen, Etruskern und Römern. Halle 1851. — Karl Schmidt, Geschichte der Pädagogik. Bd. 1: Geschichte der Pädagogik in der vorchristlichen Zeit. Cöthen 1860. [3. Aufl. 1873. — K. A. Schmid, Geschichte der Erziehung von Anfang an bis auf unsere Zeit. 1. Bd. Die vorchristliche Erziehung von K. A. Schmid und G. Baur. Stuttgart 1884. — J. L. Ussing, Darstellung des Erziehungs- und Unterrichtswesens bei den Griechen und

Römern. Aus dem Dänischen übersetzt von P. Friedrichsen. Altona 1870. Eine neue Bearbeitung wird vorbereitet.] — Lor. Grasberger, Erziehung und Unterricht im klassischen Alterthum. 1. Theil: Die leibliche Erziehung bei den Griechen u. Römern. 1. Abth.: Die Knabenspiele. Würzburg 1864, 2. Abth : Die Turnschule der Knaben. 1866; [2. Theil: Der musische Unterricht oder die Elementarschule. 1875. 3. Theil: Die Ephebenbildung oder die musische und militärische Ausbildung der griechischen und römischen Jünglinge. 1881. — E. Zeller, Über den wissenschaftlichen Unterricht bei den Griechen. 1878. In Vorträge und Abhandlungen. Bd. 3 (Leipzig 1884) S. 64 ff. — J. P. Mahaffy, *Old greek education.* London 1881.]

D. H. Hegewisch, Ob bei den Alten öffentliche Erziehung war? Altona 1811. Er läugnet, dass es öffentliche Erziehungsanstalten gegeben; für Athen ist dies richtig, aber nicht für Sparta. Und dass der Staat alle Institutionen ordnete und gewissermassen die Bildung der ganzen Nation bestimmte, kann man doch öffentliche Erziehung nennen. — Otfr. Müller, Göttinger Jubelprogramm 1837. 4.: *Quam curam respublica apud Graecos et Romanos litteris doctrinisque colendis et promovendis impenderit, quaeritur.* Handelt von allen Theilen des antiken Unterrichts, besonders auch von der alexandrinischen und spätern römischen Zeit. — A. Stolle, Die klassisch-antike und christliche Volksbildung betrachtet nach ihren sittlichen Elementen. Kempen 1846. 4. Schulprogr. Behandelt den Einfluss der Religion auf die Sitten. Nicht übel. — A. Cramer, *De educatione puerorum ap. Athenienses.* Marburg 1833. — J. E. Rietz, *De puerorum educatione apud Graecos.* Lund 1841. — Fr. Jacobs, Über die Erziehung der Hellenen zur Sittlichkeit. Vermischte Schr. Thl. III. — W. Dittenberger, *De ephebis Atticis.* Göttingen 1863. — [A. Dumont, *Essai sur l'éphébie attique.* Paris 1875 f. 2 Bde.] — H. J. Remacly, Die Erziehung für den Staatsdienst bei den Athenern. Bonn 1864. 4. — J. Naudet, *Sur l'instruction publique chez les anciens et particulièrement chez les Romains. Mém. de l'Acad. des inscr.* IX, 1831. — E. Egger, *Étude sur l'éducation et particulièrement sur l'éducation litteraire chez les Romains.* Paris 1833. — F. Helfreich, Über den Unterricht und die Erziehung bei den Römern. Zweibrücken 1844. 1850. — G. Löbker, Die Gymnastik der Hellenen. Ein Versuch. Münster 1835. Gut. — Fr. Haase, Art. Palästra und Palästrik in Ersch und Gruber's Encykl. Sect. III. Theil 9. — O. Heinr. Jäger, Die Gymnastik der Hellenen in ihrem Einfluss auf das gesammte Alterthum und ihrer Bedeutung für die deutsche Gegenwart. Ein Versuch zur geschichtlich-philosophischen Begründung einer ästhetischen Nationalerziehung. Gekrönte Preisschr. Esslingen 1850. [Neue Bearbeitung Stuttgart 1881. — F. Seitz, Die Leibesübungen der alten Griechen und ihre Einwirkung auf Geist u. Charakter der Nation. Anspach 1872. — J. Bintz, Die Gymnastik der Hellenen. Gütersloh 1878.] — Chr. Petersen, Das Gymnasium der Griechen nach seiner baulichen Einrichtung. Hamburg. Akad. Progr. 1858. Sorgfältige Bearbeitung. — M. H. E. Meier, Art. Päderastie in Ersch u. Gruber's Encyklop. Sect. III. Theil 9. — K. Morgenstern, *De arte veterum mnemonica.* Dorpat 1835. fol. Gut. — C. E. Bonnell, *De arte memoriae comment. histor.* Programm des Werd. Gymnas. Berlin 1838.

d. Geschichte des Todtenwesens. J. Kirchmann, *De funeribus Romanorum libri quatuor.* Hamburg 1605, zuletzt Leiden 1672. — H. C. A. Eichstädt, *De humanitate Graecorum in rebus funebribus.* Jena 1825. fol. — O. M. v. Stackelberg, Die Gräber der Hellenen. Berlin 1837. fol. — L. Ross, Archäologische Aufsätze. 1. Samml. Leipzig 1855. S. 11—72. — E. Feydeau, *Histoire des usages funèbres et des sépultures des peuples anciens.* Paris 1856—1860. 2 Bde. — Cl. Willenborg, Über Leichenfeierlichkeiten bei den Römern. Vechta 1858. 4. — L. Urlichs, Über die Gräber der Alten. Neues schweiz. Mus. I. 1861. S. 149 ff. — C. H. A. Nathusius, *De more humandi et concremandi mortuos apud Graecos.* Halle 1864. — Ernst Curtius, Die Idee der Unsterblichkeit bei den Alten. 1861. [In „Alterthum und Gegenwart". Berlin 1875. — W. Menzel, Die vorchristliche Unsterblichkeitlehre. Leipzig 1870. — E. Labatut, *Les funérailles chez les Romains.* Paris 1878. — W. Sonntag, Die Todtenbestattung, Todtenkultus alter und neuer Zeit. Halle 1878. — W. Kriesche, Darstellung der griechischen Grabsitte. Braunau 1878. — Th. Bindseil, Die antiken Gräber Italiens. I. Die Gräber der Etrusker. Schneidemühl 1881. 4. E. C. Ferrini, *De iure sepulcrorum apud Romanos.* Bologna 1883. — E. Wasmansdorff, Die religiösen Motive der Todtenbestattung bei den verschiedenen Völkern. Berlin 1884. 4; Die Trauer um die Todten bei den verschiedenen Völkern. Ebd. 1885. — R. Audibert, *Funérailles et sépultures de la Rome païenne.* Paris 1885.]*)

---

*) **Zur Geschichte des inneren Privatlebens:** Über die Hierodulen. Kl. Schr. VII, 575—581. — *De ephebia Attica.* Kl. Schr. IV, 137—156. — *De Atheniensium qui bello obierint sepultura publica.* Kl. Schr. IV, 77—80. — Ausserdem Vieles im *Corp. Inscr.* — Vergl. oben S. 308.

III.
Von der äusseren Religion und der Kunst.
1. Cultus oder äussere Religion.

§ 62. Der Staat ist ein grosses Kunstwerk des menschlichen Geistes und an seinem Aufbau arbeiten alle Individuen, welche das Privatleben erzeugt, erhält und erzieht und welche selbst erst im Staat zur vollen Entwickelung gelangen können (s. oben S. 377 f.). Aber die gesammte praktische Thätigkeit hat ihre Lebenskraft in der theoretischen, die seit der frühesten Zeit aus jener in der Form der Religion hervorgeht und unter dem Schutze der staatlichen Ordnung aus dem Schoosse des Privatlebens Kunst und Wissenschaft als die Blüthen der Humanität hervortreibt (s. oben S. 59 ff.).

Die Religion hat ihren Ursprung nicht im Dogma, sondern im Cultus. Mit staunenden Kinderaugen betrachtet der Mensch in der Urzeit die Welt; er ahnt das Wesen der Dinge, den unendlichen Geist, der in der Welt waltet. Die beseligende Hingabe an diesen Gedanken ist die religiöse Begeisterung, deren Quelle also der göttliche Geist selbst ist: θεὸς ὃς ἐνθουσιάζει. Da das Unendliche nichts Bestimmtes und Begrenztes hat, kann das Göttliche ursprünglich nur als Ein Wesen aufgefasst sein, worauf auch alle Spuren der ältesten Religionsanschauungen hinweisen. Und indem man das Reinmenschliche als göttlicher Natur fühlte, strebte man sich mit der Gottheit in ein reinmenschliches Verhältniss zu setzen, worin alle das Leben leitenden Ideen zum Bewusstsein gelangten (vergl. oben S. 257). Nach der ältesten Auffassung des Menschengeschlechts wird Gott als Vater betrachtet. Mit dieser Vorstellung verbindet sich das Bestreben Gott ähnlich zu werden (vergl. oben S. 420) und zugleich die Liebe, welche einen geistigen Verkehr mit der Gottheit herzustellen sucht (vergl. oben S. 406). Aber diese Liebe ist gepaart mit der Furcht vor dem Herrn der Welt, dessen Dienst man sich weiht und dessen Gnade allein der Mensch seine Freiheit verdankt (vergl. oben S. 414). Zugleich erscheint die Unsterblichkeit ursprünglich als eine Rückkehr zur Gottheit (vergl. oben S. 422). Aus allen diesen Vorstellungen entsteht ein System religiöser Handlungen, deren Inbegriff der Cultus ist. Derselbe ist als äussere Religion bestimmt geschieden von der Mythologie, der inneren Religion. Er bleibt als Inbegriff der allgemeinen Normen der Gottesverehrung bis auf einen gewissen Grad unabhängig von dem Gehalt der Mythen. Die Dogmen über Wesen und Eigenschaften, Leben und Thaten der Gottheit, wie sie in den Mythen ihren Ausdruck finden, bilden sich von Anfang an erst auf Grund des Verhältnisses, in welches sich der Mensch zur Gottheit setzt und vermöge dessen er sich diese als höchstes Ideal seiner selbst denkt. Indess wirkt natürlich der Mythos beständig auf den Cultus zurück; denn nach den Dogmen wird sich auch die Art der Gottesverehrung richten.

a. Der Cultus als Gottesdienst.

§ 63. Die grösste Mannigfaltigkeit, Fülle und Lebendigkeit des Cultus erzeugte im Alterthum der Polytheismus. Die Entstehung desselben erklärt sich z. Th. aus einem Abfall vom Monotheismus, indem die mythenbildende Phantasie die verschiedenen Aeusserungen des göttlichen Geistes als Wirkungen selbständiger göttlicher Mächte ausmalte. Die ursprüngliche Einheit wird hierbei insofern festgehalten, als man diese Mächte als Ausflüsse eines Urwesens, als ein Göttergeschlecht ansieht; so blieb bei den Griechen Zeus, bei den Römern Jupiter stets der Vater der Götter und Menschen. (Vergl. oben S. 272.) Verstärkt wurde der Polytheismus aber dadurch, dass der monotheistische Cultus selbst bei den verschiedenen Stämmen der Urzeit einen verschiedenen Charakter trug; jeder Stamm schuf nach Maassgabe seiner Naturanlage und seiner Schicksale, seiner Beschäftigung und Lebensweise seine Gottesidee, die den Cultus bedingte. Die Gottesverehrung fremder Stämme schien dann ganz andern Wesen zu gelten und es bildete sich so eine Vielheit von Stammgöttern, deren Culte später durch die Verschmelzung der Stämme und durch den Verkehr der Völker z. Th. polytheistisch verbunden wurden. Die Griechen verehrten in der historischen Zeit alle dieselben Hauptgottheiten, aber von diesen galt eine jede in einem oder einigen Staaten als einheimisch, ἐγχώριος, und genoss dann dort eine vorzügliche Verehrung. Zeus ist z. B. in Kreta, Hera in Argos, Athene in Attica, Aphrodite in Kypros, Dionysos in Theben ἐγχώριος. Jeder Staat ist seinen einheimischen Göttern, die der Sage nach in ihm geboren sind oder zu denen er vermöge seiner Urgeschichte in näherer Beziehung steht, zu besonderem Dienste geweiht und zugetheilt. Zu ihnen gehören auch die θεοὶ πατρῷοι und μητρῷοι, d. h. die Familiengötter des Volkes, von welchen dasselbe das Geschlecht seines Stammvaters oder seiner Stammmutter herleitet. So ist in Athen Apoll πατρῷος von Allen als Ion's Vater; die einzelnen Familien konnten daneben noch andere πατρῷοι haben, wie die Familie der Kerykes den Hermes. In dorischen Staaten ist Zeus als Vater des Herakles πατρῷος; daher heisst auch bei Platon, Gesetze IX, 881 D Zeus πατρῷος, weil die Gesetze der Fiction nach für Kreta bestimmt sind. Durchweg haben die einzelnen Götter ihre Hauptcultorte in Staaten, die ihrem Charakter entsprechen. Die Dorer verehren vorzugsweise heroische Gottheiten, die Ioner humane; Athene ist Schutzgöttin in allen kunstreichen Staaten, z. B. ausser Athen in Argos und Rhodos;*) die äolischen Staaten bevorzugen lüsterne und schwelgerisch üppige Gottheiten: nirgends z. B. war der Eros- und Dionysosdienst so in Blüthe wie in dem lüsternen Theben. Die θεοὶ ἐγχώριοι gehören zu den θεοὶ πάτριοι, d. h. den angestammten, von Alters her verehrten Göttern des Staates: die Staaten nahmen aber auch in der historischen Zeit noch fremde Gottheiten (θεοὶ ξενικοί) auf, indem ungriechische Culte namentlich von den Colonien aus Eingang fanden, wie der des libyschen Ammon.**) In der ächthellenischen Zeit tauschten indess hauptsächlich die griechischen Landschaften durch Eroberung oder Verkehr gegenseitig ihre Lokaldienste aus. Diese beruhten zunächst darauf, dass sich die Culte der einzelnen Gottheiten in den verschiedenen Staaten differenzirten, was meist durch verschiedene Beinamen und Attribute bezeichnet wurde. So werden die dorische Artemis Orthosia und die ionische Artemis Munychia wie zwei verschiedene Göttinnen verehrt. Ausserdem gab es überall Lokaldienste untergeordneter Gottheiten, Dämonen und Heroen. Bei Gründung von Colonien wurden die Culte des Mutterstaates in diese verpflanzt. Innerhalb

---

*) Vergl. *Explicationes Pindari* S. 172.
**) Vergl. Staatshaush. d. Ath. II, S. 132 ff.

der einzelnen Staaten hatten die Phylen und Demen ihre besonderen Schutzgötter und Stammheroen. Der ganze Staat mit allen seinen Gliederungen stand somit in der Obhut und dem Dienste der Götter. Die Religions- und Staatsgemeinde war identisch und eine Trennung von Kirche und Staat undenkbar; der Staat organisirte und verwaltete den öffentlichen Cult. Doch bestanden neben diesem eine grosse Menge religiöser Institute, welche unabhängig vom Staat, aber von diesem anerkannt und überwacht, durch Religionsgenossenschaften, θίαcoι, oder durch die Frömmigkeit Einzelner gestiftet und erhalten wurden. Es herrschte in dieser Beziehung die grösste Toleranz; Spuren von religiösem Fanatismus finden sich nur in den ältesten Zeiten, besonders in Asien. Auf das strengste bestraft wurde indess die Anfeindung der vom Staate anerkannten und die Ausübung nicht anerkannter Dienste.

Der Cultus durchdrang zugleich das gesammte Privatleben. Der Herd des Hauses war der Hestia heilig; Eigenthum und Familie standen unter dem Schutze der Hausgötter (θεοὶ ἕρκειοι und κτήcιοι), insbesondere des Zeus; dazu konnten — wie erwähnt — noch eigene Stammgötter (θεοὶ πατρῷοι und μητρῷοι) der Familie kommen. Die Ehe, die Geburt der Kinder, der Eintritt der Ephebie, die Leichenbestattung, kurz jedes wichtige Familienereigniss von der Wiege bis zum Grabe war durch Culthandlungen geweiht. Die Geschlechter und Phratrien hatten einen gemeinsamen Cult (θεοὶ φράτορεc, γενέθλιοι), ebenso die gewerblichen und gesellschaftlichen Vereinigungen (s. oben S. 412); das ganze Leben erschien so als Dienst der Götter. Es zeigt sich hierin das Streben aller Religion das Irdische mit dem Uebersinnlichen, das Menschliche mit dem Göttlichen zu verknüpfen, so dass Sinnliches und Geistiges eins, jenes durch dies geheiligt wird. Aber da im Alterthum die Sinnlichkeit überwiegt, löst die antike Religion nicht das Sinnliche in das Geistige auf, sondern sie pflanzt das Geistige in das Sinnliche ein und versinnlicht es dadurch. Daher die seltsamen Abwege des Heidenthums, besonders in Bezug auf die aphrodisischen Verhältnisse. Diese wurden als ein Dienst des Eros und der Aphrodite betrachtet, welche dazu nöthigen. Daher die Prostitution in dem babylonischen Cult (Herodot I, 199), daher das Hetärenwesen bei den Hierodulen der Venus Urania. Nicht bloss die Nothwendigkeit, wie Pindar sagt (cὺν δ' ἀνάγκᾳ πᾶν καλόν), sondern die Religion selbst heiligt die Sinnlichkeit, zu welcher die Natur zwingt.

Der häusliche Gottesdienst wurde seit den ältesten Zeiten von dem Familienvater verwaltet, der Cult der Geschlechter und Stämme von den Aeltesten oder von Auserwählten derselben, der Cult des ganzen Staates lag in der patriarchalischen Zeit dem König ob. Ein eigener Priesterstand bildete sich dadurch, dass die Culte der Stämme und Geschlechter z. Th. zu Staatsculten wurden. Das Priesteramt gehört zu den ältesten erblichen Berufsarten und wird seit den frühesten Zeiten auch von gottbegeisterten Frauen verwaltet. In dem Zeitalter, dessen Charakter durch die sagenhafte Gestalt des Orpheus bezeichnet wird, waren die Priester zugleich Sänger und bewahrten die Urweisheit der Nation. Unstreitig hatten sie in dieser Zeit eine grosse Macht; doch gab es in Griechenland niemals eine Hierarchie, weil die Poesie den Mythos vom Priesterthum befreite. Die zurückgedrängte mystische Weltanschauung der alten Priesterreligion, ein ahnungsvoller Pantheismus, erhielt sich jedoch durch die priesterlichen Geschlechter in einzelnen Culten und die Pythagoreische Philosophenschule, welche an die erneuerte orphische Mystik anknüpfte, behielt stets eine priesterliche Weihe. Die wichtigsten und heiligsten Priesterthümer blieben auch in der geschichtlichen Zeit erblich, wurden indess innerhalb der berechtigten Geschlechter z. Th. durch das Loos vergeben. Die meisten Priester und Priesterinnen wurden aber auf Lebensdauer oder auf eine beschränkte Zeit, oft nur auf ein Jahr, durch das Loos oder durch Wahlen eingesetzt, ja z. Th. wurden die priesterlichen Aemter öffentlich versteigert, was dieselbe Wirkung haben musste wie die Simonie in der christlichen Kirche.*) Uebrigens wirkten bei der Verwaltung und Besorgung der öffentlichen Religionsfeierlichkeiten neben den Priestern eine Reihe von unbesoldeten Staatsbehörden mit, die zu den vornehmsten Stellen gerechnet wurden.**) Die Priester selbst konnten auch zugleich andere öffentliche Stellungen einnehmen.

Die erste Aufgabe der gottesdienstlichen Administration war die Herstellung und Pflege der öffentlichen Cultlocalitäten. In der pelasgischen Zeit wurde die Gottheit nach altarischer Weise

---

*) Vergl. Kl. Schr. IV, S. 337.
**) Vergl. Staatsh. d. Ath. I, S. 302 ff.

III. Aeussere Religion u. Kunst. 1. a. Der Cultus als Gottesdienst. 433

ohne Tempel und Bilder verehrt. Aber heilig waren die Stätten, wo man sich bei der Anbetung dem göttlichen Geiste näher fühlte: man weihte dazu mit Vorliebe hochragende Berggipfel oder geheimnissvolle Grotten oder stille Haine. Frühzeitig mögen an heiligen Bezirken zum Schutz der Heiligthümer, insbesondere der Opfergeräthe und des Priesterschmucks Hütten und hölzerne Gebäude errichtet sein. Noch in der achäischen Heroenzeit, wo den Göttern ein τέμενος wie den Königen zugewiesen ist, scheinen jedoch eigentliche Tempel kaum vorhanden gewesen zu sein. An einzelnen Stellen des Homer werden allerdings Tempel erwähnt; also bestanden sie zu der Zeit der Sänger, von welchen jene Stellen herrühren, soweit diese nicht interpolirt sind. Die Tradition von dem alten delphischen Tempelbau, auf welche einige Fragmente des Pindar Bezug haben,*) ist offenbar mythisch; der Ausdruck λάϊνος οὐδός, womit Homer das delphische Heiligthum bezeichnet, bedeutet wahrscheinlich nur die Orakelhöhle. Pausanias (II, 31. 6) kennt keine älteren Steintempel als den des Apollon Thearios, welchen Pittheus, der Grossvater des Theseus in Trözen gebaut haben sollte; nach diesem setzt er den Athenatempel zu Phokaea und den des pythischen Apoll zu Samos, die doch beide erst nach der ionischen Wanderung gebaut sind. Die Tempel erhielten ihre eigentliche Bedeutung erst durch die Entstehung des Bilderdienstes, da seitdem ihre Cella zur Bergung der Götterbilder bestimmt wurde. Diese sind ursprünglich Symbole der Gottheit, wie Meteorsteine (βαιτύλια) und ihnen ähnliche andere Steine (λίθοι ἀργοί), wunderbar geformte Hölzer, von denen man oft ebenfalls annahm, dass sie vom Himmel gefallen, dann bestimmtere Symbole, z. B. der Phallos als Bild der zeugenden Naturkraft. Der anthropomorphe Polytheismus schuf die rohen Symbole zu Bildern der göttlichen Gestalt um. Man diente nun den Göttern, indem man symbolisch an ihren Bildern für die Befriedigung ihrer leiblichen Bedürfnisse sorgte: der Tempel wurde zum Gotteshaus, königlich ausgestattet mit heiligem Grundbesitz und andern Einkünften, deren Ertrag für den Aufwand des Cultus und die Erhaltung der Priester und der für den Tempelhaushalt nöthigen Hierodulen verwendet wurde; das Bild der leiblichen Gottesgestalt wurde heilig behütet, z. Th. durch Ankettung vor räuberischen Händen gesichert, ja

---

*) *Pindari opera* II, 2. S. 568 ff.

bei manchen Culten gesalbt und gekleidet, symbolisch gespeist und in feierlichen Processionen herumgeführt. In der Regel war jeder Tempel für eine einzelne Gottheit bestimmt; doch gab es auch gemeinsame Heiligthümer mehrerer Götter (θεοὶ cύvvαoι, cύμβωμoι). Hierzu gehören die Panthea, d. h. Tempel und Altäre für die Zwölfgötter. Das berühmte römische Pantheon ist eine Nachahmung dieser hellenischen Einrichtung.*) Uebrigens waren Götterbilder und Altäre nicht nur in den Tempeln, sondern auch an andern heilig gehaltenen Stätten, auf den öffentlichen Plätzen, an den Strassen (wie Hermen und Hekateen) und in den Häusern.

Der römische Gottesdienst trägt denselben Grundcharakter wie der griechische. Die ältesten italischen Nationalgötter stimmen von der arischen Urzeit her mit den griechischen überein; der Polytheismus hat sich aber bei den Italern weniger durch die Mythologie als durch den Cultus entwickelt. Insbesondere tritt dies bei den Römern hervor. Hier verschmolzen zunächst in der ältesten Zeit die Culte des sabinischen und latinischen Stammes, wodurch Mars und Quirinus zu Stammgöttern des römischen Volkes wurden. Später kamen etrurische Culte hinzu. Ferner verehrte Rom die Schutzgottheiten der eroberten Städte neben den einheimischen Göttern, wodurch sich der Cult mit der Zeit ausserordentlich erweiterte. Ausserdem aber wurden nicht nur wie bei den Griechen alle Einzelheiten des praktischen Lebens in die Obhut schützender Gottheiten gegeben, sondern diese wurden auch nach ihren Functionen bis ins Speciellste mit Beinamen bezeichnet und da die Gottheiten nicht wie bei den Griechen durch die Mythologie zu individuellen Gestalten ausgebildet wurden, so fasste man die einzelnen Seiten ihrer praktischen Thätigkeit allmählich als ebensoviele göttliche Wesen auf. Daher zweigte sich von den grossen Naturgottheiten eine unübersehbare Menge dämonischer Naturwesen ab, deren Namen nur ihre *potestas* für das praktische Leben bezeichneten und am besten beweisen, wie skrupulös die Römer jeden Akt der natürlichen Lebensentwicklung und der Lebensführung und jeden Gegenstand der praktischen Thätigkeit in den Dienst der Gottheit stellten. Zu einem nicht unbeträchtlichen Theil waren die Götternamen selbst abstracte Bezeichnungen praktischer Ideale,

---

*) Vergl. *Pindari opera* II, 1, S. 102.

III. Aeussere Religion u. Kunst. 1. a. Der Cultus als Gottesdienst. 435

wie *Pax, Concordia, Fides, Virtus*. Bis zur Zeit der Tarquinier verehrten die Römer ihre Götter ohne Bilder nur unter einfachen Symbolen, wie den Mars unter dem Symbol der Lanze. Die Tarquinier führten erst den griechischen Bilderdienst ein und von dieser Zeit an bis zum 2. punischen Kriege wurden allmählich alle Hauptgottheiten der Griechen als *dii peregrini* eingebürgert, mit denen die analogen einheimischen (*dii patrii*) möglichst identificirt wurden. Seit dem 2. punischen Kriege trat der alten Staatsreligion, welche äusserlich bestehen blieb, die neue nur theilweise damit verschmelzende mythische Religion der Dichter gegenüber, durch welche die alten unplastischen Naturdämonen allmählich zum grossen Theil ganz in Vergessenheit gebracht wurden. Aber auch diese mythische Religion war bereits durch die Philosophie zersetzt, so dass die meisten gebildeten Römer bald darin nur eine anmuthige oder lächerliche Fabel sahen (s. oben S. 290). In der philosophischen Theologie entsprach der alten Staatsreligion am meisten der Pantheismus der Stoiker, wonach die Götter als dämonische Naturwesen nur Wirkungsweisen der Weltseele sind. Eine ähnliche Anschauung fanden die Römer in den mystischen Culten des Orients, welche sich seit der letzten Zeit der Republik im ganzen Reiche verbreiteten. So wurde nun eine vollständige Theokrasie herbeigeführt, indem man in jeder Gottheit nur das Eine unter verschiedenen Namen verehrte göttliche Wesen wiederfand. Die Götter galten als νομίσματα, *consuetudines*, und man war eine Zeitlang nicht abgeneigt auch Jesus Christus unter die gangbaren Götter aufzunehmen. Die Christenverfolgungen wurden dadurch hervorgerufen, dass die Christen alle heidnischen Culte als gottlos verwarfen und also die Staatsreligion befeindeten, insbesondere aber sich weigerten dem Bildniss des Kaisers göttliche Ehren zu erweisen. Menschenvergötterung war schon bei den Griechen in der Zeit des peloponnesischen Krieges eingerissen; zuerst wurden dem Lysander von griechischen Städten göttliche Ehren erwiesen und seit Alexander d. Gr. verehrte man in dem Königthum eine göttliche Macht. Es ist dies eine Erneuerung der in der Heroenzeit herrschenden Ansicht, dass die Könige von Zeus stammen, und eine Erweiterung des Heroencults. Die römischen Kaiser knüpften an diese Vorstellungen an, und es wurde in allen Provinzen des Reiches ein gemeinsamer Gottesdienst für die Göttin Roma und den Kaiser angeordnet.

Mehrere griechische Städte, besonders in Kleinasien, zeichneten sich hierbei durch servile Schmeichelei aus; sie drängten sich nach dem Ehrentitel „Küster (νεωκόροι) des Kaisers". Da nach der alten Staatsreligion jeder Römer unter dem Schutz eines Genius stand, den er als Ausfluss der Gottheit anbetete, so konnte auch in Rom selbst ohne Anstoss der Genius des Kaisers als Schutzgeist der Stadt und des Reichs verehrt werden. Da nun die Manen als göttliche Wesen galten (s. oben S. 422), war es natürlich, dass die Manen der meisten Kaiser durch feierliche Consecration unter die Staatsgottheiten versetzt wurden. Es hängt dies mit der durchgreifenden Trennung des gesammten Sacralwesens in *sacra publica* und *privata* zusammen, die sich bei den Griechen nicht findet. Die Gottheiten des griechischen Hausgottesdienstes gehören zugleich dem Staatscult an; es sind die gemeinsamen Götter in ihrer Beziehung auf das Privatleben. Diesem Verhältniss entspricht bei den Römern ursprünglich der Cult der Penaten, die mit den θεοὶ ἕρκειοι und κτήcιοι der Griechen zu vergleichen, aber zu abstracten Schutzgöttern des Hauswesens geworden sind. Von ihnen verschieden sind die Laren, in denen die Gründer der einzelnen Familien göttlich verehrt wurden. Sie entsprechen den θεοὶ πατρῷοι der Griechen; aber jede Familie hat ihre besonderen von den Staatsgöttern verschiedenen Laren. Hierzu kamen viele nur dem Privatleben vorstehende Götter. Die *sacra privata* zerfallen in *sacra gentilicia, familiarum* und *singulorum hominum*. Letztere sind ursprünglich Familiensacra, welche durch Erbschaft auf nicht zu der betreffenden Familie gehörige Personen übergegangen, so dass diese nun zu ihrer Verwaltung verpflichtet sind, während die Familiensacra vom *pater familias* verwaltet werden. Zur Besorgung der Gentilsacra bestellten die Geschlechter aus ihrer Mitte eigene *flamines*. Wie bei den Griechen sind nun die Culte der Geschlechter z. Th. zu Staatsculten geworden; z. Th. sind neu eingeführte Culte vom Staat bestimmten Geschlechtern übertragen, die sich durch Cooptation zu religiösen Sodalitäten erweiterten. Nach dem Muster dieser Geschlechtsverbände bildeten sich für den Cult der *dii peregrini* freie, vom Staate anerkannte Genossenschaften. Die öffentlichen Priesterthümer waren Anfangs allein in den patricischen Geschlechtern erblich. Die Priester verwalteten wie bei den Griechen den Gottesdienst sowohl für das ganze Volk als für die einzelnen Abtheilungen desselben (*sacra populi*

Romani, pagorum, vicorum, curiarum). In der Königszeit verrichtete der König als *pater familias* des Staates den Gottesdienst für diesen; ihm zur Seite standen die *pontifices* als Vertreter der männlichen Mitglieder der Staatsfamilie und die Vestalinnen als Hüterinnen des Staatsheerdes. Die *magni dii* wurden als die Penaten des Staats, die beiden Erbauer Roms als die Laren desselben verehrt; alle *flamines* der einzelnen Sacra waren dem Collegium der *pontifices* untergeordnet, welches ausserdem die Vorschriften für die Privatsacra festsetzte. Das ganze *ius divinum*, das frühzeitig in den Pontificalbüchern verzeichnet wurde, war geheim und wurde nach den Aussprüchen der *pontifices* vom Staat gehandhabt. Da nun der König an der Spitze des *collegium pontificum* stand, war das ganze Sacralwesen einheitlich geordnet, und das Priesterthum wurde als das wirksamste politische Werkzeug benutzt. Als solches kam es nach Abschaffung der Königswürde ganz in die Hände der Patricier; man behielt nun, wie in den griechischen Republiken, den Königstitel nominell für die Verwaltung solcher Sacra bei, welche früher dem König allein zustanden; das höchste Priesteramt dagegen wurde das des *Pontifex Maximus*. Wegen der politischen Bedeutung der obersten Priesterwürden erstrebten in dem Ständekampfe die Plebejer den Zutritt zu denselben, der ihnen durch die *lex Ogulnia* (300 v. Chr.) gewährt wurde. Seitdem wurden die höchsten geistlichen Stellen zu Staatsämtern, die man entweder lebenslänglich oder auf bestimmte Zeit bekleidete und die auch allmählich wie die übrigen Aemter durch Wahl besetzt wurden. Eine Anzahl angesehener Priesterthümer blieb indess beständig an patricische Geschlechter gebunden; doch wurden diese nach dem 2. punischen Kriege den Patriciern selbst lästig, weil ihre Inhaber von der Bekleidung anderer Staatsämter ursprünglich ganz und später doch immer theilweise ausgeschlossen waren und keine politische Macht ausüben konnten. Daher blieben diese Stellen oft lange unbesetzt und wurden erst durch das Kaiserthum wieder zu höherem Ansehen erhoben. Die Kaiser vereinigten in sich wieder die höchste weltliche und geistliche Gewalt, indem sie das Amt des *Pontifex Maximus* für sich in Anspruch nahmen. Erst Gratian legte dasselbe (382) nieder, und es lebte später in dem Pabstthum wieder auf.

b. Die Culthandlungen.

§ 64. Die Sorge für die Heiligthümer, die dem Priester obliegt, ist der äussere materielle Gottesdienst desselben. Zugleich aber dient er als Vermittler der Gemeinde bei allen Handlungen der Gottesverehrung.

Die Culthandlungen stellen den geistigen Verkehr mit der Gottheit dar. Sie bestehen in Gebet, Opfer, Reinigungen und Festspielen. Das Gebet als Bitte, Danksagung und Lobpreisung ist die älteste Grundform des Verkehrs mit dem unsichtbaren Lenker der Geschicke. Auch im Polytheismus wird beim Gebet die geistige Allgegenwart des angerufenen Gottes vorausgesetzt, obgleich im Mythos die menschenähnlichen Götter räumlich beschränkt sind und die Bildsäulen z. Th. fetischartig angebetet wurden. An diese räumliche Beschränkung erinnert der Ritus des Gebetes besonders dadurch, dass der Betende die himmlischen Götter mit gen Himmel erhobenen, die Meeresgötter mit vorgestreckten und die unterirdischen mit abwärts gekehrten Händen anruft. Im Gefühl der geistigen Freiheit beten die Griechen und Italer aufrecht stehend; die orientalische Sitte des Niederwerfens galt als sklavisch und fand erst in der makedonischen Zeit mit Annahme asiatischer Culte Eingang; nur Hülfeflehende umfassten knieend den Altar oder das Götterbild. Es war alter Brauch Morgens, Mittags und Abends zu beten; ausserdem rief man bei allen wichtigen Anlässen des Privat- und Staatslebens die Götter an. Der Dienst der Priester bestand darin, dass sie an den geweihten Stätten im Namen der Gemeinde beteten und die Hymnen ordneten, in welchen das gemeinsame Gebet der Gemeinde seinen Ausdruck fand. Die Gebete erstarrten z. Th. zu festen Formeln, deren ursprünglicher Sinn zuweilen ganz verloren ging und denen man eine besondere Heiligkeit zuschrieb. Ein solches formelhaftes Ritual ist bei den Römern vorherrschend, während bei den Griechen eine freie ungezwungene Form überwiegt. Die griechische Philosophie fasste die Bedeutung des Gebets in ihrer ganzen Tiefe auf, indem sie die Unmöglichkeit erkannte durch dasselbe den Rathschluss der Gottheit zu bestimmen und es nur als Ausdruck der geistigen Hingabe an diese gelten liess.

An das Gebet schloss sich in sehr vielen Fällen das Opfer an. Wie sich im menschlichen Verkehr die persönliche Hingabe dadurch äussert, dass man den äusseren Besitz mit andern theilt, so giebt der Opfernde symbolisch seine Bereitwilligkeit zu erkennen seinen Besitz, der selbst Gottesgabe ist, der Gottheit darzubieten. Wie Speise und Trank mit den Freunden getheilt wird, so wird bei jeder Mahlzeit den Göttern ein Trankopfer geweiht und bei festlichen Gelegenheiten werden ihnen ausserdem Speisopfer dargebracht. Die ältesten Cultgebräuche und Mythen weisen darauf hin, dass das Menschengeschlecht sich ursprünglich nur von Pflanzenstoffen genährt hat und die Speisopfer daher ursprünglich unblutig waren; daraus erklärt sich auch, dass die alte Priestertradition der Orphiker und Pythagoreer, wie die der indischen Brahmanen das Schlachten der Thiere verbot oder doch einschränkte. Auch der milde Cult des Numa liess nur unblutige Opfer zu; die Thieropfer wurden in Rom erst in der letzten Zeit der Königsherrschaft eingeführt. Die Scheu vor der Tödtung der Thiere zeigt sich noch deutlich in manchen Culten, z. B. in den Gebräuchen bei den attischen Buphonien. Daher schlachtete man auch kein grösseres Thier zum eigenen Essen ohne davon ein Opfer darzubringen, indem so der Todtschlag durch die Religion gesühnt wurde. Uebrigens ist es eine triviale Ansicht, wenn man die Speisopfer daraus erklären will, dass die menschenähnlichen Götter auch der Speise bedürftig gewesen seien; sie leben selbst nach Homerischer Vorstellung nicht von menschlicher Nahrung, sondern von Nektar und Ambrosia, und man verbrannte die Opferstücke, die bei Thieropfern überdies hauptsächlich aus Knochen und Fett bestanden. Ganz verkehrt ist es als die ursprünglichste Art des Opfers das Menschenopfer anzusehen. Roheit, Grausamkeit und Aberglauben haben zu verschiedenen Zeiten die Unsitte des Menschenopfers erzeugt, wobei man der Gottheit den werthvollsten Besitz in Sklaven, Kriegsgefangenen oder gar den eigenen Angehörigen darbringt, besonders als Sühnopfer zur Abwendung des göttlichen Zornes, dem man das eigene Leben oder das des ganzen Volkes verfallen glaubt. Es ist nicht zu leugnen, dass auch in Griechenland in der vorhomerischen Zeit Menschenopfer im weiteren Umfange üblich gewesen sind, wahrscheinlich aus semitischen Culten, z. B. dem Molochdienst der Phöniker übertragen. Doch wurde diese Barbarei frühzeitig durch die Humanität der griechischen Religion wieder getilgt; es blieben in den Culten nur mancherlei Symbole, die an die frühere Sitte erinnerten. So trat z. B. in dem Dienst der Artemis Orthosia zu Sparta an die Stelle der Knabentödtung die blutige Geisselung der Knaben, die am Fest der Gymnopädien stattfand und als Probe der systematischen Abhärtung festgehalten wurde.*) In der Regel wurde das Menschenopfer durch das stellvertretende Thieropfer ersetzt. Dieser Uebergang ist auch in mehreren Sagen mythisch dargestellt. Der Mythos von der Rettung der Iphigenia in Aulis hat z. B. offenbar diese Bedeutung, ganz ähnlich wie die alttestamentliche Erzählung von der intendirten Opferung des Isaak, für welchen ebenfalls ein Widder untergeschoben wird. Auch die Hinrichtung verurtheilter Verbrecher trat an die Stelle früherer Menschenopfer; sie galt dann zugleich als Sühne für die Sünden des Volks. Welche Bewandniss es mit dem bis in die makedonische Zeit bestehenden Menschenopfer in dem Dienste des Zeus Lykaios gehabt, ist unklar.**) In den Culten der verschiedenen Gottheiten war natürlich Art und Ceremoniell des Opfers verschieden und richtete sich wesentlich nach den mythologischen Vorstellungen. Zu den Opfern im weiteren Sinne gehören die Weihgeschenke (ἀναθήματα), womit der Staat, die Cultgenossenschaften oder Einzelne die Heiligthümer schmückten, und die zu religiösen Zwecken gemachten Stiftungen an Geld und Gut.

Der Verkehr mit der Gottheit erfordert ein andächtiges Gemüth, d. h. volle geistige Hingabe. Daher suchte man von demselben alle Störungen fern zu halten. Die Abwendung vom Treiben der profanen Welt wurde symbolisch durch Reinigungen (καθαρμοί) ausgedrückt. In der Homerischen Zeit ist es stehender Gebrauch sich vor Opfern und Gebeten zu waschen, d. h. von dem Schmutz der irdischen Geschäfte zu befreien. In der geschichtlichen Zeit finden sich bei allen Culten besondere Einrichtungen für symbolische Reinigungen. Insbesondere waren am Eingange der Heiligthümer Weihkessel mit Weihwedeln angebracht, ein Gebrauch, den die christliche Kirche vom Heidenthum angenommen hat. Besondere Waschungen oder Räucherungen waren bei gewissen Vorkommnissen des Lebens, z. B. bei jeder Berührung mit Leichen vorgeschrieben, weil man darin eine Verunreinigung sah, die zum Verkehr mit den Göttern

---

*) Vergl. *Explicat. Pindari* S. 139 f.
**) Vergl. *In Platonis, qui vulgo fertur, Minoem.* S. 55 f.

unfähig machte. Nach Seuchen oder Bürgerkriegen mussten deshalb oft ganze Städte und Gegenden lustrirt werden, was unter Opfern und Gebeten geschah. Bei einigen Riten war auch eine Vorbereitung durch Fasten oder geschlechtliche Enthaltung Vorschrift. Aber die Askese konnte im griechischen Cult zu keiner grossen Bedeutung gelangen, weil das Leben nicht durch eine Hierarchie in strenge Ritualsatzungen eingeschnürt war. Daher findet sich auch bei den Hellenen nicht jene Zerknirschung der Busse, welche bei Indern und Juden aus dem Bewusstsein einer beständigen Uebertretung göttlicher Gebote hervorging. Dagegen wird in der nachhomerischen Zeit die moralische Verschuldung immer tiefer als Sünde empfunden, durch welche der Mensch der Gottheit entfremdet wird und welche daher einer besonderen Sühne (ἱλασμός) bedarf. Deshalb fanden seit Epimenides die orphischen Weihen (τελεταί) und Reinigungen so grossen Anklang, durch welche die Seele von der Befleckung niederer Leidenschaften befreit und so mit der Gottheit ausgesöhnt werden sollte. Diese Weihen arteten durch die Orpheotelesten in abergläubische Ceremonien aus, während unter den Gebildeten durch die Philosophie die Erkenntniss zur Geltung kam, dass Reinheit des Herzens die wahre religiöse Weihe ist.

Im römischen Culte waren die Reinigungen wie die Opferceremonien nach einem höchst verwickelten Ritual geordnet, dessen Durchführung um so strenger gefordert werden konnte, weil dazu kein grosser äusserer Apparat, sondern nur die skrupulöseste Befolgung der im heiligen Rechte gegebenen Vorschriften nöthig war. Cicero sagt von Numa (*De republ.* II, 14. 27): *Sacrorum ipsorum diligentiam difficilem, apparatum perfacilem esse voluit; nam quae perdiscenda quaeque observanda essent multa constituit, sed ea sine impensa.* Jeder Formfehler galt als Verletzung des heiligen Rechts und musste in vorgeschriebener Weise gesühnt werden, wenn man den Beistand der Gottheit nicht verscherzen wollte. Hierauf beruhte die Macht der römischen Priesterschaft, die als Hüterin des heiligen Rechts über die Gültigkeit der Culthandlungen entschied. Da aber das Priesterthum einen durchaus politischen Charakter trug, trat auch in Rom eine asketische Richtung der Religion erst ein, als man sich den orientalischen Culten hingab, die nicht von Staatspriestern verwaltet wurden.

Den Mittelpunkt aller Culthandlungen bilden die religiösen

Feste, wo die Alltagsarbeit ruht und die Zeit der Erholung dem Verkehr mit der Gottheit gewidmet wird, wie der gesellige Verkehr der Menschen sich in der Mussezeit am genussreichsten regt. Die Griechen und Italer feierten ihre Feste aber nicht in träger Ruhe und Beschaulichkeit oder durch bloss leibliche Genüsse, sondern füllten sie mit freudiger Thätigkeit aus, die, weil sie nicht den Bedürfnissen des Lebens diente, als Spiel erschien. Die Festspiele der Griechen gipfelten in gymnischen und musischen Wettkämpfen, worin alle Kräfte des Leibes und Geistes sich zum Preise und zur Freude der Götter in der höchsten Blüthe der Schönheit entfalten sollten; der Kranz weihte die Sieger der gefeierten Gottheit, der sie zum bleibenden Gedächtniss dieser Ehre auch den Kampfpreis als Gabe darbrachten. Diese Agonen concentrirten sich auf grössere Feste, die oft mehrere Tage dauerten und meist auch von fremden Staaten durch heilige Gesandtschaften (θεωρίαι) beschickt wurden; die vier grossen Nationalspiele vereinigten alle Stämme Griechenlands zu gemeinsamer Feier. An kleineren Festen wurden in der Regel nur Opfer und Weihgeschenke in feierlichen Aufzügen (πομπαί) dargebracht. In Folge der Mannigfaltigkeit der Culte finden wir bei den Alten eine fast unübersehbare Menge von Festen, da jeder Staat seine besondere Festordnnng hatte und innerhalb eines jeden wieder neben den allgemeinen Festen die kleineren Cultgenossenschaften ihre besonderen Feierlichkeiten begingen. Die Festordnung war die Grundlage des Kalenderwesens, dessen buntscheckige Mannigfaltigkeit sich daraus erklärt, das aber doch in den verschiedenen Staaten bis auf einen gewissen Grad übereinstimmte, weil sich die Hauptfeste der Naturreligion an die natürlichen Epochen des lunisolaren Jahres anschlossen. Die grössern Cyklen wurden durch die vier grossen Nationalspiele übereinstimmend geregelt. (Vergl. oben S. 318 ff.) Uebrigens war in den einzelnen Staaten die Anzahl der Feiertage für die Gesammtheit der Bürger und für die Einzelnen im Allgemeinen nicht übermässig gross, und an den meisten Festen ruhte die Tagesarbeit nicht völlig. Einen wöchentlichen Ruhetag kannte man nicht; eine solche Einrichtung schien den Griechen so gemein, dass sie die Juden wegen ihres Sabbaths das faulste Volk der Erde nannten.

Bei den Römern waren die *Calendae*, *Nonae* und *Idus* monatlich wiederkehrende Feiertage, die aber die Geschäfte nur wenig unterbrachen und keineswegs mit dem Sabbath zu vergleichen sind. Die römischen Jahresfeste waren dadurch concentrirt, dass neben den stehenden Feiertagen des ganzen Volkes (*dies statuti*) die Hauptfeiertage der gleichartigen Volksabtheilungen zu einer und derselben Zeit stattfanden (*feriae conceptivae*); so beging man die *Paganalia* zu gleicher Zeit in allen *pagi*, die *Fornacalia* in allen Curien, die *Compitalia* in allen Gemeinden. Die Zahl der römischen Feste stieg aber im Laufe der Zeit besonders durch die beständig hinzutretenden *feriae imperativae*, d. h. die vom Staate befohlenen ausserordentlichen Feiertage, die bei der Einführung neuer Culte und als Bitt-, Buss- oder Dankfeste bei besonders wichtigen, das Wohl und Wehe des Staats berührenden Ereignissen eingesetzt wurden. Solche Feste dauerten oft mehrere Tage, ja Wochen und wurden z. Th. zu stehenden Gedenkfeiern. Unter dem Principat wurden auch die Familienfeste des kaiserlichen Hauses zu Staatsfesten erhoben. Die Zahl der Feiertage überstieg daher schon unter Claudius die der Arbeitstage. Das müssige Volk verlangte *panem et circenses*. Die Circusspiele waren von der ersten Zeit Roms bis zum Untergange des Heidenthums die Hauptfestspiele der Römer; sie bestanden dem Charakter des Volkes gemäss in militärischen Schaustellungen, rohen kriegerischen Kraftproben und dem aristokratischen Wettkampf des Wagenrennens. Neben den circensischen Spielen, die mit Beobachtung eines strengen Rituals gefeiert wurden, waren die ursprünglich aus dem etrurischen Ritus aufgenommenen Bühnenspiele bis auf Livius Andronicus unbedeutend; sie wurden seitdem nach griechischem Muster ausgebildet, aber erlangten nie das Ansehen der circensischen Spiele, in welche seit 186 v. Chr. z. Th. die griechische Athletik, aber zugleich auch das blutige Schauspiel der Thierhetzen mit aufgenommen wurde. An den von den Kaisern künstlich gepflegten griechischen Agonen betheiligten sich die Römer selbst nur wenig, obgleich der im Jahre 86 von Domitian gegründete Capitolinische Agon, der in vierjähriger Wiederkehr stattfand, an Glanz und Ansehen die olympischen Spiele übertraf und bis in die christliche Zeit bestand. In der Kaiserzeit waren nächst den circensischen Spielen die Gladiatorenkämpfe am volksthümlichsten. Sie stammen aus Etrurien und sind ursprünglich Surrogate der Menschenopfer. Seit 264 v. Chr. wurden sie zuerst von römischen Grossen bei Leichenfeierlichkeiten veranstaltet; in der letzten Zeit der Republik nahm man sie allmählich in die öffentlichen Spiele auf. Es fochten nun nicht nur zum Tode verurtheilte Verbrecher, sondern man richtete dazu Sklaven bandenweise ab und zahllose Kriegsgefangene fanden in der Arena ihren Tod; ja der Beifall und der reiche Lohn, welcher der rohen Tapferkeit der Fechter zu Theil wurde, lockte selbst viele Freie in die Gladiatorenschulen. In den meisten bedeutenderen Städten des römischen Reichs wurden Amphitheater für Fechterspiele und Thierhetzen gebaut. Erst im 5. Jahrhundert wurden die Gladiatorenkämpfe durch den Einfluss des Christenthums aufgehoben, während die Thierhetzen noch bis ins 6. Jahrhundert bestehen blieben. (Vergl. oben S. 291.)

Die christliche Kirche ordnete ihr Festjahr im Anschluss an die heidnischen Naturfeste, mit denen die grössten jüdischen Feiertage annähernd vereinbar waren. Das Weihnachtsfest ist seit dem 3. Jahrh. an dem *natalis* des *Sol Mithras invictus*, d. h. dem Fest der *bruma* gefeiert worden; die Sitte der Weihnachts- und Neujahrsgeschenke stammt bekanntlich aus den Saturnalien, und so ist vieles in den Festbräuchen und dem gesammten Rituale des Christenthums aus dem heidnischen Cult entlehnt (s. oben S. 273).

c. Der Cultus als religiöse Erziehung.

§ 65. Wie die Religion die Ideale des göttlichen Wesens aus dem praktischen Leben gewinnt, so wirkt sie auf das Leben zurück, indem sie es jenen Idealen gemäss zu bilden sucht. Dies geschieht durch religiöse Maximen, durch den Glauben an **innere und äussere Offenbarung** und durch das Streben göttlicher Kräfte theilhaftig zu werden.

Dass die Gottesverehrung eine Verähnlichung mit dem Göttlichen sein soll, drücken mehrere alte Culte symbolisch aus, indem darin der Liturg bei hohen Festen durch typische Tracht den Gott selbst darstellt.*) Dogmatische oder moralische Belehrung gehörte allerdings im griechischen Alterthum nicht zu den Obliegenheiten des Priesters, seitdem der Mythos in den Händen der Sänger lag; aber die Poesie, die beim Cultus so mächtig auf die Gemüther wirkte und die Grundlage des Jugendunterrichts bildete, erzog zur Frömmigkeit (s. oben S. 419). Da

---

*) Vergl. Kl. Schr. III, S. 67.

ferner die Religion mit dem ganzen Leben innig verwachsen war, wurden durch das Leben selbst mit der Religionsübung beständig religiöse Maximen über das, was heilig und erlaubt (θέμις) ist, eingeprägt. Diese Einwirkung fand in dem alten nationalen Cult der Römer in noch höherem Grade statt, und das Volk wurde in Rom durch das heilige Recht der *pontifices* so geleitet, wie in Griechenland durch die Stimme der Sänger. Die Religion ist nicht von Priestern zur Zügelung der grossen Menge erfunden; aber sie hat in der That im Alterthum die Leidenschaften und die Roheit des Volkes gezügelt, wenn sie auch andrerseits wieder Leidenschaften erregt und genährt hat. Es galt bei den Alten nicht blos als religiöse Pflicht die Götter, insbesondere die des Staates äusserlich zu ehren, sondern man glaubte, dass sich die Götter um die Handlungen der Menschen kümmern und dass man ihnen nur wohlgefällig werden könne, wenn man die ungeschriebenen Gesetze befolge, die ihren Willen offenbaren. Zur Frömmigkeit gehörte die Erfüllung der Liebespflichten gegen Angehörige und Freunde, Menschlichkeit auch gegen Fremde und Sklaven, Ehrfurcht und Gehorsam gegen die Eltern, die Sorge für das Andenken der Dahingeschiedenen. Ferner war die Wahrhaftigkeit durch die Religion geboten, die den Eid heiligte. Von Verbrechen schreckte die Furcht vor der göttlichen Nemesis ab; denn jede Gottheit wachte über demjenigen Theil der gesellschaftlichen und staatlichen Ordnung, der unter ihrem Schutz stand, und den Frevler verfolgte der Zorn der Götter. Der Staat selbst verstärkte das Ansehen seiner Gesetze, indem er Uebertretungen häufig mit dem Fluch bedrohte. Verfolgte fanden eine sichere Zufluchtsstätte in den Heiligthümern, deren Asylrecht selten verletzt wurde. Die Vaterlandsliebe der Alten trägt ebenfalls einen religiösen Charakter; denn das Vaterland ist der Inbegriff der väterlichen Religion; wer das Vaterland verräth, der verräth die Altäre der heimischen Götter und die heiligen Gräber der Vorfahren. Das ganze Völkerrecht war ausserdem heiliges Recht. Ueberhaupt beruhte das gesammte sittliche Bewusstsein des Alterthums auf der Religion; denn auch die Philosophie, in welcher dasselbe zur höchsten Klarheit ausgebildet wurde, trägt die Religion in sich. Die positive Religion ist ja nichts anderes als eine bestimmte Form und Fassung dessen, was das Gewissen vorschreibt; der göttliche Wille, der darin als äussere Macht auftritt, ist identisch mit dem Gewissen, welches sich in den religiösen Maximen objectivirt. Dagegen erkennt der Philosoph die Identität seines Gewissens mit seiner Vernunft und findet so das Göttliche als ein Inneres, nicht mehr blos Positives. Aber die philosophische Ethik der Alten gerieth schon seit Pythagoras und Xenophanes in Widerspruch mit der Volksreligion. Der Mythos hatte den Göttern menschliche Schwächen und Laster angedichtet, die mit der Heiligkeit des göttlichen Wesens unvereinbar waren, und der mit solchen Vorstellungen angefüllte sinnliche Cultus wirkte verderblich auf die Sitten, weil das Leben den göttlichen Idealen nacheiferte. Die Erneuerung der orphischen Mystik, die aus einer Vertiefung der Gewissenhaftigkeit hervorging, führte bei der Masse nur zu einer neuen Deisidämonie; man glaubte nun durch Sühnopfer jeden Fluch abwenden zu können und die Telesten, die Ablasskrämer des Alterthums vergaben die Sünden in den Weihen, worin Asketik mit wilden Orgien gemischt war. Zugleich erzeugten die Widersprüche des Polytheismus religiöse Zweifel und mit dem Glauben an die Götter wurden auch die sittlichen Grundsätze erschüttert. Aus Platon's Republik und aus Thukydides kann man die grauenhafte Zerrüttung des Lebens kennen lernen, welche der Verfall der Religion nach sich zog und welcher die Philosophie seit Sokrates vergebens zu steuern suchte. Noch entsittlichender wirkte der aus Griechenland eindringende Unglaube in Rom, wo die Religion der einzige Halt der sittlichen Ideale war.

Platon hielt noch eine Reform der griechischen Volksreligion durch das delphische Orakel für möglich und in der That hätte dies Institut allein eine solche Reform herbeiführen können, wenn der Polytheismus überhaupt derselben fähig gewesen wäre; denn das delphische Orakel war die Quelle der religiösen Offenbarung für ganz Griechenland. Die Idee der göttlichen Offenbarung ist uralt. Sie stammt in Griechenland aus der Zeit der ältesten priesterlichen Religion, wo der gottbegeisterte Priester als προφήτης der göttlichen Weisheit galt. Es liegt hierbei kein Priesterbetrug zu Grunde, sondern der Seher selbst theilte den frommen Glauben der Gemeinde, dass im Zustande der Ekstase die Stimme der Gottheit aus ihm rede um ihren Rathschluss oder ihren Willen zu künden. Die Offenbarung hatte in der ältesten Zeit meist die Form von Spruchversen. Diese waren der Natur der Sache nach oft dunkel, räthselhaft und zweideutig, besonders wenn sie die Zukunft offenbaren; denn der Seher schaut die göttliche Fügung nur im Allgemeinen; die besondere Art, wie sie sich erfüllt, ist die verborgene Schickung, welcher der Mensch wider Willen nachgeht. Viele Sehersprüche, namentlich solche, die eine allgemeinere Anwendung zuliessen, wurden durch die Priestertradition fortgepflanzt und später von Chresmologen gesammelt. So gab es uralte Orakel unter dem Namen des Orpheus, Musäos, Bakis, der Sibylle u. s. w., die freilich auch frühzeitig mit Absicht gefälscht wurden, wie die bekannte Notiz Herodot's (VII, 6) über Onomakritos beweist. Die Prophetie erhielt sich in priesterlichen Geschlechtern an den zahlreichen Orakelstätten, die aber alle durch das delphische Orakel in Schatten gestellt wurden. Die delphische Priesterschaft erlangte durch die weisen Rathschläge, welche sie auf Grund der Aussprüche der Pythia ertheilte, einen unberechenbaren Einfluss auf das Staats- und Privatleben und hat in der ächtreligiösen Zeit diesen Einfluss in der segensreichsten Weise geltend gemacht. Apoll, der milde Gott suchte überall Humanität und hellenische Sitte herzustellen; das Orakel wirkte für Vertreibung der Tyrannen und trat vermittelnd und versöhnend zwischen streitende Parteien und Staaten. Es stand mit allen weisen Männern in Verbindung; alljährlich sammelten sich in Delphi im ersten Frühlingsmonate heilige Gesandtschaften aller Staaten und ausserdem zahlreiche hervorragende Männer aus Hellas; zugleich tagten hier die Hieromnemonen der delphischen Amphiktyonie und auch die pythischen Spiele trugen dazu bei das delphische Heiligthum zum religiösen Mittelpunkte von Hellas zu machen. In allen Staaten wurde das den Gottesdienst regelnde heilige Recht von Delphi aus bestätigt und die Ausleger und Bewahrer desselben, die Exegeten (s. oben S. 80) wurden unter Mitwirkung des Orakels eingesetzt. Seit den Perserkriegen sinkt der Einfluss des letztern; insbesondere wurde derselbe in Athen streng auf die gottesdienstlichen Angelegenheiten beschränkt. Aber auch hierin konnte es den Ansprüchen der fortschreitenden Philosophie nicht genügen, da sein Ansehen hauptsächlich auf der Erhaltung der πάτρια νόμιμα beruhte. Als der Priesterschaft selbst der Glaube an die Göttlichkeit der Offenbarung abhanden kam, wurde das Institut zu einem Werkzeug des Priesterbetrugs, der durch die weitverzweigten Verbindungen des Orakels ausserordentlich erleichtert ward. In der makedonischen Zeit verfielen alle griechischen Orakel.

Den Römern war die Offenbarung durch Inspiration fremd; die italischen Spruchorakel *(Sortes)* bildeten nur ein schwaches Surrogat derselben; in wichtigen Angelegenheiten wandte man sich aber schon seit der Zeit des Tarquinius Superbus nach Delphi. Zugleich nahm man von Cumae die in griechischen Hexametern abgefassten Orakelsprüche der Sibylle auf, welche aus der Gegend von Troas stammten. Sie wurden von einem eigenen priesterlichen Collegium aufbewahrt, und man zog sie bei aussergewöhnlichen Prodigien oder Unglücksfällen zu Rathe, nicht um die Zukunft zu ergründen, sondern um darin Mittel zur Abwendung des göttlichen Zornes zu finden. Diese Mittel bestanden in Culthandlungen, die auf den griechischen Ritus berechnet waren, so dass derselbe grossentheils durch den Einfluss der sibyllinischen Bücher in Rom eingebürgert wurde. Als diese Bücher bei dem Brande des Capitols 83 v. Chr. untergingen, wurden in allen Ländern die noch vorhandenen sibyllinischen Sprüche gesammelt. Die Sammlung wurde unter August 12 v. Chr. genau revidirt und im Tempel des palatinischen Apoll aufbewahrt; unter Honorius verbrannte man sie, weil die Sprüche den Aberglauben des Heidenthums zu nähren schienen. Die griechischen Orakel waren bereits ganz in Verachtung gesunken, als die Römer Griechenland eroberten; sie wurden nur von Abergläubigen oder Neugierigen in den trivialsten Angelegenheiten befragt und waren zu Anfang der christlichen Ära fast ganz verstummt; durch die spätere mystische Richtung wurden sie indess wieder gehoben und erhielten sich bis nach der Zeit Constantin's d. Gr. Auch in den Tempeln der meisten orientalischen Gottheiten wurden in der Kaiserzeit von den Priestern Orakel ertheilt.

Gleichzeitig mit dem Verfall der Orakel kamen andere Arten der Mantik desto mehr in Uebung, die der abergläubischen Menge besser zusagten. Zunächst an die Orakel schliesst sich die Weissagung durch Incubation. Man glaubte, dass sich durch gewisse Bewegungen des Körpers, betäubende Dämpfe und Aussprechen heiliger Worte der Mensch in einen Zustand der Entzückung versetzen könne, worin sich die Eindrücke der gegenwärtigen Dinge verlören und eine dunkle Vorahnung der Zukunft eintrete. So wurde ja die Verzückung der Pythia durch die aus einem Erdschlund aufsteigenden Dämpfe hervorgebracht und ähnlich war es bei andern Orakeln. Durch die Incubation (ἐγκοίμηcιc), d. h. den Tempelschlaf wurden nun die Rathsuchenden selbst dieser Art Weissagung theilhaftig. Sie wurden in den Tempeln gewisser Gottheiten oder in Schlafhäusern, welche man bei solchen Tempeln baute, durch allerlei exaltirende Ceremonien in einen Zustand des Halbschlafes versetzt, worin diejenigen, welche dafür empfänglich waren, Visionen nach Art des modernen Hellsehens hatten. Man bediente sich der Incubation besonders zur Heilung von Krankheiten; daher war sie seit alter Zeit in den Äskulaptempeln Sitte, welche zugleich als Kurorte dienten. Diese Tempel hingen voll Votivtafeln, worauf die von Asklepios geoffenbarten Kuren verzeichnet waren und von denen noch eine Anzahl erhalten sind. Sehr verbreitet wurden die Incubationsorakel auch durch die ägyptischen Culte des Serapis, der Isis und des Phthas.*) Die Incubation ist verwandt mit der Traumweissagung, die in Griechenland uralt ist; da die Dinge, die man im Traum schaut, nicht gegenwärtig sind, erscheint er als göttliche Eingebung. Aber schon Homer lehrt, dass die Götter auch trügerische Träume senden, und die Traumdeutung wurde daher frühzeitig zu einem besonderen Zweige der Divination, der in der Zeit des religiösen Verfalls in Griechenland wie in Rom vorzüglich in Blüthe stand.

Die Divination (μαντικὴ ἐξηγητική) ist von der auf Inspiration beruhenden Mantik (μαντικὴ μανιώδης) wohl zu unterscheiden. Wenn sie auch bei der Deutung der inneren Offenbarung in Anwendung kam, so war doch ihr Hauptgebiet die Auslegung der äusseren Zeichen, wodurch die Gottheit sich den Menschen kund giebt. Diese Seherkunst war ebenfalls z. Th. in alten Geschlechtern erblich, wie in dem der Telliaden, Klytiaden und Iamiden,**) wurde aber auch frei ausgeübt. Sie beruhte ursprünglich keineswegs auf Betrug, obgleich schon bei Homer und Hesiod vorausgesetzt wird, dass die Sehergabe betrügerisch gemissbraucht werden kann. Noch Philochoros scheint an die Richtigkeit der von ihm ausgeübten Mantik geglaubt zu haben.***) Die Vögel, die Propheten des Wetters sind in der Naturreligion besonders vorbedeutend, so dass die ganze Zeichendeutung bei den Griechen als οἰωνιστική, bei den Römern als *augurium* bezeichnet wurde (vergl. oben S. 96). Ausserdem be-

---

*) Vergl. *Corp. Inscr.* nr. 481. (s. auch nr. 5980).
**) Vergl. *Explicationes Pindari* S. 152 f.
***) Vergl. Kl. Schr. V, S. 397. VII, S. 599.

zieht sich die älteste Mantik auf die atmosphärischen Erscheinungen selbst und auf sonstige Naturvorgänge als die unmittelbaren Wirkungen der Naturgötter. Im Leben des Menschen galten alle unerklärlichen Vorfälle und Erscheinungen, die nicht vom menschlichen Willen abhingen, als *Omina*; so z. B. auffallende unwillkürliche Bewegungen des Körpers wie das Niesen, unerwartete Begegnungen von Menschen und Thieren, zufällig vernommene bedeutungsvolle Worte u. s. w. Hieran reihen sich viele künstliche Arten der Mantik, wie die Chiromantie und die Weissagung aus Würfeln und Loosen. Nahe lag es in dem Verlauf der gottesdienstlichen Handlungen, vorzüglich des Opfers, ein Zeichen der günstigen oder ungünstigen Aufnahme seitens der Gottheit zu suchen. Die älteste Form dieser Zeichendeutung ist die μαντικὴ ἐξ ἐμπύρων, die sich auf die Art der Verbrennung bezieht; in der geschichtlichen Zeit ist aber die Weissagung aus den Eingeweiden der Opferthiere, die bei Homer noch nicht vorkommt, die eigentliche politische Mantik. Zu einem förmlichen System voll abergläubischer Geheimnisskrämerei wurde die Divination in Etrurien ausgebildet; die Römer nahmen diese etruskische Kunst schon in der ersten Zeit der Königsherrschaft in ihre Auguraldisciplin auf, welche von dem Collegium der Augures einheitlich gestaltet und in eigenen Büchern überliefert wurde. Das Recht für den Staat Auspicien anzustellen stand ursprünglich dem Könige, später ausser dem *Pontifex maximus* den Magistraten zu, während über die Bedeutung der angestellten Auspicien die Auguren entschieden. In den häufigen Kriegen der Republik wurde das *auspicium ex tripudiis*, d. h. aus dem Fressen der heiligen Hühner als das einfachste am gebräuchlichsten; über dasselbe entschieden die dem Feldherrn beigegebenen *pullarii*. Bei ausserordentlichen Prodigien zog man etruskische Haruspices zu Rath, welche auch im Kriege die Feldherren behufs der Opferschau begleiteten. Da keine wichtigere Angelegenheit ohne Auspicien vorgenommen wurde, so wurden diese in der Zeit des religiösen Verfalls in der schamlosesten Weise zu politischen Parteizwecken gemissbraucht. Die Auguraldisciplin kam dabei allmählich ganz in Vergessenheit. Erst unter der Kaiserherrschaft wurde die etruskische Haruspicin in Rom wieder erneuert, und die künstlichsten Arten der Divination kamen ausserdem in Gebrauch.

Merkwürdig ist, dass in der Mantik der Griechen die Astrologie durchaus keine Rolle spielt. Weder die Dichter, noch die Philosophen der ächt griechischen Zeit enthalten davon eine Spur. Nur den Phasen des Mondes schrieb man einen Einfluss auf das menschliche Leben und seine Verrichtungen zu; dies findet sich bereits in Hesiod's Tagewerken. Die Astrologie ist eine Ausgeburt der Chaldäer und Aegypter; die dem Aberglauben abgewandte griechische Wissenschaft hielt sich davon fern. Auch die griechischen Astronomen der alexandrinischen Zeit hielten auf strenge astronomische Wissenschaft; Meteorologie und die Bestimmung der Geschäfte des Landbaues nach dem Auf- und Untergange der Gestirne ist allerdings ächt griechisch, hat aber mit der Astrologie nichts zu thun, deren Hauptaufgabe die γενεθλιακά, die Lehre von dem Nativitätstellen war. Die erste Schule der Astrologie hat Berosos zu Kos gegründet (Vitruv IX, 6. 2) und gegen das 2. Jahrhundert v. Chr. fing die Astrologie an sich zu verbreiten, obgleich viele Griechen gegen sie schrieben (Cicero *de divin.* II, 42). In Rom wurden die chaldäischen Sterndeuter im Jahre 139 v. Chr. zum ersten Mal und dann während der letzten Zeit der Republik wiederholt ausgewiesen; doch gewann die Astrologie seit dem Ciceronianischen Zeitalter immer grösseres Ansehen. Ungeachtet der gegen sie gerichteten Decrete der ersten Kaiser drang sie überall in das gemeine Leben, die Literatur und Wissenschaft ein und verdarb namentlich die neupythagoreische und neuplatonische Schule. Es entstand in Rom eine dreifache Secte der Astrologen oder Mathematici: die chaldäische, ägyptische und griechische, deren jede ihre eigenthümliche, in wissenschaftliche Form gebrachte Kunst hatte. (Vergl. A. J. Letronne, *Observations sur l'objet des représentations zodiacales* etc. Paris 1824 [= *Oeuvres choisies, série* II, 1 (Paris 1883) S. 172 ff.]).

An die gesammte Zeichendeutung schliesst sich der Wust der antiken Zauberei. Man glaubte, dass die Gottheit, die den Menschen durch Zeichen belehrt, ihn auch selbst der Wunderkraft theilhaftig zu machen vermöge, durch welche sie die Natur beherrscht; die Bethätigung dieser geheimnissvollen Kraft ist die Zauberei. Die wunderbaren Heilwirkungen der Natur galten in der alten mythischen Zeit als zauberisch und ausserdem glaubte man Leiden aller Art durch Besprechung, d. h. durch Anwendung heiliger Formeln heilen zu können. Auch neben der wissenschaftlichen Medicin erhielten sich stets Wunderkuren durch Hausmittel, Sympathie, Auflegen der Hände und Besprechungen. Man meinte ferner auf die umgebende Natur, insbesondere auf Witterung, Pflanzenwuchs und Thiere durch Zauberformeln und geheimnissvolle Ceremonien einwirken und so schädliche Natureinflüsse abwenden zu können. Zugleich aber entwickelte sich hieraus eine bösartige Form des Zaubers, nämlich das Bestreben Andern durch Zauberei Uebles zuzufügen, ihr Eigenthum oder ihre Gesundheit zu schädigen, sie zu bethören, wahnsinnig zu machen, in Thiere zu verwandeln, ja ihren Tod herbeizuführen. Hierzu dienten Verwünschungen und Beschwörungen, magische Zeichen, der böse Blick (βασκανία, *fascinatio*), Liebestränke und andere φάρμακα. Ja man glaubte, dass der Zauber seine Macht auf die Geister der Verstorbenen und die Götter und Dämonen selbst ausdehne, die man dadurch citiren, bannen und zum Beistand nöthigen könne. Die bösartige Anwendung der Zauberkünste war in den alten Staaten streng verpönt; aber aus Furcht vor solchem Zauber waren im Privatleben überall mystische Sicherheitsmittel, insbesondere Amulete üblich. Die alte griechische Zauberei ging hauptsächlich von Thessalien und dem Dienst der Hekate aus und wurde von Alters her meist von Weibern betrieben. In der Zeit der ächten Religiosität war dieser Aberglaube zurückgedrängt; er fand erst mit dem Verfall der Religion wieder weitere Verbreitung, seitdem die Orpheotelesten als Gaukler und Wunderthäter umherzogen. Ferner kam die orientalische Magie hinzu, wonach die Natur mit guten und bösen Dämonen bevölkert gedacht wurde, die man sich durch magische Mittel dienstbar zu machen suchte. In Italien war Etrurien das Vaterland der Gaukelei und des Aberglaubens, der in Rom von jeher ausserordentlich mächtig war. Mit der Auflösung der römischen Staatsreligion drang die griechisch-orientalische Magie ein. Diese gewann hauptsächlich durch die neupythagoreische Schule einen wissenschaftlichen Anstrich. Es entstand ein Mythos von Pythagoras, worin derselbe als Erbe orphischer und orientalischer Priesterweisheit und als Theurg, insbesondere als Wunderarzt dargestellt wird. Nach diesem Ideale bildete sich eine heilige Quacksalberei und mystische Geisterbeschwörung, deren merkwürdigster Vertreter der theurgisch-asketische Wundermann Apollonios von Tyana ist. In den aus dem Neupythagoreismus und Neuplatonismus hervorgegangenen Formen erhielt sich die Magie mit der Astrologie das ganze Mittelalter hindurch.

III. Aeussere Religion u. Kunst. 1. Cultus.

Der Glaube an Zeichen und Wunder hängt an der Vorstellung, dass in der Natur übernatürliche Kräfte wirksam sind. Diese Vorstellung ist im Alterthum durch die Idee des Schicksals eigenthümlich bestimmt. Was die Alten Schicksal nennen, ist — unter welcher Form es auch erscheine — überall nichts Anderes als die Naturnothwendigkeit, welche sich dem menschlichen Willen entgegenstellt, ihn beschränkt oder überwindet. So definirt wohl Platon im Timaeos auch die Ἀνάγκη und dies ist das Wesen der εἱμαρμένη und des *Fatum*. Auch die Götter sind der Naturnothwendigkeit unterworfen, inwiefern sie als einzelne, mit freiem Willen begabte Wesen angesehen werden. Daher können sie durch magische Mittel gezwungen werden dem Menschen zu Willen zu sein; das Schicksal, das sie durch Zeichen offenbaren, vermögen sie nicht abzuwenden. Der Sterbliche aber erliegt dem Zwange der übermächtigen äusseren Kräfte und nur die Gesinnung wird nicht überwunden. Daher hebt der Schicksalsglaube nicht das Gefühl der menschlichen Freiheit auf. Entweder nämlich stimmt der Wille des Menschen mit der Fügung des Schicksals überein, wie dies in der Orestes-Sage dargestellt wird, oder er scheitert an dem Schicksal, und die Versöhnung kann nur durch Ergebung in das Unabänderliche erreicht werden, wie dies Sophokles im Oedipus auf Kolonos so ergreifend darstellt. In beiden Fällen kann der Glaube an das Schicksal die Thatkraft nicht schwächen. Denn die Abweichung des Willens vom Schicksal wird erst mit der Vollendung der Handlung erkannt; das Bewusstsein der Uebereinstimmung aber stärkt den Charakter. Von jeher wurde ja die εἱμαρμένη als sittliche Ordnung aufgefasst; sie verwirklicht als allgemeine Bestimmtheit die Gerechtigkeit. Man ging daher dem Geschick getrost und in erhabener Begeisterung entgegen. So weihten sich die Seher, die Verkündiger des Schicksals, das sie selbst auch für sich erkannten, freiwillig dem Untergang, wie Megistias und der Wahrsager des Thrasybul. Der Leib, die sinnliche Existenz erliegt dem Schicksal, während der Geist siegt. Je klarer dies Verhältniss in den ethischen Schulen der griechischen Philosophie zum Bewusstsein kam, desto mehr sah man in der Naturnothwendigkeit selbst, in der gesetzmässigen Verkettung der wirkenden Ursachen das Walten einer Vorsehung, welche mit freiem geistigen Leben das Aeussere lenkt und durch ihre Fügungen das Menschengeschlecht erzieht. Der Untergang des Leibes erschien jetzt selbst als Sieg des Geistes, der seine Freiheit gen Himmel rettet; denn der Körper ist nichtig und gehört selbst zu den beschränkenden Kräften, die in ihrer Verbindung das Schicksal des Menschen bereiten: alle Irrungen des menschlichen Gemüths sind die Folge des Aeusseren, des Sinnlichen, das den Menschen dahin treibt; alle Wahrheit und Tugend dagegen ist das Werk seiner inneren Freiheit. Dies ist die Ansicht, die im Christenthum zur Herrschaft gelangte, wenn auch zunächst noch getrübt durch den Glauben an Zeichen und Wunder. Indem die äusseren Fügungen als Rathschluss der göttlichen Liebe aufgefasst wurden, entstand eine liebende Ergebung in den Willen der Vorsehung, welche der Volksreligion des Alterthums fremd blieb. Die christliche Anschauung erfordert aber keineswegs die Leugnung der Naturnothwendigkeit; nur entspringt diese aus der Freiheit Gottes. Denn Gesetzmässigkeit gehört gerade zum Wesen des Geistes, und die Freiheit Gottes besteht darin, dass er nicht durch äussern Zwang, sondern kraft seines eigenen Wesens nach nothwendigen Gesetzen wirkt. (Vergl. oben S. 274.)

d. Die Mysterien.

§ 66. Viele griechische Culte waren mit Gebräuchen verbunden, welche von den Theilnehmern geheim zu halten waren, weil sie als heiliger Ritus bestimmter Cultgenossenschaften durch allgemeine Mittheilung profanirt zu werden schienen. Insbesondere wurden so die Reste der orphischen Priesterreligion von den erblichen Priestergeschlechtern mit dem Schutz des Geheimnisses umgeben. Sie erhielt sich am vollkommensten in Mysterien, zu denen man nur durch besondere Weihen Zutritt erlangte. Ein solcher Geheimgottesdienst entsprach dem Charakter der orphischen Mystik, die aus einer tiefsinnigen Auffassung des Todes hervorgegangen war (s. oben S. 422): wenn der Tod als das wahre Leben galt, musste man die Gottheit als geistige Macht ähnlich den dahingeschiedenen Geistern denken, die aus ihr stammen und in sie zurückfliessen, und die begeisternde Vereinigung mit der Gottheit war das Ziel aller mystischen Culte. Am reinsten wurde diese Religion in den eleusinischen Mysterien gepflegt. Die agrarischen Ceremonien waren hier zu Symbolen der tiefsten Geheimnisse des Lebens umgebildet, indem man in dem Wachsthum des der Erde anvertrauten Saamenkorns ein Bild vom

Kreislauf des Lebens sah. Die einfachen Symbole der alten mystischen Feier entwickelten sich nach der Erneuerung der orphischen Weihen zu einem herrlichen künstlerisch gestalteten Ritus, der durch heilige Anschauungen einen beseligenden Blick ins Jenseits eröffnete. „Wer sie geschaut, sagt Pindar, weiss des Lebens Ende, weiss seinen gottgegebenen Anfang." Die Wirkung wurde dadurch verstärkt, dass die Weihen in drei Graden stattfanden; der erste derselben wurde in den kleinen Mysterien ertheilt, der zweite sechs Monate später in den grossen Mysterien und der dritte (die Epoptie) ein Jahr später in derselben Feier. Die kleinen Eleusinien wurden im Eleusinion zu Athen, die grossen z. Th. in Athen, z. Th. in Eleusis gefeiert. An den grossen Weihen, welche 10—12 Tage dauerten, wurden die Mysten zuerst durch Sühnopfer, Reinigungen und Fasten vorbereitet; hieran reihten sich Umzüge mit enthusiastischem Gesang und Tanz und den Schluss bildete die höchste Weihe in dem Telesterion zu Eleusis, welches von Perikles zu einem mächtigen, Tausende fassenden Festraum ausgebaut wurde. Plutarch giebt eine Schilderung dieses Schlussakts: „Irrgänge zuerst und mühevolles Umherirren der noch nicht Geweihten, und ängstliches Wandeln durch dichte Finsterniss. Dann unmittelbar vor der Weihe die Schrecknisse alle: Schauder, Zittern, Angstschweiss und Entsetzen. Darauf bricht ein wunderbares Licht hervor; sie kommen in reine Gegenden und Auen, wo es Gesang und Tanz giebt und wo das Gemüth durch heilige Legenden und Erscheinungen erhoben wird. Hier wandelt nun der ganz Geweihte frei und unbehindert, nimmt bekränzt an dem Feste Theil und verkehrt mit frommen und reinen Männern, während er sieht, wie sich der ungeweihte Haufe derer, die ein unreines Leben führten, in vielem Schlamm und Nebel tritt und drängt und in Todesfurcht dem Uebel aus Unglauben an die jenseitigen Güter verfallen bleibt." Die heiligen Erscheinungen, wovon hier die Rede ist, waren scenische Aufführungen, die den Mythos von Demeter und Persephone zum Inhalt hatten, begleitet von Festhymnen. Der Hierophant sprach dabei ἀπόρρητα, die aber nur die Legende und keine allegorische Erklärung des Mythos enthielten. Der heilige Schauer der Umzüge und Schauspiele, der Gesang, der Duft, die zauberische Erleuchtung des prachtvollen Heiligthums erzeugte enthusiastische Gefühle, die das Gemüth reinigten; zugleich aber drängte sich der tiefere Sinn des Mythos von selbst auf, wenn auch die Symbole je nach dem Bildungsgrade der Mysten in sehr verschiedener Weise aufgefasst werden mochten.

Die Verwaltung der eleusinischen Mysterien lag in der Hand von Priestern und Priesterinnen aus mehreren alten Geschlechtern; an der Spitze stand der Hierophant aus dem Geschlecht der Eumolpiden. Ursprünglich wurden nur Einheimische eingeweiht; aber frühzeitig durften auch Fremde durch Athener eingeführt werden. In welchem Ansehen diese Mysterien bei den gebildetsten Hellenen standen, beweist schon allein der Platonische Phädros.

Die Römer hatten nichts Aehnliches. Ihnen genügte die äusserliche politische Religion; Mysterien setzen ein speculatives Interesse voraus, welches ihnen fehlte. Auch war es der Nobilitätsherrschaft nicht angemessen solche Conventikel zu dulden; sie hätten ausserdem in der Zeit der Republik ohne Zweifel einen rohen Charakter angenommen, wie die nach Rom verpflanzten Bacchanalien. Allein das Ansehen der eleusinischen Mysterien erhielt sich auch unter der Römerherrschaft; viele gebildete Römer liessen sich aufnehmen und fanden darin Befriedigung. Bekannt ist das Urtheil des Cicero (*Legg.* II, 14. 36): „*Nam mihi cum multa eximia divinaque videntur Athenae tuae peperisse atque in vitam hominum attulisse, tum nihil melius illis mysteriis quibus ex agresti immanique vita exculti ad humanitatem et mitigati sumus, initiaque ut appellantur ita re vera principia vitae cognovimus, neque solum cum laetitia vivendi rationem accepimus, sed etiam cum spe meliore moriendi.*" Unter dem Kaiserreich wurden die Mysterien nach Rom selbst verpflanzt; in Attica bestanden sie bis zum Untergange des Heidenthums in ungeschwächtem Ansehen. Da sie den innersten Kern der antiken Religion, die höchste Potenzirung des Heidenthums bilden, suchte sich dessen Kraft und Substanz darin dem Christenthum gegenüber zu behaupten, und dies konnte geschehen, weil darin etwas Aechtes und wesentlich Religiöses lag, das man mit Ueberzeugung festhalten konnte. Die alte Religion war ja wie das Christenthum ursprünglich selbst der Ausdruck des göttlichen Geistes und dessen Offenbarung im Geiste des Menschen. Aber der Geist kann seine göttlichen Ideale nur unter endlichen Bildern denken und diese Bilder verlieren allmählich ihre Klarheit, und nachdem ihr ursprünglicher Sinn geschwunden, werden sie selbst als das

Göttliche verehrt. Als die Symbole der antiken Religion so im Volksglauben sinnlos geworden waren, musste dieser absterben, und die Menschheit wurde nun für ein vollkommeneres Bild des Göttlichen empfänglich, wie es im Christenthum gegeben war. Aber auch in diesem wurde die religiöse Anschauung sofort durch menschliche Zuthaten entstellt, und es erschien den gebildeten Griechen daher auch nur als ein unvollkommenes Symbol. Wo nun die alte Religion noch lebendig war, wie bei Iulian und seinen Freunden, da widerstrebte man der neuen. Daher war es natürlich, dass die Mysterien dem Christenthum am heftigsten entgegentraten; denn in ihnen war noch Leben und antike Pietät und traurig sahen ihre Priester den Verfall des vaterländischen Cultus. Fast rührend beschreibt Eunapios im Leben des Maximus, wie endlich der Eleusinische Hierophant im Geiste erkennt, er sei der letzte und unter ihm werde das ehrwürdige Heiligthum vernichtet werden. Gerade das heftige Widerstreben der Mysterien gegen das Christenthum weist aber auf ihre innere Verwandtschaft mit diesem hin, vermöge deren sie eben noch so lange lebensfähig waren. Allerdings waren sie ihrer äussern Form nach ächt griechisch, an die äussere sinnliche Erscheinung gebunden; aber im Vergleich mit dem übrigen Cultus rissen sie sich doch am meisten von der Sinnlichkeit los, indem sie das Uebersinnliche, wenn auch nicht durch discursive Lehre sondern durch unmittelbare Anschauung aufschlossen. So vermittelten sie zugleich mit der aus der orphischen Weltanschauung entsprungenen idealen Philosophie in der That den Uebergang von der antiken Religion zum Christenthum, zu dessen Aufnahme ausserdem dadurch der Boden bereitet war, dass das tiefe religiöse Gefühl des Volkes selbst sich gegen den todten Götzendienst auflehnte. Das Christenthum knüpfte überdies nicht blos in Ceremonien und Festen, sowie in dem Glauben an Zeichen und Wunder, sondern auch in seiner Grundidee, seiner Lehre von der Menschwerdung Gottes an das Heidenthum an, für dessen religiöses Bewusstsein die Erscheinung der Gottheit durchaus nothwendig war.

§ 67. **Literatur. Quellen.** S. oben S 364 ff. und 378 f. Bruchstücke der vielen verloren gegangenen Schriften über religiöse Gegenstände finden sich ausser bei Scholiasten und Grammatikern besonders auch bei den Kirchenvätern, welche den heidnischen Cult bekämpfen. Von den erhaltenen Schriften ist die Periegese des Pausanias eine Hauptquelle der gottesdienstlichen Alterthümer. Über die Opfergebräuche handeln: Lukian, Περὶ θυσιῶν; Porphyrios, Περὶ ἀποχῆς τῶν ἐμψύχων — über Mantik: Plutarch, Περὶ τοῦ μὴ χρᾶν ἔμμετρα νῦν τὴν Πυθίαν, Περὶ τῶν ἐκλελοιπότων χρηστηρίων, Περὶ τοῦ ἐν Δελφοῖς Ει, Περὶ Ἴσιδος καὶ Ὀσίριδος, Περὶ Εἱμαρμένης; Lukian, Περὶ ἀστρολογίας; Cicero, *De divinatione* und *De fato;* Jo. Lydos, Περὶ διοσημειῶν (vergl. Porphyrii *de philosophia ex oraculis haurienda libror. reliquiae* ed. G. Wolff. Berlin 1856) — über die römischen Feste: Ovid, *Fasti;* Jo. Lydos, Περὶ μηνῶν. — über Mysterien: Jamblichos, Περὶ μυστηρίων (ed. G. Parthey. Berlin 1857); Apuleius, *Metamorphoses;* Aristides, Ἱεροὶ λόγοι. — Vorzüglich zu berücksichtigen sind die religiösen Anschauungen der hervorragendsten Schriftsteller. Man findet die Resultate der bisherigen Forschungen hierüber in den Bearbeitungen der Literaturgeschichte, wo auch die betr. Monographien zusammengestellt sind. Reichen Stoff bieten die Inschriften, und bei dem überwiegend religiösen Charakter der alten Kunst sind die Quellen der Kunstgeschichte zugleich eine Hauptgrundlage der Religionsgeschichte.

Allgemeine Religionsgeschichte. C. Meiners, Allgemeine kritische Geschichte der Religionen. Hannover 1806 f. 2 Bde. — Benjamin Constant, *De la religion considérée dans sa source, ses formes et ses développements.* Paris 1831 f. 5 Bde. — E. Renan, *Études d'histoire religieuse.* Paris 1856 u. ö.; [*Nouvelles études d'histoire religieuse.* 1884.] — J. Döllinger, Heidenthum und Judenthum. Vorhalle zur Geschichte des Christenthums. Regensburg 1857. — Max Müller, *Essays on the science of religion.* 1857 ff. [gesammelt in: Essays über vergleichende Religionswissenschaft, vergleichende Mythologie und Ethologie. Leipzig 1869. 2 Bde. 2. Aufl. 1879. 1881; Einleitung in die vergleichende Religionswissenschaft. Strassburg 1874, wiederholt 1875; Vorlesungen über den Ursprung und die Entwicklung der Religion mit besondrer Rücksicht auf die Religionen des alten Indiens. Strassburg 1880. — Dupuy, *Origine des cultes, histoire complète de toutes les religions chez les peuples anciens et modernes.* Paris 1876. — O. Pfleiderer, Die Religion, ihr Wesen und ihre Geschichte. Leipzig 1869. 2 Bde. — A. v. Helmersen, Die Religionen, ihr Wesen, ihr Entstehen und ihr Vergehen. Graz 1874. — E. Zeller, Über Ursprung und Wesen der Religion. 1877. In: Vorträge und Abhandlungen. 2. Sammlung S. 1 ff. — Strauss und V. v. Torney, Essays zur allgemeinen Religionswissenschaft. Heidelberg 1879. — C. P. Tiele, Kompendium der Religionsgeschichte. Uebersetzt und hrsg. von F. W. T. Weber. Berlin 1880. — P. Le Page Renouf, *Lectures on the origin and growth of religion illustrated by the religion of ancient Egypt.* London 1880. Deutsche Uebersetzung. Leipzig 1881. — J. Lippert, Die Religionen der europäischen Culturvölker, der Litauer, Slaven, Germanen, Griechen und Römer in ihrem geschichtlichen Ursprunge. Berlin 1881. — A. Réville, *Prolégomènes de l'histoire des religions.* 2 Aufl. Paris 1881. — E. v. Hartmann, Das religiöse Bewusstsein der Menschheit im Stufengang seiner Entwickelung. Berlin 1882. — H. Delff, Grundzüge der Entwickelungsgeschichte der Religion. Leipzig 1883. — F. J. Cook, *The origin of religion and language.* London 1884. — O. Gruppe, Die griech. Culte und Mythen in ihren Beziehungen zu den orient. Religionen. I. Die Culte. Leipzig. (Im Erscheinen begriffen.)]

III. Aeussere Religion u. Kunst. 1. Cultus.

Religion des Alterthums. D. Clasen, *Theologia gentilis s. demonstratio qua probatur Gentilium theologiam (ceu tenebras) Deos, sacrificia et alia ex fonte Scripturae (ceu luce) originem traxisse.* Frankfurt 1684. — J. U. Steinhofer, *Graecia sacra.* Tübingen 1734. Unbedeutend. — J. G. Lakemacher, *Antiquitates Graecorum sacrae.* Helmstädt 1734. — Chr. Brünings, *Compendium antiquitatum graecarum e sacris profanarum.* Frankfurt 1734 u. ö. Ganz planlos. (Der Titel bezieht sich darauf, dass die Alterthümer zur Erklärung der Bibel angewandt werden.) — K. I. Nitzsch, Über den Religionsbegriff der Alten. Hamburg 1832. — K. F. Nägelsbach, Die Homerische Theologie. Nürnberg 1840. [3. Aufl. 1884.]; Die nachhomerische Theologie des griech. Volksglaubens bis auf Alexander. Nürnberg 1857. Hierin wird das religiöse Bewusstsein der Griechen, wie es sich in Cultus u. Mythos ausspricht, vollständig und nach allen Kategorien entwickelt. — Friedr. Wilh. Rinck, Die Religion der Hellenen aus den Mythen, den Lehren der Philosophen und dem Cultus entwickelt und dargestellt. 1. Thl. Von Gott und dem Verh. der Welt und der Menschen zu Gott. Zürich 1853. Ist vorwiegend mythologisch. 2. Theil. 1. Abth. 1854 handelt von dem Gottesdienst und den öffentlichen Festen der Hellenen, 2. Abth. 1855 von der Mysterienfeier, Orakeln, Ewigkeit und Heiligkeit. Das Buch ist fleissig gearbeitet, aber unzuverlässig. — Alfr. Maury, *Histoire des religions de la Grèce antique depuis leur origine jusqu'à leur complète constitution.* Paris 1857—1859. 3 Bde. — [G. Rawlinson, *The religions of the ancient world.* New-York 1883.] — K. Lehrs, Populäre Aufsätze aus dem Alterthum, vorzugsweise zur Ethik und Religion der Griechen. Leipzig 1856. [2. Aufl. 1875.] — Chr. Petersen, Religion oder Mythologie, Theologie und Gottesverehrung der Griechen. In Ersch und Gruber's Encyklopädie. 1. Sect. Bd. 82. (380 Seiten). — [F. Lübker, Zur Religionsgeschichte des klassischen Alterthums. Gesammelte Schriften. Bd. II. Halle 1868. — J. Girard, *Le sentiment religieux en Grèce d'Homère à Aeschyle.* Paris 1869. 2. Aufl. 1879. — H. Gilow, Über das Verhältniss der griechischen Philosophen im Allgemeinen und der Vorsokratiker im Besondern zur griechischen Volksreligion. Oldenburg 1876. — C. Hirzel, Über die Entwicklung des griechischen Götterglaubens, eine religionsgeschichtliche Studie. Ellwangen 1879. 4.]

Benj. Constant, *Du polythéisme Romain considéré dans ses rapports avec la philosophie grecque et la religion chrétienne.* Paris 1833. 2 Bde. — J. A. Hartung, Die Religion der Römer. Erlangen 1836. 2 Bde. — L. Krahner, Grundlinien zur Geschichte des Verfalls der römischen Staatsreligion bis auf die Zeit des August. Halle 1837. 4. — R. H. Klausen, Aeneas und die Penaten. Die italischen Volksreligionen unter dem Einfluss der griechischen. Hamburg u. Gotha 1839. 1840. 2 Bde. — K. G. Zumpt, Die Religion der Römer. Berlin 1845. — Chr. Walz, *De religione Romanorum antiquissima.* Tübingen 1845. 4. — [G. Boissier, *La religion romaine d'Auguste aux Antonins.* Paris 1874. 2 Bde. — E. Lübbert, Die Epochen der Geschichte der römischen Religion. Kiel 1877. — H. Jordan, *Symbolae ad historiam religionum italicarum.* Königsberg 1883. 1885. 4.]

H. G. Tzschirner, Der Fall des Heidenthums. Bd. 1. Leipzig 1829. — A. Beugnot, *Histoire de la destruction du paganisme en Occident.*

Paris 1835. 2 Bde. — A. F. Villemain, *Du polythéisme dans le premier siècle de notre ère*. In seinen *Nouveaux Mélanges*. Paris 1827. — M. A. Strodl, Roms religiöser Zustand am Ende der alten Welt. München 1844. — M. J. E. Volbeding, *Thesaurus commentationum selectarum et antiquiorum et recentiorum illustrandis antiquitatibus Christianis inservientium*. Leipzig 1847. Darin u. A. E. F. Wernsdorf, *De originibus sollemnium natalis Christi ex festivitate natalis invicti*. — W. Ad. Schmidt, Geschichte der Denk- und Glaubensfreiheit im ersten Jahrh. der Kaiserherrschaft und des Christenthums. Berlin 1847. — Chastel, *Histoire de la destruction du paganisme dans l'empire d'Orient*. Paris 1850. — E. v. Lasaulx, Der Untergang des Hellenismus und die Einziehung seiner Tempelgüter durch die christlichen Kaiser. München 1854. — [Th. Keim, Rom und das Christenthum. Berlin 1881.] — E. Zeller, Religion und Philosophie bei den Römern. Berlin 1866. [2. Aufl. 1872 = Vorträge und Abhandlungen Bd. 2. 1877.] — Vergl. ausserdem die Literatur der griechischen und römischen Alterthümer oben S. 367 ff. und 372 f. und der Sittengeschichte S. 379.

a. Der Cultus als Gottesdienst. [J. Lippert, Allgemeine Geschichte des Priesterthums. Berlin 1883 f.] — J. Kreuser, Der Hellenen Priesterstaat mit vorzüglicher Rücksicht auf die Hierodulen. Mainz 1822. — J. V. Adrian, Die Priesterinnen der Griechen. Frankfurt a. M. 1822. — Chr. Bossler, *De gentibus et familiis Atticae sacerdotalibus*. Darmstadt 1833. 4. — Gr. W. Nitzsch, *De sacerdotibus Graecis*. Kiel 1839. — [J. Martha, *Les sacerdoces athéniens*. Paris 1881. — W. Dörmer, *De Graecorum sacrificulis, qui ἱεροποιοί dicuntur*. Strassburg 1883.] — K. D. Hüllmann, Einheit der Staats- und Religionsgesellschaft in Attika. In „Griech. Denkwürdigkeiten". Bonn 1840. — G. F. Schömann, *De religionibus exteris apud Athenienses*. Greifswald 1857. Opusc. III. — [E. Plew, Die Griechen in ihrem Verhältniss zu den Gottheiten fremder Völker. Danzig 1876. Progr. — P. Foucart, *Des associations religieuses chez les Grecs, thiases, éranes, orgéons*. Paris 1873. — L. Weniger, Über das Collegium der Thyiaden von Delphi. Eisenach 1876; Über das Collegium der 16 Frauen und den Dionysosdienst in Elis. Weimar 1883. 4.] — Chr. Petersen, Der Hausgottesdienst der alten Griechen. Cassel 1851 (Abdruck aus der Zeitschrift f. Alterthumsw. 1851); Über die Geburtstagsfeier bei den Griechen. Leipzig 1858. — Gr. W. Nitzsch, *De Apotheosis apud Graecos vulgatae causis*. Kiel 1840. 4. — Jo. H. Krause, Νεωκόρος. *Civitates Neocorae sive aedituae*. Leipzig 1844. — [Th. Bader, *De graecis quibusdam deorum appellationibus; De diis πατρῷοις*. Meiningen 1867. 1873. Progr. von Schleusingen.]

K. D. Hüllmann, *Ius pontificium* der Römer. Bonn 1837. — J. A. Ambrosch, Studien und Andeutungen im Gebiet des altrömischen Bodens und Cultus. 1. Heft. Breslau 1839; Über die Religionsbücher der Römer. Bonn 1843; *Quaestiones pontificales*. Breslau 1847—1851. 4 Programme. — W. A. B. Hertzberg, *De diis Romanorum patriis s. de Larum atque Penatium tam publicorum quam privatorum religione et cultu*. Halle 1840. Eine schöne Abhandlung. — D. Pellegrino (Pseudonym für Kriukoff), Andeutungen über den ursprünglichen Religionsunterschied der römischen Patricier und Plebejer. Leipzig 1842. [Vergl. J. Vasen, *De illa ratione*

III. Aeussere Religion u. Kunst. 1. Cultur.

quae inter plebeiam publicamque apud Romanos religionem regum temporibus intercessit. Münster 1868.] — A. Th. Wöniger, Das Sacralsystem und das Provocationsverfahren der Römer. Leipzig 1843. — E. v. Lasaulx, Über die Bücher des Numa. Abhandl. der Münchener Akademie. 1849. — E. Lübbert, *Commentationes pontificales.* Berlin 1859. — [H. Nissen, Das Templum. Berlin 1869. — C. Bardt, Die Priester der vier grossen Collegien aus römisch-republikanischer Zeit. Berlin 1871. — A. Bouché-Leclercq, *Le pontifes de l'ancienne Rome.* Paris 1871. — P. Preibisch, *Quaestiones de libris pontificiis.* Breslau 1874. — C. Schwede, *De pontificum collegii pontificisque maximi in republica potestate.* Leipzig 1875. — P. Regell, *De augurum publicorum libris.* Breslau 1878. — J. Mörschbacher, Über die Aufnahme griech. Gottheiten in den römischen Cultus. Jülich 1882. 4.]

b. Culthandlungen. E. v. Lasaulx, Über die Gebete der Griechen und Römer. Würzburg 1842. 4. (Abgedr. in Studien des klass. Alterth. Regensburg 1854.) — C. F. Vierordt, *De iunctarum in precando manuum origine indogermanica et usu inter plurimos Christianos adscito.* Carlsruhe 1851. — [H. Pfannenschmid, Das Weihwasser im heidnischen und christlichen Cultus. Hannover 1869.] — Fr. A. Wolf, Über den Ursprung der Opfer. Verm. Schriften und Aufsätze. Halle 1802 [= Kleine Schriften 2. Bd. 1869. S. 643 ff.] Zu empirisch. — E. v. Lasaulx, Die Sühnopfer der Griechen und Römer, und ihr Verhältniss zu dem einen auf Golgatha. Würzburg 1841. 4. (Abgedr. in Studien des klass. Alterthums. Regensburg 1854.) Geistreich, aber zu mystisch und phantastisch. — [P. Stengel, *Quaestiones sacrificales.* Berlin 1879.] — Ernst Curtius, Über die Weihgeschenke der Griechen überhaupt und insbesondere über das platäische Weihgeschenk in Delphi. Göttinger Nachr. 1861. Nr. 21. Ein sehr unterrichtender Aufsatz.

P. Castellanus, Ἑορτολόγιον s. *de festis Graecorum syntagma.* Antwerpen 1617. — J. Meursius, *Graecia feriata s. de festis Graecorum libri VI.* Leiden 1619. — J. Fasoldus, *Graecorum veterum* ἱερολογία. Jena 1676. — P. H. Larcher, *Mémoire sur quelques fêtes des Grecs omises par Castellanus et Meursius.* In den *Mém. de l'Acad. des Inscr.* XLVIII. — Mart. Gottfr. Herrmann, Die Feste von Hellas, historisch-philosophisch bearbeitet und zum ersten Mal nach ihrem Sinn und Zweck erläutert. Berlin 1803. 2 Bde. — Joh. Heinr. Krause, Olympia. Wien 1838; Die Pythien, Nemeen und Isthmien. Leipzig 1841. — Ernst Curtius, Olympia. Berlin 1852. [Wiedergedruckt in: Alterthum und Gegenwart. Bd. 2. 1882.] — Derselbe, Der Wettkampf. 1856. [In Alterthum und Gegenwart. Bd. 1. Berlin 1875.] — Chr. Petersen, Die Feste der Pallas Athene in Athen und der Fries des Parthenon. Hamburg 1855. 4.; Der Delphische Festcyklus des Apollon und des Dionysos. Hamburg 1859. — Aug. Mommsen, Heortologie. Antiquarische Untersuchungen über die städtischen Feste der Athener. Leipzig 1864. — A. Kirchhoff, Über die Zeit der Pythien. Monatsber. der Berl. Akad. 1864. — C. Bötticher, Athenischer Festkalender in Bildern. Göttingen 1865. — [H. Deiters, Über die Verehrung der Musen bei den Griechen. Bonn 1868. 4. — L. Weniger, Die religiöse Seite der grossen Pythien. Ein Beitrag zur delphischen Heortologie. I. Breslau 1870. Progr. des Elisabethgymn.; Der

462 Zweiter Haupttheil. 2. Abschnitt. Besondere Alterthumslehre.

Gottesdienst in Olympia. Berlin 1884. — O. Gilbert, Die Festzeit der attischen Dionysien. Göttingen 1872. — O. Band, *De Diipoliorum sacro atheniensi*. Halle 1873; Die attischen Diasien. Berlin 1883. — Fr. Deneken, *De Theoxeniis*. Berlin 1881.] — Vergl. ausserdem die chronologische Literatur oben S. 325 ff.

c. **Der Cultus als religiöse Erziehung.** E. v. Lasaulx, Über den Fluch bei Griechen und Römern. Würzburg 1843. 4; Über den Eid bei Griechen und Römern. Würzburg. Lectionskat. 1844. 1844/5. 4. (Abgedr. in Studien des klass. Alterthums. Regensburg 1354.) — H. Wallon, *Du droit d'asyle*. Paris 1838. — Paul Förster, *De asylis Graecorum P. I.* Berlin 1847. Eine gute Schrift.

D. Clasen, *De oraculis gentilium et in specie de libris Sibyllinis libri tres*. Helmstädt 1673. 4. Die beste der älteren Schriften über das Orakelwesen, in welchen nach dem Vorgang der Kirchenväter durchgängig die Weissagung der Alten als Eingebung des Satans oder böser Dämonen zur Nachäffung der ächten Prophetie erklärt wird. — C. F. Wilster *De religione et oraculo Apollinis Delphici*. Kopenhagen 1827. — [R. Hecker, *De Apollinis apud Romanos cultu*. Leipzig 1879.] — R. H. Klausen, Orakel in Ersch und Gruber's Encykl. Sect. 3. Thl. 4. — H. Wiskemann, *De variis oraculorum generibus apud Graecos*. Marburg 1835. — K. D. Hüllmann, Würdigung des delphischen Orakels. Bonn 1837. — W. Götte, Das delphische Orakel in seinem politischen, religiösen und sittlichen Einfluss auf die alte Welt. Leipzig 1839. — E. v. Lasaulx, Das Pelasgische Orakel des Zeus zu Dodona, ein Beitrag zur Religionsphilosophie. Würzburg 1841. — G. Wolff, *De novissima oraculorum aetate*. Berlin 1854; Über die Stiftung des delphischen Orakels. Verhandlung der 21. Philologenvers. Leipzig 1863. — Chr. Petersen, Ursprung und Auslegung des heiligen Rechts bei den Griechen, oder die Exegeten, ihre geschriebenen Satzungen und mündl. Überlieferungen. Göttingen 1859 (Abdruck aus dem 1. Supplbde. des Philologus). — C. W. Göttling, Das delphische Orakel. Ges. Abh. Bd. 2. München 1863. — L. Preller, Delphica. In: Ausgewählte Aufsätze. Berlin 1864. — [E. Döhler, Die Orakel. Berlin 1872. — B. Büchsenschütz, Traum und Traumdeutung im Alterthum. Berlin 1868. — F. Delaunay, *Moines et sibylles dans d'antiquité judéo-grecque*. Paris 1874. — A. Mommsen, Delphica. Leipzig 1878. — A. Bouché-Leclercq, *Histoire de la divination dans l'antiquité*. Paris 1879—1882. 4 Bde. — J. Machnig, *De oraculo Dodonaeo cap. V.* Breslau 1885.]

Heinr. Meibom, *De incubatione in fanis deorum medicinae causa olim facta*. Helmstädt 1659. 4. — J. F. A. Kinderling, Der Somnambulismus unserer Zeit mit der Incubation oder dem Tempelschlaf und Weissagungstraum der alten Heiden in Vergleichung gestellt. Dresden u. Leipzig 1788. — [G. Ritter v. Rittershain, Der medicinische Wunderglaube und die Incubation im Alterthume. Berlin 1878.] — Fr. A. Wolf, Beitrag zur Geschichte des Somnambulismus aus dem Alterthum. Verm. Schr. Halle 1802. [= Kleine Schriften. 2. Bd. 1869. S. 666 ff.] — Eusèbe Salverte, *Histoire des sciences occultes*. Paris 1829. 3. Aufl. 1850. — J. Ennemoser, Geschichte der Magie. Leipzig 1844. — F. G. Welcker, Epoden oder das Besprechen; Incubation; Lykanthropie ein Aberglaube und eine

Krankheit. Kleine Schriften. 3. Theil. Bonn 1850. — O. Jahn, Über den Aberglauben des bösen Blicks bei den Alten. Ber. d. Sächs. Ges. d. Wissenschaften. 1855. — Alfr. Maury, *La magie et l'astrologie dans l'antiquité et au moyen âge.* Paris 1860. — [F. Lenormant, *Les sciences occultes en Asie. La magie chez les Chaldéens et les origines accadiennes.* Paris 1874. Vom Verf. verbess. und verm. deutsche Ausgabe. Jena 1878.] — U. Kehr, *Quaestionum magicarum specimen.* Hadersleben 1884.] — Curt Wachsmuth, Die Ansichten der Stoiker über Mantik und Dämonen. Berlin 1860. — [J. A. Hild, *Étude sur les démons dans la littérature et la religion des Grecs.* Paris 1881.] — F. Chr. Baur, Apollonius v. Tyana und Christus. Tübingen 1832. [Neu herausgegeben von E. Zeller in „Baur, Drei Abhandlungen zur Geschichte der alten Philosophie". 1876.] — Ed. Müller, War Apollonius von Tyana ein Weiser oder ein Betrüger oder ein Schwärmer und Fanatiker? Breslau 1861. 4. Progr. von Liegnitz. — E. Curtius, Die Unfreiheit der alten Welt. 1864. [In „Alterthum u. Gegenwart". I. Berlin 1875.]

d. **Mysterien.** [A. Saisset, *L'origine des cultes et des mystères.* Paris 1870. — E. W. Heine, Die germanischen, ägyptischen und griechischen Mysterien. Hannover 1878.] — J. Meursius, *Eleusinia sive de Cereris Eleusinae sacro ac festo liber singularis.* Leiden 1619. 4. — Sainte-Croix, *Recherches historiques et critiques sur les mystères du paganisme.* Paris 1784. 4. 2. Ausg. von Silv. de Sacy. Paris 1817. 2 Bde. Deutsch von E. G. Lenz. Gotha 1790. — Ouwaroff, *Essai sur les mystères d'Eleusis.* Petersburg 1812. 3. Ausg. Paris 1816. — Chr. A. Lobeck, *Aglaophamus s. de theologiae mysticae Graecorum causis libri tres.* Königsberg 1829. 2 Bde. Sehr scharfsinnige Forschungen, aber zu skeptisch und engherzig. — K. O. Müller, Eleusinien. In Ersch u. Gruber's Encyklopädie. 1. Sect. Theil 33. — Gr. W. Nitzsch, *De Eleusiniorum ratione publica.* Kiel 1843. 4.; *De Eleusiniorum actione et argumento.* Kiel 1846. 4. — [Th. Taylor, *The eleusinian and bacchic mysteries.* 3. Aufl. New-York 1875. — O. Haggenmacher, Die eleusinischen Mysterien. Basel 1880. — S. Bernocci, *J misteri eleusini.* Turin 1880.] — Chr. Petersen, Der geheime Gottesdienst der Griechen. Hamburg 1848. 4. — C. Haupt, *De mysteriorum graecorum causis et rationibus.* Königsberg N/M. 1853. 4. Recht gut. — Jos. Neuhäuser, *Cadmillus s. de Cabirorum cultu ac mysteriis antiquissimaeque Graecorum religionis ingenio atque origine.* Leipzig 1857. Scheint verständig angelegt, aber ohne sicheres Resultat. — E. Gerhard, Die Geburt der Kabiren. Abh. der Berl. Akad. 1862. — Fel. Lajard, *Recherches sur le culte public et les mystères de Mithras en orient et en occident.* Paris 1847 f.*) — [T. Fabri, *de Mithrae dei Solis invicti apud Romanos cultu.*)

---

*) **Zur Geschichte des Cultus:** *De Graecorum sacerdotiis* 1830. Kl. Schr. IV, S. 331—339. — *De inscriptione Attica res sacras spectante.* 1835. Kl. Schr. IV, 404—412. — Vom Unterschiede der Attischen Lenäen, Anthesterien und ländlichen Dionysien. 1817. Kl. Schr. V, S. 65—152. — Über die Zeit der Nemeischen Spiele. Ebenda S. 193—204. — Erklärung einer Attischen Urkunde über das Vermögen des Apollinischen Heiligthums auf Delos. 1834. Kl. Schr. V, S. 430—476. — Über die Hierodulen. Kl. Schr. VII, S. 575—581. — Staatshaush. der Athener Bch. II, Kap. 5: Schatzmeister der Göttin und der andern Götter. Kap. 12: Feier der Feste und Opfer. Ausserdem Vieles im *Corp. Inscript.*

464   Zweiter Haupttheil.   2. Abschn.   Besondere Alterthumslehre.

Elberfeld 1883. — G. Lafaye, *Histoire du culte des divinités d'Alexandrie Sérapis, Isis, Harpocrate et Anubis hors de l'Égypte depuis les origines jusqu'à la naissance de l'école néoplatonienne.* Paris 1884.]

§ 68. Die Staatsalterthümer, die Geschichte des Privatlebens und des Cultus bilden den Umfang der gewöhnlich so genannten Antiquitäten (s. oben S. 360 ff.). Es versteht sich von selbst, dass man auf diese Disciplinen beim Lesen der alten Schriftsteller beständig kritisch und genau eingehen muss. Sogar die äusserlichsten Dinge des Privatlebens haben in der alten Literatur eine grosse Bedeutung. Denn im Alterthum wirkten bei der vorherrschend objectiven Geistesrichtung rein praktische Verhältnisse höchst anregend auf die Phantasie und erhielten durch Dichtung und Religion ein höhere Weihe. So knüpften die Mysterien an den Ackerbau an; der Minervacult steht mit dem Olivenbau, der Dionysoscult mit dem Weinbau in innigstem Zusammenhang; die Hippotrophie wird durch die heiligen Spiele geadelt. Die poëtische Seite des Landlebens, der Fischerei, der Bienenzucht, ja der alltäglichen häuslichen Verrichtungen kommt in der alten Dichtung ganz besonders zur Geltung. Die gelegentliche Kenntnissnahme der Alterthümer im Anschluss an die Lectüre wird aber das Verlangen nach umfassenderer Kenntniss erwecken. Hierfür sind nun propädeutische Darstellungen in freierer künstlerischer Form zu empfehlen, wie sie nach dem Vorgange Barthélemy's und der *Athenian letters* in neuerer Zeit mehrfach mit Glück versucht sind (s. die Literatur zu § 49 und 50). In dieser Form kann das Leben lebendig aufgefasst werden, ohne dass die Gründlichkeit der Forschung darunter leidet. Allerdings wird hierbei das eigentlich gelehrte Material zumeist in umfangreichen Anmerkungen oder Excursen aufgespeichert. Auch gewinnt man so keine Totalanschauung des antiken Lebens; denn die mannigfaltigsten Einzelheiten werden wie auf einer Reise vor dem Auge vorübergeführt, ohne dass man sie nach ihrem inneren Zusammenhange zu überblicken vermag. Eine klare und sichere Kenntniss erwirbt man erst durch ein systematisches Studium. Ohne eine solche Kenntniss aber sollte Niemand darangehen irgend einen Theil der Alterthümer selbständig zu bearbeiten. Vergl. E. v. Lasaulx, Über das Studium der griechischen und römischen Alterthümer. München 1846. 4., wo der Werth dieses Studiums vortrefflich auseinandergesetzt ist.

2. Kunst.

§ 69. 1. Die Kunst ist ein Product der Religion. Die Gottheit wird als Inbegriff der Ideale des menschlichen Geistes verehrt und durch den Cultus wird das äussere Leben zum Symbol des Göttlichen, d. h. jener Ideale. Dasselbe geschieht durch die Kunst. Sie ist ein Cultus des Schönen, welches der vollkommene Ausdruck des Ideals ist und weil es das Göttliche darstellt, im Enthusiasmus ergriffen wird (s. oben S. 428).

Alles Vortreffliche wird durch den Enthusiasmus erzeugt; er erhebt den Geist über das gewöhnliche Bedürfniss und bethätigt sich in jeder Sphäre des Lebens auf eigenthümliche Art.

Im Familienleben ist es die enthusiastische Liebe, welche das
Naturverhältniss zu einer idealen Vereinigung umgestaltet. Sie
offenbart sich in dem innigen Pietätsgefühl des Alterthums und
ist bei den Hellenen im hohen Grade entwickelt in der glühen-
den und treuen Freundschaft, wie sie Damon und Phintias
verband und den heiligen Lochos der Thebaner vereint zum Siegen
und Sterben führte. Auch Sappho fühlte für ihre Jungfrauen
diese enthusiastische Freundschaft, welche mit dem Schönheits-
sinn der Griechen so innig verwachsen ist. Wer diesem gott-
erfüllten Geiste nicht nachempfinden kann, der sieht darin oft
nur Sinnlichkeit und verkennt den selbst in der sinnlichen Entstellung noch mächtig wirksamen idealen Zug. Die zweite Art
des Enthusiasmus zeigt sich in der politischen Begeisterung, der
Vaterlandsliebe. Gewiss ist es auch dem Nüchternsten und Geist-
losesten im Alterthum nicht eingefallen diese mit dem Pflicht-
gefühl zu verwechseln, wovon sie ebenso weit entfernt ist wie
der geheimnissvolle Zug der Seele zur Geliebten des Herzens
oder dem innig geliebten Freunde. Der wissenschaftliche Enthusiasmus ist im Alterthum nicht minder vorhanden gewesen
und in den mannigfaltigsten Formen aufgetreten, anders bei
Anaxagoras als bei den Kynikern, anders bei Herakleitos
als bei Demokritos, am vollendetsten bei Sokrates und Platon;
meist äusserte er sich in einer Verachtung oder Vernachlässigung
des Zeitlichen, ganz entgegengesetzt dem harmonischen sinnlichen Leben des Alterthums, und durchbrach die Schranken der
alltäglichen Gewohnheit, die dem idealen Sinn zuwider sind.
Den reinsten Ausdruck findet indess der Enthusiasmus in der
Kunst, weil ihr einziger Zweck die Darstellung des Idealen ist.
Frühzeitig haben die Griechen erkannt, dass alle wahre Kunst
aus der Begeisterung hervorgehe. Ohne Begeisterung kann ein
künstlerisches Ideal weder geschaffen, noch dargestellt, noch aus
der Darstellung verstanden werden. Aber auch der künstlerische
Enthusiasmus ist von äusseren natürlichen Bedingungen abhängig;
er wirkt nur, wenn er von der sinnlichen Erscheinung erregt
wird. Soll die Kunst gedeihen, so muss der Künstler von dem
irdischen erscheinenden Bilde des Göttlichen ergriffen werden:
er muss in einer schönen Natur den Wiederstrahl des Göttlichen
schauen; wenn er nichts Schönes erblickt, wird auch der Enthusiasmus nicht in ihm entzündet. Die Kunstbildung der Hellenen
war nur in einer herrlichen harmonischen Naturumgebung mög-

lich. Am herrlichsten aber offenbart sich der in der Natur waltende Geist im menschlichen Leibe und Leben; der innere Geist, der aus dem Antlitz und der Stimme des Menschen spricht, ist das Ebenbild der Gottheit. Die Kunst der Hellenen ist angeregt durch die beständige Anschauung der höchsten Körperschönheit. Die Schönheitslinie des griechischen Profils, der die Erhabenheit des Gedankens aussprechende Gesichtswinkel waren in der Erscheinung gegeben und bedurften nur der künstlerischen Rectification; die Anschauung des Nackten in der Gymnastik machte den gesammten Körper zu einem Gegenstand des enthusiastischen Anstaunens. So wurde die Begeisterung für das Schöne im ganzen Volke geweckt, die ohne die beständige Wahrnehmung edler Formen nicht entstanden wäre. Die Hellenen liebten die Darstellung des Nackten, weil sie an den Anblick des Nackten gewöhnt waren, und dass sie insbesondere die Götter, deren alte Cultidole meistens bekleidet waren (s. oben S. 434), allmählich mit Vorliebe nackt bildeten, hat seinen natürlichen Grund darin, dass das höchste Ideal auch in der schönsten Form und ohne menschliche Zuthat erscheinen sollte. Dies steht im Einklange mit der gesammten Anschauungsweise der Griechen: *graeca res est nil velare.* Thukydides setzt mit Recht die Darstellung des Nackten als ächt hellenisch der auf unvollkommener Bildung beruhenden falschen Scham der Barbaren entgegen. Die Kunst ist, wie Aristoteles sagt, eine Nachahmung der Natur. Aber diese Nachahmung ist keine einfache Wiederholung der in der Natur gegebenen Erscheinungswelt. Wenn die Griechen die Natur in ihrer höchsten Vollkommenheit sahen, so wurden sie doch hierdurch nur angeregt mit Begeisterung das Ideal zu erfassen, das jenseits der Natur liegt und durch dieselbe nur hindurchscheint. Dies prägten sie in der innern Anschauung tiefer aus als irgend eine natürliche Gestalt es dem natürlichen Auge zeigt. Sie schauten enthusiastisch und darum mehr, als der nüchterne Blick sieht und wurden so fähig durch ihre schöpferische Einbildungskraft, durch die Nachbildung der innern Vision mehr als das Geschaute zu geben, so dass die klassischen Gebilde der griechischen Kunst jedes edlere Gemüth über die sinnliche Begierde zur Ahnung des göttlichen Geistes erheben, in welchem der Urgrund aller Schönheit liegt.*) Die Kunst ahmt die Natur

---

*) S. Kl. Schr. I, S. 177.

nach, indem sie wie diese das Unendliche im Endlichen darstellt. Das Göttliche wird dadurch menschlich und sinnlich; aber der Geist der Schönheit durchdringt den sinnlichen Stoff und ist so in ihm gebannt, gefesselt und zur Erscheinung gebracht.

2. Die künstlerische Conception wird in Formen geschaffen und ausgeführt, welche in Raum und Zeit erscheinen. Es sind dies entweder ruhende räumliche Gestalten oder Modificationen der Bewegung in zeitlicher Aufeinanderfolge. Auf der Verschiedenheit dieser Formen beruht die Mannigfaltigkeit der Künste, die in zwei Reihen auseinandertreten:

 I. **Bildende Künste:** Baukunst, Plastik, Malerei.
 II. **Bewegungskünste:** Gymnastik, Orchestik, Musik.

Die Baukunst wendet die Raumformen in elementarster Weise an; sie entwickelt sich an Werken, die dem Bedürfniss dienen, und ist der erste der Praxis sich entringende Anfang der bildenden Kunst. Dagegen dient die Plastik rein der Darstellung schöner Raumgestalten und zwar nach den drei Dimensionen des Raumes, während die Malerei die Anschauung durch weitere Abstraction vergeistigt, indem sie nur auf der Fläche, also in zwei Dimensionen darstellt. Eine ähnliche Skala der Vergeistigung zeigt die zweite Reihe der Künste. Die Gymnastik ist eine künstlerische Gestaltung von Leibesbewegungen, die an sich dem praktischen Bedürfniss dienen, und darin der Baukunst analog. Dagegen stellt die Orchestik schöne Bewegungen dar, die ganz unabhängig vom praktischen Bedürfniss sind und nur Phantasiebilder versinnlichen; sie ist eine Plastik bewegter Formen. Die Musik endlich abstrahirt ganz von der räumlichen Anschauung der Bewegung und führt die Formen derselben am reinsten in der rhythmischen Folge der Töne vor.

Die formale Bedingung der Schönheit besteht nun darin, dass die sinnliche Form nicht bloss den aufnehmenden Sinn angenehm berührt, sondern auch den Normen der geistigen Anschauung angemessen ist, welche durch den in dieselbe versenkten Begriff, den λόγος gegeben sind. Solche geistigen Anschauungen werden unmittelbar durch die Sprache bezeichnet (s. oben S. 94). Daher wird auch die Sprache zuerst zum Vehikel der Kunst. Allein die Dichtkunst ist zugleich Literaturgattung und da die Sprache das Organ des Wissens ist, muss man die Poesie als diejenige Gestaltung des Wissens ansehen, durch welche dasselbe mit der

Kunst vermittelt ist. Aus der Poesie entwickelt sich die Prosa als adäquater Ausdruck des wissenschaftlichen Denkens, der bei überwiegender Kunstbildung, wie sie bei den Hellenen bestand (s. oben S. 278), immer eine poëtische Färbung behält und überhaupt niemals die poëtische Kraft der Phantasie entbehren kann (s. oben S. 144). Die Kunst verhält sich hiernach zur Wissenschaft wie der Cultus zum Mythos. Letzterer bildet sich aus dem Cultus durch die Poësie, deren ursprünglicher Inhalt er ist und wirkt vermittelst der gesammten Kunst auf den Cultus zurück; denn alle Künste sind von poëtischen Anschauungen beseelt und erreichen die Schönheit durch die Formvollendung dieser Anschauungen.*) Die engste Verbindung geht die Poësie mit der Musik ein, indem die Sprachlaute selbst musikalisch gestaltet werden. Mit dem Sprachrhythmos verbinden sich dann von Natur rhythmische Körperbewegungen, so dass Poësie, Musik und Orchestik seit den ältesten Zeiten auf das innigste verschwistert waren und von den Alten der Gymnastik gegenüber als musische Künste zusammengefasst wurden. Sie haben sich zuerst gebildet und zwar durchaus zum Dienste des Cultus in Hymnen und Festreigen, zu denen sich dann frühzeitig gymnische Festspiele gesellten (s. oben S. 442). Als auf die älteste priesterliche Poësie das heroische Epos folgte (s. oben S. 432), blieb auch dies durchaus religiös. Die Sänger, welche in den Palästen der homerischen Fürsten singen, fühlen sich von der Muse begeistert und preisen die Thaten der Götter. Dagegen erscheinen in dem heroischen Zeitalter die bildenden Künste noch auf der Stufe des Kunsthandwerks: die Wohnungen der Fürsten werden zierlich gebaut, Hausrath und Waffen mit plastischen Bildwerken geschmückt, in die Gewebe bunte Figuren gewirkt. Aber gerade das heroische Epos hat der Götterwelt eine vollkommen plastische Gestalt verliehen und dadurch das Ideal für die bildenden Künste geschaffen (s. oben S. 272). Diese erhoben sich über das Handwerk dadurch, dass sie in den Dienst des Cultus traten. Das Götterbild ist der Anfang der künstlerischen Plastik; der Tempel der Anfang der Baukunst, und in der Ausschmückung der Heiligthümer durch farbige Bilder, durch Weihgeschenke und durch die künstlerische Anordnung der Naturumgebung entfalteten sich alle Zweige der bildenden Kunst. Die Entfaltung wurde nicht wie

---

*) Vergl. Kl. Schr. I, S. 177.

in Ägypten durch die Stabilität der Religion gehemmt, weil der Cultus vermöge seiner dichterischen Grundanlage den Trieb hatte selbst zur Kunst zu werden. Dieser Trieb offenbart sich ganz besonders in der künstlerischen Gestaltung der Festspiele. Hier erblühten die musischen Künste in der chorischen Lyrik, welche durch die Epinikien auch der Gymnastik die höchste dichterische Weihe verlieh. Seitdem man die Bildsäulen der Athleten den Göttern weihete, wurden die gymnischen Agonen die Schule der Plastik; in ihnen und den Gymnasien schaute der Künstler die kräftigsten und schönsten Körper vollkommen ausgebildet in der naturgemässesten und doch kunstreichsten Bewegung. Die alten unvollkommenen Holzbilder der Götter (Ξόανα) wurden nun allmählich durch Statuen von idealer Schönheit verdrängt. Die Malerei folgte den Idealen der Plastik, und alle bildenden Künste verbanden sich in voller Eintracht wetteifernd zur Verherrlichung der Gottheit. Den Gipfel erreichte die Kunst im Drama, der vollkommensten Form des musischen Agons. Hier wirkte die Poësie nicht nur in der vollendetsten Weise mit der Musik und Orchestik, sondern auch mit den bildenden Künsten zusammen, die ausserdem in den dramatischen Aufführungen neue Darstellungsmotive fanden. Selbst in seiner Abwendung vom Irdischen kannte der Cultus kein höheres Symbol als das göttliche Drama der Mysterien (s. oben S. 455).

In Folge der durchgehenden Verbindung aller drei Dichtungsgattungen mit der Kunstform der Orchestik und Musik entwickelte sich eine dritte Reihe von Künsten:

Künste des poetischen Vortrags: Rhapsodik, Chorik, Dramatik.

Das Wissen wirkt aber auf die Kunst nicht bloss durch Vermittelung der Poësie, sondern durch die wissenschaftliche Theorie selbst. Allerdings kann das künstlerische Ideal nicht durch begriffliche Reflexion erfasst werden; die Begeisterung zieht den Künstler fort und erfüllt ihn bewusstlos. Aber die Kunstform ist technischen Regeln unterworfen, die auch im Alterthum frühzeitig zum Bewusstsein gekommen sind und deren wissenschaftliche Feststellung bereits bei den Pythagoreern beginnt. Dagegen trat die Kunst durch ihren Inhalt in Conflict mit der Wissenschaft. Wenn die Sinnlichkeit des Cultus die Entwicklung der Künste besonders begünstigte, so befestigten letztere wieder die unvollkommenen sinnlichen Vorstellungen von der Gottheit, welche dem Cultus zu Grunde lagen (s. oben S. 431). Der Kampf der Wissenschaft gegen diese Vorstellungen war daher ein Kampf gegen die künstlerische Weltanschauung des Volkes (s. oben S. 446). Schon Xenophanes und Heraklit eiferten gegen Homer, und aus den tiefsten sittlichen Gründen verwarf Platon das heroische Epos ohne die hohe Schönheit seiner Kunstform zu verkennen. Aber er ging zu weit, wenn er dasselbe und mit ihm zugleich das Drama auch abgesehen von dem mythischen Inhalt wegen der Wirkung, welche die poëtische Handlung auf die Affecte ausübt, für unsittlich erklärte.*) Seitdem Aristoteles dies durch seine Lehre von der Katharsis widerlegt, konnte eine kunstfeindliche Richtung in der griechischen Wissenschaft keinen Bestand haben.**) Die ästhetische Theorie, welche die griechischen Philosophen aus der Anschauung der herrlichsten Kunstwerke selbst schöpften, konnte aber keinen nachhaltigen Einfluss auf die Kunst ausüben, weil diese mit der Zersetzung des Volksglaubens ihren idealen Gehalt verlor. Wenn auch die religiöse Baukunst und Plastik noch lange mächtig auf die Gemüther wirkten, so wurde der Cultus doch allmählich zur inhaltlosen Form, die Spiele zu Belustigungen. Die Kunst vermochte aber auf die Dauer das Göttliche nicht ohne den Glauben an die Gottheit festzuhalten; mit dem Abfall von der Religion sank sie zur blossen Nachahmung der irdischen Natur herab, welcher sie durch die vollendet schöne Form einen um so stärkeren Sinnenreiz verlieh.

3. Die Schönheit des Kunstwerks besteht darin, dass der Ideenstoff in die Form dem Zweck gemäss eingefügt wird (s. oben S. 156). In der Art, wie dies geschieht, liegt der Kunststil. Der allen Künsten gemeinsame Zweck das Ideal zur Anschauung zu bringen modificirt sich zunächst nach den Formen, welche jeder Kunst zur Verfügung stehen. In einer jeden kann der Geist nur zum Ausdruck gelangen, indem sie in der sinnlichen Form Leben und Gemüth darstellt und sie dadurch beseelt. Aber nicht in allen Formen lassen sich alle Seiten des Lebens und Gemüths gleichmässig veranschaulichen. Die Baukunst und Gymnastik sind durch den praktischen Zweck ihrer Productionen gebunden;

---

*) Vergl. Kl. Schr. I, S. 178 f.
**) S. ebenda I, S. 180.

in ihnen erscheint das Leben in seiner objectivsten Form, wie es die Kräfte der Natur bändigt und nach künstlerischem Princip ordnet. Dagegen stellen die abstractesten Künste, die Malerei und Musik die subjective Seite, die Stimmung des Gemüths am reinsten dar, während die Plastik und Orchestik Leben und Gemüth in individueller Einheit durch die vollen Formen des lebendigen Körpers selbst zur Erscheinung bringen. Die sich so für die einzelnen Künste ergebenden Stilgattungen sind nicht absolut verschieden, sondern gehen in einander über und wirken auf einander ein, wie die Stile der Literaturgattungen (s. oben S. 147). Im Alterthum überwiegt der plastische Stil, so dass die gesammte Kunst im Verhältniss zur modernen einen plastischen Charakter trägt (s. oben S. 274). Der Stil jeder Kunstgattung differenzirt sich dann weiter nach der Beschaffenheit des Kunstzweckes. Da der Cultus das gesammte Staats- und Privatleben durchdrang, boten sich der bildenden Kunst auch ausserhalb der eigentlichen Cultlocale überall würdige Aufgaben. Die meisten Staatsgebäude hatten eine religiöse Weihe; die politischen Monumente waren ursprünglich Anatheme; Wege und Quellen, die Grabstätten und die Heiligthümer der Privathäuser wurden zu Ehren der Götter mit Kunstwerken geschmückt. Ebenso wurden die religiösen Privatfeste, zu denen ursprünglich jeder Komos, jedes Symposion gehörte, durch die musischen Künste verherrlicht. So entwickelte sich schon in der religiösen Kunst eine Mannigfaltigkeit von Stilformen. Ferner aber suchte der Enthusiasmus, auch wo er nicht direct der Gottesverehrung entsprang, einen künstlerischen Ausdruck. Die politische Begeisterung prägte sich in den öffentlichen Werken aus, auch wenn sie nicht religiös geweiht waren, und die Pietät des Privatlebens fand in der Kunst das Mittel der Verehrung und Liebe einen würdigen Ausdruck zu geben; in diesem Enthusiasmus haben z. B. das Porträt und die weltliche Lyrik ihren Ursprung. Der wissenschaftliche Enthusiasmus trieb dazu die Weisen in Bild und Lied zu verherrlichen. So bildete sich die profane Kunst in mannigfachen Formen aus. Indem die Künste den verschiedenen Lebenssphären dienten, verloren sie indess nicht ihre Selbständigkeit; der Künstler strebte für alle jene Sphären den Ernst und Scherz des Lebens in die Freiheit des Ideals zu erheben. Die Anschauung des Schönen selbst blieb der letzte Zweck des Kunstwerks, weil es kein höheres Ziel als die Erkenntniss des Göttlichen giebt. Aber diese anschauliche

Erkenntniss wirkte zugleich thatkräftig auf das Leben zurück.*) Daher vermittelte die Kunst nicht nur die erziehende Wirksamkeit des Cultus, sondern bildete überhaupt die Grundlage der gesammten Erziehung (s. oben S. 416 ff.). Der hierdurch lebhaft geweckte Sinn für das Schöne offenbarte sich endlich auch in der geschmackvollen Einrichtung des alltäglichen Lebens (s. oben S. 393) und in der Feinheit der gesellschaftlichen Umgangsformen (S. 408). In diesem grossen Zusammenhange mit allen Seiten des Volkslebens entwickelte sich der Gattungsstil aller Kunstzweige ganz analog wie der der Literaturzweige (s. oben S. 145 ff.). Wie dieser wird er durch den nationalen und individuellen Stil beeinflusst (S. 137. 283). Wir haben in unserem Jahrhundert die bildende Kunst der Ägypter, Assyrer und Perser genauer kennen gelernt und eine Einsicht in ihre nationalen Eigenthümlichkeiten gewonnen. Die Griechen sind hauptsächlich nur in der Technik die Schüler des Orients; ihr nationaler Stil ist durchaus ihr eigenes Werk; selbständig haben sie in der Kunst die Naturwahrheit erreicht, zu welcher die Orientalen nicht vorgedrungen sind, und in der Naturwahrheit die frei geschaffenen Ideale zum Ausdruck gebracht. Nach der dorischen Wanderung treten in dem Kunststil die Eigenthümlichkeiten der Nationalstämme hervor. Die Kunst, die wie das Handwerk und das Priesterthum ursprünglich in Familien vererbt wurde (s. oben S. 412. 432),**) blühte zuerst in den reichsten Handelsstädten; hier entstanden Kunstschulen; aber die grossen Meister fassten gerade die Individualität ihres Staates und Stammes am klarsten auf und drückten den Nationalcharakter am vollkommensten aus. Die ächt griechische Kunst ist durchaus volksthümlich. Daher erklärt sich die gleichmässige Wirkung des Zeitgeistes auf den Stil aller Künste. Alle beginnen mit dem erhabenen Stil; an denselben schliesst sich der einfach schöne, welcher in den anmuthigen oder eleganten übergeht. Überwundene Stilarten dauern indess je nach dem Zwecke fort, wie man für heilige Bilder lange den alten steifen und strengen hieratischen Stil festhielt.

Als die religiösen Ideale sich verdunkelten, hatte die Kunst bereits eine solche Stilvollendung gewonnen, dass sie vor einem

---

*) Vergl. „Des Sophokles Antigone." S. 261. [Neue vermehrte Ausgabe S. 222.]

**) S. ausserdem Kl. Schr. VII, S. 360 f.

raschen Verfall gesichert war. Obgleich sie in der makedonischen Zeit ihren volksthümlichen Charakter einbüsste, so herrschte doch in der ganzen hellenistischen Welt eine rege Kunstbegeisterung, und alle Künste wurden mit höchster Virtuosität geübt. Durch die ausserordentliche Ausbreitung der griechischen Cultur stieg der Kunstbetrieb zu einer nie wieder erreichten Höhe. Im [eigentlichen] Hellas trat in Folge der allgemeinen Verarmung allerdings nach Olymp. 121 ein Stillstand in der Entwickelung der bildenden Künste ein, der nach Plinius Angabe etwa 140 Jahre lang bis Olymp. 156 (v. Chr. 156) dauerte. Allein um diese Zeit zählte Griechenland bereits mehr Statuen als Menschen. (Vergl. Fr. Jacobs, Über den Reichthum der Griechen an plastischen Kunstwerken. München 1810. Verm. Schr. III, 415 ff.) Die griechischen Kunstschätze wurden zuerst durch die Einfälle der Kelten, dann im grössten Maasse durch die Römer geplündert.*) Allein die Verpflanzung der griechischen Cultur nach Rom führte zu einem neuen Aufschwung der Production. Die bildenden Künste erhielten im römischen Reiche grosse monumentale Aufgaben; aber die realistische Richtung, die schon in der Diadochenzeit eingetreten war, gewann jetzt mehr und mehr die Oberhand; ausserdem entarteten alle Künste dadurch, dass sie hauptsächlich dem Luxus der Vornehmen oder roher Volksbelustigung dienten und zum Handwerk herabgewürdigt wurden (s. oben S. 412. 420 f.). Mit der idealen Begeisterung schwand bei den Künstlern die Originalität der Erfindung; die besten beschränkten sich darauf anerkannte Muster nachzuahmen, und der Stil sank zur Manier herab (s. oben S. 247). Erst als die christliche Religion neue Ideale schuf, wurde eine neue Kunst mit selbständigem Stil möglich, welche vom Alterthum nur die Technik erbte.

A. Bildende Künste.

a. Architektur.

§ 70. 1. Wie man die Gymnastik meist aus dem Gebiet der Kunst ausschliesst, haben manche auch bestritten, dass die Architektur eine Kunst sei. Gottfried Hermann, der als guter Reiter die Reitkunst, also einen Theil der Gymnastik zu den

---

*) Vergl. Kl. Schr. I, S. 182.

schönen Künsten, und zwar merkwürdiger Weise zur Plastik zählt, lässt die Architektur nur als anhangende Kunst, nicht als selbständige Gattung gelten. (Vergl. Hermann, Handbuch der Metrik. Leipzig 1799. S. XVII, XXVIII.) Allerdings ist die Baukunst (ἀρχιτεκτονική) aus dem Bauhandwerk (οἰκοδομική) entstanden, und in der alten Baukunst ist alles praktisch und erwächst organisch aus dem Zweck des Gebäudes. Aber die Function jedes Bautheils wird nicht nur durch eine folgerechte Form erledigt, sondern diese Form ist zugleich so entwickelt, dass sie die Function klar darstellt. Die Form wird so zum plastischen räumlichen Ausdruck der Function; das in der Natur des Dinges Gegebene wird darin auf das Einfachste und Anschaulichste versinnlicht. Dieser Ausdruck dringt bis in die Extremitäten mittelst einer decorativen Charakteristik der Ornamente. Letztere haben alle eine symbolische Bedeutung und können nicht willkürlich gewechselt werden, obgleich sie nicht structiv nothwendig, sondern von den structiv nothwendigen Theilen gesondert sind und von Aussen attribuirt erscheinen. (Vergl. C. Bötticher, Entwickelung der Formen der Hellenischen Tektonik. Berlin 1840. 4. Einl. § 2. § 5. [2. neu bearb. Ausgabe. I. Bd. 1874: Die Lehre der tekton. Kunstformen.]). Die symbolische Bedeutung betrifft also zunächst die Function des Structurtheils; hierzu tritt dann allerdings noch eine Symbolisirung von Gedanken, welche von der Tektonik unabhängig sind und sich auf die Bestimmung des Gebäudes beziehen. Nach ähnlichem Princip sind die Geräthe und Gefässe tektonisch gestaltet, deren Ornamentik auch durchaus nicht willkürlich ist. Ebenso schliesst sich an die Architektur die Gartenkunst als künstlerische Anordnung der Natur selbst. Das Symbolische ist das Künstlerische, welches über das Bedürfniss hinausgeht. Daher wird die Architektur erst im Dienste des Cultus zur selbständigen Kunst, weil die Cultgebäude, die Cultgeräthe und das heilige τέμενος überhaupt nicht dem Bedürfniss, sondern symbolischen Handlungen dienen.

2. Der ästhetische Eindruck der Baukunst ist bedingt durch die mathematische Regelmässigkeit der Formen, welche sie dem rohen Material giebt. Diese Regelmässigkeit dient den Formgesetzen der poëtischen Anschauung und wirkt daher ebenso unmittelbar auf das Gemüth wie die metrische Form eines schönen Gedichtes. In den Werken des Alterthums tritt sie in der edelsten Einfachheit hervor; sie zeichnen sich durch reine Sym-

metrie und vollendet harmonische Verhältnisse aus. Zugleich sind die Formen anmuthig selbst bei den kolossalsten Bauten, welche durch die unerschütterliche Sicherheit und Festigkeit, womit sie sich selbst tragen, einen wahrhaft erhabenen Anblick gewähren. Ebenso vollendet wie nach der ästhetischen Seite war die Technik der alten Baukunst nach der mechanischen Seite. Wir haben indess die Kenntniss ihrer Kunstgriffe grossentheils verloren.

3. Alle Baustile gehen von dem Tempelbau aus, bei welchem zuerst die künstlerische Begeisterung der architektonischen Formen Herr wurde. Hieran schliesst sich die Architektur der übrigen öffentlichen Cultlocale, nämlich der Theater und Odeen für die musischen Agonen, der Stadien für gymnische Agonen, der Circusanlagen und Amphitheater bei den Römern. Ferner boten die vielen heiligen Bezirke, insbesondere die Grabstätten mannigfaltige Aufgaben zu tektonischen und architektonischen Werken. Neue Stilgattungen entwickelten sich dann an den Bauten für Staatszwecke. Hierhin gehören Fora, Prytaneen, Curien, Hallen, Basiliken, Leschen, Gymnasien, Thermen, Strassen, Thore und Propyläen, Tunnel, Aquäducte und Brücken, Ehrendenkmale und Triumphbogen. Für öffentliche Bauten verwandten die griechischen Staaten ungeheure Summen, und in Rom war des Bauens kein Ende, besonders unter den Kaisern. Für die Privatgebäude trat indess ein künstlerischer Stil erst ein, als das öffentliche Leben verfiel (s. oben S. 400).*) Ursprünglich war es sogar verboten die monumentalen Bauformen bei Privatbauten anzuwenden. Der Gattungsstil der verschiedenen Architekturzweige besteht in dem Charakter, den die Werke dadurch erhalten, dass die Bauformen ihren Zweck veranschaulichen; dadurch kommt in die starren Massen Leben; sie werden zu Organen des Geistes; es spricht aus ihnen eine geistige Stimmung und der Künstler lässt aus ihnen seine geistige Individualität widerstrahlen. Da nun die Alten gerade in dem Objectivsten heimisch sind, ist es kein Wunder, wenn sich auch ihre nationale Eigenthümlichkeit in der Baukunst besonders deutlich ausgeprägt hat; aber bewundern muss man doch die Sicherheit, womit jede Nation und jeder Stamm einen mit dem eigenen Charakter vollkommen harmonischen Baustil geschaffen hat. Schon die klimatischen Bedingungen

---

*) Vergl. Staatsh. d. Ath. Bch. II, Kap. 10.

und Bedürfnisse verursachen eine Verschiedenheit der Bauart; aber ausserdem sucht der Künstler einen Eindruck auf das Gemüth hervorzubringen, welcher der eigenartigen Anschauungsweise seiner Nation oder seines Stammes entspricht; hierdurch wird der Gesammtcharakter der Bauart bestimmt und durch diesen wieder die Form der einzelnen Bauglieder, so dass man auch umgekehrt aus einem einzelnen Gliede den Charakter des Ganzen erkennen kann. In der griechischen Architektur bilden insbesondere die Säulenordnungen das Maass für den gesammten Stil. Die Baureste aus der vorhellenischen Zeit: die kyklopischen Mauern, das Löwenthor von Mykenae, die Heroengräber, wie das sog. Schatzhaus des Atreus [und dasjenige zu Orchomenos] weisen darauf hin, dass sich die Architektur in Griechenland zuerst nach orientalischen Mustern gebildet hat. Aber nach der dorischen Wanderung entwickelte sich der griechische Säulenbau durchaus selbständig und zwar in den beiden grossen Gegensätzen der dorischen und ionischen Säulenordnung. Die Stammunterschiede treten hier förmlich messbar hervor durch die Verschiedenheit der Säulenabstände und des Verhältnisses zwischen Höhe und Durchmesser der Säulen, wozu dann noch die decorativen Verschiedenheiten kommen. Der dorische Bau macht durch die Kürze und Stärke sowie durch die enge Stellung der Säulen den Eindruck der grössten Festigkeit und Beständigkeit; der ionische erscheint mit seinen schlanken und weit auseinanderstehenden Säulen anmuthig und leicht. Was die Verzierung betrifft, so hat die dorische Ordnung nur die nothwendigen und wesentlichen Glieder in schönen Verhältnissen; sie gewährt dadurch einen ernsten und würdigen Anblick und zeigt eine strenge Symmetrie, der z. B. auch die Triglyphen dienen; die ionische Ordnung zeichnet sich durch eine zarte Gliederung aus, wodurch sie ein feines, edles und zierliches Ansehen erhält. Der dorische Stil ist schon von den Alten als der ältere angesehen worden, wenn schon der ionische nicht viel später entstanden sein kann; das älteste Bauwerk in letzterem Stil scheint das bald nach 600 begonnene Artemision zu Ephesos gewesen zu sein. Die beiden Stile wurden allmählich zum Gemeingut der griechischen Nation und je nach dem Charakter der Gebäude angewandt. In Korinth, wo der dorische Charakter ausartete, vermischen sie sich in einer Weise, wie sie sonst dem äolischen Charakter entspricht. Die korinthische Ordnung ist erst längere Zeit nach den Perserkriegen durch ionischen Einfluss aus der dorischen hervorgegangen; aber sie überbietet die ionische durch den schlanken Wuchs und die übertrieben weite Stellung der Säulen, und der Eindruck pomphafter Üppigkeit wird durch die überreiche Verzierung erhöht.*) Eine eigentlich attische Säulenordnung giebt es nicht; doch sind in Attika der dorische und ionische Stil zur höchsten Vollendung gebracht, indem in beiden die rechte Mitte zwischen ionischer Anmuth und dorischer Kraft erreicht wurde. Die italische Baukunst hat die griechische zur Grundlage; die aus der dorischen hervorgehende etruskische oder toskanische Säulenordnung sowie die an die korinthische sich anlehnende römische sind ganz unselbständige Bildungen. Doch haben sich die Römer in der eklektischen Vereinigung der griechischen Stile einen eigenthümlichen Geschmack angeeignet, der ihrem Charakter entspricht (s. oben S. 291). Die griechische Architektur ist geradlinig und das Bauwerk verbreitet sich gleichmässig über den Boden; es lenkt den Blick auf die unmittelbare Gegenwart, ohne dass eine weitere Aussicht über die sichtbare Welt hinaus gesucht wird. Die römische Baukunst verbindet mit dem griechischen Säulenbau in grossartiger und monumentaler Weise den von den Etruskern ausgebildeten Gewölbebau und bildet durch das Mittelglied des byzantinischen und des romanischen Stils den Übergang zur Gothik, welche gleichsam eine Perspective nach Oben eröffnet und von der Erde in das Unendliche weist, während der antike Bau fest und harmonisch auf der Erde thront.

Der plastische Charakter der alten Baukunst fand sich sicher auch in der Gartenkunst wieder. Die Romantik einer englischen Gartenanlage, wo die Natur in ungezwungener Combination erscheint, musste den Alten ebenso fremd sein als der Stil des Shakespeareschen Dramas. Alle Spuren der Überlieferung führten darauf, dass ihre Anlagen strenge geregelt, eher steif als frei waren. Wenn die Hellenen die Natur zur Kunst machten, musste sich darin die Herrschaft des menschlichen Geistes über die Natur ausdrücken, so dass dieser eine menschlichen Zwecken entsprechende Form aufgeprägt wurde. Wie das ächte Königthum, die erste Form des Staats, natürlich und ohne bewusste Absicht entstanden, unter der Hellenen bildnerischer Hand verschwand um in der Neuzeit mit Bewusstsein wieder zu erstehen: so ist das

---

*) Über korinthische Baukunst *Explicationes Pindari* S. 213 f.

Gefühl der Abhängigkeit von der Natur, wovon der älteste Mythos ausgeht, durch die Kunst des Alterthums überwunden; aber an seine Stelle ist in der Neuzeit das romantische Naturgefühl, d. h. die bewusste innerliche Hingabe an die Schönheit der Natur getreten.

b. Plastik.

§ 71. 1. Plastik ist dem Wortsinn nach eigentlich die Formung weicher Massen, wie Thon, Gyps, Wachs, (Keramik, Gypsoplasie, Keroplastik). Dies ist aber die Grundlage aller Plastik im weitern Sinne, welche auch bei der Bearbeitung harter Massen vielfach fictile Modelle und bei dem Bildguss fictile Gussformen anwendet. In der Homerischen Zeit sind bereits neben der Thonplastik Holz- und Elfenbeinschnitzerei und getriebene Arbeiten (cφυρήλατα) aus Erz, Gold und Silber in Blüthe; auch die Steinsculptur wurde — wie das Löwenthor von Mykenae beweist — frühzeitig geübt. Dagegen ist der Metallguss, bei welchem die Sculptur als Ciselirung in Anwendung bleibt, in Griechenland erst zu Ende des 7. Jahrhunderts durch die samischen Meister Rhoekos und Theodoros erfunden. Mit der Münzprägung (s. oben S. 381) entwickelte sich die Stempelschneidekunst. Verwandt damit ist die plastische Bearbeitung von Edelsteinen, die Steinschneidekunst, deren Anfänge sich bei den Griechen bis in das Zeitalter des Philosophen Pythagoras hinauf verfolgen lassen, die aber erst in der Diadochenzeit ihre volle Blüthe erreichte. An sie schliesst sich die Glasplastik.

Die plastischen Formen sind entweder rund gearbeitet, d. h. nach allen Seiten freistehend (ζῶα περιφανῆ), oder sie treten als Relief aus einer Fläche hervor (ἔκτυπα, ἀνάγλυφα), oder sie sind in eine Fläche eingegraben (γλυπτά). Die vertieften Arbeiten sind indess z. Th., wie auf Siegelsteinen (*annulares*, δακτύλιοι) und Stempeln nur Mittel zur Herstellung von reliefartigen Formen. Übrigens sind die alten Kunstausdrücke für die plastische Formgebung schwankend: γλυφή oder γλυπτική bedeutet auch überhaupt die Bildhauerei, d. h. die Bearbeitung harter Massen durch Meisseln und Schnitzen, wie auch *scalptura* mit *sculptura* gleichbedeutend gebraucht wird. Die Lithoglyphie ist die Steinschneidekunst überhaupt, die nicht nur Gemmen mit vertiefter Arbeit (Intaglien), sondern auch mit erhabener Arbeit (Cameen) herstellt. Die Reliefarbeit heisst im Allgemeinen τορευτική und *caelatura*, obgleich diese Ausdrücke ursprünglich die erhabene Metallarbeit und später gewöhnlich das Ciseliren der Metallbilder überhaupt bezeichnen; *statua* ist die Bildsäule im Allgemeinen, aber vorzugsweise doch die gegossene Bildsäule, so dass man unter *statuaria* ohne Zusatz meist den Bildguss zu verstehen hat. [Vergl. J. H. Ch. Schubart im Philologus 24, 1866, S. 561 ff. und M. Fränkel, *De verbis potioribus quibus opera statuaria Graeci notabant.* Leipzig 1873.]

2. Alles, was Gegenstand der Plastik ist, haben die Griechen vollendet und unübertrefflich dargestellt. Vor Allem haben sie ohne die Natur zu verleugnen das Ideal rein menschlicher Schönheit in den mannigfachsten Formen nach allen Seiten entwickelt. Mit gleicher Vollkommenheit haben sie Thiere gebildet, die nicht bloss als symbolische Attribute, sondern auch in ihrem Zusammenleben mit dem Menschen und als Typen charakteristischer Seeleneigenschaften Gegenstände der plastischen Kunst sind. Ich erinnere an die Kuh des Myron und Göthe's Bemerkungen über dies von den Alten vielgepriesene Kunstwerk (s. Göthe's Werke. Bd. 31, [vgl. dazu Collection Aless. Castellani 1884 no. 62.]) Wir besitzen noch antike Thierbilder von unvergleichlicher Schönheit. Als man den Pferdekopf aus dem östlichen Giebel des Parthenon kennen lernte, haben Einige geglaubt, Pheidias oder Kalamis oder wer sonst von den Gehülfen des Pheidias jene Pferde bildete, habe ein in der Natur nicht vorhandenes Ideal eines Pferdes entworfen. Rich. Lawrence, der englische Maler hat in seinen *Elgin Marbles* (London 1818) gezeigt, dass der Kopf die sorgfältigste Aufmerksamkeit auf die Natur und eine hingebende Beobachtung der edleren Racen voraussetzt und dass er das Vollkommenste ist, was die Kunst in dieser Art bilden kann. Man lese die interessante Zusammenstellung von K. A. Böttiger: Erklärung der zwei antiken Reliefs auf dem Fussgestell des Modellpferdes von E. Matthäi nachgebildet. Dresden 1823. 4. [= Kl. Schr. II, 161 ff.] und L. S. Ruhl, Über die Auffassung der Natur in der Pferdebildung antiker Kunst. Kassel 1846. 4. sowie V. Cherbuliez, Ein Pferd des Phidias. Aus d. Franz. von J. Steinmetz. Jena 1861. [Mit deutschen Anmerkungen hrsg. von H. Fritsche. Berlin 1880.]

3. In der vorhellenischen Zeit war die Plastik als Kunsthandwerk decorativ und ihre Werke waren meist reliefartig an Bauten und Geräthen angebracht. Die Wunderwerke des Hephä-

stos, die Homer beschreibt: die goldenen Dienerinnen des Gottes, sowie die goldenen und silbernen Hunde und die fackeltragenden goldenen Jünglinge des Alkinoos sind offenbar Gebilde der dichterischen Phantasie, welche wohl nicht aus der Anschauung wirklicher Statuen hervorgegangen sind, aber doch beweisen, dass der Dichter die Bildnerei nur im Dienste des praktischen Lebens zu denken vermag. Die Anfänge der griechischen Plastik haben die grösste Verwandtschaft mit der orientalischen, besonders der assyrischen Kunst; aber schon in ihnen tritt die Selbständigkeit des hellenischen Geistes hervor. Das Löwenrelief am Kyklopenthor zu Mykenae zeigt schon einen ausdrucksvollen und kraftvollen Stil; in der Homerischen Beschreibung vom Schilde des Achilleus ist die Composition der Bilder bereits zur poëtischen Einheit gestaltet (s. oben S. 467 f.). Einen weiteren Fortschritt sieht man in der dem Hesiod beigelegten Beschreibung von dem Schilde des Herakles, da hier die dargestellten Scenen bereits mythischen Inhalts sind. Die geschnitzten Reliefs an der Lade des Kypselos und die Bilder an dem Thronos des amykläischen Apollon, die Pausanias beschreibt, zeigen, wie das Relief als Verzierung von Weihgeschenken in die religiöse Kunst eintritt. Hierdurch erhielt auch die Toreutik die künstlerische Weihe. An Altären, Tempeln und Grabmälern und später an Staatsgebäuden bildete sich das Thon-, Erz- und Steinrelief in den mannigfaltigsten durch den tektonischen Stil und die Bestimmung der Denkmäler bedingten Stilgattungen aus. Vermöge der plastischen Richtung der alten Kunst haben die Griechen das Basrelief, welches sich der Flächenzeichnung nähert und eine Art plastischer Malerei ist, für viele Motive angewandt, für welche man in der Neuzeit die Malerei anwenden würde. Vergl. die vortreffliche Schrift von E. H. Tölken, Über das Basrelief und den Unterschied der plastischen und malerischen Composition. Berlin 1815.

Die Anfänge der statuarischen Kunst sind in Mythen gehüllt. Die Sage von den Telchinen, welche die Götter zuerst in Menschengestalt gebildet haben sollen, weist nach Rhodos und Kypros, und was wir von den ältesten Götterbildern wissen, zeigt eine grosse Ähnlichkeit derselben mit dem ägyptischen Stil.*) Die mythische Gestalt des Dädalos repräsentirt den ersten

---

*) Vergl. *Explicat. Pindari.* S. 172 f.

grossen Fortschritt der griechischen Kunst; er trennte nach der Sage die festgeschlossenen Füsse der alten Schnitzbilder, machte die enganliegenden Arme derselben frei und öffnete die geschlossenen Augen.*) Die in Athen blühende Zunft der Dädaliden, deren Stammheros Dädalos war, ist jedenfalls eine der ältesten Genossenschaften griechischer Bildhauer. Pausanias (VII, 5.) stellt dem altattischen, d. h. dem Dädalischen Stil, den er sorgfältig vom ägyptischen unterscheidet, den äginetischen gegenüber. Dieser steht dem ägyptischen in alterthümlicher Steifheit am nächsten; die Gestalten hatten in ihm noch nicht durch die Dädalische Kunst Leben erhalten. Viele alte ξόανα werden von den Schriftstellern als äginetische Arbeit bezeichnet. Eine Vermittelung der alten symbolischen Götterdarstellung (s. oben S. 433) mit der bildlichen waren die Hermen in Holz und Stein. Ferner wurden Steinstatuen der Götter zuerst als Weihgeschenke neben die altgeheiligten Zeichen oder ξόανα in die Tempel gestellt. Bei diesen Bildern blieb aber die Kunst lange in den Fesseln des conventionellen hieratischen Stils, während sich in den Erzbildsäulen der olympischen Sieger die künstlerische Auffassung freier entfaltete. Seit den Perserkriegen wurde die hierdurch erreichte Stilvollendung auch auf die Götterstatuen selbst übertragen und erreichte in den chryselephantinen Bildsäulen, die an die Stelle der ξόανα traten, ihren höchsten Gipfel. Der Idealstil der religiösen Kunst ging zunächst auch auf die politischen Denkmäler über. Das erste Monument dieser Art war die Gruppe der Tyrannenmörder Harmodios und Aristogeiton und ausser dieser und der Bildsäule des Solon gab es in Athen bis auf Konon keine öffentlichen Ehrenstatuen. Später wurde diese Ehre verschwenderisch ertheilt.**) Auf dem Gipfel der Stilvollendung erschöpfte die Kunst alle Formen von der Kolossalstatue bis zur Thonstatuette, von reichen Statuengruppen bis zur einfachen Büste (προτομή). Seit der Zeit des peloponnesischen Krieges wurden nicht nur die öffentlichen Gebäude und Anlagen, sondern auch nach und nach die Privathäuser mit Bildwerken ausgestattet.

Da für den Stil der Plastik ebenfalls architektonische Rücksichten neben der Bestimmung des Werkes maassgebend sind,

---

*) Vergl. Kl. Schr. VII, S. 237.
**) Vergl. Staatshaush. d. Athen. I, S. 348. *Corp. Inscr.* I, S. 18 u. 872 f. II, S. 220. 340.

mussten sich in der ganzen religiösen und politischen Plastik dieselben nationalen Unterschiede ausprägen, wie in der Architektur, zumal der Cultus selbst, aus dem die plastischen Ideale zunächst hervorgingen, national verschieden war. Wir können aber diese Unterschiede nicht so genau nachweisen wie bei der Baukunst, weil die alten Nachrichten darüber dürftiger und die Überreste aus altgriechischer Zeit nicht zureichend sind. Der Gegensatz des dorischen und ionischen Stils zeigt sich bereits in dem Unterschiede der äginetischen und altattischen Arbeit, den Pausanias als evident und allgemein bekannt betrachtet. Im 7. und 6. Jahrh. ging der technische Fortschritt der Kunst von den Ionern aus; der Eisen- und Erzguss wurde in dem ionischen Samos*) erfunden; die Marmorsculptur kam zuerst in Chios**) auf und wurde in Paros vervollkommnet, wo sich das herrlichste Material darbot. Aber ionische Meister verpflanzten die neuen Erfindungen in dorische Staaten, wo sie mit Eifer weiter ausgebildet und zur höchsten Vollkommenheit gebracht wurden. So blühten ausser in Ägina Kunstschulen in Korinth,***) Sikyon, Argos, Lakedämon, Kreta, Sicilien und Grossgriechenland. Aus der Schule des Hageladas in Argos ging Pheidias hervor, durch welchen die Plastik ihre klassische Vollendung im attischen Stil erreichte. Dieser Stil ist bei Pheidias, dem Bildner der Athena Parthenos†) und des Olympischen Zeus erhaben und streng und entspricht dem hohen Stil der Äschyleischen Tragödie und der Aristophanischen Komödie; Polykleitos, der jüngere Zeitgenosse des Pheidias und wie dieser in der Schule des Hageladas gebildet, der Schöpfer der argivischen Hera, ist gleich Sophokles der Vollender des einfach schönen Stils, welchem Pheidias übrigens näher kommt als Äschylos; der anmuthige und pathetische Stil wird endlich durch Praxiteles, Skopas und Lysippos vollendet und artet dann in der makedonischen Zeit in Sinnlichkeit und Effekthascherei aus. Doch hat auch diese Zeit, in welcher die Schulen von Athen, Sikyon, Rhodos und Pergamon blühten, höchst bedeutende Kunstwerke hervorgebracht: so das Urbild des Apollon von Belvedere,

---

*) Über Samische Kunst vergl. Corp. Inscr. I, nr. 6.
**) Über pentelischen und hymettischen Marmor s. Staatsh. d. A. I, S. 64. 422. [vgl. dazu U. Köhler, Mittheil. des arch. Instituts II, S. 234 f.]
***) Über Korinthische Plastik: *Explicationes Pindari*. S. 214.
†) Staatsh. d. Ath. II, S. 247 ff.

die Gruppen sterbender Gallier, die Laokoongruppe und den Farnesischen Stier, [den Gigantenfries von Pergamon].

In der Plastik wie in der Baukunst scheint der Atticismus die Unterschiede des ionischen und dorischen Stils nicht getilgt, sondern nur diese Formen von ihrer Einseitigkeit befreit zu haben. Als Wesen des dorischen Stils erscheint in den wenigen Überresten des 7. und 6. Jahrh. zuerst der Ausdruck gewaltiger Kraft in untersetzten, oft derben Gestalten von strenger alterthümlicher Haltung und ohne individuellen Gesichtsausdruck mit einem stereotypen Lächeln. Mit der steigenden technischen Durchbildung wird der Gliederbau weniger massig; in dem vollkommensten Werk dieses archaischen Stils, welches auf uns gekommen ist, den Sculpturen des Poliastempels auf Ägina (aus dem Anfang des 5. Jahrh.)*) sind die Körper mager, aber von athletischer Kraft. Der Rumpf dieser Figuren ist im östlichen Giebelfelde mit grosser Naturwahrheit ausgearbeitet; hiermit stehen die altmodisch gebildeten Köpfe und das starre Lächeln auf dem Antlitz in einem seltsamen Widerspruch; ebenso contrastirt die Steifheit der Gewandung mit dem lebensvollen Naturalismus der nackten Körper. Es zeigt sich hierin eine dem dorischen Wesen angemessene Unterordnung des individuellen Ausdrucks unter feste typische Formen. Dagegen findet man in den Resten der ältesten ionischen Bildnerei, z. B. den Statuen am heiligen Weg zu Milet,**) den lykischen Gräbersculpturen, dem Harpyienmonument von Xanthos, und insbesondere in den ältesten attischen Werken weichere Formen und eine sorgfältigere Bildung des Kopfes, was um so stärker hervortritt, als die Figuren meist bekleidet sind; die Gewandung ist anmuthiger behandelt. Bei den Sculpturen des unter Pheidias Leitung im dorischen Stil erbauten Parthenon zu Athen ist der Naturalismus der Körperbildung mit ionischer Lebhaftigkeit und Beweglichkeit gepaart. Eine bleibende Eigenthümlichkeit des dorischen Stils war aber auch im Atticismus neben kraftvoller Naturdarstellung die Vorliebe für nackte Formen, in denen diese besonders zur Geltung kommen konnte. Es hängt dies damit zusammen, dass

---

*) Vergl. Kl. Schr. VII, S. 249. [Zur Chronologie — zwischen 478 und 458 — vgl. H. Brunn, Sitzungsber. der Münch. Akademie. 1867. I S. 405 ff.]

**) Vergl. C. I. vol. I. nr. 39 und S. XXVI. [A. Kirchhoff, Studien z. Gesch. d. gr. Alphab.³ S. 25.]

von den Dorern zuerst die Gymnastik ausgebildet wurde (s. oben S. 417); die Spartaner waren die ersten, welche bei den gymnastischen Spielen den Schurz fallen liessen;*) die dorischen Weiber waren φαινομηρίδες. Schon aus der alten äginetischen Kunst führt Pausanias (II, 30. 1) einen nackten Apollon auf; die Knidische, also dorische Aphrodite des Praxiteles war ganz nackt und bedeckte die Scham mit der Hand. (S. C. Levezow, Über die Frage, ob die Mediceische Venus ein Bild der Knidischen von Praxiteles sei. Berlin 1808. 4; [vgl. auch A. Michaelis, Archäol. Ztg. 1876. S. 145 ff.]) Mit der dorischen Gymnastik fand auch die Nachbildung des Nackten in allen griechischen Staaten Eingang; doch scheint die ionische Plastik immer mit Vorliebe bekleidete Gestalten gebildet zu haben. Manche ionische Götterideale sind erst spät nackt dargestellt worden. So erscheinen die Gratien, welche ursprünglich gleich ionischen Jungfrauen gegürtet und sittsam drapirt waren, später in dorischen Halbgewändern; aber erst seit Praxiteles sind sie ganz entkleidet worden. Einige ionische Gottheiten, wie die Athena, konnten überhaupt nur mit Gewandung dargestellt werden. Das klarste Beispiel der ionischen Sculptur nach der Umbildung durch den Atticismus ist das Nereidenmonument zu Xanthos, welches kurz vor dem von Artemisia errichteten Mausoleum um Olymp. 101 erbaut ist. [Vergl. Ad. Michaelis, *Annali dell' Inst.* 1874 S. 216 ff. und 1875 S. 68 ff. Zu *Mon. dell' Inst.* X 11 f.]; es steht durch seinen weichen und bewegten Stil mit den Bildwerken am Parthenon in Contrast. Der Geschmack am Kolossalen in der bildenden Kunst scheint dorisch zu sein. So waren in Rhodos ausser dem bekannten 70 Ellen hohen Koloss, dem grössten Erzbilde des Alterthums, noch hundert andere Kolossalstatuen des Helios aufgestellt; in Tarent war ein Koloss von 40 Ellen, zu Apollonia in Pontos einer von 30 Ellen, der nach Rom gebracht wurde. Deinokrates, der Wiederhersteller des ephesischen Dianatempels und Erbauer Alexandriens, schlug Alexander d. Gr. vor, den Berg Athos in eine kniende Figur auszubauen, so dass der Koloss in der einen Hand eine Stadt, in der andern ein die Gewässer des Berges sammelndes Bassin halten sollte. (S. Vitruv, Vorrede zum 2. Buch.)

Die Vorliebe für das Kolossale wurde in der makedonischen

---

*) Vergl. *Corp. Inscr.* I, S. 554 f.

Zeit besonders herrschend. Zugleich aber wurden die Kleinkünste vorzugsweise gepflegt und ausgebildet. Die μικρότεχνοι wie **Myrmekides** aus Athen und **Kallikrates** aus Sparta verfertigten Figuren von unglaublicher Kleinheit aus Elfenbein und Erz.*) Man arbeitete Modelle von Gebäuden in Metall, besonders in Silber; dahin gehören die Apostelgeschichte XIX, 24 erwähnten ἀργυροκόποι, welche Modelle des ephesischen Tempels anfertigten. Die Steinschneidekunst hatte bereits durch **Pyrgoteles**, welchem **Alexander d. Gr.** das Privilegium gab sein Bild in Gemmen zu schneiden, die höchste Blüthe erreicht. In der Diadochenzeit schnitt man ausser den vertieften Ringsteinen Cameen, welche zu Schmucksachen oder zur Besetzung toreutischer Prachtwerke benutzt wurden. So bildete sich ein plastischer Miniaturstil von einer technischen Vollendung, die in der Neuzeit nicht wieder erreicht ist; es ist fast unbegreiflich, wie Arbeiten von dieser Feinheit mit unbewaffnetem Auge ausgeführt werden konnten. Einen besonderen Zweig der Kleinkünste bilden die Amulete (s. oben S. 452), wozu man auch Cameen benutzte. Freilich führte hierin der Aberglaube zu den bizarrsten Formen; gerade die Darstellung des Hässlichen und Widerlichen wurde häufig als der wirksamste Gegenzauber angesehen.

Der Stil der gesammten decorativen Plastik folgt im Allgemeinen der Entwicklung der höhern plastischen Kunst. Dies tritt besonders bei den Münzen hervor, deren Gepräge den ganzen Kreislauf der Plastik durchläuft; der Stil derselben erhebt sich von den rohesten Formen, wie sie die ältesten äginäischen Stücke zeigen, bis zur höchsten Vollkommenheit, welche in den Typen der sicilischen Städte erreicht ist, sinkt bei dem Rückgange der Kunst in der späteren Diadochenzeit und nimmt in Rom einen neuen Aufschwung, bis er von der Zeit der Antonine an gänzlich verfällt.

Die Römer haben in der Plastik nicht wie in der Baukunst einen selbständigen Stil erreicht. Sie lehnten sich seit Einführung des Bilderdienstes (s. oben S. 435) zuerst an die Etrusker an, welche die griechische Kunst mit handwerksmässigem Geschick nachahmten. Später fanden von Süditalien aus griechische Arbeiten in Rom Eingang, bis nach der Eroberung von Korinth der gesammte Kunstbetrieb in die Hände von Griechen kam.

---

*) Vergl. *Corp. Inscr.* I, S. 872 f. Kl. Schr. I, S. 176 f.

Die hierdurch hervorgerufene Restauration der griechischen Plastik (s. oben S. 473) ging hauptsächlich von einer neu-attischen Schule aus und führte zu einer eklektischen Nachbildung der griechischen Stile. Der römische Geist machte sich nur in der realistischen Ausführung der Portraitbilder und der historischen Darstellungen geltend.

c. Malerei.

§ 72. 1. Es ist ein tief eingewurzeltes Vorurtheil, dass die Alten in der Malerei nichts Bedeutendes geleistet hätten, und dies eine wesentlich moderne Kunst sei. Wir besitzen freilich keine Meisterwerke der Malerei aus dem Alterthum; aber wir haben einen Maassstab der Beurtheilung an der hohen Vollendung der griechischen Plastik. Ein Volk, dessen Geschmack in der Plastik so hoch gebildet war, konnte die Leistungen einer rohen und unvollkommenen Malerei nicht schätzen und bewundern: und doch wissen wir, dass bei den Griechen die Malerei ebenso angesehen war als die Plastik. Diese dominirt allerdings in der gesammten bildenden Kunst des Alterthums und die Gemälde der Alten hatten, wie wir aus den erhaltenen Denkmälern und den Nachrichten der Schriftsteller schliessen können, einen durchweg plastischen Charakter, d. h. die Figuren stellten sich darin nach Möglichkeit ganz dar. Daher trat die Perspective nicht sehr hervor, wiewohl die Griechen die Linearperspective sehr wohl kannten. Die Perspective ist mehr romantisch; sie wirkt in die Ferne, eröffnet eine Aussicht ins Unbestimmte, während der plastische Sinn das Gegenwärtige, Nahe sucht, ein endlich Beschränktes erfassen will.

Die Malerei ist bei den Griechen später als die Plastik und erst durch diese zur freien Kunst geworden. In der Homerischen Zeit treten die ersten Anfänge nur in der Buntwirkerei hervor; später wurden Gefässe mit Figuren bemalt. Diese aus dem Orient stammenden Zweige des Kunsthandwerks wurden zuerst unter dem Einfluss der Plastik in den Hauptstätten dorischen Kunstfleisses, in Korinth*) und Sikyon künstlerisch vervollkommnet. Ein weiterer Fortschritt wurde durch die Polychromie der Architektur und Plastik herbeigeführt. Die Alten wandten frühzeitig bunte Farben an, um die feinere Gliederung der Archi-

---

*) *Explicationes Pindari* S. 214 f.

tecturtheile wirksamer hervortreten zu lassen; selbst der Marmor wurde z. Th. so gefärbt. Die ξόανα waren ursprünglich grell bemalte Puppen; aber auch als die Plastik sich von dieser unkünstlerischen Naturnachahmung losmachte, suchte man den Eindruck der Statuen durch Färbung einzelner Theile zu heben oder gab ihnen einen zarten die natürliche Schönheit des Stoffes erhöhenden Farbenüberzug. In schönster Weise kam die Polychromie bei den chryselephantinen Statuen zur Geltung. Die Reliefs näherten sich durch die Buntfarbigkeit noch mehr der Malerei. Als diese sich im Dienste des Handwerks technisch genügend ausgebildet hatte, begann man im Anschluss an die Plastik die Wände von Tempeln und Hallen mit colorirten Umrissfiguren in einem reliefartigen Stil zu zieren und ähnliche Bilder als Weihgeschenke aufzuhängen. Da diese Werke nicht wie die plastischen Götterbilder Gegenstand der Anbetung waren, konnte sich die Kunst an denselben frei von conventionellen Schranken ausbilden. Daher erreichte die Malerei bereits in der Kimonischen Zeit die erste Stufe ihrer klassischen Vollendung durch Polygnotos, der den Theseustempel, das Anakeion und die Poikile zu Athen, die Lesche der Knidier zu Delphi u. s. w. mit mythisch-historischen Wandgemälden in einem idealen und erhabenen Stil schmückte. Die von ihm begründete attische Malerschule hat ohne Zweifel auch auf Pheidias höchst anregend gewirkt. Einen mächtigen Impuls erhielt die Malerei dadurch, dass sie als Decorationsmalerei durch Sophokles und den ihm hierin folgenden Äschylos in den Dienst des Dramas gezogen wurde. Aus der Skenographie ging die Skiagraphie, d. h. die nicht bloss durch die Zeichnung, sondern durch Colorit und Schattirung wirkende Malerei hervor. Diese wurde in Athen durch Apollodoros begründet, aber durch die ionische Schule des Zeuxis und Parrhasios zur Vollendung gebracht. Alkibiades hatte bereits die Skenographie zur Ausschmückung seines Privathauses in Anspruch genommen. Durch die ionische Schule, welche hauptsächlich Staffeleigemälde hervorbrachte, trat die Malerei noch mehr in den Dienst des Privatlebens. Es bildete sich schnell eine begeisterte Vorliebe für die neue Kunst. Die Meisterwerke derselben wurden mit hohen Summen bezahlt, und man ermunterte die Künstler durch Agonen. Zeuxis gab bereits das Beispiel zu Gemäldeausstellungen, indem er eine Helena für Geld sehen liess, die man deshalb scherzweise ἑταίρα nannte. Der ionischen

Schule, deren Werke sich durch malerische Illusion und Farbenreiz auszeichneten, aber im Gegensatz zu dem strengen Ethos des Polygnot sich einem weichen und üppigen Stil zuneigten, trat eine sikyonische Schule gegenüber, welche die Malerei in demselben Sinne wie Polykleitos die Plastik zur einfach schönen Darstellung (χρηϲτογραφία) ausbildete. Der Stifter dieser Schule ist Eupompos, die Hauptmeister derselben Pamphilos und Pausias. Neben der sikyonischen Schule bildete die attische den gratiösen und pathetischen Stil aus; der grösste Meister dieses Stils und zugleich der höchste malerische Genius des Alterthums ist aber der Ioner Apelles, welcher die Vorzüge der ionischen und sikyonischen Schule in sich vereinte. In der Diadochenzeit musste der Stil der Malerei schneller verfallen als die Plastik, während sich ihre technische Vollkommenheit länger erhielt.

Wie trefflich die Kunst auch in der Zeit ihres Verfalls war, beweisen selbst die geringfügigen Überreste der römisch-griechischen Malerei, die in und bei Rom, sowie in Pompeji und Herculaneum aufgefundenen Wandmalereien. Nicht uninteressant ist das von Lucas Holstenius (*Vetus pictura nymphaeum exhibens.* Rom 1676 fol. [vgl. dazu A. Rosenberg, Rubensbriefe nr. 115]) zuerst beschriebene, nicht mehr vorhandene Wandgemälde, das perspectivisch wie eine Theaterdecoration war, aber mit Thieren und Baumschlag. Von der reliefartigen Darstellung, die im Alterthum besonders häufig war, giebt die Aldobrandinische Hochzeit eine vortreffliche Anschauung (s. C. A. Böttiger und H. Meyer, Die Aldobrandinische Hochzeit. Dresden 1810; [vgl. dazu R. Förster, Archäol. Zeit. 1874, S. 80 ff.]). Die hauptsächlichsten Denkmäler sind aus Pompeji und Herculaneum, und selbst diese Zimmerdecorationen von geringen Meistern zeigen, wenn auch darin Manches verzeichnet ist, nicht nur Geschick und Geschmack, sondern auch vielfach Charakter und Stil. Von grosser Schönheit sind z. Th. die erhaltenen Mosaikbilder. Ehemals war das bekannteste und berühmteste Denkmal in Mosaik das aus dem Tempel der Fortuna zu Präneste (s. *Corp. Inscr. Graec.* III, nr. 6131^b; [vgl. S. Pieralisi, *Osservazioni sul Musaico di Palestrina.* Roma 1858. fol.]). Aus den makedonischen Inschriften sieht man, dass auch andere Fortunentempel vorzügliche Mosaik hatten.*)

---

*) *Corp. Inscr.* II, nr. 2024. 2025.

Jetzt ist die Darstellung der Schlacht bei Issos, die in Pompeji gefunden worden ist, das bedeutendste Denkmal, ausgezeichnet auch in der Composition und gewiss Copie eines Meisterwerks. Sinn für schöne Formen zeigen auch die ganz handwerksmässig gefertigten Bilder auf Vasen, die in grosser Anzahl in Gräbern gefunden sind und wie die Münzen einen Überblick über die ganze Entwicklung der bildenden Kunst gewähren, da selbst der Stil dieser Töpferarbeit von dem der hohen Malerei abhängig war. Man unterscheidet deutlich, wie der älteste phönikisirende Stil in den althellenischen übergeht; auf den archaischen Stil folgt der strenge, auf diesen der schöne, und den Schluss macht der reiche Stil der makedonischen Zeit, in welcher die Vasenmalerei durch die Toreutik verdrängt wurde. Bei den Römern hat die Gefässmalerei keinen Eingang gefunden.

2. Die Gegenstände der antiken Malerei waren wie die der Plastik überwiegend mythologisch; doch wurde seit dem Beginn der eigentlichen Kunst die Historienmalerei geübt z. Th. in figurenreichen Bildern, obwohl sonst die Gemälde ihrem plastischen Charakter gemäss meist nur wenig Figuren enthielten. Die Portraitmalerei*) kam erst durch die ionische Schule auf, und es schloss sich daran die Karrikatur, die in den Gryllen der makedonischen Zeit gewiss fein und geistreich gestaltet wurde. Zu einer besondern Gattung wurde frühzeitig die Darstellung obscöner Gegenstände (πορνογραφία). Die mythologischen Figuren wurden schon von den Meistern der ionischen Schule allegorisch verwendet, und in dieser Form spielen sie seitdem überall in die Genremalerei hinein, welche ebenfalls in dieser Schule ihren Anfang hat. In der sikyonischen Schule malte Pausias bereits vorzügliche Thier- und Blumenstücke; in der Diadochenzeit wurde das Stillleben ein Lieblingsgegenstand der Malerei (ῥωπογραφία). Gleichzeitig ging aus der Skenographie die Landschaftsmalerei (τοπιογραφία) hervor, welche natürlich einen der antiken Gartenkunst analogen Charakter haben musste. Dies erkennt man auch noch aus den decorativen Darstellungen, welche in vielen pompejanischen Gemälden, sowie besonders in den 1848—1850 auf dem esquilinischen Hügel ausgegrabenen Odysseelandschaften und dem 1863 in Prima Porta bei Rom aufgefundenen Bilde eines

---

*) Über monumentale Portraits in ganzer Figur (εἰκόνες γραπταὶ τελεῖαι) und in Medaillonform (εἰκόνες τελεῖαι ἐν ὅπλῳ) s. *Corp. Inscr.* II, S. 662—665.

Gartens erhalten sind. [Vgl. K. Woermann, die antiken Odysseelandschaften vom esquilinischen Hügel zu Rom. In Farbensteindruck herausgeg. und erläutert. München 1876; Die Landschaft in der Kunst der alten Völker. München 1876. S. 294 ff.] Ausgezeichnet waren die Alten in der Arabeskenmalerei. Wie unerschöpflich die antike Kunst in malerischen Motiven war, zeigen besonders die untergeordneten Vasengemälde, welche deshalb die vorzüglichste Fundgrube für die Anschauung des gesammten antiken Lebens sind. Es ist keine Frage, dass die Malerei des Alterthums ebenso wie die moderne die ganze Stufenleiter der Empfindungen auszudrücken verstand, soweit sie in sichtbaren Zeichen hervortreten. Aber sie konnte dies nur in derselben plastischen Form thun wie die antike Lyrik (s. oben S. 275). Die Innerlichkeit eines Madonnenideals vermochte kein hellenischer Maler zu erreichen.

3. Die Technik der alten Malerei verdankt dem Orient nur die rohesten Anfänge, wie eine Vergleichung der höchst unvollkommenen assyrischen Gemälde zeigt. In der Buntwirkerei und Stickerei (ποικιλία oder ποικιλτική)*) hat sich die ausgebildete griechische Kunst von der orientalischen sicher ebenso sehr unterschieden wie die Vasenbilder des schönen Stils von den ältesten phönikisirenden. An den Vasenbildern lässt sich hauptsächlich die allmähliche Ausbildung der Zeichnung verfolgen. Diese war bereits in der Polygnotischen Schule technisch vollendet. Durch die Skenographie wurde die Theorie der Perspective begründet, welche die Philosophen Demokrit und Anaxagoras weiter ausführten. Die Sikyonische Schule schuf eine streng mathematische Zeichenlehre, wodurch das Zeichnen zugleich eine Methode erhielt, welche seine Aufnahme in den encyklopädischen Jugendunterricht ermöglichte (s. oben S. 420). Bei den Übungen der Maler- und Zeichenschulen wurden die Zeichnungen mit dem Griffel auf Wachstafeln oder mit dem Pinsel auf Holztafeln und zwar in weisser Farbe auf schwarzem Grunde (λευκόγραμμα) oder mit schwarzer Farbe auf hellem Grunde (μελανόγραμμα) ausgeführt. Ursprünglich waren die Gemälde überhaupt Umrissfiguren (μονόγραμμα) oder, wie auf den meisten Vasen, einfarbig (μονοχρώματα). Bis auf die ionische Schule begnügte man sich auch bei mehrfarbigen Bildern mit 4 Hauptfarben: weiss, schwarz-blau,

---

*) Staatsh. d. Ath. I, S. 55 Anm. d.

roth und gelb, die man in verschiedenen Nüancen und Mischungen anwandte.*) Durch die ionische Schule wurde dann die Technik des Colorits bedeutend vervollkommnet, in welcher Apelles das Höchste erreichte. Die Alten malten mit Wasserfarben, die mit dem Pinsel aufgetragen wurden, und mit Wachsfarben, die man einbrannte. Die Technik des letztern Verfahrens, der Enkaustik, ist uns unbekannt, obgleich man wiederholt behauptet hat sie wieder entdeckt zu haben. Die enkaustische Malerei wurde nur bei Bildern auf Holz, Thon und Elfenbein angewandt und hatte eine ähnliche Wirkung wie die Ölmalerei, die den Alten unbekannt war. Auch Architecturtheile, wie Triglyphen,**) Thüren,***) Lacunarien, Schiffswände wurden enkaustisch gemalt. Die Staffelei- oder Tafelbilder wurden in der klassischen Zeit nur auf Holztafeln ausgeführt; auf Leinwand hat man erst in der römischen Zeit hin und wieder gemalt. Bei der Wandmalerei, welche bereits zu Polygnot's Zeit in bedeutendem Umfange geübt wurde, trug man die Grundfarbe auf den frischen Stuck auf; das Gemälde wurde dann in der Regel [ebenfalls al fresco und wohl nur aushülfsweise] auf dem trockenen Malgrunde mit Temperafarben ausgeführt, die wie bei Staffeleibildern mit Leim, Gummi oder Eiweiss gebunden wurden. Die Tafel- und Wandgemälde überzog man z. Th. mit Wachsfirniss und brannte denselben ein. Diese καῦσις (*circumlitio*) ist von der Enkaustik ganz verschieden. Bei der Vasenmalerei wurden in der Regel die Bilder entweder mit schwarzem Firniss auf den rothen Thon aufgetragen oder in der Farbe des Thons ausgespart, während der Grund mit dem schwarzen Firniss überzogen wurde. Bei dem erstern Verfahren, welches sich nur bei Vasen des alten Stils angewendet findet, treten innerhalb der Umrisse die eingeritzten Linien der Zeichnung roth hervor; bei dem andern Verfahren, das noch zur Zeit des archaischen Stils eingeführt und seit der Ausbildung des schönen Stils ausschliesslich angewandt worden ist, wurde die Zeichnung mit schwarzen Strichen ausgeführt. Die Gefässe wurden vor und nach der Bemalung gebrannt und dann zuweilen noch einzelne Theile mit bunten Deckfarben verziert. Seltener sind Vasen mit weissem Thonüberzug, auf

---

*) Vergl. Staatsh. d. Ath. II, S. 354. Kl. Schr. V, S. 14 ff.
**) Vergl. Seeurkunden S. 410.
***) S. *Corp. Inscr.* nr. 2297.

welchem die Figuren im Umrisse oder mit bunten Farben, aber ebenfalls meist ohne Schattirung gemalt sind. (Vergl. O. Jahn, Über ein Vasenbild, welches eine Töpferei vorstellt. Berichte der Sächs. Gesellsch. d. W. 1854; [G. Jatta, *Annali dell' Inst.* 1876.]) Die musivische Arbeit (*opus tessellatum*, ψηφοθέτημα) stammt aus dem Orient, war aber bei den Griechen schon im 5. Jahrh. im Gebrauch und ist hauptsächlich in der Zeit der Ptolemäer und Attaler ausgebildet. Der in der Kaiserzeit aufgekommene Ausdruck *pictura de musivo* oder *musivum opus* bezieht sich auf die Sitte die Fussböden der Musengrotten in dieser Art auszuschmücken. Verwandt war die Glasmalerei durch Zusammensetzen und Verschmelzen verschiedenfarbiger Glasfäden. Die Malerei in Glasfenstern ist im Alterthum nicht geübt worden und konnte sich erst mit der christlichen Baukunst ausbilden.

§ 73. Da man unter Archäologie im engern Sinn seit dem Alterthum das antiquarische Studium versteht (s. oben S. 360) und die Überreste der bildenden Kunst und der Kunstindustrie die einzigen unmittelbaren Quellen für die Geschichte der alten Kunst sind, hat man sich gewöhnt, das Studium der Antike Archäologie der Kunst zu nennen. Der Ausdruck hat diese eingeschränkte Bedeutung offenbar nur zufällig erhalten; aber nicht zu billigen ist es, wenn man in derselben Bedeutung das Wort Archäologie für sich anwendet oder unter Kunst im engern Sinn nur die bildende Kunst verstehen will. Die Antike lässt sich nun in sehr verschiedener Weise betrachten, und die Betrachtung hat auch in den verschiedenen Zeiten sehr gewechselt [vergl. B. Stark, Systematik und Geschichte der Archäologie der Kunst. Leipzig 1880]. Am nächsten lag nach der Renaissance die ästhetische Betrachtungsweise, die auch bis zum 17. Jahrh. vorherrschend blieb (s. oben S. 302). Man sah damals in den alten Kunstwerken vor Allem einen Gegenstand des Kunstgenusses. Und in der That wird Niemand die Antike verstehen lernen, der nicht von ihrer Schönheit ergriffen und begeistert wird. Indess führt der Kunstenthusiasmus allein nicht zum Ziele. Die Renaissance vermochte die Ideen der alten Kunstwerke nicht wahrhaft zu erfassen, weil sie weder die Form noch die geschichtliche Bedeutung derselben richtig verstand. Mit diesen beiden Seiten beschäftigte sich vorwiegend die antiquarische Forschung vom Anfang des 17. Jahrh. an. Die Untersuchung der Form führt zur technischen Betrachtungsweise. Die historische Betrachtung dagegen geht darauf aus den Zweck und Inhalt der Werke aus geschichtlich gegebenen Daten festzustellen. Die antiquarische Forschung verfuhr in beiden Beziehungen einseitig, so lange sie die Kunstwerke nur neben den Schriftwerken als Quelle der Antiquitäten ansah. Erst wenn sich die ästhetische, technische und historische Betrachtung vollständig durchdringen, erreicht die Kunstarchäologie ihr Ziel. Die historische Betrachtung führt dann zur Kunstgeschichte und diese nimmt das ästhetische und technische Moment in sich auf, indem sie die Entwickelung der Kunstideen und der Kunstformen nach Ort und Zeit darzu-

III. Cultus und Kunst. 2. A. Bildende Künste. Methodologie 493

legen und daraus die Bildung der Kunststile abzuleiten sucht. In diesem Sinne ist die Kunstgeschichte um die Mitte des 18. Jahrh. von Winckelmann begründet, der philologische Erudition mit Geschmack und Sinn für das Ideale verband und von Platonischer Begeisterung für das Schöne beseelt war.*) [Vergl. Carl Justi, Winckelmann. Sein Leben, seine Werke und seine Zeitgenossen. Leipzig 1866. 1872. 2 Bde.]

Subsidiarisch für das Studium der Kunstgeschichte ist die Geschichte der Künstler; sie muss in jene ebenso als Element aufgenommen werden, wie die Geschichte der Schriftsteller in die Literaturgeschichte und ist ein wichtiges Hülfsmittel um den individuellen Stil vom Gattungsstil zu sondern. Leider ist aber die Tradition so unzureichend, dass wir zu einer persönlichen Charakteristik selbst der bedeutendsten Künstler wenig oder keine Anhaltspunkte haben. Natürlich muss das Studium der Kunstgeschichte von der Anschauung der alten Kunstwerke ausgehen. Da diese aber in drei Welttheile zerstreut sind, ist man grossentheils auf Abbildungen und Beschreibungen angewiesen. Allerdings ist dies immer ein Nothbehelf, und wer die Kunstarchäologie selbständig bearbeiten will, muss die Werke möglichst im Original kennen lernen. Gegenwärtig werden diese Studien in liberaler Weise unterstützt. Die bedeutendste Förderung gewähren denselben das 1829 zu Rom von E. Gerhard unter preussischem Protectorat gestiftete *Instituto di corrispondenza archeologica*, [welches 1873 in ein Institut des deutschen Reichs umgewandelt ist, nachdem 1872 eine *École française d'archéologie à Rome* begründet war; (vgl. A. Michaelis, Geschichte des deutschen archäologischen Instituts 1829—1879. Festschrift. Berlin 1879. 4.)]; ferner die 1846 eröffnete *École française d'Athènes* [neben welche seit 1873 ein deutsches und seit 1879 ein amerikanisches archäologisches Institut zu Athen getreten sind]. Ein dringendes Bedürfniss ist ein übersichtlicher Katalog sämmtlicher vorhandenen Denkmäler, worin bei einem jeden der Ort, wo es sich gegenwärtig befindet und die auf dasselbe bezüglichen literarischen und artistischen Publicationen anzuführen wären, wie man in den bibliographischen Katalogen der alten Schriftwerke die Ausgaben, Übersetzungen und Erläuterungsschriften anführt. Eine solche Bibliographie der Kunstdenkmäler wäre allerdings ebenso schwierig als verdienstlich. Die Denkmälerkunde ist jedoch keine Disciplin der Kunst-Archäologie (s. oben S. 49. 67.) und kann auch nicht als Propädeutik für diese gelten. Vielmehr gewinnt man eine wirkliche Kenntniss der Denkmäler von vornherein nur im Zusammenhange der Kunstgeschichte selbst. Es wäre ganz verkehrt, wenn der Lernende erst die erhaltenen Kunstüberreste, sei es topographisch nach ihrem jetzigen Standort oder chronologisch nach ihrer muthmasslichen Entstehungzeit durchmustern wollte, ehe er in eine wissenschaftliche Untersuchung derselben einträte. Der Anfang des Studiums muss vielmehr eine methodische Übung in der Kunsterklärung sein, welche die formale Grundlage der Kunstarchäologie bildet (s. oben S. 78). Offenbar wird die Geschichte der Kunst in derselben Weise wie die Literaturgeschichte hergestellt (s. oben S. 255—258). Daher muss das Studium wie bei dieser von der Auslegung und Kritik der für die Entwicklung der

---

*) S. Kl. Schr. I, S. 178.

Stile bedeutsamsten Werke ausgehen und sich von diesen Centralpunkten aus allmählich über das minder Wichtige ausdehnen (s. oben S. 47). Es versteht sich von selbst, dass die Erklärung der Kunstwerke beständig Rücksicht auf die Schriftwerke nehmen muss. Die Alten haben zwar die Kunstgeschichte nicht in ihrem allseitigen Zusammenhange, wohl aber alle einzelnen Elemente derselben wissenschaftlich bearbeitet, und es sind uns mannigfache Überreste von darauf bezüglichen Schriften erhalten. Ausserdem giebt die Literaturgeschichte vermöge des innigen Zusammenhangs der bildenden Kunst mit der Poesie die wichtigsten Anknüpfungspunkte für die Kunsterklärung. Vergl. Fr. Thiersch, *Dissertatio qua probatur veterum artificum opera veterum poetarum carminibus optime explicari*. München 1835. fol. — [C. Robert, Bild und Lied. Archäologische Beiträge zur Geschichte der griechischen Heldensage. Berlin 1881.]

Über das Studium der Kunstarchäologie im Allgemeinen s. ausser den (oben S. 75) angeführten Schriften von Levezow, Preller, Bursian besonders: Otto Jahn, Über das Wesen und die wichtigsten Aufgaben der archäologischen Studien. Ber. der Sächs. Gesellsch. d. Wissensch. 1848. — J. Overbeck, Über Systematik der Archäologie der Kunst. Allg. Monatschr. f. die Literatur. 1853. — E. Gerhard, Über archäologische Sammlungen und Studien. Berlin 1860. — [A. Conze, Über die Bedeutung der klassischen Archäologie. Antrittsvorlesung Wien 1869. — B. Stark, Über Kunst und Kunstwissenschaft auf deutschen Universitäten. Heidelberg 1873. 4. (Wiedergedruckt in: Vorträge und Aufsätze aus dem Gebiete der Archäologie u. Kunstgeschichte. Leipzig 1880.) und in Bursian's Jahresbericht für 1873, S. 1491 ff. — C. T. Newton, *On the study of archeology*. Archäolog. Journal vol. VIII: wiederabgedr. in des Verf. *Essays on art and archeology*. London 1880. — O. Benndorf, Über die jüngsten geschichtlichen Wirkungen der Antike. Wien 1885.]

§ 74. Literatur. I. Quellen. Seit dem 14. Jahrh. wurden zuerst die Überreste der römischen Kunstwelt aus dem Schutte des Mittelalters hervorgezogen, vielfach restaurirt, mit Begeisterung nachgeahmt und z. Th. durch Abbildungen bekannt gemacht. Umfassendere Publicationen der Denkmäler durch Schrift und Bild begannen in der Zeit der vorwiegend antiquarischen Kunstbetrachtung. Das umfangreichste Werk dieser Art ist B. de Montfaucon, *L'antiquité expliquée et représentée en figures*. Paris (1719) 1722. 5 Bde. fol. und 5 Bde. Supplement 1724. (Lateinischer Auszug von J. J. Schatz und J. S. Semler. Kleinfol. Nürnberg 1757; deutsch von J. F. Roth 1807). Durch die Reisen von Spon und Wheler (s. oben S. 336) erhielt man die erste genauere Kunde von den Denkmälern Athens, ohne dass dies jedoch unmittelbar einen merklichen Einfluss auf die Kunstanschauung hatte. Eine noch jetzt nicht erschöpfte Fundgrube der mannigfaltigsten Denkmäler wurde durch die Auffindung von Herculaneum (1711; eifriger betrieben seit 1738) und Pompeji (1748) eröffnet. Vergl. G. Fiorelli, *Pompeianarum antiquitatum historia*. Neapel 1860 ff. 3 Bde. (unvollständig); *Giornale degli scavi*. 1861 f. (unvollständig); *Nuova Serie*. 3 Bde. 1868 ff.; *Gli scavi di Pompei dal 1861 al 1872*. 1873.] — *Le antichità di Ercolano*. Neapel 1757—1792. Herausgegeben von der Herculanischen Akademie. 8 Bde. fol. — Ch. Mazois, *Les ruines de Pompéi*.

III. Cultus und Kunst. 2. A. Bildende Künste. Literatur. 495

Paris 1812—1832. 4 Bde. — W. Ternite, Wandgemälde aus Pompeji und Herculanum. Text von K. O. Müller und F. G. Welcker (wiederholt Alte Denkmäler Bd. IV). Berlin seit 1839—1855 fol. — W. Zahn, Die schönsten Ornamente und merkwürdigsten Gemälde aus Pompeji, Herculanum und Stabiä. Berlin 1828—1859. 300 Tafeln. — R. Rochette, *Choix de peintures de Pompéi*. Paris 1853. 28 color. Tafeln nebst Text. — J. Overbeck, Pompeji in seinen Gebäuden, Alterthümern und Kunstwerken. Leipzig 1856. [4. A. im Vereine mit A. Mau. 1884. — E. Presuhn, Die Pompeianischen Wanddecorationen. Leipzig 1877. Neue wohlfeile Ausg. 1882; Pompeji. Die neuesten Ausgrabungen von 1874—81. 2. Aufl. Ebda. 1881. — H. Nissen, Pompeianische Studien zur Städtekunde des Alterthums. Leipzig 1877. — A. Mau, Pompeianische Beiträge. Berlin 1879; Geschichte der decorativen Wandmalerei in Pompeji. Ebda. 1882. — *Pompei e la regione sotterata dal Vesuvio nell' anno 79*. (Festschrift Napoli 1879.) — D. Comparetti e G. de Petra, *La Ville ercolanese dei Pisoni*. Torino 1883. fol.]

Von der einseitigen antiquarischen Betrachtungsweise der Antike machte sich zuerst Graf A. C. Ph. Caylus los, dessen *Recueil d'antiquités égyptiennes, étrusques, grecques et romaines* Paris 1752—1767. 7 Bde. 4. einen bedeutenden Fortschritt gegen frühere Publicationen bildet. Als Winckelmann die Kunstgeschichte begründete, hatte er noch fast nur Kunstwerke aus der römischen Zeit vor Augen. Ungefähr gleichzeitig begann indess die wissenschaftliche Durchforschung der Kunstüberreste in Griechenland und Kleinasien. Epochemachend war das Werk der Engländer J. Stuart (Maler) und N. Revett (Architekt), *The antiquities of Athens*. London 1762—1816. Neue Aufl. 1825—1830. 4 Bde. fol. Auf Kosten der Londoner *Society of dilettanti* [vgl. dazu A. Michaelis in Lützow's Ztschr. f. b. Kunst. Bd. 14] bereiste Revett nochmals mit dem Archäologen Chandler und dem Maler Pars den griechischen Orient; hieraus gingen die *Ionian antiquities* (London 1769. 1797. 2 Bde.) hervor; ausserdem gab die Gesellschaft London 1817 neue *Unedited antiquities of Attica* heraus. (Die deutsche Übersetzung beider Werke von K. Wagner, Leipzig und Darmstadt 1829, enthält Nachbildungen der Originalkupfer.) Eine Anzahl der werthvollsten griechischen Sculpturen, besonders von der Akropolis Athens brachte seit 1803 Lord Elgin nach England; sie wurden 1816 vom Britischen Museum erworben. Vergl. Denkschrift über Lord Elgins Erwerbungen in Griechenland. Nach der 2. engl. Ausg. bearbeitet. Mit einer Vorrede von C. A. Böttiger und Bemerkungen der Weimarischen Kunstfreunde. Leipzig 1817. [Ad. Michaelis, die Aufnahme der Elgin Marbles in London „Im neuen Reich". 1877.] In den oben (S. 336 f.) erwähnten Reisebeschreibungen sind zahlreiche in unserm Jahrhundert neu entdeckte Kunstdenkmäler publicirt. Von hervorragender Wichtigkeit waren die 1811 und 1812 durch P. O. Bröndsted, C. R. Cockerell, Foster, Haller, Linckh und O. M. Stackelberg gemeinsam veranstalteten Ausgrabungen auf Ägina und bei Phigalia, wodurch die jetzt in München befindlichen äginetischen Bildwerke und die vom Britischen Museum erworbenen Überreste des Apollotempels bei Phigalia aufgefunden wurden.*)

---

*) Vergl. Kl. Schr. VII, S. 329 f.

S. Jo. Mart. Wagner, Über die äginetischen Bildwerke mit kunstgeschichtlichen Anmerkungen von F. W. J. Schelling. Stuttgart u. Tübingen 1817. — [H. Brunn, Sitzungsber. d. Münch. Akad. 1867 I u. 1868 II; H. Prachov, *Annali dell' Inst.* 1873; K. Lange, Ber. d. S. G. d. W. 1878; L. Julius, Jahrb. f. cl. Philol. 1880.] — O. M. v. Stackelberg, der Apollotempel zu Bassä. Rom 1826. Über die Entdeckungen der französischen *Expédition de Morée* s. Abel Blouet, *L'expédition de Morée. Architecture, sculpture etc.* Paris 1831—38. 3 Bde. fol. Um die im Königreich Griechenland veranstalteten archäologischen Nachforschungen haben sich verdient gemacht namentlich H. Ulrichs (Reisen und Forschungen in Griechenland. 2 Bde. Bremen und Berlin 1840. 1863) und L. Ross (Arch. Aufsätze Bd. I. 1855; Reisen auf den gr. Inseln. 4 Bde. Stuttgart, Tübingen, Halle 1840—1852; Griechische Königsreisen. 2 Bde. Halle 1848; Reisen im Peloponnes. Berlin 1841) und machen sich jetzt die *École d'Athènes* [*Bull. de corresp. hellénique* seit 1877] sowie das Deutsche archäologische Institut [Mittheilungen seit 1876] verdient, ausserdem die seit 1837 bestehende ἀρχαιολογικὴ ἑταιρία (jährliche Praktika [nicht vorhanden 1850—1858 und 1862] und *Ephemeris archaiologike* [I. 1837—1854; II. 1863—1874; III. Folge 1883 ff.]). In Athen wurden seit 1862 neue bedeutende Entdeckungen gemacht, wozu insbesondere die durch J. H. Strack bewirkte Blosslegung des Dionysostheaters gehört. Vergl. C. Bötticher, Bericht über die Untersuchungen auf der Akropolis von Athen im Frühjahre 1862 mit 12 Tafeln. Berlin 1863; Ergänzungen zu den letzten Untersuchungen auf der Akropolis zu Athen. Philologus Bd. 21. 22. 24. 25 und 3. Suppl.-Bd. (Göttingen 1868.) — W. Vischer, Die Entdeckungen im Theater des Dionysos zu Athen. N. Schweiz. Museum 3. 1863. S. 1 ff. [= Kleine Schriften. Bd. 2. Leipzig 1878. S. 324 ff. — L. Julius in Lützow's Ztschr. f. b. K. Bd. XIII. — Von hervorragender Bedeutung sind die von E. Curtius veranlassten, 1875 auf Kosten des deutschen Reichs unternommenen Ausgrabungen zu Olympia. (S. E. Curtius, F. Adler, G. Hirschfeld, G. Treu und W. Dörpfeld, Die Ausgrabungen zu Olympia. I—V. Berlin 1876—1881. fol. Ausgabe in 1 Bde. 1882. — A. Bötticher, Olympia, das Fest und seine Stätte. Berlin 1883), ferner Schliemann's Ausgrabungen in Mykenae u. Orchomenos, vgl. H. Schliemann, Mykenae. Bericht über meine Forschungen und Entdeckungen in Mykene und Tiryns; Orchomenos. Bericht über meine Ausgrabungen. Leipzig 1878. 1881. — C. Carapanos, *Dodone et ses ruines.* Paris 1878. — L. Heuzey u. H. Daumet, *Mission archéologique de Macédoine. Fouilles et recherches executées dans cette contrée et dans les parties adjacentes de la Thrace.* Paris 1864 ff. — A. Lebègue, *Recherches sur Délos.* Paris 1876. (Dazu Th. Homolle's Forschungen und Resultate auf Delos im *Bulletin de correspondence hellénique* 1878—1881 und in den *Monuments grecs publ. par l'Association pour l'encouragement des étud. gr.* 1878. 1879; vgl. die weiteren Ausgrabungen im *Bull. de corr. hell.* 1882 ff.)]

Auf Sicilien veranstaltete 1823 der Herzog Serra di Falco umfassende Nachgrabungen, namentlich in den Trümmern von Selinus. S. dessen Werk: *Le antichità della Sicilia.* Palermo 1834—1842. 5 Bde. fol. — J. J. Hittorff und L. Zanth, *Architecture antique de la Sicile.* Paris 1826—1830 [1870]. fol. — [Ausgrabungen von Sav. Cavallari (*Bull. della*

III. Cultus und Kunst. 2. A. Bildende Künste. Literatur. 497

commissione di antichità e belle arti di Sicilia Nr. 4; in den *Notizie degli scavi di antichità* seit 1876; Monographieen von J. Schubring (Panormus. Lübeck 1870; Agragas. Leipzig 1870), A. Holm (Katania. Lübeck 1873) und B. Lupus (Die Stadt Syrakus im Alterthum. Strassburg 1885.)] Seit 1828 wurden in den Nekropolen Etruriens die überraschendsten Funde gemacht, die besonders von dem archäologischen Institut zu Rom wissenschaftlich ausgebeutet sind. Eine wichtige Bereicherung erfuhr die Kunstgeschichte durch die Auffindung zahlreicher Monumente in Kleinasien, besonders in Lykien durch Texier, Fellows und Newton. Vergl. Ch. Texier, *Description de l'Asie Mineure.* Paris 1839—1849. 3 Bde. fol. u. Kupfer [und *L'Asie mineure.* 1 Bd. Paris 1862 (in Didot's l'Univers.)] — Ch. Fellows, *A journal written during an excursion in Asia Minor.* London 1839; *An account of discoveries in Lycia.* Ebenda 1841. Beides deutsch von J. Th. Zenker. Leipzig 1853. — [Hadr. Prachov, *Antiquissima monumenta Xanthiaca.* Petersburg 1871. — G. Perrot, *Exploration archéologique de la Galatie et de la Bithynie, d'une partie de la Mysie, de la Phrygie, de la Cappadoce et du Pont.* Paris 1872. 2 Bde. — C. T. Newton, *A history of discoveries at Halicarnassus, Cnidus and Branchidae.* London 1862 f. und *Travels and discoveries in the Levant.* I. u. II. London 1865. — [Die Ergebnisse der Ausgrabungen zu Pergamon. Vorläufiger Bericht von A. Conze, C. Humann, R. Bohn u. a. Berlin 1880, für 1880 —81 ebenda 1882. — L. Schwabe, Pergamon und seine Kunst. Tübingen 1882. — L. Urlichs, Pergamon. Geschichte und Kunst. Leipzig 1883. — H. Brunn, Über die kunstgeschichtliche Stellung der pergamenischen Gigantomachie. Berlin 1884. (Jahrb. der kgl. preuss. Kunstsammlungen Bd. V.) — Die Gigantomachie des perg. Altars, Skizzen zur Wiederherstellung derselben entworfen von A. Tondeur, erläutert von A. Trendelenburg. Berlin 1884. — A. Conze, A. Hauser, G. Niemann und O. Benndorf, Archäologische Untersuchungen auf Samothrake; Neue archäologische Untersuchungen auf S. Wien 1875. 1880. — H. Schliemann, Troianische Alterthümer; Ilios, Stadt und Land der Troianer; Troia. Ergebnisse der neuesten Ausgrabungen. Leipzig 1874. 1881. 1884. — A. Salzmann, *Necropole de Camiros, journal des fouilles exécutées pendant* 1858 à 1865. Paris 1867—1873. — J T. Wood, *Discoveries of Ephesus.* London 1877. — L. P. di Cesnola, *Cyprus; its ancient cities, tombs and temples.* London 1877. Deutsche Bearbeitung von L. Stern. Jena 1879. — J. Doell, Die Sammlung Cesnola. Petersb. 1873 (*Mém. de l'Académie VII. Sér. Tome XIX*): jetzt im Metropolitan Museum zu New-York. Vgl. L. P. di Cesnola, *A descriptive atlas of the Cesnola collection of cypriote antiquities in the metropolitan museum of art, New-York.* Berlin, seit 1885 im Erscheinen begriffen. 3 Bde. — O. Puchstein, Über eine Reise in Kurdistan. (Sitzungsberichte der Berl. Akademie. 1883). — O. Benndorf und G. Niemann, Reisen in Lykien und Karien, ausgeführt im Auftrage des k. k. Minist. für Kultus und Unterricht. Wien 1884. — Ol. Rayet u. A. Thomas, *Milet et le golfe Latmique. Tralles, Magnésie du Méandre, Priène, Milet Didymes, Héraclé du Latmos. Fouilles et explorations archéologiques faites aux frais de MM. les barons G. et E. Rothschild.* Paris 1877—81. (T. I. II. 1.)] Sehr interessante Resultate haben auch die Ausgrabungen in der Krim ergeben. S. *Antiquités du Bosphore Cimmérien conservées au musée impérial de l'Ermitage.* Petersburg 1854 f. 2 Bde. herausgeg. von der Kaiserlich russ. Akademie, und *Compte-rendu de la commission impériale archéologique.* Petersburg 1859 ff. [Vgl. *Recueil d'antiquités de la Scythie.* Ebenda 1866.· 1873.] Gegenwärtig werden alle Länder, welche von der classischen Cultur des Alterthums berührt sind, mit steigendem Eifer und Erfolg durchforscht; über die Funde berichten eine Reihe von archäologischen Zeitschriften.

Eine hochwichtige Ergänzung der altklassischen Kunstgeschichte bieten endlich die neu entdeckten Denkmäler der ägyptischen, babylonisch-assyrischen und persischen Kunst. Vergl. ausser der oben (S. 337) angeführten *Description de l'Egypte:* J. Rosellini, *I monumenti dell' Egitto e della Nubia.* Pisa 1832 ff. 9 Bde. Text und 3 Bde. fol. Tafeln. — J. F. Champollion le jeune, *Monuments de l'Egypte et de la Nubie.* Paris 1835—1845. 4 Bde. fol. — R. Lepsius, Denkmäler aus Ägypten und Äthiopien. Berlin 1849—1856. 12 Bde. fol. [Hieraus eine Auswahl in photographischen Darstellungen unter gleichem Titel. Berlin 1874 f. — J. Dümichen, Resultate der auf Befehl Sr. Maj. des Königs Wilhelm I. von Preussen nach Ägypten entsendeten archäologisch-photographischen Expedition. Berlin 1869. fol.; Die Flotte einer ägyptischen Königin aus dem 17. Jahrh. vor uns. Zeitr. und altäg. Militär im festlichen Aufzuge. Leipzig 1868; Der Grabpalast des Patuamenap in der thebanischen Nekropolis. 2. Abth. Leipzig 1884 f. — E. Soldi, *L'art égyptien d'après les dernières découvertes.* Paris 1879 und *La sculpture égyptienne.* Ebda 1876.] — P. E. Botta und E. Flandin, *Monument de Ninive.* Paris 1849—50. 5 Bde. fol. — A. H. Layard, *The monuments of Niniveh.* London 1849. fol.; *A second series of the monuments of Nineveh.* London 1853. fol.; *Nineveh and its remains.* London 1849. 2 Bde. (Deutsch von W. Meissner. Leipzig 1850); *Discoveries in the ruins of Nineveh and Babylon.* London 1853. (Deutsch von J. Th. Zenker. Leipzig 1856.) — Vaux, *Nineveh and Persepolis.* London 1850. 2. Ausg. 1855. (Deutsch von Zenker. Leipzig 1852.) — [F. Stolze, Persepolis. Die achämenidischen und sasanidischen Denkmäler und Inschriften von Persepolis, Istakhr, Pasargadae, Shâpûr. Zum ersten Male photographisch aufgenommen. Berlin 1882. 2 Bde.] — J. Oppert, *Expédition scientifique en Mésopotamie.* Paris 1859—1863; [Grundzüge der assyrischen Kunst. Basel 1872. — V. Place, *Niniveh et l'Assyrie avec des essais de restauration par* F. Thomas. Paris 1867. 2 Bde. fol. — G. Smith, *Assyrian discoveries.* London 1875.] — E. Flandin u. Coste, *Voyage en Perse.* Paris 1843—54. 6 Bde. fol. — Ch. Texier, *Description de l'Arménie, la Perse et la Mésopotamie.* Paris 1842 ff. 2 Bde. fol. — H. Brugsch, Reise der k. preussischen Gesandtschaft nach Persien. Leipzig 1862—1863. 2 Bde. — [A. Dieulafoy, *L'art antique de la Perse.* Paris 1884 ff. — G. Perrot u. Ch. Chipiez, *Histoire de l'art dans l'antiquité.* Paris. I. 1882 (Egypte). II. 1884 (Chaldée et Assyrie). III. 1885 (Phénicie et Chypre). Deutsche Ausgabe. 1. Abth. Ägypten. Bearb. von R. Pietschmann. Leipzig 1882 ff. — G. Hirschfeld, Paphlagonische Felsengräber. Ein Beitrag zur Kunstgeschichte Kleinasiens. Berlin 1885.] — E. Renau, *Mission en Phénicie.* Paris 1864—[1874].

Unter den allgemeinern Sammlungen von Abbildungen antiker Kunst-

III. Cultus und Kunst. 2. A. Bildende Künste. Literatur. 499

werke sind besonders folgende als Hülfsmittel der Denkmälerkunde zu nennen: J. J. Winckelmann, *Monumenti antichi inediti.* Rom 1767. 2 Bde. fol. — A. L. Millin, *Monuments antiques inédits ou nouvellement expliqués,* Paris 1802. 1806. 2 Bde. 4.; *Galerie mythologique.* Paris 1818. Deutsch von G. Parthey mit Vorwort von E. H. Tölken. Berlin u. Stettin 1820, 3. Ausg. Berlin 1848. 2 Bde. — A. Hirt, Bilderbuch für Archäologie. Berlin 1805—1816. 2 Bde. 4. — E. Q. Visconti, *Iconographie grecque.* Paris 1808. 3 Bde.; *Iconographie romaine.* I. Paris 1817. Neue Ausgabe Mailand 1818 f., fortgesetzt von A. Mongez, *Iconographie romaine.* II—IV. Paris 1824 ff. fol. — [J. J. Bernoulli, Römische Ikonographie. 1. Theil. Stuttgart 1882.] — D. Raoul Rochette, *Monumens inédits d'antiquité figurée grecque, étrusque et romaine. P. 1. Cycle héroique.* Paris 1833. — J. B. de Clarac, *Musée de sculpture et moderne.* 6 Bde. Tafeln. Paris 1826—1841 und 6 Bde. Text 1841—1853. — K. O. Müller und C. Oesterley, Denkmäler der alten Kunst. Göttingen 1832—1846. 2. Bearbeitung von F. Wieseler 1854—1861. [Bd. 2. Heft 1. 2 in 3. Bearbeitung. 1877. 1881.] 2 Bde. querfol. Kleine, sehr brauchbare Kupfer. — [J. Overbeck, Die Bildwerke zum thebischen und troischen Heldenkreis. Stuttgart 1857. (Nebst Atlas von 33 Tafeln.)] — W. Lübke u. Caspar, Denkmäler der Kunst zur Übersicht ihres Entwicklungsganges von den ersten künstlerischen Versuchen bis zu den Standpunkten der Gegenwart. 2. Ausg. Stuttgart 1858. qu. fol. Mit Text von C. v. Lützow und W. Lübke. [5. Ausg. 1884. — A. Conze, Vorlegeblätter für archäologische Übungen. Wien 1869 ff. — O. Rayet, *Monuments de l'art antique.* 2 vol. (90 pl.) Paris 1882 ff. fol. — Denkmäler des klassischen Alterthums zur Erläuterung des Lebens der Griechen und Römer in Religion, Kunst und Sitte. Lexikalisch bearbeitet. Hrsg. von A. Baumeister. München u. Leipzig 1884 f. — Kulturhistorischer Bilderatlas. I. Alterthum, bearbeitet von Th. Schreiber. Leipzig 1884 f.] Eine Fülle von Publicationen alter Denkmäler enthalten die unten angeführten archäologischen Zeitschriften.

Für die Geschichte der Architectur sind selbstverständlich die Überreste der alten Gebäude die Hauptquelle. Es existiren davon zahlreiche Abbildungen, unter denen namentlich auch die Photographien hervorzuheben sind, ferner bildliche Restaurationen, sowie Modelle und plastische Nachbildungen einzelner Architekturtheile. Unter den Schriftquellen, die sich auf die Bauwerke beziehen, sind Inschriften von besonderer Wichtigkeit. Ein merkwürdiges Denkmal dieser Art sind die Bauinschriften über das Erechtheion zu Athen, woraus die Baugeschichte des Tempels zuerst von K. O. Müller (*Minervae Poliadis sacra et aedis in arce Athenarum.* Göttingen 1820) festgestellt und später von mir und Andern vervollständigt ist.[*)] [Vgl. ferner die Inschrift betr. den Tempel des Zeus Basileus zu Lebadea (siehe besonders E. Fabricius, *De architectura graeca comment. epigr.* Berlin 1881) und die Inschrift betr. die Skeuotheke des Philon im Peiraieus (*Bull. de corr. hell.* VI 540 ff. oder W. Dittenberger, *Sylloge inscr. gr.* nr. 352; Hermes XVII 551 ff.; Mitth. des D. A. Instituts VIII 147 ff.)]

[*)] Vergl. *Corp. Inscr.* nr. 160. [C. J. Att. I, 322 und 324.] Staatsh. d. Ath. I, S. 277.

Die Werke der Plastik und Malerei waren im Alterthum ursprünglich in der lebensvollsten Verbindung mit den Stätten des Cultus und den öffentlichen Bauanlagen. In der Diadochenzeit wurden diese öffentlichen Denkmäler vielfach in die Hauptstädte und Paläste der Fürsten versetzt; in der römischen Zeit wurden griechische Kunstwerke aller Art in Masse nach Italien geführt, um die Villen und Paläste der Grossen und die öffentlichen Anlagen Roms zu schmücken. Später ging eine ausserordentliche Anzahl von Kunstwerken nach Byzanz über Diese mannigfachen Versetzungen müssen bei der Kritik der erhaltenen Denkmäler sorgfältig berücksichtigt werden. Museen im modernen Sinn kannte das Alterthum nicht, obwohl die Tempelanlagen, Hallen und Thermen häufig ganze Sammlungen bedeutender Werke, Glyptotheken und Pinakotheken enthielten. Ähnliche Sammlungen legten die römischen Grossen an. Eine grosse Daktyliothek hatte schon Mithridates d. Gr. von Pontus. Nach der Renaissance wurden die Reste der Antike wieder ursprünglich in reichen Privatsammlungen vereinigt; daher sind die bedeutendsten Kunstwerke vielfach nach den Namen italienischer Adelsgeschlechter benannt. Durch die Anlegung öffentlicher Museen, deren ältestes das von Pabst Clemens XII. begründete *Museo Capitolino* ist, wurde die grosse Masse der alten Kunstwerke in die Hauptstädte Europas vertheilt. Daher ist die Museographie das wichtigste Hülfsmittel zur Orientirung. Die hierauf und auf die Topographie der Denkmäler überhaupt bezügliche Literatur findet man in dem unten angeführten Handbuch von K. O. Müller. [Spätere Publicationen: Em. Braun, Die Ruinen und Museen Roms. Braunschweig 1854. — Fr. Reber, Die Ruinen Roms und der Campagna. Leipzig 1863. 2. A. u. d. T.: Die Ruinen Roms. 1878. — O. Benndorf u. R. Schöne, Die antiken Bildwerke des lateranensischen Museums. Leipzig 1867. — J. Burckhardt, Der Cicerone. Eine Anleitung zum Genuss der Kunstwerke Italiens. 3. Ausg. von A. v. Zahn. Leipzig 1874. 4 Bde. 5. Ausg. 1884. — H. Dütschke, Antike Bildwerke in Oberitalien. I. Pisa. II. III. Florenz. IV. Turin, Brescia, Verona, Mantua. V. Vicenza, Cataio, Modena, Parma, Mailand. Leipzig 1874—1882. — H. Heydemann, Mittheilungen aus den Antikensammlungen in Ober- und Mittelitalien. Halle 1879. — P. E. Visconti, *Catalogo del museo Torlonia di sculture antiche*. Rom 1880. — Morcelli Fea Visconti, *Description de la Villa Albani*. Rom 1869. — Th. Schreiber, Die antiken Bildwerke der Villa Ludovisi in Rom. Leipzig 1880. — Fr. Matz, Antike Bildwerke in Rom mit Ausschluss der grösseren Sammlungen. Nach d. Verf. Tode weiter geführt und hrsg. von F. v. Duhn. 3 Bde. Leipzig 1881 f. — A. Salinas, *Guida popolare del Museo nazionale di Palermo*. Palermo 1882. — R. Schöne, *Le antichità del Museo Bocchi di Adria*. Roma 1878. — R. Kekulé, Die antiken Bildwerke im Theseion zu Athen beschrieben. Leipzig 1869. — H. Heydemann, Die antiken Marmorbildwerke in der sogen. Stoa des Hadrian, dem Windthurm etc. zu Athen. Berlin 1874. — R. Schoene, Griechische Reliefs aus athenischen Sammlungen herausgegeben. Leipzig 1872. fol. — H. Dressel u. A. Milchhöfer, Die antiken Kunstwerke aus Sparta und Umgebung. (Aus den Mittheilungen des arch. Inst. in Athen. Bd. 2.) 1878. — G. Körte, Die antiken Skulpturen aus Boeotien beschrieben. Athen 1879. (Aus den Mittheilungen des arch. Inst. in Athen. Bd. 3.) — L. v. Sybel, Katalog der Skulpturen zu Athen. Marburg 1881. — A. Milchhöfer, Die Museen Athens. Athen 1881. — A. de Longpérier, *Le Musée Napoléon III.* Paris 1869 ff. (jetzt mit 39 Tafeln abgeschlossen.) — W. Fröhner, *Notice de la sculpture antique du Louvre.* I. Paris 3. éd. 1876; *Les Musées de France. Recueil de monuments antiques (glyptique, peinture, céramique, verrerie, orfévrerie). Reproduction en chromolithographie* etc. Paris 1873. fol. — E. de Meester de Ravestein, *Musée de Ravestein* (jetzt *Musée royal* von Brüssel) 2. éd. Brüssel 1884. — L. J. F. Janssen, *De grieksche, romeinsche en etrurische Monumenten van het Museum van Oudheden te Leyden.* Leiden 1848. — E. Guédéonow, *Musée de Sculpture antique.* 2. éd. Petersburg 1865. — L. Stephani, Antikensammlung zu Pawlowsk. Petersburg 1872. — O. Benndorf, Die Antiken von Zürich. Zürich 1872. — Die Sammlung Sabouroff. Kunstdenkmäler aus Griechenland. Herausgeg. von A. Furtwängler. Berlin o. J. 2 Bde. — Em. Hübner, Die antiken Bildwerke in Madrid. Nebst einem Anhang, enthaltend die übrigen antiken Bildwerke in Spanien und Portugal. Berlin 1862. — *Synopsis of the British Museum. Department of greek and roman antiquities.* London 1869 ff. — A. Michaelis, *Ancient marbles in Great Britain. Translated from the German by* C. A. M. Fennell. Cambridge 1882. Dazu Suppl. I in *Journal of hellenic studies* V S. 143 ff. — *Catalogue du Musée Fol. Antiquités* I 1874. II 1875. Genève. — R. Gaedechens, Die Antiken des fürstlich Waldeckischen Museums zu Arolsen. Arolsen 1862. — J. J. Bernoulli, Catalog für die antiquarische Abtheilung des Museums in Basel. 1880. — C. v. Lützow, Münchener Antiken. München 1869. fol. — H. Brunn, Beschreibung der Glyptothek König Ludwigs I. zu München. 1868. 3. Aufl. 1874. — Ed. v. Sacken u. Fr. Kenner, Die Sammlungen des K. K. Münz- und Antiken-Cabinets in Wien beschrieben und erklärt. I. Wien 1871. fol.; Die antiken Sculpturen des K. K. Münz- und Antiken-Cabinets in Wien mit 35 photogr. Tafeln und 16 in den Text gedruckten Abbildungen. Wien 1873. fol. — H. Hettner, Die Bildwerke der königlichen Antikensammlung zu Dresden. 3. Aufl. Dresden 1875. — K. Friederichs, Berlins antike Bildwerke. Düsseldorf 1868—1871. 2 Bde.] Die beste Grundlage für ein eingehendes Studium der Kunstgeschichte sind Museen, in welchen die nicht im Original vorhandenen bedeutenderen Werke in Abgüssen und andern guten Nachbildungen ausgestellt werden; diese Einrichtung ist beim Berliner Museum in vortrefflicher Weise durchgeführt.*) [Vgl. E. Curtius, Kunstmuseen, ihre Geschichte und ihre Bestimmung mit besonderer Rücksicht auf das K. Museum zu Berlin. Vortrag. Berlin 1870. Abgedruckt in: Alterthum und Gegenwart. Bd. 1. 1875. — B. Stark, Wanderungen und Wandlungen der Antike. Preuss. Jahrbücher 1870. Wiedergedruckt in: Vorträge und Aufsätze aus dem Gebiete der Archäologie und Kunstgeschichte. Leipzig 1880. — C. Bötticher, Königliche Museen (zu Berlin). Erklärendes Verzeichniss der Abgüsse antiker Werke. Berlin 1871. 2. Aufl. 1872. — K. Friederichs, Bausteine zur Geschichte der gr. röm. Plastik (Gipsabg. des Berliner Museums). Düsseldorf 1868

---

*) Kl. Schr. I, S. 181 ff.

502 Zweiter Haupttheil. 2. Abschnitt. Besondere Alterthumslehre.

2. Aufl. Berlin 1885: Die Gipsabgüsse antiker Bildwerke in historischer Folge erklärt von K. Friederichs, neu bearbeitet von P. Wolters. — H. Hettner, Das Kgl. Museum der Gipsabg. in Dresden. 4. Aufl. 1878. — R. Kekulé, Das akademische Kunstmuseum zu Bonn. Bonn 1872. — G. Kinkel, Die Gipsabgüsse der archäol. Sammlung im Gebäude des Polytechnikums in Zürich. Zürich 1871. — H. Blümner, Die archäologische Sammlung im Polytechnikum zu Zürich. Zürich 1881.]
Unter den Denkmälern der Plastik sind neben den Statuen von Stein und Metall und den Steinreliefs auch die unscheinbaren Terracotten nicht zu übersehen. Vergl. d'Agincourt, *Recueil de fragments de sculpture antique en terre cuite*. Paris 1814. 4. — Taylor Combe, *A description of the collection of the ancient terracottas in the British Museum*. London 1810. Th. Panofka, Terracotten des Kön. Museums zu Berlin. Berlin 1842. fol. — [G. P. Campana, *Antiche opere in plastica*. Rom 1842. — Griechische Terracotten aus Tanagra und Ephesos im Berliner Museum. Berlin 1878. — R. Kekulé, Griechische Thonfiguren aus Tanagra. Stuttgart 1878. Die antiken Terracotten. Bd. 1. Abth. 1. 2. Die Terracotten von Pompeji von H. v. Rohden. Bd. 2. Die Terracotten von Sicilien von R. Kekulé. Stuttgart 1880. 1884. — L. Heuzey, *Figurines antiques de terre cuite du Musée du Louvre gravées par* A. Jacquet. Paris 1878 ff. — *Catalogue des figurines antiques de terre cuite du Musée du Louvre*. Paris 1882. — W. Fröhner, *Terres cuites d'Asie Mineure*. Paris 1879. — J. Martha, *Catalogue des figurines en terre cuite du musée de la société archéologique d'Athènes*. Paris 1880. — C. Lécuyer, *Terres cuites trouvées en Grèce et en Asie mineure*. Paris 1883. — E. Pottier, *Quam ob causam Graeci in sepulcris figlina sigilla deposuerint*. Paris 1883. — O. Benndorf, Antike Gesichtshelme und Sepulcralmasken. Wien 1878. 4. (Denkschr. der K. Akademie der Wissensch.) — A. Dumont, *Terres cuites orientales et gréco-orientales: Chaldée, Assyrie, Phénicie, Chypre et Rhodes*. Paris 1884.] — Die bei Weitem grösste Zahl der erhaltenen Denkmäler sind Werke des Kunsthandwerks: Münzen, geschnittene Steine, Vasen, Metallspiegel mit gravirten Zeichnungen, Anticaglien der verschiedensten Art. Die Münzen bilden eine sehr wichtige Quelle für die Geschichte der Plastik. Da sich bei ihnen meist Alter und Herkunft bestimmen lässt und zahlreiche Stücke aus den verschiedensten Zeiten erhalten sind, kann man aus ihnen eine eigene kleine Kunstgeschichte reconstruiren. Bei der Beurtheilung des Alters der Münzen ist indess grosse kritische Vorsicht nöthig. Man behielt nicht selten aus besondern Gründen ein altes Gepräge auch in den Zeiten der fortgeschritteneren Kunst bei; so haben die Athener wegen der grossen Gangbarkeit ihrer Münzen den alten Stempel lange unverändert gelassen, so dass man aus dem Kunstwerth ihres Geprägtes nicht auf ihr Alter schliessen kann. Das umgekehrte Verhältniss findet [vielleicht] bei einer Anzahl schöner syrakusanischer Münzen statt, die den Namen des Gelon oder Hieron tragen; sie sind von solcher Vollkommenheit, dass sie unmöglich aus den Zeiten jener Herrscher herrühren können; [vielleicht] sind sie in späterer Zeit [unter Hiero II.] zu Ehren der berühmten alten Tyrannen geprägt. Da das Gepräge vor Alexander d. Gr. meist mythologischen Inhalts ist, gewährt es eine Vorstellung von der plastischen Auffassung der

III. Cultus und Kunst. 2. A. Bildende Künste. Literatur. 503

mythologischen Gegenstände. Auf nicht wenigen Münzen [meistens der späteren römischen Zeit angehörig] finden sich Copien plastischer Meisterwerke. [Vgl. mehr bei J. Friedländer, Arch. Ztg. 1869. S. 97 ff.] So ist z. B. auf einigen athenischen Stücken die Gruppe des Harmodios und Aristogeiton dargestellt, welche von Kritios gemacht, 478 an dem Marktplatze von Athen aufgestellt wurde; vgl. O. M. v. Stackelberg, Die Gräber der Hellenen (Berlin 1837) Thl. 1 S. 33 ff., [ferner K. Friederichs, Harmodios und Aristogeiton in Archäol. Zeit. 1859. nr. 127; A. Michaelis, ebdas. 1865. S. 13 und *Journal of hellenic studies V* p. 146; O. Benndorf, Arch. Zeit. 1869. S. 106 ff. und *Annali dell' Inst.* 1867 p. 304 f.; J. Overbeck, Kieler Philologenversamml. 1869. S. 37—45. — E. Petersen in archäolog.-epigr. Mittheil. 3. S. 73 ff. — L. Schwabe, *Observationum archaeologicarum particulae.* Dorpat 1869. 1870. — E. Curtius im Hermes 15 (1880) S. 147 ff. und E. Petersen, ebd. S. 475 ff. — L. Urlichs, Beiträge zur Kunstgeschichte. 1885. S. 99.] Auch auf geschnittenen Steinen findet man vielfach Abbildungen von Kunstwerken. So hat z. B. K. O. Müller, *Commentatio qua Myrhinae Amazonis quod in Museo. Vaticano servatur, signum Phidiacum explicatur.* Schriften der Göttinger Societät vom Jahre 1831 [= Kunstarchäol. Werke. Berlin 1873. III. S. 22—43] gut gezeigt, dass eine Gemme eine Amazonenstatue darstellt, wovon eine Copie im Vatican ist. Auch Architecturwerke finden sich so nachgebildet, z. B. das athenische Theater auf Münzen. Vergl. T. L. Donaldson, *Architectura numismatica.* London 1859. Die Kenntniss der Münzen und geschnittenen Steine wird am besten durch Pasten verbreitet. Man hat solche aus verschiedenen Massen gefertigt, z. B. aus Schwefel (vergl. Schlichtegroll, Über die Schwefelpasten von Frauenholz), Meissener Talkerde (so Lippert's Daktyliothek Leipzig 1767 ff. mit schlechtem Text), Terracotta (Wedgwood, London 1773), Email (*Catalogue des empreintes de* Tassie von Raspe. London 1792) etc. ·E. Gerhard [und später W. Helbig] hat in Rom eine kleine Daktyliothek in Abdrücken anfertigen lassen. Vergl. Archäol. Intelligenzblatt 1835. S. 51: *Impronte gemmarie dell' Instituto;* jetzt 7 Centurien. Über Münzfälschungen und Münzsammlungen s. oben S. 378 f., über geschnittene Steine vergl. besonders J. Eckhel, *Choix des pierres gravées du Cabinet impérial des antiques.* Wien 1788. fol.

Die bemalten Vasen sind seit dem Anfang des 18. Jahrh. von der Alterthumswissenschaft berücksichtigt worden. Man sah sie zuerst in Bausch und Bogen als etrurisches Fabrikat an, obgleich bis zur Entdeckung der Nekropole von Vulci die grösste Anzahl derselben in Unteritalien gefunden worden ist. Aber jetzt, wo in der That die meisten der vorhandenen Gefässe etrurischen Fundortes sind, ist die von Winckelmann zuerst aufgestellte Ansicht allgemein als richtig anerkannt, dass die italische Vasenmalerei griechischen Ursprungs ist. In Griechenland selbst und auf den griechischen Inseln sind bereits ebenfalls eine grosse Anzahl bemalter Gefässe aufgefunden, und es steht hier sicher noch eine reiche Ausbeute zu erwarten; ausserdem hat man in Sicilien, Malta, Afrika, Kleinasien, ja in dem fernen Pantikapäon bedeutende Funde gemacht. Die Hauptstätten der gesammten Vasenfabrikation scheinen Korinth und später Athen gewesen zu sein. Ein vollkommenes Muster der Korinthischen Arbeit ist die von

504 Zweiter Haupttheil. 1. Abschn. Besondere Alterthumslehre.

E. Dodwell (Reise Th. II, S. 196) zuerst publicirte bei Korinth gefundene Vase*); an sie schliesst sich im Stil die von D. Raoul-Rochette besprochene und abgebildete Vase *Mon. dell' Inst.* IV, 40, 1 und *Annali* 1847 p. 234 ff.; [vgl. ferner z. B. die Vasen des Timonides und des Chares, die Pinakes C. J. Gr. Antiq. p. 5 ff. und p. 170 f.; Euphorbosteller aus Kameiros (Philologenversamml. zu Hannover 1864) u. a. m.] Es sind dies Gefässe sehr alten Stils mit dunklen Figuren und phantastischen Thiergestalten. Ganz ähnlich sind eine Anzahl von Vasen etruskischen Fundorts, auf denen ausserdem die Inschriften im dorischen Dialekt geschrieben sind [vergl. A. Kirchhoff, Stud. z. gr. Alphab.³ S. 114 f.] Wahrscheinlich kamen die Vasen nach Oberitalien z. Th. über Kerkyra und über Hatria am Po.**) Denn von dieser Stadt, nicht von Hatria in Picenum haben sicher die berühmten Hatrianischen Gefässe (Plinius, H. N. 35, 46) den Namen, die auch Κερκυραῖοι ἀμφορεῖϲ heissen (s. Hesychios unter diesem Wort). Ausserdem weist die Geschichte von Demarat und den Meistern Eucheir und Eugrammos***) darauf hin, dass die Vasenmalerei frühzeitig unmittelbar von Korinth nach Etrurien verpflanzt wurde. [Andere Vasen Etruriens weisen sich durch ihre Inschriften als Import aus den chalkidischen Ansiedelungen Campaniens aus (Kirchhoff a. a. O. S. 108 ff.)]; die grössere Mehrheit der etruskischen Gefässe aber ist nach Stil und Inschriften zu urtheilen attischen Ursprungs. Da nun diese Vasen die gesammte Stilentwicklung von dem archaischen bis zum reichen Stil durchlaufen, setzt dies eine beständige Verbindung Etruriens mit den attischen Fabriken voraus. Indess ist jetzt allgemein anerkannt, dass auch in Italien selbst einheimische Vasenfabriken bestanden, und zwar noch längere Zeit nachdem die griechische Fabrikation aufgehört hatte. In denselben wurden griechische Muster theils einfach nachgeahmt, theils nach einheimischem Geschmacke umgemodelt. Bei den italischen Vasen ist daher in jedem einzelnen Falle zu untersuchen, ob sie aus Griechenland eingeführt oder einheimischen Ursprungs sind. Dies ist oft schwer zu entscheiden. Selbst bei Gefässen, deren Malerei specifisch attische Gegenstände darstellt, ist es nicht ohne Weiteres ausgemacht, dass sie auch in Athen angefertigt sind, da man in Italien die Muster in ähnlicher Weise nachahmte, wie in der Neuzeit bei uns die chinesische Malerei nachgeahmt worden ist. Besonders merkwürdig sind die grossen Amphoren, die sich durch die Inschrift Τῶν Ἀθήνηθεν ἄθλων [diejenigen mit Archontennamen gesammelt von J. de Witte, *Mon. dell' Inst.* X 47. 48 und *Annali* 1877. 1878] als Panathenäische Preisgefässe erweisen.†) [Vergl. L. Urlichs, Beiträge z. Kunstgesch. S. 33 ff.]

Unter den zahlreichen Publicationen und Beschreibungen von Vasenbildern hebe ich hervor: Hancarville, *Antiquités étrusques, grecques et romaines tirées du cabinet de Mr. Hamilton.* Neapel 1766 f. 4 Bde. fol. — W. Tischbein, *Collection of engravings from ancient vases.* Neapel

---

*) Vergl. Corp. Inscr. nr. VII. Explicat. Pindari S. 214. [München. Vasens. nr. 211.]
**) Vergl. Seeurkunden S. 457 f.
***) S. Kl. Schr. VI, S. 38 ff. Metrol. Untersuchungen S. 208.
†) Vergl. Kl. Schr. IV, S. 350—361.

1791—1803. 4 Bde. fol. — C. A. Böttiger, Griechische Vasengemälde. Weimar u. Magdeburg 1797—1800. 3 Hefte. — A. L. Millin, *Peintures de vases antiques vulgairement appelés étrusques*. Paris 1808. 1810. 2 Bde. fol. — J. Millingen, *Peintures antiques et inédites de vases grecs tirés de diverses collections*. Rom 1813. fol.; *Peintures antiques de vases grecs de la collection de Sir J. Coghill*. Rom 1817. fol.; *Ancient unedited monuments*. Vol. I: *Painted greek vases*. London 1822. 4. — Al. de Laborde, *Collection de vases grecs de Mr. le comte de Lamberg*. Paris 1813. 1824. 2 Bde fol.; die darin abgebildete Sammlung befindet sich jetzt grossentheils im Wiener Antikenkabinet. — Th. Panofka. *Musée Blacas*. Paris 1829. fol.; *Antiques du comte Pourtalès-Gorgier*. Paris 1834. fol. (nicht ausschliesslich Vasen). — [O. v. Stackelberg, Die Gräber der Hellenen. Berlin 1837. fol.] — F. Inghirami, *Pitturi di vasi fittili*. Fiesole 1833 ff. 4 Bde. 4. 2. ed. Firenze 1852 ff. — S. Campanari, *Antichi vasi dipinti della collezione Feoli*. Rom 1837. [Die Sammlung ist seit 1872 in Würzburg: L. Urlichs, Verzeichniss der Antikensammlung. Heft 1—3. 1865— 1872.] — Fr. Creuzer, Zur Gallerie der alten Dramatiker. Auswahl unedirter griechischer Thongefässe der Grossh. Badischen Sammlung in Carlsruhe. Mit Erläuterungen. Heidelberg 1839. — A. de Luynes, *Description de quelques vases peints étrusques, italiotes, siciliens et grecs*. Paris 1840. fol. [jetzt im *Cabinet des médailles* zu Paris. — W. Fröhner, *Choix de vases grecs inédits de la collection de S. A. J. le Prince Napoléon*. Paris 1867.] — Ed. Gerhard, Auserlesene griechische Vasenbilder hauptsächlich etruskischen Fundorts. Berlin 1840—1858. 4 Bde. fol.; Griechische und etruskische Trinkschalen. Berlin 1840. fol.; Etruskische und campanische Vasenbilder. Berlin 1843. fol.; Apulische Vasenbilder. Berlin 1845. fol.; Trinkschalen und Gefässe. Berlin 1848—50. fol. — Ch. Lenormant und J. de Witte, *Élite des monuments céramographiques, matériaux pour l'histoire des religions et des moeurs de l'antiquité*. Paris 1844—1861. 4 Bde. fol. — J. E. Gh. Roulez, *Choix de vases peints du musée d'antiquités de Leide*. Gent 1854. fol. — O. Jahn, Beschreibung der Vasensammlung König Ludwigs in der Pinakothek zu München. 1854. — A. Conze, Melische Thongefässe. Leipzig 1862. fol. — [*A catalogue of the greek and etruscan vases in the British Museum*. London I 1851; II 1870. — S. B. Smith, *De maleder Vaser i Antikkabinettet i Kjøbenhavn*. 1862. — W. Fröhner, Vasen und Terracotten zu Karlsruhe. Heidelberg 1860. — L. Stephani, Die Vasensammlung der kaiserlichen Ermitage. Petersburg 1869. 2 Bde. — Giov. Jatta, *Catalogo del Museo Jatta*. Neapel 1869; *J vasi del signor Caputi in Ruvo*. Neapel 1877. — O. Benndorf, Griechische und sicilische Vasenbilder. Berlin 1869—83. fol. — H. Heydemann, Griechische Vasenbilder. Berlin 1870. fol.; Die Vasensammlungen des *Museo Nazionale* zu Neapel. Berlin 1872. — M. Collignon, *Catalogue des vases peints du musée de la société archéologique d'Athènes*. Paris 1878. — G. Th. Lau, Die griechischen Vasen, ihr Formen- und Decorationssystem. Mit histor. Einleitung von H. Brunn und erläuternd. Texte von P. F. Krell. Leipzig 1877. — A. Furtwängler und G. Löschcke, Mykenische Thongefässe. Berlin 1879. — A. Dumont et J. Chaplain, *Les céramiques de la Grèce propre. Vases peints et terres cuites*. I. 1. 2.

506 Zweiter Haupttheil. 2. Abschn. Besondere Alterthumslehre.

Paris 1881. 1883. — A. Genick, Griechische Keramik. 40 Taf. Mit Einleitung und Beschreibung von A. Furtwängler. Berlin 1883. — E. Pottier, *Étude sur les lécythes blancs attiques à représentation funéraires*. Paris 1883. — P. F. Krell, Die Gefässe der Keramik. Schilderung des Entwicklungsganges der Gefässtöpferei. Stuttgart 1885. — A. Furtwängler, Beschreibung der Vasensammlung im Antiquarium der Königl. Museen zu Berlin. Berlin 1885. 2 Bde. — W. Fröhner, *Les bronzes antiques de la collection J. Gréau*. Paris 1885.]
Die Hauptsammlung von Spiegelzeichnungen ist: Ed. Gerhard, Etruskische Spiegel. Berlin 1843—1867. 4 Bde. fol. [5. Bd. bearb. von A. Klügmann u. G. Körte bisher Hft. 1—3. 1884 f.] Vergl. G. Rathgeber, Über 125 mystische Spiegel. Gotha 1855. fol. Manche Bilder auf Vasen und Spiegeln beziehen sich unzweifelhaft auf Mysterien; im Allgemeinen aber ist die mystische Auslegung, die zuerst A. L. Millin und C. A. Böttiger in Schwung gebracht haben, ganz willkürlich. — [K. D. Mylonas, Ἑλληνικὰ κάτοπτρα. Athen 1876.]
Für die Auslegung und Kritik der plastischen Werke und Gemälde sind wie bei Bauwerken Inschriften, die daran angebracht sind oder damit in Verbindung stehen, von Wichtigkeit (s. oben S. 189). Insbesondere bieten die Inschriften einen Hauptanhalt für die Künstlergeschichte. Vergl. Franz in der von E. Curtius herausgegebenen Einleitung zu Bd. IV, Fasc. II des *Corp. Inscr. Graec.* über Vaseninschriften. — [A. Dumont, *Inscriptions céramiques de la Grèce*. Paris 1873. — G. Hirschfeld, *Tituli statuariorum sculptorumque Graecorum cum prolegomenis*. Berlin 1871. — A. v. Sallet, Die Künstlerinschriften auf griechischen Münzen. Berlin 1871. — E. Loewy, Inschriften griechischer Bildhauer mit Facsimiles. Leipzig 1885. 4. — W. Klein, Die gr. Vasen mit Meistersignaturen. Wien 1883. — R. Weil, Die Künstlerinschriften der sicilischen Münzen. Berlin 1884. — W. Fröhner, *Inscriptiones terrae coctae vasorum*. Göttingen 1858; *Nomenclature des verriers grecs et romains* 1879 (*Extrait de la verrerie antique de la Collection Charvet*)]. Die literarischen Quellen bestehen in den Überresten der alten Schriften über Kunsttechnik, Ästhetik und Künstlergeschichte, sowie in poetischen und prosaischen Beschreibungen von Kunstwerken. Die einzige aus dem Alterthum erhaltene Darstellung der Theorie der Baukunst ist das Werk des Vitruvius, *De architectura*. Vitruv war ein gewöhnlicher Empiriker, hatte aber gute Kenntnisse und schöpfte aus zahlreichen griechischen Quellen, wenn er auch diese nicht immer richtig verstanden hat. Einer der seltsamsten Einfälle der neueren Kritik war es dies Werk für eine Fälschung des Mittelalters zu erklären. Über die Plastik und Malerei ist kein theoretisches Werk erhalten; ebenso sind die biographischen Schriften über griechische Künstler verloren gegangen. Über die Ästhetik der Alten s. Eduard Müller, Geschichte der Theorie der Kunst bei den Alten. Breslau 1834—37. — [E. Falkener, *Daedalus or the causes and principles of the excellence of greek sculpture*. London 1860.] — R. Zimmermann, Geschichte der Ästhetik. Wien 1858. — [H. Taine, *Philosophie de l'art en Grèce*. 3. Aufl. Paris 1881. — M. Schasler, Kritische Geschichte der Ästhetik von Plato bis auf die neueste Zeit. Berlin 1871.]
Seit der Zeit Alexander's d. Gr. wurden die Kunstwerke einzelner Ort-

schaften oder Länder zum Gebrauch für die Periegeten, die Ciceroni des Alterthums beschrieben [vgl. L. Preller, *Polemonis periegetae fragmenta.* Leipzig 1838]. Im ersten Jahrh. v. Chr. gab Pasiteles sogar eine Beschreibung der hervorragendsten Kunstwerke des ganzen Weltkreises heraus. Wir besitzen aus der reichhaltigen periegetischen Literatur nur Pausanias, Ἑλλάδος περιήγησις in 10 Büchern, [dessen Glaubwürdigkeit jetzt ebenso unterschätzt zu werden pflegt als sie früher überschätzt wurde.]

Beschreibungen von Kunstwerken waren ein beliebter Gegenstand der epigrammatischen Poesie und der epideiktischen Beredsamkeit. Über die erstere vergl. O. Benndorf, *De anthologiae graecae epigrammatis quae ad artes spectant.* Bonn 1862. Von rhetorischen Beschreibungen sind ausser den von Lukianos (Ἡρόδοτος ἢ Ἀετίων, Ζεῦξις und Mancherlei in andern Schriften) [vgl. H. Blümner, Archäologische Studien zu Lucian. Breslau 1867] besonders die Εἰκόνες der beiden Philostrate aus dem 3. Jahrh. n. Chr. von Wichtigkeit. Mit Unrecht hat K. Friederichs (Die Philostratischen Bilder. Erlangen 1860) diese Beschreibungen als [völlige] Fictionen erklärt. S. H. Brunn, Die Philostratischen Gemälde gegen Friederichs vertheidigt. Jahrb. f. Phil. 1861. 4. Suppl.-Bd. [und gegen F. Matz, *De Philostratorum in descr. imag. fide.* (Bonn 1867) Brunn in den Jahrb. 103. 1871 nebst Matz's Erwiderung. Philol. 31. 1872. — C. Nemitz, *De Philostratorum imaginibus.* Breslau 1875. — A. Kalkmann, Rh. Mus. f. Philol. 37 (1882) S. 397 ff.] Unsere Hauptquelle für die Künstlergeschichte sind die letzten 5 Bücher von Plinius, *Naturalis historia,* welche aus vielen verloren gegangenen Schriften compilirt sind. [Die auf die Geschichte der Plastik und Malerei bezüglichen Stellen der alten Schriftsteller sind gesammelt von J. Overbeck, Die antiken Schriftquellen zur Geschichte der bildenden Künste bei den Griechen. Leipzig 1868. — P. Schönfeld, Ovids Metamorphosen in ihrem Verhältniss zur antiken Kunst. Leipzig 1877. — K. Purgold, Archäologische Bemerkungen zu Claudian und Sidonius. Gotha 1878. — M. Lehnerdt, *De locis Plutarchi ad artem spectantibus.* Königsberg 1883.]

II. Bearbeitungen der Kunstarchäologie.

1. J. J. Winckelmann, Geschichte der Kunst des Alterthums. Dresden 1764; Anmerkungen über die Geschichte der Kunst des Alterthums. Ebenda 1767. Trotz der Fehler, die bei einem ersten Versuche unvermeidlich waren, ein klassisches Werk. [Letzte Ausgabe von Jul. Lessing. Berlin 1870. 2. A. Leipzig 1881.] — Chr. G. Heyne, Akademische Vorlesungen über die Archäologie der Kunst des Alterthums. Herausgeg. Braunschweig 1822. Heyne hat das Verdienst die Kunstarchäologie zuerst in das Universitätsstudium eingeführt zu haben. Die Vorlesungen, die meist Kunstmythologie enthalten, waren natürlich bei ihrer Herausgabe längst veraltet. — A. L. Millin, *Introduction à l'étude des monuments antiques.* Paris 1796. 1826. — J. G. Gurlitt, Allgemeine Einleitung in das Studium der schönen Kunst des Alterthums. Magdeburg 1799. 4. Mehr äusserlich gelehrte Betrachtung. (Wiederabgedruckt in den Archäologischen Schriften herausgegeben von Corn. Müller. Altona 1831.) — J. Ph. Siebenkees, Handbuch der Archäologie. Nürnberg 1799. 1800. 2 Bde. — C. A. Böttiger, Andeutungen zu 24 Vorträgen über die Archäologie. Abth. 1.

508 Zweiter Haupttheil. 2. Abschn. Besondere Alterthumslehre.

(Allgemeine Übersichten und Gesch. der Plastik bei den Griechen.) Dresden 1806; Ideen zur Archäologie der Malerei. 1. Thl. (Geschichte der Malerei bis Polygnot). Dresden 1811. — Chr. D. Beck, Grundriss der Archäologie. Leipzig 1816. (Unvollendet.) Fast bloss Rubriken und sehr viel Literatur, aber Alles äusserlich ohne einen einzigen artistischen oder archäologischen Gedanken. — Fr. Thiersch, Über die Epochen der bildenden Kunst unter den Griechen. München 1816—1825. 3 Abhandlungen. 2. Gesammtausgabe 1829 mit vielen Zusätzen. — H. Meyer, Geschichte der bildenden Künste bei den Griechen und Römern. Dresden 1824—1836. 3 Bde. Mit 31 Tafeln. — D. Raoul-Rochette, *Cours d'archéologie*. Paris 1828. — A. v. Steinbüchel, Abriss der Alterthumskunde. Wien 1829. Enthält meist Kunstgeschichte und Mythologie. — Fr. C. Petersen, Allgem. Einleitung in das Studium der Archäologie. Aus dem Dänischen von F. Friedrichsen. Leipzig 1829. — Karl Otfr. Müller, Handbuch der Archäologie der Kunst. Breslau 1830. 2. Aufl. 1835. 3. Aufl. nach dem Tode des Verf. mit Zusätzen von F. G. Welcker. 1848. [2. Abdr. Stuttgart 1878.] Enthält nach einer allgemeinen Einleitung über die Theorie der Kunst und die Literatur der Kunstarchäologie im ersten Theil die Geschichte der bildenden Kunst im Alterthum nach Perioden dargestellt, im zweiten Theil eine systematische Behandlung der alten Kunst. Der 2. Theil handelt nach einem propädeutischen Abschnitte über die „Geographie der alten Kunstdenkmäler" im ersten Hauptabschnitte von der Architektonik (und anhangsweise von der Tektonik der Geräthe und Gefässe), im zweiten Hauptabschnitte von der Plastik und Malerei, und zwar werden in beiden Abschnitten zuerst die äussere Technik, dann die Formen und endlich bei der Architekonik die Arten der Gebäude, bei der Plastik und Malerei die Gegenstände der Kunst beschrieben. Eine falsche Stellung nimmt bei dieser Disposition die Kunstgeographie ein; diese, welche auch die Museographie in sich schliesst, gehört als blosse Nachweisung der Quellen mit demselben Rechte wie die Bibliographie der Kunstgeschichte in die allgemeine Einleitung. Im Übrigen gewährt das Handbuch noch immer die beste Übersicht über das ganze Gebiet der Kunstarchäologie. Eine Ergänzung dazu bietet B. Stark, Archäologische Studien zu einer Revision von Müllers Handbuch der Archäologie. Wetzlar 1852. (Abdruck aus der „Zeitschrift für die Alterthumswissenschaft.") — L. Ross, Ἐγχειρίδιον τῆς ἀρχαιολογίας τῶν τεχνῶν. Athen 1841. Meist nach Müller's Handbuch. — E. Gerhard, Grundriss der Archäologie für Vorlesungen nach Müllers Handbuch. Berlin 1853. Weicht doch sehr von Müller ab. Die Archäologie wird hier als die auf monumentales Wissen begründete Hälfte der allgemeinen Wissenschaft des klassischen Alterthums aufgefasst, als ob die Schriftwerke nicht auch Monumente wären und als ob die „monumentale Philologie" die literarischen Monumente entbehren könnte (s. oben S. 64). Wenn der Archäologie ausser der Kunstgeschichte die Religionsgeschichte zugewiesen wird, so liegt dieser willkürlichen Grenzscheidung doch die richtige Erkenntniss von der Zusammengehörigkeit des Cultus und der Kunst zu Grunde. — Fr. Kugler, Handbuch der Kunstgeschichte. Stuttgart 1842. [5. Aufl. von W. Lübke. 1872. 2 Bde.] — K. Schnaase, Geschichte der bildenden Künste. Düsseldorf 1843—1864. 2. Aufl. Stuttgart. 8 Bde. 1. Band. Die

Völker des Orients. Unter Mitwirkung des Verfassers bearbeitet von C. v. Lützow. 1866. 2. Bd. Griechen und Römer unter Mitwirkung des Verf. von C. Friederichs. 1866. — H. Hettner, Vorschule zur bildender Kunst der Alten. Bd. I: Die Kunst der Griechen. Oldenburg 1848. — Ad. Stahr, Torso. Kunst, Künstler und Kunstwerke der Alten. Braunschweig 1854 f. 2 Bde. [2. Ausg. 1878.] — J. Braun, Geschichte der Kunst in ihrem Entwicklungsgange durch alle Völker der alten Welt hindurch auf dem Boden der Ortskunde nachgewiesen. 2. Bd. Kleinasien und die hellenische Welt. Wiesbaden 1858. [2. (Titel-)Ausg. 1873.] — J. Overbeck, Kunstarchäologische Vorlesungen. Braunschweig 1853. — W. Lübke, Grundriss der Kunstgeschichte. Stuttgart 1860. [9. Aufl. 1882.] — C. Bursian, Griechische Kunst in Ersch und Gruber's Encyklopädie. 1. Sect. Bd. 82. — A. R. Rangabé, Ἀρχαιολογία. Ἱστορία τῆς ἀρχαίας καλλιτεχνίας. Athen 1865 f. 2 Thle. — [M. Carriere, Hellas und Rom in Religion und Weisheit, Dichtung und Kunst. Leipzig 1866. 3. Aufl. 1877. (2. Bd. des Werkes: „Die Kunst im Zusammenhang der Culturentwicklung und die Ideale der Menschheit." 5 Bde.). — E. Beulé, *Histoire de l'art grec avant Périclès.* Paris 1868 (zuerst in der *Gazette des beaux arts* 1864). — R. Ménard, *Histoire des beaux arts: art antique, architecture, sculpture, peinture, art domestique. Avec un appendice sur la musique chez les anciens par* G. Bertrand. Paris 1870. — Fr. Reber, Kunstgeschichte des Alterthums. Leipzig 1871. — J. Schnatter, Synchronistische Geschichte der bildenden Künste in tabellarischen Übersichten. Berlin 1870 f. 2 Theile. — E. Döhler, Entstehung und Entwicklung der religiösen Kunst bei den Griechen. Berlin 1873. — A. Demmin, *Encyclopédie historique, archéologique, biographique, chronologique et monographique des beaux arts plastiques.* Paris 1873. 3 Bde. Deutsch von O. Mothes. Leipzig 1877 f. — H. Riegel, Grundriss der bildenden Künste im Sinne einer allgemeinen Kunstlehre und als Hülfsbuch beim Studium der Kunstgeschichte. 3. Ausg. Hannover 1875. — K. B. Stark, Handbuch der Archäologie der Kunst. I. 1. [1. 2.] Leipzig 1878. 1880. — Th. Seemann, Geschichte der bildenden Kunst von der ältesten Zeit bis auf die Gegenwart. Jena 1879. — R. Menge, Einführung in die antike Kunst. Leipzig 1880. — G. Perrot u. Ch. Chipiez, *Histoire de l'art dans l'antiquité. (Égypte, Assyrie, Perse, Asie mineure, Grèce, Étrurie, Rome.)* siehe oben S. 498. — M. Collignon, *Manuel d'archéologie grecque.* Paris *(Bibl. de l'enseignement des beaux-arts).* — A. Milchhöfer, Die Anfänge der Kunst in Griechenland. Leipzig 1883. — P. Kabbadias, ἱστορία τῆς ἑλληνικῆς καλλιτεχνίας. 2 Bde. Athen 1883. — R. Adamy, Einführung in die antike Kunstgeschichte. Hannover 1884. — J. Martha, *Manuel d'archéologie étrusque et romaine.* Paris 1884. — L. v. Scheffler, Über die Epochen der etruskischen Kunst. Altenburg 1882.] — Vergl. ausserdem die Literatur der Alterthümer (s. oben S. 366 ff.) und der Technologie (s. oben S. 403 f.).

2. Lessing, Laokoon. 1766 [zuletzt herausgegeben und erläutert von H. Blümner. Berlin 1876. 2. A. 1880.]; Briefe, antiquarischen Inhalts. 1768. — C. Grüneisen, Über das Sittliche der bildenden Kunst bei den Griechen. Leipzig 1833. — Chr. Petersen, Zur Geschichte der Religion und Kunst bei den Griechen. 2 öffentl. Vorträge. 1. In welchem Verhält-

niss zur Religion entwickelten sich die bildenden Künste? 2. Welche Eigenthümlichkeit der Religion hat die bildenden Künste der Vollendung entgegengeführt? Hamburg 1845. 4. — Ad. Trendelenburg, Niobe. Einige Betrachtungen über das Schöne und Erhabene. Berlin 1846; Das Ebenmass ein Band der Verwandtschaft zwischen der griechischen Archäologie und griechischen Philosophie. Festgruss an Gerhard. Berlin 1865. (Kl. Schr. Bd. 2.) — Th. Pyl, Über die symbolische Darstellung der Griechen. Greifswald 1855. — E. Gebhart, *Histoire du sentiment poëtique de la nature dans l'antiquité grecque et romaine.* Paris 1860. — H. Motz, Über die Empfindung der Naturschönheit bei den Alten. Leipzig 1865. — Secretan, *Du sentiment de la nature dans l'antiquité romaine.* Lausanne 1866. — [L. Friedländer, Über die Entstehung und Entwickelung des Gefühls für das Romantische in der Natur. Leipzig 1873. — W. Roscher, Das tiefe Naturgefühl der Griechen und Römer in seiner histor. Entwicklung. Meissen 1875. 4. — A. Biese, Die Entwicklung des Naturgefühls bei den Griechen und Römern. Kiel 1882. 1884. — H. Brunn, Die Kunst bei Homer und ihr Verhältniss zu den Anfängen der griechischen Kunstgeschichte. München 1868. (Aus den Schriften der Münchener Akad. der Wissensch.) — A. Conze, Zur Geschichte der Anfänge der griechischen Kunst. Wien 1870—73. (Aus den Sitzungsber. der Akademie.) — K. Ch. Planck, Gesetz und Ziel der neuern Kunstentwicklung im Vergleich mit der antiken. Stuttgart 1870. — H. Blümner, Dilettanten, Kunstliebhaber und Kenner im Alterthum. Berlin 1873.]

3. C. A. Böttiger, Ideen zur Kunstmythologie. Dresden 1826. 1836. 2 Bde. — Ed. Gerhard, Prodromus mythologischer Kunsterklärung. München, Stuttgart und Tübingen 1828. Text zu: Antike Bildwerke. München, Stuttgart und Tübingen 1827—1844. fol. — Em. Braun, Vorschule der Kunstmythologie. Gotha 1854. 4. — J. Overbeck, Die Bildwerke zum theb. und troisch. Heldenkreis. Stuttgart 1857; [Griechische Kunstmythologie. Besonderer Theil: 1. Bd. (Zeus). Leipzig 1872. 2. Bd. (1. Heft Hera, 2. Heft Poseidon, 3. Heft Demeter u. Kora.) 1873—1878. 4. (Mit Atlas in grösstem Folio.)] — K. B. Stark, Niobe und die Niobiden in ihrer literarischen, künstlerischen und mythologischen Bedeutung. Mit 20 Tafeln. Leipzig 1863. — [Fr. Schlie, Die Darstellungen des troischen Sagenkreises auf etruskischen Aschenkisten. Mit Vorwort von H. Brunn. Stuttgart 1868. — H. Brunn, *I rilievi delle urne etrusche. I. Ciclo troico.* Rom 1870. fol. — J. J. Bernoulli, Über die Minervenstatuen. Basel 1867; Aphrodite. Ein Baustein zur griechischen Kunstmythologie. Leipzig 1873. — A. Conze, Heroen- und Göttergestalten der griechischen Kunst. Wien 1875. fol. — R. Kekulé, Hebe. Leipzig 1867; Über die Entstehung der Götterideale der griechischen Kunst. Stuttgart 1877. — G. Körte, Über Personificationen psychologischer Affecte in der spätern Vasenmalerei. Berlin 1874. — H. Schrader, Die Sirenen nach ihrer Bedeutung und künstlerischen Darstellung. Berlin 1868. — A. Furtwängler, Eros in der Vasenmalerei. München 1874. — A. Klügmann, Die Amazonen in der attischen Literatur und Kunst. Stuttgart 1875. — P. Knapp, Nike in der Vasenmalerei. Tübingen 1876. — M. Collignon, *Essai sur les monuments grecs et romains relatifs au mythe de Psyché.* Paris 1877. — L. Ménard, *La mythologie*

III. Cultus und Kunst. 2. A. Bildende Kunst. Literatur. 511

dans l'art ancien et moderne. Suivie d'un appendice sur les origines de la mythologie. Paris 1878. 2. Aufl. 1880. — Th. Schreiber, Apollon Pythoktonos. Leipzig 1879. — H. Luckenbach, Das Verhältniss der griechischen Vasenbilder zu den Gedichten des epischen Kyklos. Leipzig 1880. — J. Langbehn, Flügelgestalten der ältesten griechischen Kunst. München 1881.] — O. Jahn, Über Darstellung griechischer Dichter auf Vasenbildern. Leipzig 1861. (Aus dem 8. Bd. der K. Sächs. Gesellsch. d. Wissenschaften.) [Vergl. ausserdem oben S. 401 f. 423 f. die Publicationen von Jahn und Michaelis. — P. Schuster, Über die erhaltenen Portraits der griechischen Philosophen. Leipzig 1876. — R. Förster, Das Portrait in der griechischen Plastik. Kiel 1880. — C. Robert, Bild und Lied siehe oben S. 494.] — B. Graser, Die Gemmen des königl. Museums zu Berlin mit Darstellungen antiker Schiffe. Berlin 1867; [Die ältesten Schiffsdarstellungen auf antiken Münzen. Berlin 1870. — E. v. d. Launitz, Wandtafeln zur Veranschaulichung antiken Lebens und antiker Kunst. Cassel 1869 ff.] — S. ausserdem oben S. 379 die Werke von Panofka und Weisser.

Künstlergeschichte. F. Junius, *Catalogus architectorum, mechanicorum, sed praecipue pictorum, statuariorum* u. s. w. Anhang zu der Schrift: *De pictura veterum libri III*. Rotterdam 1694. fol. — J. Sillig, *Catalogus artificum graecorum et romanorum*. Dresden und Leipzig 1827. — L. Schorn, Über die Studien der griechischen Künstler. Heidelberg 1818. — H. Brunn, *Artificum liberae Graeciae tempora*. Bonn 1843. — Clarac, *Catalogue des artistes de l'antiquité jusqu'à la fin du sixième siècle de notre ère*. Paris 1844. — R. Rochette, *Lettre à Mr. Schorn, supplément au catalogue des artistes de l'antiquité grecque et romaine*. Paris 1845; *Questions de l'histoire de l'art discutées à l'occasion d'une inscription grecque gravée sur une lame de plomb et trouvée dans l'intérieur d'une statue de bronze. Mémoire destiné à servir de complément à la lettre à Mr. Schorn*. Paris 1846. — H. Brunn, Geschichte der griechischen Künstler. Braunschweig und Stuttgart 1853—1859. 2 Bde. Erster Band: Die Bildhauer; Zweiter Band: Die Maler, Architekten, Toreuten, Münzstempelschneider, Gemmenschneider, Vasenmaler. Das Werk ist vielleicht etwas zu weitschichtig, aber vortrefflich und geistvoll gearbeitet. Es zeigt, wie die Künstlergeschichte mit der Kunstgeschichte zu verflechten ist. — Bazin, *De la condition des artistes dans l'antiquité grecque*. Nizza 1866. — Ludw. Urlichs, Skopas Leben und Werke. Greifswald 1863. Ein schönes und reichhaltiges Werk. — L. Ronchaud, *Phidias, sa vie et ses ouvrages*. Paris 1864. — [L. B. Stenersen, *Fidias*. Kjöbenhavn 1872. — Sp. G. Logiotatides, 'Ονάτας. Berlin 1862. — G. Wustmann, Apelles' Leben und Werke. Leipzig 1870. — O. Schuchardt, Nikomachos. Weimar 1866. — L. Urlichs, Die Anfänge der griechischen Künstlergeschichte. Würzburg 1871 u. 1872. 4. — Jul. Meyer, Allgemeines Künstlerlexikon. Leipzig 1872 ff. — K. E. Köhler, Gesammelte Schriften, herausgeg. von L. Stephani. Petersburg 1851. Bd. 3. — L. Stephani, Über einige Steinschneider des Alterthums. Petersburg 1851 (aus den *Mémoires* der Akademie). — E. Kroker, Gleichnamige griechische Künstler. Leipzig 1883. — E. Löwy, Untersuchungen zur griech. Künstlergeschichte. Wien 1883.]

512 Zweiter Haupttheil. 2. Abschnitt. Besondere Alterthumslehre.

Baukunst. C. L. Stieglitz, Geschichte der Baukunst der Alten. Leipzig 1792; Archäologie der Baukunst der Griechen und Römer. Weimar 1801. 3 Bde. Grundlegend, aber noch unvollkommen in Bezug auf archäologische Forschung. — Derselbe, Geschichte der Baukunst von dem frühesten Alterthum bis in die neueren Zeiten. Nürnberg 1827. 2. Aufl. 1836; [Archäologische Unterhaltungen. Leipzig 1820. I. Abtheilung: Über Vitruv.] — Le Brun, *Théorie de l'architecture grecque et romaine, déduite de l'analyse des monuments antiques.* Paris 1807. fol. Sucht alle Verhältnisse der alten Bauwerke von dem Principe abzuleiten, dass der Grundcharakter der antiken Baukunst die Stabilität ist. Ein interessantes und scharfsinniges Werk. — Aloys Hirt, Die Baukunst nach den Grundsätzen der Alten. Berlin 1809. fol.; Der Tempel der Diana zu Ephesus. Berlin 1809; Der Tempel Salomo's. Berlin 1809; Die Geschichte der Baukunst bei den Alten. Berlin 1821—27. 3 Bde. 4. Der 3. Theil des letztern Werks, der die Gebäude nach ihrem Zwecke bestimmt darstellt, ist besonders beachtenswerth. Hirt galt längere Zeit als Hauptautorität in der Geschichte der alten Baukunst; er hatte gute Kenntnisse, beharrte aber der fortschreitenden Forschung gegenüber etwas eigensinnig auf vorgefassten Meinungen. — J. Canina, *L'architettura antica.* 2. Aufl. Rom 1844. 9 Bde. Text und 3 Bde. Kupfer. Sehr umfassend. — J. M. Mauch, Die architektonischen Ordnungen der Griechen, Römer und neueren Meister. Potsdam 1830 ff. [6. Aufl. von L. Lohde. Berlin 1873.] Hierzu als Nachtrag: L. Lohde, Die Architektonik der Hellenen nach C. Bötticher's Tektonik der Hellenen. Berlin 1862. fol. — C. Bötticher, Die Tektonik der Hellenen. Potsdam 1844—1852. 2 Bde. 4. mit Atlas. fol. [2. Ausg. Berlin 1874—1881.] Vorzüglich. — Derselbe, Andeutungen über das Heilige und Profane in der Baukunst der Hellenen. Berlin 1846. — F. C. Penrose, *An investigation of the principles of Athenian architecture.* London 1851. — W. Lübke, Geschichte der Architektur von den ältesten Zeiten bis zur Gegenwart. Leipzig 1855. [6. Aufl. 1884.] 2 Bde. — F. Kugler, Geschichte der Baukunst. Stuttgart 1854—73. 5 Bde. Bd. 4 von J. Burckhardt, Bd. 5 von W. Lübke. — Fr. Reber, Geschichte der Baukunst im Alterthum. Leipzig 1866. [Neue Ausgabe 1869.] Ein schönes Werk. — [P. F. Krell, Geschichte des dorischen Stils. Stuttgart 1870. — J. Ferguson, *History of architecture.* London 1865—1870. 4 Bde. 2. Ausg. 1873 ff. — D. Ramée, *Histoire de l'architecture.* Paris 1868. — W. Zahn, Ornamente aller klassischen Kunstepochen nach den Originalen in ihren eigenthümlichen Farben dargestellt. 3. Aufl. Berlin 1869—1871. 20 Hefte. — E. Wagner und G. Kachel, Die Grundformen der antiken klassischen Baukunst. Heidelberg 1869. 4. — J. Bühlmann, Die Architectur des klassischen Alterthums und der Renaissance. Stuttgart 1872 ff. — A Choisy, *L'art de bâtir chez les Romains.* Paris 1873; *Études épigraphiques sur l'architecture grecque.* Paris 1884. — E. Vinet, *Esquisse d'une histoire de l'architecture classique.* Paris 1875. — W. Gurlitt, Das Alter der Bildwerke und die Bauzeit des sog. Theseion. Wien 1875. — Ol. Rayet, *L'architecture ionique en Ionie. Le temple d'Apollo Didyméen.* Paris 1876. — Ch. Chipiez, *Histoire critique des origines et de la formation des ordres grecs.* Paris 1876. — L. Julius, Über das Erechtheion. München 1878. — J. Durm,

III. Cultus und Kunst. 2. A. Bildende Kunst. Literatur. 513

construktive und polychrome Details der griechischen Baukunst. Berlin 1880; Die Baukunst der Griechen. (Handbuch der Architektur II. 1. 1 u. 2.) Darmstadt 1880 f. — R. Klette, Die Entwicklungsgeschichte der Architektur. Leipzig 1881. — E. Fabricius, *De architectura graeca commentationes epigraphicae.* Berlin 1881. — R. Adamy, Architektonik auf historischer und ästhetischer Grundlage. Hannover. 1 Bd. 1. Abth. Die Architektur als Kunst. 2. Abth. Architektonik des oriental. Alterthums. 1881. 3. Abth. Architektonik der Hellenen. 1882. 4. Abth. Architektonik der Römer. 1883. — R. Bohn, Der Tempel der Athena Polias zu Pergamon. (Aus Abh. der Berl. Akad. 1881); Tempel des Dionysos zu Pergamon (ebendaher 1884); Die Propyläen der Akropolis zu Athen. Stuttgart 1882. — J. Fergusson, Das Erechtheion, herausg. von H. Schliemann. Leipzig 1880; *The Parthenon.* London 1883. — J. Reimers, Zur Entwicklung des dorischen Tempels. Berlin 1884.]

Plastik. L. Lanzi, *Notizie della scultura degli antichi.* Florenz 1789. 2. Ausg. von F. Inghirami. Fiesole 1824. Deutsch von Ad. G. Lange. Leipzig 1816. — Aloys Hirt, Die Geschichte der bildenden Künste bei den Alten. Berlin 1833. Die oben gerügten Mängel der Forschungsweise Hirts treten hier besonders störend hervor. — Ans. Feuerbach, Geschichte der griechischen Plastik in den Nachgelassenen Schriften des Verf. Bd. II und III herausgegeben von H. Hettner. Braunschweig 1853. Aus Vorlesungen, bei der Herausgabe z. Th. veraltet. — J. Overbeck, Geschichte der griechischen Plastik für Künstler und Kunstfreunde. Leipzig 1857 f. [3. Aufl. 1880—1882.] 2 Bde. — W. Lübke, Geschichte der Plastik von den ältesten Zeiten bis auf die Gegenwart. Leipzig 1863. [3. Aufl. 1880.] 2 Bde. — E. Beulé, *Histoire de la sculpture avant Phidias.* Paris 1864. — [A. S. Murray, *A history of greek sculpture from the earliest times down to the age of Pheidias.* London 1880; *Under Phidias and his successors.* Ibid. 1883. — R. Kekulé, Die Gruppe des Künstlers Menelaos. Leipzig 1870; Über den Kopf des Praxitelischen Hermes. Stuttgart 1881; Zur Deutung und Zeitbestimmung des Laokoon. Ebda. 1883. — G. Redford, *A manual of sculpture egyptian, assyrian, greek, roman.* London 1882. — W. C. Perry, *Greek and roman sculpture.* London 1882. — L. M. Mitchell, *A history of ancient sculpture.* London 1883; *Selections from ancient sculpture.* — C. J. Cavallucci, *Manuale di storia della scultura.* I. Turin 1884.]

G. Zoëga, *Li bassirilievi antichi di Roma.* Rom 1808. 2 Bde. Deutsch von F. G. Welcker. Giessen 1811 f. fol. (unvollständig.) — A. Chr. Quatremère de Quincy, *Le Jupiter Olympien.* Paris 1815. fol. — K. Friederichs, *Nationum graecarum diversitates etiam ad artis statuariae et sculpturae discrimina valuisse.* Erlangen 1855. Die nationalen Unterschiede sind nur in wenigen Punkten nachgewiesen. Derselbe, Praxiteles und die Niobegruppe. Leipzig 1855. — W. W. Lloyd, *Xanthian marbles. The Harpy monument.* London 1844; *The Nereid monument.* London 1845. Interessante Schriften, worin jedoch eine etwas phantastische Erklärung der Denkmäler gegeben ist. Vergl. dazu Em. Braun, Die Marmorwerke von Xanthos in Lykien. Aus dem Rhein. Mus. 3. 1845; [Ad. Michaelis, *Annali dell' Inst.* 1874—1875. — Louis et René

Ménard, *De la sculpture antique et moderne, ouvrage couronné par l'académie des beaux-arts.* Paris 1867. 2. Aufl. 1868. — A. Conze, Beiträge zur Geschichte der griechischen Plastik. Halle 1869. 4. — A. Michaelis, Der Parthenon. Leipzig 1871. (Vergl. Derselbe, Karte der Akropolis von Athen in E. v. d. Launitz' Wandtafeln. Cassel 1876; *Pausaniae descr. arcis Athenarum in usum scholarum ed.* O. Jahn, editio altera recognita ab Ad. Michaelis. Bonn 1880.) — Eug. Petersen, Die Kunst des Pheidias am Parthenon und zu Olympia. Berlin 1873. — A. Philippi, Über die römischen Triumphalreliefe und ihre Stellung in der Kunstgeschichte. Leipzig 1872. — W. Fröhner, *La colonne Trajane d'après le surmoulage exécuté à Rome en 1861 et 1862 reproduite en phototypographie par G. Arosa. 220 planches imprimées en couleur avec texte suivi de nombreuses vignettes.* Paris 1872—74. fol. 1 Bd. Text und 4 Bde. Tafeln (kleinere Ausgabe: Paris 1865; 1 Bd. 8°). — R. Schöne, Griechische Reliefs aus athenischen Sammlungen. Leipzig 1872. — O. Benndorf, Die Metopen von Selinunt. Mit Untersuchungen über die Geschichte, die Topographie und die Tempel von Selinunt. Berlin 1873. fol. — C. Bötticher, Der Zophorus am Parthenon. Berlin 1875. — Ad. Flach, Zum Parthenonfries. Würzburg 1877. — R. Kekulé, Die Reliefs an der Balustrade des Tempels der Athene Nike. 2. Aufl. Stuttgart 1881. — Th. Schreiber, Die Athene Parthenos des Phidias und ihre Nachbildungen. Leipzig 1883. (Abhandl. der S. G. d. W. Bd. VIII.)]

Heinr. Krause, Pyrgoteles od. die edlen Steine der Alten im Bereiche der Natur und der bildenden Kunst. Halle 1856. — T. Biehler, Über Gemmenkunde. Wien 1860. — [Catalog der Gemmensammlung des Tob. Biehler. Wien 1871] — E. H. Tölken, Erklärendes Verzeichniss der antiken vertieften geschnittenen Steine der Königl. Preuss. Gemmensammlung. Berlin 1835. — Wagner, Abbildungen geschnittener Steine und Medaillen ausgeführt mittelst der von ihm erfundenen Relief-Copirmaschine. Berlin 1836. fol. — J. Arneth, Monumente des K. K. Münz- und Antikencabinets in Wien. Die antiken Cameen. Wien 1849. — C. W. King, *Antique gems and rings.* London 1860. [3. Aufl. 1872. 2 Bde. — A. Schrauf, Handbuch der Edelsteinkunde. Wien 1869. — Aug. Castellani, *Delle gemme.* Florenz 1870. — M. H. Nevil Story-Maskelyne, *The Marlborough gems.* 1870. — H. M. Westropp, *A manual of precious stones and antique gems.* London 1873.] Ausserdem s. über Gemmen besonders H. Brunn, Künstlergeschichte. Bd. II und H. K. E. Köhler, Ges. Werke. Bd. 3—5. Petersburg 1851.

Polychromie der Architektur und Plastik. J. J. Hittorff, *Restitution du temple d'Empédocle à Sélinonte ou l'architecture polychrôme chez les Grecs.* (1830.) Paris 1851 mit 25 chromolithographischen Tafeln. Die vollständigste Erörterung des Gegenstandes. — G. Semper, Vorläufige Bemerkungen über bemalte Architektur und Plastik bei den Alten. Altona 1834. [Abgedr. in: Kleine Schriften. Stuttgart 1884.] — Chr. Walz, Über die Polychromie der antiken Skulptur. Tübingen 1853. 4. — F. Kugler, Über die Polychromie der antiken Architektur und Skulptur und ihre Grenzen. Berlin 1835. Abgedr. in: Kleine Schriften und Studien zur Kunstgeschichte. Stuttgart 1853. 1. Band. — [O. Jahn, Die Polychromie der

alten Sculptur. Aus der Alterthumswissenschaft. Bonn 1868. S. 245 ff. — E. Magnus, Die Polychromie vom künstlerischen Standpunkte. Berlin 1871. — P. Böckler, Die Polychromie in der alten Skulptur. Aschersleben 1882. 4. — G. Treu, Sollen wir unsere Statuen bemalen? Berlin 1884. — E. Nageotte, *La polychromie dans l'art antique*. Besançon 1885.]
Malerei. A. Hirt, *Sur la peinture des anciens*. Mehrere Aufsätze in den französischen *Mémoires* der Berliner Akademie. Berlin 1798—1803. 4. — J. J. Grund, Die Malerei der Griechen oder Entstehung, Fortschritt, Vollendung und Verfall der Malerei. Dresden 1810 f. 2 Theile. — J. F. John, Die Malerei der Alten von ihrem Anfange bis auf die christliche Zeitrechnung. Berlin 1836. — R. Wiegmann, Die Malerei der Alten in ihrer Anwendung und Technik, insbesondere als Decorationsmalerei. Nebst einer Vorrede von K. O. Müller. Hannover 1836. — [K. Woermann, Die Malerei des Alterthums in A. Woltmann's Geschichte der Malerei. Bd. 1. Leipzig 1879.] — Gottfried Hermann, *De veterum Graecorum pictura parietum coniecturae*. 1834. Opusc. Bd. V. — D. Raoul-Rochette, *De la peinture sur mur chez les anciens*. Paris 1833. 4.; *Peintures antiques inédites précédées de recherches sur l'emploi de la peinture murale dans la décoration des temples et des autres édifices publics ou particuliers chez les Grecs et chez les Romains*. Paris 1836. Ein Prachtwerk. Derselbe, *Lettres archéologiques sur la peinture des Grecs*. Paris 1840. — J. A. Letronne, *Lettres d'un antiquaire à un artiste sur l'emploi de la peinture historique murale dans la décoration des temples et des autres édifices publics et particuliers chez les Grecs et chez les Romains*. Paris 1836. Das Hauptwerk über Wandmalerei. Derselbe, *Appendice aux lettres d'un antiquaire à un artiste*. Paris 1837. Letronne überschätzt die Ausdehnung und Bedeutung der Wandmalerei in der klassischen Zeit; er polemisirt in seinen Schriften gegen Raoul-Rochette, der ihm gegenüber einen ebenso einseitigen Standpunkt im entgegengesetzten Sinne vertritt. — G. Schöler, Über die Malerei der Griechen. Lissa 1842. Eine ganz kurze, aber geist- und kenntnissreiche Übersicht. — F. G. Welcker, Über die Composition der Polygnotischen Gemälde in der Lesche zu Delphi. Abh. der Berl. Ak. 1847. (Kl. Schr. Bd. 5.) — [W. Helbig, Wandgemälde der vom Vesuv verschütteten Städte Campaniens. Mit einer Abhandlung über die antiken Wandmalereien in technischer Beziehung von O. Donner. Leipzig 1868; Untersuchungen über die campanische Wandmalerei. Leipzig 1873. Vgl. A. Sogliano, *Le pitture murali campane scoverte negli anni 1867—79 descritte*. Neapel 1879. — E. Gebhart, *Essai sur la peinture de genre dans l'antiquité*. Paris 1869. — K. Woermann, Über den landschaftlichen Natursinn der Griechen und Römer. München 1871; Die Landschaft in der Kunst der alten Völker. München 1876. — W. Gebhardt, Die Komposition der Gemälde des Polygnot in der Lesche zu Delphi. Göttingen 1872. — L. Urlichs, Die Malerei in Rom vor Cäsar's Dictatur. Würzburg 1876. 4; Das hölzerne Pferd. Würzburg 1881. — H. Cros u. Ch. Henry, *L'encaustique et les autres procédés de peinture chez les anciens*. Paris 1884.]

Gust. Kramer, Über den Stil und die Herkunft der bemalten griechischen Thongefässe. Berlin 1837. — Th. Panofka, *Recherches sur les véritables noms des vases grecs et sur leurs différens usages d'après les auteurs et les monuments anciens.* Paris 1829. fol. Zu willkürlich. Gegen ihn: J. A. Letronne, *Observations philologiques et archéologiques sur les noms des vases grecs à l'occasion de l'ouvrage de Mr. Panofka etc.* Paris 1833. 4. Vergl. H. Krause, Angeiologie (s. oben S. 405). — Fr. Thiersch, Über die hellenischen bemalten Vasen mit besonderer Rücksicht auf die Sammlung S. M. des Königs Ludwig von Baiern. Abhandl. der Münch. Akad. 1844. — J. L. Ussing, *De nominibus vasorum Graecorum disputatio.* Kopenhagen 1844. — Fr. Osann, Revision der Ansichten über Ursprung und Herkunft der gemalten griechischen Vasen. Giessen 1847 (aus den Denkschr. d. Gesellsch. für Wissenschaft und Kunst). — L. Ross, Über die Zeit der griech. Vasenmalerei. Allgem. Monatsschr. für Wissenschaft und Literatur. 1852. (Archäol. Aufsätze 2. Sammlung.) Er nimmt an, dass die Vasenmalerei schon in der heroischen Zeit bestanden hat, wovon sich indess in den Homerischen Gedichten keine Spur findet. — O. Jahn, Einleitung in die Vasenkunde. Besonderer Abdruck der Einleitung zur Beschreibung der Münchener Vasensammlung. München 1854. Hauptwerk über Vasenkunde. Derselbe, Über bemalte Vasen mit Goldschmuck. Leipzig 1865. 4. — C. v. Lützow, Zur Geschichte des Ornaments an den bemalten griechischen Thongefässen. München 1858. — Sam. Birch, *History of ancient pottery.* London 1858. 2 Bde. [2. A. 1. Bd. 1873. — H. Brunn, Probleme in der Geschichte der Vasenmalerei. Abh. d. bayr. Akad. Bd. XII. München 1871. — A. Flasch, Die Polychromie der griech. Vasenbilder. Würzburg 1875. — B. Stark, Die neueste Literatur der antiken Vasenkunde. 1866—1872. Heidelberger Jahrb. für Literatur 1871. nr. 1—7. Fortgesetzt in Bursian's Jahresbericht für 1873 S. 1545 ff. — A. Furtwängler, Eros in der Vasenmalerei. München 1875. — P. Knapp, Nike in der Vasenmalerei. Tübingen 1876. — G. Kieseritzky, Nike in der Vasenmalerei. Dorpat 1876. — W. Klein, Euphronios. Wien 1879. — A. Dumont u. J. Chaplain, *Les céramiques de la Grèce propre. Vases peintes et terres cuites.* I. 1. 2. Paris 1881. 1883.

Ach. Deville, *Histoire de l'art de la verrerie dans l'antiquité.* Paris 1873. — E. Péligot, *Le verre, son histoire, sa fabrication.* Paris 1876. — W. Fröhner, *La verrerie antique.* Paris 1879. fol. — Gerspach, *L'art de la verrerie.* Paris (Quantin).

Gerspach, *La Mosaique.* Paris (Quantin). — J. A. Furietti, *De musivis.* Romae 1752. — A. de Laborde, *Description de un pavimento en musayco.* Paris 1806. — L. Millin, *Description d'une Mosaique antique du Musée Pio-Clementinà. Rome* 1819. — A. Niccolini, *Quadro in musaico.* Napoli 1832; VIII. Hallisches Winckelmannsprogr. — G. P. Secchi, *Jl musaico Antoniniano.* Roma 1843. — W. Henzen, *Explicatio musivi in villa Burghesiana asservati.* Romae 1845. — S. Pieralisi, *Osservazioni sul Musaico di Palestrina.* Roma 1858. — J. N. v. Wilmowsky, Die römische Villa zu Nennig und ihr Mosaik. Bonn 1865.]

Sammelwerke. Winckelmann's Werke herausgegeben von C. L. Fernow, H. Meyer, Johannes Schulze und C. G. Siebelis. Mit Noten von Fea. Dresden 1808—1820. 8 Bde. Neue Ausgabe. Dresden 1839—1845. 2 Bde. Darin auch die Kunstgeschichte mit Verbesserungen und Nachträgen. — C. G. Heyne, Sammlung antiquarischer Aufsätze. Leipzig 1778 f. — [E. Q. Visconti, *Opere*. *Milano* 1818—1834. 18 Bde. (Dazu 1 Bd.: *Museo Chiaramonti*. *Milano* 1820 und *Florilegio Visconteo*. 3 Bde. Ebd. 1848 u. 1849.)] — G. Zoega, Abhandlungen. Herausgegeben und mit Zusätzen begleitet von Fr. Gottl. Welcker. Göttingen 1817. — D. Raoul-Rochette, *Dissertations sur différens sujets d'archéologie*. Paris 1821. 4. — J. Gurlitt, Archäologische Schriften gesammelt und mit Anmerkungen begleitet von Corn. Müller. Altona 1831. Über Gemmenkunde, Mosaik, Büsten. — J. L. Völkel, Archäologischer Nachlass. Herausgegeben von K. O. Müller. Heft 1. Göttingen 1831. — Ans. Feuerbach, Der vaticanische Apoll. Eine Reihe archäologisch-ästhet. Betrachtungen. Nürnberg 1833. 2. Aufl. Stuttgart 1855. — C. A. Böttiger, Kleine Schriften archäologischen und antiquarischen Inhalts. Herausgeg. von J. Sillig. Leipzig 1837 f. 3 Bde. — Hyperboreisch-römische Studien für Archäologie. Mit Beiträgen von K. O. Müller, Th. Panofka etc. Herausgeg. von Ed. Gerhard. Berlin 1833. 1852. 2 Bde. — L. Ross, Hellenika. Halle 1846; Archäologische Aufsätze. 1. Sammlung. Leipzig 1855. 2. Sammlung von K. Keil. 1861. — K. O. Müller, Kleine deutsche Schriften herausgegeben von E. Müller. Breslau 1847 f. 2 Bde.; [Kunstarchäologische Werke. Berlin 1873. 5 Bde.] — F. G. Welcker, Alte Denkmäler erklärt. Göttingen 1849—1864. 5 Bde. Kleine Schriften Bd. III, S. 329—533: Zur alten Kunstgeschichte. Bonn 1850. — O. Jahn, Archäologische Aufsätze. Greifswald 1845; Archäologische Beiträge. Berlin 1847. [Derselbe, Aus der Alterthumswissenschaft. Populäre Aufsätze. Bonn 1868. Darin: Die hellenische Kunst; Die Restitution verlorner Kunstwerke für die Kunstgeschichte; Die alte Kunst und die Mode; Die Polychromie der alten Sculptur; Der Apoll von Belvedere; Höfische Kunst und Poesie unter Augustus; Die griechischen bemalten Vasen.] — H. K. E. Köhler, Gesammelte Schriften. Im Auftrage der kaiserl. Akad. der Wissenschaften herausgeg. von L. Stephani. Petersburg 1850—53. 6 Bde. — B. Borghesi, *Oeuvres complètes*. Paris 1862—[1884]. Bd. 1—9. — [E. Gerhard, Gesammelte akademische Abhandlungen und kleine Schriften. Berlin 1866. 1868. 2 Bde. nebst einem Band Abbildungen. — E. Vinet, *L'art et l'archéologie*. Paris 1874; *Bibliographie des beaux arts*. Paris 1874. — G. Kinkel, Mosaik zur Kunstgeschichte. Berlin 1876. — E. Beulé, *Fouilles et découvertes résumées et discutées en vue de l'histoire de l' art*. 2. Aufl. 2 Bde. Paris 1873. — G. Perrot, *Mémoires d'archéologie d'épigraphie et d'histoire*. Paris 1875. — W. Vischer, Kleine Schriften. Bd. 2. Archäologische und epigraphishe Schriften. Herausgeg. von A. Burckhardt. Leipzig 1878. — Ch. Newton, *Essays on art and archaeology*. London 1880. — K. B. Stark, Vorträge und Aufsätze aus dem Gebiete der Archäologie und Kunstgeschichte. Herausgeg. von G. Kinkel. Leipzig 1880. — H. Blümner, Laokoonstudien. Freiburg i. Br. 1881 f. 1. Über den Gebrauch der Allegorie in den bildenden Künsten. 2. Über den fruchtbaren Moment und das Transitorische in den bildenden Künsten. — A. de Longpérier, *Oeuvres, publiées par* G. Schlumberger. Paris 1882 f. — A. J. Letronne, *Oeuvres choisies*. 3. série. *Archéologie et philologie*. T. I. II. Paris 1883—85. — G. Semper, Kleine Schriften. Stuttgart 1884. — Hist. und philol. Aufsätze. E. Curtius gewidmet. Berlin 1884. — L. Urlichs, Beiträge

518 Zweiter Haupttheil. 2. Abschnitt. Besondere Alterthumslehre.

zur Kunstgeschichte. Leipzig 1885. — Gesammelte Studien zur Kunstgeschichte. Eine Festgabe für A. Springer. Leipzig 1885.]
Archäologische Zeitschriften. [*Monumenti antichi inediti ovvero notizie sulle antichità e belle arti di Roma* (G. A. Guattani) 1784—1789 und 1805.] — Propyläen. Tübingen 1798—1800. 3 Bde.; Kunst und Alterthum. Stuttgart 1816—1832. 6 Bde. Herausgeg. von Göthe. — Zeitschrift für Geschichte und Auslegung der alten Kunst. Herausgeg. von G. F. Welcker. Göttingen 1818. Bd. I. — Amalthea oder Museum der Kunstmythologie und bildlichen Alterthumskunde. Leipzig 1820—25. 3 Bde.; Archäologie und Kunst Bd. 1 Stck. 1. Breslau 1828. Herausgeg. von C. A. Böttiger. — Archäologisches Intelligenzblatt der Hallischen Literaturzeitung. Herausgegeben von E. Gerhard. Halle 1833—1838. — *Bulletino archeologico Napoletano.* Herausgeg. von Avellino. Rom 1843—1848. 6 Bde. *Nuova serie.* von Garucci und Minervini. Neapel 1853—1863. 8 Bde. — *Bulletino archeologico italiano.* Herausgeg. von Minervini. 1862. 1 Bd. — [*Bulletino archeologico sardo* vom Canonico G. Spano 1855—1862. 8 Bde.] — *Annali dell' instituto di corrispondenza archeologica; Bulletino dell' instituto di corrispondenza archeologica; Monumenti inediti.* Rom. Seit 1829. — *Ephemeris archaiologike:* oben S. 496. — Jahrbücher des Vereins von Alterthumsfreunden im Rheinlande. Bonn seit 1843. — Archäologische Zeitung. Berlin. Herausgegeben von E. Gerhard 1843—1867, von E. Hübner 1868—1872, von E. Curtius und R. Schöne 1873—1875, vom archäologischen Institut des deutschen Reichs seit 1876. — Berliner Winckelmannsfestprogramme seit 1841. — Hallische Winckelmannsprogramme seit 1876. — Bonner Winckelmannsprogramme 1845—1875.] — *Revue archéologique ou recueil de documents et de mémoires relatifs à l étude des monuments à la numismatique et à la philologie de l'antiquité et du moyen âge.* Herausgeg. von Rougé, Longpérier, de Saulcy, Maury etc. Paris. Gegründet 1844. *Troisième Série* seit 1883 von Al. Bertrand und G. Perrot. — *Compte-Rendu de la commission impériale archéologique.* Petersburg seit 1859. — [*Giornale degli scavi di Pompei.* Neapel seit 1868. — *Bulletino della commissione archeologica municipale.* Rom seit 1872. — *Notizie degli scavi di antichità communicate alla r. accademia dei Lincei.* Roma seit 1876. — *Atti della società di archeologia e belle arti per la provincia di Torino* seit 1875. — *Museo italiano di antichità classica* seit 1884. — *Monuments grecs publiés par l'association pour l'encouragement des études grecs.* Paris seit 1872. — *Gazette archéologique.* Herausgegeben von de Witte und Lenormant. Paris seit 1875 (vom 8. Bande an auch Mittelalter). — Mittheilungen des deutschen archäologischen Instituts in Athen. Berlin seit 1875. — Archäologisch-epigraphische Mittheilungen aus Österreich. Herausgeg. von (A. Conze), O. Benndorf und O. Hirschfeld. Wien seit 1877. — *Bulletin de correspondence hellénique* herausgeg. von der *école francaise d'Athènes* seit 1877. — *Bibliothèque des écoles francaises d'Athènes et de Rome (format grand* in 8°) seit 1877. Nicht ausschliesslich dem Alterthum gewidmet.] — Numismatische Zeitschriften s. oben S. 389 f., archäologische Zeitschriften für die Antiquitäten einzelner Länder und Gegenden s. in der zu Bursian's Jahresbericht gehörenden *Bibliotheca philologica.* Viele Mittheilungen aus dem Gebiet der Kunst-

archäologie finden sich in den oben S. 254 angeführten allgemeinen philologischen Journalen.]

Eine Übersicht der zahlreichen Specialschriften aus dem Gebiet der Kunstarchäologie bis 1852 findet man in O. Müller's Handbuch nebst den Ergänzungen von B. Stark. Für die spätern Jahre s. Stark im Philologus Bd. 14 (1859), 16 (1861), 21 (1864), [in Bursian's Jahresbericht für 1873 und in Stark's Handbuch der Archäologie der Kunst. Leipzig 1880; siehe ferner Bursian in den N. Jahrb. f. Philol. Bd. 73 (1856), 77 (1858), 87 (1863) und dessen Jahresbericht, sowie die Jahresberichte von Gerhard u. A. in der Archäol. Zeitung.]*)

B. Künste der Bewegung.

a. Gymnastik.

§ 75. 1. Die Anfänge der Gymnastik sind einerseits die spielenden Leibesbewegungen, in denen sich der natürliche Thätigkeitstrieb äussert, andererseits die bei den arischen Völkern uralten Leibesübungen im Dienste der Praxis, besonders für den Kriegsdienst. Die griechische Gymnastik hat stets einen praktischen Charakter behalten; sie war hauptsächlich pädagogisch und diätetisch (s. oben S. 417 f.). Zur Kunst wurde sie dadurch, dass in den gymnischen Festspielen die Darstellung der schön geregelten Leibeskräfte zum höchsten Zweck wurde. Die Agonistik stellte die an sich dem Bedürfniss dienenden Bewegungen so zur Schau, dass sich darin die völlige Beherrschung des Leibes und die Bedeutung der in ihm wirkenden natürlichen Kräfte aussprach, wie sich in der Baukunst die Bedeutung der Structur ausspricht. Das Wesen der Kunst ist also auch hier die symbolische Anschauung, die ebenfalls erst durch die religiöse Weihe ganz ins Ideale erhoben wurde. Der Siegeskranz und der Palmzweig bezeichnete symbolisch die Blüthe der sich im Wettkampf beeifernden Kräfte als geweihtes Eigenthum der Gottheit, so dass auch hier das Schöne als das Göttliche anerkannt wurde.**) Indem nun die Palästra und das Gymnasium

---

*) **Zur Geschichte der bildenden Künste:** *De litterarum et artium cognatione.* Rede von 1830. Kl. Schr. I, S. 174—184. — Über den Parthenon *Corp. Inscr.* I, S. 176 ff. und Staatshaushalt. der Ath. Buch III, Kap. 20. Beilagen X, XII—XIV. — Über das Erechtheion *Corp. Inscr.* I, Nr. 160. — Über den Panathenäischen Peplos der Athena in *Graecae tragoediae princip.* Cap. 15. — *De vasis Etruscis falso Panathenaicis.* Lektionskat. 1831/32. Kl. Schr. IV, S. 350—361.

**) Über die Palme als Siegeszeichen s. *Fragmenta Pindari* S. 578. Über Preise überhaupt Staatsh. d. Ath. I, S. 300.

als Übungsstätten für die Agonen galten, wurde auch die pädagogische, ja selbst die militärische Gymnastik zur Kunst veredelt.
2. Die gymnischen Spiele bestanden in Lauf (δρόμος), Sprung (ἅλμα), Faustkampf (πυγμή), Ringen (πάλη), Speerwerfen (ἀκόντιον), Diskoswerfen (δισκοβολία). Hierzu trat die militärische Gymnastik (ὁπλομαχία, und als Abart derselben der Kampf mit hölzernen Waffen σκιαμαχία). Auch militärische Manöver zur See (ναυμαχίαι) wurden zur Verherrlichung der Feste aufgeführt. Der Lauf ist die älteste und angesehenste Form der Festspiele, weshalb auch die Olympiaden nach dem Sieger im Wettrennen benannt wurden.*) Die einfachste Art des Rennens war das στάδιον, wobei die Rennbahn nur einmal von Anfang bis zu Ende durchlaufen wurde; der δίαυλος hatte die doppelte Rennweite, indem man am Ende der Bahn umwandte und zum Anfang zurückkehrte. Noch grösser war die Weite beim δόλιχος (Dauerlauf); das Maass desselben wird verschieden angegeben, wahrscheinlich weil in den Angaben abgesehen von falschen Lesarten der δόλιχος mit dem δόλιχος ἵππιος, der ebenfalls ein Fussrennen war, vermengt wird. Für jenen scheint die Weite 7, für diesen 24 Stadien betragen zu haben.**) Die Pferderennen, besonders an den grossen Nationalspielen, bedingten einen sehr bedeutenden Aufwand, so dass sich an denselben nur Fürsten und die reichsten Bürger betheiligten.***) Ausser dem Wettreiten (κέλητι) fanden Wagenrennen mit dem Zweigespann (συνωρίδι) oder dem Viergespann (ἵπποις oder ἅρματι) Statt. In der Zeit von Ol. 70—84 wurden statt der Pferde auch Zweigespanne von Maulthieren zugelassen (ἀπήνῃ oder ὀχήματι).†) Übrigens waren die Rennen im Hippodrom wagehalsig und gefährlich.††) Eine besondere Art des Laufes war der Fackellauf (λαμπαδηδρομία), der besonders an den Festen der Licht- und Feuergottheiten des Nachts gehalten wurde; es kam bei demselben darauf an im schnellsten Rennen die Wachsfackel nicht ausgehen zu lassen. Gewöhnlich fand dieses Rennen zu Fuss Statt; in Athen wurde es in Sokrates Zeiten zum ersten Male zu Pferde gehalten.†††) Eine

---

*) Vergl. *Explicationes Pindari* S. 202. Staatsh. d. Ath. I, S. 612 A.
**) Über den δρόμος ἵππιος und ἐφίππιος als Fussrennen vergl. Kl. Schr. VI, S. 393 f. *Corp. Inscr.* nr. 1515.
***) S. *Fragm. Pindari* S. 558.
†) Vergl. *Explicationes Pindari* S. 141. *Scholia Pindari* S. 118.
††) Vergl. *Explicationes Pindari* S. 155.
†††) Staatsh. d. Ath. I, S. 612 ff. [N. Wecklein, Hermes VII, S. 437 ff.]

sehr alte Art des δρόμος war der δρόμος ὁπλίτης, der gewöhnlich ein δίαυλος war;*) in die Olympischen und Pythischen Spiele wurde er indess erst um die Zeit der Perserkriege aufgenommen, als man auf die militärischen Leibesübungen besondern Werth legte. Ausser diesem Lauf, welcher nur von Männern ausgeführt wurde, zerfielen die eigentlichen gymnischen Spiele in Abtheilungen nach den Altersklassen. Man unterschied eine Abtheilung für Männer (ἀνδράσι) und für Knaben (παισίν); hierzu kam häufig eine mittlere Abtheilung (ἀγενείοις); auch wurden die Knaben noch in mehrere Altersklassen geschieden, die bei einigen Übungen wieder zusammenwirkten (διὰ πάντων).**) Auch beim Wagenrennen unterschied man einen Agon mit ausgewachsenen Thieren (συνωρίδι oder ἅρματι τελείων) und mit Füllen (συνωρίδι oder ἅρματι πώλων).

Die einzelnen Formen der Spiele wurden z. Th. mit einander verbunden; dies geschah im Pankration und Pentathlon. Das Pankration ist eine kunstvolle Verbindung des Ring- und Faustkampfes, also der beiden Formen, wo der Wettstreit als directer Kampf erscheint (vergl. oben S. 230). Beim gewöhnlichen Faustkampf bedienten sich die Kämpfer des Cästus (μύρμηξ). Dieser bestand bei den Übungen der Palästra aus weichen Riemen (μειλίχαι), die um Hand und Vorderarm gewickelt wurden, beim eigentlichen Agon aber aus scharfen Riemen (ἱμάντες ὀξεῖς). Diese hatten Kugeln (σφαῖραι) mit einer Ligatur überzogen (ἐπίσφαιρον), wodurch sie fester in der Hand sassen und der Schlag gemildert wurde. Man schützte die Ohren durch eherne gefütterte Klappen (ἀμφωτίδες); doch werden eifrige Faustkämpfer τὰ ὦτα κατεαγότες genannt (s. Platon Gorgias 515E, Protag. 342B) und dies wird auch an Bildsäulen, z. B. des Herakles und Pollux dargestellt; in den heiligen Spielen trug man schwerlich Ohrenklappen. Beim Pankration wurde der Faustkampf ohne Cästus geführt, weil man mit diesem nicht hätte ringen können. Ausgeschlossen war der Faustkampf beim Pentathlon, welches aus einer systematischen Aufeinanderfolge der übrigen gymnischen Übungen bestand, so dass aus dem Gesammtagon Einer als Sieger hervorging. Simonides hat in einem Epigramm die Theile des Pentathlon zusammengestellt:

---

*) S. *Explicationes Pindari* S. 342.
**) Vergl. *C. I.* I, nr. 232.

Ἴσθμια καὶ Πυθοῖ Διοφῶν ὁ Φίλωνος ἐνίκα
ἅλμα, ποδωκείην, δίσκον, ἄκοντα, πάλην.

In andern Überlieferungen ist die Reihenfolge eine andere; doch begann der Agon sicher stets mit dem Sprung und endete mit dem Ringkampf.*) Der Sprung mit Hanteln (ἁλτῆρες), das Diskos- und Speerwerfen kamen bei den heiligen Spielen nur als Theile des Pentathlon vor. Für dasselbe wurde als erste Bedingung eine grosse Leistung im Weitsprung verlangt; der Krotoniat Phayllos sprang 55 Fuss weit. (Vergl. L. Dissen in den *Explicationes Pindari* S. 397.)

3. Man kann die Gymnastik nicht als eine Erfindung der Griechen ansehen. Die Ägypter waren darin wohlerfahren, und den Persern fehlte sie nicht. Aber Kunst und System brachten die Hellenen hinein. Schon in der Homerischen Zeit wurden alle gymnischen Spiele mit Eifer betrieben; die Einrichtung des Pentathlon führt die Sage auf Iason und Peleus zurück. Maassgebend für ganz Griechenland wurde nach der dorischen Wanderung die Kampfordnung der Olympischen Spiele. In der für die einzelnen Gattungen des Agons bestehenden Ordnung liegt der Stil der gymnischen Kunst, der ebenfalls nach den Nationalstämmen und den Zeitaltern merkliche Unterschiede zeigt. Die alte zuerst zur Blüthe gelangende kriegerische Gymnastik der Dorer (s. oben S. 484), bei der die Darstellung der Kraft die Hauptsache war, wurde durch die Athener zur Eurythmie ausgebildet, worin Kraft und Anmuth der Bewegungen vereint waren. In der makedonischen Zeit artete die Agonistik, während die Zucht der Gymnasien verfiel, in eine übertriebene berufsmässige Athletik aus, welche mit den Leistungen unserer Kunstreiter und Akrobaten zu vergleichen ist. Aber auch bei den umherziehenden Athletengesellschaften blieb die Kunst in Verbindung mit dem Cultus; sie nannten sich „heilige Synoden" (ἱεραὶ σύνοδοι).**) Nur die athletische Ausartung der gymnischen Spiele fand bei den Römern Anklang (s. oben S. 420). In Rom wurde von Anfang an nur die Hoplomachie von freien Bürgern ausgeübt, wie in den *ludi sevirales* und dem *ludus Troiae*; bei den circensischen Wagenrennen und bei allen übrigen Spielen traten nur unfreie

---

*) Vergl. *Notae critic. ad Pindar.* S. 542. *Explicationes Pindari* S. 434. Kl. Schr. V, 388 ff.

**) Vergl. *Corp. Inscr.* nr. 349.

oder bezahlte Athleten auf. Das Spiel wurde seit dem Verfall der Republik immer mehr zu einem Bild des Parteikampfes und artete allmählich zur Wuth aus; hier musste alle edlere Kunst erstickt werden; die griechische Athletik wurde in der Kaiserzeit ins Maasslose getrieben.*) Den schärfsten Contrast zu der humanen griechischen Gymnastik bilden die römischen Spiele durch die blutgierigen Gladiatoren- und Thierkämpfe (s. oben S. 443 f.). Die Griechen kannten in alter Zeit nur Thierkämpfe unschuldigerer Art, wie Hahnen- und Wachtelkämpfe**) (s. H. K. E. Köhler, *l'Alectryonophore*. Petersburg 1835. 4. *Mémoires de l'acad. imp.* Série VI. T. III. (1836) S. 35 ff.). Auch gelang es den Römern nur mit grosser Mühe in ächt griechischen Städten die Spiele des Amphitheaters einzubürgern. Ein Amphitheater selbst hat in Hellas nur das römische Corinth gebaut; aber als die rohe Menge Geschmack an den grausamen Belustigungen fand, wurden selbst zu Athen im Theater die Kämpfe der μονομάχοι und im Stadion Thierhetzen aufgeführt.

b. Orchestik.

§ 76. 1. Der Form nach ist die Orchestik eine verfeinerte Gymnastik, wobei die Gewandtheit der Bewegungen den Gesetzen des Rhythmos unterworfen ist. Die Elemente der Körperbewegung (cημεῖα, φοραί), wie das Aufheben und Niedersetzen der Füsse, verknüpfen sich zu Figuren (cχήματα); diese sind das Material des Rhythmos (τὸ ῥυθμιζόμενον): der Rhythmos selbst ist das schöne Verhältniss der Zeittheile, welche durch die cημεῖα gebildet werden und entsteht dadurch, dass in den Zeitmaassen der Arsis und Thesis die Einheit des Mannigfaltigen nicht logisch erkennbar, sondern anschaulich auffassbar in die Erscheinung tritt.***) Die Tanzfiguren als Complexe der einfachen Bewegungen erzeugen aber zugleich Körperstellungen gleichsam als räumliche Erscheinungsformen des Rhythmos; diese treten in den Momenten der Ruhe, durch welche sich die Tanzfiguren gliedern, plastisch hervor. Die Griechen haben auch die Schönheit der Form in der Plastik selbst als Eurythmie bezeichnet, da die Plastik den Körper oder Gruppen von Körpern in solchen Stellungen wiederzugeben hat, wie sie durch die Eurythmie der

---

*) Vergl. *Corp. Inscr.* nr. 27.
**) Vergl. *Explic. Pindari* S. 210.
***) S. *De metris Pindari* S. 5. 9. 12. 15.

Bewegungen erzeugt werden.*) Diese erscheint in einer grossen Mannigfaltigkeit von rhythmischen Formen, die sich indess aus den einfachsten Elementen mit wissenschaftlicher Strenge entwickeln lassen. Bei den Griechen war die Orchestik in der That nicht bloss praktisch, sondern auch theoretisch bis ins Feinste ausgebildet.

2. Eurythmie der Körperbewegungen muss auch bei der Gymnastik herrschen, deren Übungen bereits im Alterthum z. Th. vollkommen taktmässig, häufig mit Musikbegleitung ausgeführt wurden. Die Orchestik unterscheidet sich aber von der Gymnastik durch das mimische Element. Die Tanzfiguren drücken Gemüthsstimmungen und Affecte (ἤθη καὶ πάθη) aus; bei der ausgebildeten Orchestik werden ausserdem durch Gesticulation (χειρονομία, δεῖξις) die Gegenstände bezeichnet, auf die sich jene innern Vorgänge beziehen und es entsteht so die mimische Darstellung einer Handlung. Diese Darstellung war in der Orchestik der Griechen sicher ebenso vollkommen wie die Gebilde ihrer Plastik; denn das plastische Kunstwerk hält einen Moment eines Lebensvorganges fest, welchen die Orchestik in seinem Verlauf vorführt. Die griechische Plastik hat auch häufig orchestische Aufführungen zu Mustern gehabt.

3. Der Tanz hat seinen Ursprung in den rhythmischen Bewegungen, in denen sich das gehobene Lebensgefühl von Natur zu äussern strebt. Aber da er sich hierbei schon in der Urzeit des Menschengeschlechts mit dem Gesang verband, trat er mit diesem als körperlicher Ausdruck des Enthusiasmus in den Dienst des Cultus. Bei den Griechen bildete sich der kunstmässige Tanz durchweg als öffentliche Schaustellung bei religiösen Festen aus, und es war für Niemand schimpflich dabei aufzutreten, sogar nackt, wenn es der Cultus erforderte. Die Mannigfaltigkeit der Culte brachte zunächst eine Menge mannigfaltiger Gattungen hervor: jede Gottheit hatte fast ihren eigenen Tanz. Ferner differenzirten sich die Formen durch die Trennung der Geschlechter und Alter, indem die Tänze von Knaben, von Jungfrauen oder von Männern aufgeführt wurden. Nur selten, wie beim delischen γέρανος und bei den ὅρμοι tanzten Knaben und Mädchen in einem Chor: sonst fand eine Verbindung der Geschlechter meist nur in der Form von Wechselchören Statt (vergl. Horaz,

---

*) *De metris Pindari* S. 6.

Carmen saec. 6 und 34.); ähnlich war das Verhältniss beim dramatischen Tanz, wo doch Frauenchöre durch maskirte Männer dargestellt wurden.*) Vermöge der Verbindung des Tanzes mit der Dichtung musste sich der Charakter der Orchestik nach den Dichtungsarten richten. Nach den Stilunterschieden der lyrischen und dramatischen Poësie gab es demgemäss sechs Hauptgattungen des Tanzes:

a) lyrisch: γυμνοπαιδική, πυρρίχη, ὑπορχηματική;
b) dramatisch: ἐμμέλεια, cίκιννιc, κόρδαξ.

Die ἐμμέλεια, der tragische Tanz, und die entsprechende γυμνοπαιδική waren langsam, ernst und feierlich, der κόρδαξ, der Tanz der Komödie, sowie die ὑπορχηματική leicht, schnell und heiter, die satyrische cίκιννιc und die rasche πυρρίχη hielten die Mitte zwischen den Extremen des Ernstes und der Heiterkeit. Die angegebenen Hauptgattungen sonderten sich natürlich in eine Menge Unterarten. Der Gattungsstil bildete sich aber beim Tanz aus dem Nationalstil hervor; denn die Orchestik geht von Nationaltänzen aus. Die hyporchematische Weise, bei welcher neben dem Chortanz noch Einzelne eine meist komische Scene mimisch darstellten, war ohne Zweifel wie der Kordax ionisch. Die Gymnopädie ist dorisch und wurde mit Vorliebe in Sparta aufgeführt. Ebenso ist die Pyrrhiche dorisch, ursprünglich kretisch. Sie wurde z. Th. mit Waffen getanzt; denn die Dorer sahen in der Orchestik eine spielende Vorbereitung zum Kriege wegen der Gelenkigkeit, die sie dem Körper giebt. (Vgl. Athenaeos XIV, S. 630 ff.). Doch verschmähten selbst die Spartaner keineswegs die innerhalb der dorischen Einfachheit bleibende derb-komische Orchestik, wie sie von den Deikelisten ausgeübt wurde (Athenaeos XIV, S. 621). Daher war der hyporchematische Tanz auch in Kreta und Sparta beliebt und die kretische Form desselben wurde die allgemein herrschende.**) Überhaupt fanden natürlich die verschiedenen Nationaltänze frühzeitig eine weitere Verbreitung, insofern dies die Verschiedenheit der Stammcharaktere gestattete. Die meisten ionischen Tänze und ebenso die äolischen mussten wegen ihrer Weichlichkeit und Frechheit den Dorern zuwider sein; ein Kordax wäre in Sparta auf keinen Fall geduldet worden. In Athen wurden die dorischen und ionischen Tanzweisen

---

*) Vergl. *Graec. trag. princip.* S. 69 ff.
**) *De metris Pindari* 201. *Fragmenta Pindari* S. 596.

durch das Drama vervollkommnet: man unterschied besondere Ἀττικὰ cχήματα. In der makedonischen Zeit wurde die Orchestik von gewerbsmässigen Ballettänzern zur Virtuosität ausgebildet.*)

Die Römer hatten seit den frühesten Zeiten religiöse Tänze mit Flötenbegleitung, wie die *tripudia Saliorum;* doch blieben dieselben roh und kunstlos. Mit dem griechischen Ritus wurden griechische Tänze eingeführt, und besonders gepflegt wurde die entartete griechische Orchestik auf der römischen Bühne. Zu Cicero's Zeit galt der Tanz noch für eine von freien Bürgern nicht zu erlernende Kunst; indess wurden mit der steigenden Sittenverderbniss gerade die verrufensten griechischen Tänze auch als Privatbelustigungen beliebt. So klagt Horaz: *Motus doceri gaudet Ionicos matura virgo* (Od. III, 6. 21.). Privatbälle nach moderner Art waren auch in der römischen Kaiserzeit nicht Sitte. Diese Verbindung der beiden Geschlechter im Tanz ist erkennbar eine Erscheinung der neueren Zeit, gegründet auf die Hebung des weiblichen Geschlechts und den galanten Geist des Ritterthums im Mittelalter.

c. Musik.

§ 77. 1. Wenn auch zugegeben werden muss, dass die Alten wegen des vorwiegend plastischen Charakters ihrer gesammten Kunst die Musik wie die Malerei einseitig ausgebildet haben (s. oben S. 275), so haben sie doch auch in der Musik Ausgezeichnetes geleistet. Sie gehörte zu den hochgeschätztesten Künsten, und schon hieraus folgt wie bei der Malerei (s. oben S. 486), dass sie ausserordentlich entwickelt sein musste, da die Griechen in keiner Kunst Pfuschereien bewundern konnten. Ferner bedingte die hohe Vollendung der Rhythmik, wie sie uns in der griechischen Poësie entgegentritt, eine entsprechende Vollendung der Musik. Diese war lange unzertrennlich mit der Poësie verbunden. Die epische Dichtung ist von Aöden geschaffen und wurde erst in der nachhomerischen Zeit von den Rhapsoden ohne Musikbegleitung vorgetragen. Die Dichter der lyrischen und dramatischen Poësie waren zugleich Componisten. Daher ist der Gattungscharakter der Musik durchaus abhängig von dem der Poësie und ihre Arten entsprechen den Arten der Lyrik und des Dramas. Allerdings trennte sich bereits im 7. und 6. Jahrh. von der Vocalmusik die reine Instrumentalmusik

---

*) Vergl. *De metris Pindari* S. 269 ff.

(ψιλὴ μουcική); allein sie wurde bei Weitem seltener angewandt und ihr Stil schloss sich an die Formen an, welche durch die Gattungen des Gesanges ausgebildet waren. Erst gegen den Anfang des 4. Jahrh. wurde sie selbständiger, vermochte sich jedoch, da zu jener Zeit bereits der Verfall der Kunst begann, nicht zu einer klassischen Form zu entwickeln. Die Unterschiede des nationalen Stils haben zwar ihre Wurzeln schon in der vorhomerischen Zeit, bildeten sich aber besonders mit der Lyrik aus, welche die den Nationalstämmen eigene poëtische Stimmung am reinsten wiedergab. Da die Musik ihren Mittelpunkt im Cultus, vor Allem in dem musischen Agon hatte, bewahrte sie gleich der Plastik lange einen alterthümlichen Stil, namentlich bei den Dorern, welche auch aus pädagogischen Gründen die freie Entwicklung der Kunst durch Musikgesetze und eine Art Musikpolizei beschränkten. Am meisten tritt dies bei den Spartanern hervor, die trotz ihres vorwiegend kriegerischen Sinnes durchaus nicht unmusikalisch waren. Es bestand in Sparta eine eigene Musikconstitution, die zuerst von Terpander aus Lesbos*) (645 v. Chr.) begründet und bald darauf von Thaletas aus Kreta u. A. vervollkommnet war. Platon, der in seiner Ansicht über die Musik sich den Pythagoreern anschliesst, befürwortet den dorischen Musikbann. Überhaupt aber hatten die Alten, besonders die Philosophen, rigoristische Grundsätze in Bezug auf die Musik, weil diese als Hauptmittel der gesammten musischen Bildung von hoher politischer Bedeutung war (s. oben S. 416 ff.). Man mass ihr den grössten Einfluss auf die Sitten bei und unterwarf sie deshalb einer öffentlichen Disciplin; sie sollte die Gemüther sänftigen und zugleich stärken; daher sollten alle aufregenden, lüsternen und verweichlichenden Melodien von der Jugendbildung ausgeschlossen werden. Der Staat wandte der Musik dieselbe Aufmerksamkeit zu, wie in der Neuzeit der Presse. Als man darin nachliess, verfiel mit der musikalischen Jugendbildung auch die Kunst selbst. Die grössten Neuerungen in der Musik kamen zu Athen im Zeitalter des Sokrates und Platon auf. Es ist kaum zu bezweifeln, dass sich damals die Kunst in der musikalischen Tiefe und Freiheit des Dithyrambos dem Charakter der modernen Musik näherte; die Productionen der hochberühmten Meister dieser Zeit, namentlich des Timo-

---

*) *Corp. Inscr.* II, 316.

theos*) aus Milet müssen reizend und genial gewesen sein. Aber die Kenner sahen darin einen Verfall der Kunst. Nach Aristophanes, der gegen die neue Richtung heftig eiferte, haben die Begründer derselben οἱ κυκλίων χορῶν ἀϲματοκάμπται (Wolken 333) die alte Einfachheit verschnörkelt. Dazu kam, dass diese Musik durch schlüpfrige Melodien und üppige Darstellungen um die Gunst der Menge buhlte und so in der That schnell entartete. Charakteristisch ist, dass die Spartaner die Neuerungen des Timotheos nicht zuliessen, wenn auch das Decret der Ephoren gegen denselben, welches sich bei Boethius *de musica* findet, untergeschoben ist.**)

Von geringer Bedeutung war die Musik für das Culturleben der Römer. Die alte römische Musik, wie sie von der Handwerkszunft der *tibicines* geübt wurde, kann man kaum als Kunst ansehen. Aber auch als sich die römische Dichtung nach dem Muster der griechischen bildete, nahm die zugleich eingeführte griechische Musik keinen national-römischen Charakter an. Es fehlte dem Volke die Gesangeslust; die lyrische Dichtung hatte erst eine künstliche Nachblüthe nach der dramatischen. Die Musik blieb in den Händen griechischer Componisten und wurde von griechischen Musikern ausgeführt; die Vornehmen hielten Chöre und Kapellen von griechischen Musiksklaven (s. oben S. 291). Aber die Kunst wurde durch den rohen Geschmack der Römer herabgedrückt, und als sie in der Kaiserzeit zum Gegenstand der Jugendbildung wurde, war sie besonders durch den Einfluss des Theaters bereits völlig entsittlicht (s. oben S. 420).

2. Bei der Musik tritt der ethische Charakter der Kunst in vorzüglichem Grade hervor, weil sie nur die Darstellung innerer Gemüthsbewegungen zum Gegenstand hat und vermittelst dieser Darstellung entsprechende Gefühle hervorruft.***) Die Alten unterschieden die Musik nach ihrem ethischen Charakter in drei Hauptgattungen: die diastaltische, systaltische und hesychiastische Musik. Die diastaltische drückt das kräftig angespannte und gehobene, die systaltische das niedergedrückte und erschlaffte, die hesychiastische das in ruhigem Gleichgewicht befindliche Gefühl aus: die erste erhebt, die zweite erweicht und rührt, die

---

*) *Corp. Inscr.* II, S. 343.
**) *De metris Pindari* S. 273. 280.
***) Ebenda S. 6.

III. Cultus und Kunst. 2. B. Bewegungskünste. c. Musik.

dritte sänftigt das Gemüth.*) Eine plastische Klarheit des Ausdrucks gewann die alte Musik durch den engen Anschluss an das dichterische Wort. Sie versuchte sich indess auch bereits in einer Art Tonmalerei, besonders seitdem die Instrumentalmusik selbständiger wurde. So stellte der von Timosthenes, einem Nauarchen des Königs Ptolemäos II. componirte Νόμος πυθικός in fünf Sätzen durch blosse Instrumentalmusik den Kampf Apollon's mit dem Drachen dar.**)

3. Die Musik hat die einfachsten Zeitverhältnisse zum Darstellungsmittel wie die Baukunst, die „gefrorene Musik"***) die einfachsten Raumverhältnisse, und ist wegen der mathematischen Regelmässigkeit ihrer Form zuerst von allen Künsten theoretisch begründet worden.†) Die von Pythagoras ausgehende rein mathematische Theorie wurde in der Pythagoreischen und Platonischen Philosophenschule, eine mehr empirische in den Musikschulen ausgebildet. Aristoxenos, der Schüler des Aristoteles, stellte zuerst ein jene beiden Richtungen vermittelndes System auf, welches von spätern Theoretikern fortentwickelt und von dem Astronomen Ptolemäos total umgestaltet wurde.††) Die erste Erfindung der Notenschrift wird dem Terpander zugeschrieben; vervollkommnet wurde sie wahrscheinlich durch Pythagoras und Damon. In dem uns erhaltenen, vollständig ausgebildeten System sind die Noten für den Gesang und für die Instrumentalmusik verschieden; es ist etwas complicirter als unsere Bezeichnungsweise, konnte aber sehr wohl von Knaben in einigen Monaten gelernt werden.†††) Die alten Theoretiker unterscheiden drei Theile der Musik im engern Sinn: die Organik, Harmonik und Rhythmik. Die Organik handelt von den Werkzeugen, durch welche der Ton hervorgebracht wird; die Harmonik betrachtet die Tonverhältnisse der intensiven Grösse nach, d. h. nach der Höhe und Tiefe; die Rhythmik bestimmt die Verhältnisse der Töne nach ihrer extensiven Grösse, d. h. nach der Länge und Kürze ihrer Zeitdauer. Nach allen diesen wesentlichen Momenten vermögen wir die charakteristische Eigenthümlichkeit der alten Musik im Vergleich mit der modernen nachzuweisen.

Die Alten hatten viele Arten von Blasinstrumenten (αὐλοί) und eine zahllose Menge mannigfaltiger Saiteninstrumente, deren

---

*) *De metris Pindari* S. 250 ff. **) Ebenda S. 182. ***) Vergl. *Fragm. Pindari* S. 596. †) Vergl. *De metris Pindari* S. 2. ††) S. Kl. Schr. III, S. 138, 143 f. ††† *De metris Pindari* S. 246.

Hauptformen die κιθάρα (in der älteren Sprache φόρμιγξ),*) die λύρα und das harfenartige τρίγωνον sind. Die Kithara und Lyra hatte anfänglich nur 4 Saiten (τετράχορδον), später 7 (ἑπτάχορδον), endlich 8 (ὀκτάχορδον). Es gab indess daneben mehrsaitige Instrumente (πολύχορδα), besonders τρίγωνα. Das Epigonion hatte 40 Saiten, die Magadis des Anakreon 20. Die Saiteninstrumente wurden ursprünglich mit der blossen Hand gespielt; das Plektron soll zuerst Sappho angewandt haben; Streichinstrumente kannte man im Alterthum nicht. Die gewöhnlichste Form der Blasinstrumente war die Langflöte oder Klarinette (αὐλός im engern Sinn); in der Regel spielte ein Musiker zwei solcher Instrumente zugleich, eine Bassflöte *(tibiae sinistrae)* und eine Discantflöte *(tibiae dextrae)*.**) Seltner wandte man die Querflöte (πλαγίαυλος) an; Blechinstrumente (ϲάλπιγγεϲ) nebst Cymbeln und Trommeln kamen nur bei der Militärmusik und bei orgiastischen Culten zur Anwendung. Ein besonders künstliches Instrument war die von Ktesibios erfundene Wasserorgel (ὕδραυλος). Bei der grossen Mannigfaltigkeit der antiken Instrumente war die alte Instrumentalmusik höchst einfach. In der ursprünglichen Verbindung mit dem Gesange wurden zunächst die beiden Hauptgattungen der Instrumente selten zugleich angewandt (ἔναυλος κιθάριϲιϲ). Aber auch dann war wie bei der gewöhnlichen Aulodik und Kitharodik der Gesang das vorherrschende und leitende Element, dem die Instrumente streng untergeordnet waren.***) Auch die reine Instrumentalmusik wurde ursprünglich nur mit einer Gattung von Instrumenten ausgeführt, und zwar begründete erst Aristonikos aus Argos, ein Zeitgenosse des Archilochos die ψιλὴ κιθάριϲιϲ; älter war die ψιλὴ αὔληϲιϲ, welche Sakadas (c. 586) in den Pythischen Agon einführte.†) Erst als sich gegen Anfang des 4. Jahrh. die Kunst dem modernen Charakter näherte, kamen grosse Concerte mit gemischten Instrumenten auf; doch erblickten die Musikkenner gerade darin eine Verderbniss der alten Kunst; Platon vergleicht solche Aufführungen mit einem wilden thierischen Durcheinanderschreien. ††)

---

*) *De metris Pindari* S. 260.
**) S. Kl. Schr. VII, S. 163 ff.
***) *De metris Pindari* S. 258.
†) Ebenda S. 258, wo statt *Aristonicus Chius* zu lesen ist: *Aristonicus Argivus*.
††) Ebenda S. 253.

III. Cultus und Kunst. 2. B. Bewegungskünste. c. Musik. 531

In der That ist im Alterthum eine wirklich kunstmässige polyphone Musik nicht entstanden, da die Alten den Contrapunkt nicht kannten. Auch die Gesangchöre waren nicht vielstimmig, sondern sangen entweder auf demselben Ton oder nur in der Octave zusammen. In jedem Musikstück mussten hiernach in Folge der einfachen Klangwirkung die einzelnen Tonverhältnisse scharf und kräftig hervortreten und bei der grossen Mannigfaltigkeit der Musikgattungen wirkte jede einzelne Production gerade wegen ihrer Einfachheit um so stärker. Erhöht wurde diese Wirkung durch die überwiegende Sinnlichkeit der alten Völker; sie waren reizbarer für sinnliche Eindrücke und ihre Sinne schärfer und gebildeter. Daher wurden die ethischen Charaktere der Musikgattungen besonders fein ausgeprägt und die Instrumente denselben angepasst. Den Saiteninstrumenten schrieb man eine beruhigende, den Blasinstrumenten eine aufregende Wirkung zu und durch die mannigfachen Arten der Instrumente wurde diese Wirkung auf das Mannigfachste modificirt. Wie die Ausübung der antiken Musik war, können wir nur vermuthen. Die Alten waren in allem Technischen ausgezeichnet; und dass dies auch für die Musik gilt, lässt sich aus der Genauigkeit ihrer Theorie schliessen. Sicher hatten sie bei der grössern Vollkommenheit ihrer physischen Natur auch bessere Stimmen als wir, und wir wissen, dass sie diese sorgfältig cultivirten. Die ungeheure Grösse ihrer Theater, die nicht einmal geschlossen waren, setzt eine gewaltige Kraft des Organs voraus. Die Instrumentalmusik wurde nach den Andeutungen, die wir darüber haben, gewiss sehr exact und gut ausgeführt; man verstand mit kleinen Mitteln Grosses zu leisten; Virtuosität war häufiger als in der neuern Zeit.

Die Harmonik der Alten zeigt wieder eine grosse Mannigfaltigkeit der einzelnen Formen. Sie hatten zunächst mehr Octavengattungen (ἁρμονίαι) im Gebrauch als die neuere Musik, nämlich sieben, d. h. soviel überhaupt möglich sind.*) Diese Octavengattungen begründen zugleich die gleichnamigen Haupttonarten. Die Tonarten (τόνοι, τρόποι) gehen ursprünglich von Nationalmelodien aus und in ihnen hat daher besonders der Charakter der griechischen Stämme einen Ausdruck gefunden: sie sind höher und tiefer je nach der Organisation der Stämme,

---

*) *De metris Pindari* S. 212 ff. Kl. Schr. III, S. 157.

denen sie ihren Ursprung verdanken. Der ernste tieftönige Dorer hat die tiefe dorische Tonart erfunden; die weiche lydische liegt höher, die phrygische in der Mitte. Von diesen drei ältesten Tonarten galt die dorische als die ächt hellenische und wegen ihrer Ruhe und männlichen Kraft als die beste. Nach Terpander traten noch zwei national-griechische hinzu: die äolische und iastische;*) die erstere nennt Herakleides Pontikos (bei Athenäos XIV, 624) hochfahrend und aufgedunsen; sie war zugleich voll Gefühl und Leidenschaft; die iastische wird von allen Alten als weichlich und weibisch bezeichnet. Sie stand der lydischen am nächsten, die aber kindlich und milde war; die phrygische stimmte zur Andacht und zur Ekstase. Der ethische Charakter der Töne hängt von der Tension und dem Intervallenverhältniss ab; in den Tonarten ist ausser der Tension auch die melodische Grundlage der Intervalle verschieden.**) Da diese im dorischen und lydischen Tetrachord verkehrt gegen die Tension lagen, so ist dadurch der Widerspruch der Tension und Intervallentheilung ins ganze hellenische System gekommen und durch die Theoretiker, welche nachhalfen, völlig ausgebildet worden. Nur der Anfang war Natur, die Praxis bildete fort; die Theoretiker änderten des Systems wegen und setzten neue Formen zu. Die mixolydische und hypolydische Tonart sind so zur Vervollständigung des Systems erfunden, die erstere von Sappho, die andere von Damon. Ebenso entstand die Verschiedenheit der Skalen derselben Tonart. Man fügte zu den 7 Haupttonarten noch 8 neue hinzu, die an keine Octavengattungen gebunden waren und gebrauchte diese 15 τόνοι als Transpositionsskalen in allen Octavengattungen.***) Die 7 Octavengattungen der alten Musik erhielten sich das Mittelalter hindurch mit vertauschten Namen in den sogenannten Kirchentönen.†) Die neuere Musik beschränkt sich auf Dur und Moll, wovon jenes der lydischen, dieses der dorischen und äolischen Tonart entspricht. Die einzelnen Tonarten liessen in sich wieder die Unterschiede des diastaltischen, systaltischen und hesychiastischen Ausdrucks zu, wenn sich auch die eine mehr für diesen, die

---

*) *De metris Pindari* S. 235.
**) Ebenda S. 238 ff.
***) Kl. Schr. III, S. 157 ff. *De metris Pindari* 213 ff. 221.
†) Ebenda S. 242 ff.

III. Cultus und Kunst. 2. B. Bewegungskünste. c. Musik. 533

andere mehr für jenen Ausdruck eignete.*) Da die Musik frühzeitig mit künstlerischer Reflexion geübt wurde, so wandte man natürlich die Anfangs national geschiedenen Melodien mit freier Auswahl je nach Inhalt und Zweck des Musikstückes an. So benutzte die ionische Lyrik ausser der ionischen vorzugsweise die lydische Tonart, die äolische Dichtung neben der äolischen die phrygische, lydische und mixolydische; die dorische Poësie wandte die lydische und äolische Tonart an und in dem attischen Dithyrambos kam die phrygische zur vollen Ausbildung. Aber bei dieser freien Wahl machte sich doch wieder der Stammcharakter geltend. Bei Pindar lässt sich z. B. nachweisen, welche Epinikien der dorischen, lydischen und äolischen Tonart angehören, aber ebenso bestimmt erkennt man, wie hier das Lydische und Äolische durch den Dorismus verändert war.**) Die Tonarten konnten auch innerhalb desselben Tonstücks wechseln, wie wenn z. B. in einem Chorgesange Strophe und Antistrophe in derselben, die Epodos dagegen in einer davon verschiedenen Tonart gesetzt war. Am stärksten war dieser Wechsel im Dithyrambos.***) Die Mannigfaltigkeit der Formen wurde dadurch vermehrt, dass die Alten alle drei Klanggeschlechter: das diatonische, chromatische und enharmonische anwandten und in ihren Gattungen und Schattierungen (χρόαι) ausbildeten.†) Dass von diesen Geschlechtern das enharmonische — wie Aristoxenos behauptet — ursprünglich das herrschende gewesen, ist nicht gedenkbar ohne anzunehmen, dass es Anfangs viel einfacher gewesen ist. In der späteren sehr künstlichen Gestalt war es wegen seines anregenden und sänftigenden Charakters vor Aristoxenos bei Vielen sehr beliebt; Aristoxenos selbst erklärt es für das schönste der drei Geschlechter, bemerkt aber, dass es zu seiner Zeit bereits ganz ausser Gebrauch gekommen war. Das diatonische Geschlecht, das von grosser Kraft und Ruhe ist, hat sich von den ältesten Zeiten bis zur Gegenwart erhalten. Daneben wandten die Alten schon frühzeitig das chromatische Geschlecht an, welches weichlich und ohne Nerven war und mit unserer Chromatik nicht identisch ist.††)

---

*) *De metris Pindari* S. 251.
**) Ebenda S. 275 ff.
***) Ebenda S. 251.
†) Ebenda S. 207 ff. Kl. Schr. III, S. 149 ff.
††) *De metris Pindari* S. 250 f.

In der Mannigfaltigkeit der Tonformen tritt nun die Einfachheit besonders dadurch hervor, dass man nur wenige Intervalle als wahre Consonanzen gelten liess, nämlich die Octave (διὰ πασῶν), die Quinte (διὰ πέντε) und die Quarte (διὰ τεccάρων), andere nur unter bestimmten Restrictionen.*) Was wir Harmonie nennen, war den Alten wenig bekannt, obgleich die Grundlagen davon in ihrer cυμφωνία liegen. In unserer polyphonen Harmonie besteht hauptsächlich der romantische Charakter der modernen Musik; im Alterthum herrschte die einfache Melodie vor.**) Diese war reich und fein ausgearbeitet; es wurden darin z. B. vielfach Vierteltöne angewandt, die man im 5. Jahrh. n. Chr. bereits nicht mehr aufzufassen vermochte.

Der plastische Charakter der alten Musik beruht aber vor Allem auf der Herrschaft eines einfachen und kräftigen Rhythmos. Der musikalische Rhythmos unterscheidet sich vom orchestischen nur durch den Stoff, an dem er erscheint. Den einfachen Bewegungen und deren Figuren, welche in der Orchestik das ῥυθμιζόμενον bilden, entsprechen in der Musik die einfachen Töne (φθόγγοι) und deren Intervalle (διαcτήματα) und die Complexe von Intervallen (cυcτήματα).***) Der Fuss als Einheit der Hebung und Senkung ist eine orchestische Form, deren Bezeichnung dann auf die analogen musikalischen Taktverhältnisse übertragen ist; denn in der alten Rhythmik bezeichnet Arsis den schlechten, Thesis den guten Takttheil, was von dem sich im Takt bewegenden Fuss hergenommen ist, und erst die späteren Grammatiker haben den Sprachgebrauch umgekehrt, indem sie unter Arsis die Hebung, unter Thesis die Senkung der Stimme begriffen: diese missverständliche Ausdrucksweise ist in der Neuzeit besonders durch R. Bentley und Gottfr. Hermann allgemein gebräuchlich geworden†) Durch den Rhythmos hängt die Musik mit der Orchestik ebenso zusammen, wie die Malerei mit der Plastik durch die Zeichnung verwandt ist. Der Rhythmos ist in der Musik wie die Zeichnung in der Malerei das plastische Element, während die Verhältnisse der Tonhöhe der Farbengebung entsprechen. Daher ist es erklärlich, dass in der antiken Musik der Rhythmos, in der neuern die Harmonie das Haupt-

---

*) *De metris Pindari* S. 204 ff. Kl. Schr. III, S. 141 ff.
**) *De metris Pindari* S. 252 ff.
***) Kl. Schr. III, S. 138. 147 ff. *De metris Pindari* S. 5. 204.
†) Ebenda S. 13.

element ist.*) Während die neuere Musik bis auf Vierundsechzigstel Noten herabgeht, unterschieden die Alten, die für die Tondauer auch nur spärliche Notenzeichen anwandten, nur halbe und ganze Noten entsprechend dem Rhythmos der Sprache.**) Wenn hierdurch eine grosse Einfachheit erreicht wurde, so entstand die grösste Mannigfaltigkeit dadurch, dass alle denkbaren Rhythmengeschlechter in Gebrauch waren: das gleiche (ἴcον, *par*) oder daktylische (1 : 1), das doppelte (διπλάcιον, *duplex*) oder iambische (2 : 1), das anderthalbige (ἡμιόλιον, *sescuplex*) oder päonische (3 : 2) und das epitritische (ἐπίτριτον, *sesquitertium*, 4 : 3); das letztgenannte wurde allerdings wenig gebilligt.***) Wir wenden fast nur die beiden erstgenannten, sehr selten das anderthalbige an.†) Innerhalb dieser Geschlechter hat die antike Rhythmik eine bedeutend grössere Anzahl von mannigfachen Formen entwickelt als die moderne. Jede dieser Formen hat einen bestimmt ausgeprägten ethischen Charakter, welcher nicht bloss von den Quantitätsverhältnissen der Arsis und Thesis, sondern ausserdem von der Zahl der Einzeltöne, aus denen beide bestehen, von der auf oder absteigenden Bewegung des Rhythmos und dem Tempo abhängen.††) Diese Unterschiede entsprechen zunächst den Grundcharakteren des musikalischen Ausdrucks: die diastaltische Musik erfordert vorherrschende Kürzen, steigende Bewegung und schnelleres Tempo; die systaltische vorherrschende Längen, sinkende Bewegung und langsameres Tempo; die hesychiastische hält die Mitte zwischen diesen beiden Formen.†††) Ferner muss der Rhythmos mit der Tonart im Einklang stehen, so dass man von jenem auf diese schliessen kann.*†) Endlich aber bildet die rhythmische Form ein selbständiges dem Inhalt des Tonstücks entsprechendes Ausdrucksmittel.*††) Die Verschiedenheit des nationalen Stils zeigt sich nicht bloss in der Wahl der einzelnen rhythmischen Formen, sondern in dem ganzen Bau der Musikstücke. Bei der lyrischen Dichtung be-

---

*) *De metris Pindari* S. 203. 37 f.
**) Ebenda S. 19.
***) Ebenda S. 24 ff. Kl. Schr. IV, S. 213 ff.
†) *De metris Pindari* S. 31 ff.
††) Ebenda S. 199 f.
†††) Ebenda S. 275.
*†) Ebenda S. 276 ff.
*††) Ebenda S. 295 ff.

dingt der musikalische Gedanke den Strophenbau: die ionische Lyrik, bei welcher die musikalische Stimmung am schwächsten hervortritt, hat die kleinste Strophe, das elegische Distichon; die äolische Melik bildet grössere, aber sich wiederholende Strophenformen, innerhalb deren die Rhythmen vielfach verschlungen sind; in dem grossen Gliederbau der dorischen Gesänge mit ihren im Einzelnen einfachen Rhythmen führt der Dichter einen umfassenden musikalischen Gedanken aus: bei Pindar haben nicht zwei Gedichte dieselbe Strophenform; in dem Dithyrambos endlich sprengte die sich selbst überspringende musikalische Stimmung sogar die Fesseln der Strophenabtheilung.*) Die Mannigfaltigkeit des griechischen Rhythmos hob indess natürlich nicht das Gleichmaass desselben auf. Man hat wiederholt behauptet, die griechische Musik habe keinen Takt gehabt; dies ist aber nicht gedenkbar; es würde auch im Widerspruch mit dem ganzen Charakter des Alterthums stehen. Richtig ist nur, dass der Takt häufiger wechselte als in der modernen Musik.**)

C. Künste des poëtischen Vortrags.

a. Rhapsodik.

§ 78. Die Rhapsodik ist die Kunst des epischen Vortrags überhaupt, wie sich derselbe in den musischen Agonen ausgebildet. (Vergl. Aristoteles Rhetor. III, 1; Poëtik c. 26.) Dieser Vortrag ist naturgemäss mit geringer mimischer Aktion verbunden: die Rhapsoden deklamirten die Gedichte in der Regel in würdevoller ruhiger Haltung mit einem Stabe in der Hand. So erscheint schon Hesiod als Rhapsode, der ἐπὶ ῥάβδω δάφνης vorträgt. Indess ist auf keinen Fall der Name der Rhapsoden von ῥάβδος herzuleiten; Pindar nennt (Nem. II, 1) die Homeriden ῥαπτῶν ἐπέων ἀοιδοί und bezeichnet damit die Eigenthümlichkeit des epischen Vortrags, wie ihn die Rhapsodik von der Homeridenzunft überkam: es wurden an den musischen Agonen einzelne epische Gesänge von verschiedenen Vortragenden aneinander gereiht. Schon bei den homerischen Aöden ist wahrscheinlich die musikalische Begleitung des epischen Vortrags sehr untergeordnet gewesen; andererseits haben die Rhapsoden keineswegs immer ohne Musikbegleitung recitirt. Dies sieht man daraus, dass in

---

*) *De metris Pindari* S. 272 ff.
**) Ebenda S. 103 ff. 297 ff. Kl. Schr. VII, 601 ff. 613 f.

Sparta, wohin der Sage nach die Homerischen Gedichte durch Lykurg verpflanzt wurden, d. h. wo durch die Lykurgische Gesetzgebung die Rhapsodik in den musischen Agon aufgenommen wurde, Terpander eine musikalische Composition zu diesen Vorträgen einrichtete; bei den Pythien trug der Samier Stesander die Homerischen Gesänge zuerst zur Kithara vor.*) Kunstreichere Rhapsoden haben gewiss zu keiner Zeit die Begleitung der Kithara verschmäht; diese beschränkte sich aber wahrscheinlich auf ein Vorspiel und einzelne bei gehobenen Stellen einfallende Akkorde. Die Rhapsoden waren auch nicht etwa im Gegensatz zu den alten Aöden nur reproducirende Künstler, sondern trugen wie jene Eigenes und Fremdes vor: Männer, wie Xenophanes und Empedokles recitirten wahrscheinlich nur ihre eigenen Gedichte. In Athen war besonders mit den Panathenäen ein rhapsodischer Wettkampf verbunden. Für diesen verordnete Solon, dass die Homerischen Gesänge von den aufeinander folgenden Rhapsoden ἐξ ὑποβολῆc, d. h. in fortlaufendem Zusammenhange vorgetragen werden sollten. Es setzt dies schon eine bestimmte Reihenfolge derselben voraus, und in der That muss man annehmen, dass die beiden Nationalepen vor der Entstehung des epischen Cyklus bereits durch die Homeriden zu einer idealen Einheit gestaltet waren (s. oben S. 230). Seitdem das Epos durch die Schrift fixirt war, beschränkte sich die Rhapsodik auf blosse Reproduction namentlich der Homerischen Gesänge. Wie man aus Platon's Ion sieht, war diese Art der hypokritischen Kunst nicht sehr angesehen, obgleich die Rhapsoden von ihrem Stoff begeistert Vortreffliches leisteten. Übrigens erhielt sich die Rhapsodik bis spät in die Römerzeit, wie die Teischen und Böotischen Inschriften bezeugen.**)

b. Chorik.

§ 79. Da die lyrische Poësie vorwiegend Ausdruck der Empfindung ist, so ist sie von Natur auf den musikalischen Vortrag angewiesen, welcher der Sprache erst die rechte Farbe und Lebendigkeit verleiht, indem er unmittelbar das dem Inhalt der Worte entsprechende Gefühl erregt. Im Alterthum ist die Geschichte der Lyrik unzertrennlich mit der Geschichte der Musik verflochten. Die Action fiel bei öffentlichen lyrischen Gesangs-

---

*) *De metris Pindari* S. 203.
**) *Corp. Inscr.* II. nr. 3088. I. 1584.

vorträgen in der Regel einem Chore zu, gleichviel ob der Gesang von einer oder mehreren Stimmen ausgeführt wurde; den Alten galt nur die mit Orchestik verbundene Lyrik als vollkommen. Die Anfänge der Chorik liegen im epischen Zeitalter. Die alten Nomen, welche ihrem Grundcharakter nach episch waren, aber den Keim aller lyrischen Gattungen enthielten, waren allerdings nicht mit Tanz verbunden; es waren Choräle, die entweder als Prosodien bei Processionen oder ohne Bewegung als Hymnen bei Opfer und Gebet gesungen wurden.*) In der historischen Zeit bestand der Nomos nur als Monodie fort. Die älteste aus dem aulodischen Nomos erwachsene Form der Lyrik, die Elegie hatte noch einen halb epischen Charakter und wurde später in den Agonen auch meist rhapsodisch vorgetragen. So wird von den Elegien des Xenophanes, Theognis und Solon überliefert, dass sie nicht in Musik gesetzt waren; indess scheint die berühmte Salaminische Elegie des Solon mit Flötenmusik und enoplischer Bewegung vorgetragen zu sein. In der epischen Zeit tanzten die Chöre zu dem Gesange und Spiel der Aöden (s. hierüber K. O. Müller, Göttinger Lektionskatalog 1836). Diese Form der Chorik ist wahrscheinlich auch mit der äolischen Lyrik verbunden gewesen, die aus dem kitharodischen Nomos hervorging und ihrer ganzen Anlage nach auf den Einzelgesang berechnet war. Die Begleitung des epischen und lyrischen Vortrags durch die Orchestik hat noch die römische Poësie von den Griechen überkommen; so wurden bekanntlich selbst die Gedichte Ovid's auf dem Theater getanzt. In der Zeit der ausgebildeten dorischen Lyrik sang der tanzende Chor. In dieser Weise wurden die lyrischen Hymnen und Päane aufgeführt, ebenso die Enkomien, besonders die Epinikien, ferner die Parthenien, Threnen und die hyporchematischen Gattungen der Poësie; die begleitende Instrumentalmusik konnte z. Th. von den Tanzenden ausgeübt werden; gewöhnlich war dies aber nicht der Fall. Wir sind zu dem Urtheil berechtigt, dass in der dorischen Lyrik eine vollkommene Harmonie des Gedankens und Sprachausdrucks mit dem Rhythmos, der Melodie und dem Tanz Statt fand.**) Die höchste Kunst erreichte aber die Chorik in dem Vortrage des Dithyrambos, der ursprünglich nur ein Ausdruck

---

*) *De metris Pindari* S. 270.
**) Die Beweise s. *de metris Pind.* III, cap. 10—19.

bacchischer Begeisterung, an den dionysischen Festen in Athen zur vollen Entwickelung gelangte. Er war anfänglich strophisch wie die dorische Lyrik und der ihn ausführende kyklische Chor, der seinen Namen von der Form seiner Tänze hatte, bestand wie die übrigen lyrischen Chöre aus Dilettanten (ἐλεύθεροι). Als später die strophische Form abgestreift wurde, konnten (nach Aristot. Probl. 918 b 20) die kunstvoll verschlungenen Tanzfiguren und die verwickelten Musikformen nur durch Künstler von Fach (ἀγωνισταί) dargestellt werden. Der Dithyrambos war cantatenartig, näherte sich aber durch die mimische Aktion des Chors dem Drama; ja es ist wahrscheinlich, dass aus ihm eine lyrische Tragödie und Komödie hervorging, welche auch neben dem eigentlichen Drama bestehen blieben.*) In den Agonen erhielten sich die verschiedenen lyrischen Vortragsweisen wie die Rhapsodik bis in die römische Kaiserzeit.

c. Dramatik.

§ 80. Wie das Drama in Athen seine klassische Form gewonnen hat, ist das athenische Theater auch maassgebend für die gesammte Dramatik des Alterthums geworden. Ursprünglich waren die dramatischen Schauspiele durchaus an den Dionysoscult geknüpft: in Athen spielte man nur an den grossen Dionysien, den Lenäen und den kleinen Dionysien.**) An den grossen oder städtischen Dionysien traten die bedeutendsten Dichter mit neuen Stücken in dem Stadttheater auf; an den kleinen oder ländlichen Dionysien wiederholte man bereits aufgeführte Stücke auf den Bühnen der Demen, deren bedeutendste das Theater im Peiräeus war;***) an den Lenäen gab man alte und neue Stücke. Wiederholungen von Dramen waren übrigens schon zur Zeit der Perserkriege üblich. (Vergl. Herodot VI, 21.)†) In der Diadochenzeit dehnte man die Schauspiele an allen Orten auch auf nicht Dionysische Feste aus. Noch mehr geschah dies in der römischen Zeit, wo besonders auch die *ludi funebres* der Grossen mit Theateraufführungen gefeiert wurden. Aber ein vom Cultus

---

*) S. Staatsh. d. Ath. 1. Aufl. S. 361 ff. *C. I.* nr. 1584, 2759.
**) Kl. Schr. V, S. 120 ff.
***) Kl. Schr. V, S. 96 ff. „Des Sophokles Antigone" S. 200 ff. [= Neue vermehrte Ausgabe S. 169 ff.]
†) Staatsh. d. Ath. I, S. 502. Über Wiederholungen überhaupt s. *Graecae tragoed. princip.* Cap. II u. III.

losgelöstes stehendes Schauspiel wie in der Neuzeit gab es auch in Rom nicht.

Die Aufführungen begannen regelmässig mit Tagesanbruch und dauerten bis Sonnenuntergang; auch wurde meist mehrere Tage hintereinander gespielt. In der klassischen Zeit Athens traten an den grossen Dionysien 5 Tragödien- und 5 Komödiendichter auf. Wenn von den erstern jeder eine Tetralogie, d. h. drei Tragödien und ein Satyrspiel zur Aufführung brachte, von den letztern aber jeder nur ein Stück, so ergiebt dies eine Gesammtzahl von 25 Stücken. Man hat nun aus Aristophanes, Vögel v. 785 ff. schliessen wollen, dass die Tragödien Morgens, die Komödien Nachmittags gegeben seien; es wäre hiernach an fünf Tagen täglich eine Tetralogie und eine Komödie aufgeführt worden. Allein an jener Stelle des Aristophanes ist τραγῳδῶν in τρυγῳδῶν zu verbessern und die auf die falsche Lesart gebaute Combination ist unhaltbar. Die fünf Komödien wurden sicher an einem Tage, wahrscheinlich dem letzten des Festes aufgeführt; daher wird man auch auf die Tragödien vier Tage rechnen müssen, so dass jeder der fünf Dichter täglich ein Stück gab. Dies entspricht dem agonistischen Charakter der Aufführungen; ferner erklärt sich hieraus, dass der ursprüngliche Zusammenhang der Handlung in den Tetralogien allmählich häufig aufgegeben wurde und seit Sophokles auch die einzelnen Stücke der Dichter mit einander um den Preis warben.*)

Die Form des dramatischen Theatergebäudes ist aus der des lyrischen Theaters hervorgegangen, welches aus einer von staffelförmig aufsteigenden Sitzreihen umgebenen Orchestra bestand. Die dramatische Skene wurde an der offenen Seite der Orchestra aufgestellt, so dass sich das Logeion, auf dem die Schauspieler agirten, 10—12′ über jene erhob. Die dramatische Bühne blieb getrennt von der Bühne für den Chor, der Orchestra im engern Sinne; diese lag ausserhalb des von den Seitenwänden der Skene umschlossenen Proskenions, unmittelbar vor dem Logeion, aber ein Wenig tiefer als dieses und war mit demselben durch Stufen verbunden, um das Zusammenwirken der Schauspieler mit dem Chor zu ermöglichen. Die Eingänge für das Publicum und zugleich für den Chor befanden sich zu beiden Seiten zwischen der

---

*) S. Kl. Schr. IV, S. 505 ff. Vergl. „Des Sophokles Antigone" S. 147. [= Neue vermehrte Ausgabe S. 124.]. *Graec. trag. princ.* S. 104 ff.

III. Cultus und Kunst. C. Poëtischer Vortrag. c. Dramatik. 541

Bühne und der Cavea. Um die Gesammtorchestra waren Ehrensitze aufgestellt; zur Cavea stieg man aus der Orchestra auf strahlenförmig auseinandergehenden Treppen, durch welche jene in keilförmige Abschnitte (κερκίδες, *cunei*) getheilt wurde, während ein oder mehrere concentrische Umgänge sie in Zonen theilten. In den griechischen Theatern waren die Sitze für Männer und Frauen getrennt, in den römischen war dies vor Augustus nicht der Fall. Der Komödie wohnten ausser Hetären überhaupt keine griechischen Frauen bei;*) in Rom wurde dagegen die Komödie schon zu Plautus Zeit von Frauen besucht, die der Komiker *matronae* nennt. Diese mögen damals nur den niedern Ständen angehört haben; später nahmen vornehme Damen auch an den lüsternsten Spielen Theil. Die Theater der Alten waren meist sehr gross; das athenische Stadttheater, das Olymp. 70 erbaut,**) aber erst durch den Redner Lykurgos ganz vollendet wurde,***) fasste mehr als 30 000 Zuschauer; grösser und prächtiger waren noch mehrere später gebaute, das grösste das zu Megalopolis in Arkadien. In Rom wurde das erste steinerne Theater durch Pompeius 55 v. Chr. errichtet. Da die Gebäude ohne Dach waren, mussten sorgfältige akustische Vorrichtungen getroffen werden. Dahin gehören namentlich die von Vitruv (V, 5) beschriebenen Schallvasen (ἠχεῖα), wovon wir uns keine genügend deutliche Vorstellung machen können. Etwas Ähnliches scheint noch im byzantinischen und romanischen Kirchenbau bestanden zu haben. (Vergl. F. W. Unger, Über die Schallgefässe der alten Theater und der mittelalterlichen Kirchen. Jahrbücher des Vereins von Alterthumsfr. im Rheinlande 36. (1864), dazu Berichtigungen und Zusätze Anderer 37. (1865)). Natürlich wurden die Theater während der Zeit, wo nicht gespielt wurde, zu andern öffentlichen Zwecken, besonders zu Volksversammlungen benutzt;†) auch fanden darin andere agonistische Aufführungen Statt. Für Musikvorträge hatte man indess meist eigene gedeckte Gebäude, die Odeen.

Die Dramatik entwickelte sich allmählich aus der Chorik.

---

*) Über Frauen in der Tragödie s. *Graec. trag. princip.* S. 37 f. (vergl. oben S. 407 f.)

**) Vergl. Kl. Schr. V, S. 90 ff.

***) Staatsh. d. Ath. I, S. 571.

†) Über Buchhandel in der Orchestra des athenischen Theaters s. Staatsh. d. Ath. I, S. 68.

Ursprünglich agirte neben dem Chor nur ein Schauspieler, und die Zahl von drei Schauspielern für ein Stück oder eine Tetralogie wurde nicht überschritten. In den erhaltenen Dramen lässt sich im Allgemeinen noch feststellen, wie die Rollen unter die Schauspieler vertheilt waren, wobei zu berücksichtigen ist, dass die Sphären des Protagonisten, Deuteragonisten und Tritagonisten nach der Schwierigkeit und dem Charakter der Rollen von einander geschieden waren. Oft war die Vertheilung nur möglich, indem man stumme Personen zur Hülfe nahm; selten wurde ein Choreut für eine kurze Rolle eingestellt. Die Schauspieler mussten in der klassischen Zeit des Dramas den höchsten Ansprüchen genügen: einen Souffleur gab es nicht;*) der kleinste Fehler der Diction wurde streng gerügt; ausserdem mussten sie Virtuosen im Gesange sein. Eine besondere Schwierigkeit lag darin, dass alle Rollen von Männern gespielt wurden; Schauspielerinnen *(mimae)* finden sich erst in dem römischen Mimus. In Bezug auf den Gesang in weiblichen Rollen giebt es eine merkwürdige Notiz bei Aristoteles, Thiergeschichte VII, 1; danach wurden die Stimmen beim Eintritt der Pubertät durch mühsame Übung in eine hohe Tonlage eingezwängt und dieser Procedur unterwarfen sich sogar diejenigen, welche sich auf den Chorgesang legten. Die Virtuosität der Schauspieler wurde durch die strenge Scheidung der dramatischen Gattungen befördert. Die Alten waren der Ansicht, dass Niemand zugleich ein guter Tragödien- und Komödiendichter sein könne; selbst der Platonische Sokrates, der am Schlusse des Symposion in einem tiefern Sinne das Gegentheil behauptet (s. oben S. 263 f.), stimmt in der Republik (III, 395 A) der gewöhnlichen Meinung bei und erklärt hier auch die Fächer des tragischen und komischen Vortrags für unvereinbar. Eine Annäherung des Tragischen an das Komische fand nur in untergeordneten Rollen der Tragödie**) und im Satyrspiel Statt. Die Scheidung der Gattungen war schon durch den grossen Unterschied des Costüms stark gekennzeichnet. In der Tragödie wurden durch den stelzenartigen Kothurn, durch entsprechende Verlängerung der Arme

---

*) Über Interpolationen der Stücke durch die Schauspieler s. *Graecae tragoed. princip.* S. 10 ff. Über das Staatsexemplar der Tragödien des Äschylos, Sophokles und Euripides ebenda S. 12 ff. 327 ff. Kl. Schr. V, S. 124 f.

**) Vergl. „Des Sophokles Antigone" S. 178. [= Neue vermehrte Ausgabe S. 150.]

III. Cultus und Kunst. C. Poëtischer Vortrag. c. Dramatik. 543

(χειρίδες), Ausstopfungen, weite alterthümliche Prachtgewänder (ξυστίς und σύρμα, *palla*) und hohe Masken, die Gestalten über das gewöhnliche Maass erhöht und idealisirt; in der Komödie karrikirte man dagegen das alltägliche Leben. Die Anwendung der Masken lag schon im Ursprung des Dramas, welches von dionysischen Mummereien ausging. Man bestrich Anfangs das Gesicht mit Traubenhefe und mit Mennig; später wandte man bemalte Leinwandmasken an. In der Zeit der ausgebildeten Kunst that gewiss die Plastik Alles um die Masken schön und charakteristisch zu machen. Die προςωποποιοί bildeten ein eigenes Kunstgewerbe. Bei der Grösse der alten Theater war es unstreitig von Vortheil, dass die Gesichtszüge durch die Maske stark markirt wurden; das Mienenspiel wäre für die weiten Entfernungen doch verloren gegangen und wurde durch eine höchst ausdrucksvolle mimische Action ersetzt. Ausserdem verstärkte das Mundstück der Maske die Schallwirkung der Stimme. Der plastischen Erscheinung der handelnden Personen entsprach die Bühnenausstattung. Die Bühne hatte eine geringe Tiefe, nur ein Paar Seitencoulissen (περίακτοι), so dass sie ein reliefartiges Bild gewährte. Die Decoration, von Malern und Bildhauern kunstvoll gearbeitet, war massiv gestaltet und vielfach nur andeutend, wie wenn z. B. ein für alle Mal Land und Fremde rechts, Stadt und Heimath links von der Bühne gedacht wurden. Da der Chor in den Pausen der Handlung auf der Orchestra blieb, musste ein Scenenwechsel während des Stückes die plastische Einheit des Anblicks stören; daher war die Einheit des Orts und der Zeit besonders seit Sophokles in der Tragödie Regel. Dagegen verfuhr die altattische Komödie in dieser Beziehung stets mit voller Willkür; *) erst die neuattische richtete sich nach dem Vorbilde der Tragödie. Übrigens war eine Scenenveränderung auf der antiken Bühne unschwer zu bewerkstelligen. Die Maschinerie war überhaupt nicht unbedeutend; es gab Versenkungen, Flugmaschinen, Donner- und Blitzmaschinen u. s. w. Doch trat die Decoration nie mit störendem Übergewicht hervor; eigentliche Decorations- und Costümstücke kamen erst auf der römischen Bühne und bei den Spielen des Amphitheaters auf.

Eine besondere Schwierigkeit hat es im Einzelnen genauer zu bestimmen, wie Musik und Orchestik mit dem dramatischen

---

*) Vergl. Kl. Schr. V, S. 114, 118.

Schauspiel verbunden waren. Opernartig waren die alten Dramen nicht; aber sie hatten nicht unbedeutende musikalische Zuthaten. Ganz lyrisch waren die Chorpartien, die mit Instrumentalbegleitung gesungen wurden und zwar nicht immer vom ganzen Chor, sondern häufig kommatisch unter die Choreuten getheilt.*) Die Schauspieler sangen ebenso die schon durch das Metrum als melisch bezeichneten Partien. Auch das Diverbium wurde theils mit Saiteninstrumenten, theils mit Flöten begleitet. Aber diese Begleitung war schwach wie bei der Rhapsodik und man darf daraus nicht schliessen, dass der Dialog als Recitativ durchcomponirt gewesen sei. Es war eine hohe rhythmische Declamation und das Recitativ (παρακαταλογή) trat nur an einzelnen vorzüglich gehobenen Stellen ein.**) Jedenfalls aber dienten in der klassischen Zeit alle musikalischen Zuthaten nur dem Wort; die Handlung war die Hauptsache, während dieselbe in der modernen Oper häufig nur der Laternenpfahl ist, woran die Musik leuchten soll. Als die Kunst verfiel, erlangte indess auch im antiken Drama die Musik vielfach das Übergewicht über den Text.***) Die Orchestik des Chores war in den eigentlichen Tanzpartien balletartig; sie spielte eine Hauptrolle in der Komödie; in der Tragödie wurde jedenfalls die Parodos getanzt, nicht dagegen die Stasima, an deren Stelle jedoch nicht selten Tanzlieder traten.†) Der Chor bestand im attischen Drama aus vorzüglich geübten Dilettanten; ††) die Zahl der Choreuten betrug in der Tragödie 15,†††) in der Komödie 24.

In der Blüthezeit des Dramas war das Theater ein Heiligthum*†) und das Schauspiel wurde als eine wichtige Staatsangelegenheit betrachtet. In der That hat das Drama die Nation zu grossen Gesinnungen und Thaten gestimmt; die Komödie war eine Staatscensur; die Tragödie hat den Patriotismus geweckt und das Volk berathen. Die würdige Ausstattung der Bühnenspiele erforderte einen beträchtlichen Kostenaufwand. In Athen

---

*) Vergl. Kl. Schr. IV, S. 528 ff. *Graecae trag. princip.* S. 59 ff.
**) Kl. Schr. VII, S. 590 ff.
***) *Graec. trag. princ.* S. 89.
†) Vergl. „Des Sophokles Antigone" S. 180 ff. 280. [= Neue vermehrte Ausgabe S. 152 ff. 238.]
††) Staatsh. d. Ath. I, S. 496.
†††) *Graec. trag. princ.* S. 41 ff. 57 ff.
*†) Staatsh. d. Ath. I, S. 417 b.

stellte der Staat das städtische Theatergebäude nebst dem kostspieligen Zubehör; er verpachtete dasselbe an einen Unternehmer (ἀρχιτέκτων), der für die bauliche Instandhaltung sorgen musste und von den Zuschauern ein mässiges Eintrittsgeld einzog. Durch das Theorikon wurde letzteres den Bürgern im Voraus erstattet.*) Dichter und Schauspieler erhielten ausserdem ein Honorar aus der Staatskasse.**) Für die Theater in den Demen hatten die einzelnen Gemeinden zu sorgen. Die Kosten des Chors wurden durch Liturgie aufgebracht; für das Stadttheater stellte jeder der 10 Stämme einen Choregen, der Choreuten und Musiker zu besolden hatte. Es war Ehrensache den tragischen Chor möglichst prächtig zu costümiren; bei den Komödien galt eine solche Pracht nicht als angemessen. Die Dichter bewarben sich beim Archon um die Erlaubniss zur Aufführung, die ihnen ertheilt wurde, wenn ihre Werke in einer Leseprobe (προάγων) als würdig befunden waren.***) Darauf wurden jedem vom Archon drei nach einer Prüfung ausgewählte Schauspieler†) und ein Chorege zugetheilt (χορὸν διδόναι), welcher dem Stück entsprechend einen Chor von Knaben oder Männern anwarb und Musiker miethete, auch die Choreuten bis zur Aufführung zu beköstigen und das Lokal für ihre Übungen zu geben hatte. Der Dichter studirte das ganze Drama ein, wozu ein grosses Haus (μελετέων οἶκος) eingerichtet war; daher die bekannte Bedeutung von δρᾶμα διδάσκειν *(fabulam docere)* und διδασκαλία. Anfänglich spielte der Dichter auch selbst in den Hauptrollen seiner Stücke. Sophokles ging zuerst hiervon ab und trat nur noch in schwierigeren Statistenrollen auf. Seit Aristophanes und Euripides wurden zur Einübung der Chöre besondere Lehrer bestellt (χοροδιδάσκαλοι).

Die Zahl der dramatischen Preisrichter (κριταὶ οἱ ἐκ Διονυσίων scheint 10 betragen zu haben, 5 für die Tragödien und 5 für die Komödien. (Vergl. G. Hermann, *De quinque iudicibus poëtarum.* Leipzig 1834. *Opusc.* Bd. VII; H. Sauppe, Über die Wahl der Richter in den musischen Wettkämpfen an den Dionysien. Berichte der Sächs. Ges. d. Wissensch. 1855.) Es wurden in beiden Gattungen des Dramas drei Preise (πρωτεῖα, δευτερεῖα,

---

*) Staatsh. d. Ath. I, S. 306 ff.
**) Ebenda I, S. 339. 169 f.
***) Kl. Schr. V, S. 129 ff.
†) Staatsh. d. Ath. I, 600.

τριτεῖα) für die drei besten Stücke oder Tetralogien, ebensoviel für die drei besten Schauspieler und für die besten Chöre ertheilt. Durch die Einsetzung von Kampfrichtern wurde die für die Kunst verderbliche Theatrokratie verhütet, welche wie Platon (Ges. Bch. II. S. 659 B) hervorhebt, in Sicilien und Italien bestand, wo das Publicum über die Preise entschied.*) Die Choregen feierten ihren Sieg durch Aufstellung eines Tripus, an dessen Postament das Ergebniss des Agon in Stein gegraben war. Aus diesen choragischen Denkmälern wurde seit Aristoteles von namhaften Schriftstellern in den „Didaskalien" eine zuverlässige Chronik der attischen Theateraufführungen zusammengestellt.**)

Als zu Ende des peloponnesischen Krieges der Wohlstand und die politische Macht Athens gebrochen war und der ächte Kunstsinn in der Bürgerschaft erlosch, gerieth die Choregie in Verfall. Der tragische Chor wurde dürftig, so dass er zum Theil aus stummen Personen bestand,***) und der komische ging mit wenigen Ausnahmen ganz ein.†) In der Diadochen- und Römerzeit wurde die gesammte Dramatik durch die Zünfte der dionysischen Künstler zum Virtuosenthum ausgebildet; neben neuen Stücken wurden überall die klassischen Dramen theils von ansässigen, theils von umherziehenden Truppen aufgeführt, die sich wie die Athletentruppen heilige Synoden nannten.††) Die Fürsten und später die römischen Grossen statteten die Spiele mit grösster Pracht aus. Aber die ursprüngliche Bedeutung des Chors konnte nicht wiederhergestellt werden. In der neuern Komödie wurden die Pausen der Handlung durch eingelegte Gesänge oder Instrumentalmusik ausgefüllt. Hieraus entstand wahrscheinlich im alexandrinischen Drama die Eintheilung in Akte, die dann auch auf die Tragödie übertragen wurde, wo die Chorgesänge die Pausen füllten. Das römische Theater schloss sich an diese Form an. Die Orchestra wurde hier ganz zu Sitzen für den Senatorenstand eingeräumt; sie war kleiner als im griechischen Theater. Dagegen verlegte man die Orchestik und also

---
*) Über die Preise s. Staatsh. d. Ath. S. 298 ff.
**) Vergl. *Corp. Inscr.* I, S. 350 ff. Kl. Schr. V, S. 110.
***) Vergl. *Graec. trag. princip.* S. 91 ff. Über Böttiger's Hypothese, dass statt der stummen Personen Puppen fungirten s. ebenda S. 94 ff.
†) Vergl. Staatsh. d. Ath. I, 606 ff.
††) *Corp. Inscr.* II, S. 657 ff. *Graecae trag. princip.* S. 328 ff.

III. Cultus und Kunst. B. und C. Literatur. 547

wahrscheinlich auch den tragischen Chor auf die Bühne, die eine grössere Tiefe erhielt und durch einen beim Beginn jedes Aktes herabsinkenden Vorhang geschlossen wurde. Allmählich löste sich die Musik noch weiter von der Mimik und Orchestik, indem die Schauspieler die *cantica* nur agirten und den Gesang selbst von einem danebenstehenden Sänger ausführen liessen *(ad manum cantare)*. Ein grosses Übergewicht über die Poësie erlangte die Mimik in den Mimen, die seit dem Ende der Republik alle kunstvolleren Dramen verdrängten. Aber noch mehr Beifall fanden die frivolen und zuletzt im höchsten Grade obscönen Pantomimen, die unter Augustus aufkamen. Es war darin der Inhalt von Tragödien oder Komödien in eine Reihe von *cantica* zusammengefasst, welche mit rauschender Musik von einem Chore gesungen wurden, während die Handlung von einem Solotänzer, seit Seneca's Zeit auch oft von einer Tänzerin *(pantomima)* hyporchematisch mit einem Übermaass von Gesticulation dargestellt wurde. Musik und Dichtung wurden so im Dienste der Orchestik vollends verdorben.

§ 81. **Literatur. I. Quellen.** Die literarischen Quellen unserer Kenntniss der alten Gymnastik s. oben S. 423. Über Orchestik haben wir viele z. Th. ausführliche Notizen aus dem Alterthum, besonders bei Lukian, *De saltatione*; Athenäos im 14. Bch.; Platon im 7. Buch der Gesetze; Plutarch *de musica* und *Symp. Quaest. IX*, 15. (vergl. Joh. Fr. Steinmann, *Plutarchi symp. quaest. ultimam interpretatus est dissertatione critica et archaeologica*. Petersburg 1845); Pollux IV, 94; Libanios, Ὑπὲρ τῶν ὀρχηστῶν. Die meisten der erhaltenen Schriften über Musiktheorie sind gesammelt von M. Meibom, *Antiquae musicae auctores septem graece et latine*. Amsterdam 1652. 4. Es sind dies 1) Aristoxenos, Ἁρμονικὰ στοιχεῖα, 2) Euklid, Εἰσαγωγὴ ἁρμονικῆς und Κατατομὴ κανόνος, 3) Nikomachos, Ἐγχειρίδιον ἁρμονικῆς, 4) Alypios, Εἰσαγωγὴ μουσική (Hauptquelle für die Kenntniss der alten Notenschrift), 5) Gaudentius, Ἁρμονικὴ εἰσαγωγή, 6) Baccheios d. Ä., Εἰσαγωγὴ τέχνης μουσικῆς, 7) Aristides Quintilianus, Περὶ μουσικῆς (hiervon ein Auszug in Marcianus Capella, *De nuptiis Philologiae et Mercurii* Bch. 9). Weitere theoretische Schriften sind: Ptolemäos, Ἁρμονικά; Plutarch, Περὶ μουσικῆς; Boëthius, *De musica*; Augustinus (der Kirchenvater), *De musica*; ferner einige anonyme Schriftchen; s. besonders Fr. Bellermann, *Anonymi scriptio de musica*. Berlin 1841 und A. J. H. Vincent, *Notices et extraits de manucrits etc.* t. XVI, II. Paris 1847. Ausserdem Notizen über Musik bei den Philosophen, wie Platon (Republik, Timäos u. Gesetze), Aristoteles (Politik und die unter seinem Namen erhaltenen Probleme), Philodemos, *De musica*; bei Athenäos (14. Buch), Älian, Gellius. Erhaltene Compositionen in Notenschrift sind: 1) ein Fragment der Melodie zu

548 Zweiter Haupttheil. 2. Abschn. Besondere Alterthumslehre.

Pindar's 1. Pyth. Ode,*) 2) die Melodien zu drei Hymnen des Dionysios und Mesomedes (herausgeg. von Fr. Bellermann. Berlin 1840), 3) Melodie ohne Text und Solfeggien [s. Rossbach u. Westphal, Metrik. Bd. I im Anhang]. Vergl. J. G. Behaghel, Die erhaltenen Reste altgriechischer Musik. Heidelberg 1844, worin eine Melodie zu den drei ersten Versen des kleineren Homerischen Hymnus auf Demeter mitgetheilt ist; sie ist 1724 von dem Venetianer Marcello zuerst edirt, aber von zweifelhafter Ächtheit.

Die Inschriften bieten eine reiche, noch bei Weitem nicht erschöpfte Quelle für die Geschichte der Agonistik, der Musik und des Bühnenwesens. Die Denkmäler der bildenden Künste, namentlich auch Wandgemälde und Vasenbilder enthalten vielfach gymnastische und orchestische Darstellungen und geben eine Anschauung von den musikalischen Instrumenten der Alten, sowie von dem scenischen Costüme. Für die Geschichte des Bühnenwesens sind die vielen Überreste der alten Theater eine Hauptquelle. Siehe oben (S. 492 ff.) die Quellen der Kunstarchäologie.

II. Bearbeitungen der Geschichte der Bewegungskünste:
Gymnastik. Hieronymus Mercurialis, *De arte gymnastica*. Venedig 1573. 4. Amsterdam 1672. 4. —. P. Faber, *Agonisticon sive de re athletica ludisque veterum*. Leiden 1592. 4. Abgedruckt in Gronov's *Thes. antiquit. graec.* 8. Bd. — Ed. Corsini, *Dissertationes IV. agonisticae.* Florenz 1747 u. ö. 4. — Joh. H. Krause, Theagenes oder wissenschaftliche Darstellung der Gymnastik, Agonistik und Festspiele der Hellenen. Halle 1835; Artikel Pentathlon in Ersch u. Gruber's Encyklopädie. Sect. III. Bd. 16; Die Gymnastik und Agonistik der Hellenen. Leipzig 1841. Das umfassendste Werk über den Gegenstand, worin das Material mit grossem Fleiss gesammelt ist. — G. Hermann, *De Sogenis Aeginetae victoria quinquertii.* Leipzig 1822. Opusc. III.**) — G. F. Philipp, *De pentathlo.* Berlin 1828. — Ed. Pinder, Über den Fünfkampf der Hellenen. Berlin 1867. — [G. Lehndorff, Hippodromos. Berlin 1876.]

Orchestik. J. Meursius, *Orchestra s. de saltationibus veterum liber.* Leiden 1618. 4. — de l'Aulnaye, *De la saltation théâtrale ou Recherches sur l'origine, les progrès et les effets de la pantomime chez les anciens.* Paris 1790. — [H. Buchholtz, Die Tanzkunst des Euripides. Leipzig 1871. — Chr. Kirchhoff, Die orchestische Eurythmie der Griechen. Altona 1873. 4. — H. Flach, Der Tanz bei den Griechen. Berlin 1880.] In Krause's Agonistik ist die Orchestik mit abgehandelt.

Musik. G. Martini, *Storia della musica.* Bologna 1757—1781. 3 Bde. — Ch. Burney, *General history of music from the earliest ages to the present period.* London 1776—1789. 4 Bde. Daraus übersetzt ist J. J. Eschenburg, Über die Musik der Alten. Leipzig 1781. 4. — Fr. W. Marpurg, Einleitung in die Geschichte und Lehrsätze der alten und neuen Musik. Berlin 1759. 4. Genau und kenntnissreich. — J. N. Forkel, Allgemeine Geschichte der Musik. Leipzig 1788. 1801. 2 Bde. 4. (bis zum 16. Jahrh.) Die Geschichte der alten Musik meist aus Marpurg und Burney abgeschrieben. — [F. Clément, *Histoire de la musique depuis les temps*

---

*) *De metris Pindari* Buch III, Kap. 12 analysirt.
**) Vergl. Kl. Schr. V, S. 387 ff.

III. Cultus und Kunst. B. und C. Literatur. 549

anciens jusqu'à nos jours. Paris 1884.] — F. v. Drieberg, Die mathematische Intervallenlehre der Griechen. Leipzig 1819; Aufschlüsse über die Musik der Griechen. Leipzig 1819; Die musikalischen Wissenschaften der Griechen. Berlin 1820; Die praktische Musik der Griechen. Berlin 1821; Die pneumatischen Erfindungen der Griechen. Berlin 1822; Wörterbuch der griechischen Musik. Berlin 1835. 4; Die griechische Musik auf ihre Grundgesetze zurückgeführt. Berlin 1841. 4. Dr. war ein enthusiastischer Verehrer der alten Musik, hatte auch gute Kenntnisse, war aber in seinen Ansichten zu willkürlich und phantastisch. — F. J. Fétis, *Biographie universelle des musiciens et bibliographie générale de la musique précédée d'un résumé philosophique de l'histoire de cet art.* Brüssel und Paris 1835—44. 8 Bde.; [*Histoire générale de la musique depuis les temps les plus anciens jusqu'à nos jours.* Paris 1869—76. 4 Bde.] — C. F. Weitzmann, Geschichte der griechischen Musik. Mit einer Musikbeilage enthaltend die sämmtlichen noch vorhandenen Proben altgriechischer Melodien und 40 neugriech. Volksmelodien. Berlin 1855. 4. (36 Seiten). Nicht ohne Kenntniss, aber zu kurz und allgemein und ohne die Grundlage einer philologischen Durchbildung. — A. W. Ambros, Geschichte der Musik. Leipzig 1861—1868. 3 Bde. [2. Aufl. 1879—1881. 4 Bde.] Der erste Band: Die antike Musik. — C. Fortlage, Griechische Musik. In Ersch u. Gruber's Encyklopädie. Sect. I. Bd. 81. — A. Rossbach und R. Westphal, Metrik der griechischen Dramatiker und Lyriker im Verein mit den begleitenden musischen Künsten. Leipzig 1854—65. [2. Aufl. 1867 f. 2 Bde. 1. Bd.: Rhythmik und Harmonik nebst der Geschichte der drei musischen Disciplinen. 3. umgearb. Aufl. u. d. T.: Theorie der musischen Künste der Hellenen. Bd. 1. Griech. Rhythmik. 1885.] Die beste Bearbeitung der alten Musikgeschichte. Das ganze System der alten Theorie, das ich in der Abhandlung *De metris Pindari* meinem Zwecke gemäss nur skizziren konnte, ist hier ausführlich dargestellt. Doch sind viele Neuerungen nicht glücklich. Vergl. die vortreffliche Schrift von A. Ziegler, Untersuchungen auf dem Gebiete der Musik der Griechen. Lissa 1866. 4. — [E. Naumann, Die Tonkunst in der Culturgeschichte. Bd. 1. Berlin 1869. — H. Mendel, Musikalisches Conversationslexikon. Eine Encyklopädie der gesammten musikalischen Wissenschaften. Berlin 1870 ff. — W. Chappel, *The history of music. Vol. I. from the earliest records to the fall of the Roman Empire.* London 1874. — F. A. Gevaert, *Histoire et théorie de la musique de l'antiquité.* Bd. I. II. Gent 1875. 1881. — H. Guhrauer, Der Pythische Nomos. Eine Studie zur griech. Musikgeschichte. Leipzig 1876. (Vergl. K. v. Jan, Philolog. 38. 1879. und Jahrbb. f. cl. Phil. 119. 1879.) Derselbe, Zur Geschichte der Aulodik bei den Griechen. Waldenburg 1879 u. Jahrbb. f. cl. Philol. 121. 1880. — H. Reimann, Studien zur griechischen Musikgeschichte. A. Der Nomos. Ratibor 1882. B. Die Prosodien und die denselben verwandten Gesänge der Griechen. Glatz 1885. — R. Westphal, Die Musik des griechischen Alterthums. Leipzig 1883.]

P. J. Burette, Eine Reihe von Aufsätzen über die alte Musik in *Hist. et Mém. de l'Académ. des Inscr.* Tom. IV, V, VIII, X, XIII, XV, XVII. — Ph. Buttmann, Beitrag zur Erläuterung der Wasserorgel und der Feuerspritze des Hero und Vitruv. Abhandl. der Berliner Akad. 1804—1811. —

Ed. Krüger, *De musicis Graecorum organis circa Pindari tempora florentibus.* Göttingen 1830. 4. (34 Seiten). — A. Kretzschmer, Ideen zu einer Theorie der Musik. Stralsund 1833. — E. Fr. Bojesen, *De harmonica scientia Graecorum.* Kopenhagen 1833. Eine sehr gute Schrift. Derselbe, *De problematis Aristotelis.* 1836, handelt mancherlei Fragen über die Harmonik ab; ferner: *De tonis et harmoniis Graecorum.* Kopenhagen 1843. — F. Nolan, *On the theoretical music of the Greeks* in den *Transactions of the Royal Society of literature of the United Kingdom.* Vol. II, part. II. 1834. — Joh. Franz, *De musicis Graecis commentatio.* Berlin 1840. 4. — Henri Martin, *Etudes sur le Timée de Platon.* 2 Bde. Paris 1841. Enthält sehr Vieles über die Musik und sucht besonders zu beweisen, dass die Alten keine Harmonie gekannt haben. Wenn auch nicht Alles sicher, so ist die Untersuchung doch kenntnissvoll. — J. Uhdolph, Untersuchungen über die Harmonik der Griechen. Programm von Glogau. 1841. — Trinkler, Die Lehre von der Harmonik und Melopöie in der griechischen Musik in ihren Grundsätzen dargestellt. Posen 1842. 4. Gut. — Waldaestel, Die Elemente der alten Harmonik nach den Quellen entworfen. Neubrandenburg 1846. 4. — Friedr. Bellermann, Die Tonleitern und Musiknoten der Griechen. Nebst Notentabellen und Nachbildungen von Handschriften auf 6 Beilagen. Berlin 1847. 4. Sehr gut. — C. Fortlage, Das musikalische System der Griechen in seiner Urgestalt. Aus den Tonleitern des Alypius zum ersten Male entwickelt. Leipzig 1847. 4. Das chromatische und enharmonische System, wie es von den Theoretikern überliefert ist, hat immer als unbegreiflich Anstoss gegeben, um so mehr als das unnatürliche enharmonische älter sein sollte. Die Überlieferung schien jedoch sehr sicher. Dagegen hat F. aus der ursprünglichen Notation zu zeigen versucht, dass diese Systeme nur auf Missverstand beruhen und dass das uralte und ursprüngliche enharmonische nicht das von den Theoretikern aufgestellte sei. Die Untersuchung ist scharfsinnig und scheint der Wahrheit nahe zu kommen. — B. Julien, *De quelques points des sciences dans l'antiquité. Physique, métrique, musique.* Paris 1854. Enthält auch Metrisches und Musikalisches. — Casim. Richter, *Aliquot de musica Graecorum arte quaestiones.* Münster 1856. Eine verständige Schrift. — K. v. Jan, *De fidibus Graecorum.* Berlin 1859. [Derselbe, Die griechischen Saiteninstrumente. Leipzig 1882. Progr. v. Saargemünd.] — Julius Caesar, Die Grundzüge der griechischen Rhythmik im Anschluss an Aristides Quintilianus. Marburg 1861. — A. Wagener, Professor zu Gent, *Mémoire sur la symphonie des anciens.* Im 31. Bde. der *Mémoires couronnés de l'Académie royale de Belgique.* 1862. — Alix Tiron, *Études sur la musique grecque, le plainchant et la tonalité moderne.* — [Oscar Paul, Die absolute Harmonik der Griechen. Leipzig 1866. — Rob. Graebner, *De organis veterum hydraulicis.* Berlin 1867. — K. Lang, Kurzer Überblick über die altgriechische Harmonik. Nebst zwei Beilagen: a. Die antike Notenschrift, b. Die antiken Musikreste. Heidelberg 1872. — J. Tzetzes, Über die altgriechische Musik in der griechischen Kirche. München 1874. — J. Papastamatopulos, Studien zur alten griechischen Musik. Bonn 1878. Diss. v. Jena. — Fr. E. M. Esmann, *De organis Graecorum musicis.* Pars. I. Wismar 1880. Diss. v. Rostock. — O. Bähr,

Das Tonsystem unserer Musik. Nebst einer Darstellung der griech. Tonarten und der Kirchentonarten des Mittelalters. Leipzig 1882.]

Rhapsodik. J. Kreuser, Homerische Rhapsoden. Köln 1833. Geistreich, aber verwirrt. — Gr. W. Nitzsch, *De rhapsodis aetatis atticae.* Kiel 1835. Enthalten in den *Meletemata de historia Homeri.* Fasc. II. Hannover 1837. — F. G. Welcker, Der epische Cyklus. Bonn 1835. S. 338—406: Über den Vortrag der Homerischen Gedichte.

Dramatik. Th. Mundt, Dramaturgie oder Theorie und Geschichte der dramatischen Kunst. Berlin 1848. 2 Bde. — P. F. Kanngiesser, Die alte komische Bühne in Athen. Breslau 1817.*) — H. Chr. Genelli, Das Theater zu Athen hinsichtlich auf Architektur, Scenerie und Darstellungskunst überhaupt erläutert. Berlin 1818. 4. — James Tate, *On the drama-representations of the Greeks part. 1—3.* Museum criticum II. Cambridge 1826 ff. — Wilh. Schneider, Das attische Theaterwesen, nach den Quellen dargestellt. Weimar 1835. Enthält eine umfangreiche Stellensammlung. — J. H. Strack, Das altgriechische Theatergebäude nach sämmtlichen bekannten Überresten dargestellt auf 9 Tafeln. Potsdam 1843. fol. — K. E. Geppert, Die altgriechische Bühne. Leipzig 1843. — A. Witzschel, Die tragische Bühne in Athen. Jena 1847. — J. W. Donaldson, *The theatre of the Greeks.* London 1849. [8. Aufl. 1875.] — Fr. Wieseler, Über die Thymele des griechischen Theaters. Göttingen 1847; Theatergebäude und Denkmäler des Bühnenwesens bei den Griechen und Römern. Göttingen 1851. 4.; Artikel: Griechisches Theater in Ersch und Gruber's Encyklopädie Sect. I. Bd. 83. — A. Schönborn, Die Skene der Hellenen. Nach dem Tode des Verf. herausgegeben von Carl Schönborn. Leipzig 1858. — L. Lohde, Die Skene der Alten. Programm der archäol. Gesellsch. zu Berlin. 1860. 4. — J. Sommerbrodt, Das altgriechische Theater. Stuttgart 1865. — [B. Arnold, Das altrömische Theatergebäude. Würzburg 1873. — O. Benndorf, Beiträge zur Kenntniss des attischen Theaters Zeitschrift f. d. österr. Gymn. 26. 1875. — H. Flach, Das griechische Theater. Tübingen 1878.]

K. O. Müller, Erläuternde Abhandlung in seiner Ausgabe von Äschylos Eumeniden. Göttingen 1833. 4. — H. K. E. Köhler, Masken, ihr Ursprung und neue Auslegung einiger der merkwürdigsten auf alten Denkmälern, die bis jetzt unerkannt und unerklärt geblieben waren. Petersburg 1833. 4. (*Mémoires de l'Acad. imp.* Série VI, t. II (1834). S. 101 ff.) — [B. Arnold, Über antike Theatermasken. Verhandlungen der 29. Philologenversamml. Innsbruck. (Leipzig 1875.)] — C. Fr. Hermann, *De distributione personarum inter histriones in tragoediis Graecis.* Marburg 1840. — J. Richter, Die Vertheilung der Rollen unter die Schauspieler der griechischen Tragödie. Berlin 1842. — G. Hermann, *De re scenica in Aeschyli Orestea.* Leipzig 1846 [= Opusc. VIII. 1877.] — J. Sommerbrodt, *De Aeschyli re scenica.* 3 Progr. Liegnitz 1848. 1851. Anclam 1858. [Wiederholt in: *Scaenica collecta.* Berlin 1876. — Br. Arnold, *De Euripidis re scenica.* P. I. *Cyclops.* II. *Bacchae et Phoen.* Nordhausen 1875. 1879. — J. Dähn, *De rebus scaenicis in Euripidis Bacchis.* Halle 1880. — J. Muhl, *Sym-*

---

*) Vergl. Kl. Schr. V, S. 67.

bolae ad rem scaenicam Acharniensium Aviumque Aristophanis fabularum accuratius cognoscendam. Augsburg 1879.] — Th. Kock, Über die Parodos in der griechischen Tragödie. Posen 1850. — F. Ascherson, De parodo et epiparodo tragoediarum graecarum. Berlin 1856; Umrisse der Gliederung des griechischen Dramas. Leipzig 1862. — C. J. Grysar, Über das canticum und den Chor in der römischen Tragödie. Wien 1855. — Reinh. Schultze, De chori Graecorum tragici habitu externo. Berlin 1856. — W. Helbig, Quaestiones scaenicae. Bonn 1861. (Vergl. dazu Eug. Petersen in Fleckeisen's Jahrb. 82. 1865.) — [Fr. Schmidt, Über die Zahl der Schauspieler bei Plautus und Terenz. Erlangen 1870. — P. Foucart, De collegiis scenicorum artificum apud Graecos. Paris 1873. — O. Lüders, Die dionysischen Künstler. Berlin 1873. — R. Arnoldt, Die Chorpartien bei Aristophanes scenisch erläutert. Leipzig 1873; Die chorische Technik des Euripides; Der Chor im Agamemnon des Äschylus scenisch erläutert. Halle 1878. 1881. — H. Sauppe, Commentatio de collegio artificum scaenicorum atticorum. Göttingen 1876. — Christ. Muff, Die chorische Technik des Sophokles. Halle 1877; Der Chor in den Sieben des Äschylus. Stettin 1882. Progr. — N. Wecklein, Über die Technik und den Vortrag der Chorgesänge des Äschylus. Leipzig 1882.]

Die Bewegungskünste und das Theaterwesen werden ausserdem vielfach in den Alterthümern behandelt (s. die Literatur oben S. 366 ff), die musischen Künste in der Literaturgeschichte und Metrik (s. unten die betr. Abschnitte).*)

§ 82. Die Archäologie der Bewegungskünste hat sich noch nicht zu einer geschlossenen Disciplin gestaltet. Die Geschichte dieser Künste ist auch bei Weitem schwieriger zu erforschen, als die der bildenden. Ein Verständniss der griechischen Gymnastik ist erst seit der Ausbildung der modernen Turnkunst angebahnt, aus deren Anschauung man sich die für das Studium erforderliche technische Kenntniss aneignen muss. Am wenig-

---

*) Zur Geschichte der Bewegungskünste: Eine Inschrift von Kalaurea und eine Peyssonel'sche Inschrift von Athen. 1829. Kl. Schr. VI. S. 385—402 (agonistisch). — Staatshaushaltung der Athener. Buch 3, Kap. 23. Gymnasiarchie. — De saltatione. In der Schrift de metris Pindari Buch 3, Cap. XIII. — Übersicht über die alte Harmonik in der Abhandlung „Über die Bildung der Weltseele im Timäos des Platon." 1807. Kl. Schr. III, S. 136—180. — Über die Versmaasse des Pindaros. Berlin 1809. Dazu Selbstanzeige von 1810. Kl. Schr. VII. S. 183 f. — De metris Pindari. Leipzig 1811 (Band I, 2 der Pindarausgabe). Buch III, Kap. 11 über Instrumente, Kap. 7—10 und 12 über Harmonik; im Übrigen die Rhythmik als Grundlage der Metrik. — Kritik der Schrift von N. Müller über den Rhythmus. 1810. Kl. Schr. VII, S. 185—192. — Die Harmonik des Philolaos in „Philolaos des Pythgoreers Lehren". Berlin 1819. S. 65—89. — De Arati canone. Lektionskat. von 1828. Kl. Schr. IV, S. 301—307. — De hypobole Homerica. Lektionskat. von 1834. Kl. Schr. IV, S. 385—396. — Kritik der Schr. von J. W. Kuithan, Versuch eines Beweises, dass wir in Pindars Siegeshymnen Urkomödien übrig haben. 1809. Kl. Schr. VII, 141—158. — Singulas quoque fabulas a tragicis graecis doctas esse. Lektionskat. 1841/42. Kl. Schr. IV, S. 505—510. — De primis in Sophoclis Oedipi Colonei canticis. Lektionskat. 1843. Kl. Schr. IV, S. 527—533. — Staatshaush. der Athener. Buch III, Kap. 22. Choregie. — Ausserdem Vieles über Agonistik und Dramatik im Corp. Inscr.

sten erforscht ist wohl die Orchestik. Die französischen Philologen des 17. Jahrh. interessirten sich sehr für die alte Tanzkunst. Burette, der über dieselbe zwei Abhandlungen im 8. Bde. der *Mém. de l'Acad. des Inscr.* geschrieben, hat sogar einen griechischen Tanz vor der Königin Christine von Schweden aufgeführt, die sich auf Kosten der Gelehrten zu belustigen liebte. Meursius hat in seiner Orchestra ein langes alphabetisches Namensverzeichniss von Tänzen zusammengebracht, und man sieht daraus wenigstens, wie gross der Umfang der Kunst war. Aber den Schlüssel für das Verständniss der Orchestik bietet nur die alte Rhythmik, in welche wir erst in unserem Jahrhundert einzudringen begonnen haben. Die Hauptaufgabe ist eine Anschauung von dem Ensemble alter Tänze zu gewinnen. Hierzu gewähren die Rhythmen der Tanzlieder einen Anhalt, während die bildlichen Darstellungen einzelne Tanzfiguren veranschaulichen. Gewiss lässt sich mit Hülfe der reichhaltigen Tradition noch Manches zur Klarheit bringen. Ein tüchtiger Balletmeister könnte hierin viel leisten; doch müsste er zugleich eine gründliche philologische Bildung besitzen, was selten der Fall sein dürfte. Ein Philologe wird aber in der Regel auch nicht in der Lage sein, sich die Kenntnisse eines Balletmeisters anzueignen, und doch wird es ohne die speciellsten technischen Kenntnisse kaum gelingen die Tradition aufzuhellen. Was wir von der alten Musik wissen, ist grösstentheils nur das Skelet, das mathematische System, und gerade über den Haupttheil der alten Theorie, die Rhythmik, sind wir nur sehr mangelhaft unterrichtet. Die wenigen Reste alter Compositionen geben kaum eine Ahnung von der Beschaffenheit der verklungenen Melodien. Gerade wegen der ausserordentlichen Ausbildung der alten Musik ist es daher äusserst schwierig eine Einsicht in ihr Wesen und ihre Geschichte zu erlangen. Es gehört dazu eine Vereinigung philologischen Scharfsinns und bedeutender musikalischer Kenntnisse. Den Musikern von Fach fehlt zu einem richtigen Urtheil meist die nöthige philologische Durchbildung und sie unterschätzen deshalb die Bedeutung der alten Kunst. Doch ist das Vorurtheil gegen dieselbe im Abnehmen begriffen, wie die neueste Literatur der Musikgeschichte beweist.

IV.
Von dem gesammten Wissen des klassischen Alterthums.

§ 83. Wir haben gesehen, wie auf dem Gebiete der Praxis und der Kunst sich das Erkennen des Volkes in der Form von mehr oder minder klaren Anschauungen verkörpert (s. oben S. 363, 377, 428, 467 ff.). Diese geistige Form alles Erkennens wird durch die Sprache objectivirt und dadurch nach und nach zum Bewusstsein erhoben. Das durch die Sprache ausgedrückte Erkennen nennen wir Wissen; der Gegenstand worauf sich dasselbe bezieht, ist in der Praxis, dem Cultus und der Kunst gegeben: der Geist und die Natur in ihrem gegenseitigen Verhältniss. Der Inhalt des Wissens, der in der Sprache geformte Ideenstoff soll mit jenem Object übereinstimmen; denn in dem Wissen soll die Wahrheit, d. h. die Übereinstimmung des λόγος mit dem gesammten Erkenntnissmaterial erreicht werden. Diesem Ideal nähert sich indess die Erkenntniss nur in beständiger Entwickelung. Den Anfang bildet der Mythos; er enthält die Keime des Wissens in Ahnungen der Phantasie, die aus dem religiösen Gefühl hervorgehen. Der Mythos entfaltet sich weiterhin zur Wissenschaft, d. h. zur begriffsmässigen Erkenntniss. Diese ist ursprünglich ganz in der Philosophie befasst, durch welche auch alle Erfahrungskenntniss erst zur Wissenschaft gestaltet wird. Im ferneren Verlauf sondern sich dann die Einzelwissenschaften aus der Philosophie aus und treten in mannigfache Zweige auseinander. Aus dem Ideal der Wahrheit ergeben sich für den Inhalt des Wissens die wissenschaftlichen Ideen, welche darin verwirklicht werden. Aber bei der Einfügung des Ideenstoffs in die Sprachform machen sich auch die übrigen Ideale des Geistes geltend und durch die Berücksichtigung derselben entsteht die Sprachcomposition, d. h. die zweckmässige Verbindung von Stoff und Form; es verwirklichen sich so stilistische

Ideen in den Literaturgattungen. Indem aber die in der Sprache ausgedrückte Form des Wissens auf den gesammten Stoff des Erkennens angewandt wird, entwickelt sich diese Form auch an sich nach inneren Gesetzen, nach grammatischen Ideen, die zuletzt selbst wieder Gegenstand der Wissenschaft, nämlich der Grammatik werden und die letzten geistigen Elemente der Sprachwerke bilden, so dass sie nur durch die feinste Analyse der letztern erkannt werden können (s. oben S. 62 f., 70, 257 f.). Die Geschichte des Wissens gliedert sich hiernach in folgende Disciplinen:
1. **Mythologie**: Darstellung des Ideenstoffs in seinen Keimen.
2. **Geschichte der Philosophie**: Darstellung des Ideenstoffs in seiner einheitlichen Entfaltung.
3. **Geschichte der Einzelwissenschaften**: Darstellung des Ideenstoffs in seiner Vereinzelung.
4. **Literaturgeschichte**: Darstellung der Verbindung von Ideenstoff und Sprachform.
5. **Sprachgeschichte oder historische Grammatik**: Darstellung der Form des Wissens an sich.

1. Mythologie.

§ 84. Dass wir die Mythologie, d. h. die Geschichte der Mythen zur Geschichte des Wissens rechnen, hat seinen hinlänglichen Grund. Der ursprüngliche Inhalt der Mythen sind Vorstellungen vom Göttlichen. Wenn nun diese Vorstellungen auch auf dem Gefühl beruhen, so verlieren sie dadurch doch nicht den Charakter des Wissens, nämlich in so fern letzteres unentwickelt, noch nicht Wissenschaft ist. Es ist freilich eine aller Geschichte und Analogie widersprechende, nur aus wunderlichen Postulaten hergeleitete Annahme, als ob dem Menschengeschlechte ursprünglich von Gott oder göttlichen Naturen eine gleich vollkommen überlieferte Erkenntniss offenbart sei, wie noch J. Schelling (Philosophie und Religion. Tübingen 1804) *) und Fr. Schlegel (Über Sprache und Weisheit der Indier. Heidelberg 1808) gefabelt haben. Das Menschengeschlecht erfindet Alles selbständig. Aber wohl beweisen die ältesten Mythen, dass ihm im Kindesalter eine grosse bewusstlose innere Tiefe eigen war. Die Anschauungen, in die es ganz versenkt war,

---

*) Vergl. Kl. Schr. II, S. 455.

erfasste es mit lebendiger Phantasie wie im Traum, aber doch so, dass sie nie wieder entschwanden. Nur fehlte die begriffliche Reflexion, ohne die eine feste wissenschaftliche Erkenntniss unmöglich ist. Der Inhalt der alten Mythen ist im Wesentlichen derselben Natur wie der Inhalt jeder positiven Religion, auch des Christenthums. Allein die Alten haben richtig erkannt, dass ihre mythologische und wissenschaftliche Erkenntniss verschieden sei. Die Theologie oder das Priesterthum erhebt dagegen jetzt den Anspruch, der Inhalt der christlichen Dogmen sei nicht Mythos; man bringt daher diesen Inhalt in ein System und will eine Wissenschaft daraus machen, die man Dogmatik nennt. So wird der Mythos als solcher für vollendete Wissenschaft erklärt, während thatsächlich in ihm die wissenschaftliche Erkenntniss nur durch Phantasiebilder präformirt ist. Diesen innern Widerspruch in der Dogmatik hat E. F. Apelt gut, wenn auch nur streng vom Fries'schen Standpunkt erörtert in seiner Abhandlung: „Die Nichtigkeit der Dogmatik" (Abhandlungen der Fries'schen Schule. 1. Heft. Jena 1847.).

Wenn wir die Mythologie als Geschichte der Mythen erklären, so ist dies natürlich nur eine leere Definition. Sie erhält einen Inhalt dadurch, dass wir den Begriff des Mythos nicht wieder definiren, sondern nach seinen wesentlichen Momenten entwickeln. Wir bestimmen demgemäss:

        a. den Entstehungsgrund des Mythos,
        b. die Natur des mythenbildenden Geistes,
        c. den Gegenstand des Mythos,
        d. die Genesis der Mythenbildung.

a. **Grund des Mythos.**

Der Erkenntnissgrund der mythischen Vorstellungen vom Göttlichen ist der Enthusiasmus. Der Mensch in seiner nach Aussen gerichteten Thätigkeit und Betrachtung ist als ein Einzelwesen den übrigen Einzelwesen gegenübergestellt und befindet sich mit denselben in mannigfaltigem Conflict. Aber zugleich wird er von der Natur fortwährend geistig angeregt und gefördert, und was ihn so anregt, ist in der letzten Tiefe die Vernunft in der Natur. Ohne diese Voraussetzung ist überhaupt jede Erkenntniss unmöglich, da Gleiches durch Gleiches erkannt wird. Daher kann die Welt den Menschen so ansprechen, dass er darin oder in einer Kraft derselben das Göttliche erkennt; dann wird er enthusiastisch ergriffen, und hier liegt die Quelle der Naturreligionen, die mit einem mehr sinnlichen Enthusiasmus verbunden sind, weil die Begeisterung ihnen von Aussen gekommen ist. Aber der Mensch ist auch fähig sich vom Äusseren abzuziehen, sich auf den inneren Geist zu richten, sich in sich zusammenzuziehen. Der höchste Grad dieser inneren Contemplation und Erweckung ist die Ekstase, in welcher der menschliche Geist sich zu etwas Höherem erhoben, rein als Geist und Gott fühlt. Die Ekstase ist die Quelle der reineren religiösen Erkenntniss, wie sie in der neuplatonischen Schule mit der philosophischen Erkenntniss identificirt erschien; in ihr liegt ohne Zweifel die letzte Wurzel auch vieler alterthümlichen religiösen Systeme, an welche zugleich die Mantik anknüpft und das ganze System der Theophanien und der Menschwerdung des Göttlichen, die der noch auf höherem Standpunkte stehende, den absoluten Gott von der Erkenntniss des Göttlichen durch den und in dem Einzelnen sondernde Platon als des Göttlichen unwürdig verwirft (s. oben S. 273. 457). Gewiss sind viele Mythen des Alterthums so entstanden; der Begeisterte fühlt den Gott in sich und erkennt sich selbst als Gott oder Gottessohn; er wird als solcher auch von den Anderen verehrt und im Laufe der Zeiten gestaltet sich durch hinzukommende Reflexion ein religiös-mythisches System als das äussere Gewand der inneren Wahrheit, die aber dadurch auch wieder verdunkelt wird, indem das relativ Göttliche für absolut göttlich gegeben wird.

So liegt allem Mythos von dem Göttlichen, so crass er auch geworden sein mag, das Göttliche selbst und die wahre Erkenntniss desselben zuletzt zu Grunde; das uranfängliche Zeugniss der Vernunft ist die Offenbarung der Gottheit. Die ganze alte Götterlehre ist kein absoluter Götzendienst, nichts Irreligiöses an sich, aber irreligiös und götzendienerisch geworden durch Verwandlung in ein crasses Dogma und Losreissung von den ursprünglichen Quellen, dem Naturenthusiasmus und der Ekstase. In wie fern die letzteren mystisch sind, ist aller Religion Quelle Mysticismus; wo das Mystische aufhört, wird der Mythos kalt und todt. Das Mystische aber liegt darin, dass im Mythos das Göttliche enthusiastisch durch das Gefühl ergriffen wird. Der objective Grund der Religion ist der göttliche Geist in der Natur und im Menschen, der subjective das Gefühl der eigenen Ohnmacht des Menschen in seiner Unzulänglichkeit, also seiner

Abhängigkeit von einem Höheren. Dies Gefühl stellt sich in Furcht und Liebe dar, welche Symptome der enthusiastischen Gemüthserregung sind. Denn Furcht ist der Schauer des Unendlichen und Liebe die Versenkung in das Unendliche, indem man sich mit ihm identificirt. (Vergl. oben S. 428 f.)

b. Der mythenbildende Geist.

Wenn man die Mythologie der Griechen in ihrer letzten fertigen Gestalt betrachtet, etwa wie sie in Apollodor's mythischer Bibliothek vorliegt, steht man staunend und verwundert davor und kann kaum begreifen, wie ein so grosses Ganzes im Volksgeiste irgend entstehen konnte. Freilich haben Jahrtausende daran gebaut; wie ein Tropfstein aus unzähligen Lagen von Sinter besteht, so hat sich eine Formation von Mythen über die andere gelegt. Aber auch die bildende Kraft, durch welche in Jahrtausenden dies geworden, ist immer noch bewunderungswürdig und es gehörte eine gewaltige Geistesanlage der Nation dazu das mythische Gewebe zu flechten. Ohne ein bedeutendes künstlerisches Talent wäre dies zunächst unmöglich gewesen; das Volk war durch und durch poëtisch. Die reiche Mannigfaltigkeit der Mythen hätte indess auch nicht entstehen können ohne eine gleiche Mannigfaltigkeit der Volksanlagen, die wieder durch die mannigfache Gestaltung der Natur des Landes vielfältig angeregt wurden. Die innerste treibende Kraft des mythenbildenden Geistes war aber das lebendige Gefühl für die Natur, welches eine überwältigende Macht ausüben musste, solange die Phantasie vorherrschte. Das Licht, die Sterne machten damals einen tieferen Eindruck auf das Gemüth als jetzt, und auch jetzt noch ergreift jeden unverdorbenen Menschen diese wunderbare Sternenpracht und begeistert ihn. Der kindliche Sinn des Alterthums schaute darin unmittelbar die Herrlichkeit der Gottheit an. Ebenso ist die Vergötterung der anderen Naturkräfte zu erklären. Die Mythologie ist in dieser Hinsicht ein wichtiges Hülfsmittel der Psychologie, indem sie die Grundeindrücke der Dinge auf das Gemüth viel stärker ausgeprägt zeigt als die psychologischen Beobachtungen, die wir jetzt anstellen können. Warum z. B. sind diejenigen, die von heftigem, mehr oder minder dem Wahnsinn ähnlichen Enthusiasmus ergriffen waren, νυμφόληπτοι genannt worden? Theils freilich weil die schauerliche Einsamkeit der Grotten, des Waldes, der Berge und Felsen, die den Griechen an vielen Orten umgab, das Gemüth zur Schwärmerei einlud, während auf dürrer märkischer Sandflur schwerlich viel selbsterzeugte Schwärmerei entstehen kann, sondern nur übertragene und reflectirte. Aber es ist wohl noch ein tieferer Grund dahinter zu suchen. Dionysos, der schwärmerische Gott ist nicht bloss darum trunken, weil er Weingott ist; der Wein ist bloss die Flüssigkeit, welche die Begeisterung, die das Flüssige überhaupt erregt, in concentrirter·Form enthält. Es ist aber Dionysos wohl allerdings der „Herr der feuchten Natur"*) selbst. Wer die mystische Gewalt des rauschenden und schwellenden Wassers, welche den Geist in schwärmerischem Schwindel ergreift, nie gefühlt hat, der kann sie aus Goethe's Fischerliede ahnen lernen. Eine solche Empfindung, die bei uns nur noch schwach und matt und fast kränklich ist, muss in dem natürlichen Menschen viel kräftiger und lebendiger gewesen sein. So wurde Dionysos, der schwärmerische Gott, Wassergott; so werden die Menschen von den Nymphen im heiligen Wahnsinn ergriffen. Es liegen den Mythen viel mehr solche Naturgefühle, als philosophische Speculationen zu Grunde und als Ausdruck solcher ursprünglichen Gefühle haben sie ihre Realität: sie sind eine Geschichte der innersten Natur des Menschen.

c. Der Gegenstand der Mythen.

Der Mythos besteht in einer chaotischen Masse von Erzählungen über Handlungen und Schicksale persönlicher Einzelwesen aus einer Zeit, die jenseits der klaren Geschichte liegt, und der Inhalt dieser Erzählungen ist theils Thatsache, theils Gedanke in gefühlsmässiger Form. Beide Elemente sind unauflöslich in einander verwebt. Wäre die Thatsache, wie Einige es bei manchen Mythen gefasst haben, reine Thatsache, so wäre hier Mythos und Geschichte Eins oder vielmehr, es läge überhaupt kein Mythos vor, sondern geschichtliche Erzählung aus mythischer Zeit. Aber die mythische Thatsache ist in der Form, wie sie erzählt ist, nicht geschichtlich, sondern enthält nur das Geschichtliche. Die gesammten Genealogien der griechischen Stämme und Staaten sind offenbar keine Thatsachen; als solche gefasst bieten sie unüberwindliche Schwierigkeiten für die Erklärung. Hellen, Ion, Achäos, Doros u. s. w. sind keine Menschen,

---

*) Vergl. Kl. Schr. V, S. 143.

sondern Nebelgestalten des mythenbildenden Geistes erzeugt durch die Völkernamen. Über die Art, wie die Alten aus geographischen Namen Personen geschaffen haben, findet sich ein wahres Wort alter Forscher bei Strabon (Excerpt in Bch. 8, S. 368). Dort wird gezeigt, wie aus dem Namen der Stadt Nauplia (= ναύσταθμον) der des Heros Nauplios erdichtet ist. Und zwar nimmt der Autor an, dies sei erst von den Kyklikern geschehen, da Homer weder den Palamedes noch den Nauplios kenne. Letzterer könne auch chronologisch nicht der Sohn der Amymone sein (der Verfasser weiss noch Nichts von den zwei Nauplios, dem älteren, Sohn der Amymone und dem späteren). Die Ansicht ist sicher richtig; nur ob die Namen erst nach Homer erdichtet, ist eine andere Frage. L. Ross in seinen Hellenika (1846) in der Einleitung sucht die alte Superstition wieder in Gültigkeit zu bringen und die Namen der Stammheroen als geschichtlich zu retten — eine seltsame Verirrung meines lieben Freundes. Man muss dabei stehen bleiben, dass die mythische Thatsache nur eine geschichtliche Vorstellung des Mythenbildners enthält, gleichviel ob diese wahr ist oder nicht. Der Mythos ist die Urgeschichte des Volkes in symbolischer Sprache. Das Wesen des Mythischen in dieser Beziehung ist folgendes: **was nicht Person ist, nicht einzelne äussere Handlung** (z. B. Volksstamm, Culturzustand) **wird Person** und Alles, was sich äusserlich begeben hat, was in der Welt als Geschichte grösserer Massen erschienen ist, oder was sich innerlich im Geiste des Volkes ereignet hat, wird als Handlung von einzelnen Personen oder als äusseres Schicksal derselben dargestellt. Oft sind es nur Eigenschaften und Beschaffenheiten, die nun als Personen erscheinen und deren Wirkungen zu einzelnen Handlungen gestaltet werden. Es ist eine Unendlichkeit historischer Verhältnisse zusammengefasst in das enge Gehege von genealogischen Mythen und Thaten der Heroen. Ja diese Art von Mythenbildung setzt sich in der historischen Zeit fort; an viele wichtige Ereignisse knüpfen sich mythische Erdichtungen, wobei die Erzählung häufig in die mythische Zeit zurückverlegt wird. (Vergl. K. O. Müller, Prolegomena zu einer wissenschaftlichen Mythologie S. 132 ff.)

Ähnlich wie mit dem Ausdruck von Thatsachen verhält es sich aber mit dem Ausdrucke des Gedankens in den Mythen. Obgleich der Gedanke darin gleichfalls nicht unmittelbar erscheint, ist er doch darin enthalten; er stellt sich mythisch gefasst ebenfalls als Person dar, welche persönlich handelt, und während die Idee, die in dem Mythos liegt, ein Ausserzeitliches ist, erscheint sie in der mythischen Hülle als in Zeit und Raum begriffen. Das Wesen dieses speculativen Mythos ist also: **Ausdruck des Ausserzeitlichen in der Gestalt des Zeitlichen und Irdischen.** So sind die Grundideen der Götter ein Ausserzeitliches, werden aber im Mythos zeitlich gedacht, so dass die Götter selbst als geboren gelten. ἐν χρόνῳ δ' ἐγένετ' Ἀπόλλων.*) Alle Theophanie, jeder geborene Gott ist mythisch, weil damit das Ewige in die Zeit gesetzt wird. Freilich werden die Götter im Mythos auch wieder als ewig vorgestellt; dieser Widerspruch ist im Wesen der mythischen Vorstellung begründet, da das Zeitliche immer nur ein unzulängliches Symbol des Unendlichen sein kann. Der in dem Mythos liegende Gedanke, die ὑπόνοια desselben (nach Platon, Republ. II, 378D) ist aber nicht absichtlich in das Dunkel der Symbole gehüllt. So lange die Phantasie das Übergewicht über den Verstand hat, ergreift der Geist tiefe Anschauungen ohne Schlüsse, Folgerungen und systematische Combination und verkörpert unwillkürlich alles Innerliche, Abstracte in äusseren Zeichen; auf diesem Standpunkt ist das Symbol natürlich und nothwendig. Doch scheinen auch manche religiöse Vorstellungen bereits eine bewusste Allegorie zu enthalten, wie später die künstlichen Mythen der Philosophen.

Die historischen und speculativen Mythen haben nun nicht einen bestimmten Theil des Denkens oder Wissens zum ausschliesslichen Inhalt. Vielmehr ist das gesammte Wissen der Urmenschheit mythisch; das religiöse Erkennen ist nur die Grundlage, auf welche aber alle Naturerkenntniss und alle ethischen Vorstellungen gebaut sind. Der Mythos ist der sinnliche in Personificationen gegebene Ausdruck der gesammten ethischen und physischen Erkenntniss.

d. Genesis der Mythen.

Die letzte Quelle aller mythischen Überlieferung ist die Sage des Volkes. Diese ist zum grössten Theil nicht die Erfindung Einzelner, sondern das Werk des Volksglaubens, der das Irdische und Überirdische in Verbindung dachte und durch leichte Com-

---

*) S. *Fragmenta Pindari* S. 628.

bination das Factum, welches zu Grunde lag, so gestaltete, wie es dargestellt ist. Der Glaube vermag Viel, besonders in einer südländischen Phantasie; er hat von jeher Berge versetzt; denn wer vom Wunderglauben durchdrungen ist, sieht überall Wunder, wo einem Andern alles natürlich erscheint. Die Mythen gehen aus dem Cultus hervor (s. oben S. 428). Dieser drückt aber das religiöse Gefühl der einzelnen Volksstämme aus. Treffend sagt O. Müller (Prolegomena, S. 243): „Nicht physische oder ethische Dogmen, einzelne Philosopheme über Welt und Gottheit sind der Grund des Cultus, sondern jenes allgemeine Gefühl des Göttlichen; nicht die Kräfte der Natur wurden θεοί genannt, sondern die geglaubten θεοί erschienen in der Natur lebendig; auch wurden nicht etwa einzelne Talente und Fertigkeiten vergöttert, sondern die schon vorhandenen Götter stehen schützend und selbstthätig den Thätigkeiten ihrer Verehrer vor." Aber der religiöse Glaube, der aus dem allgemeinen Gefühl des Göttlichen entspringt, enthält in seinen Hauptmomenten und in denjenigen Formen, welche von den geistvollsten Stämmen gebildet wurden, doch wieder die Grundideen der verschiedenen philosophischen Weltanschauungen. Da das Unendliche Eins in Allem und Alles in Einem ist, scheint es auch ursprünglich als Eine Person gedacht zu sein. Doch beruht dieser Monotheismus nur auf dunkler Ahnung und ist nicht durch die Negation des Polytheismus zum klaren Bewusstsein erhoben; je mehr nun die mythenbildende Phantasie die verschiedenen Offenbarungsformen des Göttlichen in der Natur und im Menschenleben persönlich ausmalte, desto schwieriger wurde es die Einheit festzuhalten. Zunächst wurde Alles, was man im Einzelnen erkannte, auf die Eine Gottheit zurückgeführt als Werk von Geistern, welche aus dem Einen hervor und in ihn zurückfliessen; denn der Mythos setzt in jeder Thatsache eine That voraus, worin sich die göttliche Kraft darstellt. Je mehr nun die Symbole, an die sich die religiösen Vorstellungen knüpften, durch den Cultus und die Kunst fixirt wurden, desto selbständiger wurden die einzelnen Personificationen, deren ursprüngliche Identität in Vergessenheit gerieth. Der Polytheismus wurde ausserdem durch die locale Natur der Volkssage gefördert. Die einzelnen Mythen sind an verschiedenen Orten, vielfach ohne jeden Zusammenhang entstanden und enthalten also sehr verschiedene Anschauungen und Symbole des Göttlichen. Bei den Griechen ist diese Mannigfaltigkeit vermöge ihrer individualisirenden Geistesrichtung besonders gross; durch das Zusammenwachsen der verschiedenen Localsagen ist die unzählige Menge der griechischen Gottheiten entstanden und auch zu jeder Gestalt der nun gemeinsam verehrten Götter und Heroen traten immer neue locale Beziehungen (s. oben S. 429). Man kann daher die griechische Mythologie ihrem Inhalt nach unmöglich auf Ein System zurückführen; es liegen darin die verschiedensten einander vielfach widersprechenden Ansichten.

Vermehrt wurde die Mannigfaltigkeit durch Aufnahme fremder Sagen. In der vorhomerischen Zeit verpflanzten besonders die Phöniker orientalische Mythen nach Griechenland, indem sich, wie noch heute, religiöse Missionen mit dem Handel verbanden. S. darüber das verständige und geistvolle Buch von F. K. Movers: „Die Phönikier" (1. Bd. Bonn 1841).*) Viel geringer ist für jene Zeit der Einfluss Ägyptens anzuschlagen. Wie weit derselbe gegangen, lässt sich sehr schwer feststellen. Die Ägypter hatten die Manie alles Ausländische von sich abzuleiten. Haben sie doch sogar behauptet, Alexander d. Gr. sei ein Sohn ihres Königs Nektanebos,**) erzeugt mit der Olympias, bloss um sich den Glanz der ausländischen makedonischen Herrschaft anzueignen. Die Identificirung griechischer Götter und Sagen mit ägyptischen, die sich schon bei Herodot auf Grund der Aussagen ägyptischer Priester findet, ist daher von geringer Beweiskraft; der Zusammenhang in der vorhomerischen Zeit kann nicht sehr bedeutend gewesen sein. In der historischen Zeit sind die Griechen natürlich mit der ägyptischen und orientalischen Mythologie genauer bekannt geworden und haben sich dieselbe so weit angeeignet, als sie mit den eingeführten ausländischen Culten zusammenhing. Ebenso drangen bei den Römern mit den fremden Culten die fremden Mythen mit ein. Eine Übertragung indischer Sagen und Culte, aus welcher man z. B. die Mysterien abzuleiten gesucht hat, ist nicht gedenkbar. Aber durch sämmtliche Mythen der Griechen und Römer zieht sich eine grosse allgemeine Tradition, vermöge deren die ersten Grundideen derselben ein gemeinsames Eigenthum der grossen indogermanischen Stämme und eine Mitgift

---

*) Vergl. Metrologische Untersuchungen S. 43 ff.
**) Manetho S. 374. Vergl. Kl. Schr. II, S. 482 f.

auf ihren Wanderungen gewesen sind. Dass sich eine solche Tradition aus der Urzeit erhalten, ist nicht wunderbar; denn nirgend ist die Überlieferung stärker und hartnäckiger als im Mythos, der überdies in der ältesten Zeit von Priestergeschlechtern bewahrt wurde (s. oben S. 432). Allein jene gemeinsamen Grundideen sind durch die isolirte Entwickelung der einzelnen arischen Völker in der verschiedenartigsten Naturumgebung sehr individuell ausgebildet, so dass sich nur sehr allgemeine Verwandtschaftsbeziehungen auffinden lassen. Auch beruht die Ähnlichkeit der Mythen oft nur auf der Gleichheit der bedingenden Verhältnisse; verschiedene Stämme können an verschiedenen Orten unabhängig von einander dieselben Vorstellungen erzeugen, da in gewissen Zeiten die mythische Anschauung mit einer gewissen Gleichmässigkeit verbreitet war. Indess lässt sich der orientalische Ursprung der griechischen Mythen unmöglich bestreiten, wie dies noch K. O. Müller, der hierin zu einseitig war, gethan hat. C. M. Fleischer, *De mythi inprimis Graeci natura commentarii*. Halle 1838. 4. beweist *a priori* aus der Entwickelung des menschlichen Geschlechtes, dass die Griechen ihren Mythos nicht aus dem Orient haben können. Dies ist sehr wunderlich. Als ob die folgende Entwickelung nicht aus der früheren hervorginge, wie der Jüngling aus dem Knaben, der Knabe aus dem Kinde! Fleischer geht darauf aus, den Mythos als die Wahrheit darzustellen, wie sie der Hellene fasste; die Wahrheit aber sei im Geiste; Natur- und Geschichtsbetrachtung soll daher im Mythos nicht enthalten sein, obgleich später doch etwas von Naturbetrachtung zugegeben wird. Dies ist Alles Hegel'sche Pseudophilosophie. Der Geist ist auch in der Geschichte und die Geschichte wie die Natur wird in den Geist aufgenommen. Alles menschliche Erfahren gestaltet sich ursprünglich zu Mythen; wenn der Mensch sich allmählich der Macht der Natur entzogen hat, aus welcher er seine Götter schuf, und ethisch geworden ist, so bildet er auch seine Naturgötter zu sittlichen Charakteren um. So wird Apollon aus einem Lichtgott ein Vernunftgott: das Licht ist die sinnliche Erscheinung der Vernunft, die Sonne das Bild des Geistes.

Zwischen der ersten Mythenbildung und der Homerischen Poësie scheint aber ein sehr langer Zeitraum zu liegen, in welchem allmählich unter dem Einfluss vorderasiatischer Culte eine völlige Umgestaltung der Mythen vor sich ging. Indem dieselben nämlich plastisch mit allem Reiz der Poësie ausgestattet wurden, nahmen die Götter eine menschliche Gestalt an; sie handelten und litten wie Menschen, wenn auch nach grössern idealen Gesetzen. Die alte symbolische Naturvergötterung zeigte sich nun bloss darin, dass die Natur unter die Gottheiten vertheilt, von ihnen beherrscht wurde. Die Bedeutsamkeit der alten mystischen Symbolik musste dagegen zurücktreten; man verlor den Sinn des Sinnbildes und es blieb nur noch das Bild. Das ionische Epos hat von den mystischen Vorstellungen der alten Zeit kein Bewusstsein mehr, weil die Dichtung alles Einheimische und Ausländische in die Religion der Schönheit verwandelt und umgegossen hat, was freilich nicht ein Dichter that, sondern die Folge der Zeiten, die allmählich alles Alte tilgte, so weit es sich nicht in die anthropomorphe Weltansicht fügte. Dabei wurde das Göttliche vielfach abgestreift und sank zum menschlichen Stoff der Sage herab; viele Götter wurden zu Heroen. Die Griechen haben dies bereits frühzeitig erkannt und durch allegorische Erklärung den ursprünglichen ethischen und physischen Sinn der Mythen zu ergründen gesucht. Metrodor von Lampsakos, der Freund des Anaxagoras, ging darin am Weitesten, etwa so weit als die heutigen Mythologen (vergl. Hesychios S. 32 der Alb. Ausg. [S. 9 ed. min.² M. Schmidt] und besonders Tatian, *or ad Graec.* cap. 37). Er hat die Homerischen Götter und Heroen alle in physische Gegenstände verwandelt. Hera, Zeus, Athena sind nach ihm Hypostasen der Natur und Anordnungen der Elemente. Ebenso löste er die Heroengestalten in mythische Symbole auf. Hektor, Achill und Agamemnon nebst allen Hellenen und Barbaren in den Homerischen Epen sind nach seiner Ansicht ursprünglich gar keine Menschen gewesen. Unstreitig waren auch viele dieser Heroen und Heroinen ursprünglich Götter. Dass Helena nicht als historisches Wesen anzusehen, sondern mit der Artemis identisch ist, habe ich lange vor Uschold behauptet;*) ebenso war Hekabe wahrscheinlich eine phrygische Göttin. Agamemnon, den Metrodoros als Personification des Äthers ansah, ist in der That von dem Zeus Agamemnon abzuleiten.**) Freilich sind die Notizen über den Zeus Agamemnon aus relativ sehr später Zeit. Aber es ist natürlich,

---

*) *Explicationes Pindari* S. 164.
**) S. *C. Inscr.* I, S. 658.

dass der zum Heros herabgesetzte Agamemnon die Vorstellung des Zeus Agamemnon verdrängte, der nur noch hier und da in Localculten verehrt und dann von den Späteren wieder hervorgezogen wurde. Die Alten haben angenommen, das Homerische Scheria sei Korkyra und die Korkyräer begünstigten diese Meinung, die ihrer Eitelkeit schmeichelte. Indess liegt der ganzen Phäakensage ohne Zweifel eine alte religiöse Idee zu Grunde, wahrscheinlich die Vorstellung von der Beschaffenheit der Inseln der Seligen. Aber bei Homer ist dies freilich ganz und gar verdunkelt. (Vergl. K. Eckermann Art. Phäaken in Ersch und Gruber's Encyklopädie Sect. III. Th. 21. und F. G. Welcker, Die Homerischen Phäaken und die Inseln der Seligen im Rh. Mus. N. F. Bd. I. 1833. Kl. Schr. Bd. 2.)

Man kann gegen diese Ansicht von der Heroensage geltend machen, dass letztere ein historisches Fundament haben müsse. Aber zwischen jener Sage und der Geschichte liegt eine ungeheure Kluft, die sich dem aufmerksamen Forscher gähnend aufthut, so viel auch die Jahrhunderte sich bemüht haben sie durch allerlei Fictionen auszufüllen. Natürlich muss in jedem einzelnen Falle untersucht werden, ob ein Heroenmythos historisch oder speculativ ist. In welchem Grade der ursprüngliche Sinn der Mythen bei Homer geschwunden ist, sieht man besonders in astronomisch-astrognostischen Dingen. Hierhin gehört die Erzählung von den Rindern des Helios (vergl. L. Ideler, Handbuch der Chronologie II, S. 608), sowie die vom Raube des Orion durch Eos, was K. O. Müller sehr gut ausgeführt hat (Rh. Mus. 2. 1834, Kl. Schr. Bd. 2). Eine physische Bedeutung hat offenbar die ϲειρὴ χρυϲείη (Il. VIII, 19), woran Hera in der Luft aufgehängt werden soll. Bei solchen Mythen sieht man deutlich, dass der Dichter den Sinn entweder nicht wissen will, oder nicht mehr weiss. Der Sage vom trojanischen Kriege scheinen allerdings geschichtliche Mythen zu Grunde zu liegen; aber mit diesen sind speculative verschmolzen, indem sie ebenfalls historisirt sind. Da nun die ganze hellenische Cultur von der Homerischen Weltanschauung abhängig wurde, so ist es kein Wunder, dass die alte Mystik, welche durch das Epos nur noch in den mythischen Namen des Orpheus, Linos, Eumolpos, Melampus und Musäos hindurchschimmert, nur in einzelnen Culten fortlebte und erst spät und durch die herrschenden Vorstellungen modificirt zu erneuter Geltung, wenn auch nur in engern Kreisen gelangte (s. oben S. 446). Daher konnte Herodot (II, 53) sagen, Homer und Hesiod hätten den Griechen ihre Theogonie geschaffen, den Göttern Namen gegeben, ihnen Ämter und Verrichtungen zugetheilt und ihre Gestalt bezeichnet. Die einzelnen Dichter in der nachhomerischen Zeit änderten wohl die einzelnen Sagen, brachten aber keine grosse Umgestaltung des Mythos hervor; ausser dass sich die Religion der Gebildeten bereits vor dem Beginn der Philosophie dem Monotheismus näherte, indem Zeus als Herrscher des Weltalls und die übrigen Götter als Manifestationen seines Wesens galten.*)

§ 85. **Literatur. I. Quellen.** Da die Mythen kein einheitliches System bilden, kann bei jedem einzelnen nur durch eine selbständige eingehende Untersuchung erkannt werden, was er bedeutet. Hierbei ist die erste Aufgabe die Sichtung des von den Alten selbst Überlieferten; denn wir müssen ohne vorgefasste Meinung von dem ausgehen, was die Alten sagen. Aber die Quellen bedürfen der sorgfältigsten Kritik. Ein empfindlicher Mangel besteht zunächst darin, dass uns die alte Priestertradition nicht unmittelbar erhalten ist. Für uns sind die Hauptquellen die Dichter. Unter ihnen sind die Tragiker, weil sie viel umbildeten, sehr unzuverlässige Zeugen für die ursprüngliche Form der Sage. Die Lyriker, unter denen Pindar am wichtigsten ist, haben zwar auch umgebildet; aber weil sie viele Localsagen für die betreffenden Orte selbst erzählen, müssen sie hierin eine treuere Überlieferung enthalten. Homer und Hesiod gelten noch heut zu Tage bei Vielen als die einzigen Quellen für das höhere Alterthum und gewiss haben diese auch das gegeben, was sie in der Sage vorgefunden. Aber dass Homer ausschmückt, dass überhaupt die alten Dichter durch ihren Reiz und ihre geflügelte Kunst Vieles falsch schminkten, hat schon Pindar erkannt (s. Nem. Od. VII, 30). Auch bei Hesiod singen die Musen: Ἴδμεν ψεύδεα πολλὰ λέγειν ἐτύμοισιν ὅμοια. Homer hat am Ende doch auch nur Localsagen bearbeitet und diese finden sich ebenso gut noch bei den Kyklikern und Logographen, deren Ansehen zuweilen ebenso hoch zu schätzen ist. Leider sind wir für dieses so wichtige Mittelglied der Tradition auf Bruchstücke und Notizen beschränkt; die Kykliker sind z. Th. die Quellen der Dramen. Vergl. F. G. Welcker, Der epische Cyclus. Bonn 1835—49. 2. Aufl. 1865 [u. 1882]. 2 Bde. Am meisten bedürfen natürlich die seit dem 6. Jahrh. entstandenen und nur zum Theil an die alte Priestertradition sich anlehnenden mystischen Gedichte der Kritik (s. oben S. 230 f.); man muss hierbei besonders die Notizen der ältesten Philosophen und der Historiker benutzen. Die Historiker und antiquarischen Schriftsteller nehmen überhaupt vielfach Rücksicht auf Cultus und Mythen (s. oben S. 364 ff.). Am unbrauchbarsten sind die mit Ephoros beginnenden Pragmatiker, welche aus der Mythologie eine Staats- und Fürstengeschichte unter Weglassung des Göttlichen abzogen z. Th. mit

---

*) Eine kurze Zusammenfassung der obigen Ansicht über die Mythologie s. Kl. Schr. II, S 118 f.

untergebensten Motiven, wie sie für die späteren Zeiten passten. Der höchste Gipfel dieses Pragmatismus, aber offenbar nichts als ein gottloser Scherz ist der Versuch des Messeniers **Euhemeros** die gesammten Göttermythen in Menschengeschichten zu verwandeln; er ersann für seine Fabel ein eigenes utopistisches Land, die Insel Panchäa im indischen Ocean und wies aller Orten die Gräber der Götter nach. Bei den Römern fand seit **Ennius** der Euhemerismus vielfach Anklang. Ein Gesinnungsgenosse des Euhemeros war der Kyklograph **Dionysios**, der die Hauptquelle der mythologischen Theile in **Diodor's** Historischer Bibliothek bildet.*) Die ältesten Philosophen, die ionischen wie die italischen und **Empedokles** benutzten aus religiösem Sinn den Mythos als allegorische Form ihrer Lehren, während sie zugleich gegen die unsittlichen Vorstellungen des Volksglaubens ankämpften (s. oben S. 446). **Platon** dichtete jedenfalls auch um. Mit **Anaxagoras** und **Demokrit** beginnt aber bei den Philosophen die allegorische Mythendeutung (s. oben S. 565). Die Stoiker deuteten die Mythen ganz nach ihren Ideen um, indem sie alle Götter in Naturwesen oder Begriffe auflösten. Eine ausführliche Kenntniss hiervon giebt aus den nicht erhaltenen stoischen Schriften der Epikureer **Philodemos**, Περὶ εὐσεβείας (vergl. darüber L. **Spengel**, Abh. der Münchener Akad. I. Classe. Bd. X. 1866). Eine mystische Deutung gaben die Neuplatoniker den mythischen Vorstellungen. Auch die alexandrinischen Grammatiker machten die Erklärung der Mythen zu einem Gegenstand ihres Studiums. Natürlich haben alle diese Versuche für uns nur insofern den Werth von Quellen, als wir daraus die ursprünglichen Formen des Mythos selbst kennen lernen. Je weniger in einer Überlieferung ein bestimmtes System der Deutung hervortritt, desto unverdächtiger ist sie. Die alten Deutungen sind, wie die in der Neuzeit versuchten, nur Hülfsmittel für die Mythologie. Sie sind nicht maassgebend, aber auch nicht ohne Weiteres zu verwerfen, sondern leiten oft auf den richtigen Weg. Sehr wichtige Quellen sind die Mythensammler, welche aus den Kyklikern und Logographen und ausserdem aus allen Gattungen der Poesie nur die Mythen in einen Cyklus zusammenzuflechten suchten. Wir haben eine kleine Anzahl von Mythengeschichten sehr verschiedener Art; die griechischen sind gesammelt von A. **Westermann**, Μυθογράφοι. Braunschweig 1843. Am bedeutendsten ist die Mythische Bibliothek des **Apollodor**, der den Sagenstoff in einen leidlichen Zusammenhang gebracht hat in der Weise wie früher die Logographen; allerdings ist dieser Zusammenhang oft erst gemacht, besonders wo im Chronologischen nachzuhelfen war; denn die chronologische Übereinstimmung ist offenbar ursprünglich nicht vorhanden gewesen. Im Übrigen ist die Darstellung durch kein System der Deutung gefälscht. Die Hauptquelle des leider nur als Auszug. und nicht vollständig erhaltenen Werkes sind die Epiker. [C. **Robert**, *De Apollodori bibliotheca*. Berlin 1873.] Nächst Apollodor ist **Antoninus Liberalis** zu nennen, von dem eine cυναγωγὴ μεταμορφώσεων erhalten ist. Der wichtigste römische Mythensammler ist **Hyginus**, ein Freigelassener des **Augustus**, in dessen *Fabularum liber* ein Cyklus von Mythen vorzugsweise aus Dramen zusammen-

---

*) Vergl. *Explicationes Pindari* S. 233.

gestellt ist. Das erhaltene Werk ist verkürzt und verstümmelt. In der Sammlung der *Mythographi latini* (Amsterdam 1681 von Th. Muncker und vollständiger Leiden 1742. 4. von A. van Staveren) sind ausser Hygin noch Fulgentius, Lutatius Placidus und Albericus enthalten. Hierzu kommen die sogen. *Mythographi Vaticani*, zuerst herausgegeben von Ang. Mai (Rom 1831) und von G. H. Bode (Celle 1834. 2 Bde.). Vieles haben die Scholiasten und andere Grammatiker aufbewahrt. Alle diese Sammler entnehmen, Verunstaltungen abgerechnet, offenbar ihre Erzählungen theils aus früheren Dichtern, theils aus der Sage, und die Sage des Volkes muss überhaupt als die letzte Quelle des Mythos betrachtet werden, da die Dichter verhältnissmässig nur Weniges selbst erfunden haben. Daher ist Pausanias von vorzüglicher Bedeutung, weil er hauptsächlich Localsagen überliefert. Die Erklärung jedes Mythos kann nichts anderes, als eine Nachweisung seiner Genesis sein. Hierbei kommt es zunächst darauf an, die Zeit seiner Entstehung zu finden, die sich nicht selten aus dem Zusammenhang desselben mit historischen Thatsachen erschliessen lässt, keineswegs aber oder wenigstens nur mit der grössten Vorsicht nach dem Zeitalter des Schriftstellers, der den Mythos zuerst erwähnt, bestimmt werden darf. In letzterer Hinsicht ist besonders mit Homer ein grosser Missbrauch getrieben worden, als ob Alles, was er nicht sagt oder nicht wusste, nachhomerisch wäre. Die durch Voss aufgekommene abergläubische Verehrung der Autorität des Homer wird immer mehr abnehmen, je weiter die unbefangene Forschung fortschreitet. Zugleich damit wird sich auch das noch nicht ganz getilgte Vorurtheil heben, als ob die Orphischen Mythen und Culte erst nach Homer entstanden seien.

Von der grössten Wichtigkeit für die Feststellung der Genesis der Mythen ist es, theils dasjenige, was die Dichter, um nach ihrer Ansicht die Handlungen psychologisch zu motiviren, hinzuthaten, theils was durch die herrschende Ansicht, die von der Poesie verbreitet wurde, auch in den Localsagen verändert worden ist, abzuscheiden; hierzu trägt ohne Zweifel die genauere Kenntniss des Cultus und der Kunst und dessen, was von der alten Localsage ohne die Dichter erhalten ist, am Meisten bei (vergl. die Quellen zur Geschichte des Cultus oben S. 457 f. u. der Kunst oben S. 494 f.). Da ferner die Theile der einzelnen Mythen offenbar erst allmählich zusammengewachsen sind, ist eine Erkenntniss der Bedeutung nicht möglich, ohne dieselben geschieden zu haben, und demnächst muss dann bestimmt werden, wie sie zusammengewachsen, wo und von wem die Partien ausgebildet und an welchem Gegenstande sie sich gebildet haben. Unter diesen Momenten ist die Localisirung der Mythen das wichtigste. (Vergl. K. O. Müller, Prolegomena S. 226 ff.)

II. Bearbeitungen. G. Boccaccio (*De genealogia deorum libri XV*. Venedig 1472 u. ö.) und Natalis Comes (*Mythologiae s. Explanationum fabularum libri X*. Venedig 1568 u. ö.) waren die ersten Neueren, welche die Mythologie als selbständige Disciplin behandelten; sie benutzten noch ungedruckte Quellen, die z. Th. nicht mehr vorhanden sind; indess ist dieser Verlust nicht von grossem Belang. Vergl. R. Dorschel, *Qualem in usurpandis veterum scriptorum testimoniis Natalis Comes praestiterit fidem*. Greifswald 1862. In den folgenden Jahrhunderten sind viele Schriften

570 Zweiter Haupttheil. 2. Abschn. Besondere Alterthumslehre.

über Mythologie erschienen; doch ist eine tiefere Forschung erst durch Heyne angeregt. Von ihm beginnen wir daher unsere Literaturübersicht. Chr. G. Heyne, *Opuscula academica.* Göttingen 1785—1812. 6 Bde. Die darin enthaltenen mythologischen Aufsätze waren zuerst in den *Commentationes societatis Gotting.* erschienen. — Mart. Gottfr. Herrmann, Handbuch der Mythologie. Berlin u. Stettin 1787—1795. 3 Bde. Bd. 1 in 2 A. 1800. Aus Heyne's Vorlesungen geflossen, aber sehr unvollkommen. — Joh. Heinr. Voss, Mythologische Briefe. Bd. 1. u. 2. Königsberg.1794. 2. A. Stuttgart 1827. (Gegen Heyne und dessen Schüler Herrmann), Bd. 3—5 (die beiden letzten herausgeg. von H. G. Brzoska). Stuttgart u. Leipzig 1827-34; Antisymbolik. Stuttgart 1824—26. 2 Bde. (Gegen Creuzer.) — J. Jones, *On the Gods of Greece, Italy and India* in den *Asiatic Researches.* London 1801. — K. D. Hüllmann, Theogonie. Untersuchungen über den Ursprung der Religion des Alterthums. Berlin 1804. — J. A. Kanne, Neue Darstellung der Mythologie der Griechen. Leipzig 1805; Erste Urkunden der Geschichte oder allgemeine Mythologie. Mit einer Vorrede von Jean Paul Fr. Richter. Bayreuth 1808. 2 Bde.; Pantheon der ältesten Philosophie, die Religion aller Völker. Tübingen 1811; System der indischen Mythe. Leipzig 1813. Wunderliche Schriften; geistreich, aber voller Grillen. — Jo. Jac. Wagner, Ideen zu einer allgemeinen Mythologie der alten Welt. Frankfurt a. M. 1808. Geistreich, aber ohne genügende historische Kenntniss. Derselbe, Homer und Hesiod, ein Versuch über das griechische Alterthum, aus dem 3. Bande seiner Kl. Schr. besonders abgedruckt. Ulm 1850. — J. Görres, Mythengeschichte der asiatischen Welt. Heidelberg 1810. 2 Bde. Vielleicht das vernünftigste Buch, das G. geschrieben, voll Geist und Kraft, aber zu wenig kritisch. — F. Creuzer, Symbolik und Mythologie der alten Völker, besonders der Griechen. Leipzig u. Darmstadt 1810—1812. 4 Bde., 3. Ausg. 1836—42 in den Deutschen Schriften. Bd. 1—4. Hierzu: G. H. Moser, Fr. Creuzer's Symbolik und Mythologie im Auszuge. Leipzig u. Darmstadt 1822. Eine sehr gute Bearbeitung der Creuzerschen Symbolik mit bedeutenden Veränderungen ist: J. D. Guigniaut, *Religions de l'antiquité considerées dans leurs formes symboliques et mythologiques.* Paris 1825—41. 4 Bde. — J. L. Hug, Untersuchungen über den Mythos der berühmten Völker der alten Welt, vorzüglich der Griechen. Freiburg u. Constanz 1812. 4. — F. W. J. Schelling, Über die Gottheiten von Samothrake. Stuttgart u. Tübingen 1815. 4; Einleitung in die Philosophie der Mythologie. Stuttgart u. Augsburg 1856; Philosophie der Mythologie. Ebda. 1857. (Werke Abth. II. Bd. 1 u. 2.) Das erste Buch: „Historisch-kritische Einleitung" ist sehr interessant. Eine phantastische Construction der Mythologie, als „Folge des göttlichen Willens, nicht Offenbarung desselben" giebt Schelling in den von Paulus veröffentlichten Vorlesungen: „Die endlich offenbar gewordene positive Philosophie der Offenbarung." Darmstadt 1843.*) — G. Hermann, *De mythologia Graecorum antiquissima; De historiae Graecae primordiis.* 2 Dissertationen. Leipzig 1817—1818. Opusc. II. — G. Hermann u. F. Creuzer, Briefe über Homer und Hesiod. Heidelberg 1818. —

---

*) Vergl. Kl. Schr. II, S. 456 f.

S. v. Ouwaroff, Über das vorhomerische Zeitalter. Ein Anhang zu den Briefen über Homer und Hesiod von G. Hermann u. F. Creuzer. Petersburg 1819. — Franz Fiedler, Mythologie der Griechen und italischen Völker. Halle 1823. — Ph. Buttmann, Mythologus. Berlin 1828 f. 2. Aufl. 1865. 2 Bde. (gesammelt aus den Abhandlungen der Berliner Akad. 1811—1828). — Ferd. Chr. Baur, Symbolik und Mythologie oder die Naturreligion des Alterthums. Stuttgart 1824 f. 2 Thle. — K. W. F. Solger's mythologische Ansichten zusammengestellt von K. O. Müller in Solger's nachgel. Schriften. Bd. 2. Leipzig 1826. — Chr. Herm. Weisse, Darstellung der griechischen Mythologie. Leipzig. 1. Thl. 1828. — G. W. F. Hegel, Vorlesungen über die Philosophie der Religion. (Werke Bd. 11 u. 12.) Berlin 1832. Aus den Jahren 1821—1831. — J. Uschold, Geschichte des trojanischen Krieges. Stuttgart 1836. Derselbe, Vorhalle zur griechischen Geschichte und Mythologie. Stuttgart u. Tübingen 1838 f. 2 Thle. Er löst die ganze Heroengeschichte in Göttergeschichte auf. — P. W. Forchhammer, Hellenika, Griechenland im neuen das alte. 1. Bd. Berlin 1837. Derselbe, Achill. Mit einer Karte der Ebene von Troja. Kiel 1853.; Der Ursprung der Mythen. Göttingen 1860. (Abdruck aus dem 16. Bde. des Philologus); [Daduchos. Einleitung in das Verständniss der Hellenischen Mythen, Mythensprache und mythischen Bauten. Kiel 1875. Dazu als Beilage: Ein mythologischer Brief. 1876; Die Wanderungen der Inachostochter Io, zugleich zum Verständniss des gef. Prometheus des Äschylus. Kiel 1881.] — P. F. Stuhr, Allgemeine Geschichte der Religionsformen der heidnischen Völker. Berlin 1836. 1838. 2 Bde. 2. Bd.: Die Religionssysteme der Hellenen in ihrer geschichtlichen Entwicklung bis auf die makedonische Zeit. — K. Eckermann, Lehrbuch der Religionsgeschichte und Mythologie der vorzüglichsten Völker des Alterthums nach der Anordnung K. O. Müller's. Halle 1845 ff. 2. A. 1848. 2 Bde. Ein Plagiat aus Müller's Vorlesungen. S. Zeitschr. f. Alterthumsw. 1845. Suppl. I, S. 89 ff. und 1846 nr. 34 u. 35. — Conr. Schwenck, Die Mythologie der asiatischen Völker, der Ägypter, Griechen, Römer, Germanen und Slaven. Frankfurt a. M. 1843—1853. 7 Bde. 2. A. 1855. Erster Band: Die Mythologie der Griechen für Gebildete und die studirende Jugend. 2. Band: Mythologie der Römer. Ist im Ganzen doch wissenschaftlich, obgleich der Titel es nicht erwarten lässt, enthält aber manches Unsichere. — Mor. W. Heffter, Die Religion der Griechen und Römer nach historischen und philosophischen Grundsätzen neu bearbeitet. Brandenburg 1845; 2. Ausgabe: Die Religion der Griechen und Römer, der alten Ägypter, Indier, Perser und Semiten. Brandenburg 1848. — Ludwig Feuerbach, Theogonie nach den Quellen des klassischen, hebräischen und christlichen Alterthums. Leipzig 1852. 9. Band der Gesammten Werke. Leipzig 1857. — Em. Braun, Griechische Götterlehre. Hamburg u. Gotha 1850—54. 2 Bde. Die Deutungen sind geistreich, aber doch wohl oft übertrieben. Der Mythos ist ihm die durch Bildersprache bewirkte Darstellung der Ergebnisse einer Weltanschauung, welche sich ausschliesslich mit den Erscheinungen des natürlichen und sittlichen Daseins beschäftigt und jedes Forschen nach den innern Gründen der Dinge ferngehalten hat. Das Letztere ist etwas zu viel gesagt und Br. geht auch selbst darüber hinaus, wenn er z. B. das mythologische Ehepaar Pallas

572 Zweiter Haupttheil. 2. Abschn. Besondere Alterthumslehre.

und Styx als Schwungkraft und Schwerkraft deutet und darin Newton's und Kepler's Entdeckungen vorgebildet findet. — E. Gerhard, Griechische Mythologie. Berlin 1854 f. 2 Bde. 1. Buch: Göttersysteme. 2. Buch: Einzelne Gottheiten. 3. Buch: Heroen. Sehr reichhaltig und präcis. — Jul. Fr. Lauer, System der griechischen Mythologie. Nach dem Tode des Verfassers herausgegeben von Herm. Wiechmann. Berlin 1853. Im Ganzen ein verständiges Buch. — L. Preller, Griechische Mythologie. 1. Bd.: Theogonie und Götter. 2. Bd.: Heroen. Leipzig 1854. 2. Aufl. Berlin 1860 f. [3. Aufl. von E. Plew. 1872—75.]; Römische Mythologie. Berlin 1858. 2 Bde. 2. Aufl. von Reinh. Köhler 1865. [3. A. von H. Jordan 1881—83.] Beide Werke vortrefflich, Alles einfach und natürlich. — K. Th. Pyl, Mythologische Beiträge zu den neuesten wissenschaftlichen Forschungen über die Religionen des Alterthums mit Hülfe der vergleichenden Sprachforschung. 1. Thl.: Das polytheistische System der griechischen Religion. Greifswald 1856. — G. F. Schoemann, *Opuscula* Bd. II. *Mythologica et Hesiodea*. Berlin 1857. [*Opusc.* IV. 1871.] — Leo Meyer, Bemerkungen zur ältesten Geschichte der griechischen Mythologie. Göttingen 1857. Eine kleine Schrift, welche gute sprachvergleichende Untersuchungen enthält. — Heinr. Dietr. Müller, Mythologie der griechischen Stämme. Göttingen 1. Theil 1857, 2. Theil 1. Abth. 1861. [2. Abth. 1869.] — F. G. Welcker, Griechische Götterlehre. Göttingen 1857—1863. 3 Bde. Enthält vortreffliche allgemeine Ansichten und ist auch in der Ausführung des Einzelnen zum Theil vorzüglich. — F. Stiefelhagen, Theologie des Heidenthums. Die Wissenschaft von den alten Religionen und der vergleichenden Mythologie nebst neuen Untersuchungen über das Heidenthum und dessen näheres Verhältniss zum Christenthum. Regensburg 1858. Nicht ohne Kenntniss und Geist, aber vom christlich-priesterlichen Standpunkt. — A. F. Pott, Studien zur griechischen Mythologie. Abdruck aus den Jahrb. f. kl. Philol. Suppl. III. Leipzig 1859. — J. B. Friedreich, Die Symbolik und Mythologie der Natur. Würzburg 1859. Ist eigentlich keine Mythologie, sondern handelt von der Symbolik, welche auf Anwendung der Naturwesen oder Naturproducte beruht und in allen Zeiten vorkommt, z. B. von der symbolischen Bedeutung der Blumen. Doch schlägt dies allerdings in die Mythologie ein. — W. Schwartz, Der Ursprung der Mythologie dargelegt an griechischer und deutscher Sage. Berlin 1860; Die poetischen Naturanschauungen der Griechen, Römer und Deutschen in ihrer Beziehung zur Mythologie. 1. Bd. Sonne, Mond und Sterne. Ein Beitrag zur Mythologie und Culturgeschichte der Urzeit. [2. Bd. Wolken und Wind, Blitz und Donner.] Berlin 1864. [1879; Prähistorisch-anthropologische Studien. Mythologisches und Culturhistorisches. Berlin 1884; Indogermanischer Volksglaube. Ein Beitrag zur Religionsgeschichte der Urzeit. Berlin 1885.] — E. Zeller, Die Entwickelung des Monotheismus bei den Griechen. Stuttgart 1862. Wiedergedruckt in Vorträge und Abhandlungen geschichtlichen Inhalts. Leipzig 1865. S. 1 ff. — H. F. Willer, Mythologie und Naturanschauung. Beiträge zur vergleichenden Mythenforschung und zur culturgeschichtlichen Auffassung der Mythologie. Leipzig 1863. — Jul. Braun, Naturgeschichte der Sage. Rückführung aller religiösen Ideen, Sagen, Systeme auf ihren gemeinsamen Stammbaum und ihre letzte Wurzel

München 1864 f. 2 Bde. Die gemeinsame Wurzel soll Ägypten sein. Das Ganze ist wunderlich. — J. A. Hartung, Die Religion und Mythologie der Griechen. 1. Thl. Naturgeschichte der heidnischen Religionen, besonders der griechischen. 2. Thl. Die Urwesen oder das Reich des Kronos. 3. Thl. Die Kronos-Kinder und das Reich des Zeus. Leipzig 1865 f. [4. Thl. Die Zeus-Kinder und die Heroen. Aus dem Nachlass des Verf. heraus gegeben von Fr. Hartung. Leipzig 1873. — Fr. Leitschuh, Die Entstehung der Mythologie und die Entwickelung der griechischen Religion nach Hesiods Theogonie dargestellt. Würzburg 1867. — G. Gerland, Altgriechische Märchen in der Odyssee. Beitrag zur vergl. Mythologie. Magdeburg 1869. — G. W. Cox, *The mythology of the Aryan nations.* London 1870. 2 Bde. Neue Aufl. 1878; *An introduction to the science of comparative mythology and folk lore.* London 1881. 2. Aufl. 1883. — A. Kuhn, Über Entwicklungsstufen der Mythenbildung. Berlin 1874. 4. (Aus den Schriften der Akademie 1873.) — C. Bursian, Über den religiösen Charakter des griechischen Mythos. München 1875. 4. — P. Asmus, Die indogermanische Religion in den Hauptpunkten ihrer Entwicklung. I. II. Halle 1875—77. — E. Curtius, Die griechische Götterlehre vom geschichtlichen Standpunkt. Preuss. Jahrb. 36. 1875. = Alterthum u. Gegenwart II (1882.) S. 50 ff. — H. Usener, Italische Mythen. Rhein. Mus. 30. 1876. S. 182 ff. — J. G. v. Hahn, Sagwissenschaftliche Studien. Jena 1876. — J. Caesar, *De mythologiae comparativae quae vocatur rationibus observationes nonnullae.* Marburg 1877. — Girard de Rialle, *La mythologie comparée.* I. Paris 1878. — P. Decharme, *Mythologie de la Grèce antique.* Paris 1879. — A. de Gubernatis, *Mitologia comparata.* Mailand 1880. — T. Vignoli, Mythus und Wissenschaft. Leipzig 1880. — Lüken, Die Götterlehre der Griechen und Römer oder das klassische Heidenthum vom religionsvergleichenden Standpunkte. Paderborn 1881. — J. Mähly, Über vergleichende Mythologie. Heidelberg 1885. — O. Gruppe, Die griechischen Culte und Mythen s. oben S. 458. S. ausserdem oben die Literatur auf S. 459 f.]

Populäre Darstellungen. Ch. T. Damm, Einleitung in die Götterlehre und Fabelgeschichte der ältesten griechischen und römischen Welt. Berlin 1763. 15. Aufl. verbessert von K. Levezow 1803. 17. Aufl. 1820. — K. Ph. Moritz, Götterlehre. Berlin 1791. 10. Aufl. von Frederichs. 1861. [Neu bearb. von M. Oberbreyer. Leipzig (1878).] — K. W. Ramler, Kurzgefasste Mythologie. Berlin 1790. [7. Ausg. 1869.] — A. H. Petiscus, Der Olymp oder Mythologie der Griechen und Römer. Berlin 1821. [19. Aufl. Leipzig 1883.] — G. Schwab, Die schönsten Sagen des klassischen Alterthums nach seinen Dichtern und Erzählern. Stuttgart 1838 ff. 3 Bde. [Ausg. in 1 Bde. 17. Aufl. Gütersloh 1883]. — P. van Limburg-Brouwer, Handbuch der griechischen Mythologie für lateinische Schulen und Gymnasien. Aus dem Holländischen übersetzt von Jul. Zacher. Breslau 1842. Nicht ungeschickt gemacht, aber grob empirisch. — K. E. Geppert, Die Götter und Heroen der alten Welt. Leipzig 1842. — G. E. Burkhardt, Handbuch der klassischen Mythologie nach genetischen Grundsätzen. 1. Abth. 1. Bd. Die Mythologie des Homer und Hesiod. Leipzig 1844. Enthält zugleich eine Geschichte des Homerischen Culturzustandes. — Theod. Mundt, Die Götterwelt der alten Völker. Nach den Dichtungen der Orientalen, Griechen und Römer dargestellt. Berlin 1846. 2. Aufl. 1854. — H. W. Stoll, Handbuch der Religion und Mythologie der Griechen und Römer. Leipzig 1849. [6. Aufl. 1875]; Die Götter und Heroen des classischen Alterthums. Populäre Mythologie der Griechen und Römer. Leipzig 1858. 2 Bde. [7. Aufl. 1885]; Handbuch der Religion und Mythologie der Griechen und Römer. 1849. [6. Aufl. 1875]; Die Sagen des classischen Alterthums. 1866. [5. Aufl. 1884.] 2 Bde. — H. Göll, Illustrirte Mythologie. Leipzig 1867. [5. Aufl. 1884. — Fr. Kurts, Allgemeine Mythologie. Leipzig 1869. 2. Aufl. 1881. — O. Seemann, Die Götter und Heroen nebst einer Übersicht der Cultusstätten und Religionsgebräuche der Griechen. Leipzig 1869; Kleine Mythologie der Griechen und Römer. Leipzig 1874. 3. Aufl. 1885. — A. S. Murray, *Manual of mythology*. London 1873. 2. Aufl. 1874.]

Monographien: F. K. L. Sickler, Kadmus oder Forschungen in den Dialekten des semitischen Sprachstamms. 1. Abth. Erklärung der Theogonie des Hesiodos. Hildburghausen 1818. 4. — G. F. Schoemann, *Comparatio Theogoniae Hesiodeae cum Homerica*. Greifswald 1847. 4. (Opusc. II.) — E. Gerhard, Orpheus und die Orphiker. Berlin 1861. — [P. Schuster, *De veteris Orphicae theogoniae indole atque origine*. Leipzig 1869.] — E. Gerhard, Über die zwölf Götter Griechenlands. Schriften der Berl. Akad. 1840. (Abgedr. in den akad. Abh. Bd. I.) — Chr. Petersen, Das Zwölfgöttersystem der Griechen und Römer. Hamburg 1853. 4., [2. Abth. 1868. 4. Vgl. Das Zwölfgöttersystem der Griechen und Römer nach seiner Bedeutung, künstlerischen Darstellung und historischen Entwicklung. Berlin 1870.] — K. Th. Pyl, Der Zwölfgötterkreis im Louvre. Greifswald 1857. 4. — Eug. v. Schmidt, Die Zwölfgötter der Griechen geschichtsphilosophisch beleuchtet. Jena 1859. Meist nach Schellingischer Art mit besonderer Beziehung auf das Christenthum. — T. B. Eméric-David, *Jupiter. Recherches sur ce dieu, sur son culte et sur les monuments qui le représentent. Ouvrage précedé d'un essai sur l'esprit de la religion grecque*. Paris 1833. 2 Bde. Das Buch ist mit Geist und philosophischem Sinn geschrieben, aber nicht mit historisch-mythologischem Sinn; gelehrt, aber superstitiös. Eine Hauptbasis der Darlegung ist, dass Kekrops existirt habe, ein Ägypter sei und eine Reformation des Cultus in Griechenland bewerkstelligt habe. Dies Fundament ist aber nichtig, da die Erzählung von Kekrops eine ganz späte Fabel ist (vergl. K. O. Müller, Orchom. S. 107 ff.). Derselbe, *Vulcain. Recherches sur ce dieu* u. s. w. Paris 1838; *Neptune. Recherches* u. s. w. Paris 1839. — J. Overbeck, Beiträge zur Erkenntniss und Kritik der Zeus-Religion. In Abh. der K. Sächs. Ges. d. W. Leipzig 1861. — [Eman. Hoffmann, Mythen aus der Wanderzeit der gräko-italischen Stämme. I. Kronos und Zeus. Leipzig 1876. — F. J. Tönnies, *De Jove Ammone quaestionum specimen*. Tübingen 1877. — F. Hettner, *De Jove Dolicheno*. Bonn 1877. — J. Henrychowski, *De Jove Cretico*. Inowraclaw 1879. 4. — P. Welzel, *De Jove et Pane dis Arcadicis*. Breslau 1879.] — Em. Rückert, Der Dienst der Athena nach seinen örtlichen Verhältnissen. Hildburghausen 1829. — K. O. Müller, Pallas Athene in Ersch und Gruber's Encyklopädie. Sect. III. Th. 10. (Kl. Schr. Bd. II.) — [F. A. Voigt, Beiträge zur Mythologie des Ares und der Athena.

Leipziger Studien. 4 (1881) S. 225 ff. — W. H. Roscher, Nektar und Ambrosia. Mit einem Anhang über die Grundbedeutung der Aphrodite und Athene. Leipzig 1883.] — L. Preller, Demeter und Persephone, ein Cyklus mythologischer Untersuchungen. Hamburg 1837. Ausgezeichnet. — [St. Chalupka, Demeter und Persephone. Ein Beitrag zur griech. Mythologie. Braunau 1885.] — K. Eckermann, Persephone. In Ersch und Gruber's Encyklopädie. Sect. III. Th. 17. — [R. Förster, Der Raub und die Rückkehr der Persephone in ihrer Bedeutung für die Mythologie, Literatur und Kunstgeschichte. Stuttgart 1874; Analekten zu den Darstellungen des Raubes und der Rückkehr der Persephone. Philologus 4. Suppl.-Bd. Heft 6. Göttingen 1884.] — A. Preuner, Hestia-Vesta. Ein Cyklus religionsgeschichtlicher Forschungen. Tübingen 1864. — [Th. H. Martin, *Sur la signification cosmographique du mythe d'Hestia dans la croyance antique des Grecs.* Paris 1874. 4. (Aus dem 28. Bande der *Mém. de l' Acad. des Inscr. et B. L.*)] — A. Schönborn, Über das Wesen Apollons und die Verbreitung seines Dienstes. Berlin 1854. Geht von K. O. Müller aus, will aber den Apoll aus dem Orient ableiten, zunächst aus Lykien, ohne zu entscheiden, ob dort der erste Ursprung. — [A. Milchhöfer, Über den attischen Apollon. München 1873. — Th. Schreiber, Apollon Pythoktonos. Ein Beitrag zur griechischen Religions- und Kunstgeschichte. Leipzig 1879. — C. Bruchmann, *De Apolline et graeca Minerva deis medicis.* Breslau 1885. — W. H. Roscher, Studien zur vergleichenden Mythologie der Griechen und Römer. I. Apollon und Mars. Leipzig 1873. II. Juno und Hera. Leipzig 1875. — A. Claus, *De Dianae antiquissima apud Graecos natura.* Breslau 1881.] — Heinr. Dietr. Müller, Ares, ein Beitrag zur Entwicklungsgeschichte der griech. Religion. Braunschweig 1848. Erklärt den Ares für eine thrakische Unterweltsgottheit. — [K. Tümpel, Ares und Aphrodite. Eine Untersuchung über Ursprung und Bedeutung ihrer Verbindung. Leipzig 1880. — Chr. Mehlis, Die Grundidee des Hermes. Erlangen 1875—77. 2 Thle. — Th. Benfey, Hermes, Minos, Tartaros. Göttingen 1877. — W. H. Roscher, Hermes der Windgott. Leipzig 1878.] — Fel. Lajard, *Recherches sur le culte, les symboles, les attributs et les monuments figurés de Vénus en Orient et en Occident.* Paris 1837. 1840. Planches 1849. fol. Prachtwerk. — J. F. Gail, *Recherches sur la nature du culte de Bacchus en Grèce et sur l'origine de la diversité de ses rites.* Paris 1821. — P. N. Rolle, *Recherches sur le culte de Bacchus.* Paris 1824. 3 Bde. — [O. Ribbeck, Anfänge und Entwickelung des Dionysoscultus in Attika. Ein Beitrag zur griech. Religionsgeschichte. Kiel 1869. — C. Mittelhaus, *De Baccho Attico.* Breslau 1874. — R. Brown, *The great Dionysiak myth.* London 1877 f. 2 Bde. — A. Rapp, Die Beziehungen des Dionysoskultus zu Thrakien u. Kleinasien. Stuttgart 1882. 4.] — A. Vogel, *Hercules secundum Graecorum poetas et historicos antiquiores descriptus et illustratus.* Halle 1830. 4. Derselbe, Art. Herakles in Ersch und Gruber's Encyklopädie. Sect. II. Th. 6. — [H. Dettmer, *De Hercule Attico.* Bonn 1869.] — K. H. W. Völcker, Die Mythologie des Iapetischen Geschlechts oder der Sündenfall des Menschen nach griechischen Mythen. Giessen 1824. In Welcker's und Schwenck's Art. — Benj. Gotth. Weiske, Prometheus und sein Mythenkreis mit Beziehung auf die Geschichte der griech. Philosophie, Poesie und Kunst dargestellt. Nach dem Tode des Verf. herausgegeben von H. Leyser. Leipzig 1842. — E. v. Lasaulx, Prometheus. Die Sage und ihr Sinn. Würzburg 1843. 4. — [G. Wlastoff, *Prométhée, Pandore et la légende des siècles. Essai d'analyse de quelques légendes d'Hésiode*. Petersburg (Leipzig) 1883.] — J. Wetter, Der Mythus vom Atlas und seine neueren Deutungen. Mainz 1858. Atlas wird von den Phönikern abgeleitet, was sich wohl hören lässt. — F. G. Welcker, Über eine kretische Colonie in Theben, die Göttin Europa und Kadmos den König. Bonn 1824. Hier ist sehr schön bewiesen, dass Europa Mond- und Lichtgöttin sei, vom Weltstier befruchtet. Kadmos = Κόςμος soll nur den Begriff König symbolisiren. Letzteres ist etwas unbewiesen hingestellt, zumal Κάδμος nach Hesychios zwar kretisch den Speer, Helmbusch und Schild (von κάζειν) bezeichnet, aber doch nirgends statt der kretischen Kosmen Kadmen vorkommen. Indessen giebt W. auch einen göttlichen Kadmos als Kadmilos zu. — P. Petitus, *De Amazonibus*. Amsterdam 1687. — F. G. Bergmann, *Les Amazones dans l'histoire et dans la fable*. Colmar 1853. (Aus der *Revue d'Alsace*). Kenntnissreich, aber indomanisch. — Max. Steiner, Über den Amazonenmythos in der antiken Plastik. Leipzig 1857. — [A. Klügmann, Die Amazonen in der attischen Literatur und Kunst. Stuttgart 1875.] — L. Benloew, *Les Sémites à Ilion ou la vérité sur la guerre de Troie*. Paris 1863. — Wolfg. Menzel, Mytholog. Forschungen und Sammlungen. 1. Bändchen. Stuttgart u. Tübingen 1842. Enthält: Die Schöpfung des Menschen; Eros; die Bienen; die Mythen des Regenbogens. — Adalbert Kuhn, Die Herabkunft des Feuers und des Göttertranks. Ein Beitrag zur vergleichenden Mythologie der Indogermanen. Berlin 1859. — [A. de Gubernatis, *Zoological mythology or the legends of animals*. London 1872. Deutsch von M. Hartmann, unter dem Titel: Die Thiere in der indogermanischen Mythologie, autorisirte und vermehrte Ausgabe. Leipzig 1874.] — W. Wackernagel, Ἔπεα πτερόεντα. Ein Beitrag zur vergleich. Mythologie. Basel 1860. — B. Stark, Mythologische Parallelen. 1. Stück: Die Wachtel, Sterneninsel und der Ölbaum im Bereiche phönikischer und griechischer Mythen. In den Berichten der Leipz. Ges. d. W. Bd. VIII. 1856. — C. Bötticher, Der Baumcultus der Hellenen nach den gottesdienstlichen Gebräuchen und den überlieferten Bildwerken dargestellt. Berlin 1856. — [W. Mannhardt, Wald- und Feldkulte. 1. Thl.: Der Baumkultus der Germanen und ihrer Nachbarstämme. Berlin 1875. Fortsetzung: Antike Wald- und Feldkulte aus nordeuropäischer Überlieferung erläutert. Berlin 1877; Mythologische Forschungen. Aus dem Nachlasse hrsg. von H. Patzig. Strassburg 1884.] — F. v. Dalberg, Über Meteorcultus der Alten. Heidelberg 1811. — L. Bösigk, *De baetyliis*. Berlin 1854. — Chr. A. Lobeck, *De nympharum sacris*. 3 Programme. Königsberg 1830. 4. — [P. Decharme, *Les Muses. Étude de mythologie grecque*. Paris 1869. — J. H. Krause, Die Musen, Grazien, Horen und Nymphen, mit Betrachtung der Flussgötter. Halle 1871. — Fr. Rödiger, Die Musen. (Aus den Jahrb. f. kl. Ph. 8. Suppl.-Bd.) Leipzig 1875. — H. Schrader, Die Sirenen nach ihrer Bedeutung und künstlerischen Darstellung im Alterthum. Berlin 1868.] — Ed. Tournier, *Némésis et la jalousie des dieux*. Paris 1863. Mythologisch und philosophisch. —

[A. Rosenberg, Die Erinyen. Berlin 1874.] — W. Furtwängler, Der reitende Charon. Die Schrift, die den Mythos des Todtengottes durch alle Phasen vom Orient aus verfolgt, ist geistreich, aber etwas zu kühn. Constanz 1849 f. Derselbe, Die Idee des Todes in den Mythen und Kunstdenkmälern der Griechen. Freiburg 1855. 2. Aufl. 1860. Der 1. Theil handelt wieder von den Todtenpferden, der 2. von dem Todeskampf, der 3. vom Todtenführer. Die Idee des Todes beherrscht sicher viele Mythen und führt mitten in die speculative Mythologie hinein, da sich die Speculation vorzugsweise auf das Jenseits richtet. Der Zustand nach dem Tode ist ein Gegenstand der Ahnung; Ahnung aber ist das Wesen des Mythos. Diese Betrachtung ist also eine sehr fruchtbare. — [J. Schmitz, *De Dioscuris Graecorum diis*. Münster 1869. — L. Myriantheus, Die Açvins oder arischen Dioscuren. München 1876. — M. Albert, *Le culte de Castor et Pollux en Italie*. Paris 1883. — H. E. Meyer, Indogermanische Mythen, I. Gandharven-Kentauren. Berlin 1883. Vgl. W. H. Roscher in der Berliner philol. Wochenschrift 5. (1885) Nr. 1—7. — A. Zinzow, Psyche und Eros. Halle 1881. — H. Fugger, Eros. Sein Ursprung und seine Entwickelung. Eine mythol. Studie. Kaiserslautern 1882. — N. G. Polites, Ὁ περὶ τῶν Γοργόνων μῦθος παρὰ τῷ ἑλληνικῷ λαῷ. Athen 1878. — W. H. Roscher, Die Gorgonen und Verwandtes. Leipzig 1879. — N. G. Polites, Ὁ ἥλιος κατὰ τοὺς δημώδεις μύθους. Athen 1882. — B. Grosse, *De Graecorum dea Luna*. Lübeck 1880. — E. Siecke, Beiträge zur genaueren Erkenntniss der Mondgottheit bei den Griechen. Berlin 1885. — Edm. Spiess, Entwicklungsgeschichte der Vorstellungen vom Zustande nach dem Tode auf Grund vergleichender Religionsforschung. Jena 1877. Vergl. oben S. 427.]

Genealogie der Heroen: Fr. W. Platz, *Tabulae genealogicae ad mythologiam spectantes, s. stemmata deorum, heroum et virorum aevi quod dicunt mythici*. Leipzig 1820. 50 Seiten. fol. — K. F. S. Liscovius, med. dr., *Systema genealogiae mythologicae in tabularum ordinem. redegit*. Leipzig 1822. — L. C. F. Petit Radel, *Examen analytique et tableau comparatif des synchronismes de l'histoire des temps heroiques de la Grèce*. Paris 1827. 4. Sehr superstitiös. — Ferd. Werther, Die Heldensage griechischer Vorzeit. Ausführliche Darstellung des mythisch-heroischen Zeitalters der Griechen. Brandenburg (1837.) 1852. — J. H. Chr. Schubart, *Quaestiones genealogicae historicae in antiquitatem heroicam graecam*. Marburg 1832.

Wörterbücher: Benj. Hederich, Mythologisches Lexikon. Leipzig 1724. 2. Ausg. 1741. Neue Ausg von J. J. Schwabe. Leipzig 1770. In der ursprünglichen Form das possierlichste Buch, das sich denken lässt. — P. F. A. Nitsch, Neues mythologisches Wörterbuch. Leipzig 1793. Gänzlich umgearbeitet von Klopfer. 1820 f. 2 Bde. — K. Ph. Moritz, Mythologisches Wörterbuch. Berlin 1794. Neue Aufl. 1816. — P. Chompré, *Dictionnaire portatif de la fable*. Rouen 1794. 12. Ausg. von A. L. Millin. Paris 1800 f. 2 Bde. — Ed. Jacobi, Handwörterbuch der griechischen und römischen Mythologie. Coburg und Leipzig 1830—35. 2 Bde. — F. Nork, Etymologisch-symbolisch-mythologisches Realwörterbuch zum Handgebrauch für Bibelforscher, Archäologen und bildende Künstler

578 Zweiter Haupttheil. 2. Abschn. Besondere Alterthumslehre.

Stuttgart 1843—45. 4 Bde. Ist in manchen Beziehungen brauchbar. — W. Vollmer, Vollständiges Wörterbuch der Mythologie aller Völker. Stuttgart 1836. 2. Aufl. von Kern 1850. [3. Aufl. von W. Binder. 1874.] J. Minckwitz, Illustrirtes Taschenwörterbuch der Mythologie aller Völker. Leipzig 1852. [5. Aufl. 1878.] — Ausführliches Lexikon der griechischen und römischen Mythologie im Verein mit einer grossen Anzahl verschiedener Gelehrten hrsg. von W. Roscher. Leipzig 1884 ff.

§ 86. In den verschiedenen Bearbeitungen ist die Mythologie sehr verschieden behandelt worden. Für das Studium ist es rathsam, sich eine Übersicht über diese Behandlungsarten zu verschaffen, um jedes Hülfsmittel an geeigneter Stelle benutzen zu können.

Das äusserliche Verfahren ist dasjenige, wobei man sich auf ein empirisches Erlernen der Götter- und Heroensage, eine Sammlung der Mythen nach Art Apollodor's beschränkt. Dies ist gut und nothwendig für den Anfang des Studiums; denn es muss die Basis der Forschung bilden. Die Commentare zu Apollodor (s. besonders die Ausgaben von Heyne und Clavier), die populären Darstellungen der Mythologie, die mythologischen Lexica und die Genealogien der Heroensage sind hierfür geeignete Hülfsmittel.

Diejenigen, welche eine Erklärung der Mythen erstreben, fassen dieselben z. Th. einseitig als historisch auf Der Euhemerismus ist in der Neuzeit besonders durch Jean Leclerc (in seiner Ausgabe der Hesiodischen Theogonie) und Antoine-Banier (*La mythologie et les fables expliquées par l'histoire*. Paris 1738—40: 3 Bde. 4.) verbreitet. In Böttiger's Kunstmythologie (s. oben S. 510) spukt er noch nach. Die Heroengeschichte wird noch von E. Clavier (s. oben S. 354) und Petit-Radel durchaus als historisch angesehen. Eine besondere Abart der einseitig geschichtlichen Erklärung ist die zuerst von Fréret in den Schriften der *Académie des Inscriptions* (Bd. XXI u. XXIII) durchgeführte Ansicht, wonach die meisten Mythen als eine allegorische Geschichte der Verbreitung der Culte aufgefasst werden. Auch diese einseitigen Bearbeitungen der Mythologie haben ihren Werth. Denn auch wer in den Mythen das Urwissen des Volkes sieht, wird zugleich in einem grossen Theil der Heroensagen das Halbgeschichtliche und in manchen Sagen, wie z. B. in der Erzählung von dem Sturz des Kronos durch Zeus die mythische Andeutung einer Geschichte der Culte anerkennen.

Die speculative Auslegung hat sich in der Neuzeit an die allegorische Erklärung der Alten angeschlossen. Die niedrigste Stufe dieser Behandlungsart ist die, wonach alle speculativen Mythen in trockener Weise als Phantome erklärt werden, denen eine hausbackene Volksweisheit zu Grunde liegt. Auf diesem Standpunkte stehen Voss und seine Nachfolger, z. Th. leider auch Lobeck in dem kritisch vortrefflichen *Aglaophamus* (s. oben S. 463). Es liegt dieser Betrachtungsweise ein gewisser Widerwille gegen Ideen zu Grunde. Im Gegensatz hierzu steht die enthusiastische Erklärung der Mythen als tiefer Religionswissenschaft, wie sie von Creuzer zuerst angebahnt ist, welcher den von Heyne aufgestellten Begriff der Symbolik vertiefte. Voss trat gegen Heyne und Creuzer mit einer groben und plumpen Polemik auf und trieb dieselbe in seiner Antisymbolik bis ins Widrige. Er bemühte sich besonders den Göttern mit kritischer Scheere

Flügel, Hörner und Fischschwänze abzuschneiden und glaubte damit allen symbolischen Spuk ausgetrieben zu haben; allein die Symbole beharrten steif und fest; denn sie sind in griechisches Erz gegraben. Freilich hat Creuzer die symbolische Auslegung einseitig übertrieben, und daher enthält auch die nüchterne Kritik seiner Gegner viel Wahres.

Die Versuche die Mythen symbolisch zu erklären unterscheiden sich in Bezug auf die Verwendung der Quellen und Hülfsmittel, die in den Mythen angenommenen Systeme und die Methode der Forschung.

Die verschiedenen Arten der Quellen und Hülfsmittel werden z. Th. einseitig benutzt. Dies geschieht, wenn man sich bloss auf die Schriftdenkmäler beschränkt und die Kunstdenkmäler vernachlässigt. Aber auch die Kunstarchäologen haben durch die entgegengesetzte Einseitigkeit sehr viele ungereimte Mythendeutungen aus den Denkmälern abgeleitet, und es ist gräulich, wie die Bilder, namentlich Vasen und Reliefs, mythologisch erklärt sind. Erst seit kurzer Zeit ist eine wissenschaftliche Kunstmythologie begründet (s. die Literatur oben S. 510). Die Kunstdenkmäler enthalten zwar z. Th. Gestalten aus dem Localmythos; oft aber darf man darin nicht den Ausdruck einer allgemeinen Religionsansicht suchen, sondern ganz individuelle Vorstellungen, die nicht selten von sehr späten Künstlern herrühren. Bei den Schriftdenkmälern beschränkt man sich oft zu einseitig auf einzelne Klassen. Voss hat z. B. in den ersten beiden Bänden seiner Mythologischen Briefe sich nur an die Dichter, besonders an Homer gehalten und in dieser Beschränkung Vortreffliches geleistet. Aber gegen die Autorität der übrigen Quellen nimmt er in seinen spätern Schriften seine Zuflucht zu den sonderbarsten Hypothesen, die darauf hinauslaufen, dass die ganze Mystik das Werk eines abgefeimten Priesterbetruges und erst etwa seit der 30. Olymp. hauptsächlich durch den Geheimbund der Orphiker in die griechische Mythologie eingeschwärzt sei. Am häufigsten werden bei der Mythenerklärung die so überaus wichtigen zerstreuten Notizen über Localsagen vernachlässigt, die zuerst K. O. Müller in seinem *Aegineticorum liber,* seiner Geschichte der griechischen Stämme und seinem Buch über die Etrusker (s. oben S. 355), mit dem glänzendsten Erfolge verwerthet hat. Noch zu wenig ist ausserdem die locale Verschiedenheit der Landesnatur in ihrem Einfluss auf die Mythenbildung berücksichtigt worden, wie dies durch Forchhammer angebahnt ist. [Eine Grundlage hierfür bietet Aug. Mommsen, Griechische Jahreszeiten. Schleswig 1873—1877. 5. Hefte.] Zu beachten sind ausserdem die Reste des Mythos in dem Aberglauben und der Volksdichtung der Neugriechen [s. hierüber die oben S. 378 f. angeführten Werke u. A. Preuner in Bursian's Jahresbericht IV (1876), 3. Abth. S. 61 ff. — B. Schmidt, Griechische Mährchen, Sagen und Volkslieder. Leipzig 1877.]

Ein in der verschiedensten Weise angewandtes Hülfsmittel der Erklärung ist die Etymologie. Es kann keinem Zweifel unterworfen sein, dass dieselbe auf diesem Gebiete, wie in jeder historischen Wissenschaft ihr Recht hat; ist ja doch sogar in der Jurisprudenz die Namenerklärung von Wichtigkeit. In der Mythologie ist sie um so wichtiger, als sicher schon die ältesten Bildner des Mythos ihr Spiel mit Namen getrieben haben. Dass das Etymologisiren nicht etwa — wie Viele angenommen haben —

erst von den Stoikern oder höchstens von den Sophisten angefangen sei, kann man schon aus der Aufmerksamkeit sehen, welche der Mythos den Namen widmet, indem von manchen göttlichen Wesen zwei Namen angegeben werden, ein göttlicher und ein menschlicher. Schon die ältesten Dichter spielen mit den Namen, wie Pindar mit dem des Iamos, den er von ιον, und dem des Aias, den er von αἰετός ableitet.*) Auch halte ich für sicher, dass viele Mythen nur aus Namen entstanden sind. Aber ein Anderes ist es, diese allgemeine Überzeugung zu haben, ein Anderes die Anwendung derselben auf das Einzelne. Meist ist das Urtheil über mythische Namen höchst unsicher und es ist nicht einmal gewiss, in welcher Sprache das Etymon zu suchen ist. Daher ist hierbei sehr grosse Vorsicht nöthig, und ohne ein grosses etymologisches Talent wird man meist irre gehen. Buttmann im *Mythologus* hat auf dem damaligen Standpunkte Musterhaftes geleistet. Höchst abenteuerlich dagegen sind die Etymologien von J. A. Kanne und auf seltsame Irrwege ist auch Gottfr. Hermann gerathen, der in der Etymologie das Hauptmittel der Mythenerklärung sah. Die Frage, aus welcher Sprache etymologisirt werden soll, hängt grösstentheils schon immer von der Meinung ab, welche man über den Ursprung des Mythos gefasst hat. Im Allgemeinen mögen folgende Bemerkungen genügen. 1. Aus Sprachen zu etymologisiren, die kaum bekannt sind, ist in der Regel unstatthaft und meist Spielerei. Dahin gehören grösstentheils die Ableitungen aus dem Phönikischen, welches dunkler ist als das älteste Griechisch. Die ersten Versuche dieser Art machte schon S. Bochart in seiner *Geographia sacra*. Caen 1646, worauf noch Sickler zurückgeht. Man sieht hier gewöhnlich durch die Brille des auch nicht allzu bekannten Hebräischen ohne auch nur einen Leitfaden zu haben, welche Regel festzuhalten sei für die Transformation des Hebräischen ins Phönikische; denn wenn sie Dialekte einer Sprache sind, müsste man doch erst wissen, worin der charakteristische Unterschied liegt. Ebenso muss man das Ägyptische erst aus dem Koptischen deduciren. Viele Etymologien sind noch obenein nicht einfach, sondern thöricht zusammengestoppelt aus verschiedenen orientalischen Worten, die nie in einer solchen Verbindung nachweisbar sind, wie Hebräisch, Koptisch und Indisch. Einfachheit ist das erste, was eine Etymologie haben muss. Schon Platon hat im Kratylos das Etymologisiren aus fremden Sprachen gut persifflirt. Ein warnendes Beispiel ist die etymologisch-mythologische Schnurre von κὸγξ ὄμπαξ, ein wahres Gegenstück zu Aiken Drum's langem Löffel in Walther Scott's Alterthümler. Die Worte finden sich bei Hesychios mit dem Zusatz ἐπιφώνημα τετελεσμένοις. Meursius schloss hieraus, dass sie die feierliche Schlussformel der eleusinischen Mysterien waren; Leclerc suchte sie bereits aus dem Phönikischen abzuleiten; aber nachdem Wilford in Jones' *Asiatic Researches* (Bd. V) darin eine noch gebräuchliche sanscritische Schlussformel des Brahmanischen Gottesdienstes nachgewiesen, wurde diese Entdeckung von Creuzer, Münter, Ouwaroff, Schelling u. A. mit Enthusiasmus begrüsst. Die Worte lauten jedoch in richtiger Lesart κὸγξ ὁμ[οίως] πάξ und ἐπιφώνημα τετελεσμένοις bedeutet: Ausruf

---

*) Vergl. *Explicationes Pindari* S. 158. 527.

IV. Wissen. 1. Mythologie. Methodologischer Zusatz. 581

bei Beendigung einer Sache. Ein solcher Ausruf ist κόγξ = πάξ (= lat. pax), wie das deutsche Basta! Man lese die witzige Darstellung der Sache in Lobeck's *Aglaophamus* I, S. 7.75 ff. 2. Da die Griechen alles Fremde gräcisirten, ist anzunehmen, dass sie dies auch bei den fremden mythologischen Namen thaten. 3. Da es die grösste Wahrscheinlichkeit hat, dass die Grundmythen Gemeingut der arischen Völker vor der Sonderung derselben waren, so dürften bei diesen Mythen die Etymologien im Allgemeinen vorzüglicher sein, welche auf die gemeinsame Wurzel des indogermanischen Sprachstammes zurückgeführt werden. Theilweise sind in dieser Hinsicht die etymologisch-mythologischen Andeutungen von Conrad Schwenck mit einem Anhange von F. G. Welcker (Elberfeld 1823) zu loben, obgleich er zuweilen auf zu triviale Ergebnisse kommt. 4. Man muss sich hüten, zu viel durch Etymologie zum Mythos zu machen. Es ist nicht zu bezweifeln, dass der Mythos weiter reicht als es in der Überlieferung gegeben ist und manche angeblich historische Personen bloss etymologisch-mythische Fictionen sind. Dahin gehört Amphiktyon, der aus dem Beinamen des Ζεὺς ἀμφικτύων in derselben Weise entstanden ist, wie die Nymphe Kallisto aus dem Beinamen der Ἄρτεμις καλλίστη und Aristäos aus dem des Ζεύς und Ἀπόλλων ἀρισταῖος.*) Wie weit die Faselei der Griechen in dieser Beziehung geht, zeigt besonders die Geliebte des Hesiod, die Askräerin Ἠοίη, welche Hermesianax in der bekannten Elegie als Beispiel anführt, wie durch Liebe auch die Weisen bewegt werden. Aber man muss sich doch hüten alle bedeutsamen Namen gleich für mythisch zu erklären. So hat Kanne den Stesichoros mythologisirt, der freilich der Chorsteller ist und selbst Welcker geht (in dem Buch von Schwenck S. 332) zu weit, wenn er Pindar's Frau Τιμοξένη oder Μεγάκλεια und deren Vater und Mutter Λυσίθεος und Καλλίνη und seine Töchter Εὔμητις und Πρωτομάχη mythificirt. Dies ist eben so gut Spielwerk, als man den Alten diese angeblichen Erfindungen als Spielwerk anrechnen müsste. Es würde leicht sein, da fast alle Namen der Alten bedeutsam sind, die meisten für mythisch zu erklären und man müsste zuletzt in Verlegenheit kommen zu sagen, wie denn die Griechen ihre Kinder hätten nennen sollen, damit sie der Gefahr entgingen aus wirklichen Wesen in Mythen verwandelt zu werden. Sokrates' Vater Sophroniskos müsste höchst verdächtig werden, denn offenbar ist es ja Sokrates, der σώφρονας macht; seine Mutter Phänarete ist in der That von Buttmann verdächtigt worden; denn Sokrates ist ὁ φαίνων τὴν ἀρετήν. Gegen solche unhistorischen Einfälle schütze der Gedanke, dass wirklich Manche sich nach ihrem Namen bildeten, auch dass man den Kindern Namen gab von der Bestimmung, die man ihnen wünschte. Ich zweifle nicht, dass die Mutter der Phänarete eine Hebeamme war und ihr Töchterlein so nannte, weil sie dieses für denselben Beruf zu erziehen gedachte und wünschte, dass sie καλοὺς κἀγαθούς zur Welt fördern möchte. Wie mythisch klingt der Name des Perserbezwingers Ἀλέξανδρος, seines den besten Zögling bildenden Lehrers Ἀριστοτέλης, des Πλάτων πλατύστατος, des weltberühmten Περικλῆς, des volksmächtigen Δημοσθένης, dessen

---

*) S. *Explicationes Pindari* S. 323 f.

Familie noch obendrein demokratisirt: sein Vater **Demosthenes**, seine Verwandten **Demomeles**, **Demon** und **Demokrates**. Wer kann hier zweifeln, dass die ganze Familie demokratisch war und der Vater dem Sohne seine Bestimmung durch seinen Namen anwies? Künstlernamen sind besonders häufig bedeutungsvoll. Doch wo wollte man anfangen und enden, wenn Alles, was den Schein der Bedeutsamkeit oder wirkliche Bedeutung hat, gleich Mythos werden soll? Und warum sollten nun nicht auch in älterer Zeit viele bedeutsame Namen gefunden werden? Man muss also nie um dieser Bedeutsamkeit willen mythificiren, wenn nicht starke Differenzen der Tradition oder andere Indicien der Erdichtung darauf leiten Das Mythenspiel ist widerlich. Leider ist auch **Müller** (Dorer I, 330 und sonst hier und da) in den Kreis des Wunderlichen hineingezogen worden. Weil des Apollon und der Artemis Geburtstage auf den 6. und 7. Thargelion fallen, leugnet er, dass **Sokrates** am 6. und **Platon** am 7. geboren sei. Die Alten haben es geradezu selbst als etwas Besonderes bemerkt, dass ihre Geburtstage mit jenen zusammenfallen, und um so weniger muss man es bezweifeln. Dazu kommt, dass nur aus der historischen Wahrheit sich erklären lässt, wie sich die Fabel von **Platon**'s Apollinischer Abstammung so früh verbreitete, was voraussetzt, dass man damals schon glaubte, er sei an Apoll's Geburtstag geboren. Diese Fabel ist aber fast so alt als **Platon** selbst, wenigstens von den frühesten Schriftstellern dem **Speusipp** entnommen, und nicht etwa eine neuplatonische Erfindung.*) Ausserdem hat **Apollodor** in den Chronica jene Geburtstage des **Platon** und **Sokrates** angegeben. Mit gleichem Rechte wie dem **Platon** könnte man auch dem Apollinischen Sänger **Pindar** seinen Geburtstag abstreiten, weil er auf die Pythien fiel, wenn nämlich nicht noch bei Zeiten das Fragment, worin er dies selbst bezeugt, gefunden worden wäre,**) was einen Riegel vorschiebt.***)

Im Zusammenhang mit der etymologischen Mythenerklärung steht die Art, wie man ausländische Mythen als Hülfsmittel benutzt. Einige gehen einseitig auf Ägypten zurück (so **Wagner**, **Hug**, **Rolle**, **Gail**, **Éméric-David**, **Ludw. Ross**, **Jul. Braun**); Andere auf Phönikien (wie **Böttiger**, **Sickler**); Andere auf Indien (wie **Jones**, **Creuzer**, **Kanne**, **Görres**). Das richtige Verfahren liegt allein in der vergleichenden Mythologie, welche den historischen Zusammenhang allseitig zu bestimmen sucht (angewandt von **Maury**, **Max Müller**, **Pyl**, **Pott**, **Kuhn**, **Schwartz**, **Willer**, **Gerland**, **Cox** u. A.). Diese Richtung wird indess z. Th. übertrieben, so dass die Eigenart der einzelnen Völker verwischt wird. Dem gegenüber muss man bei der griechischen Mythologie in vielen Punkten der Ansicht derjenigen beipflichten, welche dieselbe rein aus sich selbst erklären (so **Voss**, **G. Hermann**, **Völcker**, **K. O Müller**).

Unabhängig von der Art, wie man die Quellen und Hülfsmittel verwendet, sind zum Theil die verschiedenen **Systeme**, nach denen der Inhalt der Mythen gedeutet wird. Die Ableitung der heidnischen Religionen aus

---

*) S. Kl. Schr. IV, S. 464 Anm. 2.
**) S. *Fragmenta Pindari* S. 661.
***) Vergl. Kl. Schr. Bd. VI, S. 37—41.

dem **Monotheismus** stützte sich ursprünglich auf die Autorität der Bibel und die Annahme einer Uroffenbarung; der Polytheismus wurde dann meist als ein Werk des Teufels erklärt. In diesen Vorstellungen ist noch Gerh. Joh. Vossius ganz befangen, dessen Buch *De theologia gentili et physiologia christiana s. de origine ac progressu idololatriae.* (Amsterdam 1642. 4., 4. Ausg. 1700. fol.) trotzdem viele gute Gedanken enthält. Joh. Heinr. Voss bestreitet natürlich, dass die Griechen ursprünglich den Monotheismus gekannt haben. Was sich davon später bei ihnen findet, sollen sie erst von den Juden und zwar auf der Messe von Thapsakos erhalten haben. Die vergleichende Mythologie zeigt indess, dass die Urreligion der indogermanischen Völker zwar schon vor der Trennung der Hauptstämme polytheistisch war, aber noch eine Ineinsbildung des Polytheismus mit einem zu Grunde liegenden Monotheismus darstellte. Welcker, Gerhard, Pyl haben die Ableitung vom Monotheismus in besonnener historischer Weise versucht. Vorzüglich mit Bezug auf Welcker, der wohl mit Recht den Zeus für die ursprünglich Eine Gottheit der Indogermanen ansieht, ist die Abhandlung von Overbeck über die Zeusreligion geschrieben. Welcker vertheidigt im 3. Bande seiner Götterlehre seine Ansicht gegen Preller, der dieselbe bestritten. Die Vorstellungen der vielen Götter sind nun auf verschiedene Weise abgeleitet worden; nämlich durch Emanation aus der Idee des Einen Gottes (so Creuzer), oder durch Potenzirung, d. h. durch eine aufsteigende Entwicklung (Schelling). Es sind aber in Wahrheit beide Vorgänge in den Mythen nachzuweisen. So ist die ursprüngliche Aussonderung mehrerer Gottheiten aus der Idee des Einen Gottes nur als Emanation zu denken und diese liegt der Auffassung zu Grunde, dass Zeus der Vater der Götter und Menschen ist. Dagegen sind die Naturgottheiten allmählich immer höher potenzirt worden, was sich auch in der Theogonie ausspricht, wenn sich die Götterwelt aufsteigend vom Chaos bis zum Zeus entfaltet. Manche haben in der griechischen Mythologie einen ursprünglichen Dualismus nachzuweisen gesucht, wie ihn die persische Religion zeigt. Es ist auch nicht zu leugnen, dass besonders in der Orphischen Weltanschauung der Gegensatz zwischen Geist und Materie zum Bewusstsein gelangt und mythisch dargestellt ist; aber dieser Gegensatz ist nicht, wie bei den Persern, zum Princip der gesammten Mythologie geworden. Innerhalb des Polytheismus, gleichviel ob derselbe als ursprünglich angesehen wird oder nicht, hat man nun wieder die Naturvergötterung auf verschiedene Ausgangspunkte zurückgeführt. Einige leiten Alles aus dem Sterndienste, dem Lichtcult, andere aus dem Erddienst, andere aus der Verehrung des Wassers oder des meteorologischen Processes der Luft ab. Diese Ansichten haben alle ihre Wahrheit innerhalb bestimmter Grenzen; denn in den Mythen haben sich verschiedene Systeme der Naturvergötterung theils nach einander, theils neben einander ausgebildet. Unter allen Mythologemen haben die meiste Klarheit diejenigen, welche eine chronologische und astronomische Bedeutung haben. Diese beruhen auf der Verehrung des Lichts: Zeus, Apoll, Artemis, Athene, Helena und die Dioskuren sind ursprünglich Lichtgötter und der Lichtcult, der im Parsismus die höchste Bedeutung erlangt hat, scheint der älteste nicht bloss bei den Griechen, sondern bei den Indogermanen überhaupt. Uralt ist aber auch die Verehrung der chthonischen Gottheiten, woraus die tiefsinnigen Symbole der Mysterien hervorgegangen sind. An die Verehrung des lichten Himmels schliessen sich von selbst die Mythen, welche atmosphärische Vorgänge zum Inhalt haben; durch diese Mythen werden ausserdem die Vorstellungen von den Himmels- und Erdgöttern vermittelt. In der Hesiodischen Theogonie ist augenscheinlich das Chaos die Luft und diese also als Uranfang aller Dinge gedacht. Das Wasser spielt eine sehr grosse Rolle besonders in den Mythen heisser und wasserärmer Gegenden. Dass Alles aus dem Wasser entstanden, ist nach Aristoteles die Ansicht der ältesten Theologen; auch Homer nennt den Okeanos πάντων γένεcιc. Forchhammer hat den Spuren des Wassercultes sehr scharfsinnig nachgeforscht und die Wahrheit seiner Deutungen lässt sich im Einzelnen oft nicht leugnen. Aber er verwandelt fast Alles in Wasserdunst. In seinem Achill wird die Ilias wie eine Geschichte der Überschwemmung der Ebene von Troja behandelt; Vieles ist geschickt benutzt um seine Ansicht durchzuführen. Aber wie er verfährt, will ich an einem Beispiel zeigen. Der Asopos ist ein Fluss, der sich zuerst in der Binnenebene von Phlius in Schlangenwindungen bewegt, dann über Fels und Abhang springt und zuletzt wie ein Löwe in die untere Ebene von Sikyon einbricht. Das Symbol eines solchen Flusses, wie der beschriebene ist den Griechen die Chimära „vorn ein' Löw' und hinten ein Drach' und Geiss in der Mitte." Seine Bewegung ist durch die drei Thiere ausgedrückt (S. 16). In jenem Chimärenfluss Asopos hört nun die Strömung im Sommer auf; die starke Verdunstung macht das sandige Kiesbett des Flusses ganz wasserleer: die Chimära ist todt. Wer hat sie getödtet? Bellerophon. Also ist Bellerophon ein Heros der Verdampfung. Hierfür werden mehrfache Beweise angeführt. „Nach der Tödtung der Chimära entfloh aber dem Bellerophon das Flügelross und flog hinauf zum Zeus" (weil nämlich die Verdampfung aufhört, soviel ich sehe; denn als Heros der Verdampfung erhebt sich sonst Bellerophon auf dem geflügelten „Quell- und Wellrosse"). Das Ross „trägt dem Zeus Blitz und Donner zu (Hesiod. Theog. 286), während der Heros der verdampfenden Wärme einsam in der Ebene umherschweift, die Pfade der Menschen erwärmend (Ilias VI, 202)." Man staunt, dass selbst im Homer noch eine so starke Spur des Naturmythos übrig sein soll; schlägt man aber die Stelle nach, so findet man, dass Bellerophon die Pfade der Menschen nicht erwärmt, sondern — vermeidet (πάτον ἀνθρώπων ἀλεείνων). Ein System der speculativen Deutung ist auch die Erklärung der Götter als menschlicher Ideale. Hierin finden diejenigen, welche mit Voss die anthropomorphe Anschauung als die erste annehmen, den ursprünglichen Sinn der Mythen. Die hierauf gegründete Erklärung ist für die Homerische Götterwelt oft sehr treffend; aber man muss zugleich untersuchen, wie die Naturgottheiten zu menschenähnlichen Göttern und Heroen geworden (s. vorzüglich Uschold und K. O. Müller). Hierbei ist die Verehrung der Cultsymbole besonders zu berücksichtigen, wohin der Meteorcult und der Baumcult gehört (s. oben S. 433 und die Schriften von Bähr, Bötticher, Mannhardt). Im Grunde genommen hat man durch die verschiedenen Systeme der Deutung alle Systeme der philosophischen Weltanschauung in den Mythen wiedergefunden und sie liegen sicher alle embryonisch darin (s. oben S. 562). Aber um so schwieriger ist die Sonderung, da ausserdem durch die letzte dichterische Umbildung des speculativen Mythos dieser mit dem historischen verschmolzen und daran von den ältesten Geschichtschreibern die wirkliche Geschichte der Völker geknüpft ist. Daher liegt bei der Deutung die Gefahr des Synkretismus nahe, der alle möglichen Systeme willkürlich zusammenwirft. So sucht Creuzer seine Ansichten durch die verschiedensten unvereinbaren Deutungen zu stützen. Sein „Dionysos" enthält insbesondere eine gewaltsame Mischung nicht zusammengehöriger Dinge — ein wahrhaft Dionysischer Krater. Der Synkretismus kann nur durch eine kritische Ausscheidung der einzelnen Elemente der Mythen vermieden werden. Aber diese ist unendlich schwer. Das Ganze gleicht einem dunklen Chaos, aus dem nur einzelne lichte Punkte hervortreten.

Man hat dies Dunkel theils auf speculativ-philosophischem, theils auf geschichtlich-philologischem Wege aufzuhellen versucht. Aber die philosophische Auslegung eines Schelling, Wagner, Baur, Hegel und Feuerbach hat zu vielen Hirngespinnsten geführt. Der Geist, den sie in den Mythen gefunden haben, war meistens der Philosophen eigener Geist. Man kann aus ihren Constructionen nur allgemein anregende Gedanken entnehmen, welche aber erst durch die allein richtige philologische Forschung geprüft werden müssen. In Bezug auf die methodische Bearbeitung sind Preller, Welcker und Gerhard als Muster zu empfehlen. Da die Deutung der Mythen in der Erkenntniss ihrer Genesis liegt, kommt es vorzüglich darauf an die Perioden der Religionsgeschichte richtig festzustellen. Hierzu sind mannigfache Versuche gemacht, welche noch zu keinem definitiven Abschlusse gelangt sind. Viel Wahres enthält die Aufstellung von B. Stark, „Über die Epochen der griechischen Religionsgeschichte" in den Verhandl. der 20. Philologenversammlung. Leipzig 1863. [Wiedergedruckt in den Vorträgen und Aufsätzen aus dem Gebiete der Archäologie und Kunstgeschichte. Leipzig 1880.] Er setzt folgende Perioden an: 1. Die pelasgische Zeit und die Übergangsperiode (worin zugleich das gemeinsame Indogermanische enthalten ist), 2. die Homerische oder achäisch-hellenische Glaubenswelt, 3. die Apollinische Glaubensstufe von überwiegend dorischer Entwicklung, 4. die Dionysische Glaubensstufe oder die überwiegend ionisch-attische Periode, 5. die hellenistische Glaubensstufe, deren Vertreter Asklepios ist. Die 4. Stufe hat Bedenken, die Charakteristik der 5. ist kaum zu billigen. Überhaupt aber leiden alle so allgemeinen Constructionen an grossen Mängeln; unter so wenigen Kategorien lässt sich die reiche Welt der Mythen nicht zusammenfassen.

Dass für die historische Erforschung des Mythos ein gewisser congenialer Sinn, ein religiöses Gemüth, ein Geist, der sich in fremde Formen zu versenken im Stande ist, ein glückliches Ahnungsvermögen nöthig sei, vermöge dessen der Mythologe mit einem Schlage das Wahre durch eine Art göttlicher Begeisterung ergreift, das hat die Mythologie mit dem gesammten Studium gemein, und diese Behauptung darf man nicht als Mysticismus verschreien. Berechnender Verstand muss aber gleichen Schritt halten und was der Geist ergriffen hat, klar zu machen wissen. Endlich müssen die Grenzen des Wissens gezogen werden: wir müssen erkennen, was sich wissen und was sich nicht wissen lässt. Das Wichtigste ist die Kritik. Es ist genug Material der Forschung zusammengehäuft, aber dasselbe ist noch zu wenig gesichtet. Die meisten Ansichten sind relativ wahr, aber einseitig. Es muss also eine möglichst sichere Methode historisch-kritischer Forschung aufgestellt und an der Hand derselben müssen alle bisherigen und gedenkbaren Versuche auf ihr richtiges Maass zurückgeführt werden, so dass man sieht, wie Jeder das Seine gewonnen hat und was zuletzt stehen bleibt, wenn alles Unsichere, auf unmethodischem Wege Gefundene ausgeschieden wird. Erst wenn Alles durch diese Feuerprobe gegangen, kann man verständig darauf weiterbauen. Die Grundlage zu dieser strengen Methodik ist gelegt in K. O. Müller's Prolegomena zu einer wissenschaftlichen Mythologie. Göttingen 1825. An die darin ausgesprochenen Ansichten habe ich meine vorliegenden Erörterungen angeknüpft. Gottfr. Hermann's Schrift „Über das Wesen und die Behandlung der Mythologie" (Leipzig 1819) geht selbst noch von einem einseitigen Standpunkte aus. Gegen Müller hat Ed. Reinh. Lange, der jenem aber nicht bis an die Knöchel reicht, seine „Einleitung in das Studium der griechischen Mythologie" (Berlin 1825) geschrieben; es ist dies ein höchst oberflächliches Buch, ohne alle Eigenthümlichkeit, voll Nachbeterei Vossischer Gedanken. Zu allgemein-philosophisch sind die methodologischen Bemerkungen von Chr. Herm. Weisse in seinem oben (S. 571) erwähnten Buche. Eine Übersicht der Bearbeitungen der Mythologie mit Ausschluss der damals lebenden Schriftsteller giebt Éméric-David in der Einleitung zu seinem *Jupiter*. Aug. Jacob, Zur griechischen Mythologie, ein Bruchstück über die Behandlung der griechischen Mythologie (Berlin 1848) kritisirt die verschiedenen Ansichten. Eine ausführliche Besprechung derselben enthält P. F. Stuhr, Allgem. Überblick über die Geschichte der Behandlung und Deutung der Mythen, in Baur's Zeitschr. f. specul. Theol. Bd. I, II u. III; ferner E. Renan, *Études d'histoire religieuse* (s. oben S. 458) und die Einleitung zu Chr. Petersen's Griechischer Mythologie.

Eine besondere Rüge verdient noch ein Missbrauch, der in neuester Zeit wiederholt mit der Mythologie getrieben worden ist, indem man sich von dem wissenschaftlichen Standpunkte entfernt und dieselbe zu äusseren Zwecken zu gebrauchen gesucht hat. Die wahre Wissenschaft ist jeder Zeit ohne Tendenz; letztere ist in der Wissenschaft stets sophistisch. Hierhin gehört die Anwendung der Symbolik um durch dieselbe die von einer gewissen Partei beabsichtigte Einschläferung des Menschengeschlechts zu befördern. Sie scheint nämlich ein geeignetes Mittel dem klaren Denken und Erkennen entgegenzuwirken, indem man den menschlichen Verstand in einen symbolischen Schlummer einwiegt, in welchem alle klare Gestaltung philosophischer Ideen verschwimmt und zugleich die historische Wahrheit verdunkelt wird. Dies soll Mysticismus sein; aber der wahre Mysticismus, der keineswegs zu verwerfen ist, geht aus einer grossen Tiefe des Geistes und Gemüthes hervor, wogegen jene Tendenz nur geistige Aufgeblasenheit ohne inneren Gehalt zum Grunde hat, oder in unklaren Köpfen entspringt. Wenn der Mysticismus nicht mit Klarheit des Verstandes verbunden ist, führt er zu den verderblichsten Abwegen. Neuerdings hat man aber die mythologische Symbolik mit dem Obscurantismus zusammengemengt und sucht derselben, verbunden mit der Thorheit allegorischer Deutungen, wodurch der Geist des Alterthums verscherzt und seine plastische Reinheit mit abgeschmackten Symbolen des Orients behangen wird, noch obenein den Mantel des Christenthums umzuhängen, da doch vielmehr das Christenthum gerade die alte Symbolik vernichten sollte. Gegen solche Tendenzen hat Jo. H. Voss mit Recht gekämpft, und dies entschuldigt z. Th. den Ton seiner Antisymbolik. Diejenigen, welche das Christenthum in dem Heidenthum nachweisen wollen, gehen nicht nur unhistorisch zu Werke, sondern fallen in Idolatrie zurück. Wie ganz anders Platon (Republik Bch. II u. III) in seinen Urtheilen über die Mythologie, und gleich ihm alle anderen Alten von Geist und Verstand! Diesen muss man folgen. Gewiss ist die Mythologie von bleibendem Werthe. Der Verstand wird im Ganzen immer herrschender in den menschlichen Bestrebungen, der Mensch immer kühler, wie die Erde nach der Ansicht einiger Naturforscher immer mehr von ihrem inneren Feuer verliert. Daher ist es nicht unwichtig, dass Herz und Gemüth sich an dem Feuer der früheren Weltalter, besonders an der Tiefe ihrer religiösen Empfindung erwärmen, ohne dass deshalb die Klarheit des Verstandes geopfert wird, und diejenigen, welche ein nebelndes Mythologisiren und Symbolisiren wollen, sind dem, was noth thut, nicht mehr entgegen, als die, welche emsig bestrebt sind Wasser zuzutragen, um die heilige Flamme der alten religiösen Anschauung auszulöschen, damit doch Alles dürr, trocken und kalt werde und keine Spur von Enthusiasmus zurückbleibe, als die Begeisterung für das Entgeistete.*)

2. Geschichte der Philosophie.

§ 87. Es kann die Frage aufgeworfen werden, ob die Geschichte der Philosophie Gegenstand der Philologie sei, da wir doch Philosophie und Philologie als Gegensätze bezeichnet haben (s. oben S. 16 ff.). Die Philosophie muss innerlich, d. h. philosophisch begriffen werden; daher scheint eine philologische Darstellung ihrer Geschichte keinen Werth zu haben. Dies Bedenken wird sich von selbst heben, wenn wir die geschichtliche Entwicklung der Philosophie nach denselben Gesichtspunkten wie die Mythengeschichte betrachten.

a. Entstehungsgrund der Philosophie.

Platon und Aristoteles haben als Anfang der Philosophie das Staunen bezeichnet, weil darin das Gefühl der Unwissenheit liegt, wodurch die Wissbegierde erzeugt wird. Wenn diese zur Aufsuchung der Wahrheit antreibt, nur um der Unwissenheit zu entgehen, so wird — wie Aristoteles richtig bemerkt — die Wahrheit nicht um irgend eines äussern Vortheils, sondern um

---

*) Vergl. Kl. Schr. II, S. 458 f.

ihrer selbst willen gesucht. Sie gehört mit zu den ursprünglichen Idealen des menschlichen Geistes und die Weisheit erscheint daher als etwas Göttliches. Somit ist der philosophische Trieb in der religiösen Begeisterung enthalten, wie dies Platon in der Idee des ἔρως φιλόσοφος ausdrückt.*) Sowohl der Naturenthusiasmus als die Ekstase führen schon in der mythischen Zeit zur Speculation, durch welche die in der innern Anschauung schöpferisch erzeugten Ideen ergriffen werden (s. oben S. 560 ff.). Der Erkenntnissgrund der Philosophie ist dies schöpferische, oder apriorische Denken; der Realgrund die Übereinstimmung der innern und äussern Erlebnisse mit demselben. Je mehr sich die im Mythos zurückgedrängte Reflexion ausbildet, desto klarer tritt jene Übereinstimmung ins Bewusstsein, und es entsteht die begriffsmässige wissenschaftliche Speculation, die man im engern Sinn Philosophie zu nennen pflegt (s. oben S. 554). Es ist daher jedenfalls inconsequent, wenn man zwar die Mythologie, aber nicht die Geschichte der Philosophie unter die philologischen Disciplinen rechnen will, als ob die Philosophie etwas anderes als die zur Klarheit des Verstandes erhobene Mythologie wäre. Die Philosophie hat immer die übereinstimmende Vernunft in der Natur und im Geist auf ein gemeinsames Princip zurückzuführen gesucht, und die Idee der Gottheit, worin der Mythos die Erklärung aller Wunder findet, ist das höchste Problem aller Philosophie geblieben, gleichviel ob sie jene Idee als wahr anerkannt oder bestritten hat. Die Mythologie ist dabei Gegenstand der Religionsphilosophie geworden, bildet also einen der Philosophie und der Philologie gemeinsamen Stoff, der aber in beiden einer verschiedenen Behandlungsart unterworfen ist. Ebenso ist die Philosophie selbst als höchste Stufe der Erkenntniss auch der höchste Gegenstand der Philologie, wenn diese die Wiedererkenntniss des Erkannten ist.

b. Geist und Inhalt der Philosophie.

Die Erkenntniss der Wahrheit hebt das Staunen auf, aus welchem die Wissbegierde entspringt. Das Horazische *nil admirari* würde also der Wahlspruch der vollendeten Wissenschaft sein. Allein die Wissenschaft ist nie vollendet; die fortschreitende Erkenntniss eröffnet dem staunenden Auge des Forschers eine Unendlichkeit von Problemen, welche der Wissbegierde immer

---

*) Vergl. Kl. Schr. IV, S. 322 f.

neue Nahrung geben. Die göttliche Weisheit ist die absolute Erkenntniss der Wahrheit, die menschliche Wissenschaft dagegen nur das nie endende Streben nach jener Erkenntniss. Dies haben die Alten durch den Namen der Philosophie ausgedrückt, der von Pythagoras herzurühren scheint, und Platon nennt dieselbe auch Philomathie, weil die ἐπιcτήμη ein beständiges μανθάνειν ist (s. oben S. 22). Aber der unbegrenzte Fortschritt besteht nur in der Erweiterung des Umfangs, indem die Zeit die Summe der Erfahrungen mehrt: die Tiefe der geistigen Anschauungen wächst nicht mit der Zeit. Denn da die Vernunft des Menschen selbst göttlicher Natur ist, sind die Schöpfungen derselben, welche den Inhalt der Philosophie ausmachen, das Stetige in der Entwicklung der Erkenntniss. Daher ziehen sich in der Geschichte der Philosophie durch alle Zeiten dieselben Grundwahrheiten hindurch. Sie kommen in den hervorragendsten Denkern nur in verschiedenem Grade zum Bewusstsein, obwohl sie in jedem ganz und ungetheilt leben. Die Evolution des philosophischen Geistes liegt nur darin, dass die Darlegung des Inhalts durch die Individualität der Forscher bedingt und modificirt wird. Diese Modificationen sind der allmählichen Vervollkommnung fähig. Es treten zuerst eine Reihe einseitiger Auffassungen des Inhalts hervor, die später in einer vielseitigeren Ansicht ausgeglichen werden; zugleich vervollkommnet sich die Form, die Technik der Entwicklung; auch vergeistigt sich die Betrachtung, indem die Erkenntnisstheorie selbst mehr und mehr zum Ausgangspunkt alles Erkennens genommen wird. Endlich aber modificirt die fortschreitende Erfahrung die Philosophie. Denn da die Speculation das Gegebene durch die Ideen zu begründen sucht und von den Ideen aus im Gegebenen endet, wird sie unrein, wenn das Gegebene falsch ist, und daher durch die Erfahrung gereinigt, indem diese ihr die falschen Thatsachen entzieht. Dadurch werden die Ideen des schaffenden philosophischen Geistes klarer herausgestellt und je vollkommener sie mit der Erfahrung vermittelt werden, desto universaler wird das Gebiet der Philosophie und desto allgemeiner die Theilnahme am philosophischen Denken. Der Fortschritt wird indess durch zeitweilige Rückschritte unterbrochen. Unter dem Einfluss einer mangelhaften Erfahrung werden die philosophischen Ideen verdunkelt oder wegen der Widersprüche in ihrer Darlegung skeptisch verneint. Durch die Ausbreitung des philosophischen

Denkens wird dasselbe verflacht, da nicht alle Forscher die Höhe der Wissenschaft erreichen. Allein der philosophische Geist erhebt und kräftigt sich immer von Neuem und auch die Rückschritte tragen zu seiner Vervollkommnung bei; die verschiedenen Modificationen, in denen die Philosphie auftritt, sind nothwendige Entwicklungsstufen.*) Indem die Geschichte der Philosophie dieselben als solche in ihrem durchgehenden Zusammenhang darstellt, deckt sie das Wesen des philosophischen Geistes auf, und da dies in den apriorischen Ideen selbst besteht, ist sie zugleich Philosophie.**) So fallen hier Philosophie und Philologie zusammen. Ein Philologe ist berufen die Geschichte der Philosophie zu bearbeiten, sofern er fähig ist die philosophischen Ideen aufzufassen und ein Philosoph kann die Geschichte seiner Wissenschaft nur reconstruiren, wenn er philologisch durchgebildet ist (s. oben S. 18).

    c. Genesis der Philosophie.

Die philosophischen Gedanken, welche in den Religionssystemen des Orients liegen, sind dort nicht zur Klarheit der Wissenschaft durchgedrungen. Das Vaterland der wissenschaftlichen Philosophie ist Griechenland, und dieselbe ist von den Griechen selbständig ausgebildet worden. Die Annahme, dass die grundlegenden Systeme der griechischen Denker dem Orient entlehnt seien, ist ein leeres Phantasma; in der Zeit vor Aristoteles können nur einzelne anregende Gedanken von dorther aufgenommen sein und bei der Bildung einiger Systeme mitgewirkt haben.

Die wissenschaftliche Philosophie hat im Alterthum drei Perioden durchlaufen. Wenn in der mythischen Speculation die Phantasie das Übergwicht über den Verstand hatte, tritt durch die begriffliche Reflexion zunächst ein Gleichgewicht dieser beiden Factoren des Erkennens ein, wobei die speculativen Anschauungen mit unmittelbarer Klarheit ergriffen werden. Dies ist der Charakter der Anschauungsphilosophie, die im Zeitalter der sieben Weisen beginnt und im Platonischen Systeme gipfelt. Nach Platon wurde die Klarheit der innern Anschauung durch den massenhaft eindringenden Erfahrungsstoff verdunkelt; die Phantasie trat gegen den Verstand zurück, und es bildete sich eine

---

    *) Vergl. Kl. Schr. II, S. 390 f. 90 f.
    **) Ebenda II, S. 352.

Reflexionsphilosophie, die mit abstracten Begriffen operirte. Sie beginnt mit Aristoteles und führt schliesslich zu einer Zersetzung der Speculation. In der dritten Periode sinkt diese durch den Einfluss orientalischer Glaubenslehren auf den mythischen Standpunkt zurück und erzeugt die Grundlagen der modernen christlichen Philosophie.

Den ächt antiken Charakter trägt nur die erste Periode. Wenn in der mythischen Zeit die Speculation noch ganz in das Leben der Völker verwickelt ist und als Erzeugniss des mythenbildenden Volksgeistes von Priestern und Sängern im Wege naturgebundener Vererbung überliefert wird: so durchdringen sich in der Periode der Anschauungsphilosophie Leben und Wissen harmonisch, und die Wissenschaft wird von einzelnen hervorragenden Denkern ausgebildet, deren freie Individualität sich in derselben geltend macht. Aber in ihnen ist doch nur das Erkennen der Nation zu einem potenzirten Ausdruck gelangt; daher bilden sich die Systeme im Einklang mit dem Charakter der Nationalstämme. In dem Zeitalter der sieben Weisen lässt sich eine dreifache Richtung der Speculation unterscheiden: eine physische, priesterliche und politische. Aus der physischen entwickelt sich seit Thales die ionische Naturphilosophie; an die priesterliche Richtung, deren Hauptvertreter Epimenides von Kreta und Pherekydes von Syros, der Lehrer des Pythagoras sind, schliesst sich die den dorischen Charakter tragende Geheimlehre der Pythagoreischen Ordensverbrüderung an, und die politische Weisheit findet ihren Ausdruck in den Sprüchen der Staatsmänner, die man unter der Apollinischen Siebenzahl zusammengefasst hat und die ohne Zweifel mit dem delphischen Orakel in enger Verbindung standen (s. oben S. 446 f.). Der hervorragendste Vertreter dieser Richtung ist Solon; er legte in Athen den Grund zu jener ionisch-dorischen Humanität, aus welcher später die attische Philosophie des Sokrates hervorgegangen ist.

Der Charakter der Stämme prägt sich zunächst in den verschiedenen philosophischen Weltanschauungen aus. Den gemeinsamen Urgrund des Geistes und der Körperwelt, nach welchem die Speculation von Anfang an forscht, finden die Ioner im Stoff, den sie als belebt, untrennbar mit dem Bewusstsein verbunden und als die Eine ewige Substanz der werdenden Dinge betrachten. Sie leiten also die Einheit, die der Geist als sein Wesen anschaut, von der Körperwelt ab, welche als beständig wechselnde Vielheit erscheint. Die belebte Materie ist ihnen die Gottheit und sie führen somit die mythische Naturvergötterung auf klare verstandesmässige Bestimmungen zurück; in den vielen Göttern des Volksglaubens erkennen sie die göttliche Beseelung der einzelnen Naturgestaltungen: Thales erklärte in diesem Sinne, alles sei voll von Göttern.*) Dem ionischen Materialismus trat der dorische Spiritualismus gegenüber.**) Pythagoras, der aus einer dorischen, aber auf dem ionischen Samos ansässigen Familie stammte, kannte die ionische Naturphilosophie und seine Lehre steht in einem bewussten Gegensatz zu derselben. Er suchte gemäss der alten Orphischen Anschauung das Göttliche in dem Geist des Menschen selbst und erkannte als das der Körperwelt mit dem Geiste Gemeinsame die mathematische Form. In dieser lässt sich alle Vielheit aus der constructiven Bewegung räumlicher Einheiten ableiten, welche Pythagoras weiterhin auf eine die gesammte Welt ewig construirende Ureinheit zurückführte. Indem ihm so die Zahl zugleich Substanz und Form der Dinge wurde, sah er die Körperwelt als Schöpfung des Geistes an, doch so, dass die Thätigkeit des letztern noch ganz in der räumlichen Construction aufging, welche nicht abstract, sondern als lebendig schaffende Kraft aufgefasst wurde. Die Gottheit ist die Ureinheit, die Seele der von ihr construirten Welt.***) Göttlicher Natur sind aber ausserdem solche Organisationen, in welchen sich die Wirkungsweise der Gottheit mikrokosmisch wiederholt. Dahin rechneten die Pythagoreer die höchsten Götter des Volksglaubens, die sie als Seelen der Gestirne betrachteten;†) ferner die Dämonen als die in den Naturkräften wirkenden Geister und die Heroen, die geläuterten Seelen der Menschen (s. oben S. 422). An die Pythagoreische Philosophie schliesst sich die eleatische auf das Engste an; die Alten haben beide unter dem Namen der italischen Philosophie der ionischen gegenüber gestellt. In der eleatischen Speculation tritt aber die Antinomie des Spiritualismus und Materialismus in ihrer ganzen Schroffheit hervor, und es liegt hierin ein Analogon des äolischen

---

*) Vergl. Kl. Schr. III, S. 109 ff.
**) Vergl. Philolaos des Pythagoreers Lehren S. 40 ff.
***) Ebenda S. 151.
†) Ebenda S. 174.

Charakters. Indem die Eleaten die Eine ewige Substanz, welche die räumliche Form der Welt in sich trägt, mit dem Denken identisch setzten, leugneten sie die Existenz der Bewegung und erklärten also die werdende Körperwelt, worin der Materialismus alle Realität sucht, als blossen Schein. Dieser auf die Spitze getriebene Spiritualismus schlug aber in sein Gegentheil um; er führte zu der Reaction der von Leukipp und Demokrit begründeten Atomistik, wonach das Wesen der Dinge in eine unzählige Vielheit bewegter Körper gesetzt wurde. Die Atomistik schloss sich an den ionischen Materialismus an, unterschied sich aber von demselben dadurch, dass sie das Bewusstsein nicht als unzertrennlich mit dem Stoffe verbunden, sondern als Wirkung der Formbeschaffenheit organischer Wesen ansah. Absolute Einheit und ewiges unveränderliches Sein kommt nur jedem Atom zu, und die gesetzmässige Gleichförmigkeit der Natur wird dadurch erklärt, dass die Atome nur quantitativ verschieden und die Bewegung aller ursprünglich gleich ist. Die Idee einer einheitlichen Gottheit war hiermit unvereinbar und es ist bezeichnend, dass die Atomistiker die vielen menschenähnlichen Götter des Volksglaubens als Idealbilder anerkannten, deren Entstehung sie materialistisch zu erklären suchten, während sie den Glauben an die reale Wirksamkeit dieser Götter aus einer Illusion der Furcht ableiteten. Die ionische Philosophie führte ihrerseits unter dem Einfluss der eleatischen Polemik gleichfalls zu einem Extrem, durch welches sie sich selbst aufhob. Thales hatte den Urstoff als flüssig angesehen; Anaximandros erkannte, dass er völlig unbegrenzt (ἄπειρον) sein müsse; Anaximenes hatte ihn demgemäss als luftförmig erklärt. Viel später stellte Heraklit im Gegensatz gegen die eleatische Anschauung und indem er den Satz des Widerspruchs leugnete, die Ansicht auf, dass der ewig seiende Urstoff zugleich vermöge der Einheit von Sein und Nichtsein das ewig Werdende ist und erklärte das ätherische Feuer als diesen Urstoff; Empedokles nahm alle vier Elemente als Grundformen der belebten Materie des Weltalls an; Anaxagoras endlich bestritt, dass jene Formen überhaupt Elemente seien und setzte als solche eine unendliche Vielheit von Stoffen, die er aber ins Unendliche theilbar und nur qualitativ verschieden dachte. Zugleich indess erkannte er, dass die Materie und ihre Bewegung von dem Bewusstsein gänzlich verschieden seien und gelangte so zu einem dualistischen Spiritualismus.*) Er fand keine Vermittelung zwischen der Materie und dem weltordnenden νοῦς, und seine Naturerklärung war daher ebenso mechanisch wie die der Atomistik.

Im Anschluss an die verschiedenen Weltanschauungen bildeten sich die übrigen Elemente der philosophischen Systeme. Der Gegenstand der Speculation war in allen vorwiegend die Natur. Die ionische Philosophie hatte an sich keine ethische Tendenz. Bei den Pythagoreern dagegen richtete sich die ganze Philosophie auf Gründung einer sittlichen Gemeinschaft, die ächt dorisch, aber idealer als die spartanische Verfassung war. Obgleich hieraus noch keine systematische Ethik hervorging, so wurde doch die Naturphilosophie selbst dadurch ethisirt. Pythagoras nannte die Welt zuerst Kosmos und dieser ethische Begriff bestimmte die gesammte Pythagoreische Naturspeculation. Durch die Sittensprüche der Pythagoreer wurden die sämmtlichen übrigen Systeme befruchtet, und es finden sich seitdem in allen Ansätze zu einer ethischen Theorie. Durch die Eleaten trat ferner das dialektische Element der Philosophie hervor, d. h. das Nachdenken über Form und Methode der Wissenschaft, da bei ihnen der Anstoss zur Speculation nicht von den in den Gegenständen selbst liegenden Problemen, sondern von dem Streit gegen die ionische Weltansicht ausging, deren Begründung sie als fehlerhaft nachzuweisen suchten. Hieran reihten sich auch die Anfänge erkenntnisstheoretischer Untersuchungen. Diese führten zunächst in Folge des Widerstreits der Systeme zum Skepticismus. Der Materialismus hatte gezeigt, dass die Formen der Dinge beständig werden und vergehen. Da nun alle Erkenntniss in der Wahrnehmung der Formen besteht, so lag der Schluss nahe, dass bei der beständigen Fluctuation alles Seienden keine objective Erkenntniss möglich sei. Sind alle Dinge in Fluss, so ist keines an sich vorhanden; real sind dann aber immer noch die Wahrnehmungen als solche, als subjective Erscheinungen; jeder einzelne Mensch ist das Maass aller Dinge. Dies ist die sensualistische Skepsis, welche Protagoras vom Standpunkte des Materialismus aus begründete. Andrerseits hatten die Eleaten bereits alles Werden für Schein erklärt; da nun das Denken, mit welchem sie das Eine Sein gleichsetzten, selbst in der Welt des Scheines befangen ist, so konnte leicht auch das

---

*) Vergl. Kl. Schr. III, S. 111 ff.

Sein selbst als Schein gelten und also überhaupt geleugnet werden. So entstand die nihilistische Skepsis des Gorgias. Beide Hauptrichtungen der Sophistik führten dahin, dass nur eine subjective relative Erkenntniss für möglich galt, die Speculation mithin verworfen und nur die Erfahrung anerkannt wurde. An die Stelle der Philosophie trat die Polyhistorie. Da als Grenze der Subjectivität nur das Handeln erschien, sahen die Sophisten die Hauptaufgabe der Wissenschaft darin vermittelst empirischer Kenntnisse bestimmend in die Praxis einzugreifen; sie setzten daher die Rhetorik als Überredungskunst an die Stelle der Dialektik. Die skeptische Betrachtung des praktischen Lebens selbst erzeugte eine negative Ethik, indem auch das Sittengesetz von äusserer conventioneller Satzung abgeleitet wurde. Im Kampfe gegen diese verderbliche Richtung der Sophistik und doch gleichzeitig angeregt durch die mächtige Bewegung der Geister, welche die Sophisten hervorriefen, bildete sich die attische Philosophie. Seitdem Athen durch Perikles zum Mittelpunkt der gesammten griechischen Bildung geworden, trafen dort die Vertreter aller philosophischen Schulen zusammen. Sokrates hatte in seiner Jugend den Zenon und Parmenides gehört; er hatte mit besonderem Eifer die ionische Naturphilosophie durchforscht, dann die Lehre des in Athen lebenden Anaxagoras kennen gelernt und kannte ohne Zweifel auch die Pythagoreische Philosophie, da Simmias und Kebes, die Schüler des in Theben lebenden Pythagoreers Philolaos mit ihm befreundet waren.*) Die Kritik der verschiedenen Systeme führte bei Sokrates aber nicht zum Skepticismus, sondern zum Kriticismus. Zunächst vervollkommnete er die Dialektik, indem er durch methodische Definition und Induction den Weg zur begrifflichen Erkenntniss zeigte. Auf diesem Wege gelangte er zu einer festen ethischen Ansicht und stützte dieselbe gegen die Sophisten durch die Kritik des Erkenntnissvermögens selbst, worin eben sein Kriticismus besteht. In dem Fundamentalsatz seiner Ethik, dass die Erkenntniss des Guten mit der Ausübung identisch ist, das Gute stets verwirklicht wird, soweit es wirklich erkannt ist, behauptete er die Einheit der theoretischen und praktischen Vernunft, vermöge deren im zweckmässigen Handeln die Einheit

---

*) Vergl. Kl. Schr. VII, S. 29 ff. Philolaos S. 105. Kl. Schr. IV, S. 430 ff. *Corp. Inscr.* II, S. 321.

des Begriffs in die Vielheit der Dinge hineingebildet wird. Da aber der Mensch in seinem Wirken von der körperlichen Aussenwelt bedingt ist, so erklärte Sokrates die absoluté Abhängigkeit des Handelns von der Idee des Guten durch die Annahme eines die Welt nach der gleichen Idee ordnenden göttlichen Geistes. Er begründete hiermit die teleologische Naturanschauung. Da er seinen Blick auf die absolute Einheit des Wissens und Handelns gerichtet hielt, waren die Gegensätze, welche die ethische Ansicht zulässt, bei ihm noch in einer wenn auch undialektischen Harmonie vereinigt. Sie traten in den einseitigen Richtungen seiner Schüler auseinander. Wie in der Naturphilosophie lässt sich auch in der Ethik die Einheit aus der Vielheit oder die Vielheit aus der Einheit ableiten. Die von Antisthenes begründete kynische Secte machte die Einheit des sittlichen Begriffs zum herrschenden Princip; der auf ihm beruhenden innern Tugend gegenüber sind die Aussendinge das ἀδιάφορον, so dass die gänzliche Unabhängigkeit von denselben das eigentlich Göttliche ist. Die von Aristipp gestiftete kyrenaische Secte leitete dagegen die Einheit des ethischen Begriffs aus der Vielheit der Dinge ab: wie man zu handeln, also auf die Dinge zu wirken hat, darüber entscheidet der innere Sinn nach dem Zweckbegriff; allein nur aus der Wirkung der Dinge auf uns, aus dem Gefühl des Angenehmen und Unangenehmen geht der Zweckbegriff hervor. Diese beiden Gegensätze entsprechen den Unterschieden der dorischen und ionischen Naturphilosophie. Die Antinomie beider wird hauptsächlich in der megarischen Secte hervorgehoben, welche sich an die Eleaten anschliesst. Wenn Euklid behauptet, es gebe nur Ein Gutes, das man Gott, Vernunft, Tugend nenne und ausserdem gebe es nichts, so wird hierdurch die ausschliessliche Realität der Einheit ethisch ausgedrückt.

Eine Ausgleichung aller bisher hervorgetretenen Gegensätze bewirkte Platon, indem er von dem Grundgedanken des Sokrates aus den Begriff der Philosophie in seiner Totalität entwickelte; denn der Cyklus seiner philosophischen Dramen stellt in dem Idealbilde des Sokrates die Idee der Philosophie nach allen ihren wesentlichen Momenten dar. Der Ausgangspunkt seines Systems ist die Dialektik, die er dadurch vervollkommnete, dass er die Methode der Definition durch die der Eintheilung ergänzte und durch Verbindung von Induction und Deduction das analytische und synthetische Verfahren in ihrem Unterschied und Zusammenhang bestimmte. Durch diese Dialektik hat er eine umfassende Erkenntnisstheorie geschaffen. Sie gründet sich auf die Unterscheidung und Vermittelung des Seienden und Werdenden. Das Seiende wird durch intellectuelle Anschauung und begriffliche Reflexion (νοήcει μετὰ λόγου), das Werdende durch reflectirende Vorstellung verbunden mit sinnlicher Anschauung (δόξῃ μετ' αἰcθήcεωc ἀλόγου) erfasst. Hierin wird also zunächst eine doppelte Anschauung unterschieden: der Intellect schaut das Seiende an, wie die Sinne das Werdende. Zugleich aber kommt hierzu eine zweifache Reflexion: der intellectuelle Begriff und die sinnliche Vorstellung. Vermöge der Einheit des theoretischen und praktischen Denkens ist ferner der Gegenstand der Anschauung doppelter Natur. Betrachtet man die Begriffe nur als Bedingungen, von denen man zu dem schlechthin Unbedingten aufsteigt, so ergiebt diese Analyse die Subsumtion der Begriffe unter die höchsten Principien, d. h. die Anschauung der Ideen. Setzt man dagegen die Einheit als Princip voraus und geht dann synthetisch mittelst anschaulicher Construction zu den Folgen über, so erzeugt man die mathematischen Gebilde, welche hiernach die Abbilder der Ideen sind. Hierauf beruht der Unterschied der die Ideen erkennenden Vernunft (νοῦc) und des mathematischen Verstandes (διάνοια). Ein ähnlicher Unterschied zeigt sich im Bereich der sinnlichen Erkenntniss. Die unmittelbaren Gegenstände derselben, die sinnlichen Erscheinungen werden analytisch auf ihre Bedingungen, die Körper zurückgeführt; zugleich aber construirt die sinnliche Vorstellung Bilder der körperlichen Dinge. Die unmittelbare Überzeugung von der Realität der Körperwelt ist Glaube (πίcτιc), die unmittelbare Überzeugung von der Realität der Vorstellungsbilder Muthmassung (εἰκαcία). In den körperlichen und intellectuellen Bildern liegt nun die Vermittelung der Ideen- und Sinnenwelt. Die Vorstellungen der Sinnlichkeit sind bedingt durch körperliche Organe, welche von äusseren Körpern erregt werden. Die Sinnesempfindungen, durch welche diese Erregungen zum Bewusstsein kommen, bilden an sich eine stets wechselnde Vielheit; die Einheit jeder Wahrnehmung ist schon vermittelt durch das unmittelbare sinnliche Urtheil, welches in der Vorstellung liegt. Auf der von den Körperaffectionen abhängigen zufälligen Zusammenfassung der Wahrnehmungen beruht die Association der Vorstellungen, vermöge deren bei der Erinnerung eine die andere hervorruft. Hiervon ganz verschieden ist aber die intellectuelle Erinnerung. Diese beruht auf der Einheit, dem begrifflichen wesentlichen Zusammenhange der dem Geiste inhärirenden Ideen. Die allgemeinen Begriffe können nicht von der Einzelwahrnehmung abstrahirt sein, vielmehr lässt sich das Einzelne ohne sie gar nicht denken. Kein Individuum kann gedacht werden ohne den Gattungsbegriff; er ist die Einheit, auf welche das Mannigfaltige der Anschauung bezogen werden muss, um das Ding als Ganzes zusammenzufassen. Aber da sich so die Ideen in der Sinneswahrnehmung bethätigen, wird die intellectuelle Erinnerung durch die sinnliche Anschauung angeregt. So wird es möglich die an den Körpern wahrgenommenen Formen auf mathematische Elemente zurückzuführen und das analytische Verfahren erstreckt sich hierdurch auf die sinnlichen Erscheinungen, indem als letzte Bedingungen derselben die Ideen erkannt werden. Umgekehrt rufen die Ideen die sinnlichen Vorstellungen in die Erinnerung, durch welche sie angeregt sind oder welche gleichzeitig mit ihnen angeregt sind. Hierdurch werden die Vorstellungen zu Bildern oder Symbolen der Ideen. Da wir aber unsere sinnlichen Vorstellungen durch die Bewegungen unseres Körpers auf äussere Körper übertragen, die Bilder der Dinge also objectiviren können, so gipfelt das synthetische Denken darin, dass wir die Sinnenwelt selbst den Ideen gemäss gestalten. Die Körper werden nach mathematischen Gesetzen von uns umgebildet und die letzten Elemente der Mathematik lassen sich selbst annähernd anschaulich machen. Der äusserlich gewordene, ins Bild getretene λόγος aber ist die Sprache.*)

Durch diese Erkenntnisstheorie vermochte Platon die Weltanschauung des Sokrates tiefer zu begründen, indem er nach dem Grundsatze, dass Gleiches durch Gleiches erkannt wird, annahm, dass die Ideen auch ausserhalb des menschlichen Geistes ein gleiches Verhältniss zu den Sinnendingen haben wie in unserem Denken. Er stimmt daher wie Sokrates dem Anaxagoras darin bei, dass das göttliche Denken der Urgrund aller Dinge ist; aber er folgert daraus, dass es keine reale ausser Gottes Verstande befindliche Existenz geben kann, die etwa durch sein Denken geschaffen würde, sondern alles, was Gott

---

*) Vergl. Kl. Schr. III, S. 204 ff.

denkt, ist auch, aber nur insofern er es denkt. Diese absolute Identität des Denkens und Seins hatten auch die Eleaten behauptet; aber sie hatten damit nicht die Wirklichkeit der Einzeldinge zu reimen gewusst, was Platon durch die Ideenlehre gelingt. Im menschlichen Geiste bilden die Ideen eine von der höchsten unbedingten Einheit, d. h. der Idee Gottes herabsteigende Gliederung von Begriffen, so dass immer der höhere als das Allgemeine in jedem darunter befassten niedern als dem Besondern ganz enthalten ist, bis der letzte dasselbe Verhältniss mit der Anschauung der concreten Einzeldinge eingeht. Wie aber hier in der logischen Form die Einheit völlig mit der Vielheit eins ist, so wird dies auch objectiv der Fall sein, wenn die Ideen die ewigen nicht räumlichen Formen des göttlichen Denkens sind. Alle Dinge sind dann aus Ideen gebildet, nämlich aus den göttlichen Ideen; diese wohnen in den Dingen selbst als Gesetze ihres Werdens, und die Dinge haben keine andere Existenz im göttlichen Geiste als ihre concreten Anschauungen in dem unsrigen. Denn da Gott die Idee der Ideen ist, so sind die Realitäten im Universum ebenso abgestufte Ideen der Gottheit wie die Begriffe im menschlichen Geiste stufenweise von dem Begriffe der Gottheit herabsteigen. In dem νοῦς ist die Idee des Lebens gegeben; insofern sind die Ideen als Formen des göttlichen Denkens lebendige Kräfte. Sie wirken aber zunächst in den mathematischen Constructionen. Die Einheit jedes mathematischen Begriffes lässt sich in einer unbegrenzten Vielheit ganz gleicher und nur durch die Beziehung zu einander, d. h. räumlich unterschiedener Objecte darstellen. Hierdurch ist der Übergang zu den concreten Sinnendingen gegeben; die Gesetze derselben sind mathematisch. Platon schliesst sich hierin den Pythagoreern an, doch so, dass er das Bild des Ewigen, das in den Zahlen enthalten ist, von dem Ewigen selbst unterscheidet. Nach der Platonischen Weltanschauung geht das göttliche Denken nicht in der mathematischen Construction der Welt auf, sondern ist zugleich transcendent, soweit es die Ideen rein an sich denkt. Die concreten Körper scheinen sich von den mathematischen durch das Substrat der Materie zu unterscheiden. Allein die in der Materie eingeprägten Bilder der Ideen sind nur für ein Denkendes, das die Ideen in denselben zu schauen weiss; ausserhalb eines Denkenden hat das Bild keine Realität. Da aber eine Materie ohne Form unmöglich ist, so ist die Materie an sich nicht real; sie kann nur die Anschauungsform der körperlichen Dinge, d. h. ihrer mathematischen Gestalten sein und ist also identisch mit dem Raum, insofern er individuell bestimmte Gestalten enthält.*) Diese Gestalten unterscheiden sich von den rein mathematischen dadurch, dass sie in sich absolut verschieden sind, d. h. sich zeitlich fortwährend verändern, und in Bezug hierauf hat Heraklit's Lehre vom ewigen Fluss der Dinge Gültigkeit. Aber dieser Fluss besteht darin, dass an sich festbestimmte mathematische Formen in jedem Theile des Raumes einander beständig verdrängen. Die Zeit ist also ein sich bewegendes Bild des Ewigen.**) Daher bilden vermöge der mathematischen Construction die Ideen das Wesen der Körper, und die Realität der letztern liegt gerade in ihrer geistigen Natur, da der Geist die allein reale wirkende Kraft ist. Die Ideen des Platon sind somit eine Multiplication der einheitlichen οὐσία des Parmenides und der Heraklitischen γένεσις.***) Einheit und Vielheit, Sein und Werden, Allgemeines und Einzelnes sind in ihnen völlig geeint. Natürlich haftet hiernach nicht wie bei dem ionischen Hylozoismus das Bewusstsein an der Materie, und die Erhaltung der Masse erklärt sich aus der Unzerstörbarkeit der elementaren Grundformen, die wie die Atome des Demokrit sich im Raume verbinden und trennen. Aber die Welt ist beseelt als beständige Schöpfung des göttlichen νοῦς.†) Mit diesem ist der menschliche Geist seinem Wesen nach identisch und daher unsterblich, da die unwandelbaren und ewigen Einheiten, die er erkennt, von einem Nichtgleichen nicht erkannt werden könnten.††) Nur ist das menschliche Erkennen nicht absolut, sondern auf einen Theil der Körperwelt beschränkt. Während daher im göttlichen Geiste das Sein mit dem Denken völlig eins ist, findet diese Einheit in dem menschlichen Geiste nur bei der Erkenntniss der allgemeinen Principien und den mathematischen Constructionen statt; dagegen hat die Sinnenerkenntniss ihren Gegenstand ausser sich. Die Körperbilder, welche das Vorstellen hervorbringt, beziehen sich auf die von aussen gegebenen Formen, soweit durch diese die Sinnesorgane

---

*) Vergl. Kl. Schr. III, S. 125 ff.
**) Ebenda S. 123.
***) Ebenda VII, S. 91.
†) Ebenda III, S. 123 ff.
††) Ebenda VII, S. 610 f.

erregt werden. Daher ist alles endliche Denken dem Irrthum unterworfen; denn die Vorstellungen stimmen nicht nothwendig mit den Gegenständen überein, indem sie sich infolge der zufälligen Association der Sinneseindrücke unrichtig verbinden können. Da nun der einzelne Mensch wie das ganze Menschengeschlecht ursprünglich ganz der sinnlichen Anschauung hingegeben ist, könnte die Vernunft nicht zur Geltung kommen, wenn nicht durch göttliche Fügung (θείᾳ μοίρᾳ) ein Grundstock der Vorstellungen von Natur wahr wäre, so dass sich die göttlichen Ideen der Vernunft in den Phantasiebildern zu offenbaren vermögen. Durch diese wahren Vorstellungen (ἀληθὴς δόξα), in deren Erfassung die natürliche Begabung des Empirikers besteht, kommen die darin instinctartig mitwirkenden Vernunftideen allmählich zum Bewusstsein. Insbesondere wird aus der Sprache die begriffliche Form des Erkennens klar; aus der äussern Unterredung, worin die Einheit der Vernunft bei verschiedenen Individuen hervortritt, bildet sich die Dialektik als innere Begriffsdiscussion, durch welche die Vorstellung vom Irrthum gereinigt und die schwankende Meinung zur Wissenschaft erhoben wird. Die Entwicklung der gesammten Wissenschaft muss hiernach dieselbe Stufenreihe der Erkenntnissformen durchlaufen, in welchen sich der Einzelne zum begrifflichen Wissen erhebt. Und in der That bewährt sich die umfassende Ansicht Platon's durch die Geschichte der griechischen Philosophie selbst. Der Mythos hatte die Ideen in Bildern (εἰκαστά) gesucht, die ionische Philosophie in den Sinnendingen (αἰσθητά), die Pythagoreische in den mathematischen Formen (διανοητά), und die eleatische Dialektik erkannte sie zuerst, wenn auch einseitig, in ihrer geistigen Natur (als νοητά).

Der philosophische Aufbau der einzelnen materialen Theile der Wissenschaft muss von der Idee Gottes ausgehen, aus welcher zunächst die höchsten Principien abzuleiten sind. Dies hat Platon im Philebos dargestellt. Die höchste absolute Einheit aller Gegensätze, die Einheit des Erkennens und Seins, welche das Wesen des göttlichen Denkens ausmacht, ist die Idee des Guten, die daher mit der Idee Gottes zusammenfällt.*) Sie ist als das vollkommenste Leben die Ursache (αἰτία), wodurch in allen Ideen die Einheit als Grenze (πέρας) mit der unendlichen

---

*) Kl. Schr. VII, S. 89 f.

Vielheit als dem Unbegrenzten (ἄπειρον) vermittelt und so das Begrenzte (πεπερασμένον), die Harmonie des Seienden und. Werdenden hergestellt wird.*) Hierin ist eine völlige Einheit der theoretischen und praktischen Vernunft gegeben. Insofern sich in allen Ideen und Erscheinungen die Idee des Guten verwirklicht, ist das göttliche Denken ein Handeln; insofern es in allem Erscheinenden die ewigen Ideen erkennt, ist es ein Wissen, dem die Wahrheit innewohnt; indem ferner das Unbegrenzte die Bilder der Ideen wiederspiegelt, verwirklicht sich in dem göttlichen Schaffen die Idee der Schönheit, und indem so das gesammte Handeln der Gottheit im Einklang mit ihrer Natur steht, herrscht darin das Ebenmaass, worauf die volle Glückseligkeit des vollkommenen Lebens beruht. Daher umfasst die Idee des Guten die Ideen der Wahrheit, der Schönheit und des Ebenmaasses.**) Dadurch, dass Platon wie Euklid die Gottheit mit der Idee des Guten identificirt, wird der Gegensatz des Physischen und Ethischen, den Sokrates durch seine teleologische Weltansicht auszugleichen strebte, in einer höheren Einheit aufgehoben. Das höchste Gut ist zunächst ethisch und das Physische ist von dem Ethischen umfasst, indem die Naturordnung ein Organ der sittlichen Weltordnung wird, die in der Gemeinschaft Gottes mit den endlich beschränkten Geistern besteht. Daher bilden die Werke, in welchen Platon die Verwirklichung der Ideen im Universum darstellt, einen ethischen Organismus, worin dem Physischen zwar seine besondere Region angewiesen ist, doch so, dass es nicht aus dem Ganzen nach Art kranker Organe mit störendem Übergewicht hervortritt. Die sittliche Weltordnung verwirklicht sich nach Platon's Ansicht in der Form des Staats. Er ist die Rückseite der Natur: was diese unter eiserner Nothwendigkeit hervorbringt, wird in jenem durch freie sich regsam bewegende Menschenkraft geschaffen. Die staatenbildende Kraft ist das zum Bewusstsein erblühte Naturgesetz, welches zuerst im Zusammenwirken der Menschen unmittelbar instinctartig (θείᾳ μοίρᾳ) sich äussert. Daher steht der Naturstaat auf dem Standpunkte der richtigen Vorstellung; er erhebt sich zum Vernunftstaat, indem die Wissenschaft zur Herrschaft gelangt. Der Wille des Menschen ist die lebendige Selbstverwirklichung der Idee des

---

*) Vergl. Kl. Schr. III, S. 131 ff.
**) Ebenda I, S. 178.

Guten; aber wenn hiernach auch niemand freiwillig schlecht handelt, so verkehrt doch der Irrthum den Willen, und die Idee des vollkommenen Lebens erscheint so der endlichen Natur des Menschen gegenüber als ein Sollen, eine Forderung, ein nur annähernd zu erreichendes Ideal. In der Platonischen Auffassung dieses Ideals ist die Einseitigkeit der kynischen und kyrenaischen Sekte aufgehoben. Dass der sinnliche Genuss mit dem wahren Wohlsein, der Glückseligkeit identisch sei, bestreitet Platon durch die triftigsten Gründe; das Danaidenfass der Lust lässt sich nie füllen; die Begierde, die selbst Unlust ist, wird immer neu, und das Kriterium für das rechte Maass kann daher nicht aus der Lust selbst entnommen werden, sondern liegt in der Vernunft und Wissenschaft. Die Tugend als die Vollkommenheit des Willens ist hiernach von dem Sinnengenuss unabhängig; aber Platon lässt die reine Lust, die im Lernen und in der harmonischen Erregung der Sinne liegt, als ein Gut gelten. Die Vollkommenheit des Willens ist die Gerechtigkeit; sie bethätigt sich in der Weisheit, Tapferkeit und Besonnenheit und umfasst diese drei Tugenden wie die Harmonie die drei Haupttöne (s. oben S. 533) und wie die Idee des Guten die drei höchsten Ideen umfasst. Daher ist auch der Staat, in welchem sich die Gerechtigkeit nach ihrem ganzen Umfange realisirt, die Alles umfassende Sphäre des sittlichen Handelns. In ihm entwickeln sich die übrigen Sphären, die Platon ebenfalls aus dem Wesen des Thätigkeitsvermögens ableitet: das individuelle Leben, welches im vollen Einklang mit dem Staatsleben stehen soll, indem der Staat der Mensch im Grossen ist, und das beiden eingeordnete theoretische Leben, nämlich die Kunst, welche die Bürger des Staats erzieht, und die Wissenschaft, welche denselben regieren soll. Die Theorie erscheint hiernach als der höchste Gipfel der sittlichen Gemeinschaft und wird durch ihre Verbindung mit der Praxis keineswegs blosses Mittel für die letztere. Vielmehr ist der Staat der Boden und die ὑπόθεcιc im buchstäblichen Sinne, von welcher der Mensch durch die Theorie zur Erkenntniss des höchsten Gutes, zur Verähnlichung mit Gott aufstrebt. In diesem Sinne schliesst sich an die Darlegung des Staatsideals, die Platon in der Republik giebt, seine Naturphilosophie im Timäos. Der nächste Zweck derselben ist die tiefere Erkenntniss der menschlichen Natur, die im Staate ausgebildet werden soll; aber diese Kenntniss kann nur dadurch erreicht werden, dass der Mensch als Glied des Universums erkannt wird. Die Ethisirung der Physik führt indess zu keiner schlechten und egoistischen Teleologie, da die Verwirklichung des vollkommenen Lebens im Kosmos frei von den Schranken des menschlichen Geistes gedacht ist. Die Naturphilosophie des Timäos wird zu ihrem ethischen Wesen zurückgeführt in dem ethisch-physischen oder urgeschichtlichen Dialog Kritias, und in den Gesetzen ist an die Tugendlehre die Pflichtenlehre angeknüpft und der Grund zur Geschichtsphilosophie gelegt.

Die Unvollkommenheit des Platonischen Idealismus beruht darauf, dass die empirischen Wissenschaften, deren Resultate er philosophisch zu vermitteln hatte, noch in den Anfängen ihrer Entwicklung standen. Platon ist sich dieses Mangels vollkommen bewusst und hat insbesondere in der Naturphilosophie das Hypothetische seiner Ansicht durch die Form des Mythos gekennzeichnet. Sein grösster Schüler, Aristoteles unternahm es, die Philosophie auf die umfassendsten naturwissenschaftlichen und geschichtlichen Einzelforschungen zu gründen. Er übertrifft Platon an Universalität des Wissens. Aber in dem streng verstandesmässigen Denken, womit er den gesammten empirischen Stoff zu bewältigen strebte, trat die Phantasie und damit auch die innere Anschauung selbst zurück, so dass er unfähig war die Platonische Ideenlehre zu verstehen, wie seine Polemik gegen die Transcendenz der Ideen beweist. Auch für ihn liegt das Wesen der Dinge in den Formen, die durch die allgemeinen Begriffe erkannt werden; aber diese Formen sind den Einzeldingen immanent und der Geist erkennt sie an diesen durch Abstraction (ἀφαίρεσις), indem er sie nur potentiell in sich trägt, und gelangt so inductiv durch richtige Begriffsbildung zur Erkenntniss unmittelbar gewisser Principien, der ἀναπόδεικτος ἐπιστήμη ἀμέσων. Hieran schliesst sich das beweisbare Wissen (ἐπιστήμη ἀπόδεικτος); dies gilt dem Aristoteles als Wissenschaft im engern Sinne, d. h. als Erkenntniss aus Gründen, und besteht in der Vermittelung jener Principien mit der ebenfalls unmittelbar gewissen Sinneswahrnehmung. Die letztere lehrt, dass etwas ist; die Demonstration dagegen zeigt, warum es so ist, indem sie die Thatsachen auf die Principien zurückführt. Dies geschieht durch Schlüsse, deren Wahrheit auf der Nothwendigkeit der Prämissen und des Schlussverfahrens beruht. Die Nothwendigkeit der letzten Prämissen liegt in der unmittelbar gewissen Erkenntniss; die nothwendige Form des Schlussverfahrens selbst sucht Aristoteles durch seine Analytik festzustellen, worin er die Formen der Gedankenverknüpfung in ihre einfachsten Elemente zerlegt, um zu zeigen, wie sie sich daraus mit Nothwendigkeit zusammensetzen. Hierin besteht seine Hauptleistung. Während seine Erkenntnisstheorie einen Rückschritt gegen die Platonische bildet, hat er die elementare Logik im Wesentlichen vollendet. Nur die Lehre von den hypothetischen und disjunctiven Schlüssen ist später hinzugekommen, die von ihm nicht eingehend berücksichtigt war, weil er sein Augenmerk nur auf das für die Demonstration Nothwendige richtete. Das Organon des Aristoteles ist seinem Inhalt nach von derselben bleibenden Bedeutung wie die mathematischen Elemente des Euklid. Durch die überwiegende Richtung auf das Abstracte und Formale begründete diese Logik die Reflexionsphilosophie. Dieselbe entwickelte sich, da der Verstand im Gegensatz zur Anschauung mit Willkür schaltet, nicht in einer nothwendigen Folge von Systemen. Auch machten sich darin nicht mehr die Verschiedenheiten der Volksstämme geltend; denn indem sich die Wissenschaft seit der makedonischen Zeit vom öffentlichen Leben abwandte, streifte sie die nationale Beschränktheit ab, die ihrem Wesen fremd ist.*) Aber die individuell verschiedenen Ansichten der einzelnen Denker mussten doch wieder in die Kategorien der allein möglichen Weltanschauungen fallen, wie sie in der Anschauungsphilosophie hervorgetreten waren, nur dass dieselben jetzt in festen abstracten Formeln entwickelt wurden. Mit der gelehrten Form verband sich eine schulmässige Tradition, die sofort in Sectirerei ausartete. So erneuerten sich die Systeme der Anschauungsphilosophie in den Secten der Reflexionsphilosophie. Aristoteles war, obgleich er die Transcendenz der Ideen bestritt, doch genöthigt als letzte Ursache der Bewegung in der Natur einen transcendenten Gott anzunehmen, dessen Denken reine Selbsterkenntniss (νόησις νοήσεως) ist. Aber da dieses Urwesen nur als stoffloser Geist gedacht werden kann, während sich die Ideen in der selbständig davon bestehenden Materie verwirklichen, kehrte Aristoteles zum Dualismus zurück; er unterscheidet sich von Anaxagoras nur durch seine Teleologie, da nach ihm die Bewegung, durch welche die Formen

---

*) Vergl. Kl. Schr. II, S. 178 f. 327 f.

im Stoffe zu fortschreitend vollkommnerer Wirklichkeit gelangen, eine der Natur immanente und der göttlichen Vollkommenheit zustrebende Zweckthätigkeit ist. Im Menschen setzt Aristoteles nur den νοῦς ποιητικός, durch den der Geist die Principien erfasst, dem göttlichen Denken gleich. Wenn aber auch hierdurch in der inductiven Erkenntniss der Principien selbst das speculative Element gewahrt bleibt, so ist Aristoteles doch offenbar von dem Idealismus Platon's bedeutend zurückgegangen, und in der peripatetischen Schule nahm der Naturalismus und Empirismus noch mehr überhand. Die Lehre der Platonischen Akademie, wo der Geist Platon's sich am reinsten erhielt, sank dagegen im Wesentlichen auf die Pythagoreische Weltanschauung zurück. Hierzu hatte Platon selbst z. Th. dadurch Veranlassung gegeben, dass er im höheren Alter seine Ideenlehre durch die Lehre von den Idealzahlen mathematisch einkleidete. Bedeutend einseitiger und oberflächlicher als die akademische und peripatetische Philosophie waren die unmittelbar nach dem Tode des Aristoteles hinzutretenden Systeme des Stoicismus und Epikureismus. Der erstere verknüpfte die Weltanschauung des Heraklit mit dem ethischen Standpunkte der Kyniker; der andere den atomistischen Materialismus mit der kyrenaischen Ethik; aber in beiden Systemen ist die ethische Ansicht durch den Einfluss des Platonismus geläutert. Die Einseitigkeit der vier dogmatischen Schulen rief nun von Neuem die Skepsis wach; dieselbe wurde noch zu Aristoteles' Zeit durch Pyrrhon begründet und schloss sich an die Dialektik der megarischen Schule an. Sie drang bald zersetzend in alle Systeme ein und lähmte vollends die in der anschauungslosen Reflexionsphilosophie ohnehin gesunkene Productionskraft. Daher trat an Stelle der selbständigen Forschung mehr und mehr ein kritisch gelehrtes Studium der philosophischen Klassiker. Hieraus ging eine eklektische Popularphilosophie hervor, welche das Wahrscheinliche aus allen Systemen unkritisch zu vereinigen strebte. Sie wurde besonders in der römischen Zeit ausgebildet und ihr hervorragendster Vertreter unter den Römern ist Cicero (s. oben S. 295). Es wurde dadurch der völlige Synkretismus aller Systeme vorbereitet, der in der letzten Periode der alten Philosophie eintrat.

Die griechische Speculation hatte seit Alexander d. Gr. einen Einfluss auf die Glaubensansichten der orientalischen Völker gewonnen. Hieraus ist die jüdisch-alexandrinische Philosophie, das Christenthum und die christliche Gnosis hervorgegangen. Umgekehrt hatten die Glaubenslehren des Orients eine starke Rückwirkung auf die griechische Philosophie. Als dieselbe durch Empirismus und Skepsis zersetzt war, entstand eine Sehnsucht nach neuen, haltbaren Grundsätzen. Diese suchte man in den Dogmen des mystisch-tiefen Orients. Daher bildete sich neben den alten Systemen seit dem zweiten Jahrh. v. Chr. von Alexandrien aus eine mystische Richtung der Philosophie. Hierdurch erklärt sich das Wiederaufblühen des Pythagoreismus; derselbe wurde jetzt durch den theurgisch-asketischen Aberglauben des Orients gefälscht und auf die ägyptische und chaldäische Priesterweisheit zurückgeführt (s. oben S. 451 f.). Zugleich suchte man hiermit die Platonische Lehre, besonders das Mythische darin zu vereinigen und nachdem durch die Skepsis das Vertrauen auf alle einseitigen Systeme vernichtet war, warf man sie alle zusammen, indem man in allen einen gemeinsamen Kern nachzuweisen suchte, welchen man aus göttlicher Offenbarung ableitete. So verschmolz zuletzt zu Anfang des 3. Jahrh. n. Chr. die gesammte Speculation in dem Neuplatonismus, durch welchen Ammonios Sakkas den wahren Platonismus zu erneuern glaubte. In demselben sind die Charaktere aller voraufgehenden Perioden der Philosophie gemischt. Er ist zunächst durchaus mythologisch. Auf die Lehre von den Dämonen stützt er den Wunderglauben und setzt das sittliche Leben in die Ausübung der Magie und in eine innere Beschaulichkeit, wodurch man vermittelst der Ekstase zu der unmittelbaren Anschauung Gottes gelangt, nachdem man sich durch ein streng asketisches Leben vorbereitet hat. Damit verbanden die Neuplatoniker jene Mischung und allegorische Ausdeutung aller Religionen, welche durch die Unkritik der Zeit sehr erleichtert wurde und wodurch eine grosse Menge gefälschter theosophischer Schriften in Umlauf kam (s. oben S. 233). Zugleich aber enthält der Neuplatonismus einerseits eine wirkliche auf Platon zurückgehende Anschauungsphilosophie und andrerseits eine haarspaltende Reflexion, indem seine Lehren in dialektischer Form entwickelt werden, voll spitzfindiger Definitionen, Distinctionen, ausgesponnener Terminologien, Deductionen und Controversen. Daher ist für die Neuplatoniker Aristoteles eine Hauptautorität und sie suchen die Ansicht desselben mit der Platonischen zu vereinigen.*) In diesem Synkretismus tritt dennoch bei einzelnen hervorragenden Geistern die Speculation mit grosser schöpferischer Kraft hervor. Vor Allen ausgezeichnet ist Plotin. Er ist tief, phantasiereich und dennoch meist klar sich seiner Methode bewusst. Seine Enneaden sind ein Schatz herrlicher Weisheit; man erkennt in ihm bei aller Excentricität doch einen der ersten Denker, wenn man sich über störende Äusserlichkeiten hinwegsetzt.

Unter der beständigen Einwirkung des Neuplatonismus bildete sich die kirchliche Philosophie der Patristik. Die Kirchenväter haben theils das Bestreben den Platonismus mit dem Christenthum zu vereinigen, theils nachzuweisen, dass das Christenthum die wahre Philosophie sei, die Griechen aber einige Ahnungen von der Wahrheit gehabt oder ihre Ideen aus dem A. T. geschöpft hätten und bieten die griechische Erudition zur Empfehlung und Vertheidigung des Christenthums auf. Durch die Kirchenväter wirkten die Platonischen Lehren auf das Mittelalter, in welchem die Schriften Platon's selbst unvollkommen und nur wenigen bekannt waren. Die Grundlage der Scholastik ist ausserdem die Aristotelische Philosophie, welche als Dienerin der Theologie theils nur das christliche Dogma dialektisch entwickelte, theils freier neben die Offenbarung trat. Die Speculation nahm auch hier wie im Neuplatonismus einen erhabenen Aufschwung, doch blieb sie in den Fesseln des Kirchenglaubens und bildete so mit diesem die mythische Vorstufe der neuern Philosophie. Das christliche Dogma ist in der Neuzeit, wie im Alterthum die Mythologie, die Basis der wissenschaftlichen Speculation und zugleich später ein Haupthinderniss der freien Forschung wegen der aus ihm herrührenden Vorurtheile. Doch sind diese nicht unüberwindlich, weil sie mit der Religion des Geistes nicht unlöslich verbunden sind. Die wissenschaftliche Philosophie der Neuzeit hat zunächst wieder an das Alterthum angeknüpft; nach der Wiederherstellung der Wissenschaften theilten sich die philosophischen Ansichten meist zwischen Aristoteles und Platon, die man jetzt urkundlich zu verstehen begann, deren tieferes Verständniss aber erst durch die Ausbildung der mit dem 16. Jahrh. beginnenden selbständigen philosophischen Forschung ermöglicht ist. Diese steht von Anfang an theils wider Willen, theils mit Bewusstsein unter dem Einfluss

---

*) Vergl. Kl. Schr. III, S. 120. 230 f.

der alten Speculation. Aber sie ist darauf gerichtet, frei von der Überlieferung auf Grund der sich mächtig entwickelnden Einzelwissenschaften die Methodenlehre und Erkenntnisstheorie auszubauen, wodurch sie ein subjectives und ideelles Gepräge hat, und die Anschauungs- und Reflexionsphilosophie treten nicht wie im Alterthum nach einander auf, sondern stehen einander in den beiden von Baco und Cartesius begründeten Richtungen gegenüber. Innerhalb dieser Richtungen haben sich dieselben Weltanschauungen wie im Alterthum entwickelt, aber weil die moderne Philosophie von dem durch die Scholastik befestigten Aristotelischen Dualismus ausgeht, in umgekehrter Ordnung. Die Ausgleichung der Gegensätze in einem umfassenden System, wie sie im Alterthum Platon bewirkt hat, ist auf dem Boden des Kantischen Kriticismus mehrfach durch geniale Denker versucht, aber noch nicht erreicht worden.*)

§ 88. **Literatur. I. Quellen.** Die Schriften der Philosophen sind die unmittelbaren Quellen für ihre eigene Lehre. Xenophon's, Platon's und Aristoteles' Werke sind aber zugleich die zuverlässigsten historischen Quellen für die Geschichte der frühern Systeme, da von den frühern Philosophen nur Fragmente erhalten sind. Für die Entwicklung der spätern Systeme bis zur römischen Zeit sind wir wieder mehr auf Berichte als auf unmittelbare Quellen angewiesen. Alle nacharistotelischen Schulen und auch die alexandrinischen Philologen haben sich nach dem Vorgange des Aristoteles mit Forschungen aus dem Gebiete der Geschichte der Philosophie beschäftigt; doch hat sich daraus keine umfassende einheitliche Geschichte gebildet (s. oben S. 280), auch sind sämmtliche Schriften dieses Inhalts aus der vorchristlichen Zeit verloren gegangen. Berichte über Leben und Lehren der Philosophen geben unter den römischen Schriftstellern hauptsächlich Lucrez, Cicero und Seneca; denn was sich bei Gellius, Macrobius u. A. findet, ist unbedeutend. Unter den griechischen Schriftstellern gehört hierher vor Allen Plutarch in seinen *Opuscula philosophica;* die unter seinem Namen überlieferten 5 Bücher *de physicis philosophorum decretis* sind unächt, enthalten aber viele werthvolle Nachrichten. Ein Duplicat dieser Schrift ist die pseudogalenische Περὶ φιλοσόφου ἱστορίας; unter Galenos' ächten Schriften ist die Περὶ Πλάτωνος καὶ Ἱπποκράτους δογμάτων am wichtigsten. Sextus Empiricus, dessen Schriften die unmittelbare Quelle für die Kenntniss des Skepticismus sind, nimmt polemisch auf die Lehren der dogmatischen Philosophen Rücksicht. Des Athenäos Deipnosophisten sind nicht von grosser Wichtigkeit und nur mit der schärfsten Kritik zu benutzen. Die *Sermones* und *Eclogae* des Stobäos enthalten manche werthvolle Excerpte, aber z. Th. aus unächten Schriften. Einiges bieten die Βίοι σοφιστῶν des Philostratos und

---

*) Vergl. über den ganzen Entwicklungsgang der Philosophie Kl. Schr. I, S. 257 f. II, S. 116 ff.

Eunapios. Die ausführlichste Darstellung der Geschichte der Philosophie, die wir aus dem Alterthum besitzen, ist das Werk des Diogenes Laërtius, Περὶ βίων, δογμάτων καὶ ἀποφθεγμάτων τῶν ἐν φιλοσοφίᾳ εὐδοκιμησάντων in 10 Büchern, leider eine kritiklose Compilation. Suidas schreibt meist den Diog. Laërt. aus. Endlich gehören hierher die Literaten und Philosophen der neupythagoreischen, neuplatonischen und eklektischen Schule: Proklos, Simplikios, Jo. Philoponos, Hermias, Jamblichos, Nikomachos, Olympiodoros, Themistios u. s. w., welche eine Menge höchst schätzbarer und noch nicht hinreichend verwertheter Notizen überliefern, und die Schriften der Kirchenväter, namentlich des Clemens aus Alexandria, Origenes, Eusebios, Justinus Martyr, Tertullianus und Augustinus.

Die Fragmente der untergegangenen philosophischen Schriften nebst den Notizen der Alten über deren Verf. sind am vollständigsten gesammelt von F. W. A. Mullach, *Fragmenta philosophorum graecorum*. Paris 1860. 1867. Bd. I u. II [Bd. III 1881. Über die erhaltenen Bilder der alten Philosophen vergl. die Schrift von P. Schuster oben S. 511. — *Doxographi graeci collegit recensuit prolegomenis indicibusque instruxit* H. Diels. Berlin 1879.]

II. Bearbeitungen:

Universalgeschichte der Philosophie: Th. Stanley, *The history of philosophy*. London 1655 ff. 4. Aufl. 1743. 4., lat. von G. Olearius. Leipzig 1711. 4. Noch sehr unvollkommen. — Duhamel, *Historia philosophiae veteris et novae*. Paris 1678. 4 Bde. — Jac. Thomasius, *Origines historiae philosophicae et ecclesiasticae*. Halle (1665) 1699. — J. B. Deslandes, *Histoire critique de la philosophie*. Amsterdam 1737—56. 4 Bde. — Jo. Jac. Brucker, *Historia critica philosophiae a mundi incunabulis ad nostram usque aetatem deducta*. Leipzig 1742 ff. 5 Bde. 2. Aufl. 1766 f. 6 Bde. 4. Ein sehr breites, aber fleissiges, freilich nur literarisches, nicht philosophisches und auch nicht sehr kritisches Werk von altväterlicher Form und Anschauungsweise. Derselbe, *Institutiones historiae philosophicae usui academicae iuventutis adornatae*. Leipzig 1747 u. ö. — J. Aug. Eberhard, Allgemeine Geschichte der Philosophie. Halle 1788. 2. Aufl. 1796. Ein Muster von Verwässerung der philosophischen Ideen. — D. Tiedemann, Geist der speculativen [d. h. theoretischen] Philosophie. Marburg 1791—97. 6 Bde. Geht von Thales bis Berkeley. Oft unendlich platt, der Stil unerträglich gemein, obgleich er Joh. Müller nachahmt. Besser ist dess. Verf. „System der stoischen Philosophie". Leipzig 1776. 3 Thle., klar und verständig, weil er hier seinem Stoff mehr gewachsen war. — G. G. Fülleborn, Beiträge zur Geschichte der Philosophie. Züllichau, Freystadt und Jena 1791—99. 12 Stücke. Anmassend und z. Th. sehr beschränkt; doch haben Reinhold u. A. mitgearbeitet. — J. G. Buhle, Lehrbuch der Geschichte der Philosophie und einer kritischen Literatur derselben. Göttingen 1796—1804. 8 Thle. Meist Compilation. — W. G. Tennemann, Geschichte der Philosophie. Leipzig 1798—1819. 11 Bde. Fleissig und genau, mit kritischem Urtheil, aber mit wenig philosophischem Geist. Doch ist das Werk die beste Darstellung vom Standpunkte des Kantischen Kriticismus. Derselbe, Grundriss der Geschichte der Philosophie für den akademischen Unterricht. Leipzig 1812. 5. Aufl. 1829 von Amad. Wendt.

— G. Socher, Grundriss der Geschichte der philosophischen Systeme. München 1802. Etwas barock, aber im Ganzen klar und hell. — J. M. Degérando, *Histoire comparée des systèmes de philosophie*. Paris 1804. 2. Aufl. 1822 f. 4 Bde., deutsch von W. G. Tennemann. Marburg 1806 f. 2 Bde. Geht von einem einseitigen Gesichtspunkte aus, indem aus der Geschichte der Philosophie bewiesen werden soll, dass Moral und Aufklärung nicht entgegengesetzt seien; die Thatsachen sind meist aus Tennemann entnommen, den D. indess in der Darstellung durch französische Eleganz übertrifft. — E. G. Steck, Die Geschichte der Philosopie. 1. Theil. Riga 1805. Construction in Schellings Manier. — Friedr. Ast, Grundriss einer Geschichte der Philosophie. Landshut 1807. 2. Aufl. 1825. Hat den historischen Zusammenhang oft richtig erkannt, aber im Ganzen die Entwicklung zu formelhaft construirt. — Friedr. Aug. Carus, Ideen zur Geschichte der Philosophie. Leipzig 1809 (Nachgelassene Werke Bd. IV.). — T. A. Rixner, Handbuch der Geschichte der Philosophie. Sulzbach 1822 f. 2. Aufl. 1829. 3 Bde. Supplementband von V. Ph. Gumposch 1850. Vom Schelling'schen Standpunkte. Das Werk selbst nachlässig und unkritisch; der Supplementband besser. — Victor Cousin, *Cours de l'histoire de la philosophie*. Paris 1827 u. ö.; *Histoire générale de la philosophie*. Paris 1863. 7. Aufl. 1867. [12. Aufl. 1884.] — Ernst Reinhold, Handbuch der allgemeinen Geschichte der Philosophie. Gotha 1828—30. 3 Bde.; Lehrbuch der Geschichte der Philosophie. Jena 1836, 3. Aufl. 1849; Geschichte der Philosophie nach den Hauptmomenten ihrer Entwicklung. 5. Aufl. Jena. 1858. 3 Bde. Die alte Philosophie noch zu sehr modernisirt. — Heinr. Ritter, Geschichte der Philosophie. Hamburg 1829—53. 12 Bde. Bd. 1—4 in 2. Aufl. 1836—39. Ein Hauptwerk, worin die streng geschichtliche Darstellung zum ersten Male erfolgreich durchgeführt ist. — G. W. F. Hegel, Vorlesungen über die Geschichte der Philosophie herausgegeben von C. L. Michelet. Berlin 1833 ff. 2. Aufl. 1840—43. 3 Bde. (Werke XIII—XV.) Der Gedanke der nothwendigen Entwicklung ist hier übertrieben und die historische Entwicklung wird einseitig mit der systematischen Reihenfolge der Kategorien in Hegel's System gleichgesetzt, welches er selbst für absolut hält. Hiermit hängt der Anspruch Hegel's zusammen, dass in seinem System die φιλοσοφία zur σοφία werden solle, eine dünkelhafte und vermessene Ansicht, wodurch sich der Mensch über Gott erhebt (s. oben S. 15). Vergl. A. L. Kym, Hegel's Dialektik in ihrer Anwendung auf die Geschichte der Philosophie. Zürich 1849 [neu herausgeg. in „Metaphysische Untersuchungen". München 1875]. — F. Schleiermacher, Geschichte der Philosophie. Herausgeg. von H. Ritter. Werke. 3. Abth. Bd. 4. Berlin 1839. (Ein kurzer Abriss für die Vorlesungen.) Ausserdem enthalten Bd. 2 und 3 der dritten Abtheilung von Schleiermacher's Werken mehrere werthvolle Abhandlungen zur Geschichte der Philosophie. — J. F. Fries, Die Geschichte der Philosophie. Halle 1837—1840. 2 Bde. Von dem philos. Standpunkt des Verf. aus nicht ohne Verdienst. — G. A. Marbach, Lehrbuch der Geschichte der Philosophie. Leipzig 1838—41. 2 Abth. (Alterthum und Mittelalter.) Vom Hegel'schen Standpunkte. — Jul. Braniss, Geschichte der Philosophie seit Kant. 1. Bd. Breslau 1842. (Enthält einen Überblick über die Geschichte der Philosophie bis zum

Mittelalter.) — H. Christ. Wilh. Sigwart, Geschichte der Philosophie. Stuttgart u. Tübingen 1844. 3 Bde. — George Henry Lewes, *The biographical history of philosophy from its origin in Greece down to the present day.* London 1845 u. ö.; *The history of philosophy from Thales to the present day.* London 1860. [5. Aufl. 1880 bis Comte. Ins Deutsche übersetzt. 2. Aufl. Berlin 1873—76. 2 Bde.] — Rob. Blakey, *History of the philosophy of mind.* London 1850. 4 Bde. — Alb. Schwegler, Geschichte der Philosophie im Umriss. Stuttgart 1848. [12. Aufl. 1883.] Gut. — Mart. v. Deutinger, Geschichte der Philosophie. 1. Band: Die griechische Philosophie. Regensburg 1852—53. — Ludw. Noack, Geschichte der Philosophie in gedrängter Übersicht. Weimar 1853; [Historisch-biographisches Handwörterbuch zur Geschichte der Philosophie. Leipzig 1879.] — J. F. Nourrisson, *Tableau des progrès de la pensée humaine depuis Thalès jusqu'à Hégel.* Paris 1858. 4. Ausg. 1867. — Fr. Überweg, Grundriss der Geschichte der Philosophie. Berlin 1863—66. [6. Aufl. von Max Heinze. 1880 ff. 3 Bde.] Eine gute und genaue Übersicht mit sehr ausführlichen und zuverlässigen Literaturangaben. Das beste Nachschlagebuch. — Wilh. Bauer, Geschichte der Philosophie für gebildete Leser. Halle 1863. [2. Aufl. von F. Kirchner. 1876.] — F. Michelis, Geschichte der Philosophie von Thales bis auf unsere Zeit. Braunsberg 1865. — J. E. Erdmann, Grundriss der Geschichte der Philosophie. Berlin 1866. [3. Aufl. 1878. 2 Bde. — F. Schmid aus Schwarzenberg, Grundriss der Geschichte der Philosphie von Thales bis Schopenhauer vom speculativmonotheistischen Standpunkte. Erlangen 1867. — Conr. Hermann, Geschichte der Philosophie in pragmatischer Behandlung. Leipzig 1867. — N. Laforêt, *Histoire de la philosophie.* 1. und 2. Bd.: *Phil. ancienne.* Brüssel und Paris 1867. — J. H. Scholten, Geschichte der Religion und Philosophie, aus dem Holländischen ins Deutsche übersetzt von E. R. Redepenning. Elberfeld 1868. — E. Dühring, Kritische Geschichte der Philosophie. Berlin 1869. 3. Aufl. Leipzig 1878. — Alb. Stöckl, Lehrbuch der Geschichte der Philosophie. Mainz 1870. 2. Aufl. 1875. — R. Bobba, *Storia della filosofia rispetto alla conoscenza di Dio da Talete fino ai giorno nostri.* Lecce 1873 f. 4. Bde. — Fr. Ch. Pötter, Die Geschichte der Philosophie im Grundriss. Elberfeld 1873 f. 2. Aufl. Gütersloh 1882. — Alfr. Weber, *Histoire de la philosophie européenne.* Paris 1872. 4. Aufl. 1885. — Alfr. Fouillée, *Histoire de la philosophie.* Paris 1875. 4. A. 1883. — Chr. A. Thilo, Kurze pragmatische Geschichte der Philosophie. 1. Theil: Griechische Philosophie. Cöthen 1876; 2. Theil: Neuere Philosophie. 1874. 2. Aufl. 1880 f. Vom Herbartischen Standpunkte. — N. Kotzias, Ἱστορία τῆς φιλοσοφίας ἀπὸ τῶν ἀρχαιοτάτων χρόνων μέχρι τῶν καθ' ἡμᾶς. Athen 1876—78. 5 Bde. — J. Haven, *A history of ancient and modern philosophy.* New-York 1876. — Fr. Kirchner, Katechismus der Geschichte der Philosophie von Thales bis zur Gegenwart. Leipzig 1877. 2. Aufl. 1884. — J. Fabre, *Histoire de la philosophie. I. Antiquité et Moyen-âge.* Paris 1878. — C. Gonzalez, *Historia de la filosofia.* Madrid 1879. 3 Bde. — A. Renard, *Les philosophes et la philosophie; histoire, critique et doctrine.* Paris 1879. — P. Haffner, Grundlinien der Philosophie als Aufgabe, Geschichte und Lehre zur Einleitung in die philosoph. Studien. Bd. 2 in

3 Abth.: Grundlinien der Geschichte der Philosophie. Mainz 1881—83. — H. Mahan, *A critical history of philosophy*. New-York 1884. 2 Bde. — L. Strümpell, Die Einleitung in die Philosophie vom Standpunkte der Geschichte der Philosophie. Leipzig 1886.]
Alte Philosophie. R. Cudworth, *The true intellectual system of the Universe.* London 1678. 2. A. 1743. 2 Bde. 4. Ins Lateinische übersetzt von J. L. Mosheim. Jena 1733. 2. Aufl. Leiden 1773. 2 Bde. 4. Ein tiefgelehrtes, scharfsinniges, aber durch die Tendenz den Atheismus zu widerlegen in seinen historischen Theilen einseitiges Werk. Es ist mit ächt theologischem Sinn abgefasst und enthält eine gediegene, die ganze alte Philosophie umfassende Erudition. — [C. E. Lowrey, *The philosophy of R. Cudworth.* New-York 1885.] — Chr. Meiners, Geschichte des Ursprungs, Fortgangs und Verfalls der Wissenschaften in Griechenland und Rom. Lemgo 1781 f. 2 Bde. Hyperkritisch. Er wirft alle Zeugnisse nieder, z. Th. in sehr leichtsinniger Weise. Die Grundansicht ist gewöhnlich, schlechtempirisch. Die Facta sind oft ungenau compilirt. — F. V. L. Plessing, Historische und philosophische Untersuchungen über die Denkart, Theologie und Philosophie der ältesten Völker, vorzüglich der Griechen. Elbing 1785. Geistreich, aber phantastisch und unkritisch. — W. T. Krug, Geschichte der Philosophie alter Zeit vornehmlich unter Griechen und Römern. Leipzig 1815. 2. Aufl. 1827. — Chr. A. Brandis, Handbuch der Geschichte der griechisch-römischen Philosophie. Berlin 1835—66. 3 Thle.; Geschichte der Entwicklungen der griechischen Philosophie und ihrer Nachwirkungen im römischen Reich. Berlin 1862—64. Umfassend und genau. — A. Gladisch, Die alten Schinesen und die Pythagoreer. Posen 1841; Die Eleaten und die Indier. Ebenda 1844; Die Religion und die Philosophie in ihrer weltgeschichtlichen Entwicklung und Stellung zu einander. Breslau 1852; Empedokles und die Ägypter. Leipzig 1858; Herakleitos und Zoroaster. Leipzig 1859. Progr. von Krotoschin; Anaxagoras nnd die Israeliten. Leipzig 1864; Die Hyperboreer und die alten Schinesen. Leipzig 1866. Gladisch versucht die Übereinstimmung der Hauptsysteme griechischer Philosophie mit orientalischen Glaubenssystemen nachzuweisen. Die Beweise sind oft schwach, und soweit eine wesentliche Übereinstimmung wirklich vorhanden ist, erklärt sie sich meist daraus, dass die Hauptweltanschauungen im Mythos vorgebildet sind (s. oben S. 584 f.), zuweilen aber gerade aus der Einwirkung der griechischen Philosophie auf die orientalischen Ansichten. Lepsius hat z. B. in der Abhandlung „über die Götter der vier Elemente bei den Ägyptern" (Schriften der Berl. Akad. 1856) diese Götter aus Denkmälern nachgewiesen, die sämmtlich jünger sind als Ptolemäos III. und daher aus griechischem Einfluss abgeleitet, während Gladisch in dem Buch über Empedokles und die Agypter (S. 134 ff.) die Sache umkehrt. — [L. v. Schröder, Pythagoras und die Inder. Leipzig 1884.] — N. J. Schwarz, *Manuel de l'histoire de la philosophie ancienne.* Liège 1842. 2. Ausg. 1846. — Ed. Zeller, Die Philosophie der Griechen. Tübingen 1844—52. 2. Aufl. 1856—68. 3 Theile in 5 Bänden. [3. Aufl. 1. Theil 1869. 2. Theil 1875. 3. Theil 1880 f. 4. Aufl. 1. Theil 1877.] Unstreitig die beste Darstellung der alten Philosophie. Derselbe, Vorträge und Abhandlungen geschichtlichen Inhalts. Leipzig 1865[—1884. 3 Bde.; Grundriss

der Geschichte der griechischen Philosophie. Ebenda 1883. 2. Aufl. 1886.] — Ch. Renouvier, *Manuel de philosophie ancienne*. Paris 1845. — Ed. Röth, Geschichte unserer abendländischen Philosophie. Mannheim 1846. 1858. 2. Aufl. 1862. 2 Bde. Versucht nachzuweisen, dass die ägyptische und Zoroastrische Glaubenslehre die Quellen der griechischen Philosophie sind. Das Buch ist gelehrt und geistreich, aber voll Hypothesen und Unkritik. — J. J. Hanusch, Geschichte der Filosofie von ihren Uranfängen bis zur Schliessung der Filosofenschulen durch Justinian. Olmütz 1850. — K. Prantl, Übersicht der griechisch-römischen Philosophie. Stuttgart 1854; 2. Aufl. 1863. Geistvoll und kenntnissreich. — L. Strümpell, Die Geschichte der griechischen Philosophie. 1854—61. (Unvollendet.) Vom Herbartischen Standpunkt. — W. A. Butler, *Lectures on the history of ancient philosophy*. Cambridge 1856; herausgegeben von W. H. Thompson. London 1866. 2. Ausg. 1874. 2 Bde. — Alb. Schwegler, Geschichte der griechischen Philosophie herausgeg. von K. Köstlin. Tübingen 1859. [3. Aufl. 1882.] Von Vielen etwas überschätzt. — Ch. Lévêque, *Études de philosophie grecque et latine*. Paris 1864. — L. Lenoël, *Les philosophes de l'antiquité*. Paris 1865. — Franco Fiorentino, *Saggio storico sulla filosofia greca*. Florenz 1865. — James Fred. Ferrier, *Lectures on greek philosophy*. Herausgegeben von A. Grant und E. L. Lushington. Edinburgh und London 1866. 2 Bde. [New edit. 1883. — H. Siebeck, Untersuchungen zur Philosophie der Griechen. Halle 1873. — G. Teichmüller, Studien zur Geschichte der Begriffe. Berlin 1874; Neue Studien zur Geschichte der Begriffe. Gotha 1876—79. 3 Hefte. — R. Beltram y Rózpide, *Historia de la filosofía griega. Escuelas anteriores à Socrates*. Madrid (1878). — J. B. Mayor, *Sketch of ancient philosophy from Thales to Cicero*. London 1881. — J. Bernays, Phocion und seine neueren Beurtheiler. Ein Beitrag zur Geschichte der griech. Philosophie und Politik. Berlin 1881. — A. W. Benn, *The greek philosophers*. London 1882. 2 Bde. — Th. Bergk, Fünf Abhandlungen zur Geschichte der griech. Philosophie und Astronomie. Leipzig 1883. — C. Bénard, *La philosophie ancienne, histoire générale de ses systèmes*. I. Paris 1885.]

Monographien. Ad. Trendelenburg, Historische Beiträge zur Philosophie. 1. Bd. Geschichte der Kategorienlehre. Berlin 1846. 2. u. 3. Bd. Vermischte Abhandlungen. 1855. 1867. — K. Prantl, Geschichte der Logik im Abendlande. Bd. 1. Die Logik im Alterthum. Leipzig 1855. Bd. II—IV. Die Logik im Mittelalter. 1861[—70. Bd. 2. 2. Aufl. 1885]. Ausgezeichnet. — Fr. A. Carus, Geschichte der Psychologie. Leipzig 1808. (Nachgel. Werke. 3. Theil.) — A. Stöckl, Die speculative Lehre vom Menschen und ihre Geschichte. Würzburg 1858 f. 2 Bde. — [P. Ragnisco, *Storia critica delle categorie dai primordj della filosofia greca sino al Hegel*. I. II. Neapel 1871. — Fr. Harms, Die Philosophie in ihrer Geschichte. 1 Thl. Geschichte der Psychologie. 2. Thl. Geschichte der Logik. Berlin 1879. 81. — H. Siebeck, Geschichte der Psychologie. 1 Thl. 1. Abth. Die Psychologie vor Aristoteles. 2. Abth. Die Psychologie von Aristoteles bis zu Thomas von Aquino. Gotha 1880. 1884.]

Ch. Batteux, *Histoire des causes premières*. Paris 1769. — K. F. Stäudlin, Geschichte und Geist des Skepticismus. Leipzig 1794. 2 Bde. —

IV. Wissen. 2. Literatur der Geschichte der Philosophie. 615

A. B. Krische, Forschungen auf dem Gebiete der alten Philosophie. 1. Bd. Die theologischen Lehren der griechischen Denker, eine Prüfung der Dartellung Cicero's. Göttingen 1840. Vortrefflich. — Heinrich v. Stein, sieben Bücher zur Geschichte des Platonismus. Göttingen 1862[—1875]. 3 Bde. — Friedr. Alb. Lange, Geschichte des Materialismus und Kritik seiner Bedeutung in der Gegenwart. Iserlohn 1866. [4. Aufl. besorgt von. I. Cohen. 1882. — J. Bergmann, Zur Beurtheilung des Kriticismus vom idealistischen Standpunkte. Berlin 1875. (Stellt die Entwicklung des Idealismus bis Kant dar.) — Max Heinze, Die Lehre vom Logos in der griechischen Philosophie. Oldenburg 1872. — P. Natorp, Forschungen zur Geschichte des Erkenntnissproblemes im Alterthum. Protagoras, Demokrit, Epikur und die Skepsis. Berlin 1884. — M. Evangelides, Ἱστορία τῆς θεωρίας τῆς γνώσεως. I. Athen 1885. — E. Hardy, Der Begriff der Physis in der griech. Philosophie. I. Berlin 1884.]

Chr. Meiners, Allgemeine kritische Geschichte der älteren und neueren Ethik. Göttingen 1800 f. 2 Thle. — K. Fr. Stäudlin, Geschichte der Moralphilosophie. Hannover 1822. — Leop. v. Henning, Principien der Ethik in historischer Entwicklung. Berlin 1824. — Em. Feuerlein, Die philosophische Sittenlehre in ihren geschichtlichen Hauptformen. Tübingen 1857—59. 2 Bde. — Karl Werner, Grundriss einer Geschichte der Moralphilosophie. Wien 1859. — P. Janet, *Histoire de la philosophie morale et politique dans l'antiquité et les temps modernes*. Paris 1858. — Ad. Garnier, *De la morale dans l'antiquité*. Paris 1865. — [Th. Ziegler, Geschichte der Ethik. 1. Abth. Die Ethik der Griechen und Römer. Bonn 1881. — L. Schmidt, Die Ethik der alten Griechen. Berlin 1882. 2 Bde. J. Walter, Die Lehre von der praktischen Vernunft in der griechischen Philosophie. Jena 1874.] — Fr. v. Raumer, Über die geschichtliche Entwicklung der Begriffe von Staat, Recht und Politik. Leipzig 1826. 3. Aufl. 1861. — Joh. Jos. Rossbach, Die Perioden der Rechtsphilosophie. Regensburg 1842. — Heinr. Lintz, Entwurf einer Geschichte der Rechtsphilosophie. Danzig 1846. — [H. Henkel, Studien zur Geschichte der griechischen Lehre vom Staat. Leipzig 1872 (s. ausserdem oben S. 365). — Die zahlreichen Specialschriften über einzelne Systeme, sowie über Lehre und Leben der einzelnen Philosophen sind in Überweg's Grundriss übersichtlich zusammengestellt; einen kritischen Überblick über alle neuen Erscheinungen geben M. Heinze und F. Susemihl in Bursian's Jahresbericht. — R. Eucken, Geschichte der philosophischen Terminologie. Im Umriss dargestellt. Leipzig 1879.] *)

---

*) **Zur Geschichte der Philosophie:** *In Platonis qui vulgo fertur Minoem eiusdemque libros priores de legibus*. Halle 1806. — Über die Bildung der Weltseele im Timäos des Platon. 1807. Kl. Schr. III, S. 109—180. — *Specimen editionis Timaei Platonis dialogi*. 1807. Kl. Schr. III, S. 181—203. — Kritik der Übersetzung des Platon von Schleiermacher. 1808. Kl. Schr. VII, S. 1—38. — Kritik von Heindorf's Ausgaben Platonischer Dialoge. 1808. Kl. Schr. VII, S. 46—79. — Kritik von Schriften über Platon und von Ausgaben Platonischer Dialoge. 1808. Kl. Schr. VII, S. 80—98. 1809. Kl. Schr. VII, S. 121—140. — *De Platonis corporis mundani fabrica conflati ex elementis geometrica ratione concinnatis*. 1809. Mit einem Excurs von 1865. Kl. Schr. III, S. 229—265. — *De Platonico systemate*

616 Zweiter Haupttheil. 2. Abschn. Besondere Alterthumslehre.

§ 89. Beim Studium der Geschichte der Philosophie muss man von Xenophon, Platon und Aristoteles ausgehen; denn ihre Werke enthalten den Schlüssel zum Verständniss der früheren und späteren Systeme. Ein vorzügliches Hülfsmittel zur weitern Orientirung in den Quellen ist H. Ritter und L. Preller, *Historia philosophiae Graecae et Romanae ex fontium locis contexta.* Hamburg 1838. [7. Aufl. von G. Teichmüller. Gotha 1886.]

Die Geschichte der Philosophie hat keine andere Methode als die Geschichte überhaupt. Die allein sichere Grundlage ist auch hier die Ergründung der Quellen im Einzelnen. Von grossem Werth sind daher monographische Arbeiten über Leben und Lehre einzelner Philosophen, über die Entwicklung der einzelnen philosophischen Weltanschauungen oder einzelner Disciplinen und Theoreme. Doch müssen alle solche Specialuntersuchungen mit steter Rücksicht auf die Gesammtentwicklung der Philosophie geführt werden; denn ausserhalb dieses Zusammenhanges ist das Einzelne unverständlich und werthlos. Die Gesammtentwicklung der Wissenschaft lässt sich indess auch nicht a priori construiren. Zwar ist darin der innere Zusammenhang der Ideen maassgebend; denn in der Wissenschaft ist der Geist mehr als auf andern Gebieten unabhängig von äussern Zufälligkeiten; der freie Gedanke verfolgt hier ohne grosse Ablenkungen einen Gang, welcher durch die allgemeinen Gesetze der Vernunft innerlich bestimmt ist. Aber die Individualität der Denker, welche diese Gesetze modificirt, lässt sich nicht auf apriorischem Wege erkennen. Gegen voreilige Constructionen sichert am besten die genaue Rücksichtnahme auf die Chronologie und auf den Zusammenhang der Wissenschaft mit den übrigen Lebensgebieten; denn die Zeit bildet die philosophischen Denker, wie sie selbst ihre Zeit bilden. Die Aufgabe ist also die Quellen nach strenger hermeneutischer und kritischer Methode so zu bearbeiten, dass einerseits in den Ideen, welche den Inhalt aller Philosophie ausmachen, andererseits in der äussern Darlegung derselben durch die verschiedenen Systeme der nothwendige Causalzusammenhang erkannt wird und alles Besondere in dem Allgemeinen

caelestium globorum et de vera indole astronomiae Philolaicae. 1810. Mit einem Anhang von 1865. Kl. Schr. III, S. 266—342. — *Simonis Socratici, ut videtur, dialogi quatuor de lege, de lucri cupidine, de iusto et de virtute. Additi sunt incerti auctoris dialogi Eryxias et Axiochus.* Heidelberg 1810. — *De simultate quam Plato cum Xenophonte exercuisse fertur.* Berlin 1811 Kl. Schr. IV, S. 1—34. — *De Platonis loco de Republ. II.* p. 365 A.B. 1812/13. Kl. Schr. IV, S. 61—64. — Philolaos des Pythagoreers Lehren. Berlin 1819. — *De miratione philosophiae initio.* 1829. Kl. Schr. IV, S. 322—325. — *Platonis de Republica libri I. locus* p. 333 *E explicatur.* 1829. Kl. Schr. IV, S. 326—330. — *Parmenidis libri de natura exordium emendatur.* 1836. Kl. Schr. IV, S. 415—419. — *De tribus vitae sectis, activa, contemplativa, voluptaria recte temperandis.* 1837. Kl. Schr. IV, S. 426—429. — *De Socratis rerum physicarum studio.* 1838. Kl. Schr. IV, S. 430—436. — *De tempore quo Plato rempublicam peroratam finxerit.* 1838—40. Kl. Schr. IV, S. 437—470 und 474—492. — Über Sokrates. *Corp. Inscr.* II, S. 321. Über Phanias aus Eresos. Ebenda S. 304 f. — Untersuchungen über das kosmische System des Platon. Sendschreiben an Alexander von Humboldt. Berlin 1852. — Hermias von Atarneus. 1853. Kl. Schr. VI, S. 185—210. — Vergl. ausserdem E. Bratuscheck, „August Böckh als Platoniker." In den Philosoph. Monatsheften. 1868. 1. Bd. Heft 4 u. 5.

aufgeht, ohne seine charakteristische Eigenthümlichkeit einzubüssen. So wird man eine ideale Ansicht von dem Gange des Ganzen gewinnen und doch dabei die kleinsten und geringfügigsten Notizen beachten.

Hieraus ergiebt sich zugleich, von welchem philosophischen Standpunkt aus die Geschichte der Philosophie zu bearbeiten ist. Diejenigen, welche indifferent gegen alle Systeme sind, vermögen in keines derselben einzudringen, sondern fassen nur Äusserlichkeiten auf und machen die Geschichte der Philosophie nach Art des Diogenes Laërtius zu einem armseligen Aggregat von Notizen ohne Leben und Geist, weil sie selbst geistlos sind. Diese Einseitigkeit ist jedoch unschädlicher als die entgegengesetzte, die sich gerade bei genialischen Philosophen nicht selten findet: sie werden durch ihre eigenen Speculationen verhindert fremde Systeme zu verstehen, indem sie in dieselben, ohne es zu merken, ihre Ideen hineinlegen (s. oben S. 75 f. 92). Da hierbei die Eigenthümlichkeit der verschiedenen Systeme verwischt wird, führt dies zu apriorischen Constructionen, in welche selbst ein Schelling und Hegel verfallen sind. Viele haben nun geglaubt die Geschichte der Philosophie recht fruchtbar zu machen, wenn sie alle Systeme von einem einseitigen Standpunkte aus kritisirten, den grossen Denkern derbe Verstösse nachwiesen und endlich zeigten, wie uns etwa die kritische Philosophie oder die Erfahrungsphilosophie so herrlich weit gebracht, dass wir diese Fehler zu vermeiden wissen. So verfahren z. B. Tiedemann, Meiners, Tennemann und Buhle. Ihr Raisonnement ist meist sehr schlecht und ihre Kritik seicht. Die äussere Kritik vom Standpunkte eines bestimmten Systems setzt voraus, dass letzteres über den übrigen Systemen stehe. So erkannte z. B. Ast richtig, wie alle philosophischen Systeme nur einseitige Äusserungen der Einen Philosophie sind und verlangte, der Historiker solle sie alle auf die „Philosophie selbst" beziehen; aber diese Philosophie selbst ist für ihn seine eigene, weshalb er ganz consequent seine Geschichte der Philosophie mit seinem eigenen philosophischen Lehrbuch als dem Gipfel der philosophischen Betrachtung schliesst. Fries nimmt den Kriticismus als den Zielpunkt alles philosophischen Strebens, als die Philosophie selbst an, und die ganze Geschichte der früheren Philosophie erscheint ihm — wie noch jetzt Vielen — als eine Geschichte der Verirrungen des menschlichen Geistes. Hegel hält wieder sein eigenes System für die Philosophie selbst. Und so kann jeder Philosoph mit gleichem Anspruch hervortreten, indem er alle voraufgegangene Philosophie dem Verbrennungsprocess der Kritik unterwirft um zu zeigen, dass nur das eigene System als das unverbrennliche gediegene Gold übrig bleibe. Da aber jedes System in die Reihe der historischen Entwicklung fällt und eine absolute Philosophie undenkbar ist, so kann keines den Maassstab für alle übrigen abgeben. Ebenso verkehrt wie das einseitige kritische Verfahren ist aber das entgegengesetzte synkretistische, wodurch man allen Systemen gerecht zu werden sucht, indem man sie alle kritiklos zusammenwirft. Dies ist nur deshalb möglich, weil sie alle in der That nach Einer Wahrheit streben und diese — wenn auch in einseitiger Auffassung — enthalten. Aber wenn der Synkretismus z. B. die Platonische und Aristotelische Lehre identificirt, so verkennt er, dass das gemeinsame Wesen der Vernunft in den bedeutenden Denkern auf wesentlich verschiedene Weise in die Erscheinung tritt.

Die wahre historische Methode wird allen Systemen gerecht, indem sie alle als Entwicklungsstufen des Einen philosophischen Geistes zu verstehen sucht (s. oben S. 248 f.). Der Maassstab der Kritik ist hier allerdings auch ein System, aber ein solches, welches den übrigen nicht coordinirt ist, nämlich der streng historisch ermittelte Cyklus, den diese periodenweise in ihrer Gesammtheit bilden.

Die Geschichte der Philosophie darf nicht als Mittel zu einem äussern Zweck bearbeitet werden, sei es, dass dieser praktisch ist, wie bei Degérando oder theoretisch wie bei Cudworth. Jeder äusserliche Pragmatismus ist der wissenschaftlichen Betrachtung zuwider und trübt das Urtheil. Dagegen liegt in der rein wissenschaftlichen Betrachtung selbst ein innerer Pragmatismus. Die Philosophie soll den Menschen frei machen von jedem Zwange, zunächst also von dem Zwange der conventionellen Sitte des Lebens und aller daran hängenden Begriffe, damit er sich in der höheren Sphäre des wahren Erkennens fessellos bewegen lerne. Diese Forderung haben die Philosophen selbst gethan; sie ist nur immer modificirt worden je nach der Macht, gegen welche man zu kämpfen und wovon man sich zu befreien hatte. Platon arbeitete darauf hin, dass der Philosoph sich befreie vom sinnlichen Lebensgenuss und vom demagogischen Staate und sich flüchte in die übersinnliche Welt, weil damals die Sinnlichkeit und der Staat das überwiegende Princip waren; Epikur kämpfte gegen die Deisidämonie, welche Lucrez, weil sie den Geist fesselt, *religio* nannte; die Stoiker verlangten Apathie gegen Schmerz und Leidenschaft; denn die schlimme Zeit des Unglücks war über Griechenland gekommen, wo es galt Mann zu sein. Alles dies kehrt in neueren Zeiten wieder. Wie soll aber die Philosophie ihren Zweck erreichen, wenn man um frei zu werden nur die Fesseln wechselt, wenn man sich der Knechtschaft der Alltäglichkeit und Gewohnheit entzieht und in die Sklaverei eines Systems fällt? Vor diesem Abwege bewahrt meiner Überzeugung nach nichts mehr als das historische Studium der philosophischen Systeme. Dies giebt dem Geiste eine Gewandtheit und Vielseitigkeit, die auch das vielseitigste System nicht zu geben vermag. Es ist nicht bequem, aber folgenreich; es bändigt den regellosen Enthusiasmus und verleiht dem Gemüth die Ruhe, aus welcher der ächte Enthusiasmus für die Wahrheit dann erst entspringen kann. Diese Wirkung wird durch das Studium der antiken Philosophie um so sicherer erreicht, wenn man dasselbe an Platon anknüpft; denn in ihm ist alle frühere Urphilosophie wie in einen Knoten zusammengeschlungen, aus dem alle spätern Systeme sich Zug für Zug sichtlich herauswirren — in ihm haben sich die treibenden Wurzeln und Zweige der früheren Philosophie bis zur Blüthe potenzirt, aus der die spätere Frucht langsam heranreift.

3. Geschichte der Einzelwissenschaften.

§ 90. Die Wissenschaft hat ihr organisches Leben darin, dass sich Idee und Erfahrung wie Seele und Leib durchdringen, indem einerseits die zuerst durch die sinnliche Wahrnehmung angeregte Speculation sich in der Erfahrung bewährt und andrerseits die Thatsachen der Erfahrung in den Gedanken aufgenommen und dadurch erst zum Wissen erhoben werden. Schon im Mythos steht der Speculation die Erfahrungskenntniss zur Seite, die aber wie jene noch ganz in Phantasievorstellungen befangen ist. Gleichzeitig mit der wissenschaftlichen Philosophie bilden sich dann die Mathematik, welche die Speculation mit der Erfahrung vermittelt (s. oben S. 597), sowie die empirischen Natur- und Geisteswissenschaften. Das einzelne Wissen gewährt indess dem Geiste keine Befriedigung, welcher, wie er selbst in sich eins ist, nach Einheit der Erkenntniss strebt und alles Mannigfaltige als Theile eines Ganzen fassen will, in dessen Zusammenhange auch das scheinbar Unbedeutendste Werth erhält. Daher fasst die Speculation gleich die unentwickelten Anfänge der Einzelwissenschaften zu einer einheitlichen Weltansicht zusammen, so dass jene Wissenschaften sich innerhalb der Philosophie ausbilden. Sie zweigen sich von letzterer erst nach Platon als selbständige Disciplinen ab, nachdem durch die Vollendung der elementaren Logik die Methode der wissenschaftlichen Forschung festgestellt war. Indess trat hiermit in Folge der einseitigen Richtung der alten Empirie zugleich eine Zersetzung der Wissenschaft ein. Nicht alle Erfahrungswissenschaften sonderten sich von der Philosophie aus; diejenigen, welche mit derselben verbunden blieben, verfielen mit der Speculation; die übrigen vermochten ihren organischen Zusammenhang mit dieser nicht festzuhalten und verkümmerten, indem sie nach und nach wie dürre Zweige von dem gemeinsamen Stamm der Wissenschaft abfielen (s. oben S. 279).

a. Mathematik.

§ 91. Die Ägypter und der Orient besassen sehr frühzeitig mathematische Kenntnisse, die theils durch handwerksmässige Erfahrung besonders in der Baukunst und Feldmesskunst, theils durch astronomische Beobachtungen erworben waren. Dabei mögen auch manche Theoreme durch die Praxis gefunden sein; die Ägypter sind auf diesem Wege vielleicht schon auf den Pythagoreischen Lehrsatz geführt worden. Thales und Pythagoras verpflanzten die Geometrie von Ägypten nach Griechenland zu einer Zeit, wo die Hellenen der tausendjährigen Tradition der Ägypter gegenüber von kindlicher Unerfahrenheit waren (vergl. Platon, Timäos S. 22 f.); seit Anaximandros' Zeit scheinen die Griechen mit der Babylonischen Mathematik bekannt geworden zu sein (vergl. oben S. 324). Aber die griechischen Philosophen gestalteten die überkommenen mathematischen Vorstellungen sofort zu allgemeinen theoretischen Sätzen um; diese Abstraction von der sinnlichen Wahrnehmung, wodurch die apriorische mathematische Anschauung frei wird, ist eine selbständige Schöpfung des griechischen Geistes. Auf Thales und Pythagoras werden die Beweise der elementarsten Sätze der Geometrie zurückgeführt und man sieht daraus, wie die Griechen die mathematische Theorie von Grund aus selbständig aufgebaut haben. Die Symmetrie, welche die Mathematik zeigte, und die Festigkeit des Beweises wurden für den kindlichen Geist der erwachenden Wissenschaft das Muster der Methode. Die ionischen Philosophen scheinen indess nur wenig über die mathematische Praxis des Orients hinausgegangen zu sein. Dagegen haben die Pythagoreer die Ausbildung der Theorie ausserordentlich gefördert, indem sie zuerst Figur und Zahl aus den einfachsten Elementen constructiv ableiteten. Es entspricht dem dorischen Spiritualismus, dass Pythagoras auch die Raumfigur auf die Zahl zurückführte; allein er setzte die Zahlen nicht aus abstracten, sondern räumlichen Einheiten zusammen und begründete die anschauliche geometrische Behandlungsweise der Arithmetik, wie sie im Alterthum herrschend blieb (s. oben S. 280 f.). Da die Pythagoreer die Zahl zum Princip der Dinge überhaupt machten, legten sie in dieselbe eine überschwängliche Bedeutung; sie studirten, wie Novalis sagt, die Geometrie mit einem wirklichen Enthusiasmus, indem sie mit tiefem Sinne in den mathematischen Gestalten Symbole eines Höheren suchten, das Platon erst durch seine Ideenlehre klar erkannte.*) Die ideale Ansicht von der Mathematik führte auch in der Platonischen Schule zu einem eifrigen Studium derselben. Die Elementarmathematik wurde hier vollendet; Platon, welcher sie besonders durch Anwendung seiner analytischen Methode förderte, und seine unmittelbaren Schüler wussten mehr als in den Elementen Euklid's vorliegt. Euklid, der unter Ptolemäos I. in Alexandrien lebte, fusst auf den Forschungen der Akademie und sein Verdienst ist es die dort gefundenen Gesetze in ein System gebracht zu haben. Durch sein herrlich verbundenes methodisches Werk, worin er

---

*) Philolaos des Pythagoreers Lehren S. 42.

die Ergebnisse vieler ihm bereits vorliegenden Schriften zusammenfasste, wurde die Mathematik zu einer selbständigen Wissenschaft. Die ihm folgenden, meist alexandrinischen Mathematiker sahen von der idealen Bedeutung der Mathematik ab; aber diese behielt auch in der Zeit der Reflexionsphilosophie lange den antiken Charakter der Anschaulichkeit, der sich besonders in dem Übergewicht der Geometrie über die Arithmetik bekundet. Die constructive Geometrie wurde mit Virtuosität ausgebildet und die Leistungen des Archimedes, der die höhere Geometrie begründete und des Apollonios von Perga sind von der hervorragendsten Bedeutung. Der anschaulichen Behandlung der Arithmetik entsprach auch das griechische Bezifferungssystem, welches ein mechanisches Rechnen erschwerte. Doch wusste man diese Schwierigkeit zu überwinden. Für den praktischen Gebrauch benutzte man den Pythagorischen Abacus, ein auf decimale Stelleneintheilung begründetes Rechenbrett, auf welchem die Alten mit grosser Geläufigkeit zu rechnen vermochten.*) Diese Logistik fand aber keine Anwendung in der wissenschaftlichen Arithmetik, und wenn auch die Operationen der letzteren durch die übliche Zahlenbezeichnung schwerfälliger wurden, so darf man das daraus erwachsende Hinderniss für das geübte mathematische Denken nicht allzuhoch anschlagen. Da die Gelehrten kein Bedürfniss fühlten die Arithmetik zu erleichtern, ist es erklärlich, dass man nicht auf die dem Abacus analoge Bezifferung verfiel. Diese ist erst im Mittelalter von Indien aus nach Europa verpflanzt worden; bei den byzantinischen Griechen finden sich die indischen Ziffern zuerst in einem Scholion des Neophytos unter einem Commentar zu Euklid etwa aus dem 14. Jahrh. und in der aus der ersten Hälfte desselben Jahrh. stammenden Psephophoria Indorum des Planudes (herausgegeben von C. J. Gerhardt, Halle 1865); in Westeuropa sind sie wahrscheinlich im 10—12. Jahrh. durch Vermittelung der spanischen Araber bekannt geworden.**) In der letzten Zeit des Alterthums, besonders seit Diophant, dem Begründer der Algebra, der unter Julian lebte, hat sich auch die Arithmetik der Analysis im modernen Sinne zugewandt und die gesammte moderne Entwicklung der Mathematik ist hier bereits vorbereitet und angebahnt.

---

*) Vergl. Kl. Schr. IV, S. 493 ff.
**) Ebenda S. 500. 503.

Gegen die reine Mathematik trat bei den Griechen die theoretische Anwendung auf die Naturwissenschaft und noch mehr die praktische auf das Leben zurück. Die mathematische Astronomie wurde bereits von den ionischen, ganz besonders aber von den Pythagoreischen Philosophen speculativ betrieben. Durch Speculation kamen die Pythagoreer auf die Annahme der Axendrehung der Erde vermöge ihrer Drehung um das Centralfeuer. Platon liess diese Hypothese wieder fallen und kehrte zu der Ansicht zurück, dass die Erde in der Mitte des Weltalls ruhe, woran auch Aristoteles festhielt. Erst im alexandrinischen Zeitalter stellte Aristarchos von Samos das heliocentrische System als Hypothese auf und der Erythräer Seleukos suchte die Wahrheit desselben zu erweisen. Merkwürdiger Weise wurde es schon damals als irreligiös angefochten: der Stoiker Kleanthes forderte die Hellenen zur Klage gegen die Gottlosigkeit des Mathematikers auf, der die Erde, die Hestia, sich in einer schiefen Bahn herauswälzen und zugleich um ihre Axe drehen lasse. Das System fand bei den späteren Astronomen keine Billigung, weil Hipparchos, der Begründer einer streng beobachtenden Astronomie und der auf ihm fussende Ptolemäos das geocentrische System so befestigten, dass es bis auf die Neuzeit herrschend geblieben ist. Doch ist Copernicus durch die Hypothese des Aristarch, die er irrthümlich dem Pythagoreer Philolaos zuschrieb, zur Aufstellung seiner Theorie veranlasst worden.*) Die alten Astronomen gelangten durch die Beobachtung zu keinem befriedigenden Resultat, weil ihre Instrumente nicht genügten. Ihrer scharfsinnigen Divination vermochte die Erfahrung nicht gleichzukommen. So ahnten sie z. B. auch, dass es mehr als sieben Planeten gebe. Kleomenes sagt in seiner κυκλικὴ θεωρία μετεώρων darüber: Τὸ μὲν οὖν τῶν ἀπλανῶν πλῆθος ἄπλετόν ἐστιν, τὰ τε πλανώμενα ἄδηλον εἰ μὴ πλείω ἐστίν· ἑπτὰ δὲ ὑπὸ τὴν ἡμετέραν γνῶσιν ἐλήλυθεν. Auf der Unvollkommenheit der Beobachtung beruhten auch die Mängel der alten Chronologie, welche von Anfang an mit der Astronomie verbunden war (s. oben S. 312 ff.) und der durch Eratosthenes begründeten mathematischen Geographie (s. oben S. 332 f.). Die Mechanik wurde durch Archimedes zur Wissenschaft erhoben; aber dieser genialste Mathematiker des Alterthums war durchaus

---

*) Vergl. Kl. Schr. III, S. 279. 341. 294 ff. 272.

auf die reine Theorie gerichtet und schätzte seine glänzenden mechanischen Erfindungen geringer als seine rein theoretischen Entdeckungen. Seinen Grabstein bezeichnete ein Cylinder mit der eingeschriebenen Kugel als Symbol des bekannten von ihm in der Schrift περὶ cφαίρας καὶ κυλίνδρου entwickelten Theorems (s. oben S. 295). Der Name des Archimedes erinnert an die praktische Anwendung der Mechanik in der Kriegskunst; als unentbehrliche Grundlage der Taktik sieht schon Platon die Mathematik an; ausserdem wurde diese für das öffentliche Leben abgesehen von der bürgerlichen Chronologie und der Vermessungskunst im Rechnungswesen angewandt. Allein diese praktischen Zweige entwickelten sich wenig, weil die Vollendung der mathematischen Theorie in eine Zeit fällt, wo die Wissenschaft sich vom Leben trennte. Daher ist auch keine wissenschaftliche Statistik ausgebildet worden (s. oben S. 361). Das Privatleben hatte seine mathematische Grundlage in der Metrologie (s. oben S. 385), welche aber ebenfalls von geringerer wissenschaftlicher Genauigkeit als in der Neuzeit war. Die Technologie war bei aller praktischen Virtuosität unvollkommen, weil das Maschinenwesen nicht wissenschaftlich ausgebildet war (s. oben S. 391). Es ist bezeichnend für den Charakter des Alterthums, dass die exacte Wissenschaft ihre früheste praktische Verwerthung in der Kunst fand. Die mathematische Musiktheorie der Pythagoreer machte hier den Anfang (s. oben S. 529); sie war bei denselben eng verschwistert mit der Astronomie, und diese beiden Disciplinen wurden in Folge dessen nebst der reinen Arithmetik und Geometrie seit Platon's Zeit die mathematischen Unterrichtsgegenstände der höheren Jugendbildung (s. oben S. 420). An die Harmonik lehnte sich die mathematische Akustik, an die mathematische Theorie der bildenden Künste (s. oben S. 490) die Optik; letztere wurde in der alexandrinischen Zeit selbständig theoretisch bearbeitet. Ptolemäos umfasst in seinen Schriften alle Zweige der angewandten theoretischen Mathematik: Astronomie, Chronologie, Geographie, Mechanik, Musik und Optik. Ein aus dem Alterthum stammender Missbrauch der mathematischen Wissenschaften, der bis in die Neuzeit verderblich gewirkt hat, ist die sogenannte mathematische Theologie. Schon bei den alten Pythagoreern waren Zahlen und Figuren in mystischer Weise als Symbole des Göttlichen mit Anwendung der umgedeuteten mythologischen Namen benutzt worden.*) Diese Richtung wurde in der neupythagoreischen und neuplatonischen Philosophie ins Maasslose verfolgt und die mystische Zahlenspeculation verband sich hier mit der Apotelesmatik des Morgenlandes. In der Römerzeit verstand man unter Mathematik im engern Sinne den astrologischen Aberglauben (s. oben S. 450 f.).

b. Empirische Naturwissenschaft.

§ 92. Der Anfang aller Naturwissenschaft ist nach der speculativen Seite der Mythos, nach der rein empirischen die erste Kunde der Naturgegenstände, besonders der Kräuter, welche in der Zauberei und instinctartigen Heilkunde der mythischen Zeiten angewandt wurden. Als sich aus der Mythologie die Philosophie hervorbildete, war diese Anfangs fast ausschliesslich Naturspeculation (s. oben S. 594); aber sie stützte sich bei den Pythagoreern wie bei den ionischen Philosophen auf Naturbeobachtung. Selbst bei den Eleaten ist dies der Fall, obwohl sie die Sinnenwelt für Schein hielten: ihre empirische Physik war der Theil ihrer Lehre, der vom φαινόμενον handelte. Noch empirischer sind Anaxagoras und Demokrit, und die Physik des Platon hat eine umfassende empirische Grundlage. So lange sich die Empirie so in der Anschauungsphilosophie entwickelte, wurden die ersten Gründe der Naturwissenschaft mit tiefem Sinne erfasst. Diese Physik ist grossartig, erhaben, ideenreich. Aber die genialsten Anschauungen sind mit unvollkommen oder falsch erkannten Thatsachen vermittelt. Hieraus entstanden philosophische Vorurtheile, von denen sich die Reflexionsphilosophie nicht losmachen konnte, da sie in der Weltanschauung auf die vorsokratischen Systeme zurückging (s. oben S. 606). Dadurch wurde die selbständige Entwicklung der empirischen Naturwissenschaften gehindert, die zu einem grossen Theil mit der Philosophie vereint blieben. Am meisten wurden sie in der akademischen und peripatetischen Schule gefördert, während die ebenfalls ins Einzelne eingehende Physik der Stoiker und Epikureer unselbständig und oberflächlich blieb.

Da Platon in der Erfahrung nur die mathematischen Gesetze als wissenschaftlich anerkannte, gingen aus dem Platonismus die mathematischen Zweige der Naturlehre als selbständige Disciplinen hervor. Die Aristotelische Schule hat auf die Aus-

---

*) Vergl. Philolaos des Pythagoreers Lehren. S. 153 ff. 193.

bildung derselben nur geringen Einfluss gehabt. Dagegen haben Aristoteles und Theophrast die beschreibende Naturkunde, für welche schon Demokrit eine besondere Vorliebe hatte, wissenschaftlich begründet. Das von Aristoteles entworfene zoologische System ist noch heute von Werth; es liegen in ihm die Grundzüge zur Methode der natürlichen Systematik der neuesten Zeit. Seine Kenntniss der Thierformen beruht auf umfangreichen Beobachtungen und anatomischen Untersuchungen. Auch Theophrast's Pflanzenbeschreibungen sind z. Th. vortrefflich. Die Alten waren für die beschreibende Naturwissenschaft durch ihre feine Beobachtungsgabe besonders' beanlagt. Man hat oft über naturhistorische Angaben griechischer Schriftsteller gelacht, die sich dann später durch neuere Entdeckungen als durchaus zutreffend herausgestellt haben. So war es mit dem Stachel im Schweife des Löwen (ἀλκαία), welchen erst Blumenbach wieder entdeckt hat. (Vergl. J. F. Blumenbach, *Specimen historiae naturalis ex auctoribus classicis praesertim poëtis illustratae. Comm. soc: Gotting.* III. 1815 und K. W. Göttling, *Narratio de Chaeronea atque praesertim de leone Chaeronensis pugnae monumento.* Jena 1846. 4.) Aristoteles wusste über die Haifische mehr als die neuern Naturforscher vor Joh. Müller. (Vergl. Joh. Müller, Über den glatten Hai des Aristoteles. Berlin 1842.) Der Unterschied des männlichen und weiblichen Geschlechts der Pflanzen war schon zu Herodot's Zeit bekannt. (Vergl. Herodot I, 193; Plinius *Hist. Nat.* XIII, 7.) Hippokrates unterschied bereits die Empyeme in der Brust nach dem Gehör; die Ärzte der Neuzeit haben das Verfahren zuletzt auch wieder gefunden, aber gleich mit einem Instrument, dem Stethoskop, weil sie der Unterstützung für ihre schwächern Sinne bedürfen. Die feine Beobachtungsgabe der Alten beruht auf der Feinheit ihrer Sinne, besonders des Auges, das die Gestalt, das Plastische beobachtet, aber auch des Ohres (s. oben S. 534). Dagegen ist unsere Beobachtung reflectirt und durch das Experiment geistigen Bestimmungen unterworfen. Diese Vergeistigung der Empirie findet sich im Alterthum nur in den mathematischen Zweigen der Naturwissenschaft. Daher vermochte die beschreibende Naturkunde sich nicht weiter zu entwickeln, nachdem sie sich von der Philosophie abgelöst hatte. Die alexandrinischen Gelehrten legten die Werke des Aristoteles und Theophrast zu Grunde; aber je mehr die Naturkunde an Umfang zunahm, desto mehr verlor sich in ihr der wissenschaftliche Geist, in welchem sie durch Aristoteles begründet war. Sie wurde zuletzt zu einer Sammlung von Curiositäten, wie die Literatur der παραδοξογράφοι zeigt. Am wenigsten konnten natürlich diejenigen Zweige der Naturwissenschaft gedeihen, die ganz auf experimentelle Beobachtung angewiesen sind, vor Allem die Chemie. Die technischen Kenntnisse der Alten in der Metallarbeit und Färberei waren bedeutend; ausserdem bot die Arzneibereitung vielfach Gelegenheit zur Beobachtung chemischer Processe. Dass man im römischen und griechischen Kaiserreich Fortschritte in der chemischen Technik machte, beweist schon die Erfindung des griechischen Feuers. Allein die Alten haben die technische Praxis nicht wissenschaftlich gestaltet, also nicht auf allgemeine Grundsätze zurückgeführt, sondern der speciellen Ausübung überlassen, weil die Gelehrten darin keinen Gegenstand der Theorie erblickten. Die Anfänge einer wissenschaftlichen Chemie finden sich in der alten Medicin, wie man aus Dioskorides' *Materia medica* sieht. Der Name χημεία ist ägyptisch; in Ägypten wurde in der römischen Zeit früh eine magische Chemie geübt, an welche später die Alchemie der Araber angeknüpft hat.

Die Anwendung der Naturwissenschaft auf die Gestaltung des Lebens konnte hiernach im Alterthum nicht bedeutend sein. Eine wissenschaftliche Wirthschaftslehre vermochte sich nicht zu bilden (s. oben S. 390). Abgesehen von den mathematischen Zweigen ist die angewandte Naturwissenschaft nur in der Medicin zu einer höheren Bedeutung gelangt. Die Anfänge der Geschichte der Medicin verlieren sich im Mythos. Melampus, der Kentaur Cheiron, besonders aber Asklepios und dessen Söhne Machaon und Podaleirios sind die mythischen Vorbilder der Heilkunde. Dieselbe bildete sich zuerst in den Tempelschulen der Asklepiaden aus, auf dem Wege einfacher Erfahrung, die oft das Tiefste erfunden hat. Doch wurde hier natürlich auch durch Besprechungen und andere magische Mittel geheilt; magnetische Kuren und Somnambulismus waren hier heimisch. Die erste bedeutende Asklepiadenschule war die von Kroton (s. Herodot III, 129 ff.); später blühte die Kyrenaische und noch später die Koische. Durch den Einfluss der vorsokratischen Naturphilosophie nahm die Praxis allmählich eine wissenschaftliche Gestalt an. Der erste hervorragende wissenschaftliche Arzt, der zugleich der genialste Empiriker war, ist Hippokrates II. von

Kos, ein älterer Zeitgenosse des Sokrates. Aber erst auf Grund der Platonischen und Aristotelischen Philosophie entwickelte sich eine dogmatische Medicin. In derselben ragte zuerst Diokles von Karystos hervor, der sich namentlich um die Diätetik und die Anatomie verdient machte. Letztere hat ihre ersten Anfänge in der Opferschau; sie wurde bis auf Aristoteles fast ausschliesslich an Thieren geübt; erst in der alexandrinischen Zeit studirte man sie am menschlichen Körper. Den verschiedenen dogmatischen Secten, die sich hauptsächlich in Alexandrien bildeten, und unter welchen die der Herophileer und Erasistrateer die bedeutendsten waren, trat um die Mitte des 3. Jahrh. v. Chr. die von Philinos aus Kos ebenfalls in Alexandria gestiftete skeptische Schule der Empiriker gegenüber. In der römischen Zeit versuchte die Secte der Methodiker, welche von Themison aus Laodikea um 50 v. Chr. begründet wurde, einen Mittelweg zwischen der dogmatischen und skeptischen Richtung einzuschlagen, während die Eklektiker alle Richtungen zu vereinigen strebten. Die blühendsten medicinischen Schulen bestanden in der Kaiserzeit ausser in Rom in Smyrna und andern asiatischen Städten. Epochemachend war die Reform der Medicin durch Galenos zu Ende des 2. Jahrh. n. Chr. Galenos war ein Hippokratischer Arzt, im Ganzen mehr dogmatisch, ein Mann von grossem Scharfblick, Tiefe des Geistes, philosophischer Bildung und unermesslicher Gelehrsamkeit, dabei fest und bestimmt ja anmaassend, aber selbst in der Anmaassung genial. Der Einfluss seines Geistes reicht bis in die neueste Zeit. Nach ihm hat die Medicin im Alterthum wenig Fortschritte gemacht. Einen höchst verderblichen Einfluss auf diese Wissenschaft, sowie auf die gesammte Naturkunde hatte die mystische Richtung der Kaiserzeit (s. oben S. 452). Der mathematischen Theologie entspricht die Hierophysik, durch welche sich die Naturlehre in Magie und in Mantik, Oneirokritik und Physiognomik verliert.

Als sich im Beginn der Neuzeit die Wissenschaft von den abergläubischen Ansichten zu reinigen begann, welche sich aus dem späten Alterthum durch das Mittelalter hindurch fortgepflanzt hatten, schien es, als müsse die Forschung von vorn anfangen. Franz Baco glaubte in seinem *Novum organon* die inductive Methode ganz neu zu begründen, obschon er dieselbe bedeutend einseitiger auffasste als die alten Philosophen. Aber in der That liegt in der experimentellen Anwendung dieser,

Methode auf alle Gebiete der Erfahrung der unbestreitbare Fortschritt der modernen Forschung im Vergleich mit der alten. Baco behauptet in seinen *Cogitata et visa*, dass die Naturphilosophie, welche wir von den Griechen empfangen haben, der Kindheit der Wissenschaft angehöre und den Charakter der Kindheit an sich trage, indem sie zum Schwatzen aufgelegt, zum Erzeugen aber untüchtig und unreif sei. Dies Urtheil ist etwas hart; aber es ist der Scholastik gegenüber erklärlich und enthält viel Wahrheit. Bedeutend geringschätziger haben in dem wunderlichen Streit der Alten und Neuern (s. oben S. 304) französische Gelehrte über die alte Naturwissenschaft geurtheilt. Es hat jedoch Leute gegeben, welche aus übel angebrachtem Eifer für die Ehre des Alterthums ihm auch den Ruhm haben zuschreiben wollen, dass es die vorzüglichsten Entdeckungen und Erfindungen der Neuzeit bereits gekannt habe. Soweit geht gleichfalls ein Franzose, nämlich L. Dutens, *Recherches sur l'origine des découvertes attribuées aux modernes* (Paris 1766. 2 Bde., deutsch Leipzig 1767). Allerdings finden sich Ahnungen, Vorkenntnisse und Anfänge von allen Errungenschaften der modernen Experimentalwissenschaft auch bei den Alten; aber diese Ansätze blieben unentwickelt, und ein Hauptmangel der alten Forschung besteht darin, dass man aus Geringschätzung gegen das Praktische und Technische zu wenig Werth auf die instrumentale Seite der Wissenschaft legte. Nur die mathematischen Zweige der Physik haben hierin Bedeutenderes geleistet. Man hatte Brennspiegel und vergrössernde Hohlspiegel aus Erz, Silber und Glas (vergl. Theophrast, Περὶ λίθων; Euklid in der Katoptrik; Seneca, *Quaestiones naturales* I, 5 ff.; Plutarch, *De facie in orbe lunae.* Cap. 17). Bei Aristophanes, Wolken Vers 769 wird sogar schon ein Brennglas erwähnt. Denn dass ὕαλος dort nicht — wie manche meinen — einen Brennspiegel bezeichnet, ergiebt sich aus dem Zusammenhange und aus der Bemerkung des Scholiasten zu der Stelle. Nach dem Dichter war dieser Apparat bei den Apothekern (φαρμακοπῶλαι) zu finden; der Scholiast sagt, weil dieselben auch werthvolle Steine verkauften; aber näher liegt der Grund, dass sich die Ärzte solcher Gläser zum Brennen bedienten, wie nach Plinius H. N. 37. 10 der Glaskugeln. Auch in den Λιθικά des Orpheus v. 175 ist offenbar ein Brennglas von Krystall gemeint. Ob die Alten die Lupe anwandten, ist ungewiss; man hat es aus der Feinheit der antiken Steinschneidekunst geschlossen; doch erklärt sich schon Lessing (Antiquarische Briefe, nr. 45) hiergegen. Auf Gebieten, welche der Mathematik nicht zugänglich schienen, sind die Beobachtungen selbst nicht durch die einfachsten Instrumente weitergeführt worden. So waren die Grunderscheinungen des Magnetismus und der Elektricität dem Alterthum nachweisbar frühzeitig bekannt, wurden aber nicht durch Instrumente weiter ergründet und daher nicht genügend gewürdigt. H. Martin, *La foudre, l'électricité et le magnétisme chez les anciens* (Paris 1866) schätzt die Kenntniss und Theorie des Alterthums in diesem Zweige der Physik mit Recht sehr gering. Destillation, Retorten u. s. w. waren nicht unbekannt, wurden aber wissenschaftlich wenig angewandt. Am fernsten lag den Alten das Bedürfniss nach instrumentalen Erfindungen behufs allgemeinerer Verbreitung oder Popularisirung der Wissenschaft. Man hatte z. B. bewegliche Lettern, mit denen die Kinder spielend buchstabiren lernten. (Vergl. Quinctilian, *Institut. orat.* I, 1. 26.; Hieronymus, *Epist.* 107 *ad Laetam*). Aber man kam nicht auf die Erfindung der Buchdruckerkunst, weil der geringe Bedarf an Schriftwerken durch die vielen Sklavenhände, welche mit Abschreiben beschäftigt wurden, hinlänglich gedeckt war. Die alten Astronomen haben künstliche Chronometer erfunden, freilich keine Pendeluhren; aber die gewöhnlichen Uhren blieben höchst unvollkommen, weil kein Bedürfniss nach einer genauern Zeitmessung vorhanden war (s. oben S. 324). Man verkennt also vollständig den Charakter des Alterthums, wenn man ihm Sinn für experimentelle Erfindungen zuschreibt.

Allein ebenso einseitig ist das Urtheil derjenigen, welche der antiken Naturwissenschaft alle Bedeutung für die Neuzeit absprechen. Zunächst sind gewiss manche feine Beobachtungen der Alten noch nicht verstanden oder nicht genügend verwerthet. Ferner wirkt ihre geniale Divination höchst anregend. So sind z. B. die Ansichten der Pythagoreer über die harmonischen Verhältnisse in der Natur sehr tiefsinnig und noch zu wenig verfolgt: in den Tönen hat die moderne Akustik diese Verhältnisse vollständiger nachgewiesen als das Alterthum es vermochte; ebenso hat sich das Pythagoreische Princip in der Krystallographie bestätigt und es wird sich sicher noch auf andern Gebieten im weitesten Umfange bewähren. Doch der höchste unvergängliche Werth der alten Naturwissenschaft besteht in der

Tiefe ihrer speculativen Anschauung. Allerdings ist auch unsere Naturphilosophie durchweg geistiger und ideeller als die alte (s. oben S. 280); aber sie ist erst an dieser erstarkt und in Bezug auf die letzten Gründe keineswegs über dieselbe hinausgekommen. Die moderne Speculation wird immer in der alten wurzeln und hat ihre Lebenskraft darin, dass sie immer wieder historisch auf die ursprüngliche Gestalt der Grundideen zurückgeht und diese mit den richtiger erkannten Thatsachen der Erfahrung vermittelt. Die letzten Gründe sind von den Alten mit tieferem Sinne erfasst, als dies jetzt geschieht; denn sie werden nicht durch Beobachtungen und Versuche, sondern durch die Schöpferkraft des Geistes selbst aufgedeckt.

„Was die Natur dem Geist nicht offenbaren mag,
Das zwingst du ihr nicht ab mit Hebeln und mit Schrauben."

Das Ideenreich des Geistes war der Kosmos der Alten; dies verkörperten sie in der Kunst, und sie suchten sein Urbild im Weltall. Wenn sie dabei häufig die Wirklichkeit mit den Gebilden ihrer Phantasie verwechselten, nach denen sie auch die Sternbilder des Himmels benannten, so ist unsere Naturwissenschaft dagegen häufig in Gefahr die ideale Anschauung zu verlieren, ohne welche sie doch zu einem Spiel der Neugierde herabsinken würde. Unsere Empiriker sind oft nur Handlanger der Wissenschaft. Sie legen den höchsten Werth auf die Rumpelkammer von Schmelztiegeln, Retorten und anderem chemischen Küchengeräth; der Tempel hat sich in ein Laboratorium verwandelt und die Astronomen der Neuzeit haben die Luftpumpe, die Elektrisirmaschine und den chemischen Ofen an den Himmel versetzt.*)

c. Die empirischen Geisteswissenschaften.

§ 93. Wie die Naturwissenschaften aus der Naturphilosophie, so gehen die empirischen Geisteswissenschaften aus der Ethik hervor. Die Ethik ist aber Speculation aus Anlass der Lebenserfahrung. Dies zeigt sich schon in der ältesten Spruchweisheit der mythischen Zeit und der vorsokratischen Philosophenschulen (s. oben S. 591. 594). Die Ethik des Sokrates steht ebenfalls mitten im wirklichen Leben und selbst Platon's Idealstaat ist nur eine Idealisirung der dorischen Lebensansicht.

---

*) Vergl. Kl. Schr. II, S. 387 ff.

Noch empirischer ist die Ethik der Reflexionsphilosophie. Daher ist es natürlich, dass alle ethischen Theorien zugleich auf die Anwendung im Leben berechnet sind, was bei der Naturwissenschaft erst ein äusserlich hinzutretender Gesichtspunkt ist. Die angewandte Ethik hat sich aber bei den Griechen nicht zu eigenen von der Philosophie getrennten Erfahrungswissenschaften entwickelt. Die Politik als Anwendung der Ethik auf das Staatsleben ist stets eine philosophische Wissenschaft geblieben (s. oben S. 365). Mit ihr vereint war die Rechtsphilosophie; die Rechtswissenschaft, welche für den geistigen Organismus dieselbe Bedeutung hat wie die Medicin für den leiblichen (vergl. Platon, Gorgias S. 464), ist erst durch die Römer zu einer eigenen empirischen Disciplin gestaltet worden (vergl. oben S. 288 f.).

Die erste Quelle der römischen Jurisprudenz ist die Erfahrung der Rechtspflege. Die Römer kannten in der ächt nationalen Zeit nur positives Recht; die jungen Staatsmänner wurden nicht durch philosophische Lehren und Schriften, sondern, nachdem sie in der Schule die Zwölftafelgesetze gelernt, durch Instruction der Rechtskundigen und durch Auscultation im Senat und in Gerichtshöfen gebildet. In den letzten Jahrhunderten der Republik erzeugte aber der ungeheure Umfang der verwickelten Gesetzgebung allmählich einen eigenen Stand praktischer Juristen. Während nun die Griechen die Handhabung des positiven Rechts immer der Praxis überliessen, wurde seit Anfang des 1. Jahrh. v. Chr. die römische Jurisprudenz durch Anwendung der stoischen und Aristotelischen Logik in ein wissenschaftliches System gebracht, und von da ab gewann auch das griechische Naturrecht Einfluss auf die weitere Ausbildung dieser empirischen Wissenschaft. Unter Augustus spalteten sich die Juristen bereits in Secten: Capito vertrat das monarchische Princip und das positive Recht; sein Gegner Labeo war Anhänger des republikanischen Princips und der rationalistischen Rechtsauffassung. Diese Spaltung setzte sich in der folgenden Zeit fort in den Schulen der Proculianer und Sabinianer, von denen die eine von Labeo's Schüler Proculus, die andere von Capito's Schüler Sabinus den Namen hat. An sie schlossen sich später andere Secten. Die Rechtswissenschaft, die in Rom und den Provinzen von *iuris civilis professores* gelehrt wurde, erzeugte in den ersten drei Jahrhunderten des Kaiserreichs eine ungeheure Literatur. Nachdem diese Production erloschen war, wurde nach den

Schriften der bedeutendsten Rechtslehrer das Recht in umfassender Weise codificirt. Zum Abschluss gelangte die Codification durch den *Codex Iustinianeus* (529 und *repetitae praelectionis* 534), woran sich später noch *Novellae constitutiones* schlossen. Gleichzeitig wurden (von 530—33) durch 17 Rechtsgelehrte die Pandecten oder Digesten zusammengestellt, 50 Bücher Auszüge aus den Schriften der besten Juristen. Hierzu kamen die *Institutiones* in 4 Büchern als officielles Lehrbuch der Rechtsschulen. Diese gesammte unter der Leitung des gelehrten Griechen Tribonianus veranstaltete letzte wissenschaftliche Formulirung des römischen Rechts bildet das *Corpus iuris civilis*, die Grundlage der modernen Rechtswissenschaft.

Die Anwendung der Ethik auf das Privatleben ist die Gesellschaftslehre; sie hat sich indess ebenso wenig von der philosophischen Politik ausgesondert als die Wirthschaftslehre, welche ihr in der Reihe der angewandten Naturwissenschaften analog ist; empirisch ausgebildet hat sich innerhalb der Philosophie nur die Pädagogik. Auch die Anwendung der Ethik auf die Kunst, die Kunstwissenschaft ist stets philosophisch geblieben, soweit sie nicht in die technisch-mathematische Kunstlehre eingegangen ist (s. oben S. 623 f.). Ebenso ist die Theologie erst durch das Christenthum zu einer positiven Religionswissenschaft geworden, während sie bei den Alten immer ein Theil der Philosophie blieb (s. oben S. 444). Wenn im Alterthum die auf der Anwendung der Naturwissenschaft beruhende instrumentale Seite des wissenschaftlichen Erkennens selbst unvollkommen war, so wurde dagegen das unmittelbare Organon des Wissens, die Sprache, um so sorgfältiger ausgebildet. Zuerst wurde die stilistische Sprachform Gegenstand der Theorie in der Rhetorik, der „Technologie" der Alten (s. oben S. 391). Diese ist von den Sikulern Korax, Tisias und Empedokles als empirische Kunstlehre für die unmittelbare Anwendung begründet worden. Ihnen folgten Gorgias und die übrigen Sophisten, sowie die attischen Rhetoren von Antiphon bis Isokrates, welche τέχναι schrieben. Ihrer zwar scharfsinnigen, aber unwissenschaftlichen Kunst traten Sokrates und Platon entgegen. Letzterer geht in den Dialogen Phädros und Gorgias darauf aus die Rhetorik durch Zurückführung auf die Dialektik zu einer philosophischen Wissenschaft zu erheben (s. oben S. 248) und Aristoteles setzt diese Richtung fort, indem er die rhetorische Theorie als eine Anwendung der

Dialektik auf die Politik betrachtet; doch behandelt er sie bedeutend formaler als Platon. Von den Stoikern wurde sie als ein Theil der Logik bearbeitet. Zugleich aber bildete sie sich nun als selbständige empirische Wissenschaft in den Rhetorenschulen fort, welche bis in das späteste Alterthum bestanden. Bei den Römern wurde sie seit der Mitte des 2. Jahrh. v. Chr. durch griechische Rhetoren eingebürgert, als die nationale römische Beredtsamkeit bereits in hoher Blüthe stand. Erst seit dem Anfang des 1. Jahrh. v. Chr. traten *rhetores latini* auf, welche aber nur die Lehren der Griechen übertrugen und popularisirten, wie man aus den rhetorischen Schriften Cicero's, des ältern Seneca und Quintilian's sieht. Die Rhetorik ist im Alterthum bis ins Feinste vollendet worden, vielleicht mit einem Übermaass von Technik und Terminologie. In der Handhabung der Sprache wurde hierdurch bei den Griechen und fast noch mehr bei den Römern der höchste Grad der Virtuosität erreicht. Freilich führte dies zuletzt zu einer gehaltlosen Schönrednerei. In der Neuzeit hat die rhetorische Theorie dagegen gar keine Fortschritte gemacht, sondern ist vernachlässigt und fast vergessen, weil die Aufmerksamkeit mehr auf den geistigen Gehalt als auf die Form gerichtet ist.

Schon zur Zeit der ältesten Sophisten wurde durch die Rhetorik auch das Nachdenken über die grammatische Seite der Sprache angeregt und zwar ebenfalls zunächst im praktischen Interesse zur Erzielung der Sprachrichtigkeit. Doch entwickelte sich die Grammatik als Glied der Philologie, also derjenigen Geisteswissenschaft, welche die Erkenntniss des geschichtlich gegebenen Geisteslebens selbst zum Zwecke hat. Die Philologie ist im Alterthum gleichzeitig mit der Philosophie und unabhängig von dieser entstanden. Den Anfang bildet die ionische Logographie, welche sich an das kyklische Epos anschliesst und aus der geschichtlichen Heroensage hervorgegangen ist wie die ionische Naturphilosophie aus dem speculativen Mythos (s. oben S. 22). Die auf der Logographie fortbauende ionische und attische Geschichtsforschung ist zwar von der Philosophie beeinflusst, sucht aber eine rein empirische Darstellung des Thatsächlichen zu geben. Ausgehend von der politischen Geschichte verbreitete sie sich zugleich über alle Seiten des historischen Lebens. Seit Anaximandros bildete sich auch die Geographie aus, in welcher sich die Mathematik und Naturwissenschaft mit der Geschichte verbindet und welche gleich dieser sich aus dem Mythos hervorarbeiten musste. Das antiquarische Studium, das besonders durch die Sophisten gefördert wurde, stützte sich bald auf Erklärung und Kritik der vorhandenen Schriftwerke. Die poetische Literatur war von Anfang an die Grundlage der Jugendbildung (s. oben S. 419), und die Homerischen Gesänge, woran man in den Schulen lesen lernte, welche manche wie Alkibiades ganz auswendig wussten, wurden die ersten Objecte der Erklärung und Kritik. Hieran schloss man dann die übrigen Dichter. Wie aber im Zeitalter der Sophisten die Auslegung beschaffen war, zeigt u. A. Platon im Protagoras und Ion. Man kümmerte sich wenig darum, ob man den Sinn des Autors traf, legte vielmehr in geistreicher Weise den Worten eine den jeweiligen meist rhetorischen Zwecken angemessene Bedeutung unter und suchte in den Dichtern, besonders im Homer die ganze Weisheit der späteren Zeit nachzuweisen (s. oben S. 135). Was die Kritik betrifft, so wagten sich damals schon Manche an Diorthosen des Homer, z. B. Antimachos von Kolophon und Euripides d. J.*) Bei der Erklärung der Schriftsteller wurde man auf die Zergliederung der Sprache geleitet. Die Anfänge dazu lagen bereits in der Zergliederung der Lautformen vor, wie sie im elementaren Leseunterricht und im Musikunterricht stattfand; denn die Musiker behandelten die Lehre von den Sprachlauten (γράμματα) bei der Tonlehre. Diese Theorie der Lautformen heisst zuerst Grammatik. Sie erweiterte sich nun durch die Zergliederung des Wortsinns. Hierbei ging man von rhetorischen Rücksichten aus, indem man Regeln über die Richtigkeit des Ausdrucks aus den Sprachmustern zu gewinnen suchte. So entstand die von Prodikos begründete Synonymik, welche Platon im Protagoras ergötzlich persifflirt, und einen gleichen Anlass hatten grossentheils die etymologischen Versuche, welche er im Kratylos verspottet. Der letztere Dialog erörtert zugleich die Frage nach Ursprung und Wesen der Sprache und legt so die Grundlage zur Sprachphilosophie. Er bezieht sich aber offenbar auf bereits bestehende Ansichten über denselben Gegenstand, und in der That waren schon bei den Eleaten, bei Heraklit und Demokrit die ersten Anfänge der Dialektik und Erkenntnisstheorie mit Speculationen über die Sprache verbunden. Platon und

---

*) S. *Graecae tragoediae princip.* S. 236.

Aristoteles selbst bildeten die Logik mit beständiger Rücksicht auf die grammatische Sprachform aus und schufen dadurch zugleich die Voraussetzungen zu einer wissenschaftlichen Grammatik. Aristoteles begründete ausserdem die Literaturgeschichte; er hatte die umfassendste Kenntniss der vorhandenen Literatur, setzte auch die angefangene Kritik des Homer fort und stellte durch seine Rhetorik und Poetik die Kunstregeln der literarischen Production fest (s. oben S. 241). Die Grösse der Platonischen Philosophie beruht auf der historisch-kritischen Verwerthung der voraufgehenden Systeme; in gleichem Sinne erforschte Aristoteles die Geschichte der Wissenschaft. Durch die Begründung der Ethik wurde aber überhaupt erst eine wissenschaftliche Philologie möglich. Schon die Platonische Ethik beruht auf tiefer historischer Einsicht; viel umfassender aber waren die geschichtlichen Studien des Aristoteles (s. oben S. 17); er wandte die wissenschaftliche Methode auf antiquarische Untersuchungen im weitesten Umfange an. So wurde er der Begründer der philologischen Polymathie, welche sich von da ab selbständig, aber solange sie wissenschaftlich blieb, in der von Aristoteles angebahnten Richtung entwickelte. Die mächtigste Förderung erhielt dieselbe durch die auf Anregung des Demetrios Phalereus von den ersten Ptolemäern angelegte grosse Alexandrinische Bibliothek, welche theils im königlichen Palaste im Stadttheil Brucheion, theils im Heiligthum des Serapis aufbewahrt wurde. Bis dahin hatte (nach Strabon XIII, S. 608) nur Aristoteles eine namhafte Bibliothek besessen; denn was über die Büchersammlungen des Polykrates von Samos, Peisistratos und Euripides erzählt wird (Athen. I, p. 3 und Gellius N. A. VI, 17) ist nicht von grosser Bedeutung. In Alexandria bemühte man sich aber die gesammte griechische Literatur zu sammeln, wodurch der hermeneutischen und kritischen Forschung das umfassendste Material geboten wurde. Die erste Aufgabe der Bibliothekare war die theils anonymen, theils unsichern oder gar untergeschobenen Schriften zu sichten, und es entstand so die Kritik des Ächten und Unächten, welche die alexandrinischen Gelehrten mit musterhafter Besonnenheit übten. Hieran schloss sich eine Revision der Texte, woraus Diorthosen, sowie kritische und exegetische Commentare hervorgingen. Die grammatische und historische Kritik der Alexandriner war sehr gründlich; auch in der ästhetischen Kritik leisteten sie Bedeutendes, soweit sie die äussere Kunstform der Sprache betrifft. Nur in der Beurtheilung der idealen innern Verhältnisse standen sie der modernen Philologie nach (s. oben S. 230. ff.) Die philologische Bearbeitung der Literatur (γράμματα) wurde jetzt als Grammatik im weitern Sinne aufgefasst (s. oben S. 23 f.). Aus derselben erwuchs naturgemäss allmählich die historische Sprachwissenschaft, wobei die philosophische Bearbeitung der Sprache in den Schulen der Peripatetiker und besonders der Stoiker mitwirkte. Ein Einfluss der indischen Sprachwissenschaft, den einige angenommen haben, ist in keiner Weise nachzuweisen. Die Grammatiker bestrebten sich aber vor Allem das Alte und Ächte in der Sprachform zu erhalten und die alte Aussprache durch Accent- und Aspirationszeichen zu fixiren. Dieser praktischen Richtung lag die Rücksicht auf fremde Sprachen fern, obgleich man damals das Ägyptische, Persische und Semitische vollständiger hätte verwerthen können als jetzt. Die alte Sprachwissenschaft konnte daher zu keinem genügenden Resultat gelangen, weil es ihr an Umfang und Universalität mangelte; doch ist sie innerhalb der gegebenen Schranken mit grosser Feinheit ausgearbeitet worden (s. oben S. 277).

Bei der Anordnung der grossen Bibliothek gewann man zugleich einen systematischen Überblick über die Literatur. Es wurden Πίνακες, d. h. grosse nach Fächern geordnete Kataloge mit biographischen Notizen, Inhaltsangaben u. s. w. angefertigt; in Verbindung damit suchte man durch Κανόνες, d. h. durch Zusammenstellungen der Klassiker auf die Fortentwicklung der Literatur selbst zu wirken. Das Leben hervorragender Schriftsteller und die äussere Geschichte der einzelnen Literaturgattungen wurden vielfach bearbeitet; doch ist keine organische Literaturgeschichte zu Stande gekommen.

Mit der Bibliothek im Brucheion war schon durch Ptolemäos II. Philadelphos das Museum verbunden worden, welches hervorragenden Gelehrten aller Art eine sorgenfreie Musse gewährte. Hierdurch wurden die Schätze der Bibliothek für alle Wissenschaften zugänglich gemacht. Philosophen, Mathematiker, Naturforscher und Ärzte gingen jetzt auf die literarischen Quellen ihrer Disciplinen zurück und bearbeiteten diese z. Th. selbst kritisch. Damit wurde die Philologie zur Grundlage aller Wissenschaften und Strabon bezeichnet daher mit Recht alle Mitglieder des Museions als philologisch gebildete Männer (s. oben S. 23).

Aber auch aus diesen Bestrebungen ist keine Geschichte der Philosophie oder der Gesammtwissenschaft hervorgegangen.

Die Grammatiker verbreiteten sich nun in ihren Forschungen über den ganzen Umfang des Volkslebens und es entwickelten sich dabei einzelne reale Zweige der Philologie selbständig. So besonders die gelehrte Behandlung der Staatengeschichte (s. oben S. 350), die Geographie, Chronographie, die Alterthümer aller Art (s. oben S. 364), Elemente der Kunstgeschichte (s. oben S. 493) und die Mythologie (s. oben S. 568). Alle diese Forschungen waren in Folge des beschränkten Umfangs der Sprachwissenschaft national beschränkt; man ging vor Allem darauf aus, das Leben des abgeschlossenen griechischen Alterthums zu erforschen. Die Geschichte fremder Völker wurde mangelhaft aufgefasst und noch mangelhafter waren die Ansätze zu einer Universalgeschichte (s. oben S. 280).

Die Begründer der alexandrinischen Philologie sind hauptsächlich die ersten sechs Bibliothekare: Zenodotos, Kallimachos, Eratosthenes, Apollonios der Rhodier, Aristophanes von Byzanz und Aristarchos. Etwa 50 Jahre nach der Regierung des Ptolemäos Philadelphos legten die pergamenischen Fürsten Eumenes II. und Attalos II. nach dem Vorbilde Alexandria's eine grosse Bibliothek in Pergamon an und zogen Gelehrte dorthin. Über ein Jahrhundert lang wetteiferten nun die Ptolemäer und Attaler in der Förderung der gelehrten Studien; doch behauptete sich Alexandria als Mittelpunkt der Wissenschaft. Die Alexandrinische Bibliothek war zu Cäsar's Zeit auf 700,000 Bände angewachsen; ein Theil derselben wurde damals im alexandrinischen Kriege durch den Brand des königlichen Palastes zerstört: den Verlust ersetzte der Triumvir Antonius, indem er der Kleopatra die 200,000 Bände starke pergamenische Sammlung schenkte. Von dem heilsamsten Einfluss auf die Entwicklung der Wissenschaft war die Rivalität zwischen den alexandrinischen und pergamenischen Gelehrten. Unter letzteren ragte besonders Krates von Mallos, ein Zeitgenosse des Aristarch hervor. Er sah als die höchste Aufgabe der Philologie die Kritik an, während Aristarch die Kritik nur als Mittel der Literaturbearbeitung betrachtete (s. oben S. 7 ff.). Der zu Ende des 2. Jahrh. v. Chr. entbrennende Streit der Aristarcheer und Krateteer wurde aber hauptsächlich auf dem Gebiete der Sprachwissenschaft ausgefochten. Die Aristarcheer vertraten die Ansicht, dass in der Sprache die Analogie herrsche; indem nun hiergegen die Krateteer die Anomalie der Sprachform geltend machten, wurden jene zu einer immer concreteren Zusammenstellung der grammatischen Regeln veranlasst, in welchen die Analogie der Spracherscheinungen ihren Ausdruck findet. So bildete sich in der Zeit von Dionysios Thrax, Aristarch's unmittelbarem Schüler, der zuerst eine τέχνη γραμματική schrieb, bis auf Apollonios Dyskolos, den Vollender der Syntax und dessen Sohn Herodian, welche unter Hadrian und den Antoninen lebten, die Sprachwissenschaft systematisch aus. Nach Rom wurde die Grammatik bereits durch Krates von Mallos verpflanzt, als dieser dort in der Zeit zwischen dem 2. und 3. punischen Kriege als Gesandter seines Königs weilte und in Folge eines Beinbruchs zu einem längern Aufenthalte genöthigt war. Doch siegten auch in Rom bald die Aristarcheer.

Die gesammte philologische Polymathie galt bis in die römische Zeit hinein als Abzweigung der Philosophie; so bezeichnet Strabon zu Anfang seines Werkes selbst die Geographie als philosophische Wissenschaft. Allein aus den unendlich mannigfachen Specialarbeiten wich nach und nach der philosophische Geist, wozu auch die Zersetzung der Speculation durch die Skepsis beitrug. Die gewaltigste Beherrschung des gesammten philologischen Stoffes findet sich bei dem Aristarcheer Didymos Chalkenteros, welcher unter Cäsar und Augustus in Alexandrien und Rom lebte; von den römischen Philologen kommt ihm nur Varro nahe. Aber zu einem wissenschaftlichen System wie die alte Mathematik hat sich auch bei diesen Forschern die Philologie nicht zusammengeschlossen. Seit dem 2. Jahrh. n. Chr. sank sie immer mehr zu einer grammatischen und antiquarischen Kleinmeisterei herab oder beschränkte sich auf den Bedarf der Grammatikerschulen, welche als Vorbereitungsanstalten für die Rhetoren- und Philosophenschulen bestanden; denn die Grammatik im weiteren Sinn, Rhetorik und Dialektik blieben, wenn auch in immer dürftigerer Gestalt die Zweige der Geisteswissenschaft, welche als nothwendige Gegenstände des encyklopädischen Jugendunterrichts galten (s. oben S. 420). Als gegen Anfang des 5. Jahrh. die Bibliothek in Alexandria mit dem Serapeion bei den durch christlichen Fanatismus veranlassten Aufständen zerstört wurde, fand die Gelehrsamkeit ihren Mittelpunkt in Byzanz, wo wahrscheinlich schon seit Constantin d. Gr.

das ökumenische Colleg von 12 Geistlichen mit dem οἰκουμενικὸς διδάσκαλος an der Spitze eine mit einer grossen Bibliothek verbundene Studienanstalt leitete. Durch die Byzantinischen Mönchsschulen wurde die Tradition der griechischen Grammatik bis in die Neuzeit erhalten, während sich in den Klosterschulen des Abendlandes die lateinische Grammatik erhielt (s. oben S. 301 f.). Aber nur dürftige Reste der umfangreichen Philologie der Alten sind auf uns gekommen. Von den Werken der grossen alexandrinischen Gelehrten haben wir nur Fragmente in den Scholien, Commentaren und grammatisch-lexikalischen Compilationen und Excerpten der römischen und byzantinischen Zeit.

§ 94. **Literatur. I. Quellen.** In den unmittelbarsten Quellen, den wissenschaftlichen Werken selbst, finden sich auch die wichtigsten Notizen über die Geschichte der Wissenschaften.

Für die Geschichte der voreuklidischen **Mathematik** ist die Hauptquelle Proklos' Commentar zum 1. Buch des Euklid [herausg. von G. Friedlein. Leipzig 1873]; die historischen Angaben dieses Commentars stammen ohne Zweifel aus der nicht auf uns gekommenen Geschichte der Mathematik von Eudemos, dem bekannten Schüler des Aristoteles. Erhalten sind ausser Fragmenten mathematische Schriften von Euklid nebst Commentatoren, von Archimedes und Apollonios aus Perga nebst Commentaren des Eutokios, von Heron d. Ä., Serenos aus Antissa, Theodosios, Menelaos, Theon aus Smyrna, Nikomachos, Ptolemäos nebst Commentaren, Diophantos, Pappos; ausserdem astronomische Werke von Autolykos, Aristarchos dem Samier, Hipparchos, Geminos, Kleomedes, nebst dem astronomischen Lehrgedicht des Aratos. Die Taktiker und Mechaniker sind gesammelt von H. Köchly und W. Rüstow, Griechische Kriegsschriftsteller. Leipzig 1853—55. 2 Bde. (ergänzt durch Köchly's Ausgabe des Onosandros. Leipzig 1860). Die metrologische und musikwissenschaftliche Literatur s. oben S. 386. 547. Die vorzüglichsten Quellen für die Geschichte der Astrologie sind: Ptolemäos, Τετράβιβλος; Paulos aus Alexandria, Εἰσαγωγὴ ἀποτελεσματική; Manetho, Ἀποτελεσματικά; die von Camerarius gesammelten *Astrologica* (Nürnberg 1532. 4); Manilius, *Astronomicon libri* V; Firmicus Maternus, *Matheseos libri* VIII.

Für die Geschichte der **Naturwissenschaft** sind ausser den Philosophen und Mathematikern die *Eclogae physicae* des Stobäos und die *Historia naturalis* des Plinius von Wichtigkeit. Eine compendiöse Zusammenstellung der Quellen giebt Jo. Gottl. Schneider, *Eclogae physicae ex scriptoribus praecipue graecis excerptae*. Jena 1801. 2 Bde.

Die neuesten Sammlungen der medicinischen Schriftsteller sind: C. G. Kühn, *Medicorum graecorum opera quae exstant*. Leipzig 1821—30. 24 Bde., fortgesetzt von Curt Sprengel, Bd. 25 u. 26 (Dioskorides) 1829 f. — Jul. Ludw. Ideler, *Physici et medici graeci minores*. Berlin 1841 f. 2 Bde. — Ch. Daremberg u. U. C. Bussemaker, *Collection des médecins grecs et latins.* Paris 1851—[76]. 6 Bde. (enthält die Schriften des Oreibasios). — F. Z. Ermerius, *Anecdota medica graeca.* Leiden 1840; *Hippocratis et aliorum medicorum veterum reliquiae.* Utrecht 1859—65. 3 Bde. 4. Die Schriften über wunderbare Naturerscheinungen sind gesammelt von A. Westermann, Παραδοξογράφοι. Braunschweig 1839 [und O. Keller, *Rerum naturalium scriptores graeci minores. Vol.* I. Leipzig 1877.]; die Physiognomiker (Pseudo-Aristoteles, Polemon, Adamantios, Melampus) von Jo. Ge. Fr. Franz, *Scriptores physiognomiae veteres.* Altenburg 1780. Sehr interessant ist die von Val. Rose in seinen *Anecdota graeca et graeco-latina* I. Berlin 1864 herausgegebene lateinische Physiognomik nach Polemon mit Zusätzen aus Eudoxos und Aristoteles. Ein umfassendes Buch über Oneirokritik haben wir von Artemidor (ed. R. Hercher. Leipzig 1864). Für die Hierophysik überhaupt sind die unter dem Namen des Hermes Trismegistos überlieferten Bücher die Hauptquelle. Unter den Hermetischen Schriften sind chemische aus sehr später Zeit, daher Hermetisch synonym mit alchemistisch. Ausserdem ist vielerlei Chemisches aus der byzantinischen Zeit auf uns gekommen. Vergl. Fabricius, *Bibliotheca graeca* 1. Ausg. XII, S. 747 ff.

Für die Geschichte der **Geisteswissenschaften** bilden die Schriften der Philosophen die Grundlage. Von der umfangreichen juristischen Literatur sind nur die *Institutiones* des Gaius vollständig erhalten (von Niebuhr 1815 in einem Palimpseste aufgefunden); im Übrigen haben wir nur Fragmente, hauptsächlich in dem *Corpus iuris Iustinianei.* Sammlungen: *Corpus iuris romani anteiustiniani* herausgeg. von E. Boecking, A. Bethmann-Hollweg, E. Pugge u. A. Bonn 1835—44. 6 Bde. 4. — R. Gneist, *Institutionum et regularum iuris romani syntagma.* Leipzig 1858. [2. A. 1880.] — Ph. Ed. Huschke, *Iurisprudentiae anteiustinianae quae supersunt.* Leipzig 1861. [4. Aufl. 1879.] — C. G. Bruns, *Fontes iuris romani antiqui.* Tübingen 1860. [4. Ausg. 1879.] Die rhetorischen Schriften sind gesammelt von Ch. Walz, *Rhetores graeci.* Stuttgart 1832-36. 9 Bde. — Leonh. Spengel, *Rhetores graeci.* Leipzig 1853—56. 3 Bde. — Cl. Capperonnerius, *Antiqui rhetores latini.* Strassburg 1756. — C. Halm, *Rhetores latini minores.* Leipzig 1863. Da die antike Philologie das wissenschaftliche Bewusstsein der alten Völker von ihrem eigenen Geistesleben enthält, sind die erhaltenen philologischen Schriften eine Quelle unserer gesammten Alterthumskunde und ich habe sie als solche bei allen Abschnitten berücksichtigt (s. die Quellenangaben zu den einzelnen Abschnitten).

Über die Methode, nach welcher die Geschichte der Wissenschaften zu bearbeiten ist, vergl. oben S. 616 ff. und 249 f.

II. Bearbeitungen.

a. Mathematik. Ger. Jo. Vossius, *De universae matheseos natura et constitutione liber, cui subiungitur chronologia mathematicorum.* Amsterdam 1650. 4. — Cl. Fr. Milliet Dechales, *De matheseos progressu et illustribus mathematicis.* Paris 1690. — J. Chr. Heilbronner, *Historia matheseos universae a mundo condito ad seculum post Chr. n.* XVI. Leipzig 1742. 4. — J. F. Montucla, *Histoire des mathématiques.* Paris 1758. 2 Bde. 4. 2. Ausg. von de la Lande 1799 ff. 4 Bde. 4. — A. G. Kästner, Geschichte der Mathematik seit der Wiederherstellung der Wissenschaften bis an das

Ende des 18. Jahrh. Göttingen 1796 ff. 4 Bde. Ganz unhistorisch. Die Notizen über die alte Mathematik oberflächlich. — K. Bossut, *Essai sur l'histoire générale des mathématiques.* Paris 1802. 2 Bde. 2. Ausg. fortgeführt bis zum Jahre 1808. 1810; deutsch mit Anmerkungen und Zusätzen von N. Th. Reimer. Hamburg 1804. 2 Bde. — J. B. J. Delambre, *De l'arithmétique des Grecs* (in Peyrard's französ. Übersetzung des Archimedes. Paris 1807. 4), deutsch von J. J. J. Hoffmann, Mainz 1817. 4. — Ludw. Lüders, Geschichte der Mathematik bei den alten Völkern dargestellt in einem chronologisch-biographischen Wörterbuch. 2. Aufl. Altenburg und Leipzig 1811. — F. v. Drieberg, Die Arithmetik der Griechen. Leipzig 1819—21. 2 Bde. — Alex. von Humboldt, Über die bei verschiedenen Völkern üblichen Systeme von Zahlzeichen und über den Ursprung des Stellenwerthes in den indischen Zahlen. In Crelle's Journal für die reine und angewandte Mathematik. T. IV. 1829. — F. A. Finger, *De primordiis geometriae apud Graecos.* Heidelberg 1831. — C. A. A. Dilling, *De Graecis mathematicis.* Berlin 1831. — M. Chasles, *Aperçu historique sur l'origine et le développement des méthodes en géométrie.* Brüssel 1837. 4. [Neudruck Paris 1875.] Deutsch von L. A. Sohncke. Halle 1839. — G. H. F. Nesselmann, Die Algebra der Griechen. Berlin 1842. — A. Arneth, Die Geschichte der reinen Mathematik in ihrer Beziehung zur Geschichte der Entwicklung des menschlichen Geistes. Stuttgart 1852. — H. Martin, *Recherches nouvelles concernant les origines de notre système de numération écrite.* Paris 1857. (Aus der *Revue archéologique* XIII.) — G. Friedlein, Gerbert, die Geometrie des Boethius und die indischen Ziffern. Erlangen 1861; [Beiträge zur Geschichte der Mathematik. Hof 1868. 72 f. 3 Hefte; Die Zahlzeichen und das elementare Rechnen der Griechen und Römer und des christlichen Abendlandes vom 7—13. Jahrh. Erlangen 1869.] — M. Cantor, Mathematische Beiträge zum Culturleben der Völker. Halle 1863. Dazu: H. Martin, *Les signes numéraux et l'arithmétique chez les peuples de l'antiquité et du moyen âge, examen de l'ouvrage allemand intitulé:* Mathemat. Beiträge etc. Rom. Aus Tortolini's *Annali di matematica pura ed applicata.* 1863. 4. — Wöpcke, *Mémoire sur la propagation des chiffres indiens.* Paris 1863. Er sucht zu zeigen, dass die indischen Ziffern auf doppeltem Wege nach Europa gelangt seien: 1) über Bagdad, wo sie den Arabern im 8. Jahrhundert bekannt geworden, und von wo sie sich später im byzantinischen Reiche verbreitet hätten; 2) über Ägypten, wohin sie bereits im 3. oder 4. Jahrh. gedrungen und von wo sie durch die Neupythagoreer mit dem Abacus nach dem lateinischen Occident gekommen und hier später von den Arabern angenommen und cursiver gemacht wären. Diese (Gobar-) Ziffern seien nach dem 8. Jahrhundert, als man sie ohne Abacus nach der Weise anwandte, welche die Araber damals von den Indern lernten, im westlichen Europa unter dem Namen „arabische Ziffern" in Gebrauch gekommen. [Vergl. Max Müller, Unsere Zahlzeichen. 1863. Abgedruckt in den Essays. 2. Bd. Leipzig 1869. — M. Cantor, Euklid und sein Jahrhundert. Leipzig 1867; Die römischen Agrimensoren und ihre Stellung in der Geschichte der Feldmesskunst. Leipzig 1875; Vorlesungen über Geschichte der Mathematik. Bd. 1. Von den ältesten Zeiten bis zum Jahre 1200. Leipzig 1880. — C. A. Bretschneider, Die Geometrie und die Geometer vor Euklides. Leipzig 1870. — H. Suter, Geschichte der mathematischen Wissenschaften. Theil 1. Von den ältesten Zeiten bis zum Ende des 16. Jahrh. Zürich 1871. 2. A. 1873. — H. Hankel, Zur Geschichte der Mathematik im Alterthum und Mittelalter. Leipzig 1874. — F. Höfer, *Histoire des mathématiques depuis leurs origines jusqu'au commencement du XIXe siècle.* Paris 1874. — S. Günther, Vermischte Untersuchungen zur Geschichte der mathematischen Wissenschaften. Leipzig 1876. — K. Kieseritzky, Die Zahlzeichen und Zahlsysteme der Griechen und ihre Logistik. Petersburg 1876. — Abhandlungen zur Geschichte der Mathematik. Leipzig 1877—82. 4 Hefte. (Supplemente zur Zeitschrift für Math. und Physik.) — L. Matthiessen, Grundzüge der antiken und modernen Algebra der litteralen Gleichungen. Leipzig 1878. — B. Rothlauf, Die Mathematik zu Platon's Zeiten und seine Beziehungen zu ihr nach Platon's eigenen Werken und den Zeugnissen älterer Schriftsteller. Jena 1878. — J. L. Heiberg, Philologische Studien zu griechischen Mathematikern. Leipzig 1880 ff. Abdruck aus d. Jahrbb. f. cl. Phil. Suppl.-Bd. 11. 12. 13.; Literargeschichtliche Studien über Euklid. Ebenda 1882. — K. Hunrath, Über das Ausziehen der Quadratwurzeln bei Griechen und Indern. Hadersleben 1883.; Die Berechnung irrationaler Quadratwurzeln vor der Herrschaft der Decimalbrüche. Kiel 1884. — M. Marie, *Histoire des sciences mathématiques et physiques.* Bd. 1. 2. Paris 1883. — M. C. P. Schmidt, Philologische Beiträge zu griechischen Mathematikern. Philologus 42 (1884) S. 82 ff. — J. Gow, *A short history of Greek mathematics.* London 1884. — T. L. Heath, *Diophantus of Alexandria. A study in the history of greek algebra.* Cambridge 1885.]

Astronomie. J. Fr. Weidler, *Historia astronomiae.* Wittenberg 1741. 4. — G. Costard, *The history of astronomy.* London 1767. 4. — J. S. Bailly, *Histoire de l'astronomie ancienne.* Paris 1775. 2. Aufl. 1781. 4., deutsch von Chr. E. Wünsch. Leipzig 1777. 2 Bde. — J. C. Schaubach, Geschichte der griechischen Astronomie bis auf Eratosthenes. Göttingen 1802. — L. Ideler, Historische Untersuchungen über die astronomischen Beobachtungen der Alten. Berlin 1806. — J. B. J. Delambre, *Histoire de l'astronomie ancienne.* Paris 1817. 4. (Darin auch ein Abdruck der Geschichte der Arithmetik.) — George Cornw. Lewis, *An historical review of the astronomy of the ancients.* London 1862. — Ge. Hofmann, Die Astronomie der Griechen bis auf den Dichter Euripides und seine Zeitgenossen. Triest 1865. — [H. W. Schäfer, Die astronomische Geographie der Griechen bis auf Eratosthenes. Flensburg 1873. 4. — F. Hoefer, *Histoire de l'astronomie depuis les origines jusqu'à nos jours.* Paris 1873. — J. H. v. Mädler, Geschichte der Himmelskunde von der ältesten bis auf die neueste Zeit. Braunschweig 1873. 2 Bde. — Th. H. Martin, *Astronomie grecque et romaine.* Paris 1875. — G. Schlegel, *Uranographie chinoise ou preuves directes que l'astronomie primitive est originaire de la Chine et qu'elle a été empruntée par les anciens peuples occidentaux à la sphère chinoise.* Haag 1875. 2 Bde. — G. V. Schiaparelli, Die Vorläufer des Copernicus im Alterthum. Unter Mitwirkung des Verf. ins Deutsche übertragen von M. Curtze. Leipzig 1876 (Abdruck aus der Altpreuss. Monatsschrift). — H. Usener, *Ad historiam astronomiae symbola.* Bonn 1876. —

W. Förster, Sammlung wissenschaftlicher Vorträge. I. Die Astronomie des Alterthums und des Mittelalters im Verhältniss zur neuern Entwicklung. Berlin 1876. — R. Wolf, Geschichte der Astronomie. München 1877. — J. F. Blake, *Astronomical myths based on Flammarion's history of the heavens*. London 1877. — H. Gyldén, Die Grundlehren der Astronomie nach ihrer geschichtlichen Entwickelung dargestellt. Leipzig 1877. — Th. H. Martin, *Mémoire sur les hypothèses astronomiques des plus anciens philosophes de la Grèce étrangers à la notion de la sphéricité de la terre; Histoire des hypothèses astronomiques grecques qui admettent la sphéricité de la terre; Mémoire sur l'histoire des hypothèses astronomiques chez les Grecs et les Romains*. Paris 1878 f. — P. Kempf, Untersuchungen über die Ptolemäische Theorie der Mondbewegung. Berlin 1878. — M. Sartorius, Die Entwicklung der Astronomie bei den Griechen bis Anaxagoras und Empedokles in besond. Anschluss an Theophrast dargestellt. Halle 1883. Abdr. aus der Zeitschrift für Philosophie 82. — F. Blass, Einiges aus der Geschichte der Astronomie im Alterthum. Kiel 1883. — Th. Bergk, Fünf Abhandlungen zur Geschichte der griech. Philosophie u. Astronomie. S. oben S. 614.

b. Naturwissenschaften. W. Whewell, *History of the inductive sciences from the earliest to the present times*. London 1837 f. 3. Aufl. 1857. 3 Bde. Deutsch von J. J. v. Littrow. Stuttgart 1840 f. 3 Bde. — G. Cuvier, *Histoire des sciences naturelles depuis leur origine jusqu'à nos jours*. Herausgegeben von de Saint-Agy. Paris 1841—45. 10 Bde. — Alex. v. Humboldt, Kosmos. Stuttgart 1845—62. 5 Bde. Im 2. Bande eine Übersicht über die Geschichte der Naturwissenschaft im Alterthum.*) Th. H. Martin, *Philosophie spiritualiste de la nature, introduction à l'histoire des sciences physiques dans l'antiquité*. Paris 1849. 2 Bde. Die Grundlage zu einer eingehenden und umfassenden Bearbeitung der Geschichte der alten Naturwissenschaften, wozu Martin besonders befähigt und berufen zu sein scheint. — [A. B. Buckley, *A short history of natural science and of the progress of discovery from the time of the Greeks to the present day*. London 1876.]

Mythische Anfänge der Naturkunde. [Ed. Buchholz, Die Homerischen Realien. 1. Bd. Welt und Natur. 1. Kosmographie u. Geographie 2. Die drei Naturreiche. Leipzig 1871. 1873.] — K. H. W. Völcker, Über Homerische Geographie und Weltkunde. Hannover 1830; Mythische Geographie der Griechen und Römer. Leipzig 1832. 1. Thl. (Vergl. über mythische Geographie R. H. Klausen Rhein. Museum 1829. III, S. 293 ff.) — [Th. H. Martin, *Mémoire sur la cosmographie grecque à l'époque d'Homère et d'Hésiode*. Paris 1874. 4.] — J. H. Dierbach, *Flora mythologica* oder Pflanzenkunde in Bezug auf Mythologie und Symbolik der Griechen und Römer. Ein Beitrag zur ältesten Geschichte der Botanik, Agricultur und Medicin. Frankfurt a. M. 1833. — F. G. Welcker, Zu den Alterthümern der Heilkunde bei den Griechen. Kl. Schr. Bd. III. Bonn 1850.

Philosophische Naturlehre. O. F. Gruppe, Die kosmischen Systeme

---

*) Vergl. Kl. Schr. II, 401 ff. III, 15 ff. Kosm. Syst. des Platon S. 1 ff.

644   Zweiter Haupttheil.   2. Abschn.   Besondere Alterthumslehre.

der Griechen. Berlin 1851.*) — [Fr. Harms, Geschichte der Naturphilosophie. In Karsten's Allg. Encykl. d. Physik. I, S. 192—262. Leipzig 1869.] — Th. H. Martin, *Études sur le Timée de Platon*. Paris 1841. 2 Bde. — G. Grote, *Plato's doctrine respecting the rotation of the earth and Aristotle's comments upon that doctrine*. London 1860. Deutsch von J. Holzamer. Prag 1861.*) — Ch. Lévêque, *La physique d'Aristote et la science contemporaine*. Paris 1863. — G. H. Lewes, *Aristotle, a chapter from the history of science*. London 1864. Deutsch von Vict. Carus. Leipzig 1865. (Vergl. dazu J. B. Meyer in den Göttinger gelehrten Anz. 1865. S. 1445 ff.) — L. M. Philippson, Ὕλη ἀνθρωπίνη. Thl. I: *De internarum humani corporis partium cognitione Aristotelis cum Platonis sententiis comparata*. Thl. II: *Philosophorum veterum usque ad Theophrastum doctrina de sensu*. Berlin 1831. — C. Prantl, Aristoteles über die Farben erläutert durch eine Übersicht der Farbenlehre der Alten. München 1849. Diese Übersicht ist weit besser und ausführlicher als die ungenügende Darstellung Goethe's. — Jürgen Bona Meyer, Aristoteles' Thierkunde. Ein Beitrag zur Geschichte der Zoologie, Physiologie und alten Philosophie. Berlin 1855. Ein vorzügliches Buch. — [J. Geoffroy, *L'anatomie et la physiologie d'Aristote*. Arcis-sur-Aube 1878. — N. Kaufmann, Die teleologische Naturphilosophie des Aristoteles und ihre Bedeutung in der Gegenwart. Luzern 1883. — O. Kirchner, Die botanischen Schriften des Theophrast von Eresos. Leipzig 1874. — M. Brosig, Die Botanik des älteren Plinius. (NH. l. XII—XXVII.) Graudenz 1883. 4. — A. Nies, Zur Mineralogie des Plinius. Mainz 1884. 4.] — Justus Lipsius, *Physiologiae Stoicorum libri tres*. Antwerpen 1604. 2. A. 1610. 4. — [A. Nehring, Die geologischen Anschauungen des Philosophen Seneca. Wolfenbüttel 1873—76. 4.] — P. Gassendi, *Syntagma philosophiae Epicuri*. Lyon 1649 u. ö.
Physik. J. L. Ideler, *Meteorologia veterum Graecorum et Romanorum*. Berlin 1832. — E. Wilde, Geschichte der Optik vom Ursprunge dieser Wissenschaft bis auf die gegenwärtige Zeit. Berlin 1838—43. 2 Bde. — Th. Henri Martin, *La foudre, l'électricité et le magnétisme chez les anciens*. Paris 1866. — [F. Hoefer, *Histoire de la physique et de la chimie depuis les temps les plus reculés jusqu'à nos jours*. Paris 1872. — Cl. Giordano, *Delle origini e dei progressi delle scienze fisiche. I. Dalle prime scuole grechi alla fine della scuola araba*. Casale 1876. -- J. C. Poggendorff, Geschichte der Physik. Vorlesungen. Leipzig 1879. — F. Rosenberger, Die Geschichte der Physik in Grundzügen. I. Geschichte der Physik im Alterthum u. im Mittelalter. Braunschweig 1882. — A. Heller, Geschichte der Physik von Aristoteles bis auf die neueste Zeit. I. Von Aristoteles bis Galilei. Stuttgart 1882.] — **Chemie.** Curt Sprengel, *De artis chemicae primordiis*. Halle 1823. — H. Kopp, Geschichte der Chemie. Braunschweig 1843—47. 4 Bde. — Th. Gerding, Geschichte der Chemie. Leipzig 1867. [2. (Titel-) Aufl. 1869.] — **Naturgeschichte.** H. O. Lenz, Zoologie der alten Griechen und Römer. Gotha 1856; Botanik der alten Griechen und Römer. Gotha 1859; Mineralogie der alten Griechen und

---

*) Gegen Gruppe gerichtet sind die Unters. über das kosm. System des Platon. Berlin 1852, gegen Grote Kl. Schr. III, S. 295 ff.

Römer. Gotha 1861. (Etwas compilatorisch) — Curt Sprengel, *Historia rei herbariae.* Amsterdam 1807 f. 2 Bde.; Geschichte der Botanik. Altenburg u. Leipzig 1817 f. 2 Bde. — J. A. Schultes, Grundriss einer Geschichte und Literatur der Botanik von Theophrastos Eresios bis auf die neuesten Zeiten. Wien 1817. — H. L. J. Billerbeck, *Flora classica.* Leipzig 1824. — E. Winckler, Geschichte der Botanik. Frankfurt 1854. — Ernst H. F. Meyer, Geschichte der Botanik. Königsberg 1853—57. 4 Bde. — B. Langkavel, Botanik der späteren Griechen vom 3—13. Jahrhundert. Berlin 1866. — [F. Hoefer, *Histoire de la botanique, de la minéralogie et de la géologie depuis les temps reculés jusqu'à nos jours.* Paris 1872. Neue Aufl. 1883. — Edm. Boissier, *Flora orientalis sive enumeratio plantarum in Oriente a Graecia et Aegypto ad Indiae fines hucusque observatarum.* Genf und Basel 1867—84. 5 Bde. — K. Koch, Dendrologie. Erlangen 1869—73; Die Bäume und Sträucher des alten Griechenlands. Stuttgart 1879 (Berlin 1884). — J. Barrell, *Histoire de la botanique.* Paris 1879. — Br. Arnold, *De Graecis florum et arborum amantissimis.* Göttingen 1885. — J. V. Carus, Geschichte der Zoologie. München 1872. — F. Hoefer, *Histoire de la zoologie depuis les temps les plus reculés jusqu'à nos jours.* Paris 1873. — W. Houghton, *Gleanings from the natural history of the ancients.* London (1879). — Osc. Schneider, Naturwissenschaftliche Beiträge zur Geographie und Kulturgeschichte. Dresden 1883. — A. Locard, *Histoire des mollusques dans l'antiquité.* Lyon-Paris 1884. — W. A. Watkins, *Gleanings from the natural history of the ancients.* London 1885.

Geographie. C. Ritter, Geschichte der Erdkunde und der Entdeckungen. Vorles. herausgeg. von H. A. Daniel. Berlin 1861. [2. Aufl. 1880.] — Osc. Peschel, Geschichte der Erdkunde. München 1865. [2. Aufl. von S. Ruge. 1877. — H. Berger, Die geographischen Fragmente des Hipparch; Die geographischen Fragmente des Eratosthenes. Leipzig 1869. 1880. Derselbe hat eine Geschichte der antiken Geographie in Aussicht gestellt. — L. Vivien de Saint Martin, *Histoire de la géographie et des découvertes géographiques depuis les temps les plus reculés jusqu'à nos jours.* Paris 1873. Nebst Atlas 1874. — O. Brenner, Nord- und Mitteleuropa in den Schriften der Alten bis zum Auftreten der Cimbern und Teutonen. München 1877. — E. H. Bunbury, *A history of ancient geography among the Greeks and Romans from the earliest ages till the fall of the roman empire.* London 1879. 2 Bde. 2. Aufl. 1884. — J. Löwenberg, Geschichte der geographischen Entdeckungsreisen. 1. Bd. Alterthum und Mittelalter. Leipzig 1881.] — S. ausserdem oben S. 337 f.

Medicin. Dan. Le Clerc, *Histoire de la médecine.* Amsterdam 1696. Neue Aufl. à la Haye 1729. 3 Bde. 4. — J. Freind, *The history of physick from the time of Galen to the beginning of the* 16. *century.* London 1725 f. 2 Bde. Lat. von Wigan. Leiden 1734. — Curt Sprengel, Versuch einer pragmatischen Geschichte der Arzneikunde. Halle 1792—99. 4 Thle. 3. Aufl. Halle und Wien 1821—40. 6 Thle. 4. Aufl. 1. Bd. von J. Rosenbaum. Leipzig 1846. — A. F. Hecker, Die Heilkunst auf ihren Wegen zur Gewissheit oder die Theorien, Systeme und Heilmethoden der Ärzte seit Hippokrates bis auf unsere Zeit. Gotha 1802. 3. Aufl. Erfurt 1808. — K. Hecker, Geschichte der Heilkunde. Berlin 1822—29. 2 Bde. —

C. G. Kühn, *De medicinae militaris apud veteres Graecos Romanosque conditione.* Leipzig 1824—1827; *Index medicorum oculariorum inter Graecos Romanosque.* Leipzig 1829 f. — J. M. Leupoldt, Allgemeine Geschichte der Heilkunde. Erlangen 1825; Die Geschichte der Medicin nach ihrer objectiven und subjectiven Seite. Berlin 1863. — M. B. Lessing, Handbuch der Geschichte der Medicin. 1. Bd. 1838. — E. Isensee, Geschichte der Medicin und ihrer Hülfswissenschaften. Berlin 1840—45. 4 Bde. — C. J. Goldhorn, *De archiatris romanis.* Leipzig 1841. — L. Choulant, Geschichte und Literatur der älteren Medicin. 1. Thl. 2. Aufl. Leipzig 1841. — Gauthier, *Recherches historiques sur l'exercice de la médecine dans les temples chez les peuples de l'antiquité.* Paris u. Lyon 1844. — H. Haeser, Lehrbuch der Geschichte der Medicin und der epidemischen Krankheiten. Jena 1845. [3. Aufl. 1875 ff.; Grundriss der Geschichte der Medicin. Jena 1884.] — E. Morwitz, Geschichte der Medicin. Berlin 1848 f. 2 Bde. — C. A. Wunderlich, Geschichte der Medicin. Stuttgart 1859. — Aug. Hirsch, *De collectionis Hippocraticae auctorum anatomia, qualis fuerit et quantum ad pathologiam eorum valuerit.* Berlin 1864. 4. — J. M. Guardia, *La médecine à travers les siècles.* Paris 1865; [*Histoire de la médecine d'Hippocrate à Broussais et ses successeurs.* Paris 1884. — R. Briau, *L'assistance médicale chez les Romains.* Paris 1869; *L'archiatrie romaine ou la médecine officielle dans l'empire romain. Suite de la profession médicale.* Ebenda 1877. — Ch. Daremberg, *Histoire des sciences médicales.* Paris 1870. 2 Thle. — Frédault, *Histoire de la médecine.* Paris 1870. 1873. 2 Bde. — R. Dunglison, *History of medicine from the earliest ages to the commencement of the* 19. *century.* Philadelphia 1872. — E. Bouchut, *Histoire de la médecine et des doctrines médicales.* Paris 1873. 2 Thle. — J. H. Baas, Grundriss der Geschichte der Medicin und des heilenden Standes. Stuttgart 1876; Leitfaden der Geschichte der Medicin. Ebenda 1880. — E. Albert, Beiträge zur Geschichte der Chirurgie. Heft 2: Die Herniologie der Alten. Wien 1877. — A. Hirsch, Geschichte der Augenheilkunde in Graefe's u. Saemisch's Handbuch der Augenheilkunde. Bd. VII. Kap. 14. Leipzig 1877. — H. Magnus, Die Anatomie des Auges bei den Griechen und Römern. Leipzig 1878. — H. Frölich, Die Militärmedicin Homers. Stuttgart 1879. — G. Pinto, *Storia della medicina in Roma al tempo dei re e della republica.* Rom 1880. — Th. Bordeu, *Recherches sur l'histoire de la médecine.* Paris 1882. — J. Uffelmann, Die Entwickelung der altgriechischen Heilkunde. Berlin 1883. — J. Bouillet, *Précis d'histoire de la médecine avec une introduction par Laboulhène.* Paris 1883. — A. Corlieu, *Les médecins grecs depuis la mort de Galien jusqu'à la chute de l'empire d'Orient.* Paris 1885.]

c. **Geisteswissenschaften. Jurisprudenz.** J. A. Bach, *Historia iurisprudentiae romanae.* Leipzig 1754; 6. Ausg. von A. C. Stockmann. Leipzig 1806. — [F. P. Bremer, Die Rechtslehrer und Rechtsschulen im römischen Kaiserreich. Berlin 1868. — A. Pernice, Marcus Antistius Labeo. Das römische Privatrecht im 1. Jahrh. der römischen Kaiserzeit. Halle 1873—78. 2 Bde.] (S. ausserdem die Literatur der Rechtsgeschichte oben S. 374.) — **Rhetorik.** J. C. F. Manso, Über die Bildung der Rhetorik unter den Griechen. In dessen Vermischten Abhandlungen und Aufsätzen.

Breslau 1821. — Leonh. Spengel, Συναγωγὴ τεχνῶν, *sive artium scriptores ab initiis usque ad editos Aristotelis de rhetorica libros.* Stuttgart 1828. (Abhandlungen über die voraristotelischen Rhetoren.) Derselbe, Über das Studium der Rhetorik bei den Alten. München 1842. 4. — R. Volkmann, Hermagoras oder Elemente der Rhetorik. Stettin 1865; [Die Rhetorik der Griechen und Römer in systematischer Übersicht dargestellt. Berlin 1872. 2. Aufl. Leipzig 1885.]

Philologie. Henr. Stephanus, *De criticis veteribus Graecis et Latinis.* Paris 1587. 4. — H. Valesius, *De critica veterum.* Bei dessen *Emendationes ed.* Burmann. Amsterdam 1740. 4. — J. Classen, *De grammaticae graecae primordiis.* Bonn 1829. — L. Lersch, Die Sprachphilosophie der Alten. Bonn 1838—41. 3 Thle. — W. H. D. Suringar, *Historia critica scholiastarum latinorum.* Leiden 1834 f. 3 Theile. — R. Schmidt, *De Alexandrinorum grammatica.* Halle 1837; *Stoicorum grammatica.* Halle 1839. — A. Gräfenhan, Geschichte der klassischen Philologie im Alterthum. Bonn 1843—50. 4 Bde. — E. Egger, *Sur l'histoire de la critique chez les Grecs.* Paris 1849. Bezieht sich besonders auf poetische Kritik auch der ältesten Zeit und auf Aristoteles' Poetik und Probleme. — H. Steinthal, Geschichte der Sprachwissenschaft bei den Griechen und Römern mit besonderer Rücksicht auf die Logik. Berlin 1863. Eingehend und umfassend.

J. F. Gronov, *De Museo Alexandrino.* Im *Thes. ant. gr.* VIII; ebenda L. Neocorus, *De Museo Alexandrino.* — Chr. G. Heyne, *De genio saeculi Ptolemaeorum. Opuscul. Acad.* Vol. I. — C. D. Beck, *De philologia saeculi Ptolemaeorum.* Leipzig 1818. 4. — J. Matter, *Histoire de l'école d'Alexandrie.* Paris 1820. 2. Ausg. 1840—48. 3 Bde. — G. Parthey, Das Alexandrinische Museum. Berlin 1838.*) — G. H. Klippel, Über das Alexandrinische Museum. Göttingen 1838. — F. Ritschl, Die Alexandrinischen Bibliotheken unter den ersten Ptolemäern. Breslau 1838; Corollarium dazu. Bonn 1840. 4. Abgedruckt in den *Opuscula academica.* Thl. I. 1866. — [L. Weniger, Das Alexandrinische Museum, eine Skizze aus dem gelehrten Leben des Alterthums. Berlin 1875. — W. Busch, *De bibliothecariis Alexandrinis qui feruntur primis.* Schwerin 1884.] — J. C. F. Manso, Über die Attalen, Anhang zum „Leben Constantins des Grossen." Breslau 1817. — C. F. Wegener, *De aula Attalica litterarum artiumque fautrice.* Kopenhagen 1836. — [Specielle Literaturangaben zur Geschichte der alten Philologie s. bei E. Hübner, Grundriss zu Vorlesungen über die Geschichte und Encyklopädie der classischen Philologie. Berlin 1876. S. 7—33.]**)

---

*) S. die Rede zur Begrüssung Parthey's als neu eingetretenen Mitgliedes der Akademie. 1858. Kl. Schr. II, S. 485.

) **Zur Geschichte der Einzelwissenschaften: *De Arati canone.* 1828. Kl. Schr. IV, S. 301—307. — *De inscriptionis Atticae fragmento, quo notae numerales continentur et de abaco Pythagorico.* 1841. Kl. Schr. IV, S. 493—504. Bemerkungen über einen athenischen Abacus. 1847. Kl. Schr. VI, S. 452—457. — Über des Eudoxos Bestimmungen des Auf- und Unterganges des Orion und des Kyon mit einem Anhange über die Auf- und Untergänge des Arktur und der Lyra. 1863. Kl. Schr. III, S. 343—448. — S. ausserdem oben S. 615. S. 330. S. 390.

4. Literaturgeschichte.

§ 95. 1. Die Literatur eines Volkes ist die Gesammtheit seiner theoretischen Geisteserzeugnisse, insofern sie in Sprachwerken dargestellt sind, die durch die Schrift festgehalten und überliefert werden. Die Geschichte dieser Sprachwerke wird nur dann einer wissenschaftlichen Behandlung fähig sein, wenn sich in derselben die Verwirklichung von Ideen nachweisen lässt. Dies können aber weder die wissenschaftlichen Ideen sein, mit deren Entwicklung sich die Mythologie und Geschichte der Wissenschaft beschäftigt, noch die grammatischen Ideen, deren Verkörperung die Sprachformen an sich sind, sondern nur solche, welche sich auf die in den Sprachwerken gegebene concrete Verbindung des wissenschaftlichen Ideenstoffs mit dem formalen Gehalte der Sprache beziehen. Die höchste Idee der Art ist die der Schönheit, d. h. der zweckmässigen Verschmelzung von Stoff und Form, worin — da die Sprache das gesammte Erkennen befasst — alle Ideale des Geistes zum Ausdrucke kommen. Die Literaturgeschichte hat daher die Sprachwerke nach der ästhetischen Seite als Kunstwerke zu betrachten (vgl. oben S. 554. 464 f.).

2. Wenn die in der Sprache ausgedrückten innern Ausschauungen, welche die Formen aller Kunst bilden (s. oben S. 467), dem Ideenstoff des Wissens zweckmässig verbunden werden sollen, so muss ihre Zusammenfügung d. h. die Composition der Sprachwerke dem Inhalte angemessen sein. Dieser unterscheidet sich aber formal nach der geistigen Auffassungsweise, durch die er gewonnen wird, und es ergeben sich hieraus die allgemeinsten Verschiedenheiten der Composition, die höchsten Redegattungen. Nach der oben (S. 144 f.) gegebenen Ableitung bilden dieselben zwei vollkommen parallele Reihen:

I. **Poesie:** Epos, Lyrik, Drama.
II. **Prosa:** histor., philosoph., rhetor. Darstellung.

Die Kunstformen dieser Gattungen sind wie alle Kunstformen ursprünglich unbewusst aus der Natur des Geistes hervorgegangen, aber im Alterthum frühzeitig durch Reflexion ausgebildet worden (s. oben 469. 632 f.).

3. Da sich in den Redegattungen der eigenste Zweck der Sprachwerke realisirt, sind die Gattungsstile die ästhetischen Ideen, welche die Literaturgeschichte bestimmen. In der Zeit des natürlichen Ursprungs der Gattungen wurden ihre Stile haupt-

sächlich durch räumliche Differenzen d. h. durch den Nationalcharakter und die darin gegebenen Stammcharaktere beeinflusst (s. oben S. 143 f.). Hierzu kam der Einfluss der zeitlichen Entwicklung, indem der Zeitgeist auf die gesammte Kunst einwirkte. Weitere Unterschiede wurden durch die Individualität der Schriftsteller und Schulen hervorgebracht (s. oben S. 137 f.). Der letztere Einfluss überwog dann in der Zeit der bewussten Ausübung.

Die Literaturgeschichte hat nun nachzuweisen, wie sich die Gattungen in einer nach Raum und Zeit nothwendigen Folge gebildet haben und wie eine jede sich nach den darin ausgewirkten theoretischen und praktischen Zwecken in den einzelnen Kunstwerken entwickelt hat.

Geschichte der griechischen Literatur.

A. Poesie.

§ 96. Die Poesie ist ihrem Gattungsstil nach Darstellung symbolischer Gedanken mittelst der aller Kunst eignenden μίμησις durch und für die Phantasie in gebundener rythmisch-melodischer Rede, der im Alterthum die Musik fast untrennbar zugesellt ist, aber in einer von den Fesseln des begrifflichen Denkens befreiten Gedankenverknüpfung. Daher ist die Poesie die Form, in der sich der Mythos erzeugt (s. oben S. 468. 538); dieser als eine vom Volke selbst geschaffene Welt von Phantasiebildern blieb im Alterthum immer der Hauptinhalt der Dichtung auch in der Zeit der Verstandesbildung, nur dass nun das poetische Bild von der prosaischen Wirklichkeit unterschieden wurde.

a. Epos.

Seinem Wesen gemäss hat sich das Epos als die objectivste Form der Dichtung vor der Lyrik entwickelt. Als die früheste Poesie trägt es von Natur den Charakter kindlicher Einfalt und Unbefangenheit. Es ist sinnlich-anschaulich, insofern als die Phantasie, welche das Symbol der Sprache erfasst, das in Worten Ausgedrückte lebendig und wie in Raum und Zeit vor das Auge und Ohr zaubert. Feine geistige Verhältnisse weiss daher die epische Darstellung nicht zu gestalten, wohl aber die Kraft, Fülle und Schönheit der Natur und des Menschen. Obgleich das Epos den gesammten Ideenstoff aufzunehmen vermag, ist sein Hauptgegenstand der mythischen Auffassungsweise gemäss die menschliche That, wie sie äusserlich in der Anschauung und Überlieferung gegeben ist. Die Empfindung tritt dagegen zurück; sie erscheint nur in dem Tone des Gedichts, der sich nach der dargestellten Handlung oder Beschreibung richtet, ohne dass der Dichter seiner Empfindung einen individuellen Ausdruck giebt. Denn in der Objectivität der Darstellung verschwindet das eigene Wesen des Dichters; er ist nur das Gefäss und Werkzeug der Dichtung, hingegeben der Gewalt des Grossen und Göttlichen in der Natur und Geschichte; so wirkt der Geist in ihm wie eine ihn beherrschende äussere Macht: daher das Bewusstsein der Begeisterung, das keine Fiction, sondern Wahrheit ist. Eben darin liegt auch, dass im Epos weniger Reflexion als in der Lyrik herrscht. Da nun die Einheit in allen Geisteserzeugnissen ein Werk des Urtheils, des Überblicks ist und daher um so strenger durchgeführt wird, je grösser die Reflexion ist, so hat das Epos einen geringern Grad von Einheit als die Lyrik; die Einheit des Gedankens verschwindet hinter der Einheit der sinnlichen Anschauung, welche in dem räumlichen und zeitlichen Zusammenhang der Erzählung oder der in Form der Erzählung gegebenen Beschreibung besteht. Mit der Vielheit überwiegt auch die Mannigfaltigkeit; daher das Episodische, wodurch dieselbe in die äussere geschichtliche Einheit eingeschlossen wird. Der Ideenkreis des Epos ist durch seine Äusserlichkeit beschränkt; es enthält wenig selbsterzeugte Vorstellungen, mehr Überlieferung. Dagegen zeichnet es sich durch eine grosse Klarheit aus. Dieser dient auch eine Fülle phantasiereicher sinnlicher Bilder, welche über das Maass der Vergleichung ausgemalt werden, weil sie dadurch anschaulicher werden; eben daher rühren häufige Wiederholungen, weil dem Denken nichts überlassen wird, und hieraus entsteht Einförmigkeit und für den Verstand, der mit wenig Andeutungen zufrieden gern Verschwiegenes ergänzt und erforscht, wird das Epos in der späteren reflectirteren Zeit leicht langweilig. Der Rhythmos des Epos entspricht ganz der innern Eigenthümlichkeit desselben. Wie hier Thatsache an Thatsache gleichförmig und ohne bedeutende Gliederung, die nur die Reflexion setzen kann, aneinander gereiht wird, ebenso einförmig und atomistisch reihen sich Vers an Vers ohne eine weitere Einheit als die Wiederholung eines und ebendesselben. Diese stichische Composition ist die epische Form des Alterthums; die Stanze, welche das moderne Epos anwendet, entspricht der lyrischen Stimmung desselben. Wegen der Objectivität der epischen Darstellung müssen die Hauptunterschiede ihres Gattungsstils in der Natur des Stoffes begründet sein. Die Urform ist der epische Hymnos der vorhomerischen Zeit, welcher den gesammten Stoff des Mythos einschloss. In dieser Zeit hat sich ohne Zweifel auch das vorzugsweise epische Versmaass, der daktylische Hexameter, zu der Vollkommenheit gebildet, die er in den Homerischen Gedichten zeigt. Es war eine im ältesten Geist des Volkes und seiner Sprache nach deren ältester Beschaffenheit gegebene rhythmische Form für ernste, würdige, heilige Melodien. Die Blüthe der alten Volksdichtung ist das ionische Heldenepos, welches in der Sängerzunft der Homeriden ausgebildet wurde. Hieran schloss sich bis auf Panyasis, den Verwandten des Herodot, eine überaus reiche epische Literatur. Kein Volk hat eine solche Fülle von Gedichten über seine Urgeschichte und die romantische Fabelzeit hervorgebracht. Einen Theil dieser Gedichte bildete der epische Kyklos, welcher den theogonischen und heroischen Fabelkreis in ununterbrochener Zeitfolge von der Verbindung des Uranos und der Gäa bis zum Tode des Odysseus umfassste. Unverkennbar ist dieser Kyklos so entstanden, dass an die Hauptgestalten des Epos, nachdem dieselben, wenn auch nicht in allgemein verbreiteten Werken, doch in den Schulen der Sänger und Rhapsoden zu idealen Ganzen gebildet waren, deren Anfang und Ende fest bestimmt war, die späteren Dichter sich anschlossen und dabei z. Th. einer den andern fortsetzte, wie in der Geschichtsschreibung Xenophon und Theopomp den Thukydides fortsetzen. Denn ebenso streng schloss sich in dem troischen Theil des Kyklos, den wir genauer kennen, ein Gedicht an das andere an, und in den übrigen Theilen muss dies ähnlich gewesen sein. Der Mittelpunkt der Troica ist offenbar Homer; was der Mittelpunkt der voraufgehenden Theile war, lässt sich nicht mehr ermitteln. Ob und wann dieser Kyklos förmlich zusammengestellt worden, ist ungewiss; doch ist dies in der That wahrscheinlich unter Peisistratos und Hipparch zu Athen geschehen, als hier die Homerischen Gedichte von Onomakritos und seinen Genossen redigirt wurden (s. oben S. 537). Nachdem der mythische Stoff des Heldenepos erschöpft schien, suchte Chörilos aus Samos, der Freund des Herodot die alte Form dadurch neu zu beleben, dass er dieselbe in seiner Perseis auf einen geschichtlichen Stoff, die Verherrlichung des Perserkrieges anwandte.*) Doch fand er in der klassischen Zeit keine Nachfolger, weil die Bearbeitung der Zeitgeschichte dem mythischen Charakter des Epos nicht angemessen erschien.

Nicht viel später als das Homerische Epos entstand in Hellas das Hesiodische, welches ebenfalls ionischen Ursprungs mit äolischer Beimischung ist. Der Inhalt desselben ist neben dem Heroenmythos hauptsächlich Theogonie und Kosmogonie und in den Werken und Tagen praktische Lebensweisheit, also überhaupt physische und ethische Speculation. Es ist darin die mystische Göttersage der vorhomerischen Zeit noch erkennbar, aber dichterisch mit der anthropomorphen Anschauung vermittelt. Ausserdem scheint sich indess in Hellas eine priesterliche Dichtkunst angeschlossen an besonders heilige Dienste aus der orphischen Urzeit durchgewintert und zu der Zeit, als das ionische Epos in Attika gesammelt wurde, oder schon etwas früher wieder in voller Blüthe gestanden zu haben, so dass diese Poesie neue Früchte trug. Zu der von den Peisistratiden veranstalteten Sammlung uralter Orakel (s. oben S. 447) und zu den mystischen Gedichten, die um dieselbe Zeit unter dem Namen des Orpheus und Musäos in Umlauf kamen (s. oben S. 567), traten neue Erzeugnisse derselben Richtung, unter denen die τελεταί und καθαρμοί des Epimenides von Kreta und des spätern Empedokles hervorragen. Neben Orphischen Theogonien wurde aber auch die wissenschaftliche Naturspeculation selbst poëtisch dargestellt. Dies geschah in den Lehrgedichten des Xenophanes, Parmenides und Empedokles. Man darf hierin keine willkürliche Form sehen, sondern eine wirkliche Durchdringung der Poësie und der Philosophie. Die priesterlichen Weisen kleideten ihre Gedanken in die für die Theogonie und Kosmogonie gegebene Form. Allerdings widerstrebte derselben der Inhalt, soweit er begrifflich entwickelt war. So ist das Gedicht des Parmenides zu Anfang voll hoher Poesie;**) dann aber in der Darstellung des Seienden erforderte die dialektische Entwicklung eine trockene und nüchterne Sprache, der auch die Nachlässigkeit des Versbaues entspricht; der zweite Theil des Gedichts, der von der Welt des Scheins handelte, gestattete wieder mehr

---

*) Vergl. Kl. Schr. II, S. 392.
**) Ebenda IV, S. 415 f.

dichterischen Schmuck. Überhaupt aber entfernte sich die Sprache der philosophischen Lehrgedichte von der Homerischen; sie ist hart, rauh und dunkel. Wie nun in der Hesiodischen Zeit neben der Theogonie die Bauernweisheit der Werke und Tage steht, so findet seit der Zeit der sieben Weisen neben der theosophischen Speculation die Lebensweisheit ihren dichterischen Ausdruck. Die Gnomenpoesie ist nur z. Th. episch, meist elegisch; dagegen sind die Äsopischen Fabeln (ἀπόλογοι), die Räthsel (αἰνίγματα) und Griphen (γρῖφοι) Formen des epischen Lehrgedichts.

Mit Chörilos von Samos hatte das volksthümliche Epos sein Ende erreicht; was noch von epischem Sinn in Dichtern und Hörern vorhanden war, wurde von der Lyrik und dem Drama verschlungen, welche das Zeitalter beherrschten und ebenfalls ein episches Element in sich trugen. Antimachos von Kolophon, ein älterer Zeitgenosse Platon's suchte das Epos wieder zu heben, indem er in seiner Thebaïs einen mythischen Stoff nicht mit der alten Homerischen Einfachheit, sondern in gelehrter Weise und in einer erhabenen, vom Gemeinen sich entfernenden Sprache behandelte. Bezeichnend ist, dass das Gedicht nicht mehr — wie selbst noch die Lehrgedichte des Xenophanes und Empedokles (s. oben S. 537) — rhapsodirt, sondern vorgelesen wurde. Diese neue Form fand bei den Zeitgenossen wenig Beifall, desto mehr aber bei den alexandrinischen Gelehrten, die dem Antimachos den nächsten Rang nach Homer anwiesen. Er wurde das Vorbild des gelehrten alexandrinischen Heldenepos, das, abgesehen von einigen historischen Gedichten, mythische Stoffe bearbeitete. Den Charakter dieser Dichtung erkennt man aus den *Argonautica* des Apollonios Rhodios; die Darstellung ist correct und gebildet, aber künstlich und ohne Genialität. Neben dem Heldenepos wurde von den Alexandrinern das beschreibende und erzählende Lehrgedicht kunstmässig gepflegt. Man wählte jetzt mit Vorliebe solche Gegenstände, welche der Poesie am meisten zu widerstreben schienen, um daran die Macht der Kunst zu zeigen. Dieser Richtung liegt die Wahrheit zu Grunde, dass überall in der Natur und im Geistesleben etwas Dichterisches enthalten ist, was ein feiner peotischer Sinn herausfühlt, wie man auf der andern Seite aller Poesie und Kunst eine verstandesmässige Theorie abgewinnen kann. Denn die prosaische Betrachtung des Verstandes und die poetische der Einbildungskraft sind beide auf keinen Stoff beschränkt, sondern ihre Eigenthümlichkeit liegt nur in der Betrachtungsweise. Doch ist ein Stoff relativ leichter prosaisch oder poetisch zu behandeln als der andere. Ackerbau, Jagd, Fischfang und Vogelfang haben viele poetische Seiten und diese hat die didaktische Dichtung der Alten anmuthig hervorzuheben vermocht (s. oben S. 464). Um aber Naturbeschreibung und Arzneimittellehre in Gedichten vorzutragen, musste man dem Stoffe mit mühsamer Kunst zu Hülfe kommen. Doch wählten nicht alle Dichter gerade nur die schwierigsten Stoffe; viele Lehrgedichte der Alten sind ächt poetisch. Um diese Kunstgattung richtig zu würdigen, muss man ausserdem bedenken, dass mit vielen Gegenständen der Wissenschaft im Alterthum die Mythologie noch innig verbunden war und es daher durchaus natürlich schien, wenn hierauf die Dichtung angewandt wurde. Dahin gehört die Lehre von den Sternbildern; Eudoxos hatte sie zuerst gelehrt dargestellt, aber damit wenig Eindruck gemacht; Aratos kleidete sie in poetische Form, nicht aus Künstelei, sondern weil dies ein Bedürfniss schien. Ferner war das Alterthum aus Vorliebe für feste ausgeprägte Formen mehr geneigt das Prosaische poetisch, als das Poetische prosaisch darzustellen. Daher giebt es bei den Alten wenig poetische Prosa, aber viel prosaische Poesie. Ist diese Richtung daher auch nicht schlechthin zu billigen (vergl. Aristoteles Poetik c. 1), so erklärt sie sich doch aus dem Gesammtcharakter des Alterthums. An das Lehrgedicht der alexandrinischen Zeit schloss sich auch eine Fortsetzung der mystischen Poesie, die bis ins 4. und 5. Jahrh. n. Chr. dauerte und aus welcher die erhaltenen pseudo-orphischen Gedichte stammen. Eine Nachblüthe trieb das Kunstepos im 5. Jahrh. durch Nonnos.

Neben dem ernsten Epos lief aber seit der Homerischen Zeit als eine untergeordnete Nebengattung das parodische her, eine witzige Anwendung der erhabenen epischen Sprache und Composition auf geringfügige und gemeine Gegenstände. Die ersten Erzeugnisse desselben sind der Margites und die Batrachomyomachie; seine Blüthe hatte es aber erst seit Hegemon von Thasos, einem Zeitgenossen des Alkibiades. Die bedeutendste Form dieser Gattung ist das parodische Lehrgedicht, dahin gehören der von Xenophanes und dem Skeptiker Timon ausgebildete Sillos und die scherzhaften Formen des alexandrinischen Lehrgedichtes.*)

---

*) Staatshaush. der Ath. I, S. 532. Kl. Schr. IV, S. 375.

Mit den Sillen verwandt ist die von Archilochos begründete iambische und trochäische Gnomen- und Spottpoesie, welche sich wie der Sillos der römischen Satire nähert (s. oben S. 293). Sie ist gleichzeitig mit der Lyrik und vor dem Drama entstanden und noch ganz episch, obgleich die epische Form wegen des niedrigern satirischen Stoffes herabgestimmt ist. Dem entspricht auch das Metrum: der stichisch angewandte jambische Senar hat ebenso viele Füsse wie der heroische Vers; er beginnt zwar mit der Thesis um aufsteigend zu sein und durch Raschheit und Lebendigkeit zu ersetzen, was ihm an Würde fehlt, ist aber im Grunde doch nur das der Umgangssprache genäherte Surrogat des Hexameters. Einen ganz ähnlichen Charakter hat die weniger geübte trochäische Form.

Eine Zwittergattung des Epos, wodurch dasselbe in das Lyrische und Dramatische hinüberspielt, ist die bukolische Dichtung. In derselben wird der Hirt als Sänger fingirt und der Gegenstand ist meist erotische Erzählung und zwar hervorgegangen aus der Darstellung der heroischen Hirtenzeit, wie sie im Volksgesang der Hirten gefeiert wurde. Im alexandrinischen Zeitalter erwachte besonders in Sicilien der Trieb diese Bauernpoesie künstlerisch auszubilden. Die Dichter behielten dafür den dorischen Bauerndialekt bei, welcher damals einen ähnlichen Eindruck machen musste, wie auf uns die Sprache der Schwarzwälder in Hebel's Alemannischen Gedichten. Das Hirtenepos theilt mit dem Heldenepos die Einfachheit und Natürlichkeit der Darstellung, nur ist diese nicht erhaben, sondern zart; es soll darin der Reiz des in einem engen, aber reinen Gedankenkreise sich bewegenden Naturlebens geschildert werden. Dies muss, um Theilnahme zu erwecken, stark und klar gezeichnet werden; daher ist die bukolische Dichtung mimisch, oft dramatisch oder dialogisch. Die Sprache ist weich und empfindsam und nimmt dadurch einen lyrischen und sentimentalen Ton an. Schiller betrachtet in seiner Abhandlung über das Naive und Sentimentale als Grundcharakter dieser Gattung die Sehnsucht nach der verlornen Einfalt der Natur. Insofern ist sie wenig antik und daher im Alterthum spät und wenig ausgebildet; durch sie nähert sich das antike Epos dem Charakter der modernen Poesie. Doch sind ebendeshalb die bukolischen Dichtungen der alexandrinischen Zeit, insbesondere die Idyllen des Theokrit das Grösste, was jenes Zeitalter hervorgebracht hat.

b. Lyrik.

Die lyrische Poesie stellt die ewigen Ideen des menschlichen Geschlechts im Ganzen genommen nicht in plastischen Gestalten äusserlich dar und fasst nicht den äusserlichen anschaulichen Stoff als solchen auf, sondern sie erzeugt ihre Bilder subjectiv und innerlich und giebt das von Innen Empfangene in einer diegematischen Form, worin das Gepräge des eigenen Geistes erscheint. Der Dichter ist nicht bloss das Organ des poetischen Stoffes, der durch seinen Geist hindurchgeht, sondern er verarbeitet den Stoff mit eigener Selbstthätigkeit und bringt in demselben die eigene Individualität zum Ausdruck. Die lyrische Poesie setzt also ein erhöhtes geistiges Leben voraus, wie es bei den Hellenen um die Zeit der Aufhebung des Königthums eintrat (s. oben S. 283 f.), besonders in der Aristokratie, allmählich auch in der Timokratie und zuletzt in der Demokratie. Der Dichter macht sich vermöge dieser geistigen Erhebung auch politisch geltend; er ist nicht mehr ein armer Sänger, der den Fürstenkreis erheitert, sondern der Rathgeber der Staaten, der Vermittler der politischen Parteien, der Liebling göttlicher Anstalten wie des delphischen Orakels. In der erhöhten innern Thätigkeit des lyrischen Dichters überwiegt die Idee und die Empfindung; der Stoff ist bloss Mittel der Darstellung und wird nach dem jedesmaligen Zweck und dem Gefühl des Dichters willkürlich geordnet, selbst wo derselbe erzählen will, wie z. B. in Pindar's 4. Pyth. Ode. Das Sinnliche, welches aller hellenischen Poesie eigen ist, wird in der Lyrik am meisten untergeordnet; hervor tritt das Sinnige, die Reflexion. Dass die Poesie keine Reflexion enthalten dürfe, ist ein seltsames Vorurtheil. Simonides und Pindar sind voll Reflexion und was sind die schönsten und sinnigsten Chöre der Tragödie, wenn sie nicht reflectirte Gedanken enthalten? Gedankenreichthum kann nicht ohne Reflexion sein. Aber die Reflexion darf freilich nicht wie in einem philosophischen Werke rein verstandesmässig sein, sondern muss Empfindung erregen und Bilder vor die Seele führen, nicht blosse Begriffe enthalten. Auf der Reflexion beruht das Übergewicht der subjectiven Einheit in den lyrischen Gedichten; die Einheit derselben ist nicht bloss historisch, sondern eine Einheit des Gedankens und Zweckes. Sie steigert sich in dem Grade als die Poesie sich vom Epischen entfernt; sie wächst daher in der Entwicklung beständig, bis sie die zu entgegen-

IV. Wissen. 4. Literaturgeschichte. Griechische Lyrik. 657

gesetzten und verschiedenartigen Massen, welche sie zusammenfassen soll, nicht mehr zu bewältigen vermag und deshalb wieder zerfällt. Durch die Freiheit der lyrischen Ideenerzeugung und Combination erweitert sich der Gedankenkreis; aber das Plastische und äusserlich Anschauliche der erzeugten Bilder, welches im Epos am vollendetsten ist, muss zurücktreten; denn das Gefühl hat einen unbestimmten Inhalt, welcher der Phantasie des Hörenden freien Spielraum lässt Vieles hinzuzudenken und welcher ein tieferes Eindringen nicht nur gestattet, sondern erfordert. Gegen diese tiefe Gefühlsdichtung erscheint das Epos als oberflächlich. Allerdings hat die griechische Lyrik nie den verschwimmenden Charakter der modernen erreicht (s. oben S. 275); doch eröffnet auch sie malerische Perspectiven, und ohne dass man in dunkle unbegrenzte Fernen hinaussieht, ohne dass man verborgene Beziehungen durchforscht und gleichsam zwischen den Zeilen liest, ist auch sie nicht verständlich. Mit dieser Eigenschaft hängt die Kürze, das Abgebrochene und Abspringende der Gedankenverknüpfung zusammen; weil eben die Einheit des Gedichts innerlich im Gemüth des Dichters wurzelt, verbindet er äusserlich Getrenntes, was aber in seinem Geist den schönsten Zusammenhang hat. Mit jener unbestimmten Tiefe des Gefühls ist ferner eine Vertiefung des religiösen Bewusstseins verknüpft. Vermöge aller dieser Eigenschaften musste sich die Lyrik am höchsten bei den Dorern und Äolern entwickeln. Die dorische und äolische Sprache hat auch in ihrer ganzen Structur und in ihrem Klang mehr Kürze, Gediegenheit und Tiefe als die ionische; dieser Charakter wurde durch die lyrische Poesie noch erhöht; denn die Gattung selbst erforderte eine kühne und erhabene Sprache. Um der abspringenden Kürze der Gedanken und dem Wogen der Empfindung angemessen zu sein, muss der Sprachausdruck eine freiere rhythmische Form als im Epos haben. Der rhythmische Charakter der Lyrik ist der Wechsel (μεταβολή) des Metrums. Da sich jedoch das Mannigfaltige wieder zur Einheit binden muss, so entstehen, je grösser die Abwechselung wird, desto grössere Einheiten oder Strophen. Mit dem Wechsel des Rhythmos ist zugleich eine unerschöpfliche Mannigfaltigkeit rhythmischer Formen gegeben, mit welcher die Unendlichkeit der Gedankenverknüpfung und der Empfindungstöne gleichen Schritt hält: die Unendlichkeit der Formen wird nur durch das Gefühl des Schönen beschränkt. Man kann daher sagen, dass durch die Lyrik die Dichtung erst frei geworden ist, wie seit der Zeit ihrer Entstehung der Staat frei wurde. Denn wie die poetische Form ein Symbol für den Gehalt ist, so symbolisirt wieder die Poesie im Ganzen den Gesammtzustand des Volkes.

Die Lyrik hat somit nicht wie das Epos einen nur nach dem Stoff verschiedenen, sonst gleichmässigen Gattungscharakter, sondern jede hervorragende Erscheinung derselben ist streng eigenthümlich. Da die lyrische Poesie im Verein mit Musik und Orchestik, welche der Dichter zugleich handhabte, frühzeitig zu einer mit freier Reflexion ausgebildeten Kunst wurde, so wählte der Lyriker je nach dem Zweck, den Umständen, der mannigfaltigen Anwendung des Gesanges eine andere Art des Ausdrucks und der entsprechenden musikalischen und orchestischen Form.

Hierdurch bildeten sich Stilunterschiede gemäss der Bestimmung der Poesie; anders war der Stil des Hymnos, des Skolion, des Parthenion, des Hyporchem u. s. w. und innerhalb dieser Gattungen änderte sich der Ton wieder nach den speciellen Zwecken (s. oben S. 470 f.). Die so geschaffenen verschiedenen Compositionsformen wurden in den Musikschulen befestigt, wo nicht nur die Musik im engern Sinn (s. oben S. 529), sondern auch die Technik der poetischen Composition gelehrt wurde. Aber die Gattungsstile dürfen, weil sie von der freien Wahl des Dichters abhängen und weil also derselbe Dichter nach den jedesmaligen Umständen mehrere derselben wählen kann, nicht als die ersten leitenden Gesichtspunkte für die allgemeinste Eintheilung der Lyrik gelten. Vielmehr sind hier die Unterschiede des individuellen Stils und des Nationalstils von vorwiegender Bedeutung. Diese Stile sind nicht willkürlich, sondern von Natur gewachsen, und welchen Stoff der Dichter auch wähle, welchen Zweck er auch verfolge, er wird von einer höhern Gewalt in einer Form festgehalten, die seiner Bildungsstufe, dem Charakter seines Volkes und seines Zeitalters entspricht. Durch die Macht eines imponirenden Vorbildes, einer Schule wird der natürliche Stil dann fixirt und über die Grenzen seiner Zeit und Nationalität hinaus erhalten. Die Hauptstile der griechischen Lyrik, welche auf diese Art nach einander in nothwendiger Folge hervorgetreten, sind die mit dem Epos verbundene nomische Lyrik, die ionische Elegie, das äolische Melos, der dorische Chorgesang und der attische Dithyrambos (s. oben S. 282 f.). Nach dem

Ablauf dieser Entwicklungsreihe dauern nur geringe Nachklänge der lyrischen Dichtung im alexandrinischen Zeitalter fort, und Nachklang des Nachklangs ist die erste Phase der christlichen Hymnographie.

Ich habe zu Anfang meiner Schrift „Über die Versmaasse des Pindaros" die vorhomerische Poesie als lyrisch bezeichnet, weil sie in engerem Zusammenhange mit der Musik gestanden als das heroische Epos. Diese Ansicht, die ich bereits in der lateinischen Schrift *De metris Pindari* aufgegeben habe, ist in neuerer Zeit mehrfach aufgestellt worden, u. A. auch von R. Westphal [s. Verhandlungen der 17. Philologenversamml. zu Breslau. Breslau 1858 u. Metrik der Griechen Bd. II, S. 271 ff.]. Es ist jedoch nicht denkbar, dass jene ältesten Dichtungen den subjectiven Charakter gehabt haben, welcher der Lyrik wesentlich ist und sich erst in der nachhomerischen Zeit sehr allmählich ausgeprägt hat. Obgleich die alten Hymnen in der Anbetung des Unendlichen das Gefühl der Naturbegeisterung ausdrückten, muss man sie doch als episch bezeichnen; denn es war sicher in ihnen Alles als erzähltes mythisches Factum dargestellt ohne eigene Reflexion des Dichters. Diese Auffassung bestätigt sich auch dadurch, dass nicht nur die Homerischen Hymnen, sondern auch die erneuerte mystische Poesie in der Form ganz episch waren. Allein insofern die ältesten Gesänge noch mehr mit dem innern Sinn der Symbole vertraut waren und das religiöse Gefühl aussprachen, lag darin allerdings ein subjectives, lyrisches Element und dies fand seinen Ausdruck in den Musikweisen (νόμοι). Daher haben die Alten die Nomenpoesie, von der uns leider nichts erhalten ist, in Bezug auf ihren musikalischen Charakter als lyrisch betrachtet. In den Weisen dieser religiösen Choräle lagen die unentwickelten Keime aller spätern Lyrik (s. oben S. 538). Jedenfalls war jene Poesie ebenso volksthümlich wie das spätere Homerische Epos, obgleich die Priesterfamilien und die Aöden die Pfleger des Gesanges waren.

Die aus dem Nomos hervorgegangene rein lyrische Poesie büsste ebenfalls ihren volksthümlichen Charakter nicht dadurch ein, dass sie in Sängerschulen kunstmässig geübt wurde, und es findet sich daher bei den Griechen nicht der Unterschied zwischen dem kunstlosen Volksliede und der Kunstlyrik. Die vom gemeinen Volke gesungenen Lieder, die Lieder der Müllerinnen, Ruderer u. s. w. sind ganz unbedeutende Nebengattungen der lyrischen

Poesie. (Vergl. H. Köster, *De cantilenis popularibus veterum Graecorum*. Berlin 1831.) Der alte Nomos war ohne Zweifel von Anfang an musikalisch verschieden je nach dem Ursprung und den Gattungen der Gesänge, welche beim öffentlichen Gottesdienst oder bei Freuden- und Trauerfesten des Privatlebens angestimmt wurden. Auf Grund dieser musikalischen Unterschiede entwickelten sich die nationalen Unterschiede der reinen Lyrik.

Aus dem aulodischen Nomos entstand die Form der ionischen Lyrik, das elegische Distichon. Es war zuerst die musikalische Form eines Klagegesangs, in welchem dem Charakter der Ioner gemäss nicht die Leidenschaft, das Pathos, sondern die weiche Gemüthsstimmung, das Ethos seinen Ausdruck fand. Das elegische Metrum ist eine leichte Umbildung des epischen; es ist darin die epische Kraft gebeugt, und der zarteren Empfindungsweise entspricht der sanft geknickte, zweimal katalektisch sinkende Pentameter. Daher beschränkte sich diese Form bald nicht mehr auf den Threnos. Gleich in der ersten Blüthe der freien Verfassungen wurde die Elegie politisch; sie feuerte die Bürger zu tapferem Kampfe an, berieth sie im Frieden, ermahnte zur Ruhe, Eintracht und bürgerlichen Ordnung. Die schönsten Dichtungen dieser politischen Gattung waren die des Tyrtäos und Solon. Es schloss sich hieran schon bei Solon die gnomische Elegie, deren hervorragendster Meister Theognis war. Eine sinnige gemüthvolle Lebensweisheit lehrten die Elegien des Xenophanes und das Lehrgedicht liess überhaupt vielfach eine elegische Behandlung zu: Sokrates brachte bekanntlich in seinen letzten Lebenstagen Äsopische Fabeln in Distichen. In der Elegie liegt ihrem Ursprunge nach ein sentimentaler Zug: schon die älteste Naturreligion kannte die Klage um den Untergang und die Hinfälligkeit alles Irdischen (s. oben S. 274). Diese Sentimentalität trat aber stärker und oft krankhaft hervor, als mit dem Verfall des politischen Lebens das Gemüth durch keine grossen äussern Anregungen in Anspruch genommen wurde und Jeder, der dessen fähig war, sich in ein Gewebe subjectiver Gefühle einspann, um in einem aus Trauer und Lust gemischten Zustande zu schwelgen. Eine solche Stimmung fand ihren Ausdruck besonders in der seit Antimachos, vorzüglich aber im alexandrinischen Zeitalter ausgebildeten erotischen Elegie, in welcher Kallimachos den grössten Ruhm erlangte. In dieser

Form, die ursprünglich die Wehmuth über die unglückliche Liebe ausdrückte, bald aber auch zur Darstellung der glücklichen Liebe angewandt wurde, nahm das elegische Gedicht die höchste Zartheit und Weichheit der Empfindung an. Die Kehrseite der elegischen Stimmung ist oft die satirische, und so entsprechen dem elegischen Distichon die epodischen Formen der Iambenpoesie.

Die Miniatur der Elegie ist das Epigramm. Der natürliche Ursprung desselben liegt in Grabschriften, Weihinschriften, Denksprüchen für das Volk. Der elegischen Stimmung der Grabschriften entsprach ganz besonders das Distichon; an die gnomische Elegie schloss sich das sententiöse Epigramm an. Der erste grosse Meister dieser Gattung war Simonides von Keos, der fast für alle griechischen Staaten die Grabschriften der in den Perserkriegen Gefallenen machte. Sie zeichnen sich durch edle Sprache, Einfachheit und ruhige Klarheit aus und sind das Erhabenste, Edelste und Schönste, was man in dieser Art erfinden kann. Erst später nahm das Epigramm einen witzigen und satirischen Charakter an, wobei meist die Figur des Unerwarteten angewandt wird. Hierfür eignete sich das elegische Maass ebenfalls sehr gut wegen seiner feinen Zuspitzung und der Wendung des Rhythmos im Pentameter; es gesellte sich dazu die iambische Form, die aber weniger passend, sondern zu niedrig und trivial ist. Gross im Kleinen wie im Grossen, hat der hellenische Geist auch diese Gattung der Poesie zu einer unendlichen Fülle und Vortrefflichkeit ausgebildet. Bis in die letzten Zeiten des Verfalls, bis ins 14. Jahrh. unserer Zeitrechnung reicht eine ununterbrochene Kette von Epigrammen. Dass dabei auch mancherlei abgeschmackte Auswüchse zum Vorschein kamen, ist nicht zu verwundern. Alle Arten der elegischen Dichtung aber von dem Threnos bis zum Epigramm tragen denselben Grundcharakter; es herrscht in derselben eine sinnige Receptivität vor. Verwandt mit dem Epos neigt sie zum erzählenden Vortrag, enthält wenig grosse Gedanken, wenig lyrischen Schwung in der Sprache, keine kühne Gedankenverbindung, überall ionische Gleichförmigkeit, welche keine grosse Gliederung aus verschiedenartigen Theilen zulässt (s. oben S. 538).

Den Übergang von der Elegie zur dorischen Lyrik bildet das äolische Melos. Es hat seine Wurzel in dem kitharodischen Nomos und ist aus der lesbischen Schule des Terpandros hervorgegangen. Der Dialekt war hiernach ursprünglich äolisch;

aber der äolische Stil wurde auch von Ionern und Dorern angenommen, die ihren Dialekt darin anwandten. Charakteristisch für diesen Stil ist zunächst die rhythmische Form: kleine Strophen von verschiedenartigen Versen oder kleine Systeme gleicher Verse, die aber mannigfacher und kunstreicher als der epische sind, so dass jeder in sich eine kleine Strophe bildet Der Rhythmos hat im Ganzen etwas Weiches, Sinkendes (Logaödisches); die Lieder sind für den Einzelgesang bestimmt, wie sie zum grossen Theil eine solitäre Empfindung ausdrücken (s. oben S. 538). Diese Empfindung hat dem äolischen Charakter gemäss den Ton der Leidenschaft, des Pathos. Es machen sich in den äolischen Gedichten heftige Triebe Luft, wie wir selbst aus den erhaltenen Bruchstücken zu erkennen vermögen. Das Gemüth der Sappho ist ganz von der flammenden Gluth ihrer Liebe erfüllt, und wie tief diese empfunden ist, so tief und heftig ist des Alkäos' Hass gegen die Tyrannei, so leidenschaftlich sein Patriotismus. Dort ist sehnsüchtiges Schmachten, hier drohende Entrüstung der Grundton; immer aber herrscht nur Ein leidenschaftlicher Gedanke. Der Hauptstoff des Melos ist ausser Liebe und Vaterland die Lust des Gelages, worin ebenfalls der Trieb zum heftigen, unmässigen Genuss vorherrscht. Ungeachtet der concentrirten Kraft, dem oft wüthenden Feuer des Melos ist es doch nur im einzelnen Ausdruck, nicht in der Composition kühn; denn die Kühnheit der Composition entspringt erst aus der höheren geistigen Freiheit im dorischen Stil. Eine besonders charakteristische Form der äolischen Lyrik war das Skolion, ein von Terpandros erfundener zierlicher und zarter Tischgesang, der von den Gästen abwechselnd zur herumgereichten Kithara oder Lyra angestimmt wurde; er enthielt eine feine gnomische Lebensweisheit, woran sich politische und erotische Ergüsse schlossen.

Auf das bestimmteste geschieden von dem äolischen Stil ist der dorische. Gleich in dem Metrum zeigt er einen so grossen Fortschritt gegen jenen, dass sich der letztere als eine blosse Vorstufe zu ihm darstellt. Daher muss schon vor Alkman, dem Begründer der dorischen Lyrik, das Melos der Grundform nach vorhanden gewesen sein, wenn auch Alkäos und Sappho später als Alkman sind. An die Stelle der kleinen äolischen Strophen traten in der dorischen Lyrik grössere und z. Th. mannigfaltigere Perioden mit Einschluss grosser Epoden geeignet für den Gesang tanzender Chöre.*) Dieser grosse chorische Charakter übertrug sich auch auf die Gattungen, denen die kleinere Form ursprünglich mehr angepasst war, wie das Skolion. Die in der elegischen und melischen Lyrik gebräuchlichen Metra waren von der dorischen fast ganz ausgeschlossen, ein Beweis dafür, mit wie hohem Bewusstsein die Lyriker ihren Stil bildeten.**) Dem grossen metrischen Gliederbau entsprach der Inhalt des chorischen Gesanges. Der Dichter bewegt sich nicht in einseitigen Gefühlen, sondern wie seine Form mannigfaltig und allumfassend ist, so haben auch die Gedanken einen grössern Umfang; es ist ein ganzes System von Ideen und Gefühlen, welche hier verknüpft sind. Diese beherrscht der Dichter mit der höchsten geistigen Freiheit; daher die kühnste Gedankenverbindung: er schwebt über dem Stoffe mit göttlicher Ruhe und Heiterkeit ohne Leidenschaft. Hierdurch unterscheidet sich diese Poesie wesentlich von der äolischen; die in ihr herrschende harmonische Stimmung steht ebenso über dem Pathos, wie die elegische Stimmung unter demselben steht. Die Klarheit des Gedankens thut dabei der Gefühlstiefe keinen Abbruch. So haben die Dorer den höchsten Stil der Lyrik geschaffen, welcher die Freiheit des dichterischen Sinnes in den festen Schranken schöner Formen darstellt. Die Freiheit des Geistes zeigt sich aber nicht bloss in der Mannigfaltigkeit der musikalischen und orchestischen Formen (s. oben S. 536. 538 f.) sowie der Ideen innerhalb desselben Gedichtes und bei Gedichten, die dem Zweck nach derselben Gattung angehören, sondern auch in dem grossen Umfange der von der dorischen Lyrik behandelten Gattungen. Pindarus hat mässig gerechnet mindestens 20 Gattungen bearbeitet und alle in demselben chorischen Stil. Wie aber das Enkomion nebst der ihm verwandten politischen und erotischen Dichtung für die äolische Poesie charakteristisch ist, so sind der Epinikos und das Hyporchem die Hauptgattungen der dorischen; namentlich war im Epinikos, der nur in diesem Stil vorkommt, dem Umfang des Gedankens der weiteste Spielraum vergönnt. Die Sprache war im Allgemeinen dorisch; bei Gedichten äolischer Tonart mischte man Äolismen ein; die Basis des Dialekts war wie bei aller Poesie das Epische. Die Sprachcomposition hatte eine absicht-

---

*) *De metris Pindari* S. 273.
**) Ebenda S. 275.

liche Härte der Würde wegen. Die erste Stufe klassischer Vollendung erreichte die dorische Lyrik, nachdem sie von den Dorern Alkman, Stesichoros, Xenodamos, Ibykos und Lasos allmählich ausgebildet war, durch Simonides von Keos, der sie mit ionischer Anmuth erfüllte. Gegen die gewöhnliche Regel folgte dann auf den anmuthigen Stil der erhabene, dessen Höhepunkt der Äoler Pindaros bildet. Gleichzeitig wandte der Rhodier Timokreon die grossen dorischen Formen parodisch zu Meliamben an.*) Den mittlern, einfach schönen Stil vollendete Bakchylides, der Neffe des Simonides; doch war er dem Pindar nicht ebenbürtig und nach ihm hat die dorische Poesie nichts Bedeutendes mehr aufzuweisen.

Mit ihrem Verfall blühte aber erst der Dithyrambos völlig auf, obgleich derselbe frühzeitig aus dem Nomos entstanden war. Er war ursprünglich eine besondere durch den Zweck, die Bacchusfeier bestimmte Gattung der Lyrik, wurde aber nach der Zeit des Bakchylides ein allgemeiner Stil. Zwar blieb der Inhalt immer Dionysisch, wie der Dithyrambos gewiss fast nur an Bacchischen Festen vorgetragen ist; doch mochte der Zusammenhang mit dem Dionysischen oft weit hergeholt sein. In dem Gesange der kyklischen Chöre durchbrach aber die rhythmische Freiheit alle Schranken, indem die strophische Form ganz abgestreift wurde, so dass gar keine Wiederholung darin war, sondern stets neue Kola wechselten. Diese dithyrambische Gestalt nahm gleichzeitig der dem heroischen Metrum entwundene Nomos an. Die Rhythmen des Dithyrambos waren zwar nicht regellos, aber sehr schnell wechselnd. Dem entsprach ein heftiger, freier Schwung der Phantasie und des Gedankens, ein wildes Einherbrausen des Gefühls, welches allmählich zu zügelloser Willkür ausartete, zugleich mit einer den antiken Charakter überschreitenden Freiheit der Musik. Durch die überhandnehmende Mannigfaltigkeit wurde zuletzt die Einheit des Gedichts aufgehoben. Diesen Stil gewann der Dithyrambos hauptsächlich in Athen, wo der Bacchische Cultus den grössten Einfluss auf die musischen Spiele hatte. Doch blieb der für die Lyrik gestempelte Dorismus die Grundlage der dithyrambischen Sprache. Die Diction erreichte in dieser attischen Lyrik die höchste Kühnheit; sie wurde indess dadurch schwulstig und der Schwulst führte zum

---

*) Vergl. Kl. Schr. IV, S. 375 ff.

Unsinn, wozu auch der zügellose Enthusiasmus führte, welcher im Gegensatz zur dorischen Lyrik der Grundton des Dithyrambos ist (vergl. oben S. 528. 536. 538 f.).

Durch die musischen Agonen wurde eine äusserliche Blüthe der lyrischen Dichtung in der alexandrinischen und römischen Zeit erhalten, ohne dass sich ein neuer Stil bildete. Ein eigenthümliches Erzeugniss des alexandrinischen Zeitalters ist ausser der Elegie nur die hauptsächlich von Sotades geschaffene geniale Zotenpoesie der Kinäden in ionischem Dialekt und ionischem Rhythmos, die meist mimisch, aber ohne Musik vorgetragen wurde. Proben von der kraftlosen Lyrik der Kaiserzeit sind die beiden Hymnen des Dionysios auf die Musen und auf Apoll und der Hymnos auf die Nemesis von Mesomedes, einem Günstling des Hadrian (vergl. oben S. 548). Die christlichen Hymnographen wandten besonders einfache Rhythmen an, welche leicht fasslich sind und stark ins Ohr fallen; sie herrschen auch schon bei Dionysios und Mesomedes vor, aber noch weniger eintönig (vgl. F. Piper, *Clementis Hymnus in Christum Salvatorem*. Göttingen 1835). Diese anapästischen Lieder sind eine Nachahmung von Hymnen, welche man damals in heidnischen Tempeln sang.*)

c. Drama.

Dass das Drama eine innige Verschmelzung des Epos und der Lyrik ist, zeigt zunächst seine äussere Form. In dem Diverbium wird eine Darstellung der Handlung, wie sie das Epos bietet, in stichischen Versen gegeben, jedoch so, dass die herabgestimmte epische Versart, welche Archilochos vorzüglich ausgebildet hatte, der iambische Trimeter (s. oben S. 665) zu Grunde gelegt wird, hier und da auch bei leidenschaftlichern Stellen der mit jenem verwandte trochäische Vers. In den melischen und chorischen Partien des Dramas tritt das lyrische Element hervor, welches fast unverändert aufgenommen ist. Aber der innern Form nach ist die dramatische Darstellung die völlige Durchdringung des Epischen und Lyrischen, weil hier die vom Epos erzählte äussere Handlung so vorgeführt wird, dass darin die Empfindung der handelnden Personen unmittelbar erscheint. Es ist kein Gegensatz mehr zwischen dem Empfindenden und Erzählenden, sondern die Personen des Dramas sind die Träger der Empfindung, die sie aussprechen und stellen dabei

---

*) Vergl. *Corp. Inscr.* I, S. 478.

selbst die Handlung dar. Das subjective Gefühl wird hierdurch äusserlich objectivirt und die objective Thatsache ist wieder subjectiv geworden, indem sie unmittelbar aus dem Innern der handelnden Personen hervorgeht. Thatsache und Empfindung werden hierdurch so eins, dass sie auf einen Schlag gegeben und untrennbar sind. Zwar kann man sagen, der Gedanke gehe als Motiv vor der Handlung her; aber das Motiv ist eigentlich eine vorhergehende Handlung und zugleich mit der Handlung ist immer ein Gedanke oder eine Empfindung als die geistige Seite derselben so untrennbar wie Seele und Leib verknüpft. Wenn die Poesie Handlung darstellen will ohne zu erzählen, müssen die Handelnden selbst sprechen. Der Dialog ist also die wesentliche Grundlage des Dramas. Aber der dramatische Dialog unterscheidet sich von dem Alltagsgespräch dadurch, dass darin eine lebendige Entwicklung der Handlung, eine innere Verknüpfung der einzelnen Theile zu einem gemeinsamen Ganzen erscheint, wodurch das Gemüth des Zuhörers in Spannung versetzt wird. Indess bildet auch diese Einheit noch nicht den innersten Kern der dramatischen Darstellung. Damit diese poetisch sei, muss in ihr dasjenige enthalten sein, was das Wesen aller Poesie ist: die sinnliche irdische Handlung muss das Symbol sein, worin sich eine nothwendige und ewige Idee abspiegelt. Dies ist die wahre μίμησις, wodurch die Poesie als Ausdruck des Allgemeinen nach Aristoteles (Poetik Cap. 9) den Vorrang vor der empirischen Geschichte hat, welche das Einzelne vorführt: ohne eine innere Idee ist das Drama kein wahres Kunstwerk, sondern nur eine Zusammenfügung empirischer Einzelheiten, welche dem gewöhnlichen Leben durch Beobachtung gut abgemerkt sein und etwa die Lebensklugheit bilden oder ergötzen, aber das Gemüth nicht erheben können. Das Wesen der dramatischen Poesie ist also die symbolische Darstellung einer Idee unter der Form einer in sich geschlossenen lebendig fortschreitenden und entwickelten Handlung. Darauf beruht zugleich die Verbindung der objectiven epischen und subjectiven lyrischen Einheit im Drama. Denn in diesem ist die Einheit der Handlung und der Empfindung zugleich gegeben; alle einzelnen Scenen, in welchen einzelne Empfindungen hervortreten, müssen zusammen für die Empfindung und den Gedanken einen einheitlichen Gesammteindruck machen, worin die Grundbestimmung des Gedichts besteht und zugleich eine einzige ungetrennte Handlung bilden, worin alles zu einem Gesammtzwecke zusammenwirkt.

Die Hauptunterschiede des Stils können nun beim Drama weder wie beim Epos in der Natur des Stoffes, noch wie bei der Lyrik in der Verschiedenheit der Stimmung, sondern nur in dem Verhältniss der Grundstimmung zu dem Inhalt wurzeln. Hierauf beruht der Gegensatz der Tragödie und Komödie, welche thatsächlich die beiden Hauptgattungen der dramatischen Dichtung sind. Die Handlung, welche den Inhalt des Dramas bildet, kann auf ein ernstes und sittliches Ziel gerichtet sein, indem sie den Menschen in den wichtigsten und höchsten Momenten des Lebens zeigt, in dem Kampfe seiner Freiheit mit der ihm gegenüberstehenden allgemeinen Macht, die sein Schicksal bestimmt: wo sich dann die sittliche Würde des Menschen und entweder die Macht der Freiheit, der Sieg des Guten oder die Allmacht des Ewigen, der alles Einzelne, vor Allem das Böse weichen muss und geopfert wird, unmittelbar offenbaren wird. Dies ist die tragische Handlung, für deren Wesen es gleichgültig ist, ob der Ausgang glücklich oder unglücklich ist: ja inwiefern jedesmal eine Befriedigung des sittlichen Gefühls erreicht werden muss, wenn eine höhere Idee in der Tragödie verwirklicht erscheinen soll, muss der Ausgang auch im höchsten Unglück glücklich sein. Von der andern Seite werden aber alle wichtigen und grossartigen Bestrebungen gegenüber der ewigen Idee immer nichtig erscheinen. Wenn auch der Held der Tragödie ein ernstes Ziel verfolgt, so ist seine Einsicht doch endlich; er erreicht deshalb etwas anderes, als er will. Was er erreicht, ist freilich vorher bestimmt, wie Alles; doch nicht diese Vorherbestimmung droht ihm Verderben, sondern er geht demselben vermöge seines freien, aber auf falscher Erkenntniss beruhenden Handelns entgegen. Indem wir dies wahrnehmen, fürchten wir für ihn und haben Mitleid. Der Dichter aber, indem er so die Nichtigkeit alles Irdischen aufdeckt und mit seinem Gefühle über demselben steht, übt an seinem Stoffe die tragische Ironie, die eben darin besteht, dass das Wichtigste als nichtig erscheint. Hierzu gehört, dass der Tragiker falsche Hoffnungen hervorruft, Erfolge verspricht, die Handelnden in Sicherheit darstellt, während sie am Rande des Abgrunds wandeln. Die Grundstimmung der Tragödie ist aber immer vermöge des Mitgefühls mit dem Helden, welches der Dichter hegt und erregt, der höchste Ernst. In der Komödie wird dagegen eine Handlung vorgeführt, die auf ein nichtiges nur scheinbar wichtiges Ziel gerichtet ist, welches in der sinnlichen Natur des Menschen liegt; indem nun der Mensch nach dem Sinnlichen und Gemeinen strebend erscheint, das Gemeine recht stark hervortritt, aber in seiner scheinbaren Wichtigkeit seine Nichtigkeit offenbart, entsteht das Lächerliche, welches vorzüglich in dem Contraste des Würdigen und Gemeinen wohnt, und indem hierin das Wesen der komischen Handlung besteht, erkennt man zugleich, dass auch durch die Komödie eine höhere Idee verkörpert wird, da sie die gemeine Natur in ihrem sich selbst auflösenden Treiben abbildet. Auch hier ist es gleichgültig, ob der Ausgang glücklich oder unglücklich ist; man könnte sich eine recht lustige Komödie denken, wo alle Personen des Todes verblichen. Der Held der Komödie ist der Narr, der mit grossem Eifer einem chimärischen Ziele nachstrebt. Daher kann die Grundstimmung des Gedichts nicht mit dieser aus der Handlung resultirenden Stimmung des Helden harmoniren; sie ist mithin nicht Ernst, sondern Scherz. Der Gegensatz der ernsten und scherzhaften Darstellung, welcher im Epos und in der Lyrik nur untergeordnete Stilunterschiede begründet, ist hiernach der höchste Eintheilungsgrund bei der Bestimmung der dramatischen Stile (s. oben S. 152). Die Komödie schliesst sich dem Stile des parodischen Epos an (s. oben S. 654) und ist zum grossen Theil auch Parodie des Tragischen. Da aber vom Erhabenen zum Lächerlichen nur ein Schritt ist, so hat sich auch im Alterthum, wo der Stil der Komödie und Tragödie scharf auseinandergehalten wurde, eine Zwischengattung zwischen beiden gebildet, in welcher die Tragödie mit ihrer Parodie verbunden und so Ernst und Scherz gesellt war. Dies war das von tragischen Dichtern bearbeitete Satyrdrama, worin das Sinnliche und Gemeine, das eben der Satyr, der lüsterne Gott der Sinnlichkeit symbolisch darstellt, in einer grossartigen, tragischen Lage erscheint. Die Tragödie selber näherte sich z. Th. dem Satyrdrama wie die Alkestis des Euripides.

Der plastischen Form des gesammten alten Dramas (s. oben S. 275 f.) entsprach die Charakterzeichnung in demselben. Die Charaktere der dramatischen Personen sind nicht flache Porträtbilder, sondern sie treten voll und abgerundet wie Bildsäulen hervor; obgleich stark individuell gezeichnet, haben sie stets eine höhere allgemeingültige Bedeutung. Nicht das Leben in seiner äusseren Erscheinung mit allen seinen undichterischen Zufälligkeiten, sondern das Wesen desselben nach seiner hohen und ernsten wie nach seiner spasshaften und lächerlichen Seite ist in typischen Stellvertretern auf die Bühne gebracht. Durch diese Idealität der Charakterzeichnung wird in manchen Stücken Alles symbolisch, indem die Personen selbst schon durch ihre äussere Erscheinung symbolisch sind, wie der Prometheus. Denn obgleich Prometheus menschlich leidet und denkt, aber als Gottmensch, so ist doch in der Promethie des Äschylos als einer Göttertragödie Alles Symbol; in den Gestalten der Götter tritt dies unmittelbar hervor. Ebenso enthält die altattische Komödie viele solche symbolische Personen, welche in der neuattischen dem gemeinen Leben sich nähernden verschwinden. Ich erinnere nur an Dionysos in den Fröschen und an den Plutos des Aristophanes. Die altattische Komödie wird hierdurch ganz phantastisch, worin ein Hauptreiz derselben besteht. Am klarsten aber tritt die plastische Form der Charakterzeichnung in der Person des Chors hervor. Wie die hellenische Dichtung durch den wunderbaren Tact des Genius auf dem Wege ihrer Entwicklung Alles, was ihrem Wesen zusagte, ungesucht fand, war der Chor kein Werk künstlicher Reflexion, sondern der Natur selbst; der Anfang, aus welchem sich das ganze Drama bildete; der Kern, um welchen es krystallisirte (s. oben S. 538). Und gerade durch ihn bewahrte dasselbe die Eigenthümlichkeit des antiken Charakters. Ohne Rücksicht auf Illusion, welche der plastischen Kunst fremd ist, gab der hellenische Dichter durch den Chor der ganzen Handlung das Gepräge der Idealität. Der tragische Chor ist der beharrende Träger und Zeuge der Handlung und das lyrische Organ des Dichters, indem er den Sinn vom Einzelnen zum Allgemeinen erhebt. Er lenkt das Urtheil der Zuschauer, spricht die Lehren der Weisheit aus und deckt die Tiefen des Gefühls und des menschlichen Herzens auf. Er zieht die grossen Resultate des Lebens; den engen Kreis der Handlung überschreitend verbreitet er sich über Vergangenes und Zukünftiges und eröffnet die Sprüche des Schicksals. Er warnt; er ermahnt; er erinnert leise. Nicht als ob seine Aussprüche unfehlbar wären: er irrt auch und erregt falsche Hoffnungen; er drückt nur die Reflexion nach Maassgabe des Fortschritts der Handlung aus und sieht nicht immer das Richtige vorher, so wenig als der Zuschauer. Aber als Mittelpunkt der Tragödie giebt er dem

Ganzen Haltung und zeigt symbolisch das ruhig Beharrende im Sturm der Leidenschaft und im Untergange des Lebens. Er unterbricht die Gewalt der Affecte, damit nicht das Leiden über die Thätigkeit siege. Der Chor war auch nicht nur in der Entstehung der Tragödie gegeben, sondern wirklich und wesentlich mit der Handlung derselben verbunden. Denn da die Tragödie Helden und Fürsten darstellt, ist der natürliche Zuschauer ihrer Thaten und Leiden das Volk, welches aber nach der Ansicht der Alten selbst einen passiven Charakter hat und daher zwar an der Handlung Theil nimmt, aber nicht entscheidend eingreift, dagegen die Beurtheilung, die Reflexion, das Gefühl ausspricht und so gewissermassen den Zuschauer selbst in die Handlung verflicht. Denn man kann wohl sagen, dass der Zuschauer selbst durch den Chor auf die Bühne versetzt wird, wie dieser auch durch seinen Standpunkt auf der Orchestra in der Mitte zwischen Zuschauer und Schauspieler steht. Was hier von der Tragödie gesagt ist, findet ebenso Anwendung auf ihre parodische Rückseite, nur dass hier der Chor um zu parodiren in der Regel eine ganz phantastische Figur spielte, doch stets mit einer klar gehaltenen symbolischen Bedeutung. So sind bei Aristophanes die Wolken die windigen Götter der bodenlosen Sophistik; die Wespen bedeuten die stachligen häklichen Richter, die Vögel das luftige Reich, in welches die vielgeplagten Athener sich flüchten, die Frösche das Gequack der schlechten Dichter. Trotz seines idealen Charakters ist der Chor auch nicht ohne Bedeutung für die Entwicklung der Handlung. Er leitet nur vom Speciellen zum Allgemeinen über; aber er muss deshalb doch innerhalb des Einzelnen oder Speciellen selbst stehen. Daher tadelt Aristoteles mit Recht diejenigen Dichter, welche ihre Chorgesänge so allgemein hielten, dass sie in verschiedene Stücke eingelegt werden konnten, ein Fehler, der schon bei Euripides stark hervortritt. In guten Dramen nimmt der Chor oft thätigen Antheil an der Handlung, wie bei Äschylos in den Schutzflehenden und den Sieben vor Theben, bei Sophokles im Ödipus auf Kolonos, bei Aristophanes in den Acharnern. Die Stellung des Chors in der Handlung ist aber natürlich nach den Umständen verschieden. Steht er neben einem kraftvollen Herrscher, so ist er ganz passiv, weil das Volk, selbst die Geronten dem König gegenüber als unterwürfig erscheinen sollten. Die alten Dichter wollten keine Volkssouveränetät darstellen. Rebellion wurde nicht auf der Bühne vorgeführt. Tumult, Schlachten, Gefechte, Mord und Todtschlag wurden überhaupt hinter die Bühne verlegt, weil das Drama in ihrer Nachbildung nicht wie die Plastik die künstlerische Anordnung, den κόcμοc hätte festhalten können.

Die Tragödie stellt den ernsten Kampf des Einzelnen, des individuellen Willens gegen die Macht der Ereignisse dar. Unterliegt der Held in diesem Kampfe, so ist dies seine Schuld: er zahlt den Tribut des Eigenwillens, der an sich berechtigt ist, aber sein Maass überschreitet. Daher hat Aristoteles ein Gesetz der Tragödie darin erkannt, dass der Held weder vollkommen sittlich, noch vollkommen unsittlich sein dürfe. Der Held vertritt die innere Freiheit der sittlichen Idee; aber dem sittlichen Charakter ist immer die Leidenschaft beigemischt und hieraus geht der Widerstreit zwischen den an sich gleich berechtigten Interessen der verschiedenen Lebenskreise hervor. Das Tragische liegt in dem Widerspruche, dass die Pflicht eine That zugleich gebietet und verbietet, wie wenn Orest die Mutter morden muss um den Vater zu rächen, oder Antigone die Gesetze des Staates verletzt um die Pflicht der Familienpietät zu erfüllen. Dieser bittere Zwiespalt, die Collision der Pflichten oder der treibenden Kräfte im Herzen des Menschen erzeugt den tiefen Schmerz der tragischen Empfindung. Minder tragisch ist die Handlung, wenn der Held der göttlichen Fügung aus Eigenwillen widerstreitet und zuletzt zurückweicht, wie der Philoktet des Sophokles. Der Anschauungsweise des Alterthums gemäss erscheint die Nothwendigkeit, gegen welche der Held ankämpft, als Schicksal, welches alles Einzelne zertrümmert, so dass nur das Ideale, das wahrhaft Sittliche, dessen Untergang nie ein absoluter ist, über diese Macht siegt. Doch kennen die Alten nicht jene abgeschmackte und lächerliche Idee des Schicksals, welche in der modernen Schicksalstragödie durchgeführt ist (s. oben S. 130). Grosse Fügungen gehen durch ganze Häuser und Geschlechter, wie durch das des Pelops und Laios: Verbrechen erzeugt hier Verbrechen, Schuld erzeugt Schuld; auch die Unschuldigen werden in das Verderben hineingezogen. Aber das Schicksal führt nicht seiner Bestimmung nach zu verbrecherischen Handlungen; es bedient sich nur menschlicher Kräfte zur Ausführung der Rache: es ist die strafende göttliche Gerechtigkeit. Auch beugt es nicht den Willen und die Freiheit despotisch oder durch magische Kraft nieder. Vielmehr kommt der freie Mensch aus eigener Entschliessung dem Plane der Götter und ihrer Gerechtigkeit entgegen (s. oben S. 453). Auch haben die alten Dichter die Schicksalsidee nicht mit Gewalt überall hineingetragen; sie tritt nur hervor, wo der Stoff selbst dazu führt und ist der durch den Volksglauben gegebene dunkle Grund, auf welchen der Dichter die Handlung aufträgt. In der Regel hat das Drama Princip und Einheit nicht in dem Gange des Schicksals, sondern in einer höheren sittlichen Idee, deren Durchführung nur durch das Walten des Schicksals bestimmt wird.*) Soweit der Held ohne seine Schuld unter der eisernen Macht des Geschickes leidet, wird ihm, wenn nicht Rettung, so doch Ruhe und Versöhnung zu Theil. Denn obgleich die Tragödie in die Schauer des Schrecklichen hinabsteigt, obgleich sie die Gewalt der heftigsten Leidenschaften, die Tiefen der Schmerzen, den bittersten Kelch des Todes vor Augen führt: so ist doch ihr letztes Ziel nicht die Verwüstungen des Kampfes, sondern die Aussöhnung darzustellen. Stets siegt das Göttliche, welches auch das Wahre und Gerechte ist. Wenn der Einzelne unterliegt, so rettet er selbst im Tode sein besseres Theil. Von Orestes weichen die Eumeniden; Ödipus stirbt versöhnt und selbst Prometheus, der für das Menschengeschlecht leidende Gottmensch, wird zuletzt entfesselt — ein Symbol für die tragische Handlung überhaupt. Vortrefflich sagt Süvern in seinem Buch über Schiller's Wallenstein (S. 220), die alte Tragödie sei eine grosse Dissonanz des Lebens aus ihm herausgegriffen und in höhere Harmonie aufgelöst. Wer selbst tragische Momente durchlebt und die Versöhnung aus ihnen heraus erreicht hat, fühlt die tiefe Wahrheit dieser Poesie, welche das Gemüth von Leidenschaften reinigt, indem sie Furcht und Mitleid erregt und in der Erregung zugleich homöopathisch heilt (s. oben S. 470). Der Sieg der Idee, die Aussöhnung nach langem Leiden, erscheint aber am deutlichsten in der Verkettung mehrerer Handlungen, wie sie ursprünglich in der Trilogie dargestellt und auch bei einzelnen Stücken durch Bezugnahme auf andere angedeutet wurde (s. oben S. 133).**) Denn der Gang der Gottheit in der Geschichte

---

*) Des Sophokles Antigone. S. 158 ff. [= Neue vermehrte Ausgabe S. 133 ff.]

**) Vergl. *Graec. tragoed. princ.* cap. XXI. Des Sophokles Antigone S. 147 f. [= Neue vermehrte Ausgabe S. 124 f.]

ist dunkel und lang und erst am fernen Ende zeigt sich, wie aus dem Übel doch das Gute entspringt. Diesem Gange aber spürt der Tragiker nach, und die griechische Tragödie hat die göttliche Weltordnung so aufgefasst, dass darin die tiefste Weltanschauung niedergelegt ist, welche nur immer der forschende Menschengeist erreichen kann. Hier zeigt sich deutlich, was es heisst, dass die Poesie die Ideen symbolisch darstellt: wer sie hier nicht zu erkennen vermag, dem mangelt ebenso wohl der philosophische wie der dichterische Sinn.

Es entspricht der ganzen Richtung der griechischen Tragödie, dass ihr Stoff fast ausschliesslich dem Mythos entlehnt ist. In dem Heroenmythos fand der Dichter grossartige, fast übermenschliche, götterähnliche Gestalten und gewaltige Thaten, die schon durch die Dichtung verklärt waren, kurz eine durch eine grosse Kluft von der späteren gemeinen Wirklichkeit geschiedene Welt idealer Bilder. Der mythische Stoff hatte ausserdem den Vorzug, dass er ächt volksthümlich und vaterländisch oder dem Vaterländischen nach Art, Sinn, Bedeutung und Costüm gleich war, da alle Heroen den gemeinsamen Charakter der alten Zeit tragen und nur unwesentliche Unterschiede des Nationalen zeigen. Selten behandelte die Tragödie einen Gegenstand der Zeitgeschichte, wie Äschylos in seinen Persern und vor ihm Phrynichos in den Phönikerinnen und in der Einnahme Milet's. Letzteres Stück zog dem Dichter eine Strafe zu*) und durfte nicht wiederholt werden, weil es eine traurige Begebenheit der Zeit darstellte und dadurch die Gemüther in eine nicht bloss durch die Kunst, sondern durch die Zeitumstände selbst herbeigeführte niedergeschlagene Stimmung versetzte. Man kann hierin den richtigen Sinn der Athener nicht verkennen: das Ideal sollte nicht gegen die Wirklichkeit zurücktreten. Noch seltener als historische Stoffe waren demgemäss Gegenstände, die sich an die Wirklichkeit des Privatlebens anschlossen. Agathon's „Blume" scheint das einzige Stück zu sein, das sich mit dem sog. bürgerlichen Schauspiel der Neuzeit vergleichen lässt. Durch die vaterländischen mythischen Stoffe wurde dagegen die Wirklichkeit selbst in ein ideales Licht erhoben. Der Dichter ergriff nicht selten die Gelegenheit Anspielungen auf die Zeitgeschichte, den Tadel der Feinde, das Lob der Bundesgenossen,

---

*) Vergl. Staatsh. der Ath. I, S. 502.

ja Urtheile über innere Staatsverhältnisse einzuflechten. Dies findet sich schon bei Äschylos, im ausgedehntesten Maasse aber bei Euripides. Doch geschieht es immer kunstmässig dadurch, dass dem Zuschauer die Umdeutung von Worten nahegelegt wird, die an sich in dem Rahmen der Dichtung bleiben. Nicht die Wirklichkeit selbst tritt in die Dichtung ein; aber es fällt aus der idealen Darstellung des Mythos ein Schein und Abglanz auf die Wirklichkeit, für welche die Dichtung symbolisch und typisch ist (vergl. oben S. 91).*) Man sieht schon hieraus, dass der mythische Stoff in der Tragödie frei behandelt wurde. Überhaupt aber schnitten ihn die Tragiker nach den Erfordernissen des Dramas zu und veränderten vielfach die Mythen (s. oben S. 567).

Die Ökonomie der alten Tragödie, d. h. die Anlage und Anordnung des Stoffes war in der Regel vortrefflich für die Aufführung berechnet, obgleich seit Chäremon manche Dichter (ἀναγνωστικοί) auch blosse Lesedramen schrieben. Die Grösse der Theater und die plastische Form der Aufführung erforderte, dass Alles, was auf der Bühne vorging, auch deutlich in der Dichtung selbst ausgedrückt wurde. Obschon daher der Stoff im Allgemeinen bei den Zuschauern als bekannt vorausgesetzt werden konnte, waren die Dichter besonders auf eine genaue Exposition bedacht. Diese enthält der πρόλογος, welcher meist mit der Handlung selbst verflochten ist und erst seit Euripides vielfach isolirt und mehr mechanisch vorgesetzt wurde.**) Man hat die Prologe der Alten getadelt, weil dadurch die Spannung und Überraschung vermindert werde. Allein Theatercoups waren dem alten Drama fremd und der ästhetische Genuss wurde durch die Aufklärung des Prologs erleichtert; die Täuschung, welche dadurch bei den Ungebildeten zerstört wird, verschmähte der gebildete Geschmack, und die ächt künstlerische Spannung und Überraschung liegt nur in der Form, in der Art, wie der Dichter den Knoten schürzt und löst und in der Wirkung der Peripetien und Erkennungsscenen. Die alten Tragödien hatten in dieser Beziehung eine vorzügliche Ökonomie, obwohl sie in der klassischen Zeit nicht in Acte, sondern nur durch die Chorgesänge

---

*) Vergl. *Graec. tragoed. princ. Cap.* XIV u. XV. Des Sophokles Antigone S. 121 f. [= Neue verm. Ausg. S. 103 f.]
**) Vergl. *Graec. tragoed. princ.* S. 233 ff.

in Scenen (ἐπεισόδια) gegliedert waren (s. oben S. 147 und S. 542, 546 f.).*)

Die metrische Form war im Zusammenhang mit der musikalischen und orchestischen Darstellung genau bestimmt, ohne dass dies der Freiheit des dichterischen Schaffens Eintrag that. Das tragische Metrum ist auch in den Iamben und Trochäen des Diverbiums durch Ernst und Würde streng geschieden von dem komischen. Für lyrisch gesteigerte Stellen treten anapästische und daktylische Systeme ein, und durch alle Formen der Lyrik hindurch von dem seltenen nomisch-hexametrischen Maass durch das elegische, äolische und die Metra der dorischen Chorik geht der lyrische Theil des Dramas in den kunstreichsten Verschlingungen der Strophen bis zum Dithyrambischen mit der höchsten nur ersinnlichen Mannigfaltigkeit, Regelmässigkeit, Genialität und Harmonie. Der Sprache liegt, da die Kunstform der Tragödie ein Erzeugniss des attischen Geistes ist, im Ganzen der attische Dialekt und in dem lyrischen Theile, da der Dithyrambos aus der dorischen Lyrik entstanden, der dorische Dialekt zu Grunde; aber auch darin sind, besonders in Bezug auf das Prosodische die mannigfachsten Abstufungen und die tragische Sprache entfernt sich durch kühnere Structur, Wahl höherer Ausdrücke, auserlesenere Diction nicht nur von der prosaischen, sondern auch von der übrigen poetischen und erreicht im Chor den höchsten Schwung, so dass es schwer begreiflich ist, wie das Publicum ihr folgen konnte; es war offenbar auch nicht darauf abgesehen, dass jeder Alles verstehe.

Die Tragödie nebst dem Satyrdrama ist zwar in ihren Ursprüngen nicht älter als die Komödie, aber doch früher agonistisch ausgebildet worden. Eine klassische Form erreichte sie zuerst im erhabenen oder grossartigen Stile, dessen Höhepunkt Äschylos ist (s. oben S. 482). Die Hoheit und der Ernst, welche der Tragödie überhaupt eignen, sind bei ihm auf den höchsten Grad gesteigert. Sanfte Rührung meidet er; sie lag weder in seinem noch in seines Zeitalters Gemüth. Er liebt Riesengestalten; seine Charitinnen sind furchtbar. Gross ist er in Allem: in der Erfindung der Stoffe, in der gewaltigen Sprache, dem kräftigen Metrum, dem Costüm und der Scenerie. Und mit der höchsten Kraft verbindet er eine umfassende Umsicht. Er ist

---

*) Vergl. des Sophokles Antigone S. 179. [= Neue verm. Ausg. S. 151.]

ein denkender Künstler, ausgezeichnet durch die Fülle seiner Ideen, die mannigfachste Kunde der Sagenkreise, die tiefste Einsicht in das menschliche Gemüth. Von modernen Dichtern lassen sich nur Dante und Shakespeare mit ihm vergleichen. Er ist auch wie Shakespeare von der Ästhetik der Neuzeit ursprünglich als roh und ungebildet verachtet worden, bis die tiefer eindringende Kritik, die zuerst Lessing in Deutschland dem französischen Geschmacke gegenüber anbahnte, den von den Alten bewunderten Genius wieder zu Ehren gebracht hat. Äschylos steht einzig da in der Geschichte der menschlichen Bildung: eine Dichtung von gleicher Erhabenheit ist nie wieder erschienen. Noch bei seinen Lebzeiten ging der erhabene Stil der attischen Tragödie in den einfach schönen über, welchen Sophokles klassisch vollendete. In den Charakteren seiner Helden ist hoher sittlicher Sinn mit Liebenswürdigkeit gepaart: sie sind mehr menschlich schön als die des Äschylos. Dieser hatte, wie Aristophanes sagt, nie ein liebendes Weib gedichtet; bei Sophokles wird die Liebe zu einem zarten Moment der Handlung, aber nie zu einem Hauptmotiv. Die Charaktere sind maassvoll in schönen Gegensätzen entwickelt. Die Handlung, die bei einigen Stücken des Äschylos gleichsam nur im Umriss gezeichnet war, ist bei Sophokles kunstreich ausgeführt; er hat den Chor, dem Äschylos zuerst durch Einführung des zweiten Schauspielers seinen angemessenen Platz in der Tragödie anwies, durch Hinzufügung des dritten Schauspielers, welchen nach seinem Vorbilde auch Äschylos in seinen späteren Dramen anwandte, noch harmonischer in das Schauspiel eingeordnet. Dabei sind seine Chöre doch von hohem lyrischen Schwung und erhaben durch den sich darin aussprechenden sittlichen und religiösen Sinn. Aber die Chöre des Äschylos sind vollkommener, selbst im Versbau; die Kunst wurde plastisch und dramatisch kleiner, je freier die Zeit wurde. Noch auffallender muss dies in der Musik gewesen sein. Der Einfluss des veränderten musikalischen Zeitgeschmacks (s. oben S. 527) tritt aber besonders klar in den metrischen Formen der Euripideischen Tragödien hervor, welche den Höhepunkt des weichen und pathetischen Stils bezeichnen. Die Chöre des Euripides sind indess nicht bloss durch den leichten und weichlichen Versbau, sondern der ganzen Anlage nach unvollkommener, weil sie nur noch Reflexion und Affecte aussprechen, ohne sich organisch in die

Handlung einzufügen (s. oben S. 670), deren Bedeutung überhaupt gegen die sich vordrängende Darstellung der Empfindung zurücktritt. Denn Meister ist Euripides in der Kunst die tragischen Affecte zu erregen und die Zuschauer zu rühren; hierin erkennt ihm auch Aristoteles (Poetik, Cap. 13) den Preis zu. Dagegen fehlt ihm die Erhabenheit. Seine Charaktere sind oft zu niedrig; das Motiv der Liebe tritt häufig in fast moderner Weise auf; seine Stücke sind voll üppiger lüsterner Frauen. Das Schicksal erscheint bei ihm mehr als Eigensinn des Zufalls. Er ist in Allem sinnreich, geistreich, gewandt, oft reizend, aber nicht grossartig. Neben der Darstellung der Leidenschaften nimmt die Reflexion einen breiten Raum ein: lebenskluge Sentenzen, nicht selten übermässig ausgeschmückt, oft gesucht, allerdings aber hervorgegangen aus reifem Nachdenken. Durch diese Reflexion ist die Tragödie in einer den antiken Charakter überschreitenden Weise vergeistigt. Äschylos, Sophokles und Euripides wurden bereits bei ihren Lebzeiten als die Koryphäen der tragischen Dichtung anerkannt, in welcher sich neben ihnen eine grosse Menge Dichter auszeichneten, so dass wir nicht den hundertsten Theil dieser Literatur besitzen. Athen war die Schule der Tragiker und Tragöden für Hellas und die ganze hellenische Welt. Die Dichtung pflanzte sich in den Familien der hervorragenden Dichter, und später in den Verbindungen der Dionysischen Künstler fort (s. oben S. 546). Doch können wir uns über den Stil der Tragödie aus der Diadochenzeit, wo unter Ptolemäos Philadelphos in Alexandria eine Pleias von Tragikern sich hervorthat, und aus der Römerzeit keine klare Vorstellung bilden.

Die Komödie zeigt in ihrer Entwickelung eine Aufeinanderfolge derselben Stile wie die Tragödie. Den hohen Stil trägt die alte (ἀρχαία), den mittlern die mittlere (μέcη), den weichen die neue (νέα) Komödie. Aristoteles bemerkt (Poet. Cap. 5), dass die Anfänge der kunstmässigen Komödie im Dunkeln liegen, weil sie später als die Tragödie in den öffentlichen Agon aufgenommen und vorher nur als scherzhafte Privatbelustigung behandelt wurde. Sie scheint in dem dorischen Megara früher ausgebildet zu sein als in Attika und verbreitete sich von dort wahrscheinlich nach dem sicilischen Megara. In Sicilien wurde sie durch Epicharmos zuerst auf eine höhere Stufe erhoben. Hätten wir mehr Überreste dieser alten sicilischen Komödie, so würden wir darin ohne Zweifel einen besondern Stil zu erkennen vermögen, welcher mit dem des Satyrdramas eine grosse Ähnlichkeit gehabt haben dürfte. Denn soweit wir sehen, waren die Stoffe der sicilischen Komiker mythisch. Jedenfalls aber hatten diese Dichtungen mit der alten attischen Komödie den hohen Stil gemeinsam. Wir lernen denselben vollkommen klar aus Aristophanes kennen, der trotz der Verschiedenheit der Gattungen nur mit Äschylos zu vergleichen ist. Die Komik ist in diesem Stile grossartig. Sie wirkt nicht durch feine Sittenschilderungen, sondern durch das Erhaben-Lächerliche, Phantastische. Hierzu ist keine kunstmässige Anlage des Stücks nöthig. Vielmehr wirken Willkürlichkeiten und Unwahrscheinlichkeiten selbst komisch. Die Anlage der Aristophanischen Stücke ist daher meist einfach und nicht plastisch abgerundet, weshalb sie auch nicht nach Einheit des Ortes und der Zeit strebt (s. oben S. 543). Die scherzhafte Handlung nimmt den Grundton des Erhabenen an, indem sie eine Parodie der erhabenen Tragödie wird. Wenn wir dies schon in den geschriebenen Stücken des Aristophanes erkennen, so muss es noch mehr bei der Aufführung, namentlich in der Musik, der Orchestik und dem Costüm hervorgetreten sein. In diesem weit über die Linie des gemeinen Lebens hinausgehenden Scherz liegt das Idealische der altattischen Komödie. Wenn darin selbst Personen aus der Wirklichkeit auf die Bühne gebracht wurden, so wurden sie doch nicht platthin copirt, sondern durch die starke Auftragung, die Zusammenhäufung des Lächerlichen zu komischen Idealen gestaltet, die wie Symbole aller Verkehrtheit und Tollheit dastehen. Am deutlichsten tritt das Grotesk-Komische in der Person des Chores hervor (s. oben S. 670). Man kann die alte Komödie einem Hohlspiegel vergleichen, in welchem alle Gestalten der Wirklichkeit vergrössert und verzerrt erscheinen. Dem Stoffe nach umfasst sie das ganze Leben. Da aber in diesem die politischen Parteiungen und Bestrebungen vorherrschend waren, so ist ihr Hauptinhalt politisch. Die Politik ist offenbar der schönste Stoff für die Komödie, wenn diese die Lächerlichkeit und Verkehrtheit des öffentlichen Lebens und Treibens aufdeckt. Aristophanes trifft hier oft den rechten Fleck. Man erkennt in ihm ein wahrhaft sittliches Bestreben; er schmeichelt dem Volke nicht und schont nicht die verderblichen Demagogen; er ist der Pöbelherrschaft abgeneigt und ein Freund der alten Kraft und

Sitte, in dem der Geist der Marathonkämpfer lebt. Auch das Religiöse wird ins Komische gezogen, wie z. B. Dionysos, an dessen Feste man spielte, in den Fröschen derb parodirt wird. Man darf Aristophanes deshalb nicht für einen Verächter der Volksreligion oder gar für atheistisch halten; es war dies nur ein Spiel des Witzes und wurde vom Publicum als solches aufgenommen: eine ähnliche Parodie des Heiligen findet sich noch in den geistlichen Spielen des Mittelalters. Ein ergiebiger Gegenstand der Komödie war ferner das Kunstleben, welches in den Fröschen so vortrefflich karrikirt ist.*) Ähnlich wird die Philosophie in den Wolken behandelt. Kurz alle grossen Erscheinungen des Lebens nimmt die Komödie auf und nur das häusliche Leben tritt in den Hintergrund, weil seine Interessen zu klein sind. Es erscheint nur als die sinnliche Seite des Daseins in Hunger, Durst und Liebe und wird in dieser Beziehung zu grotesken Scherzen benutzt. Nur in Verbindung mit der sinnlichen, aphrodisischen Liebe tritt das weibliche Geschlecht in dieser mannhaften Komödie auf, die zu obscön ist, als dass züchtige Weiber der Aufführung beiwohnen konnten (vergl. oben S. 541). Dem entsprechend ist auch der ausserordentliche Witz stark und kühn und Alles wird bei seinem Namen genannt, auch das Gemeine und Schmutzige. Aber das feine Gift des Lasciven, das versteckt Unsittliche bleibt fern. Daher ist Aristophanes kein Verführer und gerade darin, dass er die Sachen in plumper Weise bezeichnet, liegt etwas Sittliches bei aller Garstigkeit, und mit dieser Garstigkeit ist wieder die höchste ästhetische Bildung vereinigt. Doch darf man bei ihm nicht Alles auf sittliche Principien zurückführen oder feste politische Grundsätze voraussetzen, am wenigsten vollkommen conservative; er sucht den Spass und es ist ihm wenig daran gelegen, ob er auf Kosten der Wahrheit unterhalte und oft scherzt er auch wohl auf Kosten seiner Freunde. Eine grosse Theilnahme war der altattischen Komödie dadurch gesichert, dass bei ihr das Ideale ganz im Wirklichen wurzelte. Freilich wurde sie dadurch pasquillantisch. Wie man den Staat angriff, so griff man auch einzelne Personen an, indem man sie mit ihrem Namen auf die Bühne brachte und sogar in der Maske nachahmte. So wurde Sokrates z. B. durch die Wolken zu einer Karrikatur der Sophistik. Eine solche

---

*) Vergl. *Graec. trag. princip. cap.* XIX.

starke und freche Verhöhnung hervorragender Persönlichkeiten war nur in der Demokratie möglich, ohne welche die alte Komödie nicht entstanden wäre; Sparta konnte diese Dichtung nicht vertragen und in Rom wurden ähnliche Versuche des Naevius durch Gefängnissstrafe zurückgewiesen und mit Prügeln verpönt. Das unmittelbare Eingreifen der Komödie in die Wirklichkeit setzt übrigens eine sehr willkürliche Behandlung des Stoffes voraus, welche eben echt komisch wirkt. Auch abgesehen von der Einführung wirklicher Personen springt der Dichter aus seinen Idealgebilden plötzlich in die Wirklichkeit über und vermischt diese kühn mit der Dichtung. Der Schauspieler, auch der Chor plumpt plötzlich aus seiner Rolle, steht statt auf der Bühne im Leben, deutet mit Fingern auf Anwesende und spricht wie auf der Strasse oder dem Markt. Eigens eingerichtet ist hierzu die Parabase, worin der Dichter durch den Chor mit dem Publicum spricht um seine persönlichen Verhältnisse, insbesondere seine Wünsche in Betreff der Aufnahme des Stückes vorzutragen und ernste und scherzhafte Rathschläge zu geben. Dieses alle Täuschung aufhebende Intermezzo wird jedoch meist kunstmässig eingelegt, wo ein Stillstand der Handlung eintritt. Die Parabase ist ein Haupttheil der alten Komödie, welche durch die Chorgesänge ebenfalls in Scenen zerfällt, ohne dass jedoch die innere Ökonomie der Handlung wie bei der Tragödie gegliedert ist. Vielen erscheint jetzt die alte Komödie ganz ungeniessbar. Aber die Formen, welche die griechische Literatur ausgeprägt hat, sind zwar einerseits durchaus volksthümlich, enthalten jedoch andererseits einen ewigen und unvergänglichen Typus, der in gebildeten Zeiten stets reproducirt werden kann. Wie weit die altattische Komödie mit allen Vorzügen der Aristophanischen Freiheit wieder herstellbar wäre, hat Platen in seinem Romantischen Ödipus und in der Verhängnissvollen Gabel gezeigt. Letzteres ist ein völlig deutsches und originales Werk voll Anmuth, Geist und Kraft und doch der Aristophanischen Komödie im Stil ganz ähnlich, eine zwar anspruchslose, aber doch einzige Erscheinung. Indess hat dies Stück vielen pseudoromantischen Dichtern und Ästhetikern und scholastischen Philosophen nicht zugesagt, weil sie weder die Kunst desselben schätzen noch Spass vertragen konnten. Ein Surrogat der Aristophanischen Komödie bildet bei uns die politisch-satirische Literatur; in Prutz' Politischer Wochenstube wie in unserm

Kladderadatsch ist z. B. viel ächt Aristophanischer Geist, dem nur die dramatische Form mangelt. In seinem eignen Zeitalter wurde Aristophanes von den Gebildeten sehr geschätzt. Platon führt ihn in seinem Gastmahl als den Genossen der edelsten und gebildetsten Gesellschaft auf. Ob er selbst ihn so eifrig gelesen, wie die Alten behaupten, ist allerdings zweifelhaft und das Epigramm, welches den Aristophanes zum τέμενος Χαρίτων macht, rührt schwerlich von Platon her. Wenn der Philosoph dem Dionysios die Wolken zugesandt haben soll, damit er daraus die Stimmung Athens kennen lerne, so ist dies, falls die Sache gegründet ist, weniger ein Lob des Aristophanes als vielmehr eine Satire auf Athen. Und wenn auch Sokrates die Verunglimpfung durch Aristophanes nicht hoch aufnehmen mochte, so ist doch Platon in der 24 Jahre nach den Wolken verfassten Apologie nicht im Stande gewesen sie ungerügt zu lassen. Nach dem Gastmahl zu schliessen scheint er den Aristophanes eben nicht höher zu schätzen, als ein geistvoller Mann den geistvollen Mann schätzen musste ohne deshalb eine besondere Vorliebe für ihn zu haben; seinen Charakter hat er aber wohl aufgefasst, wie die Rede des Aristophanes in dem Symposion beweist. Die Verspottung des Sokrates in den Wolken ist vielleicht dadurch veranlasst, dass Sokrates den Komiker durch seine Ironie persönlich verletzt hatte. Platon's Idealstaat wird in Bezug auf die Weibergemeinschaft von Aristophanes in den Ekklesiazusen verspottet, was Platon in der Republik selbst zu verstehen giebt; aus jenem Idealstaat schliesst er seinerseits die Komödie wie die Tragödie aus (s. oben S. 470).

Der hohe Stil der alten Komödie wurde übrigens noch in der letzten Lebenszeit des Aristophanes zu grösserer Feinheit und Weichheit herabgestimmt. Hierin besteht der Charakter der mittlern Komödie. Sie hatte im Allgemeinen den Ton der alten, unterschied sich jedoch von ihr 1) durch Weglassung pasquillantischer Angriffe, 2) durch Aufgebung des politischen Stoffes, 3) durch den Verlust der Chorgesänge und der Parabasen. Schon Olymp. 85, 1 war es gesetzlich verboten worden Bürger in schimpflichen Rollen in die Komödie einzuführen (ὀνομαστὶ κωμῳδεῖν, vergl. Meineke, *Hist. crit. com. Graec.* S. 40). Diese Bestimmung wurde zwar Olymp. 85, 4 wieder aufgehoben.*) Aber in den

---

*) Staatshaush. d. Ath. I, S. 435.

spätern oligarchischen Bewegungen kam die Darstellung wirklicher Personen ab, die man auch in der Maske vermied; in der makedonischen Zeit zog man die Maske ganz ins Grimassenhafte, damit sich nicht etwa ein Machthaber durch zufällige Ähnlichkeit copirt glaube. Die persönlichen Anspielungen fehlen schon grösstentheils in dem Plutos des Aristophanes. Dass zugleich das Politische nur versteckt berührt werden durfte, ist natürlich. Dies mochte schon seit der Herrschaft der Vierhundert und noch mehr seit der Herrschaft der Dreissig der Fall sein. Jedoch vollzog sich die ganze Umwandlung nur allmählich; die Anspielungen wurden nach und nach immer harmloser und schwächer. Da nun Chor und Parabase besonders politisch und persönlich waren, mussten sie in Wegfall kommen. Hierzu trug ausserdem die Verarmung der Athener bei, wodurch die Choregie ebenfalls allmählich einging. So blieb der Chor nur noch als unbedeutende handelnde Person ohne chorischen Gesang wie in dem zweiten Plutos des Aristophanes, der auf der Grenze des mittlern Stils steht (vergl. oben S. 546). Übrigens hat die mittlere Komödie, obgleich nur eine Übergangsform, keine geringe Anzahl von Stücken hervorgebracht; Athenäos (VIII, S. 336) hatte allein 800 derselben gelesen. Die Blüthe dieser Dichtung fällt in die Zeit von Olymp. 100—115.

Die neue Komödie entstand erst in der Zeit nach Alexander, indem geistvolle Dichter den Verlust der alten dramatischen Kraft und Freiheit durch Feinheit der Kunstform zu ersetzen suchten. Während die Aristophanische Komödie ein sich selbst aufhebendes, phantastisch-willkürliches Spiel des Scherzes war, hat die neue Komödie nach dem Muster der Tragödie einen festgeregelten Plan, Verwicklung der Handlung, vollkommene Abrundung des Ganzen. Der Dichter erfindet einen Stoff, in welchem aber das wirkliche Leben nach seiner komischen Seite nachgeahmt und in allgemeinen Typen idealisirt erscheint, wogegen in der alten Komödie die einzelnen Gestalten der Wirklichkeit selbst zu komischen Idealen erhoben wurden. Durch die neue Richtung wurde die Komödie gleichsam zu einem Planspiegel des von der Sinnlichkeit beherrschten sich um nichtige Ziele bewegenden Erfahrungslebens und eine Lehrerin der Welt- und Lebensklugheit. Sie wurde sentenziös und ihr Muster war Euripides, der in der Tragödie einen ähnlichen Standpunkt vertritt. Dass eine solche Komödie weniger ungebunden, kunstreicher in den Intriguen, natürlicher in den Gegenständen, züchtiger in der Form sein musste als die alte, versteht sich von selbst. In ihrer feinen und zierlichen Sprache bildete sich die ganze Urbanität des neuern Atticismus aus. Es trat in ihr nur das feinere Komische hervor und da sie das Privatleben nachahmte, verlor sie das Phantastische der alten politischen Komödie. Das Symbolische, das aller Poesie eigen ist, liegt bei ihr nur darin, dass sie durch ihre Fabel den komischen Gehalt des bürgerlichen Lebens, der ihre Idee ist, in einem bestimmten Bilde wiedergiebt. Daher herrscht in ihr die Darstellung der Liebe, welche den Mittelpunkt des Privatlebens bildet. Die grobe Obscönität der alten Komödie verschwindet und an ihrer Stelle tritt die verwickelte Liebesintrigue meist mit einer mehr oder minder ehrbaren Hetäre; denn nur die Hetäre oder eine ehrsame Bürgerin, die Hetäre zu sein scheint, passte für die Bühne. Die Hetärenliebe, die in der makedonischen Zeit zu einem feinen Elemente der Geselligkeit wurde, ist durch Vermittelung der neuattischen und der dieser nachgebildeten römischen Komödie das Vorbild für die Liebesintrigue des modernen Lustspiels geworden, welches jedoch in Folge der durch das Christenthum veränderten Stellung des weiblichen Geschlechts auch sittige und ehrsame Frauen auf die Bühne zu bringen vermochte, und dadurch eine noch feinere und edlere Gestalt gewann. Als Ersatz für die pasquillantische und symbolische Darstellung der altattischen Tragödie trat bei der neuattischen die ἠθοποιΐα, d. h. die typische Schilderung der Sitten und Charaktere hervor, worin sie Ausgezeichnetes leistete. Stehende Personen waren ausser Hetären und ihrer sehr artig und fein gebildeten weiblichen Dienerschaft leichtsinnige Jünglinge, verschmitzte und gefrässige Sklaven, gutmüthige und nachgiebige Alte, polternde Greise, feige grosssprecherische Officiere, Parasiten. Ganz ohne persönliche Irrision ist übrigens auch diese neue Komödie nicht und der Chor behielt seine Stelle als untergeordnete Person; die Pausen der Handlung wurden wahrscheinlich z. Th. durch Monodien desselben ausgefüllt (s. oben S. 546). Der hervorragendste Meister der neuern Komödie war Menandros von Athen, ein Schüler der Philosophen Theophrast und Epikur. Es war natürlich, dass in den theatralischen Aufführungen der alexandrinischen und römischen Zeit die Dichter der neuern Komödie, deren es ebenfalls eine grosse Anzahl gab, bevorzugt wurden.

Literarisch wurde Aristophanes von den Alexandrinern als Gipfel der komischen Poesie betrachtet; späterhin sank das Ansehen desselben und es ist nicht zu verwundern, dass Plutarch (Ἐπιτομὴ τῆς cυγκρίcεως Ἀριcτοφάνους καὶ Μενάνδρου) den Menander viel höher stellt, ein Urtheil, welches eine philisterhafte Kritik in der Neuzeit unterschrieben hat.

Eine prosaische Nebenform der dramatischen Dichtung war der Mimos. Aus dem Epos und der Lyrik geht das Drama nur dann hervor, wenn die mimische Nachahmung der Handlung durch den Dialog hinzukommt. Dies Element ist nun im Mimos isolirt gegeben. Die elementarische und unvollendete Form desselben zeigt sich schon darin, dass er prosaisch ist: er ist eine blosse Darstellung von Charakteren, die zum Drama würde, wenn Handlung und Chorgesang hinzuträten. Der Mimos bildete sich in Sicilien und Italien, wo das mimische Talent heimisch war. Er ist verwandt mit den Übergangsformen in allen Dichtungsarten, nämlich dem bukolischen, iambischen und parodischen Epos und den φλύακες in der Lyrik. Ausserdem mag er sich an den Stil der sicilischen Komödie angeschlossen haben. Der Vollender dieser Gattung ist Sophron von Syrakus, ein älterer Zeitgenosse des Euripides. Dass Platon seine Mimen zuerst nach Hellas gebracht habe, ist gewiss erfunden; aber sicher ist, dass er sie sehr schätzte. Sie scheinen ein Mittelding zwischen Ernst und Scherz gewesen zu sein und waren Darstellung männlicher und weiblicher Charaktere, aber ohne Handlung, bloss Unterhaltungston. Weil sie in Prosa verfasst waren, stellt sie Aristoteles (Poet. Cap. I) mit den Sokratischen Dialogen zusammen. Sie behandelten niedere Gegenstände und waren im Volksdialekt, aber wie die Komödien des Epicharmos in dem alten harten Dorismus, nicht wie die Bukolika in dem neuern weichen geschrieben. Ein italisches Erzeugniss war die hauptsächlich von Rhinton in Tarent ausgebildete Hilarotragödie, die — so weit wir dies beurtheilen können — eine blosse Parodie der Tragödie war, weniger fein als das Satyrdrama und gewiss nahe verwandt mit der sicilischen Komödie.

B. Prosa.

§ 97. Die Prosa ist ihrem Gattungsstil nach Darstellung von Begriffen und Thatsachen durch und für den Verstand in metrisch ungebundener Rede, aber in einer herabgestimmten nach den Normen des Verstandes enger beschränkten und dadurch gefesselten Sprache. Hieraus folgt, dass die Prosa der Ausdruck des sich entwickelnden wissenschaftlichen Denkens ist (s. oben S. 468). Ihr Hauptzweck ist somit nicht künstlerisch, sondern wissenschaftlich oder praktisch; die Poesie ist reine, die Prosa nur anhangende Kunst. Daher sind die prosaischen Stile weit weniger bestimmt geschieden als die poetischen. Die geschichtliche, philosophische und rhetorische Darstellung haben keine so bestimmten Formen wie Epos, Lyrik und Drama und der in der Prosa herrschende Verstand kann sich von der Kunst fast ganz lossagen, so dass die Form vernachlässigt wird und allein der Stoff interessirt. So giebt es in der Geschichte und Philosophie zwar eine ächt künstlerische Darstellung, aber auch eine grosse Masse Erzeugnisse, in welchen der Stil auf ein Minimum beschränkt ist. Anders ist es bei der Beredsamkeit. Sie kann wegen ihrer praktischen Tendenz die Kunstform nicht entbehren und nimmt daher innerhalb der prosaischen Literatur das Hauptinteresse der Literaturgeschichte in Anspruch. Im Allgemeinen aber wird diese die Poesie weit eingehender zu behandeln haben als die Prosa.

a. Historische Prosa.

Alle Volksstämme, ja die Familien des Alterthums waren bestrebt das Geschehene, zumal wenn es auffallend und ungewöhnlich erschien, im Andenken zu erhalten. Dies wird schon in der Urzeit durch Denkmäler erreicht, welche auch ohne Worte eine That bezeichnen, indem die Tradition an solche Symbole geknüpft wird. Ferner bemächtigen Priester und Dichter sich der Sage; sie gestaltet sich mythisch. In dem heroischen Epos, der Form des geschichtlichen Mythos, wirkte bereits der philologische Trieb; indem dieser die dichterische Form durchbrach, ging aus dem Epos die historische Prosa hervor. Der Grund war offenbar, dass neben der religiös-phantastischen Betrachtungsweise Reflexion und Verstand zu einer solchen Stärke gediehen waren, dass sie die Dinge für sich selbst, nicht mehr unter mythischen und poetischen Bildern erkennen wollten und die für diese Erkenntniss angemessene prosaische Form künstlerisch geltend machten. Wie aber das Epos seine Blüthe in Ionien hatte, so hat sich auch hier zuerst jener Grad der Verstandesbildung erzeugt, durch welchen eine kunstmässige Prosa geschaffen wurde. In Ionien wurde wahrscheinlich auch zuerst häufiger geschrieben, was die Entstehung der Prosa beförderte, da diese nicht wie die Poesie sich ursprünglich durch mündliche Tradition fortpflanzt, sondern der Schrift bedarf. Die Schönheit des prosaischen Stils wurde aber langsam gewonnen; denn abgesehen von der Sprachform konnte erst in allmählicher Stufenfolge die Fähigkeit der zweckmässigen historischen Anordnung und die historische Kritik erworben werden. Die ionische Logographie bildete die erste Stufe der historischen Prosa (s. oben S. 633). Die Logographen lösten zunächst den epischen Kyklos in Prosa auf und fügten andere Sagen, welche die Überlieferung besonders der einzelnen Staaten enthielt, hinzu. Es kam also zu dem mythischen Stoff eine halbmythische Tradition. Ferner benutzten sie die vorhandenen Urkunden, wie die heiligen Register in den Tempeln zu Argos und Sikyon, die Listen der Olympioniken u. s. w. Diese Denkmäler und die örtlichen Sagen lernten sie auf Reisen kennen, indem sie durch eigene Anschauung und durch die Erzählung Kundiger sich unterrichteten, Kunde (ἱστορίαν) sammelten. Der Inhalt der ältesten logographischen Versuche waren demnach Mythengeschichte, Theogonie, Kosmogonie, Genealogie der Heroen, Geschichte von Städtegründungen, historisch-geographische Reisebeschreibungen, wobei das Historische und Antiquarische ungetrennt war (s. oben S. 364 f.) Die Behandlungsart dieses Stoffes war jedenfalls mannigfach verschieden. Allein im Allgemeinen musste schon bei diesen frühesten Geschichtsschreibern, da sie die Wirklichkeit von der Dichtung unterschieden, die Kritik erwacht sein; die Quelle der Kritik aber war der Zweifel an der mythischen Überlieferung und das Bestreben das Wunderbare, d. h. Unerklärte zu erklären. Schon Hekatäos tadelte des Hesiod Genealogien, verwarf viele Sagen als lächerlich und erklärte die Mythen geschichtlich. Freilich konnte diese Kritik nicht tief eindringend sein. Mit Einfalt und Treuherzigkeit wurde das Gegebene meist als solches aufgefasst. Daher war auch die Anordnung des Stoffes höchst einfach, bloss kyklisch erzählend. Das Urtheil fehlte gewiss auch nicht in der Darstellung; aber es mochte einseitig, subjectiv, hauptsächlich von religiösen Gesichtspunkten beherrscht sein, mehr noch als bei Herodot. Die Sprache war einfach, von ionischer Weitschweifigkeit und unperiodisch. Hierin zeigt sich die Analogie mit dem Epos; das Periodische entspricht der lyrischen Composition. (Vergl. Dionysios von Halikarnass, *De Thucydide.*)

Einen höhern Geist pflanzte Herodot von Halikarnass der Logographie ein. Sein Werk, dessen Abschnitten die Grammatiker spielend die Namen der neun Musen beigelegt haben, ist das erste, worin nicht bloss eines Volksstammes oder Staates, sondern vieler Länder und Völker Thaten und Begebenheiten beschrieben sind. Während die frühern Logographen gleich den Kyklikern Alles ohne strengere Einheit in gerader Linie parallel neben einander erzählten, hat er nach dem Muster Homer's seine mannigfachen Erzählungen um ein Centrum gruppirt, so dass trotz unendlicher Abschweifungen das Einzelne künstlerisch zu einem Gesammteindruck verknüpft ist. Der Hauptzweck ist die Erzählung der Kriege zwischen Hellenen und asiatischen Barbaren und zwar zur Verherrlichung der Athener; in diese Erzählung aber ist episodisch eine Masse historischer und geographischer, einen grossen Theil des den Griechen bekannten Erdkreises umfassender Nachrichten eingewebt. Seine Treue auch bei wunderlich scheinenden Berichten ist in neuerer Zeit durch verständige Reisende und kritische Forschung immer mehr bewährt worden; wo er falsch berichtet ist, wie über die ägyptischen Könige, ist dies nicht seine Schuld. Seine Betrachtungsweise ist allerdings nicht tief politisch. Er hat nur ganz allgemeine politische Gesichtspunkte, wie von der Trefflichkeit der demokratischen Verfassung, dem Unterschied freier und despotisch beherrschter Völker, der Beweglichkeit der Demokratie u. s. w. Dagegen fehlt ihm die Einsicht in den innern Gang des politischen Treibens. Er betrachtet die Geschichte von einem kindlich-religiösen Standpunkt, indem er überall das Walten einer göttlichen Weltordnung sucht, welche das geordnete Gleichgewicht in den menschlichen Angelegenheiten hält und deshalb Alles beugt, was das Maass überschreitet. Ohne Zweifel liegt hierin eine Wahrheit: es giebt eine Nemesis für Thorheit und Schlechtigkeit, eine Nemesis der moralischen Weltordnung. Bei Herodot ist indess der religiöse Pragmatismus mit einem kindlichen Glauben an die Orakel, an Zeichen und Wunder verbunden. Daher ist er noch nicht frei vom Mythischen. Auch Charakterzeichnung ist nicht seine Stärke; seine Personen sehen sich oft sehr gleich; er leiht in den Reden den meisten seine eigenen Gesinnungen; hierin ist er dem Homer nicht gewachsen, so episch sonst sein ganzes Wesen ist. In Rücksicht der Sprache ist er nach des Dionysios' Urtheil τῆc 'Ιάδοc ἄριcτοc κανών. Zu seinem Ionismus gehört die episch anschauliche Breite seiner Sprache. Auch er schreibt unperiodisch; er hat, wie Aristoteles (Rhetor. III, 9) dies treffend ausdrückt, die λέξιc εἰρομένη (vergl. oben S. 246). Im Ganzen genommen trägt aber sein Stil den mittleren Charakter. Er zeichnet sich aus durch Anmuth und Liebenswürdigkeit verbunden mit einer antiken Einfalt, die oft so weit geht, dass es unklar ist, ob sie ganz unbewusst war. Hier und da scheint sie grundsätzlich hervorzutreten. Aus dem Zeitalter erklärt sie sich nicht und es ist wohl möglich, dass er durch dieselbe mit Absicht den alterthümlichen Logographenstil festzuhalten suchte.*)

Einen Fortschritt gegen diesen bildet der Stil der sich an Herodot anschliessenden vollendeten attischen Geschichtsschreibung durch grössere Kritik und durch grössere Reife des Urtheils und der Combination in der Erzählung der Thatsachen, ohne dass dabei die künstlerische Abrundung der Form beeinträchtigt wird. Der grösste Meister dieser attischen und zugleich der gesammten antiken Geschichtsschreibung ist Thukydides. Er hat zuerst mit tief und scharf eindringendem Geist eine streng kritische Behandlung der Geschichte unternommen, und mit der grössten Schärfe des Urtheils verbindet sich bei ihm eine ausserordentliche Wahrheitsliebe und Unparteilichkeit. Er erscheint deshalb in seiner Darstellung kalt und theilnahmlos; selten kommt bei ihm das Gemüth zum Ausdruck; dass er aber desselben nicht entbehrte, zeigen die wenigen Worte, mit welchen er die Niederlage der Athener in Sicilien beweint. Seine Betrachtungsweise ist streng politisch; kaum hat irgend ein anderer Schriftsteller des Alterthums die öffentlichen Verhältnisse und die Charaktere der Staaten mit so klarem Blick aufgefasst und durchdrungen. Diese Tiefe der Einsicht stellt sich namentlich in den Reden dar, die er den Personen in den Mund legt und die seine auf genauen Forschungen beruhende Ansicht über deren Motive enthalten. Die religiöse Betrachtung tritt gegen die politische ganz zurück; er schreibt menschliche Geschichte und ist frei von dem religiösen Aberglauben des Herodot. Der grossen Aufgabe, die er sich in seiner Beschreibung des Peloponnesischen Kriegs stellt,

---

*) Vergl. Kl. Schr. VII, S. 595 ff.

ist er völlig gewachsen; er giebt ein treues Bild des Zustandes, unter welchem der grosse Kampf um die Hegemonie unternommen wurde, entwickelt die Gründe klar, aus welchen er entstanden und verfolgt den Fortgang mit der grössten und vielseitigsten Genauigkeit. Sein Urtheil über die Thatsachen ist höchst gediegen. Seine Darstellung ist rhetorisch belebt ohne dadurch den historischen Charakter zu verlieren. Die Alten bewunderten ihn als das vollkommenste Muster des erhabenen Stils in der Prosa. Diesen Stil zeigt seine ganze Sprachform. Sein Ausdruck ist ungewöhnlich, zuweilen poetisch; die Verbindung der Worte hart und rauh, wodurch zuweilen Dunkelheit entsteht; er verschmäht mit Wahl und Absicht die weiche Anmuth des Herodot. Damit stimmt die Kürze seiner Ausdrucksweise überein: er will mit wenigen Worten soviel als möglich sagen und drängt viele Gedanken in einem engen Raum zusammen. Dies rührt keineswegs daher, dass seine Sprache seinen Gedanken nicht gewachsen und schwerfällig wäre; vielmehr erkennt man bei einem tiefern Studium deutlich, dass er seine Sprache mit Reflexion in die Tiefe und ins Herbe gebildet hat und sein Stil ist die Frucht einer rhetorischen Durchbildung, von der wir uns kaum eine Vorstellung machen können; auch die Reden seiner Personen sind nach verschiedenen rhetorischen Manieren höchst kunstvoll und charakteristisch gearbeitet. Dass in der klassischen Geschichtsschreibung der erhabene Stil des Thukydides auf den einfach schönen des Herodot folgte, erklärt sich nur aus der rhetorischen Richtung des Thukydides, dessen Vorbild Antiphon den erhabenen Stil in der Beredsamkeit vertritt. Die herbe Grazie des Thukydideischen Stils zeigt sich nicht nur in der Sprache, sondern sogar in der Auswahl des Stoffes: er lässt Alles fort, was sich nicht auf den Krieg und die damit verbundenen Verhältnisse bezieht; nur einige wohlbegründete Episoden unterbrechen den strengen Gang der Darstellung.*)

Gänzlich verschieden ist der Stil des Xenophon, welchen die Alten als Muster der eleganten und anmuthigen Schreibweise bewundern. Xenophon ist nicht ausgezeichnet durch Tiefe des Geistes und grossartige Ansichten, sondern durch eine gewisse Harmonie der Bildung, welche jedoch etwas zu nüchtern und prosaisch ist. Er ist ein vollkommen gerechter Mann, würdig

---

*) Vergl. Kl. Schr. VII, S. 598.

seines Lehrers Sokrates; aber eine gewisse Eingeschränktheit des Geistes hat ihm nicht nur in der Philosophie, sondern auch in der Geschichte eine einseitige Richtung gegeben, welche sich in der parteiischen Vorliebe für Sparta und die dorische Sitte, in seinem strategischen und ethischen Pragmatismus und in der abergläubischen Einfalt, zu der er zurückkehrt, zeigt. Aber man darf über diese Schwächen nicht die Anmuth seines einfachen Wesens, die sein Stil wiederspiegelt und überhaupt das edle Gemüth dieses reinen und feinen Charakters verkennen. Mit ihm endet die klassische Zeit der alten Geschichtsschreibung, worin dieselbe das Gepräge künstlerischer Naivität bewahrte. Der Verfall trat durch einen überwiegenden Einfluss der rhetorischen und philosophischen Darstellungsweise ein. Ein Übermaass von Rhetorik herrschte schon bei Theopomp, noch mehr bei den Geschichtsschreibern der Thaten Alexander's. Zugleich nahm die von Aristoteles begründete gelehrte Geschichtsschreibung vielfach die Form der wissenschaftlichen Untersuchung an, wie sie durch die Reflexionsphilosophie ausgebildet wurde. Dies war der Fall bei den Antiquaren und Annalisten des alexandrinischen Zeitalters. Wie sich aber in den Geisteswissenschaften, welche ihrer Natur nach geschichtlich sind, die historische Darstellung mit der philosophischen verband, so geschah dies auch in den Naturwissenschaften; denn die Naturgeschichte, Geographie und Uranographie sind nicht bloss untersuchend und erörternd, sondern auch beschreibend. In der gelehrten Schreibweise trat indess die Form mehr und mehr gegen den Inhalt zurück. Kunstmässiger war der Stil der pragmatischen Geschichtsschreibung, weil diese der Stilform wie die rhetorische Darstellung zur Erreichung ihres praktischen Lehrzweckes bedarf. Polybios, der eigentliche Begründer dieser Gattung ist ein genauer kritischer Historiker, oft vielleicht hyperkritisch; er ist geistvoll und anziehend in seinen Betrachtungen, ausgezeichnet in seinen politischen Kenntnissen und strategisch-taktischen Darstellungen; seine Sprache ist zwar nicht mehr ächt attisch, aber doch gebildet, klar und treffend. Allein die pragmatische Form verdirbt auch bei ihm die künstlerische Gestaltung des historischen Stils, so dass schon Dionysios von Halikarnass bemerkt, Niemand könne sein Werk in einem Zuge durchlesen. Viel mangelhafter ist der Stil bei den Nachfolgern und Nachahmern des Polybios, wie bei Diodor, dessen Historische Bibliothek ebenso mittelmässig in der Form als unbedeutend in der geschichtlichen Forschung ist. Dionysios von Halikarnass hat in seiner Römischen Archäologie offenbar allen erdenklichen Eifer auf Forschung und Kritik verwendet; allein sein Urtheil ist von vornherein durch seinen pragmatischen Zweck getrübt, indem er um seine Landsleute mit der Herrschaft der Römer auszusöhnen den griechischen Ursprung der letztern nachzuweisen sucht. Sein grösster Fehler aber besteht darin, dass er Alles vollständig und in sich selbst übereinstimmend darstellen will, wozu seine Quellen nicht ausreichen. Indess ist sein Studium doch keineswegs zu verachten; Niebuhr hat ihm durch seine Kritik Unrecht gethan und leidet selbst in hohem Maasse an den Fehlern des Pragmatismus, die er jenem vorwirft. Vor der Archäologie scheint Dionysios seine historisch-ästhetischen Schriften verfasst zu haben (s. unten S. 745), die höchst wichtig sind. Wenn auch Einzelnes darin zu spitzfindig ist, so zeigen sie doch im Ganzen eine richtige ästhetische Kritik und einen feinen an den klassischen Geschichtsschreibern und Rednern gebildeten Geschmack. Er selbst scheint in seiner Archäologie mit Bewusstsein auf Stilvollendung verzichtet zu haben; denn er erklärt, er wolle ein Werk liefern ἐξ ἁπάϲηϲ ἰδέαϲ μικτὸν ἐναγωγίου τε καὶ θεωρητικῆϲ und bei der theoretischen, d. h. gelehrten Darstellung konnte die Kunstform nicht wohl beibehalten werden. Eine bewundernswürdige Erscheinung der römischen Kaiserzeit ist Plutarch: ein edles für alles Gute ausnehmend empfängliches Gemüth, ein dem Mark Aurel ähnlicher Geist; dabei ausserordentlich gelehrt, durch Philosophie eklektisch gebildet, aber vorwiegend dem Platonismus zugeneigt, in der historischen Literatur vorzüglich belesen, von grosser wenn auch nicht klassischer Beredsamkeit, reich an Gedanken und Sentenzen. Aber sein Gemüth hat häufig sein Urtheil beeinträchtigt; er ist zu wenig kritisch, zu leichtgläubig, angesteckt von der Superstition seiner Zeit; seine Sprache und Compositionsweise ermangelt der Eigenthümlichkeit, weil ihm überall aus den Klassikern Stellen, Formeln, Verse vorschweben, in welchen sich manche seiner Schriften wie Centonen fortwinden, indem ein fremdes Element an das andere angereiht wird. Aber er ist in Folge seiner umfassenden Gelehrsamkeit eine unerschöpfliche Quelle der Alterthumskenntniss, sowohl in der Staatengeschichte, als in der Geographie, der Religionsgeschichte, Mythologie, Philosophie und Literaturgeschichte;

schwerlich ist ihm einer von seinen Zeitgenossen an Umfang der Kenntnisse gleich gekommen. Seine Βίοι παράλληλοι sind sehr geschickt und scharfsinnig zusammengestellt. Auch seine moralischen Schriften enthalten soviel geschichtlichen Stoff, dass man sie fast sämmtlich als historisch bezeichnen kann. Sie sind ein wahrer Schatz von Lebensweisheit, in welcher jeder, der ihrer bedarf, Befriedigung findet. Freilich nur wer diese Schriften mit Musse geniesst und die Gedanken derselben reiflich überlegt, wird sie richtig schätzen. Die Sprache ist oft sehr anziehend. Man lese z. B. die Schrift *De tranquillitate animi* oder *Consolatio ad Apollonium* in Momenten, wo man dessen bedürftig ist und man wird finden, dass er darin aus der ganzen Weisheit des Alterthums einen Blüthenkranz geflochten hat, eine Sammlung von Ideen und Aussprüchen, die das moralische Gefühl im höchsten Grade befriedigen und dem Geiste eine wahrhaft sittliche Stimmung und Festigkeit geben. Etwas jünger als Plutarch ist Arrian. Mit ihm beginnt eine ganze Reihe nicht unbedeutender Schriftsteller, da seit Hadrian die griechische Geschichtsschreibung eine schöne Nachblüthe hatte. Allerdings fehlt allen Werken dieser Zeit der originale Stil; sie sind nach dem Muster der attischen Klassiker geschrieben, aber manierirt und sehr rhetorisch aufgestutzt (s. oben S. 248). Hierher gehören besonders Appian, Dio Cassius und Herodian. In einem gezierten, aber nicht ungebildeten Ton der Schönrednerei schrieben auch viele historisch-literarische Sammler dieser Zeit, wie die Philostrate. Zuletzt verlief diese Richtung jedoch in geist- und formlosen Compilationen, die nur durch den darin aufgespeicherten gelehrten Stoff Werth haben, wie die Deipnosophisten des Athenäos, das Werk des Diogenes aus Laërte, Älian's Ποικίλη ἱστορία (*Varia historia*), das Ἀνθολόγιον (*Florilegium, Sermones*) und die Ἐκλογαί des Stobäos, die Βιβλιοθήκη des Photios. Übrigens dauerte die Geschichtsschreibung das ganze Byzantinische Zeitalter hindurch, in welchem eine Reihe mittelmässiger, aber nach dem Standpunkt der Zeit nicht ungebildeter Schriftsteller theils die Geschichte des Reichs, theils die Universalgeschichte und Chroniken bearbeiteten, wozu ausserdem die Kirchen- und Heiligengeschichte kam.

Zur historischen Prosa ist auch der Roman zu rechnen. Als erdichtete Erzählung ist er allerdings Poesie in prosaischer Form; aber diese Form bedingt den verstandesmässigen Charakter seines Stiles, wiewohl man ihn als Zwittergattung natürlich auch zum Epos rechnen kann. Es sind in ihm indess alle Gattungen der poetischen und prosaischen Darstellungen durcheinander gemischt und sein Stil ist daher sehr verschieden, je nachdem mehr der epische, lyrische oder dramatische Charakter hervortritt; er kann ausserdem alle Zwecke der prosaischen Darstellung annehmen, wie man ja selbst ein wissenschaftliches System in Form eines Romans darstellen kann. In der klassischen Zeit des Alterthums ist diese Mischgattung fast gar nicht ausgebildet, weil hier das umgekehrte Streben vorherrscht selbst prosaische Stoffe in poetische Form zu kleiden. Erst in der alexandrinischen und römischen Zeit bereitete sich die Form des modernen Romans vor in der Literatur prosaischer Liebesgeschichten, Ἐρωτικά. Es versteht sich von selbst, dass hierin die Liebe meist sinnlich und gemein ist. Die Composition ist im Allgemeinen einförmig und zeigt wenig Geist und Kunst. Irrfahrten und Seeräubergeschichten, welche, wo der Faden brechen will, neue Knoten bilden müssen, sind ein immer wiederkehrendes Thema. Am bedeutendsten und eigenthümlichsten scheint gerade das gewesen zu sein, was wir nicht besitzen, nämlich was die ältere alexandrinische Zeit hervorgebracht hat. Eine weitere Fortführung dieser Gattung gaben die Milesischen Märchen (τὰ Μιλησιακά) des Aristeides von Milet, dessen Zeitalter sich nicht genauer feststellen lässt; wahrscheinlich lebte er noch im 2. Jahrh. v. Chr. Wir wissen von seinem Werke nur, dass es in Milet spielende Liebesgeschichten enthielt, ohne Zweifel ziemlich schlüpfrig, etwa wie die Novellen des Boccaccio. Man fuhr später in diesem Ton fort und der Name Milesische Märchen wurde dadurch zum Gattungsnamen für den Liebesroman. Wir besitzen nur die Werke mittelmässiger oder schlechter Schönschreiber aus der Kaiserzeit.

b. Philosophische Prosa.

Als die geschichtliche Prosa entstand, blühte neben dem Epos bereits die Lyrik. Daher konnte sich gleichzeitig mit der Logographie die philosophische Prosa bilden; denn der prosaische Ausdruck des Denkens a priori entspricht dem poetischen Ausdruck der innern Empfindung. Doch beruht der philosophische Stil dem Inhalte nach nicht auf der Lyrik, sondern auf dem speculativen Epos (s. oben S. 587 f.). Als den ersten Prosaiker sahen die Griechen **Pherekydes** von Syros, einen Zeitgenossen der ältesten Logographen an (s. oben S. 591). **Thales** hat nichts geschrieben; über den Stil der ihm folgenden ionischen Philosophen können wir uns indess im Allgemeinen ein Urtheil bilden. Sie schrieben wie die Logographen, kunstlos, ohne Perioden in bestimmten und deutlichen kleinen Sätzen. Dieser ionische Stil ist also der historischen Darstellung ebenso verwandt wie die ionische Lyrik dem Epos (s. oben S. 661). Einen höheren Aufschwung nahm die philosophische Schreibweise bei den Pythagoreern und Eleaten. Ohne die ionische Einfachheit und Klarheit einzubüssen war der Ausdruck der dorischen Philosophie zugleich erhaben und poetisch.*) Die Eleaten kehrten z. Th. selbst zu der Form des Epos zurück (s. oben S. 652); ihre Prosa ist bereits ganz dialektisch, bei **Zenon** auch schon dialogisch, doch ohne Mimik und dramatische Einkleidung. Die philosophische Grundanlage des dorischen Charakters zeigt sich darin, dass die Dorer ausser der Philosophie überhaupt keine Prosa gehabt haben, wie sie in der Poesie die Lyrik zur höchsten Blüthe entwickelt haben. Die Einwirkung der italischen Philosophie auf die ionische erkennt man in dem Lehrgedichte des **Empedokles**, besonders aber in der Prosa **Herakleitos'** des Dunkeln. Der Stil dieses geistvollen und tiefen Denkers ist kräftig und lyrisch abgerissen: unklar zusammenhängende Sätze in einer räthselhaften pikanten Sprache. **Heraklit** war ein hochmüthiger Geist und heftiger Charakter; er deutete seine Gedanken nur vornehm an und verschmähte es sie der grossen Menge, die er verachtete, verständlich zu machen. Daher seine Dunkelheit, die dadurch vermehrt wurde, dass er das Denken der Vision eines Sehers gleichsetzte und seine kraftvolle Natur in sich selbst zwiespältig war. Dagegen war **Demokrit** ionisch im Stil wie im Dialekt. Die Alten haben seine lichtvolle Darstellung der des Heraklit entgegengestellt; es fehlte ihm dabei indess nicht an Feuer und prächtigen grossartigen Bildern; sein Rhythmos war halb poetisch. Obgleich ohne Periodologie war sein Ausdruck den Gedanken durchaus adäquat, concis und eigenthümlich gedrängt in jedem einzelnen Satze; hierin und in der geistreichen Wendung der Gedanken ist er oft mit **Herakleitos** verwandt. Nur häuft er ähnlich wie **Seneca** (s. oben S. 136)

---

*) Philolaos des Pythagoreers Lehren. S. 43.

die kurzen Sätze an, ohne dass die Gedanken in jedem Moment ganz neu wären, sondern es entsteht durch viele denselben Gegenstand nicht tautologisch, sondern vielseitig erläuternde Sätze eine eigenthümliche kurze Weitläufigkeit. Mit seiner Aufmerksamkeit auf die Sprachform (s. oben S. 634) hängt zusammen, dass er neue, kühne, oft auch verkehrte Wortbildungen machte.

Eine Umwandlung erlitt die philosophische Sprache durch die Rhetorik der Sophisten (s. oben S. 632). Ihr Stil war im Ganzen überladen mit rhetorischen Künsteleien, charakteristisch verschieden nach den Hauptrichtungen der Sophistik; die Hauptformen dieser Prosa sind die Stile des Gorgias, Protagoras und Prodikos, die wir aus Platon genügend kennen lernen. Die Sophisten theilten ihre Lehren vorzugsweise mündlich als Wanderlehrer mit, aber professionsmässig für Geld. In Athen, der vollkommenen Demokratie, bildete sich dagegen ein öffentliches philosophisches Leben. Hier wurde seit Perikles' Zeit die Philosophie zu einem Hauptgegenstande der gebildeten Unterhaltung, zu welcher sich die Bürger auf den Märkten, in den Hallen, den Stoen, Gymnasien, Rennbahnen und Lustgärten zusammenfanden. Die Philosophen selbst suchten die Orte auf, wo sie die Jugend und ihre Liebhaber, geistreiche Männer und Greise fanden. So bildete sich, angeregt durch die Rhetorik der Sophisten, der Dialog als Kunstform aus, die dann auch zur schriftlichen Darstellung angewandt wurde. Er unterschied sich wesentlich von dem rein dialektischen Dialog der Eleaten; denn er war, angemessen dem attischen Geiste, dramatisch. In ihm war Dialektik, Mäeutik und Poesie innig verschmolzen, so dass er gewiss die höchste Form der philosophischen Gedankenentwicklung ist wegen der künstlerischen Nachahmung des lebendigen Geprächs; denn das Leben ist das Tiefste und was ihm am nächsten kommt, das Wirksamste. Sokrates selbst hat nichts festes Dogmatisches hervorgebracht und daher nur in jenem lebendigen Verkehr gewirkt. Alle Sokratiker stimmten in der dialogischen Form ihrer Schriften überein; aber sie haben diese Form offenbar in sehr verschiedener Weise behandelt. Wir können, abgesehen von unvollkommenen Machwerken wie die, welche ich dem Sokratiker Simon zugeschrieben habe (s. oben S. 228 f.) die grosse Verschiedenheit der Stile an den Xenophontischen und Platonischen Dialogen erkennen. Xenophon hat in den Memorabilien und im Gastmahl den Sokrates nach dem

Leben gezeichnet, aber nur wie er sich in seinen populären elenktisch-moralischen Gesprächen gab; er hat dabei seinen Charakter einseitig und deshalb zu niedrig aufgefasst.*) Der Stil ist wie in Xenophon's historischen Schriften schlicht und anmuthig. Platon dagegen idealisirt das Bild seines grossen Lehrers, aber hat in Wahrheit dessen vielseitigen Charakter besser getroffen als Xenophon. Sein Stil gehört nach dem Urtheil der Alten zur mittlern Gattung, doch so, dass er zugleich alle Schattirungen des schlichten und erhabenen Stils umfasst. Die dialogische Kunst ist durch ihn klassisch vollendet worden. Sein erster Grundsatz in Bezug auf die Mittheilungsart ist der ächt Sokratische, dass nur die lebendige Besprechung wahrhaft belehrend wirken könne. Seine Lehrart in der Akademie war ohne Zweifel skeptisch entwickelnd und dialogisch, was nicht ausschliesst, dass dabei auch längere zusammenhängende Ausführungen gegeben wurden. Dem geschriebenen Dialog mass er von Anfang an nur einen bedingten Werth bei, insofern er durch die Selbstthätigkeit des dialektisch gebildeten Lesers ergänzt und belebt wird. Seine Schriften waren zunächst für seine Freunde und Schüler bestimmt. Indem sie diesen in dem Idealbilde des Sokrates die verklärte Gestalt des vollendeten Weisen zurückriefen, ersetzten sie das Praktisch-dramatische, das in der Zurückgezogenheit der Akademie nicht so mannigfach wie in dem Leben des Sokrates hervortreten konnte, durch die poetische Wirkung des dramatischen Kunstwerks.**) Platon hatte sich als Jüngling fast in allen Gattungen der Poesie vom Epos bis zum Drama versucht und dadurch eine ausserordentliche Gewandtheit des Stils erlangt. Wahrscheinlich hat die lebendige Rede bei ihm ebenso die Mitte zwischen Prosa und Dichtung gehalten wie seine geschriebenen Dialoge. In diesen sind dem Sokratischen Naturmuster gemäss der mimische Dialog, wie ihn Sophron ausgebildet hatte (s. oben S. 684), und der dialektische des Zenon in einander gearbeitet. Bald tritt je nach dem Charakter des Gesprächs die dialektische Seite mehr hervor, z. B. im Sophist und Parmenides, bald die dramatische, z. B. im Phädros und Gastmahl. Und ähnlich wie das Drama epische und lyrische Partien zulässt, so findet man hier bald

---

*) Vergl. Kl. Schr. VII, S. 584 ff.
**) Ebenda VII, S. 6 f.

die einfache und nüchterne Sprache der älteren Ioner, oft im Munde von Vertretern des Ionismus, zuweilen aber auch von Sokrates selbst angewandt, bald — besonders in den Mythen — die erhabene Symbolik der Pythagoreer mit dithyrambischem Schwunge vorgetragen und alle Mittelstufen zwischen diesen Extremen. Die dramatische Anordnung selbst zeigt nicht wie in der alten Tragödie einen einfachen ruhigen Gang und eine von Anfang an deutlich ausgedrückte Tendenz; vielmehr tritt nach Art der Shakespeareschen Dramen keine unmittelbare Einheit hervor (vergl. oben S. 275 f.). Dem kunstlosen Beschauer scheint leicht alles Willkür und Widerspruch; aber dem kunstverständigen fliessen auch die grössten Contraste zur Einheit zusammen. Das Dunkel der ionischen unverknüpften Mannigfaltigkeit wird von Zeit zu Zeit durch jene schnell aufleuchtenden Gedankenblitze erhellt, welche Platon im Protagoras als Vorzug des dorischen Geistes rühmt und welche den Sentenzen der Pythagoreer gleichen. Dadurch orientirt sich der dialektische Geist des Lesers, da er von selbst darauf gerichtet ist den Ariadnefaden zu finden, der ihn aus dem Gewirr herausführt bis zu einem Punkte, wo alles in einem überraschenden Lichte harmonisch zusammengefügt erscheint. Deshalb sind die Dialoge in ihrer Tiefe nur für dialektische Naturen zugänglich; jeder Leser muss sich der Probe unterwerfen, welche Platon (Republik VII, 537) für die Zulassung zu dem esoterischen Unterricht in der Philosophie vorschreibt: ὁ cυνοπτικὸc διαλεκτικόc. Wer diese Probe nicht besteht, ist gezwungen einzusehen, dass er nichts verstanden hat, wobei dann einige den Grund in sich, viele aber in den Werken selbst suchen werden. Die Hauptdialoge bilden zusammen einen grossen Dramencyklus, indem in allen die Wirksamkeit des Sokrates poetisch entwickelt wird. Aber zu der poetischen Einheit der Anschauung tritt hierbei die begriffliche Einheit. Die Scenen jedes einzelnen Dialogs enthalten nicht äussere Vorgänge, sondern Momente des philosophischen Denkens; ihre Anordnung aber wird bei aller scheinbaren Regellosigkeit nothwendig durch die Einheit einer philosophischen Idee bestimmt. So kann auch die ideelle Einheit des ganzen Cyklus nur philosophisch sein und die Dialoge reihen sich nicht chronologisch, wie rein poetische Dramen, sondern in begrifflicher Folge aneinander. Da die Person des Sokrates, d. h. des vollendeten Philosophen, den Mittelpunkt bildet, so kann die Idee, welche durch den ganzen Cyklus dramatisch dargestellt wird, nur die Idee der Philosophie selbst sein. Dieser grosse Zusammenhang der Dialoge ist schon im Alterthum ausserhalb der Akademie nur unvollkommen bekannt gewesen und nach dem Verfall der Akademie nur aus dunkler Tradition geahnt worden; daraus erklären sich die in der alexandrinischen und römischen Zeit gemachten Versuche die Dialoge in Trilogien oder Tetralogien zu ordnen. Erst zu Anfang unseres Jahrhunderts ist die Reihenfolge durch Schleiermacher im Wesentlichen richtig wiederhergestellt.*)

Aristoteles behielt die dialogische Form für die exoterischen Schriften bei, welche Gegenstände behandelten, wie sie in der gebildeten Unterhaltung besprochen werden konnten. In diesen populären Werken war sein Stil blühend. (Vergl. Jac. Bernays, Die Dialoge des Aristoteles. Berlin 1863.) Über seine Schreibweise in den akroamatischen Schriften lässt sich schwer urtheilen, da es bei den erhaltenen Werken oft zweifelhaft ist, ob sie in der vorliegenden Form von Aristoteles herrühren. Doch ist soviel klar, dass der Stil grossentheils von künstlerischer Composition entfernt, also von dem Platonischen gänzlich verschieden ist. Er hat eine streng logische, systematische Form und ist daher trocken und hart, oft aber auch abspringend und abgebrochen. Es bedarf erst längerer Übung und Gewöhnung um seine concise, oft nur andeutende Ausdrucksweise völlig zu verstehen. Die Sprache ist nicht mehr rein attisch, sondern nähert sich sehr stark dem gemeinen Dialekt. In der nacharistotelischen Zeit wurde die dialogische Form auch noch ferner, wenn auch seltener zur Popularisirung der Philosophie angewandt. Im Allgemeinen aber entsprach der fortlaufenden Rede in der schulmässigen Diatribe die Form der Dissertation. Der Stil war theils trocken philosophisch, theils rhetorisch oder gelehrt aufgeputzt, letzteres in den Schriften vieler Stoiker und einiger Peripatetiker. Die Epikureer und manche Stoiker, z. B. Chrysipp, schrieben ganz ungebildet. Die Einzelwissenschaften behielten den Stil der Reflexionsphilosophie bei, der sich darin mit der gelehrten historischen Darstellung verband (s. oben S. 690) und vielfach ganz formlos wurde. Eine durch ihre strenge Angemessenheit klassische Form des abhandelnden Stils wurde hauptsächlich in der Mathematik erreicht (vergl. oben

---

*) Vergl. Kl. Schr. VII, S. 9 ff.

S. 250). Durch die synkretistische Philosophie wurden alle Stile der philosophischen Prosa vermischt.

c. Rhetorische Prosa.

Alle Rede entspringt aus dem Triebe zur Mittheilung und nur dasjenige Volk wird eine Stärke in der Rede (δεινότης λόγων), eine Kraft zu sagen was es denkt *(fari quae sentiat)* haben, welches einen starken Trieb zur Mittheilung und eine daraus fliessende Werthschätzung der Rede besitzt. Die Griechen, welche die höchste Begabung für alle redenden Künste hatten, schätzten die Rede in so hohem Grade, dass sie dieselbe der Handlung fast gleichsetzten. Schon in der Heroenzeit gehörte die Ausbildung der Rede zur Erziehung der Edlen. An den Idealbildern des Nestor, Odysseus, Adrastos erkennt man, wie die Griechen von Anbeginn, in Folge ihres lebhaften Dranges die Individualität des Einzelnen zum Ausdruck zu bringen, für die Beredsamkeit beanlagt waren. Diese entwickelte sich zuerst kunstlos im öffentlichen Leben, das ohne geistige Mittheilung nicht möglich ist. Je freier aber der Verkehr des Einzelnen im Staate ist, je mehr das Gesammtleben aus der freien Wirksamkeit der Individuen hervorgeht, desto lebendiger ist der Mittheilungstrieb. Daher ist derselbe vorzüglich wirksam bei den lebhaften und beweglichen Ionern und in der ionischen φιλολογία hat auch die attische Beredsamkeit ihre Wurzel, noch ehe die sie begünstigende Demokratie vorhanden war. Die Athener begannen die Geschichte ihrer Beredsamkeit mit Solon, Peisistratos, Kleisthenes und Themistokles (s. Cicero, Brutus. Cap. 7, 27 f.). Dies waren indess noch keine kunstmässig gebildeten Redner, sondern gute Sprecher voll politischer Einsicht, die sich auf die Mittel verstanden das Volk auf ihre Seite zu bringen. Auf dem Höhepunkt der kunstlosen Beredsamkeit steht der vielseitig und tief gebildete Perikles. Aber auch in nicht ionischen Staaten wurde die Ausbildung der Rede keineswegs vernachlässigt. So liegt in dem Lakonismus der Spartaner eine erhabene, kraftvolle und gewichtige Beredsamkeit; die zwar erdichteten, aber ächt lakonischen Reden der spartanischen Sprecher bei Thukydides sind ein Wunder von herrlicher Sprache. Allerdings war aber die Aristokratie der Ausbildung der Beredsamkeit weniger günstig als die Demokratie und ganz unterdrückt wurde die Redefreiheit in der Tyrannis. Die eigentliche Redekunst ging von

Sicilien aus, wo in der Zeit der grössten demokratischen Bewegung nach Vertreibung der Hieronischen Dynasten um Ol. 79 die rhetorische Theorie begründet wurde. Durch Gorgias und die ihm folgenden Sophisten verbreitete sich diese Theorie in Griechenland und die Sophistik hat offenbar die Lust am Disputiren und Reden ausserordentlich geweckt (s. oben S. 695). Ganz abweichend von allen andern Literaturgattungen hat sich die rhetorische Prosa erst auf Grund der rhetorischen Theorie gebildet. Diese ist dorischen Ursprungs, die Redekunst selbst aber ächt attisch; denn nur in Athen, der Metropole der Demokratie konnte sie sich vollenden. Tisias, Korax und Gorgias sprachen auch attisch und von Gorgias ist es sicher, dass er attisch schrieb; der attische Dialekt, der damals schon unter den Gebildeten durch die Literatur überall verbreitet war, wurde von Anfang an die Sprache der Rhetorik. Da zur Zeit der Sophisten die historische und philosophische Prosa bereits sehr ausgebildet war, machte die Redekunst überaus rasche Fortschritte. Hierzu trug bei, dass unter dem Einfluss der attischen Philosophie die Rhetorik ihren unwissenschaftlichen und sophistischen Charakter abstreifte. Denn die sophistische Rhetorik war eine Scheinkunst; sie sah ihre Aufgabe in der Eristik, in der Virtuosität das Gerade krumm und das Krumme gerade zu machen, das Wichtige als unwichtig und das Unwichtige als wichtig darzustellen, einen und denselben Satz zu beweisen und zu widerlegen. Dies entsprach der skeptischen Richtung der Sophisten (s. oben S. 595), welche von der attischen Philosophie überwunden wurde. Durch die Philosophen- und Rhetorenschulen wurde das rhetorische Studium zu einem unerlässlichen Gegenstand der höheren Bildung und die Technik wirkte lebendig, weil das Volksleben, der öffentliche Gebrauch der Rede die grossen Talente entwickelte. Praxis und Theorie förderten sich fortwährend gegenseitig; die Theorie wurde durch Aristoteles zum systematischen Abschluss gebracht, nachdem die Redekunst in Demosthenes ihre höchste Blüthe erreicht hatte. Dass die kunstmässige Beredsamkeit ein Erzeugniss des attischen Geistes ist, haben die Alten allgemein anerkannt. Cicero (Brutus, c. 13, 49 f.) sagt: *Hoc autem studium non erat commune Graeciae sed proprium Athenarum: quis enim aut Argivum oratorem aut Corinthium aut Thebanum scit fuisse temporibus illis? ... Lacedaemonium vero usque ad hoc tempus audivi fuisse neminem.*

Die Beredsamkeit durchdrang bald alle wichtigsten Lebensverhältnisse. Alle Administration, Legislation, Jurisdiction, kurz der ganze Staat wurde zunächst durch sie gelenkt. Wer sich zum Politiker bilden wollte, begab sich, sobald er das gesetzliche Alter erreicht hatte, in die Volksversammlung und die Gerichtshöfe, um sich durch die Praxis die Rechtskenntniss, die auf dem Forum und im Munde der Redner lebte, und die für die Theilnahme an der Staatsverwaltung nothwendige Sachkenntniss und Gewandtheit anzueignen. So wurde die Jugend von grossen Rednern begeistert, aber freilich auch vielfach irre geleitet. Denn es ist nicht zu leugnen, dass die Demagogen, welche hauptsächlich durch die Macht der Rede wirkten, das Volk beständig auf die gröbste Art hintergingen und dass in den Volksgerichten die Redner durch listige Kniffe das Recht zu verdrehen strebten. Allein hieran war keineswegs die Mündlichkeit der Verhandlungen schuld; vielmehr würden die Übelstände ohne diese Öffentlichkeit noch grösser gewesen sein. Die Politik und der Rechtsgang waren nicht isolirt von der übrigen Bildung und durch die Wirkung der lebendigen Rede erhielt sich die Klarheit und Regsamkeit, welche den griechischen Geist auszeichneten. Die Rhetorik bildete den Verstand der griechischen Nation, während zugleich der gesammte Cultus mit Einschluss des Theaters die ideale künstlerische Bildung der Phantasie vermittelte. Denn von dem Cultus blieb die Rhetorik fern; die Religion sollte die Seele in Andacht und heilige Schauer versetzen, aber nicht durch Belehrung oder leidenschaftliche Überredung wirken, weil die Religion auf dem Standpunkt des Mythos blieb (s. oben S. 632. 556). Indess gewann durch das öffentliche Leben und die Rhetorenschulen die Rhetorik einen Einfluss auf die gesammte theoretische Production; denn nicht bloss in der historischen und philosophischen Prosa wurde sie herrschend, sondern auch in der ihr verwandten dramatischen Poesie, welche durch Euripides eine rhetorische Sprache annahm.

Die Gattungsstile der rhetorischen Prosa ergeben sich bei ihrer praktischen Richtung aus ihrer Anwendung. Hiernach unterscheiden sich das γένος cυμβουλευτικόν, δικανικόν und ἐπιδεικτικόν. Die berathende Rede bezieht sich auf ein Sollen, auf die Zukunft, indem sie eine Handlung an- oder abräth; ihr Hauptschauplatz war der Senat und die Volksversammlung; aber auch die Anreden an die Soldaten, die Reden der Gesandtschaften u. s. w. gehören dazu. Die gerichtliche Rede betrifft eine vergangene Handlung in Bezug auf ihre Verantwortlichkeit, anklagend oder vertheidigend; sie kommt theils in öffentlichen, theils in Privatprocessen zur Anwendung (λόγοι δικανικοὶ δημόcιοι und ἰδιωτικοί). Die epideiktische Rede geht auf einen in der Gegenwart gegebenen oder vergegenwärtigten Gegenstand in Bezug auf sein Wesen und seinen Werth, lobend oder tadelnd; die Gelegenheit hierzu bot sich im Rath, in der Volksversammlung und vor Gericht, ausserdem aber vor Festversammlungen (πανηγύρεις) oder bei öffentlichen Leichenfeiern, wo in dem Panegyrikos und Epitaphios nicht sowohl der Einzelne als der Staat selbst gefeiert wurde.*) Ausserdem gehören zur epideiktischen Gattung Gelegenheitsreden des Privatlebens. Diese wurden in der Rhetorenschule künstlich ausgebildet; so war z. B. der Erotikos eine schon bei den Sophisten beliebte Übungsrede. Die Methode der Production war in den verschiedenen Gattungen sehr verschieden nach der Natur des Gegenstandes und der Stellung des Redners. Die rein epideiktischen Reden müssen als Prunkreden besonders sorgfältig vorbereitet werden; daher gilt für dieselben der Grundsatz des Aristoteles: ἡ ἐπιδεικτικὴ λέξις γραφικωτάτη, τὸ γὰρ ἔργον αὐτῆς ἀνάγνωσις. Sie wurden schriftlich ausgearbeitet, um memorirt oder vorgelesen zu werden. Die älteste Redeliteratur war daher auch die von den Sophisten begründete epideiktische. Seit Antiphon verfassten die Redner auch vielfach gerichtliche Reden für Geld, die von Personen, welche keine Übung im Sprechen hatten, vor Gericht abgelesen oder aus dem Gedächtniss vorgetragen wurden. Dies ist die attische Logographie und solche Reden wurden von den Verfassern dann oft als Schau- und Übungsstücke aufbewahrt und veröffentlicht. Nachdem es üblich geworden gerichtliche Reden zu veröffentlichen, gab man auch solche heraus, die man verhindert worden war zu halten, wenn sich z. B. der Process vorher zerschlagen, wie bei der Midiana des Demosthenes. Die politischen Reden waren häufig extemporirt, aber in der Regel wurden sie nach sorgfältiger Vorbereitung (μελέτη) frei (ἀπὸ cτόματος) gesprochen, wobei dem Redner eine künstlich ausgebildete Topik und Mnemonik (vergl. oben S. 417. 426) zur Hülfe

---

*) Vergl. *De Atheniensium qui bello obierint sepultura publica.* 1815. Kl. Schr. IV, S. 77 ff.

kam. Allmählich wurde es auch Sitte, demegorische Reden, nachdem sie gehalten, niederzuschreiben, sei es um damit noch weiter zu wirken, oder zur Erinnerung oder Schaustellung.

Wie das Drama begann die Beredsamkeit mit dem hohen Stil, nur dass dieser später als im Drama zur Blüthe gelangte, weil die Poesie der Prosa vorauseilt (vergl. oben S. 671. 245). Diesen Stil erstrebte schon die Beredsamkeit eines Themistokles und Perikles durch die Würde der Gedanken und Haltung und durch eine poetische Ausdrucksweise. Gorgias verstärkte die Wirkung durch rhetorische Figuren, namentlich Antithesen, Parisa und Paromoia, die er aber maasslos anwandte. Von dieser Übertreibung des rednerischen Schmucks machte sich bereits Antiphon, der erste attische Rhetor frei, dessen Reden sich durch eine hohe Würde und scharfsinnige Gedankenentwicklung auszeichnen. Sein strenger, gedrängter, archaischer Stil ist von Thukydides fortgebildet, dessen Reden die höchste Vollendung des erhabenen Stils zeigen (s. oben S. 689). Diesem tritt bereits bei Andokides, welcher wenig jünger als Antiphon ist, der schlichte, magere Stil gegenüber. Der Ausdruck des Andokides ist naiv und einfach, aber unelegant, anakoluthisch, oft hart und lahm. Der Meister des schlichten Stils ist Lysias, ein Sohn des Syrakusaners Kephalos, der auf Perikles' Einladung mit seiner Familie in Athen als Metöke lebte. Lysias konnte hier nicht selbst öffentlich als Redner auftreten, ausser vor Gericht in eigenen Angelegenheiten und erlangte seinen Ruhm als Lehrer der Beredsamkeit und besonders als Verfasser gerichtlicher Reden, die ein Muster des reinsten Atticismus sind. Seine Schreibweise unterscheidet sich so wenig als möglich von der Sprache des gewöhnlichen Lebens, ist aber dabei im höchsten Grade fein, zierlich und elegant. Den Unterschied des erhabenen und eleganten Stils, wie er bei Thukydides und Lysias hervortritt, hat Dionysios v. Hal. (Op. VI, S. 957. R) vortrefflich bezeichnet: ἡ μὲν καταπλήξασθαι δύναται τὴν διάνοιαν, ἡ δὲ ἡδῦναι, καὶ ἡ μὲν cυcτρέψαι καὶ cυντεῖναι τὸν νοῦν, ἡ δὲ ἀνεῖναι καὶ μαλάξαι, καὶ εἰc πάθοc ἐκείνη προαγαγεῖν, εἰc δ' ἦθοc αὕτη καταcτῆcαι, καὶ τὸ μὲν βιάcαcθαι καὶ προcαναγκάcαι τι τῆc Θουκυδίδου λέξεωc ἴδιον, τὸ δ' ἀπατῆcαι καὶ κλέψαι τὰ πράγματα τῆc Λυcίου. Der schlichte Stil eignet sich aber besonders für die gerichtliche Rede, weshalb die epideiktischen Reden des Lysias auch davon abwichen (s. oben S. 212). Eine neue Epoche der Beredsamkeit bildete

Isokrates. Auch er war wie Lysias kein öffentlicher Redner und schrieb gerichtliche Reden, wirkte aber in reiferem Alter nur als Lehrer und durch die von ihm verfassten Musterreden. Sein Verdienst ist es die mittlere Stilgattung der Beredsamkeit festgestellt zu haben, welche der Chalkedonier Thrasymachos, der, wie Isokrates selbst, des Gorgias Schüler war, unvollkommen begründet hatte. Isokrates gab der Rhetorik eine sittlich philosophische Richtung, weshalb Platon im Phädros den Sokrates die Erwartung aussprechen lässt, jener werde eine höhere Redekunst als Lysias schaffen. Die Prophezeiung erfüllte sich jedoch in Platon's Sinn nur halb; denn Isokrates wandte sich später von der idealen Philosophie ab und liess nur die rhetorische Bildung als philosophisch gelten (s. hierüber die schöne Abhandlung von L. Spengel, Isokrates und Platon. Abhandlungen der Münchener Akademie. 1855). Übrigens philosophirt Isokrates zu viel in seinen Reden, gefällt sich in breiten Moralitäten und wird durch Mangel an sachlichem Gehalt und z. Th. durch senile Geschwätzigkeit langweilig. Aber seine Sprache ist höchst fein gebildet und vereinigt die Vorzüge des Lysianischen und Thukydideischen Stils, doch so, dass die Eleganz vorherrscht. Die Verbindung von Einfachheit und Fülle, Anmuth und Kraft konnte aber nur in einem abgerundeten periodischen Satzbau mit künstlerischer Eurythmie der Wortfügung erreicht werden (s. oben S. 247) und hierin besteht ein Hauptvorzug des mittlern oder gemischten Stils. Isokrates hat nicht nur alle seine Vorgänger übertroffen, sondern zugleich den grössten Einfluss auf alle folgenden Koryphäen der attischen Beredsamkeit geübt. Lykurgos, Hypereides und Isäos waren seine Schüler und Demosthenes, der Schüler des Isäos, verdankt das Meiste dem Studium des Thukydides und des Isokrates. Demosthenes vollendete den gemischten Stil durch die glänzendste Anwendung in der Praxis, indem er ihn jedem Gegenstande in den mannigfachsten Nüancen anzupassen verstand. Seine Hauptkunst ist nicht nur für jeden Gegenstand die richtigen Gesichtspunkte zu fassen und das hervorzuheben, wodurch er, ohne unredlich zu werden, seinem Zwecke am besten dient, sondern auch stets den rechten Ton zu treffen. In den gerichtlichen Reden, die sich auf Privathändel beziehen, ist er ganz schlicht und elegant und steht dem Lysias nahe, ohne doch aus dem Charakter des mittleren Stils herauszutreten. In den Staatsreden dagegen ist er gross und voll Pathos; ein wohldurchdachter und klugangelegter Plan wird darin durch hochherzige Gedanken und Gesinnungen getragen; Ernst und Würde paart sich mit der höchsten Kühnheit der Zunge und an geeigneten Stellen mit einem heftigen, schneidenden und sarkastischen Witz. Nach den demegorischen Reden haben daher die Alten Kraft und Nachdruck (δεινότης, μέγεθος) als den vorwiegenden Charakterzug des Demosthenischen Stils bezeichnet. Die Diversität dieser Reden von den Privatreden ist ausserordentlich gross; in der Mitte zwischen beiden stehen dem Stil nach die Reden für öffentliche Processe; bei ihnen tritt die λέξις σύνθετος in grösster Reinheit hervor. Ausgezeichnet sind unter ihnen die *Leptinea*, die sich mehr dem schlichten Stil nähert, und die Rede vom Kranz, die dem hohen Stil näher steht. Die Sprache des Demosthenes hat einen grossen Umfang, eine vollkommene Periodologie und eine genaue Präcision. Den Isokrates übertrifft er bei Weitem an philosophischem Sinn und der Einfluss Platon's, welchen er nach der seit Niebuhr mit Unrecht angefochtenen Tradition gehört hat, ist unverkennbar. Sein Geist ist dialektisch geschult und er besitzt das erste Erforderniss eines vollkommenen Redners, ein philosophisch gebildetes moralisches Gefühl; daraus entspringt seine sittliche Kraft und seine Kühnheit ohne Schmeichelei zu sagen, was er denkt, seine ächte Vaterlands- und Freiheitsliebe, die allen seinen Reden das Feuer eines ungeheuchelten Enthusiasmus einhaucht. Demosthenes ist durch die Energie seines Charakters trotz der natürlichen Mängel seines Organs und seiner äusseren Erscheinung zum grossen Redner geworden und hat durch eisernen Fleiss das Höchste erreicht. Wie unzulänglich ohne sittliche Bildung und gewissenhafte Arbeit auch das grösste Talent ist, zeigen seine Gegner Äschines und Demades. Äschines hat die Sprache ganz in seiner Gewalt, ist lebhaft und keck, aber es fehlt ihm die wahre Kühnheit und Kraft und die hinreissende Macht der Begeisterung. Demades war vielleicht das grösste rednerische Genie seiner Zeit, ein Mann von so glänzenden Eigenschaften des Geistes, dass Theophrast von ihm sagte, er sei ὑπὲρ τὴν πόλιν, Demosthenes nur ἄξιος τῆς πόλεως gewesen, aber ein Mensch von den verrufensten Grundsätzen, leichtsinnig und flatterhaft, der kein bleibendes Denkmal hinterlassen hat, obgleich sich in der extemporirten Rede selbst Demosthenes nicht mit ihm messen konnte.

Mit dem Demosthenischen Zeitalter ist die Entwickelung der ächt antiken Beredsamkeit abgeschlossen; sie verfiel gleichzeitig mit dem demokratischen Staat und wurde, nachdem ihr der lebensvolle Inhalt entzogen war, zur blossen Declamation, bei welcher die rhetorische Form nicht Mittel, sondern Zweck ist. Im Anfang der makedonischen Periode steht Demetrios Phalereus, der beredteste Mann seiner Zeit, dessen Reden einen blühenden, vollen, strotzenden Charakter hatten. Er bildet den Übergang zum asianischen Stil, worin die rhetorische Prosa durch das Übermaass ionischer Makrologie und orientalischen Schwulstes gänzlich verdorben wurde, obgleich der Begründer dieses Stils, der Rhetor Hegesias von Magnesia, den Attiker Charisios, einen Nachahmer des Lysias, zum Vorbild nahm und den besten Atticismus zu vertreten glaubte. Hegesias war einer der schlechtesten Geschichtsschreiber der Thaten Alexander's und durch ihn kam der asianische Stil auch in die historische Prosa, die sich überhaupt in ähnlicher Richtung entwickelte. Das äusserliche Kennzeichen dieser ganz verkehrten Stilform ist ein abscheulich weichlicher und zerhackter Numerus, den man besonders aus Pausanias genauer kennen lernen kann (s. oben S. 247). In asiatischen Städten blühten während der makedonischen Periode zahlreiche Rednerschulen. Neben denselben war die Schule von Rhodos hochberühmt, die bereits von dem verbannten Äschines gegründet war. Der rhodische Stil blieb immer dem attischen verwandt, obgleich er sich von der übertriebenen Fülle des asianischen nicht ganz frei hielt. In Alexandrien hatte unter den Ptolemäern die Beredsamkeit gar keinen Boden; die Rhetorik wurde hier vorwiegend philologisch studirt; man sammelte, beurtheilte und verarbeitete die attischen Stilmuster. Auch in den übrigen griechischen Staaten zehrten die Rhetorenschulen von den Schätzen der attischen Beredsamkeit; man übte alle drei Gattungen der Rede an fingirten Gegenständen, obgleich fast nur noch die epideiktische und dikanische Gattung praktisch verwendbar waren, und erstrebte dadurch Formgewandtheit, theils im Interesse der allgemeinen Bildung, theils für den Beruf der gelehrten Schriftstellerei. In Athen wurde die Beredsamkeit hauptsächlich in den Philosophenschulen gepflegt, besonders durch die Peripatetiker, Akademiker und Stoiker. Da die Staatsberedsamkeit auch hier selten einen Gegenstand fand, wurde die Rhetorik vorwiegend moralisch-philosophisch; man bearbeitete in den Schulen allgemeine Fragen (θέcειc) und die Philosophen schrieben mit Vorliebe moralische Abhandlungen in rhetorisch geschminkter Sprache (s. oben S. 698). Die theoretische Rhetorik gewann einen neuen Aufschwung in der römischen Zeit, seitdem griechische Rhetoren in Rom lehrten und die asiatischen, rhodischen und athenischen Schulen von jungen vornehmen Römern besucht wurden. Durch den guten Geschmack der praktischen römischen Redner trat eine Reaction gegen die asianische Manier ein. Einen steigenden Einfluss auf den Stil übte jetzt das Studium der attischen Prosa, von dessen Gründlichkeit die kritisch-ästhetischen Schriften des Dionysios von Halikarnass Zeugniss ablegen (s. oben S. 691). Als klassisches Muster der Beredsamkeit wurde wahrscheinlich von dem Rhetor Caecilius aus Calacta auf Sicilien, der im Zeitalter des Augustus zu Rom lehrte, der Kanon der 10 attischen Redner aufgestellt. (Vergl. Ed. Meier, Vorrede zum Hallischen Lectionkatalog. 1837/8. Opusc. I.).

Aus der Nachahmung der attischen Prosa ging in den ersten christlichen Jahrhunderten eine Regeneration des gesammten prosaischen Stils hervor, welche seit Hadrian zu einer dreihundertjährigen Nachblüthe der Literatur führte. Im Mittelpunkte dieser Bewegung stehen die neumodischen Sophisten; denn dieser Name wird um jene Zeit wieder von der ihm seit Sokrates anhaftenden schimpflichen Nebenbedeutung befreit und zum Ehrentitel wandernder Improvisatoren und der Rhetoren. Kaiser und Communen errichteten θρόνοι coφιcτικοί für hervorragende Redekünstler, welche mit ihren Schülern unter grossem Zudrang des Publikums panegyrische Declamationen, fingirte Demegorien und Controversen über fingirte Rechtshändel vortrugen. Hieraus ging eine reichhaltige Literatur hervor, die zugleich umgestaltend auf die historische und philosophische Prosa der Zeit einwirkte. Es befinden sich unter diesen Sophisten grosse Talente, welche unter günstigen Verhältnissen sich zu der Höhe eines Demosthenes aufgeschwungen hätten, aber jetzt keinen originalen Stil, sondern nur eine einstudirte Manier erreichten, weil der von ihnen erneuerten klassischen Sprache der entsprechende Inhalt mangelte. In der Form erlangten schon Dion Chrysostomos und Herodes Attikos*) die grösste

---

*) Vergl. *Corp. Inscr. Gr.* I, nr. 26.

Virtuosität; aber auf dem Höhepunkt dieser rhetorischen Bildung steht Lukianos. In seiner satirischen Prosa ist verhältnissmässig die grösste Originalität; aber es zeigt sich zugleich darin die innere Gehaltlosigkeit der Sophistik. Durch ein wechselvolles und bewegtes Leben ist Lukian zum Indifferentismus gegen göttliche und menschliche Dinge gelangt. Er wünscht zwar das Zeitalter durch Satire zu bessern und aufzuklären; aber sein Skepticismus wendet sich nicht nur gegen das Schlechte und Falsche, sondern auch gegen das Gute und Wahre. Es ist ihm kaum eine feste Überzeugung geblieben. Er tadelt und bespöttelt alle Philosophen, ohne selbst etwas Besseres zu wissen; er verspottet die Götter des Volksglaubens und steht doch nicht auf einem hohen theistischen Standpunkt, wenn er auch kein Atheist ist, wie manche angenommen haben. Obgleich er sehr witzig und ein höchst geistreicher Kopf ist, so ermüdet doch seine ewige Witzelei und der Witz wird nicht selten fade und flach. Indess giebt er viele treffliche Bilder aus dem Leben seiner Zeit, wobei er jedoch mit Vorsicht zu gebrauchen ist, weil er die Gegenstände mit satirischer Willkür behandelt. In der Sprache hat er sich den elegantesten Atticismus zu eigen gemacht, doch wird er gleich allen Sophisten durch die zu grosse Auswahl attischer Floskeln geziert. Ebenso manierirt ist Älios Aristides, der ganz verschieden von dem Standpunkt des Lukian dem mystischen Aberglauben der Zeit ergeben war. Die Nachahmung alter Floskeln und Worte erreichte den höchsten Grad unter Julian. Die merkwürdigsten Beispiele hiervon bieten Libanios, Maximos Tyrios, Aristänetos, Himerios, Themistios und Julianos selbst. Es sind Menschen von Geist, gelehrt, gebildet, besonders durch den Platonismus; aber es fehlt ihrer Composition der Aufschwung des wahren Enthusiasmus; es ist spielende Schönschreiberei, eine wahre Vergeudung von Geist, Eleganz und feinen Worten (vergl. oben S. 248).

Das Bestreben der Rhetoren und besonders der neuen Sophisten war vorzugsweise darauf gerichtet sich in die Seele Anderer, namentlich in vergangene Zeiten hineinzudenken und danach Reden zu gestalten, wie sie etwa jene, in welche sie sich hineinversetzten, unter gegebenen Umständen hätten halten können. Dies diente zur Übung in der Auffassung der Verhältnisse und in der Kunst des Ausdrucks und war in der That eine vortreffliche geistige Gymnastik, welche gewiss grosse Früchte

IV. Wissen. 4. Literaturgeschichte. Rhetorische Prosa der Griechen. 709

getragen hätte, wenn die rednerischen Talente durch eine tüchtige Gesinnung gehoben und durch ein freies Staatsleben entwickelt worden wären, und die Beredsamkeit nicht bloss dem Prunke und der leichten Unterhaltung gedient hätte. So aber wurden die rhetorischen Übungen selbst zu Literaturzweigen. Eine Abart dieser Spielerei ist die Epistolographie. Der wirkliche durch die Praxis erzeugte Brief ist als Ausdruck der vertraulichen Unterhaltung eine Nebengattung der rhetorischen Prosa. In der klassischen Zeit tritt der Brief in der Literatur zunächst als Form des Pamphlets auf; doch sind ohne Zweifel auch ausserdem wirkliche Briefe hervorragender Männer ihres sachlichen oder persönlichen Interesses wegen veröffentlicht worden. Aber die meisten unter berühmten Namen auf uns gekommenen Briefe sind rhetorische Schaustücke, manche — wie die schon zu Cicero's Zeit als ächt angesehenen Platonischen Briefe — gut erfunden, so dass die Täuschung schwer zu erkennen ist.*) Die drei merkwürdigsten Specialsammlungen solcher untergeschobenen Episteln sind die Briefe des Phalaris, die des Sokrates und der Sokratiker und die des Chion von Heraklea; die beiden erstgenannten berühmt durch Bentley's Kritik. Ausserdem wurden aber Episteln allgemeinen Inhalts unter den Namen ihrer sophistischen Verfasser selbst veröffentlicht, wie die des Alkiphron, die aus dem 3. Jahrh. zu sein scheinen. Die Sophisten haben diese Epistolographie zu einer Reihe von Gattungen entwickelt, die sich nach der Art des fingirten Anlasses oder Inhalts unterscheiden, wie Hetärenbriefe, Feldherrnbriefe, Bauernbriefe u. s. w. In ähnlicher Weise sind die sophistischen Dialoge, wie z. B. die Götter- und Hetärengespräche des Lukian als Abart der rhetorischen Prosa ausgebildet. Das künstliche Spiel der sophistischen Rhetorik musste sich zuletzt selbst auflösen. Die Redekunst hatte aber gleichzeitig durch die christliche Religion einen neuen Stoff erhalten, welcher sie auf längere Zeit hätte beleben können, wenn es möglich gewesen wäre, dass ein Theil der Literatur sich fortbildete, während sie in ihrer Gesammtheit zugleich mit der Sprache und dem Staatsleben verfiel. So hatte auch die spät aufblühende christliche Beredsamkeit, deren Koryphäen Gregor von Nazianz, Basilios d. Gr., Johannes Chrysostomos dem 4. Jahrh. angehören, keine Dauer, sondern wurde wie die gesammte Prosa durch den byzantinischen Geist verdorben.

*) Vergl. Kl. Schr. VII, S. 38 (oben S. 216).

710 Zweiter Haupttheil. 2. Abschn. Besondere Alterthumslehre.

Geschichte der römischen Literatur.
A. Poesie.

§ 98. Die Gründung Roms fällt in eine Zeit, wo in der griechischen Literatur noch das Epos vorherrschte und die Lyrik ihre ersten Anfänge hatte. In der That ist nun die älteste Poesie der Römer ebenfalls episch; aber sie steht auf der Stufe des alten vorhomerischen Epos (vergl. oben S. 651). Es sind mystische Hymnen wie die Gesänge der *Fratres arvales* und der *Salii, vaticinia*, Ahnenlieder. Der Vates erscheint als der älteste priesterliche Sänger. Das nationale Metrum dieser altitalischen Poesie ist der epische Saturnische Vers. Die Keime der Lyrik liegen auch hier wie bei den griechischen Nomen in den musikalischen Formen der bei öffentlichen und Privatfestlichkeiten gesungenen Carmina (vergl. oben S. 659 f.). Aber wie sich aus den Ahnenliedern kein heroisches und aus den Hymnen kein theogonisches Epos bildete, so blieben auch die rohen Ansätze der Lyrik unentwickelt. Daher konnte trotz des grossen mimischen Talentes der Italer das Drama, welches aus der Verschmelzung des Epos und der Lyrik entsteht, keine kunstmässige Form erlangen. Die Fescenninischen Mummereien, die gewiss in sehr früher Zeit aus der etruskischen Stadt Fescennium nach Rom übertragen wurden, waren gleich den Κῶμοι der Griechen harmlose ländliche Privatbelustigungen. Der Inhalt der dabei vorgetragenen Lieder und Wechselreden war ein ziemlich roher Spott, der indess nicht selten so in Schimpf ausartete, dass gesetzlich dagegen eingeschritten werden musste (vergl. Horaz, Epist. II, 1. 139—155). Im Jahre 364 v. Chr. (390 d. St.) gab eine Pest Anlass zur Einführung der ersten Bühnenspiele. Als die Götter durch Lectisternien und andere Mittel nicht besänftigt werden konnten, liess man nach etruskischem Ritus und von etruskischen *ludiones* auf einer Bühne mimische Tänze mit Flötenbegleitung aufführen. Diese Aufführungen ahmten dann die römischen Jünglinge nach, indem sie zugleich ziemlich rohe Verse im Wechselgesang vortrugen. So kamen mimische Improvisationen aber ohne eigentliche Handlung auf, die als ein buntes Allerlei oder Mischmasch von Scherzen *Satura* genannt wurden (von *lanx satura*, vergl. *tutti frutti, farce*). Die rohen nationalen Formen der römischen Poesie blieben nun als Volksdichtung bestehen, als sich seit dem Anfang des 6. Jahrhunderts der Stadt die der griechischen Literatur nachgeahmte Kunstdichtung bildete. Diese konnte sich, da sie nicht original war, nicht in der Reihenfolge entwickeln, in welcher die Gattungen bei den Griechen entstanden waren. Es war vielmehr natürlich, dass die Römer in der Blüthezeit der Demokratie die für die Volksergötzung wichtigste dramatische Gattung zuerst cultivirten. Das Epos konnte bei ihnen keine gleiche Popularität erlangen und für die Lyrik waren sie am wenigsten beanlagt, so dass diese am spätesten eine künstliche Pflege fand (s. oben S. 528). Die griechische Literatur wurde aber den Römern erst in der alexandrinischen Zeit bekannt, wo sie bereits im Verfall war. Indem sie sich ihre Formen aneigneten, erfüllten sie dieselben mit neuem lebensvollem Inhalt; doch verlor dieser unter dem Einfluss der griechischen Bildung mehr und mehr an Gediegenheit und Kraft, so dass er in der Augusteischen Zeit, dem goldenen Zeitalter der Poesie, wo erst eine völlige Correctheit und Harmonie der Form erreicht wurde, seine nationale Eigenthümlichkeit bereits gänzlich eingebüsst hatte (vergl. oben S. 291).

a. Drama.

Die Zahl der römischen Tragiker ist im Vergleich mit den griechischen gering; sie beträgt im Ganzen etwa 40. Die Tragödie blühte aber auch nur in der kraftvollsten Zeit der römischen Republik. Leider sind uns keine Stücke des Naevius, Ennius, Pacuvius, Accius erhalten; aber in ihren Fragmenten erkennt man *ex ungue leonem*. Grosse Würde der Sprache und Ideenreichthum, tragische Kraft, erhöht durch die Erhabenheit der Römertugend spricht uns aus jenen Fragmenten mächtig an. Obgleich die Dichter meist den Euripides, z. Th. auch den Sophokles übertrugen, näherten sie sich oft dem Äschyleischen Stil (s. oben S. 675 f.). Da die meisten Stücke nur freie Übersetzungen waren, scheinen sie — soweit man nach den erhaltenen Resten schliessen kann — in der Disposition regelmässig dem griechischen Original ganz gefolgt zu sein; doch ist gewiss auch Manches geändert. In der Elocution erkennt man grosse Abweichungen; man behielt offenbar die Sentenzen bei, passte aber im Übrigen Alles möglichst dem römischen Charakter an. Dieselben Dichter, welche die griechischen Tragödien übertrugen, bearbeiteten in der *fabula praetexta* auch national römische Stoffe und bildeten so, da ein nationaler Mythos fehlte, das historische

Trauerspiel aus, das bei den Griechen unentwickelt geblieben war. Gewiss trat in der *praetexta* die Grösse des römischen Charakters noch stärker hervor; aber es wurde in diesen Stücken allmählich eine übermässige Fülle der Theaterpracht Sitte. Die Magistrate, welche das Choragium hatten und dafür später durch die Provinzverwaltung schadlos gehalten wurden, wetteiferten in der glänzenden Ausstattung der Stücke. Man behing Alles mit kostbaren *aulaea*, führte verschwenderische Costüme und Decorationen ein und brachte grosse pomphafte Aufzüge auf die Bühne. Überhaupt blieb die Tragödie auf dem halben Wege zur Vollendung stehen; denn die Zeit, wo sich das Drama bildete, ist in der sprachlichen und metrischen Form noch incorrect; als aber die römische Poesie sich formell vollendete, war die Tragödie nicht mehr entwicklungsfähig. Denn sie verstummte in den Bürgerkriegen, während sich auf dem Welttheater das tragische Geschick der römischen Republik erfüllte und nach jenen Kriegen fehlte dem gesunkenen und erschöpften Volke das rege Freiheitsleben, der ernste religiöse Sinn, der Glaube an die göttliche Gerechtigkeit, so dass sich eine grosse volksthümliche Tragödie ebenso wenig gestalten konnte, wie bei den Griechen im alexandrinischen Zeitalter. Die Dramen der Augusteischen Zeit waren meist blosse Lesestücke (vgl. oben S. 674). Augustus selbst versuchte eine Tragödie „der Tod des Aias" zu dichten, erkannte jedoch, dass er der Aufgabe nicht gewachsen sei. Am meisten gerühmt werden der Thyestes des Varius, der bei dem Siegesfeste nach der Schlacht von Actium aufgeführt wurde, und die Medea des Ovid. In letzterem Stücke war gewiss die Leidenschaft in meisterhafter Weise dargestellt; aber ein wahrhaft tragisches Kunstwerk vermochte Ovid auf keinen Fall hervorzubringen. Wir haben aus der ganzen Tragödienliteratur der Römer nur die unter Seneca's Namen erhaltenen Stücke: neun ganze Dramen und zwei Scenen aus einer Thebais. Sie sind alle in der Manier geschrieben, wie sie durch die nachaugusteische Zeit erzeugt werden musste. Das Versmaass, insbesondere der Senar des Diverbiums ist streng correct; die lyrischen Partien sind ziemlich einförmig, wie die Lyrik der Augusteischen Dichter, einförmiger als die Chöre in den Tragödien eines Pacuvius, obgleich die alten Tragiker auch nur die leichteren Metra ins Lateinische übertragen konnten; sie bestehen meist aus Glykoneen, Asklepiadeen, Sapphischen und anapästischen Versen.

Worte und Sentenzen sind z. Th. herrlich und hoch poetisch. Aber die Form entspricht nicht dem Inhalt. Die ganze Darstellung hat keine Wahrheit; das Meiste ist über und gegen die Natur; das Colorit grell: nur ganz dunkeler Schatten und blendendes Licht ohne die wohlthätigen Mittelfarben, durch welche erst Einheit der Stimmung und die der Tragödie nöthige Ruhe hineinkommt. Die Handlung und die Charaktere werden nicht mit tragischer Spannung entwickelt; die Personen treten nur auf um zu declamiren und die poetische Idee der Dramen kommt daher nicht zur Geltung. Bei den meisten dieser Tragödien kann man die gerügten Mängel recht deutlich durch die Vergleichung mit den griechischen Mustern erkennen, welche der Verfasser nach seinem Geiste umgemodelt hat. Die Stücke haben in der That nur den Namen und die äussere Form der Tragödie, sind aber eigentlich nur rhetorische Schulübungen; zur Aufführung waren sie sicher nicht geeignet. Wahrscheinlich ist der Philosoph Seneca der Verfasser aller mit Ausnahme der Octavia. Diese ist eine später verfasste *praetexta*, worin der Tod des Nero erwähnt wird und Seneca selbst eine Rolle spielt.

Die Begründer des römischen Kunstdramas beschränkten sich nicht wie die griechischen Dramatiker auf eine Gattung (vergl. oben S. 542), sondern übertrugen neben der Tragödie auch die Komödie, die nach dem griechischen Kostüm *fabula palliata* genannt wurde. Livius Andronicus, Naevius und Ennius übersetzten Stücke der neuattischen Komödie, welche damals die griechische Bühne beherrschte und deren typische Charaktere und Situationen sich dem römischen Geschmack anpassen liessen (s. oben S. 682 f.). Diese Übersetzungen waren natürlich noch freier als die der Tragödie. Man liess nach Belieben aus, machte Zusätze, schob Personen und Scenen aus einem Stücke in ein anderes ein, ja contaminirte ganze Stücke, wodurch die Handlung und Charakterentwicklung reicher wurde. Hierbei kam zu Statten, dass der römische Dichter sich an keine bestimmte Zahl von Schauspielern zu binden brauchte (s. oben S. 542); denn auch die Komödien wurden freigebig ausgestattet. Die letzten Spuren des Chors in der neuattischen Komödie wurden in der römischen getilgt und in dem Diverbium wie in den Cantica Sprache und Gedanken den römischen Verhältnissen gemäss individualisirt. Die Versmaasse der Cantica sind trochäische Septenare, Cretici und Bacchii, ziemlich streng gehalten, wogegen der Senar des Diverbiums der volksthümlichen Prosodie angepasst ist. Die *fabula palliata* hatte übrigens eine noch kürzere Blüthe als die Tragödie. Die ersten Dichter verstanden am besten den populären Ton zu treffen; sie neigten sich dem hohen grotesken Stil zu, wie er in der altattischen Komödie geherrscht hatte und sicher auch in der römischen Satura herrschte. Die damit verbundene pasquillantische Tendenz wurde freilich schon bei Naevius von der Nobilität in enge Schranken zurückgewiesen (s. oben S. 680). Plautus steht auf der Grenze dieses Stils; er enthält sich auch bereits der pasquillantischen Anspielung auf Personen, während er die Zeitverhältnisse vielfach scharf kritisirt; die nachfolgenden Dichter gaben den rohen Scherz mehr und mehr auf und erstrebten die Feinheit des Menander, welcher sich Terentius am meisten näherte. Plautus ist genialer und origineller, witziger, aber auch obscöner, gröber und schmutziger als Terenz; seine Stücke sind *fabulae motoriae*, d. h. lebhaft und unruhig. Dass er auch hierdurch dem hohen Stil der griechischen Tragödie nahe steht, bezeichnen die Worte des Horaz: *(Dicitur) Plautus ad exemplar Siculi properare Epicharmi* (Epist. II, 1. 57); denn *properare* bedeutet hier den raschen Gang der Handlung und die Schnelligkeit des Redeflusses. Die Stücke des Terenz dagegen mit Ausnahme des Phormio sind *statariae* d. h. gemässigt und ruhig oder sie haben einen mittleren Charakter *(mixtae)*. Die griechische Eleganz dieser Dichtungen konnte mehr von feingebildeten Kennern als von dem grossen Publicum gewürdigt werden; die Sprache hat den Ton der Urbanität, wie er in den Kreisen des jüngeren Scipio Africanus und Laelius herrschte, und Terenz war stolz darauf, dass man allgemein annahm, diese seine Gönner hätten an seinen Stücken mit gearbeitet; jedenfalls haben sie seinen Geschmack bestimmt und manche Feinheiten mögen von ihrem Griffel herrühren.*) Da aber die Komödie nur durch Popularität Bestand haben kann, hatte die Palliatendichtung nach Terenz nur noch schwache Ausläufer und es kam die *comoedia togata* (oder *tabernaria*) auf, welche das Treiben der niederen Stände in Rom darstellte und daher mehr natürliches Leben und nationale Anziehungskraft hatte. Der Hauptdichter dieser Gattung, Afranius, hob die-

---

*) Vergl. Kritik der Ausgabe des Terenz von Bothe. Kl. Schr. VII, S. 159—182.

selbe dadurch, dass er sie in der Anlage und Sprache der *palliata* näherte und suchte die *virtus comica* des Plautus mit der Feinheit des Terenz zu vereinen. Aber nach ihm drängten sich in Folge der steigenden Verwilderung der Zeit rohere Formen vor. Als nämlich das Kunstdrama eingeführt wurde, hatte die römische Jugend die Satura in der früheren Weise, aber als Nachspiel oder Intermezzo der Dramen beibehalten. Für diese *exodia*, welche in der Verbindung mit der Tragödie das nicht ins Römische übertragene griechische Satyrspiel vertraten, wurden seit der Eroberung Campaniens (211 v. Chr. = 543 d. St.) die von dort eingeführten Atellanen *(Atellanae fabulae)* üblich. Sie hatten ihren Namen von der kleinen oskischen Landschaft Atella und stellten hauptsächlich das kleinbürgerliche und bäurische Provinzleben dar. Die stehenden Figuren dieser Harlekinaden: Maccus, Pappus, Dossenus, Bucco, Manducus, Lamia, Mania, Pytho wurden in den verschiedensten lustigen Situationen vorgeführt; die Composition der Stücke war leicht und lose und die Aufführung wurde extemporirt; die Hauptsache dabei waren lächerliche Grimassen, Gesten und Tänze. Allmählich wurden die Vorstellungen auch Histrionen überlassen, die aber wegen des Zusammenhanges der Atellanen mit der Satura nicht wie die übrigen Schauspieler eine *levis notae macula* hatten. Nach Afranius wurden nun die Atellanen durch Pomponius aus Bononia und Novius zu einer regelrechten Posse umgestaltet. Neben denselben fanden aber schon früher die aus Tarent eingeführte Hilarotragödie, welche die Römer nach ihrem Begründer Rhintonica nannten (s. oben S. 684) und der aus Sicilien stammende Mimus Anklang. Letzterer war ein Sittenbild ohne viel Handlung, mit vorwiegender Gesticulation, drastisch und lächerlich, wahrscheinlich auch nur theilweise in metrischer Rede, das populäre Muster der Mimen Sophron's (s. oben S. 684) und sprach die Römer durch die Verwandtschaft mit der alten Satura besonders an. Er wurde in der Zeit der einreissenden Sittenverwilderung im höchsten Grade scurril und obscön und wirkte hauptsächlich durch Sinnenkitzel und Gaukelei auf das entartete Volk, welches an dem Feste der keuschen Flora forderte, *ut nudarentur mimae*. Nachdem er durch Laberius kunstmässig ausgebildet war, nahm er den ganzen Stoff der übrigen Arten der Komödie in sich auf und wurde in der Kaiserzeit nur noch durch den Pantomimus überboten, welcher die **tragischen** und komischen Dichtungen gänzlich auflöste (s. oben S. 547). Daneben führte man bis in die Kaiserzeit die alten Komödien, besonders die des Plautus und Terenz auf. Der Gesammtverlauf der komischen Dichtung bei den Römern beweist, dass sie zu derselben noch weniger befähigt waren als zu der Tragödie. Quintilian sagt mit Recht: *In comoedia maxime claudicamus.* Wo sie von den Griechen abweichen, sind sie schwerfällig und gemein, und Terenz, der dem griechischen Muster in der feinen Form am nächsten kommt, hat gerade die *virtus comica* desselben nicht zu erreichen vermocht, weshalb ihn Caesar einen *dimidiatus Menander* nannte. Aber die neuattische Komödie ist abgesehen von Fragmenten nur in dem getrübten Abbilde des Plautus und Terenz erhalten und durch dies die erste Quelle der modernen Komik geworden. Denn obgleich der komische Scherz am originellsten zu sein scheint, ist die Tradition doch nirgends klarer als in der Komödie. Die Originalität liegt hier mehr in der Neugestaltung der komischen Typen, welche bereits im Alterthum festgestellt sind.

b. Epos.

Livius Andronicus übersetzte für den Unterricht der Kinder die Odyssee im Saturnischen Versmaass und diese sehr unvollkommene Übertragung wurde bis zur Augusteischen Zeit in den Schulen gebraucht (Horaz, *Epist.* II, 1. 69 ff.). In demselben Versmaasse besang Naevius den ersten punischen Krieg und begründete dadurch das historische Epos, welches bei den Römern mehr Anklang finden musste als bei den Griechen, weil jenen der einheimische Heroenmythos fehlte (s. oben S. 651). Ennius wandte für diese Gattung zuerst den heroischen Hexameter an, wobei das Lateinische nach der griechischen Prosodie zu modeln war. Seine *Annales*, welche die gesammte römische Tradition seit der Ankunft des Aeneas in Italien umfassten, waren zwar oft trocken, weil er sich an seine Quellen band, aber auch oft ächt poetisch, wenn schon in der Form noch ungelenk. Ovid nennt ihn mit Recht *ingenio maximus, arte rudis.* Man betrachtete ihn als den Homer der Römer und er selbst sagte in poetischem Schwunge, dass er durch Seelenwanderung Homer selbst sei. Seine Verse gingen auch in den Mund des Volkes über, wie die Zwölftafelgesetze. Noch in der Kaiserzeit stand er in Ansehen und es gab Ennianisten, welche seine Gedichte nach Art der Rhapsoden öffentlich vortrugen. Wie der epische Kyklos sich an Homer anreihte, so scheinen sich an Ennius andere Epen als Fortsetzungen angeschlossen zu haben; so das *Bellum Istricum* des Hostius und vielleicht die *Annales* des Accius und A. Furius. Cicero dichtete eine poetische Beschreibung seines eigenen Consulats und seiner Verbannung; Varro Atacinus verherrlichte Caesar's Sequanischen Krieg. Seit dem Augusteischen Zeitalter kamen epische Panegyrici auf; daneben griff man in der Kaiserzeit auf frühere historische Perioden zurück. Welche Richtung hierbei das Epos einschlug, erkennt man aus der *Pharsalia* des Lucan und den *Punica* des Silius Italicus, die beide aus dem 1. Jahrhundert sind. Lucan, der Bruderssohn des Philosophen Seneca, war einer der geistreichsten Schriftsteller des silbernen Zeitalters; hätte er in der Blüthezeit der Tragödie gelebt, so würde er Bedeutendes geleistet haben. Er ist schwungvoll und sentenziös, aber zu rhetorisch. In der Anlage seines Gedichts hat er die Einsicht gehabt von dem schlecht gewählten Stoff wenigstens die Göttermaschinerie fernzuhalten, welche ganz unpassend gewesen wäre. Sein Epos ist politisch und er besitzt auch politische Weisheit wie damals noch jeder Römer; auch mangelt ihm die Feinheit und Eleganz des silbernen Zeitalters nicht. Aber er ist beeinflusst durch die Affectation der Zeit, die stoische Philosophie und die Spitzfindigkeit des Seneca und entfernt sich daher ganz von der epischen Einfalt. Die *Punica* des Silius sind bereits viel schwächer, eine trotz aller Episoden ziemlich trockene Historie des zweiten punischen Krieges, aber voll poetischen Fleisses und von kunstgenauer Ausarbeitung.

Übrigens sind die Dichter der historischen Epen seit dem Augusteischen Zeitalter ganz abhängig von der Form, welche Vergilius dem heroischen Epos gegeben hatte. Dies war zunächst durch Übersetzungen griechischer Epopöen eingebürgert worden. So übersetzte Cn. Matius die Homerische Ilias, andere übertrugen Gedichte des epischen Kyklos und der alexandrinischen Epiker. Letztere gewannen einen überwiegenden Einfluss, seitdem Varro Atacinus die Argonautica des Apollonios Rhodios übersetzt hatte und wurden allmählich auch in freierer Weise nachgeahmt. Unter der Gunst des Augusteischen Hofes erhielt diese gelehrte Dichtung eine klassische Form in der Aeneis des Vergilius. Der Stoff des Gedichtes ist besonders glücklich gewählt, indem er die nationale Tradition an die griechische Heroensage knüpft. Die Form ist von alexandrinischer Correctheit und höchst kunstreich; die Sprache voll Würde, Kraft und Reiz. Aber es fehlt die Homerische Naivetät; Alles ist mühsame, wenn auch feingebildete Nachahmung und der Inhalt schon so romantisch, dass die Stanzen der Schiller'schen Übersetzung ihm vollkommen angemessen sind. Von seinen Zeitgenossen wurde Vergilius natürlich dem Homer gleichgeschätzt; er stand nicht bloss bei Hofe, sondern auch beim Volke in höchstem Ansehen. Die Aeneide wurde wie bei den Griechen die Homerischen Gedichte in den Schulen gelesen und hat sich als Schulbuch auch das ganze spätere Alterthum und Mittelalter hindurch erhalten. Das heroische Epos trieb nach Vergil noch einzelne Blüthen bis an das Ende des 5. Jahrh. Nach der Anerkennung des Christenthums entstand ausserdem eine umfangreiche Literatur epischer Erzählungen, welche die Geschichten des alten und neuen Testamentes zum Inhalt hatten und epischer Hymnen auf Gott, Christus und die Heiligen.

Das didaktische Epos (s. oben S. 652. 653 f.) musste den praktisch-verständigen Römern besonders zusagen. Es gab alte Spruchgedichte in saturnischem Versmaass; der ältere Cato schrieb für seinen Sohn das *Carmen de moribus* in trochäischen Tetrametern.*) Dasselbe Versmaass gebrauchte Ennius in seinem Epicharmus, worin er die Lehren der Pythagoreischen Philosophie vortrug, sowie wahrscheinlich in dem Euemerus, einer Bearbeitung der ἱερὰ ἀναγραφή des Euhemeros (s. oben S. 568), worin er dessen Mythendeutung auf die italischen Götter ausdehnte. Den heroischen Hexameter wandte Lucretius für das philosophische Epos an. Sein Lehrgedicht *De natura rerum* offenbart ein grosses poetisches Talent und ist voll Hoheit und Würde. Es giebt eine vortreffliche Darstellung der an sich wenig poetischen Physik des Epikur, in welcher sein aufgeregtes und unruhiges Gemüth, das von den Wogen und Stürmen des inneren Zwiespaltes umgetrieben wird, Ruhe und Frieden sucht (s. oben S. 618). Seine Sprache rauscht wild wie ein Bergstrom; seine Beschreibungen sind oft erhaben; er hat noch mehr die altrömische Kraft als die spätere Correctheit. Oft wird er freilich auch wie Parmenides trocken und dialektisch. Er

---

*) Vergl. Über Cato's *carmen de moribus*. 1854. Kl. Schr. VI, S. 296—320.

eifert als Dichter dem Empedokles nach, dem er auch ebenbürtig zur Seite steht. Das gnomische Lehrgedicht nahm zu Ende der republikanischen Zeit ebenfalls die Form des Hexameters an; in der Kaiserzeit wurden mancherlei Sammlungen von Spruchversen veranstaltet, wozu auch die unter dem Namen Cato erhaltene gehört; sie stammt etwa aus dem 3. Jahrh. und ist das Mittelalter hindurch im Original und in vielen Übersetzungen als Schulbuch gebraucht worden. Seit der Ciceronianischen Zeit ahmte man vorzüglich das beschreibende alexandrinische Lehrgedicht nach. Dahin gehören die Übersetzungen von Arat's Phänomena (s. oben S. 198), die trefflichen Georgica Vergil's, die Metamorphosen und Halieutica Ovid's, die Ornithogonia und Theriaca des Aem. Macer, die Cynegetica des Faliscus, die Astronomica des Manilius. Hieran schloss sich in der Kaiserzeit bis ins 6. Jahrh. eine umfangreiche Literatur, z. Th. von poetischem Werthe, wie manche Gedichte des Ausonius, aber oft nur versificirte Prosa, wie die Lehrbücher und Memorialverse der Grammatiker. Der Äsopische Apolog wurde als selbständige Gattung erst im Zeitalter des Tiberius und Claudius von Phaedrus bearbeitet. Die Fabeln desselben, in iambischen Senaren, zeichnen sich durch Kürze und Zierlichkeit aus und sind das Hauptmuster der Fabeldichtung im Mittelalter und bis in die Neuzeit gewesen. Die Räthseldichtung beginnt erst mit Symphosius im 4. oder 5. Jahrh. n. Chr.

Der iambische Senar (s. oben S. 655), den die Römer zuerst in der dramatischen Poesie kennen lernten, und der neben dem trochäischen Tetrameter und daktylischen Hexameter auch bald in gnomischen Gedichten Verwendung fand, wurde wahrscheinlich zuerst von Furius Bibaculus, einem Zeitgenossen Jul. Caesar's, zu Spottgedichten angewandt; ebenso brauchten ihn Catull, der jüngere Cato und Horaz. Doch hat die Iambenpoesie der Römer wegen ihres subjectiven Charakters meist die lyrischen epodischen Formen (s. oben S. 660). In der Kaiserzeit hatte das *carmen maledicum* natürlich wenig Boden. Überhaupt aber entsprach dem römischen Charakter mehr die Satire, die ächtrömische Form des parodischen und scherzhaften Epos. Ennius hatte zuerst eine Anzahl vermischter Gedichte *Saturae* genannt. Lucilius aber schrieb unter diesem Namen Gedichte hauptsächlich im epischen Versmaass, meist in daktylischen Hexametern, worin er Geist und Gehalt der alten dramatischen Satura aufgenommen hatte. Die Satire ist hiernach ein buntes Allerlei von Reden, die sich nicht gegen eine bestimmte Person wie die iambischen Spottverse richten, sondern überhaupt in irgend einer Form den Zwiespalt des Wirklichen und Vernünftigen darstellen; Erzählung und Beschreibung dient darin nur als Beispiel und Beleg des eingemischten Raisonnements. Daher hat die Satire ein stark prosaisches Element in sich und in der von dem Polyhistor Varro begründeten *satura Menippea*, deren Form dem Kyniker Menippos, dem nächsten Nachfolger des Diogenes, entlehnt war, wechselten auch Verse und Prosa. Zur Poesie kann die Satire offenbar überhaupt nur unter der Voraussetzung gehören, dass sie eine freiere neben dem Witz auch die Phantasie anregende Gedankencombination und eine poetische Lebensansicht enthält. Aber eben weil die Gattung halbprosaisch ist, so ist es schwer, eine wirklich poetische Satire zu schreiben. Schiller rechnet die satirische Dichtung mit Recht zur sentimentalen, und die Griechen haben sich ihr daher nur genähert, während sie für den gravitätischen Witz der Römer den passendsten Ausdruck bot. Die Gedichte des Lucilius übten nach Art der alten Komödie die freieste Kritik der politischen Zustände; die Form war noch sehr incorrect und auch wenig durchgearbeitet. Eine klassische Form tragen zuerst die Satiren des Horaz. Allerdings erfordert die Gattung einen nachlässigeren Ton; denn wer wird in feierlich-heroischen Versen scherzhafte Reflexionen untermischt mit Anekdoten und Histörchen vortragen? Darum hat der Hexameter auch in den Satiren des Horaz einen leichtern Bau. Sie führen bei ihm eigentlich den Titel *Sermones* und sind in der That feine poetische Plaudereien voll Witz und Laune, beissend und das Lächerliche verspottend; denn über die Bosheit schwingt er selten die Geissel. Nach ihm haben sich namentlich Persius und Juvenalis in der Satire ausgezeichnet. Persius, ein unter Nero lebender Stoiker, züchtigt scharf und mit ächt stoischer Gesinnung den Verfall des römischen Charakters, ahmt aber den Horaz zu stark nach und ist in Folge seines geschraubten Stils dunkel. Juvenal, der unter Traian blühte, eifert in seinen Satiren gegen die Sittenverderbniss der Zeit, die er mit düstern Farben schildert; er ist voll Galle und sagt alles derb und mit heftiger Leidenschaft, ganz anders als der launige Horaz, welcher über die Thorheiten der Welt nur sanft den Mund verzieht oder höchstens aus vollem Halse lacht.

IV. Wissen. 4. Literaturgeschichte. Römisches Epos. 721

Verwandt mit der Satire ist die poetische Epistel, welche der prosaischen Form des Briefes einen poetischen Ton giebt. Als Gattung der epischen Poesie ist sie zuerst von Horaz bearbeitet, der in seinen Episteln mit seinen Freunden über Literatur, Kunst und Moral in launiger Weise philosophirt. Seiner Natur nach ist indess der Brief im Allgemeinen so subjectiv, dass er bei poetischer Behandlung meist eine lyrische Form erfordert; besonders angemessen ist dafür das elegische Vermaass, welches Ovid in seinen Episteln anwendet.

Der satirische Zug, den die römische Poesie annahm, sobald sie sentimental wurde, hinderte die Ausbildung der von den Alexandrinern so vortrefflich bearbeiteten bukolischen Poesie (s. oben S. 655). Vergil versuchte zuerst in seinen *Bucolica* den Theokrit nachzuahmen. Doch erreichte er nicht dessen Naturwahrheit und Mimik und verdarb den ganzen Ton der Dichtung dadurch, dass er den Figuren der Hirten eine allegorische auf die Zeitgeschichte bezügliche Bedeutung gab. Wer empfindet nicht z. B. bei der 5. Ekloge trotz aller Schönheit der Ausführung das Widerliche der Idee einen Weltbeherrscher wie Caesar als Hirten besungen zu sehen? Die raffinirte Künstelei, wodurch das einfache Naturleben wieder zum Symbol der überfeinerten Reflexionswelt gemacht wird, ist auch schon äusserlich genommen ganz geschmacklos. Es ist eine Satire auf das idyllische Hirtenleben, wenn die Schäfer sich von dem Hofe und der Politik des Augustus unterhalten. Gerechtfertigt wäre eine solche Composition nur, wenn dadurch eine komische Wirkung erzielt werden sollte, etwa nach Art von Shakespeare's „Wie es Euch gefällt." Auch nach Vergil hat die bukolische Dichtung nichts Bedeutenderes geleistet; denn die späteren Bukoliker, wie Calpurnius und Nemesianus sind schwache Nachahmer des Vergil. Die Ausdrücke Idyll (εἰδύλλιον Dimin. von εἶδος ursprünglich = Weise, dann Stück, vergl. meine *Praef.* zu den *Scholia Pindari.* S. XXXI.) und Ekloge (ἐκλογή ausgewähltes Stück), womit die einzelnen bukolischen Gedichte bezeichnet werden, bezeichnen übrigens überhaupt jedes kleinere Gedicht; daher führen z. B. kleine keineswegs bukolische Lehrgedichte des Ausonius theils den Titel *Idyllia*, theils *Eclogae*.

c. Lyrik.

Von den Formen der griechischen Lyrik wurde zuerst das Epigramm (s. oben S. 661) selbständig bearbeitet. Seitdem

Ennius den Hexameter eingebürgert hatte, wandte man diesen und bald auch das elegische Distichon zu Aufschriften auf Grabmälern und Bildern an. Seit dem 7. Jahrhundert der Stadt wurde dann das sententiöse Epigramm ausgebildet. Die höchste Virtuosität erreichte in dieser Gattung Martial, der unter Domitian lebte. Nach dem Muster der alexandrinischen Dichter wurde ferner seit dem Ende der republikanischen Zeit die erotische Elegie angebaut, in welcher Catullus, Tibullus, Propertius und Ovidius die höchste Meisterschaft erreichten. Catull ist voll wahren elegischen Gefühls, nur zu leidenschaftlich. Tibull übertrifft ihn an harmonischer Stimmung; er ist fein gebildet, aber ohne affectirte Gelehrsamkeit, einfach und mild. Properz ist der gelehrteste aller Elegiker, voll Fleiss und Kunst; er bezeichnet sich selbst als den Kallimachos der Römer, übertrifft aber die alexandrinischen Dichter an Tiefe des Gefühls. Der formgewandteste aller Dichter des Augusteischen Zeitalters ist Ovid; zugleich zeichnet er sich vor allen andern durch einen überschwenglichen Witz aus. Alles, was er sagt, ist geistreich, zart und anmuthig. Allein er spielt mit seiner Empfindsamkeit; es fehlt ihm an Würde der Gesinnung und an Lebensernst. Daher sind seine Gedichte ohne Kraft und Nerv; er krankt an Überfülle, verliert sich in Bildern und Beschreibungen und sucht den Mangel an plastischer Zeichnung durch glänzende Farbengebung zu ersetzen. Aber in der spielenden tändelnden Poesie ist er Meister. Die Elegie hat er in mannigfachen Formen bearbeitet. Seine *Amores* sind kleine erotische Gelegenheitsgedichte, oft keusch und sinnig, öfter üppig und ausgelassen, ja ganz obscön. In den *Heroides* kleidet er die Elegie in die Form des Liebesbriefes, idealisirt durch Versetzung in die mythische Zeit; die *Tristia* und die *Epistulae ex Ponto* sind threnetische Elegien, veranlasst durch seine Verbannung in Tomi; die *Tristia* oft langweilig durch endlose Klagen, die *Epistulae* wirkliche Briefe an seine Freunde, gemässigter und oft vortrefflich. Die *Ibis* ist ein elegisches Spottgedicht gegen einen seiner Feinde, Nachahmung eines gleichnamigen Gedichtes von Kallimachos. Ausserdem hat Ovid die Elegie zu Lehrgedichten angewandt. Die *Ars amatoria* ist in ihrer Art das vollkommenste Lehrgedicht und in der That wohl auch sein bestes Werk; hieran schliessen sich die *Remedia amoris* und *Medicamina faciei*. Die leider nur halbvollendeten *Fasti*, eine mythologische

Beschreibung des römischen Festkalenders, sind ein Gedicht voll alexandrinischer Gelehrsamkeit. Ovid fand eine grosse Menge Bewunderer und Nachahmer und hat der ganzen Poesie der Kaiserzeit, das historische und heroische Epos abgerechnet, ihre Richtung gegeben. Die Elegie wurde nach seinem Muster vorzugsweise zu Lehrgedichten verwendet, die freilich vielfach ganz triviale und keineswegs elegische Stoffe behandelten.

Neben der Elegie eigneten sich die Römer in der Caesarischen Zeit die kleinern dem äolischen Stil entsprechenden Formen der alexandrinischen Lyrik an, welche dilettantisch zu Gelegenheitsgedichten angewandt wurden (s. oben S. 662). Der erste bedeutende Meliker ist Catull, überhaupt das grösste lyrische Genie der Römer, der leider in Folge seines frühen Todes nicht zur vollen Reife gelangt ist. Seine *Carmina* sind in mannigfachen Versmaassen geschrieben; sein Element ist die leichte, anmuthige Form des *carmen nuptiale*, Hendekasyllabi, Choliamben, weniger die Sapphische und Alkäische Strophe. Witz, Urbanität und Kunst ist in allen seinen Gedichten. Manche sind ungemein anmuthig; kaum giebt es z. B. lieblichere Spielereien als die Gedichtchen auf den Sperling seiner Geliebten. Der wahren Leidenschaft der Liebe und des Hasses, die aus seinen Versen spricht, ist die melische Form durchaus angemessen. Catull gehört noch der republikanischen Zeit an; sowie aber die Lyrik bei den Griechen sich gern an kunstliebende Tyrannen anschloss, so gelangte sie bei den Römern erst im Sonnenschein des Augusteischen Hofes zu voller Blüthe. Die höchste Stufe hat unstreitig Horaz erreicht, welcher die alten äolischen Dichter selbst zum Muster nahm, während er erkannte, dass er dem hohen Fluge des dirkäischen Schwanes nicht zu folgen vermochte. Allein der höfischen Poesie fehlte das natürliche Pathos der äolischen Melik. Horaz besingt in dem Tone des Anakreon, der die äolische Leidenschaft durch ionische Weichheit milderte, die Liebe, die Freundschaft und den Wein; er schwärmt für die Natur und das Landleben; aber er predigt als Lebensphilosoph weise Mässigung im Lebensgenuss. Seine Sprache ist lieblich, zart und fein, zuweilen hinreissend und voll poetischer Schönheiten im Einzelnen, Alles freilich meist das Werk mühsamer Nachbildung; der Versbau ist vortrefflich. In der Kaiserzeit erhielt sich die metrische Virtuosität lange und es gab eine grosse Anzahl lyrischer Dichter. Die beliebtesten

Formen blieben die dem meist tändelnden Inhalt entsprechenden iambischen und trochäischen Verse, besonders die Hendekasyllabi. Noch zu Ende des 4. Jahrh. wandte indess der christliche Dichter Prudentius die Horazischen Strophenformen mit Geschick an.

B. Prosa.

§ 99. Bei den Römern ist die Prosa in ihren Anfängen fast ebenso alt als die Poesie. Denn die Geschichtsschreibung ist hier nicht frei aus dem Epos erwachsen, sondern schon zur Zeit der Könige als *institutum publicum* vorhanden in den *annales pontificum*, dem jährlich vom Pontifex maximus zu veröffentlichenden Jahresberichte, welcher bis in das 7. Jahrh. d. St. fortgeführt worden ist und wozu in der republikanischen Zeit die *commentarii magistratuum* und die Chroniken der Adelsfamilien kamen (s. oben S. 292). Wie aber in Griechenland gleichzeitig mit der historischen Prosa die wissenschaftliche sich bildete, so bestanden in Rom von jeher neben den Chroniken die Aufzeichnungen der Behörden, welche das ächt römische Wissen, die Rechtskenntniss fixirten. Die Rede wurde bei den Römern stets ebenso hoch geschätzt als bei den Griechen (s. oben S. 699), aber nur soweit sie der Praxis diente, und die älteste römische Beredsamkeit ging jedenfalls wie die alten Annalen darauf aus in dürren, aber treffenden Worten lakonisch das Nöthige zu sagen. Durch die republikanische Verfassung und besonders durch das Aufkommen der Demokratie musste auch in Rom die Beredsamkeit mächtig gefördert werden. Denn auch hier waren alle Verhandlungen mündlich und neben der berathenden und gerichtlichen Rede (dem *genus deliberativum* und *iudiciale*) wurde die epideiktische (das *genus demonstrativum*) frühzeitig geübt, da öffentliche Leichenreden (*laudationes funebres*) für Verwandte oder Magistratspersonen althergebracht waren.

Als die Römer mit der griechischen Literatur bekannt wurden, herrschte in dieser die gelehrte Geschichtsschreibung (s. oben S. 690). Daher behielt die historische Prosa, die sich nach dem Muster derselben bildete, lange die kunstlose Form der Annalistik bei und wurde erst in der Ciceronischen Zeit künstlerisch gestaltet, indem man auf die attischen Muster zurückging. Diese Periode ist aber überhaupt das goldene Zeitalter der prosaischen Literatur und zwar vollendete sich in demselben nächst dem historischen zuerst der rhetorische und dann der wissenschaftliche Stil.

a. Historische Prosa.

Der Vater der römischen Geschichtsschreibung ist Q. Fabius Pictor, welcher Annalen von Aeneas bis auf seine Zeit in griechischer Sprache schrieb. Die Tradition, die er so zusammenfasste, war natürlich für die ältesten Perioden mythisch, indem der rein historische Mythos der Römer besonders durch den Einfluss der Sibyllinischen Bücher (s. oben S. 435. 448) bereits mit dem griechischen Heroenmythos in Verbindung gesetzt war. Ausserdem waren die ältesten Quellen der römischen Geschichte, namentlich die *Annales Pontificum* durch wiederholte Brände zerstört und unzuverlässig wiederhergestellt; auch waren die amtlichen Annalen selbst superstitiösen Inhalts, da alle wichtigen Ereignisse mit Prodigien und Augurien in Verbindung gesetzt wurden. Fabius hat in seinem Werke ohne Zweifel diesen mythischen Charakter nicht abgestreift: Polybios und Dionysios von Halikarnass (s. oben S. 690 und 691) tadeln ihn wegen Mangels an Kritik; sie stehen aber doch beide auf seinen Schultern und in der Geschichte der spätern Zeit, besonders der punischen Kriege, war er jedenfalls hinreichend zuverlässig. Nach ihm schrieben noch mehrere Römer Annalen in griechischer Sprache; aber von Cato Censorius, der in seinen lateinisch geschriebenen *Origines* mit der römischen Geschichte die Urgeschichte der übrigen italischen Völkerstämme verband, zieht sich eine Reihe lateinischer Annalisten bis auf Caesar's Zeit hinab; als letzter derselben kann Q. Aelius Tubero gelten, den Dionysios von Halikarnass besonders hochschätzt. Die kunstlose annalistische Geschichtsschreibung ist aber keineswegs objectiv, sondern verfährt stets pragmatistisch; in der ältern Zeit ist sie patriotisch gefärbt, und später, besonders in den Gracchischen Unruhen dient sie Parteizwecken. Neben der Annalistik wurden nach dem Muster der Alexandriner von Anfang an die römischen Antiquitäten dargestellt; diese Schriftstellerei, welche zu Cicero's Zeit ihren Höhepunkt in Varro erreichte, hat aber nie einen künstlerischen Stil gewonnen (s. oben S. 365). Die ersten Geschichtsschreiber, welche in Folge der zunehmenden griechischen Bildung eine Kunstform erstrebten, waren (nach Cicero, *De orat.* II, 54. Brutus 228 f.) Caelius Antipater und L. Cornelius Sisenna. Doch nahm letzterer den schlechten asianischen Stil zum Muster (vergl. Cicero, *De legibus* I, c. 2, 7).

726 Zweiter Haupttheil. 2. Abschn. Besondere Alterthumslehre.

Diese Richtung wurde indess schnell durch den guten Geschmack überwunden, welcher in der Ciceronischen Zeit herrschte (s. oben S. 707), und man schloss sich jetzt dem Vorbilde der attischen Klassiker an. Es entstanden damals eine grosse Anzahl Historien im engeren Sinn, d. h. ausführliche Darstellungen der Zeitgeschichte. Einen klassischen Stil aber erreichte zuerst Sallustius. Er lebte in der Periode des ersterbenden Römersinnes, wo grosse Tugenden und Laster zu einer charakteristischen Darstellung reizten und spiegelte seine Zeit rein ab; denn in seiner Jugend selber von dem Strudel der allgemeinen Sittenverderbniss fortgerissen, kannte er dieselbe genau und stand doch über ihr, nachdem er zu der erhabenen antiken Gesinnung zurückgekehrt war, welche überall aus seinen Schriften hervorleuchtet. Seine 5 Bücher Historien umfassten einen kurzen Zeitraum (676—687 d. St.), den er nach dem Muster des Thukydides (s. oben S. 688) eingehend darstellte. Das Wesen seines Stils erkennen wir aus den erhaltenen Meisterwerken historischer Charakteristik, dem *Catilina* und *Bellum Iugurthinum*. Er ist von Thukydideischer Kürze, kernhaft und genial; wie bei Thukydides ist die Sprache der grösseren Würde wegen alterthümlich; allein diese Alterthümlichkeit erscheint etwas gemacht, weil Sallust zu reflectirt ist und bei aller Unparteilichkeit doch nicht die hohe Objectivität seines grossen Vorbildes zu erreichen vermochte (s. oben S. 293). Unter Sallust's Zeitgenossen ist ihm in der historischen Kunst nur Caesar ebenbürtig, der auch als Gelehrter und Schriftsteller zu den Sternen erster Grösse zählt. Der Stil seiner Commentarien über den gallischen Krieg ist einfach, schlicht und elegant gleich dem Xenophontischen, nur kraftvoller und unendlich viel genialer. Der erste, welcher die ganze römische Geschichte kunstmässig darstellte, ist Titus Livius. Seine Sprache ist vortrefflich, fliessend, gebildet, periodologisch und in dem mittleren Stil gehalten; sie ist dabei ächt römisch und hat alle Vorzüge der goldenen Latinität, wogegen der ihm von Asinius Pollio gemachte Vorwurf der Patavinität keine Instanz bildet. Wahrscheinlich bezog sich der Tadel des letztern auf den rhetorischen Stil des Livius, welchen Pollio wie den des Cicero als unrömisch ansehen musste und deshalb vielleicht scherzhaft patavinisch nannte. Die Ubertät, die Kunst der Darstellung und Ausführung auch in den Reden ist vorzüglich die Stärke des Livius; nur ist er bereits zu rhetorisch. Sallustischen

Geist aber hat er nicht, nicht jene grosse und erhabene Gesinnung, sondern eine mehr prosaische, aber weichlich sentimentale Weltansicht, wenig Kritik und keine tiefe politische Einsicht. Nach der Regierung des Augustus, der den Livius trotz seines Freimuthes begünstigte, verfiel die römische Geschichtsschreibung zugleich mit der Freiheit. Die wenigen Männer von alter Gesinnung, welche die Wahrheit zu sagen wagten, unterdrückte der Despotismus; den meisten schloss die Furcht vor den Tyrannen den Mund; nur die Schmeichler der Machthaber oder diese selbst, die vielfach ein lebhaftes Interesse an der Literatur nahmen, führten das Wort. Es gab keine wahre Volksgeschichte mehr, sondern der Staat bewegte sich nach der Laune eines Einzigen und die Kaisergeschichte wurde daher zur Kaiserbiographie. Aber als nach der Regierung des Domitian der Druck des Despotismus nachliess, fand die lange zurückgehaltene Wahrheit noch einmal einen freimüthigen Ausdruck durch Tacitus. Er gehörte seinem Charakter nach der alten republikanischen Zeit an; Catonische Gesinnung und Sittenstrenge, eine männliche Geistesstärke, Treue, Redlichkeit, Freiheitssinn und Patriotismus lagen in seiner innersten Natur. Zu kraftvoll um dem Drucke der allgemeinen Sittenverderbniss zu erliegen, zu national eingeschränkt um sich durch eine grosse welthistorische Betrachtung der Geschichte über das Elend der Zeit zu erheben, musste sich seine Eigenart in einer schneidenden Opposition gegen sein Zeitalter offenbaren. Daher ist seine Geschichte subjectiv durch Reflexion, sentimental, indem er die Gesunkenheit der Gegenwart erkennt und den Untergang der alten Grösse Roms sehnsüchtig betrauert. Er sieht mit Wehmuth, wie auch tüchtige Charaktere dem Verderben erliegen; um so grösser aber ist seine Begeisterung für die wenigen edlen Geister, welche demselben widerstehen; dieser giebt er sich mit der ganzen Sinnigkeit eines klaren sentimentalen Gemüths hin. So fehlt ihm trotz grosser Unparteilichkeit und Kritik die wahre historische Kunst, welche die Reflexion des Historikers untergehen lässt in der Objectivität der Darstellung. Seine Sprache ist kräftig wie sein Geist, tief wie seine Einsicht in das Getriebe der Politik und in die Regungen der menschlichen Seele. Aber seine Tiefe wird dunkel, weil er in Folge des Übermaasses der Reflexion unendliche Beziehungen und Anspielungen in die Worte legt; seine Kraft äussert sich wegen seiner befriedigungslosen

Grundstimmung in einer abgebrochenen Kürze der Gedankenverknüpfung und in ironischer Bitterkeit und seine Sentimentalität verleiht dem gesammten Ausdruck eine lyrische Färbung.*) Tacitus hatte in seinen beiden grossen Geschichtswerken, den *Historiae* und *Annales* die Kaiserzeit vom Tode des Augustus bis zu dem des Domitian (14—96) dargestellt; eine Fortsetzung (96—378) lieferte zu Ende des 4. Jahrh. Ammianus Marcellinus. Leider ist sein Werk ebenso wie die des Tacitus und Livius nur unvollständig erhalten. Ammian war Soldat und ein Genosse des Iulian, freimüthig, wahrheitsliebend und auch gelehrt; aber sein Stil ist schon ganz barbarisch. Ausserdem wurde die römische Geschichte in der Kaiserzeit hauptsächlich epitomatorisch behandelt. Unter Tiberius schrieb bereits Velleius Paterculus seine *Historia romana* in 2 Büchern hauptsächlich zum Preise des Caesar, Augustus und Tiberius in einem pathetischen und gezierten Stil; Florus verfasste wahrscheinlich unter Traian oder Hadrian seinen geschmacklosen, rhetorisch aufgeputzten Abriss der römischen Geschichte bis auf Augustus als Lobschrift auf das römische Volk, nicht ohne edle Gedanken, aber ganz unhistorisch; unter Valens schrieb Eutropius sein *Breviarium ab urbe condita*, eine geistlose, aber geschickte Compilation. Die beste vorhandene Epitome sind noch die *Caesares* des Aurelius Victor, die bis auf Constantius gehen. Ferner gehören hierher die Auszüge aus Livius. Aus einer wiederholten Fortsetzung des Eutropius ist die *Historia miscella* entstanden, welche bis auf Leo den Armenier fortgeführt ist.

Durch das Studium und die Nachahmung der griechischen Geschichtsschreiber erweiterte sich das historische Interesse der Römer allmählich über die Grenzen ihrer eigenen Geschichte. Trogus Pompeius, ein Zeitgenosse des Livius, schrieb zuerst eine Universalgeschichte in römischer Sprache; sie führte den Titel *Historiae Philippicae*, weil er darin die Φιλιππικά des Theopomp zu Grunde legte, die er nach griechischen und römischen Quellen ergänzte und fortsetzte. Das Werk war in einer lebendigen und klassischen Sprache geschrieben, wie man noch aus dem Auszuge des Iustinus sieht; denn dieser, der wahrscheinlich

---

*) Vergl. *De Taciti loco Hist.* I, 52. 1830. Kl. Schr. IV, S. 340 ff. VII, S. 597 f.

aus der Zeit der Antonine stammt, ist gut und z. Th. elegant stilisirt, soweit er sich in der Form an das Original anschliesst. Erst von christlichen Schriftstellern wurde die universalgeschichtliche Richtung wieder aufgenommen, zuerst durch die Chronik des Sulpicius Severus aus dem Anfange des 5. Jahrh., welche die Geschichte von Erschaffung der Welt bis zum J. 400 nach guten Quellen darstellt; der Stil dieses Werkes ist nach Cicero und Sallust klassisch gebildet. Viel geringer ist die etwas später verfasste Geschichte des Orosius. Einzelne kürzere Perioden und Begebenheiten aus der Geschichte fremder Völker haben die Römer selten bearbeitet. Das einzige Werk dieser Art, welches wir besitzen, sind die *Historiae Alexandri M.* des Q. Curtius, wahrscheinlich aus der Zeit des Claudius (s. oben S. 228). Er hat seinen Gegenstand in dem verderbtesten rhetorischen Geschmacke und mit aller der Romanhaftigkeit behandelt, welche aus den von Fabeln strotzenden Geschichtsschreibern Alexander's d. Gr. aufzutreiben war.

Weit mehr Neigung als zu der griechischen Universalgeschichte hatten die Römer zur Biographie. Die vollendete Biographie ist allerdings eine der schwierigsten Aufgaben. Sie erfordert eine umfassende Kenntniss der allgemeinen Zeitgeschichte, da sich in dem Leben grosser Männer ihr Zeitalter wiederspiegelt. Ausserdem aber gehört dazu das Talent sich in eine fremde Individualität hineinzuversetzen. Wie in einem Porträt alle einzelnen Züge getroffen sein können, ohne dass das Bild Ähnlichkeit und Leben hat, so erkennt man auch aus den genauesten biographischen Einzelheiten nicht das Charakterbild des dargestellten Lebens, wenn dieselben nicht durch einen genialen psychologischen Blick zu einem wirklichen Ganzen verknüpft sind. Tacitus hat diese Aufgabe in seinem Agricola vorzüglich gelöst (s. oben S. 147); aber neben diesem Meisterwerke besitzen wir nichts Ähnliches aus der biographischen Literatur der Römer, die in dem Ciceronischen Zeitalter beginnt. In dieser Zeit, wo viele hervorragende Männer Memoiren und Selbstbiographien schrieben, verfasste Corn. Nepos ausführliche Lebensbeschreibungen des ältern Cato und Cicero und stellte in dem umfassenden Werke *De viris illustribus* in verschiedenen sachlich geordneten Abtheilungen das Leben römischer und auswärtiger berühmter Männer dar. Das davon erhaltene Buch *De excellentibus ducibus exterarum gentium* nebst den Biographien des ältern

Cato und des Atticus aus dem Buche *De latinis historicis* sind in einem einfachen schlichten Stil geschrieben, der nur fehlerhaft wird, wenn der Autor grössere Satzperioden zu bilden sucht. Der Inhalt des erstern Buches ist meist aus Herodot, Thukydides, Xenophon, besonders aber aus Theopomp schmählich, ohne Kritik und mit Einmischung der gröbsten Irrthümer zusammengerafft und geistlos von einem gewöhnlichen Standpunkte aus dargestellt; die Kürze des Stils ist die sterile kraftlose Kürze der Geistesarmuth. Man kann sich kaum überreden, dass ein Freund des Cicero, Atticus und Catull in dem goldenen Zeitalter der Prosa solche Kindereien geschrieben und dass irgend Jemand damals Gefallen daran gefunden habe. Trotzdem ist die mehrfach aufgestellte Ansicht, dass die Schrift untergeschoben oder ein Excerpt sei, aus vielen Gründen unhaltbar. Nepos war eben seinen berühmten Freunden an Geist nicht ebenbürtig, gelehrt, aber kritiklos, ein Literator ohne ausgezeichnete Eigenthümlichkeit der seinem Zeitalter einen klaren und durchsichtigen Stil verdankt. Unter Hadrian schrieb Suetonius *De viris illustribus*, Biographien römischer Schriftsteller in mehreren Abtheilungen, wovon wir die Abschnitte *de grammaticis et rhetoribus* fast ganz, aus den übrigen Fragmente und Auszüge besitzen und das Werk *De vita Caesarum*, welches das Leben der ersten 12 Kaiser enthält. In allen diesen Biographien herrscht der gleiche Ton, nämlich der Ton des sammelnden Grammatikers; sie sind ohne einheitlichen Plan; nirgends springt ein Charakterbild deutlich gezeichnet hervor; die einzelnen Züge sind wie zufällig zusammengestellt oder nach einem unhaltbaren Princip und dann nicht einmal consequent verbunden; die Männer werden nicht innerhalb des historischen Zusammenhangs, sondern isolirt betrachtet. Aber Sueton ist reichhaltig, genau und von rücksichtsloser Freimüthigkeit; seine Sprache ist einfach und zeichnet sich besonders durch die Proprietät des Ausdrucks aus. Er fand in der Kaiserbiographie viele Nachahmer, die seine Fehler häuften, aber bei dem Verfall der Sprache seine Vorzüge einbüssten, wie die erhaltenen 6 *scriptores historiae augustae* zeigen. An die Biographie schloss sich die Anekdoten- und Historiettenschreiberei an, die schon mit des Valerius Maximus *Factorum et dictorum memorabilium libri IX* unter Tiber beginnt.

Der Roman wurde in die römische Literatur bereits in der

Sullanischen Zeit eingeführt, wo Sisenna die Milesischen Märchen des Aristeides übersetzte; daher ist auch bei den Römern *Milesia (fabula)* der Gattungsnahme des Liebesromans (s. oben S. 693). Wir haben aus der Kaiserzeit zwei Romane von Petronius Arbiter und Apuleius. Das *Satyricon* (ursprünglich wohl *Saturae*) des Petronius ist ein buntes Sittengemälde, worin der Verfasser die Verderbniss und Lächerlichkeit seines Zeitalters darstellt. Es hat die Form der *satura Menippea*; die eingelegten grösseren poetischen Stücke persiffliren die verkehrten Kunstrichtungen. In den erhaltenen Theilen wird das Treiben einer gemeinen, wenn auch steinreichen Volksklasse geschildert; daher lernt man daraus zugleich die Volkssprache der Zeit kennen; die Darstellung ist voll Witz. Die Metamorphosen des Apuleius sind eine Übertragung von Lukian's Lukios mit eingeflochtenen bunten Episoden; die Sprache ist höchst prätentiös und durch Mischung der Stile aller Zeiten abgeschmackt. In der späteren Kaiserzeit wurden in den Romanen mythische und historische Gestalten phantastisch ausgeschmückt, so in den Darstellungen der Alexandersage, die mit Iulius Valerius' Übersetzung des Alexander-Romans von Pseudo-Kallisthenes beginnen und in den Erzählungen vom Trojanischen Kriege, welche unter den erdichteten Namen des Dictys und Dares erhalten sind.

b. Rhetorische Prosa.

Der Entwicklungsgang der rhetorischen Prosa war in Rom ähnlich wie in Griechenland (vergl. oben S. 699 ff.). Auf die kunstlose Beredsamkeit folgte der alte kräftige Stil, der mit Cato Censorius in der Zeit des Ennius anhebt und von welchem uns die Fragmente der alten Redner, namentlich der Gracchen, sowie die Geschichtswerke des Sallustius ein Bild geben. Schon vor Beginn dieser ersten Periode hatte Appius Claudius eine politische Rede veröffentlicht und seit Cato Censorius geschah dies immer häufiger und zwar um die praktische Wirksamkeit des gesprochenen Wortes zu erhöhen. Mit M. Antonius und L. Crassus beginnt die durch griechische Rhetorik durchgebildete Beredsamkeit und das Interesse für die Form bewirkte seitdem, dass man die Reden auch als literarische Denkmäler veröffentlichte. Die griechische Rhetorik war zu der Zeit, wo die Römer sie kennen lernten, voll unpraktischer Spitzfindigkeiten. Hiervon hielten sich indess die römischen Redner fern und die Theorie gestaltete sich in Rom selbst praktisch, wie die Rhetorik des Cornificius (s. oben S. 239) beweist. An Stelle der allgemeinen Thesen *(quaestiones)* wurden vorwiegend bestimmte individualisirte Gegenstände von praktischer Bedeutung *(causae)* in den Übungen behandelt. Als Hortensius den asianischen Stil nach Rom verpflanzte, erfolgte jene Reaction gegen denselben, durch welche der Atticismus wieder zur Herrschaft gelangte (s. oben S. 707). Cicero, der in der Rhodischen Schule gebildet war, erkannte Demosthenes wieder als höchstes Muster an und hat sich demselben auch am meisten genähert. Nur übertrifft ihn Demosthenes an Würde und Ernst; selbst sein Witz ist ernster, als der scurrile Witz seines römischen Nachahmers. An Eifer, Lebendigkeit, Regsamkeit kommt Cicero seinem Vorbilde gleich; er hat eine feine Bildung, Gelehrsamkeit, Geschmack; aber es fehlt ihm an Tiefe, weil er voll eitler Selbstüberhebung ist. Sein Stil ist daher von selbstgefälliger Breite und in der Sprache ein Typus des Nationalstils ohne ausgeprägte Eigenthümlichkeit (s. oben S. 128 f.), aber auch ohne die altrömische Kraft (oben S. 294). Denn mit ungemessenem Ehrgeiz verbindet sich bei ihm eine grosse Charakterschwäche; sein Muth unterliegt leicht jedem Unfall. Doch ist er ein *vir bonus**) wie wenige Redner. In den Stürmen des politischen Lebens hat er sich ein reines, feines und empfängliches Gemüth bis ans Ende bewahrt und die philosophische Ergebung und Standhaftigkeit, die er im Leben oft vermissen lässt, hat er im Tode gezeigt.

Leider sind uns aus der klassischen Zeit der römischen Beredsamkeit nur die Reden des Cicero erhalten. Unter seinen Zeitgenossen haben ihn manche sicher an römischer Gravität übertroffen. Hervorgehoben wird dieser Vorzug besonders bei M. Brutus, welcher auch den Stil seines Freundes Cicero als *fractus atque elumbis* bezeichnete. Freilich kam er in der periodologischen Abrundung der Form dem Cicero nicht gleich, weshalb dieser seinerseits seinen Stil *otiosus atque diiunctus* nannte. Brutus sah ebenfalls in Demosthenes das höchste Muster Andere wie Licinius Calvus und dessen Anhänger erstrebten den schlichten, eleganten Stil des Lysias und Hypereides als den ächt attischen. Zu ihnen gehörte, seinen Commentarien nach

---

*) Vergl. *De Ciceronis sententia, oratorem perfectum neminem esse posse nisi virum bonum* 1813. Kl. Schr. IV, S. 65 ff.

zu urtheilen, auch Caesar, von dem Cicero (Brutus 252) sagt: *De Caesare ita iudico illum omnium fere oratorum Latine loqui elegantissime.* Der hervorragendste Rivale Cicero's war aber Asinius Pollio. Er sah den Stil des Cicero noch für zu asianisch an und strebte nach der herben Erhabenheit des Thukydides; dabei zeichnete er sich durch reiche Erfindung, sorgfältige Ausarbeitung, grosse Besonnenheit und hohen Muth aus. Aber er schien wegen seines Mangels an Glanz und Anmuth einem frühern Jahrhundert anzugehören und sein Stil wurde mit dem der alten römischen Tragödie verglichen, nach deren Muster er auch selbst Dramen dichtete. Die Blüthezeit der rhetorischen Prosa ist in Rom wie in Athen die Zeit der höchsten Gährung vor dem Untergang der politischen Freiheit. Mit der veränderten Staatsform verlor die politische Beredsamkeit auch hier ihren Schauplatz und Wirkungskreis. Augustus brachte in den Staat einen wunderlichen Schein, indem er in der Tyrannis die republikanischen Formen äusserlich bestehen liess. Da es nun für die Staatsberedsamkeit keine wahren und grossen Gegenstände mehr gab, wurde sie innerlich hohl, nichtssagend und unter August's Nachfolgern gleissnerisch unwahr, während sie äusserlich die höchste Politur erstrebte und den Mangel an Gehalt durch sinnreiches Witzeln und durch pathetische Phrasen zu verdecken suchte. Dem Stil war der Nerv gebrochen. Für die gerichtliche Rede waren jetzt die Hauptgegenstände die unbedeutenden *causae centumvirales;* grosse Reden wurden auch hier nicht gehalten, weil die Sprechzeit beschränkt war; zudem fehlte es an Zuhörern, während sonst das römische Volk an wichtigen Rechtsfällen das höchste Interesse hatte. Die rhetorische Schulung, die nach wie vor für jeden Gebildeten nothwendig schien, konnte daher jetzt nicht mehr im Lichte des öffentlichen Lebens durch Anschluss an grosse Vorbilder gewonnen werden, sondern nur in den Schulen der Rhetoren. Hier wurden die Übungen wieder so unpraktisch wie in den griechischen Rednerschulen der makedonischen Zeit. Nachdem in der Grammatikerschule die Behandlung allgemeiner *quaestiones* geübt war, begann der rhetorische Unterricht mit dem *genus demonstrativum;* hierauf folgten Übungsreden in dem *genus deliberativum (suasoriae)* und schliesslich in dem *genus iudiciale (controversiae),* alles meist über generelle, nicht individuell bestimmte Aufgaben. Die Früchte dieser Bildung wurden dann ausser in den Gerichtsreden in öffentlichen Recitationen zur Schau gestellt, die jetzt Sitte wurden; an Stelle der *oratio* trat die *declamatio*. Wie aber überhaupt aus der verderbten Erziehung alle römische Gravität gewichen war, so suchte man in der Rhetorenschule nur formelle Redegewandtheit zu erzielen. Die Rhetoren waren meist ohne tiefere wissenschaftliche Bildung, ohne Kenntniss der Philosophie, Geschichte und Jurisprudenz. Die Declamation drehte sich daher um abenteuerliche phantastische Gegenstände, während die Form immer mehr überfeinert wurde. Man war der alten Einfachheit müde; man hörte nicht mehr gern gut geregelte Reden mit natürlichen Einleitungen und Ausführungen; die Zuhörer mussten durch schlagende Kürze der Argumente, schöngefärbte und scharfsinnige Sentenzen, glänzende Beschreibungen gefesselt werden. Die Sprache wurde pikant, stark gewürzt durch gewählte und poetische Ausdrücke; der alte natürliche klassische Stil erschien lächerlich und langweilig. In Declamation und Gesten überbot man die Schauspieler. Die allgemeine rhetorische Bildung musste aber den grössten Einfluss auf die gesammte Prosa, ja auch auf den Stil der Poesie üben. Dies zeigt sich schon in dem goldenen Zeitalter der Literatur, vorzüglich bei Ovid und Livius, nur dass damals die verkehrte Richtung der Rhetorik erst im Entstehen war, welche den Charakter des silbernen Zeitalters, d. h. der Zeit bis auf Hadrian, vollständig bestimmt hat. In der gesammten Literatur dieses Zeitalters zeigt sich eine Disharmonie zwischen Form und Inhalt, und zwar so, dass die Form das Übergewicht, eine selbständige dem Inhalt nicht entsprechende Bedeutung hat, während sie in dem goldenen Zeitalter dem Inhalt angemessen war. Die meisten Schriftsteller suchen durch die übermässig ausgebildete Form Effect zu machen und so einem nichtigen oder verwerflichen Inhalt den äussern Schein des Wichtigen, Interessanten oder Reizenden zu geben. Nur bei Wenigen, wie bei Tacitus, tritt die Disharmonie dadurch hervor, dass zwar die Form dem Gedankensystem des Schriftstellers angemessen ist und jeder Schein gemieden wird, aber jenes Gedankensystem selbst im schneidenden Gegensatz zu dem dargestellten Gegenstand steht, woraus dann eine ganz moderne Sentimentalität entspringt (s. oben S. 727). Dass mit dem Anfang des Principats die altrömische Zeit der Literatur abgeschlossen war, wurde bald allgemein erkannt. Aber die Meisten sahen den modernen Stil als einen Fortschritt gegen den antiken an; da sie selbst überbildet waren, erschienen ihnen die Alten als formlos und roh. Selbst die überlieferte Sprache der Ciceronischen Zeit schien mit dem Rost des Alters überzogen und man suchte Alles blank und neu zu machen. Aus dieser stilistischen Richtung erklären sich die Eigenheiten der silbernen Latinität, was Niemand besser dargelegt hat als Seneca, obgleich er selbst ganz vorzüglich den Charakter seiner Zeit trägt. „Wenn man sich gewöhnt hat, sagt er Ep. 114, vor dem, was herkömmlich ist, mit Ekel vorüberzugehen und das Gewöhnliche verächtlich wird, sucht man auch im Ausdruck, was neu ist. Bald zieht und bringt man alte und vergessene Worte wieder hervor, bald ersinnt und bildet man unbekannte, bald wird — was unlängst überhand genommen hat — die verwegene und häufige Metapher für Schmuck gehalten. Einige schneiden die Gedanken ab und versprechen sich Beifall, wenn der Sinn schwankt und der Hörer an sich selbst irre wird, andere recken und strecken die Gedanken ... Wie schwelgerische Gastmähler und üppige Kleider Merkmale eines kranken Staates sind, so verräth die Zügellosigkeit des Ausdruckes ..., dass die Seelen, von denen die Worte ausgehen, erschlafft sind."

Allmählich trat eine Reaction gegen die herrschende Richtung der Rhetorik ein, deren Verkehrtheit tiefer blickende Geister erkannten, ohne sich davon frei halten zu können. Tacitus in dem *Dialogus de oratoribus* (vergl. oben S. 222) und Quintilian, wiesen auf die alten Muster zurück. Quintilian hatte als der erste öffentlich angestellte *professor eloquentiae* einen bedeutenden Einfluss. Er war ein vorzüglicher Lehrer, ein durch gründliche Bildung und viele Lektüre kritisch geschulter Kenner der rhetorischen Stile. Seine *Institutio oratoria* ist vortrefflich und den rhetorischen Werken des Aristoteles und Dionysios von Halikarnass zur Seite zu stellen. Wie Dionysios giebt er indess der Rhetorik eine so umfassende Bedeutung, dass er den gesammten Stil der Prosa und Poesie an ihren Regeln misst. Es zeigt sich hier jene Überschätzung der rhetorischen Form, welche die griechische Sophistik der Kaiserzeit hervorgerufen hat. Das gelehrte Studium der altrömischen Literatur, dem man sich nun behufs der rednerischen Bildung zuwandte, führte auch zu der sophistischen manierirten Schreibweise. Ein besonders merkwürdiges Beispiel derselben ist Corn. Fronto, der schon unter Hadrian zu den ersten Rednern zählte, und unter Antoninus

Pius der Lehrer des M. Aurel und L. Verus war. Er war ausserordentlich belesen und gelehrt, studirte die alten Schriftsteller mit grammatischer Genauigkeit und verfolgte ganz dieselbe Richtung wie die mit ihm vielfach befreundeten griechischen Sophisten seiner Zeit (s. oben S. 707 f.). Nur war er ein Verächter der Philosophie, so dass es ihm den grössten Verdruss bereitete, als sein kaiserlicher Zögling M. Aurel, der übrigens hauptsächlich ihm seine streng moralische Bildung verdankte, sich ganz dem Stoicismus zuwandte. Seine Schreibweise ist wie die der Sophisten gesucht und gekünstelt bis ins Läppische und Abgeschmackte. Dennoch wurde er von seinen Zeitgenossen und in der Folgezeit als ein rhetorisches und oratorisches Genie bewundert und noch Eumenius sagt in seinem *Panegyricus Constantii* c. 14: *Fronto Romanae eloquentiae non secundum, sed alterum decus.* Apuleius, der Zeitgenosse des Fronto zog gleich den Sophisten als wandernder Rhetor umher. Er stammte wie Fronto aus Afrika; aber während sich dieser noch eine klassisch reine Sprache bewahrte, zeigt sich bei ihm schon der Einfluss der afrikanischen Latinität, durch welche die Sprache verdorben wurde. Übrigens vermochten die lateinischen Rhetoren nicht mit der aufblühenden griechischen Sophistik zu wetteifern; diese nahm seit Hadrian das Interesse der Gebildeten überwiegend in Anspruch; Alles ward gräcisirt; die Römer selbst schrieben mit Vorliebe griechisch: auch Fronto und Apuleius haben neben ihren lateinischen Schriften griechische verfasst. In Bezug auf die Gattungen der Rede folgten die lateinischen Schriftsteller ganz den Sophisten. Durch die mächtige Entwickelung der Jurisprudenz (s. oben S. 631 f.) wurde den Schönrednern die forensische Wirksamkeit ganz entzogen und praktische Anwendung fand daher fast nur die epideiktische Rede, die nun in allen möglichen Spielarten ausgebildet wurde. (S. hierüber (Pseudo-)Dionysios von Halikarnass, Τέχνη. Cap. I—VII und Menander, Περὶ ἐπιδεικτικῶν.) Die höchste Form war der Panegyricus an den Kaiser, der λόγος βασιλικός. Das Muster desselben für die späteren Zeiten bildete der erhaltene Panegyricus des jüngeren Plinius auf Traian, eine Dankrede für Ertheilung des Consulats. Die panegyrische Literatur blühte aber besonders seit Diocletian, der das orientalische Hofceremoniell einführte. Wir haben aus dem Anfang des 4. Jahrh. mehrere Panegyrici von Eumenius, einem Rhetor in Gallien, wo die Rhetorik lange in Blüthe stand; diese Reden sind in gutem Ciceronianischem Latein geschrieben. Allmählich aber verfiel die Rhetorik mit der Sprache durch den Einfluss der provinciellen Mundarten. Der Panegyricus auf Theoderich von dem Bischof Ennodius aus Gallien (507 gehalten) ist das jüngste Denkmal dieser Art. Hier gesellt sich zur servilsten Schmeichelei nicht nur eine höchst gezierte Sprache, die sich in Antithesen und Spitzfindigkeiten gefällt, sondern die grösste Gezwungenheit des Ausdruckes in Worten und Wendungen. Man muss die Rede erst in altes Latein umsetzen um sie zu verstehen.

Die zur rhetorischen Prosa gehörende Briefliteratur (s. oben S. 709) ist bei den Römern sehr alt. Schon der alte Cato veröffentlichte Briefe an seinen Sohn. In der Zeit der Republik wurden aber nur wirkliche aus der Praxis genommene Briefe als Memoiren oder zu praktischen Zwecken publicirt. In dieser Gattung sind die Briefe des Cicero ein klassisches Muster. Rein rhetorischer Natur sind zuerst die Briefe des Seneca, worin die Briefform nur eine Einkleidung für Suasorien ist. Die Briefe des jüngern Plinius sind zwar aus der Praxis gesammelt, aber offenbar schon bei der Abfassung auf die Veröffentlichung berechnet und dazu bestimmt ein epideiktisches Bild von dem Leben und Charakter des Verfassers zu geben. Der Stil ist fein und polirt und hat alle Vorzüge der silbernen Latinität; aber er ist spitzfindig und blümelnd. In diesen Episteln war ein Muster für den Briefstil der folgenden Zeiten gegeben; die Briefe des Symmachus sind z. B. ganz in der Manier der Plinianischen. Ausserdem wurde die Epistolographie der griechischen Sophistik nachgeahmt.

Die geistliche Beredsamkeit (s. oben S. 709) wurde im Westen vorzüglich durch die afrikanische Rednerschule begründet, aus der Tertullian und Augustin hervorgegangen sind.

c. Philosophische Prosa.

Von der griechischen Wissenschaft lernten die Römer zuerst die geschichtliche Polymathie der alexandrinischen Zeit kennen und seit Cato wurden antiquarische Untersuchungen in jener formlosen Weise bearbeitet, bei welcher der historische und gelehrt-philosophische Stil zusammenfallen (s. oben S. 698). Viel zu früh (seit 159 v. Chr.) kam die Grammatik nach Rom (s. oben S. 638); sie hatte hier nicht wie bei den Griechen eine literarisch abgeschlossene Sprache zum Gegenstand, sondern griff störend in die Entwickelung der unfertigen Literatur ein. Seit der Zeit des Polyhistors Varro, der eine systematische Zusammenstellung der philologischen Wissenschaften versuchte, wurden die verschiedenen Zweige derselben vielfach bearbeitet. Die angesehensten Staatsmänner hatten Interesse dafür; selbst Caesar verfasste eine grammatische Schrift *de analogia*. In den ersten 2 Jahrhunderten der Kaiserzeit wurde die Grammatik schulmässig ausgebildet und dargestellt, während die übrigen Zweige der Philologie vernachlässigt wurden und in Notizenkrämerei ausarteten (s. oben S. 365). Im 3. Jahrh. trat auch in der grammatischen Literatur ein Stillstand und Rückgang ein und seit der Mitte des 4. Jahrh. verarbeitete man dann die früher gewonnenen Resultate in Compendien, die immer armseliger wurden und z. Th. die Form des Lehrgedichtes hatten (s. oben S. 719).

Von den Zweigen der Naturwissenschaft fand zuerst die praktisch verwendbare Theorie der Agricultur bei den Römern Anklang. Schon Cato verfasste eine Schrift *De re rustica*, von der wir einen Auszug haben. Nach der Eroberung Karthago's liess der römische Senat die Bücher des Mago über den Landbau ins Lateinische übersetzen. Seitdem wurde die Agricultur bis in die späteste Kaiserzeit vielfach prosaisch und poetisch bearbeitet, meist in angemessener Form und gestützt auf selbständige praktische Erfahrung (s. oben S. 401). Die Kriegskunst, welche die Römer praktisch so meisterhaft verstanden, ist erst in der Kaiserzeit theoretisch in unbedeutenden Werken behandelt worden; ebenso unbedeutend sind die technischen Schriften über Medicin, Architectur u. s. w. Eigentliche Naturforscher giebt es bei den Römern ebensowenig als Mathematiker (s. oben S. 295) und der naturwissenschaftliche Dilettantismus, der in der Ciceronischen Zeit entstand, war oberflächlich und beschränkte sich abgesehen von der philosophischen Naturlehre auf Astronomie, beschreibende Naturwissenschaft und Arzneikunde. Da die naturwissenschaftlichen Schriftsteller nichts Eigenes geben, sondern nur die Resultate der griechischen Forschung überliefern, ist ihre Darstellungsweise widerlich compilatorisch. Diesen Charakter trägt selbst das beste Werk der naturwissenschaftlichen Literatur, die *Naturalis historia* des älteren Plinius. Der Neffe des Verfassers rühmt, dass es ebenso mannigfaltig wie die Natur selbst sei; leider ist es aber nicht ebenso wohl geordnet wie diese. Die Disposition des Ganzen ist allerdings einfach genug; es beginnt mit der Kosmologie; dann folgen Geographie, Anthropologie, Zoologie, Botanik nebst einem Excurs über die medicinische Verwendung der Pflanzen und Thiere, sodann Mineralogie mit besonderer Berücksichtigung der Praxis, und hieran schliesst sich endlich eine Geschichte der bildenden Künste. Aber innerhalb dieses Rahmens ist kein wissenschaftliches System vorhanden. Alles ist compilirt, mit grossem Fleisse und aus unzähligen Schriften, jedoch mit der grössten Eile und Nachlässigkeit; überall finden sich Fehler und Widersprüche und man sieht, dass der Verfasser sehr wenig von der Sache verstand.

Die ersten philosophischen Schriften in lateinischer Sprache waren die Lehrgedichte des Ennius. Er machte darin den Römern den Pythagoreismus und die Epikureische Aufklärung offenbar nur im religiösen Interesse zugänglich (s. oben S. 718) und ächt römisch ist sein Wahlspruch: *Philosophari est mihi necesse; at paucis, nam omnino haud placet.* Die ersten griechischen Philosophen, welche nach Rom kamen, scheinen die Epikureer Alkaeos und Philiskos gewesen zu sein; sie wurden im Jahre 173 v. Chr. (581 d. St.) ausgewiesen (s. oben S. 295). Bald darauf lernten die Römer die übrigen Secten der Reflexionsphilosophie kennen, als im Jahre 155 (599 d. St.) die Häupter der athenischen Schulen: der Akademiker Karneades, der Peripatetiker Kritolaos und der Stoiker Diogenes als Gesandte nach Rom kamen. Die Beschäftigung mit der griechischen Philosophie wurde nun schnell Mode; besonders aber wurde der Stoicismus durch Panaetios, den Freund des j. Scipio Africanus, eingebürgert. In dem Stoicismus fanden die Römer nicht nur den philosophischen Ausdruck der *virtus romana*, sondern er war auch nach seiner logischen Seite ihrer Fassungsgabe angemessen. Die Logik der Reflexionsphilosophie, die von den Stoikern besonders scharfsinnig ausgearbeitet war, liess sich vortrefflich auf die Jurisprudenz anwenden; denn bei dieser kommt es vorzüglich auf Bestimmtheit und Schärfe der Definitionen und Distinctionen an. Die erste literarische Frucht der stoischen Philosophie war denn auch die Systematisirung der Rechtswissenschaft, die mit dem Pontifex Qu. Mucius Scaevola zu Anfang des 1. Jahrh. v. Chr. beginnt (s. oben S. 631). Von allen Einzelwissenschaften hat bei den Römern nur die Jurisprudenz eine so klassische Form und Sprache erlangt wie bei den Griechen die Mathematik;

hier hat der praktische Verstand der Römer seinen höchsten Triumph gefeiert und in der Kaiserzeit erhielt sich die Classicität des juristischen Stils, auch während die übrigen Literaturgattungen verfielen.

Neben dem Stoicismus fand in der Zeit der fortschreitenden Sittenverderbniss bei bequemen und weichlichen Naturen der Epikureismus Anhang. Er wurde auch zuerst durch zwei mittelmässige Schriftsteller, Rabirius und Amafinius und einen bessern, Catius, dargestellt; sein edelster Interpret aber ist Lucrez (s. oben S. 718 f.). Eine interessante Erscheinung ist Nigidius Figulus, welcher um die Mitte des 1. Jahrhunderts v. Chr. den Neupythagoreismus begründete (vergl. M. Hertz, *De P. Nigidii Figuli studiis atque operibus*. Berlin 1845). Epoche aber machte Cicero. Er betrieb die Philosophie von früher Jugend an im Interesse seiner rhetorischen Bildung und erklärt wiederholt mit Begeisterung, dass er Platon den besten Theil seiner gesammten Bildung verdanke (vergl. J. A. C. van Heusde, *M. T. Cicero φιλοπλάτων*. Utrecht 1836). Ausserdem aber erwarb er sich eine umfangreiche Kenntniss der philosophischen Literatur seiner Zeit, wogegen er frühere klassische Schriften ausser Platon weniger quellenmässig studirt zu haben scheint. In späteren Jahren seit seinem Exil suchte er Trost und Ruhe in der philosophischen Schriftstellerei. Er war aber ein ganz undialektischer Kopf und wusste bei keiner philosophischen Frage der Sache auf den Grund zu gehen, sondern hat nur Alles breit gemacht. In der Form ging er auf den Dialog zurück (s. oben S. 695 ff.), den er aber nicht mit Platonischer Kunst zu gestalten verstand. Sein Hauptverdienst ist es die philosophische Prosa der Römer nicht nur begründet, sondern auch zu dem Grade der Vollendung gebracht zu haben, dessen sie überhaupt fähig war. Mit grossem Talent verstand er die eklektische Philosophie zu verbreiten, die er auf der Grundlage der akademischen Probabilitätslehre aus allen Systemen zusammensetzte. Er gewann durch seine, dem römischen Charakter zusagende Darstellung viele tiefer Denkende für die Beschäftigung mit der Popularphilosophie. Augustus begünstigte diese Richtung sehr; er schrieb selbst *Hortationes ad philosophiam* und die politische Lethargie der Kaiserzeit verstärkte die Neigung zu der vom Staatsleben abgewandten Speculation, die den Römern früher so fern gelegen hatte. Man studirte aber die Philosophie meist bei den Griechen selbst, häufig an den griechischen Studiensitzen. Daher hat in der Augusteischen Zeit die philosophische Prosa der Römer nur wenige unbedeutende Vertreter gehabt. Nach Augustus gewann unter dem Joche des Despotismus die stoische Lehre, die Philosophie des Unglücks wieder die Oberhand, allerdings aber stark eklektisch und besonders Platonisch gefärbt. Der Stoicismus brüstete sich mit der Stärke im Dulden und Ertragen und sagte daher der epideiktischen Rhetorik des silbernen Zeitalters ganz vorzüglich zu. Sein glänzendster Vertreter, Annaeus Seneca, ist ein Rhetor im philosophischen Gewande. Sein Ideenkreis ist viel eingeschränkter als der des Cicero und er vermag sich noch weit weniger als dieser über den Standpunkt der Praxis zu der eigentlichen Theorie der Griechen zu erheben. Die Platonischen Ideen sind ihm wenig mehr als Hirngespinnste, obgleich er die Beschäftigung damit für eine nützliche Gymnastik des Geistes ansieht, und Platon ist hauptsächlich nur in der Ethik sein Vorbild; er widersetzt sich daher der Richtung des Cicero, welcher seiner kräftig ausgeprägten Natur überhaupt nicht sympathisch ist. Denn Seneca ist im Gegensatz zu Cicero einer der originellsten Geister. Er ist der Ovid der Prosa, überströmend von Geist und Witz und höchst gewandt in der Form. Zugleich ist seine Sprache ebenso kraftvoll, als glänzend; nur häuft er seine Kernsprüche bis zum Übermaass und ist breit trotz der grössten Kürze und Gediegenheit, weil er immer in wenig Worten viel sagt, aber sich doch nie genug thut, sondern ihm stets noch etwas Neues einfällt und er für die Begrenzung der Worte keinen Sinn hat (vergl. oben S. 136). Seine Schriften haben daher auch nicht die dialogische Form; sondern sind *suasoriae*, wie seine Briefe, oder *quaestiones* wie die *Naturales quaestiones*, die übrigens mehr Sachkenntniss zeigen als die *Naturalis historia* des Plinius; oder sie nähern sich den *controversiae*, wie die sogenannten *Dialogi*, worin philosophische Thesen aphoristisch, aber oft mit Einführung von Gegenrednern abgehandelt werden. Der Stoicismus wurde übrigens den Kaisern wegen seiner starren Sittenlehre verdächtig; deshalb verwiesen Vespasian und Domitian die Philosophen aus Italien. Doch konnte dies bei der Verbreitung der philosophischen Literatur keinen grossen Einfluss haben, und so dauerte die Macht der stoischen Philosophie bis ins 2. Jahrh., wo Marc Aurel sich auf dem Throne als Philosoph bekannte. Cicero hatte geglaubt eine der griechischen Prosa ebenbürtige philosophische Sprache gegründet zu haben; Seneca erkannte indess bereits, dass die lateinische Sprache zur Bezeichnung speculativer Gedanken nicht ausreiche. Die spätern römischen Philosophen schrieben daher auch meist wie Marc Aurel griechisch. Zwar gehört Apuleius (s. oben S. 736) in seinen lateinischen Schriften zu den hervorragendsten Vorläufern des Neuplatonismus; aber dieser selbst hat in der lateinischen Literatur erst im Anfange des 6. Jahrh. einen bedeutenderen Vertreter an Boethius, der ausser seiner nach Form und Inhalt vortrefflichen Schrift *De consolatione philosophiae* Übersetzungen griechischer wissenschaftlicher Werke verfasste und diese dadurch dem Mittelalter zugänglich machte.

Die Römer haben in der Wissenschaft vorzugsweise das Bestreben das von den griechischen Philosophen und Gelehrten Geschaffene auf das praktisch Nothwendige und Verwendbare zu beschränken. Daraus ist in der Literatur die Form von Compendien hervorgegangen, in welche schliesslich die geschichtliche wie die gesammte wissenschaftliche Prosa zusammengedrängt wurde (vergl. O. Jahn, Über römische Encyklopädien. Ber. der Königl. Sächs. Ges. d. W. 1850). Schon der Polyhistor Varro hatte in seinen *Disciplinarum libri IX* die *artes liberales*, d. h. die Gegenstände des encyklopädischen Unterrichts (s. oben S. 420) nebst Medicin und Architektur dargestellt. Dies Werk war das Vorbild für die Compendien des Kirchenvaters Augustin (die theilweise erhaltenen *Disciplinarum libri*) und des Martianus Capella. Die Encyklopädie des letztern in neun Büchern (ed. F. Eyssenhardt. Leipzig 1866) aus der ersten Hälfte des 5. Jahrh. ist z. Th. in Versen und hat die Einkleidung eines Romans, indem die ersten beiden Bücher die Vermählung des Mercur und der Philologie darstellen und dann die 7 *artes liberales* auftreten und ihre Lehren vortragen. Durch dies Werk und die sich daran anschliessenden Encyklopädien aus den nächstfolgenden Jahrhunderten, sowie durch die grammatischen und antiquarischen Lehrgedichte und Compendien und die historischen Epitomatoren wurde dem Mittelalter ein armseliger und formloser Auszug des antiken Wissens überliefert (s. oben S. 296).

§ 100. Bei dem Studium der Literaturgeschichte muss man Compendien und ausführliche Darstellungen derselben nur als Hülfsmittel gebrauchen um sich beim Lesen der Klassiker selbst zu orientiren; denn man muss eine selbständige quellenmässige Ansicht zu gewinnen suchen. Welcher

IV. Wissen. 4. Literaturgeschichte. Methodologischer Zusatz.

Gang der Lektüre der angemessenste ist, habe ich bereits (oben S. 46 f. 156 ff.) auseinandergesetzt, ebenso nach welcher Methode die Literaturgeschichte selbst aufgebaut wird (s. oben S. 255). Es fragt sich nun, wie die Thatsachen, nachdem sie richtig ermittelt sind, am besten in ihrer Verkettung und in ihrem wahren Zusammenhang dargestellt werden, so dass zugleich die darin liegenden Ideen klar hervortreten. Der Zusammenhang ist zuerst ein rein chronologischer: alles Frühere wirkt auf das Spätere und das Gleichzeitige ausserdem auf einander. Ferner aber findet eine Einwirkung des Gleichartigen auf das Gleichartige Statt. Hierauf beruht der Unterschied der synchronistischen und eidographischen Darstellung. Die erstere folgt dem Faden der Zeit und stellt dabei alles Gleichartige und Ungleichartige, das in dieselbe Zeit fällt, zusammen; die andere sammelt die der Compositionsform nach verwandten Erscheinungen und giebt gleichsam eine Specialgeschichte der einzelnen Gattungen. Jede dieser Methoden ist für sich unvollständig und bedarf der Ergänzung durch die andere. Eine Verschmelzung beider findet nun zunächst Statt, wenn man die gesammte Entwickelung in Perioden theilt und innerhalb jeder Periode eidographisch verfährt. Hierdurch wird jedoch die Anschauung der Totalität der einzelnen Gattungen unterbrochen. Bei der eidographischen Methode wird man natürlich innerhalb der einzelnen Gattungen chronologisch verfahren und dabei die nicht in der Gattung selbst liegenden gleichzeitigen Bedingungen der Entwickelung berücksichtigen. Allerdings gelangt hierbei aber immer der synchronistische Zusammenhang der Literatur nur unvollständig zur Darstellung. Daher muss man eine der beiden Methoden zu Grunde legen und die andere in einem einleitenden Überblick zur Geltung bringen. Nun ist in der Literatur die Einwirkung des Gleichartigen auf das Gleichartige stärker als die Einwirkung der Zeitumstände, wenn sie ungleichartig sind. In den Gattungen ist eine so hartnäckige Tradition, dass die einmal vollendete Form bis in die entfernteste Zeit festgehalten wird und die durch den Zeitgeist entstehenden Unterschiede sind geringer als die Unterschiede der Gattungen selbst. Ferner entwickeln sich die Gattungen nicht alle gleichzeitig, sondern, wie oben gezeigt, in einer bestimmten Reihenfolge; werden sie also in dieser dargestellt, so kommt dadurch zugleich das chronologische Moment zu seinem Rechte, wenn man ausserdem den Gesammtverlauf in der Einleitung synchronistisch darlegt. H. Steinthal, (Philologie, Geschichte und Psychologie S. 67) tadelt an der eidographischen Methode, dass man dabei die literarischen Gattungen als Ideen ansehe und diesen eine innewohnende Kraft zuschreibe sich zu verwirklichen. Dies trifft wenigstens meine Ansicht nicht. Die literarischen Ideen verwirklichen sich nicht selbst, sondern sie werden vom Volke verwirklicht durch seine hervorragenden Geister und unter der Wechselwirkung aller Culturverhältnisse. Aber die Ideen sind da und beherrschen die Literatur; an der Stetigkeit der Formen sieht man, wie diese über die Bedingungen des Raumes und der Zeit hinaus mächtig bestimmend einwirken. Die Ideen sind jedoch zugleich im Geist und der Geist verwirklicht sich in ihnen und durch sie. Ich kann es daher auch nicht billigen, wenn Einige der synchronistischen Einleitung die innere, der eidographischen Darstellung die äussere Literaturgeschichte zuweisen. Das Innere und Äussere lässt sich hier gar nicht trennen; alles Äussere muss das innere Wesen der Gattungen zum Ausdruck bringen. Man wird durch eine solche Scheidung leicht verleitet in den synchronistischen Theil die halbe politische und Kunstgeschichte hineinzuarbeiten; dadurch entsteht Confusion in Büchern und Köpfen und es zeigt sich hierin die moderne Sucht Alles durch einander zu mengen. Andrerseits muss man sich hüten in dem eidographischen Theil die Gattungen zu sehr zu zerspalten, wie wenn man in der lyrischen Poesie die von den Dichtern willkürlich gewählten Gattungen einzeln für sich behandelt (s. oben S. 658).

Legt man die synchronistische Methode zu Grunde und giebt eine eidographische Übersicht als Einleitung, so erscheint unberechtigter Weise der individuelle Stil als Hauptsache und der Gattungsstil als Nebensache. Allerdings werden dann alle Werke eines Schriftstellers in ihrem individuellen Zusammenhange behandelt, während bei der eidographischen Methode ein Schriftsteller zuweilen in mehreren Gattungen zu betrachten ist. Allein die meisten Schriftsteller haben sich dem Charakter des Alterthums gemäss auf Eine Hauptgattung beschränkt und in den wenigen Ausnahmen fallen doch die Hauptleistungen eines jeden unter Eine Gattung; innerhalb dieser ist seine Individualität darzustellen und zugleich auf seine übrigen Leistungen zu verweisen. Überhaupt darf die Individualität der Schriftsteller nicht das wesentlich bestimmende Element der Literaturgeschichte sein. Der Gegenstand derselben sind die literarischen Werke, nicht die Biographie ihrer Verfasser. Diese kommen nur als Träger der literarischen Ideen in Betracht; aber ihre Lebensgeschichte muss mit in die Literaturgeschichte aufgenommen werden, soweit sich daraus der individuelle Stil der Werke und sein Einfluss auf den Gattungsstil erklärt. Ebenso darf jedoch die ästhetische Betrachtung der Stile als Element der Literaturgeschichte nicht ein störendes Übergewicht erlangen. Der ästhetische Charakter der Werke muss aus den Thatsachen hervorgehen; die Stilformen müssen nicht systematisch an sich, sondern in ihrer historischen Verkörperung betrachtet werden. Da nun auch das formloseste Schriftdenkmal ein Minimum von Stil enthält (s. oben S. 141), so umfasst die Literaturgeschichte alle Schriftwerke, aber nur als Werke, d. h. nach ihrer stilistischen Form, nicht als Bücher. Die Bibliographie ist daher nur als nützliches Hülfsmittel zu berücksichtigen und zwar so, dass in den bibliographischen Angaben eine kritische Geschichte der Schicksale und Bearbeitungen der Texte gegeben wird.

Die griechische und römische Literaturgeschichte müssen in der Darstellung getrennt werden. Die griechische Literatur ist bis zur christlichen Ära von der römischen ganz unabhängig und muss also bis dahin für sich betrachtet werden. Die römische hängt zwar stets von der griechischen ab; aber beide bilden nicht ein organisches Ganzes, sondern das griechische Reis ist auf den römischen Baum gepflanzt. Daher hat die römische Literaturgeschichte bis zur Augusteischen Zeit nur Lemmata aus der griechischen zu entnehmen. Von August an tritt eine lebendige Wechselwirkung beider Literaturen ein; von hier ab könnte man also beide zusammenfassen. Doch liegt dazu keine Nothwendigkeit vor, zumal da sich zuerst die römische Literatur auf Kosten der griechischen und seit Traian diese auf Kosten der römischen entwickelt.

§ 101. **Bibliographie. Quellen.** Das unmittelbare Object der Literaturgeschichte sind sämmtliche erhaltenen Schriftwerke. Man findet dieselben in den oben (S. 50 f.) angegebenen bibliographischen Werken verzeichnet; in diesen [sowie in der zu Bursian's Jahresbericht gehörenden *Bibliotheca classica*] sind auch die auf die einzelnen Schriften und Schriftsteller bezüglichen Hülfsmittel des Studiums aufgeführt. Die betr. Werke von Fabricius sind zugleich die erste umfassende Bearbeitung der Literaturgeschichte, enthalten freilich nur eine rubrikenmässige Zusammenstellung des vorhandenen Stoffes. Da von der Literatur des Alterthums nur ein sehr kleiner Theil übrig ist, müssen für die meisten Werke die literarischen Notizen der Alten als Quelle dienen. Diese Zeugnisse müssen natürlich kritisch gesichtet werden. Von grundlegender Bedeutung sind die auf alle Literaturgattungen bezüglichen Bemerkungen Platon's; noch mehr bieten die Schriften des Aristoteles, besonders die Poetik, Rhetorik, Metaphysik und die Probleme. Seine verlorenen literarhistorischen Werke, sowie die Schriften der späteren Philosophen, namentlich der Peripatetiker und Akademiker, ferner die Arbeiten der alexandrinischen und pergamenischen Gelehrten sind die Hauptquellen aller uns erhaltenen Notizen späterer Schriftsteller (s. oben S. 635 f.). Vergl. über die Leistungen der Alten in der Literaturgeschichte: E. Köpke, *Quid et qua ratione iam Graeci ad litterarum historiam condendam elaboraverint.* Berlin 1845. 4; *De hypomnematis Graecis.* Berlin 1842 [u. Brandenburg 1863]. 4; *De Chamaeleonte Peripatetico.* Berlin 1856. 4; Über die Gattung der ἀπομνημονεύματα in der griechischen Literatur. Brandenburg 1857. 4. S. auch A. Uppenkamp, *Principia disputationis de origine conscribendae historiae litterarum apud Graecos.* Münster 1847. Eine Hauptautorität für die spätere Zeit war Demetrios aus Magnesia, ein Zeitgenosse des Cicero, Verfasser eines grossen Werkes Περὶ ὁμωνύμων ποιητῶν καὶ συγγραφέων. Vergl. W. A. Scheurleer, *De Demetrio Magnete.* Leiden 1858.

Von grösster Wichtigkeit sind für uns Plutarch und Dionysios aus Halikarnass. Ersterer ist eine ergiebige Fundgrube historischer Notizen (vergl. oben S. 691) und dem Dionysios (s. oben S. 707) verdanken wir hauptsächlich unsere Kenntniss von der Entwicklung der griechischen Prosa. Es gehören hierher zunächst seine leider sehr lückenhaft erhaltenen historisch-kritischen Schriften: Τῶν ἀρχαίων κρίςεις, Περὶ τῶν ἀρχαίων ῥητόρων ὑπομνηματιςμοί, Περὶ τοῦ Θουκυδίδου χαρακτῆρος nebst 4 Briefen ähnlichen Inhalts; aber auch seine beiden technischen Schriften, besonders das Hauptwerk Περὶ cυνθέcεως ὀνομάτων enthalten viel Geschichtliches. Überhaupt geben die Rhetoren vorzugsweise Aufschluss über die Entwickelung der Stile; hervorzuheben ist namentlich Hermogenes, Περὶ ἰδεῶν (vergl. oben S. 134) und Longinos, Περὶ ὕψους. Unter den literarischen Sammlern der römischen und byzantinischen Zeit sind ausser den oben (S. 609 f.) bei der Geschichte der Philosophie angeführten, die sich auch auf die übrigen Literaturzweige erstrecken und unter denen Athenaeos und Stobaeos die reichhaltigsten sind, besonders die Bibliothek des Photios und die Excerpte aus Proklos vortrefflicher Χρηcτομάθεια γραμματική, die Scholiasten und überhaupt die Grammatiker (s. unten S. 816 ff.) hervorzuheben. Die griechischen Chronographien von dem *Marmor Parium* bis auf

746 Zweiter Haupttheil. 2. Abschn. Besondere Alterthumslehre.

Eusebios (s. oben S. 327) beziehen sich auch auf die Literatur. Die erhaltenen biographischen Nachrichten sind gesammelt von A. Westermann, Βιογράφοι. Braunschweig 1845.

Bei den Römern erwachte der Sinn für eine antiquarische Erforschung der Literaturgeschichte sehr früh; aber auch hierbei ging man auf eine compendiöse Darstellung aus. So schrieb schon der Tragiker Accius unter dem Titel *Didascalica* in Versen eine Geschichte der griechischen und römischen Dichtung. Wichtige Notizen enthalten die Dichter des goldnen und silbernen Zeitalters, vor allen Horaz in seinen Briefen; die drei Episteln des 2. Buchs, darunter die berühmte *Epistula ad Pisones de arte poetica* sind ganz literarischen Inhalts. Unter den römischen Rhetoren sind Cicero (namentlich im Brutus, dessen Studium vorzüglich zu empfehlen ist), Tacitus in dem *Dialogus de oratoribus* und Quintilian (s. oben S. 735) sehr ergiebig. Vieles Literarhistorische findet sich ferner bei dem Philosophen Seneca, in Plinius' d. Ä. *Naturalis historia* und den Briefen des jüngern Plinius. Die Schriften des Aelius Stilo und des Varro sind Hauptquellen der spätern literarischen Sammler. Unter diesen sind am wichtigsten Sueton, *De viris illustribus* (s. *Suetoni Tranqu. praeter Caesarum libros reliquiae* ed. A. Reifferscheid. Leipzig 1860), Gellius (ed. M. Hertz. Leipzig 1851. [Ausgabe mit krit. Apparat. Berlin 1883. 85. 2 Bde.]), Macrobius *Saturnalia* [ed. L. v. Jan. Quedlinburg 1852, F. Eyssenhardt. Leipzig 1868], die Scholien und Schriften der Grammatiker, namentlich die Lexika des Festus und Nonius.

Zu den literarischen Notizen gehören die zahlreichen Citate der alten Schriftsteller, durch welche wenigstens Bruchstücke der untergegangenen Schriften erhalten sind. Die kritische Sammlung dieser Fragmente ist eine Hauptgrundlage der Literaturgeschichte und unser Jahrhundert hat hierin Bedeutendes geleistet. (S. die Literatur der Sammlungen in den angeführten bibliographischen Werken.)

Wegen des innigen Zusammenhanges der Poesie mit den übrigen musischen Künsten (s. oben S. 536 ff.) sind die Quellen der Kunstgeschichte vielfach zugleich Quellen der Literaturgeschichte (s. oben S. 547 f.). Für die Geschichte der Schriftsteller ist auch die Kenntniss der erhaltenen Bildwerke derselben von Interesse (vergl. oben S. 511).

II. Bearbeitungen:

Allgemeine Literaturgeschichte. L. Wachler, Versuch einer allgemeinen Geschichte der Literatur. Lemgo 1793 ff.; Handbuch der Geschichte der Literatur (1804). 3. Umarbeitung. Leipzig 1833. 4 Bde. — J. F. Laharpe, *Lycée ou Cours de littérature ancienne et moderne.* Paris 1798—1805 u. ö. 16 Bde. — J. G. Eichhorn, Geschichte der Literatur von ihrem Anfang bis auf die neuesten Zeiten. Göttingen 1805 ff. 6 Bde. (unvollendet). 1. Bd. 2. Aufl. 1828. Derselbe, Literärgeschichte. Göttingen (1799) 1812—14. 2 Bde. — Fr. v. Schlegel, Geschichte der alten und neuen Literatur. Vorlesungen geh. zu Wien 1812. Wien 1815. 2. Aufl. 1822. 2 Bde. (Werke Bd. 1. u. 2.) — J. G. Th. Grässe, Lehrbuch einer allgemeinen Literärgeschichte. Dresden u. Leipzig 1837—59. 4 Bde.; Handbuch der allgemeinen Literaturgeschichte. Dresden u. Leipzig 1844—50. 4 Bde. — Th. Mundt, Allgemeine Literaturgeschichte. Berlin 1846. 3 Bde. —

IV. Wissen. 4. Literaturgeschichte. Bibliographie. 747

H. Huré und J. Picard, *Littératures anciennes et modernes*. Paris u. Lyon 1863. — Fr. v. Raumer, Handbuch zur Geschichte der Literatur. Leipzig 1864—66. 4. Bde. — J. Scherr, Allgemeine Geschichte der Literatur. Stuttgart 1850. [6. Aufl. 1880 f. 2 Bde. — A. de Gubernatis, *Storia universale della letteratura*. Mailand 1883 ff. 18 Bde. Vergl. auch Carriere's oben S. 509 angeführtes Werk.]

Altklassische Literatur. Ed. Harwood, *Biographia classica. The lives and characters of the greek and roman classiks*. London 1740—77. 2 Bde.; deutsch von Sam. Mursinna. Halle 1767—68. — I. G. Hauptmann, *Notitia brevior auctorum veterum graec. ac latin*. Gera u. Leipzig 1779. — J. J. Eschenburg, Handbuch der klassischen Literatur. Berlin 1783. 8. Aufl. 1837. — C. D. Beck, *Commentatio de litteris et auctoribus graecis atque latinis*. P. I. Leipzig 1789. — W. D. Fuhrmann, Handbuch der classischen Literatur. Leipzig 1804—10. 4 Bde. Sehr schlecht in jeder Hinsicht. Ein etwas verbesserter Auszug daraus ist: Anleitung zur Geschichte der klassischen Literatur der Griechen und Römer. Rudolstadt 1816. 2 Bde. — C. Sachse, Versuch eines Lehrbuchs der griechischen und römischen Literargeschichte. Halle 1810. Nicht viel werth. — G. Ch. F. Mohnike, Geschichte der Literatur der Griechen und Römer. 1. Bd. Greifswald 1813. Fleissig, aber ohne neue Forschungen. — H. Weytingh, *Historia Graeca et Romana litteraria*. Haag 1822. 2. Aufl. 1825. 5. Aufl. Hornae 1854. — Fr. Ficker, Literaturgeschichte der Griechen und Römer. 2. Aufl. Wien 1835. — P. H. Tregder, Handbuch der griechischen und römischen Literargeschichte nach dem Dänischen von J. Hoffa. Marburg 1847. [4. Aufl. des Originals Kopenhagen 1881]. Ein nicht übles Compendium. — [J. Mähly, Geschichte der antiken Literatur. Leipzig 1880. — A. W. Schlegel's Vorlesungen über schöne Literatur und Kunst. 2. Theil. [1802—1803.] Geschichte der klassischen Literatur. Heilbronn 1884. Bd. 18 der deutschen Literaturdenkmale des 18. u. 19. Jahrhunderts.]

Griechische Literatur. Jo. Chr. F. Schulz, Bibliothek der griechischen Literatur zum akad. Gebrauche. Giessen 1772. Zusätze 1773. — J. E. Imm. Walch, *Introductio in historiam literaturae Graecae*. Jena 1772. — Th. Chr. Harles, *Introductio in historiam linguae Graecae*. Altenburg 1778. 2. Ausg. 1792—95. 2 Bde. Suppl. Jena 1804—1806. 2 Bde. Fleissig, aber roh chronologisch, meist bibliographisch. Derselbe, *Brevior notitia litteraturae graecae*. Leipzig 1812. — J. A. Rienaecker, Handbuch der Geschichte der griechischen Literatur. Berlin 1802. Wenig brauchbar. — E. Horrmann, Leitfaden zur Geschichte der griechischen Literatur. Magdeburg (1806.) 5. Aufl. 1849. Compendium. — Anthim. Gazis, Βιβλιοθήκης Ἑλληνικῆς βιβλία δύο. Venedig 1807. 2 Bde. — G. E. Groddeck, *Initia historiae graecae litterariae*. Wilna 1811. 2. Aufl. 1821—23. 2 Bde. Ein gutes, ziemlich kritisches Buch, worin nur das Eidographische zu sehr in den Hintergrund tritt. — F. Schoell, *Histoire abrégée de la litérature grecque*. Paris 1813. 2 Bde. 2. Ausg. unter dem Titel: *Histoire de la litérature grecque profane depuis son origine jusqu'à la prise de Constantinople*. 1823 ff. 8 Bde. übersetzt von J. Fr. J. Schwarze und M. Pinder. Berlin 1828—30. 3 Bde. Das Buch ist ein Muster davon, wie man, ohne von der Sache etwas zu verstehen (Sch. selbst hat dies mir gegenüber

748 Zweiter Haupttheil. 2. Abschn. Besondere Alterthumslehre

zugegeben) mit Anstand ein Werk schreiben kann, welches ganz so aussieht, als verstände der Verf. etwas davon. Schoell hatte ein Talent aus andern Büchern das Gute herauszunehmen. — Fr. A. Wolf, Vorlesungen über die Geschichte der griechischen Literatur herausgegeben von J. D. Gürtler. Leipzig 1831. — Chr. F. Petersen, Handbuch der griechischen Literaturgeschichte. Hamburg 1834. Reichhaltig, doch in der Anordnung zerrissen. — G. Bernhardy, Grundriss der griechischen Literatur. Halle 1836—45. 2 Thle. 2. Bearb. 1852—59, 3. Bearb. Theil I (Innere Geschichte) 1861. Theil II, 1 (Epos u. Lyrik) 1867. [2. Abdr. 1877. Theil II, 2 (Drama) 1872, 2. Abdr. 1880. 4. Bearb. I 1876.] Hauptwerk. — J. Chr. G. Schincke, Handbuch der Geschichte der griechischen Literatur. Magdeburg 1838. Compendium. — K. O. Müller, Geschichte der griechischen Literatur bis auf das Zeitalter Alexanders. Herausgegeben von Ed. Müller. Breslau 1841. Bd. 1 u. 2. [4. Aufl. mit Anmerkungen und Zusätzen von E. Heitz. Stuttgart 1882. Fortsetzung 1882. 84. 2 Bde.] (Ins Englische übersetzt von G. C. Lewis und fortgesetzt von J. W. Donaldson. London 1850—58. 3 Bde. Ausserdem französische, italienische und neugriechische Übersetzungen.) Ein auch in seiner unvollendeten Gestalt höchst bedeutendes Werk. — Ed. Munk, Geschichte der griechischen Literatur. Berlin 1849 —50. 2. Aufl. 1863. 2 Bde. [3. A. Neu bearbeitet von R. Volkmann. 1879 f.] Compendium mit vielen Auszügen aus den Autoren. — A. Pierron, *Histoire de la littérature grecque*. Paris 1850. [11. Aufl. 1882.] Compendium. — Th. Bergk, Griechische Literatur. In Ersch und Gruber's Encykl. I. Sect. Theil 81; [Griechische Literaturgeschichte. Berlin 1. Bd. 1872. 2. 3. 4. Bd. 1883—86. Aus d. Nachlass hrsg. von G. Hinrichs.] — Will. Mure, *A critical history of the language and literature of ancient Greece*. London 1850—57. 5 Bde. 2. Aufl. 1854—60. — [R. Nicolai, Geschichte der gesammten griech. Literatur. Magdeburg 1865—1867. 2 Bde. 2. Aufl. 1873—1878. 3 Bde. Auszug daraus Magdeburg 1883. — E. Burnouf, *Histoire de la littérature grecque*. Paris 1869. 2. Aufl. 1885. — S. Centofanti, *La letteratura greca dalle sue origini fino alla caduta di Costantinopoli*. Florenz 1870. — W. Kopp, Geschichte der griechischen Literatur. Berlin 1873. 3. Aufl. von F. G. Hubert. 1882. — Fr. Susemihl, Kleine Beiträge zur griechischen Literaturgeschichte. Neue Jahrbücher für Philologie 109 (1874) S. 649 ff., 115 (1877) S. 793 ff. — E. Hiller, Beiträge zur griechischen Literaturgeschichte. Rhein. Museum f. Philologie 33 (1878) S. 518 ff., 39 (1884) S. 321 ff. — R. C. Jebb, *Greek literature*. London 1878. — J. P. Mahaffy, *A history of classical greek literature*. London 1880. 2 Bde. — E. Talbot, *Histoire de la littérature grecque*. Paris 1881. — F. A. Paley, *Bibliographia graeca; an inquiry into the date and origin of book writing among the Greeks*. London 1881. — Fr. Schlegel, 1794 —1802. Seine prosaischen Jugendschriften herausgegeben von J. Minor. I. Zur griech. Literaturgeschichte. Wien 1882. — F. Deltour, *Histoire de la littérature grecque*. Paris 1884 f. — E. Nageotte, *Histoire de la littérature grecque depuis ses origines jusqu'au VI. siècle de notre ère*. Paris 1884. — K. Sittl, Geschichte der griechischen Literatur bis auf Alexander den Grossen. I. II. München 1884. 86. Auf 3 Bände berechnet.]

Römische Literatur. J. Ge. Walch, *Historia critica latinae linguae*.

IV. Wissen. 4. Literaturgeschichte. Bibliographie. 749

Leipzig 1716. 3. Aufl. 1761. — Chr. Falster, *Quaestiones romanae s. Idea historiae litterariae Romanorum.* Leipzig und Flensburg 1718. — J. N. Funccius, *De origine, de pueritia, de adolescentia, de virili aetate, de imminenti senectute, de vegeta senectute, de inerti ac decrepita linguae latinae senectute.* Giessen, Marburg und Lemgo 1720—50. 6 Bde. 4. — Gottfr. Ephr. Müller, Historisch-kritische Einleitung zu nöthiger Kenntniss und nützlichem Gebrauche der alten lat. Schriftsteller. Dresden 1747—51. 5 Bde. (unvollendet). — Le Moine, Betrachtungen über den Ursprung und Wachsthum der schönen Wissenschaften bei den Römern und die Ursachen ihres Verfalls. Aus dem Französischen von J. Chr. Stockhausen. Hannover und Lüneburg 1755. — K. Nahmmacher, Anleitung zur kritischen Kenntniss der lateinischen Sprache. Leipzig 1768. — G. Tiraboschi, *Storia della letteratura Italiana.* Modena 1771—95. 14 Bde. 4. Enthält auch die altrömische Literatur. Auszug daraus ist: Chr. J. Jagemann, Geschichte der freien Künste und Wissenschaften in Italien. 1777 ff. 3 Bde. — Carl Zeune, *Introductio in linguam latinam.* Jena 1779. — Th. Chr. Harles, *Introductio in notitiam litteraturae romanae imprimis scriptorum latinorum.* Leipzig 1781. 2. (Titel-)Ausg. 1794. 2 Bde.; *Brevior notitia litteraturae romanae.* Leipzig 1789, dazu Supplementa. 1799. 1801. 2 Bde. und von C. F. H. Klügling. 1817. — Fr. Aug. Wolf, Geschichte der römischen Literatur. Ein Leitfaden zu Vorlesungen. Halle 1787. Derselbe, Vorlesungen über römische Literatur herausgegeben von Gürtler. Leipzig 1832. — J. H. Eberhardt, Über den Zustand der schönen Wissenschaften bei den Römern. Aus dem Schwedischen. Altona 1801. — E. Horrmann, Leitfaden zur Geschichte der römischen Literatur. (1806.) 5. Ausg. Magdeburg 1851. — F. Schoell, *Histoire abrégée de la littérature romaine.* Paris 1815. 4 Bde. — John Dunlop, *History of Roman literature.* London 1823—28. 3 Bde. — Fr. Passow, *Initia historiae romanae litterariae.* Breslau 1828. — J. Chr. F. Bähr, Geschichte der römischen Literatur. Carlsruhe 1828—32. [4. Ausg. 1868—70.] 3 Bde. Dazu als Supplement: die christlichen Dichter und Geschichtsschreiber; die christlich-römische Theologie; die römische Literatur des karol. Zeitalters. Karlsruhe 1836—40. 3 Bde. [Bd. I. 2. Aufl. 1872 als Bd. IV. der Geschichte der römischen Literatur]. Ein vortreffliches Werk. — G. Bernhardy, Grundriss der römischen Literaturgeschichte. Halle 1830. [5. Ausg. Braunschweig 1872.] Neben Bähr die bedeutendste Bearbeitung. — A. Krause, Geschichte der römischen Literatur. 1. Abschnitt enth. den Anfang der epischen Poesie. Berlin 1835. — P. Bergeron, *Histoire analytique et critique de la littérature romaine.* Brüssel 1840. 2. Aufl. Namur 1851. 2 Bde. — R. Klotz, Handbuch der lateinischen Literaturgeschichte. 1. Bd. Leipzig 1846 (unvollendet). — A. Pierron, *Histoire de la littérature romaine.* Paris 1852. 2. Ausg. 1857. [12. A. 1884.] Compendium. — R. W. Browne, *A history of roman classical literature.* London 1853. [Neue Aufl. 1884.] — E. Munk, Geschichte der römischen Literatur für Gymnasien. Berlin 1858—61. 3 Bde. [2. Aufl. bearb. von O. Seyffert. Berlin 1875—1877. 2 Bde.] — Cesare Cantù, *Storia della letteratura latina.* Florenz 1864. [5. Aufl. 1885.] — W. S. Teuffel, Geschichte der römischen Literatur. Leipzig 1870. 4. Aufl. von L. Schwabe 1882. Ein Hauptwerk. — A. Ebert, Allgemeine Geschichte

750   Zweiter Haupttheil. 2. Abschn. Besondere Alterthumslehre.

der Literatur des Mittelalters im Abendlande. Bd. 1. Geschichte der christl.-
lateinischen Literatur von ihren Anfängen bis zum Zeitalter Karls d. Gr.
Bd. 2. Die lat. Literatur vom Zeitalter Karls d. Gr. bis zum Tode Karls
des Kahlen. Leipzig 1874—1880. — H. Bender, Grundriss der römischen
Literaturgeschichte. Leipzig 1876. — Ch. Th. Cruttwell, *A history of
the roman literature.* London 1877. 2. Aufl. — L. Schmitz, *A history of
the latin literature.* London u. Glasgow 1877. — R. Nicolai, Geschichte
der römischen Literatur. Magdeburg 1879 f. — P. Albert, *Histoire de la
littérature romaine.* Paris 1881. 4. Aufl. 1885. 2 Bde. — E. Celesina,
Storia della letteratura in Italia ne' secoli barbari. I. II. Genua 1882 f. —
O. Occioni, *Storia della letteratura latina, compendiata ad uso dei licei.*
Rom 1883. 2. Aufl. 1884. — G. A. Simcox, *History of the latin literature
from Ennius to Boethius.* London 1883. 2 Bde. — E. Talbot, *Histoire
de la littérature romaine.* Paris 1883. — J. Nageotte, *Histoire de la
littérature latine depuis ses origines jusqu'au VI. siècle de notre ère.* Paris
1885. — W. Kopp, Geschichte der römischen Literatur für höhere Lehranstalten und zum Selbststudium (1858). 5. Aufl. von F. G. Hubert.
Berlin 1885. — C. Giussani, *Studi di letteratura romana.* Mailand 1885.]
Vergl. ausserdem die oben S. 366 ff. aufgeführte Literatur der Alterthümer.

Übersichten. Fr. Creuzer, Epochen der griechischen Literatur-
geschichte. Marburg 1802. Ein sehr allgemeiner Überblick der Perioden.
— A. Matthiae, Grundriss der Geschichte der griechischen und römischen
Literatur. Jena 1815. 3. Aufl. 1834. Nur synchronistisch. — Fr. Passow,
Grundzüge der griechischen und römischen Literatur- und Kunstgeschichte.
Berlin 1816. 4. (2. Aufl. 1829, wo die lyrische Poesie nach meinen Ansichten geordnet ist). Die synchronistische und eidographische Methode sind
in diesem Grundriss verbunden, letztere zu sehr schematisirt. Die übermässige Zersplittung und Zersplitterung der Gattungen und Schriftsteller
in der 1. Aufl. tadelt mit Recht A. Matthiae, Über die Behandlung der
Literaturgeschichte. Altenburg 1846. 4., der aber ohne Grund gegen die
eidographische Methode eifert. — H. Harles, *Lineamenta historiae Gr. et
Rom. litt.* Lemgo 1827. — M. Pinder, Chronologisch-systematische Übersicht der vornehmsten griechischen Dichter und Prosaiker. Berlin 1831. —
[E. Hübner, Grundriss zu Vorlesungen über die römische Literaturgeschichte. Berlin 1869. 4. Aufl. 1878. Enthält ausführliche bibliographische Nachweisungen.] Chronologische Hülfsmittel s. oben S. 328.

Auswahl von Monographien.

M. Hertz, Schriftsteller und Publicum in Rom. Berlin 1853; Renais-
sance und Rococo in der römischen Literatur. Ein Vortrag. Berlin 1865.
— [O. Occioni, *I dilettanti di lettere nell' antica Roma.* Rom 1873.
Deutsch von J. Schanz. Berlin 1874. — W. Schmitz, Schriftsteller
und Buchhändler in Athen und im übrigen Griechenland. Heidelberg 1876.
— E. Arbenz, Die Schriftsteller in Rom zur Zeit der Kaiser. Basel 1877.
— G. Ritter, Das literarische Leben im alten Rom. Prag 1878. —
Th. Birt, Das antike Buchwesen in seinem Verhältniss zur Literatur. Mit
Beiträgen zur Textgeschichte des Theokrit, Catull, Properz u. a. Berlin
1882. — L. Haenny, Schriftsteller und Buchhändler im alten Rom. Halle
1884. 2. Aufl. Leipzig 1885.]

IV. Wissen. 4. Literaturgeschichte. Bibliographie.

A. Poesie. [F. A. Hoffmann, *Poetry, its origin, nature and history.* London 1884. 2 Bde. — R. Fritzsche, Über die Anfänge der Poesie. Chemnitz 1885. 4.] — J. D. Hartmann, Versuch einer allgemeinen Geschichte der Poesie von den ältesten Zeiten an. Leipzig 1797—98. 2 Bde. — K. Rosenkranz, Handbuch einer allgemeinen Geschichte der Poesie. Halle 1832 f. 3 Bde.; Die Poesie und ihre Geschichte. Königsberg 1855. C. Fortlage, Vorlesungen über die Geschichte der Poesie. Stuttgart und Tübingen 1839. — Petr. Crinitus, *De poetis latinis.* Florenz 1505. fol. — L. G. Gyraldus, *Historiae poetarum tam graecorum quam latinorum dialogi decem.* Basel 1545. fol. 2 Bde. — G. J. Vossius, De veterum poetarum temporibus. Amsterdam 1654. 4. Op. Vol. III. — T. Faber, *Les vies des poëtes Grecs.* Saumur 1664. 3. Ausg. lat. in Gronov's *Thes.* Bd. X. — Fr. Jacobs, Abriss der Gesch. der griechischen und römischen Poesie. In den Nachträgen zu Sulzer's allgemeiner Theorie der schönen Künste. Leipzig 1792. — Fr. v. Schlegel, Geschichte der Poesie der Griechen und Römer. 1. Bd. Berlin 1798. Enthält nur die epische Poesie bis zum Entstehen der Lyrik und über diese einige Bemerkungen. — D. Jenisch, Vorlesungen über die Meisterwerke der griechischen Poesie. Berlin 1803. 2 Bde. — H. Ulrici, Geschichte der Hellenischen Dichtkunst. Berlin 1835. 2 Bde. Enthält Epos und Lyrik. — G. H. Bode, Geschichte der Dichtkunst der Hellenen bis auf Alexander d. Gr. Leipzig 1838—1840. 3 Bde. in 5 Theilen. — Wolfg. Stich, Über den religiösen Charakter der griechischen Dichtung und das Weltalter der Poesie. Bamberg 1847. — [J. A. Symonds, *Studies of the Greek poets. 2 series.* 2. Aufl. London 1879. — Th. Birt, Elpides. Eine Studie zur Geschichte der griech. Poesie. Marburg 1881. — A. Couat, *La poésie Alexandrine sous les trois Ptolémées.* Paris 1882. — D. de Moor, *Cn. Nëvius, essai sur les commencements de la poésie à Rome.* Tournai 1877. — W. Y. Sellar, *The roman poets of the republic.* (1863.) Oxford 1881; *The roman poets of the Augustan age. Virgil.* Oxford 1877. 2. Aufl. 1883. — F. Ramorino, *Frammenti filologici. I. La poesia in Roma nei primi cinque secoli.* Turin 1883. *Estratto della Rivista di filologia XI.* — Luc. Müller, *Quintus Ennius.* Eine Einleitung in das Studium der römischen Poesie. Petersburg 1884.] Vergl. oben S. 551 ff.

a. Epos. F. Zimmermann, Über den Begriff des Epos. Darmstadt 1848. — [H. Steinthal, Das Epos. Zeitschrift für Völkerpsychologie. Bd. 5. 1868]. — F. G. Welcker, Der epische Cyklus (s. oben S. 567); Die griechischen Tragödien mit Rücksicht auf den epischen Cyklus geordnet. Bonn 1839—41. 3 Bde. — Gr. W. Nitzsch, Beiträge zur Geschichte der epischen Poesie der Griechen. Leipzig 1862. — [W. Jordan, Epische Briefe. Frankfurt a. M. 1876. — H. Luckenbach, Das Verhältniss der griechischen Vasenbilder zu den Gedichten des epischen Kyklos. Leipzig 1880. — W. Christ, Zur Chronologie des altgriechischen Epos. Sitzungsberichte der philos.-histor. Klasse d. bayr. Akad. d. Wiss. 1884. S. 1 ff. — U. v. Wilamowitz-Möllendorff, Der epische Cyklus. Homerische Untersuchungen. (Berlin 1884.) S. 328 ff.] — **Lehrgedicht.** G. E. Lessing, Fünf Abhandlungen über die Äsopischen Fabeln. Berlin 1778. — W. H. Grauert, *De Aesopo et fabulis Aesopicis.* Bonn 1825. — O. Keller,

752 Zweiter Haupttheil. 2. Abschn. Besondere Alterthumslehre.

Untersuchungen über die Geschichte der griechischen Fabel. Leipzig 1862. F. Morawski, *De Graecorum poesi aenigmatica.* Münster 1862. — E. J. W. Brunér, *De carmine didascalico Romanorum.* Helsingfors 1840. 4. — [H. Oesterley, Romulus, die Paraphrasen des Phädrus und die äsopische Fabel im Mittelalter. Berlin 1870. — H. Hagen, Antike und mittelalterliche Räthselpoesie. Biel 1869. Neue (Titel-)Ausgabe Bern 1876. — J. Ehlers, Αἴνιγμα καὶ γρῖφος. Bonn 1867; *De Graecorum aenigmatis et griphis.* Prenzlau 1875. 4. — K. Ohlert, Räthsel u. Gesellschaftsspiele der alten Griechen. Berlin 1886. — Dressel, Zur Geschichte der Fabel. Berlin 1876. 4. — R. Knobloch, Das römische Lehrgedicht bis zum Ende der Republik. Halle 1881. 4. — L. Hervieux, *Les fabulistes latins depuis le siècle d'Auguste jusqu'à la fin du moyen âge.* Paris 1884. 2 Bde.] — **Satire.** J. Casaubonus, *De satyrica Graecorum poesi et Romanorum satira libri duo.* Paris 1605. 4. Halle 1774. — G. L. König, *De satira romana eiusque auctoribus praecipuis.* Oldenburg 1796. — C. L. Roth, *De satirae natura.* Nürnberg 1843. 4. und: *De indole satirae romanae eiusdemque ortu et occasu.* Heilbronn 1844. (Kl. Schr. II. Stuttgart 1857); [zusammengefasst in:] Zur Theorie und innern Geschichte der römischen Satire. Stuttgart 1848. — [B. Mette, *De satira romana et satirica Graecorum poesi.* Brilon 1868. 4. — J. P. J. Schnitzler, *De satirae romanae novae natura et forma.* Rostock 1870. — A. Linguiti, *De satirae romanae ratione et natura.* Salerno 1875. — H. Nettleship, *The roman satura, its original form in connection with its litterary development.* Oxford 1878. — A. R. Mac Ewen, *The origin and growth of the roman satiric poetry.* Oxford 1877. — B. Grubel, *De satirae romanae origine et progressu.* Posen 1883. 4.] — **Bukolik.** A. Th. H. Fritzsche, *De poetis Graecorum bucolicis.* Giessen 1844. — G. Hermann, *De arte poesis Graecorum bucolicae.* Leipzig 1849 [Opusc. VIII.] — G. A. Gebauer, *De poetarum Graec. bucolicorum inprimis Theocriti carminibus in eclogis a Vergilio expressis. Vol. I.* Leipzig 1860. — [W. Christ, Über das Idyll. Verh. der 26. Vers. der Philol. in Würzburg. Leipzig 1869. — H. Brunn, Die griechischen Bukoliker und die griechische Kunst. Sitzungsber. d. philos.-phil. Classe der bayr. Ak. d. Wiss. 1879. II S. 1. ff.] — C. Hunger, *De poesi Romanorum bucolica.* Halle 1841.

b. Lyrik. J. B. Souchay, *Discours sur l'élégie.* 1726. *Mém. de l'Ac. des Inscr. VII* (1730) S. 335 ff. — C. A. Böttiger, Über den Ursprung der Elegie aus dem Flötenliede. Attisches Museum Bd. I. (1796) S. 335 ff. — Val. Francke, *Callinus sive quaestionis de origine carminis elegiaci tractatio critica.* Altona 1816. — F. Osann, Zur griechischen Elegie. In dessen Beiträgen zur griech. und röm. Literaturgeschichte. Bd. I. 1835. J. Caesar, *De carminis Graecorum elegiaci origine et notione.* Marburg 1837. 1841. — W. Hertzberg, Der Begriff der antiken Elegie in seiner historischen Entwickelung. In Prutz' Lit. Taschenbuch Jahrgang 3 (1845) S. 205 ff., 4 (1846) S. 125 ff. — J. Rauch, Die Elegie der Alexandriner. 1. Heft. Heidelberg 1845. — H. Paldamus, Römische Erotik. Greifswald 1833. — O. F. Gruppe, Die römische Elegie. Leipzig 1838 f. 2 Bde. Fr. Thiersch, Geschichte der lyrischen Poesie in der Einleitung seiner Übersetzung des Pindar. Leipzig 1820. — J. A. Hartung, Die griechischen Lyriker (griechisch mit metrischer Übersetzung und Erläuterungen nebst

IV. Wissen. 4. Literaturgeschichte. Bibliographie. 753

Einleitung. Leipzig 1855–57. 6 Bde. — L. Schmidt, Pindar's Leben und Dichtung. Bonn 1862. — [A. Croiset, *La poésie de Pindare et les lois du lyrisme grec.* Paris 1880. — A. G. Engelbrecht, *De scoliorum poesi.* Wien 1882. — H. Flach, Geschichte der griechischen Lyrik nach den Quellen dargestellt. Tübingen 1883 f. 2 Bde.]
 c. **Drama.** A. W. v. Schlegel, Über dramatische Kunst u. Literatur. (Vorlesungen.) Heidelberg 1809. 1811. 2. Ausg. 1817. 3 Bde. — Gustav Freytag, Die Technik des Dramas. Leipzig 1863. [4. Aufl. 1881.] — J. L. Klein, Geschichte des Dramas. Thl. 1. Griechische Tragödie; Thl. 2. Griechische Komödie und das Drama der Römer. Leipzig 1865. — W. Wackernagel, Über die dramatische Poesie. Basel 1838. — G. Darley, *The Grecian drama.* London 1840. — [W. Christ, Die Parakataloge im griechischen u. römischen Drama. München 1875. — G. Günther, Grundzüge der tragischen Kunst. Aus dem Drama der Griechen entwickelt. Leipzig 1885.] — **Tragödie.** C. G. Haupt, Vorschule zum Studium der griechischen Tragiker. Berlin 1826. — O. F. Gruppe, Ariadne, die tragische Kunst der Griechen in ihrer Entwicklung und in ihrem Zusammenhange mit der Volkspoesie. Berlin 1834. — A. Schöll, Beiträge zur Kenntniss der tragischen Poesie der Griechen. 1. Bd. Die Tetralogien der attischen Tragiker. Berlin 1839; Gründlicher Unterricht über die Tetralogie des attischen Theaters. Leipzig 1859. — H. J. G. Patin, *Études sur les tragiques grecs.* Paris 1841–43. 3. Aufl. 1865–66. [5. 6. Aufl. 1877–81] 4 Bde. — M. Rapp, Geschichte des griechischen Schauspiels vom Standpunkte der dramatischen Kunst. Tübingen 1862. — J. G. Rothmann, Beiträge zur Einführung in das Verständniss der griechischen Tragödie. 2 Vorträge. Leipzig 1863. — [F. Nietzsche, Die Geburt der Tragödie aus dem Geiste der Musik. Leipzig 1872. Vgl. dazu: U. v. Wilamowitz-Möllendorff, Zukunftsphilologie. Berlin 1872; 2. Stück 1873 gegen E. Rohde, Afterphilologie. Leipzig 1872. — E. Schuré, *Le drame musical.* Paris 1875. 2 Bde. — E. A. Chaignet, *La tragédie grecque.* Paris 1877.] — A. G. Lange, *Vindiciae tragoediae romanae.* Leipzig 1822. 4. und erweitert in dessen Vermischten Schriften und Reden. Leipzig 1832. — [O. Ribbeck, Die römische Tragödie im Zeitalter der Republik. Leipzig 1875.] — **Komödie.** C. F. Flögel, Geschichte der komischen Literatur. Liegnitz und Leipzig 1784—87. 4 Bde. — A. Meineke, *Historia critica comoediae graecae.* Im ersten Bande der *Fragmenta comicorum graecorum.* Berlin 1839—57. 5 Bde. — F. H. Bothe, Die griechischen Komiker. Leipzig 1844. — O. Ribbeck, Über die mittlere und neuere attische Komödie. Vortrag Leipzig 1857. — [C. Agthe, Die Parabase und die Zwischenakte der alten Attischen Komödie. Altona 1866—68. — Edélestand du Méril, *Histoire de la comédie ancienne.* Paris 1864. 1869. 2 Bde. — G. Cramer, Die altgriechische Komödie und ihre geschichtliche Entwickelung bis auf Aristophanes und seine Zeitgenossen. Köthen (Bernburg) 1874. 4. — U. v. Wilamowitz-Möllendorff, Die megarische Komödie. In: Hermes 9 (1875) S. 319 ff. — J. Muhl, Zur Geschichte der alten attischen Komödie. Augsburg 1881. — Th. Zieliński, Die Gliederung der altattischen Komödie. Leipzig 1885; Die Märchenkomödie in Athen. St. Peterburg 1885. — O. Ribbeck, Alazon. Ein Beitrag zur antiken

Ethologie und zur Kenntniss der griechisch-römischen Komödie; Kolax. Eine ethologische Studie; Agroikos. Eine ethologische Studie. Leipzig 1882. 83. 85. — A. Spengel, Über die lateinische Komödie. München 1878.] — J. H. Neukirch, *De fabula togata Romanorum*. Leipzig 1833. — C. E. Schober, Über die Atellanischen Schauspiele der Römer. Leipzig 1825; *De Atellanarum exodiis*. Breslau 1830. — J. Weyer, Über die Atellanen der Römer. Mannheim 1826. — E. Munk, *De fabulis Atellanis*. Leipzig 1840. — Lannoy, *Essai sur les Atellanes*. Mém. de la société littéraire de Louvain V. 1850. — [F. Rausch, Über das Verhältniss zwischen Exodium und Attellane. Wien 1878.] — C. J. Grysar, Der römische Mimus. Aus den Sitzungsber. der Wiener Akademie. Wien 1854. — M. Hertz, Über den römischen Mimus. Jahrb. f. cl. Phil. 93. 1866.

B. Prosa. a. Geschichtsschreibung. G. J. Vossius, *De historicis graecis*. Leiden 1623. 4; *De historicis latinis*. Leiden 1627. 4. u. ö. (*Opp. tom*. V. Amsterdam 1699 fol.) Dazu Nachträge von J. A. Fabricius. Hamburg 1709. Die Schrift *De historicis graecis* neu mit Zusätzen von A. Westermann. Leipzig 1838. — M. Hanke, *De Romanorum rerum scriptoribus*. Leipzig 1669. 1675. 4. — F. Creuzer, Die historische Kunst der Griechen. Leipzig 1803. 2. verbesserte und vermehrte Ausg. besorgt von J. Kayser. Darmstadt 1845. — G. Hermann, *De historiae graecae primordiis*. Leipzig 1818. (Opusc. II.) — [W. Schröder, *De primordiis artis historicae apud Graecos et Romanos*. Jena 1868.] — H. Ulrici, Charakteristik der antiken Historiographie. Berlin 1833. — L. Wiese, *De vitarum scriptoribus romanis*. Berlin 1840. 4. — W. Roscher, Klio, Beiträge zur Geschichte der historischen Kunst. 1. Bd. Thukydides. Göttingen 1842. — W. H. D. Suringar, *De romanis autobiographis*. Leiden 1846. 4. — L. de Closset, *Essai sur l'historiographie des Romains*. Brüssel 1849. — F. D. Gerlach, Die Geschichtschreiber der Römer von den frühesten Zeiten bis auf Orosius. Stuttgart 1855. — A. Wahrmund, Die Geschichtschreibung der Griechen. Stuttgart 1859. (Vergl. ausserdem oben S. 350.) — **Roman.** J. C. F. Manso, Über den griechischen Roman. Vermischte Schriften Bd. 2. — A. Nicolai, Über Entstehung und Wesen des griechischen Romans. Bernburg 1854. 2 Aufl. Berlin 1867. — [B. Erdmannsdörffer, Das Zeitalter der Novelle in Hellas. Berlin 1870. — E. Rohde, Der griechische Roman und seine Vorläufer. Leipzig 1876.]

b. Rhetorische Prosa. D. Ruhnken, *Historia critica oratorum graecorum* vor dessen Ausgabe des Rutilius Lupus Leiden 1768. Abgedr. in *Ruhnkenii orationes, dissertationes et epistolae* ed. F. T. Friedemann. Braunschweig 1828, in J. Reiske, *Orat. graec*. Bd. VIII und in *Rutilius Lupus* ed. C. H. Frotscher. Leipzig 1831. — J. N. Belin de Ballu, *Histoire critique de l'éloquence chez les Grecs*. Paris 1813. 2 Bde. — A. Westermann, Geschichte der griech. Beredsamkeit. Leipzig 1833. — Etienne Gros, *Étude sur l'état de la rhétorique chez les Grecs depuis sa naissance jusqu'à la prise de Constantinople*. Paris 1835. — F. Blass, Die griechische Beredsamkeit in dem Zeitraume von Alexander bis auf Augustus. Berlin 1865; [Die attische Beredsamkeit. Bd. I. von Gorgias bis Lysias. 2. Aufl. 1886. II. Isokrates und Isäos. III, 1 Demosthenes, III, 2 Demosthenes' Gegner und Genossen. Leipzig 1868--1880. — G. Perrot,

L'éloquence politique et judiciaire à Athènes. I. *Les précurseurs de Démosthène.* Paris 1873. — J. Girard, *Études sur l'éloquence attique.* Lysias, Hypéride, Demosthène. Paris 1874. 2. Aufl. 1884. — A. Roda, *Los oradores griegos.* Madrid 1874. — R. C. Jebb, *The Attic orators from Antiphon to Isaeus.* London 1876. 2 Bde. — F. Gnesotto, *L'eloquenza in Atene ed in Roma al tempo delle libere istituzioni.* Verona und Padua 1877. — L. Brédif, *L'éloquence politique en Grèce. Demosthène.* Paris 1879.] — Fr. Ellendt, *Succincta eloquentiae romanae usque ad Caesares historia.* Vor der Ausgabe von Cicero's Brutus. Königsberg 1825. 2. Aufl. 1844. — A. Westermann, Geschichte der römischen Beredsamkeit. Leipzig 1835. — E. Bonnell, *De mutata sub primis Caesaribus eloquentiae Romanae conditione et indole.* Berlin 1836. 4. — [J. Demarteau, *L'éloquence républicaine de Rome d'après les fragments authentiques.* Mons 1870. — V. Cucheval, *Histoire de l'éloquence latine depuis l'origine de Rome jusqu'à Cicéron d'après les notes de* A. Berger. Paris 1872. 2 Bde. 2. Aufl. 1881.] — A. Westermann, *De epistolarum scriptoribus graecis.* Leipzig 1851—58. 8 Thle. 4. — [*Epistolographi graeci rec.* R. Hercher. Paris 1873.] Zu der Geschichte der rhetorischen Prosa vergl. die Bibliographie der Geschichte der Rhetorik oben S. 646 f. Die philosophische Prosa wird in den Bearbeitungen der Geschichte der Philosophie behandelt (s. oben S. 609 ff. und die Literatur der Geschichte der Einzelwissenschaften S. 639 ff.)

Sammelschriften. K. Zell, Ferienschriften. Freiburg 1826—33. 3 Sammlungen. [Neue Folge. I. Heidelberg 1857.] — G. Hermann, *Opuscula.* Leipzig 1827—39. 7 Bde. [8. Bd. von Th. Fritzsche 1877.] — J. N. Madvig, *Opuscula academica.* Kopenhagen 1834, 2. Samml. 1842; [*Adversaria critica ad scriptores graecos et lat.* Kopenhagen 1871—84. 3 Bde.; Kleine philologische Schriften. Leipzig 1875.] — Fr. Osann, Beiträge zur griech. und röm. Literaturgeschichte. Darmstadt 1835. Cassel und Leipzig 1839. 2 Bde. — F. Passow, *Opuscula academica.* Leipzig 1835; Vermischte Schriften herausgegeben von W. A. Passow. Leipzig 1843. — L. Dissen, Kleine lateinische und deutsche Schriften. Göttingen 1839. — F. G. Welcker, Kleine Schriften. Bonn und Elberfeld 1844—67. 5 Bde. — Fr. Creuzer, Zur Geschichte der griechischen und römischen Literatur. Leipzig und Darmstadt 1847. — C. Fr. Hermann, Gesammelte Abhandlungen und Beiträge zur classischen Literatur und Alterthumskunde. Göttingen 1849. — K. W. Göttling, Gesammelte Abhandlungen. Halle und München 1851—63. 2 Bde.; [*Opuscula academica ed.* Kuno Fischer. Leipzig 1869.] — C. L. Struve, *Opuscula selecta ed.* J. Th. Struve. Leipzig 1854. — G. F. Schoemann, *Opuscula academica.* Berlin 1856—[71.] 4 Bde. — M. H. E. Meier, *Opuscula academica ed.* F. A. Eckstein und F. Haase. Halle 1861—63. 2 Bde. — Fr. Ritschl, *Opuscula philologica.* Leipzig 1866—[79. 5 Bde.] — E. Egger, *Mémoires de littérature ancienne.* Paris 1862; *Mémoires d'histoire ancienne et de philologie.* Paris 1863. — Fr. Lübker, Gesammelte Schriften zur Philologie und Pädagogik. Halle 1852—[68. 2 Bde. — E. Miller, *Mélanges de littérature grecque.* Paris 1868; *Mélanges de philologie et d'épigraphie.* Bd. 1. Paris 1876. — Fr. A. Wolf, Kleine Schriften herausgegeben von G. Bernhardy. Halle 1869. 2 Bde. — W. S. Teuffel, Studien und Charakteristiken zur griechischen und römischen sowie zur deutschen Literaturgeschichte. Leipzig 1871; dazu Nachträge. Tübingen 1879. 4. — Mor. Haupt, *Opuscula*. Leipzig 1875—77. 3 Bde. — K. Lachmann, Kleinere Schriften zur klassischen Philologie herausgegeben von J. Vahlen. Berlin 1876. — *Commentationes philologae in honorem Th. Mommseni scripserunt amici*. Berlin 1877. — C. Nipperdey, *Opuscula*. Berlin 1877. — W. Vischer, Kleine Schriften. Leipzig 1877 f. 2 Bde. — Philologische Untersuchungen herausgegeben von A. Kiessling und U. v. Wilamowitz-Möllendorff. Berlin 1880 fl. Zur Zeit 9 Hefte. — H. Köchly, *Opuscula philologica*. 2 Bde. Leipzig 1881 f. — Th. Bergk, Kleine philologische Schriften. Halle 1884—86. 2 Bde. — *Mélanges Graux. Récueil de travaux d'érudition classique dédié à la mémoire de Ch. Graux*. Paris 1884. — Historische und philologische Aufsätze E. Curtius zum 70. Geburtstage gewidmet. Berlin 1884. — A. Schöll, Gesammelte Aufsätze zur klassischen Literatur alter und neuer Zeit. Berlin 1884. — J. Bernays, Gesammelte Abhandlungen. Herausgegeben von H. Usener. Berlin 1885. 2 Bde.]*)

§. 102. **Epigraphik.****) Wie die Numismatik zur Metrologie, so gehört die Epigraphik zur Literaturgeschichte (s. oben S. 387). Sie kann von dieser nicht als selbständige Disciplin getrennt werden, weil ihr Gegenstand Schriftdenkmäler sind und die Art des Schreibmaterials kein wesentliches Unterscheidungsmerkmal bilden kann (s. oben S. 43). Aber auch innerhalb der Literaturgeschichte kann man die Epigraphik nicht als eigene Disciplin

---

*) **Zur Literaturgeschichte.** *Graecae tragoediae principum, Aeschyli, Sophoclis, Euripidis, num ea quae supersunt, et genuiana omnia sint, et forma primitiva servata, an eorum familiis aliquid debeat ex iis tribui.* Heidelberg 1808 (330 Seiten). Dazu: Selbstanzeige dieser Schrift. 1809. Kl. Schr. VII, S. 99—106. — Kritik der Ausgabe des Euripides von Zimmermann. 1809. Kl. Schr. VII, S. 107—120. — Kritik der Schrift von Kuithan: Versuch eines Beweises, dass wir in Pindar's Siegeshymnen Urkomödien übrig haben. 1809. Kl. Schr. VII, S. 141—158. — Kritik der Ausgabe des Terenz von Bothe. 1810. Kl. Schr. VII, S. 159—182. — *Pindari opera quae supersunt*. Leipzig 1811—21. gr. 4. Tom. I, Ps. I. *Text. graec.* Ps. II. *De metris Pindari, Not. crit.* Tom. II, Ps. I. *Scholia*. Ps. II. *Interpret. lat., Explicationes, Fragmenta.* (Die *Explicationes* zu den *Nem.* und *Isthm.* von Dissen.) — Von den Zeitverhältnissen in Demosthenes Rede gegen Meidias. 1818. Kl. Schr. V, S. 153—204. — Über die kritische Behandlung der Pindarischen Gedichte. 1820—22. Kl. Schr. V, S. 248—396. — *De Pausaniae stilo Asiano*. 1824. Kl. Schr. IV, S. 208—212. — *De Sophoclis Oedipi Colonei tempore*. 1825—26. Kl. Schr. IV, S. 228—244. — Über die Ausgabe des Pindar von Dissen. 1830. Kl. Schr. VII, S. 369—403. — *De fragmento Pindarico a Polybio servato*. 1831. Kl. Schr. IV, S. 346—349. — Über den Plan der Atthis des Philochoros. 1832. Kl. Schr. V, S. 397—429. — *De Timocreonte Rhodio*. 1833. Kl Schr. IV, S. 375—382. — *De Hypobole Homerica*. 1834. Kl. Schr. IV, S. 385—396. — *Singulas quoque fabulas a tragicis graecis doctas esse*. 1841. Kl. Schr. IV, S. 505—518. — *De primis in Sophoclis Oedipo Coloneo canticis*. 1843. Kl. Schr. IV, S. 527—533. — Des Sophokles Antigone griechisch und deutsch. Nebst zwei Abhandlungen über diese Tragödie im Ganzen und über einzelne Stellen derselben. Berlin 1843. Neue vermehrte Ausgabe. Leipzig 1884. — Neu aufgefundene Bruchstücke aus Reden des Hypereides. 1848. Kl. Schr. VII, S. 518—572. — Über Cato *Carmen de moribus*. 1854. Kl. Schr. VI, S. 296—320.

**) Vergl. zu diesem Abschnitt die Einleitung des *Corp. Inscr. Graec.*

ansetzen; denn eine Disciplin muss eine ihr eigenthümliche Idee darstellen, welche nicht in der Beschaffenheit des äusserlichen Stoffes liegen kann. Dies leuchtet ein, sobald man eine Definition der Inschriftenkunde zu geben versucht; sie lässt sich nur erklären als die Kunde von literarischen Monumenten, die auf dauerhaftes Material, wie Holz oder Stein geschrieben sind, und wäre also eine Holz- oder Steindisciplin, wie ja auch Maffei ganz folgerichtig eine eigene Steinkritik unterschieden hat (s. oben S. 242). Allerdings würden die Inschriften eine besondere Literaturgattung bilden, wenn der Lapidarstil eine selbständige Bedeutung hätte. Das wesentlichste Merkmal des Lapidarstils besteht nun in der Kürze des Ausdrucks. Allein diese ist nicht etwa durch das Schreibmaterial bedingt, sondern durch die Zwecke der Mittheilung, denen das Material angemessen erscheint. Jenen Zwecken nach ordnen sich aber die Inschriften in die verschiedensten Gattungen der Poesie und Prosa ein. Die poetischen Inschriften auf Grabmälern, Hermen, an Bildsäulen, Gefässen und anderen Werken der Kunst oder der Kunstindustrie, haben meist die Kürze des Epigramms, und die ältesten Epigramme der griechischen Anthologie sind sämmtlich solchen Denkmälern entnommen. Diese Kürze ist aber in den Zwecken des Epigramms begründet, welchen freilich der gewählte Stoff der Denkmäler gleichfalls entspricht; denn es ist angemessen Denk- und Erinnerungsverse in Stein und Erz zu graben und eine dichterische Weihinschrift mit dem Kunstdenkmal zu verbinden, worauf sie sich bezieht. Ausser den Epigrammen eignen sich zu Inschriften auch andere meist lyrische Gedichte von mässigem Umfang. Von den prosaischen Inschriften gehört ein Theil zur historischen Gattung, indem sie zur Verewigung von Ereignissen bestimmt sind; zuweilen enthalten sie längere Erzählungen wie das vom Kaiser Augustus verfasste berühmte *Monumentum Ancyranum* [*Res gestae divi Augusti. Ex monumentis Ancyrano et Apolloniensi ed. Th. Mommsen.* Berlin 1865. 2. Aufl. 1885.]. Natürlich haben solche Denkmäler in der Regel die Kürze des Chronikstils, da man ausführlichere Darstellungen nicht wohl auf Stein und Erz schreiben wird. Andere Inschriften fallen unter Gattungen des wissenschaftlichen Stils; manche sind sogar mathematischen Inhalts. Die Staatsverträge, Gesetze, Grenzbestimmungen und andere öffentliche Verordnungen, Abrechnungen u. s. w. gehören offenbar zur politischen Literatur, und die Kürze und formelhafte Fassung ist hier dem Gegenstande angemessen und findet sich daher auch in ähnlichen Documenten, die nicht die Form von Inschriften haben; ebenso aber leuchtet ein, dass die Wahl des dauerhaften Materials hier wieder durch den Zweck der Aufzeichnung bedingt ist. Ausserdem gehören viele Inschriften zum rhetorischen Stil; so öffentliche Aufforderungen, Elogia, ferner Privatdocumente, die im Geschäfts- und Verkehrsstil abgefasst sind. Hiernach begleitet die Epigraphik die Literaturgeschichte durch fast alle ihre Theile und hat zu ihr dasselbe Verhältniss wie die Handschriftenkunde und Bibliographie, indem sie einen Theil der Quellen bearbeitet. Sie ist daher keine Disciplin, sondern ein Aggregat von Kenntnissen und wenn sie auch nach dem Hauptzwecke des von ihr behandelten Gegenstandes in dem System der philologischen Wissenschaften der Literaturgeschichte beigeordnet werden muss, so bildet sie doch zugleich ein wichtiges Hülfsmittel für alle

Zweige der Alterthumskunde. Denn man versteht unter Epigraphik nicht nur die Sammlung, sondern auch die hermeneutisch-kritische Bearbeitung der Inschriften und insofern beschäftigt sie sich also nicht bloss mit der literar-historischen Seite derselben. Der stilistische Werth der meisten Inschriften ist überhaupt gering, da bei ihnen praktische Zwecke überwiegen und die Form daher gegen den Inhalt zurücktritt. Aber sie zeigen, wie der λόγος die feste Norm aller Lebensgebiete ist, die ebendeshalb in möglichst dauerhafter Weise verkörpert wird. Daher sind sie auch die zuverlässigsten Quellen für die Kenntniss des gesammten antiken Lebens: sie sind der *codex diplomaticus* der Staatsalterthümer, geben wichtige Aufschlüsse über die Verhältnisse des Privatlebens, erläutern den Sinn der Kunstdenkmäler, gewähren einen unmittelbaren Einblick in die mannigfaltigen Formen des Cultus und sind in höchster Instanz entscheidend für die Geschichte der Sprache und Schrift, da sie die verschiedenen Entwicklungsstufen derselben vergegenwärtigen. Die erhaltenen griechischen Inschriften reichen bis gegen den Anfang des 6. Jahrh., die römischen bis in die Mitte des 3. Jahrh. v. Chr. zurück. E. Spanheim und M. Gudius stritten einst darüber, ob die Münzen oder Inschriften grösseren Werth für die Alterthumskunde hätten und dieser unfruchtbare Streit ist lange fortgeführt worden (vergl. E. Spanheim, *De praestantia et usu numismatum antiquorum*. Rom 1664. 2. Aufl. London 1669. 3. Aufl. London u. Amsterdam 1706—17. 2 Bde. fol., und Sc. Maffei, *Sul paragone delle iscrizioni con le medaglie* in Fr. Zaccaria, *Istituzione antiquario-lapidaria*. Rom 1770. 2. Aufl. Venedig 1793). Die Münzen tragen selbst Inschriften und man könnte daher nur streiten, ob bei ihnen Inschrift oder Bildwerk mehr lehrt; doch besteht ihr Hauptwerth gerade in der Verbindung beider. Ohne Zweifel sind die Münzen für die Metrologie, Kunstgeschichte und Chronologie sehr wichtig, geben aber im Übrigen nicht so vielseitige und bestimmte Aufschlüsse wie die übrigen Denkmäler.

Über die kritische Behandlung der Inschriften s. oben S. 188 ff. Ich habe (oben S. 251) darauf aufmerksam gemacht, dass die Inschriften ein vorzügliches Object für die ersten Übungen in der grammatischen und historischen Kritik bieten. Natürlich muss die Methode an einer Auswahl von leichter verständlichen Urkunden gelernt werden. Viele sind so beschädigt und räthselhaft, dass es zu ihrer Entzifferung einer grossen kritischen Divination bedarf, die nur möglich ist, wenn man die Verhältnisse kennt, aus denen man den Sinn errathen muss (s. oben S. 209 f.). Daher hat z. B. Gottfr. Hermann in dieser Beziehung wenig geleistet, weil es ihm an Sachkenntniss fehlte.*) Eine methodische Einleitung in die Epigraphik geben: U. Fr. Kopp, *De varia ratione inscriptiones interpretandi obscuras*. Frankfurt a. M. 1827. — [S. Reinach, *Traité d'épigraphie grecque.*. Paris 1885.] — Jo. Franz, *Elementa epigraphices graecae*. Berlin 1840. 4. — K. Zell, Handbuch der römischen Epigraphik. Heidelberg 1850—57. 3 Thle. [2 (Titel-)Aufl. 1874] (ein von einigen Seiten mit

---

*) Vergl. Antikritik gegen G. Hermann's Recension des *Corpus Inscriptionum Graecarum*. 1825. Kl. Schr. VII, S. 255—261 und Über die Logisten und Euthynen der Athener 1827. Ebenda S. 262—328.

Unrecht sehr heruntergemachtes Buch). — Vgl. ausserdem Franz, Epigraphik in Ersch und Gruber's Encyklopädie. Sect. I, Bd. 40; A. Westermann, Griechische Epigraphik, [G. Hinrichs, Griechische Epigraphik. In Iw. Müller's Handbuch der klassisch. Alterthumswissenschaft I. S. 331 ff.] und Zell, Römische Epigraphik in Pauly's Encyklopädie; Fr. Ritschl, *Monumenta epigraphica tria commentariis grammaticis illustrata.* Berlin 1852. 4. [= *Opuscula* 4. 1878. S. 115 ff.]; W. Henzen, Die lateinische Epigraphik und ihre gegenwärtigen Zustände. Allgem. Monatsschrift. Bd. I. Braunschweig 1853. — [Grundlage für methodische Übungen: G. Wilmanns, *Exempla inscriptionum latinarum in usum praecipue academicum.* Berlin 1873. 2 Bde.]

Obgleich nur ein kleiner Bruchtheil der alten Inschriften auf uns gekommen ist, so ist die Zahl der erhaltenen Denkmäler doch ungeheuer gross und sie wächst beständig durch neue Funde. Verhältnissmässig wenige Denkmäler befinden sich an ihrem Fundort; die meisten sind in Museen und Privatsammlungen vereinigt. Veröffentlicht werden die Inschriften in Monographien, Reisewerken, Zeitschriften oder beiläufig in Büchern verschiedenen Inhalts und zugleich hat man seit dem 16. Jahrh. dies verstreute Forschungsmaterial übersichtlich zusammengestellt, worin eine Hauptaufgabe der Epigraphik besteht. In den älteren Sammelwerken sind die Denkmäler nach sachlichen Rubriken (wie *Inscriptiones Deorum, Dearum, magistratuum* u. s. w.) geordnet. Dies konnte angemessen erscheinen, so lange man hauptsächlich lateinische Inschriften hatte, welche eine durch die Einheit des römischen Reichs verbundene Masse bildeten. Doch zeigen auch die römischen Municipalinschriften grosse örtliche Verschiedenheiten. Die griechischen Denkmäler müssen aber durchaus topographisch geordnet werden, wodurch das durch Sitte und Verfassung Gleichartige zusammenkommt und Eines das Andere vermöge der blossen Zusammenstellung erläutert. Diese Anordnung, die ich in dem *C. I. Gr.* durchgeführt habe, ist jetzt auch für die lateinischen Inschriften als die zweckmässigere anerkannt. Innerhalb der topographischen Abtheilungen muss dann der Stoff theils nach chronologischen, theils nach sachlichen Gesichtspunkten geordnet werden. Auch darf man das topographische Princip nicht übertreiben, was nach meiner Ansicht Franz im *C. I. Gr.* bei den ägyptischen Inschriften (Vol. III, nr. 4677—4978) gethan hat, welche durch die Eintheilung nach Städten unnöthig zersplittert sind. Ausführliche Commentare sind in Sammelwerken unzweckmässig. Man muss die Denkmäler kurz mit Beziehung auf die in Betracht kommenden historischen Verhältnisse erläutern, deren Kenntniss man vorauszusetzen hat, soweit dieselben bereits anderweitig festgestellt oder aus andern Quellen festzustellen sind.*)

---

*) **Zur Epigraphik.** *Corpus inscriptionum graecarum.* Vol. I. u. II. 1825—43. Bd. III. ist mit Benutzung des von Böckh gesammelten Materials von J. Franz (1844—54), Bd. IV. 1. Fasc. von J. Franz u. E. Curtius, 2. Fasc. von A. Kirchhoff, 3. Fasc. von H. Röhl (1856—77) herausgegeben. — 12 epigraphische Abhandlungen in den Proömien zum Berliner Lektionskataloge von 1816—16, 1818, 1821, 1821—22, 1822, 1823—24, 1824, 1832, 1835—36, 1837, 1841, 1842. S. Kl. Schr. IV. — 11 epigraphische Abhandlungen gelesen in der Berliner Akademie der Wissenschaften: aus

760 Zweiter Haupttheil. 2. Abschn. Besondere Alterthumslehre.

Inschriftensammlungen. M. Smetius, *Inscriptiones antiquae. Accedit auctarium Lipsii*. Leiden 1588. fol. — J. Gruterus, *Inscriptiones antiquae totius orbis Romani*. Heidelberg 1603. Amsterdam (ed. J. G. Graevius) 1707. 2 Bde. fol. — Th. Reinesius, *Syntagma inscriptionum antiquarum*. Leipzig und Frankfurt 1682. fol. — J. Spon, *Miscellanea eruditae antiquitatis*. Leiden 1685. fol. — W. Fleetwood, *Inscriptionum antiquarum sylloge*. London 1691. — R. Fabretti, *Inscriptionum antiquarum quae in aedibus paternis asservantur explicatio et additamentum*. Rom 1699. 1702. fol. — M. Gudius, *Antiquae inscriptiones quum graecae tum latinae*. Leuwarden 1731. — J. B. Doni, *Inscriptiones antiquae nunc primum editae*. Florenz 1731. — L. A. Muratori, *Novus thesaurus veterum inscriptionum*. Mailand 1739—42. 4 Bde. fol. mit Supplement von S. Donatus. Lucca 1765. 1775. 2 Bde. fol. Nachlässig. — Sc. Maffei, *Museum Veronense*. Verona 1749. fol. — F. M. Bonada, *Anthologia s. collectio omnium veterum inscriptionum poeticarum tam graecarum quam latinarum*. Rom 1751. 2 Bde. 4. — R. Pococke, *Inscriptionum antiquarum graecarum et latinarum liber* I. II. London 1752. fol. Höchst lüderlich. — R. R. Chandler, *Inscriptiones antiquae pleraeque nondum editae, in Asia minori et Graecia, praesertim Athenis coll.* Oxford 1774. fol. — F. Osann, *Sylloge inscriptionum antiquarum graecarum et latinarum*. Darmstadt (1822) 1834. fol. — [*Inscriptiones antiquae orae septentrionalis Ponti Euxini graecae et latinae*. Ed. M. B. Latyschev. Vol. I. *inscriptiones Tyrae, Olbiae, Chersonesi tauricae, aliorum locorum a Danubio usque ad regnum bosporanum continens*. St. Petersburg 1885.]

Corpus inscriptionum graecarum auctoritate academiae reg. litt. Borussicae ed. A. Boeckh, J. Franz, E. Curtius, A. Kirchhoff. Berlin 1828—58. 4 Bde. fol. Es fehlt noch der Index.*) [Vol. IV fasc. 3 *indices continens. Compos.* H. Röhl. 1877.] — Ἀρχαιολογικὴ ἐφημερίς. Athen 1837—60. 55 Hefte. 4. Neue Folge 16 Hefte. 1862—[1872. Von der dritten Folge sind zur Zeit 4 Hefte erschienen.] 4. — A. R. Rangabé, *Antiquités Helléniques ou répertoire d'inscriptions et d'autres antiquités découvertes depuis l'affranchissement de la Grèce*. Athen 1842—55. 2 Bde. — Ph. Le Bas, *Inscriptions grecques et latines*. 4. 2. Theil des *Voyage archéologique en Grèce et en Asie mineure*. Paris 1843—44, fortgesetzt von P. Foucart und W. H. Waddington 1847 ff. (noch im Erscheinen begriffen). — C. Wescher und P. Foucart, *Inscriptions recueillies à Delphes*. Paris 1863. — [St. Kumanudis, Ἀττικῆς ἐπιγραφαὶ ἐπιτύμβιοι. Athen 1871. — A. Kirchhoff, U. Köhler, W. Dittenberger, *Corpus inscriptionum Atticarum consilio et auctoritate academiae regiae litterarum Borussicae editum*. fol. Vol. I. *Inscriptiones Euclidis anno vetustiores*. ed. A. Kirchhoff. Berlin 1873; Vol. II. *Inscriptiones aetatis quae est inter Euclidis*

---

den Jahren 1834 (Kl. Schr. V), 1836, 1846, 1852, 1853, 1854, 1857 (Kl. Schr. VI). — 8 epigraphische Abhandlungen in Zeitschriften aus den Jahren 1829, 1832, 1835, 1846, 1847, 1850 (Kl. Schr. VI). — Staatshaushaltung der Athener. Bd. II. Berlin 1817. 2. Aufl. 1851. Bd. III. (Urkunden über das Seewesen des attischen Staates) 1840. [3. Aufl. in 2 Bdn. herausgegeben von M. Fränkel. 1886.]

*) Vergl. Kl. Schr. II, S. 222. 415 ff. III, S. 43.

annum et Augusti tempora ed. U. Köhler. 1877. 1883; Vol. III. *Inscriptiones aetatis romanae* ed. W. Dittenberger. 1878. 1882; Vol. IV. *Supplementa*. 1877. — *The collection of ancient greek inscriptions in the British Museum*. fol. Part. I. von E. L. Hicks, Attika. London 1874. Part. II. von C. T. Newton. 1883. Peloponn. Nordgriechenl. Maked. Thrac. Kimmer. Bospor. Griech. Archipel. — M. Schmidt, Sammlung kyprischer Inschriften in epichorischer Schrift. Jena 1876. Vergl. W. Deecke, Über kyprische Inschriften. In: Beiträge zur Kunde der indogerm. Sprachen. 6. 1880. — P. Cauer, *Delectus inscriptionum graecarum propter dialectum memorabilium*. Leipzig 1877. 2. Aufl. 1883. — H. Droysen, *Sylloge inscriptionum atticarum in usum scholarum acad.* Berlin 1878. — J. Savelsberg, Lykische Sprachdenkmäler. Bonn 1878. — G. Kaibel, *Epigrammata graeca ex lapidibus conlecta*. Berlin 1878. — E. L. Hicks, *A manual of Greek historical inscriptions*. Oxford 1882. — *Inscriptiones graecae antiquissimae praeter atticas in Attica repertas consilio et auctoritate academiae litterarum regiae boruss.* ed. H. Röhl. Berlin 1882. Vergl. *Imagines inscriptionum graecarum antiquissimarum in usum schol.* composuit H. Röhl. Berlin 1883. — *Sylloge inscriptionum boeoticarum dialectum popularem exhibentium. Composuit adnotavit apparatu critico instruxit* Guil. Larfeld. *Praemittitur de dialecti boeoticae mutationibus dissertatio.* Berlin 1883. — W. Dittenberger, *Sylloge inscriptionum graecarum.* Leipzig 1883. 2 Fasc. — Sammlung der griechischen Dialektinschriften unter Mitwirkung verschiedener Gelehrten herausg. von H. Collitz. Bd. 1. 2. Hft. 1. Göttingen 1884 ff.]

J. C. Orelli, *Inscriptionum latinarum selectarum amplissima collectio.* Zürich 1828. 2 Bde. Supplement von W. Henzen. Zürich 1856. — J. W. Ch. Steiner, *Codex inscriptionum romanarum Rheni.* Darmstadt 1837. 2 Thle.; *Codex inscriptionum romanarum Danubii et Rheni.* Darmstadt, Seligenstadt und Gross-Steinheim 1851—64. 5 Thle. — Ph. W. Rappenegger, Die römischen Inschriften, welche bisher im Grossherzogthum Baden aufgefunden wurden. Mannheim 1845. — A. de Boissieu, *Inscriptions antiques de Lyon reproduites d'après les monuments ou recueillies dans les auteurs.* Lyon 1846—54. 4. — Jo. de Wal, *Mythologiae septentrionalis monumenta epigraphica latina.* Utrecht 1847. — Th. Mommsen, *Inscriptiones regni Neapolitani latinae.* Leipzig 1852. fol.; *Inscriptiones confoederationis helveticae latinae.* Zürich 1854. — [H. Hagen, *Prodromus novae inscriptionum latinarum Helveticarum sylloges titulos Aventicenses et vicinos continens.* Bern 1878.] — L. Renier, *Inscriptions romaines de l'Algérie.* Bd. 1. Paris 1855—58. fol.; *Mélanges d'épigraphie.* Paris 1854. — L. M. Jordão, *Portugalliae inscriptiones romanae.* Vol. I. Lissabon 1859. fol. — B. Borghesi, *Oeuvres complètes.* Paris 1862—[84]. 9 Bde. 4. (*Oeuvres épigraph.* 3 Bde.) — Fr. Ritschl, *Priscae latinitatis monumenta epigraphica ad archetyporum fidem exemplis lithographis repraesentata.* Berlin 1862. (Dazu 5 Supplem. Bonn 1862—64. 4. [= *Opusc. philol.* 4. 1878. S. 494 ff.])
— *Corpus inscriptionum Latinarum consilio et auctoritate academiae litterarum regiae Borussicae editum.* fol. Bd. 1. Älteste Inschr. von Th. Mommsen 1863 (darin auch die Tafeln des Werkes von F. Ritschl). [Neue Aufl. ist zu erwarten. Bd. 2. (Spanische Inschr.) von E. Hübner 1869, wozu ein Suppl. in Aussicht steht. Bd. 3. (Asien, das europäische

Griechenland, Illyrien) von Mommsen 1873. Bd. 4. (Pompeji, Herculaneum, Stabiä) von C. Zangemeister und R. Schöne 1871 Ein Supplement wird vorbereitet. Bd. 5. (*Gallia cisalpina*) von Mommsen 1872. 1877. Bd. 6 (Rom) in 7 Theilen von W. Henzen, J. B. de Rossi, E. Bormann, Chr. Huelsen und H. Dressel, von denen Theil 1, 2 und 5 1876—85 erschienen sind. Bd. 7 (Britannien) von E. Hübner 1873. Bd. 8 (Afrika) von G. Wilmanns 1881. Nebst noch erscheinendem Supplement. Bd. 9 (Calabrien, Apulien, Samnium, Sabinerland, Picenum), Bd. 10 (Bruttium, Lucanien, Campanien, Sicilien, Sardinien) von Th. Mommsen 1883. Bd. 11 (Aemilia, Umbrien, Etrurien) von E. Bormann, Bd. 12 (*Gallia Narbonensis*) von O. Hirschfeld, Bd. 13 (*Inscriptiones trium Galliarum et duarum Germaniarum*) von O. Hirschfeld und C. Zangemeister, Bd. 14 (*Inscr. Latii antiqui*) von H. Dessau sind noch zu erwarten. — E. Hübner, *Inscriptiones Hispaniae christianae. Adiecta est tab. geogr.* Berlin 1871; *Inscriptiones Britanniae christianae. Adiectae sunt tabulae geogr. II. Accedit suppl. inscriptionum christ. Hispaniae.* Berlin 1875; *Exempla scripturae epigraphicae latinae a Caesaris dictatoris morte ad aetatem Iustiniani.* Berlin 1885. Dazu: *Ephemeris epigraphica corporis inscr. lat. supplementum edita iussu Instituti archaeologici romani.* Rom u. Berlin 1872 ff. Bis jetzt 6 Bde., deren sechster die *Glandes plumbeae* in der Bearbeitung C. Zangemeister's enthält.]*) — W. Brambach, *Corpus inscriptionum Rhenanarum* Elberfeld 1867. 4. — [Ch. Robert, *Epigraphie gallo-romaine de la Moselle.* Paris 1869—73. 4. — J. C. Bruce, *Lapidarium septentrionale or a description of the monuments of roman rule in the north of England.* London u. Newcastle 1870—75. fol. — Fl. Rómer, *Acta nova musei nationalis hungarici. I. Inscriptiones monumentorum romanorum.* Budapest 1873. — R. Garrucci, *Sylloge inscriptionum latinarum aevi romanae reipublicae usque ad C. Iulium Caesarem plenissima.* Turin 1875. 77. 2 Fasc. Dazu: *Addenda* 1881. — Jac. Becker, Die römischen Inschriften und Steinsculpturen des Museums der Stadt Mainz. Mainz 1875. — A. Allmer und A. de Terrebasse, *Inscriptions antiques et du moyen âge de Vienne en Dauphine.* Vienne 1875. 5 Bde. mit Atlas. — Th. Bergk, Inschriften römischer Schleudergeschosse. Nebst einem Vorwort über moderne Fälschungen. Leipzig 1876. — C. Gregorutti, *Le antiche lapide di Aquileia.* Triest 1877. — J. O. Westwood, *Lapidarium Walliae. the early inscribed and sculptured stones of Wales.* Oxford 1880. — E. Blank, *Epigraphie antique du département des Alpes-Maritimes.* Nice 1880. 2 Bde. — Giac. Pietrogrande, *Iscrizioni romane del museo di Este. Catalogo.* Rom 1883. — Gaet. Marini, *Iscrizioni antiche doliari publicate dal G. B. de Rossi con annotazioni del Enr. Dressel.* Rom 1884.]

J. B. Vermiglioli, *Le antiche iscrizioni Perugine.* Perugia 1804—1805. 2. Ausg. 1833. 1834. 2 Bde. 4. — G. C. Connestabile, *Iscrizioni etrusche e etrusco-latine del museo di Firenze.* Florenz 1858. 4. [und *Second spicilegium de quelques monuments ... des Etrusques.* Paris 1863. — V. Poggio, *Contribuzioni allo studio della epigrafia etrusca.* Genua 1878; *Ap-*

---

*) Vergl. Kl. Schr. II, S. 223 f. (aus dem Jahre 1836) und S. 485 f. aus dem Jahre 1858).

punti di epigrafia etrusca. I. Genua 1884. — C. Pauli, Altitalische Forschungen. I. Die Inschriften nordetruskischen Alphabets. Leipzig 1885.] — R. Lepsius, *Inscriptiones Umbricae et Oscae.* Leipzig 1841. — Th. Aufrecht und A. Kirchhoff, Die umbrischen Sprachdenkmäler. Berlin 1849. 1851. 2 Bde. — Ph. E. Huschke, Die iguvischen Tafeln nebst den kleineren umbrischen Inschriften mit Hinzufügung einer Grammatik und eines Glossars der umbrischen Sprache. Leipzig 1859. — [M. Bréal, *Les tables Eugubines, texte, traduction et commentaire.* Paris 1875. 4. — F. Bücheler, *Populi Iguvini lustratio; Interpretatio tab. Iguv.* II. III. IV. Bonn 1876—1880. 4.] — C. A. C. Klenze, Das oskische Gesetz auf der Bantinischen Tafel in dessen Philol. Abh. ed. K. Lachmann. Berlin 1839. — A. Kirchhoff, Das Stadtrecht von Bantia. Berlin 1853. — L. Lange, Die oskische Inschrift der *tabula Bantina* und die römischen Volksgerichte. Göttingen 1853. — Ph. E. Huschke, Die oskischen und sabellischen Sprachdenkmale. Elberfeld 1856. — [J. Zvetaieff, *Sylloge inscriptionum oscarum ad archetyporum et librorum fidem edidit.* Petersburg 1878. 2 Theile. — F. Bücheler, Oskische Bleitafel. Frankfurt 1878. Aus dem Rhein. Mus. 33. 1878. S. 1 ff. — Ph. E. Huschke, Die neue oskische Bleitafel und die pelignische Inschrift aus *Corfinium,* als Nachtrag zu älteren oskischen und verwandten Sprachstudien erklärt. Leipzig 1878. Vgl. S. Bugge, Altitalische Studien. Christiania 1878. — L. Maggiulli und di Castromediano, *Le iscrizioni Messapiche.* Lecce 1871. — A. Fabretti, *Corpus inscriptionum italicarum et glossarium italicum.* Turin 1867; dazu: *Primo—terzo supplemento alla raccolta delle antichissime iscrizioni italiche con osservazioni paleografiche e grammatiche.* 1872–1878 und J. F. Gamurrini, *Appendice al corpus inscr. ital. ed ai suoi supplementi di A. Fabretti.* Florenz 1880. — *Inscriptiones Italiae mediae dialecticae ad archetyporum et librorum fidem ed. J. Zvetaieff. Accedit volumen tabularum.* Leipzig 1884.] Vergl. ausserdem unten die Literatur der italischen Dialektologie.

Eine [keineswegs vollständige] Übersicht über die epigraphische Specialliteratur findet man in [der 7. Aufl.] der *Bibliotheca scriptorum classicorum* von W. Engelmann [C. H. Herrmann, R. Klussmann] unter *Inscriptiones* (s. oben S. 51), in den Jahresberichten d. Archäolog. Zeitung (s. oben S. 518) [und in Bursian's Jahresbericht. Vergl. auch C. Torma, *Repertorium ad literaturam Daciae archaeologicam et epigraphicam.* Budapest 1880.]

5. Geschichte der Sprache.

§ 103. Das durch die Sprache objectivirte Wissen eines Volkes ist ein System von Vorstellungen und Ideen, welches sich gleichzeitig mit seinem Inhalt entwickelt; die Sprache selbst ist ein System von Bezeichnungen, welche sich mit den bezeichneten Ideen ändern. Es ist daher die Aufgabe der Sprachgeschichte das System der Sprache mit Nachweisung der darin liegenden geistigen Formen in seiner Entwickelung nach Zeit und Raum darzustellen (s. oben S. 555 f.). Hieraus folgt, dass die Sprachgeschichte mit der Grammatik zusammenfällt; denn diese kann nur umfassend sein, wenn sie die Sprache historisch construirt und nicht bloss einen festen Typus derselben liefert, der entweder fingirt ist oder einer bestimmten Entwicklungsstufe entspricht. Allerdings gehört dann vieles in die Grammatik, was nach einer beschränkteren Ansicht davon getrennt ist, z. B. die etymologische Lexikographie. In diesem umfassenden Sinne ist die Grammatik keine Silbenstecherei, sondern das höchste Problem der Wissenschaft. Wenn die Geschichte der Wissenschaft den Inhalt des Wissens von dem mythischen Denken bis in die Entwickelung der Einzelwissenschaften verfolgt, so muss sie dabei zugleich die geistigen Formen des Erkennens, in die der Ideenstoff gefasst ist, nach ihren allgemeinsten Umrissen zergliedern; die Literaturgeschichte geht tiefer in die einzelne Betrachtung der Erkenntnissformen ein, um den Zusammenhang derselben mit dem Inhalte nachzuweisen. Aber die Grammatik, welche auf jenen beiden Disciplinen fussend, die Form des Wissens an sich betrachtet, zergliedert dieselbe bis in die letzten Bestandtheile, welche das Feinste und zugleich das Universellste in der Erkenntniss der Nationen sind (s. oben S. 70). Denn wie die Welt sich in der Erkenntniss spiegelt, so spiegelt sich die gesammte Erkenntniss noch einmal in der Sprache; in dieser wird sich der Geist seines eigensten Wesens bewusst und sie enthält daher die allgemeinste Wissenschaft des ganzen Volkes. Daher ist die Grammatik, wie Novalis sagt, die wahre Dynamik des Geisterreichs,*) zugleich transcendental und empirisch und es ist somit gerechtfertigt, dass wir in ihr den θριγκὸς μαθημάτων für die Philologie erblicken entsprechend der Stellung, welche Platon in der Philosophie der Dialektik anweist (s. oben S. 54. 62).

2. Jede Sprache hat einen individuell bestimmten Charakter. Eine allgemeine Sprache, wie Leibnitz sie für die Wissenschaft zu begründen wünschte, sammt der damit zusammenhängenden Pasigraphie würde nicht das Ideal einer Sprache, wozu vor Allem eine lebendige und darum individuelle Erzeugung gehört, sondern das todte Gerippe derselben sein.**) Daher kann es auch keine allgemeine Grammatik in dem Sinne geben, dass darin von der historischen Bestimmtheit der Sprachen abstrahirt würde. Die

---

*) S. Kl. Schr. III, S. 210.
**) Ebenda S. 209 und II, S. 398.

Versuche eine solche Grammatik zu construiren laufen immer auf einen leeren Schematismus hinaus, indem die in einer Anzahl bekannter Sprachen übereinstimmenden allgemeinsten Verhältnisse und Beziehungen unter Rubriken gebracht werden, die sich keineswegs aus dem Wesen der Sprache ergeben. Von dieser verkehrten Richtung ist aber die allgemeine Sprachwissenschaft wohl zu unterscheiden, welche sich aus der Sprachphilosophie und Linguistik zusammensetzt. Die Sprachphilosophie ist die Metaphysik der Sprache oder die speculative Grammatik und muss in ihren Resultaten mit der Sprachgeschichte zusammentreffen. Sie will die Genesis und das Wesen der Sprache im Allgemeinen, ihren innern Bau und ihren Zusammenhang mit dem Geiste ergründen. Dies kann sie indess nur auf Grund der historisch gegebenen Sprachen dadurch, dass sie die speculativ erkannten Ideen auf die Spracherscheinungen anwendet. Zu denselben Ideen muss aber die Sprachgeschichte durch hermeneutischkritische Erforschung der Sprachen vordringen, da sie nur durch die Zurückführung der Erscheinungen auf Ideen zur Wissenschaft wird. Daher müssen Sprachphilosophie und Sprachgeschichte beständig zusammenwirken und einander ergänzen.

Die Sprachgeschichte oder philologische Sprachwissenschaft zerfällt aber selbst in die allgemeine Sprachenkunde oder Linguistik und die Grammatik der einzelnen Sprachen. Da die Linguistik darauf ausgehen muss den allgemeinen Zusammenhang der Sprachen durch Vergleichung aufzufassen, ist sie ihrer Natur nach auf die niederen Entwicklungsstufen der Einzelsprachen angewiesen; sie bleibt hauptsächlich bei der Etymologie und bei den letzten Wurzeln der syntaktischen Verhältnisse stehen und beschäftigt sich wenig mit Allem, worin die Sprache kunstmässig behandelt wird, weil dies in jeder Sprache individuell gestaltet ist. Dagegen untersucht die Specialgrammatik die Sprache jedes Volks als Glied in der Gesammtbildung desselben und daher nach ihrer allseitigen Entwicklung — eine Betrachtungsweise, die man im engern Sinn philologisch nennen kann (s. oben S. 21). Dies Verhältniss der Linguistik zur Philologie hat W. v. Humboldt gut auseinandergesetzt in seiner Abhandlung „Über das vergleichende Sprachstudium in Bezug auf die verschiedenen Epochen der Sprachentwicklung" (Abh. der Berliner Akad. 1822 = Ges. W. Bd. III. [Auch in den sprachphilos. Werken hrsg. von H. Steinthal. Berlin 1884.]). Ähnlich spricht sich Ge. Curtius aus in seiner Leipziger Antrittsvorlesung (Philologie und Sprachwissenschaft. Leipzig 1863): „Das Gebiet des allgemeinen Sprachforschers ist die Naturseite, das des philologischen, so zu sagen, die Cultureite der Sprache." [K. Brugmann, Zum heutigen Stand der Sprachwissenschaft. Strassburg 1885. Darin „Sprachwissenschaft und Philologie." — G. Curtius, Zur Kritik der neuesten Sprachforschung. Leipzig 1885. — B. Delbrück, Die neueste Sprachforschung. Kritik von G. Curtius Schrift. Ebenda.] Hiernach begreift man, wie A. Schleicher und Max Müller die Sprachwissenschaft für eine naturwissenschaftliche Disciplin erklären konnten. Aber diese letztere Ansicht beruht doch nur auf Schein und ist von H. Steinthal (Philologie, Geschichte und Psychologie S. 18 ff.) vortrefflich widerlegt worden. Die Sprache ist auch in Rücksicht ihrer Naturseite ein Erzeugniss des menschlichen Geistes, nicht der Natur; aber der Geist hat sie der Natur gemäss erzeugt. Steinthal sagt mit Recht: „Durchweg zeigt die Sprache geistiges Wesen und in keinem Punkte hat man in ihr Naturbestimmtheit nachgewiesen." Da die erste Sprachbildung bei allen Völkern in die vorgeschichtliche Zeit fällt, so hat die Linguistik den Zusammenhang der Sprachtypen in dieser Zeit aufzusuchen und dabei die Sprache der jetzigen Naturvölker zu vergleichen (s. Steinthal a. O. S. 42). Allein dies ist doch immer eine geschichtliche Reconstruction; die allgemeine Sprachenkunde ist als Universalgeschichte der Sprache die Grundlage jeder Specialgrammatik und gehört zur Philologie nach deren unbeschränktem Begriff (s. oben S. 10).

3. Es fragt sich zunächst, wie überhaupt die Sprache, d. h. ein System von bedeutsamen articulirten Lauten entstehen konnte. Schon im Alterthum wurde diese Frage lebhaft erörtert nnd es standen sich in Betreff derselben drei Ansichten gegenüber, auf welche sich auch die in der Neuzeit hervorgetretenen Standpunkte zurückführen lassen. Die Einen behaupteten, die Sprache sei nothwendig nach einem in der Natur des Zeichens und des Bezeichneten gegebenen Gesetz (φύϲει) gebildet, Andere leiteten sie von willkürlicher Übereinkunft (νόμῳ, ϲυνθήκῃ, θέϲει), noch Andere von göttlicher Offenbarung (θείᾳ μοίρᾳ) ab. Platon setzt im Kratylos diese drei Meinungen auseinander und sucht sie zu vermitteln; seine Ansicht ist, dass die Sprache als Ausdruck der Ideen nothwendig und unmittelbar aus der Natur der menschlichen Seele hervorgeht, dass aber die Bezeichnung der sinnlichen

Gegenstände auf Satzung beruht. Doch ist die Satzung selbst wieder in der Natur des Geistes begründet, obgleich sie durch irrthümliche Vorstellungen verdorben wird, indem die in der Sprache liegenden geistigen Grundanschauungen bei der Namengebung falsch auf die Dinge angewandt werden, d. h. Unähnliches auf Unähnliches bezogen wird. Die Vorstellung von der göttlichen Eingebung der Sprache bringt Platon als halben Scherz vor; offenbar aber liegt derselben nach seiner Ansicht die Wahrheit zu Grunde, dass die richtige Namengebung eine Kunst ist und daher wie jede Kunst aus jenem enthusiastischen Drang der Ideen entspringt, welcher durch göttliche Fügung instinctartig wahre Vorstellungen hervorbringt (s. oben S. 601).*)

Die geistloseste Ansicht ist immer die, wonach das Product des menschlichen Lebens und Geistes positiv, willkürlich sein soll. Aus einer willkürlichen Convention lässt sich der Ursprung der Sprache ebensowenig begreifen als der Ursprung des Staats und der Gesellschaft; denn jede Convention beruht schon auf natürlichen und nothwendigen Verhältnissen und eine Übereinkunft über die Sprache setzt schon die Sprache voraus. Wenn man die Entwicklungsstufen des Geistes nur als positiv auffasst, dringt man nicht in das Wesen der Dinge ein, welches in den nothwendigen Gesetzen derselben besteht. Wer aber den Ursprung der Sprache aus einer übernatürlichen Offenbarung ableitet, gesteht damit, dass er eine wissenschaftliche Erklärung desselben für unmöglich hält; denn darum flüchtet er in das Gebiet des Glaubens. Diese Ansicht kehrt auf den mythischen Standpunkt zurück; denn sie setzt die Sprachschöpfung, die ein Inneres, im Geiste Vorgegangenes ist, als ein äusserliches Factum, als Einwirkung eines als Lehrer erscheinenden Gottes, der hierdurch zeitliche Person wird, auf den Menschen, und hierin besteht eben das Wesen des Mythos (s. oben S. 560). Die Philologie sucht bei der Sprache wie bei den Geisteserzeugnissen die Nothwendigkeit nachzuweisen als eine Physiologie der Geschichte (vergl. oben S. 94). Nimmt man nun eine natürliche, nothwendige Entstehung der Sprache an, so folgt daraus von selbst, dass sie nicht eigentlich erfunden ist. Sie ist dem Menschen von Natur eigen, weil er Geist und Sprachorgane hat, die der Geist nach nothwendigen Gesetzen bewegt. Daher kann man sagen, die Sprache

---

*) Vergl. Kl. Schr. III, S. 204 ff. II, S. 354 f.

sei dem Menschen angeboren; nur darf man dies nicht so verstehen, als sei sie ihm anerschaffen, wie den Thieren die Naturlaute. Vielmehr ist nur die Anlage zur Sprache gegeben und der Geist entwickelt diese Anlage frei und selbstthätig.

Das Wesen der Sprache lässt sich nur begreifen, indem man die psychologischen Bedingungen erforscht, unter welchen sie zu Stande kommt. Das Bewusstsein beginnt bei dem Menschen wie bei den Thieren mit der Empfindung. Diese entsteht durch das Zusammenwirken eines sinnlichen Eindrucks und des empfindenden Organismus und mit ihr verbinden sich Reflexbewegungen, indem die durch den Eindruck bewirkte Erregung der Empfindungsnerven in dem Centralorgane des Nervensystems unmittelbar auf Bewegungsnerven übergeleitet wird. Auf solchen Reflexen beruhen alle Ausdrucksbewegungen, Lachen und Weinen, Mienen und Geberden und so auch die Bewegungen der Stimmorgane, welche die Naturlaute der Thiere erzeugen. Bei dem Menschen ist nun in der Urzeit der feinste Sinn für die Empfindung vorauszusetzen und dem entsprechend waren die Reflexbewegungen in jener Zeit sicher noch lebhafter als sie jetzt bei Kindern und Naturvölkern sind. Der Drang zur Erzeugung von Naturlauten war also damals ebenso stark als der Drang zu mimischen Bewegungen überhaupt, und diese Naturlaute drückten nicht nur — wie jetzt die Interjectionen und die Modulation der Stimme beim Sprechen — die subjectiven Verschiedenheiten des Gefühls, sondern auch objective Verschiedenheiten der Empfindung selbst aus, indem die Stimmorgane die verschiedenen Sinneseindrücke gleichsam wie ein Storchschnabel auf ein anderes Feld übertrugen und so abmalten. Vermittelst der Empfindungen bilden sich nun im Bewusstsein Wahrnehmungen oder sinnliche Anschauungen. Wahrgenommen aber werden nicht die Dinge selbst, welche die Sinneseindrücke hervorrufen, sondern die Thätigkeiten, durch welche sie diese Eindrücke hervorrufen, und die dabei mitwirkenden Thätigkeiten des eigenen Körpers. Aus diesen Wahrnehmungen werden Vorstellungen appercipirt und indem die Empfindungslaute gleichzeitig mit den entsprechenden Vorstellungen wahrgenommen werden, associiren sie sich mit ihnen, so dass der Laut bei späterer Wiederholung die damit verknüpfte Vorstellung hervorruft, also dieselbe Wirkung hat wie die ursprüngliche Empfindung. Leben nun mehrere Individuen zusammen und es werden von ihnen bei gleichen Empfindungen gleiche

Vorstellungen und Empfindungslaute erzeugt, so vermögen sie durch Wiederholung dieser Laute gegenseitig die associirten Vorstellungen hervorzurufen. Indem dies zum Bewusstsein kommt, richtet sich der Wille darauf und die Empfindungslaute werden Mittel der Mittheilung. Die Lautsprache der Thiere drückt wie ihre Geberdensprache nur die momentane Empfindung aus und es werden dadurch Gefühle und Einzelvorstellungen reproducirt und mitgetheilt. Der Mensch dagegen bildet auf Grund der sinnlichen Anschauung die dem Wesen derselben entsprechende geistige. Daher kann er nie eine Sprache gehabt haben, die nur aus thierischen Schreilauten bestand; sondern von Anbeginn an müssen die menschlichen Empfindungslaute der Ausdruck jener geistigen Anschauungen gewesen sein, welche die inneren Sprachformen oder grammatischen Ideen sind; von Anfang an appercipirte daher der Mensch in der sinnlichen Wahrnehmung nicht Einzelvorstellungen, sondern allgemeine Vorstellungen, und indem diese durch die menschliche Sprache reproducirt und mitgetheilt werden, richtet sich die Aufmerksamkeit des Geistes auf dieselben und die Sprache wird das Werkzeug des sich über die Sinnlichkeit erhebenden Denkens. Da nun in den Worten die Ideen ausgedrückt sind und diese das Wesen der Dinge darstellen, soweit es dem Menschen erkennbar ist, so stimmt die Sprache auch mit der Natur der Dinge überein. Aber sie ist nicht aus dem Streben entstanden die Dinge nachzuahmen. Diese willkürliche Nachahmung oder Onomatopöie ist selbst bei der Nachbildung von Tönen nicht das ursprüngliche Motiv. Wenn das Kind den Hahn Kickerickiki nennt, so erscheint er ihm von Seiten seines Rufes und sein Ruf malt sich unwillkürlich in der Stimme ab, indem die dadurch erzeugte Empfindung eine Reflexbewegung der Sprachorgane erzeugt. So ist jede Schallnachahmung zunächst ein Reflex des Eindrucks, den der gehörte Schall gemacht hat und hierauf beruht auch die unwillkürliche Nachbildung der gehörten Worte, wodurch die Sprachen sich von Generation zu Generation fortpflanzen; denn alles Streben eine Sprache zu lernen oder zu lehren würde ohne diese unwillkürliche Nachahmung vergeblich sein.*)

4. Aus dem Wesen der Sprache erklärt sich die Vielheit der Sprachen. Die Vernunft ist bei allen Menschen dieselbe;

---

*) Kl. Schr. III, S. 205.

aber die übrigen bei der Spracherzeugung mitwirkenden Factoren: die Art der Empfindung, die Bildung der Sprachorgane, die Wahrnehmungen, der Vorstellungskreis und daher die Auffassung des Verhältnisses zwischen Ideen und Lauten, sowie zwischen Ideen und Vorstellungen sind individuell verschieden.*) Wenn also das Menschengeschlecht aus vielen in den verschiedenen Gegenden der Erde isolirt entstandenen Stämmen erwachsen ist, so muss es ursprünglich eine grosse Anzahl von Sprachen gegeben haben, die nur in den Wurzeln, d. h. in der Bezeichnung der einfachsten Anschauungen zum Theil übereinstimmen konnten, im Übrigen aber in den Lauten und deren Bedeutungen mannigfach von einander abweichen mussten. In der That finden wir nun zu Anfang der geschichtlichen Zeit überall eine grosse Menge von Völkerstämmen, die z. Th. noch isolirter lebten als die Horden der heutigen Naturvölker. Daher muss damals eine weit grössere Zahl von Sprachidiomen bestanden haben als gegenwärtig. Mit der Amalgamation der Völker amalgamirten sich auch die Sprachen und wurden durch Zusammenwachsen verschiedener Massen reicher, auf der andern Seite aber auch zum Theil ärmer. Einzelne erhielten das Übergewicht, indem andere sich allmählich verloren; denn viele Sprachen sind wie die preussische ausgestorben und andere sehen wir noch jetzt aussterben. Strabon erzählt (Bch. XI, S. 503), dass die Albaner am Kaspischen Meere, die zu seiner Zeit unter einem Könige standen, ehemals in 26 unabhängige Stämme zerfielen, die alle auch nach ihrer politischen Vereinigung verschiedene Sprachen behielten διὰ τὸ μὴ εὐεπίμικτον. Nach der Stadt Dioskurias am östlichen Pontos strömten 70 Völker des Handels wegen zusammen, πάντα ἑτερόγλωττα διὰ τὸ σποράδην καὶ ἀμίκτως οἰκεῖν καὶ ὑπὸ αὐθαδείας καὶ ἀγριότητος (Strabon XI, S. 498). Plinius (N. H. VI, 5. 15) berichtet sogar mit Berufung auf Timosthenes, dass dort einst 300 verschieden sprechende Völkerschaften verkehrten und unter der Römerherrschaft wurden daselbst die Verhandlungen durch 130 Dolmetscher vermittelt. Dass nun diese Völkerschaften nicht alle von derselben Abstammung waren, ist wohl glaublich; aber Niemand wird sie sämmtlich für autochthonisch verschieden halten. Wir sehen, dass sich jede Sprache, die einen grössern Verbreitungsbezirk hat, in Dialekte sondert, und wie aus dialek-

---

*) Kl. Schr. III, S. 207 ff.

tischen Verschiedenheiten durch die Amalgamation von Völkern sich verschiedene Sprachen bilden, können wir z. B. in der historischen Zeit bei den romanischen Sprachen verfolgen. Daher erklärt sich die Vielsprachigkeit der ältesten Zeit aus der Zersplitterung nomadischer Stämme, auch wenn dieselben stammverwandt waren und ihre Sprachen von einer gemeinsamen Grundsprache ausgingen. In der That hat nun die durch W. v. Humboldt, Jac. Grimm und F. Bopp begründete methodische Vergleichung der Sprachen zu der Einsicht geführt, dass alle Sprachen der Erde sich auf eine begrenzte Anzahl von grösseren Sprachstämmen zurückführen lassen. Ob diesen eine gemeinsame Ursprache zu Grunde liegt, bleibt bis jetzt unentschieden; nothwendig müsste eine solche Ursprache vorausgesetzt werden, wenn sich die Rasseneinheit des Menschengeschlechts, d. h. seine Abstammung von Einem Elternpaare nachweisen liesse; denn undenkbar ist es, dass sich zuerst eine Vielheit von Rassen ohne Ideensprache gebildet hätte und später die verschiedenen Sprachstämme isolirt entstanden wären.

Von den grossen Sprachstämmen ist der indogermanische am vollkommensten erforscht; zu ihm gehören das Indische, das Persische, das Armenische, das Griechische, die italischen Sprachen (Latein, Oskisch, Umbrisch), das Slavische, das Litauische, das Keltische, das Germanische. Zwar hat noch Friedr. Vater, Das Verhältniss der Linguistik zur Mythologie und Archäologie. Kasan 1846 behauptet, dass die Sprachähnlichkeit kein Beweis für die Verwandtschaft jener Völker sei, weil die Menschen, auch wenn sie überall isolirt auf der Erde entstanden seien, doch vermöge der Ähnlichkeit ihrer Organisation ähnliche Sprachen hätten erfinden können. Allein die Übereinstimmung der indogermanischen Sprachen ist so gross, dass sie sich aus der Ähnlichkeit der Organisation nicht erklären lässt, zumal diese Ähnlichkeit bei Völkern verschiedener Rasse nicht sehr bedeutend sein könnte, wenn sie in so verschiedenen Klimaten entstanden wären, wie etwa nach Vater's Annahme die Inder und die Russen. So wenig als unsere ältesten Hausthiere und Culturpflanzen überall entstanden sind, die sich vielmehr von Asien aus verbreitet haben, so wenig sind die Völker des indogermanischen Sprachstammes aller Orten autochthon. Diese Völker, welche die Hauptträger der Cultur sind, haben sich in der Urzeit durch grosse Wanderungen über Asien und Europa ausgedehnt und kleinere Völkerstämme mit eigenthümlichen Sprachen sind dadurch untergegangen; auch von diesen aber ist es zweifelhaft, ob sie in den von den Indogermanen eingenommenen Wohnsitzen selbst entsprungen waren. Die indogermanische Grundsprache ist in den wesentlichsten Punkten festgestellt, soweit sie sich durch Sprachvergleichung feststellen lässt und ohne auf jene Grundsprache zurückzugehen kann daher die Grammatik der altklassischen Sprachen nicht wissenschaftlich gestaltet werden. (Vergl. G. Curtius, Die Sprachvergleichung in ihrem Verhältniss zur classischen Philologie. Berlin 1845. 2. Aufl. 1848.)

5. Die in der Sprache ausgedrückten Vorstellungen werden als für sich gedachte Einheiten durch Lauteinheiten bezeichnet, welche Worte heissen; das Verhältniss der Vorstellungen unter einander im Urtheil wird durch die Verknüpfung der Worte im Satze dargestellt. Die Wörter sind aber nicht die einfachsten Bestandtheile des Lautsystems, sondern lassen sich in Elementarlaute (στοιχεῖα) zerlegen. Andrerseits ordnen sich die Sätze zu grössern Compositionen zusammen, welche den Zwecken der literarischen Stile dienen. Daher zerfällt die Grammatik in vier Haupttheile:*)

A. Stöchiologie oder Elementarlehre.
B. Etymologie oder Wortlehre.
C. Syntax oder Satzlehre.
D. Historische Stilistik oder Compositionslehre.

A. Stöchiologie.

a. Phonologie.

§ 104. Die Elementarlaute sind zunächst einzeln für sich zu betrachten. Ihre Erzeugung kann aber nur physiologisch erklärt werden. Schon die Eintheilung der Buchstaben bei den alten Grammatikern beruht auf physiologischen Gesichtspunkten; dies besagen die Namen selbst: φωνήεντα *(vocales)*, cύμφωνα *(consonantes)*, ἡμίφωνα *(semivocales)*, ἄφωνα *(mutae)*, ψιλά, δαcέα, μέcα *(tenues, asperae, mediae)* u. s. w. Doch waren die sprachphysiologischen Ansichten der Alten unvollkommen und erst in unserm Jahrhundert ist es gelungen die Formation der Sprachlaute im Wesentlichen genügend zu erklären und die Sprachphysiologie ist zu einer wichtigen Hülfswissenschaft der Grammatik gewor-

---
*) Vergl. Kl. Schr. III, S. 211.

den. Auf physiologischem Wege wird der organische Zusammenhang der Elementarlaute erkannt, wodurch viele Lautgesetze ihre Erklärung finden.*)

Die Lautgesetze der antiken Sprachen selbst sind natürlich mit Zuhülfenahme der physiologischen Erklärung durch streng philologische Analyse zu ermitteln. Denn die Lautlehre betrachtet die Laute sowohl an sich als in Betreff ihrer Bedeutsamkeit für die Ideen nach ihrer historischen Entwicklung (s. oben S. 70). Die Laute der einzelnen Sprachen bleiben nicht stets dieselben, sondern gehen nach organischen Gesetzen in andere verwandte über; einige sterben ganz aus, während neue, vorher in der Sprache nicht vorhandene hinzutreten, da nicht alle Sprachen alle möglichen oder die gleichen Elementarlaute haben. In den indogermanischen Idiomen ist das zu Grunde liegende gemeinsame Lautsystem individuell verändert; so sind die altklassischen Sprachen reicher an Vocalen, aber ärmer an Consonanten als das Sanskrit. Die Entwicklung des Lautsystems im Griechischen und Lateinischen ist aber erst durch die Sprachvergleichung verständlich. Diese hat bereits zu den wichtigsten Ergebnissen geführt; ich erinnere nur an das von Jacob Grimm entdeckte Gesetz der Lautverschiebung, durch welches die Etymologie zuerst eine sichere Richtschnur gewonnen hat. Besonders zu beachten sind die Transformationen und sonstigen Spuren der ausgestorbenen Laute, woraus sich eine grosse Reihe lautlicher Erscheinungen erklärt. So ist das im Griechischen allmählich ausgestorbene Digamma in verschiedene Transformationen eingegangen, die man nicht versteht, ohne auf den früheren Laut zurückzugehen. Bentley erkannte zuerst, dass das Digamma zur Zeit der Homerischen Dichtung noch in der Mundart der ionischen Sänger war und durch die Wiederherstellung desselben sind viele scheinbare metrische Anomalien des alten Epos gehoben, deren Grund die griechischen Grammatiker nicht zu erkennen vermochten.**)

Die Lautgesetze der Sprachen hängen nun nicht bloss von dem organischen Lautwandel der einzelnen Elemente, sondern zugleich von der gegenseitigen Einwirkung derselben auf einander ab. Die Elementarlaute treten zunächst in Silben auf;

---

*) Vergl. Von dem Übergange der Buchstaben in einander. 1808. Kl. Schr. III, S. 204—228.

**) Staatsh. d. Ath. 1. Aufl. II, S. 385—393 und *De metris Pindari* S. 309 ff.

diese bestehen aus einem Vokal für sich oder in Verbindung mit einem oder mehreren anlautenden oder auslautenden Consonanten. Bei dem Zusammentritt der Laute in einer oder mehreren Silben befolgen die Sprachen wieder bestimmte Gesetze, die z. Th. allen oder einigen gemeinsam oder den einzelnen Idiomen eigenthümlich sind. Hierauf haben schon die alten Grammatiker wie Herodian die Lehre von der cύνταξις und ἀcυνταξία der Laute gegründet; so ist im Griechischen cμ syntaktisch; μc aber nicht, so dass μ und c wie μ und λ nur durch Vermittelung eines P-Lautes verbunden werden können (z. B. ἀμβλίcκω, κάμψω). Die Lautgesetze bestimmen die Lautveränderungen, welche die alten Grammatiker πάθη λέξεως genannt haben: die Steigerung, Schwächung, Trübung, Metathesis, Contraction und Auflösung der Vocale; die Verdoppelung, Verhärtung, Erweichung und Umstellung der Consonanten; die Einschaltung und Ausstossung, Assimilation und Dissimilation der Vocale und Consonanten. Die Alten haben diese Erscheinungen weder physiologisch noch historisch richtig erkannt und das mit erstaunlicher Sorgfalt und Erudition ausgearbeitete Werk von Chr. A. Lobeck „*Pathologiae graeci sermonis elementa*" zeigt, dass man auf diesem Gebiete auch bei streng historischer Methode keine befriedigenden Resultate erreichen kann, wenn man sich nur auf die Analyse der alten Sprachen beschränkt. In den Lautaffectionen drückt sich das Streben nach Wohlklang, nach bequemer Aussprache, nach Differenzirung und Vereinfachung der Laute aus; zugleich aber geht daraus die Abschleifung der Wortformen hervor, wodurch deren ursprüngliches Gepräge verwischt wird.*)

Von der Silbe unterscheidet sich das Wort lautlich durch den Accent, der das Band seiner Einheit bildet. Der Accent wurzelt in der melodischen Natur der Sprache; daher der Name: denn *accentus* bedeutet Zugesang, wie das entsprechende griechische Wort προςωδία, wiewohl dies bei späteren Grammatikern missbräuchlich ausser dem Accent noch Quantität, Spiritus, Diastole, Apostroph und Hyphen bezeichnet; wir nennen jetzt ganz unrichtig die Quantität oder die Lehre von der Quantität der Silben Prosodie. Der Accent als der Wortton wird auch τόνος (*tonus*) genannt und wurde schon zu Platon's Zeit in Hochton und Tiefton, τ. ὀξύς und βαρύς oder ὀξεῖα und βαρεῖα

---

*) Kl. Schr. III, S. 205.

sc. προςῳδία *(acutus* und *gravis)* unterschieden (vergl. Platon, Kratylos 399 b. Aristoteles, Soph. Elench. 21. 23). Mit diesem melodischen Element verbindet sich nun von Natur der Rhythmos (vergl. Aristoxenos, *Elem. harm.* 1, 18), indem der höhere Ton als der schärfere zur Arsis wird. Obgleich daher eigentlich jede Silbe einen Accent, d. h. einen Ton hat, bedeutet Accent im engern Sinne die Arsis, also den Ton, d. h. den Hochton des Wortes. Besteht ein Wort aus zwei Moren, also entweder aus einer Silbe mit langem Vocal oder aus zwei Silben mit kurzem Vocal, so treten diese Zeittheile in das Verhältniss von Arsis und Thesis und die Einheit des Wortes liegt in dem pyrrhichischen Rhythmos. Grössere Wörter haben in den alten Sprachen vorwiegend einen iambischen oder trochäischen Rhythmos, während der daktylische oder anapästische vermieden wird. Dies stimmt überein mit der Bemerkung des Aristoteles (Poetik, Cap. 4. 1449 b 24): μάλιστα γὰρ λεκτικὸν τῶν μέτρων τὸ ἰαμβεῖόν ἐςτιν. Hieraus erklären sich die bekannten Hauptgesetze der griechischen und lateinischen Accentuation.*) Der griechische Accent unterscheidet sich von dem lateinischen durch die Mannigfaltigkeit der rhythmischen Formen, weil die mehrsilbigen Wörter im Griechischen theils Oxytona, theils Barytona sind; nur in dem alterthümlicheren und daher starreren äolischen Dialekt sind alle wie im Lateinischen Barytona (vergl. oben S. 294). Bei einsilbigen Wörtern mit kurzem Vocal kann natürlich kein Rhythmos entstehen; doch haben sie einen Ton, indem sie sich enklitisch oder proklitisch an andere Wörter anschliessen. Die alten Grammatiker behaupteten, jedes Wort habe nur Einen Accent (vergl. Cicero, *Or. c.* 17. 18; Quintilian, I, 5. 30). Sie meinten aber damit den Hauptaccent, dem jedoch andere Nebenaccente, von den alten Grammatikern Mitteltöne (μέcαι) genannt, untergeordnet sein können. Einfache Wörter nämlich haben einen Accent; zusammengesetzte dagegen oder durch gehäufte Ableitungssilben erweiterte bilden auch eine zusammengesetzte rhythmische Einheit, so dass der Wortton ein Bild von der Gradation der Vorstellungen ist, welche durch die Zusammensetzung ausgedrückt wird. Abgesehen hiervon ist aber in den alten Sprachen der Wortaccent bedingt durch die Quantität der Silben. Nur der Affect accentuirt in allen Sprachen nach dem

---

*) S. die ausführliche Darlegung *De metris Pindari* cap. III: *De rhythmo sermonis, imprimis de accentu.*

Sinne, indem er den rhetorischen Accent, wie er im Satz herrscht, auf die Wortbetonung ausdehnt.*) Der Satz wird durch den rhetorischen Accent, den *sonus*, zur Einheit; aber gleichzeitig waren die Alten darauf bedacht ihm eine rhythmische Einheit in dem *numerus* zu geben, so dass in der Satzbetonung das melodische und rhythmische Element auseinandertreten (vergl. oben S. 247).

b. Paläographie.

Die Schrift überhaupt hat ihren Ursprung in der Zeichnung. Ihre niedrigste Stufe, die Schriftmalerei, ist ein unvollkommener, z. Th. symbolischer Ausdruck der Gedanken selbst. Hieraus entsteht die Wortschrift, indem Bilder einzelner Vorstellungen zu Zeichen für die entsprechenden Worte werden. Diese Bilder werden allmählich symbolisch abgekürzt und es entsteht die Silben- und Buchstabenschrift, indem Wortsymbole als Zeichen für die Silben und Elementarlaute angewandt werden, welche in den entsprechenden Worten vorzugsweise hervortreten. Einige Culturvölker wie die alten Mexikaner sind nicht über den Standpunkt der Schriftmalerei hinausgekommen; die Chinesen sind auf dem Standpunkte der Wortschrift stehen geblieben; die ägyptischen Hieroglyphen haben alle Phasen von der Bilderschrift bis zur Buchstabenschrift durchlaufen. J. Olshausen, Über den Ursprung des Alphabets (Kieler Studien. 1841) sucht nachzuweisen, dass aus der ägyptischen Buchstabenschrift das phönikische Alphabet hervorgegangen ist [vgl. E. de Rougé, *Mémoire sur l'origine égyptienne de l'aphabet phénicien.* Paris 1874]. Dieses Alphabet, welches jedenfalls zunächst von dem babylonischen stammte,**) ist die Grundlage der ältesten griechischen Buchstaben, die von den Ionern schlechtweg Φοινικήϊα genannt wurden (vgl. Herodot, V. 58 ff.).***) Wann die Griechen die phönikische Schrift kennen lernten, ist schwer festzustellen. Auffallend ist es, dass die Homerischen Gedichte keine Spur von dem Gebrauch der Buchstaben zeigen, obgleich darin der Verkehr mit den Phönikern stark genug hervortritt; die σήματα λυγρά Il. VI, 168 sind keine Buchstaben, und man muss annehmen, dass die Schrift erst nach der Homerischen Zeit in grösserem Umfange gebräuchlich ge-

---

*) *De metris Pindari* S. 58.
**) Vergl. Metrologische Untersuchungen S. 41 f.
***) *Corp. Inscr. Graec.* II, nr. 3044.

IV. Wissen. 5. Geschichte der Sprache. A. Stöchiologie. 777

worden ist, da sonst die Dichtung, die so tief in alle Lebensverhältnisse eingeht, nicht ganz davon schweigen könnte. Es war eben noch kein Bedürfniss zum Schreiben da, und erst als dies fühlbar wurde, eignete man sich die phönikische Kunst an. Es ist eine wohl beglaubigte Thatsache, dass die Homerischen Gesänge ursprünglich nur im Munde der Aöden und Rhapsoden lebten; wahrscheinlich ist aber das Schreiben zuerst in den Sängerschulen aufgekommen; die Kykliker haben ihre Epen schon geschrieben und wenn von Terpander (Plutarch, *De musica* 3. Clemens, *Strom.* I, p. 308) berichtet wird, dass er seinen Gedichten zum Vortrage in den Agonen Melodien hinzugefügt habe, so kann damit nur eine schriftliche Notensetzung gemeint sein; die aus dem Alphabet gebildete Notenschrift setzt aber voraus, dass die Buchstabenschrift zur Aufzeichnung von Gedichten längst geläufig war (vergl. oben S. 529. 416). In dem Zeitalter der Anfänge der griechischen Lyrik ist wahrscheinlich auch die Schrift für Monumente und für den Handelsverkehr allgemein gangbar geworden (vergl. oben S. 686).

Ohne Zweifel haben die Griechen ursprünglich alle 22 phönikischen Buchstaben angenommen. Die phönikischen Elementarlaute stimmten jedoch nur theilweise mit den griechischen überein; daher musste die Bedeutung mehrerer Buchstaben geändert werden. Die wichtigste Umänderung bestand darin, dass vier Consonantenzeichen zur Bezeichnung der Vocale α, ε, ι, ο verwendet wurden, weil im Phönikischen die Vocale überhaupt nicht bezeichnet wurden. Gleichzeitig scheint von vornherein für den Vocal υ, ein neuer Buchstabe V erfunden zu sein. Die Gestalt des ältesten Alphabets war ungefähr folgende:

1. (Aleph) Alpha ⩕
2. (Bet) Beta ⫯
3. (Gimel) Gamma ⏋
4. (Dalet) Delta ⊲
5. (He) Epsilon ⴺ
6. (Vau) Digamma ⊐
7. (Dsain) Ⅰ
8. (Chet) ⊟ (= h)
9. (Tet) Theta ⊗
10. (Iod) Iota ⌒
11. (Kaph) Kappa ⴲ
12. (Lamed) Lambda ⌐
13. (Mem) My ⩕
14. (Nun) Ny ⴺ
15. (Samech) Sigma ⊞
16. (Ain) Omikron O
17. (Phe) Pi ⌐
18. (Zade) Zeta M
19. (Koph) Koppa ϙ
20. (Resch) Rho ⫯
21. (Schin) San ⴺ
22. (Tau) Tau T
23. Ypsilon V.

Als die Griechen später von der ursprünglichen linksläufigen Schrift zur rechtsläufigen übergingen, sind diese Zeichen umgekehrt worden, woraus sich die gewöhnlichen Formen erklären. Da die ältesten Modificationen des phönikischen Alphabets in allen griechischen Monumenten gleichmässig erscheinen, so muss das älteste griechische Alphabet an einem Punkte aufgestellt sein und sich von dort aus verbreitet haben. Bald traten aber wie in allen griechischen Verhältnissen so auch in der Schrift locale Verschiedenheiten hervor. Das Digamma verschwand allmählich mit dem bezeichneten Laut; das Koppa erhielt sich am längsten bei den Dorern zur Bezeichnung eines von dem K verschiedenen Lautes (ähnlich wie q). Ferner wurden die phönikischen Sibilanten Dsain, Samech, Zade und Schin an verschiedenen Orten für verschiedene Lautnüancen verwendet. Die Sage, dass das von Kadmos eingeführte Alphabet nur 16 Zeichen gehabt, ist wahrscheinlich daraus entstanden, dass allen localen Alphabeten nur 16 von den ursprünglichen Zeichen gemeinsam blieben. Die sog. Kadmeischen Buchstaben sind:

A B Γ Δ E I K Λ M N O Π P Σ T V.

Das altattische, d. h. ionische Alphabet, das wir aus den Inschriften genau kennen, hatte ausser jenen Buchstaben und dem frühzeitig schwindenden Ϙ noch Z, H (= h), Θ, Φ und X. Die beiden letztern sind offenbar nach Analogie des phönikischen Θ neugebildet worden. Der Überlieferung nach soll nun Simonides von Keos die Buchstaben H (= ēta), Ω, Ψ und Ξ erfunden haben, die man deshalb die Simonideischen Buchstaben nannte. Da aber H und Ξ (Ξ = ⊞) aus dem phönikischen Alphabete selbst stammen und H zur Bezeichnung des ē, sowie Ψ sich ebenfalls vor Simonides in Inschriften finden, so kann dieser höchstens Ω erfunden haben, wie ihm denn Manche auch nur die Erfindung dieses Buchstabens neben H zuschrieben. Wahrscheinlich hat er durch sein Ansehen bewirkt, dass die nach ihm benannten Buchstaben bei den Ionern wieder allgemein in Gebrauch kamen.*) Durch die neu erfundenen Zeichen Φ X Ψ wurde die frühere Schreibweise KΣ und ΠΣ, sowie ΠH (ph) und KH (ch) allmählich verdrängt; doch wurden jene Zeichen local verschieden angewandt; denn X vertritt bald KΣ, bald KH und Ψ bald ΠΣ, bald ΠH. Wo nun wie in Ionien X für KH eintrat, wurde meist

---

*) Staatshaush. d. Ath. 1. Aufl. II, S. 387. Kl. Schr. VI, S. 27 ff.

das alte Zeichen des Samech (⊞ = Ξ) für ΚΣ angewandt. Ein einheitliches griechisches Alphabet wurde dadurch hergestellt, dass in Athen unter dem Archon Eukleides, Olymp. 94, 2 von Staatswegen das neuionische eingeführt wurde, welches wahrscheinlich ungefähr gleichzeitig überall zur Herrschaft gelangte. In diesem bekannten Alphabet von 24 Buchstaben sind die neuerfundenen Φ Χ Ψ Ω ans Ende gestellt und die Sibilanten haben ihre Namen vertauscht. Der S-Laut wird nämlich in den ältesten griechischen Inschriften durch Μ (Zeta) bezeichnet; später tritt hierfür allerorten Σ ein, und während das My nun in die Gestalt des alten Zeta überging, scheint später, als im altionischen Alphabet die Bedeutung des Ι (Z) fixirt wurde, auf dieses Zeichen, dessen alter Name (Dsain) untergegangen ist, der Name Zeta wegen des Gleichklanges mit Eta und Theta übertragen zu sein. Für das Σ behielten die Dorer, welche es ähnlich wie sch sprachen, den Namen San bei; die Ioner nannten es Sigma, wahrscheinlich nachdem das ursprünglich so bezeichnete Ξ unter dem Namen Xi neu eingeführt war. In dem gemeingriechischen Alphabet wurden nun das Digamma (Bau), Koppa und San als Episemen zur Zifferbezeichnung beibehalten; die beiden ersteren behaupteten dabei ihre ursprünglichen Plätze, das San dagegen, welches unter dem Namen Sigma auf seinem alten Platze stand, wurde in modificirter Gestalt (ϡ, daher Sampi) ans Ende gestellt.*)

Die italischen Alphabete, die wir kennen, die etruskischen, das oskische, sabellische, umbrische, faliskische und lateinische, sind ebenfalls local verschieden; sie sind in früher Zeit aus Griechenland übertragen, worauf auch die Sage hinweist, dass Evander die Schrift nach Italien gebracht. Das römische, welches aus Cumae stammt, hatte von Anfang an ausser den alten Kadmeischen Zeichen noch das Digamma und Koppa und auch an richtiger Stelle das Zeta. Die Buchstaben waren in alter Form:

A B < (C) D E F I H I K L M N O Π Ϙ R S T V.

Sehr früh kam das X in der Bedeutung von KS hinzu, während das I bald als unnöthig schwand. Da im Lateinischen eine Zeitlang der Unterschied zwischen der gutturalen Media und Tenuis verdunkelt wurde, bezeichnete man beide Laute mit C, und K kam seit der Zeit der Decemvirn fast ganz ausser Gebrauch.

---

*) Vergl. Staatsh. d. Ath. 1. Aufl. II, S. 385. *Corp. Inscr. Graec.* S. 1 ff.

Als später der Unterschied zwischen jenen beiden Lauten wieder hervortrat, wurde zu Anfang des 3. Jahrh. v. Chr. für die Media ein neues Zeichen C geschaffen, das man an die frühere Stelle des ⊥ setzte. Die griechischen Zeichen Y und Z wurden erst zu Cicero's Zeiten neu aufgenommen und an das Ende des Alphabets gesetzt. Später versuchte man noch neue Zeichen einzuführen, die aber nicht dauernd zur Geltung kamen. Dahin gehören besonders die von dem Kaiser Claudius erfundenen *litterae Claudianae:* ⅃ (für den Consonant V), Ↄ (= Ψ) und ⊦ (für den Mittelton zwischen *i* und *u*).

Die Accentzeichen hat Aristophanes von Byzanz erfunden, welcher dabei von der alten musikalischen Tradition ausging (vergl. Arkadios, Περὶ τόνων ed. E. H. Barker. Leipzig 1820. S. 186). Bezeichnet wurde in der Regel nur der Hauptaccent; fällt derselbe auf die letzte Silbe, so drückt das Zeichen für den Gravis, der gewöhnlich nicht bezeichnet wird, die Abschwächung des Acut aus, indem hier der Ictus auf einer annähernd tieftönigen Silbe liegt. Da bei einem langen Vocal die erste oder zweite More den Hochton haben kann, führte Aristophanes für den ersteren Fall den aus Acut und Gravis zusammengesetzten Circumflex ◠ ein, für den andern Fall genügte der Acut, der bei einem Diphthong auf den zweiten Vocal gesetzt wurde, wohin man dann der Gleichmässigkeit wegen auch den Circumflex setzte. Übrigens gebrauchte man die Accentzeichen ursprünglich nur sporadisch (etwa wie jetzt im Französischen) um die Aussprache in zweifelhaften Fällen zu fixiren, da der Accent sich häufig nach Ort und Zeit änderte. In allgemeinen Gebrauch kamen die Zeichen erst in der spätern Kaiserzeit; alle Accente in Inschriften aus den ersten Jahrh. n. Chr. sind später eingesetzt; auch die Handschriften aus dieser Zeit, wie die Herculanensischen Papyrusschriften sind ohne Accent. Die römischen Grammatiker wandten die Accentzeichen *(apices)* zur Bezeichnung der Quantität an, da der Accent bei bekannter Quantität nicht zweifelhaft sein konnte. Seit der Ciceronischen Zeit erscheinen solche Apices auf Inschriften, aber ohne Consequenz und oft unrichtig, besonders seit dem 3. Jahrh. n. Chr., in welchem der Sinn für die Quantität mehr und mehr abnahm (vgl. O. Kellermann bei Otto Jahn, *Specimen epigraphicum in memoriam Kellermanni.* Kiel 1841 [und besonders W. Corssen, Aussprache etc. 2. Aufl. Bd. I. 21 ff., II. 940 ff.]).

IV. Wissen. 5. Geschichte der Sprache. A. Stöchiologie. 781

Das älteste Ziffersystem der Griechen ist nach denselben Grundsätzen gebildet wie das bekannte römische, doch so, dass die Elemente, nämlich I (ἕν), Γ (πέντε), Δ (δέκα), H (ἑκατόν), X (χίλιοι), M (μύριοι) nur durch Addition oder Multiplication zusammengesetzt werden. Die Addition wird wie im Lateinischen bezeichnet z. B. XX = 2000, die Multiplication nur durch Zusammensetzung von Γ mit den übrigen Ziffern: ᴨ = 50, ᴨ = 500, ᴨ = 5000, ᴨ = 50000. Nach dem Archon Eukleides wurden allmählich die Buchstaben des neuionischen Alphabets mit Zuhülfenahme der Episemen in der bekannten Art als Zahlzeichen benutzt. In unvollkommener Weise ist diese dem Orient entlehnte Methode gewiss schon früher angewandt worden. Auf öffentlichen Denkmälern erscheint sie seit dem 2. Jahrh. v. Chr. und verdrängt seitdem die ältere Bezifferung.[*]

Die Entwickelung der antiken Schriftformen lässt sich ziemlich genau aus Inschriften, Münzen und Handschriften feststellen. Die Gestalt der griechischen Schriftzüge war zuerst local verschieden und wurde erst durch das Eukleidische Alphabet einheitlich geregelt. Im Allgemeinen ist die Schrift zuerst die eckige für den Meissel eingerichtete Capital- oder Quadratschrift. Aus dieser, die auf den öffentlichen Denkmälern vorherrscht, bildete sich die mehr gerundete Uncialschrift, welche in Büchern vorwiegend angewandt wurde. Daneben entstand für den Verkehr frühzeitig die Cursivschrift (vergl. oben S. 193. 200). Die römischen Schriftzeichen haben ihre ursprüngliche Form wenig verändert, so dass noch Tacitus (*Ann.* XI, 14) sagen konnte: *Forma litteris latinis, quae veterrimis Graecorum.* Die lateinische Capitalschrift wurde auch bis ins 6. Jahrh. n. Chr. selbst noch für Handschriften angewandt, obgleich daneben die Uncialschrift und Cursivschrift wie im Griechischen bestand. Die griechische und römische Minuskelschrift bildete sich erst um den Anfang des 9. Jahrh.

Die linksläufige Richtung der Schrift hat sich bei den Griechen früh in die rechtsläufige verwandelt; in den ältesten erhaltenen Inschriften laufen die Buchstaben schon vielfach furchenförmig (βουστροφηδόν)[**]; seit dem 5. Jahrh. wurde dann die rechtsläufige Richtung herrschend, welche die lateinische Schrift

---

[*] Vergl. C. I. Gr. Nr. 2655. Kl. Schr. IV, S. 493 ff.
[**] Über die Bedeutung von κιονηδόν und ϲτοιχηδόν s. *C. I. Gr.* Bd. I, S. 44.

von Anfang an ausschliesslich hat. Das Bedürfniss einer Interpunction stellte sich zuerst ein, wenn seltene Worte, besonders Eigennamen oder Zahlzeichen abzusondern waren; später diente sie regellos zur Trennung von Worten und Satzabschnitten. Viele der ältesten griechischen Inschriften zeigen die Interpunction : später kommt das Zeichen: auf; zwischen Olymp. 90—112 wird bald: oder : bald gar nicht interpungirt.*) Dann schwindet die Interpunction in Inschriften fast ganz. Auf den alten römischen Denkmälern wird zur Abtheilung von Wörtern, Silben und Buchstaben meist der einfache Punkt angewandt, der in der Kaiserzeit auch in griechischen Inschriften erscheint. Eine regelmässigere Interpunction in Handschriften haben sammt den übrigen Lesezeichen zuerst die alexandrinischen Grammatiker eingeführt.

c. Orthographie und Orthoëpie.

Soweit die Lautlehre ihre Aufgabe gelöst hat, ist die richtige Aussprache der Elementarlaute und ihrer Verbindungen erkannt. Daher ist die Orthoëpie das Resultat der Phonologie. Allein diese kann bei den alten Sprachen nicht unmittelbar den gesprochenen Laut beobachten, sondern muss die Aussprache aus den Schriftwerken erschliessen. Daher kann die richtige Aussprache nur erkannt werden, wenn die Schriftbezeichnung richtig ist: die Orthoëpie muss sich auf die Orthographie stützen. Im Allgemeinen gilt nun der Grundsatz, dass die Alten schrieben, wie sie sprachen. Wenn sich daher die Aussprache in Folge der Lautentwickelung änderte, so änderte sich auch die Schreibweise. Nur in seltenen Fällen lässt sich nachweisen, dass die alte Schreibart eine Zeit lang noch bei veränderter Aussprache festgehalten wurde. Auch haben die antiken Sprachen, so lange sie geschrieben wurden, nicht so radicale Umwandlungen erlitten, wie etwa das Französische und Englische, wo die Orthographie auf zahllose längst nicht mehr gesprochene Lautformen zurückweist, die in der Schrift als Antiquitäten bewahrt werden. Aber die Buchstaben des alten Alphabets reichten keineswegs hin die mannigfachen Nüancen der Elementarlaute zu bezeichnen; die einzelnen Zeichen vertreten mehrere Laute und in vielen Fällen, wo es zweifelhaft ist, welcher Buchstabe einer Nüance am besten

---

*) Vergl. *C. I. Gr.* Bd. I, S. 17.

entspricht, schwankte die Orthographie, die zu Anfang auf geringer Reflexion beruhte und erst durch die Grammatiker einigermassen consequent wurde. Eine völlig consequente Orthographie ist weder bei den Griechen noch bei den Römern zu irgend einer Zeit vorhanden gewesen. Dazu kommt die vielfache Verderbniss der Überlieferung namentlich in Folge der fehlerhaften Aussprache in den letzten Jahrhunderten des Alterthums und im Mittelalter. Die richtige Schreibart muss daher zunächst durch strenge diplomatische Kritik besonders mit Hülfe der Inschriften und der orthographischen Notizen der alten Grammatiker festgestellt werden.

Am sichersten ist die alte Überlieferung in Bezug auf die Quantität der Silben, zumal da sich diese grossentheils aus dem Metrum der Gedichte ermitteln lässt. Damit ist zugleich im Lateinischen, abgesehen von einigen Feinheiten, welche die alten Grammatiker angeben, der Accent bestimmt; im Griechischen haben wir über die meisten Fälle, wo sich der Accent nicht unmittelbar aus der Quantität ergiebt, eine hinreichend sichere Überlieferung. Anders ist es in Bezug auf die Aussprache der Elementarlaute. Schon Aldus Pius Manutius bestritt zu Ende des 15. Jahrhunderts, dass der Itacismus, die neugriechische Aussprache der Vocale, die zur Zeit der Renaissance bekannt wurde, mit der altgriechischen übereinstimme; durch Erasmus drang dann der Etacismus durch, der freilich zu einer ganz unwissenschaftlichen Methode ausgeartet ist, indem jede Nation die Aussprache ihres eigenen Idioms auf das Griechische anwendet. Aber ebenso verkehrt ist die neugriechische Aussprache, die seit Reuchlin immer Anhänger behalten hat und jetzt noch von manchen, besonders von Griechen, als die allein richtige angesehen wird.*) In keiner Sprache haben sich die Laute Jahrtausende lang unverändert erhalten. Am Accent und an der Quantität kann man deutlich sehen, welche Änderungen das Griechische erlitten hat; daher müssen sich die Vocale, deren Laut sogar wesentlich mit vom Accent abhängt, ebenfalls geändert haben. Natürlich liegen die Keime zu der jetzigen Aussprache in der alten. Wenn z. B. die alte Orthographie häufig zwischen EI und I schwankt, so zeigt dies, dass beide Laute verwandt waren; aber man folgert zu viel daraus, wenn man sie

---

*) Vergl. Kl. Schr. VII, S. 606.

deswegen für identisch hält. Am wenigsten abweichend kann die Aussprache der Consonanten, insbesondere der ganz stummen sein, worin wir also von den heutigen Griechen zu lernen haben. Ebenso gestatten die romanischen Sprachen Rückschlüsse auf die Aussprache des Lateinischen, soweit man den organischen Zusammenhang der Laute verfolgen kann. Wenn z. B. in den modernen Sprachen c vor e und i assibilirt ist, so weist dies auf eine Differenz der Aussprache des c im Lateinischen zurück. Das an sich gutturale c wird vor den hellen Vocalen weiter nach vorn gesprochen und dadurch palatal; dies ist z. B. auch im Deutschen der Fall, wo das K in Kind und Karl verschieden lautet.*) Die Differenz trat im Lateinischen nur ohne Zweifel stärker hervor und führte schliesslich zur Assibilirung des c. Dieselbe trat zuerst vor i mit folgendem Vocal ein und der Laut näherte sich hier dem assibilirten T-Laut, so dass die Orthographie zwischen ti und ci schwankt wie in *nuntius* und *nuncius*. Dieser Vorgang beginnt aber erst in der Kaiserzeit mit dem Verfall der Sprache und man darf die Assibilirung nicht auf frühere Zeiten übertragen. Denn c wird auch vor e und i häufig durch k bezeichnet, bei der Übertragung lateinischer Worte ins Griechische immer, und das griechische K wird im Lateinischen durchweg durch c wiedergegeben. Die Wiedergabe griechischer Laute durch lateinische und umgekehrt ist überhaupt ein wichtiger Anhaltspunkt für die Orthoëpie; ausserdem giebt die Vergleichung der Schreibweise in den verschiedenen Dialekten Aufschlüsse über die Nüancen der Laute; im Lateinischen ist die Bezeichnung des *sermo rusticus* besonders belehrend. Endlich haben wir auch zahlreiche orthoëpische Notizen aus dem Alterthum selbst. Durch Benutzung aller dieser Hülfsmittel ist in neuester Zeit die Orthoëpie der alten Sprachen bedeutend gefördert worden. Doch lässt sich die alte Aussprache nicht völlig reconstruiren.

B. Etymologie.

§ 105. Wie alle Lautgebilde der Sprache gesetzmässige Zusammenfügungen von Elementarlauten sind, so bezeichnen diese Lautgebilde gesetzmässig verbundene Complexe von elementaren Anschauungen, deren Ausdruck die Sprachwurzeln sind. Die namhaftesten Forscher nehmen jetzt an, dass alle Sprachwurzeln

---
*) Vergl. Kl. Schr. III, S. 219.

einsilbig seien und dass in Sprachen wie die semitischen, deren Wörter sich bis jetzt nur in mehrsilbige Elementarbestandtheile auflösen lassen, diese nicht als die ursprünglichen Wurzeln anzusehen seien. Jedenfalls sind sämmtliche Wurzeln der indogermanischen Sprachen einsilbig und bezeichnen so durch ihre Lautform die in ihnen ausgedrückte Anschauung als einen relativ elementaren Denkact. Es fragt sich aber, ob sich nicht durch eine weitergehende Analyse die Elementarlaute der Wurzelsilben selbst als bedeutsam und somit als die eigentlichen Wurzeln erweisen lassen. Hierdurch würde die Stöchiologie eine tiefere Bedeutung erlangen. Die philosophische Gegenprobe dieser Analyse wäre die von Platon vorgeschlagene synthetische Methode zur Ermittelung der Uranschauungen der Sprache, wonach die letzten Elemente der Ideen und die Verbindungen dieser Elemente speculativ festzustellen und mit den physiologisch nothwendigen Elementarlauten der Sprache zu vergleichen wären, um so den psychologischen Zusammenhang der Ideen mit jenen zu erforschen. Diese Methode bietet aber ebenso wie die analytische eine unendliche Aufgabe, weil immer die individuelle Verschiedenheit der Sprachen in Rechnung zu ziehen ist.*)

Die durch die Analyse bisher gefundenen einsilbigen Wurzeln treten entweder als selbständige Wörter auf, die nur zu Sätzen verbunden werden, wie dies in der chinesischen Sprache der Fall ist, oder sie verbinden sich zu zusammengesetzten Wortgebilden. In den indogermanischen Sprachen erscheinen die Wurzeln nicht als Wörter, sondern sind auch in den einsilbigen Wörtern lautlich modificirt. Bei diesen Sprachen hat also die Etymologie den gesammten Wortschatz nach Lautform und Bedeutung als Umformung der Wurzeln nachzuweisen. Dies ist die Aufgabe der Lexikologie, welche die Wörter (λέξεις) an sich untersucht. Nun drückt aber die Lautform der Wörter zugleich die Function aus, die sie im Satze haben, d. h. die Formen der Aussage oder die Kategorien; dies ist die rein formale Seite der Wörter, weil darin das die Anschauungen formende Denken selbst zum Ausdrucke gelangt. Die systematische Darstellung der Wortkategorien heisst daher Formenlehre. Sie betrachtet die Wörter nicht an sich, sondern in ihrer grammatischen Beziehung zu einander und vermittelt daher die Etymologie mit der Syntax.

---

*) S. das Nähere Kl. Schr. III, S. 212.

Da die Grammatiker des Alterthums nur die griechische und lateinische Sprache wissenschaftlich untersuchten, haben sie die Gesetze der Wortbildung nicht aufzufinden vermocht, denn die ursprüngliche Gestalt der Wörter ist in den klassischen Sprachen schon zu sehr getrübt, als dass durch eine isolirte Zergliederung dieser Sprachen die Wurzeln und ihre Umbildungen erkannt werden könnten. Ausserdem lag den Alten die historische Sprachbetrachtung fern, da sie nur die fertige Sprache aus dem Sprachgebrauch und abstracten unhistorischen Lautregeln zu erklären suchten. Sie nahmen an, dass die Sprachwurzeln in einer Anzahl nicht mehr ableitbarer Stammwörter steckten, wobei die römischen Grammatiker auf das Griechische zurückgingen. Denn das Griechische betrachtete man als die Muttersprache des Lateinischen; schon Tyrannion schrieb in der Sullanischen Zeit: περὶ τῆς Ῥωμαϊκῆς διαλέκτου ὅτι ἐστὶν ἐκ τῆς Ἑλληνικῆς. Um nun den gesammten Wortschatz auf Stammwörter zurückzuführen suchte man von den einfachsten Wörtern nicht nur die offenbaren Zusammensetzungen, sondern alle ähnlich lautenden abzuleiten, wenn sich irgend ein logischer Zusammenhang der Bedeutungen auffinden liess; hierbei gerieth man dann auf die abenteuerlichsten Etymologien. Die Formenlehre hatte zur Grundlage die philosophische Ansicht über die Redetheile und über deren Modificationen und blieb daher trotz der relativen Vollkommenheit der philosophischen Kategorienlehre unvollkommen, weil man die anschauungslosen Begriffe der Reflexionsphilosophie in den mangelhaft erkannten Sprachformen wiederzufinden wähnte. Die Etymologie der Neuzeit war nun nicht wesentlich von der alten verschieden, so lange sie die Sprachen isolirt erforschte. Über diesen Standpunkt wäre die lateinische und griechische Grammatik nicht hinausgekommen, wenn uns nicht durch Eröffnung des Orients grössere weltgeschichtliche Ansichten aufgegangen wären und die Kenntniss des Sanskrit, dessen Wörterformation bedeutend durchsichtiger als die der klassischen Sprachen ist, einen Einblick in den grossen Zusammenhang der Sprachen gewährt hätte. Indess hat sich die richtige etymologische Methode in der klassischen Philologie nur langsam Bahn gebrochen. Wir sind noch nicht lange über die Zeit hinaus, wo man mit Ruhnkenscher Galanterie sagen durfte, *linguam latinam totam pulchrae matris graecae pulchram filiam esse,* und Viele sind noch jetzt in den Fehlern der alten Etymologie befangen, weil sie nicht begreifen, dass nur die Methode der vergleichenden Sprachenkunde zum Ziele führt. Durch diese Methode ist in verhältnissmässig kurzer Zeit die Wörterlehre und Formenlehre mit Einschluss der philosophischen Begründung vollständig neugestaltet und die Etymologie zu einer Wissenschaft erhoben worden.

a. Lexikologie.

Um die Wörter an sich zu erklären, muss die Lexikologie die Abstammung ihrer Lautform und Bedeutung nachweisen; diese Nachweisung wird häufig im engern Sinne Etymologie genannt. Die Gesetze der Wortbildung lassen sich aber nur mit beständiger Berücksichtigung der Formenlehre feststellen. Denn die Wörter entstehen dadurch, dass die Wurzeln als Satzglieder fungiren und daher bestimmte Formen annehmen. In den indogermanischen Sprachen dienen gewisse Wortarten, die Partikeln, nur zur Bezeichnung der Form. An den übrigen werden die formalen Beziehungen durch die lautlichen Modificationen, die man Flexion nennt, bezeichnet (s. oben S. 107). Hierbei werden in der Regel Wurzeln von bloss formaler Bedeutung an andere angefügt und letztere bilden dann entweder unverändert oder lautlich afficirt den Wortstamm. An den Stamm können aber zugleich Affixe von materialer Bedeutung treten; dies ist die Wortbildung durch Derivation oder Ableitung. Die Ableitungsaffixe waren vielleicht ursprünglich Stämme selbständiger Wörter, lassen sich aber schon in der indogermanischen Grundsprache nicht mehr als solche nachweisen. Die Wortbildung durch das Zusammentreten von Wortstämmen ist die Wortcomposition im engern Sinn; denn im weitern Sinn ist die gesammte Wortbildung Wurzelcomposition. Die formalen Bestandtheile der Sprache sowie die Ableitungsaffixe sind nun mässig an Zahl und wiederholen sich häufig und zwar in Verbindung mit den verschiedensten Stämmen. Daher ist die Übereinstimmung dieser Wortbestandtheile in den verwandten Sprachen zuerst wissenschaftlich erkannt worden und man hat sie durch Vergleichung auf Grundformen zurückgeführt, welche in jeder Sprache mannigfaltig aber gesetzmässig verändert sind. Schwieriger ist die Vergleichung der Wortstämme und es ist noch keineswegs gelungen sie in den alten Sprachen sämmtlich mit Sicherheit auf ihre Wurzeln zurückzuführen; aber die Sprachvergleichung hat ergeben, dass die Wurzelschöpfung, sowie die Festsetzung der meisten Flexions- und Ableitungsmittel in der indogermanischen Ursprache bereits abgeschlossen war; in den daraus hervorgegangenen Sprachen konnten daher nur durch Combination dieser gegebenen Factoren neue Worte gebildet werden, wobei indess an die Unterschiede, welche durch Lautaffection (s. oben S. 774) entstanden, häufig Bedeutungsunterschiede geknüpft sind.

Die Zahl der Wurzeln scheint nicht gross gewesen zu sein und es erklärt sich dies daraus, dass die Grundbedeutung einer jeden zur Bezeichnung einer grossen Vielheit von Vorstellungen hinreicht und durch die Wurzelcomposition sich die Vielheit ins Unbegrenzte vermehrt. Wie diese Differenzirung der Bedeutung vor sich geht, ist oben (S. 94 ff.) auseinandergesetzt. Relativ am reinsten haben sich die Wurzeln von materialer Bedeutung in den einfachen Verben erhalten, weil diese die ursprünglichen Anschauungen der Thätigkeit am reinsten bezeichnen. Daher pflegt man die materialen Wurzeln auch verbale zu nennen. Wie man sich diese ursprünglichen Anschauungen zu denken hat, sieht man im Griechischen am deutlichsten an den Verben auf μι, welche in der Bedeutung wie in der Form am wenigsten modificirt sind. Εἰμί, εἶμι, τίθημι, ἵστημι, ἵημι, φημί, δίδωμι, δείκνυμι u. s. w. bezeichnen allgemeine Hauptformen des Handelns und Thuns, des menschlichen Lebens und Erkennens. Die Allgemeinheit beruht aber hier nicht auf Abstraction; vielmehr ist die Bedeutung jener Wörter unmittelbar durch die Anschauung der Natur eingegeben und enthält doch die tiefsinnigsten innerlichen Anschauungen, die über das Wesen der Dinge den grössten Aufschluss geben, und zwar beruht die Bedeutung nicht auf irgend einer Metapher, sondern das Geistige und Sinnliche stimmt hier unmittelbar überein. Es spiegelt sich in diesen Ausdrücken eine ungemeine Klarheit der Ideen ab, und der dadurch in der Urzeit gehobene Schatz blieb am meisten unangetastet, weil diese Grundanschauungen am tiefsten hafteten und am unentbehrlichsten waren. Man sieht daraus, dass nicht die sinnlichste materiellste Wortbedeutung die älteste ist, wie sich ja auch in den Flexionsformen die rein formale geistige Bedeutung als uralt erweist. Am ältesten ist vielmehr das unmittelbar Klare, das worin das Sinnliche und Geistige identisch ist. Solche allgemeinen Anschauungen wurden dann allerdings zunächst auf sinnliche concrete Vorstellungen angewandt, welche aber — wie die Mythologie beweist — zugleich Symbole für Ideen waren (vergl. oben S. 556 ff.). Das Symbol setzt eine unwillkürliche Übertragung der Bedeutung durch Metapher, Metonymie und Synekdoche (s. oben S. 96 f.) voraus und diese Übertragung ist die Sprachform für den mythenbildenden Geist. Da in ihm die Phantasie über die Reflexion herrschte, wurden dieselben Gegenstände unter vielfach verschiedenen Anschauungen aufgefasst; daraus entstand die Homonymie im eigentlichen Sinne und da dieselbe Anschauung wieder viele Gegenstände bezeichnete, Synonymie (s. oben S. 94 f.). Hieraus erklärt sich, wie allmählich, wenn der ursprüngliche Sinn des Symbols vergessen und der Unterschied der eigentlichen und bildlichen Wortbedeutung unfühlbar wird, die Phantasie sich in den Polytheismus und die bunteste Mannigfaltigkeit der Mythen verliert (s. oben S. 562. 581. 559). Mit der fortschreitenden Entwickelung des Verstandes schränken sich die Bedeutungen der Worte dann durch deutlich geschiedene Sphären der Anwendung ein (s. oben S. 97 f.) und werden zugleich abstracter, so dass nun die alte metaphorische Sprache zuletzt nur in der Poesie herrschend bleibt, aber sich mit Bewusstsein von der Sprache der Prosa sondert, worin die grammatischen Figuren nur zur Belebung der unbildlichen Rede beibehalten werden (vergl. oben S. 685. 277). Hiernach entwickelt sich mit der Literatur auch die Bedeutung der einzelnen Worte, aus denen die Sprachwerke zusammengesetzt sind. Ich habe (oben S. 98 ff.) darauf aufmerksam gemacht, wie die Geschichte jedes Wortes aus dem Sprachgebrauch zu ermitteln ist, und wie sich so erst die Etymologie feststellen lässt, wie aber andererseits die Etymologie, das Zurückgehen auf die Grundbedeutung der Wurzeln erst den Sprachgebrauch erklärt. Danach ist die Aufgabe der Lexikologie ebenso unendlich wie die der grammatischen Auslegung, durch welche jene allein geschaffen wird, und der Cirkel, der in der Aufgabe selbst liegt, löst sich nur approximativ dadurch, dass in einigen Fällen die Etymologie klar ist und der Sprachgebrauch dadurch Licht empfängt, in andern umgekehrt durch den an sich klaren Sprachgebrauch die Etymologie aufgehellt wird (vergl. oben S. 106). Je mehr einzelne feste Punkte der Wortgeschichte so gewonnen werden, desto mehr Analogien ergeben sich durch Auffindung von Gesetzen, nach welchen sich die Laute und die Bedeutungen differenziren. Daraus folgt zugleich, dass die Sprachvergleichung und die allseitige philologische Durchforschung der einzelnen verwandten Sprachen sich gegenseitig bedingen.

Die Resultate der Lexikologie können nun in doppelter Form dargelegt werden, indem in erster Linie entweder der etymologische Zusammenhang der Wörter oder die Geschichte derselben in Bezug auf den Sprachgebrauch aufgezeigt wird. Im erstern Falle ist die Darstellung systematisch, im andern wird man die einzelnen Wörter entweder nach inneren Beziehungen, wie z. B. in der Synonymik nach der Verwandtschaft der Bedeutungen, oder nach äusserlichen Gesichtspunkten, z. B. alphabetisch gruppiren. Im grössten Maassstabe enthalten die Lexika solche Zusammenstellungen. Sollen sie den gesammten Sprachschatz einer oder mehrerer Sprachen im etymologischen Zusammenhange vorführen, so werden der Übersichtlichkeit wegen doch die einzelnen Gruppen alphabetisch zu ordnen sein oder es müssen alphabetische Wortregister hinzugefügt werden. Will man aber den Sprachgebrauch von allen Wörtern einer Sprache auseinandersetzen, so ist die alphabetische Folge die einzig richtige und die etymologische Anordnung, wie sie in dem grossen griechischen *Thesaurus* des Henricus Stephanus gewählt ist, wirkt ungemein störend; der etymologische Zusammenhang der Wörter kann ja leicht bei einem jeden hervorgehoben werden. Ganz sonderbar ist es, wenn man Speciallexika für einen Schriftsteller oder Literaturzweig etymologisch ordnet, wie dies z. B. in dem *Lexicon Pindaricum* von Damm der Fall ist. Specialwörterbücher sollen Specialitäten des Sprachgebrauchs feststellen. Demselben Zwecke dienen Glossare, worin nur die einem Schriftsteller oder einer Literaturgattung eigenthümlichen oder in irgend einer Hinsicht merkwürdigen Worte aufgenommen werden. Die Alten nannten solche Worte λέξεις im engern Sinne und die aus dem Alterthum erhaltenen Wörterverzeichnisse sind mit Ausnahme der Etymologica sämmtlich dieser Art. (Vgl. über die Literatur der λέξεις E. Meier *Commentatt. Andocid.* VI, 2 ff. Ges. Schriften Bd. II.). Erst in der Neuzeit hat sich aus der Lexilogie die eigentliche Lexikographie entwickelt. Diese muss aber immer gute Glossare und Speciallexika zur Grundlage haben, da sich der allgemeine Sprachgebrauch nur historisch durch die genaueste Specialforschung ermitteln lässt (s. oben S. 102 ff.).*)

---

*) Vergl. das *Glossarium Pindaricum* in der Ausgabe des Pindar. II, 2.

Die individuellste Anwendung der allgemeinen Wortbedeutung findet bei den Eigennamen Statt. Sie sind ursprünglich Appellativa; ihre Bedeutung kann sich aber in Folge ihrer Beschränkung auf Individuen nicht differenziren. Daher wird ihr ursprünglicher Sinn leicht vergessen und es erhalten sich in ihnen viele alte gleichsam erstarrte Wortstämme. Oft lassen sich aus ihnen wichtige Rückschlüsse auf Zustände und Ereignisse besonders der vorhistorischen Zeit ziehen (s. oben S. 579 ff.) und es offenbart sich auch in der Namengebung die Eigenthümlichkeit des Sprachgeistes bei den verschiedenen Nationen und Volksstämmen. Daher ist die Onomatologie ein wichtiger Zweig der Wörterlehre.

Da die Lexikologie die Formenlehre voraussetzt, werden in den Wörterbüchern die Wortstämme nur in einer oder einigen charakteristischen Flexionsformen aufgeführt; da aber der Sprachgebrauch jedes Wortes nur im Zusammenhang der Rede erkannt werden kann, muss auch die Besonderheit der Formenbildung und des syntaktischen Gebrauchs berücksichtigt werden. Die verschiedenen Sphären des stilistischen Gebrauchs werden ferner durch die Phraseologie bestimmt, die sich an jedes Wort knüpft. Und da die allgemeinen Gesetze bei der individuellen Anwendung der Sprache vielfach verletzt werden, muss die Lexikologie auch diese Abweichungen berücksichtigen (vgl. oben S. 182 ff.). In Folge hiervon haben sich verschiedene Zweige der Lexikographie gebildet, durch welche dieselbe in den Dienst der Stilistik tritt; hierhin gehören die sog. *Gradus ad Parnassum*, worin neben der Prosodie die poetische Phraseologie und Synonymik angegeben wird; die rhetorischen Phrasensammlungen und als Ergänzung hierzu die *Antibarbari*, worin die gangbaren und fehlerhaften Ausdrücke gesondert werden.

b. Formenlehre.

1. Da jedes Wort eine Vorstellung bezeichnet, die ursprünglich auf eine Wahrnehmung bezogen, d. h. von einem Gegenstande prädicirt war, so ist jedes Wort ursprünglich Prädicat (κατηγορία). Durch die verschiedene Art der Prädicirung entsteht eine Mehrheit von Aussageformen oder Kategorien. Die Sprache kann aber die Beziehung zwischen der prädicativen Vorstellung und dem zunächst in der Wahrnehmung gegebenen Subject nur anschaulich bezeichnen; daher decken sich die grammatischen Kategorien nicht mit den logischen. Diese müssen

indess in jenen zum Ausdrucke kommen und man kann daher wohl bestimmen, welche Sprachkategorien überhaupt logisch möglich sind; nur darf man nicht erwarten, dass diese Möglichkeiten in allen Sprachen verwirklicht seien. Eine grammatische Kategorie ist nur vorhanden, wenn für sie eine Lautform vorhanden ist und dieselbe Lautform kann ursprünglich nur Eine grammatische Kategorie bezeichnen.

Die in den Wurzeln ausgedrückten Vorstellungen von Thätigkeiten sind ursprünglich auf einen in der Anschauung gegebenen Gegenstand dadurch bezogen worden, dass man beim Sprechen auf denselben hinwies. Dies Hinweisen ist selbst eine Thätigkeit und wurde durch Wurzellaute bezeichnet, welche dadurch eine rein formale Bedeutung erhielten. Der ursprüngliche Mensch unterschied sich dadurch selbst von den Aussendingen und diese von einander und setzte das Unterschiedene in Beziehung. Aus diesen Beziehungen, also aus der Anschauung der Identität und Verschiedenheit bildete sich die Raumanschauung, die keineswegs schon vor jenen Beziehungen gegeben war und da in allen Thätigkeiten Bewegung, d. h. die Veränderung der Ortsbeziehungen aufgefasst wurde, entstand zugleich die Zeitanschauung. Die formalen Wurzeln sind also als Uradverbien aufzufassen, in denen die Relationen der Thätigkeiten und dadurch Ort und Zeit ausgedrückt wurden. Indem sich nun die Wurzeln von materialer Bedeutung mit den formalen Wurzeln verbanden, bildeten sich Wörter mit formalen Unterschieden. Zunächst sonderten sich so Nomen und Verbum. Das Verbum ist die unmittelbare Prädicatsbezeichnung (ῥῆμα), indem es die Thätigkeit in ihrer zeitlichen Bestimmtheit ausdrückt; das Nomen ist dagegen die Benennung (ὄνομα) der thätigen Subjecte nach ihrer Thätigkeit; denn indem der Mensch die Dinge von einander schied, konnte er sie nur nach ihren Thätigkeiten unterscheiden, die nun attributiv gesetzt wurden und deren Vorstellungen, da sie von den prädicativen formal unterschieden waren, für das Denken die Wahrnehmungssubjecte vertraten, so dass die Aussage und damit das Urtheil nicht mehr an die Wahrnehmung gebunden war. Verbum, Nomen und Adverb sind hiernach die Hauptkategorien; alle übrigen Kategorien sind Modificationen derselben. Das Nomen sonderte sich allmählich in Substantivum und Adiectivum, indem sich charakteristische Merkmale zur Bezeichnung der Substanz der Dinge festsetzten, die übrigen dann zur Bezeichnung der Attribute dienten. Ferner wurde die Quantität durch eigene Nomina, die Numeralia bezeichnet, und die Pronomina entstanden, indem die formalen Wurzeln selbst die Nominalform annahmen, so dass die Dinge dadurch als Relata bezeichnet wurden. Zu den Pronomina gehört auch der griechische Artikel und es hat einen guten Sinn, wenn die Alten das Relativpronomen *articulus postpositivus* (ἄρθρον ὑποτακτικόν im Gegensatz zu προτακτικόν) nannten und wenn man jetzt die Conjunctionen ὅτι, *quod*, *dass*, die offenbar Pronomina sind, als Satzartikel bezeichnet. Das Adverb entwickelte sich, indem die ursprünglich darin ausgedrückten sinnlich anschaulichen Beziehungen zu Symbolen für begriffliche Beziehungen wurden und die Urbedeutung dagegen zurücktrat. Daher konnten auch Wurzeln von materialer Bedeutung zur Bildung von Adverbien dienen. So ist z. B. γάρ zusammengesetzt aus γέ und ἄρ (ἄρα) und dies scheinen Stoffwurzeln zu sein (vergl. J. Schraut, „Die griechischen Partikeln im Zusammenhange mit den ältesten Stämmen der Sprache". Neuss 1847, 48, 49. (Programme) und „Die Bedeutung der Partikel γάρ in den scheinbar vorgeschobenen Sätzen". Rastatt 1857). Die Conjunctionen, soweit sie nicht Pronomina sind, und ebenso die Präpositionen sind offenbar Adverbien, da sie nicht Dinge uud Thätigkeiten, sondern Beziehungen zwischen Dingen und Thätigkeiten ausdrücken. Es ergiebt sich hieraus, dass die sogenannten Redetheile nicht logisch coordinirt werden können. Die vier Klassen des Nomens können selbst nicht mit dem Verbum auf dieselbe Stufe der Eintheilung gestellt werden, sondern nur mit den Genera des Verbums, wie in der Aristotelischen Kategorientafel neben den dem Nomen entsprechenden logischen Kategorien (οὐcία, ποιόν, ποcόν, πρός τι) die Kategorien der Thätigkeit (ποιεῖν, πάcχειν, ἔχειν, κεῖcθαι) stehen und beiden die Kategorien der adverbialen Beziehung (πού, ποτέ) coordinirt sind. Die Aristotelische Kategorientafel ist offenbar mit Rücksicht auf die Wortformen, aber nur auf die allgemeinsten Unterschiede derselben aufgestellt; denn die Lehre von den Redetheilen ist erst nach Aristoteles allmählich und mit vielfachem Schwanken der Ansichten ausgebildet worden: Aristoteles unterschied nur — wenn auch noch nicht mit genauer Sonderung der grammatischen Formen — die drei Hauptklassen der Wörter: ὄνομα, ῥῆμα, cύνδεcμοc.

2. Die Hauptkategorien zerfallen besonders durch ihre gegen-

seitige Verflechtung in viele Unterarten. So werden die Nomina verbalisirt *(Denominativa)*; die Verba nehmen in den Verbalsubstantiven und Verbaladjectiven nominale Formen an; von sämmtlichen Arten der Nomina werden modale Adverbien gebildet. Am mannigfachsten aber tritt die Verflechtung der Kategorien in der Flexion der Nomina und Verba hervor. Die alten Grammatiker nannten die Flexion überhaupt *declinatio* (κλίcιc); der Ausdruck *coniugatio* (cuζuγία) bedeutet ursprünglich jede Zusammenstellung verwandter Formen, im engern Sinne später allerdings die Zusammenstellung der Verbalformen. Dem Ausdruck κλίcιc liegt die Vorstellung zu Grunde, dass eine Form, nämlich beim Nomen der Nominativus Singularis, beim Verbum die erste Person des Praes. Act. der Stamm (θέμα) sei, der durch Veränderung der Laute, besonders der Endung in eine Reihe anderer Formen abgewandelt werde. Der Grundirrthum dieser Anschauungsweise besteht darin, dass ein Wort als Thema angesehen wird, während der Flexionsstamm in Wahrheit der nach Abzug der formalen Elemente übrig bleibende Lautkörper des Wortes ist. Da sich aber dieser Stamm in der That bei der Flexion ändert, hat sich auch die moderne Sprachwissenschaft sehr schwer von der Vorstellung losmachen können, dass die Flexion aus dem Innern des Stammes hervorgehe. Fr. v. Schlegel erklärte in seinem Buche, „Über die Sprache und Weisheit der Indier" die Flexionsformen aus einer organischen Entwicklung der Wurzeln; er nannte die nichtflectirenden Sprachen anorganische und unterschied sie in einsilbige und affigirende, indem er unter den letztern solche verstand, welche die Formbeziehungen durch Affixe (Präfixe und Suffixe) bezeichnen. Die affigirende Formation nannte W. v. Humboldt, Über das Entstehen der grammatischen Formen und ihren Einfluss auf die Ideenentwicklung (Berlin 1824. Ges. W. III. [, auch in den sprachphilos. Werken. Hrsg. u. erklärt von H. Steinthal. Berlin 1884.]), Agglutination. Schleicher theilt im Anschluss hieran die Sprachen in isolirende (einsilbige), agglutinirende („zusammenfügende") und flectirende ein, wobei er indess wie W. v. Humboldt in der Flexion neben der wesentlichen innern Wurzelveränderung die Anfügung von Beziehungslauten anerkennt. Es ist jedoch jetzt kaum noch zu bezweifeln, dass alle Flexion auf der Agglutination beruht. Der Unterschied der agglutinirenden und flexivischen Sprachen ist nicht wesentlich, sondern graduell. Formale und z. Th. auch ursprünglich materiale Wurzeln, die aber durch Abstraction zu formalen herabsinken, werden bei der Flexion als Suffixe und seltener als Präfixe mit dem Wortstamm verbunden; dabei erleidet dieser Lautveränderungen, welche zur Unterscheidung der Formen mit benutzt werden. So werden durch die Bildsamkeit und Bildungsfähigkeit der flectirenden Sprachen die agglutinirten Silben mit dem Stamm organisch verschmolzen und dabei selbst mannigfach umgestaltet. Stoff- und Formbestandtheile sind hier gleichsam chemisch verbunden, während sie bei den agglutinirenden Sprachen nur mechanisch zusammengefügt werden.

Das Grundgesetz für die Flexion ist, dass ursprünglich dieselbe Kategorie auch durch dieselbe Form bezeichnet ist. Es giebt daher nur Eine Conjugation und Eine Declination, und die scheinbare Mehrheit erklärt sich aus der Verschiedenheit der Wortstämme und aus der Vermischung mehrerer Formen, welche ursprünglich verschiedene, jedoch verwandte Bedeutung hatten, aber in Folge der fortschreitenden Abstraction synonym geworden sind.

3. Welche Kategorien sich bei der Conjugation verflechten, lässt sich im Allgemeinen leicht bestimmen. Die Personen bezeichnen die Relation der Thätigkeit zum Subject, der Numerus die Quantität, die Modi drücken die Modalität des Urtheils und die Relation der Thätigkeit zu andern Thätigkeiten aus; durch die Tempora werden die Zeitverhältnisse und durch die Genera die allgemeinsten innern Unterschiede der Thätigkeiten selbst bezeichnet. Die Flexionszeichen für diese grosse Reihe von Grundvorstellungen sind nun aber unter sich und mit dem Stamm so verschmolzen, dass sich ihre Form und Bedeutung im Einzelnen schwer feststellen lässt. Die Personalsuffixe treten am deutlichsten hervor; sie sind offenbar Pronominalstämme. Da diese aber theils mit, theils ohne Bindevocal an den Stamm des Verbums gefügt und nach dem Bindevocal, als ihre ursprüngliche selbständige Bedeutung vergessen war, z. Th. in Folge des Lautverfalls der Sprache geschwunden sind, erscheinen Personalendungen von derselben Bedeutung lautlich verschieden. Hierauf beruht z. B. der Unterschied der sog. Conjugationen auf ω und μι; denn ω ist der Bindevocal, nach welchem μι abgefallen. Eine Ahnung davon, dass die Verba auf μι die ältere Formation vertreten, hatten schon die griechischen Grammatiker; dies zeigt z. B. die Notiz des Theodosios bei Bekker, *Anecd. graec.* III,

p. 1045: Τινὲс ἐνόμιcαν τὰ εἰc μι πάντα ἐκ τῆс Αἰολίδοс εἶναι διαλέκτου. Denn der äolische Dialekt galt mit Recht als der alterthümlichste und in ihm hatten sich die meisten Verba auf μι erhalten.

Die Genera des Verbums werden nun ursprünglich durch eine Modification der Personalendungen ausgedrückt. Die innern Unterschiede der Thätigkeit bestehen eben darin, dass sie in verschiedener Weise auf das Subject bezogen wird. Ursprünglich wird letzteres als das thätige Ding aufgefasst; daher bleibt das Activ unbezeichnet. Nun tritt das Subject durch seine Thätigkeit in Verbindung mit andern Dingen, welche die Sprache ebenfalls durch ihre Thätigkeiten bezeichnet. Die Beziehung wird im Satz durch Hinzufügung der Objecte genügend dargestellt; der Unterschied der transitiven und intransitiven Verben ist daher in den indogermanischen Sprachen nicht durch die Wortform, sondern nur syntaktisch ausgedrückt, so dass also das Activum desselben Verbums zugleich transitiv und intransitiv ist, je nachdem man die Thätigkeit an sich oder in Bezug auf ein davon afficirtes Object betrachtet. Dagegen hat die indogermanische Grundsprache von dem Activum das Reflexivum unterschieden, welches ausdrückt, dass die Thätigkeit des Subjects sich auf dieses zurückbezieht. Das Reflexivum sondert sich aber in Passivum und Medium, je nachdem das Subject die in ihm vorgehende Thätigkeit von einem andern aufnimmt, d. h. erleidet, oder für sich selbst vollzieht. Es hindert natürlich nichts, dass auch mit der reflexiven Thätigkeit noch andere Objecte in Verbindung gebracht werden: daher die sogen. Deponentia, bei welchen die reflexive Beziehung oft hinter der Beziehung auf die Objecte ganz zurücktritt; daher im Griechischen Ausdrücke wie ἐκκέκομμαι τὸν ὀφθαλμόν (s. oben S. 101). Die ursprüngliche Bezeichnung des Reflexivums besteht nun in einer Erweiterung der Personalsuffixe. Diese hat zuerst Ad. Kuhn, *De coniugatione in* μι *linguae sanscritae ratione habita*. Berlin 1837, als eine doppelte Setzung des Personalstammes gedeutet (μαι = μαμι u. s. w.), eine Deutung, die von Bopp und Andern weiter begründet ist. Im Lateinischen ist das ursprüngliche Reflexivum durch andere Formationen verdrängt, welche z. Th. durch Hinzufügung des Reflexivpronomens *se* (welches als *s* und *r* erscheint, wie in *amo-r, amari-s, amat-ur*) gebildet werden, grossentheils aber in prädicativ gesetzten Participien bestehen (*amamini* = φιλούμενοι), wobei dann meist Auxiliarverben hinzutreten (*amatus sum* u. s. w.) Es sind also hier zwei Formationen von verwandter Bedeutung synonym gebraucht. Im Griechischen gelten die Aoriste des Passivs ebenfalls als mit Auxiliarverben gebildete Formen (vergl. Ge. Curtius in Kuhn's Zeitschr. I, S. 25 [und dessen Verbum der griechischen Sprache I² S. 16 ff.]). Aber hier ist die Verschiedenheit der Form dazu benutzt, das Passivum von dem Medium zu trennen, welche im Lateinischen ähnlich wie das Transitivum und Intransitivum nur syntaktisch unterschieden werden.

Auch in Bezug auf die Modi übertrifft das Griechische das Lateinische an Formenfülle durch die Unterscheidung des Optativ und Conjunctiv. Diese waren in der indogermanischen Grundsprache bereits getrennt; das Griechische hat aber den Unterschied am feinsten ausgebildet, während das Lateinische beide Formen vermischt hat. Die Grundbedeutung der Modi lässt sich nur z. Th. deutlich aus der Lautform ableiten. Der Indicativ bezeichnet offenbar die Wirklichkeit und da die Sprache von der Wahrnehmung, also von wirklich gegebenen Thätigkeiten ausgeht, wurde dies Verhältniss ursprünglich nicht durch die Lautform ausgedrückt, und der Indicativ ist erst durch die Bezeichnung der übrigen Modi zu einer von diesen unterschiedenen Form und damit zum Modus geworden. Der Imperativ unterscheidet sich durch eine leichte Modification der Personalsuffixe, besonders durch Schwächung derselben, die sich aus dem Befehlston erklärt. Der Befehl aber drückt die Nothwendigkeit aus, insofern sie durch den Willen des Befehlenden bedingt ist. Die Modalzeichen für den Conjunctiv und Optativ sind zwischen Stamm und Personalsuffix eingefügt (z. B. διδο-ιη-ν); ihre etymologische Deutung ist jedoch noch zweifelhaft, so dass der Sinn dieser Modi sich vorläufig nur aus ihrem syntaktischen Gebrauch feststellen lässt. Der Conjunctiv erscheint als reiner Gegensatz des Indicativ, der Optativ als Gegensatz des Imperativ; denn beim Wunsch wird die Handlung nicht wie beim Befehl als nothwendig, sondern als frei oder willkürlich gedacht. Der Optativ drückt also gleich dem Conjunctiv die Möglichkeit aus; beide bezeichnen auch eine bedingte Handlung, aber der Conjunctiv weist auf eine objective, der Optativ auf eine subjective Bedingung hin, von welcher die Handlung abhängt. Ganz unrichtig ist es den Infinitiv und die Participia zu den Modi zu rechnen. Da die wesentliche Function des Verbums die Aussage ist, so hat nur das *verbum finitum* reine Verbalform. Der Infinitiv und die Participia haben keine Personalsuffixe, sondern nominale Formen; der Infinitiv drückt die Verbalsubstanz, die Thätigkeit als Ding aufgefasst, aus und das Participium setzt die Thätigkeit attributiv; die verbale Natur dieser Nomina liegt nur darin, dass sie die wichtigsten Bestimmungen der Thätigkeit, nämlich das verbale Genus und die Zeit mitbezeichnen, eine modale Bedeutung erhalten sie nur im syntaktischen Zusammenhange. Im Lateinischen sind offenbar Gerundium und Supinum wie der Infinitiv Verbalsubstantiva von verwandter Bedeutung. Der modale Begriff des Sollens oder Müssens liegt ursprünglich ebenso wenig in *amandum* als in den übrigen Casus des Gerundiums; dass *amandum est* die Nothwendigkeit bezeichnet, hat seinen Grund in dieser Verbindung ähnlich wie der modale Sinn von *amare est*, ἔcτι φιλεῖν. Die Verbindung der Verbalnomina mit Auxiliarverben ist nun offenbar schon eine complicirte Ausdrucksweise, die man nicht für die ursprüngliche Bezeichnung des Prädicats zu Grunde legen darf. Ganz verkehrt ist es, das Verbum finitum auf eine Zusammensetzung aus Copula und Participium zurückzuführen. Subject und Prädicat sind ebenso unmittelbar verbunden wie die Substanz und ihre Attribute; es giebt darin keine Lücke, die durch eine Copula auszufüllen wäre. Ausserdem würde diese Copula selbst alle verbalen Kategorien in sich tragen, also selbst ein Verbum sein; ja sie wäre das einzige Verbum, da das Participium in Verbindung mit ihr rein adjectivisch wäre. Kann aber das *verbum substantivum* unmittelbar Prädicat sein, so kann es jedes andere auch. Zwischen dem *ego sum* und *ego laudo* ist kein Unterschied der Form, als dass *sum* τὸ εἶναι ἁπλῶc und *laudo* τὸ εἶναι ποιῶc aussagt und wegen dieser allgemeinsten Bedeutung, die das *verbum substantivum* durch Abstraction aus ursprünglich concreteren bereits in der indogermanischen Grundsprache erlangt hatte, eignet es sich dazu in Verflechtung mit Nomina diese als Prädicate zu bezeichnen.

Übrigens sind in jener Grundsprache wie das *verbum substantivum* auch andere Verben von allgemeinerer Bedeutung bereits zu einer bloss formalen Function herabgesunken und so zu Auxiliarverben geworden. Diese Formationsweise ist besonders zur Bezeichnung der Tempora angewandt worden. Um sich aber überhaupt einen Begriff davon zu machen, wie die Sprache die Zeit bezeichnet, ist es zweckmässig sich zunächst das System

IV. Wissen. 5. Geschichte der Sprache. B. Etymologie. 799

der möglichen Zeitkategorien klar zu machen. Dies System hat J. Harris in seinem Hermes bereits im Allgemeinen gut auseinandergesetzt und die Harris'sche Theorie ist durch Fr. A. Wolf, der auch die deutsche Ausgabe des Hermes mit besorgt hat, in unsere Grammatiken übergeleitet, aber schon von ihm und noch mehr von den meisten andern Grammatikern meist verkehrt aufgefasst worden. Am besten ist es noch in der Philosophischen Grammatik von A. F. Bernhardi auseinander gesetzt. Man muss vor Allem die subjective und objective Zeit unterscheiden. Das betrachtende Subject nämlich, also der Sprechende, kann das handelnde Subject in drei verschiedene Zeiten setzen gemäss dem Standpunkte, den er selbst zur Zeit der Handlung einnimmt: von diesem Standpunkt aus sind also Gegenwart, Vergangenheit und Zukunft als subjective Zeiten zu unterscheiden. Hierdurch sind nun drei Zeitstufen gegeben, und auf jeder derselben kann wieder die Handlung objectiv, d. h. im Verhältniss zu dem Standpunkt des handelnden Subjects, welches Object der Betrachtung ist, als gegenwärtig, vergangen oder zukünftig erscheinen. In dem Satze: „Gaius sagte" wird die Handlung von dem Betrachtenden in die Vergangenheit gesetzt, ist aber auf der damit gegebenen Zeitstufe gegenwärtig, während sie in dem Satze „Gaius hatte gesagt" von derselben Zeitstufe aus als vergangen erscheint. Es ist unrichtig nur die subjective Zeit als Zeit, die objective aber als vollendeten oder nicht vollendeten Zustand der Handlung anzusehen. Beides ist Zeit, nur in verschiedener Beziehung. Hiernach würden sich folgende Kategorien ergeben:

Objective Zeit der Handlung.	Zeit vom Standpunkt des Sprechenden.
I. *actio praesens in tempore:*	1. *praesenti: amo.* 2. *praeterito: amabam.* 3. *futuro: amabo.*
II. *actio praeterita in tempore:*	1. *praesenti: amavi.* 2. *praeterito: amaveram.* 3. *futuro: amavero.*
III. *actio futura in tempore:*	1. *praesenti: amaturus sum.* 2. *praeterito: amaturus eram.* 3. *futuro: amaturus ero.*

Ich habe als Typus das Lateinische gewählt, weil sich dasselbe dadurch auszeichnet, dass darin beim Verbum finitum alle Kategorien der objectiven Zeit eine entsprechende Form gefunden haben, was im Griechischen nicht der Fall ist. Das Futurum subjectivum hat keinen Conjunctiv, weil es an sich schon eine suspendirte Aussage bezeichnet. Nur bei dem Verbum finitum tritt der Unterschied der objectiven und subjectiven Zeit hervor. Bei den Infinitiven und Participien, wo die Handlung nicht durch die Prädicirung im Verhältniss zu dem Sprechenden, sondern nur objectiv bezeichnet wird, findet sich auch nur die objective Zeit ausgedrückt. In Bezug auf die Participien steht das Lateinische allein dem Griechischen an Genauigkeit nach, da im Activ das Perfectum und im Passiv das Präsens keine Form hat.

Der Name des Infinitivus (ἀπαρέμφατον) bezieht sich darauf, dass durch ihn die Handlung an sich ohne Nebenbezeichnungen (παρεμφάϲειϲ) zum Ausdruck kommt; die alten Grammatiker haben unter diesen Nebenbezeichnungen offenbar Person, Numerus und Modus verstanden (vgl. H. Steinthal, Geschichte der Sprachwissensch. S. 628). Aber eben weil die Handlung in dieser Beziehung als unbestimmt gedacht wird, ist sie auch unbestimmt in Bezug auf die subjective Zeit. Dagegen ist der Aorist das Verbum finitum, welches in Bezug auf die objective Zeit unbestimmt ist, d. h. woran nur die subjective Zeit bezeichnet ist. In dem Namen ἀόριϲτοϲ χρόνοϲ liegt eine Ahnung hiervon. Die alten Grammatiker sagen, der Aorist bezeichne die Vergangenheit (παρῳχημένον), jedoch so, dass er das Gemeinsame des Praeteriti perfecti (παρακειμένου) und plusquamperfecti (ὑπερϲυντελικοῦ) enthalte; er enthalte also keine nähere Bestimmung der Vergangenheit und sei deshalb so genannt. (Vergl. Apollonios *de adverb.* und Stephanos z. Dionysios Thrax bei Bekker *An. gr.* II. p. 534. 891). Dies ist im Wesentlichen richtig und muss nur allgemeiner gefasst, die Bestimmungslosigkeit überhaupt auf die objective Zeit bezogen werden. Indem im Aorist bloss das Geschehene in der für den Sprechenden vergangenen Zeit ausgedrückt wird, bleibt eben unbestimmt, wie die Zeit im Verhältniss zu der damit bezeichneten Zeitstufe zu betrachten ist. Consequenter Weise müsste man auch einen Aorist der Gegenwart und Zukunft annehmen, da man eine Handlung auch als gegenwärtig und zukünftig ohne Bezug auf den objectiven Zeitunterschied setzen kann. Man hat in der That das Praesens historicum, sowie das Praesens oder im Griechischen den Aoristus in allgemein gültigen Sätzen als Aoristus praesens angesehen. Allein beim Praesens historicum versetzt der Sprechende die Vergangenheit vermöge lebendiger Anschauung in die Gegenwart und fasst also dabei die objective Zeit der Handlung ebenfalls als gegenwärtig auf. Allgemeine Sätze dagegen wie „Gott ist gütig" werden ebenso zugleich objectiv und subjectiv in der Gegenwart gedacht, und zwar so, dass dabei der Gegensatz der Zukunft oder Vergangenheit nicht ins Bewusstsein tritt. Wenn die Griechen in solchen Fällen den Aorist anwenden, so setzen sie das Allgemeine als oft Geschehenes, was besonders bei Mythen und Fictionen vorkommt. Einen Aoristus futurus hat man in limitirten Futursätzen gefunden, z. B. „er wird ja wohl kein Bösewicht sein". Aber trotz der Einschränkung wird hier die Thatsache doch als objectiv gegenwärtig in einem zukünftigen Zeitpunkt vorgestellt. Der Aorist erscheint in den indogermanischen Sprachen nur als Anzeige des Geschehenseins in der Vergangenheit, als das eigentliche historische Tempus, wozu er sich vorzüglich eignet, weil er den einzelnen Fall nur als faktisch geschehen bezeichnet, ohne die der Handlung inhärirende Verschiedenheit der Zeit. Aus der gegebenen Bestimmung desselben erklärt sich nun auch der Gebrauch der Modi des griechischen Aorist im Unterschied von denen des Präsens. Diese Modi bezeichnen nicht die subjective Vergangenheit, wie ja auch in ihnen das Augment fehlt; aber an dem Aoriststamm haftet die Vorstellung des Historischen. Die Modi des Präsens drücken die Handlung als eine allgemeine in der Fortdauer begriffene aus, ohne Rücksicht auf einen bestimmten Zeitpunkt oder Fall, die des Aorist aber als eine auf einen bestimmten Fall oder wiederholte einzelne Fälle beschränkte, in einen bestimmten Zeitpunkt gesetzte, nicht allgemeine; denn das liegt im Wesen des Historischen, dass ein bestimmter Fall gesetzt werde. So bedeutet ἔθελε ἀγαθὸς εἶναι, im Allgemeinen: wolle gut sein, ἐθέλησον cιγᾶν oder cιγῆcαι, wolle für jetzt schweigen. Deshalb braucht die Handlung nicht momentan gedacht zu werden, wie man oft falsch annimmt. Ein schönes Beispiel eines Aorist, der auf einen einzelnen Fall, aber dabei auf eine dauernde Handlung geht, ist Demosthenes *Midiana* § 8: Καὶ προcέχων ἀκουcάτω. Die falsche Lehre, dass der Aorist etwas Momentanes bezeichne, ist gut widerlegt von E. A. Fritsch, *De aoristi Graecorum vi ac potestate*.

Giessen 1836. 4. Zuweilen wird der Unterschied zwischen den Modis des Präsens und Aorist verwischt, entweder weil die Schriftsteller das Unpassendere wählen, oder weil individuell verschiedene Ansichten in derselben Sache möglich sind. Allein die Abweichungen sind selten und nicht bedeutend, bei Dichtern und bei Historikern wie Herodot häufiger als bei Philosophen wie Platon. Trotz des relativen Gegensatzes zwischen Infinitiv und Aorist, werden aber von Aoriststämmen selbst wieder Infinitivformen gebildet. Bei diesen geht wie bei den Modis die Vorstellung der subjectiven Zeit, also der Vergangenheit, ganz verloren, so dass sie eigentlich in Bezug auf die Zeit absolut unbestimmt sind. Es haftet an dem Aoriststamm aber auch hier die Vorstellung des Historischen, des faktisch Geschehenden und durch eine natürliche Vertauschung entsteht häufig ein Analogon der objectiven Vergangenheit, indem nicht nur das Geschehen, sondern auch das Geschehensein darunter gedacht wird.

Offenbar ist die ganze hier aufgestellte Theorie der Tempora nur auf die ausgebildete Sprache anwendbar, indem sie zeigt, was in dieser liegt. Geworden sind die Formen nicht nach einem vorschwebenden System, sondern die Kategorien sind allmählich zum Bewusstsein gekommen und an Formen gebunden worden. Die älteste Tempusbezeichnung der indogermanischen Sprache ist unstreitig die des Präteritums vermittelst des Augments, welches ursprünglich ein demonstratives Zeitadverb zu sein scheint [vergl. G. Curtius, Das Verbum der griechischen Sprache. I^2 S. 107 ff.]. Das Präsens hat keine besondere Bezeichnung und erhält nur durch den Gegensatz des Präteritum eine besondere Form, indem zugleich die Gegenwart als Gegensatz der Vergangenheit zum Bewusstsein kommt. Die Abschwächung der Personalsuffixe in den augmentirten Formen scheint durch die Betonung des Augments bedingt. Nachdem aber einmal durch diese und andere rein lautliche Modificationen die Endungen des Präsens und Präteritum formell geschieden waren, konnte durch den Lautverfall das Augment, dessen ursprüngliche Bedeutung nicht mehr empfunden wurde, ganz schwinden, was im Lateinischen geschehen ist, während es sich im Griechischen, wenn auch lautlich abgeschwächt erhalten hat. Weitere Differenzirungen der Tempora knüpften sich an Verschiedenheiten der Stämme. Hierin gehört zunächst die Reduplication. Durch die Verdoppelung des Stammes wird im Allgemeinen die Bedeutung desselben stärker hervorgehoben, was natürlich aus sehr verschiedenen Gründen geschehen kann. (Vergl. A. F. Pott, Doppelung als eines der wichtigsten Bildungsmittel der Sprache beleuchtet aus Sprachen aller Welttheile. Lemgo und Detmold 1862). In der indogermanischen Grundsprache ist nun an den reduplicirten Verbalstamm die Bedeutung der *actio praeterita in tempore praesenti* geknüpft. Durch lautliche Einflüsse ist in den einzelnen Sprachen dann auch hier wieder das ursprüngliche Hauptunterscheidungsmittel, die Reduplication vielfach geschwunden, die im Griechischen ebenfalls stark abgeschwächt ist. Ferner entstanden schon in der Grundsprache Verschiedenheiten der Verbalstämme, indem die Wurzeln theils rein lautlich erweitert oder in den Vocalen verstärkt, theils durch stammbildende Suffixe verlängert wurden, deren ursprüngliche Bedeutung sich mit der Zeit abschwächte. An den Unterschied der kurzen und langen Stämme knüpften sich dann Bedeutungsunterschiede. Die verstärkten Formen setzten sich für die Bezeichnung der *actio praesens* fest um die Energie der Gegenwart hervorzuheben; durch die kurzen Formen schied sich so der starke Aorist vom Imperfect, wie ἥμαρτον und ἡμάρτανον. Präsens und Futurum haben sich erst in einer späteren Formation getrennt; die ursprüngliche im Präsens liegende Anschauung ist dieselbe, als wenn Sophokles und Euripides τὸ ἔπειτα und τὸ μέλλον für Gegenwart und Zukunft setzen. Das Futur ist aber ebenso wie der starke Aorist. Act. und Med. und der Aorist. Pass. offenbar durch Zusammensetzung mit Auxiliarverben gebildet, wie Bopp bereits gezeigt hat [vergl. G. Curtius, Das Verbum der griechischen Sprache. I^2 S. 28 ff.]. Die Bedeutung des Aorist ist also im Griechischen an zwei verschiedene Formationen geknüpft, die synonym gebraucht sind. Das Lateinische hat den starken Aorist ganz eingebüsst und obwohl es zur Unterscheidung der objectiven Zeit viele Auxiliarformen gebildet hat, ist doch keine derselben zur Fixirung des Aorist verwendet worden. Allein derselbe wird syntaktisch bezeichnet, indem sich bei dem sog. Perfectum historicum die Rection ändert, weil das Regierte eine andere Beziehung erhält, als wenn das Perfectum die *actio praeterita in tempore praesenti* bezeichnet. Da indess durch diese syntaktische Unterscheidung sich die Bedeutung des Aorist an das Perfect knüpfte, ist dies in den romanischen Sprachen zum wirklichen Aorist geworden, indem für die Perfectbedeutung eine neue Auxiliarform gebildet ist. Dass die genauere

Tempusbildung der lateinischen Sprache einer jüngeren Formation angehört, zeigt sich besonders darin, dass die Auxiliarverben in ihr vielfach nicht mehr mit dem Stamm verwachsen sind, sondern sich als selbständige Wörter mit den Participien und Infinitiven verflechten. In den romanischen Sprachen wird diese Conjugationsweise durch den Einfluss des Germanischen noch mehr vorherrschend. Aber sogar hier lässt sich noch nachweisen, wie die Flexion durch Agglutination entsteht; denn das Futur ist durch Anfügung des Hülfszeitworts *habeo* an den Infinitiv gebildet, was man deutlich daraus erkennt, dass in den verschiedenen Sprachen das Suffix anders lautet, je nachdem sich die Form von *habeo* anders gestaltet hat.

	It.	Span.	Provenç.	Franz.
ich habe:	*ho*	*he*	*ai*	*ai*
Infinitiv:	*amare*	*amar*	*amar*	*aimer*
Futur:	*amar-ò*	*amar-é*	*amar-ai*	*aimer-ai*

3. Durch die Nominalflexion verflechten sich die nominalen Kategorien unter einander. Denn der Numerus bezeichnet die allgemeinsten Unterschiede der Quantität, das Genus die der Qualität, wobei die lebendige personificirende Anschauung auf den Zusammenhang des sprachbildenden und mythenbildenden Geistes hinweist (s. oben S. 560); die Casus drücken die Relation der Substanzen und ihrer Attribute aus, die Comparationsgrade die Relation der Eigenschaften unter einander. Durch welche Grundanschauungen die indogermanische Sprache diese Kategorien aufgefasst hat, ist schwer festzustellen, da die Formen sehr abgeschliffen sind. Das Genus scheint ursprünglich gar nicht bezeichnet und zur Unterscheidung desselben scheinen erst allmählich rein lautliche Unterschiede der Stämme benutzt zu sein; die Auffassung bei der Personification ist natürlich in den verschiedenen Sprachen sehr verschieden. Wenn für die Comparationsgrade zwei verschiedene Suffixe vorhanden sind (ιων, τεροc = *ior, terus*), so sind hier synonyme Formen allmählich vermischt, so dass die ursprüngliche Bedeutung derselben unkenntlich geworden ist. Die Casussuffixe hat Bopp (§ 115 der Vergl. Grammatik) als Pronominalstämme gedeutet; allein zur Form des Pronomens gehört selbst die Casusflexion und ohne dieselbe sind die Wurzeln der Pronomina eben jene Uradverbien (oben S. 792), welche nur in den Pronomina am reinsten erhalten sind und welche man daher im Gegensatz zu den Verbalwurzeln

(s. oben S. 788) Pronominalwurzeln nennen kann. Der Plural ist wahrscheinlich wie beim Verbum durch mehrfache Setzung solcher demonstrativen Elemente bezeichnet; der Dualis ist eine Modification des Plurals, die im Lateinischen sich nur noch sporadisch erhalten hat. Am schwersten zu erklären sind die Unterschiede der Casus, da sich aus den Lautformen die charakteristischen Grundanschauungen nicht mehr ermitteln lassen. Gottfr. Hermann hat in seiner Schrift *De emendanda ratione graecae grammaticae* die Bedeutung der Casus auf die Kantischen Kategorien der Relation (Substanz und Accidenz, Ursache und Wirkung, Wechselwirkung oder Gemeinschaft) zurückgeführt. Der Genetiv bezeichnet nach dieser Ansicht die Substanz, der Accusativ die Accidenz, der Ablativ die Ursache, der Dativ die Wirkung; zur Bezeichnung der Wechselwirkung hat die Sprache keinen Casus gebildet, was Hermann wohl motivirt findet; der Nominativ ist der Ausdruck des Begriffs an sich ohne Relation und der Vocativ drückt nur die subjective Relation aus. Allein diese Erklärung trifft keineswegs den Sinn der Sprachformen, wie er sich aus dem syntaktischen Gebrauch der Casus historisch ermitteln lässt; die Sprachbildner waren augenscheinlich keine Kantianer.

Casus und Präpositionen hängen offenbar etymologisch zusammen; in den ursprünglichsten Präpositionen finden sich auch die Wurzeln wieder, welche zur Casusbildung benutzt werden; so ist in ἐπ-ί (Sanscr. ap-i) das i identisch mit dem Zeichen des indogermanischen Locativs, von dem das Lateinische und Griechische nur einzelne Spuren (wie dom-i) erhalten hat. Die Präpositionen regieren nicht bestimmte Casus, sondern sie verbinden sich als ursprüngliche Adverbien mit diesen um deren Bedeutung genauer zu präcisiren. Aus dieser Verbindung erklärt es sich, dass die Casusformen allmählich in den Sprachen geschwunden sind. Die indogermanische Grundsprache besass ausser den im Lateinischen und Griechischen erhaltenen Casus und dem Locativ noch den Instrumentalis. Der Instrumentalis erscheint aber der Bedeutung nach als Modification des Ablativs, sowie dieser als Modification des Dativs. Da nun diese Modificationen durch die Präpositionen bei Weitem genauer bezeichnet werden, starben Formen, deren Unterschiede von andern unklar geworden, leicht aus. So büsste das Griechische im Gegensatz zum Lateinischen auch den Ablativ ein, der sich nur in einigen Formationen, z. B. in der Adverbialendung ως erhalten hat. In den modernen Sprachen sind die Casusformen noch mehr abgestorben. Wenn aber z. B. im Französischen das Genetivverhältniss durch die Präposition *de*, das Dativverhältniss durch *à* (= *ad*) bezeichnet wird, so ist darin der Sinn dieser Verhältnisse ebenso richtig exponirt, wie der ursprüngliche Sinn der abgeschliffenen Personalendungen beim Verb durch die in den modernen Sprachen neben das Verbum finitum tretenden Personalpronomina verdeutlicht wird. Ich habe schon oben (S. 792) darauf hingewiesen, dass der Sinn der Uradverbien nicht ursprünglich local oder temporal ist, dass aber die Anschauung des Raumes und der Zeit sich unmittelbar an die Anschauung der Beziehungen knüpft. Bei den durch die Casus ausgedrückten Beziehungen der Dinge muss die Raumanschauung überwiegen, die denn auch in der Grundbedeutung der Präpositionen selbst mit gegeben ist. Der Unterschied des Nominativs und Accusativs ist nur im Zusammenhang mit der Unterscheidung der Genera des Verbums zu verstehen; denn der Nominativ zeigt offenbar die Hinweisung auf das Subject der Thätigkeit, der Accusativ im Gegensatz dazu auf das Object des Transitivums. Allein diese durch verschiedene demonstrative Wurzeln unterschiedene Hinweisung enthält doch zugleich eine räumliche Unterscheidung, so dass der Accusativ das Wohin der Thätigkeit ausdrückt, und die Bedeutung dieser Richtung kann dann durch hinzutretende Präpositionen, wie *ad, in,* ἐπί, εἰς modificirt werden; alle abstracteren Bedeutungen gehen aus dieser localen hervor. Der Genetiv bezeichnet — soweit man seine Grundbedeutung ermitteln kann — ursprünglich ein Ding als theilhabend zunächst an einer Thätigkeit, dann an einem andern Dinge, so dass er ursprünglich adverbial, und erst abgeleiteter Weise, weil die Dinge durch ihre Thätigkeiten bezeichnet werden, adnominal ist. Dies Verhältniss kann nun ebensowohl ursächlich als räumlich gefasst werden; aber auch mit der Anschauung der Ursache verknüpft sich ursprünglich die der Richtung Woher. Diese ist in dem Genetivverhältniss gegeben und wird wieder durch Präpositionen wie ἐκ, ἀπό, ὑπό u. s. w. näher bestimmt. Wenn der Genetiv das Theilhaben oder die Theilnahme ausdrückt, so bezeichnet der Dativ die Theilgabe an einer Thätigkeit. Das Verhältniss nimmt ebenfalls sofort eine localistische Färbung an; denn wenn auf ein Ding hingewiesen wird, welchem Theil an einer Thätigkeit gegeben wird, so wird diese dadurch räumlich fixirt. Daher entsteht die Anschauung des Ortes Wo. Im Lateinischen ist die ursprüngliche adverbiale Bedeutung des Dativs von der localistischen getrennt erhalten, indem letztere an den Ablativ geknüpft ist, welcher lautlich allerdings vielfach mit dem Dativ zusammengefallen ist. Natürlich tritt bei der Auffassung der Casusverhältnisse wieder die Individualität der einzelnen Sprachen stark hervor. Während wir in dem Ausdrucke „auf den Boden stellen" die Richtung Wohin ins Auge fassen, wird in der entsprechenden lateinischen Wendung *in solo collocare* das Ende der Bewegung aufgefasst, der Punkt, wo der gestellte Gegenstand schliesslich ruht. Da aber an dem Punkt der Ruhe auch die Bewegung beginnt, so drückt das Dativ- oder Ablativverhältniss oft scheinbar die Richtung Woher aus. Wenn wir im Deutschen sagen „das Wort kommt aus dem Munde", so liegt dabei die Anschauung zu Grunde, dass die Bewegung im Munde beginnt und heraustritt, ebenso im Lateinischen *ex ore*, wogegen im griechischen ἐκ τοῦ cτόματοc die Richtung Woher bezeichnet ist. Man hat den Genetiv, Dativ und Ablativ Mischcasus genannt, weil sie ausser ihrer ursprünglichen Function die des verloren gegangenen Instrumentalis und Localis übernommen haben. Indess darf man sich dies nicht so vorstellen, als ob sie bei der Vertretung jener Casus ihre Grundbedeutung eingebüsst hätten. Dies ist ebensowenig der Fall, als die Präposition *de* ihre Grundbedeutung geändert hat, wenn sie im Französischen Verhältnisse bezeichnet, die im Lateinischen theils durch den Genetiv, theils durch den Ablativ ausgedrückt werden. Die untergegangenen Casus sind vielmehr geschwunden, weil sich die durch dieselben bezeichneten Verhältnisse auch vermittelst der Grundanschauungen der andern Casus auffassen lassen, wie die Unterschiede der verschiedenen Sprachen beweisen. Es versteht sich, dass jene Grundanschauungen nicht einseitig aus einzelnen Erscheinungen, sondern aus der Gesammtheit des syntaktischen Gebrauchs ermittelt werden müssen; gehen einzelne Erscheinungen ausnahmsweise nicht darin auf, so ist wieder nachzuweisen, wie dies durch zu weit gefasste Analogien der Sprachen entstanden ist. Ganz verschieden von den übrigen Casus ist der Vocativ, der entweder den reinen Stamm des Nomens ohne jede Casusendung darstellt oder der durch den Ton des Rufens lautlich modificirte Nominativ ist.

C. Syntax.

§ 106. Die Syntax stellt die Bildung des Satzes dar von seiner einfachsten Form, d. h. von der Einheit des Subjects und Prädicats, wie sie in einem blossen Verbum finitum erscheint, bis zur entwickeltsten Periode, die durch die Verflechtung der verschiedenen Wortkategorien aus mehreren Sätzen zusammengefügt wird. Daher gewinnt erst durch die Syntax die Formenlehre volle Klarheit; denn die Grundbedeutung aller formellen Elemente, der Partikeln wie der Flexionsformen, ergiebt sich nur aus ihrem syntaktischen Gebrauch (s. oben S. 107). Aber durch die formellen Elemente sind die Wörter Glieder des Satzes und die Function der Glieder muss wie bei jedem Organismus aus dem Wesen des Ganzen abgeleitet werden; die Syntax der einzelnen Wortkategorien muss sich also aus einer systematischen Satzlehre ergeben, die natürlich selbst auf historischem Wege festzustellen ist; nicht aber darf umgekehrt die Satzlehre in eine Rectionslehre der Formen aufgelöst werden. Nicht die Formen regieren einander, sondern der Gedanke regiert die Formen und der Satz ist der Ausdruck des Gedankens. Die sog. *consecutio temporum* hängt z. B. nicht von der äusserlichen Form ab. Um die Gesetze derselben zu verstehen, muss man scharf zwischen objectiver und subjectiver Zeit unterscheiden. Der abhängige Satz kann mit dem regierenden nur in der subjectiven Zeit übereinstimmen; die objective hängt eben von den Thatsachen ab, die ausgedrückt werden sollen. Daher kann bei jeder der neun oben (S. 799) abgeleiteten Zeitformen der abhängige Satz wieder drei verschiedene Formen haben, nämlich die des objectiven Präsens, Präteritum oder Futurum in derselben subjectiven Zeit, z. B. *nescio quid faciat, quid fecerit, quid facturus sit.* Es ergeben sich hieraus 27 Hauptcombinationen der lateinischen *consecutio temporum*, wovon jedoch einige wegen der Seltenheit der Gedankenform wenig in Gebrauch sind. Weil man aber vermöge der Lebhaftigkeit des Gedankens von einer subjectiven Zeit in die andere hinüberspringt, so sind für jede jener 27 Combinationen wieder 2 freiere Nebenformen möglich, so dass daraus im Ganzen 81 Combinationen entstehen. Doch ist die Vertauschung der subjectiven Zeit bei den Römern nicht sehr häufig und bei näherer Prüfung wird man daher finden, dass jene 81 Möglichkeiten durch den Sprachgebrauch sehr eingeschränkt sind. Indess hat eine falsche Kritik häufig die Eigenheiten der Sprache in dieser Beziehung verwischt. Ein abschreckendes Beispiel hiervon sind die Ausgaben des Cicero und Tacitus von J. A. Ernesti, der alles wegcorrigirt hat, was nicht in seine äusserlich construirten Regeln passte. Die Römer schrieben aber in diesem Punkte *ut fert natura, non de industria,* und wer dies thut, kommt zu Structuren, die in keiner Grammatik stehen und doch ächt und gut sind. Alles folgt hier der Macht des Gedankens: daher das Imperfectum nach dem historischen Präsens, daher auch Zusammenstellungen eines Imperfects und Präsens, die von demselben Satz abhängen, wie wenn Cicero *de oratore* I, c. 31 in der indirecten Rede plötzlich aus dem Präsens ins Imperfectum übergeht und umgekehrt I, c. 51 aus dem Imperfectum ins Präsens. Solche Übergänge sind psychologisch immer wohl begründet; aber man kann sie nur verstehen, wenn man sich in den Sinn des Satzes hineindenkt.

Im Griechischen kommt bei der *consecutio temporum* namentlich auch das Verhältniss des Conjunctivs und Optativs zu den verschiedenen Zeiten in Betracht. Da der Conjunctiv die Möglichkeit als Abhängigkeit von objectiven, thatsächlichen Verhältnissen bezeichnet, so drückt er eine Handlung aus, die mit einer Beimischung von objectiver Gewissheit vorgestellt wird, so dass die Erfüllung erwartet werden kann, sobald die Thatsache, wovon dies abhängt, eintritt. Daher wird der Conjunctiv nach dem subjectiven Präsens und Futurum gesetzt. Bei dem Optativ wird eine Handlung nicht mit objectiver Gewissheit, sondern nur subjectiv möglich gedacht. Daher wird er den Zeiten der subjectiven Vergangenheit zugesetzt, in welcher die Handlung, wovon die vorgestellte abhängt, im Gegensatz zur Gegenwart des redenden Subjects steht. Wenn die Handlung des regierenden Satzes im Präsens steht, z. B. ἔχω, so ist darin die Wirklichkeit so gesetzt, dass das Denken nur der Ausdruck des Seins ist. Steht dagegen jene Handlung in der Vergangenheit, wie ἔσχον oder εἶχον, so ist das Sein als ein früher wirkliches, von der Zeit des redenden in der Gegenwart befindlichen Subjects verschieden. Das Erzählte ist nur ein Gedachtes, welches nicht mehr mit dem jetzt wirklichen Sein identisch ist, und so erscheint denn die abhängige Handlung abhängig vom Gedachten, subjectiv abhängig und wird deshalb durch den Optativ bezeichnet. Man darf nicht, wie Kühner thut, als ersten Grundsatz annehmen, dass der Optativ auf das Vergangene, der Conjunctiv auf das Gegenwärtige gehe und daraus die verschiedenen Erscheinungen ableiten wollen, sondern muss jenen Zusammenhang mit den Zeiten erst aus dem angegebenen Begriff der Modi selbst ableiten, der sich dann nach der eigenthümlichen Gestaltung jedes Satzes näher bestimmt.

Durch den Satz wird aber nicht bloss der Gebrauch der Formwörter und Flexionsformen bedingt, sondern ein neues formales Bezeichnungsmittel in der Wortstellung, d. h. der Reihenfolge der Satzglieder, geschaffen. Diese bezeichnet in Sprachen ohne Flexion, wie die chinesische, sehr viele grammatische Kategorien, während sie in Sprachen mit stark ausgeprägten Wortformen wie die alten klassischen eine geringere syntaktische Bedeutung hat und daher vorwiegend für stilistische Zwecke benutzt werden kann. In den neueuropäischen Sprachen steigt ihr syntaktischer Werth mit dem Schwinden der Flexionsformen; so wird z. B. in den romanischen Sprachen Subject und Object, nachdem der Formunterschied des Nominativs und Accusativs abgeschliffen ist, wesentlich durch die Stellung unterschieden (s. oben S. 277). Vgl. H. Weil, *De l'ordre des mots dans les langues anciennes comparées aux langues modernes.* Paris 1844.

D. Historische Stilistik.

§ 107. Die Stilistik gehört zur Grammatik, da sie sich zur Syntax ebenso verhält wie diese zur Etymologie. Der Satz drückt eine Composition von Subject und Prädicat aus und erscheint deshalb in der Regel als Composition von Worten; die stilistische Composition ist daher nur eine Erweiterung der Satzbildung. Da jedes Urtheil zu irgend einem Zwecke gefällt wird, so kann, wenn dieser Zweck durch Ein Urtheil erreicht wird, Ein Satz bereits eine stilistische Composition sein; dies zeigt sich beim Epigramm und bei philosophischen Sentenzen; ja eine Composition kann, wie das E (εἶ) des Delphischen Tempels aus einem Worte bestehen, insofern dies einen Satz vertritt. Wie sich aber der Satz zur vielgegliederten Periode entwickelt, so die stilistische Composition zu grossen Sprachwerken. Wir haben gesehen, wie aus den Sprachwerken durch individuelle und generische Interpretation und Kritik die Compositionsgesetze oder stilistischen Ideen gefunden werden (vgl. oben S. 245). Hiernach gliedert sich die historische Stilistik in die Lehre vom poetischen und prosaischen Stil oder in die historische Poetik und Rhetorik. Denn obgleich der prosaische Stil die geschichtliche, philosophische und rhetorische Prosa umfasst, die den drei Hauptgattungen der Poesie entsprechen, so ist doch die Theorie der gesammten Prosa erst durch die Rhetorik zum Bewusstsein gekommen und so weit die historische und philosophische Darstellung kunstmässig gestaltet ist, tritt darin die Rhetorik modificirt nach den Zwecken der beiden andern prosaischen Gattungen hervor (vgl. oben S. 685). Die Stiltheorie der Alten, das wissenschaftliche Lehrgebäude der alten Poetik und Rhetorik (s. oben S. 632 ff.) ist aber keineswegs identisch mit der historischen Stilistik, sondern gehört zur philosophischen und empirischen Ästhetik, obgleich die Theoretiker die Kritik der Stilmuster zu Grunde legten und daher z. B. die Schriften des Dionysios von Halikarnass auch für uns die wichtigste Quelle für die Geschichte des prosaischen Stils sind (s. oben S. 745). Wie im Alterthum selbst, so ist überhaupt die historische Stilistik die geschichtliche Rückseite der ästhetischen Stiltheorie. Es könnte scheinen, dass hiernach jene mit der Literaturgeschichte zusammenfallen müsste. Allein diese zeigt die Realisation der stilistischen Ideen zersplittert in den einzelnen Werken, gebunden an bestimmte Stoffe, auf welche die Stilformen angewandt werden (s. oben S. 648 f. 743). Dagegen soll die historische Stilistik die stilistischen Ideen an sich als Sprachformen nachweisen. Sie muss also, wie die Syntax, systematisch aufgebaut werden; sie enthält das System der Gesetze, welche der Composition der gesammten alten Schriftwerke zu Grunde liegen. Diese Betrachtung ist der Literaturgeschichte nahe verwandt, aber nicht identisch damit, so wenig als die übrigen Theile der Sprachgeschichte, obgleich auch diese sich nur aus der Literatur ermitteln lassen.

Die Kunst der Sprachcomposition hat eine doppelte Seite; sie strebt nach Schönheit in Bezug auf die Bedeutung und in Bezug auf die Lautform der Worte. Die letztere Betrachtung betrifft den Rhythmos der Sprache, d. h. das Metrum der Poesie und den prosaischen Numerus (s. oben S. 243 ff.). Hier zeigt sich nun recht deutlich die Verschiedenheit der historischen Stilistik von der Literaturgeschichte, weil die Metrik, d. h. die Geschichte des poetischen Rhythmos, sich zu einer eigenen Disciplin ausgebildet hat. Alle übrigen Theile der Compositionslehre müssen ebenso selbständig behandelt werden, wenn man eine vollständige Einsicht in das Wesen der Sprache gewinnen will. Denn da der Gedanke stets auf Zwecke gerichtet ist (s. oben S. 141), so wirkt der Kunsttrieb, aus dem die stilistische Composition hervorgeht, schon bei der Bildung der einfachsten Sprachelemente mit; schon hierbei ist, wie auch bei der Wortbildung, alles auf die Hervorbringung des Satzes angelegt und die Satzbildung ist ganz abhängig von der Composition. So erklärt sich die Vollkommenheit der griechischen Syntax, die Periodologie, die sich die Römer dann nach dem griechischen Muster angeeignet haben, nur aus der künstlerischen Ausbildung der griechischen Sprache (s. oben S. 686 und S. 704, vgl. L. Dissen, *De structura periodorum oratoria* in der Ausgabe von Demosthenes, *De corona*. Göttingen 1837. F. W. Engelhardt, *De periodorum Platonicarum structura*. Danzig 1853. 4.). Es ist gewiss eine höchst interessante Aufgabe dem Kunsttrieb in der Sprache von seinen ersten poetischen Regungen bis zu seiner höchsten Entfaltung nachzugehen und die Gesetze zu erforschen, nach welchen sich der Geist vermittelst der Sprache aus der sinnlichen Vorstellung zum begrifflichen Denken emporarbeitet (s. oben S. 601). Bis jetzt wird dies Alles nur gelegentlich bei der Literaturgeschichte, besonders in literar-historischen Monographien, bei der Geschichte der Philosophie und zum Theil bei der Syntax berücksichtigt. Ansätze zu einer selbständigen Theorie finden sich nur in den praktischen Anleitungen, besonders zur lateinischen Composition. Diese gehören allerdings zur technischen Stilistik; aber sie müssen noch mehr als die Technik der Alten auf die historische Stilistik eingehen, weil sie zur Composition in einer fremden und historisch abgeschlossenen Sprache anleiten wollen. Allein auch in den besten dieser Bücher werden nur Regeln über den prosaischen Stil im Allgemeinen gegeben und für die griechische Sprache ist man in der Erkenntniss der Stilgesetze noch viel weiter zurück. Indem ich also auf diese bedeutende Lücke in dem Ausbau der philologischen Wissenschaft aufmerksam mache*), füge ich nur einige Bemerkungen über den bereits selbständig bearbeiteten Zweig der Stiltheorie hinzu.

---

*) Vergl. Von dem Übergange der Buchstaben in einander. 1808. Kl. Schr. III, S. 211.

Metrik.

Das Zeitmaass in den Worten entspringt ebenso aus der natürlichen Begeisterung für das Schöne wie der Rhythmos in der Leibesbewegung und der Musik (s. oben S. 468). Jede Nation strebt in ihrer Poesie nach dem Metrum; aber dies Streben hat bei vielen Völkern des Alterthums, wie bei den Indern, Persern, Germanen, Hebräern und Arabern nur zu unvollkommenen Versuchen geführt; zu einer klassischen Kunstform ist das Metrum zuerst von den Griechen ausgebildet, deren blosse Nachahmer auch hierin die Römer sind. Der künstlerisch feine Sinn der Griechen zeigt sich schon in dem ältesten epischen Maass (s. oben S. 651) und die Kunst hat sich dann in den verschiedenen Gattungen der Poesie entwickelt. Das Metrum unterscheidet sich vom musikalischen Rhythmos nur dadurch, dass es die Silben der Sprache zum ῥυθμιζόμενον hat (vgl. oben S. 534). Da nun die Sprache im Alterthum wesentlich durch den Gesang rhythmisirt ist (s. oben S. 526), so lässt sich der Sprachrhythmos nur im Zusammenhang mit dem musikalischen Rhythmos verstehen. Dieser ist, wie ich oben (S. 774 f.) angedeutet, selbst die Wurzel des Wortaccentes, hat aber in dem Metrum eine von letzterem unabhängige poetische Form gewonnen. Daraus folgt nicht, dass beim Vortrag der Gedichte der Wortaccent nicht beachtet worden wäre; vielmehr lässt sich derselbe ebensowohl als der Satzaccent neben dem Metrum aussprechen und diese lebendige Mannigfaltigkeit der rhythmischen Form entsprach gerade dem plastischen Charakter der alten Poesie. Natürlich fiel auch vielfach der Wortaccent ohne Absicht mit der Vershebung zusammen; in der römischen Poesie ist dies in Folge des Accentuationsgesetzes der lateinischen Sprache beim trochäischen, iambischen und daktylischen Maass häufiger der Fall als in der griechischen, wodurch sich Bentley zu der Meinung verleiten liess, dass die römische Dichtung ursprünglich accentuirend gewesen sei (s. oben S. 294). Dies ist besonders durch Fr. Ritter[*] *(Elementa grammaticae latinae)*, H. Weil und L. Benloew *(Théorie générale de l'accentuation latine)* und W. Corssen (Über Aussprache, Vocalismus und Betonung der Lateinischen Sprache) gründlich widerlegt worden. Bei den Dichtern der voraugusteischen Zeit zeigt sich nirgends eine Scheu gegen die Trennung des

---

[*] S. Kl. Schr. VI, S. 303 f.

Wortaccents und der Vershebung und in den alten Saturnischen Versen bestimmt der Accent ebenso wenig das Metrum als in dem alten Mitylenäischen Müllerliedchen; denn dass dies accentuirend gewesen sei, ist eine der verkehrtesten Ansichten, welche die moderne Philologie zu Tage gefördert hat. Erst als der plastische Sinn für die Quantitätsverhältnisse der Sprache abnahm, gewann der Accent nach und nach die Oberhand in der Poesie. So sind schon in den quantitirenden Versen des Johannes von Gaza aus dem 6. christlichen Jahrhundert die alten Quantitätsgesetze vielfach verletzt; und ganz accentuirend sind die katalektischen iambischen Tetrameter, die besonders seit dem 11. Jahrh. unter dem Namen politische (d. h. populäre) Verse gangbar wurden. Bei den Römern erlangte in der iambischen und trochäischen Volksdichtung der Kaiserzeit mit dem Zurücktreten der Quantitätsunterschiede der Wörter der Accent schon im 3. und 4. Jahrh. die Herrschaft.

Um den Sinn der metrischen Formen zu verstehen, muss man ebenso wie bei den grammatischen Kategorien zu einer philosophischen Construction zu gelangen suchen, vermittelst deren die Metra aus den einfachsten an sich klaren Elementen, d. h. aus dem Begriffe des Rhythmos als der Einheit von Arsis und Thesis abgeleitet werden (s. oben S. 523). Eine solche Construction haben bereits die alten Rhythmiker im Anschluss an die mathematische Musiktheorie aufgestellt; leider kennen wir sie nur unvollständig, aber wir finden darin vollkommen richtige Principien und sie ist ausserdem von dem grössten Werth für die historische Erkenntniss der alten Metra, weil sie im lebendigen Zusammenhang mit der Technik der Dichter selbst gebildet ist (s. oben S. 528 f.). Denn nicht Alles, was a priori rhythmisch möglich ist, findet sich verwirklicht, sondern durch die rhythmisch musikalischen Stile sind die Möglichkeiten individuell begrenzt und die historische Metrik hat die Entwickelung der wirklich hervorgetretenen Metra darzustellen. Diese aber sind von den alten Rhythmikern am richtigsten aufgefasst und erklärt worden. Viel äusserlicher war die Metrik der späteren Grammatiker, welche allmählich den Sinn für die musikalische Bedeutung der Metra verloren und sie daher rein schematisch und vielfach unrichtig zergliederten. Natürlich blieb auch hierbei die alte Theorie die Grundlage und besonders die alexandrinischen Grammatiker bauten darauf weiter. So ordnete der

Eidograph Apollonios die Metra sogar nach den Tonarten. Allein Vieles weist darauf hin, dass schon in der alexandrinischen Zeit die musikalische Tradition in der Metrik der Grammatiker schwand und noch mehr geschah dies in der römischen Zeit*). Seit Hadrian wurde die Lehre des Hephästion zur Norm, die von den späteren, besonders von den römischen Metrikern, immer mehr verflacht wurde. Die moderne Metrik knüpfte an die römische und byzantinische Überlieferung an; man verstand nach der Renaissance die gewöhnlichen Metra sehr wohl und ahmte sie empirisch richtig nach. Es bildete sich so allmählich eine naturalistische Doctrin ohne eigentliches System, und diese hat in der metrischen Analyse der alten Dichtungen manches Gute geleistet. Bewundernswerth ist vor Allen Bentley, der durch seinen ausserordentlichen Scharfsinn mit Benutzung der alten Grammatiker vieles Richtige gefunden hat. Seine Doctrin bildete F. W. Reiz, der Lehrer G. Hermann's, weiter aus. Die Mängel dieser grammatischen Metrik bestanden darin, dass sie nicht auf die älteste Tradition zurückging, die Metra selbst unvollkommen analysirte und der philosophischen Begründung ermangelte; sie stellte nur die Erscheinungen empirisch und deshalb gerade unrichtig zusammen. Den ersten Grund zu einer wissenschaftlichen Behandlung legte G. Hermann. Leider ignorirte er jedoch die alten Metriker, Musiker und Philosophen und stellte im Widerspruch mit der alten Tradition eine Lehre auf, welche sich auf die Kantische Philosophie stützte, aber selbst mit dieser nicht in Einklang, und überhaupt nicht wirklich philosophisch ist. Der Grundirrthum Hermann's besteht darin, dass er das quantitative Verhältniss der Arsis und Thesis als ein causales auffasst**). Durch seine selbsterdachten Kategorien wurde er auch bei der Analyse der Metra irregeleitet; doch ist diese häufig vortrefflich. Im Gegensatz zu Hermann begründeten Joh. Heinr. Voss und A. Apel eine musikalische Theorie. Aber sie gingen dabei von der modernen Musik aus, ohne die alte Tradition zu kennen und kamen daher auf ganz unhistorische Ansichten; daher musste die hiernach vorgenommene Analyse der alten Metra durchaus mangelhaft ausfallen. Ich habe mich Anfangs durch die scheinbare Consequenz der Apelschen

---

*) Vergl. die Kritik der grammatischen Metrik vor den Scholien des Pindar. *Pindari opera*. Bd. II, 1 und Kl. Schr. V, S. 265 ff.

**) Vergl. *De metris Pindari* S. 8.

Theorie bestechen lassen*), indess bald erkannt, dass darin nur die vom Standpunkte der modernen Musik möglichen, nicht aber die von den Alten verwirklichten Metra erklärt werden**). Die Rhythmik der modernen Musik stimmt zwar in den Principien mit der alten überein, ist aber einerseits in den verwirklichten Formen beschränkter und andererseits durch die willkürliche Geltung der Silben freier. Das von mir aufgestellte und von den meisten neueren Forschern angenommene System ist auf die historische Erforschung der alten musikalischen Tradition gegründet und sucht diese nach der Philosophie der Alten selbst zu begreifen und durch Analyse des Vorhandenen und Combination auf mathematisch sicherer Grundlage zu erweitern. Das System der Metrik muss zunächst die allgemeinen Grundsätze über Rhythmos und Metrum entwickeln. Daraus ergiebt sich dann die Lehre von den einfachen Metra, den Versfüssen, die aus den Rhythmengeschlechtern (s. oben S. 534 f.) abzuleiten sind. Hiernach ist zu zeigen, wie sich aus den Versfüssen zusammengesetzte Metra: Reihen (Κῶλα), Verse und Strophen bilden und nach welchen Kriterien man diese Zusammensetzungen im gegebenen Falle zu analysiren hat. Man muss so die metrischen Formen im Allgemeinen, sowie den besondern Gebrauch der Zeitalter, Gattungen und Dichter feststellen und dabei den ethischen Charakter der Metra bestimmen, worin der Schwerpunkt der Metrik beruht, da sie sich nur dadurch in die Stilistik eingliedert.

§ 108. **Literatur. Quellen.** Da uns die alten Sprachen nur in ihrer Literatur vorliegen, sind die Quellen der Literaturgeschichte zugleich die der Grammatik (s. oben S. 745). Auf die Wichtigkeit der Inschriften für die Geschichte der Sprache ist oben (S. 757 f.) aufmerksam gemacht. Ein gründliches Studium der alten Grammatik muss aber von den aus dem Alterthume und der Byzantinischen Zeit erhaltenen grammatischen Schriften ausgehen, weil die moderne Sprachwissenschaft auf der Tradition der alten Grammatik beruht und sich selbst nicht versteht, wenn sie diesen Zusammenhang nicht beachtet; viele Spracherscheinungen lernen wir ausserdem nur aus jenen Schriften kennen.

Griechische Grammatiker. Vier Sammlungen grammatischer Schriften von Aldus Manutius. Venedig 1495. 1496. 1524. 1525. Der 2. Band führt den Titel Θηcαυρός, Κέρας 'Αμαλθείας καὶ Κῆποι 'Αδώνιδος, wonach man diese Sammlung als *Horti Adonidis s. Cornu copiae* citirt. — *Anecdota graeca* ed. I. Bekker, Berlin 1814. 1816. 1821. 3 Bde. (Im 2. Bde. Dio-

---

*) S. Über die Versmaasse des Pindaros Kap. VI.
**) S. *De metris Pindari* S. 3 f.

nysios Thrax, Τέχνη [Neueste Ausgabe von G. Uhlig. Leipzig 1883] und Apollonios Dyskolos, *De coniunctionibus et de adverbiis.*) — *Anecdota graeca* ed. L. Bachmann. Leipzig 1828 f. 2 Bde. — *Anecdota graeca* ed. J. F. Boissonade. Paris 1829—44. 6 Bde. — *Anecdota graeca* ed. J. A. Cramer. Oxford 1835—41. 8 Bde. — *Grammatici graeci* ed. W. Dindorf. Vol. I. Herodianos, Περὶ μονήρους λέξεως. *Variae lectiones ad Arcadium. Phavorini eclogae.* Leipzig 1823. [— *Grammatici graeci recogniti et apparatu critico instructi.* Vol. I, 1 *Apollonii scripta minora a* R. Schneider *edita.* Leipzig 1878.] — Hervorzuheben sind namentlich: Tryphon (*Frgm. coll.* A. v. Velsen. Berlin 1853), Didymos Chalkenteros (*Opusc.* ed. Fr. Ritter. Köln 1845, *Fragm.* ed. Mor. Schmidt. Leipzig 1854), Apollonios Dyskolos (*De constructione orationis libri IV* und *De pronomine liber* ed. J. Bekker. Berlin 1817. 1813. [Vier Bücher über die Syntax übersetzt und erläutert von A. Buttmann. Berlin 1877], vgl. L. Lange, Das System der Syntax des Apollonios Dyskolos. Göttingen 1852), Herodianos (*Scripta tria emendatiora* ed. K. Lehrs. Königsberg 1848, [*Reliquiae* ed. A. Lentz. Leipzig 1867—1870. 2 Bde.]), Dositheos Magister (*Interpretamentorum lib. III.* ed. E. Böcking. Bonn 1832, [*Ars grammatica* ed. H. Keil. Halle 1869—71]), Theodosios (*Grammatica* ed. C. W. Göttling. Leipzig 1822), Choeroboskos (*Dictata in canones* ed. Th. Gaisford. Oxford 1842. 3 Bde.), Ammonios Alexandrinos (*De adfinium vocabulorum differentia* ed. L. C. Valckenaer. Lugd. Bat. 1739. Neue Ausgabe Leipzig 1822 von G. H. Schäfer), Gregorios Korinthios (*De dialectis linguae graecae* ed. G. Koen. Lugd. Bat. 1766, G. H. Schäfer. Leipzig 1811), Philemon (ed. Fr. Osann. Berlin 1821).

Lateinische Grammatiker: *Auctores latinae linguae in unum redacti corpus.* Ed. Dionysius Gothofredus. Genf 1595. 4. — *Grammaticae latinae auctores antiqui.* Ed. E. van Putschen. Hanau 1605. 4. — F. Lindemann, *Corpus grammaticorum latinorum.* Leipzig 1831—40. 4 Bde. 4. — H. Keil, *Grammatici latini.* Leipzig 1855—80. 7 Bde. [Dazu Supplement: H. Hagen, *Anecdota helvetica.* 1870.] — Die relativ besten unter den lateinischen Grammatikern sind: Varro (*De lingua latina quae supersunt,* ed. L. Spengel, Berlin 1826. [2. Aufl. 1885.] K. O. Müller, Leipzig 1833. A. E. Egger, Paris 1837; *De Varronis libris grammaticis scripsit reliquiasque subiecit* A. Wilmanns, Berlin 1864.), Quintilian, Diomedes, Donatus, Charisius, Priscian.

Die erhaltenen **Lexica** s. oben S. 122 f. Sammlungen: B. Vulcanius, *Thesaurus utriusque linguae s. Philoxeni aliorumque auctorum glossaria latinograeca et graecolatina.* Leiden 1600 fol. — *Cyrilli, Philoxeni aliorumque veterum glossaria latinograeca et graecolatina* ed. Ch. Labbé. Paris 1679 fol. — *Glossaria graeca minora* ed. Chr. Fr. Matthaei. Moskau 1774 f. 2 Bde. 4. — *Etymologica (Magnum, Gudianum, Orionis)* ed. G. H. Schäfer und F. W. Sturz. Leipzig 1816. 1819. 1820. 3 Bde. — [*Lexicon Vindobonense. Rec. et adnotatione critica instruxit* A. Nauck. *Accedit appendix duas Photii homilias et alia opuscula complectens.* Petersburg 1867. — *Lexicon rhetoricum Cantabrigiense rec. et annot. instr.* E. O. Houtsma. Leiden 1870.] — S. auch das geographische Lexicon von Stephanos

Byzantios. Wichtig für die Lexikologie sind die Sprüchwörtersammlungen: *Corpus paroemiographorum graecorum* ed. E. v. Leutsch und F. W. Schneidewin. Göttingen 1839. 1851. 2 Bde. — [G. Löwe, *Prodromus corporis glossariorum latinorum. Quaestiones de gloss. lat. fontibus et usu.* Leipzig 1876; *Glossae nominum. Accedunt eiusdem opuscula glossographica collecta* a G. Götz. Ebenda 1884.]

Metriker: Hephästion hatte zuerst 48 Bücher περὶ μέτρων geschrieben, dann einen Auszug in 11, später in 3 und endlich in 1 Buche gemacht. Letzterer ist das erhaltene Ἐγχειρίδιον (ed. Th. Gaisford. London 1810. 2. Aufl. Oxford 1856. 2 Bde.), welches das ganze griechische Mittelalter hindurch als höchste Norm galt. Vergl. A. Rossbach, *De Hephaestionis Alex. libris et de reliquis quae aetatem tulerunt metricorum Graecorum scriptis bipartita disputatio.* Breslau 1857. 1858. 4. und *Scriptores metrici Graeci* ed. R. Westphal. Vol. I. *Hephaestionis de metris enchiridion et de poemate libellus cum scholiis et Trichae epitomis, adiecta est Procli chrestomathia grammatica.* Leipzig 1866. Die Scholien zum Enchiridion sind z. Th. nicht unwichtig, besonders die des Longinos. Ganz unbedeutend sind dagegen die Auszüge des Tricha; ebenso Manuel Moschopulos, Περὶ μέτρων (in dessen *Opuscula grammatica* ed. F. N. Titze. Prag 1822). — Aus später byzantinischer Zeit ist Drakon (s. *Draconis Stratonicensis liber de metris poëticis, Jo. Tzetzae exegesis in Homeri Iliadem primum* ed. G. Hermann. Leipzig 1812. 1814. — L. Bachmann hat in seinen *Anecd. gr.* II. herausgegeben: Ἰσαάκου τοῦ σοφωτάτου μοναχοῦ περὶ μέτρων ποιητικῶν. Es ist meist aus Drakon entnommen und enthält ausser einigen schlechten philosophischen Betrachtungen über das Metrum nichts Neues oder Merkwürdiges. Von anderer Art, aber auch nicht bedeutend, ist eine aus einem Ambros. Codex des Aristophanes herausgeg. Schrift in H. Keil's *Analecta grammatica.* Halle 1848. Die metrischen Scholien sind durchweg schlecht. — [*Anecdota chisiana de re metrica* ed. et commentario instruxit Guil. Mangelsdorf. Karlsruhe 1876. 4.] — Die lateinischen Metriker sind gesammelt von Th. Gaisford, *Scriptores latini rei metricae.* Oxford 1837. Vergl. H. Wentzel, *Symbolae criticae ad historiam scriptorum rei metricae latinorum.* Breslau 1858; H. Keil, *Quaestiones grammaticae.* Leipzig 1860; [*Fragmentum Bobiense de metris.* Halle 1873. 4. = *Grammatici lat.* Bd. 6. S. 617 ff.]. Vergl. ausserdem die Quellen zur Geschichte der Musik oben S. 547 f.

Bearbeitungen der Sprachgeschichte.
I. Allgemeine Sprachwissenschaft. *Grammaire générale et raisonnée du Port Royal.* Paris 1660 u. ö. (von A. Arnauld, Claude Lancelot u. A.). Für die damalige Zeit vortrefflich. — J. Harris, *Hermes or a philosophical inquiry concerning universal grammar.* London 1751 u. ö. Deutsch von C. G. Ewerbeck, mit Anmerkungen von Fr. A. Wolf und dem Übersetzer. Halle (Berlin) 1788. In diesem Werke wird die Sprachphilosophie im Sinne der Alten, besonders nach stoischen Principien behandelt. — N. Beauzée, *Grammaire générale.* Paris 1767. 1819. 2 Bde. — J. Horne Tooke, Ἔπεα πτερόεντα. London 1786. 2. Ausg. 1798—1805. 3. Ausg. von Rich. Taylor. 1829. 2 Bde. — J. W. Meiner, Versuch einer an der menschlichen Sprache abgebildeten Vernunftlehre oder philo-

sophische und allgemeine Sprachlehre. Leipzig 1781. Eine Deduction der Sprache aus Kantischen Kategorien. Ahnliche Versuche sind J. G. Hasse, Griech. und lat. Grammatologie. Königsberg 1792; J. Mertian, Allgemeine Sprachkunde. Braunschweig 1796; Ge. Mich. Roth (Reinholdianer), Anti-Hermes. Marburg 1795 u. a. Vergl. J. Sev. Vater, Übersicht des Neuesten, was für Philosophie der Sprache in Deutschland gethan worden ist. Gotha 1799. — A. F. Bernhardi, Allgemeine oder philosophische Sprachlehre. Berlin 1801 und 1803. 2 Bde.; Anfangsgründe der Sprachwissenschaft. Berlin 1805. — A. J. Silvestre de Sacy, *Principes de grammaire générale*. Paris 1799. Deutsch von J. S. Vater. Halle 1804. Gründlich aber nicht mit deutsch philosophischem Geiste. — J. Chr. Adelung, Mithridates oder allgemeine Sprachenkunde. Berlin 1806—17. 4 Bde. (Bd. 2—4 fortges. von J. Sev. Vater. In Bd. IV eine Abhandlung von W. v. Humboldt über das Baskische.) — F. Schmitthenner, Ursprachlehre. Entwurf zu einem System der Grammatik mit besonderer Rücksicht auf die Sprachen des indisch-deutschen Stammes. Frankfurt a/M. 1826. — K. Rosenberg, Vorschule der deutschen Grammatik. Berlin 1828. — K. Hoffmeister, Erörterung der Grundsätze der Sprachlehre. Essen 1830. 2 Bdchen. — G. L. Städler, Wissenschaft der Grammatik. Berlin 1833. Gedrängt geschriebenes Handbuch vom Hegel'schen Standpunkt. — C. Ferd. Becker, Das Wort in seiner organischen Verwandlung. Frankfurt a/M. 1833; Organism der Sprache (1827). 2. Ausg. Ebenda 1841. (Vergl. Metger, Beleuchtung des Einflusses der Becker'schen Sprachtheorie auf die griechische Syntax. Emden 1843. 4.) — W. v. Humboldt, Über die Verschiedenheit des menschlichen Sprachbaues und ihren Einfluss auf die geistige Entwickelung des Menschengeschlechts. (Einleitung zu dem Werke über die Kawisprache.) Berlin 1836 [herausgeg. und erläutert von A. F. Pott. Berlin 1875 f. 2 Bde. 3. Ausg. 1883. — Auch in den sprachphilosophischen Werken hrsg. und erläut. von H. Steinthal. Berlin 1884.]*) — S. Stern, Lehrbuch der allgemeinen Grammatik. Berlin 1840. — W. Mohr, Dialektik der Sprache oder das System ihrer rein geistigen Bestimmungen mit Nachweisungen aus dem Gebiete der lateinischen, griechischen, deutschen und Sanskritsprache. Heidelberg 1840. — K. L. Michelet, Anthropologie und Psychologie (S. 312 ff. u. 368 ff.). Berlin 1840. — J. N. Madvig, Über Wesen, Entwickelung und Leben der Sprache. Kopenhagen 1842; Vom Entstehen und Wesen der grammatischen Bezeichnungen. 1856 f. [Wiedergedruckt in den Kl. philol. Schr. Leipzig 1875.] — Max Schasler, Die Elemente der philosophischen Sprachwissenschaft Wilhelm's von Humboldt aus seinem Werk über die Verschiedenheit des menschlichen Sprachbaues etc. in systematischer Entwickelung dargestellt und kritisch erläutert. Berlin 1847. Hochtrabende philosophische Kritik. Dagegen und gegen diese ganze Richtung H. Steinthal, Die Sprachwissenschaft W. v. Humboldt's und die Hegel'sche Philosophie. Berlin 1848, vom ächt philosophischen Standpunkt. Derselbe, Grammatik, Logik und Psychologie, ihre Principien und ihr Verhältniss zu einander. Berlin 1855. Ein

---

*) Vergl. Etwas über W. v. Humboldt, gesprochen in der preuss. Akademie der W. 1835. Kl. Schr. II, 211—215.

tiefsinniges Buch, nur etwas zu polemisch. Derselbe, Die Classification der Sprachen dargestellt als die Entwickelung der Sprachidee. Berlin 1850, 2. Bearb. unter dem Titel: Charakteristik der hauptsächlichsten Typen des Sprachbaues. Berlin 1860. — K. W. L. Heyse, System der Sprachwissenschaft, nach des Verf. Tode herausgegeben von H. Steinthal. Berlin 1856. — Conr. Hermann, Philosophische Grammatik. Leipzig 1858; Grammatik in Ersch u. Gruber's Encykl. Sect. I. Bd. 79; Das Problem der Sprache und seine Entwickelung in der Geschichte. Dresden 1865; [Die Sprachwissenschaft nach ihrem Zusammenhang mit Logik, menschlicher Geistesbildung und Philosophie. Leipzig 1875]. — Max Müller, *Lectures on the science of language.* Oxford 1861. 1864. 2 Bde. [10. Ausg. London 1880]. Deutsch von C. Böttger. Leipzig 1863. 1866., 2. Ausg. 1867. 2 Bde.; [Essays. 4. Bd. Aufsätze hauptsächlich sprachwissenschaftlichen Inhalts übers. von R. Fritzsche. Leipzig 1876.] — A. Schleicher, Die Darwinsche Theorie und die Sprachwissenschaft. Weimar 1863; Über die Bedeutung der Sprache für die Naturgeschichte des Menschen. Weimar 1865. — [W. D. Whitney, *Language and the study of language.* London 1867. 3. Ausg. 1876. (J. Jolly, Die Sprachwissenschaft, Whitney's Vorlesungen über die Principien der vergleichenden Sprachforschung. Für das deutsche Publicum bearbeitet und erweitert. München 1874); *The life and growth of language.* New-York 1875, deutsch von A. Leskien. Leipzig 1876. — A. Boltz, Die Sprache und ihr Leben. Offenbach 1868. — G. Gerber, Die Sprache und das Erkennen. Berlin 1884. — Ph. Wegener, Untersuchungen über die Grundfragen des Sprachlebens. Halle 1885. — J. Burne, *General principles of the structure of language.* Bd. I. II. London 1885. — A. Hovelacque, *La linguistique.* Paris 1875. 3. Ausg. 1881. — H. Steinthal, Abriss der Sprachwissenschaft. 1. Theil: Die Sprache im Allgemeinen, Einleitung in die Psychologie der Sprachwiss. Berlin 1871. 2. Aufl. 1880. — A. E. Chaignet, *La philosophie de la science du langage étudiée dans la formation des mots.* Paris 1875. — Friedr. Müller, Grundriss der Sprachwissenschaft. 1. Bd. 1. Abth. Einleitung in die Sprachwissenschaft. Wien 1876. 2. Abth. Die Sprachen der wollhaarigen Rassen. 1877. 2. Bd. Die Sprachen der schlichthaarigen Rassen. 1. Abth. Die Sprachen der austral., hyberboreischen und der amerikan. Rasse. 1882. 2. Abth. Die Sprachen der malayisch. und der hochasiat. [mongol.] Rasse. 1880. 3. Bd. Die Sprachen der lockenhaarigen Rassen. 1. Abth. Die Sprachen der Nuba- und Dravida-Rasse. 1883. 2. Abth. Die Sprachen der mittelländischen Rasse. 1885 f. — F. Heerdegen, Untersuchungen zur latein. Semasiologie. I. Über Umfang und Gliederung der Sprachwissenschaft im allgemeinen und der latein. Grammatik insbesondere. Erlangen 1875. — D. Pezzi, *Introduction à l'étude de la science du langage, traduit de l'italien sur le texte* (1869), *entièrement refondu par l'auteur par* V. Nourisson. Paris 1875. — A. H. Sayce, *Introduction to the science of language.* London 1880. 2 Bde. — B. Delbrück, Einleitung in das Sprachstudium. Ein Beitrag zur Geschichte der vergleichenden Sprachforschung. Leipzig 1880. 2. Aufl. 1884. — H. Paul, Principien der Sprachgeschichte. Halle 1880. — F. A. Pott, Einleitung in die allgemeine Sprachwissenschaft. Internationale Zeitschrift für allgemeine Sprachwissenschaft. I (1884) S. 1 ff. 329 ff. II (1885) S. 54 ff.].

Ursprung der Sprache. Charles de Brosses, *Traité de la formation mécanique des langues.* Paris 1765. 2 Bde. — J. P. Süssmilch, Versuch eines Beweises, dass die erste Sprache ihren Ursprung nicht vom Menschen, sondern von Gott erhalten habe. Berlin 1766. — Herder, Abhandlung über den Ursprung der Sprache. Berlin 1770. 2. Aufl. 1789 u. ö. — D. Tiedemann, Versuch einer Erklärung des Ursprungs der Sprache. Riga 1777. — R. W. Zobel, Gedanken über die verschiedenen Meinungen der Gelehrten von dem Ursprung der Sprache. Magdeburg 1773. — J. Burnet Lord Monboddo, *On the origin and progress of language.* Edinburgh 1773—92. 6 Bde. — Ant. Court de Gebelin, *Histoire naturelle de la parole ou précis de l'origine du langage et de la grammaire universelle.* Paris 1774 f. 2 Bde. — F. Wüllner, Über die Verwandtschaft des Indogermanischen, Semitischen und Tibetanischen, nebst einer Einleitung über den Ursprung der Sprache. Münster 1838. — F. W. Bergmann, *De linguarum origine atque natura.* Strassburg 1839. — F. Vorländer, Grundlinien einer organischen Wissenschaft der menschlichen Seele. Berlin 1841. Er führt S. 301 ff. die Bedeutung der Laute für Empfindung und Begriff nicht ungeschickt auf ein mimisches Princip zurück. — H. F. Link, Das Alterthum und der Übergang zur neueren Zeit. Berlin 1842. Enthält Vieles über den Ursprung der Sprache. — H. Steinthal, Der Ursprung der Sprache im Zusammenhange mit den letzten Fragen alles Wissens. Berlin 1851. 2. Aufl. 1858. [3. Aufl. 1877.] Die gründlichste und tiefste Untersuchung dieses Gegenstandes. Vergl. dazu M. Lazarus, Das Leben der Seele. Berlin 1856 f. 2 Bde. [2. Aufl. 1876—1878. Bd. 2. 3. Aufl. 1886.] — E. Renan, *De l'origine du langage.* Paris 1848. 4. Ausg. 1863. — J. Kelle, Gedanken über den Ursprung der Sprache. In Herrig's Archiv für das Studium der neuern Sprachen. 20. Bd., wo eine reichhaltige Literaturangabe. — J. Grimm, Über den Ursprung der Sprache. Berlin 1851. [7. Abdr. 1879.] (Kl. Schr. I.) — H. Basiades, Περὶ τῆς ἀρχῆς τῶν γλωσσῶν. In dem Journal: Ὁ ἐν Κωνσταντίνου πόλει Ἑλληνικὸς φιλολογικὸς σύλλογος. Bd. I. 1863. — A. F. Pott, Anti-Kaulen oder mythische Vorstellungen vom Ursprung der Völker und Sprachen. Lemgo und Detmold 1863. — L. Benloew, *De quelques caractères du langage primitif.* Paris und Leipzig 1863. — [H. Wedgwood, *On the origin of language.* London 1866. — W. Wackernagel, Über den Ursprung und die Entwickelung der Sprache. 1866. Kl. Schr. Bd. III. 1872. — W. H. J. Bleek, Über den Ursprung der Sprache. Mit einem Vorwort von E. Haeckel. Weimar 1868. — L. de Rosny, *De l'origine du langage.* Paris 1869. — L. Geiger, Ursprung und Entwickelung der menschlichen Sprache und Vernunft. Stuttgart 1868. 1872. 2 Bde.; Der Ursprung der Sprache. 1869. 2. Aufl. 1878; Zur Entwickelungsgeschichte der Menschheit. Vorträge. 1871. 2. Aufl. 1878. — T. H. Key, *Language, its origin and development.* London 1874. — A. Marty, Über den Ursprung der Sprache. Würzburg 1875. — P. Schwartzkopff, Der Ursprung der Sprache aus dem poetischen Triebe. Halle 1875. — Krause, Die Ursprache in ihrer ersten Entwickelung. Gleiwitz 1876. 1878. 1881. 1883. 4. — L. Noiré, Der Ursprung der Sprache. Mainz 1877. — Chr. Wirth, Die Frage nach dem Ursprung der Sprache im Zusammenhang mit der

Frage nach dem Unterschied zwischen der Menschen- und Thierseele. Wunsiedel 1877. — F. Thessalus, *Traité de l'origine du langage ou formation et déformation des mots*. Brüssel 1882.]

II. Indogermanische Grammatik. F. Bopp, Vergleichende Grammatik des Sanskrit, Send, Armenischen, Griechischen, Lateinischen, Litauischen, Altslavischen, Gothischen und Deutschen. Berlin 1833 ff. [3. Aufl. von A. Kuhn. 1868—71. Französ. von M. Bréal mit Einl. und Zusätzen. Paris 1868—72. 2. Ausg. 1875. Bd. 1. 2 in 3 Aufl. 1885. 3 Bde.] — A. F. Pott, Indogermanischer Volksstamm in Ersch und Gruber's Encyklopädie. Sect. II. Th. 18.; Die Ungleichheit der menschlichen Racen. Lemgo 1855; [Die Sprachverschiedenheit in Europa. Halle 1868.] — N. Sparschuh, Keltische Studien oder Untersuchungen über das Wesen und die Entstehung der griechischen Sprache, Mythologie und Philosophie vermittelst der Keltischen Dialekte. 1. Bd. Frankfurt a/M. 1848. Höchst unmethodisch und thöricht; doch giebt es nach dieser Seite noch tollere Phantasmagorien. [Derselbe, Kelten, Griechen und Germanen. Vorhomerische Culturdenkmäler. Eine Sprachstudie. München 1877.] — C. W. Bock, Erklärung des Baues der berühmtesten und merkwürdigsten älteren und neueren Sprachen. Berlin 1853. Voll Phantasmen. — L. Benloew, *Aperçu général de la science comparative des langues*. Paris 1858. — A. Pictet, *Les origines indo-européennes ou les Aryas primitifs*. Paris 1859. 1863. 2 Bde. [2. Ausg. 1877. 3 Bde.] — A. Schleicher, Compendium der vergleichenden Grammatik der indogermanischen Sprachen. Weimar 1861. 2. Aufl. 1866. [3. Aufl. von A. Leskien und J. Schmidt. Weimar 1870. 4. Aufl. 1876.] — Th. Benfey, Orient und Occident in ihren gegenseitigen Beziehungen. Göttingen 1862—1866. 2 Bde. — [G. Curtius, Zur Chronologie der indogermanischen Sprachforschung (1867). 2. Aufl. Leipzig 1873. — J. Schmidt, Die Verwandtschaftsverhältnisse der indogermanischen Sprachen. Weimar 1872. — A. Fick, Die ehemalige Spracheinheit der Indogermanen Europas. Göttingen 1873. — F. Delitzsch, Studien über indogermanisch-semitische Wurzelverwandtschaft. Leipzig 1873. Neue Ausg. 1884. — W. D. Whitney, *Oriental and linguistic studies*. New-York 1873. 1875. 2 Bde. — A. Raabe, Gemeinschaftliche Grammatik der arischen und der semitischen Sprachen. Voran eine Darlegung der Entstehung des Alfabets. Leipzig 1874. — A. H. Sayce, *Principles of comparative philology*. London 1874. 2. Aufl. 1875. — H. Osthoff und K. Brugmann, Morphologische Untersuchungen auf dem Gebiete der indogermanischen Sprachen. Leipzig 1878—1881. 4 Thle. — J. Egger, Studien zur Geschichte des indogermanischen Consonantismus. I. Wien 1880. — O. Schrader, Sprachvergleichung u. Urgeschichte. Linguistisch-historische Beiträge zur Erforschung des indogermanischen Alterthums. Jena 1883. — H. Hübschmann, Das indogermanische Vocalsystem. Strassburg 1885.]

III. Grammatik der klassischen Sprachen im Allgemeinen. Leo Meyer, Vergleichende Grammatik der griechischen und lateinischen Sprache. Berlin 1861. 1865. 2 Bde. [Bd. I. 1. 2. 2. Aufl. 1884. — F. Baudry, *Grammaire comparée des langues classiques*. Paris 1868. 1873. 2 Bde. Neue Ausg. 1. *Partie phonétique* 1878. — E. Herzog, Untersuchungen über die Bildungsgeschichte der griechischen u. lateinischen Sprache. Leipzig 1871.]

Griechische Grammatik. Const. Laskaris, *Grammatica graeca.* Mailand 1476. — Theodorus Gaza, *Grammaticae introductionis libri IV.* Venedig 1495 fol. 5. Ausg. 1803. 8. — Aldus Manutius, *Grammaticae institutiones graecae.* Venedig 1515. 4. — Guil. Budaeus, *Commentarii linguae graecae.* Paris 1529 fol. u. ö. — Ang. Caninius, Ἑλληνισμός. Paris 1555. Leiden 1700. — N. Clenardus, *Institutiones ac meditationes in graec. ling.* (zuerst Löwen 1530) a Fr. Sylburgio recogn. Frankfurt 1580 u. ö. — D. Vechner, *Hellenolexia.* (Zuerst Frankfurt 1610.) Strassburg 1630 u. ö. — Fr. Vigeri, *De praecipuis Graecae dictionis idiotismis liber* (zuerst 1635) *cum animadversionibus* Henr. Hoogeveeni (1735), Jo. Car. Zeunii (1777) et Godofredi Hermanni (1802) *hic illic recognitis.* 4. Ausg. Leipzig 1834. — J. Weller, *Grammatica graeca nova.* Zuerst Leipzig 1635. Amsterdam 1640 u. ö. Von Jo. Friedr. Fischer. Leipzig 1781. — Märkische griechische Grammatik. Berlin 1730 u. ö. Von braven Berliner Schulmännern mühselig zusammengestellt. — Jo. Ge. Trendelenburg, Anfangsgründe der griechischen Sprache. Danzig 1782. 5. Aufl. 1805. — Ph. Buttmann, Griechische Grammatik. Berlin 1792. 18. Aufl. von K. Lachmann 1849. [22. Aufl. von Al. Buttmann 1869]; Griechische Schulgrammatik. Berlin 1811. [17. Aufl. 1875]; Ausführliche griechische Sprachlehre. Berlin 1. Bd. 1819. 2. Aufl. 1830. 2. Bd. 1825. 27. 2. Ausg. mit Zusätzen von Ch. A. Lobeck. 1839. — G. Hermann, *De emendanda ratione graecae grammaticae.* Leipzig 1801. — A. Matthiae, Ausführliche griechische Grammatik. Leipzig 1807—1827. 3. Aufl. 1835. 2 Bde. und 1 Bd. Register (Griechische Grammatik zum Schulgebrauch. Leipzig 1808. 2. Aufl. 1824). — Friedr. Thiersch, Griechische Grammatik, vorzüglich des Homerischen Dialektes. Leipzig 1812. 4. Aufl. 1855. (Griechische Grammat. z. Gebr. f. Anfänger. Leipzig 1812. 3. Aufl. 1829). — V. Chr. Fr. Rost, Griechische Grammatik. Göttingen 1816. 7. Ausg. 1856. — R. Kühner, Ausführliche Grammatik der griechischen Sprache wissenschaftlich und mit Rücksicht auf den Schulgebrauch. Hannover 1834 f. [2. Aufl. 1869—72.] 2 Thle. — Anton Schmitt, Organismus der griechischen Sprache. Mainz 1836 f. Phantastisch. Alle Wörter der griechischen Sprache werden aus dem Vocal E abgeleitet. — K. E. Chr. Schneider, Akademische Vorlesungen über griech. Grammatik. Breslau 1837. Erste Reihe. Enthält seltsame Ansichten über die Entstehung der einzelnen grammatischen Kategorien. Die vergl. Sprachkunde ist darin gar nicht berücksichtigt. — K. W. Krüger, Griechische Sprachlehre für Schulen. Berlin 1842—1855. 2—4. Aufl. 1839—62. 2 Thle. nebst Register. [3—5. Aufl. 1871—79.] — F. Mehlhorn, Griechische Grammatik für Schulen und Studirende. 1. Lief. Halle 1845. — Ge. Curtius, Griechische Schulgrammatik. Prag 1852. [15. Aufl. Leipzig 1882.] Derselbe, Erläuterungen zu meiner Schulgrammatik. Prag 1863. [3. Aufl. mit Anhang von H. Bonitz. Prag 1875. — B. Gerth, Kurzgefasste griech. Schulgrammatik. Im Anschluss an die Curtius'sche griech. Schulgrammatik. Leipzig 1884.] — F. W. A. Mullach, Griechische Sprache und Dialekte. Bd. II von „Griechenland in Monographien dargestellt" aus Ersch und Gruber's Encyklopädie Sect. I Th. 81. — [E. Koch, Griechische Schulgrammatik nach den Ergebnissen der vergleichenden Sprachforschung bearbeitet. Leipzig 1866. 1869. 10. Aufl.

1884; Kurzgefasste griech. Schulgrammatik. 2 Thle. Leipzig 1883. — A. F. Aken, Griechische Schulgrammatik. Berlin 1868. — R. Westphal, Methodische Grammatik der griechischen Sprache. Jena 1870—71. 2 Thle. — K. Roth, Griechische Schulgrammatik. Leipzig 1876 f. — A. Herrmann, Griechische Schulgrammatik. Berlin 1879. 2. Aufl. 1884. — G. Meyer, Griechische Grammatik. Leipzig 1880. 2. Aufl. 1886. — V. Hintner, Griechische Schulgrammatik. Wien 1882. — A. Kaegi, Griechische Schulgrammatik. Berlin 1884. — K. Krumbacher, Beiträge zu einer Geschichte der griech. Sprache. Weimar 1884. — K. Brugmann, Griechische Grammatik (Lautlehre, Flexionslehre u. Syntax). Im Handbuch der klass. Alterthumswissenschaft hrsg. v. J. Müller. Bd. 2. (Nördlingen 1885) S. 1—125. — K. Meisterhans, Grammatik der attischen Inschriften. Berlin 1885.]

Griechische Dialektologie. (Vgl. G. Curtius, Zur griechischen Dialektologie. Göttinger Nachrichten 1862.) — [O. Schrader, *Quaestionum dialectologicarum graec. particula*. In Curtius' Studien X. 1878. — R. Meister, Die griechischen Dialekte auf Grundlage von Ahrens' Werk „*de graecae linguae dialectis*" dargestellt. 1. Bd. Asiatisch-äolisch, böotisch, thessalisch. Göttingen 1882. — H. Collitz, Die Verwandtschaftsverhältnisse der griech. Dialekte mit besonderer Rücksicht auf die thessalische Mundart. Göttingen 1885. — Sammlung der griechischen Dialektinschriften siehe S. 761.] — A. Gräfenhahn, *Grammatica dialecti epici*. Vol. I. Leipzig 1836. — C. W. Lucas, Formenlehre des ionischen Dialekts im Homer. Bonn 1837. 3. Aufl. 1853. — K. W. Krüger, Homerische und herodotische Formenlehre. Berlin 1849. [5. Aufl. 1879.] — H. L. Ahrens, Griechische Formenlehre des homerischen und attischen Dialekts. Göttingen 1852. [2. Aufl. 1869. — H. A. Sayce, Über die Sprache der homerischen Gedichte. Übersetzt von J. Imelmann. Hannover 1881. — D. B. Monro, *A grammar of the Homeric dialect*. Oxford 1882. — J. van Leeuwen jr. und M. B. Mendes da Costa, *Het Taaleiger der Homerischen Gedichten*. Leiden 1883. Ins Deutsche übersetzt von E. Mehler. Leipzig 1886. — W. Ermann, *De titulorum Ionicorum dialecto*. In Curtius' Studien V. 1872. — W. Karsten, *De titulorum Ionicorum dialecto*. Halle 1882. — F. Bechtel, Thasische Inschriften ionischen Dialekts im Louvre. Göttingen 1884. — A. v. Bamberg, Thatsachen der attischen Formenlehre. Zeitschrift f. d. Gymnasialw. 28. 1874; Jahresber. des philol. Vereins zu Berlin 3. 1877, 8. 1882, 12. 1886. — P. Cauer, *De dialecto Attica vetustiore quaestiones epigraphicae*. In Curtius' Studien VIII. 1875; *Delectus inscr. graec. propter dial. memorab.* siehe S. 761. — H. v. Herwerden, *Lapidum de dial. Attica testimonia*. Utrecht 1880. — W. G. Rutherford, Zur Geschichte des Atticismus. Aus „*The new Phrynichus*" (London 1881) übersetzt von A. Funck. Leipzig 1883. Jahrbb. f. cl. Phil. XIII Suppl. — O. Riemann, *Le dialecte attique d'après les inscriptions. Revue de philologie*. 5. 1881. 9. 1885. — M. Hecht, Orthographisch-dialektische Forschungen auf Grund attischer Inschriften. Königsberg i. Pr. 1885. Progr.] — A. Giese, Der äolische Dialekt. Heft 1. Berlin 1834. Heft 2 nach dem Tode des Verf. herausgeg. Berlin 1837. — H. L. Ahrens, *De dialectis Aeolicis et pseudaeolicis*. Göttingen 1839. [Neue Bearbeitung von R. Meister siehe oben.] — L. Hirzel, Zur Beurtheilung des äolischen Dialekts. Leipzig 1862.

Er sucht zu beweisen, was ich und Giese behauptet haben, dass der asianisch-lesbische Dialekt eine jüngere Formation sei gegen mehrere der andern, die im weitern Sinne äolisch genannt werden. — [G. Hinrichs, *De Homericae elocutionis vestigiis Aeolicis*. Jena 1875; K. Sittl und die homerischen Äolismen. Berlin 1884. Vgl. Philologus 43. 1884. S. 1 ff. — R. Volkmann, *Quaestionum de dialecto Aeolica capita II*. Jauer 1879. — P. Dörwald, *De duali numero in dialectis Aeolicis et Doricis quae dicuntur*. Rostock 1881. — A. Brand, *De dialectis Aeolicis quae dicuntur*. I. Berlin 1885.] — H. L. Ahrens, *De dialecto Dorica*. Göttingen 1843. [Neue Bearbeitung von R. Meister siehe oben.] Derselbe, Über die Mischung der Dialekte in der griechischen Lyrik. (Verh. der Philologen-Versamml. 1852 S. 55 ff.) Dazu: H. Steinthal, Geschichte der Sprachwissenschaft bei den Griechen und Römern. S. 386—433, wo auch ausführlich über die Κοινή und Neugriechisch. — [A. Führer, Die Sprache und die Entwicklung der griechischen Lyrik. Münster 1885. 4.] — Hugo Weber, Die dorische Partikel κα, ein Beitrag zu der Lehre von den griechischen Dialekten. Halle 1864. — A. Krampe, *De dialecto Laconica*. Münster 1867. — [E. David, *Dialecti laconicae monumenta epigraphica*. Königsberg 1882. — P. Müllensiefen, *De titulorum Laconicorum dialecto*. Strassburg 1882. — R. Meister, *De dialecto Heracliensium Italicorum*. In Curtius' Studien IV. 1871. — J. Arens, *De dialecto Sicula*. Münster 1868. — E. Schneider, *De dialecto Megarica*. Giessen 1882. — G. Hey, *De dialecto Cretica*. Dessau 1869. — J. H. Helbig, *Quaestiones de dialecto Cretica*. Naumburg 1869. Plauen 1873. — M. Kleemann, *De universa dialecti Creticae indole adiecta glossarum Creticarum collectione*. Halle 1872. U. d. T.: *Reliquiarum dialecti Creticae* p. I auch in den Dissertat. phil. Halens. 1873. — Brüll, Über den Dialekt der Rhodier. Leobschütz 1875. 4. — R. Merzdorf, Die sogenannten äolischen Bestandtheile des nördlichen Dorismus. In Sprachwissenschaftl. Abhandlungen (Leipzig 1874) S. 23 ff. — Th. Hartmann, *De dialecto Delphica*. Breslau 1874. — F. Allen, *De dialecto Locrensium*. In Curtius' Studien III. 1870. — Wald, *Additamenta ad dialectum et Lesbiorum et Thessalorum cognoscendam*. Berlin 1871. — H. v. d. Pfordten, *De dialecto Thessalica*. München 1879. — E. Reuter, *De dialecto Thessalica*. Berlin 1885. — W. Prellwitz, *De dialecto Thessalica*. Göttingen 1885. — A. Führer, *De dialecto Boeotica*. Göttingen 1876. — E. Beermann, *De dialecto Boeotica*. In Curtius' Studien IX. 1876. — W. Larfeld, *De dialecti Boeoticae mutationibus*. Bonn 1881. Mit geringen Veränderungen wiederabgedruckt in des Verf. *Sylloge inscriptionum Boeoticarum*. Berlin 1883. — C. Daniel, *De dialecto Eliaca*. Halle 1880. — D. Pezzi, *Sul dialetto dell' Elide nelle iscrizione teste scoperto*. In den *Atti della R. Accademia delle Scienze di Torino* XVI. 1881. 2[a]; *Nuovi studii intorno al dialetto dell' Elide*. Ebenda 5[a]. — M. A. Gelbke, *De dialecto Arcadica*. In Curtius' Studien II. 1869. — J. Spitzer, Lautlehre des arkadischen Dialektes. Kiel 1883. — A. Rothe, *Quaestiones de Cypriorum dialecto et vetere et recentiore pars I*. Leipzig 1875. — A. Führer, Über den lesbischen Dialekt. Arnsberg 1881. 4.] — G. E. Mühlmann, *Leges dialecti qua Graecorum poetae bucolici usi sunt*. Leipzig 1838. — F. W. Sturz, *De dialecto Macedonica et Alexandrina*. Leipzig 1808.

F. W. A. Mullach, Grammatik der griechischen Vulgärsprache in historischer Entwickelung. Berlin 1856. — H. K. Brandes, Die neugriechische Sprache und die Verwandtschaft der griechischen Sprache mit der deutschen. Lemgo und Detmold 1862. **Lateinische Grammatik.** Jul. Caes. Scaliger, *De causis linguae latinae.* Lyon 1540 u. ö. — Fr. Sanctius, *Minerva s. de causis linguae latinae commentarius.* Salamanca 1587 u. ö., mit Zusätzen von C. Scioppius, Padua 1663, von J. Perizonius, Leiden 1687; die Leidener Ausgabe von 1789 vereinigt die Zusätze Beider, von E. Scheidius, Amsterdam 1809. — C. Scioppius, *Grammatica philosophica latina.* Mailand 1628. 2. Aufl. Amsterdam 1664. — Ger. Jo. Vossius, *Aristarchus, s. de arte grammatica libri VII.* Amsterdam 1635. 4. u. ö. zuletzt von C. Förtsch und F. A. Eckstein. Halle 1833 f. 2 Bde. 4. — Th. Ruddimannus, *Institutiones grammaticae latinae.* Edinburgh 1725, neu herausgegeben von G. Stallbaum. Leipzig 1823. 2 Bde. — *Grammatica marchica latina.* Berlin 1718 u. ö. Nicht so gut als die griechische. — Joach. Lange, Verbesserte und erleichterte lat. Grammatica. (1707.) Halle 60. Ausg. 42. Aufl. mit stehender Schrift. 1819. Ganz ohne Werth. — J. J. G. Scheller, Ausführliche lat. Sprachlehre. Leipzig 1779. 4. Aufl. 1803; Kurzgefasste lat. Sprachlehre. Leipzig 1780. 4. Aufl. 1811. Unbedeutend. — Chr. G. Bröder, Praktische Grammatik der lat. Sprache. Leipzig 1787. 19. Aufl. von L. Ramshorn 1832; Kleine lat. Grammatik. Leipzig 1795. 26. Aufl. von L. Ramshorn 1835. [32. Aufl. 1870.] — E. J. A. Seyfert, Auf Geschichte und Kritik gegründete ausführl. lat. Sprachlehre. Brandenburg 1798—1802. 5 Thle. Gelehrt, aber ohne Kritik. — K. L. Schneider, Ausführliche Grammatik der lat. Sprache. Berlin 1819—21. 1. und 2. Bd. Elementarlehre. 3. Bd. Formenlehre. Ebenso gelehrt und ausführlich als anspruchslos. — K. Reisig, Vorlesungen über lateinische Sprachwissenschaft herausg. von F. Haase. Leipzig 1839. [Neubearbeitet von H. Hagen. 1. Theil. Etymologie. Berlin 1881. 2. Theil. Syntax von J. H. Schmalz und G. Landgraf im Erscheinen begriffen. — J. H. R. Prompsault, *Grammaire raisonnée de la langue latine.* Paris 1844. 3 Bde. Ein bedeutendes Werk. — Anton Schmitt, Organismus der lateinischen Sprache. Mainz 1846. Wie dess. Verf. Organismus der griechischen Sprache. Als Urwurzel aller lateinischen Wörter wird He oder Hi angenommen. — M. W. Heffter, Die Geschichte der lateinischen Sprache während ihrer Lebensdauer. Brandenburg 1852, Zusätze 1855. — [E. Lübbert, Grammatische Studien. Breslau I. 1867, II. 1870. — A. de Caix de Saint-Aymour, *La langue latine étudiée dans l'unité indo-européenne.* Paris 1868. — G. W. Gossrau, Lateinische Sprachlehre. Quedlinburg 1869. 2. Aufl. 1880. — H. J. Roby, *A grammar of the latin language from Plautus to Suetonius.* 2 Thle. I. Formenlehre (1871). 2. Aufl. 1872. II. Syntax. London 1874. — D. Pezzi, *Grammatica storico-comparativa della lingua latina.* Turin 1872. — Studien auf dem Gebiete des archaischen Lateins, herausg. von W. Studemund. Berlin. 1. Bd. 1. Heft 1873. — F. Haase, Vorlesungen über lat. Sprachwissenschaft herausg. von F. A. Eckstein und H. Peter. Bd. 1. Einleitung. Bedeutungslehre. Bd. 2. Bedeutungslehre. Leipzig 1874. 1880. — J. Wordsworth, *Fragments and specimens of early*

Latin. London 1875. — J. M. Guardia und J. Wierzeyski, *Grammaire de la langue latine d'après la méthode analytique et historique.* Paris 1876. — R. Kühner, Ausführliche Grammatik der lateinischen Sprache. Hannover 1877—1879. 2 Bde. — H. Jordan, Kritische Beiträge zur Geschichte der lateinischen Sprache. Berlin 1879. — C. Paucker, Vorarbeiten zur lateinischen Sprachgeschichte. Herausg. von H. Rönsch. 3 Theile in einem Bde. Berlin 1883 (1884). — A. Probst, Beiträge zur lateinischen Grammatik. I. Zur Lehre vom Verbum. II. Von den Partikeln und Konjunktionen. Leipzig 1883. — Fr. Stolz und J. H. Schmalz, Lateinische Grammatik (Laut- und Formenlehre, Syntax und Stilistik). In Iw. Müller's Handbuch der class. Alterthumswissenschaft. Bd. 2 (1885). S. 129—411.]

H. B. Wenck, Grössere lat. Grammatik für Schulen. Frankfurt a/M. 1791. (9. Aufl. 1817.) 4. Aufl. v. Ge. Fr. Grotefend umgearbeitet. 1823 f. 2 Bde. — C. G. Zumpt, Lat. Grammatik. Berlin 1818. [13. Aufl. von A. W. Zumpt 1874.] — L. Ramshorn, Lat. Grammatik. Leipzig 1824. 2. Aufl. 1830; Lat. Schulgrammatik. 1826. — A. Grotefend, Ausführliche Grammatik der lat. Sprache zum Schulgebrauch. Hannover 1829 f. 2 Bde.; Lat. Schulgrammatik. Hannover 1833, gänzlich umgearb. von G. T. A. Krüger. Hannover 1842. — J. N. Madvig, Lateinische Sprachlehre für Schulen. Braunschweig 1844. [4. Aufl. 1867. — H. Schweizer-Sidler, Elementar- und Formenlehre der lateinischen Sprache für Schulen. Halle 1869. Nach den Ergebnissen der historischen Sprachforschung. — G. Bornhak, Grammatik der latein. Sprache. Nach den Ergebnissen der neuern Sprachforschung für Schulen bearbeitet. Bielefeld 1871. — A. Vaniček, Elementargrammatik der lateinischen Sprache. Leipzig 1873.]

Italische Dialektologie. A. Kirchhoff, Über die italischen Dialekte. Allgem. Monatsschrift 1852. — A. Schleicher, Kurzer Abriss der Geschichte der italischen Sprachen, des Lateinischen und seiner Schwestersprachen. Rhein. Mus. 14. 1859. — [W. Corssen, Beiträge zur italischen Sprachkunde. Leipzig 1876. — F. Bücheler, *Lexicon italicum.* Bonn 1881. 4.] — L. Lanzi, *Saggio di lingua Etrusca.* Rom 1789. 2. Ausg. Florenz 1824 f. 3 Bde. — K. O. Müller, Die Etrusker. Breslau 1829. 2 Bde. [2. Aufl. von W. Deecke. Stuttgart 1877.] — J. G. Stickel, Das Etruskische durch Erklärung von Inschriften und Namen als semitische Sprache erwiesen. Leipzig 1858. — [W. Corssen, Über die Sprache der Etrusker. Leipzig 1874 f. 2 Bde. Dazu W. Deecke, Corssen und die Sprache der Etrusker. Strassburg 1875; Etruskische Forschungen. 4 Hefte. Stuttgart 1875—1880. Fortgesetzt mit C. Pauli, der Göttingen 1879 f. 3 Hefte etruskischer Studien veröffentlicht hatte, u. d. T.: Etruskische Forschungen und Studien. 6 Hefte. Stuttgart 1881—1884. — Altitalische Studien herausg. von C. Pauli. Heft 1—4. Hannover 1883 f. Derselbe, Altitalische Forschungen. I. Die Inschriften nordetruskischen Alphabets. Leipzig 1885. — M. Schmidt, *De rebus etruscis.* Jena 1877. 4. — W. Deecke, Die etruskische Bleiplatte von Magliano übersetzt und erläutert. Colmar 1885. Programm von Buchsweiler. Vergl. Rhein. Museum 39 (1884) S. 141 ff. und Etrusk. Forschungen VII (1884) S. VI ff.] — Ge. Fr. Grotefend, *Rudimenta linguae Umbricae.* Hannover 1835—39. 8 Theile. 4.; *Rudimenta linguae Oscae.* Hannover 1839. — H. F. Zeyss,

De substantivorum Umbricorum declinatione. Tilsit 1846 f. 4.; *De vocabulorum Umbric. fictione.* P. I—III. Marienwerder 1861. 1864. 1865. 4. — H. Jordan, *Quaestiones Umbricae cum appendicula praetermissorum.* Königsberg 1882. — F. Bücheler, *Umbrica.* Bonn 1883.] — Th. Mommsen, Die unteritalischen Dialekte. Leipzig 1850. — G. Curtius, Das Oscische und die neuesten Forschungen über das Oscische. Z. f. Alt. W. 1847. N. 49 ff. — Th. Bergk, *Specimen linguae Paelignorum.* I. II. Halle 1864. 1867. 4. [= Kleine philol. Schriften I. 1884. S. 521 ff.] — W. Corssen, *De Volscorum lingua.* Naumburg 1858. 4. — [H. Bruppacher, Versuch einer Lautlehre der oskischen Sprache. Zürich 1869. — E. Enderis, Versuch einer Formenlehre der oskischen Sprache mit den oskischen Inschriften und Glossar. Zürich 1871.] — A. Fabretti, *Glossarium Italicum.* Turin 1858 f. (Vergl. ausserdem die Literatur der Epigraphik oben S. 762 f.)

A. Fuchs, Die romanischen Sprachen in ihrem Verhältniss zum Lateinischen. Halle 1849. Dazu H. Steinthal, Das Verhältniss des Romanischen zum Latein in den Bedeutungen der Wörter in L. Herrig's Archiv für neuere Sprachen. Bd. 36, S. 129—142. — F. A. Beger, Lateinisch und Romanisch, besonders Französisch. Berlin 1863. — W. Berblinger, *De lingua romana rustica.* Glückstadt 1865. — [P. Böhmer, Die lateinische Vulgärsprache. Öls 1866. 1869. 2 Thle. 4. — H. Schuchardt, Der Vocalismus des Vulgärlateins. Leipzig 1866—68. 3 Bde. — E. Ludwig, *De Petronii sermone plebeio.* Marburg 1869. — O. Rebling, Versuch einer Charakteristik der römischen Umgangssprache. Kiel 1873. 2. Abdr. 1883. — A. Scheler, *Exposé des lois qui régissent la transformation française des mots latins.* Brüssel 1875. — Herm. v. Guericke, *De linguae vulgaris reliquiis apud Petronium et in inscriptionibus parietariis Pompeianis.* Gumbinnen 1875. — E. Wölfflin, Bemerkungen über das Vulgärlatein. Philologus 34 (1876). S. 137 ff. — A. Budinsky, Die Ausbreitung der lat. Sprache über Italien und die Provinzen des römischen Reiches. Berlin 1881. — K. Sittl, Die lokalen Verschiedenheiten der lat. Sprache mit besonderer Berücksichtigung des afrikanischen Lateins. Erlangen 1882. Vgl. E. Wölfflin, Über die Latinität des Afrikaners Cassius Felix. Ein Beitrag zur Geschichte der lat. Sprache. Sitzungsberichte der bayr. Ak. d. Wiss. 1880. Heft 4. S. 371 ff. — F. Eyssenhardt, Römisch und Romanisch. Ein Beitrag zur Sprachgeschichte. Berlin 1882.]

IV. Die Theile der Grammatik.

A. Stöchiologie. a. Lautlehre. W. v. Kempelen (Erfinder der ersten Sprachmaschine), Mechanismus der menschlichen Sprache. Wien 1791. — K. M. Rapp, Versuch einer Physiologie der Sprache. Stuttgart 1836—41. 4 Bde. — Ernst Bindseil, Abhandlungen zur allgem. vergl. Sprachlehre. Hamburg 1838. [2. Ausgabe Leipzig 1878.] Enthält 1) eine ausführliche Physiologie der Stimm- und Sprachlaute, 2) die verschiedenen Bezeichnungsweisen des Genus in der Sprache. — K. L. W. Heyse, System der Sprachlaute. Greifswald 1852. (Aus Höfer's Zeitschr. Bd. IV.) — Ernst Brücke, Grundzüge der Physiologie und Systematik der Sprachlaute. Wien 1856. [2. Aufl. 1876.] Sehr gut. — H. Helmholtz, Die Lehre von den Tonempfindungen. Braunschweig 1863. [4. Aufl. 1877.] — C. L. Merkel, Anatomie und Physiologie des menschlichen Stimm- und Sprachorgans

IV. Wissen. 5. Geschichte der Sprache. Literatur. 829

(Anthropophonik). 2. Aufl. Leipzig 1863; Physiologie der menschlichen Sprachlaute (physiologische Laletik). Leipzig 1866. — J. Happel, Die Sprachlaute des Menschen, ihre Bildung und Bezeichnung. Antwerpen 1866. — [H. B. Rumpelt, Das natürliche System der Sprachlaute und sein Verhältniss zu den wichtigsten Cultursprachen, mit bes. Rücksicht auf deutsche Grammatik und Orthographie. Halle 1869. — E. Sievers, Grundzüge der Lautphysiologie zur Einführung in das Studium der indogermanischen Sprachen. Leipzig 1876. 2. Aufl. u. d. Titel: Grundzüge der Phonetik u. s. w. 1881. 3. Aufl. 1885. — H. Osthoff, Das physiologische und psychologische Moment in der sprachlichen Formenbildung. Berlin 1879. — G. H. v. Meyer, Unsere Sprachwerkzeuge und ihre Verwendung zur Bildung der Sprachlaute. Leipzig 1880. — S. Stricker, Studien über die Sprachvorstellungen. Wien 1880. — F. Techmer, Phonetik. Zur vergleichenden Physiologie der Stimme und Sprache. 2 Theile. 1. Text und Anmerkungen. 2. Atlas. Leipzig 1880. — A. de la Calle, *La Glossologie. Essai sur la science espérimentale du langage.* I.: *La physiologie du langage.* Paris 1881.]

A. Höfer, Zur Lautlehre. 1. (und einziger) Band seiner Beiträge zur Etymologie und vergl. Grammatik der Hauptsprachen des Indo-Germanischen Stammes. Berlin 1839. Voraus geht eine Einleitung über Sprache und Sprachwissenschaft. — Rud. v. Raumer, Ges. sprachwissenschaftliche Schriften. Frankfurt a/M. 1863. — [G. J. Ascoli, Vorträge über Glottologie. Bd. I. Vergleichende Lautlehre des Sanskrit, des Griechischen und des Lateinischen, übers. von J. Bazzigher und H. Schweizer-Sidler. Halle 1872. — Joh. Schmidt, Zur Geschichte des indogermanischen Vocalismus. Weimar 1871. 1875. 2 Abth. — T. Le Marchant Douse, *Grimm's Law. A study or hints towards an explanation of the so-called* Lautverschiebung. London 1876. — J. F. Kräuter, Zur Lautverschiebung. Strassburg 1877. — K. Foy, Lautsystem der griechischen Vulgärsprache. Leipzig 1879. — N. Kruszewski, Über Lautabwechslung. Kasan 1881. — H. Schuchardt, Über die Lautgesetze. Gegen die Junggrammatiker. Berlin 1885.] — J. Foster, *An essay on the different nature of accent and quantity with their use and application in the English, Latin and Greek languages.* Eton 1762. 3. Aufl. London 1820. — L. Benloew, *De l'accentuation dans les langues indo-européennes tant anciennes que modernes.* Paris 1847. — F. Bopp, Vergleichendes Accentuationssystem nebst einer gedrängten Darstellung der grammatischen Übereinstimmungen des Sanskrit und Griechischen. Berlin 1854.

Wilh. Christ, Grundzüge der griechischen Lautlehre. Leipzig 1859. — Chr. A. Lobeck, *Pathologiae sermonis graeci prolegomena.* Leipzig 1843; *Pathologiae graeci sermonis elementa.* Königsberg 1853. 1862. 2 Bde. — Aug. Lentz, *Pneumatologiae elementa ex veterum grammaticorum reliquiis adumbrata.* Philologus Suppl. Bd. I. 1860. — Henri Martin, *Sur la persistance et la transposition des aspirations dans la langue grecque ancienne. Journal général de l'instruction publique.* Paris 1860. — C. Wachsmuth, Über das Digamma. Rhein. Mus. 18. 1863. S. 576 ff. — Joh. Peters, *Quaestiones etymologicae et grammaticae de usu et vi digammatis eiusque immutationibus in lingua graeca.* Berlin 1864. 4. [Progr. von Culm.]

830 Zweiter Haupttheil. 2. Abschn. Besondere Alterthumslehre.

Sehr gut. — A. Sachs, *De digammo eiusque usu apud Homerum et Hesiodum capita VI.* Berlin 1856. — A. Leskien, *Rationem quam I. Bekker in restituendo digammo secutus est examinavit.* Leipzig 1866. — [J. Savelsberg, *De digammo eiusque immutationibus dissertatio.* Berlin 1868. — O. W. Knös, *De digammo Homerico quaestiones I—III.* Upsala 1872—1878. — W. Hartel, Homerische Studien. Wien 1871—1874. 3 Thle. Theil 1 in 2 Ausg. Berlin 1873. — O. Frankfurter, Über die Epenthese v (ι) F (υ) im Griechischen. Hamburg 1879. — O. E. Tudeer, *De dialectorum graecarum digammo testimonia inscriptionum coll. et exam.* Helsingfors 1879. — E. Meinck, *De epenthesi graeca.* Leipzig 1882.] — W. C. Deventer, *De littera N Graecorum paragogica.* Münster 1863. — [J. J. Hedde Maassen, *De littera* νυ *Graecorum paragogica quaestiones epigraphicae.* In Leipziger Studien IV (1881). S. 1 ff. — ·H. W. Smyth, Der Diphthong ει im Griechischen unter Berücksichtigung seiner Entsprechungen in verwandten Sprachen. Göttingen 1885.] — **Quantität und Accent.** F. Spitzner, Versuch einer kurzen Anweisung zur griechischen Prosodie. Gotha 1821. 3. Aufl. 1829. Aufgenommen in Rost's Wörterbuch. — F. Passow, Die Lehre vom Zeitmaasse der griechischen Sprache. Leipzig 1826. 2. Aufl. 1827. Aufgenommen in dessen Handwörterbuch der griechischen Sprache. — Carl Fr. Chr. Wagner, Die Lehre vom Accent der griech. Sprache. Helmstädt 1807; *Addenda quaedam ad librum de accentu graec. linguae.* Ebenda 1810. [= *Opusc. acad. I. 1833.*] — J. Kreuser, Griechische Accentlehre. Frankfurt a/M. 1827. Sehr seltsame Ansichten. — K. W. Göttling, Allgemeine Lehre vom Accent der griechischen Sprache. Jena 1835. Hat vom Allgemeinen, namentlich von der musikalischen Entstehung des Accents keine richtige Vorstellung. — H. W. Chandler, *Practical introduction to Greek accentuation.* Oxford 1862. [2. Aufl. London 1882. — J. Hadley, *On the nature and theory of the Greek accent. From the Transactions of the American philological Association.* 1869—70. Übersetzt in Curtius' Studien Bd. 5. 1872. — F. Misteli, Über griechische Betonung, sprachvergleichend-philologische Abhandlungen. 1. Allgemeine Theorie. Paderborn 1875. Erläuterungen dazu 1877. — *H. Kluge,* Über das Wesen des griechischen Accentes. Köthen 1876. 4. — L. Masing, Die Hauptformen des serbisch-chorwatischen Accents. Nebst einleitenden Bemerkungen zur Accentlehre insbesondere des Griech. und des Sanskrit. Petersburg 1876. — A. Meingast, Über das Wesen des griechischen Accentes und seine Bezeichnung. Klagenfurt 1879 f.]

Agathon Benary, Die römische Lautlehre, sprachvergleichend dargestellt. 1. Bd. Berlin 1837. — Franz Ritter, *Elementorum grammaticae latinae libri duo.* Berlin 1831. Vortrefflich, handelt insbesondere sehr gut über den lateinischen Accent nach meinen Ansichten. — F. Lindemann, *De latinae linguae accentibus.* Leipzig 1816. Dazu *Additamenta* 1816. — H. F. Zeyss, Über den lateinischen Accent. Rastenburg 1836; Die Lehre vom lateinischen Accent. 2 Thle. Tilsit 1837 f. 4. — H. Weil und L. Benloew, *Théorie générale de l'accentuation latine.* Paris und Berlin 1855. Ein vortreffliches Buch. — [F Schöll, *De accentu linguae latinae veterum grammaticorum testimonia coll. disp. enarr.* In den *Acta societatis philol. lipsiens.* VI. 1876. — K. G. Brandis, *De aspiratione latina quae-*

stiones selectae. Bonn 1881. — Ph. Bersu, Die Gutturalen und ihre Verbindung mit v im Latein. Ein Beitrag zur Orthographie und Lautlehre. Berlin 1875. — B. L. Wheeler, Der griech. Nominalaccent. Mit Wörterverzeichniss. Strassburg 1885.]

b. Paläographie. W. v. Humboldt, Über die Buchstabenschrift und ihren Zusammenhang mit dem Sprachbau. Abh. der Berl. Ak. 1824; Über den Zusammenhang der Sprache mit der Schrift in dem Buch über die Kawi-Sprache und im 6. Bd. der Ges. Werke. Berlin 1848. — F. Hitzig, Die Erfindung des Alphabets. Zürich 1840. fol. — H. Steinthal, Die Entwicklung der Schrift. Berlin 1852. Behandelt nur im Allgemeinen das Verhältniss von Ideenschrift, Lautschrift, Buchstabenschrift. — K. Alzheimer, Die Buchstabenschrift; Entstehung und Verbreitung derselben bei den ältesten Culturvölkern. Würzburg 1860. 4. — [H. Wuttke, Geschichte der Schrift und des Schriftthums. 1. Bd. Leipzig 1872. Dazu Abbildungen 1873. — K. Faulmann, Neue Untersuchungen über die Entstehung der Buchstabenschrift und die Person des Erfinders. Wien 1876.] — W. Gesenius, Paläographie in Ersch u. Grubers Encyklopädie. III. Sect. Theil 9. — R. Lepsius, Paläographie als Mittel für die Sprachforschung. 2. Aufl. Leipzig 1842. — [F. Lenormant, *Essai sur la propagation de l'alphabet phénicien dans l'ancien monde.* Paris 1872 f. — J. Taylor, *The alphabet. An account of the origin and development of letters.* London 1883. 2 Bde.]

A. Kirchhoff, Studien zur Geschichte des griechischen Alphabets. Berlin 1863. 2. Aufl. 1867. [3. Aufl. 1877. — A. v. Schütz, *Historia alphabeti attici.* Berlin 1875. — V. Gardthausen, Zur Geschichte des griechischen Alphabets. Im Rhein. Museum 40 (1885) S. 599 ff.]

Th. Mommsen, Die italischen Alphabete in dem Buche: Die unteritalischen Dialekte. Leipzig 1850. 4. Vergl. denselben Rhein. Museum 16. 1860. S. 463 ff. [und F. Ritschl, ebenda 25. 1869. S. 1 ff. 132 ff. = *Opusc. phil.* 4. 1878. S. 691 ff.] — [A. Fabretti, *Osservazioni paleografiche e grammaticali.* I. Turin 1874. (Paläographische Studien aus dem Italienischen übersetzt. Leipzig 1877.)] Vergl. ausserdem die Literatur der Paläographie oben S. 203.

c. Orthographie und Orthoepie. Mariano Šuñič, *De ratione depingendi rite quaslibet voces articulatas s. de vera orthographia cum necessariis elementis alphabeti universalis.* Wien 1853. 4. Ohne Kenntniss der neuern Forschungen mit Ausnahme einiger italienischen Arbeiten. — R. Lepsius, Das allgemeine linguistische Alphabet. Berlin 1855; *Standard Alphabet.* 2. Ausg. Berlin 1863. — F. H. du Bois-Reymond, Kadmus oder allgemeine Alphabetik. Berlin 1862.

D. Erasmus, *Dialogus de recta latini graecique sermonis pronuntiatione.* Basel 1528. Leiden 1643 und in den *Opera omnia.* Bd. I. — J. Lipsius, *Dialogus de recta pronuntiatione latinae linguae.* Leiden 1586. 4. und in den *Opera omnia.* — S. Havercamp, *Sylloge scriptorum qui de linguae graecae vera et recta pronuntiatione commentarios reliquerunt.* Leiden 1736. 1740. 2 Bde. — A. Georgiades, Πραγματεία περὶ τῆς τῶν ἑλληνικῶν στοιχείων ἐκφωνήσεως. *Tractatus de recta elementorum graecorum pronuntiatione. Graece et latine.* Paris 1812. — G. Seyffarth, *De sonis litterarum graecarum.* Leipzig 1824. — S. N. J. Bloch, Revision der von den neuern deutschen Philologen aufgestellten oder vertheidigten Lehre von der Aussprache des Altgriechischen. Altona 1826. — K. F. S. Liscovius, Über die Aussprache des Griechischen und über die Bedeutung der griechischen Accente. Nebst Anhang über die lat. Accente. Leipzig 1825. — Konstantin Oekonomos, Περί τῆς γνησίας προφορᾶς τῆς Ἑλληνικῆς γλώσσης βιβλίον. Petersburg 1830. Sehr gelehrt. — F. A. Gotthold, Über den Ursprung der Erasmischen Aussprache des Griechischen. Königsberg 1836. — R. J. F. Henrichsen, Über die neugriechische oder sogenannte Reuchlinische Aussprache der hellen. Sprache aus dem Dänischen übersetzt von P. Friedrichsen. Parchim u. Ludwigslust 1839. — Rob. Winkler, *De pronuntiatione EI diphthongi vetere et genuina.* Breslau 1842. — J. Kreuser, Verhandl. der 5. Philologenversamml. Ulm 1843: Über griechische Aussprache. Dagegen Rob. Winkler, *De Graecorum vetere cum lingua tum pronuntiatione adversus Kreuserum disputatio.* Breslau 1844. — A. Ellissen, Zur Befürwortung der nationalgriechischen Aussprache in ihrer Anwendung auf das Neugriechische in den Verhandl. der 13. Philol.-Vers. zu Göttingen. 1852. Wunderliche Vertheidigung der neugriechischen Aussprache. — J. Télfy, Studien über die Alt- und Neugriechen und über die Lautgeschichte der griechischen Buchstaben. Leipzig 1853. Dilettantisch wie die meisten Schriften, welche zu beweisen suchen, dass die neugriechische Aussprache die richtige sei. — E. A. Sophokles, *History of the Greek alphabet and pronuntiation.* Cambridge in Amerika 1854. — Anastas. Graf von Lunzi, *De pronuntiatione linguae Graecae.* Berlin 1864. — [Fr. Blass, Über die Aussprache des Griechischen. Berlin 1870. 3. Aufl. 1882. — A. R. Rangabé, Die Aussprache des Griechischen. Leipzig 1881. 2. Aufl. (1882).]

C. E. Geppert, Über die Aussprache des Lateinischen im älteren Drama. Leipzig 1858. — W. Schmitz, *Quaestiones orthoepicae latinae.* Bonn 1853; *Studia orthoepica et orthographica latina.* Düren 1860. 4. [Beides wiederholt in den Beiträgen zur lateinischen Sprach- und Literaturkunde. (Leipzig 1877) S. 1 ff. und 70 ff.] — W. Corssen, Über Aussprache, Vocalismus und Betonung der latein. Sprache. *Leipzig 1858 f.* [2. Aufl. 1868—70. An Stelle dieses Werkes wird in gewissem Sinne treten: Th. Birt, Lautlehre der latein. Sprache. Leipzig.] 2 Bde. Hauptwerk. — [J. Oberdick, Studien zur latein. Orthographie. Münster 1879. 4. — J. Wiggert, Studien zur latein. Orthoepie. Stargard i. P. 1880. 4. — M. Schweisthal, *Sur la valeur phonétique de l'alphabet latin.* Paris und Luxemburg 1882. — E. Seelmann, Die Aussprache des Latein nach physiologisch-historischen Grundsätzen. Heilbronn 1885.]

B. Etymologie. a. Lexikologie. A. F. Pott, Etymologische Forschungen auf dem Gebiete der indogermanischen Sprachen. Lemgo 1833. 2 Bde. [2. Aufl. 1859—76. 6 Thle. — H. Osthoff, Forschungen im Gebiete der indogermanischen nominalen Stammbildung. Jena 1875 f. 2 Thle.; Das Verbum in der Nominalcomposition im Deutschen, Griechischen, Slavischen und Romanischen. Jena 1878. — G. Meyer, Zur Geschichte der indogermanischen Stammbildung und Declination. Leipzig 1875.] — F. Justi, Über die Zusammensetzung der Nomina in den indogermanischen Sprachen. Göttingen 1861. — [L. Tobler, Über die Wortzusammen-

IV. Wissen. 5. Geschichte der Sprache. Literatur.

setzung nebst einem Anhang über die verstärkende Zusammensetzung. Ein Beitrag zur philosophischen und vergleichenden Sprachwissenschaft. Berlin 1868. — J. Peile, *An introduction to Greek and Latin etymology.* London. 3. Aufl. 1875. — H. L. Ahrens, Beiträge zur griechischen und latein. Etymologie. I. Die griech. und latein. Benennungen der Hand. Leipzig 1879. — Chr. H. Halsey, *An etymology of Latin and Greek.* Boston 1882. — E. R. Wharton, *Etyma graeca. An etymological lexicon of classical Greek.* London 1883.]
 G. Curtius, *De nominum graecorum formatione linguarum cognatarum ratione habita.* Berlin 1842; Grundzüge der griechischen Etymologie. Leipzig 1858. [5. unter Mitwirkung von E. Windisch umgearbeitete Auflage. 1879.] — H. Weber, Etymologische Untersuchungen. Halle 1861. — R. Roediger, *De priorum membrorum in nominibus graecis compositis conformatione finali.* Leipzig 1866. — [W. Clemm, *De compositis graecis quae a verbis incipiunt.* Giessen 1867; Die neuesten Forschungen auf dem Gebiete der griechischen Composita. In Curtius' Studien VII. 1875. — G. Schönberg, Über griechische Composita, in deren ersten Gliedern viele Grammatiker Verba erkennen. Mitau 1868. — F. Fügner, *De nominibus graecis cum praepositione copulatis capita selecta.* Leipzig 1878. — O. Neckel, *De nominibus graecis compositis quorum prior pars casuum formas continet.* Leipzig 1882. — R. Schröter, *Quas formas nominum themata sigmatica in vocabulis compositis graecis induant.* Cöthen 1883. — J. Kuhl, Beiträge zur griech. Etymologie. I. Διά bei Homer. Leipzig und Prag 1885.]
 K. Th. Johannsen, Die Lehre von der lateinischen Wortbildung nach Anleitung der vollkommneren Bildungsgesetze des Sanskrit genetisch behandelt. Altona 1832. — H. Düntzer, Die Lehre von der lateinischen Wortbildung und Composition wissenschaftlich dargestellt. Köln 1836. — L. Döderlein, Die lateinische Wortbildung. Leipzig 1839; Handbuch der lateinischen Etymologie. Leipzig 1841. — [O. Asbóth, Die Umwandlungen der Themen im Lateinischen. Eine sprachwissenschaftliche Untersuchung. Göttingen 1875.] — G. van Muyden, *De vocabulorum in latina lingua compositione.* Halle 1858. — [P. Uhdolph, *De latinae linguae vocabulis compositis.* Breslau 1868; Über die Zusammensetzung der Verba in der lateinischen Sprache. Leobschütz 1877. 4. — A. Darmesteter, *Traité de la formation des mots composés dans la langue francaise comparée aux autres langues romanes et au latin.* Paris 1874. — F. Meunier, *Les composés qui contiennent un verbe à un mode personnel en latin, en français, en italien et en espagnol.* Paris 1875. — F. Stolz, Die lateinische Nominalcomposition in formeller Hinsicht. Innsbruck 1877. — G. E. Erdenberger, *De vocalibus in altera compositarum vocum latinarum parte attenuatis.* Leipzig 1883. — C. Paucker, Materialien zur latein. Wörterbildungsgeschichte. I—IV. Berlin 1883 (1884).]
 Lexika. [G. Autenrieth und F. Heerdegen, Lexikographie der griech. und latein. Sprache. In Iw. Müller's Handbuch der class. Alterthumswissenschaft 2. (1885) S. 415—451.] — Walter Whiter, *Etymologicon universale.* Cambridge 1811—1825. — [A. Fick, Vergleichendes Wörterbuch der indogermanischen Sprachen, sprachgeschichtlich angeordnet

(1868). 3. Aufl. Göttingen 1874—76. 4 Bde.] — Th. Benfey, Griechisches Wurzellexicon. Berlin 1839. 1842. 2 Bde. — [S. Zehetmayr, *Lexicon etymologicum Latino-Sanscritum comparativum*. Wien 1873; Analogisch-vergleichendes Wörterbuch über das Gesammtgebiet der indogermanischen Sprachen. Leipzig 1879. — A. Vaniček, Griechisch-lateinisches etymologisches Wörterbuch. Leipzig 1877. 2 Bde. — O. Weise, Die griechischen Wörter im Latein. Leipzig 1882. — G. A. E. A. Saalfeld, *Tensaurus italograecus*. Ausführliches historisch-krit. Wörterbuch der griech. Lehn- und Fremdwörter im Latein. Wien 1884.] H. Stephanus, *Thesaurus graecae linguae*. Paris 1572. 5 Bde. fol. 2. Aufl. London 1815—25. 8 Bde. fol. 3. Aufl. von B. Hase, W. Dindorf, L. Dindorf, Th. Fix, L. v. Sinner. Paris 1831—65. 8 Bde. fol. — J. Scapula, *Lexicon graeco-latinum novum*. Paris 1579 u. ö. Neueste Aufl. Oxford 1820. — C. Ducange, *Glossarium ad scriptores mediae et infimae Graecitatis*. Leiden 1688. 2 Bde. fol. — Benj. Hederich, *Novum lexicon manuale graeco-latinum et latino-graecum*. Leipzig 1722—42. Von F. Passow neu herausgeg. 1825—27. — Chr. T. Damm, *Novum lexicon graecum etymologicum et reale*. Berlin 1765. 2 Bde. 4. — Ev. Scheidius, *Struchtmeyeri Rudimenta linguae graecae maximam partem excerpta ex Jo. Verweyi Nova via docendi . . . ad systema analogiae a Tib.·Hemsterhusio primum inventae ab eruditissimis vero summi huius viri discipulis latius deinceps explicatae effinxit et passim emendavit*. Zütphen 1784. — L. C. Valckenaer, *Observationes academicae quibus via munitur ad origines graecas investigandas lexicorumque defectus resarciendos* nebst J. D. van Lennep's *Praelectiones academicae de analogia linguae graecae* herausgeg. von E. Scheidius. 1790. 2. Ausg. Utrecht 1805. — J. D. van Lennep, *Etymologicum linguae graecae s. observationes ad singulares verborum nominumque stirpes*. Herausgeg. von Ev. Scheidius. 1790. 2 Thle. 2. Ausg. von C. F. Nagel. Utrecht 1808. — Jo. Gottl. Schneider, Grosses kritisches griechisch-deutsches Wörterbuch. Züllichau 1797 f. 3. Aufl. Leipzig 1819. 1821. 2 Bde. Danach: Handwörterbuch der griech. Sprache von F. Passow. Leipzig 1820. 4. Ausg. 1831. 2 Bde. 5. Aufl. neu bearbeitet von Val. Fr. Chr. Rost, Fr. Palm, O. Kreussler, K. Keil, F. Peter und G. E. Benseler. 1841—57. — F. W. Riemer, Griechisch-deutsches Wörterbuch. Jena 1804. 4. Aufl. 1823. 1825. 2 Bde. — A. Chr. Niz, Kleines griechisches Wörterbuch in etymol. Ordnung. Berlin 1808. 2. Aufl. von Imm. Bekker. 1821. Mit Register 1822. — Antim. Gazis, Λεξικὸν τῆς Ἑλληνικῆς γλώσσης. Wien 1809 f. 2. Ausg. 1835—37. 3 Thle. — Reinh. Wilh. Beck, *Lexicon latino-graecum manuale*. Acc. index prosodicus. Leipzig 1817. 2. Ausg. 1828. — Ph. Buttmann, Lexilogus oder Beiträge zur griechischen Worterklärung. Hauptsächlich für Homer und Hesiod. Berlin 1. Bd. 1818. 4. Aufl. 1865, 2. Bd. 1825. 2. Aufl. 1860. Mit grossem etymologischen Talente, aber noch nicht nach der richtigen sprachvergleichenden Methode gearbeitet. — [A. Göbel, Lexilogus zu Homer und den Homeriden. Mit zahlreichen Beiträgen zur griech. Wortforschung überhaupt, wie auch zur lateinischen und germanischen Wortforschung. Berlin 1878—1880. 2 Bde.] — V. Chr. F. Rost, Griechisch-deutsches Wörterbuch. Gotha 1820. [4. Aufl. 7. Abdr. 1871.

2 Bde.]; Deutsch-griechisches Wörterbuch. Göttingen 1818. [10. Aufl. von Fr. Berger. Göttingen 1874]; Vollständiges Wörterbuch der classischen Gräcität. 1. Bd. Leipzig 1840 (nicht fortgesetzt). — K. M. Koumas, Λεξικὸν ἑλληνικόν. Wien 1826. 2 Bde. (nach Riemer). — J. M. Duncanii *Novum lexicon graecum ex Dammii Lexico Homero-Pindarico... retractatum emendavit et auxit* V. Chr. Fr. Rost. Leipzig 1831—33. 2. Aufl. 1836—38. 4. — W. Pape, Etymologisches Wörterbuch der griechischen Sprache, zur Übersicht der Wortbildung nach den Endsylben geordnet. Berlin 1836; Handwörterbuch der griechischen Sprache. Braunschweig 1842—45. Bd. 1 und 2. Griechisch-deutsch. 2. Aufl. [7. Abdr. 1875; 3. Aufl. von M. Sengebusch. 1880.] Bd. 3. Eigennamen. 3. Aufl. von G. E. Benseler. [2. Abdr. 1875, Bd. 4. Deutsch-griechisch. 3. Aufl. von M. Sengebusch. 2. Abdr. 1875.] — J. H. Kaltschmidt, Sprachvergleichendes und etymologisches Wörterbuch der griechischen Sprache zum Schulgebrauch. Leipzig 1839—41. 2 Bde. mit einem Anhang als 3. Bd. enthaltend die Composita von Gust. Mühlmann. 1841. — K. Jacobitz und E. E. Seiler, Handwörterbuch der griech. Sprache. Leipzig 1839—46. 2 Bde.; Griechisch-deutsches Wörterbuch. Leipzig 1850, [3. Aufl. 4. Abdr. 1884; Deutsch-griechisches Wörterbuch. Leipzig. 2. Aufl. 2. Abdr. 1880. — B. Suhle und M. Schneidewin, Griechisch-deutsches Handwörterbuch. Hannover 1875.]

Rob. Stephanus, *Thesaurus linguae latinae.* Paris 1531. 2 Bde. fol., u. ö., neu bearbeitet von J. M. Gesner unter dem Titel *Novus linguae et eruditionis romanae thesaurus.* Leipzig 1749. 4 Bde. fol. — Ger. Jo. Vossius, *Etymologicon latinae linguae.* Amsterdam 1662. fol., zuletzt Neapel 1762. — C. Ducange, *Glossarium mediae et infimae Latinitatis.* Paris 1678. 3 Bde. 4., Venedig 1733—36. 6 Bde. fol., von G. A. L. Henschel. Paris 1840—50. 7 Bde. 4. [*Ed. nova aucta pluribus verbis aliorum scriptorum a* Leop. Favre. Niort. 1883 ff.] Supplement von L. Diefenbach. Frankfurt 1857. [Derselbe, *Novum glossarium latino-germanicum mediae et infimae Latinitatis.* Ebenda 1867.] — Aeg. Forcellini, *Totius Latinitatis lexicon.* Padua 1771. 4 Bde. fol. Neue Ausg. von J. Bailey. London 1827. 2 Bde. fol., von J. Furlanetto. Padua 1827—32. 4 Bde. fol. Verm. Ausgabe Schneeberg 1831—35. 4 Bde. fol. Sehr vermehrte Überarbeitung von F. Corradini. Padua 1858—81. [bis jetzt 3 Bde. fol. und von Vinc. de Vit. Prato 1858—1879. 6 Bde. fol.] — J. J. G. Scheller, Ausführliches und möglichst vollst. lateinisch-deutsches und deutsch-lateinisches Wörterbuch. Leipzig 1783 f. 4 Bde. u. ö., herausgegeben von G. H. Lünemann und K. E. Georges. Hieraus Georges, Lateinisch-deutsches und deutsch-lateinisches Wörterbuch. Leipzig 1831. 4 Bde. [7. Aufl. Hannover 1879—1882.] — K. Schwenk, Etymologisches Wörterbuch der lateinischen Sprache mit Vergleichung des Griechischen und Deutschen. Frankfurt a. M. 1827. — E. Kärcher, Handwörterbuch der latein. Sprache. Carlsruhe 1841 f. 4. — W. Freund, Wörterbuch der lat. Sprache. Leipzig 1834—45. 4 Bde.; Gesammtwörterbuch der lateinischen Sprache zum Schul- und Privatgebrauch. Breslau 1844 f. 2 Bde. — R. Klotz, Handwörterbuch der lateinischen Sprache im Verein mit F. Lübker und E. Hudemann herausgeg. Braunschweig 1853—1857. 2 Bde. [5. Aufl. 1874.] Reichhaltig an guten Beispielen; enthält auch die *Nomina propria.* — [A. Vaniček,

Etymologisches Wörterbuch der lateinischen Sprache. Leipzig 1874. 2. Aufl. 1881. — G. Koffmane, Lexicon lateinischer Wortformen. Göttingen 1874.]
Onomatologie. A. F. Pott, Die Personennamen, inbesondere die Familiennamen und ihre Entstehungsarten, auch unter Berücksichtigung der Ortsnamen. Leipzig 1853, 2. Ausg. mit Register 1859. — G. Ch. Crusius, Griechisch-deutsches Wörterbuch der mythologischen, historischen und geographischen Eigennamen. Hannover 1832. — K. Keil, *Onomatologi graeci specimen.* Leipzig 1840; *Analecta epigraphica et onomatologica.* Leipzig 1842; Nachträge zur 2. stark vermehrten Aufl. von Pape's Wörterbuch der griechischen Eigennamen (1850) in der Zeitschr. f. Alterth. W. 1852. N. 32 ff. — J. A. Letronne, *Observations philologiques et archéologiques sur l'étude des noms propres grecs; suivies de l'examen particulier d'une famille de ces noms* in den *Annali* des archäol. Instituts in Rom. 1845. S. 251 ff. Wenig verändert u. d. T.: *Mémoire sur l'utilité des noms propres grecs pour l'histoire et l'archéologie.* In den *Mém.* der *Académ. des Inscr. et B. L.* 1851. [= *Oeuvres choisies. 3. série, tome 2* (1885) S. 1 ff.] — Ernst Curtius, Beiträge zur geographischen Onomatologie der Griechischen Sprache. Göttinger Nachrichten. 1861. N. 11. Eine interessante Abhandlung. — [A. Fick, Die griechischen Personennamen nach ihrer Bildung erklärt, mit den Namensystemen verwandter Sprachen verglichen und systematisch geordnet. Göttingen 1874. — C. Angermann, Geographische Namen Altgriechenlands. Meissen 1883. 4. — R. Kleinpaul, Menschen- und Völkernamen. Etymologische Streifzüge auf dem Gebiete der Eigennamen. Leipzig 1885.]
C. F. Liebetreu, *Onomastici romani specimen.* Programm des grauen Klost. Berlin 1843. — Fr. Ritschl, Die *Nomina propria* aus Plautus. Bonner Lektionskatal. 1843—44 [= *Opusc. 3.* 1877. S. 333 ff.]. — F. Ellendt, *De cognomine et agnomine romano.* Königsberg 1853. — [W. Mohr, *Quaestiones grammaticae ad cognomina romana pertinentes.* Sondershausen 1877.] — E. Hübner, *Quaestiones onomatologicae latinae.* Bonn 1854. [Vergl. *Ephemeris epigraphica* II, 25. — Vinc. de Vit, *Lexici Forcelliniani pars altera s. Onomasticon totius latinitatis.* Prato 1859 ff.]
Synonymik. D. Peucer, *Lexicon graecum vocum synonymicarum potissime ex Ammonio Lesbonacte et Philopono coll.* Dresden 1766. — A. Pillon, *Synonymes grecs.* Paris 1847. — [J. H. H. Schmidt, Synonymik der griechischen Sprache. Leipzig 1876—86. 4 Bde.]
G. Dumesnil, Lateinische Synonymik. Paris 1788, bearb. von J. C. G Ernesti. Leipzig 1799 f. 3 Bde. — L. Döderlein, Lateinische Synonymen und Etymologien. Leipzig 1826—38. 6 Bde.; Handbuch der lateinischen Synonymik. Leipzig 1840. 2. Aufl. 1849. — E. C. Habicht, Synonymisches Handwörterbuch der lateinischen Sprache. Lemgo 1829. 2. Aufl. 1839. — L. Ramshorn, Lateinische Synonymik. Leipzig 1831. 1833. 2 Bde.; Synonymisches Handwörterbuch der lateinischen Sprache. Leipzig 1835. — F. Schmalfeld, Lateinische Synonymik für Schüler. Eisleben 1837. [4. Aufl. Altenburg 1869.] — Ferd. Schultz, Lateinische Synonymik zunächst für die oberen Klassen der Gymnasien. Arnsberg 1841. [8. Aufl. Paderborn 1879. — H. Menge, Kurzgefasste lateinische Synonymik für die obersten Gymnasialklassen. Braunschweig 1874. 3. Aufl. Wolfen-

büttel 1882. — A. Tegge, Studien zur lateinischen Synonymik. Ein Beitrag zur Methodik des Gymnasialunterrichts. Berlin 1886.]
b. Formenlehre. Wilib. Röder, Formenlehre der griechischen Sprache für Gymnasien. Berlin 1867. Sprachvergleichend. — Fr. Ritter, *Elementorum grammaticae latinae libri II.* Berlin 1831. — F. Neue, Formenlehre der lateinischen Sprache. Mitau und Stuttgart 1861—66. [2. Aufl. Berlin 1875. 2 Theile. Register von C. Wagener. 1877.] — W. Corssen, Kritische Beiträge zur latein. Formenlehre. Leipzig 1863; Kritische Nachträge zur latein. Formenlehre. Leipzig 1866. — F. Bauer, Die Elemente der lateinischen Formenlehre. Nördlingen 1865. 2 Theile.
Redetheile. C. E. Geppert, Darstellung der grammatischen Kategorien. Berlin 1836. — G. F. Schömann, Die Lehre von den Redetheilen nach den Alten dargestellt und beurtheilt. Berlin 1862. — [L. Schroeder, Über die formelle Unterscheidung der Redetheile im Griechischen und Lateinischen mit bes. Berücksichtigung der Nominalcomposita. Leipzig 1874.]
Flexion. K. L. Struve, Über lateinische Deklination und Conjugation. Königsberg 1823. Sprachvergleichend. — F. Wüllner, Die Bedeutung der sprachlichen Casus und Modi. Münster 1827; Über Ursprung und Urbedeutung der sprachlichen Formen. Münster 1831. Man wird in diesen zu wenig beachteten Schriften vortreffliche Bemerkungen finden; sie sind voll echter Sprachanschauung und meisterhaft durchgearbeitet. Allerdings kann man nicht Alles unterschreiben; so beruht es z. B. auf Schein, wenn der Nominativ nicht als Casus oder das Passivum nicht als Ausdruck der leidenden Thätigkeit anerkannt wird. — A. Schleicher, Die Unterscheidung von Nomen und Verbum in der lautlichen Form. Abh. der sächs. Ges. d. W. 1865. — [H. Merguet, Die Entwickelung der latein. Formenbildung. Berlin 1870; Über den Einfluss der Analogie und Differenzierung auf die Gestaltung der Sprachformen. Königsberg 1876. — H. Buchholtz, *Priscae latinitatis originum libri III. (I. De verbo. II. De nomine. III. De syllabis metiendis.)* Berlin 1877. — F. G. Fumi, *Note glottologiche. I. Note latine e neo-latine. Contributi alla storia comparata della declinazione latina con un' appendice sull' origine e continuazione Romanza di prode ed apud.* Palermo 1882.]
Verbum. F. Bopp, Über das Conjugationssystem der Sanscritsprache in Vergleichung mit jenem der griechischen, lateinischen, persischen und germanischen Sprache. Frankfurt a. M. 1816. — K. Hagena, Über die Einheit der lateinischen Conjugation. Oldenburg 1833. — C. W. Bock, *Analysis verbi* oder Nachweisung der Entstehung der Formen des Zeitworts namentlich im Griechischen, Sanskrit, Lateinischen und Türkischen. Berlin 1845. Ein kleines Werk mit starken Behauptungen, erstreckt sich fast auf alle Sprachen und construirt das Verb aus Pronominalstämmen u. dergl. — J. Seemann, *De coniugationibus latinis.* Culm 1846. 4. — C. A. Lobeck, Ῥηματικόν *sive verborum graecorum et nominum verbalium technologia.* Königsberg 1846. — Ge. Curtius, Die Tempora und Modi im Griechischen und Lateinischen. Berlin 1846; [Das Verbum der griechischen Sprache seinem Baue nach dargestellt. Leipzig 1873. 1876. 2 Bde. 2. Aufl. 1877 —1880.] — Aug. Haacke, Beiträge zu einer Neugestaltung der griechischen Grammatik. 1. Heft: Die Flexion des griechischen Verbums in

der attischen und gemeinen Prosa. Nordhausen 1850; 2. Heft: Der Gebrauch der Genera des griechischen Verbums. 1852. — [K. Flegel, Flexion des griechischen Verbums. Leipzig 1879.] — Fr. Müller, Der Verbalausdruck im arisch-semitischen Sprachkreise. Sitzungsberichte der Wiener Akad. 1857; Zur Suffixlehre des indogermanischen Verbums. Ebenda 1860. — M. Meiring, Psychologische Erwägungen über das Verbum als Ausdruck des Erkennens und als ältestes Sprachelement überhaupt. Düren 1864. 4. — [Th. Birkenstamm, Über die lateinische Conjugation im Vergleich mit der griechischen. Rinteln 1869. 4. — R. Westphal, Die Verbalflexion der lateinischen Sprache. Jena 1872; Vergleichende Grammatik der indogermanischen Sprachen. I. Das indogermanische Verbum. Jena 1873. — E. Eisenlohr, Das lateinische Verbum. Heidelberg 1880. — Fr. Stolz, Zur lateinischen Verbalflexion. I. Innsbruck 1882.] — **Genera des Verbums.** H. C. v. d. Gabelentz, Über das Passivum. Abhandl. der sächs. Gesellsch. d. W. phil. hist. Cl. 8. 1861. (Besprochen von H. Steinthal, Zeitschrift für Völkerpsych. II, 244—254. [= gesammelte kl. Schr. I, S. 438 ff.]) — H. Müller, *De generibus verbi*. Greifswald 1864. — **Personen, Tempora und Modi.** [J. Schrammen, Über die Bedeutung der Formen des Verbum. Heiligenstadt 1884.] — F. A. Landvoigt, Über die Personenformen und Tempusformen der griechischen und lateinischen Sprache. I. Merseburg 1831. 4., abgedruckt 1847. — F. W. Reiz, *De temporibus et modis verbi Graeci et Latini*. I. Leipzig 1766. — Herm Schmidt, *Doctrinae temporum verbi graeci et latini expositio historica*. Halle 1836 ff. 4 Thle. (Zugleich syntaktisch.) — J. N. Madvig, *De formarum quarundam verbi Lat. natura et usu*. In den Opuscula II. Spricht sich gegen die Wolf'sche Tempuserklärung aus; in manchen Punkten hat er Recht, viele seiner Behauptungen sind aber falsch oder übertrieben. Vergl. G. Hermann, *Dissertatio de Madvigii interpretatione quarundam verbi lat. formarum*. Leipzig 1843. 4. [= Opusc. VIII]. — A. Kerber, *Significationes temporum verbi graeci et latini in uno conspectu collocantur*. Halle 1864. — [R. Kohlmann, Über das Verhältniss der Tempora des lateinischen Verbum zu denen des griechischen; Über die Modi des griech. und des latein. Verbums in ihrem Verhältniss zu einander. Eisleben 1881. 1883. 4.] — W. Weissenborn, *De modorum apud Latinos natura et usu*. Eisenach 1846. — A. F. Aken, Die Grundzüge der Lehre von Tempus und Modus im Griechischen historisch und vergleichend dargestellt. Rostock 1861. — [Th. Benfey, Über die Entstehung und die Formen des indogermanischen Optativ (Potentialis) sowie über das Futurum. Abhandl. der Gött. Ges. d. W. 1871. — F. Hartmann, *De aoristo secundo*. Berlin 1881. — H. v. d. Pfordten, Zur Geschichte des griechischen Perfectums. München 1882. — J. Stender, Beiträge zur Geschichte des griechischen Perfects. Leipzig 1883. — H. Osthoff, Zur Geschichte des Perfects im Indogermanischen mit besond. Rücksicht auf Griechisch und Lateinisch. Strassburg 1884.] — **Verbalnomina.** Max Schmidt, Über den Infinitiv. Ratibor 1826. 4. Specimen einer scharfsinnigen und umsichtigen Untersuchung. Doch geht er zu weit, wenn er den Infinitiv für rein substantivisch hält. Hiergegen hat sich W. v. Humboldt in einem Briefe an M. Schmidt, abgedr. in Kuhn's Zeitschr. f. vergl. Sprachf. Bd. II (1853), ausgesprochen. S. ausserdem

Humboldt, Über das Wesen des Infinitivs und des Gerundivums in A. W. v. Schlegel's Indischer Bibliothek. Bd. II (1824) und Steinthal, Grammatik, Logik und Psych. S. 371 f. — C. E. A. Schmidt, *De infinitivo*. Prenzlau 1827. — P. Genberg, *De gerundiis et supinis Latinorum*. P. I—IX. Lund 1841. — W. Weissenborn, *De gerundio et gerundivo latinae linguae*. Eisenach 1844. — [H. Rotter, Über das Gerundium der lateinischen Sprache. Cottbus 1871. 4.] — E. L. Richter, *De supinis latinae linguae*. Königsberg 1856—1860. 5 Theile. 4. — B. Delbrück, *De infinitivo graeco*. Halle 1863. — C. Fritsche, *De substantia in verbo constituta vel de participio et infinitivis*. Görlitz 1865. 4. — [E. Wilhelm, *De infinitivi vi et natura*. Eisenach 1869. 4.; *De infinitivi linguarum Sanscr. Bactr. Pers. Graec. Osc. Umbr. Lat. forma et usu*. Eisenach 1873. — J. Jolly, Geschichte des Infinitivs im Indogermanischen. München 1873. — Gust. Müller, Zur Lehre vom Infinitiv im Lateinischen. Görlitz 1878. 4.]

Nomen. Fr. Gräfe, Die Einheit der Sanscrit-Declination mit der lateinischen und griechischen. Petersburg 1843. 4. — C. E. Prüfer, *De graeca atque latina declinatione quaestiones criticae*. Leipzig 1827. Eine ähnliche Ansicht wie die Wüllner's, nur starrer gehalten. — Leo Meyer, Gedrängte Vergleichung der griechischen und lateinischen Declination. Berlin 1862. — F. W. Reimnitz, Das System der griechischen Declination. Potsdam 1831. — F. Bücheler, Grundriss der lat. Declination. Leipzig 1866. [Ins Französische übersetzt von L. Havet, mit Zusätzen des Verf. Paris 1876. Mit Benutzung der franz. Übersetzung aufs Neue herausgegeben von J. Windekilde. Bonn 1879. — H. d'Arbois de Jubainville, *La declinaison latine en Gaule à l'époque mérovingienne*. Paris 1872.] —

Casus. W. Heffter, *De casibus linguae latinae*. Brandenburg 1828. 4. — J. A. Hartung, Über die Casus, ihre Bildung und Bedeutung in der lateinischen und griechischen Sprache. Erlangen 1831. Localistisch. Hierzu A. Grotefend, *Data ad Hartungium de principiis ac significationibus casuum epistola*. Göttingen 1835. 4. — E. A. Fritsch, Die obliquen Casus und die Präpositionen der griech. Sprache. Mainz 1833. Er sieht in dem Accusativ den Ausdruck der verbindenden oder annähernden Bewegung nach einem Gegenstande; in dem Genetiv die trennende oder entfernende, im Dativ die Ruhe und führt hierauf die einzelnen Thatsachen geschickt zurück. Derselbe, *De casuum obliquorum origine et natura deque genitivi singularis numeri et ablativi graecae latinaeque declinationis conformatione*. Giessen 1845 [Progr. von Wetzlar], will die Suffixe als abgeschwächte Verbalwurzeln erklären, z. B. das Suffix des Accusativs als die Wurzel *me (me-are).* — Carl Seager, *Graecorum casuum analysis*. London 1833. Sprachvergleichend. — P. H. Tregder, *De casuali nominatuum latinorum declinatione*. Kopenhagen 1839. Sprachvergleichend. — Conr. Michelsen, Casuslehre der lateinischen Sprache vom causal-localen Standpunkt. Berlin 1843. Nominativ, Accusativ und Dativ werden auf die Kategorie der Ursache, der Wirkung und des Zweckes zurückgeführt. — Th. Rumpel, Die Casuslehre in besonderer Beziehung auf die griechische Sprache. Halle 1845; Zur Casustheorie. Gütersloh 1866. 4. Gegen die localistische Erklärung, die er nicht für rein grammatisch hält. — H. A. Stolle, Über die Bedeutung des Accusativs. Kempten 1847. 4. Bekämpft Wüllner und besonders die Ansicht Madvig's, der den Accusativ für den Ausdruck des völlig unbestimmten Nomens und eigentlich identisch mit dem Nominativ hält. Gegen Wüllner bestreitet St., dass der Accusativ ein räumliches Verhältniss bezeichne; nach seiner eignen Ansicht bezeichnet er die Dinge der Aussenwelt für sich unabhängig von anderen in ihrer concreten Fülle sich der Anschauung darstellend in directem Gegensatz gegen die Innenwelt und deren Mittelpunkt, das Ich, sowie gegen Alles, was mit diesem identificirt werde, also gegen das Subject überhaupt. Es soll hiernach der Nominativ als Subjectsbezeichnung aus der Übertragung der Ichvorstellung auf die äusseren Dinge entstanden sein. — Rud. Jakobs, Über die Bedeutung der Casus in besonderer Beziehung auf die lateinische Sprache. In Mützell's Zeitschr. f. d. Gymn. W. 1. 1847. Er geht vom Satze aus: der Nominativ ist Ausdruck des Subjects; der Ablativ bezeichnet den Nominalbegriff, der dem Sprechenden als solcher erscheint, welcher auf den unmittelbar wahrgenommenen Zustand des Subjects einen modificirenden Einfluss ausübt; der Accusativ enthält die Nominalbestimmung, die das Subject im Beginn oder Verlauf seiner Thätigkeit sich als eine solche gegenüberstellt, welche ganz von seiner Thätigkeit umfasst werden soll oder umfasst wird; der Dativ enthält das Object, welches ausserhalb des Verlaufs der Subjectsthätigkeit stehend von ihrer Nachwirkung getroffen wird und auf den aus ihr hervorgehenden Zustand zurückwirkt; der Genetiv enthält den Nominalbegriff, der einen andern wesentlich und unmittelbar in sich schliesst und zwar so, dass er durch Aufnahme desselben in sein Gebiet oder als der ihn erfüllende Inhalt den Umfang jenes Begriffes beschränkt. Diese Definitionen sind etwas complicirt und entsprechen kaum der ursprünglichen Sprachbildung, enthalten aber doch grossentheils wieder die von Wüllner aufgestellten Ansichten nur ins Abstracte gezogen. — Georg Curtius, Über die localistische Auffassung der Casus. Verhandlungen der 22. Philologenversammlung zu Meissen (Leipzig 1864. S. 44 ff.) findet jene Auffassung der Casus von Seiten der Form unzureichend. Er erklärt (S. 50), der Nominativ habe zur Endung etwas Artikelartiges, wodurch er als Subject bezeichnet werde, der Accusativ habe eine Endung, welche etwa jener bedeute; also der Gegensatz von hier und da. Das ist aber offenbar wieder localistisch. [Vergl. jetzt G. Curtius, Zur Chronologie der indogermanischen Sprachforschung. Leipzig 1867. 2. Ausg. 1873. — C. Penka, Die Entstehung der synkretistischen Casus im Lateinischen, Griechischen und Deutschen. Wien 1874. — H. Hübschmann, Zur Casuslehre. München 1875. — F. Holzweissig, Wahrheit und Irrthum der localistischen Casustheorie. Leipzig 1877. — G. Vogrinz, Zur Casustheorie; Gedanken zu einer Geschichte des Casussystems, mit zwei Excursen. Leitmeritz 1882. 1883. 1884.] — **Numerus.** W. v. Humboldt, Über den Dualis 1827. Ges. Werke Bd. VI. — Fr Müller, Der Dual im indogermanischen und semitischen Sprachgebiet. Sitzungsber. der Wiener Akademie 1860. — Ernst Meier, Die Bildung und Bedeutung des Plural in den semitischen und indogermanischen Sprachen. Mannheim 1846. — **Genus.** Fr. Hermes, Über das grammatische Genus. Berlin 1851. 4. Sprachvergleichend in Bezug auf die Formation und die Kategorien. — A. F. Pott, Grammatisches Geschlecht. In Ersch und Gruber's Encyklopädie I. Sect. Thl. 62. — Fr. Müller, Das grammatische Geschlecht, ein sprachwissensch. Versuch. Sitzungsberichte der Wiener Akademie. 1860. — [E. Appel, *De genere neutro intereunte in lingua latina*. Erlangen 1883. — Wilh. Meyer, Die Schicksale des lateinischen Neutrums im Romanischen. Halle 1883.] — **Comparation.** E. Förstemann, *De comparativis et superlativis linguae graecae et latinae*. Nordhausen 1844. — [F. Weihrich, *De gradibus comparationum linguarum Sanscritae Graecae Latinae Gothicae*. Giessen 1869. — Th. J. Gonnet, *Degrés de signification en grec et en latin d'après les principes de la grammaire comparée*. Paris 1876. — E. Wölfflin, Lateinische und romanische Comparation. Erlangen 1879. — H. Ziemer, Vergleichende Syntax der indogermanischen Comparation, insbesondere der Comparationscasus der indogermanischen Sprachen und sein Ersatz. Berlin 1884.] — **Pronomen.** M. Schmidt, *De pronomine graeco et latino*. Halle 1832. 4. Eine schöne sprachvergleichende Abhandlung. — Th. F. Middleton, *The doctrine of the Greek article*, in 4. Aufl. neu herausgegeben von H. J. Rose. Cambridge und London 1841. Gut. — H. Steinthal, *De pronomine relativo commentatio philosophico-philologica cum excursu de nominativi particula*. Berlin 1847. — [E. Windisch, Untersuchungen über den Ursprung des Relativpronomens in den indogermanischen Sprachen. In Curtius' Studien zur griech. und latein. Grammatik Bd. II. 1869.] — **Numerale.** A. F. Pott, Die quinäre und vigesimale Zählungsmethode bei Völkern aller Welttheile. Braunschweig 1847; [Die Sprachverschiedenheit in Europa an den Zahlwörtern nachgewiesen, sowie die quinäre und vigesimale Zählmethode. Halle 1868.] — E. Schrader, Über den Ursprung und die Bedeutung der Zahlwörter in der indo-europäischen Sprache. Stendal 1854. 4. — S. Zehetmayr, Verbalbedeutung der Zahlwörter. Leipzig 1854. — L. Benloew, *Recherches sur l'origine des noms de nombre japhétiques et sémitiques*. Giessen 1861.

Partikeln. F. Bopp, Über einige Demonstrativstämme und ihren Zusammenhang mit verschiedenen Präpositionen und Conjunctionen im Sanskrit und den damit verwandten Sprachen. Berlin 1830. — G. C. F. Lisch, Beiträge zur allgemeinen vergleichenden Sprachkunde. 1. Heft. Die Präpositionen. Berlin 1826. — A. F. Pott, *De relationibus quae praepositionibus in linguis denotantur dissertatio*. Celle 1827; [Etymologische Forschungen. 2. Aufl. I. Die Präpositionen.] — W. v. Humboldt, Über die Verwandtschaft der Ortsadverbien mit dem Pronomen in einigen Sprachen. Abh. der Berl. Akad. 1829. — M. Devarius, *De graecae linguae particulis*. Rom 1527 u. ö., ed. Reinh. Klotz. Leipzig 1835—42. 2 Bde. — H. Tursellinus, *De particulis latinis*. 1598 u. ö. bearbeitet von F. Hand. Leipzig 1829—45. 4 Bde. — H. Hoogeveen, *Doctrinae particularum linguae graecae*. Leiden 1769., ed. Chr. G. Schütz. Ed. II. Leipzig 1806. — G. Hermann, *De particula ἄν libri IV*. Leipzig 1831. (Opusc. IV.) — Carl Gottl. Schmidt, *De praepositionibus graecis*. Berlin 1829. — [L. Meyer, An im Griechischen, Lateinischen und Gothischen. Ein Beitrag zur vergleichenden Syntax der indogermanischen Sprachen. Berlin 1880.] — J. A. Hartung, Lehre von den Partikeln der griechischen Sprache. Erlangen 1832. 1833. 2 Thle. — L. Döderlein, Über die Classification der Präpositionen. 1843. (Reden und Aufsätze. II. Erlangen 1847.) —

842   Zweiter Haupttheil.   2. Abschn.   Besondere Alterthumslehre.

E. Aug. Fritsch, Philologische Studien. 1. Bd. Vergleichende Bearbeitung des Griechischen u. Lateinischen. Thl. 1. Adverbien. Thl. 2. Präpositionen. Giessen 1856. 1858. — Gessner Harrison, *A treatise on the Greek prepositions and on the cases of nouns with which they are used.* Philadelphia 1858. Ein gutes ausführliches Buch. — A. H. Schwarz, *De praepositionibus Graecis et Latinis.* Königsberg 1859. — W. Bäumlein, Über griechische Partikeln. Stuttgart 1861. — [O. Ribbeck, Beiträge zur Lehre von den lateinischen Partikeln. Leipzig 1869.]

C. Syntax. L. Lange, Andeutungen über Ziel und Methode der syntaktischen Forschung. Verhandlungen der Göttinger Philologenversamml. Göttingen 1853. — [B. Delbrück, Ablativ. localis, instrumentalis im Altindischen, Lateinischen, Griechischen und Deutschen. Ein Beitrag zur vergleichenden Syntax. Berlin 1867; Derselbe und E. Windisch, Syntaktische Forschungen. I. Delbrück, Der Gebrauch des Conjunctivs und Optativs im Sanskrit und Griechischen. Halle 1871; II. Altindische Tempuslehre. Halle 1876; III. Altindische Wortfolge. 1878; IV. Die Grundlagen der griechischen Syntax. 1879. — G. Autenrieth, *Terminus in quem, syntaxis comparativae particula.* Erlangen 1868. 4. — J. Jolly, Ein Kapitel vergleichender Syntax. Der Conjunctiv und Optativ und die Nebensätze im Zend und Altpersischen im Vergleich mit dem Sanskrit und Griechischen. München 1872. — H. Ziemer, Junggrammatische Streifzüge im Gebiete der Syntax. Kolberg 1882. 2. Aufl. 1883.]

G. F. W. Lund, *De parallelismo syntaxis Graecae et Latinae.* Kopenhagen 1845. — A. Heidelberg, System der griechischen und lateinischen Syntax. I. Norden 1857. — B. Havestadt, Parallelsyntax des Lateinischen und Griechischen. Emmerich 1863 [1868]. 2 Theile.

G. Bernhardy, Wissenschaftliche Syntax der griechischen Sprache. Berlin 1829; *Paralipomena syntaxis graecae.* Halle 1854. 1862. — K. Eichhoff, Versuche zur wissenschaftlichen Begründung der griechischen Syntax. 1. Heft. Crefeld 1831. Über den Infinitiv. — Wilh. Scheuerlein, Syntax der griechischen Sprache. Halle 1846. — J. N. Madvig, Syntax der griechischen Sprache, besonders der attischen Sprachform, für Schulen. Braunschweig 1847. [2. Aufl. 1884.] Derselbe, Bemerkungen über einige Punkte der griechischen Wortfügungslehre. Göttingen 1847. Aus dem Philologus. 2. Jahrg. 1847. Suppl.-H. — Ge. Blackert, Griechische Syntax als Grundlage einer Geschichte der griechischen Sprache. Paderborn 1. Lief. 1857. Phantastisch. — [L. Schmidt, *De tractandae syntaxis Graecae ratione.* Marburg 1870. 4; *Observationes de analogia et anomalia in syntaxi Graeca.* Marburg 1871. 4. — Beiträge zur historischen Syntax der griechischen Sprache. Hrsg. von M. Schanz. 5 Hefte. Würzburg 1882 ff.: F. Krebs, Die Präpositionen bei Polybius; St. Keck, Über den Dual bei den griechischen Rednern mit Berücksichtigung der attischen Inschriften; J. Sturm, Geschichtliche Entwickelung der Constructionen mit πρίν; Ph. Weber, Entwickelungsgeschichte der Absichtssätze. 2 Abtheil. — F. E. Thompson, *A syntax of attic Greek.* London 1883.]

J. G. F. Billroth, Latein. Syntax für die oberen Classen gelehrter Schulen. Leipzig 1832. — W. Weissenborn, Syntax der latein. Sprache für die oberen Klassen gelehrter Schulen. Eisenach 1835. — F. W. Holtze,

Syntaxis priscorum scriptorum latinorum usque ad Terentium. Leipzig 1861—62. 2 Bde.; [*Syntaxis fragmentorum scaenicorum poetarum romanorum qui post Terentium fuerunt.* Leipzig 1882. — A. Dräger, Historische Syntax der lat. Sprache. Leipzig 1874—78. 2 Thle. 2. Aufl. 1878—1881. — E. Hoffmann, Studien auf dem Gebiete der lateinischen Syntax. Wien 1884. — F. Antoine, *Syntaxe de la langue latine.* Paris 1886.] — **Wortstellung.** J. L. Wickelgren, *De collocatione verborum apud Latinos.* Lund 1806 f. 4 Thle. 4. — Chr. G. Bröder, Die entdeckte Rangordnung der latein. Wörter durch eine Regel bestimmt. Hildesheim 1815. 2. Aufl. Leipzig 1817; Die völlige Gleichheit der griechischen und lateinischen Sprache in der Rangordnung oder Stellung der Wörter. Halberstadt 1823. — J. R. Köne, Über die Wortstellung in der latein. Sprache. Münster 1831. — A. Cramer, Über Wortstellung und Betonung der lat. Sprache. Cöthen 1842 f. — F. Raspe, Die Wortstellung der lat. Sprache entwickelt. Leipzig 1844. — [K. Abel, Über einige Grundzüge der lat. Wortstellung. 2. Aufl. Berlin 1871. Wiedergedruckt in des Verf. sprachwissenschaftl. Abhandlungen. Leipzig 1885. — H. Boldt, *De liberiore linguae graecae et latinae collocatione verborum capita selecta.* Göttingen 1884.]

D. Historische Stilistik. [G. Gerber, Die Sprache als Kunst. Bromberg 1871. 1873. 2 Bde. 2. Aufl. Berlin 1884 f.]*)

1. Prosaischer Stil. J. J. G. Scheller, *Praecepta stili bene latini inprimis Ciceroniani.* Leipzig 1779. 3. Aufl. 1797. 2 Bde. — G. G. Fülleborn, Kurze Theorie des lat. Stils. Breslau 1793 (nach Fr. A. Wolf). — A. Matthiae, Entwurf einer Theorie des latein. Stils. Leipzig 1826. — C. F. Philippi, Praktische latein. Constructionslehre. Stuttgart 1826. — C. J. Grysar, Theorie des lateinischen Stils. Köln 1831. 2. Aufl. 1843. — F. Hand, Lehrbuch des latein. Stils. Jena 1833. 2. Aufl. 1839. [3. Aufl. von H. L. Schmitt. 1880.] — F. A. Heinichen, Lehrbuch der Theorie des lateinischen Stils. Leipzig 1842. 2. Aufl. 1848. — C. F. Nägelsbach, Lateinische Stilistik für Deutsche, ein sprachvergl. Versuch. Nürnberg 1846. 4. Ausg. 1865. [7. Aufl. 1882.] — G. Wichert, Die lateinische Stillehre ihren wichtigsten Momenten nach wissenschaftlich erläutert. Königsberg 1856. — [Reinh. Klotz, Handbuch der lateinischen Stilistik, nach des Vaters Tode herausgegeben von Rich. Klotz. Leipzig 1874.] — Ausserdem viele Schulbücher unter dem Titel Stilistik, Anleitungen zum Übersetzen u. s. w. S. in den oben angeführten bibliographischen Werken.

Antibarbari. H. Stephanus, *De latinitate falso suspecta.* Paris 1576. — Ger. Jo. Vossius, *De vitiis latini sermonis et glossematis latinobarbaris.* Amsterdam 1640. 4. (Opera 1695. fol.) — J. Vorstius, *De latinitate falso suspecta.* Rostock 1652. Leipzig 1722, von J. M. Gesner. Berlin 1738. — Chr. Cellarius, *Antibarbarus.* Zeitz 1668 u. ö. — Franc. Vavassor, *Antibarbarus.* Paris 1683. — J. F. Noltenius, *Lexicon latinae linguae antibarbarum.* Helmstädt 1730 u. ö. — J. Ph. Krebs, Antibarbarus der latein. Sprache. Frankfurt a. M. 2. Aufl. 1837. [5. Aufl. neu bearbeitet

---

*) Der Verf. ist durch die oben S. 812 angeführte Bemerkung Böckh's aus dem Jahre 1808 angeregt worden die dort bezeichnete Lücke der Sprachwissenschaft auszufüllen. Das Werk giebt eine allgemeine Grundlage für die historische Stilistik.

von F. X. Allgayer 1876.] Vergl. W. L. Mahne, *Miscellanea Latinitatis*. Leiden 1845. 1852; E. F. Poppo, *De latinitate falso aut merito suspecta vel adnotata ad Krebsii Antibarbarum*. Frankfurt a. d. O. 1841. 1850. 4.; C. E. Güthling, *De latinitate falso suspecta*. Bunzlau 1863. 4.; Beiträge zur Kenntniss der klassischen Latinität. Lauban 1866. 4.; H. S. Anton, Studien zur lateinischen Grammatik und Stilistik im Anschluss an Krebs-Allgayer's Antibarbarus. I. Erfurt 1867, [2. Aufl. 1869. II. 1873.]

2. Poetischer Stil. Gradus ad Parnassum. Th. Morell, *Lexicon graeco-prosodiacum*. Eton 1762. 2 Bde. Venedig 1767. erweitert von E. Maltby. Cambridge 1815 (2. Aufl. 1824), zum Schulgebrauch eingerichtet von J. Th. Vömel. Frankf. 1818. — J. Brass, *Gradus ad Parnassum graecus* herausg. von C. F. W. Siedhof. Göttingen 1838—40. 2 Bde. Wenig werth.

H. Smetius, *Prosodia latina s. cynosura metrica*. Frankfurt a. M. 1719. — C. H. Sintenis und Otto Mor. Müller, *Gradus ad Parnassum*. Züllichau 1822. 2 Bde. 4. Ausg. von F. T. Friedemann. 1842. 1845. 6. Ausg. von G. A. Koch. Leipzig 1867. [8. Aufl. 1879.] — Jul. Conrad, *Gradus ad Parnassum sive Thesaurus linguae latinae prosodiacus*. Leipzig 1829. 3. Ausg. 1863. [4. Aufl. 1880.] — L. Quichérat, *Thesaurus poeticus linguae latinae*. Paris 1836. [Neueste Aufl. 1882. — A. de Wailly, *Gradus ad Parnassum*. Paris. 7. Aufl. 1883. — E. Pessonneaux, *Gradus ad Parnassum ou dictionnaire prosodique et poëtique de la langue latine*. Paris. 3. Aufl. 1883.]

Metrik. G. Hermann, *De metris poetarum Graecorum et Romanorum.* Leipzig 1796; Handbuch der Metrik. Leipzig 1799; *Elementa doctrinae metricae*. Leipzig 1816; *Epitome doctrinae metricae*. Leipzig 1818. [4. Ausg. 1869.] — J. H. Voss, Zeitmessung der deutschen Sprache. Königsberg 1802. — K. Besseldt, Beiträge zur Prosodie und Metrik der deutschen und griechischen Sprache. Halle 1813. — A. Apel, Metrik. Leipzig 1814 —1816. Neue Ausg. 1834. 2 Thle. — L. J. Döring, Entwurf der reinen Rhythmik. Meissen 1817. 4. Nach den Grundsätzen dieses Programms hat D. auch die „Lehre von der deutschen Prosodie." Dresden und Leipzig 1826 behandelt, eine merkwürdige kleine Schrift, die vieles Vortreffliche enthält und sehr anregend ist. Döring hat auch richtig erkannt, wie genau verbunden der prosaische und poetische Rhythmus ist. — Wilh. Lange, Entwurf einer Fundamentalmetrik. Halle 1820. — F. A. Gotthold, Hephaestion oder Anfangsgründe der griechischen, römischen und deutschen Verskunst. Königsberg 1820. 3. Ausg. 1848. — E. Munk, Tabellarische Übersicht der Metra der Griechen und Römer nach der Böckhischen Ansicht geordnet. Glogau 1828. fol.; Die Metrik der Griechen und Römer. Glogau 1834. Compendiarische, aber nicht ganz richtige Darstellung meiner Ansicht. — Carl Ferd. Philippi, Darstellung der lateinischen Prosodik, Rhythmik und Metrik. Leipzig 1826. Unbedeutend. — C. E. Geppert, Über das Verhältniss der Hermann'schen Theorie der Metrik zur Überlieferung. Berlin 1835. — Karl Jo. Hoffmann, Die Wissenschaft der Metrik. Für Gymnasien, Studirende und zu akad. Vorl. Leipzig 1835. Geistreiche und unkritische Phantasien. — H. Feussner, *De antiquorum metrorum et melorum discrimine*. Hanau 1836. — Ed. Krüger, Grundriss der Metrik antiker und moderner Sprachen. Emden 1838. — J. A. Pfau,

Elemente der griechischen und römischen Metrik. Quedlinburg 1839. Compendium für Schulen. — Ernst v. Leutsch, Grundriss zu Vorlesungen über die griechische Metrik. Göttingen 1841. 4. Eine sehr zweckmässige Quellen- und Beispielsammlung im ganzen Umfange der Wissenschaft. — C. Freese, Griechisch-römische Metrik. Dresden und Leipzig 1842. Ohne neue Forschungen, aber mit Kenntniss geschrieben. — F. Heimsoeth, Die Wahrheit über den Rhythmus in den Gesängen der alten Griechen. Bonn 1846. — F. W. Rückert, Antike und deutsche Metrik zum Schulgebrauch. Berlin 1847. [2. Aufl. 1874.] Brauchbar. — Otto Meissner, Zur Metrik. Mit einem Vorwort von K. Lehrs. Göttingen 1850. Aus dem 5. Bde. des Philologus. — B. Jullien, *De quelques points des sciences dans l'antiquité (physique, métrique, musique)*. Paris 1854. Enthält viel Seltsames über Accent, Quantität, Saturnische Verse, Vortrag Pindarischer Lieder u. s. w. — A. Rossbach und R. Westphal, Metrik der griechischen Dramatiker und Lyriker. 3 Theile in 5 Bdn. Leipzig 1854—65. [2. Aufl. unter dem Titel: Metrik der Griechen im Vereine mit den übrigen musischen Künsten. Leipzig 1867. 1868. 2 Bde.] Hauptwerk. S. oben S. 549. — L. Benloew, *Précis d'une théorie des rhythmes*. Leipzig 1862 f. 2 Theile. (Franz. lat. und griech. Metra.) — H. Weissenborn, Griechische Rhythmik und Metrik. In Ersch u. Gruber's Encyklop. Sect. I. Th. 81. — [J. H. Heinr. Schmidt, Die Kunstformen der griechischen Poesie und ihre Bedeutung. 1. Bd. Die Eurythmie in den Chorgesängen der Griechen, 2. Bd. die antike Compositionslehre, 3. Bd. die Monodien und Wechselgesänge der attischen Tragödie, 4. Bd. Griechische Metrik. Leipzig 1868—72. — W. Brambach, Metrische Studien zu Sophokles. Leipzig 1869; Rhythmische und metrische Untersuchungen. Leipzig 1871. — W. Christ, Metrik der Griechen und Römer. Leipzig 1874. 2. Aufl. 1879. — J. Hilberg, Das Princip der Silbenwägung und die daraus hervorgehenden Gesetze der Endsilben in der griech. Poesie. Wien 1879. — Luc. Müller, Metrik der Griechen und Römer. Leipzig 1880. 2. Aufl. 1885. — A. Rzach, Studien zur Technik des nachhomer. heroischen Verses; Neue Beiträge zur Technik des nachhomer. Hexameters. Wien 1880. 1882. — Fr. Zambaldi, *Metrica greca e latina*. Turin 1882. — W. Meyer, Zur Geschichte des griech. und des latein. Hexameters. Sitzungsber. der bayr. Akad. d. Wiss. 1884. Hft. 5; Anfang und Ursprung der lateinischen und griech.-rhythmischen Dichtung. München 1885. — H. Gleditsch, Metrik der Griechen und Römer mit einem Anhang über die Musik der Griechen. In Iw. Müller's Handbuch der class. Alterthumswissenschaft Bd. 2 (1885) S. 493—619.

J. A. Hartung, Die griechischen Lyriker. Bd. V: Die dorischen Liederdichter sammt einer Geschichte der Rhythmenschöpfung. Leipzig 1856. — A. Seidler, *De versibus dochmiacis tragicorum graecorum*. Leipzig 1811 f. 2 Bde. (Vergl. M. Lortzing. *De numero dochmiaco*. Berlin 1863. — [F. V. Fritzsche, *De numeris dochmiacis*. Rostock 1874—85. 5 Progr.]) — K. Lachmann, *De choricis systematis tragicorum graecorum libri IV*. Berlin 1819; *De mensura tragoediarum liber singularis*. Berlin 1822. Voll mühseligen Scharfsinns; ich enthalte mich des Urtheils — [M. Schmidt, *De C. Lachmanni studiis metricis recte aestimandis*. Jena 1880. 4.] — W. Dindorf, *Metra Aeschyli, Sophoclis, Euripidis et Aristo-*

phanis. Oxford 1842. — L. Bellermann, *De metris Sophoclis.* Berlin 1864. 4. — [H. Gleditsch, Die Sophokleischen Strophen metrisch erklärt. Berlin 1867 f. 2 Theile. 4. 2. Aufl. u. d. T.: Die *cantica* der Sophokleischen Tragödien. Nach ihrem rhythm. Bau besprochen. Wien 1883. — Mor. Schmidt, Die Sophokleischen Chorgesänge rhythmirt. Jena 1870. — W. Brambach, Die Sophokleischen Gesänge metrisch erklärt. Leipzig 1870. 2. Aufl. 1881. — M. Schmidt, Über den Bau der Pindarischen Strophen. Leipzig 1882.] — F. Dörr, Der Reim bei den Griechen mit besonderer Berücksichtigung des Sophokles. Leipzig 1857. Voll starker Phantasmen. — G. K. Brandes, Über den Reim in der griechischen Poesie. Lemgo 1867. — [C. Conradt, Die Abtheilung lyrischer Verse im griechischen Drama und seine Gliederung nach der Verszahl. I. Aeschylus' Prometheus und Perser. Berlin 1879.]

H. Düntzer und L. Lersch, *De versu quem vocant Saturnio.* Bonn 1838. — W. Th. Streuber, *De inscriptionibus quae ad numerum Saturnium referuntur.* Zürich 1845. — J. A. Pfau, *De numero Saturnio.* Quedlinburg 1846. 1864. 4. 2 Thle. [Vereinigt in: *De numero Saturnio commentatio.* Ebenda 1864.] — Fr. Ritschl, *Saturniae poeseos reliquiae.* Bonn 1854. 4. [= Opusc. philol. 4. 1878.] — K. Bartsch, Der saturnische Vers und die altdeutsche Langzeile. Leipzig 1867. — [Th. Korsch, *De versu Saturnio.* Moskau 1868. — L. Havet, *De Saturnio Latinorum versu.* Paris 1880. — O. Keller, Der saturnische Vers als rhythmisch erwiesen. Prag u. Leipzig 1883. 86. — R. Thurneysen, Der Saturnier u. sein Verhältniss zum späteren römischen Volksverse. Halle 1885. — Luc. Müller, Der saturnische Vers und seine Denkmäler. Leipzig 1885.] — M. W. Drobisch. Ein statistischer Versuch über die Formen des latein. Hexameters. Ber. der Sächs. Ges. d. W. phil.-hist. Cl. 1866. Interessant, aber ohne Folgen für die Theorie. — W. Studemund, *De canticis Plautinis.* Halle 1864. — M. Crain, Über die Composition der Plautinischen Cantica. Berlin 1865. — R. Bentley, *Schediasma de metris Terentianis* in dessen Ausgabe des Terenz. Cambridge 1726. 4. u. ö. Hierzu G. Hermann, *De Bentleio eiusque editione Terentii dissertatio.* Leipzig 1819. (Opusc. II.), abgedruckt in E. Vollbehr's neuer Ausgabe des Bentleyanischen Terenz (Kiel 1846). — [C. Conradt, Die metrische Composition der Comödien des Terenz. Berlin 1876. — C. Meissner, Die *cantica* des Terenz und ihre Eurythmie. Leipzig 1881.] — Luc. Müller, *De re metrica poetarum Latinorum praeter Plautum et Terentium libri VII.* Leipzig 1861. Ein reichhaltiges Werk. [Derselbe, *Rei metricae poetarum Latinorum praeter Plautum et Terentium summarium.* Leipzig 1878. — A. Spengel, Reformvorschläge zur Metrik der lyrischen Versarten bei Plautus und den übrigen latein. Scenikern. Berlin 1882.] — Max Hoche, Die Metra des Tragikers Seneca. Halle 1862. — [W. Meyer, Über die Beobachtung des Wortaccentes in der altitalischen Poesie. München 1885. Aus den Verhandl. der bayr. Akad. d. Wiss.]

V. Zeitschriften und Sammelwerke. *Proceedings and transactions of the philological society of London.* London seit 1842. — Zeitschrift für die Wissenschaft der Sprache herausgegeben von A. Höfer. Berlin u. Greifswald 1845—51. 3 Bde. — Zeitschrift für vergleichende Sprachforschung. Berlin seit 1852. Begründet von A. Kuhn. Herausgegeben von E. Kuhn und J. Schmidt. — Beiträge zur vergleichenden Sprachforschung auf dem Gebiete der arischen, celtischen und slavischen Sprachen. Unter Mitwirkung von A. Leskien und J. Schmidt herausg. von A. Kuhn. Berlin 1858—75. 8 Bde. — Zeitschrift für Völkerpsychologie und Sprachwissenschaft. Herausgeg. von M. Lazarus und H. Steinthal. Berlin seit 1860. — [*Revue de linguistique et de philologie comparée*. Paris seit 1867. — *Mémoires de la société de linguistique de Paris*. Paris 1868—1880. 4 Bde. — Studien zur griechischen und lateinischen Grammatik. Herausgeg. von G. Curtius (und K. Brugman). Leipzig 1868—1878. 10 Bde. Vergl. dazu: Leipziger Studien zur classischen Philologie. Leipzig 1878 ff. — Sprachwissenschaftliche Abhandlungen hervorgegangen aus G. Curtius' grammatischer Gesellschaft in Leipzig. 1874.] — L. Herrig's Archiv für das Studium der neueren Sprachen. Elberfeld und Braunschweig seit 1846. — Jahrbuch für romanische und englische Sprache und Literatur begründet von Ad. Ebert. Berlin und Leipzig 1859. 12 Bde. bis 1871. [Neue Folge herausgeg. von L. Lemcke. Leipzig 1873—76. 3 Bde. — *Revue des langues Romanes*. Montpellier und Paris seit 1870. — *Romania* herausgegeben von P. Meyer und Gast. Paris. Paris seit 1872. — Zeitschrift für romanische Philologie von G. Gröber. Halle seit 1877. — Beiträge zur Kunde der indogermanischen Sprachen. Herausgeg. von A. Bezzenberger. Göttingen seit 1876. — Internationale Zeitschrift für allgemeine Sprachwissenschaft herausgeg. von F. Techmer. Leipzig seit 1884. — M. Bréal, *Mélanges de mythologie et de linguistique*. Paris 1877. 2. Aufl. 1882. — Th. Benfey, *Vedica* und *Linguistica*. Strassburg 1880. — H. Steinthal, Gesammelte kleine Schriften. I. Sprachwissenschaftliche Abhandlungen. Berlin 1880. — C. Abel, *Linguistic essays*. London 1882; Sprachwissenschaftliche Abhandlungen. Leipzig 1885. — G. Meyer, Essays und Studien zur Sprachgeschichte und Volkskunde. Berlin 1885.] Vergl. ausserdem die oben S. 254 angeführten Zeitschriften.

VI. Bibliographie der Grammatik. [Th. Benfey, Geschichte der Sprachwissenschaft und orientalischen Philologie in Deutschland seit dem Anfang des 19. Jahrh. mit einem Rückblick auf die früheren Zeiten. München 1869. Darin (S. 17—312) eine Übersicht der allgemeinen Geschichte der Sprachwissenschaft von den ältesten Zeiten bis zum 19. Jahrh.] — J. S. Vater, Literatur der Grammatiken, Lexiken und Wörtersammlungen aller Sprachen der Erde. Berlin 1815. 2. völlig umgearbeitete Aufl. von B. Jülg. 1847. — Carl Ernst Aug. Schmidt, Beiträge zur Geschichte der Grammatik des Griechischen und Lateinischen. Halle 1859. — [J. J. Baebler, Beiträge zu einer Geschichte der latein. Grammatik im Mittelalter. Halle 1885. Darin (S. 1—27) eine Übersicht der Geschichte der Grammatik von Plato bis Remigius.] — C. Michelsen, Historische Übersicht des Studiums der latein. Grammatik. Hamburg 1837. — [E. Hübner, Grundriss zu Vorlesungen über die lateinische Grammatik. Berlin 1876. 2. Aufl. 1880; Grundriss zu Vorlesungen über die griech. Syntax. Berlin 1883. Enthalten eine umfassende Zusammenstellung der Specialliteratur.]*)

---

*) **Zur Sprachgeschichte.** Von dem Übergange der Buchstaben ineinander. Ein Beitrag zur Philosophie der Sprache. 1808. Kl. Schr. III, S. 204—

§ 109. Die gesammte Grammatik muss in ähnlicher Weise erlernt werden, wie sie geschaffen wird, d. h. auf Grund der Auslegung der Literaturwerke, wobei die grammatischen Lehrbücher wie die Lexika nur als Hülfsmittel zu benutzen sind (s. oben S. 122). Die erste Einführung in die alten Sprachen wird am leichtesten und gründlichsten durch einen methodischen Schulunterricht bewerkstelligt. Bei diesem ist vor Allem darauf zu sehen, dass die Schüler nicht, wie häufig geschieht mit Regeln und Definitionen überfüllt werden, während sie nicht im Stande sind, einige Zeilen in den alten Sprachen mit Geläufigkeit zu lesen oder zu schreiben und in Folge des grammatischen Formelwesens allen Geschmack an der Lektüre verlieren. Eine ins Einzelne gehende grammatische Analyse der Schriftwerke ist besonders auf den untersten Stufen des Unterrichts am Platze, wo der Schüler dieser Zergliederung zum Verständniss des Wortsinnes bedarf; später sind bei der Lektüre nur die wirklichen Schwierigkeiten zu berücksichtigen (vergl. oben S. 156 ff.). Aus der philosophischen Grammatik, die sich auf ausgedehnte Sprachkenntnisse stützen soll, können auf der Schule nur die elementarsten Grundanschauungen gelegentlich erörtert werden. Die Hauptsache ist hier die feste Einübung der Formenlehre und elementaren Syntax mit Hülfe von Übersetzungsbeispielen, die sich an die Lektüre anschliessen. Die Ergebnisse der modernen Sprachwissenschaft sind in der Schulgrammatik zu berücksichtigen, soweit sie sicher festgestellt sind und den Schülern verständlich gemacht werden können. Aber man darf nicht ohne Grund mit der grammatischen Tradition brechen und statt der altherkömmlichen und tief in den allgemeinen Gebrauch eingewurzelten Terminologie ein ganz neues System von Kunstausdrücken einführen wollen, wie dies z. B. Ahrens in seiner griechischen Grammatik thut. Verbesserungen im Einzelnen sind unumgänglich nothwendig; aber im Ganzen kann man das Gerüst der alten Grammatik beibehalten, wenn man nur die Begriffe wissenschaftlich richtig bestimmt. [Vergl. E. Herzog, Das Recht der traditionellen Schulgrammatik gegenüber den Resultaten der vergleichenden Sprachforschung. Stuttgart 1867. — J. Lattmann, Die durch die neuere Sprachwissenschaft herbeigeführte Reform des Elementarunterrichts in den alten Sprachen. Clausthal 1871. 4. 2. Ausg. Göttingen 1873. 8; Die Grundsätze für die Gestaltung der latein. Schulgrammatik. Ebenda 1885. Progr. von Clausthal. — J. Jolly, Schulgrammatik und Sprachwissenschaft. Studien über die Neugestaltung des grammat. Unterrichts. München 1874. — F. Holzweissig, Wahrheit und Irrthum der localistischen Casustheorie. Ein Beitrag zur rationellen Behandlung der griech. und latein. Casussyntax auf Grund der sichern Ergebnisse

---

228. — **Dialektologie:** Böotischer Dialekt. *Corp. Inscr. Gr.* I, S. 717—726. — Sprache der Sarmatischen Inschriften. Ebenda II, S. 107—117. 170. — Kretischer Dialekt. II, 401—406. — **Metrik:** Über die Versmaasse des Pindaros. Berlin 1809. Aus Wolf und Buttmann's Museum der Alterth.-W. Bd. II. Dazu Selbstanzeige von 1810. Kl. Schr. VII, S. 183 f. — *De metris Pindari.* Leipzig 1811. (Bd. I, 1 der Pindarausgabe.) — *De Doriis epitritis.* 1825. Kl. Schr. IV, S. 213—227. — *De versibus antispastico-iambicis recte constituendis.* 1827. Kl. Schr. IV, S. 254—265. — *De primis in Sophoclis Oedipo Coloneo canticis.* 1843. Kl. Schr. IV, S. 527—533.

der vergleichenden Sprachforschung. Leipzig 1877.] Die Syntax muss auch in der Schulgrammatik viel systematischer entwickelt werden als dies gegenwärtig meist geschieht. Im Allgemeinen ist das System der griechischen und lateinischen Syntax dasselbe; eine Verbindung beider sowie überhaupt eine Parallelgrammatik beider Sprachen scheint aber kein Bedürfniss. Die Sprachen müssen dem Anfänger zuerst in ihrer Besonderheit vorgeführt werden; Vergleichungen lassen sich dann beim Unterricht leicht anstellen. Übersetzungen aus der Muttersprache in das Lateinische und Griechische sind als Proben für die genaue Auffassung der Formenlehre und Syntax und für die Aneignung des Wortschatzes durchaus nothwendig. Diesem Zwecke dienen auch hauptsächlich die Stilübungen, die ausserdem in die elementarsten Gesetze der historischen Stilistik einführen. Nur muss man sich vor jenen grillenhaften stilistischen Vorschriften hüten, wie sie sich häufig in den Antibarbari finden. Durch Sprechübungen wird die Geläufigkeit des grammatischen Verständnisses sehr erhöht und man sollte daher die lateinischen Sprechübungen auf den Schulen nicht aufgeben (s. oben S. 307). Von grosser pädagogischer Bedeutung ist es aber den Schülern auch die künstlerische stilistische Eigenthümlichkeit der alten Sprachen zu lebendiger Anschauung zu bringen. Dies geschieht nicht durch ästhetische Reflexionen, sondern dadurch, dass die Schüler sich in die Stilmuster einleben (s. oben S. 258 f.). Besonders muss auf eine gute Aussprache gehalten werden, ohne welche Wohllaut und Rhythmos nicht zur Geltung kommen. Vor Allem gehört hierzu eine richtige Accentuation. Die Alten beachteten den Accent sehr genau; Redner und Schauspieler wurden wegen der geringsten Accentfehler unterbrochen und ausgezischt. Da nun die Accentzeichen im Griechischen hauptsächlich einen pädagogischen Werth haben, ist es sehr wunderlich, dass die Pädagogen bis in unser Jahrhundert hinein darüber gestritten haben, ob das Griechische nach dem Accent oder der Prosodie zu lesen sei, indem sie nach der Prosodie zu lesen glaubten, wenn sie nach den lateinischen Accentuationsregeln lasen, ohne auf die Accentzeichen zu achten. Sowie man sich hierbei sehr schwer von dem Schlendrian losmachen konnte beide alte Sprachen nach derselben Schablone zu betonen, so können sich noch gegenwärtig manche nicht dazu entschliessen, die lateinischen Vocale ausser der vorletzten Silbe nach der Quantität zu lesen. Hierdurch geht die rhythmische Eigenthümlichkeit der alten Sprachen noch mehr verloren. Und doch ist es keineswegs übermässig schwer in der Aussprache Accent und Quantität zugleich zu beobachten. Natürlich hängt das Heil der Welt nicht davon ab, wenn man einmal darin fehlt; aber man muss auch hierin nach Vollendung streben. Überhaupt muss die Orthoëpie, soweit sie wissenschaftlich sicher feststeht, auch in den Schulen zur Geltung gebracht werden, wozu besonders die Einführung einer consequenten Orthographie beiträgt. Vergl. A. Fleckeisen, 50 Artikel aus einem Hülfsbüchlein für die latein. Rechtschreibung. Leipzig 1861. — [W. Brambach, Die Neugestaltung der lateinischen Orthographie in ihrem Verhältniss zur Schule. Leipzig 1868; Hülfsbüchlein für latein. Rechtschreibung. Leipzig 1872. 3. Aufl. 1884. — C. Wagener, Kurzgefasste latein. Orthographie für Schulen. Berlin 1871; Tabellarisches Verzeichniss der hauptsächlichsten lateinischen Wörter von schwankender Schreibweise. Gotha 1882. — K. Bock, Die wichtigsten Punkte der latein. Rechtschreibung für Schulen. Nebst einem orthogr. Register. Berlin 1872; C. A. Hölbe, Regeln und Wörterverzeichnisse zur Begründung einer einheitlichen latein. Orthographie. 2. Aufl. Hannover 1874. — Luc. Müller, *Orthographiae et prosodiae latinae summarium*. Petersburg (Leipzig) 1878. — R. Bouterwek und A. Tegge, Die altsprachliche Orthoepie und die Praxis. Berlin 1878. — A. Marx, Hülfsbüchlein für die Aussprache der latein. Vocale in positionslangen Silben. Mit einem Vorwort von F. Bücheler. Berlin 1883.] Aber man darf hierin nicht zu weit gehen und alle Feinheiten der Aussprache einüben wollen, da man eine todte Sprache doch nicht wie eine lebende lernen kann. Ein vortreffliches Gegengift gegen die orthoëpische und orthographische Silbenstecherei, womit geistlose Köpfe sich gern beschäftigen und wovon auch geistvollere Philologen, wie Fr. A. Wolf in den Analekten, angesteckt sind, hat schon G. Chr. Lichtenberg (Werke Bd. 6) gereicht in seinem Aufsatze „Über die Pronunciation der Schöpse des alten Griechenlands verglichen mit der Pronunciation ihrer neueren Brüder an der Elbe".

Aus der Stellung, welche die Grammatik im Organismus der philologischen Wissenschaften einnimmt, folgt, dass ein eingehendes grammatisches Studium für jeden Philologen unentbehrlich ist und man sich nicht etwa, wenn man andere Zweige der Philologie zu seinem Specialfach wählt, mit der Sprachbildung begnügen kann, welche ein guter Gymnasialunterricht gewährt. Vielmehr muss man fort und fort bei der Lektüre alle Mühe auch auf die grammatische Erklärung wenden und die eigenen Beobachtungen durch Adversarien festhalten (vergl. oben S. 123 f.). Zugleich muss man nach einer tieferen Einsicht in den Sprachbau streben, indem man sich die Resultate der vergleichenden Grammatik aneignet; auf die philosophische Sprachwissenschaft wird man am besten erst in der letzten Zeit des Universitätsstudiums genauer eingehen. [Vergl. B. Delbrück, Das Sprachstudium auf den Universitäten. Praktische Rathschläge für Studirende der Philologie. Jena 1875.]

Die Kenntnisse, welche zu selbständigen Arbeiten auf dem Gebiet der Sprachgeschichte erforderlich sind, kann man sich sehr schwer. autodidaktisch aneignen. Die allein zum Ziele führende sprachvergleichende Methode verleitet den Anfänger leicht zu voreiligen Schlüssen. Eine Vergleichung verwandter Sprachen setzt voraus, dass diese einzeln mit philologischer Genauigkeit durchgearbeitet werden; wie nun der Linguist im Stande sein muss, die philologischen Vorarbeiten zu prüfen, auf die er sich stützt, so muss der philologische Sprachforscher wieder — was noch schwieriger ist — die Aufstellungen der Linguistik kritisch verwerthen. Diese Kritik muss man bei den Meistern der Sprachwissenschaft lernen. In der Etymologie ist ganz besonders Vorsicht nöthig. Manche scheinbar ganz verschiedene Wörter wie *lis* und Streit (*stlit-* und strit) lassen sich als identisch nachweisen, wenn sich die Verschiedenheiten durch sichere Lautgesetze erklären; dagegen führen Gleichklang und Ähnlichkeit der Bedeutung oft auf Irrwege. Die besten Etymologen irren vielfach und es ist daher dringend anzurathen, dass man mit selbständigen etymologischen Versuchen nicht zu früh und zuerst unter der Leitung eines Meisters beginne. Bei syntaktischen

IV. Wissen. 5. Geschichte der Sprache. Literatur. 851

Studien sind hauptsächlich drei Fehler zu vermeiden: 1) das einseitige Regelmachen, indem man die entgegenstehenden Erscheinungen entweder übersieht oder wegcorrigirt, 2) das Sammeln von Beispielen ohne die verschiedenen Fälle auf den Gedanken, der in der Syntax allein herrscht, zu reduciren, 3) spitzfindige und kleinliche Distinctionen, die der Sprachanschauung fremd sind (s. oben S. 101). Letzterer Fehler findet sich besonders in ausführlichen Monographien. Allerdings ist die Theilung der Arbeit gut und die Syntax wie die gesammte Grammatik wird besonders durch monographische Behandlung der einzelnen Theile gefördert; nur darf man dabei den systematischen Zusammenhang des Einzelnen nicht aus den Augen verlieren.

Die Metrik kann nur durch Analyse der poetischen Kunstwerke gelernt werden. Die Basis aller Analyse ist aber Sicherheit in der Quantitätslehre. Diese ist auf der Schule zu erwerben. Zugleich sind hier das epische, elegische, iambische, trochäische und anapästische Versmaass und in Verbindung damit die Horazischen Odenmaasse zu erlernen. [Zu empfehlen ist: H. Schiller, Die lyrischen Versmaasse des Horaz. Nach den Ergebnissen der neuern Metrik für den Schulgebrauch dargestellt. Leipzig 1869. 2. Aufl. 1877. — R. Köpke, Die lyrischen Versmaasse des Horaz. Landsberg a. W. 1883. 3. Aufl. Berlin 1885.] Unterstützt wird die Analyse durch Nachbildung der Metra, wodurch der Sinn für dieselben geschärft und zugleich der poetische Sprachgebrauch zum Bewusstsein gebracht wird. Hülfsbücher hierfür sind: Fr. Tr. Friedemann, Aufgaben zur Verfertigung griechischer Verse. Weilburg 1835; Anleitung zur Kenntniss und Verfertigung latein. Verse. Leipzig 1. Thl. 1824. 5. Aufl. 1844, 2. Bd. 1828. 2. Aufl. 1840. M. Seyffert, *Palaestra Musarum*. Materialien zur Einübung der gewöhnlicheren Metra und Erlernung der poët. Sprache der Römer. 1. Thl. Der Hexameter und das Distichon. Halle 1834. [9. Aufl. von R. Habenicht 1882.] 2. Thl. 1. und 2. Abth. Halle 1834 f. Die Analyse der chorischen Strophenmaasse, die nicht auf die Schule gehört, muss man zuerst an Pindar üben, bei welchem mit den dorischen Oden anzufangen ist. Das Letzte sind dann die tragischen Chöre; bei diesen muss man den Anfang mit den einfachsten Strophen, Daktylen, Glykoneen, Choriamben machen; die dochmischen werden füglich den Schluss bilden. Man darf übrigens nicht wähnen, über irgend eine metrische Form gleich mit dem ersten Anlauf völlig ins Klare kommen zu können; vielmehr gewinnt eine jede grössere Klarheit durch die Vergleichung mit den übrigen, und es zeigt sich auch hier wie überall in der Philologie der approximative Gang des Erkennens, bei welchem sich Alles allmählich durcheinander vollendet. Diesen approximativen Gang gehen auch die Bearbeiter der Metrik und die Maasse der tragischen Chöre sind z. B. noch bei Weitem nicht alle erklärt. Übrigens muss man sich vor einer Übertreibung des metrischen Studiums hüten, wodurch Manche μετρικοί statt φιλόλογοι werden. Hierdurch sollen natürlich nicht monographische Arbeiten, soweit sie das rechte Maass halten, verurtheilt werden; im Gegentheil sind Specialuntersuchungen sowohl über einzelne Metra als über einzelne Dichter höchst wichtig.

Namenverzeichniss.

Abbot, J. 335.
Abeken, W. 340.
Abel, Karl 843. 847.
Abel, O. 354.
Abraham 216.
Accius 711. 717. 746.
Acidalius, V. 165. 253.
Ackermann, H. 356.
Ackermann, J. Ch. G. 401.
Adam, A. 372.
Adamantios 640.
Adamy, R. 509. 513.
Adelung, J. Chr. 50. 819.
Adler, F. 496.
Adler, G. Chr. 372.
Adrian, J. V. 460.
Aelianos 547. 692.
Aelios Aristeides 248. 458. 708.
Aelius Stilo 365. 746.
Aelius Tubero, Q. 724.
Aeschines 123. 215. 221. 705. 706.
Aeschylos 90. 113. 115. 137. 155. 157. 187. 192. 196. 197. 221. 222. 275. 343. 482. 487. 669. 670. 673—678. 756. 845. 846.
Aesopos 10. 660. 751. 752.
Afranius 714. 715.
Agathon 209.
Agathon, Dichter 673.
d'Agincourt 502.
Agricola, Julius 132. 147. 729.
Agricola, Rudolph 303.
Agrippa 336.
Agthe, C. 753.
Ahlwardt, Chr. W. 234.
Ahrens, H. L. 824. 825. 833. 848.
Ainsworth, W. 342.
Aken, A. F. 824. 838.
Akerman, J. Y. 388.
Albericus 569.
Albert, E. 646.

Albert, M. 577.
Albert, P. 750.
Alexander der Grosse 104. 216. 228. 267. 277. 283. 284. 317. 326. 354. 355. 371. 381. 387. 435. 484. 485. 502. 506. 563. 581. 606. 682. 690. 706. 729. 754.
Alkaeos, Dichter 662. 689.
Alkaeos, Philosoph 739.
Alkibiades 354. 417. 487. 634. 654.
Alkiphron 709.
Alkman 200. 662. 664.
Allen, Fr. 825.
Allgayer, F. X. 844.
Allmer, A. 762.
Almeloveen, Th. J. 329.
Alypios 547.
Alzheimer, K. 831.
Amafinius 740.
Ambros, A. W. 549.
Ambrosch, J. A. 460.
Ameis, K. F. 401.
Amerbach 205.
Ammianus Marcellinus 350. 728.
Ammonios 98.
Ammonios Alexandrinos 123. 166. 817.
Ammonios Sakkas 606.
Ampère, J. J. 358.
Anacharsis 367.
Anakreon 222. 530. 722.
Anaxagoras 465. 490. 565. 568. 593. 595. 596. 605. 613. 624.
Anaximandros 324. 335. 593. 619. 633.
Anaximenes v. Lampsakos 233.
Anaximenes v. Milet 593.
Andokides 221. 703.
Andresen, G. 254.
Andronikos Rhodios 195.

Angermann, C. 836.
Annius v. Viterbo 234.
Antalkidas 120.
Anthon, Ch. 39.
Antigonos 209.
Antimachos 634. 653. 660.
Antiphon 632. 689. 702. 703. 755.
Antisthenes 596.
Antoine, F. 843.
Anton, H. S. 844.
Antonini 297. 356. 358. 729.
Antoninus Liberalis 568.
Antoninus Pius 735.
Antonius Triumvir 637.
Antonius, M., Redner 731.
d'Anville, Bourguignon J. B. 338. 340. 342. 343. 368.
Anytos 295.
Apel, A. 815. 844.
Apelles 488. 491.
Apelt, E. F. 556.
Apollodoros, Maler 487.
Apollodoros, Mythograph 327. 558. 568. 578. 582.
Apollonios Dyskolos 638. 800. 817.
Apollonios d. Eidograph 815.
Apollonios v. Perga 621. 639.
Apollonios Rhodios 123. 365. 637. 654. 717.
Apollonios Sophista 123.
Apollonios v. Tyana 452.
Appel, E. 841.
Appianos 104. 350. 365. 692.
Appius Claudius Caecus 289. 294. 731.
Apuleius 458. 731. 736. 742.
Aratos 123. 198. 639. 654. 718.

Namenverzeichniss. 855

Arbenz, E. 750.
Arbois de Jubainville, H. d' 839.
Archilochos 530. 655. 665.
Archimedes 621. 622. 623. 639. 641.
Arens, J. 825.
Argelatus 366.
Aristaenetos 708.
Aristarchos v. Alexandria 24. 637. 638.
Aristarchos v. Samos 622. 639.
Aristeides v. Milet 693. 731.
Aristides Quintilianus 547.
Aristippos 596.
Aristobulos 235.
Aristogeiton 215. 481. 503.
Aristonikos 530.
Aristophanes 90. 91. 96. 112. 113. 123. 159. 192. 197. 218. 230. 295. 423. 482. 528. 540. 545. 628. 669. 670. 676. 678. 679. 681. 682. 684. 818. 845 f.
Aristophanes v. Byzanz 637. 780.
Aristoteles 12. 13. 17. 22. 25. 34. 35. 60. 95. 99. 103. 113. 116. 123. 147. 148. 153. 165. 192. 195. 198. 199. 231. 232. 237. 238. 241. 246. 247. 259. 268. 279. 299. 301. 302. 320. 347. 364. 365. 390. 391. 397. 419. 423. 466. 470. 529. 536. 538. 542. 546. 547. 581. 584. 587. 590. 591. 604—609. 616. 622. 625. 626. 627. 632. 635. 639. 640. 644. 654. 666. 670. 671. 677. 684. 688. 690. 698. 700. 702. 735. 745. 775. 793.
Aristoxenos 529. 533. 547. 775.
Arkadios 780. 817.
Arkesilaos 88. 150.
Arnauld, A. 818.
Arndt, W. 203.
Arneth, A. 641.
Arneth, J. 514.
Arnold, Bernh. 551.
Arnold, Bruno 551. 645.
Arnold, Th. 357.
Arnold, W. 374.
Arnold, W. T. 375.
Arnoldt, R. 552.
Arosa, G. 514.

Arrianos 350. 692.
Artemidoros 640.
Artemisia 484.
Arundell, F. V. J. 337.
Asandros 209. 210.
Asbóth, O. 833.
Aschbach, J. 359.
Ascherson, F. 552.
Ascoli, G. A. 829.
Asinius Pollio 726. 733.
Asmus, P. 573.
Aspasia 119. 120.
Ast, G. A. Fr. 38. 44. 75. 79. 130. 611. 617.
Ateius 12. 13.
Athenaeos 166. 229. 365. 401. 423. 525. 532. 547. 609. 635. 682. 692. 745.
Attalos II 637.
Atticus 730.
Aucher, J. B. 327.
Audibert, R. 427.
Aufrecht, Th. 763.
Augustinus 290. 547. 610. 737. 742.
Augustus 314. 317. 321. 335. 359. 420. 448. 541. 568. 631. 638. 707. 712. 721. 727. 728. 733. 740. 741. 744. 754. 757. 761.
de l'Aulnaye 548.
Aurelius Victor 728.
Ausonius 719. 721.
Autenrieth, G. 833. 842.
Autolykos 639.
Avellino 518.
Avienus 198. 335.
Axiothea 408.

Baas, J. H. 646.
Babelon, E. 389.
Baccheios 547.
Bach, J. A. 646.
Bachmann, L. 817. 818.
Bachofen, J. J. 357. 424.
Baco, F. 304. 609. 627. 628.
Bader, Clarisse 424.
Bader, Th. 460.
Baebler, J. J. 847.
Baehr, F. 80. 368. 372. 584. 749.
Bähr, O. 550.
Bäumlein, W. 33. 842.
Bahrfeldt, M. 389. 390.
Baifius, L. 404.
Bailey, J. 835.
Bailly, J. S. 642.
Baiter, J. G. 329. 341.
Bakchylides 664.

Bakis 447.
Bamberg, A. v. 824.
Band, O. 461.
Banier, A. 578.
Bankes 200.
Bapst, G. 403.
Barbié du Bocage, J. D. 343. 368.
Bardt, C. 461.
Barker, E. H. 780.
Baron, J. 374.
Bartels, A. 306.
Barth, H. 336.
Barthélemy, A. de 389. 390.
Barthélemy, J. J. 367. 464.
Bartolotti, P. 387.
Bartsch, K. 846.
Basiades, H. 821.
Basilios d. Gr. 30. 709.
Bast, F. J. 192. 203.
Batteux, Ch. 614.
Baudrillart, H. 406.
Baudry, F. 822.
Bauer, A. 350.
Bauer, F. 837.
Bauer, K. L. 79.
Bauer, Wilh. 612.
Baumeister, A. 360. 499.
Baumstark, A. 338.
Baur, F. Chr. 463. 571. 585. 586.
Baur, G. 425.
Bayle, P. 50.
Bazin 511.
Bazzigher, J. 829.
Beatrice 89.
Beatus Rhenanus 205.
Beaufort, Fr. 332. 356.
Beauzée, N. 818.
Bechtel, F. 824.
Beck, Chr. D. 79. 169. 351. 352. 356. 508. 647. 747.
Beck, L. 403.
Beck, Reinh. W. 834.
Becker, Jac. 762.
Becker, Karl Ferd. 819.
Becker, K. F. 351.
Becker, W. A. 341. 373. 379.
Becker, Wilh. 385.
Beckmann, J. 403.
Becq de Fouquières, L. 424. 425.
Beer, A. 404.
Beermann, E. 825.
Berger, F. A. 828.
Behaghel, J. G. 548.

Behaghel, J. P. 423.
Beheim-Schwarzbach, H. 402.
Bekker, Imman. 167. 198. 204. 253. 796. 800. 816. 817. 830. 834.
Belin de Ballu, J. N. de 754.
Bellermann, Fr. 547. 548. 550.
Bellermann, L. 846.
Beloch, J. 340. 354. 375.
Beltram y Rózpide, R. 614.
Bénard, Ch. 614.
Benary, Agathon 830.
Bender, H. 373. 750.
Benfey, Th. 575. 822. 834. 838. 847.
Benloew, L. 68. 576. 813. 821. 822. 829. 830. 841. 845.
Benn, A. W. 614.
Benndorf, O. 336. 494. 497. 500. 501. 502. 503. 505. 507. 514. 518. 551.
Benoit de Maillet 337.
Benseler, G. E. 834. 835.
Bensen, H. W. 368.
Bentley, R. 16. 173. 175. 187. 198. 216. 253. 534. 709. 773. 813. 815. 846.
Benzélos, Th. 379.
Berblinger, W. 828.
Berge, C. de la 358.
Berger, A. 755.
Berger, Fr. 835.
Berger, H. 646.
Bergeron, P. 749.
Berghaus, J. J. 404.
Bergk, Th. 325. 326. 340. 614. 643. 748. 756. 762. 828.
Bergmann, F. W. 576. 821.
Bergmann, Jul. 615.
Berkeley 610.
Bernays, J. 35. 214. 328. 614. 698. 756.
Bernhardi, A. F. 799. 819.
Bernhardt, Th. 359.
Bernhardy, G. 38. 44. 65. 353. 748. 749. 755. 842.
Bernhöft, F. 374.
Bernocci, S. 463.
Bernoulli, J. J. 499. 501. 510.
Berosos 451.
Bersu, Ph. 831.
Bertrand, A. 518.

Bertrand, G. 509.
Bessarion 302.
Besseldt, K. 844.
Bethmann - Hollweg, A. 640.
Beugnot, A. 459.
Beulé, Chr. E. 336. 359. 376. 509. 513. 517.
Bezzenberger, A. 847.
Biedermann, G. 306.
Biehler, T. 514.
Biel, W. 423.
Biese, A. 510.
Biester, J. E. 367.
Billerbeck, H. L. J. 645.
Billroth, J. F. G. 842.
Binder, J. J. 403.
Binder, W. 577.
Bindseil, Ernst 828.
Bindseil, Th. 427.
Bintz, J. 426.
Biot, E. 325. 329. 425.
Bippart, G. 369. 425.
Birch, S. 516.
Birkenstamm, Th. 838.
Birth, Th. 203. 750. 751.
Bischoff, E. 326.
Bischoff, Fr. H. Th. 339.
Blacas, duc de 388. 505.
Blackert, Ge. 842.
Blair, W. 425.
Blake, J. F. 643.
Blakey, R. 612.
Blancard, L. 387.
Blank, E. 762.
Blankenburg, Chr. F. v. 353.
Blanqui, Ad. 402.
Blass, F. 643. 754. 832.
Blaze de Bury, H. 424.
Bleek, W. H. J. 821.
Bloch, G. 373.
Bloch, S. N. J. 831.
Blouet, A. 496.
Blümner, H. 368. 403. 502. 507. 509. 510. 517.
Blume, F. 385.
Blumenbach, J. F. 625.
Bobba, R. 612.
Bobrik, H. 339.
Boccaccio, G. 302. 569. 693.
Bochart, S. 580.
Bock, K. Wilh. 822. 837.
Bock, Konr. 850.
Bode, G. H. 569. 751.
Boecking, E. 640. 817.
Böckler, P. 515.
Böhlau, J. 405.
Böhme, Jac. 345.

Böhmer, P. 828.
Boehnecke, K. G. 354.
Bösigk, L. 576.
Boethius 528. 547. 742.
Böttger, C. 820.
Bötticher, A. 496.
Bötticher, C. 461. 474. 496. 501. 512. 514. 576. 584.
Bötticher, W. 356.
Böttiger, C. A. 227. 404. 405. 479. 488. 495. 505. 506. 507. 510. 517. 518. 520. 578. 582. 752.
Bogan, Z. 367.
Bohn, R. 497. 513.
Bojesen, E. F. 368. 372. 550.
Boileau, N. 304.
Boissier, E. 645.
Boissier, G. 425. 459.
Boissieu, A. de 761.
Boissonade, J. F. 817.
Boldt, H. 843.
Boltz, A. 820.
Bonada, F. M. 760.
Bonaparte 337.
Bond, E. A. 203.
Bonghi, R. 358.
Bonitz, H. 823.
Bonnell, C. E. 426. 755.
Bopp, F. 770. 796. 803. 804. 822. 829. 837. 841.
Bordeu, Th. 646.
Borghesi, B. de 329. 517. 761.
Bormann, A. 342.
Bormann, E. 762.
Bornhak, G. 827.
Bos, L. 367.
Bossler, Chr. 460.
Bossut, K. 641.
Bothe, F. H. 187. 753. 756.
Botta, P. E. 498.
Bouché-Leclercq, A. 462.
Bouchut, E. 646.
Boudard, P. A. 386.
Bouillet, J. 646.
Bourlier d'Ailly, P. Ph. 388.
Bouterwek, R. 850.
Boutkowski, A. 389.
Boyd 367.
Boysen, C. 51.
Bradley, A. C. 365.
Brambach, W. 762. 845. 846. 849.
Brand, A. 825.
Brandes, G. K. 846.
Brandes, H. 369.

Brandes, H. K. 826.
Brandis, Chr. A. 336. 613.
Brandis, J. 387.
Brandis, K. G. 830.
Braniss, J. 611.
Brass, J. 844.
Bratuscheck, E. 616.
Braun, Chr. F. F. 356.
Braun, Em. 500. 510. 513. 571.
Braun, Jul. 509. 572. 582.
Bréal, M. 763. 822. 847.
Brédif, L. 755.
Bredow, G. 316. 351.
Bremer, F. P. 646.
Bremi, J. H. 166.
Brenner, O. 645.
Bretschneider, C. A. 641.
Briau, R. 646.
Brinckmeier, E. 331.
Brockmann, F. J. 325.
Broecker, L. 357.
Broeder, Chr. G. 826. 843.
Bröndsted, P. O. 336. 344. 495.
Brosig, M. 644.
Brosses, Ch. de 821.
Brown, R. 575.
Browne, R. W. 749.
Bruce, J. C. 762.
Bruchmann, C. 575.
Brucker, J. J. 610.
Brücke, Ernst 828.
Brückner, C. A. F. 355.
Brüll 825.
Brünings, Chr. 459.
Brugman(n), K. 766. 822. 824. 847.
Brugsch, H. 326. 339. 340. 498.
Brunér, E. J. 752.
Bruni, L. 302.
Brunn, H. 483. 496. 497. 501. 505. 507. 510. 511. 514. 516. 752.
Brunn, L. 404.
Bruns, C. G. 640.
Bruns, P. J. 338.
Bruppacher, H. 828.
Brutus 732.
Brzoska, H. G. 570.
Bucher, A. L. 334.
Bucher, B. 403.
Buchholtz, H. 548. 837.
Buchholz, E. 368. 643.
Buckley, A. B. 643.
Budaeus, Guil. 823.
Budinsky, A. 828.
Bücheler, F. 169. 254. 763. 827. 828. 839. 850.

Bücher, K. 425.
Büchsenschütz, B. 402. 403. 462.
Büdinger, M. 359.
Bühlmann, J. 512.
Bürgel, H. 371.
Bürmann, H. 370.
Buffon 10.
Bugge, S. 763.
Buhle, J. G. 610. 617.
Bulodemos, Ch. 379.
Bunbury, E. H. 341. 645.
Bunsen, Karl 341.
Burckhardt, A. 517.
Burckhardt, J. 359. 500. 512.
Burer 205.
Burette, P. J. 549. 553.
Burkhardt, G. E. 573.
Burmann, P. 169. 374. 647.
Burne, J. 820.
Burney, Ch. 548.
Burnouf, E. 748.
Bursian, K. 51. 71. 75. 254. 301. 339. 494. 509. 516. 518. 519. 573. 579. 615. 745. 763.
Busch, W. 647.
Buschmann, H. 379.
Busolt, G. 354. 371.
Buss, F. J. 402.
Bussemaker, U. C. 401. 639.
Butler, W. A. 614.
Butsinas, E. G. 379.
Buttmann, A. 817. 823.
Buttmann, Phil. 35. 38. 210. 549. 571. 580. 581. 823. 834. 848.
Bywater, J. 254.

Caecilius aus Calacta 707.
Caelius Antipater 724.
Caelius Apicius 401.
Caesar 314. 318. 321. 350. 365. 374. 382. 404. 425. 515. 637. 638. 716. 717. 719. 721. 725. 726. 728. 733. 738.
Caesar, Iulius (Philolog) 550. 752.
Cagnat, M. R. 374.
Cagnazzi, L. 386.
Caix de Saint-Aymour, A. de 826.
Caligula 136. 228.
Calle, A. de la 829.
Calpurnius 401. 721.
Calvary 51. 52. 254.
Camden, W. 340.

Camerarius, Joach. 303. 639.
Campana, G. P. 502.
Campanari, S. 505.
Canina, J. 512.
Caninius, Ang. 823.
Cantor, M. 641.
Cantù, C. 749.
Capito 631.
Capperonnerius, Cl. 640.
Carapanos, C. 496.
Carriere, M. 509. 747.
Cartault, A. 404.
Cartesius, 304. 609.
Carus, Fr. A. 611. 614.
Carus, V. 644. 645.
Casagrandi, V. 359.
Casaubonus, J. 166. 304. 752.
Caspar 499.
Cassianus Bassus 401.
Castel 460.
Castellani, A. 479. 514.
Castellanus, P. 461.
di Castromediano 763.
Catilina 726.
Catius 740.
Cato d. Ä. 135. 293. 294. 317. 401. 718. 725. 730. 731. 737. 738. 756.
Cato d. J. 423. 719.
Catullus 160. 719. 722. 723. 730.
Cauer, P. 761. 824.
Cavallari, S. 496.
Cavallucci, C. J. 513.
Caylus, A. C. Ph. 495.
Celesina, E. 750.
Cellarius, Chr. 337. 843.
Centofanti, S. 748.
Cervantes 160. 161.
Cesnola, L. P. di 497.
Ceuleneer, A. de 359.
Chaeremon 229. 674.
Chaignet, E. A. 753. 820.
Chalkidios 198.
Chalons, R. 389.
Chalupka, St. 575.
Chamaeleon 745.
Champollion, Aimé 203.
Champollion d. J., J. F. 498.
Champollion-Figeac 203.
Chandler, H. W. 830.
Chandler, Rich. 336. 337. 495. 760.
Chaplain, J. 505. 516.
Chappel, W. 549.
Chappuis, Ch. 342.
Chares 504.
Charisios 706.

Charisius 817.
Chariton 166.
Chasles, M. 641.
Chauvelays, M. J. de la 375.
Cherbuliez, V. 479.
Chéruel, M. 369.
Chion 709.
Chipiez, Ch. 498. 509. 512.
Choerilos 651. 653.
Choeroboskos 817.
Choisy, A. 512.
Chompré, P. 577.
Choulant, L. 646.
Christ, W. 751. 752. 753. 845.
Christine von Schweden 553.
Christus 29. 30. 71. 134. 273. 299. 309. 399. 410. 414. 423. 435. 444. 454. 457. 460. 473. 576. 607. 632. 665. 709. 718. 729.
Chrysippos 698.
Chrysoloras, M. 302.
Cicero 26. 28. 85. 123. 128. 129. 135. 136. 168. 198. 214. 221. 224. 228. 232. 234. 239. 248. 288. 289. 290. 294. 295. 301. 350. 365 f. 425. 441. 451. 456. 458. 526. 606. 609. 615. 633. 699. 700. 709. 717. 725. 726. 729. 730. 732. 733. 737. 740. 741. 745. 746. 755. 775. 780. 809.
Cincius Alimentus 316.
Clarac, J. B. de 499. 511.
Clarke, Edw. Dan. 336.
Clasen, D. 459. 462.
Clason, O. 357. 373.
Classen, J. 24. 356. 647.
Claudius, Kaiser 228. 359. 443. 719. 729. 780.
Claus, A. 575.
Clavier, E. 354. 578.
Clemens aus Alexandria 610. 665. 777.
Clemens XII (Pabst) 500.
Clément, F. 548.
Clemm, W 34. 833.
Clenardus, N. 823.
Clericus, Joh. (Le Clerc) 169. 195. 578. 580.
Clermont-Ganneau, Ch. 340.
Clinton, H. 328.
Closset, L. de 754.

Cluverius, Ph. 339.
Cobet, C. G. 79. 254.
Cockerell, C. R. 495.
Coghill, J. 505.
Cohen, H. 388.
Cohen, Herm. 615.
Collignon, M. 505. 509. 510.
Collitz, H. 761. 824.
Columella 401.
Combe, Carl 385.
Combe, Taylor 385. 502.
Comparetti, D. 254. 495.
Connestabile, G. C. 762.
Conrad, J. 844.
Conradt, C. 846.
Constant, B. 458. 459.
Constantin I 323. 359. 448. 638.
Constantin VI 401.
Constantius 728.
Conze, A. 337. 494. 497. 499. 505. 510. 514. 518. 709.
Cook, F. J. 458.
Cooth, C. J. van 405.
Copernicus 622.
Coray, A. 105. 401.
Corazzini, Fr. 404.
Corlieu, A. 646.
Cornelius Nepos 290. 729. 730.
Cornelius Sisenna, L. 725. 731.
Cornificius 239. 732.
Corradini, F. 835.
Corsini, Ed. 329. 548.
Corssen, W. 780. 813. 827. 828. 832. 837.
Costard, G. 642.
Coste 498.
Coster, L. de 389.
Couat, A. 751.
Cousin, L. 353.
Cousin, V. 611.
Coutance, A. 403.
Cox, G. W. 354. 573. 582.
Crain, M. 846.
Cramer, A. 843.
Cramer, A. 426.
Cramer, F. 425.
Cramer, G. 753.
Cramer, J. A. 339. 342. 817.
Crassus, L. 731.
Creech, Th. 162.
Crelle 641.
Creuzer, Fr. 301. 372. 505. 570. 571. 578. 579. 580. 582. 583. 585. 750. 754. 755.

Crevier 356.
Crinitus, P. 751.
Croiset, A. 753.
Cros, H. 515.
Crusius, G. Ch. 836.
Cruttwell, Ch. Th. 750.
Cucheval, V. 755.
Cudworth, R. 613. 618.
Cunningham, A. 339.
Cuno, J. G. 358.
Curius, M'. 289.
Curtius, Ernst 34. 337. 339. 341. 353. 356. 404. 424. 425. 427. 461. 463. 496. 501. 503. 506. 517. 518. 573. 756. 759. 760. 836.
Curtius, Georg 34. 765. 766. 772. 797. 802. 803. 822. 823. 824. 828. 833. 837. 840. 847.
Curtius Rufus 228. 301. 709.
Curtze, M. 642.
Cuvier, G. 643.
Cyriacus v. Ancona 336.
Cyrillus 817.
Czörnig, C. v. 340.

Dähn, J. 551.
Dalberg, F. v. 576.
Damarete 118.
Damm, Chr. T. 573. 790. 834. 835.
Damon 465.
Damon, Musiker 529. 532.
Damophilos 88. 150.
Daniel, C. 825.
Daniel, H. A. 645.
Dante 6. 89. 92. 302. 676.
Danz, A. 379.
Daremberg, Ch. 369. 639. 646.
Dares 731.
Darley, G. 753.
Darmesteter, A. 833.
Daumet, H. 496.
David, E. 825.
David, Emeric, T. B. 574. 582. 586.
Dawes 212. 253.
Dechales, Cl. Fr. Milliet 640.
Decharme, P. 573. 576.
Deecke, W. 389. 761. 827.
Degérando, J. M. 611. 618.
Deinarchos 232.
Deinokrates 484.
Deiters, H. 461.

Delambre, J. B. J. 641. 462.
Delaunay, F. 462.
Delbrück, B. 766. 820. 839. 842. 850.
Delff, H. 458.
Delisle 343.
Delitzsch, F. 822.
Deltour, F. 748.
Demades 705.
Demaratos 504.
Demarteau, J. 755.
Demetrios aus Alexandria 232.
Demetrios aus Magnesia 745.
Demetrios aus Phaleron 232. 635. 706.
Demetrios Chalkondylas 204. 303.
Demetrios Poliorketes 209.
Demetrios Triklinios 198. 205.
Demitzas, M. 355.
Demmin, A. 509.
Demokrates 582.
Demokritos 246. 465. 490. 568. 593. 600. 624. 625. 634. 694.
Demomeles 582.
Demon 582.
Demosthenes 123. 135. 142. 166. 216. 217. 246. 248. 294. 331. 335. 349. 354. 581. 700. 702. 704. 705. 707. 732. 754. 755. 756. 801. 812.
Dempster, Th. 372.
Deneken, Fr. 461.
Denis, J. 379.
Desjardins, A. 425.
Desjardins, E. 335. 340.
Deslandes, J. B. 610.
Dessau, H. 762.
Detlefsen, D. 340.
Dettmer, H. 575.
Deuerling, A. 254.
Deutinger, M. v. 612.
Devarius, M. 841.
Devaux, P. 354. 358.
Deventer, W. C. 830.
Deville, A. 516.
Dezobry, Ch. 372.
Dickson, A. 402.
Dictys 731.
Diderot 352.
Didot, A. F. 200.
Didymos 198. 237. 638. 817.

Diefenbach, L. 835.
Diels, H. 610.
Dierbach, J. H. 643.
Diesterweg, G. 371.
Dieulafoy, A. 498.
Dikaearchos 364.
Dilling, C. A. A. 641.
Dinarchos 232.
Dindorf, Ludw. 834.
Dindorf, Wilh. 235. 817. 834. 845.
Dio Cassius 104. 350. 365.
Diocletianus 359. 736.
Diodoros 23. 209. 327. 350. 568. 690.
Diogenes (Kyniker) 720.
Diogenes Laertios 229.
Diogenes (Stoiker) 739.
Diognetos 327.
Diokles 627.
Diomedes 817.
Dion Chrysostomos 707.
Dionysios I (Tyrann) 681.
Dionysios (Hymnograph) 548. 665.
Dionysios (Kyklograph) 568.
Dionysius Exiguus 315.
Dionysios, Perieget 343.
Dionysios Thrax 638. 800. 816 f.
Dionysios v. Halikarnass 212. 232. 243. 245. 246. 247. 248. 327. 350. 365. 687. 688. 690. 691. 703. 707. 725. 735. 736. 745. 811.
Diophantos 621. 639.
Dioskorides 10. 626. 639.
Dissen, L. 79. 85. 117. 150. 156. 168. 325. 522. 755. 756. 812.
Dittenberger, W. 368. 426. 499. 760. 761.
Dodwell, Ed. 336. 504.
Dodwell, H. 325. 330.
Doederlein, L. 10. 34. 94. 244. 423. 833. 836. 841.
Döhler, E. 354. 359. 425. 462. 509.
Doell, J. 497.
Döllinger, J. 458.
Dörgens, Hermann 30.
Döring, L. J. 844.
Dörmer, W. 460.
Dörpfeld, W. 387. 496.
Dörr, F. 846.
Dörwald, P. 825.

Domaszewsky, A. v. 375.
Domitianus 443. 722. 727. 728. 741.
Donaldson, John William 551. 748.
Donaldson, T. L. 503.
Donatus, S. 242. 760.
Donatus (Grammatiker) 817.
Doni, J. B. 760.
Donner, J. J. Chr. 159.
Donner, O. 515.
Dorschel, R. 569.
Dositheus Magister 817.
Dotto de' Dauli, C. 340.
Doublier, L. 375.
Dräger, A. 843.
Drakenborch, A. 167.
Drakon 288.
Drakon, Musiker 196. 197. 818.
Draper, J. W. 306.
Dreinhöfer, A. 423.
Dressel 752.
Dressel, H. 500. 762.
Drieberg, F. v. 549. 641.
Drobisch, M. W. 846.
Droysen, H. 368. 761.
Droysen, J. G. 159. 344. 354. 355.
Drumann, W. 358. 371. 425.
Drygas, A. 423.
Du Bois-Reymond, F. H. 831.
Ducange, C. 834. 835.
Dübner, F. 401.
Dühring, E. 612.
Dümichen, J. 498.
Düntzer, H. 833. 846.
Dütschke, H. 500.
Dufau, P. A. 338.
Duhamel, B. 610.
Duhn, F. v. 500.
Dumesnil, G. 836.
Du Mesnil-Marigny 402.
Dumont, A. 329. 375. 502. 505. 506. 516.
Duncan, J. M. 835.
Duncker, Max 352.
Dunglison, R. 646.
Dunlop, J. 749.
Dupuy 458.
Dureau de la Malle, M. 374.
Duris 424.
Durm, J. 512
Duruy, V. 354. 358.
Dutens, L. 628.
Dyer, Th. H. 341.

860 Namenverzeichniss.

Eberhard, J. A. 610.
Eberhardt, J. H. 749.
Ebert, Ad. 749. 847.
Ebert, Fr. Ad. 50.
Eckermann, K. 566. 571.
575.
Eckhel, J. 385. 387. 503.
Eckstein, F. A. 301. 755.
826.
Edélestand du Méril 753.
Egger, E. 301. 426. 647.
755. 817.
Egger, J. 822.
Egenolff, P. 71.
Ehlers, J. 752.
Ehrenfeuchter, E. 51.
Eichhoff, K. 842.
Eichhorn, J. G. 360. 746.
Eichstädt, H. K. A. 79.
130. 353. 427.
Eisenlohr, E. 838.
Eisenschmid, J. C. 386.
Elgin 495.
Ellendt, F. 755. 836.
Ellissen, A. 832.
Elvenich, P. J. 169.
Elze, K. 70.
Empedokles 537. 568. 593.
613. 632. 652. 653. 694.
719.
Enderis, E. 828.
Engelbrecht, A. G. 812.
Engelhardt, F. W. 753.
Engelmann, W. 51. 52.
201. 254. 763.
Ennemoser, J. 462.
Ennius 293. 316. 568. 711.
713. 716. 717. 718. 719.
722. 731. 739.
Ennodius 737.
Entz, H. 340.
Ephialtes 115. 354.
Ephoros 335. 350. 567.
Epicharmos 677. 684. 714.
Epikuros 23. 400. 618.
624. 644. 683. 718.
Epikteta 422.
Epimenides 441. 591. 652.
Erasmus, Des. 303. 783.
831.
Eratosthenes 12. 13. 22.
23. 316. 365. 622. 637.
Erdenberger, G. E. 833.
Erdmann, Joh. Ed. 177.
612.
Erdmannsdörffer, B. 754.
Ergoteles 116.
Erler, M. 39.
Ermann, W. 824.
Ermerins, F. Z. 640.

Ernesti, J. A. 24. 51. 79.
123. 136. 304. 372. 809.
Ernesti, J. C. G. 836.
Ernesti, J. H. M. 368.
Ersch 50. 51. 68. 339.
354. 386. 426. 459. 462.
463. 509. 549. 551. 566.
574. 575. 759. 820. 822.
823. 831. 840.
van den Es, A. H. G. P.
370.
Eschenburg, J. J. 38. 548.
747.
Esmann, Fr. E. M. 550.
Eucheir 504.
Eucken, R. 615.
Eudemos 639.
Eudoxos 200. 320. 321.
640. 647. 654.
Eugrammos 504.
Euhemeros 568. 718.
Eukleides (Archon) 35.
354. 760. 779. 781.
Eukleides (Mathematiker)
547. 605. 620. 621. 628.
639. 641.
Eukleides (Philos.) 596.
602.
Eumenes II 638.
Eumenius 736.
Eumetis 581.
Eumolpos 566.
Eunapios 457. 610.
Eupompos 488.
Euripides 97. 112. 113.
115. 138. 187. 197. 200.
218. 220. 221. 223. 225.
229. 230. 271. 423. 545.
635. 668. 670. 674. 676.
677. 682. 684. 701. 711.
756. 803. 845.
Euripides d. J. 230. 634.
Eusebius 23. 196. 327. 610.
746.
Eutokios 639.
Eutropius 198. 728.
Evander 779.
Evangelides, M. 615.
Evans, J. 389.
Ewerbeck, C. G. 818.
Exupère Caillemer 370.
Eyssenhardt, F. 742. 746.
828.

Faber, P. 548.
Faber, T. 751.
Fabius Cunctator 249.
Fabius Pictor 290. 293.
725.
Fabre, J. 612.

Fabretti, A. 385. 763. 828.
831.
Fabretti, R. 760.
Fabri, T. 463.
Fabricius 289.
Fabricius, E. 499. 513.
Fabricius, Joh. Alb. 50.
366. 640. 745. 754.
Falbe, C. T. 388.
Faliscus 719.
Falkener, E. 506.
Falster, Chr. 749.
Faltin, G. 358.
Faselius, A. 330.
Fasoldus, J. 461.
Faulmann, K. 831.
Favre, L. 835.
Fea, C. 329. 516.
Feith, E. 367.
Fellows, Chr. 337. 497.
Fenner v. Fenneberg, L.
386.
Fennell, C. A. M. 501.
Feoli 505.
Ferguson, A. 356.
Fergusson, J. 512. 513.
Fernow, C. L. 614.
Ferrarius, O. 405.
Ferrero, E. 375.
Ferrier, J. F. 614.
Ferrini, E. C. 427.
Festus 123. 746.
Fétis, F. J. 549.
Feuerbach, Anselm 513.
517.
Feuerbach, Ludw. 571.
585.
Feuerlein, E. 615.
Feussner, H. 844.
Feydeau, E. 427.
Fichte 227.
Ficinus, Marsilius 199.
302.
Fick, A. 822. 833. 836.
Ficker, Fr. 747.
Fiedler, F. 339. 357. 571.
Fiedler, K. G. 336.
Filleul, M. E. 354.
Finaly, H. 326.
Findeisen, F. G. 166.
Finger, F. A. 641.
Finlay, G. 355.
Fiorelli, G. 494.
Fiorentino, Fr. 614.
Firmicus Maternus 639.
Fischbach, F. 404.
Fischer, E. W. 328.
Fischer, Fr. L. 337.
Fischer, Gthf. 202.
Fischer, Jo. Fr. 823.

Namenverzeichniss. 861

Fischer, K. 405.
Fischer, Kuno 755.
Fix, Th. 834.
Flach, H. 548. 551. 753.
Flandin, E. 498.
Flasch, A. 514. 516.
Flathe, L. 355.
Flathe, Th. 352.
Flecchia, G. 254.
Fleckeisen, A. 228. 254. 342. 386. 849.
Fleetwood, W. 760.
Flegel, K. 838.
Fleischer, C. M. 564.
Flex, R. 326.
Flint, R. 306.
Flögel, C. F. 753.
Floigl, V. 327.
Florus 728.
Förstemann, E. 841.
Förster, Paul 462.
Förster, R. 488. 511. 575.
Förster, W. 643.
Förtsch, C. 826.
Fontaine, L. 375.
Fontane, M. 352.
Forbiger, Alb. 338. 343. 369. 373.
Forcellini, Aeg. 835.
Forchhammer, P. W. 336. 341. 402. 571. 579. 584.
Forkel, J. N. 548.
de Fortia d'Urban 236. 336.
Fortlage, C. 549. 550. 751.
Foster, J. 495. 829.
Foucart, P. 460. 552. 760.
Fouillée, A. 612.
Fourmont 236.
Fournier, Ed. 403.
Foy, K. 829.
Fränkel, A. 325. 371.
Fränkel, M. 370. 479. 760.
Francisque-Michel 403.
Francke, H. 359.
Francke, Val. 752.
Frankfurter, O. 830.
Franz, Joh. 506. 550. 758. 759. 760.
Franz, Joh. Ge. Fr. 640.
Frédault 646.
Frederichs 573.
Freemann, E. A. 371.
Freese, K. F. H. 66. 234. 845.
Freind, J. 645.
Fréret, N. 332. 338. 578.
Freund, Wilh. 169. 201. 835.

Freytag, Gust. 753.
Frick, C. 336.
Frick, O. 19.
Friedemann, F. Tr. 172.
754. 844. 851.
Friederichs, K. 501. 502. 503. 505. 509. 513.
Friedländer, J. 385. 389. 503.
Friedländer, Ludw. 379. 510.
Friedlein, G. 639. 641.
Friedreich, J. B. 368. 572.
Friedrich d. Grosse 28.
Friedrichsen, P. 426. 508. 832.
Fries, J. F. 556. 611. 617.
Fritsch, E. A. 801. 839. 842.
Fritsche, C. 839.
Fritsche, H. 479.
Fritzsche, F. V. 845.
Fritzsche, H. 752.
Fritzsche, R. 751. 820.
Fritzsche, Th. 755.
Fröhlich, F. 375. 405. 502. 505. 506. 514. 516.
Fröhner, W. 389. 501.
Frölich, H. 646.
Frölich, S. 371.
Frohberger, H. 425.
Fronto 136. 248. 735. 736.
Frotscher, C. H. 754.
Fuchs, A. 828.
Fuchs, K. 359.
Fügner, F. 833.
Führer, A. 825.
Fülleborn, G. G. 38. 110. 843.
Fugger, H. 577.
Fuhrmann, W. D 747.
Fulda, F. K. 351.
Fulgentius 569.
Fumi, F. G. 837.
Funccius, J. N. 749.
Funck, A. 824.
Funke, K. Ph. 39. 339.
Furietti, J. A. 516.
Furius 717.
Furius Bibaculus 719.
Furlanetto, J. 835.
Furtwängler, A. 501. 505. 506. 510. 516.
Furtwängler, W. 577.
Fuss, J. D. 372.
Fustel de Coulanges 370.
Gabelentz, H. C. v. d. 838.

Gaedechens, R. 501.
Gail, J. F. 575. 582.
Gaisford, Th. 817. 818.
Gaius 640.
Galenos 181. 302. 401.
609. 627.
Galitzin, N. S. 371.
Gamurrini, J. F. 763.
Gans, E. 370.
Gardner, P. 385. 389.
Gardthausen, V. 201. 203. 831.
Garnier, Ad. 615.
Garuci 518.
Garrucci, R. 762.
Gassendi, P. 643.
Gast, J. 353.
Gatterer, J. Chr. 203.
351.
Gaudentius 547.
Gauldrée-Boilleau, A. 374.
Gauthier 646.
Gaza, Theodorus 302. 823.
Gazis, Anthem. 343. 747.
Gazis, Antim. 834.
Gebauer, G. A. 752.
Gebelin, Ant. Court de 821.
Gebhardt, W. 515.
Gebhart, E. 510. 515.
Geiger, L. 821.
Geissler, J. G. 51.
Gelbke, M. A. 825.
Gell, W. 336. 341. 343.
Gellius 35. 135. 196. 365. 547. 609. 635. 746.
Gelon 502.
Gelzer, H. 315.
Geminos 319. 639.
Gemoll, W. 401.
Genarelli, A. 388.
Genberg, P. 839.
Genelli, H. Chr. 551.
Genick, A. 506.
Genthe, H. 405.
Geoffroy, J. 644.
Georges, K. E. 835.
Georgiades, A. 831.
Georgii, L. 338.
Georgios Trapezuntios 302.
Geppert, K. E. 551. 573. 832. 837. 844.
Gerber, G. 820. 843.
Gerding, Th. 644.
Gerhard, E. 65. 341. 379. 463. 493. 494. 503. 505. 506. 508. 510. 517. 518. 519. 572. 574. 583. 585.
Gerhardt, C. J. 621.

Gerlach, F. D. 357. 754.
Gerland, G. 582.
Germanicus 123. 198.
Germar, F. H. 79.
Gerspach 516.
Gerth, B. 823.
Gervinus, G. 344.
Gesenius, W. 236. 831.
Gesner, Joh. Matth. 37. 123. 165. 304. 835. 843.
Gevaert, F. A. 549.
Giamberti, G. 336.
Gibbon, E. 356.
Gierke, O. 365.
Giese, A. 824. 825.
Gilbert, G. 354. 369.
Gilbert, O. 341. 356. 462.
Gillies, John 353.
Gilow, H. 459.
Ginzrot, J. Chr. 406.
Giordano, Cl. 644.
Girard de Rialle 573.
Girard, J. 459. 755.
Giunchi, A. 326.
Giussani, C. 750.
Gladisch, A. 613.
Gladstone, W. E. 369.
Glaser, J. C. 402.
Gleditsch, H. 845. 846.
Gneist, R. 640.
Gnesotto, F. 755.
Gnipho, Antonius 227.
Goebel, A. 350. 423. 834.
Göll, H. 369. 379. 574.
Görres, J. J. 345. 570. 582.
Goess, G. F. D. 423.
Göthe 276. 286. 479. 518. 559. 644.
Götte, W. 462.
Göttling, K. W. 153. 325. 373. 462. 625. 755. 817. 830.
Götz, G. 818.
Goguel, E. 404.
Goldhorn, C. J. 646.
Goldsmith, Oliver 352. 353. 356.
Gomperz, Th. 200.
Gonnet, Th. J. 841.
Gonzalez, C. 612.
Gooss, C. 341.
Gorgias 86. 595. 632. 695. 700. 703. 704. 754.
Gossellin, P. F. J. 338.
Gossrau, G. W. 826.
Gothein, E. 358.
Gothofredus, D. 817.
Gotthold, F. A. 832. 844.
Gow, J. 642.

Gracchus 731.
Graebner, Robert 550.
Gräfe, Fr 839.
Gräfenhan, A. 647. 824.
Graesse, J. G. Th. 337. 388. 746.
Graevius, J. G. 372. 374. 760.
Graff, G. 353.
Graff, H. 12.
Grant, A. 614.
Grasberger, Lor. 426.
Graser, B. 404. 511.
Grasshoff, W. 370.
Gratianus 359. 437.
Grauert, W. H. 354. 751.
Graux, Ch. 756.
Gray, J. 351.
Gréau, J. 506.
Gregor XIII 322.
Gregorios Korinthios 192. 817.
Gregorios v. Nazianz 30. 709.
Gregorovius, F. 342. 359.
Gregorutti, C. 762.
Greswell, Ed. 325. 328.
Grimm, J. 770. 773. 821.
Groddeck, G. E. 747.
Gröber, G. 847.
Gronau, A. 425.
Grongnet 236.
Gronov, J. 37. 253. 367. 372. 387. 547. 647. 751.
Gros, Etienne 754.
Grosse, B. 577.
Grosse, G. 386.
Grote, Georg 353. 644.
Grote, H. 389.
Grotefend, A. 827. 839.
Grotefend, Ge. Fr. 827.
Gruber, J. G. 68. 339. 354. 386. 426. 459. 462. 463. 509. 549. 551. 566. 574. 575. 759. 820. 822. 823. 831. 840.
Gruber, J. v. 52.
Grüneisen, C. 509.
Grüner, W. 356.
Grüzmacher, W. 166.
Grubel, B. 752.
Grueber, A. v. 389.
Grunauer, E. 389.
Grund, J. J. 515.
Gruppe, O. F. 159. 229. 643. 644. 752. 753.
Gruppe, O. 458. 573.
Gruter, J. 169. 760.
Grynaeus, Simon 199.
Grysar, C. J. 552. 754. 843.

Guadet, J. 339.
Guardia, J. M. 646.
Guardia, J. M. 827.
Guattani, G. A. 518.
Gubernatis, A. de 573. 576. 747.
Gudius, M. 758. 760.
Guédéonow, E. 501.
Guericke, H. v. 828.
Guest, Ed. 340.
Günther, F. 402.
Günther, G. 753.
Günther, S. 642.
Gürtler, J. D. 38. 368. 372. 748. 749.
Güthling, C. E. 844.
Guhl, E. 369.
Guhrauer, H. 549.
Guigniaut, J. D. 570.
Gumpach, J. v. 326. 329.
Gumposch, V. Ph. 611.
Gurlitt, J. G. 507. 517.
Gurlitt, W. 512.
Gutenäcker, J. 52.
Guthrie, W. 351.
Gutscher, J. 52.
Gutschmid, A. v. 335. 350.
Gyldén, H. 643.
Gyraldus, L. G. 751.

Haacke, Aug. 837.
Haacke, Chr. F. F. 368.
Haacke, H. 356.
Haase, Fr. 68. 69. 70. 191. 301. 426. 755. 826.
Habenicht, R. 851.
Habicht, E. C. 836.
Hadley, J. 830.
Hadrianus 284. 296. 359. 420. 638. 665. 692. 707. 728. 730. 734. 435. 736. 815.
Häckel, E. 821.
Hänel, G. F. 52.
Haenisch, E. 423.
Haenny, L. 750.
Haeser, H. 646.
Haffner, P. 612.
Hageladas 482.
Hagen, E. 358.
Hagen, H. 170. 752. 761. 817. 826.
Hagena, K. 837.
Haggenmacher, O. 463.
Hahn, G. 52.
Hahn, J. G. v. 341. 573.
Haller 495.
Halm, C. 640.
Halsey, Chr. H. 833.
Haltaus, K. 358.

Namenverzeichniss. 863

Hamberger, G. Chr. 50.
Hamilton, W. J. 337.
Hancarville 504.
Hand, F. 841. 843.
Hanesse 51.
Hanke, M. 754.
Hankel, H. 642.
Hannibal 342.
Hansen, J. H. 403.
Hanusch, J. J. 614.
Happel, J. 829.
Hardy, E. 615.
Hardy, E. 375.
Harles, G. Chr. 50. 356. 747. 749.
Harles, H. 750.
Harless, Chr. F. 403.
Harmodios 215. 481. 503.
Harms, Fr. 614. 644.
Harpokration 123.
Harris, J. 799. 818.
Harrison, Gessner 842.
Hartel, W. 254. 370. 830.
Hartmann, E. v. 458.
Hartmann, F. 838.
Hartmann, Jo. Dav. 751.
Hartmann, M. 576.
Hartmann, O. E. 326.
Hartmann, Th. 825.
Hartung, Fritz 573.
Hartung, J. A. 187. 459. 573. 752. 839. 841. 845.
Harwood, Ed. 747.
Hase, B. 834.
Hase, H. 368.
Hasse, J. G. 819.
Haupt, C. 463.
Haupt, C. G. 38. 753.
Haupt, Mor. 756.
Hauptmann, J. G. 747.
Hauser, A. 497.
Haven, J. 612.
Havercamp, S. 831.
Havestadt, B. 842.
Havet, L. 839. 846.
Haym, N. F. 385.
Haymann 372.
Head, B. V. 385. 387. 389.
Heath, T. L. 642.
Hebel 655.
Hecht, M. 824.
Hecker, A. F. 645.
Hecker, K. 645.
Hecker, R. 462.
Hedde Maassen, J. J. 830.
Hederich, B. 39. 577. 834.
Heer, O. 403.
Heerdegen, F. 34. 71. 820. 833.

Heeren, A. H. L. 300. 301. 338. 351. 402.
Heffter, A. W. 370.
Heffter, M. W. 571. 826. 839.
Hegel, G. W. F. 40. 68. 237. 305. 345. 357. 571. 585. 611. 617.
Hegemon 654.
Hegesias aus Magnesia 247. 706.
Hegewisch, D. H. 325. 371. 374. 426.
Hehn, V. 402.
Heiberg, J. L. 642.
Heidelberg, A. 842.
Heilbronner, J. Chr. 640.
Heimsöth, Fr. 169. 845.
Heindorf, L. F. 102. 103. 181. 183. 615.
Heine, E. W. 463.
Heineccius, J. G. 374.
Heinichen, F. A. 843.
Heinsius, D. 339.
Heinsius, Nic. 253.
Heinsius, Wilh. 50.
Heinze, M. 612. 615.
Heisterbergk, B. 425.
Heitz, E. 350. 748.
Hekataeos 216. 223. 235. 335. 686.
Helbig, J. H. 825.
Helbig, W. 503. 515. 552.
Helfreich, F. 426.
Hellanikos 364.
Hellen 283.
Heller, A. 644.
Heller, H. 254.
Hellwald, F. v. 306. 375.
Helmersen, A. v. 458.
Helmholtz, H. 828.
Hemsterhuis, Tib. 16. 172. 173. 253. 834.
Henderson, S. 402.
Henkel, H. 615.
Henne-Am Rhyn, Anton 306. 352.
Hennebert, E. 342. 356.
Hennin, M. 388.
Henning, L. v. 615.
Henrichsen, R. J. F. 832.
Henry, Ch. 515.
Henrychowski, J. 574.
Henschel, G. A. L. 835.
Henzen, W. 329. 516. 759. 761. 762.
Hephaestion 815. 818.
Herakleides Pontikos 532.

Herakleitos 7. 306. 465. 470. 593. 600. 606. 613. 634. 694.
Heraldus, D. 370.
Herbart 29. 614.
Herbst, W. 33. 360.
Hercher, R. 640. 755.
Herder, J. G. 305. 821.
Herennius 96. 228. 239.
Hermann, Conr. 306. 612. 820.
Hermann, Gottfried 55. 67. 79. 100. 101. 102. 117. 118. 139. 177. 178. 182. 193. 196. 197. 205. 235. 244. 246. 305. 306. 473. 474. 515. 534. 545. 548. 551. 570. 571. 580. 582. 586. 752. 754. 755. 758. 805. 815. 818. 823. 838. 841. 844. 846.
Hermann, K. Fr. 306. 325. 352. 368. 379. 391. 551. 755.
Hermes, Fr. 840.
Hermes Trismegistos 640.
Hermesianax 581.
Hermias Alex. 610.
Hermias von Atarneus 359.
Hermogenes 745.
Herodes Attikos 248. 706.
Herodianos (Grammatiker) 23. 181. 638. 774. 817.
Herodianos (Historiker) 166. 350. 692.
Herodotos 137. 245. 246. 247. 248. 330. 333. 343. 346. 350. 359. 364. 430. 447. 539. 563. 567. 625. 626. 651. 686. 687. 688. 689. 730. 776. 802.
Heron 385. 387. 639.
Herrig 821. 828. 847.
Herrmann, A. 824.
Herrmann, C. H. 51. 254. 763.
Herrmann, Mart. Gottfr. 461. 570.
Hertz, M. 72. 740. 746. 750. 754.
Hertzberg, G. F. 341. 352. 354. 355. 358.
Hertzberg, W. A. B. 460. 752.
Hervieux, L. 752.
Herwerden, H. v. 824.
Herzog, E. 340. 374. 822. 848.

Hesiodos 123. 231. 244. 343. 449. 451. 480. 536. 567. 573. 581. 584. 643. 652. 653. 686.
Hessel, J. F. C. 402.
Hesychios 35. 100. 108. 123. 195. 504. 565. 576. 580.
Hettner, F. 574.
Hettner, H. 336. 501. 502. 509. 513.
Heuermann, G. 425.
Heumann, Chr. Aug. 169.
Heusde, J. A. C. van 740.
Heuzey, L. 336. 496. 502.
Hey, G. 825.
Heydemann, H. 500. 505.
Heyne, Chr. G. 156. 165. 167. 195. 305. 351. 387. 507. 516. 570. 578. 647.
Heyse, C. W. L. 820. 828.
Hicks, E. L. 761.
Hieron 118. 150. 502.
Hieron II 502.
Hieronymos 327. 629.
Hieronymus Mercurialis 548.
Hilberg, J. 845.
Hild, J. A. 463.
Hildebrand, Br. 391.
Hildenbrand, K. 365.
Hiller, E. 748.
Himerios 708.
Hinrichs, G. 326. 748. 759. 824.
Hinrichs, J. C. 50.
Hintner, V. 824.
Hipparchos, Astronom 622. 639.
Hipparchos aus Athen 652.
Hippias v. Elis 3. 364.
Hippokrates 232. 302. 609. 625. 626.
Hirsch, A. 646.
Hirschfeld, G. 337. 496. 498. 506.
Hirschfeld, O. 373. 518. 762.
Hirschfelder, W. 254.
Hirt, A. 227. 499. 512. 513. 515.
Hirzel, C. 301.
Hirzel, C. (jun.) 459.
Hirzel, L. 824.
Hittorf, J. J. 496. 514.
Hitzig, F. 831.
Hoche, M. 846.
Hochheimer, C. F. H. 425.

Hoeck, K. 357.
Hoefer, A. 828. 829. 846.
Höfer, Ferd. 642. 644. 645.
Höfner, M. J. 359.
Hölbe, C. A. 850.
Hölder, E. 374. 424.
Hölzl, M. 329.
Höpfner, Ed. 323.
Höpfner, J. G. Chr. 367.
Hoernes, M. 340.
Hoffa, J. 368. 372. 747.
Hoffmann, S. Fr. W. 38. 368. 372.
Hoffmann, Em. 574. 843.
Hoffmann, F. 341.
Hoffmann, F. A. 751.
Hoffmann, J. J. J. 641.
Hoffmann, K. Jo. 844.
Hoffmann, W. 404.
Hoffmeister, K. 819.
Hofmann, F. 370.
Hofmann, Georg 642.
Hohlfeld, P. 305.
Holländer, L. 375.
Holm, A. 340. 354. 356.
Holstenius, L. 339. 488.
Holtze, F. W. 842. 843.
Holtzendorff, F. v. 374.
Holzamer, J. 644.
Holzapfel, L. 325. 350.
Holzweissig, Fr. 840. 848.
Homer 81. 87. 89. 96. 104. 105. 113. 123. 159. 162. 193. 196. 197. 204. 224. 231. 343. 366. 416. 433. 449. 450. 459. 470. 480. 560. 566. 567. 569. 574. 579. 584. 634. 635. 643. 651. 652. 653. 687. 716. 717. 718. 756. 776. 777.
Homolle, Th. 496.
Honorius 448.
Hoogeveen, H. 823. 841.
Hoogvliet 368.
Hope, Th. 405.
Horatius 112. 113. 123. 129. 130. 168. 173. 195. 198. 244. 253. 293. 423. 524. 526. 710. 714. 716. 717. 719. 720. 721. 723. 724. 746. 851.
Horne Tooke, J. 818.
Horrmann, E. 372. 747. 749.
Horsley, S. 340.
Hortensius 732.
Hortis, A. 301.
Hostius 717.

Hottenroth, F. 405.
Houday, R. J. A. 375.
Houghton, W. 645.
Houssaye, H. 354.
Houtsma, E. O. 817.
Hovelacque, A. 820.
Huber, Chr. W. 389.
Hubert, F. G. 748. 750.
Hubmann, J. G. 75.
Hucher, E. 390.
Hudemann, E. E. 406. 835.
Hübler, D. J. G. 351.
Hübner, E. 39. 254. 301. 501. 518. 647. 750. 761. 762. 836. 847.
Hübschmann, H. 822. 840.
Hüllmann, K. D. 354. 369. 370. 404. 460. 462. 570.
Huelsen, Chr. 762.
Huet 172.
Hug, A. 368.
Hug, J. L. 570. 582.
Hultsch, Fr. 385. 386. 387.
Humann, C. 497.
Humboldt, Alex. v. 124. 641. 643.
Humboldt, Wilh. v. 28. 68. 94. 159. 344. 765. 770. 794. 819. 831. 838. 839. 840. 841.
Hummel, B. F. 338.
Humphreys, H. N. 388.
Hunger, C. 752.
Hunrath, K. 642.
Huré, H. 747.
Huschke, J. G. 223.
Huschke, Ph. Ed. 326. 640. 763.
Hussey, R. 386.
Hyginus 568. 569.
Hypereides 200. 704. 732. 755. 756.

Jackson, H. 254.
Jacob, Aug. 586.
Jacob, P. L. 424.
Jacobi, Ed. 577.
Jacobitz, K. 835.
Jacobs, Fr. 187. 368. 424. 426. 473. 751.
Jacoby, J. 353.
Jacquet, A. 502.
Jäger, Oscar 354. 358.
Jäger, O. H. 426.
Jähns, M. 371.
Jagemann, Chr. J. 749.

Namenverzeichniss. 865

Jahn, O. 34. 65. 191. 401. 423. 463. 492. 494. 505. 511. 514. 516. 517. 742. 780.
Jakobs, Rud. 840.
Jal, A. 404.
Iamblichos 458. 610.
Iamos 580.
Jan, K. v. 549. 550.
Jan, L. v. 746.
Janet, P. 615.
Janssen, L. J. F. 501.
Jatta, G. 492. 505.
Iason 88.
Ibykos 664.
Ideler, J. L. 639.
Ideler, L. 312. 313. 315. 317. 318. 320. 322. 325. 386. 566. 642. 664.
Jean Paul 27. 32. 124. 570.
Jebb, R. C. 748. 755.
Jenicke 51.
Jenisch, D. 367. 751.
Ignarra, N. 417.
Ihering, R. v. 374.
Ihne, W. 358.
Imelmann, J. 365. 824.
Imhoof-Blumer, F. 385. 389.
Inghirami, F. 505. 513.
Joecher 50.
Johannes (Evangelist) 109.
Johannes Chrysostomos 273. 709.
Johannes v. Gaza 814.
Johannsen, K. Th. 833.
John, J. F. 515.
St. John 379.
Jolly, J. 820. 839. 842. 848.
Jolowicz, H. 379.
Jomard, E. F. 337.
Jones, J. 570. 580. 582.
Iophon 116.
Jordan, H. 342. 459. 572. 827. 828.
Jordan, W. 751.
Jordão, L. M. 761.
Iphitos 328.
Irmisch, G. W. 166.
Isaak 818.
Isaeos 704. 754. 755.
Isambert, E. 337.
Isensee, E. 646.
Isidorus 335.
Isler, M. 338. 357. 372.
Isokrates 35. 123. 138. 215. 632. 704. 705. 754.
Jülg, B. 847.
Jugurtha 726.

Julianus 359. 457. 621. 708. 728.
Julius Africanus 315.
Julius, L. 496. 512.
Julius Valerius 731.
Jullien, B. 550. 845.
Jung, J. 375. 379.
Junius, F. 511.
Junta 303.
Jurien de la Gravière, A. J. 355. 404.
Justi, C. 493.
Justi, F. 352. 832.
Justinianus 314. 632.
Justinus 728.
Justinus Martyr 610.
Juvenalis 123. 720.

Kabbadias, P. 509.
Kachel, G. 512.
Kadmos 778.
Kaegi, A. 824.
Kärcher, E. 338. 368. 835.
Kästner, A. G. 640.
Kahn, F. 424.
Kaibel, G. 254. 761.
Kalamis 479.
Kalkmann, A. 507.
Kallaischros 229.
Kallias 417.
Kallikles 171.
Kallikrates 485.
Kallimachos 123. 166. 365. 637. 660. 722.
Kalline 581.
Kallippos 320. 322. 326.
Kallisthenes 731.
Kaltschmidt, J. H. 835.
Kampen, A. v. 343.
Kanne, J. A. 570. 580. 581. 582.
Kanngiesser, P. F. 551.
Kant 8. 124. 227. 615.
Kapp, A. 423.
Karabaček, J. 389.
Karl d. Gr. 315.
Karlowa, O. 374. 424.
Karneades 739.
Karsten, G. 644.
Karsten, W. 824.
Katancsich, P. 335.
Kaufmann, N. 644.
Kaulfuss, J. S. 38.
Kaupert, J. A. 341.
Kayser 50.
Kayser, J. 754.
Kebes 595.
Keck, St. 842.

Kehr, U. 463.
Keil, C. A. G. 79.
Keil, H. 401. 817. 818.
Keil, K. 517. 834. 836.
Keim, Th. 359. 460.
Kekrops 327.
Kekulé, R. 500. 502. 510. 513. 514.
Kelle, Joh. Nep. 821.
Keller, O. 640. 751. 846.
Kellermann, O. 780.
Kempelen, W. v. 828.
Kempf, P. 643.
Kenner, Fr. 501.
Kephalos 703.
Keppel, Th. 403.
Keppler 315. 572.
Kerber, A. 838.
Kern, H. 254.
Kern 578.
Key, T. H. 821.
Kiene, A. 375.
Kiepert, H. 21. 335. 338. 340. 342. 343.
Kieseritzky, G. 516.
Kieseritzky, K. 642.
Kiessling, A. 756.
Kimon 137. 354.
Kinderling, J. F. A. 462.
King, C. W. 514.
Kinkel, G. 502. 517.
Kinkel, G. (jun.) 517.
Kirchhoff, A. 16. 200. 461. 483. 504. 759. 760. 763. 827. 831.
Kirchhoff, Chr. 548.
Kirchmann, J. 427.
Kirchner, Fr. 612.
Kirchner, Karl 202.
Kirchner, O. 644.
Klatt, M. 355.
Klausen, H. N. 79.
Klausen, R. H. 459. 462. 463. 643.
Kleanthes 622.
Kleemann, M. 825.
Klein, J. 329. 373.
Klein, J. L. 753.
Klein, W. 506. 516.
Kleinias 218.
Kleinpaul, R. 836.
Kleisthenes 699.
Klemm, G. 306. 375.
Klenze, Cl. A. C. 763.
Klenze, L. v. 336.
Kleomedes 639.
Kleomenes 622.
Kleon 354.
Kleopatra 637.
Klette, R. 513.

Böckh's Encyklopädie d. philolog. Wissenschaft. 55

Klippel, G. H. 647.
Klopfer 577.
Klotz, Reinh. 749. 835.
  841. 843.
Klotz, Rich. 843.
Klügling, C. F. H. 749.
Klügmann, A. 506. 510.
  576.
Kluge, H. 830.
Klussmann, R. 51. 763.
Knapp, P. 510. 516.
Knobloch, R. 752.
Knös, O. W. 830.
Kobbe, Peter v. 357.
Koch, E. 823.
Koch, G. A. 844.
Koch, Erduin Jul. 38.
Koch, Karl 342. 645.
Kock, Th. 192. 552.
Koechly, H. 91. 371. 401.
  639. 756.
Köhler, C. 405.
Köhler, H. K. E. 511.
  514. 517. 523. 551.
Köhler, Reinh. 572.
Köhler, U. 482. 760. 761.
Köhne, B. de 385.
Koen, G. 817.
Köne, J. R. 843.
Koenig, Christ. Gotth.
  197.
König, G. L. 752.
Köpke, E. 745.
Köpke, G. G. S. 367.
  371.
Köpke, R. 851.
Körte, G. 500. 505. 510.
Körte, W. 157.
Körting, G. 301.
Köster, H. 660.
Köstlin, K. 614.
Koffmane, G. 836.
Kohl, A. 405.
Kohlmann, R. 838.
Kohn, A. 405.
Koner, W. 369.
Konon 215. 481.
Konstantin VI 401.
Kopp, F. U. 203. 758.
Kopp, H. 644.
Kopp, W. 369. 371. 373.
  748. 750.
Korax 632. 700.
Korinna 408.
Koroebos 316.
Korsch, Th. 846.
Kortüm, F. 353. 357. 369.
Kosegarten, L. Th. 353.
  356.
Kotzias, N. 612.

Koumas, K. M. 835.
Kräuter, J. F. 829.
Kraft, K. Fr. 39.
Krahner, L. 373. 459.
Kramer, Gust. 515.
Krampe, A. 825.
Krates Mallotes 637. 638.
Kratylos 634.
Krause, Ant. 821.
Krause, Aug. 749.
Krause, Chr. Fr. 305.
Krause, J. H. 339. 405.
  425. 460. 461. 514. 516.
  548. 576.
Krebs, F. 842.
Krebs, J. Ph. 51. 254.
  843. 844.
Krell, P. F. 505. 506. 512.
Kretschmer, A. 550.
Kretzschmer, A. 405.
Kreuser, J. 460. 551. 830.
  832.
Kreussler, O. 834.
Krieg, C. 373.
Kriesche, W. 427.
Krische, A. B. 615.
Kritias 229.
Kritios 503.
Kritolaos 739.
Kriukoff 460.
Kroesos 381.
Kroker, E. 511.
Kruczewski, N. 829.
Krüger, Ed. 550. 844.
Krüger, G. T. A. 827.
Krüger, K. W. 328. 823.
  824.
Krug, Wilh. Traug. 613.
Krumbacher, K. 824.
Kruse, Chr. 351.
Kruse, F. K. H. 336. 339.
  343. 344.
Ktesibios 530.
Kühn, C. G. 639. 646.
Kühner, R. 809. 823. 827.
Kugler, Franz 508. 512.
  514.
Kuhl, J. 833.
Kuhn, A. 573. 576. 582.
  796. 797. 822. 838. 846.
  847.
Kuhn, Em. 375.
Kuhn, Ernst 846.
Kuithan, J. W. 552. 756.
Kumanudis, St. 760.
Kunisch, J. G. 351.
Kurts, F. 351. 574.
Kym, A. L. 611.
Kypselos 480.
Kyros 238.

Labatut, E. 427.
Labbé, Ch. 817.
Labeo 631.
Laberius 715.
Laborde, A. de 505. 516.
Lachmann, K. 205. 244.
  385. 756. 763. 823. 845.
Lachmann, K. H. 354.
Lacroix, P. 424.
Laelius Sapiens 714.
Lafaye, G. 464.
Lafontaine, A. 192.
Lafontaine 304.
Laforêt, N. 612.
Laharpe, J. F. 746.
Lajard, Felix 463. 575.
Lakemacher, J. G. 459.
Lamarre, Cl. 374.
Lamberg 505.
Lambinus 165. 253. 303.
Lambros, Sp. P. 371.
Lancelot, Cl. 818.
Lanciani, R. 342.
de la Lande 640.
Landerer, X. 403.
Landgraf, G. 826.
Landvoigt, F. A. 838.
Lang, K. 550.
Langbehn, J. 511.
Lange, A. 404.
Lange, A. G. 223. 513.
  753.
Lange, Ed. Reinh. 586.
Lange, Fr. Alb. 615.
Lange, Joach. 826.
Lange, Konr. 406. 496.
Lange, Ludw. 34. 326.
  373. 374. 763. 817. 842.
Lange, Walth. 406.
Lange, Wilh. 844.
Langkavel, B. 645.
Langlois, V. 350.
Lannoy 754.
Lanzi, L. 513. 827.
Lanzone, R. V. 385.
Larcher, P. H. 330. 461.
Larfeld, W. 761. 825.
Largeteau, Ch. L. 329.
Lasaulx, E. v. 71. 354.
  423. 460. 461. 462. 464.
  576.
Laskaris, Andreas Janos
  303.
Laskaris, Constantin 197.
  303. 823.
Lasos 664.
Lassen, Chr. 339.
Lastheneia 408.
Lattmann, J. 848.
Latyschev, M. B. 760.

Lau, G. Th. 500.
Lauer, J. Fr. 572.
Launitz, E. v. d. 511. 514.
Laurent, F. 370.
Laurent, J. Chr. M. 329.
Lauth, J. 327.
Lawrence, R. 479.
Layard, A. H. 498.
Lazarus, M. 821. 847.
Leake, W. M. 337. 341. 385.
Le Bas, Ph. 329. 336. 337. 760.
Lebègue, A. 496.
Le Brun 512.
Lecky, W. E. H. 379.
Le Clerc, Dan. 645.
Leclerc, Jean siehe Clericus.
Lécyer, C. 502.
Leeuwen, J. van 824.
Leger, A. 404.
Lehmann, G. 403.
Lehmann, H. 359.
Lehmann, O. 203.
Lehndorff, G. 548.
Lehne, F. 374.
Lehnerdt, M. 507.
Lehrs, F. S. 401.
Lehrs, K. 23. 459. 817. 845.
Leibniz 25. 124. 172. 177. 764.
Leist, B. W. 370.
Leitschuh, Fr. 573.
Leitzmann 389.
Leland, Th. 355.
Le Marchant-Douse, T. 829.
Lemcke, L. 847.
Le Men, F. 340.
Le Moine 749.
Lennep, J. D. van 834.
Lenoël, L. 614.
Lenormant, Chr. 505.
Lenormant, F. 340. 389. 463. 518. 831.
Lenthéric, Ch. 340.
Lentz, Aug. 817. 829.
Lentz, H. O. 644.
Lenz, E. G. 463.
Leo, H. 352. 353.
Leo Armenius 728.
Leonhardi, H. K. v. 305.
Le Page Renouf, P. 458.
Le Play, F. 424.
Lepsius, R. 326. 387. 498. 612. 763. 831.
Lerminier, E. 369.

Leroy, J. D. 404.
Lersch, B. M. 403.
Lersch, Laurenz 647. 846.
Leskien, A. 820. 822. 830. 847.
Lessing, G. E. 147. 253. 305. 509. 629. 676. 751.
Lessing, Jul. 507.
Lessing, M. B. 646.
Letronne, J. A. 338 388. 451. 515. 516. 517. 836.
Leukippos 593.
Leupoldt, J. M. 646.
Leutsch, E. v. 51. 254. 818. 845.
Lévêque, Ch. 614. 644.
Levesque, P. K. 356.
Levezow, C. 75. 484. 494. 573.
Lewes, G. H. 612. 644.
Lewis, Georg Corn. 357. 642. 748
Lewy, H. 424.
Leyser, H. 576.
Libanios 547. 708.
Lichtenberg, G. Chr. 107. 153. 850.
Licinius Calvus 732.
Liebe, Ch. F. 835.
Liebetreu, C. F. 836.
Liebrecht, F. 357.
Liger 403.
Limburg-Brouwer, P. van 379. 573.
Linckh 495.
Lindberg, J. C. 388.
Lindemann, Friedr. 817. 830.
Lindenschmit, L. 375.
Lindner 50.
Linder, G. A. 425.
Lindsay, W. S. 405.
Linguiti, A. 752.
Link, H. F. 821.
Linos 566.
Lintz, H. 615.
Lionnet, A. 379.
Lippert 503.
Lippert, J. 424. 458. 460.
Lipsius, J. G. 387.
Lipsius, J. 187. 222. 253. 374. 644. 760. 831.
Lipsius, J. H. 326. 369. 370.
Lisch, G. C. F. 841.
Liscovius, K. F. S. 577. 832.
Lisle, Guill. de 343.
Littrow, J. J. v. 643.
Livia 359.

Livius 166. 167. 253. 301. 350. 365. 726. 727. 728. 734.
Livius Andronicus 292. 293. 443. 713. 716.
Lloyd, W. Watkiss 354. 513.
Lobeck, Chr. A. 22. 463. 576. 578. 581. 774. 823. 829. 837.
Locard, A. 645.
Loebell, W. 352.
Löbker, G. 426.
Löhr, K. A. 371.
Löschcke, G. 505.
Löwe, F. 379.
Löwe, G. 818.
Löwenberg, J. 645.
Loewy, E. 506. 511.
Logiotatides, Sp. G. 511.
Lohde, L. 512. 551.
Longinos 23. 92. 745. 818.
Longpérier, A. de 376. 501. 517. 518.
Lorentz, R. 352.
Lorenz, A. 371.
Lortzing, M. 845.
Lowrey, C. E. 613.
Lozynski, A. 423.
Lucanus 123. 717.
Lucas, C. W. 824.
Lucilius 719. 720.
Luckenbach, H. 511. 751.
Lucretius 162. 205. 609. 616. 718. 740.
Luden, H. 352.
Ludwig XVI 304.
Ludwig, E. 254. 828.
Lübbert, E. 459. 826.
Lübke, Wilh. 499. 508. 509. 512. 513.
Lübker, Fr. 39. 64. 368. 459. 755. 835.
Lücke, Friedr. 75. 79.
Lüders, L. 641.
Lüders, O. 552.
Lüken 573.
Lünemann, G. H. 835.
Lütcke, L. 38.
Lützow, C. v. 499. 501. 509. 516.
Lukianos 248. 423. 457 458. 507. 547. 708. 709. 731.
Lund, G. F. W. 842.
Lunzi, A. v. 832.
Lupus, B. 497.
Lushington, E. L. 614.
Lutatius Placidus 569

Luther, M. 162.
Lutterbeck, A. B. 70. 331.
Luynes, A. de 505.
Lydos 458.
Lykophron 123.
Lykurgos v. Sparta 288.
537.
Lykurgos (Redner) 187.
232. 541. 704.
Lykurgos, A. 235.
Lysandros 433.
Lysias 138. 205. 212. 239.
703. 704. 706. 732. 754.
755.
Lysippos 482.
Lysitheos 581.

Macchiavelli, N. 166.
Macdonald - Kinneir, J.
332. 337. 342.
Mac Ewen, A. R. 752.
Macer, Aemilius 719.
Machnig, J. 462.
Macrobius 365. 609. 746.
Madden, F. W. 389.
Madvig, J. N. 373. 375.
755. 819. 827. 838. 840.
842.
Mädler, J. H. v. 642.
Mähly, J. A. 424. 573.
747.
Maffei, Sc. 242. 757. 758.
Magerstedt, A. Fr. 403.
760.
Maggiulli, L. 763.
Magnus, E. 515.
Magnus, H. 646.
Mago 738.
Mahaffy, J. P. 424. 426.
748.
Mahan, H. 613.
Mahne, W. L. 844.
Mai, A. 202. 327. 569.
Maittaire, Mich. 52.
Maltby, E. 844.
Maltos, A. 401.
Manethon 215. 321. 331.
639.
Mangelsdorf, W. 818.
Manilius 639. 719.
Mannert, K. 335. 338.
355.
Mannhardt, W. 576. 584.
Mansi 51.
Manso, J. C. F. 351. 359.
646. 647. 754.
Manutii 165. 204. 303.
783. 816. 823.
Marbach, G. A. 611.
Marcello 548.

Marcellus 378.
Marchi, Giuseppe 388.
Marcus Aurelius 232. 359.
691. 736. 741. 742.
Marie, M. 642.
Marini, G. 762.
Marinos 333.
Markland 253.
Marpurg, F. W. 548.
Marquardt, J. 373. 375.
Marsden, W. 389.
Marsham, J. 328.
Martha, J. 460. 502. 509.
Martialis 722.
Martianus Capella 335.
547. 742.
Martin, Th. H. 326. 550.
575. 629. 641. 642. 643.
644. 829.
Martin, L. A. 424. 425.
Martini, G. 548.
Marty, A. 821.
Marx, A. 850.
Masing, L. 830.
Masius, H. 254.
Masselin, J. G. 338.
Maternus, D. G. Chr. 372.
Matius, Cn. 717.
Matter, J. 647.
Matthaei, Chr. Fr. 817.
Matthäi, E. 479.
Matthiae, A. 38. 45. 750.
823. 843.
Matthiessen, L. 642.
Matton, A. 203.
Matz, F. 500. 507.
Matzat, H. 325.
Mau, A. 406. 495.
Mauch, J. M. 512.
Maury, A. 459. 463. 518.
582.
Maximus (Kaiser) 359.
Maximus (Sophist) 457.
704.
Mayer, S. 370.
Maynz, Ch. 374.
Mayor, J. B. 614.
Mazois, Chr. Fr. 405.
494.
v. Medici, Cosimo 303.
v. Medici, Lorenzo 303.
Meester de Ravestein, E.
de 501.
Megakleia 581.
Megillos 218.
Megistias 453.
Mehler, E. 824.
Mehlhorn, F. 823.
Mehlis, Chr. 575.
Meibom, H. 462.

Meibom, M. 547.
Meier, Ernst 840.
Meier, G. Fr. 79.
Meier, M. H. E. 24. 221.
370. 426. 707. 755. 790.
Meierotto, J. H. L. 379.
Meinck, E. 830.
Meineke, A. 244. 681.
753.
Meiner, J. W. 818.
Meiners, C. 134. 423. 458.
613. 615. 617.
Meingast, A. 830.
Meiring, M. 838.
Meissner, C. 846.
Meissner, O. 845.
Meissner, W. 353. 498.
Meister, R. 824. 825.
Meisterhans, K. 824.
Mela, Pomponius 335.
Melampos 640.
Melanchthon, Ph. 204.
303.
Meletios 338.
Meltzer, O. 335. 356.
Menandros(Komiker) 295.
683. 684. 715. 716.
Menandros (Rhetor) 736.
Ménard, L. 510. 514.
Ménard, R. 509. 514.
Mendel, H. 549.
Mendelssohn - Bartholdy,
F. 161.
Mendelssohn, L. 331.
Mendes da Costa, M. B.
824.
Menelaos 639.
Menge, H. 836.
Menge, R. 509.
Menippos 720.
Menke, Theod. 343.
Menn, C. 375.
Mentelle, E. 338.
Menzel, Ad. 352.
Menzel, Wolfgang 427.
576.
Merguet, H. 837.
Merivale, Ch. 358.
Merkel, C. L. 828.
Merleker, K. F. 356.
Mertian, J. 819.
Merzdorf, R. 825.
Mesomedes 548. 665.
Metger 819.
Meton 319. 320. 322. 323.
325.
Metrodoros 565.
Metropulos, Ch. P. 371.
Mette, B. 752.
Meunier, F. 833.

Meursius, J. 366. 461. 463. 548. 553. 580.
Meusel 50.
Mey, H. W. van der 254.
Meyer, Ed. 352. 356.
Meyer, Ernst 645.
Meyer, G. 824. 832. 847.
Meyer, G. H. v. 829.
Meyer, G. W. 79.
Meyer, H. 488. 508. 516.
Meyer, H. E. 577.
Meyer, Jul. 511.
Meyer, J. L. 372.
Meyer, Jürgen Bona 642.
Meyer, Leo 572. 822. 839. 841.
Meyer, P. 847.
Meyer, Wilh. 841.
Meyer, Wilh. 845. 846.
Micali, G. 358.
Michaelis, Ad. 75. 424. 484. 493. 495. 501. 503. 511. 513. 514.
Michelet, C. L. 237. 611. 819.
Michelis, F. 612.
Michelsen, Conr. 839. 847.
Middleton, Th. F. 841.
Midoux, Ét. 202.
Milchhöfer, A. 341. 500. 501. 509. 575.
Miller, E. 755.
Miller, M. 403.
Millhauser 65. 66.
Millin, A. L. 499. 505. 506. 507. 516. 577.
Millingen, J. 388. 505.
Miltiades 137.
Minckwitz, J. 159. 578.
Minervini 518.
Minor, J. 748.
Minutoli, J. H. K. M. 404.
Mionnet, Th. E. 385. 388.
Mispoulet, J. B. 373.
Misteli, F. 830.
Mitchell, L. M. 513.
Mitford, W. 353.
Mithridates 500.
Mittelhaus, C. 575.
Möller, J. H. 339.
Moerbecke 199.
Moeris 123.
Mohnike, G. Ch. F. 747.
Mohr, Wald. 836.
Mohr, Wilh. 819.
Moltke, H. v. 337.
Mommsen, August 325. 326. 341. 356. 461. 462. 579.
Mommsen, Theodor 325. 357 f. 373. 385. 386. 388. 425. 756. 757. 761. 762. 827. 831.
Monboddo, J. Burnett Lord 821.
Mone, F. 202. 353.
Mongez, A. 402. 405. 499.
Monro, D. B. 824.
Montesquieu 129. 356.
Montfaucon, B. de 51. 203. 494.
Montucla, J. F. 640.
Moor, D. de 751.
Morawsky, F. 752.
Moreau de Jonnès 361.
Morel, J. B. 169.
Morell, Th. 844.
Morgenstern, K. 133. 426.
Moritz, K. Ph. 573. 577.
Morus, S. F. N. 79.
Morwitz, E. 646.
Moschopulos, M. 818.
Moser, G. H. 570.
Mosheim, J. L. 613.
Mothes, O. 509.
Motz, H. 510.
Movers, F. K. 563.
Mucius Scaevola, Qu. 739.
Mühlenbruch, Chr. F. 374.
Mühlmann, G. E. 51. 825. 835.
Müldener, W. 51.
Müllenhoff, K. 335. 336. 340.
Müllensiefen, P. 825.
Müller, Albert 368.
Müller, Cornel. 39. 507. 517.
Müller, Ed. 463. 506. 517. 748.
Müller, Em. 325.
Müller, Ferd. Heinr. 342. 345.
Müller, Frz. 343.
Müller, Friedr. 820. 838. 840. 841.
Müller, Gottfr. Ephr. 749.
Müller, Gust. 839.
Müller, Heinr. Dietr. 572. 575.
Müller, Herm. Joh. 254. 838.
Müller, Joh. v. 351. 610.
Müller, Johannes 625.
Müller, Joh. Wilh. 339.
Müller, Jos. (G.) 254.
Müller, Iwan 301. 759. 824. 827. 833. 845.
Müller, Karl 336. 350. 369.
Müller, Luc. 301. 751. 845. 846. 850.
Müller, Ludw. 388.
Müller, Max 458. 582. 641. 766. 820.
Müller, Mor. 356.
Müller, N. 552.
Müller, Otfried 65. 159. 235. 339. 351. 355. 426. 463. 495. 499. 500. 503. 508. 515. 517. 519. 538. 551. 560. 562. 564. 566. 569. 571. 574. 575. 579. 582. 584. 586. 748. 817. 827.
Müller, Otto Mor. 844.
Müller, W. 351.
Müller-Jochmus, M. 370.
Münter, Fr. 580.
Müntz, E. 404.
Mützell J. 65. 840.
Muff, Chr. 552.
Muhl, J. 551. 753.
Mullach, F. W. A. 198. 610. 823. 826.
Muncker, Th. 569.
Mundt, Th. 551. 573. 746.
Munk, Ed. 748. 749. 754. 844.
Muratori, L. A. 242. 760.
Mure, W. 748.
Muretus 165. 214. 234. 253. 303.
Murray, A. S. 513. 574.
Mursinna, S. 747.
Musaeos 231. 566. 652.
Musgrave 187.
Mushacke, Ed. 52.
Musuros 195. 303.
Muyden, G. van 833.
Mylonas, K. D. 506.
Myriantheus, L. 577.
Myrmekides 485.
Myron (Bildhauer) 479.

Nabonassar 317. 322. 326.
Naegele, M. 358.
Nägelsbach, K. F. 458. 843.
Naevius 293. 680. 711. 713. 714. 716.
Nagel, C. F. 834.
Nageotte, E. 515. 748. 750.
Nahmmacher, K. 749.
Napoléon III 404.
Naquet, H. 374.
Nast, J. J. H. 370. 374.

870   Namenverzeichniss.

Natalis Comes 569.
Nathusius, C. H. A. 427.
Natorp, P. 615.
Nauck, A. 350. 817.
Naudet, J. 426.
Naumann, Em. 549.
Neckel, P. 833.
Nehring, A. 644.
Nektanebos 563.
Nemesianus 401. 721.
Nemitz, C. 507.
Neocorus, L. 647.
Neophytus Monachus 621.
Nero 359. 382. 713. 720.
Nesselmann, G. H. F. 641.
Nettleship, H. 752.
Neue, Friedr. 837.
Neuhäuser, J. 463.
Neukirch, J. H. 754.
Neumann, C. 339. 356. 358.
Nevil Story-Maskeleyne, M. H. 514.
Newton, Ch. T. 337. 494. 497. 517. 761.
Newton, Is. 572.
Niccolini, A. 516.
Niclas, J. N. 37. 401.
Nicolai, A. 754.
Nicolai, R. 748. 750.
Nicolaus V 303.
Niebuhr, B. G. 201. 291. 338. 341. 352. 356. 357. 372. 373. 640. 691. 705.
Niemann, G. 497.
Niemeyer, A. H. 423. 425.
Nies, A. 644.
Nietzsche, F. 753.
Nieupoort, G. H. 372.
Nigidius Figulus 740.
Nikandros 123.
Nikomachos 547. 610. 639.
Nipperdey, C. 756.
Nissen, A. 374.
Nissen, H. 340. 406. 461. 495.
Nitsch, P. F. A. 338. 367. 368. 372. 577.
Nitzsch, Gr. W. 460. 463. 551. 751.
Nitzsch, K. J. 459.
Nitzsch, K. W. 292. 350. 358.
Nitzsch, O. 404.
Niz, A. Chr. 834.
Noack, Ludw. 612.
Noiré, L. 821.
Nolan, Fr. 326. 550.

Noltenius, J. F. 843.
Nonius 123. 746.
Nonnius 405.
Nonnos 620. 654.
Nork, F. 577.
Nourrisson, J. F. 612.
Nourrisson, V. 820.
Novalis 620. 764.
Novius 715.
Numa Pompilius 290. 394. 439. 441.
Oberbreyer, M. 573.
Oberdick, J. 832.
Occioni, O. 750.
Octavia 679.
Octavianus 314. 317.
Oekonomos, Constant. 832.
Ömler, P. 402.
Oertel, F. M. 197.
Oesterley, C. 499.
Oesterley, H. 752.
Oettinger, L. 325.
Ohlert, K. 752.
Olearius, G. 610.
Olenos 231.
Olivier, Cl. M. 355.
Olshausen, J 776.
Olympias 563.
Olympiodoros 610.
Oncken, W. 301. 354. 365.
Onomakritos 447. 651.
Onosandros 639.
Oppert, J. 498.
Oreibasios 640.
Orelli, J. C. 215. 329. 423. 761.
Oreschnikow, A. W. 389.
Origines 610.
Orosius 729.
Orpheus 231. 432. 447. 566. 628. 654.
d'Orville, J. Ph. 166.
Osacharas 209. 210.
Osann, F. 364. 423. 516. 752. 755. 760. 817.
Osthoff, H. 822. 829. 832. 838.
Ouwaroff, S. v. 463. 571. 580.
Overbeck, J. 494. 495. 499. 503. 507. 509. 510. 513. 574. 583.
Ovidius 123. 538. 712. 716. 719. 721. 722. 723. 734. 741.

Pacuvius 292. 711. 712.
Padelletti, G. 374.

Paeanios 198.
Paehler, R. 403.
Paio, Ettore 340.
Paldamus, H. 752.
Paley, F. A. 748.
Palladius 401.
Palm, Fr. 834.
Palmerius, J. 339.
Pamphilos 488.
Panaetios 739.
Panofka, Th. 379. 502. 505. 511. 515. 516. 517.
Pantaleoni, D. 358.
Panyasis 651.
Panzer 52.
Papastamatopulos, J. 550.
Pape, W. 835. 836.
Pappos 639.
Paretti, M. 370.
Paris, G. 847.
Parmenides 595. 600. 652. 718.
Parrhasios 290. 487.
Pars 495.
Parthey, G. 340. 458. 499. 647.
Partsch, J. 339.
Pasiteles 507.
Passow, F. 343. 749. 750. 755. 830. 834.
Passow, W. A. 755.
de Pastoret 370.
Patin, H. J. G. 753.
Patzig, H. 576.
Paucker, C. 386. 827. 833.
Paucton, A. J. C. 386.
Paul, H. 820.
Paul, Oscar 550.
Pauli, C. 763. 827.
Paulos aus Alexandria 639.
Paulsen, F. 303.
Paulus, Apostel 109.
Paulus, H. E. G. 338. 570.
Pauly, A. 39. 325. 759.
Pausanias 233. 239. 247. 334. 365. 433. 457. 480. 481. 482. 484. 507. 569. 706. 756.
Pausias 488. 489.
Pauw, M. de 367.
Peile, J. 833.
Peisistratos 635. 651. 699.
Pelias 88.
Peligot, G. 516.
Pellegrino, D. 460.
Pellengahr, A. 326.
Penka, C. 840.
Penrose, F. C. 512.

Perikles 115. 119. 120. 137. 275. 284. 354. 359. 398. 455. 581. 595. 695. 699. 703.
Perizonius, J. 354. 826.
Pernice, A. 646.
Perottus, Nicolaus 302.
Perrault, Charles 304.
Perrot, G. 370. 497. 498. 509. 517. 518. 754.
Perry, W. C. 513.
Persius 123. 720.
Pertz, C. A. Fr. 202.
Peschel, O. 645.
Pessl, H. v. 326.
Pessonneaux, E. 844.
Petavius, D. 315. 325. 328.
Peter d. Gr. 315.
Peter, Carl 328. 350. 357 f. 373.
Peter, F. 834.
Peter, H. 350. 826.
Peters, Joh. 829.
Petersen, Chr. 426. 459. 460. 461. 462. 463. 509. 574. 586.
Petersen, Eug. 503. 514. 552.
Petersen, Fr. C. 508. 748.
Petiscus, A. H. 573.
Petit de Julleville, L. 355.
Petit-Radel, L. C. F. 577. 578.
Petitus, P. 576.
Petitus, S. 370.
Petra, G. de 495.
Petrarca 302.
Petres, N. 72.
Petrizzopulo, D. 235. 355.
Petronius Arbiter 731.
Petrus 109.
Peucer, D. 836.
Peutinger, K. 335. 336.
Peyrard 641.
Peyron 201.
Peyssonel 548.
Pezzi, D. 820. 825. 826.
Pfannenschmid, H. 461.
Pfau, J. A. 844. 846.
Pfefferkorn, K. 371.
Pfeiffer, J. Ph. 367.
Pfitzner, W. 375.
Pfleiderer, O. 458.
Pflugk-Harttung, J. v. 352.
Pfordten, H. v. d. 825. 838.
Phaedrus 301. 719. 752.
Phaenarete 581.
Phalaris 150. 216. 253. 709.

Phavorinus 817.
Phayllos 522.
Pheidias 131. 479. 482. 483. 485.
Pheidon (v. Argos) 380. 384.
Pherekydes 591. 694.
Philelphus, Fr. 302.
Philemon 817.
Philinos 627.
Philipp, G. F. 548.
Philippi, A. 370. 514.
Philippi, C. F. 843. 844.
Philippi, Fr. 336.
Philippos · (König) 355. 381.
Philippos (aus Opus) 226.
Philippos Aridaeos 317.
Philippson, L. 644.
Philippson, M. 352.
Philiskos 739.
Phillips, G. 340.
Philochoros 350. 449. 756.
Philodemos 200. 547. 568.
Philolaos 90. 224. 226. 595. 622.
Philon 499.
Philoponos, Joh. 610.
Philostratos 423. 507. 609. 692.
Philoxenos 123. 817.
Phintias 465.
Photios 123. 692. 745. 817.
Phrynichos, Dichter 670.
Phrynichos, Grammatiker 22. 123.
Picard, J. 747.
Picqué, C. 389.
Pictet, A. 822.
Pieralisi, S. 488. 516.
Pierron, A. 748. 749.
Pierson, W. 404.
Pietrogrande, Jac. 762.
Pietschmann, R. 498.
Pillon, A. 836.
Pindaros 79. 80. 85. 88. 91. 100. 112. 113. 114. 116. 117. 118. 121. 123. 131. 137. 140. 142. 145. 148. 150. 152. 153. 156. 157. 162. 168. 170. 179. 182. 193. 194. 196. 198. 204. 213. 215. 233. 234. 366. 419. 422. 430. 433. 455. 522. 533. 536. 547. 549. 567. 580. 581. 582. 656. 659. 663. 664. 721. 753. 756. 790. 846. 848. 851.
Pinder, Ed. 548.

Pinder, M. E. 385. 389. 747. 750.
Pinto, G. 646.
Piper, F. 665.
Pitiscus, S. 372.
Pizzamiglio, L. 388.
Place, V. 498.
Planck, K. Ch. 510.
Planudes 621.
Plass, H. G. 353. 369.
Platen, A. v. 680.
Platner, E. 341. 361. 370.
Platon 3. 10. 16. 22. 23. 60. 63. 67. 76. 81. 85. 87. 89. 90. 92. 94. 102. 103. 112. 113. 119. 120. 123. 129. 130. 131. 133. 134. 137. 148. 149. 152. 153. 154. 155. 159. 162. 165. 168. 171. 179. 181. 182. 183. 194. 196. 198. 199. 211. 213. 216. 217. 218. 219. 220. 221. 222. 224. 226. 228. 229. 231. 232. 233. 237. 238. 239. 246. 248. 249. 264. 270. 279. 280. 286. 295. 299. 308. 311. 320. 331. 348. 364. 365. 390. 408. 418. 419. 420. 422. 430. 446. 453. 465. 470. 521. 527. 530. 537. 542. 546. 547. 557. 561. 568. 580. 581. 582. 587. 588. 589. 590. 596—604. 606. 607. 608. 609. 615. 616. 618. 619. 620. 622. 623. 624. 630. 631. 632. 633. 634. 644. 656. 681. 684. 695. 696— 98. 704. 705. 709. 740. 741. 745. 764. 766. 767. 774. 775. 785. 802. 815. 816.
Platz, Fr. W.. 577.
Plautus 165. 214. 423. 541. 714. 715. 716. 846.
Plessing, F. V. L. 613.
Plethon, Gemistos 29. 303.
Plew, E. 460. 572.
Plinius d. Ä. 10. 166. 335. 401. 473. 504. 507. 625. 628. 639. 736. 738. 741. 746. 770.
Plinius d. J. 366. 737. 746.
Plotinos 23. 608.
Plutarchos 35. 135. 196. 233. 238. 350. 365. 423. 455. 458. 547. 609. 628. 684. 691—692. 745. 747.
Pococke, R. 760.

Pöhlmann, R. 358.
Pökel, W. 301.
Pötter, Fr. Chr. 612.
Poggendorff, J. C. 644.
Poggio, V. 762.
Poggius, Fr. 302.
Poinssot, J. 340.
Polemon 640.
Polenus, J. 367. 372. 374.
Polites, N. G. 577.
Politianus, Angelo 303.
Pollux 123. 229. 547.
Polybios 104. 347. 350. 365. 690. 725. 756.
Polygnotos 484. 488. 491.
Polykleitos 290. 482. 488.
Polykrates 635.
Polyzelos 118.
Pompeius 314. 541.
Pomponius 715.
Poole, R. St. 385. 389.
Poole, S. L. 389.
Pope 107.
Poppe, J. H. M. 403.
Poppo, E. F. 342. 844.
Porphyrios 23. 458.
Porson 253.
Postolacas, A. 385.
Pott, F. A. 572. 582. 803. 819. 820. 821. 822. 832. 836. 840. 841.
Potter, J. 367.
Pottier, E. 502. 506.
Pouqueville, F. 336.
Pourtalès-Gorgier 505.
Prachov, H. 496. 497.
Prantl, C. 75. 302. 614. 644.
Praxilla 408.
Praxiteles 482. 483. 513.
Preller, L. 75. 341. 342. 462. 494. 507. 572. 575. 583. 585. 616.
Prellwitz, W. 825.
Presuhn, E. 495.
Preuner, A. 575. 579.
Preuss, E. 51.
Preuss, Th. 359.
Priscianus 385. 817.
Probst, A. 827.
Proculus 631.
Prodikos 634. 695.
Prokesch von Osten, A. 336. 388.
Proklos 23. 92. 133. 610. 639. 745. 818.
Prompsault, J. H. R. 826.
Propertius 722.
Protagoras 594. 695.

Protodicos, J. 405.
Protomache 581.
Prudentius 724.
Prüfer, C. E. 839.
Prutz, R. 425. 680. 752.
Pseudo-Skymnos 335.
Ptolemaeos I 620.
Ptolemaeos II 216. 529. 636. 637. 677. 706.
Ptolemaeos III 613.
Ptolemaeos (Mathematiker) 319. 333. 334. 335. 529. 547. 622. 623. 639.
Puchstein, O. 497.
Pugge, E. 640.
Purgold, K. 507.
Putschen, E. van 817.
Pyl, K. Th. 510. 572. 574. 582. 583.
Pyrgoteles 485.
Pyrrhon 606.
Pythagoras 15. 102. 422. 432. 446. 452. 478. 529. 589. 591. 592. 594. 601. 613. 619. 620. 622. 623. 624. 629.

Quatremère de Quincy, Chr. 513.
Quichérat, L. 844.
Quintilianus 24. 34. 36. 195. 239. 301. 330. 423. 629. 633. 716. 735. 746. 775. 817.

Raabe, A. 822.
Rabirius 740.
Racinet, A. 405.
Ragnisco, P. 614.
Rambach, J. J. 367.
Ramée, D. 512.
Ramler, K. W. 573.
Ramorino, F. 751.
Ramshorn, L. 826. 827. 836.
Rangabé, A. R. 509. 760. 832.
Ranke, L. v. 352.
Raoul-Rochette, D. 341. 371. 495. 499. 504. 508. 511. 515. 517.
Raphael 162.
Rapp, A. 575.
Rapp, K. M. 753. 828.
Rappenegger, Ph. W. 761.
Rasche, J. Chr. 387.
Raspe 503.
Raspe, F. 843.
Rathgeber, G. 506.

Rauch, J. 752.
Raumer, Fr. v. 352. 615. 747.
Raumer, Rud. v. 829.
Rausch, F. 754.
Rawlinson, G. 459.
Rayet, Ol. 497. 499. 512.
Reber, Fr. 500. 509. 512.
Rebling, O. 828.
Redepenning, E. R. 612.
Redford, G. 513.
Redlich, C. 325.
Reichard, Chr. Theophil. 343.
Reichard, H. G. 369.
Reichardt, Hans 21. 67. 68. 77. 255. 310. 311.
Reifferscheid, Aug. 191. 746.
Reimann, H. 549.
Reimer, N. Th. 641.
Reimers, J. 513.
Reimnitz, F. W. 839.
Rein, W. 372. 374. 379.
Reinach, S. 758.
Reinesius, Th. 760.
Reinganum, H. 332.
Reinhold, E. 611.
Reinhold, K. L. 610.
Reisig, K. 826.
Reiske 187. 754.
Reitemeier, J. F. 425.
Reitz, J. Fr. 372.
Reiz, F. W. 372. 815. 838.
Remacly, H. J. 426.
Remer, J. A. 351.
Renan, E. 359. 458. 498. 586. 821.
Renard, A. 612.
Renier, L. 761.
Rennell, J. 339. 342.
Renouvier, Ch. 614.
Reuchlin, Joh. 303. 783.
Reuleaux, F. 403.
Reumont, A. v. 342.
Reuss 52.
Reuter, E. 825.
Revett, N. 495.
Réville, A. 458.
Reynier, F. de 402.
Rhega 343.
Rheinhard, H. 369. 371.
Rhinton 684.
Rhoekos 478.
Ribbeck, A. F. 423.
Ribbeck, O. 254. 575. 734. 842.
Riccio, Genn. 388.
Rich, A. 369.
Richter, Casimir 550.

Namenverzeichniss.

Richter, E. L. 839.
Richter, H. 359.
Richter, Jul. 197. 551.
Rickenbach, H. 369.
Riedenauer, A. 403.
Riegel, H. 509.
Riel, C. 326.
Riemann, O. 824.
Riemer, F. W. 834. 835.
Rienäcker, J. A. 747.
Riese, A. 336.
Riess, Fl. 315.
Rietz, J. E. 426.
Rinck, W. Fr. 330. 459.
Ritschl, Fr. 34. 191. 331. 647. 755. 759. 761. 831. 836. 846.
Ritter, Franz 316. 813. 817. 830. 837.
Ritter, G. 750.
Ritter, Heinr. 611. 616.
Ritter, Karl 339. 645.
Ritter v. Rittershain, G. 462.
Rixner, T. A. 611.
Robert, C. 254. 494. 511. 568.
Robert, Ch. 762.
Robortello, Frz. 169.
Roby, H. J. 826.
Rocholl, R. 306.
Roda, A. 755.
Röder, W. 837.
Rödiger, Fr. 576.
Rödiger, R. 833.
Röhl, H. 759. 760. 761.
Rönsch, H. 827.
Rösch, J. F. v. 374.
Röstell, W. 341.
Röth, E. 614
Rohde, E. 753. 754.
Rohde, Th. 389.
Rohde, W. 717.
Rohden, H. v. 502.
Rohmeder, W. 339.
Rohrbach, C. 405.
Rolle, P. N. 575. 582.
Rollin 356.
Romé de l'Isle 385. 386.
Rómer, Fl. 762.
Ronchaud, L. 511.
Roscher, H. W. 510. 575. 577.
Roscher, W. 754.
Rose, H. J. 841.
Rose, Val. 640.
Rosellini, J. 498.
Rosenbaum, J. 645.
Rosenberg, A. 405. 488. 577.

Rosenberg, K. 819.
Rosenberger, F. 644.
Rosenkranz, K. 237. 751.
Rosinus, J. 372.
Rosny, L. de 821.
Ross, L. 336. 427. 496. 508. 516. 517. 560. 582.
Rossbach, Aug. 424. 548. 549. 818. 845.
Rossbach, Jo. Jos. 424. 615.
Rossi, F. 385.
Rossi, J. B. de 762.
Rost, V. Chr. Fr. 823. 830. 834. 835.
Rotermund 50.
Roth, C. L. 353. 357. 752.
Roth, Ge. Mich. 819.
Roth, J. F. 494.
Roth, K. 824.
Rothe, A. 825.
Rothlauf, B. 642.
Rothmann, J. G. 753.
Rotteck, C. v. 352.
Rotter, H. 839.
Rougé, E. de 518. 776.
Rougemont, F. de 306.
Rougier de la Bergerie, J. B. 402.
Roulez, J. E. Gh. 505.
Rous, F. 367.
Rubenius, A. 405.
Rubino, J. 373.
Ruddimannus, Th. 826.
Rudorff, A. 374. 385.
Rückert, Emil 574.
Rückert, Fr. W. 374. 845.
Ruess, F. 203.
Rüstow, W. 371. 374. 639.
Ruge, S. 645.
Ruggiero, E. de 374.
Ruhl, L. S. 479.
Ruhnken, D. 87. 173. 214. 253. 754. 786.
Rumpel, Th. 839.
Rumpelt, H. B. 829.
Rumpf, H. 405.
Ruperti, G. A. 372. 375.
Ruperti, G. Fr. 372.
Ruprecht, C. J. Fr. W. 51. 254.
Rutherford, W. G. 824.
Rutilius Lupus 754.
Rzach, A. 845.

Saalfeld, G. A. 405. 406. 834.
Sabouroff 501.
Sabinus 631.

Sachs, A. 830.
Sachse, C. 341. 747.
Sacken, E. v. 501.
Sacy, A. J. de Silvestre 463. 819.
Sadowski, J. N. v. 405.
Saglio, C. 369.
Saigey, M. 386.
de Saint-Agy 643.
Saint Alais, N. V. 329.
Sainte-Croix, W. E. J. de 371. 463.
Saisset, A. 463.
Sakadas 530.
Salinas, A. 388. 500.
Sallengre, A. H. 372.
Sallet, A. v. 355. 385. 389. 506.
Sallustius 136. 293. 301. 350. 365. 726. 729. 731.
Salmasius, Claud. 166. 174. 304. 370. 374. 404.
Salverte, Eus. 462.
Salzmann, A. 497.
Sambeth 375.
Sambon, L. 388.
Samwer, K. 389.
Sanchuniathon 234. 235.
Sanclemente 315.
Sanctius, Fr. 826.
Sanders, D. H. 378.
Sappho 465. 529. 532. 662. 723.
Sartorius, M. 643.
Saulcy, F. de 388. 389. 518.
Sauppe, H. 200. 205. 238. 341. 545. 552.
Savelsberg, J. 761. 830.
Savot, L. 387.
Saxius 50.
Sayce, A. H. 820. 822. 824.
Scaliger, Jos. 169. 214. 253. 304. 317. 321. 324. 327. 328. 387.
Scaliger, Jul. Caes. 826.
Scapula, J. 834.
Scartazzini 72.
Schaaff, J. Chr. L. 38.
Schaarschmidt, C. 226.
Schacht, Th. 339.
Schäfer, Al. 327.
Schäfer, Arnold 350. 354.
Schaefer, Gottfr. Heinr. 192. 817.
Schäfer, H. W. 642.
Schaefer, Karl 158.
Schanz, J. 750.
Schanz, M. 842.

Schasler, Max 506. 819.
Schatz, J. J. 494.
Schaubach, J. C. 642.
Scheffer, J. 406.
Scheffler, L. v. 509.
Scheffner, J. G. 166.
Scheibe, K. F. 354.
Scheibel, Ew. 328.
Scheidius, E. 826. 834.
Scheiffele, A. 328.
Scheler, A. 828.
Scheller, J. J. G. 79. 826. 835. 843.
Schelling, J. 25. 46. 171. 217. 237. 496. 555. 570. 580. 583. 585. 611. 617.
Schenkl, K. 254.
Scherr, J. 747.
Scheuerlein, W. 842.
Scheurleer, W. A. 745.
Scheyb, Frz. Chr. v. 335.
Schiaparelli, G. V. 642.
Schillbach, R. 387.
Schiller, Fr. v. 274. 655. 672. 718. 719.
Schiller, H. 342. 358. 359. 852.
Schiller, L. 423.
Schincke, J. Chr. G. 748.
Schirlitz, Sam. Chr. 338.
Schlegel, A. W. 156. 160. 161. 253. 305. 753. 839.
Schlegel, Fr. 71. 253. 305. 555. 746. 747. 748. 751. 794.
Schlegel, G. 642.
Schleicher, A. 766. 794. 820. 822. 827. 837.
Schleiden, M. J. 402.
Schleiermacher, F. 75. 79. 85. 127. 133. 141. 158. 159. 168. 169. 227. 237. 253. 611. 615. 698.
Schlichtegroll 503.
Schlie, F. 510.
Schlieben, A. 403.
Schliemann, H. 496. 497. 513.
Schlözer 348.
Schlosser, F. Chr. 351. 352.
Schlumberger, G. 389. 517.
Schmalfeld, F. 386.
Schmalz, J. H. 826. 827.
Schmid aus Schwarzenberg, F. 612.
Schmid, K. A. 425.
Schmidt, Adolf 326. 351. 354. 460.
Schmidt, Bernh. 34. 379. 577.

Schmidt, Eug. v. 574.
Schmidt, Fr. 552.
Schmidt, Chr. D. Her. 838.
Schmidt, Herm. 423.
Schmidt, J. H. H. 836. 845.
Schmidt, J. 375.
Schmidt, Jo. 822. 829. 847.
Schmidt, Karl 425.
Schmidt, Karl Ernst Aug. 839. 847.
Schmidt, Karl Gottl. 841.
Schmidt, Karl Gustav 306.
Schmidt-Phiseldek, C. O. 79.
Schmidt, Leop. 615. 753. 842.
Schmidt, Max 838. 841.
Schmidt, M. C. P. 642.
Schmidt, Mor. 565. 761. 817. 827. 845. 846.
Schmidt, R. 647.
Schmieder, B. F. 165. 338.
Schmieder, Fr. 338.
Schmitt, A. 823. 826.
Schmitt, H. L. 843.
Schmitthenner, F. 819.
Schmitz, J. 577.
Schmitz, Joh. Wilh. 750.
Schmitz, Leonh. 353. 357. 750.
Schmitz, M. 350.
Schmitz, W. 203. 832.
Schmülling, Th. 405.
Schnaase, K. 508.
Schnatter, J. 509.
Schneider, Conr. Leop. 826.
Schneider, E. 825.
Schneider, Joh. Gottl. 401. 403. 639. 834.
Schneider, K. E. Chr. 823.
Schneider, Osc. 645.
Schneider, Otto 197.
Schneider, R. 817.
Schneider, Wilh. 551.
Schneiderwirth, J. H. 355. 356.
Schneidewin, F. W. 253. 339. 355. 818.
Schneidewin, M. 835.
Schnitzler, J. P. J. 752.
Schober, C. E. 754.
Schöler, G. 515.
Schöll, A. 753. 756.
Schoell, F. 747. 748. 749.
Schoemann, G. F. 369. 370. 460. 572. 574. 755. 837.

Schönberg, A. v. 386. 573.
Schönberg, G. 833.
Schönborn, A. 337. 551.
575.
Schönborn, Carl 551.
Schöne, A. 327.
Schöne, R. 424. 500. 514. 518. 762.
Schönfeld, P. 507.
Scholten, J. H. 612.
Schorn, L. 511.
Schorn, W. 355.
Schow, N. 195.
Schrader, E. 841.
Schrader, Herm. 510. 576.
Schrader, O. 822. 824.
Schram, R. 329.
Schrammen, J. 837.
Schrauf, A. 514.
Schraut, J. 793.
Schreiber, Th. 499. 500. 511. 514. 575.
Schreiter, C. G. 129.
Schröder, J. F. 301.
Schröder, Leop. 837.
Schröder, L. v. 613.
Schröder, W. 754.
Schröter, R. 833.
Schubart, J. H. Chr. 169. 479. 577.
Schubert, R. 356.
Schubring, J. 497.
Schuch, Chr. Th. 379. 402.
Schuchardt, Hugo 828. 829.
Schuchardt, O. 511.
Schütz, A. v. 831.
Schütz, Chr. G. 228. 841.
Schultes, J. A. 645.
Schultz, Chr. Lud. Fr. 66. 373.
Schultz, Ferd. 836.
Schultz, Joh. Matth. 328.
Schultze, Reinh. 552.
Schulz, J. Ch. F. 747.
Schulze, Johannes 516.
Schulze, Joh. Dan. 423.
Schuré, E. 753.
Schuster, Alb. 369.
Schuster, P. 511. 574. 610.
Schvarcz, J. 365.
Schwab, Chr. T. 355.
Schwab, G. 573.
Schwabe, J. J. 577.
Schwabe, L. 497. 503. 749.
Schwalbe, K. F. H. 369.
Schwartz, F. L. W. 572. 582.
Schwartz, J. C. 337.
Schwartzkopff, P. 821.

Schwarz, A. H. 842.
Schwarz, Chr. G. 372.
Schwarz, F. H. Chr. 425.
Schwarz, N. J. 613.
Schwarze, J. Fr. J. 747.
Schweder, E. 336.
Schwegler, A. 357. 612. 614.
Schweiger 51.
Schweisthal, M. 832.
Schweizer-Sidler, H. 827. 829.
Schwenck, Conr. 571. 575. 581. 835.
Scioppius, C. 169. 826.
Scipio Africanus Minor 714. 739.
Scipio Nasica 324.
Scott, W. 580.
Seager, Carl 839.
Secchi, G. P. 516.
Secretan 509.
Seeck, O. 326.
Seelmann, E. 832.
Seemann, J. 837.
Seemann, O. 574.
Seemann, Th. 509.
Seidler, A. 176. 845.
Seignobos, C. 379.
Seiler, E. E. 835.
Sein, A. du 404.
Seitz, F. 426.
Seleukos 622.
Sellar, W. Y. 751.
Semler, J. S. 494.
Semper, G. 403. 514. 517.
Sempronius, P. Sophus 289.
Seneca (Rhetor) 633.
Seneca 23. 24. 109. 136. 301. 423. 547. 609. 628. 694. 712. 713. 717. 735. 737. 741. 742. 746. 846.
Sengebusch, M. 835.
Septimius Severus 336. 359.
Serenos 639.
Serra di Falco 496.
Servius 214.
Servius Tullius 382. 396.
Sestini, D. 388.
Sextus Empiricus 609.
Seyfert, E. J. A. 826.
Seyffarth, G. 330. 831.
Seyffert, M. 851.
Seyffert, O. 749.
Shakespeare 6. 120. 275. 276. 676 721.
Sickler, F. K. L. 338. 574. 580. 583.

Sickler, J. V. 402.
Siebeck, H. 614.
Siebelis, C. G. 516.
Siebenkees, J. Ph. 507.
Siecke, E. 577.
Siedhof, C. F. W. 844.
Sieglin, W. 343.
Sievers, Ed. 829.
Sievers, G. R. 354. 359.
Sigonius, C. 234. 329. 366.
Sigwart, H. Chr. W. 612.
Silius Italicus 717.
Sillig, J. 511. 517.
Silvestre, J. B. 203.
Simcox, G. A. 750.
Simmias 217. 595.
Simon 229. 695.
Simonides v. Keos 134. 521. 656. 661. 664. 778.
Simonides, Konst. 235.
Simplikios 610.
Sinner, L. v. 834.
Sintenis, C. H. 844.
Sittl, K. 748. 824. 828.
Skopas 482.
Skylax 335.
Smetius, H. 844.
Smetius, M. 760.
Smith, G. 498.
Smith, J. 404.
Smith, J. M. 405.
Smith, Will. 339. 341.
Smith, W. E. 404.
Smith, S. B. 505.
Smyth, H. W. 830.
Socher, G. 611.
Sogliano, A. 515.
Sohncke, L. A. 641.
Sokrates 67. 102. 103. 120. 133. 148. 153. 173. 216. 217. 219. 229. 239. 263. 280. 283. 418. 446. 465. 520. 527. 542. 581. 582. 591. 595. 596. 598. 600. 627. 630. 632. 660. 679. 681. 690. 695–698. 704. 707. 709.
Soldi, E. 498.
Solger, K. W. F. 571.
Solinus 166.
Solon 215. 231. 271. 288. 318. 367. 381. 481. 537. 538. 591. 660. 699.
Soltau, W. 373.
Sommerbrodt, J. 551.
Sonntag, W. 427.
Sophokles 90. 97. 100. 101. 110. 113. 115. 116. 119. 137f. 146. 155. 161. 176. 187. 197. 198.

221. 222. 291. 423. 453. 482. 487. 540. 543. 545. 670. 671. 672. 676. 677. 711. 756. 803. 845. 846. 848.
Sophokles, E. A. 832.
Sophron 684. 696. 715.
Sophroniskos 581.
Sotades 665.
Souchay, J. B. 752.
Soutzo, M. C. 389.
Spanheim, Ez. 166. 758.
Spano, G. 518.
Sparschuh, N. 822.
Specht, F. A. 303.
Spengel, A. 754. 846.
Spengel, Leonh. 155. 568. 640. 647. 704. 817.
Speusippos 582.
Spiegel, F. 339.
Spiess, Edm. 577.
Spitzer, J. 825.
Spitzner, F. 830.
Spon, J. 336. 494. 760.
Sporschil, J. 536.
Sprengel, C. 639. 644. 645.
Sprenger, A. 340. 518.
Springer, W. 340.
Spruner, K. 343.
Stackelberg, O. M. v. 427. 495. 496. 503. 505.
Städler, G. L. 819.
Stäudlin, K. F. 614. 615.
Stahr, A. 35. 359. 509.
Stallbaum, G. 826.
Stange 34.
Stanhope, J. Sp. 336.
Stanley, Th. 610.
Stanyan, T. 352.
Stark, Bernh. 336. 368. 492. 494. 501. 508. 509. 510. 516. 517. 519. 575. 585.
Statius 123. 301. 330.
Staveren, A. v. 569.
Steck, E. G. 611.
Stegeren, D. J. van 424.
Stehfen, H. 371.
Stein, H. C. 371.
Stein, H. v. 615.
Stein, L. v. 365.
Steinbüchel, A. v. 388. 508.
Steiner, J. W. Chr. 761.
Steiner, M. 370. 576.
Steinheim, S. L. 423.
Steinhofer, J. U. 459.
Steinmann, J. Fr. 547.
Steinmetz, J. 479.
Steinthal, H. 68. 71. 79. 647. 743. 751. 765. 766.

794. 800. 819. 820. 821. 824. 828. 831. 838. 839. 841. 847.
Stender, J. 838.
Stenersen, L. P. 511.
Stengel, P. 461.
Stephan, H. 406.
Stephani, L. v. 336. 501. 505. 511. 517.
Stephanos Byzantios 817.
Stephanos Scholiast 780.
Stephanus, Henricus 99. 253. 304. 647. 790. 834. 843.
Stephanus, Rob. 835.
Stern, E. v. 358.
Stern, L. 497.
Stern, S. 819.
Stesandros 537.
Stesichoros 664.
Stich, W. 751.
Stickel, J. G. 827.
Stiefelhagen, F. 572.
Stieglitz, C. L. 512.
Stille, W. 375.
Stobaeos, Johannes 196. 214. 609. 639. 692. 745.
Stockhausen, J. Chr. 749.
Stockmann, A. C. 646.
Stockmann, S. M. 38.
Stöber, Elias 367.
Stöckl, H. A. 612. 614.
Stoll, H. W. 354. 358. 369. 574.
Stolle, H. A. 426. 839.
Stolz, F. 827. 833. 838.
Stolze, F. 498.
Strabon 23. 36. 247. 332. 334. 365. 418. 560. 635. 636. 638. 770.
Strack, J. H. 496. 551.
Strass, F. 351.
Strauss 458.
Strauss, D. F. 359.
Streccius 371.
Strecker, W. 342.
Streuber, W. Th. 846.
Stricker, S. 829.
Strodl, M. A. 460.
Stroth, A. 338.
Strozzi, C. 389.
Struchtmeyer 834.
Strümpell, Ludw. 613. 614.
Struve, J. Th. 755.
Struve, K. L. 755. 837.
Stuart, J. 336. 495.
Studemund, W. 826. 846.
Stuhr, P. F. 571. 586.
Sturm, J. 842.
Sturz, F. W. 817. 825.

Süssmilch, J. P. 821.
Sueton 12. 13. 23. 24. 136. 350. 365. 730. 746.
Süvern, J. W. 91. 672.
Suhle, B. 835.
Suidas 13. 123. 238. 610.
Sulla 786.
Sulpicius Severus 729.
Sulzer 38. 751.
Suñič, Mariano 831.
Suringar, W. H. D. 197. 647. 754.
Susemihl, Fr. 615. 748.
Suter, H. 642.
Swedenborg 345.
Sybel, H. v. 425.
Sybel, L. v. 501.
Sylburg, Fr. 823.
Symmachus 737.
Symonds, J. A. 751.
Symphosius 719.
Synkellos 327.

Tacitus 85. 105. 109. 110. 112. 129. 132. 136. 139. 147. 157. 167. 185. 187. 222. 293. 337. 350. 365. 727. 728—729. 734. 735. 746. 781. 809.
Taine, H. 506.
Talbot, E. 748. 750.
Tanais 112.
Tarquinius Superbus 435. 448.
Tassie 503.
Tassin 203.
Tate, J. 551.
Tatianos 565.
Taylor, J. 831.
Taylor, Joh. 212.
Taylor, Rich. 818.
Taylor, Th. 463.
Techmer, F. 829. 847.
Tegge, A. 837. 850.
Teichmüller, G. 614. 616.
Telesikrates 117.
Telesilla 408.
Télfy, J. 370. 378. 832.
Tennemann, W. G. 353. 610. 611. 617.
Terentius 123. 165. 167. 187. 295. 301. 714. 715. 716. 756. 846.
Ternite, W. 495.
Terpandros 527. 529. 532. 537. 661. 662. 777.
Terpstra, J. 367.
Terrebasse, A. de 762.
Tertullianus 610. 737.
Tessieri, Pietro 388.

Teubner, B. G. 52.
Teuffel, W. S. 39. 228. 322. 749. 755.
Texier, Ch. F. M. 337. 497. 498.
Thaer, A. 402.
Thales 562. 591. 592. 593. 610. 612. 619. 620. 694.
Thaletas 527.
Thalheim, Th. 368.
Themison 627.
Themistios 610. 708.
Themistogenes 238.
Themistokles 137. 699. 703.
Theoderich 737.
Theodoros 478.
Theodosios (Grammatiker) 795. 817.
Theodosios (Mathematiker) 639.
Theodosios d. Gr. 335. 336.
Theodosius II 296.
Theognis 538. 660.
Theokritos 123. 655. 721. 716.
Theon 639.
Theophrastos 390. 401. 625. 628. 644. 684. 705.
Theopompos 233. 350. 651. 690. 730.
Theron 118. 150.
Theseus 115.
Thessalus, F. 822.
Thibaut 161.
Thiers, A. 32.
Thiersch, Fr. 155. 215. 222. 336. 494. 507. 516. 752. 823.
Thiersch, H. 404.
Thilo, Chr. A. 612.
Thirlwall, C. 353.
Thomas, A. 497.
Thomas, F. 498.
Thomas Magister 123.
Thomasius, Jac. 37. 610.
Thompson, E. M. 203.
Thompson, F. E. 842.
Thompson, W. H. 614.
Thomsen 254.
Thonissen, J. J. 370.
Thouret, G. 358.
Thrasybulos 453.
Thrasymachos 704.
Thudichum, G. 403.
Thukydides 123. 136. 138. 155. 157. 246. 311. 315. 330. 332. 342. 346. 350. 354. 364. 400. 446. 651. 687—689. 699. 703. 704. 726. 730. 733.

Thurneysen, R. 846.
Tiberius 359. 719. 728. 731.
Tiberius Coruncanius 289.
Tibullus 722.
Tiedemann, D. 610. 617. 821.
Tiele, C. P. 458.
Tillemont, L. S. de 358.
Timaeos, Historiker 311. 316. 350.
Timaeos, Sophist 123.
Timokreon 664. 756.
Timon 654.
Timonides 504.
Timosthenes 529. 770.
Timotheos 528.
Timoxene 581.
Tiraboschi, G. 749.
Tiro 135.
Tiron, A. 550.
Tischbein, W. 504.
Tischendorf, C. 235.
Tisias 632. 700.
Tissot, Ch. 330. 340.
Tittmann, F. W. 369.
Titze, F. N. 818.
Tobler, L. 832.
Tölken, E. H. 480. 499. 514.
Tönnies, F. J. 574.
Tondeur, A. 497.
Torma, C. 763.
Torney, V. v. 458.
Tortolini 641.
Tournier, Ed. 576.
Toustain 203.
Tozer, H. F. 355.
Trabea 214. 234.
Traianus 359. 720. 728. 736. 744.
Tregder, P. H. 747. 839.
Trendelenburg, Ad. 497. 510. 614.
Trendelenburg, Jo. Ge. 823.
Treu, G. 496. 515.
Tribonianus 632.
Tricha 818.
Trinkler 550.
Trogus Pompeius 728.
Tryphon 771.
Tudeer, O. E. 830.
Tümpel, K. 575.
Tursellinus, H. 841.
Tychsen, Th. Chr. 195.
Tyrannion 786.
Tyrtaeos 215. 416. 660.
Tyrwhitt, Th. 253.
Tzetzes, Jo. 237. 818.

Tzetzes, Jo. 550.
Tzschirner, H. G. 459.
Udolph, J. 550.
Überweg, F. 612. 615.
Uffelmann, J. 646.
Uhde, E. W. 423.
Uhdolph, P. 833.
Uhlig, G. 817.
Ukert, F. A. 338.
Ulrichs, H. N. 336. 496.
Ulrici, H. 751. 754.
Unger, Fr. 336.
Unger, F. W. 541.
Unger, G. F. 326. 329. 335.
Uppenkamp, A. 745.
Uranios 235.
Urlichs, L. 341. 342. 427. 497. 503. 504. 505. 515. 517.
Uschold, J. 565. 571. 584.
Usener, H. 326. 573. 642. 756.
Usher, J. 317. 328.
Ussing, J. L. 406. 425. 516.

Vahlen, J. 756.
Valckenaer, L. C. 166. 167. 172. 175. 253. 817. 834.
Valens 728.
Valentinianus II 359.
Valentinianus III. 296.
Valerianus 359.
Valerius Maximus 730.
Valesius, Henricus 169. 647.
Valla, Laurentius 302.
Vaniček, A. 827. 834. 835.
Vanucci, C. 358.
Varcollier 406.
Varius 712.
Varro, Terentius 240. 290. 316. 360. 365. 401. 638. 720. 725. 738. 742. 746. 817.
Varro Atacinus 717.
Vasen, J. 460.
Vasquez Queipo, V. 386.
Vater, Fr. 771.
Vater, Jo. Sev. 819. 847.
Vaux, W. S. W. 389. 498.
Vavassor, Fr. 843.
Vechner, D. 823.
Velleius Paterculus 205. 253. 330. 350. 728.
Velsen, Arth. v. 817.
Velsen, F. Ad. v. 203.

Vergilius 113. 123. 301. 302. 401. 717—718. 719. 721. 752.
Vermiglioli, J. B. 762.
Vernon, Francis 333.
Verus, L. 736.
Verwey, J. 834.
Vespasianus 741.
Vierordt, C. F. 461.
Vigerus, Fr. 101. 823.
Vigié, M. 374.
Vignoli, T. 573.
Villemain, A. F. 460.
Vincent, A. J. H. 547.
Vincke, K. v. 337.
Vinet, E. 512. 517.
Vischer, W. 336. 366. 371. 496. 517. 756.
Visconti, E. Q. 499. 517.
Visconti, Morselli Fea 500.
Visconti, P. E. 500.
Visellius 112.
Vit, Vinc. de 835. 836.
Vitruvius 36. 401. 451. 484. 506. 541.
Vivien de Saint-Martin, L. 339. 645. [643.
Völcker, K. H. W. 575. 582.
Völkel, J. L. 517.
Vömel, J. Th. 844.
Vogel, A. 575.
Vogel, Emil Ferd. 79.
Vogrinz, G. 840.
Voigt, F. A. 574.
Voigt, Georg 301.
Volbeding, M. J. E. 460.
Volger, W. F. 338.
Volkmann, R. 647. 748.
Volkmann, W. 825.
Vollbehr, E. 846.
Vollgraff, J. C. 203. 350.
Vollgraff, K. 369.
Vollmer, W. 578.
Volney, C. F. 330.
Volquardsen, C. R. 423.
Volz, K. W. 402.
Vorländer, F. 821.
Vorstius, J. 843.
Vossius, Gerh. Joh. 583. 640. 751. 754. 826. 835. 843.
Voss, Joh. Heinr. 154. 159. 160. 162. 332. 338. 569. 570. 578. 579. 582. 583. 584. 587. 815. 844.
Vulcanius, B. 817.

Wachler, L. 746.
Wachsmuth, Kurt 341. 378. 463. 829.

Wachsmuth, W. 306. 344. 357. 369. 370. 375.
Wackernagel, W. 576. 753. 821.
Waddington, W. H. 329. 336. 337. 760.
Wagener, A. 550.
Wagener, C. 254. 837. 849.
Wagenfeld, Fr. 234.
Wagner 514.
Wagner, E. 512.
Wagner, F. W. 51.
Wagner, Jo. Jac. 570. 582. 585.
Wagner, Jo. Mart. 496.
Wagner, K. 495.
Wagner, Karl Fr. Chr. 830.
Wahrmund, A. 754.
Wailly, A. de 844.
Wakefield 187.
Wal, Jo. de 761.
Walch, G. L. 132. 147. 161.
Walch, J. Ge. 748.
Walch, J. E. J. 747.
Walckenaer, Ch. A. 340.
Wald 824.
Waldaestel 550.
Waldmann, F. 405.
Walker, W. 402.
Wallon, H. 315. 425. 462.
Walpole, R. 336.
Walter, F. 374.
Walter, J. 615.
Walz, Chr. 39. 459. 514. 640.
Wasmansdorff, E. 427.
Watkins, W. A. 645.
Wattenbach, W. 200. 203.
Weber, Alfr. 612.
Weber, Carl Friedr. 51. 403.
Weber, F. W. T. 458.
Weber, G. 352.
Weber, Hugo 825. 833.
Weber, Ph. 842.
Weber, Wilh. Ernst 39.
Wecklein, N. 520. 552.
Wedgwood 503.
Wedgwood, H. 821.
Wegener, C. F. 647.
Wegener, Ph. 820.
Wehrmann, P. 329.
Weidler, J. Fr. 642.
Weidner, A. 360.
Weihrich, F. 841.
Weil, H. 91. 173. 200. 342. 810. 813. 830.
Weil, R. 506.
Weise, O. 834.
Weiske, B. G. 93. 575.
Weiss, H. 405.
Weisse, Chr. H. 571. 586.
Weissenborn, H. 845.
Weissenborn, W. 838. 839. 842.
Weisser, L. 379. 511.
Weitzmann, C. F. 549.
Welcker, Fr. G. 33. 35. 336. 462. 495. 508. 513. 515. 517. 518. 551. 566. 567. 572. 575. 576. 581. 583. 585. 643. 751. 775.
Wellauer, A. 401.
Weller, J. 823.
Welzel, P. 574.
Wenck, H. B. 827.
Wendt, A. 610.
Weniger, L. 460. 461. 647.
Wentzel, H. 818.
Wenzel, M. 374.
Werlhof, A. C. E. 388.
Werner, K. 615.
Wernher, A. 425.
Wernicke, C. 352.
Wernsdorf, E. F. 460.
Wernsdorf, J. Chr. 228. 235.
Werther, Ferd. 577.
Wescher, C. 760.
Westerhof 167.
Westermann, A. 38. 568. 640. 746. 754. 755. 759.
Westermayer, A. 353. 357.
Westphal, R. 548. 549. 659. 818. 824. 838. 845.
Westropp, H. M. 514.
Westwood, J. O. 762.
Wetter, J. 576.
Wex, J. 387.
Weyer, J. 754.
Weytingh, H. 747.
Wezel, E. 425.
Wharton, E. R. 833.
Wheeler, B. L. 831.
Wheler, G. 336. 494.
Whewell, W. 643.
Whiter, W. 833.
Whitney, W. D. 820. 822.
Wichers, R. H. E. 371.
Wichert, G. 843.
Wickelgren, J. L. 843.
Wickham, H. L. 342.
Wiedemann, H. 572.
Wiedemann, A. 352.
Wiegmann, R. 515.
Wieland 130. 158. 168.
Wierzeyski, J. 827.
Wiese, L. 424. 754.
Wieseler, Fr. 499. 551.
Wigan 645.
Wiggert, J. 832.
Wilamowitz-Möllendorff, U. v. 751. 753. 756.
Wilde, E. 644.
Wilford 580.
Wilhelm, E. 839.
Willems, P. 373.
Willenborg, Cl. 427.
Willer, H. F. 572. 582.
Wilmanns, A. 817.
Wilmanns, G. 759. 762.
Wilmowsky, J. N. v. 516.
Wilster, C. F. 462.
Winckelmann, J. J. 16. 305. 493. 495. 499. 503. 507. 516.
Winckler, A. 369. 405.
Winckler, E. 645.
Windekilde, J. 839.
Windisch, E. 833. 841. 842.
Winiewski, F. 52.
Winkler, R. 832.
Wirth, Chr. 821.
Wiskemann, H. 402. 462.
Witte, J. de 876. 504. 505. 518.
Wittich, H. 387.
Wittmann, L. 423.
Witzschel, A. 551.
Wlastoff, G. 576.
Wölfflin Ed. 828. 841.
Wöniger, A. Th. 461.
Wöpcke 641.
Woermann, K. 490. 515.
Woksch, K. 402.
Wolf, C. 343.
Wolf, Fr. Aug. 24. 38. 39. 40. 41. 42. 44. 49. 64. 79. 132. 157. 159. 161. 166. 214. 223. 224. 253. 305. 306. 331. 334. 368. 372. 461. 462. 748. 749. 755. 799. 818. 838. 843. 848. 850.
Wolf, R. 643.
Wolff, Gust. 197. 458. 462.
Wolters, P. 502.
Woltmann, A. 515.
Wood, J. T. 497.
Wordsworth, J. 826.
Wower 37.
Wright, W. A. 254.
Wüllner, F. 821. 837. 839. 840.
Wünsch, Chr. E. 642.

Wünsche, A. 305.
Wüstemann, E. F. 369. 402. 406.
Wüstemann, K. Chr. 406.
Wunder, E. 197.
Wunderlich, C. A. 646.
Wurm, J. F. 386.
Wustmann, G. 511.
Wuttke, H. 831.
Wyse, Th. 336.
Wyttenbach, D. 15 214. 253.

Xenodamos 664.
Xenokrates 401.
Xenophanes 446. 470. 537. 538. 652. 653. 654. 660.
Xenophon 103. 138. 180. 211. 216. 218. 222. 224. 229. 231. 237. 286. 330. 342. 350. 364. 365. 391. 423. 609. 616. 651. 689. 695. 696. 730.

Yates, James 403.

Zaccaria, Fr. 758.
Zacher, J. 573.
Zahn, W. 495. 500. 512.
Zamarias, A. 423.
Zambaldi, Fr. 845.
Zander, C. L. E. 342. 374.
Zangemeister, K. 203. 762.
Zanth, L. 496.
Zaroto, A. 303.
Zehetmayer, S. 834. 841.
Zeiss, G. 357. 372.
Zell, K. 33. 403. 755. 758. 759.
Zeller, E. 425. 426. 458. 460. 463. 572. 613.
Zenker, J. Th. 497. 498.
Zenodotos 637.
Zenon 595. 694. 696.
Zeune, J. K. 367. 749. 823.
Zeuss, K. 340.
Zeuxis 487.
Zeyss, H. F. 827. 830.
Ziegler, A. 549.
Ziegler, Chr. 342.
Ziegler, Th. 615.
Zieliński, Th. 753.
Ziemer, H. 841. 842.
Zimmermann, E. 756.
Zimmermann, F. 751.
Zimmermann, Rob. 506.
Zinkeisen, J. W. 353.
Zinserling, A. E. v. 306.
Zinzow, A. 577.
Zobel, R. W. 821.
Zobel de Zangróniz, J. 389.
Zoëga, G. 513. 517.
Zöller, M. 358. 374.
Zöller, R. 404.
Zohrab, J. 327.
Zolling, Th. 355.
Zonaras 123. 350.
Zoroaster 614.
Zosimos 350.
Zumpt, A. W. 314. 315. 374. 827.
Zumpt, C. G. 328. 406. 459. 827.
Zvetaieff, J. 763.

Verbesserungen und Zusätze.

S. 24 letzte Zeile: = [kleine Schriften II (1869) S. 815*).]
„ 34 Z. 18 einzufügen: H. Usener, Philologie u. Geschichtswissenschaft. Bonn 1882.
„ 37 „ 36 l. universalem statt universam.
„ 38 „ 5 l. Lütcke.
„ „ 23: = [kleine Schriften II (1869) S. 808 ff.]
„ 39 „ 24: Reallexikon von Lübker. 6. Aufl. 1882.
„ „ 11 einzufügen: S. Reinach, *Manuel de philologie classique d'après le triennium de Freund et les derniers travaux d'érudition.* Paris 1880. 2. Aufl 1883 f. 2 Bde.
Handbuch der klass. Alterthumswissenschaft in system. Darstellung mit besond. Rücksicht auf Geschichte und Methodik der einzeln. Disciplinen. In Verbindung mit ein. Anzahl Gelehrten hrsg. v. I. Müller. I. 1. II. Nördlingen 1885.
L. Urlichs, Grundlegung u. Geschichte der klass. Alterthumswissenschaft in Iw. Müller's Handbuch der klass. Alterthumswiss. I. S. 1 ff.
„ 40 „ 38: = [kleine Schriften II (1869) S. 826.]
„ 43 „ 3: = [kleine Schriften II (1869) S. 847.]
„ 51 „ 24 (Engelmann) einzufügen: II Theil: *Scriptores latini.* Leipzig 1882.
„ „ 41 (Ruprecht) „ : Fortgesetzt v. A. Blau u. M. Heyse bis 1886. 39. Jahrg.
„ „ 46 (Calvary) „ : Jahrg. I—XIII. Berl. 1874—86.
„ 52 „ 22 (Hahn) l. Salzwedel statt Magdeburg.
„ „ 25 Gutenäcker's Verzeichniss ist fortgesetzt von J. G. Zeiss u. umfasst die Schuljahre 1860/1 bis 1883/4. Landshut 1874 f. u. 1885. 4 u. 8.
„ „ „ einzufügen: J. Terbeck, Geordnetes Verzeichniss der Abhandlungen, welche in den Schulschriften sämmtlicher ... Lehranstalten von 1864—68 erschienen sind. Münster 1868. (Progr. v. Rheine).
„ „ 28 l. Marburg in Öst. 1868. 69.
„ „ 29 einzufügen: F. Hübl, Systematisch-geordnetes Verzeichniss derjen. Abhandlungen u. s. w., welche in den Mittelschulprogr. Österreich-Ungarns seit 1850—73 u. in jenen v. Preussen seit 1852 u. v. Baiern seit 1863—67 enthalten sind. Czernowitz u. Wien 1869. 74. 2 Theile.
„ 65 „ 25 l: Otfried.
„ 70 „ 32 l: Elze in Halle.
„ 75 u. 79 einzufügen: F. Blass, Hermeneutik u. Kritik in Iw. Müller's Handbuch der klass. Alterthumswiss. I S. 127—272.
„ 91 Z. 34 Köchly = Opusc. philol. II (1882) S. 215 ff.
„101*) = neue Ausg. 1884. S. 236.
„110*) = neue Ausg. 1884. S. 184 f.
„146*) = neue Ausg. 1884. S. 125—147.
„158 Z. 22 l: des Uebersetzens.
„159 Z. 31 Droysen, Aristophanes. 3. Aufl. 1880; Aeschylos. 4 Aufl. 1884.
„161*) Des Soph. Antig. Neue verm. Ausg. Lpzg. 1884.
„169 Z. 12 l: Amsterdam 1697.
„ „ 22 l: Robortello's.
„ „ 35 hinter Heimsöth einzufügen: J. N. Madvig, *Artis criticae coniecturalis adumbratio in Advers. crit.* I (1871) S. 8—184.
„176*) = neue Ausg. 1884. S. 106 ff.
„187**) l. 1808 statt 1818.

Verbesserungen und Zusätze. 881

S. 191. Die Literatur über „Stichometrie" stellt zusammen F. Blass in
I. Müller's Hdb. d. klass. Alt. I S. 316. Dazu noch Th. Mommsen
im Hermes 21 (1886) S. 142 ff.
„ 196 Z. 3 l: Aeschylos'.
„ 198 „32 einzufügen: Chalcidius ed. J. Wrobel. Lips. 1876.
„ 201 „18 einzufügen: H. Landwehr, griechische Handschriften aus Fayyum
im Philologus 43 (1884) S. 106 ff.; 44 (1885) S. 1 ff. 585 ff. —
K. Wessely, die griech. Papyri der kais. Sammlungen in Wien.
Wien 1885; Die griech. Papyri Sachsens in d. Bericht. der Gesellsch. d. Wiss. zu Leipzig 1885. N. 3. — W. Hartel, Über
die griech. Papyri Erzherzog Rainer. Wien 1886.
„ 203 „29 Wattenbach, Anleit. z. lat. Palaeogr. 4. Aufl. 1886.
„ 31 l. 1879 statt 1880.
„ 34 l. 1871 statt 1870.
„ 35 l. 1874 statt 1876.
„ 41. Von den Facsimile's *of ancient mss.* sind bis 1883 13 Theile
erschienen.
einzufügen: M. Gitlbauer, Die Überreste griech. Tachygraphie im Cod.
Vat. gr. 1809. Wien 1878. 84. 2 fasc.
W. Schmitz, Studien zur lat. Tachygraphie. Köln 1880 f; *Monumenta tachygraphica cod. Paris. lat.* 2718. Fasc. 2. (Mit 15 Taff.)
Hannover 1883.
F. Ruess, Über griech. Tachygraphie. Neuburg a. D. 1882.
W. Wattenbach, *Scripturae graecae specimina.* Berl. 1883. 2. Aufl.
der „Schrifttafeln z. Gesch. d gr. Schrift".
*Collezione Fiorentina di facsimili paleografici greci et latini
illustrati di G. Vitelli e C. Paoli.* I—III. 1. Florenz 1884—86.
E. Chatelain, *Paléographie des classiques latins.* Paris 1884 f.
Bis jetzt 3 Lief.
C. Paoli, Grundriss der lat. Palaeographie. Aus d. Ital. übersetzt v. K. Lohmeyer. Innsbruck 1885.
O. Lehmann, Das tironische Psalterium der Wolfenbütteler
Bibliothek. Leipz. 1885.
F. Blass, Palaeographie, Buchwesen u. Handschriftenkunde in
Iw. Müllers Hdb. der klass. Alterth. I S. 273 ff.
„ 244 „ 24 G. Hermann = Opusc. VIII (1877) S. 47 ff.
„ 254. Die augenblicklichen Herausgeber der hier verzeichneten Zeitschriften
anzugeben, unterlasse ich und gebe nur Änderungen im Titel
derselben an sowie neu erschienene.
Z. 24 einzufügen: Wiener Studien. Zeitschrift f. class. Philol. f. österr.
Gymnas. hrsg. v. W. Hartel u. K. Schenkl. Wien, Gerold's Sohn.
„ 29 einzufügen: Jahresberichte des philolog. Vereins zu Berlin.
Berlin, Weidmann.
An die Stelle der Philolog. Wochenschrift trat: Wochenschrift
für klass. Philologie. Berlin, Heyfelder.
Berliner philologische Wochenschrift hrsg. v. Chr. Belger und
O. Seyffert. Berlin, Calvary u. C.
An die Stelle der Philol. Rundschau trat: Neue philol. Rundschau. Gotha, Perthes.
„ 35 einzufügen: *Revue de philologie, de littérature et d'histoire anciennes. Nouvelle série dirigée par E. Chatelain et O. Riemann.*
Paris, Klincksieck.
„ 38 einzufügen: *American journal of philology edited by B. L. Gildersleeve.* Baltimore.
„ 301 „ 10 einzufügen: L. Urlichs, Geschichte d. Philologie in Iw. Müllers
Hdb. der klass. Alterth. I. S. 30 ff.
„ 306 „ 9 einzufügen: C. L. Michelet, Das System der Philosophie als
exacter Wissenschaft. Bd. 4. Die Philosophie der Geschichte.
2. Abth. Berlin 1879. 81.
„ 22 J. W. Draper, Geschichte der geist. Entwicklung. 3. Aufl. 1886.

S. 326 Z. 8 (Unger) einzufügen: Die troische Aera des Suidas. München 1885.
„ „ 20 (A. Schmidt) einzufügen: Der boiotische Doppelkalender; Das eleusinische Steuerdecret aus der Höhezeit des Perikles. Attischer Kalender u. attisches Recht. Ebenda 131 (1885) S. 349 ff. 681 ff.
„ 329 „ 43 [W. H. Waddington u. s. w.
„ 336 „ 43 f. lies: L. v. Klenze.
„ 338 „ 24 lies: E. Kärcher.
„ 340 „ 46 [K. Müllenhoff u. s. w.
„ 341 „ 5 einzufügen: H. Cons, *La province romaine de Dalmatie*. Paris 1881.
„ 342 „ 3 Jordan, Topographie. I. 2. 1885.
„ 350 „ 37 Schäfer, Abriss d. Quellenkunde. 2. Abth. 2. Aufl. v. H. Nissen. 1885.
„ 352 „ 30 Duncker, Geschichte des Alterthums. N. F. Bd. 2 (Bd. 9) 1886.
„ „ 36 Ranke, Weltgeschichte. Theil 1—6. Leipzig 1881—85.
„ „ 42 einzufügen: H. Welzhofer, Allgemeine Geschichte des Alterthums. I. Gotha 1886.
„ 354 „ 14 lies: K. H. Hüllmann.
„ „ 42 einzufügen: G. Busolt, Griechische Geschichte bis zur Schlacht bei Chaironea. 1. Theil: Bis zu den Perserkriegen. Gotha 1885.
„ „ 45 Schäfer, Demosthenes. I. 2. Aufl. 1885.
„ 355 „ 5 einzufügen: M. Dubois, *Les ligues étolienne et achéenne, leur histoire et leurs institutions, nature et durée de leur antagonisme*. Paris 1884.
„ 357 „ 48 Mommsen, Röm. Geschichte. Bd. 5. 1.—3. Aufl. 1885. 1886.
„ 358 „ 29 (Nitzsch) einzufügen: 2. Bd., bis zur Schlacht bei Actium. 1885.
„ 359 „ 29 einzufügen: A. Güldenpenning, Geschichte des oströmischen Reiches unter den Kaisern Arcadius u. Theodosius II. Halle 1885.
„ 365 „ 34 einzufügen: C. Th. O. Nohle, Die Staatslehre Platos in ihrer geschichtl. Entwicklung. Jena 1880.
„ 368 „ 19 lies: E. Kärcher.
„ „ 45: Buchholz, Homer. Realien. Bd. 3. Abth. 2. 1885.
„ 369 „ 35 einzufügen: (Gilbert). Bd. 2. 1885.
„ 370 „ 42 einzufügen: G. A. Leist, Der attische Eigenthumsstreit im System der Diadikasien. Jena 1886.
O. Schulthess, Vormundschaft nach attischem Recht. Freiburg i. Br. 1886.
„ 371 „ 18 einzufügen: Hans Droysen, Untersuchungen über Alexander d. Gr. Heerwesen u. Kriegführung. Freiburg i. Br. 1885.
„ 372 „ 40 lies: E. F. Bojesen.
„ 373 „ 16 einzufügen: A. Bouché-Leclercq, *Manuel des institutions romaines*. Paris 1886.
„ „ 24 Marquardt-Mommsen, Bd. 7. 2. Aufl. v. A. Mau. 1886.
„ 374 „ 24 O. Karlowa, Geschichte des römischen Rechts. I. Leipz. 1885.
„ „ 25 Vigié, Impôts indirects lies: 1884.
„ 375 „ 11 einzufügen: F. Fröhlich, Beiträge z. Geschichte d. Kriegführung u. der Kriegskunst der Römer zur Zeit d. Republik. Berlin 1886.
„ „ 45 einzufügen: J. J. Honegger, Allgemeine Culturgeschichte. Bd. 2. Geschichte des Alterthums. Leipzig 1886.
„ 385 „ 17 einzufügen: *Catalogue of Indian coins in the British Museum. Greec and Scythic kings of Bactria and India. By P. Gardner. Edited by R. St. Poole*. London 1886.
„ 389 „ 29 einzufügen: F. Imhoof-Blumer u. P. Gardner, *Numismatic commentary on Pausanias*. I. London 1885.
J. Friedländer, Repertorium zur antiken Numismatik im Anschluss an Mionnet's *description des médailles antiques* zusammengestellt. Hrsg. v. R. Weil. Berlin 1885.
E. Babelon, *Description historique et chronologique des monnaies de la république romaine vulgairement appellées monnaies consulaires*. I. Paris 1885.
Le monete dell' Italia antica. Raccolta generale del R. Garrucci. Rom 1885. 2 Theile.
„ 401 „ 28 lies F. S. Lehrs statt K.

Verbesserungen und Zusätze. 883

S. 402 Z. 18 einzufügen: B. Büchsenschütz, Bemerkungen über die röm. Volkswirthschaft der Königszeit. Berlin 1886. Progr.
„ „ „ 46 Leitmeritz 1881.]
„ 403 „ 24 einzufügen: K. B. Hofmann, Das Blei bei den Völkern des Alterthums. Berlin 1885.
„ 404 „ 2 einzufügen: L. de Ronchaud, *La tapisserie dans l'antiquité, le peplos d'Athéné, la décoration intérieure de Parthénon. Restituée d'après un passage d'Euripide.* Paris 1884.
„ „ „ 34 einzufügen: A. Breusing, Die Nautik der Alten. Bremen 1886.
„ 405 „ 30 „ Racinet, Geschichte d. Costüms. Bd. 3. Lief. 1. 2. 1885.
„ „ „ 33 „ F. Studniczka, Beiträge zur Geschichte der altgriech. Tracht. Wien 1886.
„ 424 „ 17 „ J. J. Bachofen, Antiquarische Briefe. 2. Bd. XXXI bis LXI. Strassburg 1886.
„ 425 „ 9 „ K. Ohlert, Räthsel u. Gesellschaftsspiele der alten Griechen. Berlin 1886.
„ „ „ 22 „ W. Richter, Die Sklaverei im griech. Alterthume. Ein Kulturbild nach den Quellen in gemeinfassl. Darstellung. Breslau 1886.
„ 426 „ 2 Ussing, Erziehung- und Unterrichtswesen. Neue Bearbeitung. Berlin 1885.
„ 459 „ 44 nach Boissier einzufügen: Lacroix, *Recherches sur la religion des Romains d'après les fastes d'Ovide.* Paris 1876.
J. Réville, *La religion à Rome sous les Sévères.* Paris 1886.
„ 461 „ 1 lies: Cultus
„ 463 „ 6 ist hinter „Jena 1878" die Klammer zu tilgen.
„ 496 „ 33 A. Bötticher, Olympia. 2. Aufl. 1886.
„ „ „ 36 H. Schliemann, Tiryns. Der prähistorische Palast der Könige von Tiryns. Leipzig 1886.
„ 497 „ 2 einzufügen: F. S. Cavallari ed A. Holm, *Topografia archeologica di Siracusa.* Palermo 1883.
„ „ „ 3 lies: Akragas.
„ „ „ 22 einzufügen: Alterthümer von Pergamon. Hrsg. im Auftrage des k. pr. Ministeriums der geistl. u. s. w. Angelegenheiten. Auf 8 Bde berechnet. Bd. 2: Das Heiligthum der Athena Polias Nikephoros von Rich. Bohn. Berlin 1885.
„ „ „ 41 einzufügen nach Cesnola, Cyprus: A. E. J. Holwerda, Die alten Kyprier in Kunst u. Cultus. Studien. Leiden 1885.
„ „ „ 47 einzufügen: O. Hirschfeld u. R. Schneider, Bericht über eine Reise in Dalmatien. Wien 1885.
„ 498 „ 47 lies: Renan.
„ 499 „ 10 Bernoulli, Röm. Ikonogr. 2. Theil. 1886.
„ „ „ 27 Denkmäler des klass. Alterthums. 1884 ff.
„ „ „ 29 (Kulturhistor. Bilderatlas) lies: 1885.
„ 501 „ 21 (Michaelis) einzufügen: Suppl. II ebenda VI. 1 p. 30 ff.
„ 505 u. 516 Z. 48 resp. 30 einzufügen: Dumont-Chaplain, *Les céramiques.* I. 3. 1885.
„ 505 „ 47 einzufügen: A. Furtwängler u. G. Löschcke. Mykenische Vasen, vorhellenische Thongefässe aus dem Gebiete des Mittelmeeres. Berlin 1886.
„ 506 Z. 8 einzufügen: Frz. Winter, Die jüngeren attischen Vasen u. ihr Verhältniss zur grossen Kunst. Berlin 1885.
J. Vogel, Scenen euripideischer Tragoedien in griech. Vasengemälden. Archaeolog. Beiträge zur Geschichte des griech. Dramas. Lpzg. 1886.
J. C. Morgenthau, Der Zusammenhang der Bilder auf griech. Vasen. I. Die schwarzfigurigen Vasen. Leipzig 1886.
„ 509 „ 33 einzufügen: Menge, Einführung in d. ant. Kunst. 2. Aufl. Lpzg. 1886.
„ „ „ 45 „ A. Wagnon, *Traité d'archéologie comparée. La sculpture antique. Origines — description — classification des monuments de l'Egypte et de la Grèce.* Paris 1885.

Verbesserungen und Zusätze.

S. 510 Z. 37 einzufügen: Arth. Schneider, Der troische Sagenkreis in der ältesten griech. Kunst. Lpzg. 1886.
„ 511 „ 39 einzufügen: Ch. Waldstein, Essays on the art of Pheidias. Cambridge 1886.
„ 512 „ 30 „ Lübke, Gesch. der Archit. 6. Aufl. 1884—86.
„ „ 34 lies: Fergusson.
„ 514 „ 18 lies: Flasch.
„ 515 „ 43 einzufügen: O. Donner-v. Richter, Über Technisches in der Malerei der Alten, insbes. in deren Enkaustik. München 1885. Die Monumenti inediti u. Annali sowie die Archaeol. Zeitung gehen ein. Dafür erscheinen: Antike Denkmäler, hrsg. vom kais. deutsch. arch. Institut u. Jahrbuch des Instituts hrsg. v. M. Fränkel.
„ „ 7 einzufügen: *Anecdota varia graeca et latina edid.* R. Schoell et Guil. Studemund. I. *Anecdota varia graeca musica metrica grammatica.* Berlin 1886.
„ 549 „ 26 einzufügen: Bd. 2. Griech. Harmonik u. Melopoeie. 1886.
„ 550 „ 30 lies: Jullien, B.
„ 552 „ 19 einzufügen: E. Reisch, *De musicis Graecorum certaminibus* cap. IV. Wien 1885.
„ „ 42 lies: Pythagoreers.
„ 573 „ 24 Decharme, Mythologie. 2. Aufl. 1876.
„ „ 30 einzufügen: O. Crusius, Beiträge zur griech. Mythologie u. Religionsgeschichte. Leipzig 1886. Progr.
„ 574 „ 12 Seemann, Götter u. Heroen lies: 1886.
„ 576 „ 29 einzufügen: A. de Gubernatis, *La mythologie des plantes ou des légendes du règne végétal.* I. Paris 1878.
„ „ 29 Wackernagel, Ἔπεα πτερόεντα = kleinere Schriften 3 (1874) S. 178 ff.
„ 590 „ 5 lies: Philosophie.
„ 612 „ 16 Überweg, Grundriss. I. II. 7. Aufl. 1886.
„ „ 23 lies: Philosophie.
„ 642 „ 23 einzufügen: Schmidt, Philol. Beiträge. Philologus 45 (1886) S. 63-81.
„ „ 25 „ H. G. Zeuthen, Die Lehre von den Kegelschnitten im Alterthum. Deutsche Ausg. von R. v. Fischer-Benzon. Kopenhagen 1886.
„ 643 „ 11 lies Paris 1878 ff.
„ „ 40 einzufügen: Th. H. Martin, *Mémoire sur la signification cosmographique du mythe d'Hestia dans la croyance antique des Grecs; Mémoire sur la cosmographie populaire des Grecs après l'époque d'Homère et d'Hésiode.* Paris 1874.75.
„ 645 „ 23 ist hinter „London 1885" die Klammer zu schliessen.
„ 647 „ 7 einzufügen: R. Volkmann, Rhetorik der Griechen u. Römer in Iw. Müllers Hdb. der klass. Alterthumswiss. II (1885) S. 455 ff.
„ 653 „ 36 lies: poetischer.
„ 749 „ 46 tilge die Klammer nach „1885".
„ 750 „ 14 lies: E. Nageotte.
„ 756 „ 24 lies: genuina.
„ 759 „ 1 einzufügen: R. Cagnat, *Cours élémentaire d'épigraphie latine.* Paris 1886.
„ 760 „ 29 (Ἀρχαιολ. ἐφημ.) Dritte Folge 1883. 84. 85. Jährlich 4 Hefte.
„ 817 „ 5 einzufügen: *Anecdota varia graeca et latina edid.* R. Schoell et Guil. Studemund. I. *Anecdota varia graeca musica metrica grammatica.* Berlin 1886.
„ 820 „ 4 lies: Nourrisson.
„ 824 „ 21 lies; epicae für epici.
„ „ 43 (Hecht, orth.-dial. Forsch.) Theil 2. 1886.
„ 825 „ 6 lies: Walt. Volkmann.
„ 835 „ 40 lies: Schwenck.
„ 844 „ 43 (Krebs, Antibarbarus). 6. Aufl. von J. H. Schmalz im Erscheinen begriffen.

Neuer Verlag von B. G. Teubner in Leipzig.
1886. I.

Faltin, Dr. G., **Horazstudien.** I. Über den Zusammenhang des Briefes an die Pisonen. Programmabhandlung. [23 S.] gr. 4. geh. ℳ. —.60.
  Nur fest.

Meißner, Dr. **Carl,** Professor am Herzogl. Karlsgymnasium in Bernburg, **kurzgefaßte lateinische Schulgrammatik.** [IV u. 277 S.] gr. 8. In Leinwand geb. n. ℳ. 2.40.

Naumann, Julius, Cand. rev. min., Dr. phil., Realgymnasialdirektor, **Grundriß der evangelisch=lutherischen Dogmatik** nach der induktiven und komparativen Methode. Ein Lernbuch für die Schüler der oberen Klassen der Gymnasien und Realgymnasien und ein Repetitorium für die Kandidaten des höheren Schulamtes. [VI u. 74 S.] 8. kart n. ℳ. 1.—

Plauti, T. Macci, comoediae. Recensuit, instrumento critico et prolegomenis auxit FRIDERICUS RITSCHELIUS sociis operae adsumptis GUSTAVO LOEWE, GEORGIO GOETZ, FRIDERICO SCHOELL. Tomi III fasciculus I. **Bacchides** continens. Et. s. t.: **T. Macci Plauti Bacchides,** recensuit FRIDERICUS RITSCHELIUS. Editio altera a GEORGIO GOETZ recognita. [XII u. 144 S.] gr. 8. geh. n. ℳ. 4.—

Rossbach, August, und **Rudolf Westphal, Theorie der musischen Künste der Hellenen.** Als dritte Auflage der Rossbach-Westphalschen Metrik. Zweiter Band. A. u. d. Titel: **Griechische Harmonik und Melopoeie** von RUDOLF WESTPHAL, Ehrendoktor der griechischen Sprache und Litteratur an der Universität Moskau, Prof. a. D. Dritte gänzlich umgearbeitete Auflage. [LVI u. 240 S.] gr. 8. geh. n. ℳ. 6.80.

Schäfer, Ernst, Nepos=Vokabular. Dritter Teil: Timoleon. De regibus. Hamilcar. Hannibal. Cato. Atticus. [38 S.] gr. 8. kart. n. ℳ. —.40.

Schulze, Dr. **Ernst,** Direktor der reformierten Kirchenschule in St. Petersburg, **Grundriß der Logik** und **Übersicht über die griechische Philosophie.** Für die Prima der Gymnasien bearbeitet. [VIII, 51 u. 78 S.] gr. 8. geh. n. ℳ. 1.60; in Leinwand geb. n. ℳ. 2.—

  Daraus besonders abgedruckt:

———— **Grundriß der Logik.** Für die Prima der Gymnasien bearbeitet. [VIII u. 51 S.] gr. 8. kart. n. ℳ. 1.—

———— **Übersicht über die griechische Philosophie.** Für die Prima der Gymnasien bearbeitet. [78 S.] gr. 8. kart. n. ℳ. 1.20.

CPSIA information can be obtained
at www.ICGtesting.com
Printed in the USA
LVHW111002151218
600368LV00007B/163/P